目事典を採用するのが適切なケースもあります．この場合，各項目は解説論文ないし展望論文の形態をとることになります．本事典でも，その必要が認められる項目については，大項目事典に近い構成を採用しています．例えば，新たな社会学理論の潮流ないしこれに関連する項目である社会関係資本，持続可能社会，社会的創発性，親密圏と公共圏などの項目や，社会学前史から社会学の誕生，確立，発展，展開を展望する項目がそれです．こうした工夫をすることで，社会学理論の現在を代表する中項目事典の利点が際立つように配慮しました．

さらに，こうした工夫は，本事典を三部構成とすることで社会学理論を俯瞰しやすくしたことにつながっています．第Ⅰ部「フロンティア」では，リスク社会，再帰的近代，グローバリゼーション，サイバーカルチャーなど現代社会を読み解く最前線のテーマを4～6ページにわたって論点指摘を行う大項目事典の形態を採用しています．こうすることで，進化を続ける社会学理論の姿を俯瞰いただけると思います．第Ⅱ部「コンテンポラリー」は本事典のメインをなす部分であり，320余に及ぶ中項目により構成されています．第二次世界大戦後に生み出された現代理論を，生命と身体，行為と意味に始まり社会システム，対立とコンフリクト，グローバリゼーションと社会に至る全15章で構成されています．項目のほとんどは見開き2ページの中項目からなり，諸々の社会学理論が三段構成によって手際よく理解できるようにしてあります．そして第Ⅲ部「クラシカル」を配置して社会学前史から社会学の確立・発展・展開まで，社会学理論の古典を縦横に紹介することで，社会学理論の歴史を俯瞰できるように工夫してみました．

以上のように，本事典は320余に及ぶ社会学理論を，原則として見開き2ページの中項目によって，現代社会学理論をコンパクトにかつ明快に俯瞰すると同時に，社会学理論の古典と最前線を大項目によって厚みのある記述を行うことを試みました．これまでにはなかった事典作成の試みにより読者の便宜に大きく寄与できるのではないかと考えます．

なお，本事典は社会学の見方・使い方を特色として編まれた『社会学事典』（2010年，丸善出版）と相互補完関係にあります．読者各位が両者ともども利活用されることを願ってやみません．

最後に，特に企画・編集に多大の尽力をいただいた編集部の小林秀一郎さん，部詩子さん，および関係者の皆さんにお礼申し上げます．

17年6月

編集委員長
今田 髙俊

社会学理論応用事典

日本社会学会　理論応用事典刊行委員会［編］

丸善出版

刊行にあたって

　社会学理論とは，世の中で起こるさまざまな社会現象を分析・解釈し，理解するために使われる理論的な枠組みであり，社会学研究の根幹をなすものです．19世紀前半に誕生し長い歴史を誇る社会学は，社会をとらえるために数多くの理論を生み出してきました．特に，20世紀最後の四半世紀よりこの方，社会はますます多様化し，こうした状況を把握するために社会学理論は一層の多極化を進めてきました．このため社会学理論の全体像を俯瞰することは困難を極め，主要な社会学理論を把握しきれない研究者（院生・学者）も少なからずいらっしゃるようです．そこで本事典では，社会学の諸理論320余を取り上げ，「理論の生まれた背景」「理論の内容解説」「理論の適用・応用事例」といった内容の三段構成を基本方針として，初学者から研究者に至るまで，幅広い読者のニーズに応えるものをめざすことにしました．

　社会学理論に焦点を当てることを意識した本格的な事典は他に類をみないものです．特に，理論の生まれた背景，理論の内容解説，理論の適用・応用という構成を採用することは，諸々の社会学理論の特徴を明確にするうえでたいへん有効な方法です．社会学は経験科学の一分野ですから，理論は現実社会の理解に適ないし応用されるべきものです．従来の社会学事典では，ともすれば上記段構成のうちの一部に偏った説明がなされるケースが多々見受けられました事典で採用した三段構成の方式は，科学としての社会学の進化へ向けたテップになると考えています．

　また，本事典では見開き完結の「中項目事典」を採用していること色です．専門用語の定義をまとめた「小項目辞典」は，学問を修得す要不可欠ですが，インターネット時代においては，その役割がネッれ，小項目辞典のニーズは減退しています．一方，学部生・院生や研ネットでは読めない最新動向・知見を見開きで簡潔にまとめたズは増大しています．中項目事典の項目選びのメリットは，うに網羅的である必要がなく，「トピックス主義」を採用でにおける重要テーマを積極的に取り上げることができるこ新しいテーマを取り込むことができるため，常時活用でき選びにも活用できる）とともに興味深く読み通せる事典ります．社会学の学説史，理論パラダイム，社会思想，

■ 編集委員一覧（五十音順）

編集委員長
今田　高　俊　統計数理研究所客員教授・東京工業大学名誉教授

編集顧問
井　上　　　俊　大阪大学名誉教授
鳥　越　皓　之　大手前大学学長・早稲田大学名誉教授
船　津　　　衛　元 東京大学教授
矢　澤　修次郎　一橋大学名誉教授・成城大学名誉教授

編集幹事
伊　藤　公　雄　京都産業大学現代社会学部・京都大学名誉教授
遠　藤　　　薫　学習院大学法学部
片　桐　雅　隆　立正大学文学部・千葉大学名誉教授
佐　藤　俊　樹　東京大学大学院総合文化研究科
友　枝　敏　雄　大阪大学未来戦略機構特任教授
町　村　敬　志　一橋大学大学院社会学研究科

編集委員
浅　野　智　彦　東京学芸大学教育学部
市野川　容　孝　東京大学大学院総合文化研究科
伊　藤　る　り　一橋大学大学院社会学研究科
井　上　達　夫　東京大学大学院法学政治学研究科
江　原　由美子　横浜国立大学大学院都市イノベーション研究院
草　柳　千　早　早稲田大学文学学術院
近　藤　博　之　大阪大学大学院人間科学研究科
髙　橋　　　徹　中央大学法学部
德　安　　　彰　法政大学社会学部
野　宮　大志郎　中央大学文学部

編集委員一覧

浜　　日出夫　慶應義塾大学文学部
早川　洋行　名古屋学院大学現代社会学部
正村　俊之　大妻女子大学社会情報学部
牟田　和恵　大阪大学大学院人間科学研究科
山田　真茂留　早稲田大学文学学術院

執筆者一覧 （五十音順）

青山　　　薫　神戸大学	江原　由美子　横浜国立大学
赤川　　　学　東京大学	遠藤　　　薫　学習院大学
赤堀　三　郎　東京女子大学	遠藤　知　巳　日本女子大学
浅井　美智子　元 大阪府立大学教授	大澤　真　幸　社会学者
浅野　智　彦　東京学芸大学	大畑　裕　嗣　明治大学
阿部　利　洋　大谷大学	大村　英　昭　大阪大学名誉教授
天田　城　介　中央大学	岡崎　宏　樹　神戸学院大学
新井　克　弥　関東学院大学	小川　慎　一　横浜国立大学
荒牧　草　平　日本女子大学	小川(西秋)葉子　慶應義塾大学
池田　寛　二　法政大学	荻野　昌　弘　関西学院大学
池田　弘　乃　山形大学	奥井　智　之　亜細亜大学
石田　　　淳　大阪経済大学	奥山　敏　雄　筑波大学
石田　佐恵子　大阪市立大学	落合　恵美子　京都大学
石田　英　敬　東京大学	樫村　愛　子　愛知大学
石田　　　浩　東京大学	柏崎　千佳子　慶應義塾大学
石原　　　俊　明治学院大学	春日　淳　一　元 関西大学教授
石山　文　彦　中央大学	片桐　新　自　関西大学
伊勢田　哲　治　京都大学	片桐　雅　隆　立正大学
伊田　久美子　大阪府立大学	片瀬　一　男　東北学院大学
市野川　容　孝　東京大学	金澤　悠　介　立命館大学
伊藤　　　勇　福井大学	金子　雅　彦　防衛医科大学校
伊藤　公　雄　京都産業大学	川口　俊　明　福岡教育大学
伊藤　智　樹　富山大学	河野　　　仁　防衛大学校
伊藤　　　守　早稲田大学	北仲　千　里　広島大学
伊藤　る　り　一橋大学	吉川　　　徹　大阪大学
伊奈　正　人　東京女子大学	貴戸　理　恵　関西学院大学
稲月　　　正　北九州市立大学	金　　　明　秀　関西学院大学
稲葉　奈々子　上智大学	木村　邦　博　東北大学
犬飼　裕　一　日本大学	木村　至　聖　甲南女子大学
井上　　　彰　東京大学	吉良　貴　之　宇都宮共和大学
井上　達　夫　東京大学	草柳　千　早　早稲田大学
今田　高　俊　東京工業大学名誉教授	久慈　利　武　東北学院大学名誉教授
岩井　　　淳　群馬大学	串田　秀　也　大阪教育大学
岩澤　美　帆　国立社会保障・人口問題研究所	栗原　　　孝　亜細亜大学
岩渕　功　一　モナシュ大学	黒石　　　晋　滋賀大学
宇佐美　　　誠　京都大学	黒須　里　美　麗澤大学
宇野　重　規　東京大学	黒田　浩一郎　龍谷大学

執筆者一覧

小井土 彰宏	一橋大学
厚東 洋輔	大阪大学名誉教授
小谷 敏	大妻女子大学
小林 昌廣	情報科学芸術大学院大学
小林 正弥	千葉大学
小松 丈晃	東北大学
小宮 友根	東北学院大学
小山 裕	東洋大学
是永 論	立教大学
近藤 博之	大阪大学
酒井 隆史	大阪府立大学
阪本 俊生	南山大学
櫻井 龍彦	名城大学
佐々木 正人	多摩美術大学
佐藤 郁哉	同志社大学
佐藤 恵	法政大学
佐藤 健二	東京大学
佐藤 成基	法政大学
佐藤 卓己	京都大学
佐藤 俊樹	東京大学
佐藤 裕	都留文科大学
澤井 敦	慶應義塾大学
塩原 良和	慶應義塾大学
志田 基与師	横浜国立大学
渋谷 望	日本女子大学
島薗 進	上智大学
清水 学	神戸女学院大学
白石 草	特定非営利活動法人 OurPlanet-TV
白波瀬 佐和子	東京大学
進藤 雄三	大阪市立大学
杉村 昌昭	龍谷大学名誉教授
鈴木 智之	法政大学
鈴木 正仁	滋賀大学名誉教授
数土 直紀	学習院大学
盛山 和夫	東京大学名誉教授
園田 茂人	東京大学
大黒 岳彦	明治大学
多賀 太	関西大学
髙瀬 武典	関西大学
高橋 徹	中央大学
高橋 由典	京都大学
瀧川 裕英	立教大学
竹内 洋	関西大学
武川 正吾	東京大学
竹中 均	早稲田大学
竹ノ下 弘久	慶應義塾大学
田嶋 淳子	法政大学
田代 志門	国立がん研究センター
多田 治	一橋大学
多田 光宏	熊本大学
立岩 真也	立命館大学
田中 大介	日本女子大学
田中 紀行	京都大学
田辺 俊介	早稲田大学
谷本 奈穂	関西大学
田渕 六郎	上智大学
太郎丸 博	京都大学
近森 高明	慶應義塾大学
中 力えり	和光大学
廳 茂	神戸大学
鄭 暎惠	大妻女子大学
築山 秀夫	長野県短期大学
辻 大介	大阪大学
鶴田 幸恵	千葉大学
出口 剛司	東京大学
出口 弘	東京工業大学名誉教授
土井 隆義	筑波大学
徳川 直人	東北大学
徳安 彰	法政大学
友枝 敏雄	大阪大学
中井 美樹	立命館大学
中井 豊	芝浦工業大学
長岡 克行	東京経済大学名誉教授
中岡 成文	元 大阪大学教授
中澤 渉	大阪大学
中島 吉弘	桜美林大学
永田 えり子	滋賀大学
中野 勉	青山学院大学
中村 高康	東京大学
那須 壽	早稲田大学

執筆者一覧

成実 弘至	京都女子大学
新原 道信	中央大学
西垣 通	東京経済大学
西城戸 誠	法政大学
西原 和久	成城大学
丹辺 宣彦	名古屋大学
仁平 典宏	東京大学
野口 裕二	東京学芸大学
野宮 大志郎	中央大学
野村 一夫	國學院大學
橋爪 大三郎	東京工業大学名誉教授
橋本 健二	早稲田大学
橋本 努	北海道大学
橋元 良明	東京大学
長谷 正人	早稲田大学
長谷川 啓三	東北大学名誉教授
長谷川 公一	東北大学
馬場 靖雄	大東文化大学
浜 日出夫	慶應義塾大学
濱西 栄司	ノートルダム清心女子大学
早川 洋行	名古屋学院大学
林 紘一郎	情報セキュリティ大学院大学
原口 弥生	茨城大学
檜垣 立哉	大阪大学
樋口 直人	徳島大学
日暮 雅夫	立命館大学
平沢 和司	北海道大学
藤村 正之	上智大学
藤原 辰史	京都大学
船津 衛	元 東京大学教授
星加 良司	東京大学
細田 満和子	星槎大学
細見 和之	京都大学
前田 泰樹	東海大学
牧野 智和	大妻女子大学
正村 俊之	大妻女子大学
町村 敬志	一橋大学
松浦 さと子	龍谷大学
松本 宏明	志學館大学
松本 三和夫	東京大学
三上 剛史	追手門学院大学
水越 伸	東京大学
三隅 一人	九州大学
三谷 武司	東京大学
南川 文里	立命館大学
美馬 達哉	立命館大学
宮原 浩二郎	関西学院大学
宮本 孝二	桃山学院大学
三輪 哲	東京大学
牟田 和恵	大阪大学
村澤 真保呂	龍谷大学
室井 研二	名古屋大学
毛利 嘉孝	東京藝術大学
森 真一	追手門学院大学
森 千香子	一橋大学
森 元孝	早稲田大学
矢澤 修次郎	一橋大学名誉教授
安田 雪	関西大学
矢部 謙太郎	名古屋商科大学
山口 毅	帝京大学
山下 範久	立命館大学
山下 祐介	首都大学東京
山田 哲也	一橋大学
山田 信行	駒澤大学
山田 昌弘	中央大学
山田 真茂留	早稲田大学
山田 陽子	広島国際学院大学
山本 英弘	山形大学
油井 清光	神戸大学
吉田 純	京都大学
吉野 耕作	上智大学
吉原 直樹	横浜国立大学
吉見 俊哉	東京大学
若林 幹夫	早稲田大学
渡辺 深	上智大学

目　　次

（見出し語五十音索引は目次の後にあります）

第Ⅰ部　フロンティア

21世紀社会を読み解くための
　キーコンセプト………………… 2
リスク社会………………………… 4
ジェンダーとセクシュアリティ… 8
情報・メディア社会……………… 14
個人化と心理化…………………… 20
グローバリゼーション論………… 26
再帰的近代化……………………… 32
ポストモダニズム………………… 38
親密圏と公共圏…………………… 44
社会的包摂と社会的排除………… 50
持続可能社会……………………… 56
社会関係資本……………………… 60
社会的創発性……………………… 66
監視社会と生権力………………… 72
社会シミュレーション…………… 78
カルチュラル・ターン…………… 84
サイバーカルチャー……………… 90
不安定社会と若者………………… 96
福祉社会の国家システム………… 102
「社会」イメージの再構築……… 106
消費される歴史…………………… 112
縮小社会…………………………… 116
構築主義の課題と展望…………… 122

第Ⅱ部　コンテンポラリー

社会を分析する道具としての概念
　と理論…………………………… 130

第1章　生命と身体　［担当編集委員：遠藤　薫・市野川容孝］

生命科学と社会学………………… 136
身体の社会学……………………… 140
ジェンダー／セクシュアリティと
　身体……………………………… 144
身体技法…………………………… 148
リプロダクティブ・ヘルス／ライツ… 150
ディスアビリティ（障害）……… 152
老いの社会学……………………… 154
死の社会学………………………… 156
病人役割…………………………… 158

医療化……………………… 160	メディアと身体………………… 168
生政治…………………………… 162	仮想身体………………………… 170
生命倫理………………………… 164	食と社会………………………… 172
アフォーダンス………………… 166	人口転換理論…………………… 174

第2章　行為と意味　[担当編集委員：高橋　徹・佐藤俊樹]

複雑性と意味…………………… 178	愛（メディア）………………… 200
意味と情報……………………… 182	意味と数理……………………… 202
意味と時間……………………… 184	行為と合理性…………………… 204
ダブルコンティンジェンシー… 186	行為と合理性の多元性………… 206
意味と他者……………………… 188	生活世界………………………… 208
体験と行為……………………… 190	行為と構造……………………… 210
メディアと形式………………… 192	リスク…………………………… 212
権力（メディア）……………… 194	信　頼…………………………… 214
貨幣（メディア）……………… 196	行為とパフォーマティヴィティ… 216
真理（メディア）……………… 198	行為としての消費……………… 218

第3章　自己とアイデンティティ　[担当編集委員：片桐雅隆・浅野智彦・草柳千早]

自己呈示………………………… 222	アイデンティティ・ポリティクス… 240
トラウマ………………………… 224	キャラクター／キャラ………… 242
モラトリアム／ポストモラトリアム… 226	アイデンティティ資本………… 244
多元的自己・多元的アイデンティティ 228	当事者研究……………………… 246
自己物語論……………………… 230	承認（欲求）論………………… 248
スティグマ……………………… 232	自己の構築（主義）…………… 250
身体的アイデンティティ……… 234	主体／準主体…………………… 252
自己のテクノロジー…………… 236	ナルシシズム…………………… 254
ナショナル・アイデンティティ… 238	自己の再帰性…………………… 256

第4章　相互行為　[担当編集委員：片桐雅隆・草柳千早・浅野智彦]

シンボリック相互作用論……… 260	エスノメソドロジー…………… 264
（社会的）交換理論…………… 262	ラベリング論…………………… 266

構成主義と対話……………… 268
ドラマツルギー……………… 270
会話分析……………………… 272
ポストモダン社会の文化批判…… 274
対面的相互行為……………… 276
相互主観性…………………… 278
状況の定義…………………… 280
役割取得……………………… 282
相互作用秩序………………… 284
感情労働と感情規則………… 286
感受概念……………………… 288
動機の語彙…………………… 290
秘密とプライバシー………… 292
ダブル・バインドとメタ・コミュニケーション……………… 294
クレイム申し立て…………… 296
冷淡と無関心………………… 298

第5章　コミュニケーション ［担当編集委員：遠藤 薫・正村俊之］

ジンメルのコミュニケーション論 … 302
模　倣………………………… 304
シャノン＝ウィーバー図式……… 306
サイバネティクス…………… 308
メディアの位相……………… 310
メディアの作動……………… 312
受け手研究…………………… 314
コミュニケーション2段の流れ … 316
世論形成……………………… 318
コミュニケーションによるコミュニケーション……………… 320
ネットワーク社会…………… 322
コミュニケーション的行為と公共圏… 324
討議と倫理…………………… 326
プロパガンダ・情報操作…… 328
流　言………………………… 330
メディア・リテラシー……… 332
メディオロジー……………… 334
パロールとエクリチュール… 336
アイデンティティとコミュニケーション……………………… 338
情報の所有と専有…………… 340

第6章　表象と文化 ［担当編集委員：伊藤公雄・浜 日出夫］

文化産業……………………… 344
複製技術……………………… 346
ディスクール（言説）……… 348
神話作用……………………… 350
消費社会……………………… 352
現実界・象徴界・想像界…… 354
文化資本……………………… 356
オリエンタリズム…………… 358
エンコーディング／デコーディング … 360
サブカルチャー……………… 362
ゼマンティク………………… 364
カルチュラル・ソシオロジー…… 366
アート・ワールド…………… 368
スピリチュアリティ………… 370
科学知識の社会学…………… 372
歴史と記憶の社会学………… 374

ユートピアと希望の社会学……… 376
知識人………………………… 378
オタク論………………………… 380
表象不可能性…………………… 382

第7章　集団と組織　[担当編集委員：友枝敏雄・山田真茂留]

準拠集団………………………… 386
官僚制とその逆機能…………… 388
日本的集団主義………………… 390
日本的経営と労働問題………… 392
労働組合の現在………………… 394
近代組織論……………………… 396
組織目標の諸問題……………… 398
集団連帯の合理的根拠………… 400
ヴォランタリー・アソシエーション
　（自発的結社）……………… 402
セルフ・ヘルプ・グループ…… 404
スモール・ワールド…………… 406
弱い紐帯………………………… 408
構造的空隙……………………… 410
ネットワーク組織論…………… 412
組織における非合理性………… 414
新制度派組織理論……………… 416
組織文化論……………………… 418
組織アイデンティティ論……… 420

第8章　階級と階層　[担当編集委員：佐藤俊樹・近藤博之]

不平等の機能主義的説明……… 424
階級構造………………………… 426
連続的地位尺度………………… 428
不平等の趨勢…………………… 430
貧困……………………………… 432
社会移動………………………… 434
メリトクラシー………………… 436
階級的消費……………………… 438
階層イメージ…………………… 440
階層帰属意識…………………… 442
労働市場と格差………………… 444
結婚と階層結合………………… 446
健康と格差……………………… 448
教育格差と文化………………… 450
教育格差の合理的選択モデル… 452
社会的分化とジニ係数………… 454
社会階層の多次元性…………… 456
地位達成の因果的推論………… 458
機会の不平等とオッズ比・
　ハザード比………………… 460
学力差の多水準モデル………… 462

第9章　社会システム　[担当編集委員：今田高俊・徳安彰]

ホメオスタシス（恒常性維持）… 466
ソシオサイバネティクス……… 468
構造機能理論…………………… 470
AGIL図式……………………… 474

社会システムの均衡理論	478	自己言及と社会システム	498
行為システムと社会システム	480	社会システムと自己組織性	500
一般システム理論	482	リゾーミック・システム	502
最小多様度の法則	484	機能分化社会	504
カオスと社会	486	フィードバック	506
複雑系の科学	488	開放システム／閉鎖システム	508
社会のオートポイエーシス	492	形態形成（モルフォジェネシス）	510
ゆらぎと社会システム	496	エージェント・ベース・モデル	512

第10章　社会変動　［担当編集委員：友枝敏雄・牟田和恵］

進化論と社会変動	518	社会的分化	538
唯物史観	520	圧縮された近代	540
前近代から近代へ	522	モビリティ	542
近代化論	524	フェミニズムと社会変動	544
従属理論	526	親密な関係性の変容	546
グローバル化の歴史	528	近代家族論	548
第二の近代	530	歴史と人口	550
趨勢命題は科学の命題か	532	家族変動論	552
社会構造と社会変動	534	家族と個人化	554
社会変動の要因	536	貧困の女性化	556

第11章　権力と権威　［担当編集委員：伊藤公雄・江原由美子］

権威主義的パーソナリティ	560	専門家支配	580
エリート論／エリート支配	562	パターナリズム	582
知と権威／権力	564	例外状態	584
3次元的権力	566	構成的権力	586
国家のイデオロギー装置	568	ラディカル・デモクラシー論	588
権力ブロック	570	ガバナンス論	590
会話とレトリックと権力	572	サバルタン	592
規律と訓練	574	ジェンダー秩序／家父長制	594
文化ヘゲモニー	576	男性支配／ヘゲモニックな男性性	596
有名人と支配	578	親密性と支配	598

第12章　社会運動　[担当編集委員：野宮大志郎・町村敬志]

- 社会運動論のスコープと発展…… 602
- 集合行動論……………………… 606
- 資源動員論……………………… 608
- 政治的機会構造論……………… 610
- 社会運動の文化的アプローチ…… 612
- グローバル社会運動…………… 614
- 「新しい社会運動」論…………… 616
- 社会運動へのアプローチ……… 618
- 社会運動組織…………………… 620
- 運動レパートリー……………… 622
- 社会運動と権力………………… 624
- 社会運動とメディア…………… 626
- 非暴力的抵抗…………………… 628
- 社会学的介入…………………… 630
- 都市社会運動…………………… 632
- 未発の社会運動………………… 634
- 経験運動………………………… 636
- メディア・アクティビズム…… 638
- 社会運動ユニオニズム………… 640

第13章　対立とコンフリクト　[担当編集委員：早川洋行・町村敬志]

- ホッブズ問題…………………… 644
- 理念と利害関心………………… 646
- 疎外……………………………… 648
- ルサンチマン…………………… 650
- 階級闘争………………………… 652
- 生活世界とシステム…………… 654
- 闘争理論………………………… 656
- 象徴的暴力……………………… 658
- 同調とアノミー………………… 660
- 囚人のジレンマ………………… 662
- 認知的不協和…………………… 664
- 羨望と嫉妬……………………… 666
- 二重規範とマージナリティ…… 668
- 世代間／世代内コンフリクト…… 670
- エスニシティと地域社会……… 672
- 対抗的相補性…………………… 674
- 経営システムと支配システム…… 676
- 「共有地の悲劇」と「救命ボートの倫理」…… 678
- 暴力論／暴力の社会学理論…… 680
- 軍事社会学・戦争社会学……… 682
- 構造的暴力……………………… 684
- 和解論…………………………… 686

第14章　正義と社会的分配　[担当編集委員：井上達夫・今田高俊]

- 正義概念と正義の諸構想……… 690
- 分配的正義……………………… 696
- 環境的正義……………………… 698
- 世代間正義……………………… 702
- 世界正義………………………… 704
- 福祉国家………………………… 706
- 社会的包摂と公正……………… 710
- 基礎所得保障…………………… 712

正義と善	714
平等の指標——厚生・資源・能力	716
ケアと正義	718
ジェンダー・バイアスと正義	720
アファーマティブ・アクション	722
自由と正義	724
責任と正義	726
体制移行の正義（移行期正義）	728
文化的アイデンティティと正義	730
美と正義	732

第15章　グローバリゼーションと社会　[担当編集委員：町村敬志・伊藤るり]

世界システム論	736
帝国論	738
グローバル・シティ	740
グローバルな階級	742
途上国の貧困	744
トランスナショナルな社会運動	746
国際移民システム	748
移民と社会関係資本	750
ディアスポラ	752
多重化する市民権	754
多文化主義とネオリベラリズム	756
セグメント化された同化	758
人種編成とエスニシティ	760
レイシズム	762
交差性と支配のマトリクス	764
多言語主義と複言語主義	766
再生産労働の国際分業とケア・チェーン	768
人身取引とセックスワーク	770
文化帝国主義	772
コスモポリタニズム	774

第Ⅲ部　クラシカル

社会学の歴史を学ぶ	778
社会学前史	782
社会学の誕生	790
社会学の確立	800
社会学の発展①	808
社会学の発展②	816
社会学の展開	824

見出し語五十音索引	xv
和文引用文献	835
欧文引用文献	850
事項索引	895
人名索引	926

見出し語五十音索引

■ アルファベット

AGIL 図式　474

■ あ

愛（メディア）　200
アイデンティティ・ポリティクス　240
アイデンティティ資本　244
アイデンティティとコミュニケーション　338
「新しい社会運動」論　616
圧縮された近代　540
アート・ワールド　368
アノミー，同調と　660
アファーマティブ・アクション　722
アフォーダンス　166

移行期正義，体制移行の正義　728
一般システム理論　482
意味，複雑性と　178
意味と時間　184
意味と情報　182
意味と数理　202
意味と他者　188
移民と社会関係資本　750
医療化　160
因果的推論，地位達成の　458

ヴォランタリー・アソシエーション（自発的結社）　402
受け手研究　314
運動レパートリー　622

エクリチュール，パロールと　336
エージェント・ベース・モデル　512
エスニシティ，人種編成と　760

エスニシティと地域社会　672
エスノメソドロジー　264
エリート論／エリート支配　562
エンコーディング／デコーディング　360

老いの社会学　154
オタク論　380
オッズ比・ハザード比，機会の不平等と　460
オートポイエーシス，社会の　492
オリエンタリズム　358

■ か

階級構造　426
階級的消費　438
階級闘争　652
階層イメージ　440
階層帰属意識　442
階層結合，結婚と　446
開放システム／閉鎖システム　508
会話とレトリックと権力　572
会話分析　272
カオスと社会　486
科学知識の社会学　372
格差，健康と　448
学力差の多水準モデル　462
仮想身体　170
家族と個人化　554
家族変動論　552
ガバナンス論　590
家父長制，ジェンダー秩序　594
貨幣（メディア）　196
カルチュラル・ソシオロジー　366
カルチュラル・ターン　84
環境的正義　698
監視社会と生権力　72

感受概念　288
感情労働と感情規則　286
官僚制とその逆機能　388

機会の不平等とオッズ比・ハザード比　460
基礎所得保障　712
機能分化社会　504
希望の社会学，ユートピアと　376
キャラクター／キャラ　242
教育格差と文化　450
教育格差の合理的選択モデル　452
「共有地の悲劇」と「救命ボートの倫理」　678
規律と訓練　574
均衡理論，社会システムの　478
近代家族論　548
近代化論　524
近代組織論　396

クレイム申し立て　296
グローバリゼーション論　26
グローバル・シティ　740
グローバル化の歴史　528
グローバル社会運動　614
グローバルな階級　742
軍事社会学・戦争社会学　682

ケア・チェーン，再生産労働の国際分業と　768
ケアと正義　718
経営システムと支配システム　676
経験運動　636
形式，メディアと　192
形態形成（モルフォジェネシス）　510
結婚と階層結合　446
権威主義的パーソナリティ　560
健康と格差　448
現実界・象徴界・想像界　354
言説，ディスクール　348
権力，会話とレトリックと　572
権力，社会運動と　624
権力（メディア）　194
権力ブロック　570

行為，体験と　190
行為システムと社会システム　480

行為と構造　210
行為と合理性　204
行為と合理性の多元性　206
行為としての消費　218
行為とパフォーマティヴィティ　216
公共圏，コミュニケーション的行為と　324
交差性と支配のマトリクス　764
恒常性維持，ホメオスタシス　466
公正，社会的包摂と　710
構成主義と対話　268
構成的権力　586
構造，行為と　210
構造機能理論　470
構造的空隙　410
構造的暴力　684
構築主義の課題と展望　122
合理性，行為と　204
合理性の多元性，行為と　206
合理的選択モデル，教育格差の　452
国際移民システム　748
個人化，家族と　554
個人化と心理化　20
コスモポリタニズム　774
国家システム，福祉社会の　102
国家のイデオロギー装置　568
コミュニケーション，アイデンティティと　338
コミュニケーション的行為と公共圏　324
コミュニケーション2段の流れ　316
コミュニケーションによるコミュニケーション　320

■さ

再帰的近代化　32
最小多様度の法則　484
再生産労働の国際分業とケア・チェーン　768
サイバーカルチャー　90
サイバネティクス　308
サバルタン　592
サブカルチャー　362
3次元的権力　566

ジェンダー／セクシュアリティと身体　144
ジェンダー・バイアスと正義　720
ジェンダー秩序／家父長制　594

ジェンダーとセクシュアリティ　8
時間，意味と　184
資源動員論　608
自己言及と社会システム　498
自己組織性，社会システムと　500
自己呈示　222
自己の構築（主義）　250
自己の再帰性　256
自己のテクノロジー　236
自己物語論　230
システム，生活世界と　654
持続可能社会　56
ジニ係数，社会的分化と　454
死の社会学　156
支配，有名人と　578
支配システム，経営システムと　676
支配のマトリクス，交差性と　764
自発的結社，ヴォランタリー・アソシエーション　402
社会，カオスと　486
社会移動　434
「社会」イメージの再構築　106
社会運動，トランスナショナルな　746
社会運動，未発達の　634
社会運動組織　620
社会運動と権力　624
社会運動とメディア　626
社会運動の文化的アプローチ　612
社会運動へのアプローチ　618
社会運動ユニオニズム　640
社会運動論のスコープと発展　602
社会階層の多次元性　456
社会学前史　782
社会学的介入　630
社会学の確立　800
社会学の誕生　790
社会学の展開　824
社会学の発展①　808
社会学の発展②　816
社会学の歴史を学ぶ　778
社会関係資本　60
社会関係資本，移民と　750
社会構造と社会変動　534
社会システム，行為システムと　480
社会システム，自己言及と　498

社会システム，ゆらぎと　496
社会システムと自己組織性　500
社会システムの均衡理論　478
社会シミュレーション　78
（社会的）交換理論　262
社会的創発性　66
社会的分化　538
社会的分化とジニ係数　454
社会的包摂と公正　710
社会的包摂と社会的排除　50
社会のオートポイエーシス　492
社会変動，フェミニズムと　544
社会変動の要因　536
社会を分析する道具としての概念と理論　130
シャノン＝ウィーバー図式　306
集合行動論　606
囚人のジレンマ　662
従属理論　526
集団連帯の合理的根拠　400
自由と正義　724
縮小社会　116
主体／準主体　252
準拠集団　386
障害，ディスアビリティ　152
状況の定義　280
象徴界・想像界，現実界　354
象徴的暴力　658
承認（欲求）論　248
消費される歴史　112
消費社会　352
情報，意味と　182
情報・メディア社会　14
情報操作，プロパガンダ　328
情報の所有と専有　340
食と社会　172
進化論と社会変動　518
人口転換理論　174
人種編成とエスニシティ　760
人身取引とセックスワーク　770
身体，ジェンダー／セクシュアリティと　144
身体，メディアと　168
新制度派組織理論　416
身体技法　148
身体的アイデンティティ　234
身体の社会学　140

シンボリック相互作用論　260
親密圏と公共圏　44
親密性と支配　598
親密な関係性の変容　546
ジンメルのコミュニケーション論　302
信頼　214
真理（メディア）　198
心理化，個人化と　20
神話作用　350

趨勢命題は科学的命題か　532
数理，意味と　202
スティグマ　232
スピリチュアリティ　370
スモール・ワールド　406

生活世界　208
生活世界とシステム　654
正義，ケアと　718
正義，ジェンダー・バイアスと　720
正義，自由と　724
正義，責任と　726
正義，美と　732
正義，文化的アイデンティティと　730
正義概念と正義の諸構想　690
正義と善　714
生権力，監視社会と　72
政治的機会構造論　610
生政治　162
生命科学と社会学　136
生命倫理　164
世界システム論　736
世界正義　704
責任と正義　726
セクシュアリティ，ジェンダーと　8
セグメント化された同化　758
世代間正義　702
世代間/世代内コンフリクト　670
セックスワーク，人身取引と　770
ゼマンティク　364
セルフ・ヘルプ・グループ　404
世論形成　318
善，正義と　714
前近代から近代へ　522
戦争社会学，軍事社会学　682

羨望と嫉妬　666
専門家支配　580

相互作用秩序　284
相互主観性　278
想像界，現実界・象徴界　354
疎外　648
ソシオサイバネティクス　468
組織アイデンティティ論　420
組織における非合理性　414
組織文化論　418
組織目標の諸問題　398

■た

体験と行為　190
対抗的相補性　674
体制移行の正義（移行期正義）　728
第二の近代　530
対面的相互行為　276
対話，構成主義と　268
多言語主義と複言語主義　766
多元的自己・多元的アイデンティティ　228
他者，意味と　188
多重化する市民権　754
多水準モデル，学力差の　462
ダブル・バインドとメタ・コミュニケーション　294
ダブルコンティンジェンシー　186
多文化主義とネオリベラリズム　756
男性支配/ヘゲモニックな男性性　596

地域社会，エスニシティと　672
地位達成の因果的推論　458
知識人　378
知と権威/権力　564

ディアスポラ　752
帝国論　738
ディスアビリティ（障害）　152
ディスクール（言説）　348
デコーディング，エンコーディング　360

討議と倫理　326
動機の語彙　290
当事者研究　246

闘争理論　656
同調とアノミー　660
都市社会運動　632
途上国の貧困　744
トラウマ　224
ドラマツルギー　270
トランスナショナルな社会運動　746

■な

ナショナル・アイデンティティ　238
ナルシシズム　254

21世紀社会を読み解くためのキーコンセプト　2
二重規範とマージナリティ　668
日本的経営と労働問題　392
日本的集団主義　390
認知的不協和　664

ネオリベラリズム，多文化主義と　756
ネットワーク社会　322
ネットワーク組織論　412

■は

パターナリズム　582
パフォーマティヴィティ，行為と　216
パロールとエクリチュール　336

美と正義　732
非暴力的抵抗　628
秘密とプライバシー　292
表象不可能性　382
平等の指標——厚生・資源・能力　716
病人役割　158
貧困の女性化　556
貧　困　432

不安定社会と若者　96
フィードバック　506
フェミニズムと社会変動　544
複言語主義，多言語主義と　766
複雑系の科学　488
複雑性と意味　178
福祉国家　706
福祉社会の国家システム　102

複製技術　346
不平等の機能主義的説明　424
不平等の趨勢　430
プライバシー，秘密と　292
プロパガンダ・情報操作　328
文化，教育格差と　450
文化産業　344
文化資本　356
文化的アイデンティティと正義　730
文化帝国主義　772
文化批判，ポストモダン社会の　274
文化ヘゲモニー　576
分配的正義　696

閉鎖システム，開放システム　508
ヘゲモニックな男性性，男性支配　596

暴力論/暴力の社会学理論　680
ポストモダニズム　38
ポストモダン社会の文化批判　274
ポストモラトリアム，モラトリアム　226
ホッブズ問題　644
ホメオスタシス（恒常性維持）　466

■ま

マージナリティ，二重規範と　668

未発の社会運動　634

メタ・コミュニケーション，ダブル・バインドと　294
メディア，愛　200
メディア，貨幣　196
メディア，権力　194
メディア，社会運動と　626
メディア，真理　198
メディア・アクティビズム　638
メディア・リテラシー　332
メディアと形式　192
メディアと身体　168
メディアの位相　310
メディアの作動　312
メディオロジー　334
メリトクラシー　436

モビリティ　542
模倣　304
モラトリアム/ポストモラトリアム　226
モルフォジェネシス，形態形成　510

■や

役割取得　282

唯物史観　520
ユートピアと希望の社会学　376
有名人と支配　578
ゆらぎと社会システム　496

欲求（承認）論　248
世論形成　318
弱い紐帯　408

■ら

ラディカル・デモクラシー論　588
ラベリング論　266

リスク　212
リスク社会　4

リゾーミック・システム　502
理念と利害関心　646
リプロダクティブ・ヘルス/ライツ　150
流言　330
倫理，討議と　326

ルサンチマン　650

例外状態　584
レイシズム　762
冷淡と無関心　298
歴史と記憶の社会学　374
歴史と人口　550
レトリックと権力，会話と　572
連続的地位尺度　428

労働組合の現在　394
労働市場と格差　444
労働問題，日本的経営と　392

■わ

和解論　686
若者，不安定社会と　96

第Ⅰ部

フロンティア

21世紀社会を読み解くためのキーコンセプト

●**理論の意義** 現在の社会学で「理論」とよばれるものには，大きく三つの類型がある．これらは水の流れというより，むしろ織り糸のように，さまざまに長さと太さを変え，彩りを移ろわせながら，互いに交じりあい，絡まりあい，時には縺れあって，社会学という織物（texture）を編み出してきた．

第一の「糸」はK. マルクス（Marx）やA. コント（Comte）に始まり，T. パーソンズ（Parsons）へ続く巨大理論（grand theory）である．西ヨーロッパの近代で爆発的に成長していった自然科学の理論の影響を色濃く受けて，自然科学が自然を観察するように，社会を観察してその成果を体系化しようとした．最終的な目標は，人類史を説明することである．

第二の「糸」はR. K. マートン（Merton）の，「中範囲の理論（theory of middle-range）」に代表される．論理的な明確さと整合性を優先し，理論の帰結が現実そのものと一致するかどうかは，基準の一つにとどめる．前提は仮定や公理として明示することを重視し，あえて方法的に閉じた形で内部の一貫性を高めていく．「（理論）モデル」という呼び名が一番ふさわしい型でもある．

社会学の歴史のなかでは，第一の糸がしばしば学派的なまとまりをつくるのに対して，第二の糸はむしろ並列的・多発的に出現してきた．例えばM. ウェーバー（Weber）の「適合的因果」論や理念型論にもそういう発想は強くあり，マートン以後でいえば，数理社会学の「フォーマライゼーション（formalization）」が最も明確にこの方向性を引き継ぐ．

第三の「糸」は，社会の内部の反省または再帰性（reflectivity）としての理論である．今の社会学の成立期にこれを最も明瞭に意識していたのは，おそらくG. ジンメル（Simmel）だろうが，É. デュルケム（Durkheim）にもこの方向性はある．その後，K. マンハイム（Mannheim）はこれを主題的に取り上げて，知識社会学として展開した．20世紀後半以降では，特にN. ルーマン（Luhmann）が第一の糸も踏まえながら，この立場を体系化し，A. ギデンズ（Giddens）などを経て，英語圏から世界大へと広まりつつある．

●**社会学の同一性** 1980年代以降の「理論と応用」では，この第三の糸が次第に中心となり，社会学という織物の同一性（identity）にも大きな比重を占めつつある．そこでは社会学は，社会内での反省のための知識や技法の集蔵体（archive）として，まず位置づけられる．社会科学全体もまた，程度の差こそあれ，似かよった性格を強めるなかで，かつては辺境だった社会学が他の学問分野の参照先にもなりつつある．そして，それによって今度は社会学自身が，同一性のゆ

らぎと拡散にあらためてさらされている．

　社会学の理論の現在は，そのように要約できる．そのなかでどう対応していくかは，学会組織や一事典ではなく，社会学の知に関わる一人ひとりが考えていくべき課題だろう．とはいえ，そこにどんな可能性があるかについてであれば，それこそ社会内の反省の知として，いくつかの見通しを描くことはできる．それ自体も「理論と応用」の一事例として．

●**応用の現在**　一つは，現在の観察と未来の予測との関係の逆転である．「予見するために観察する」――社会学の命名者コントの言葉が示すように，巨大理論では，現在の観察は未来を知るための手段であった．それが「観察するために予測する」――予測は観察の妥当性を検証する手段になる．現在の観察が何を仮定しているのか，どの程度整合的に議論できているかの検証として，未来の予測を試みる．その点では第二の糸がもつモデル志向とも重なるが，ウェーバーが指摘したように，ここには予測する側の価値観が決定的に関わる．

　もう一つは，社会科学者以外の当事者の反省との接続である．再帰的な近代社会では，すべての人が反省している．例えば，選挙の際には有権者にいくつかの社会像が提示され，それらに基づいて政治的な意思決定もなされる．そうした当事者水準での営みに，より適切な材料をより適切な形で提供することが，専門的な社会科学の重要な課題になる．

　マートンが示唆しているように，巨大理論では，観察や予測が当事者に知られることは自己破壊的に働く．それに対して，反省の知においては，観察と予測が知られることは存在意義の一部である．だからこそ，その観察も予測も常に乗り越えられる．すなわち，新たなデータを使って更新されつづけるものになる．

　何よりもまずその意味で，社会学は社会のコミュニケーションのなかにある．一言でいえば，自省的な社会の自省的な知として，生きていくのだろう．

　その帰結の一つは，社会学の思考が当該社会の当事者言語から切り離せないことである．民主化された社会では，社会に関わる課題の発見と分析，将来の予測，解決案の提示は，一般的な成員までその成果が伝わり，部分的にせよ，その人々の理解と協力が得られて，はじめて有効な対応を進められる．それゆえ，日本社会全体が英語化するならともかく，日本語を話す社会のなかで社会学だけが英語化すれば，社会学にとって重要な再帰性の一つはむしろ失われてしまう．

　もう一つの帰結は，「当事者（folk）の知」との相互交渉と差異化を求められることである．それは制度化された専門分野として，本当に独自性をもっているかを試されつづけることでもある．

　この理論応用事典の第一部の項目に課された問い，その応えるべき問いは，そうしたものだと考えられる．もちろんそれは最終的には，この事典のすべての項目に宛てられた問いかけでもあるが．

〔佐藤俊樹〕

リスク社会

●「リスク社会」の定義論　「現代はリスク社会だ」とよくいわれるが，それが何を指すかは決して自明ではない．

　第一の，最も単純なリスク社会の定義は「リスクが大きい社会」である．ここでのリスクは確率的に出現する損失や危険を指す．この定義の限界は容易にみてとれる．もしこの意味でのリスクが高まっているならば，人間の生存可能性は平均的には低下するはずである．けれども，実際には地球上の多くの地域では，平均寿命が伸びているか，人口が増えている．人数×生存時間でみれば，現在観測できるデータによると，人間の生存可能性は平均的には上昇しつづけている．

　もちろん，20世紀の後半以降，原子力の利用や地球温暖化など，科学技術や産業の発達によって，人類全体の生存を脅かす破局的な事態が人為的に発生する可能性が新たに出現してきた．そうした，いわば社会が社会を破壊しうる状態を「リスク社会」だとする見方もある（Beck 1986）．けれども，人口の増加によって周囲の生態系が破壊され，農業生産の水準も大幅に低下した事例は，歴史上珍しくない．化石燃料の本格的な利用まで，人間の社会の多くは周囲の生態系とぎりぎりの均衡を保っていた．人類は常に自分自身を破壊するリスクと背中合わせで生きてきた．「自然と共存する智恵」はその産物にすぎない．

　超長期的にみても，生物の大量絶滅事変をもたらす環境変動は，地球科学的には決して珍しい出来事ではない．今後，この種の事変が起きても人類の文明が存続できるようになるとすれば，高度な科学技術を大幅に利用するしかないだろう．したがって，20世紀以降の科学技術の発展が将来どんな可能性をもたらすかは，今のところ未知数だといわざるを得ない．

　第二の定義は「損失」や「危険」ではなく，「確率的」の方に注目する．すなわち，リスク社会とはさまざまな事象が確率的に出現してくる，その意味で不確実性の高い社会だとする．だが，この定義もあまり妥当ではない．社会内で起きる事象を確定的に予測する手段は，今もまだない．人間の社会は昔から不確実さに直面してきた．実際，予想外の自然災害や伝染病，軍事的な攻撃，生態系を自ら破壊する営みなどによって，多くの社会は消滅している．

　この意味では，今も昔もリスク社会でありつづけている．いわゆる伝統社会は実際には常に不安定で不確実であり，取り巻く環境も数十年単位で大きく変動しうる．それをあたかも安定的で恒常的なように語るのは，近代社会内部の了解にすぎない．これは学説史的にはむしろ「ゲマインシャフト仮説」とでもいうべき仮定であり，人類史を説明しようとした巨大理論の一部である（佐藤1998）．

第三の定義は，そのイメージと現実とのずれに注目する．現実の社会は常に不確実だが，当事者水準でそう了解されていたわけではない．当事者水準でそう了解されている社会，すなわち，社会内のさまざまな事象が確率的に生起すると了解されているのが，リスク社会だとする．例えばN. ルーマン（Luhmann）は，（確率的に生起する）客観的な損失を「危険」として，「リスク」と区別した．この場合，リスク社会とは社会を理解する形式，つまり社会の自己記述の一つのあり方であり，ゼマンティク（意味論）にあたる（項目「ゼマンティク」参照）．
　しかし，現代社会がこの意味でのリスク社会だとしても，これ自体が現代の決定的な特徴だとはいいがたい．仏教の「無常」観のように，現実は常に不安定で，予測しがたい災害や不幸に見舞われる，という認識は多くの宗教に見出される．その救済者にあたる「神」や「天」の意志も量りがたいとされる．第一・第二の定義と同じく，歴史上の多くの社会はこの意味でもリスク社会であった．
　したがって，第三の定義も現代社会の特徴としては不十分である．言い換えれば，現代の「リスク社会」はさまざまな事象をリスクという形式で記述することに加えて，別の特性ももつ．リスク社会論の最も重要な定義要件はそこにある．
　ルーマン自身は，自らのリスク社会論を次のように定義している．「起こりうる損害が決定の帰結と見なされ，したがって決定に帰属される」場合に「リスクとよぼう」（Luhmann 1991：訳 38）．つまり，不確実性の了解そのものがリスク社会の要件なのではない．不確実性が決定のリスクとして受け取られ，そのリスクが巨大化していく社会が，彼のいうリスク社会にあたる．
●「技術」という名の観察　決定という概念が介在することで，どこが変わってくるのだろうか．単に人間が何かをやることで特定の結果が確率的に生じるだけならば，第三の定義と大差はない．逆にいえば，決定という概念が意味をもつのは，決定における予測や見通しがある程度有意義な場合である．予測や見通しがあたる確率は1より小さいが，単なる偶然や等確率よりは大きい．そういう意味での部分的な制御可能性があるか，あると信じられているからこそ，決定にリスクが帰属しうる．
　言い換えれば，リスク社会という理解の形式は部分的な制御可能性，すなわち，この意味での閉じた因果関係という形での観察可能性と裏表の関係にある．ルーマンはこれを「因果性という媒体で働く単純化」とよび，「技術」の定義とした（Luhmann 1991：108）．したがって，より正確にいえば，リスク社会の根幹にあるのは，「技術」という観察のあり方である．例えば，技術によって，というより「技術」の姿も借りて，さまざまな不確実性が個人や組織の決定のリスクに変換されていく（高尾 2014）．それが現代のリスク社会である．
　現代社会を考えるうえで，科学よりもむしろ技術の方が重要な鍵になることは，リスク社会論だけでなく，情報化社会論などでも指摘されてきたが（佐

藤 2010).先のルーマンの定義は「技術」の社会学的定義としても，広い応用可能性をもつ．何かが特に「技術」とよばれるとき，あるいは「技術」とよびたくなるとき，そこで何が起きているかをより的確に記述する道具となるからである．もちろん，こうした観察のあり方が一般的に受容されていく過程では，「科学技術」と総称されてきた実際の営みが大きな影響を与えている．

　こう考えることで，現代社会がリスク社会とされる理由もいっそう明確になる．歴史上の多くの社会で認識されていた不確実性が，近代になって予測や制御できるとされるようになり，さらにその後で，そうした予測や制御のもつ限界や，予測や制御自体が生み出すより高次の不確実性が知られるようになった．その意味で，リスク社会は，近代の一つの姿としての「ポスト近代」的あり方だといえる．

　これは特に二つの面で現れている．一つは，最初に定義した第一の意味でのリスクは，増加したのではなく，むしろ期待されたほどには減少しなかった．とりわけ，科学技術が期待したほどには進歩しなかった．そのことが，現代社会をリスク社会にしつづけているのである．

　それゆえ現代社会では，科学技術は常に両価的な視線をあびる．科学技術は期待どおりにならないという意味で，信頼しきれないが，その信頼しきれない科学技術に強く依存して，社会の営みや個人の生活が成り立っていることも自覚せざるを得ない．そのため，リスク社会では科学への夢と幻滅が必ず交錯する．信頼できないと知りながら，期待せざるを得ない．従来の概念でいえば，科学をめぐる期待と現実のずれ，それでもすなわち「相対的な剥奪」(Merton [1949] 1957)がリスク社会にはついて回る．

　もう一つは，具体的なリスク間の二律背反である．これにも「相対的剥奪」の面があるが，あるリスクの減少が他のリスクの増加を招くという事態は，現代では広く見出されている．その点でも，リスク社会ではリスクは部分的に制御される，あるいは部分的にしか制御されない．

　例えば2000年代以降，欧米や日本の平均寿命は伸びつづけているが，経済的な不平等は増加している（World Bank 2014）．不平等を拡大する形で経済が成長すれば，特定の国家社会内で，ある個人が相対的な貧困に陥るリスクは平均的には増えていく．けれども，その成長によってある程度の税収が確保され，健康保険などの社会保障制度が維持されつづければ，その個人が死亡したり重い病気にかかるリスクは減少する（項目「福祉社会の国家システム」参照）．

●リスク社会の現在および将来　そうとらえた場合，リスク社会は社会的ジレンマや「意図せざる結果」(Merton [1949] 1968)などの，社会学でよく知られた概念ともつながってくる．事実，リスク社会はこれらの概念と隣りあっているが，一点で大きく異なる．それはリスク社会が再帰的であることである．

　リスク社会では社会的ジレンマが起きるだけでなく，起きた場合は少なくとも

従来の意味での合理的な決定ができないことが知られている．それゆえ，リスク社会では「知」よりも「非知」，それも特定化できない非知の扱いが焦点になる（Luhmann 1992；小松 2003；三好 2015）．

ルーマンはこれを，決定をめぐる逆説としても指摘している（Luhmann 1997）．未来の事態が現在の決定に依存することが認知されればされるほど，具体的に決定するうえで考慮すべき範囲が拡大して，決定すること自体を難しくする．その意味で，これは福祉国家における「決定できない政治」や，環境問題解決のジレンマとも関連する．例えば，環境破壊や災害のリスクを軽減するには，人々の生活に直接介入するような強大な権力が必要になり，それによって今度は政治からのリスクが増大してしまう（仁平 2013）．

その点でいえば，現代のリスク社会はリスク社会の発見を通じて，決定の困難というさらなるリスクを抱え込む．そのような形で，いわば多重に再帰的な社会になっており，それをいかに運営していくかが，社会学的なリスク社会論の重要な主題になる．その意味でも，リスク社会はきわめて現代的な課題である．

全体を一元的に見渡して決定しようとすることが，決定それ自体を困難にするとすれば，部分部分に分けていくしかない．不確実性をどう分散させるかだけでなく，どの範囲を「技術」として観察するかまで含めて，決定の負荷をどう分散させるかが問われる（Luhmann 2000a：訳 173-210 など）．

それゆえ，リスク社会の問題は（ルーマンのいう意味での）機能的分化の限界と可能性の裏返しでもある．ルーマンも「技術」の概念が「機能システム」と似ていることを指摘しているが（Luhmann 1991：訳 119），具体的には，どのような部分への分割，あるいは非分割がより良いかが大きな争点になる．ルーマンの「機能システム」が分割の例だとすれば，U.ベック（Beck）が見出した「サブ政治」は非分割の例にあたる．サブ政治は，政治や経済，科学，私的領域などから，間接民主主義の制度を通り越して，政治に直接働きかけるものだからである．

リスク社会の課題解決にとっては，分割も非分割も基本的には機能的に等価である．機能的分化とサブ政治のどちらが正しいあり方について，一般的に適用できる答えは今のところない．もちろん，21世紀初めに観察された各機能システム間境界が，機能的分化の最終形態だと考える理由も特にない．

そうした意味で，リスク社会は実は機能的分化社会それ自体の再帰的な姿であり，現代社会のきわめて現代的な自画像（自己記述）だといえる．　　　　　［佐藤俊樹］

📖 **参考文献**
[1] N. ルーマン / 小松丈晃訳，2014,『リスクの社会学』新泉社.
[2] U. ベック / 東廉・伊藤美登里訳，1998,『危険社会——新しい近代への道』法政大学出版局.
[3] 三好恵真子，2015,「不可視のリスクに起因する不安のコミュニケーションをどう捉えるべきか」檜垣立哉編著,『バイオサイエンス時代から考える人間の未来』勁草書房.

ジェンダーとセクシュアリティ

●**社会理論におけるジェンダー概念の登場**　ジェンダーは，もともと文法用語として使用されてきた．欧米の言語の多くは，男性名詞，女性名詞，中性名詞など名詞に男女の区別が存在している．また，形容詞や動詞が主語の名詞の性によって変化することはよく知られているだろう．英語のように，すでに言語上のジェンダーが薄れている言語もあるが，ヨーロッパ大陸の多くの言語にはいまだにジェンダーがはっきりと刻印されている．

1950年代から70年にかけて，この文法用語としてのジェンダー概念を，性科学者や社会学者が，生物学的性差と一定区分された社会的・心理的・文化的性別という視座から使用し始めた．日本社会でジェンダー概念が広がった契機になったのは，ジェンダー・アイデンティティやジェンダー・ロールという視座を提供した J. マネー（Money）と P. タッカー（Tucker）による『性の署名』（1975）だっただろう（マネーは，1955年にすでに社会的・心理的性別としてのジェンダー概念の使用を提案している）．ジェンダーを生物学的性差との連動性のうえで把握していたマネーに対して，生物学的性差であるセックスのうえにつくられる社会的・文化的性別という視座からジェンダーを再定義したのは R. J. ストーラーであった（Stoller 1968）．やがて，このジェンダー概念は，A. オークレー（Oakley 1972）の手で，より社会的構築物としての位置づけがなされていくことになる．多くの人文・社会科学で一般に使用されている「社会的・文化的に構築された性別」としてのジェンダー概念の本格的登場である．

●**第二波フェミニズムとジェンダー概念**　社会的・文化的に構築された性別というジェンダー概念の登場は，1960年代後半から国際的に拡大したフェミニズムの第二の波と影響し合いながら学術の諸領域でも普及していった．それまでの男女平等の市民的・法的権利要求や，女性の労働権などを軸にして展開していたフェミニズム運動は，この時期，いわゆる「家父長制」批判へとラディカルな展開をみせた（K. ミレット［Milett］など）．ここでいう「家父長制」は，いわゆる家族制度における家父長主導を超えて，公的分野のみならず日常生活も含むあらゆるレベルで貫徹している男性主導の仕組みそのものへの批判が視野に入っていた．「家父長制」の仕組みの転換というとき，性別が社会的・文化的に構築されたものだというジェンダーの視座は，大きな意味をもった．ジェンダーを人間が構築した社会的・文化的産物ととらえるなら，不都合があるならそれを変革することが可能だということになるからだ．

フェミニズムの第二波は，ラディカル・フェミニズム，マルクス主義フェミニ

ズム，エコロジカル・フェミニズム，ポストモダン・フェミニズムなど，多様な潮流を生み出した．やがて，この流れは，白人女性中心主義の批判のなかから，アフリカ系女性を軸にしたブラック・フェミニズムや第三世界フェミニズム，レズビアン・フェミニズムなど，さらに多様な発展を生み出していった．

●**ジェンダー概念の発展**　ジェンダー概念の学術分野への普及は，学問のあり方そのものへの変更を迫ることにもなった．この研究スタイルは，文学，社会学，歴史学から芸術学へ，さらに，哲学，政治学，経済学へと，従来の「知」のありようをめぐって，根本的な問い直しと変革を要求することになったのである．

　こうした展開のなかで，ジェンダー概念はさまざまな形で定義されるようになった．例えば，歴史学者であるJ. W. スコット（Scott 1988）は，ジェンダー概念を「肉体的差異に意味を付与する知」と定義した（スコットはその後，ジェンダー概念がさまざまな混乱を生み出したことを理由にこの語の使用を抑制することになる）．また，パフォーマティヴな反復行為のなかで構築されるものとしてジェンダーをとらえたJ. バトラー（Butler 1990）は「『セックス』とよばれるこの構築物こそ，ジェンダーと同様に社会的に構築されたものである．実際，おそらくセックスは常にジェンダーなのだ」と，セックスもまた構築されたものであると論じた．同様に，C. デルフィー（Delphy 1984）もまた，バトラーに先行する形で「ジェンダー――女性と男性という各自の社会的位置――は，セックス（オスとメス）という自然なカテゴリーに基づいて構築されているのではなく，むしろ，ジェンダーが存在するがために，セックスがそれに適合した事実となり，かつ認知されたカテゴリーになったのだ」と，ジェンダーこそがセックスを構築するという視座を表明している．

●**イリイチのジェンダー論**　社会的構築物としてのジェンダーという観点が拡大した時期，多くの議論とはやや異なる視座からこの概念を整理したのが，I. イリイチ（Illich）である．イリイチは，男女という二項図式は，かつて人々の共有する世界像の内に組み込まれていたと考える．イリイチは，この二項図式に基づく形で，男女の相互に補完的な関係が，世界中で成立していたとする．つまり，男女それぞれの役割は異なるが相互の補完関係で全体として共同体の生活が成立していたと考えたのである．もちろん，図式のあり方は地域によって，また時代によって変化する．イリイチは，それぞれの地域の固有の生活に根ざしたジェンダーの様相を，ヴァナキュラーなジェンダーとよんだ．こうした男女という二項図式と相互補完の関係はほとんどの前近代社会では見出せるというのである．

　近代産業社会の成立が，ヴァナキュラーなジェンダー構造を破壊した，とイリイチはとらえる．彼は，それぞれに固有のジェンダーの構図が，産業化の展開のなかで，人間が男女の生物学的性差のみで区別される「経済セックス」へと全面的に転換したと主張する．また，男性中心の賃労働の拡大の一方で，これとセッ

トになった家事労働などを含む「シャドウワーク」の女性へのしわ寄せの構図もまた，イリイチの産業社会批判の視点であった．ただし，イリイチのこうしたヴァナキュラーなジェンダーの議論は，男女の相互に補完的な性別分業を理想化したものであるようにみえ，一部のフェミニストからの批判をよび起こした．

●**ジェンダー理論の発展**　ジェンダー研究が，女性学から開始されたことはいうまでもない．女性という周縁におかれてきた存在からの学問の問い直し要求が，人文・社会科学から自然科学の方法論まで，学問の根本的な読み替えを要求した．

女性という視座からの研究が多くの成果を生み出すなら，「もうひとつのジェンダー」である男性・男性性に光を当てた研究が登場するのは，理の当然であっただろう．いわゆる男性学・男性性研究の登場である．この動きは1970年代初頭のアメリカ合衆国で，心理学やカウンセリングの分野で発展した．しかし，これらの研究は，あくまで個人としての男性の精神的な不安や悩みの解消に集中しており，支配・被支配関係や社会的課題への目配りはきわめて弱いものでしかなかった．社会科学分野での男性学・男性性研究の本格的な登場は，1970年代後半になってのことである．なかでも1977年に出版されたA.トールソン(Tolson)の『男性性の限界』は，もっとも早い段階での社会科学分野からの男性学・男性性研究の本格的な登場といえるだろう．日本においても，ほぼ同時期に男性学・男性性研究が産声をあげた．社会学分野では，伊藤公雄の「〈男らしさ〉の挫折」(1984)が，また心理学の領域では渡辺恒夫『脱男性の時代』(1987)などがこの時期の日本における男性学・男性性研究の代表的なものといえるだろう．

男性学・男性性研究にとってR.(男性だった時代はロバート[Robert]，60歳を契機に性転換した後はレイウィン[Raewyn])コンネル(Connell)によるヘゲモニックな男性性(hegemonic masculinity)という概念は，国際的にも大きな影響を与えた．男性性には文化や歴史を通じた多様性があるとともに，それぞれの社会に特有の支配的な男性性がみられることをコンネルはこの概念で提示した．そのうえで，男性性は，文化を超えてしばしば女性に対する支配の構図をもっていること，男性同士の間の支配/従属の関係が存在していることを論じたのだ．

また，E.セジウィック(Sedgwick)は，文学批評のなかから，ホモセクシュアルとは異なる男性間の強固なつながりをホモソーシャルという概念で説明した．ミソジニーとホモフォビアに支えられた男性間結合というこの視座は，文学批評を超えて社会分析にとってもきわめて有効な武器を提供したといえるだろう．

1990年代に入ると，国際的に男性学・男性性研究は注目を浴びることになる．歴史学，思想史，映画研究から国際政治学まで，人文・社会科学のほとんどの分野で，男性学・男性性研究の論文や書籍が急増していくのである．社会学関連の研究者に絞っても，イギリスのV.シードラー(Seidler)やD.モーガン(Morgan)，オーストラリアのコンネル，アメリカ合衆国のM.キメル(Kimmel)やM.メ

スナー（Messner）など多くの研究者が著書を出版するようになる．こうした動きのなかで，1998年には国際的かつ学際的な学術ジャーナルとして Men & Masculinities が，発刊されることになる．女性学が社会的少数派の立場からの学であったとすれば，男性学・男性性研究は，社会的マジョリティの側からの自己省察と自己変革を課題としていたといえるだろう．

●セクシュアリティ論からクイア論へ　1980年前後から，セクシュアリティをめぐる議論や運動が大きく広がった．とはいえ，このセクシュアリティという概念を定義するのはなかなか困難である．このセクシュアリティ概念を説明するとき，しばしば用いられるのが，L. A. カーケンダール（Kirkendall）らの次のような定義だ．

　　「セックスとは両肢の間にある生殖にかかわる器官であり，その行動（to do）の総称とされるのに対して，セクシュアリティとは，両耳の間にある器官，すなわち大脳にかかわる，性的存在としての人間の，全生涯と全人格（to be）を包含する概念である」（カーケンダール 1975）．

　セクシュアリティという言葉を，もう少し整理すれば，次のようにまとめられるだろう．つまり，性的欲望や性的行為，性的指向性などを含む，性に関わる意識・行動・心理・傾向などを総称するものとしてのセクシュアリティ概念である．

　セクシュアリティをこうした視点からとらえるなら，この問題に関連した現代の諸問題のいくつかを，ただちに連想することができる．援助交際などを含む買売春問題，マスメディアと性情報の問題，自慰行為，性暴力など強制や暴力を伴う性の問題性，障害のある人の性の問題などである．

　セクシュアリティをめぐる問題のなかでも，議論が広がり社会問題化したのは，同性愛者，両性愛者をめぐる動きだっただろう．その背後には，キリスト教やイスラム教の世界における同性愛者への差別や偏見があった．同性愛者への偏見の基礎には，ホモフォビア（同性愛嫌悪）がある．しかも，こうしたホモフォビアを男性が抱くとき，そこには，「自分は男らしい男だから同性愛者になんかならない」あるいは，「同性愛者は男性性が欠如した人間だから排除されて当然だ」といった，固定的な「男らしさ」の意識が控えているともいわれる．ホモフォビアは，時には重大な犯罪につながることもある．アメリカ合衆国では，しばしばホモフォビアに依拠したヘイトクライム（差別意識に依拠した嫌悪感や憎悪によって引き起こされる犯罪）も生じてきた．

　フェミニズム研究の側からのセクシュアリティ論も拡大していく．なかでもリッチは，女性に異性愛を強制する強制的異性愛の構図を暴露するとともに，レズビアン連続体の概念を用いて，強制的異性愛社会における女性たちの経験の一体感と女性同士の連帯の可能性を提示した．

　現在では，性的マイノリティをLGBT(I)，すなわちレズビアン，ゲイ，バイ

セクシュアル，トランスジェンダー，さらにインターセックス（性分化疾患）の人々の権利擁護に向けた動きが国際的に拡大している．また，出生時に割り当てられた性を否定するXジェンダーの人々や，性的関心をもたないアセクシュアルの人々も，性的マイノリティとして声をあげ始めている．

こうしたセクシュアルマイノリティの動きに対応して，クイアスタディーズとよばれる研究が拡大していった．「クイア」とは，英語で「変態」を意味する言葉だ．セクシュアルマイノリティの人たちは，社会からの偏見のまなざしを逆手にとって，自らを「クイア」と自称し，その生き方を研究対象にし始めたのだ．

セクシュアリティをめぐる諸問題には，「男らしさ」「女らしさ」というジェンダーをめぐる諸問題が，しばしば重なり合って存在していることにも注意を払う必要がある．「能動的性」（であるべきだ）という男性たちの「男らしさ」の縛りは，時として，「暴力的な性」「支配的な性」として出現する可能性をもっているからだ．他方，「受動的性」（であるべきだ）という，常に受け身であることをトレーニングされてきた「女らしさ」の拘束もまた，女性たちに対等な性的関係を許さないというケースを生み出しているからでもある．

●**身体・生物学的性差とジェンダー**　身体や生物学的性差の問題もまた，ジェンダーの議論と深く重なり合う．典型的には，「リプロダクティブ・ヘルス/ライツ」の問題があげられるだろう．つまり，「それぞれの個人，特に，妊娠・出産の機能を有する場合の多い女性たちが，生涯にわたって，避妊・妊娠・中絶・出産のすべてのプロセスにおいて，他者（しばしば男性であることが多い）の強制ではなく，自ら決定する権利が確立されるとともに，身体的・精神的・社会的に健全な状況（well-being）を確保すること」，である．生殖技術の問題も，ジェンダーにとって重要な課題である．この問題は，1970年代初頭のS.ファイアーストン（Firestone）の問題提起（性差別の根源は女性が妊娠出産の能力をもっているということからくる．究極的には人工子宮の技術により，妊娠・出産を技術的にコントロールすることで女性は解放される）以来，さまざまな議論がなされてきた．他方で，生殖技術の発展は，体外受精や代理母の問題，胎児のスクリーニング技術の発展などによって，複雑な問題群を生み出しつつある．

性差医療もまた，最近の新しい動きのひとつである．生物学的性差を視野にいれつつジェンダーに敏感な視座からの医療の見直しが進んでいるのである．日本でも，女性専用外来などが，急激に拡大しつつある．女性のかかりやすい病気に関して深い専門的知識をもった，多くは女性の（同性の方が安心してコミュケーションがとりやすい）医師が治療にあたるようなケースである．性差医療の発達のなかで，20世紀末には，医療や健康という視点からの男性性研究も広がってくる．

生物学的性差の研究は，さらに深められるべきだろう．しかし，生物学的・生理的性差についての知識の蓄積が，性差別を固定化させるために用いられるので

は意味がない．それどころか有害なものになる可能性さえある．問題は，性差別なき社会を生み出すという「正義」の実現のために，「客観性」に基づいた科学的知見をどう活用するのか，ということなのである．

●**テクノロジーとジェンダー**　テクノロジーの発展とジェンダーという課題も，近年の新たなテーマだろう．この課題を最もストレートに問題提起したのは，D. ハラウェイ（Haraway）だった．彼女は「サイボーグ・フェミニズム宣言」において，テクノサイエンスの発達のなかでのフェミニズムの新たな可能性を提言した．彼女はこの『宣言』において，「わたしたちはすでにみなサイボーグなのだ．サイボーグこそ現代人の本質」なのだという．サイボーグとは，我々の存在が生物であるとともに機械をも身体化＝内蔵した存在であるということだ．実際，我々の身体は，さまざまなテクノロジーにより，拡張したり改造されたりしている．ハラウェイによれば，こうした視座は，近代西欧思想からの決定的な断絶を我々にもたらすという．すなわち，我々は，「統一性」や「純粋さ」に基づく二項図式とは明確に切り離された「不純な」異種配合＝ハイブリッドだ，というのである．こうしたハイブリッドな存在のもつ変革主体としての可能性という視点は，「宣言」の最大のテーマであるフェミニズムと結びついていく．すなわち「サイボーグは脱性差時代の世界の産物」として位置づけられるのである．

世紀の転換以後，ジェンダー論は，この新たなテクノロジー問題と，新たな文脈で向かい合い始めている．いわゆる「ジェンダード・イノベーション」の登場である．これは，ジェンダー論の視座から科学史を研究してきたスタンフォード大学のL. シービンガー（Schiebinger）が，2005年に提唱した新たなジェンダーと技術の方向性である．つまりジェンダーバイアスは，意識だけではなく，技術の面においても存在してきた．例えば自動車の組み立て場は，男性基準でつくられることで，平均して体の小さい女性にとっては対応しにくい状況にあった．また，男性基準の薬剤の開発が，結果的に女性の身体に対して重大な悪影響を与えるというケースも多々存在してきた．だからこそ，ジェンダー分析を，科学，医学・医療，技術さらに環境といった自然科学領域に大胆に持ち込み，ジェンダー平等な社会参画の保証とともに，新たな技術的なイノベーションをつくり出そうというのが，彼女の提案である．この提案のもとに，すでにEUでは，科学と市民生活の間のより良い関係をめざして，2020年に向けて "Science with and for Society" and Responsible Research and Innovation in Horizon 2020 というプロジェクトが動き出している．

［伊藤公雄］

📖 **参考文献**

［1］Pilcher, J. and I. Whelehan, 2004, *50 Key Concepts in Gender Studies,* Sage.（片山亜紀訳者代表，2009,『ジェンダー・スタディーズ』新曜社．）
［2］伊藤公雄，2008,『ジェンダーの社会学』放送大学教育振興会．

情報・メディア社会

●**情報・メディア社会とは** 特に20世紀後半以降，技術と社会の相互関係が大きく浮上してきた．この様相は，「情報社会」論あるいは「メディア社会」論としてさまざまに論じられている．

【「情報(化)社会」とは】 コンピュータ技術の発展などを背景として，「情報」の重要性が社会のあらゆる局面で顕在化してきた社会を指す．

この言葉は，林雄二郎『情報化社会』(1969)によって人口に膾炙したとされる．海外では"information society"という言葉は一般的に使われてはいない．英語ではむしろ端的に"computerized society"といった用語のほうが日常的に使われるようである．

このことが暗に示すように，「情報社会」論は，単に「コンピュータが一般化した社会」を論ずるというだけではなく，K. ボールディング(Boulding 1964)の文明の三段階説，D. ベル(Bell 1973)の脱産業化社会論，F. マッハルプ(Machlup 1962)の知識産業論などを下敷きとした産業論的文脈に則っている．日本では，梅棹忠夫『情報産業論』(1963，梅棹[1988]に収録)がその嚆矢とされる．このような初期「情報(化)社会」論は政策提言の側面も強く，1970年頃から各省庁，自治体でも「情報化」の名のもとに積極的な取り組みが行われてきた．80年代後半になると，マルチメディアやコンピュータ・ネットワークの普及に伴い，「高度情報(化)社会」といった言葉も登場し，2000年代には「インターネット社会」「デジタル社会」などともよばれ，「情報社会」論もさらに多彩になった．情報技術の発展によって生み出された物理的に近接しない社会空間「フローの空間」の意義を論じたM. カステル(Castells 1989)の"informational city"，同じく情報技術が生み出した〈帝国〉と可能性としてのマルチチュードを論じたA. ネグリ(Negri)とM. ハート(Hardt)の『帝国』なども，「情報社会」論の重要な水脈といえる．

他方，「情報社会」論というよりも「メディア社会」論とよぶほうがふさわしい議論の流れも存在する．M. マクルーハン『メディア論』(McLuhan 1964)，M. ポスター『情報様式論』(Poster 1990)，D. ライアン『監視社会論』(Lyon 2001)なども，「情報社会」化を論ずる系譜の一つである．「情報社会論」と「メディア社会論」の違いは必ずしも明確ではないが，前者が社会内での情報(知)の流通・処理・アクセスのあり方から社会を論じるのに対して，後者は情報の伝達(コミュニケーション)のあり方に焦点を当てて社会を論じようとするといえる．R. ドゥ・ブレは「すべての伝達作用の物質的様式をまさに統括」(Debray

1991：訳15)する「メディオロジー」を提唱している．また，L. レッシグは『CODE VERSION 2.0』(Lessig 2006) で,情報社会の「コントロールのアーキテクチャー」について論じている．

【人類史の三つの時代区分】 視座の差はあれ，これら「情報社会」「メディア社会」論に共通するのは，A. トフラーの『第三の波』(Toffler 1980) がそうであるように，人間社会の歴史を大きく三つの段階に分け，その最後の段階に「情報社会」を置いている点である．

一方，今日の社会科学においては，社会の展開を前近代・近代・ポスト近代の3段階に分けることが一般化している．また，その最後の段階である「現代」が，世界における情報流通の変化（大量化・即時化・広範囲化など）やメディア技術の進歩（インターネットやモバイル・コミュニケーションの普及）によって特徴づけられることも，共通の認識である．

そしてこうした現代の特徴は，社会構造を中央集権型から分散型へと変化させ，世界のグローバル化を推進し，また P. ヴィリリオ（Virilio）が指摘するように社会のリスク脆弱性を露わにする．その結果，情報社会論やメディア論は，より一般的なポストモダン（後期近代）論や，グローバリゼーション論，リスク社会論などと同じ現象をやや異なる用語系で語っているにすぎないとの議論もある．言い換えれば，あえて「情報社会」論を名乗らずとも，現代社会を語ろうとすればおのずと情報社会・メディア社会論にならざるを得ないともいえる．

一方，現代社会に「中世（前近代）への回帰」をみる研究者たちもいる．例えばその一人である H. ブルは，近代的主権国家群がつくり出す「国際社会」の代替として，「権威が重なり合い，かつ多元的な忠誠のシステム」すなわち「新しい中世」を提案した (Bull 1977)．また，「再魔術化」（M. バーマン [Berman 1981] や C. パートリッジ [Partridge 2004-5] など），「再埋め込み」（A. ギデンス [Giddens 1990]）などの議論も，「近代」のからの螺旋的回帰を展望する議論といえる．これらの議論では，情報技術の発展による「世界の一体化」が重要な要因としてあげられている．それは，マクルーハンがメディアの発達による「再部族化」を指摘したことと共振するものでもある．

●情報社会・メディア社会の段階的変化 「情報社会・メディア社会」に関する議論は，インターネットの社会的普及レベルに応じて，いくつかの局面を経てきた．本項では，それらを大きく四つに分けて考えることとする（遠藤 2000）．

【第1局面──初期理想主義と公共圏】 インターネットは，1969年，アメリカ国防省の ARPANET として開発された．ARPANET 自体の利用は一部に限定されたものであったが，ここから発展した自律分散型ネットワーク技術については，さまざまな社会的応用が試みられた．例えば，実践的には，サンフランシスコで学生たちの手によって行われたコミュニティ・メモリ（1972-74）など，地域共

同体の再生をめざすさまざまな試みが行われた．

　1979年に生まれたUSENETや，1985年に西海岸を中心として多くの人々を集めたWELLなどは，原理的には世界のどこからでも誰でも参加できるリアルタイムの双方向コミュニケーション空間を開いた．

　日本でも，80年代半ばから，学術ネットであるJUNET，大分県の地域ネットCOARA，商用パソコン通信のNIFTYなど，個人などが開設する草の根BBSなど，多様なコミュニケーション空間が数多く誕生した．

　こうした動きの背景には，当時の西海岸文化，J. リップナックとJ. スタンプス（Lipnack and Stamps 1982）によるネットワーキング運動，I. イリイチ（Illich 1973）のコンビビアリティ論，J. ハーバーマスの公共圏論（『公共性の構造転換』［Habermas 1990］等）などがあり，インターネット空間を新たな公共圏として期待する議論と実践が盛んに行われた．

　【第2局面──NII/GIIと情報格差，サイバーリスク，監視社会論】　1993年に誕生したクリントン-ゴア政権は，NII（National Information Infrastructure）/GII（Global Information Infrastructure）政策を前面に打ち出し，それまで利用が限定されていたインターネットを一般に開放した．インターネットは開かれた社会的インフラとなった．世界の多くの国々がこれにならった．また，1993年には誰でも簡単に操作できるWWWブラウザのMosaicが一般に提供され，インターネットは爆発的な普及段階に入った．インターネットは，まさに，世界規模の公共空間となったのである．

　インターネットの公共性が増すにつれて，その社会的リスク（反公共性）についても大きく取り上げられるようになった．

　その第一は，「情報格差（デジタル・デバイド）」の問題である．社会の情報化の進展は，パソコンやインターネットを利用して富（経済資本・文化資本・社会資本）を増やしていく情報強者と，それができずにいっそう貧しくなっていく情報弱者の間の格差を拡大するという議論は，初期からあった．デジタル・デバイドは，社会的排除と社会的包摂の問題でもある．

　第二は，サイバーリスク（有害情報，コンピュータ犯罪，サイバーテロリズムなど）の問題である．すなわち，インターネットはオープンであることをその特徴とするが，それは，わずかな悪意によってもシステム全体に大きな被害が及ぶ脆弱性をも意味している．例えば，2000年に起きたLove Bugウィルス事件は，フィリピンの貧しい専門学校生が軽はずみにつくり出したプログラムが，世界中の情報システムに甚大な影響を引き起こしたのだった．

　第三は，サイバーリスク問題と補完的な関係にあるともいえる監視社会問題である．社会の情報化が監視社会（超管理社会）を招くとする危惧は，G. オーウェル（Orwell）が1949年に著した『1984年』の頃からあり，M. フーコー（Foucault）

の「パノプティコン」を参照した議論が盛んに行われてきた．例えば，1993年にインターネットを揺るがしたクリッパーチップ問題はこの線上にある議論だった．

　一方，この時期，インターネットのメリットも再認識された．1995年，日本は阪神大震災に見舞われた．あらゆる通信手段が断絶するなか，インターネットの有用性が広く認識された．2001年の9.11テロの際にも，インターネットを介した現場からの情報発信と情報蓄積の有効性が注目された．メディア論やジャーナリズム論は新たな局面への対応を迫られたのである（遠藤 2000）．

【第3局面──WEB 2.0と大衆情報社会論】　2000年代に入る頃から，インターネット上に新たなコミュニケーション・サービスが次々と登場してきた．膨大な数のスレッドの集合体としての匿名掲示板，ブログ，SNS（ソーシャル・ネットワーキング・サービス），YouTubeなどの動画投稿サイト，Wikipediaなどである．これらは単に新しいというだけでなく，格段に使いやすく，それ以前とは比較にならないほど幅広い年齢層の大量の利用者を集めている．インターネットはまさに大衆のコミュニケーション空間となった．

　その結果，一方では，これらのコミュニケーション空間が「集合知」や「世論」あるいは「論壇」を形成するという議論があり，他方では，私的な落書きめいた言説が非理性的な集合現象（集団的浅慮）や集団分極化を引き起こしているとする批判も強くなっている．

　だが，百家争鳴的な議論をよそに現実は急激に進展している．アメリカでは，大統領選挙を初めとする政治活動にインターネットは不可欠のメディアとなり，政治家も，マスメディアも，一般市民も，新しいコミュニケーション・ツールを政治的議論の場として大いに活用している．また，中国や韓国でも，インターネットを介して，若年層を含む幅広い層の政治的運動が目立つようになっている．携帯を介したインターネットの浸透は，こうした動きをさらに加速させてきた．

【第4局面──融合する現実とメディア】　2010年代になると，ネット空間，マスメディア空間，現実空間の融合がさらに進んだ．このような現実とメディアの融合（共振）を，遠藤薫（編著 2004, 2007）は1990年代から「間メディア性」とよんで注目してきたが，かつては対立的でもあったネットとマスメディアはむしろ相互参照的になり，また，ソーシャルメディア，ウェアラブル・コンピュータ，ICカードなどの常時使用は，現実空間とメディア空間との一体化を急速に推し進めつつある．こうした状況も含めて，インターネットと公共圏に関する議論が，さらに広く深く行われることが我々の社会の緊急課題である．

●**情報社会・メディア社会の今後**　以上を踏まえたうえで，今後我々が取り組むべきいくつかの論点を以下に簡単にあげておきたい．

【インターネット公共圏論と大衆情報社会論】　先にも述べたように，インター

ネットの大衆化に伴って，インターネット上に公共圏が形成されることを期待する議論とともに，インターネットが非理性的な集合行動の場となることを危惧する議論も盛んである．

しかし，こうした議論は，かつて「近代化」の潮流に対して投げかけられた批判に対応するものであることに注意する必要がある．ハーバーマスは，近代初期に理想的な「公共圏」をみたが，日常生活の歴史に着目するJ. ブルーア（Brewer 2006）によれば，現実は必ずしも美しいものではなかったという．

近代化批判としての大衆社会論を，W. コーンハウザー（Kornhauser）は二つのタイプに分類している（1959:23）：①貴族主義的批判；接近可能なエリートが大衆の干渉にさらされている，②民主主義的；原子化された非エリートがエリートの支配にさらされている．そして，いずれのタイプの批判においても，大衆が，アノミー化（非社会化，個人主義化）しており，社会意識が薄く，享楽的かつ付和雷同的であり，また，大衆とエリートの間をつなぐ中間集団が衰退して相互が影響を強く受けやすくなっているために，「民主主義」が脅威にさらされている，という認識においては共通している，と指摘している．

この分類を今日のインターネット批判に当てはめてみれば，権力へのアクセシビリティの拡大による脅威論として，ハッカーや逸脱文化の跋扈，情報パニックに対する危惧があり，エリートによる支配の脅威論として，情報格差や情報管理への危惧がある．そして，いずれの議論においても，「大衆」の自律性に疑問が投げかけられている点，「民主主義」を守られるべき規範としている点では，一致している（遠藤編著 2004, 2016）．

いずれにせよ，我々は常に「現実」に対して，過剰な美化や過剰な批判に陥ることなく，冷静に対処する必要がある．

【小公共圏論と動的社会秩序】　ハーバーマスの想定する「公共圏」は，その社会全体で一元的（unitary）なものである．しかし，現実には，一つの社会のなかにも，それ自身の論理と力学をもつ多様な「圏」が存在する．T. ギトリン（Gitlin 1998）は，「公共圏」の概念を，細分化された「小公共圏群（publicsphericules）」のゆるやかな連結として再定式化するべきであると主張している．

実際，我々は必ずしも全員が同じ〈公共〉空間に生きているとはいえ，個々の立場や価値観に沿った〈公共〉空間を想定して，意見表明はもとより議論の〈場〉を選択している．しかも，我々は（特に現代においては）複層的な社会のサブシステムに多元的に帰属している．その結果，意識するとしないとにかかわらず，また匿名であるとないとにかかわらず，複層的な小〈公共〉空間にも多元帰属しているのである．したがって我々はむしろ，こうした小〈公共〉空間の間の相互関係に注目し，静的な均衡点としての合意ではなく，絶え間なく変化する〈合意〉の動態を分析対象とすべきなのである．

【言語と映像】　ネットメディアの社会への埋め込みは，W. オング（Ong）のいう二次的口承文化の世界を実現しようとしている．ネット上では，人々は，書き言葉よりも話し言葉を使うことが多い．さらには，言葉よりも，音楽や映像によってダイレクトに人々の心に訴えようとすることも増えている．YouTube や Instagram などは，そのための重要な媒体となっている．

こうした潮流を，人々のコミュニケーションが「感情的」「非理性的」に行われがちになると危惧する意見も聞かれる．しかしながら，実際のところ，我々はまだ，「言葉」によるコミュニケーションを自明視するあまり，音楽や映像によるコミュニケーションについて十分な分析方法を確立しているとはいえない．政治的な活動や運動においても，音楽や映像が重要な役割を担いつつある今日，音楽や映像の社会的機能について，我々は理解を深める必要がある．

【情報遍在性と超監視社会】　ネットを媒介とした情報流通の技術が高度化し，社会の利便性や効率性への寄与が大きくなればなるほど，ネットメディアはいつでもどこでも必要とされるようになる．そして，技術はそのような需要に応えようとするため，双方の相乗効果によって，ネットメディアのユビキタス化（遍在化）は急速に進んでいる．しかし，ユビキタス化が進めば，そこから生じるリスクへ不安も高まる．サイバーリスクを含む多様なリスクの可視化（「リスク社会」化）とそれに対する防衛は，新たなタイプの「監視社会」を生み出しつつある．すなわち，かつては「独裁者（中心）」による監視問題だったのに対し，今日は，全員による全員に対する相互監視あるいはシステムによる自動監視の問題が浮上しているのである．

【情報社会の未来は開けるか？――公共性とは何か？社会性とは何か？】　我々は安易にバラ色の未来を夢見ることはできない．あまりに技術の進歩は早く，あまりに多くの問題がバックログとして滞留している．

先にも述べたように，インターネットを介したコミュニケーションについては，初期の頃から，そのメリットだけでなく問題点が指摘されてきた．しかも，その問題群は，社会の本質に関わるものであるために，解決は困難である．いや，むしろ，特定の解決を求めれば，そこに新たな問題が立ち現れてくる．このパラドキシカルな〈現実〉をいかに上手く綱渡りしていくか．我々は常にそのバランスを注視していくほかはないのかもしれない（遠藤 2016）．　　　　　［遠藤　薫］

参考文献

[1] Bell, D., 1973, *The Coming of Post-Industrial Society*, Basic Books.（内田忠夫ほか訳，1975，『脱工業社会の到来――社会予測の一つの試み（上・下）』ダイヤモンド社.）
[2] Debray, R., 1991, *Cours de médiologie générale*, Editions Gallimard.（嶋崎正樹訳，2001，『一般メディオロジー講義』NTT 出版.）
[3] Lessig, L., 2006, *Code Version 2.0*, Basic Books.（山形浩生訳，2007，『CODE VERSION 2.0』翔泳社.）

個人化と心理化

●**個人化・心理化の時代的背景** 個人化論や心理化（心理学化，心理主義化）論は，自己論として位置づけられる一方で，今日，個人化や心理化が問われる背景には，社会や「社会的なもの」の成立の困難性をみることができる．したがって，個人化や心理化を問うことは，単にそれぞれの固有な自己のあり方を問うだけではなく，それらをキーワードとしてどのような社会が描かれてきたかを問うことが重要である．

個人化の諸類型の時代的背景をはじめに検討し，次に，それぞれの個人化のあり方を，それらがどのような社会像を描いているかを念頭に置きながら詳しくみていこう．

【**個人化の諸類型とその時代的背景**】 個人化にはいくつかの類型が考えられる．ここでは，5つの類型を設定しよう．それは，近代的個人化，私（事）化，再帰的個人化，心理化，新しい個人主義の5つである．心理化は，個人をさらに細分化する側面をもつが，ここでは心理化を個人化の一つの類型と位置づけ，個人化との関連で論ずることにしよう．

それぞれの個人化は時代背景を別とする．近代的個人化は，社会学では，É. デュルケム（Durkheim）や G. ジンメル（Simmel）らの時代を背景とする．その時代は，農村的な共同体から産業化を経て都市化する社会を背景としている．

私化は，P. L. バーガー（Berger）の指摘するように，人々の生きがいが国家や産業領域のような公的領域から，親密な関係の場としての私的領域に移行することを意味している．それは，一人ひとりが固有なライフスタイルを追求しうる豊かな消費社会の到来を背景とするが，同時に，近代的な合理主義的な社会への懐疑をも背景としている．

再帰的個人化は，A. ギデンズ（Giddens）や U. ベック（Beck）らによって指摘された個人化の一つの類型である．ギデンズは，高次近代（high-modernity）の特徴を，グローバリゼーション，メディア空間による経験の媒介の拡大，リスク社会化に求めた．それに対して，ベックは，現代社会を第二の近代とよんだ．第一の近代では，農村的な共同体が解体しつつも，国家，階級，近代家族などのゲマインシャフトが残っていたのに対して，第二の近代は，それらが流動化することで，自己の枠組みが解体し，自己の再帰的な構築が求められる時代を背景とする．つまり，再帰的個人化は，グローバリゼーションに伴う社会の断片化を背景としている．

新しい個人主義は，C. レマート（Lemert）や A. エリオット（Elliott）によっ

て提出された個人についての見方である（Elliott and Lemert 2006）．それは，再帰的個人化のさらなる進展を意味しており，その点では，グローバリゼーション以降のより現代的な社会を背景としている．

【心理化の時代的背景】　一方で，心理化は，自己や社会をめぐるさまざまな現象を，社会的に解釈したり，対処したりするのではなく，心や精神をめぐる語彙に注目することで解釈し，対処する傾向と定義され，その傾向は，再帰的個人化や新しい個人主義と同じように，グローバリゼーション以降の自己責任などの言説が一般化する時代を背景にすると考えられている．しかし，心理化をどのように考えるかによって，その時代背景は異なっている．

　心理化には，さまざまな見方がある．第一は，心理化を統治性の観点から見る見方である．典型的には，労働をめぐる問題，階級や経済的な問題を，心や精神の問題として，責任を個人に帰属させる傾向がそれにあたる．第二は，心理化を，本当の自分は自己の内部＝「心的なもの」にあるという自分探しの傾向に求める見方である．その傾向は，自己肯定感の神話化やそれに基づく成功の哲学や教育の理念，また，対抗文化に典型的にみられたスピリチュアリティの探求にもみることができる．この傾向は私化現象とも関連している．第三に，人間関係における感情意識化の深化を，心理化の一つの傾向とみることができる．それは，ベックの第二の近代にみられるように，人間関係をめぐる家族や職場，地域社会などの枠組みが希薄化し，人間関係の構築において他者への感情的な配慮がより求められるようになる傾向を指している．第三の傾向は，感情労働への関心の高まりとも対応する．第一の傾向がグローバリゼーション以降の時代を背景としているのに対して，第二の傾向は，対抗文化に象徴される1960年代や70年代に起源を求めることができるし，第三の傾向は，第一の傾向と同じく，グローバリゼーション以降の現代社会を背景とする．

　三つに区分される心理化は，程度の差はあれ現代的な傾向とみなされてきた．しかし，心理化が，自己や社会をめぐるさまざまな現象を，社会をめぐる語彙でなく，心や精神をめぐる語彙に注目することで解釈し，対処する傾向であるとするなら，心や精神の語彙によって自己や社会を解釈する学問としての心理学の成立を，心理化の起源に求めることができるという見方がある．それを，心理化の第四の見方と位置づけよう．心理学者のK. ダンジガー（Danziger）によれば，「心的なもの」によって自己や社会を説明する心理学の見方は，従来自己を規定してきた，階級，職業，家柄といった生得的な社会的特性や宗教的な世界観が希薄化することで，自己の自明性が解体し，自己とは何かが自己言及的に探求されるようになったことを背景にしている（Danziger 1997）．このようにみると，心理化の起源は近代社会の成立時に求めることができるし，それは，また，近代的個人化とも時期や時代的な背景を共有している．

●個人化・心理化とは

【さまざまな個人化】 次に，さまざまな個人化のあり方を，それらが描く社会像と関連させつつより詳しくみていこう．

近代的個人化は，農村的な共同体から都市的な社会へと移行した近代社会の成立を背景とするものであった．このとき個人（the individual）とは何を意味するのだろうか．individualとは，「分けられない」という意味をもつ．つまり，個人の属性を，階級や職業，あるいは，家柄や身分などの枠組みに基づいて位置づけるのではなく，それらの属性を最終的に分化していった先に見出されるのが個人である．では，個人は，自己を位置づける枠組みを失ったがゆえに，孤独で不安な自己なのだろうか．そうした側面は，近代的個人の一側面として否定されないが，一方で，個人の成立とは，自己を位置づける単位が，職業や身分などの個別的な単位から，それらを超えたより一般的な社会に移行することを意味している．つまり，近代的個人化の想定する社会とは個別的な社会ではなく，国家，あるいはそれをも越えたより普遍的な＝コスモポリタンな社会といえる．

次の個人化の類型は，私化である．privatizationは，私事化や私生活化などとも訳されるが，ここでは，私化と訳すことにする．私事化や私生活化は，マイホーム主義やミーイズムを連想させるが，privatizationは，必ずしもそれらの意味に限られないからである．バーガーによれば，私化とは，国家や産業領域などの公的領域が匿名化することで，日常的な人々にとって意味を求める場とならず，それに代わって私的領域が意味を求める場となる現象を指していた（Berger et al. 1974）．

このとき考える重要なポイントは二つある．一つは，私的領域とは，必ずしも制度化された家族を前提とするものではないということである．バーガーは，私的領域として，同性愛によるカップルや，さまざまな個人的な経緯をもつステップ・ファミリーなどを例としてあげる．それらを含む私的領域での人間関係は，ギデンズのいう純粋な関係性を彷彿させる．一方で，公的領域から私的領域への意味の移行は，M.ウェーバー（Weber）によって典型的に描かれた近代的合理性に基づく社会そのものへの批判，つまりは近代社会そのものへの批判を背景にもっている．こうしたバーガーの私化論は，1960年代や70年代のアメリカでの対抗文化を背景として初めて理解できる．

西欧でのファシズムを背景とする大衆社会論は，K.マンハイム（Mannheim）やE.フロム（Fromm）に代表されるように，大衆を，全体主義的な国家に操作される無力な個人として描いた．一方で，バーガーの私化論は，国家や産業などの公的領域への関心の希薄化を，大衆社会論のように否定的にみるのではなく，むしろ，近代社会への批判的な視点やそれに基づく新たな社会関係の形成をみようとした理論として位置づけることができる．

心理化については，項をあらためて論じることにして，次に再帰的個人化につ

いてみてみよう．

　再帰的個人化論の代表的な論者であるギデンズは，現代社会ではライフスタイルの選択幅が拡大し，その結果自己の再帰性が拡大したと指摘する．そして，ライフスタイルの多様化の要因を次の4つに求めている．それは，現代社会がポスト伝統社会であること，生活世界が複数化すること，知識の真偽が文脈依存的であること，そして，媒介された経験がますます選択の幅を拡大することである (Giddens 1991)．これらの要因は，いずれも，どのように人生を設計すべきか，というライフスタイルの問いを開かれたものとし，したがって自己への再帰的な問いかけ＝自己の再帰性を高めることになる．

　ベックも，第二の近代が，自己のあり方を大きく変えたことを指摘する．つまり，第二の近代は，第一の近代が残した，国家，階級，職業，近代的な家族などの自己を位置づける枠組みを失った社会であるがゆえに，第二の近代では，「自己がどこに所属するのか」という問いへの答えが自明なものではなくなる．その結果，自己の境界が流動化，多元化し，自己の構築のあり方が文脈依存的なものとなる．そうした第二の近代での自己を，ベックは「準主体」とよんでいる (Beck und Bonß Hg. 2001)．

　このような，ギデンズやベックの指摘する再帰的個人化は，グローバリゼーションによる社会の大きな変化，つまり，国民国家の流動化に基づく「社会的なもの」のゆらぎを背景としている．

　最も新しい個人化のモデルが，新しい個人主義である．これは，レマートとエリオットによって提案された (Elliott and Lemert 2006)．新しい個人主義は，4つの特徴をもつ．第一は，自己の再創造 (self-reinvention)，第二は，即座の変化への対応，第三は，速度への魅了，第四は，短期主義とエピソード性である．ギデンズのいう高次近代での自己は，再帰的に自己の物語を再構築していく，再帰的＝反省的な自己であった．エリオットらの提唱する新しい個人主義での自己像は，そうした再帰的自己よりも，より即座に，素早く変身を求める自己のあり方を念頭においている．その典型は，美容整形による自己の再創造である．また，その自己像は，過去の自己と現在の自己とは物語的に結びつくのではなく，自己はそれぞれの文脈のエピソードの寄せ集めでしかないという短期主義，エピソード性を前提とする．エリオットらの新しい個人主義は，ギデンズらの再帰的個人化のさらなる延長線上にあるといえる．

【心理化する自己】　前項21頁では心理化の見方を4つに整理した．第一は，統治性の観点から心理化を位置づける見方，第二は，本当の自分は自己の内部＝「心的なもの」にあるという自分探しの傾向に求める見方，第三は，人間関係における感情意識化の深化に注目する見方，第四は，心理学や近代社会の成立に心理化の起源を求める見方であった．ここでは，一と四に改めて言及しよう．

第一の，心理化を統治性の点から位置づけた視点を社会学の立場から展開したのが N. ローズ（Rose）の統治性論である．

　心理化は労働の場に限定されず，日常生活のあらゆる場に浸透してきている．労働の場での，心理化の事例は，仕事上でのトラブルが，労働条件や労使関係などの労働や経済的な枠組みによって位置づけられるのではなく，働く者の心や精神などの「心的なもの」に帰属させて語られる傾向を意味する．その傾向は，家族問題が仕事の条件や経済的な収入などの労働や経済の語彙によって語られるのではなく，心理的なスキルの問題として語られたり，トラウマや欲望の問題として語られたりする傾向にもみることができる（Rose 1998）．ローズは，そのことを心理化のもつ統治性と名づける．統治性とは，物事をなす方法を正しいと認め，ある行動に資格を与えることで，自己を権力様式に組み込む作用を意味している．そして，このような統治性は，自己のテクノロジーと密接に結びつく．自己のテクノロジー論が指摘するのは，方法や行動の正当性が，単に知識だけにはよらず，それを担う専門家や場，制度的な背景，マスメディアなどによって複合的に達成されるという点である．つまり，心理学知は，それを担う心理学者やセラピスト，それらの所属する大学や診療所などの場やそれらを正当化する資格などの制度，また，セラピー文化の形成などにみられる心理学知を広めるマスメディアの働きなどの複合的な作用によって普及する．心理化は，こうした自己のテクノロジーによって統治性を達成できるのである．この統治性や自己のテクノロジーという視点は，ローズが M. フーコー（Foucault）の概念を心理化論に展開したものでもある．

　心理化の起源を心理学や近代社会の成立時に求める見方が，心理化に対する第四の見方であった．ローズも，心理化が心理学の成立時に並行するものだといっている．労働や人間関係のトラブルが，心理学的な語彙によって位置づけられるのは，自己のテクノロジーとしての心理学によって，問題の解釈や対処の仕方が与えられることを意味するからである．そして，自己は自立した主体であり，主体としての自己が，自己責任のもとで自己を統治するというリベラルな人間観を前提として，心理化が人々に自己のテクノロジーとして機能してきたのは，心理学の成立にさかのぼると指摘する（Rose 1998）．

　ローズは，統治性としての心理化が，心理学の成立にさかのぼるとしたが，ダンジガーは，より一般的に，ものごとを心理的な語彙によって解釈したり，対処したりする傾向を心理学に求めた．さらに，ダンジガーは，心や意識，情動や動機などの心理学的な語彙によって解釈される対象は，「客観的な」属性ではなく，語彙によって発見され説明される構築物だと指摘する（Danziger 1997）．つまり，心や意識，情動や動機は，自己や社会を解釈する語彙であって，それらは近代社会の成立時に発見され，そして，それらの語彙に基づいて自己や社会を説明する学としての心理学が成立したのである．

●**日本における個人化・心理化の展開**　個人化のさまざまな類型は，欧米の社会学から生まれたものだが，それらは日本における自己や社会の説明にも応用や展開が可能である．

　1970年頃までの戦後の日本社会では，戦前の全体主義や封建主義的な社会に対して，国家や伝統から自立した近代的な個人が希求された．その動きは，丸山眞男や大塚久雄らの戦後啓蒙の思想家によって代表される．また，1960年前後から，日本社会は，高度経済成長を契機として，政治的な理想の探求から個々人の豊かなライフスタイルの探求に大きく舵を切るが，その時代の自己や社会の説明には，私化論が応用可能である．一方，1990年代以降のグローバリゼーションの進展する時代では，再帰的個人化や心理化に対応する日本での自己論や社会論が登場する．日本社会も安定した仕事や近代的な家族がゆらぎ，それらが人生の支柱となり得なくなるなかで自己の再帰的な探求が求められるようになること，また，それと並行して，仕事での自己責任が強調されたり労働問題が心理的問題に還元されたりすること，人間関係における感情意識が高度化すること，などの現象が指摘されている．このように，心理化を含めた個人化の諸類型は，日本における自己や社会の分析にも応用可能である（片桐 2011）．

　最後に，心理化論が，自己や社会への基本的な考えに大きなインパクトをもつことを指摘しよう．

　心理化は，そもそも心や精神をめぐる語彙に注目することで自己や社会を解釈，対処する傾向であり，それは近代社会の成立に起源をもっていた．心理学の見方は，自己と社会の見方に大きな影響をもつことになったと，ダンジガーは述べている．「今や自己は主観の中に置かれた原点となり，それぞれの個人は，その原点から世界を経験したり，世界に働きかけたりする．そして，世界の方は，そうした経験の補給源や，個人の行為のための素材の供給源にすぎないものとなる」と（Danziger 1997）．ここから，自己あるいは個人と社会，内部と外部という二項対立的な自己や社会をめぐる思考図式が一般化する．学としての心理学は，そうした背景のもとで成立する．こう考えると，心理化は，個別的な自己や社会現象を説明するのではなく，より基本的に，近代社会における自己像や社会像を形成してきたものと位置づけられる．社会学的な思考は，そのような背景を抜きにしては考えられない．その点で，自己や社会の基本的なあり方を問い直すためにも，心理化をより根底的に問い直すことが必要である．　　　　　　　　　［片桐雅隆］

📖 **参考文献**
[1] 樫村愛子，2003,『「心理学化する社会」の臨床社会学』世織書房．
[2] 片桐雅隆,2017,『個人化の認知社会学――心理化する時代の自己と社会（仮題）』ミネルヴァ書房．
[3] Giddens, A., 1991, *Modernity and Self-Identity,* Polity Press. (秋吉美都ほか訳，2005, 『モダニティと自己アイデンティティ――後期近代における自己と社会』ハーベスト社.)

グローバリゼーション論

●グローバリゼーション概念はなぜ必要となったのか

【グローバリゼーションの「新しさ」】　社会学用語としてすっかり一般化した「グローバリゼーション」だが，この語が頻繁に使用されるようになったのは実は1980年代に入ってからにすぎない．グローバリゼーション自体は相対的に新しい概念であることをまず確認しておこう．

いうまでもなくグローブとは地球の意味である（中国語ではglobalizationは全球化と訳される）．社会的事象が地球上に広がる現象自体は，近代の歴史と同じくらい長い歴史をもつ（正村 2009）．それなのに，グローバリゼーションという概念はなぜ近年になって登場したのか．また短期間になぜこれほど市民権を得たのか．

グローバリゼーションは，社会学の理論的系譜でいうと，社会の全体性ないし全体社会という考え方と密接な関係をもつ．振り返ってみると社会学が発展を遂げた20世紀，全体社会はしばしば国家と同一視されてきた．国家を超える範域を直接の対象とする社会学研究は，例えば世界システム論などが1970年代に登場するまで，必ずしも一般的ではなかった．

国家を超える社会現象を対象とする研究が存在しなかったわけではもちろんない．K. マルクス（Marx）の世界市場論，M. ウェーバー（Weber）の合理化論など，社会学とそれに先立つ認識はその出発点においてはむしろ世界的な射程をもっていた．だが，社会学自体が国を単位に制度化されていくにつれ，グローバルな認識はむしろ後景に退いていく．そうした流れに変化がもたらされたのは，第二次世界大戦後の次のような出来事をきっかけとしていた．

第一に，核兵器の登場により地球規模で人類が自らの存亡を左右しうる事態が現実のものとなった．第二に，植民地の解放により独立国が地球上を覆い尽くすと同時に，南北問題など新たな地球規模の課題が浮上してきた．第三に，工業化や都市化の急激な進展により資源・エネルギー，汚染など地球規模の環境問題が認識されるようになった．ここに，米ソの宇宙開発競争の産物としてもたらされた，宙に浮かぶちっぽけな地球という視覚的イメージを加えてもよいだろう．

だが，以上はグローバリゼーション概念の本格的登場からすれば前史にすぎなかった．1980年代末，ベルリンの壁の崩壊に続き東西の冷戦体制に事実上の終止符が打たれた．文字どおりのグローバル資本主義が姿を現し，市場経済が瞬く間に地球を覆い尽くしていく．そして，同じ時期，運輸通信手段の飛躍的発達，とりわけインターネットの普及が日常生活世界にも劇的な変化を引き起こす．

【「想像する力」としてのグローバリゼーション】　ここであげた一連の出来事は

もともと異なる分野に属する事象であった．自然環境から経済社会まで，マクロ構造から親密圏まで，また科学技術からイメージの世界まで，事柄としての振れ幅はきわめて大きい．本来まったく別の現象といってもおかしくない．だが，ここで「グローバリゼーション」という概念を用意してみよう．するとどうだろうか．不思議と各事象は相互に関連あるものにみえてくる．それはなぜか．グローバリゼーションという概念がもつ意味創発的な力がここにある．

グローバリゼーションとは越境的な認識である．第一に，それは国境を越えて地球規模に広がる現象をとらえることに道を開く概念である．だが越境性は空間的意味だけにとどまらない．第二に，マクロ・メゾ・ミクロといったスケールを越え，またヒト・モノ・コトの違いを横断しながら，社会的世界が再編されていく過程を表現するうえで，グローバリゼーション概念は力を発揮する．

越境といっても「境」が目に見えるとは限らない．いや，インターネットがそうであるように，つながりと切断の形式じたいがすでに越境的な形で再編されかつ不可視化している．「時空間の圧縮」（Harvey 1992）という状況の下では，越境はもはや目には見えない．したがって，想像の力を抜きにしてはグローバリゼーションを理解することはできない．1980年代以降，この概念は劇的といっていいほど一般化した．その背景には，何よりも社会と空間の構成についての人々の想像の力が，短期間のうちに激変したという事実があった．

グローバリゼーションに関する理論は何であれ，この想像力の作用と深い関わりをもつ．確かに社会は変化した．しかし，変化を実体面だけに限定してしまうと肝心なことを見落としてしまう．現実を記述する概念としてだけではなく，新たな問いを提示する想像力の源泉として，グローバリゼーションは社会理論の世界に革新をもたらした．はたして，「グローバルなもの」に関する想像の力はどのように拡大したのか．また，そうした想像力の急拡大は何を引き起こしたのか．

●**社会学理論としてのグローバリゼーション論** 1980年代の本格的登場以来，グローバリゼーション論の歴史もすでに30年を超えた．したがってそのねらいや位置づけも時とともに変化を遂げてきた．また議論は初めから社会学という領域を超えて展開している．以下では，グローバリゼーション論が取り組んできた主要な問いを軸に，歴史的変遷も考慮しながら理論の骨子を紹介していこう．

【**均質化か差異化か——グローバリゼーションの第一の問い**】 グローバリゼーション概念が提起した最初の主要な問い，それは，国境を越えた相互依存性の増大がどのような変化を社会にもたらすのか，というものであった．人間，情報，物財の国境を越える移動の飛躍的な増大は，異なる世界各地を似たようなものへと変えてしまう．言い換えると，均質化や一体化がグローバリゼーションの最初の帰結として指摘された．その典型は，世界を席巻していったアメリカ発の大衆消費文化（例えばマクドナルド）であった．世界中どこでもビッグマックが買え

ることは確かに均質化といえる.

　ただしそれはグローバリゼーションの一面を指し示すにすぎない. グローバリゼーションのもう一つの面とは，それが文化的な個別主義を誘発することにある（Robertson 1992）. 地球上の各地を相互関係の渦へと巻き込む過程自体は，各地の固有の歴史や文化によって規定される. それゆえ，グローバリゼーション自体が，「《一様でない》あるいは《個々ばらばらな》特質」（Giddens 1989：訳498）をもつ. マクドナルドにしても，世界各地の食文化にあわせた新メニューを用意する. 独特の差異化こそがグローバリゼーションのもう一つの物語となる. G.リッツアはこの両面性を表現するために「マクドナルド化」という語を用意した（Ritzer 1993）.

　グローバル化とローカル化の同時進行をより強調するため，グローカルという表現が使われることもある. ただし差異化を強調するつもりでグローカルという表現を使うと，今度はグローカルな現象による均質化が地球を覆い尽くすという逆説に出会うことになる.

【グローバリゼーションを推し進める力とは何か──グローバリゼーションの第二の問い】　姿を現したグローバリゼーションという考え方は短期間のうちに影響力を増していく. しかし実際にはグローバリゼーションはまだ幕を開けたばかりであった. ベルリンの壁崩壊, ソ連解体, 中国の資本主義市場への本格参入は，経済的グローバリゼーションの動きを劇的に進めた. インターネットの普及がこれらの動きを加速化した. そのため，グローバリゼーションの文化的帰結だけでなく，グローバリゼーションを推し進める力やその背景にある構造自体に迫る社会学的アプローチが，改めて強く求められるようになっていく.

　グローバルなシステム自体は，そもそも不均等性や階層構造を有していた. 例えば従属理論であれば「中心−周辺」（Frank 1979），世界システム論（Wallerstein 1974）であれば「中心−半周辺−周辺」といった形で，世界的な階層構造の存在を理論的に定式化してきた. ただしそこで注意すべきなのは，相対的に自立した分業体系としての「世界システム」は，地球上に一つではなく複数併存すると想定されてきたことである. 西欧生まれの資本主義世界経済という世界システムは，歴史上, 南北アメリカ・アフリカ・アジアにあった他の世界システムと併存してきた. 言い換えると，「世界」＝「地球」ではなかった. これに対して近年の事態は様相を異にする. 資本主義という単一システムが地球を覆い尽くしてしまったのではないか. したがって「外部」はもはや存在しないのではないか. だとすると，あらゆる主体はそれに適応するしかないのか. 極大化したモダニティの世界が目の前に広がっている（Appadurai 1996）.

　だが，グローバル資本主義に巻き込まれる各地域は，単純に経済面の均質化圧力にさらされるだけではない. K.ポランニーも述べたように経済は社会のなか

に埋め込まれている（Polanyi 1977）．経済的競争に巻き込まれた地域は，経済のみならず政治・社会・文化面でも均質化の強い圧力にさらされる．しかし，もともと個性的な政治・社会・文化は外圧によって単純に規定されるわけではない．

グローバリゼーションはマクロな趨勢としてしばしば記述される．だがそうした構造的圧力が存在するとしても，実際にそれが具体化するかどうかは，集団や制度などメゾレベルの諸実践，個々のアクターによるミクロな諸行為などのローカルな布置に依存する．では，メゾないしミクロレベルでみたとき，グローバリゼーションはどのような社会過程を伴いながら姿を現すのか．とりわけそれは一つのイデオロギー（グローバリズム）として，いかに人々を動員していくのか．

グローバリゼーションといっても，その浸透過程の説明様式は他の社会現象と変わるわけではない．ただし特徴的な点を探すとすると，行為連関が国家を超えた規模で起こるという点にたどり着く．このトランスナショナルな特質をどう社会理論に織り込むか．例えばJ.アーリは，トランスナショナルな実践という観点から，グローバリゼーションが姿を現すメカニズムを戦略，イメージ，イデオロギー，政治的動員といった力動的な過程の重層として説明した（Urry 2000）．

【グローバリゼーションに抗することは可能か──グローバリゼーションの第三の問い】 世界を席巻するグローバリズムを前にして，グローバリゼーション論の第三の問いは，グローバリゼーションに抗することは可能か，という実践的なテーマへと収斂していく．グローバリゼーションは，市場経済中心主義の拡大と浸透，そしてその波をかぶった地域・制度・階層における新自由主義的な「構造調整」の圧力として姿を現した．地球規模化した新しい支配・従属構造をどう理論化していくか．U.ベックによれば，「グローバリズムのイデオロギーの核心は，「第一の近代」の前提となっている「政治と経済の差異」を抹消すること」にある（Beck 1997：訳26-27）．新自由主義のもと，福祉や各種社会サービス，軍事までが民営化され，政治的決定が市場による決定によって置き換えられていく．グローバルに肥大化した資本主義による一極集中の支配構造を前に，A.ネグリとM.ハートは新しい「帝国」論を提示した（Negri and Hardt 2000）．

グローバリゼーションは各地でローカルな動員過程と結びつきつつ，その浸透過程でしばしば土着の社会や文化を掘り崩した．このため，世界各地でグローバリゼーションに対する抵抗が噴出する．「サミット」やNAFTA，WTO，TPPなどへの抵抗という形をとった反グローバリゼーション運動はその一例であった．どのような主体がそうした動きを担うのか．マルチチュード論（Negri and Hardt 2004）をはじめ，多くの研究者がこのテーマに関心を寄せてきた．

グローバリゼーションに抗することは可能か．問いはしばしばこう要約された．だが話はそれほど単純ではない．現に存在するヒエラルヒーに眼を向ければ，グローバリゼーションは確かに支配的なシステムによる併合の動きとしてとらえ

られる．従属理論や世界システム論が提起した格差構造のイメージがそこでは説得力をもつ．しかし他方で，異質性との出会いを繰り返すなかで「支配」側もまた「従属」側と同様不変ではあり得ない．「フラット化」(Friedman 2005) していく構造の下で，支配的なものと従属的なものが出会う多様なコンタクト・ゾーン (Pratt 1992) が次々生まれ，そこでは異種混淆や折衷化が基本的様相となる．

　現実のグローバリゼーションは二つの特徴を今もあわせもつ．第一に，それは，国民国家の存在を相対化し，より多元的・多層的な形で時間-空間の再編を押し進めるプロセスとして存在する．しかし第二に，グローバリゼーションは，西洋を起点とする世界システムが拡大を続けるプロセスとしての性格をもつ．どちらに力点を置くかによって，グローバリゼーションへの対抗の意味も異なる．

●グローバリゼーション論の先へ——意味創発的な概念としての効用
【想像力が産み出す「空間」のもつ限界と可能性】　グローバリゼーション概念は，短期間のうちに影響力を増した点で，他に類例をみないものであった．分野を超えてグローバリゼーション概念は重宝され多用されていく．だがそれゆえ内容が空虚になる場合も少なくなかった．三つのポイントを課題としてあげておこう．

　第一に，グローバリゼーションは，姿を現しつつある新しい「社会」観を先取り的に提起する概念として考察する必要がある．例えばアーリは，社会というもののメタファーが，従来の「領域」的なものから，ネットワークや流動体として把握される「グローバルなもの」へと置き換えられつつあることを指摘した (Urry 2000：訳 58)．そこでは，移動，境界，越境，スケール，ネットワークといった概念が重要性を増す．国際化など旧来の概念との違いがここにある．

　第二に，あまり先を急がないほうがよい．S. サッセンが指摘したように，「大半のグローバリゼーション研究は，転回点よりもその結果に焦点を当ててきた」(Sassen 2006：訳 26)．言い換えると，グローバリゼーションをプロセスとしてではなく，その究極の形において論じる傾向が強かった．だが社会はゆっくりとしか変化しない．前の段階の構成要素は次の段階にも残り続ける．グローバリゼーションもまた例外ではない．過去の組織化原理が残存しつつ，それらが新しい組織化原理の下で組み替えられ，接合していく．この新しい趨勢の下で，既存の社会領域，制度，集団，階級・階層はどう変容するのか．グローバリゼーションは労働・経済，地域・都市，家族など個別領域の変化としてしか姿を現さない．グローバリゼーション研究を特別扱いしないほうがよい．

　第三に，そのうえで，グローバリゼーションがもたらした新しい想像の力はさまざまな形で検討されるべきである．「地球上の相対的に分離した諸地域が単一の想像上の『空間』のなかで相互に交流し合うようになる過程」(Hall 1995：190)．S. ホールはグローバリゼーションをこう定義した．グローバリゼーション概念は変化する社会に関して一つのイメージを提起する．すなわち，人々の「想

像力」の産物としてつくり出される「単一化された空間」の存在がそれである．テロやヘイト犯罪などを経験した私たちは，こうした空間がそう簡単には生まれないことを知っている．しかしそれでも，遠く離れてそこには居ないはずの人々や地域と「つながっている」と感じる経験が，私たちのリアリティの一部に深く組み込まれたことは知っている．この変化の重さはそれぞれのテーマのなかでも注目していく必要がある．

【グローバリゼーションを「淡さ・弱さ」から考える】　こうした空間が，どのようなアクターの想像力と権力を介して，どのようなメディア（ヒト・モノ・カネ・イミなど）の流れの基礎のうえに，どの程度の密度をもった拡がりとして構成されていくのか．想像上の空間は一つの認識枠組みとして，どのように国境を越えて流布していくのか．そしてそれは人々の諸実践を条件づけながら，同時に諸実践を通していかに再生産されつつあるのか．

直接の相互依存関係が常に存在するとは限らない．関係をもたない地域や個人の間にすら「つながっている」という認識が浸透していくこと，そうしたゆるやかに共有された認識の下で諸地域や諸個人の局地的な実践を通じて，越境的な相互依存関係が緊張をはらんだ形で産出されること，この重層性が重要である．

グローバリゼーションとは他を圧倒するような「強い」変動ではない．そうではなく，あくまでもモダニティを支える既存の制度や利害布置——とりわけ国家単位で編成された政治的ユニット（国民国家），統合イデオロギー（ナショナリズム），経済活動（国民経済）——を前提としたうえで，それらと共存しつつそこに浸透し，それを変質させることによってしか姿を現すことのない変動である．その意味で，「弱く淡い」といってよい．しかし，弱く淡いからこそ，それを戦略的に利用しようとする多様なアクターが出現する．またそれはあらゆる領域・制度・集団に浸透していく．多様な戦略と結びつきさまざまに語られ累積していくうちに，グローバリゼーションが作動する権力作用の磁場が構成される．

グローバリゼーションを先導した英米の政治動向が示すように，「ブーム」にはいずれ終わりがやってくる．しかし，長期の変動の趨勢としてのグローバリゼーションはおそらく持続し続ける．素朴な不可避論でもなく，また礼賛と批判の単純な二分法にも陥らず，この変化に対峙するためには冷静な理論・実証が欠かせない．グローバリゼーションという変化はまだ始まったばかりである．　　　　［町村敬志］

📖 参考文献

[1] Beck, U., 1997, *Was ist Globalisierung?: Irrtümer des Globalismus-Antworten auf Globalisierung*, Suhrkamp.（木前利秋・中村健吾監訳，2005，『グローバル化の社会学——グローバリズムの誤謬　グローバル化への応答』国文社．）
[2] 正村俊之，2009，『グローバリゼーション——現代はいかなる時代なのか』有斐閣．
[3] Urry, J., 2000, *Sociology Beyond Societies: Mobilities for the Twenty-First Century*, Routledge.（吉原直樹監訳，2006，『社会を越える社会学』法政大学出版局．）

再帰的近代化

●近代社会の誕生

【近代社会をどうとらえるか】 社会学はしばしば「近代の自己認識の学」と定義される．これは18世紀から19世紀にかけて西欧に誕生した社会が，それまでの社会と異なること，新しい社会であることに当時の人々が何となく気づいていたことによる．このことを踏まえて，今ここに生成しつつある社会は近代社会とよばれるようになる．このような時代状況のなかで，近代社会がそれまでの社会（＝前近代社会）とどのように異なるものであるかを明らかにする学知の体系として，社会学は誕生する．西欧の人々の前に誕生しつつある社会を観察する科学として，社会学は産声をあげたがゆえに「近代の自己認識の学」とよばれるのである．

西欧に初めて誕生した近代社会は，東洋における清朝の中国社会および江戸時代の日本社会とは異なるものとして，概念化されていく．近代社会という概念は，西ヨーロッパという空間（＝地域）特性と，産業革命，市民革命という時間特性のもとに成立した概念でありながらも，より一般的な普遍的な概念として提示されることによって，現実のさまざまな社会を分析する概念になっていった．

【近代化論】 社会科学で試みられた近代社会の分析として，第一にあげるべきは，やはりK.マルクス（Marx）の資本主義（資本制）の分析である．マルクスは，近代社会の中核的構造を資本主義としてとらえ，そのメカニズムを経済法則（剰余労働）と階級構成（ブルジョア階級とプロレタリアート階級）から説明した点において，優れていた．そして実践的方策として，階級闘争をとおしたプロレタリアート階級による社会主義社会の実現を主張した．社会学においては，H.スペンサー（Spencer）の「産業型社会から軍事型社会へ」，F.テンニース（Tönnies）の「ゲマインシャフトからゲゼルシャフトへ」，É.デュルケム（Durkheim）の「機械的連帯から有機的連帯へ」という定式化にみられるように，前近代と近代との対比をとおして，近代社会の分析がなされた．これらはすべて前近代から近代へと社会は発展するという，社会発展論的視角を前提にしていた．

このような社会発展論的視角のもとで近代社会を分析する試みは，20世紀においては第二次世界大戦後のアメリカ社会学において，近代化論として登場してくる．近代化論は，国民社会を単位として社会変動のプロセスを説明する理論である．国民社会（全体社会システム）が，経済の領域，政治の領域，文化の領域，人と人とのつながり（社会関係）の領域からなるとするならば，近代化のプロセスは，4つの領域ごとに考えることができる．それをまとめると表1のようになる．

表1 社会の4つの領域と近代化の趨勢

	作動メカニズム	活動の担い手もしくはアリーナ	趨 勢
経 済	資本主義	企 業 家 計 市 場	産業化
政 治	民主主義	市 民 アソシエーション	民主化
文 化	啓蒙主義 実証主義	公教育（学校）	合理化 世俗化
人と人との つながり	個人主義 自由主義	個人の自由な意思に基づく人間関係 契 約 ゲゼルシャフト	個人化

【ポストモダン論の登場】　再帰的近代とは，近代社会をとらえる方法としての近代性——18世紀，19世紀の西ヨーロッパ社会の現実から帰納され，抽象化された概念——が，20世紀後半以降の社会を分析するには不適切になったことを踏まえて，生み出された概念である．思想史・学説史の系譜においては，1970年代以降の人文・社会科学におけるポストモダン論の登場を背景にして，再帰性が注目されるようになった．

　周知のとおり，ポストモダンという言葉が最初に使われたのは，建築学においてであり，C. ジェンクス（Jencks）が1970年代に使っている（Jencks 1977）．その後，ポストモダン，ポストモダニズムという言葉は，建築学のみならず，哲学，思想，芸術，ファッション，社会科学の分野に浸透していった．

　ポストモダニズムという言葉から明らかなように，ポストモダニズムの建築は，モダニズムの建築を批判するものとして登場してきた．これに対してそれまでのモダニズムの建築は，華美な装飾や無駄を排除して，効率性と合理性を追求する建築を意味していた．「形態は機能にしたがう」「美は機能にある」（今田1994）というキャッチフレーズにみられるように，モダニズム建築の内実は機能主義の建築であり，近代合理主義の建築であった．

　欧米では，すでに1920年代，1930年代にモダニズムの建築が登場している．モダニズム建築の代表者として，帝国ホテルを設計したF. L. ライト（Wright），シーグラム・ビルディング（アメリカ）を手がけたL. ミース・ファン・デル・ローエ（Mies van der Rohe），サヴォア邸（フランス）をつくったル・コルビュジエ（Le Corbusier）がいる．欧米より遅れていたわが国の場合，第二次世界大戦後にモダニズムの建築が主流になる（大川ほか1997）．東京文化会館を設計した前川國男や1964年東京オリンピックの水泳会場となった国立代々木競技場の設計で世界に名をとどろかせた丹下健三が有名である．

「後発国の近代化」を成し遂げた日本で，社会学の研究に従事する者の視点からすると，すでに1920年代，1930年代に欧米でモダニズム建築が登場していたという事実は驚くべきことだが，第一次世界大戦後の欧米社会が大衆社会状況を呈しており，この大衆社会状況にマッチする形でモダニズム建築が登場したと考えるならば，納得のいく歴史解釈となる．さらにいえば第一次世界大戦後におけるモダニズムの登場は，ファシズム・ナチズムの台頭と同時併存していたという忌まわしい歴史をもつものであるが，第二次世界大戦後の冷戦構造下の西側先進社会におけるモダニズムの隆盛の駆動因になったことも事実であるといえよう．

1970年に刊行されたJ. ボードリヤール（Baudrillard）の『消費社会の神話と構造』(1970)を嚆矢とするポストモダン思想（ポストモダン論）の浸透を踏まえて，従来の近代化という概念ではとらえきれない現象を説明する概念として，社会学の世界に登場してきたのが，再帰的近代化という概念である．

●再帰的近代化論の登場

【単純な近代化と再帰的近代化】　再帰的近代化ということについて，社会学者の間に完全な了解はないが，最も有力な考え方としてU. ベック（Beck）のものを紹介しよう．ベックは，「単純な近代化」と「再帰的近代化」とを区別する．単純な近代化とは，全体社会が近代化していくことであり，表1に示したように，産業化，民主化，合理化・世俗化，個人化が進展していくことをいう．あえて単純化するならば，W. ロストウ（Rostow）の『経済成長の諸段階』(1960)の主張にみられるように，経済成長によって「ゆたかな社会」となり，大衆消費社会が実現する，地球上のすべての国民社会は近代化できるとする楽観的な展望に彩られた理論であった．

これに対して再帰的近代化は，古典的な産業社会（近代化された社会）がある程度実現された後に，生起する社会変動＝近代化である．ベックは，「産業社会の延長としての近代化の時代は終わり，産業社会の前提そのものを変化させる近代化が推し進められている」(Beck 1986：訳10)と指摘している．また，「再帰的近代化とは，通常の自立した近代化の結果が，また，政治と経済の秩序に一切影響を及ぼさずに，内密に，無計画に進行する工業社会の変動こそが，工業社会の諸前提と輪郭を解体し，もう一つの別のモダニティへの途を切りひらくモダニティの《徹底化》を含意していると考えることができる」(Beck 1994：訳12-3)と述べている．

これから明らかなように，再帰的近代化とは，近代化によって生み出された帰結を社会内に取り込み，変化の方向性を修正していくような自己言及的・自己循環的近代化のことである．このことをもう少し具体的に述べるならば，近代以降の産業化によって資本主義的生産様式はさまざまな有害な物質を生み出してきたが，この有害な物質への対処の仕方によって，産業化の段階は二つに分けられ

るというのが，ベックの時代認識である．産業化のもたらす負の効果が無視されている第一の段階と，この負の効果が社会問題として認知され，解決策をめぐって社会内に議論やコンフリクトが発生する第二の段階である．

●前近代，第一の近代，第二の近代
【第一の近代から第二の近代へ】 ベックは，「単純な近代化から再帰的近代化へ」という歴史認識を，「第一の近代から第二の近代へ」とも表現している．ベックにとって，第一の近代は，「（生産された）富を分配する社会」であるのに対して，第二の近代は「（認知された）リスクを分配する社会」なのである．ベックの卓越している点は，第二次世界大戦後の先進産業社会では，一定の物質的な豊かさが達成され，福祉国家がある程度実現された状況で，「リスク社会」が出現することを的確に指摘したことにある．前近代から，第一の近代を経て第二の近代へと至るプロセスを，S.ラッシュ（Lash）に従って整理すると，表2のようになる．

表2　前近代，第一の近代，第二の近代

		社会の中核となる構造	行為の動因
前近代	伝統社会	共同体	意味の共有
第一の近代	単純な近代化	集合的構造	利害関心
第二の近代	再帰的近代化	アトム化した個人	個人の解放 存在論的不安

ベックが『危険社会』（Beck 1986）で述べたように，第一の近代では，家族，階級，職場などの集合体が，個人にのしかかるリスクを吸収していたが，第二の近代では，このような集合体の力が弱まり，リスクはむき出しの個人にのしかかるようになることが問題なのである．

それでは，第一の近代と第二の近代とを分かつ歴史的分水嶺をどこに求めたらよいであろうか．この問いに対しては，いくつかの解答が可能である．しかし最大のメルクマールを，あの1989年の「ベルリンの壁の崩壊」に象徴的に示された冷戦構造の終焉とすることについては，多くの人が首肯するところである．

【制度的再帰性】 再帰的近代化の内実を的確に示しているのが，A.ギデンズ（Giddens）のいう制度的再帰性である．ギデンズにとって制度的再帰性とは，モダニティが再帰的であることの別な表現である．モダニティの再帰性とは，「社会の実際の営みが，まさしくその営みに関して新たに得た情報によってつねに吟味，改善され，その結果，その営み自体の特性の本質を変えていくこと」（Giddens 1990：訳55）であり，「社会の現実の営みは，その営みについて得た知識に照らして不断に修正されていくこと」（同58）である．彼は制度的再帰性の例として，経済学における「資本」「市場」「産業」といった概念や，社会学における「公式

統計」をあげ，これらの概念や統計が，当初は社会を記述し分析するために存在したが，次第に社会的現実を整理し社会制度を制御する働きをもつようになるとしている．このことをより具体的に考えてみよう．例えば「犯罪率が上昇した」という統計結果が発表されると，政府や地方自治体は，犯罪の減少をめざしてさまざまな施策を講ずる．その結果，数年後に犯罪が減少するならば，その施策は成功だったということになる．また2007年度以来，文部科学省によって実施されている全国学力テスト（正式名称は「全国学力・学習状況調査」）が，単に生徒の学力の正確な測定を目的としているのではないことはいうまでもない．生徒の学力向上のための基礎データ収集として実施されているのだ．これらの例を考えると，制度的再帰性の意義が一層明らかになる．ギデンズは制度的再帰性という言葉によって，社会科学における言説や概念は，単に事実判断のために存在するのではなくて，「犯罪を減少させなければならない」「生徒の学力を向上させるべきだ」という規範的判断の道具としても作用していることを指摘しているのである．彼自身，「社会学の言説や，他の社会科学の概念や理論，知見は，それが何であれ研究しようとしている対象のなかに絶えず『循環的に出入りしていく』」（同61）のであり，「社会生活に関する体系的知識の生成は，システムの再生産の不可欠な要素となり，社会生活を伝統の不変固定性から徐々に解放していく」（同73）と述べている．

　制度的再帰性が私たちに示唆するのは，社会を，初期条件が与えられれば自動的に目標達成に向かって作動するシステムとして考えることはできないということだ．つまり，社会に関する知識が絶えず社会自体にフィードバックされ，社会の作動のあり方が逐次更新されていくものとして，社会はとらえられるのである．

【再帰的近代化の何が問題か】　再帰的近代化の背景には，グローバル化，個人化，機能分化という三つの趨勢がある．

　グローバル化とは，社会変動が近代社会の準拠点たる国民国家を越えて生起することであり，地球規模での社会の変化のことをいう．

　西欧近代社会は，歴史上初めて個人主義を称揚した社会であった．違った言い方をすると，西欧近代社会は「個人」を発見した社会であった．近代社会の中核的原理として個人主義がある限り，個人化の進行は，ある面では不可避的な趨勢である．個人化の進行が，自立した個人を生み出し，真の意味での個人主義を開花させるのであれば，何ら問題はない．そうではなくて，個人化が負の側面としての個別化と私事化とをもたらしたことが問題なのである．個別化とは「人々が自分自身の事情のみを引照して行動すること」（村上ほか1979：158）であり，私事化とは「社会的・公的事象に対し，私生活上の事象とこれへの関心を優先させる傾向，あるいはそのような生活態度，生活スタイル」（宮島1993：532）と定義される．これら二つの定義から明らかなように，個別化も私事化も，公もし

くは公共性への志向に対立する概念である．個別化と私事化をできるだけ中立的に定義したとしても，両者が「集団の目的や価値よりは，その内部の小さい単位の目的や価値を重視する傾向を有している」(森岡 1983：130) ことは明白である．これら二つの趨勢は，近代社会の変動のなかで意図せざる結果として生じたものであり，西欧近代が理想として掲げた民主主義に基づく市民社会の実現を阻害するものだといえる．

　機能分化とは，社会集団・組織が，機能ごとに分化して独立していくことである．機能分化した社会は絶えずイノベーションを続ける社会であるから，伝統がかつてほど有効性をもたなくなる．

　グローバル化，個人化，機能分化の進行する社会では，マクロ (社会) レベル，ミクロ (個人) レベルのそれぞれにおいて，以下の二つが課題となる．まずマクロレベルでは，伝統が有効に作用する部分がきわめて少ないから，部分社会を全体社会へといかに統合していくのかが課題となる．次にミクロレベルでは，個人化の進行が，人々の家族・地域社会への包み込み (接合 [involvement]) を弱めるから，個人のアイデンティティの確保が課題となる．

　これら全体社会への統合およびリスク社会における個人のアイデンティティの確保という課題を，再帰的近代化のもとで，ある程度解決するものが，ギデンズの唱道する専門家システムと知識の正しさである．その時点での専門家による最新の知識が，リスクを減少し社会の安定性に寄与する．例えば医療に関する正しい知識が病気というリスクを回避したり，軽減したりするのである．

　もちろん専門家による正しい知識は常に更新されていくものであるから，不安定である．ここでいう不安定とは，昨日の正しい知識が，明日には正しい知識ではなくなるという意味である．しかし知識の正しさこそが，個人のアイデンティティの確保および全体社会の統合を可能にするものである．とはいえ，もちろん個人のアイデンティティの確保の問題から，一足飛びに全体社会の統合の問題に駆け上がることはできない．相互行為・社会関係レベル・社会関係レベルにおける他者への信頼，良好な社会紐帯・社会関係の成立，中間集団の生成といったことが全体社会における統合と安定につながることはいうまでもない．社会学誕生以来のテーマが「社会的なもの＝公共空間」の発見にあったとするならば，ミクロレベルとマクロレベルへとを往還するなかから，公共空間 (公共圏) を確立していくことが，再帰的近代化のもとでの社会学の課題だといえよう． ［友枝敏雄］

参考文献
[1] ベック，U. / 東廉・伊藤美登里訳，1998，『危険社会』法政大学出版局．
[2] ベック，U. ほか / 松尾精文ほか訳，1997，『再帰的近代化』而立書房．
[3] ギデンズ，A. / 松尾精文・小幡正敏訳，1993，『近代とはいかなる時代か？』而立書房．

ポストモダニズム

●**ポストモダニズムの背景** ポストモダニズムとは，モダニズムの発想が現実をとらえる力をなくして以降の新たな現実をもたらす思想や運動を表す．その始まりは建築・哲学・文学の分野にある．ポストモダニズムはポストモダン，ポストモダニティなどと同類の概念であり，論者ごとに多様に用いられるが，本項では文脈に合わせて適宜，使い分けることにする．

ポストモダニズムが一般に流布するようになったのは，1970年代後半，イギリスの建築家C.ジェンクスがこの語を用いて以降のことである (Jencks 1977)．それは，華美な装飾や無駄をできるだけ排して効率と機能合理性を追求した，モダニズム建築に対する批判として始まった．建築学では，モダニズムとは機能主義と同義である．すなわち，モダニズム建築とは機能主義建築のことである．モダニズム建築の主要命題に「形態は機能に従う」および「美は機能にあり」がある．建物の構造（形態）は機能の論理に従って決定され，美（意味）も機能性に求められることである．これに対し，ポストモダニズム建築の特徴は，遊びや象徴的表現，自由発想などを取り入れることにある．こうしたスタイルが，1980年代に，建築分野を越えて哲学をはじめ人文社会科学の領域にまで広がり，思想文化の潮流を代表するキーワードとなった．

建築やデザインであれ，哲学や人文科学であれ，ポストモダニズムに共通するのは，近代の機能主義的理性に対する懐疑を含んでいることである．近代社会は効率と合理性を重んじる機能の発想を優先するために，人間の重要な営みである象徴的な意味作用や意味充実を二の次にする傾向がある．これに反旗を翻すかたちで脱機能的な意味作用の体制を求める運動が起き，これがポストモダニズムとなって現れた．

ポストモダニズムとは，近代の機能主義に支配された意味空間を解放する運動である．しかし，モダニズムの後にくるものが何であるのかがはっきりしないため，1980年代には，近代によって破壊される以前の意味空間を借りて，近代的なものとのコラージュあるいは混交を試みる傾向が多くみられた．例えば，古き良き時代を回顧するレトロ・ブームがそれである．

ポストモダン思想の教祖的存在であるJ.-F.リオタールは，もはや近代の大きな物語は終わりを告げるべき時代が訪れたと主張する (Lyotard 1979)．自由と平等を実現しようとする物語，革命や人間解放をめざした物語，社会統合や正当性を求める物語．現状は，こうした大きな物語に対する不信感を強めているとした．また，ポストモダンは，システムによる効率的な全体化や安易な合意形成に

よる同一化を否定する．そしてローカルでマイナーな異質性の営み，相互に通約されてしまうことのない差異化の「パラロジー」（抗論理的想像力）に基礎づけられる．このようにポストモダン思想には，近代社会を支えてきた理念，特に進歩的な啓蒙思想に対する不信感がある．

　既存の秩序や伝統からの差異化を強調するだけの，流行としてのポストモダニズムはすでに過去のものとなった．これに伴い，その内実をきちんと理論化する要請が高まっている．近代の後にくる社会状況とは何か．それはどのような原理をもつのか．新たな社会原理の提示を試みないことには，もはやポストモダニズムをテーマとするわけにはいかない．

●**理論の核心**　これまでポストモダニズムについて多くの議論がなされてきたが，文学や芸術の分野から経済や社会の分野の議論に視点を移すためには，次の3点が重要である．「表象の透明性の崩壊」，「図像的な意味作用」そして「脱分節化（dedifferentiation）」（脱分化と訳すのが通常であるが，脱文化と紛らわしいので，脱分節化とした）である（今田 2001：108-26）．

【**表象の透明性の崩壊**】　ポストモダニズムの特徴は，表象の透明性の崩壊を主張することにある．表象に透明性があるとは，実在が表象においてコピーされることをいう．例えば「日本国」という表象には，領土と主権を有する実在としての「日本国」と一対一の対応関係がある．これに対し，透明性が崩壊するとは，表象が実在との対応を失うこと，表象が確固とした実在に錨を下ろせない状態にあることを表す．こうした状態は文学や芸術の分野で「表象の危機」とよばれ，ポストモダニズムの特徴とされてきた．

　今日，言葉がもつ表象機能はきわめて疑わしい状況になっており，記号表現（シニフィアン）が本来もつべき指示対象が失われる（なくてもすむ）ことで，表象と実在の関係は高度に不確定になっている．要は，「言葉がそれ自体を表象する」（M.ポスター）ようになって，実在と表象の区別がつかなくなり，表象があたかも実在であるかのような錯覚が起きることである（Poster 1990：訳22）．換言すれば，電子メディアの発達により，言語が記号表現として「自己指示的」な構造をもつようになり，言語によって指示される実在（対象）がますます衰退していくことである．

　モダニズムの言語論・記号論では，記号表現が指示する対象（実在）の存在は自明のこととみなされ，表象は現実を適切に反映するとされてきた．ポストモダンではこれらの対応関係は必ずしも確保されず，現実を欠いた表象がひとり歩きし，逆にこの表象が現実を構成するようになる．ポストモダニズムは，実在に根拠を置かない無数の表象を生成し，我々の現実感を構成するようになる．

　表象の危機の社会版をシニカルな批判論として展開した人物にJ.ボードリヤール（Baudrillard）がいる．彼はポストモダン社会をシミュラークルが支配する虚

構の現実，つまりハイパーリアリティの世界として描く．

　シミュラークルとは実在を伴わない記号の総称であり，オリジナルのないコピー，あるいは実在のない虚構をあらわす．シミュラークルが飛び交うハイパーリアリティの世界では，記号としての現実が支配的になり，オリジナルとコピー，自然と人工，現実と虚構の区別が定かでなくなる．そして，本来虚構であるはずのものが，あたかも現実であるかのように受け止められるようになる．極端にいえば，虚構においてしか現実を認識し得なくなるという倒錯した世界が成立する．この逆説的なハイパーリアリティの世界に生きる人間は，シミュラークルに翻弄されて，もはやホモ・サピエンス（知性の動物）ではなく，ホモ・デマンス（錯乱する動物）と化すことになる．そして人間はハイパーリアリティの世界で理性の枠をはみだし分裂病患者のような状態に陥る（Baudrillard 1976）．

　表象の透明性の欠如が極端に進むと，すべての事象の意味は一義的に決定できなくなってしまう．実際，リオタールが論じたように，科学も含めて，あらゆる言説は無根拠性のうえに成立しているにすぎないといわれたりする．これは極端な主張であるが，情報化の進展によって仮想現実が登場し，これがもう一つの現実として受け入れられるようになっていることを考慮すれば，表象の透明性の確保を現実性の根拠とするわけにはいかない．電子メディアによってWeb（インターネット）上に具現された仮想現実の世界は，表象の透明性を欠いた世界であり，このことによって自己指示的となった表象の世界はポストモダンな世界の構成要因である．

【図像的な意味作用】　ポストモダニズムは図像的な意味作用の重要性が言説的な意味作用よりも高まっていくことを主張する．モダニズムのもとでは言説の解釈による意味理解に重点が置かれ，解釈理性による社会の啓蒙が重要な作業とされてきた．しかし，ポストモダニズムは言説的な意味作用よりも図像的な意味作用を重視する．図像とは本来，図表や挿絵や彫像などを表すが，ここでは言説から区別され，感覚（五感）により感じ取る意味作用をもった対象全体を指すものとする．

　図像的な意味作用とは，コミック誌，広告，アニメ，ポップビデオ，映像，演劇，絵画，広告，音楽など，言説から切断されて，感覚により即事的（ザッハリッヒ）に体感するものである．図像それ自体が記号表現であると同時に指示対象であり，記号内容（シニフィエ）は記号表現のなかに融解している．わかりやすくいえば，テレビやビデオや大衆誌あるいは情報テクノロジーを通して，表象がそのまま現実味のある実在となることである．

　S. ソンタグ（Sontag）は，解釈の美学を批判し，感覚の美学を提唱する．彼女は，言説による芸術作品の意味解釈は，対象を貧困化し世界を退屈にさせるだけでなく，枯渇させるとまでいう．ポストモダニズムの感性は，モダニズムの言説的な

感性に代えて感覚的・図像的な感性を志向している．ソンタグによれば，こうした時代における作品の批評は，内容を解釈するのではなく，まず形式に注目して「内容への考察を形式への考察のなかに溶解せしめる」こと，次いで「外形を真に正確に，鋭く，共感をこめて描写する」ことである（Sontag 1967：訳31-2）．批評とは，作品が作品であることそのものを明らかにすることであり，作品が何を意味するかを解釈することではない．

　近代は言説による感覚の支配を過度に進めてきた．人間生活は五感という身体感覚によって意味を感じ取りながら営まれるものである．見て，聞いて，触って，匂って，味わって事象の意味を把握する．言説による意味作用の解釈は重要だが，それはしばしば対象を無味乾燥なものにする．ポストモダニズムとは，言説解釈による意味作用を相対化して，身体感覚のマルチメディア化を通じた図像的な意味作用の高度化を進めることにある．

【脱分節化】　近代の特徴は高度な機能分化を遂げることにある．これがM.ウェーバー(Weber)のいう「社会の合理化過程」としての近代の動向である．これに対し，ポストモダニズムは近代的な機能分化の徹底化により，まさにそのことによってその反転である脱分節化が起きることを主張する．例えば，男性対女性，専門家対素人，国家対市民社会など，近代社会が機能分化により進めてきた，しばしば権威主義的な二項対立が崩壊しつつあるが，こうした機能分化を解体し，再度，分化のあり方を問い直す動きが脱分節化である．

　脱分節化は前近代の未分化な状態に復帰することを意味しない．高度に機能分化を遂げたことへの反動（反省）としての脱機能現象と理解すべきである．また，機能分化を全面的に廃止することは不可能であるとともに危険でさえある．我々は分業によって集合的努力を組織化し，個人の能力を超えた生活を営むことを可能にしてきた．こうした機能分化を全否定することは，これまでに獲得した生活様式を台なしにする．脱分節化はすべての機能分化に対してなされるのではなく，生活世界をむしばむ権力作用や貨幣による支配に偏向した機能分化に対する無価値化運動を表すと理解すべきである．

　S.ラッシュはポストモダニズムを「脱分節化という特性を有するところの意味作用の体制」と位置づける（Lash 1990：訳8）．彼にとって，脱分節化はポストモダニズムの基本原理である．文化産業の発達によって文化の商品化が進み，文化と経済の境界が崩れるとともに，高級文化と大衆文化の境が明確でなくなる．芸術や音楽はテレビの広告の対象となり，文脈をはぎ取られ，断片化され，意味の統一性が破壊されてアウラを失う．作者と読者，演技者と観客の区別が崩壊する．これらは意味作用の体制を形成するシニフィアンとシニフィエと指示対象の三者関係が問題視されることである．要するに，ラッシュによれば，脱分節化とは近代的な機能分化の反転であり，近代の意味作用の体制を崩壊に導く作用である．

ラッシュの脱分節化は文化領域に偏向しているため，社会領域でのそれがあまり明確ではない．社会学にとっては，社会経済的な観点からの脱分節化を指摘すべきであろう．例えば，男性と女性の位階的な区別に基づいた性別役割分業の反転が指摘されるべきである．男性は仕事，女性は家庭という機能分化は，蝸牛のごとくではあるが，融解してきている．これと並行して，男性が女性化し，女性が男性化して，両性具有（アンドロジナス）の傾向が出てきてもいる．最近，大きな社会問題となっている LGBT（性的少数者）への対応も同様である．レズビアン（女性同性愛者），ゲイ（男性同性愛者），バイセクシュアル（両性愛者），トランスジェンダー（心と体の性の不一致）など，性的少数者の権利を認める運動は，モダニズムの機能分化の発想からすれば違和感を喚起するであろうが，この脱分節化は人間としての正当な権利を求める運動になっている．

　また，情報通信網の発達によって，国境を越えた経済活動の重要性が飛躍的に高まり，従来のように，一国を念頭において経済を考えたり，生活水準を云々したりする訳にはいかなくなった．国家という枠組みで考える発想が，インターネットによる情報のボーダレス化によってゆらいでおり，19世紀来の主権国家の発想に基づいて一国を運営することが困難になっている．こうしたボーダレス化も脱分節化の例である．

　さらに，正常と異常の区別や自然と人工の区別もつきにくくなっている．生活行動の時間帯においては昼夜の区別がなくなり，世界は不夜城と化す傾向にある．要するに，近代社会が前提としてきたさまざまな区別が侵犯され，脱分節化が起きていることである．

　ポストモダニズムの問いは，近代の不安定性と予見不可能性を指標として時代の記号を解読し，あらかじめ約束されていた未来を放棄する絶好の機会を提供する．ポストモダンは神なき後の社会秩序を追い求めてきた近代の臨界点へ接近する試みである．またそれは，近代の利便性，効率性，無駄を省く機能思想への偏向に異議を唱え，近代の合理化過程を経た後の，社会への意味作用の再注入過程を推進する運動でもある．

●**消費社会と文化の経済化**　ポストモダニズムを象徴する事例として消費社会の登場および文化と経済の融合を指摘できる．消費社会とは，消費のあり方が文化や社会に与える影響力が，生産のそれよりも大きくなっていく社会のことをいう．その特徴は，人がただ物を買うのではなく，物と一体化した象徴的イメージ（意味）を買うことにある．デザイン，アイデア，装飾など記号によって付加された象徴的価値が消費の対象であり，記号消費といわれるゆえんである．記号消費では従来の物は記号と化し，物＝記号＝意味という図式が成立する．消費の対象は人々を差異化する記号の体系である．

　社会的な価値の比重が「生産」の側面から「消費」の側面へと移行することは，

生産過程に消費行動に似た構造が導入されることを意味する．すなわち，生産活動において消費需要が何たるかを探求することに多くの力を割き，それを商品のかたちにしなければならないことである．この種の作業は，手段的価値や効率の概念を問題にするだけでは不十分である．表象や象徴による意味作用を商品に組み込む作業が重要になる．

実際，現状の消費社会では，他社の商品に差をつけるために，細かな，微妙な差異（付加価値）をとめどもなくつくり続けている．それは「差異化の戯れ」にすぎず，文化を世俗化する堕落現象だといわれたりする．しかし，象徴的意味を商品化することは文化の堕落ではない．それは文化的な意味の消費を大衆化する試みである．それはまた，一部の芸術家や作家に独占されていた文化活動を，一般大衆に開放する動きでもある．専門家と素人の落差も縮まって専門家が安穏としていられない社会，これがポストモダンな消費社会である．こうした消費社会変容は文化と経済の関係の見直しをせまる．

消費社会の特徴は，生産の場や関係に文化が侵入し，それらを変容させることにある．生産関係が生産手段によって媒介される状況下では，手段的な価値を優先していればすむが，それが文化に媒介されるようになれば，手段的価値を主たる基準にできなくなる．というのも文化とは，表象や象徴などの意味作用にかかわるものであり，必ずしも目的手段図式に従わないからである．

象徴的な意味の消費は，これまでの性能と品質に特化した機能商品の味気なさを見直し，文化スタイルに焦点を当てた商品への移行をもたらす．標準化が可能な機能商品は徹底したディスカウント・ショップ商品へと特化することを余儀なくされる．文化的な価値や意味作用を消費に求めることは一見，贅沢で文化の低俗化を引き起こすかにみえるが，それは従来の効率と合理性を重視した機能的な人間の営みに，大きな反省を加える一歩となるはずである．

啓蒙のモダニティは，表象の透明性の崩壊と脱分節化そして消費社会の到来によってリアリティの意味を掘り崩されることになる．これに対し，ポストモダンは混沌を容認し抱擁する．混沌を許容し，バベルの塔を歓迎することが，モダニティの傲慢を打倒するポストモダニズムの戦略である． ［今田高俊］

参考文献
[1] Baudrillard, J., 1976, *L'échange symbolique et la mort*, Gallimard.（今村仁司・塚原 史訳，1992,『象徴交換と死』筑摩書房．）
[2] 今田高俊, 2001,『意味の文明学序説——その先の近代』東京大学出版会．
[3] Jencks, C. A., 1977, *The Language of Post-Modern Architecture*, Academy Editions.（竹山 実訳, 1978,『ポスト・モダニズムの建築言語』『建築と都市』臨時増刊号．）
[4] Lash, S., 1990, *Sociology of Postmodernism*, Routledge.（田中義久監訳, 1997,『ポスト・モダニティの社会学』法政大学出版局．）
[5] Lyotard, J.-F., 1979, *La condition postmoderne*, Minuit.（小林康夫訳, 1986,『ポスト・モダンの条件——知・社会・言語ゲーム』書肆風の薔薇．）

親密圏と公共圏

●**歴史的背景** 親密圏と公共圏を対にして，その双方の変容，境界のゆらぎ，両者の関係の再編成をとらえようとする試みが，社会科学のさまざまな領域でみられるようになった．この試みは，20世紀末の社会変容に伴って，従来の近代社会の基本構造となっていた公私の分離が自明性を失い，新たな社会構造が生み出されつつある現状を把握しようとする知的営為といえよう．

近代社会哲学の創立者の一人であるG. W. F. ヘーゲル（Hegel）は，『法の哲学』において，人倫共同体の三つの段階を区別する（Hegel 1821）．すなわち家族，市民社会，国家である．すべての個人は家族をもち，特定の国家に所属する国民であるという人間観・社会観は「常識」となった．個人は家族から市民社会に男女それぞれの役割をもって送り出されるという点とともに．

しかし，このような社会構造は人類社会に普遍でも，歴史的に不変でもない．ヨーロッパ中世の封建社会では，王侯貴族の家は臣下にとって公的な意味をもつという構造が何重にも積み重なっており，公的領域と私的領域を截然と区別することはできなかった（三成 2005）．

しかし，アンシャンレジーム後期から顕著になった市場経済の発達が，垂直的な身分関係を解体させ，領主の支配の範囲を超えた広大な領域に中央集権的な国民国家を誕生させた．A. トクヴィル（Tocqueville）の表現を借りれば，「下は農民から上は国王に至る一つの長い鎖」は，平等の拡大とともにばらばらになり，貴族集団や同業組合のような中間部分は消滅した．原子化した個人は「人類普遍の社会」に思いをはせることができるようになった一方で，主たる関心は自身とその周辺の家族と友人にしか向かわなくなった（富永 2010）．生成しつつあった近代社会の構造を概念化し理論化しようとした同時代の知的営みの定式化が，ヘーゲルの三層構造であった．

その後も近代社会は変容を続けた．変容の第一の画期は，19世紀末である．自由主義の時代は終わりを告げ，国家は経済の計画機能をもつようになった．またドイツ語圏では社会国家（Sozialstaat），英語圏では福祉国家とよばれる方向への国家の変質が始まった．20世紀前半には社会主義国が成立し，全体主義が世界を戦争に巻き込み，ニューディールとケインズ主義政策が実施され，いずれの方向からも国家と社会の分離が曖昧になっていった．

三層構造をさらに根底から揺るがすこととなる変容は，1970年代から始まった．この時期にヨーロッパと北米を中心とした高度に発達した社会が転換期を迎えたことは，「ポストモダン」，「後期近代」，「第二の近代」（U. ベック［Beck］

など，この変化をとらえようとしてさまざまな概念が提案されてきたことからも明らかだろう．グローバル市場が発達し，EU など国家を超えた国際的枠組みが実質化し，国家は次第に相対化されてきた．他方，離婚率の上昇，同棲と婚外出生の増加など，「第二次人口転換」とよばれる現象によって私生活も変容し，従来どおりの家族をつくる以外の多様なライフコースの選択が広がった．20 世紀末以降の社会科学者は，親密圏と公共圏の変容に注目しながら近代社会の変容を理論化しようとしてきた．

●ハーバーマスの基本概念と理論　この分野の理論化に大きな貢献をした著作として，J. ハーバーマス（Habermas）の『公共性の構造転換』(1962) をあげることに異論はないだろう．本書は「公共性／公共圏（Öffentlichkeit）」——ドイツ語の Öffentlichkeit には「公共性（英訳ではしばしば publicness）」と「公共圏（英訳では public sphere）」の両方の意味がある——のみをタイトルに掲げているが，その対立物である私的領域の変容も当然ながらセットにして論じている．

　本書での概念の使い方をまず確認しておこう．「第 2 章　公共性／公共圏の社会構造」の冒頭およびそのすぐ後に掲げられた図において，「公権力」という表現は国家（と宮廷）を意味することが明示される．これに対して「市民的公共性／公共圏」はトリッキーな説明を与えられる．「市民的公共性／公共圏(bürgerliche Öffentlichkeit)」とは「私人たちが公衆として集合する圏」（傍点筆者）であり，彼らは「基本的に私的だが公的な意味をもつようになった商品交換と社会的労働の圏における関係を律する一般的規則について討議する」（傍点筆者）ために，「公権力に対抗して，その規制を受けてきた公共圏をわがものと主張したのである」．「私人」という元来は私利を追求するものである人々が，新たな公共性の担い手として登場してきたという，ある種の矛盾を含んだ転換がここでは記述されている．H. アーレント（Arendt）は，近代の特徴は（古代では私的とされた）「生活のための相互依存が公的意義をもつようになった」（Arendt 1958）領域，すなわち「社会」の出現にあるとしているが，ハーバーマスの論旨もこの線に沿っている．

　したがって，私的領域の内部も単純ではあり得ない．国家と社会を隔てる線により公共領域（圏）（öffentliche Spähre）と私的領域（privaten Bereich）が分けられるが，後者の側に「本来の意味での公共性／公共圏」（すなわち前述の私人たちの公共圏）が含まれるので，後者はさらに公共性／公共圏（Öffentlichkeit）と私圏（Privatspähre）に分けられ，私圏は「狭義の市民社会，すなわち商品交換と社会的労働の領域」からなり，家族とその親密圏（Intimsphäre）は市民社会に埋め込まれている．

　この「小家族的親密圏」がさらに市民社会から分離してゆく．「商品交換が家族経済の境界を突き破って出てゆくにつれて，小家族の領域は社会的再生産の領域から分化してゆく」．生活の必要に迫られた労働は家庭から追放され，そのか

わり「この小家族的親密圏は，極限まで拡大した自由な内面性という近代的意味での私性（Privatheit）の淵源となった」．ハーバーマスの理論では，家族はもっぱら私人に理性の使用の訓練の機会を与え，公衆として市民的公共圏へと送り出す装置として論じられる．

19世紀末以来の構造転換を，本書は二つの側面からとらえている．第一には，「社会の国家化」と「国家の社会化」による国家と社会の相互浸透である．社会国家（福祉国家）の発展により，国家と社会の制度が融合して一つの機能連関を形づくり，公私という基準は妥当しなくなる．国家と社会が浸透しあうにつれ，小家族はますます社会的再生産の過程から切り離されてゆく．これが構造転換の第二の側面，「社会圏と親密圏の両極分解」である．職業圏（Berufssphäre）が準公共領域として自立してゆく半面，私圏は家族にまで縮小してしまう．公的保障により多くの機能を肩代わりされて，家族は消費者に特化し，人格的内面化の力も失った．文化を批判的に論じていた公衆は，マスメディアが広める文化をただ消費する公衆に変容し，市民的公共性／公共圏の基盤は損なわれた．

このように，ハーバーマスの理論は，歴史的変化をとらえることを主眼とした理論である．近代になって国家と社会が分離し，それに対応して公私の領域が分離するが，ほどなく社会の側から公論の場である市民的公共圏が生まれ，やがて商品交換と社会的労働の圏（狭義の市民社会）も公的な性格を強めて国家と融合し，小家族的親密圏のみが私的な圏として残されるというものである．

序論の冒頭で，公共性とは（1）国家に関する（state, official），（2）あらゆる人がアクセスできる（open），（3）誰にでも関わりがある（common），（4）公開性（publicity）といった意味を含むことが示されるが（Fraser 1992；齋藤 2003），厳密な定義を試みていないのは歴史的概念だからだろう．ハーバーマス以降，「公共圏」という概念は，国家，公論の場，公式的経済（市場）という三つの異なる領域を指して使われてきた（Fraser 1992；三成 2005）．上述のようにそれぞれ歴史的に異なる時期に公的性格をもつようになったものであり，概念の混乱ではない．経済ないし市場の公共性については異論もあるが，ハーバーマスが「狭義の市民社会」とよんでいる内容は「市場」とよびかえても差し支えないものである．社会的労働の圏からの排除が問題となり，フェアトレードという考え方も広まっている現在，市場の公共性の理論的追究は焦眉の課題であろう．

●**親密性／親密圏研究の展開**　「親密性／親密性」についての研究分野の発展は，P. アリエス（Ariès）をはじめとするフランスのアナール学派などの社会史研究に多くを負っている．アリエスが『アンシァンレジーム期の子供と家族生活』（1960，邦訳名は『〈子供〉の誕生』）を著し，親子・夫婦間の情緒性の高まりと社交の衰退に特徴づけられる，私秘性（privacy）・親密性（intimacy）・家内性（domesticity）を兼ね備えた近代家族の歴史的誕生を跡づけたのは，ハーバーマスの『構造転

換』出版とほぼ同時期のことだった．ロマンチックラブの誕生（E. ショーター[Shorter]），セクシュアリティの変容（M. フーコー[Foucault]）などについての研究がそれに続いた．すなわち公共圏研究と親密圏研究は同時期に並行して，しかし別々に発達してきた．

　1990年前後から，「親密性」そのものを主題とした著作が相次いで出版されるようになった．L. ジャミソンの『親密性（*Intimacy*)』(Jamieson 1988)，A. ギデンズの『親密性の変容』(Giddens 1992) などである．これらの著作では，近代の形成についての社会史的成果はすでに前提となり，ジャミソンのいう「20世紀末における親密性の変容」に関心が移っている．1970年代以降，とりわけヨーロッパでは，理想の家族をつくることに人々が縛られなくなり自由度が増しただけ，ギデンズが「純粋な関係性」とよぶような理想の「親密な関係」が求められるようになった．

　ハーバーマスの構造転換の理論をこの時代まで延長したとすれば，社会圏から分離した小家族的親密圏がさらに分解して，個人と個人の間に（しばしばテンポラリーに）成立する親密性となったという図を描くことができるのではなかろうか．もはや「圏」をなすかも定かではなく，なすとしても不安定な圏である．

　そもそも「親密性」とは何だろうか．「親密性」には「自己に関する親密性」と「身体に関する親密性」の両方があるとジャミソンは述べ，現代を特徴づけるのは前者に属する「自己をさらけだす親密性（disclosing intimacy）」だとする．

　他方，「身体に関する親密性」については，ギデンズは現代英語の通常の用法にならいセクシュアリティについて論じているが，ジャミソンはペアレンティングにおけるケアも親密性の範疇に入れている．さらに齋藤純一の『親密圏のポリティクス』(2003) になると，「具体的な他者の生への配慮／関心をメディアとするある程度持続的な関係性」と「親密性」を定義している．他者への責任と応答性を基本とする C. ギリガン（Gilligan）の「ケアの倫理」を意識した定義といえよう．女性やアジアの論者はケアを親密性の中核に位置づける傾向があるようで，興味深い．

　2000年代以降，アジア地域を舞台に「親密性」を主題にした著作が相次ぐようになった．E. ボリス・R. パレーニャス編『親密性の労働（*Intimate Labors*）』(Boris and Parreñas eds. 2010)，落合恵美子・赤枝香奈子編『アジア女性と親密性の労働』(2012, 英語版は Ochiai and Aoyama eds. 2014) などである．契機となったのは，ケアワーカーなどとして国際移動するアジア女性の増加であった．パレーニャスらは「親密性の労働」を「社会的再生産のためのサービスにおける身体的で感情的相互作用に関係する仕事」と定義している．それはグローバル市場の商品となって，国境も公私の境も越えてゆく．

　これらの論考を踏まえると，ハーバーマスの親密圏論の決定的な問題点が明ら

かとなる．生活の必要に迫られた労働は家族から追放され，家族は社会的再生産の過程から切り離されたとハーバーマスは繰り返しているが，「ケア」や「家事」を家族が担い，社会的再生産に不可欠の役割を果たしていることを忘れている．「男性的」な視点といわざるを得ない．付け加えれば，市民的公共圏の理想化も「男性的」な視点である．カフェは男性市民の集う場であり，そこに居る女性は娼婦（femme publique）とよばれた．

親密圏のいわば下部構造ともいうべき再生産労働については，フェミニズムの長い研究蓄積がある．S. ヒンメルヴァイト（Himmelweit）らによる1970年代の家事労働論争を契機に，再生産労働，不払い労働，感情労働，ケアなど，さまざまな概念を彫琢してきた（落合2012）．1980～90年代になるとJ. ルイス（Lewis），D. セインズベリ（Sainsbury）らがフェミニスト福祉国家論を発達させ，男性稼ぎ主－女性主婦型の家族を前提とした従来の福祉国家の仕組みを批判し，政策形成に影響を与えた．この時期以降，多くの福祉国家は，不払い労働として家族が担ってきた再生産労働を可視化し，一部の費用を支払い，一部は公的サービスにより肩代わりするようになった．結果としてこれらの国々では女性の雇用と出生率回復が両立することとなった．ハーバーマスは福祉国家の介入を家族の機能喪失を招くとして批判したが，実際には家族の機能回復をもたらした．

●**親密圏と公共圏の再編成**　1970年代以降の転換期において何が起きているのかを理論的に把握するためには，ハーバーマスの構造転換論をいくつかの点で乗り越え，かつ親密性／親密圏に関する理論と統合した「親密圏と公共圏の再編成の理論」が要請される（落合2013）．

「社会圏と親密圏の両極分解」がさらに進行すると，後者が個人と個人の間の親密性に分解されることはすでにみた．「第二の近代」を特徴づける「個人化」（Beck and Beck-Gernsheim 2002）とはこのことであった．公共圏の侵入を阻む家族ないしは親密圏という壁が薄くなり，個人が公共圏に直接に曝されるようになった．社会ないしは市場のミクロ方向への拡大といえよう（落合2007）．

他方，マクロ方向をみると，ハーバーマスが論じていなかったような「公共性の構造転換」が起きている．市場が国家の壁を突き破って拡大し，グローバル市場となって，市場と国家の包含関係が逆転してしまった．「第二の近代」のもう一つの特徴の「グローバル化」である．ヘーゲル以来，至高の存在であり続けてきた国家は相対化され，地方政府か共済組合となったという見方もある．

グローバル市場は人の移動も巻き起こす．この時代に個人が形成する親密圏は多型的で可塑的であり，国境を跨ぐトランスナショナルな親密圏を形成する人々もいる．コスモポリタンな価値をはらむグローバル市民社会の生成も予感される．図1に近代社会の三層構造の変容を模式化してみた（落合2013）．

また，この時代には公私の分離ではなく混合ないしは協働が日常化している．

公私の分離は歴史的現象であるので，今は変化を受容し，公私のよりよい協働のあり方を探究すべきときだろう．親密圏と三つの公共圏，すなわち国家，市場，および市民社会／コミュニティ／アソシエーションのバランスと協働のあり方を概念的に示す四元図式（ダイアモンド）はその一つの試みである（落合2008）．

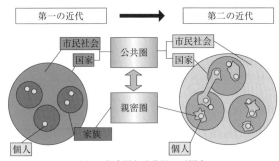

図1　親密圏と公共圏の再編成
[出典：落合2013]

　理論の応用として，再生産のグローバル化と福祉国家の関係を論じてみよう．前述のように，西欧と北米およびアジアの先進地域における高齢化と女性就労の拡大を背景に，これらの地域での「ケア不足」を補うため，家事労働者やケアワーカー，あるいは国際結婚の妻として，アジア，アフリカ，東欧などの女性たちが引き寄せられている（上野2011；落合・赤枝編2012）．これを「再生産のグローバル化」とよぶ（伊藤・足立編2008）．親密圏の変容により，近代には家族内で「家事」として処理されていた再生産労働の担い手を求めて，グローバルな経済的公共圏を通じた国際人口移動が引き起こされたのである．彼女たちを受け入れた家庭，送り出した家庭はトランスナショナルな親密圏をもつ．

　この現象には，さらに福祉国家の類型と変容が関わっている．北欧や西欧のように福祉国家が発達した地域に比べて，南欧やアジアのシンガポール・台湾などでは，家事やケアのために外国人家事労働者を雇用する傾向が強い．公的サービスの供給不足を，市場を通したケアの購入により解決しているのである．すなわち国家と市場という異なるタイプの公共圏が，代替的に機能している（安里2013；落合2013）．

　国際移動の増加は，移動した人々の人権保護や労働条件の監督，社会保障への包摂など，国家の枠に収まりきらない多くの課題を生み出す．その解決のため，国際NGOの活動や国家間の調整により，トランスナショナルな公共圏が生み出されつつある（五十嵐2013）．

[落合恵美子]

📖 参考文献

[1] Habermas, J., [1962]1990, *Strukturwandel der Öffentlichkeit*, Suhrkamp.（細谷貞雄訳，1973，『公共性の構造転換』未來社．）
[2] 落合恵美子編，2013，『親密圏と公共圏の再編成』京都大学学術出版会．
[3] 落合恵美子・赤枝香奈子編，2012，『アジア女性と親密性の労働』京都大学学術出版会．

社会的包摂と社会的排除

●**社会的排除への注目**　社会的包摂（social inclusion）と社会的排除（social exclusion）は現在の社会政策の分野で最もよく用いられる対概念の一組である．後者が社会問題として認知された社会的現実を指すのに対して，前者はその問題解決をはかるための理念，その理念を実現するための道筋，そして，問題の解決された状態を指す．したがってこの二つの概念は相互に参照しながら用いられることが多い．

社会的排除とは，何らかの意味で，それぞれの社会の構成員にとって当然のこととされている社会参加の機会を奪われている状態を意味する．学校に入る機会，就職する機会，安心して居住する機会が奪われていることは典型的な社会的排除であるが，その他にもさまざまな排除がある．福祉国家の社会政策は本来，社会的排除を取り除き，社会的包摂を実現するための制度であったはずであるが，そうした制度からさえ排除される人々もいる．

人々が社会的に排除される理由はさまざまでありうる．性別，年齢，階級，エスニシティ，セクシュアリティ，出身地，宗教，等々である．とりわけ先進国で現在問題となっている社会的排除は，エスニシティと階級の問題が交差する移民労働者やその子どもたちに対するものであることが多い．親たちの世代とちがって，移民二世・三世は市民権をもち，言語や文化の問題で困ることがなかったとしても，その他の構造的な要因からさまざまな社会参加の機会が奪われることが多い．

社会的排除が生じるのは公共政策が直接関係する場面だけではない．インフォーマルな場面や心理的な場面でも，アイデンティティの喪失といったかたちで社会的排除が生まれることがある．自分を大切にしてくれる人が身近にいなかったり，社会関係資本を欠いて生活していたりすると，その人は社会とのつながりが薄くなり，さらにはまったく欠き，社会的に排除され，孤立した存在となりうる．

社会的包摂は，以上のような社会的排除のない状態，あるいは，社会的排除のない状態を実現していくことを指している．市民（市民権を有した人々とここでは解しておく）が雇用や教育や住宅において差別されない社会，生活保障の制度から排除されることのない社会，こうした状態にもっていくことが社会的包摂である．

また家族社会学者の山田昌弘は，ミクロの状況における社会的包摂について「社会的排除とは逆の状況――社会的なつながりに包み込まれている状況――を「社会的包摂（social inclusion）」と呼びます．……「自分を必要として大切にしてくれる存在」がいる状態です」と述べている（山田 2016：45）．わかりやすい

解説である.

　社会的排除と社会的包摂の概念が登場する前は，貧困の概念が類似の概念として使われてきた．排除と包摂が貧困と救貧・防貧に代わって社会政策の鍵概念として用いられるようになり，普及し始めるようになるのは1980年代のフランスである（もっとも今でも貧困の概念は用いられており，貧困研究者のなかには貧困を社会的排除に置き換えることに消極的な者もいる）．この二つの概念は岩田正美によれば「フランス生まれ，EU育ち」ということになる（岩田 2008：16）．

●アンセルシオンから社会的包摂へ　当時のフランスでいったい何が問題だったのだろうか．

　第二次世界大戦後の1950年代，60年代の世界的な好況期に先進諸国では労働力不足が生じた．このため各国は旧植民地をはじめとする第三世界から移民労働者を受け入れた（日本の場合は国内の農村から都市への人口移動によって労働力不足の問題を解決した）．これによって欧州諸国は1970年代初頭まで順調に経済成長を進めることができた．ところが1970年代半ばから，アメリカ通貨の大幅切り下げ（ニクソンショック）や，第四次中東戦争に端を発した原油価格の高騰（オイルショック）をきっかけに，世界経済は停滞（stagnation）と物価上昇（inflation）が併存するスタグフレーションの時代に入る．これによって労働力不足は解消したが，今度は逆に若者の長期失業が社会問題となった．

　他方，50年代60年代にやってきた移民労働者たちのなかには出身国に帰国した者もいたが，定住を選択した者も多数いた．欧州諸国はアメリカのような移民国家とまではならなかったが，国民国家（一民族一国家）から多民族国家への道を一歩踏み出した．移民労働者の子どもたちは80年代90年代になると当然のことながら成人となり，労働市場に参入しようとする．ところがすでに労働力需要は減退しており，若者，とりわけ移民二世や移民三世が就労の場を見つけ出すことは容易ではなかった．

　彼ら彼女らは学校を卒業しても初職に就くことができず，したがって社会保険に加入していないために失業保険を受給することもできなかった．当初は社会扶助（公的扶助）の受給資格もなかった．こうした労働市場から排除され，社会保障から排除され，労働組合からも排除された若年失業者が増え続けた．また移民たちは住宅市場からも排除されるため低家賃の公営住宅団地に集住するようになる．分化的接触理論が教えるように，こうした職のない若者たちは非行文化や非行の手口を「学習」する機会が増える．やがて移民集住地区では治安が悪化し，暴動が起きるまでになる．

　ところでフランスでは1970年代に，高齢者や障害のある人など経済成長の恩恵から取り残された人々を「排除された人々」と認識されるようになっており，排除と闘い，彼ら彼女らを社会に統合すべきとの考えが生まれていた（松村

2005)．そのための施策が「アンセルシオン」（参入）とよばれた．フランスの「社会的共和国」（福祉国家）は連帯を理念的な基礎としており，排除された市民が存在することは共和国の連帯を損なうことになるからである．この排除とアンセルシオンの考え方が 80 年代に入ると，移民二世・三世をはじめとする若年長期失業者などにも拡大適用されるようになり，フランスでは障害者福祉や高齢者福祉を超えて広範な領域でアンセルシオンが語られるようになる．

　1988 年には，排除された人々を職業生活や社会生活へ参入させるための施策として，エレミー（RMI，参入最低所得）とよばれる現金給付の制度が創設された．RMI は，社会的排除によって生活困難な状態に陥っている人々に対して，RMI 手当を支給し，教育，雇用，職業訓練，医療，住宅などにおける排除を解消し，社会生活に参入できるようにすることを目的として導入された（ただし RMI は 2009 年に，就労を給付の条件とする RSA［積極的連帯所得］へと衣替えした）．

●**フランスから EU 全体へ**　フランスの問題は，他の欧州諸国が共通に抱える問題でもあった．このため EU（欧州連合）は，フランスの政策を EU の社会政策に取り入れた．この頃 EU はユーロの導入に代表されるような経済統合から，「社会的ヨーロッパ」の建設をめざす社会統合にまで射程を広げていたから，排除との闘いは EU 統合にとって時宜を得たものだった．排除とアンセルシオンは「社会的排除」と「社会的包摂」と英語風に言い換えられて，社会政策の最重要概念として確立された．政治学者宮本太郎によれば「社会的包摂という考え方は，……，ヨーロッパ統合と一体となって発展してきた」とのことである（宮本 2013：211）．

　1989 年には EU の閣僚理事会で「社会的排除と闘う」という文書が採択された．同じ年の欧州理事会による「欧州社会憲章」でも社会的排除との闘いが記された．そして 1997 年にはアムステルダム条約が調印され，高い雇用率を持続し社会的排除と闘うことや，労働市場から排除された人々を労働市場に参入させることが EU の目標とされた．さらに 2000 年，リスボンで開催された欧州理事会が定めた 10 年間の戦略目標（「リスボン戦略」）のなかでは，加盟国が「社会的排除と闘うナショナル・アクション・プラン」を毎年提出することが決められた．

　イギリスでは 1997 年にそれまで欧州社会憲章の調印を拒んできたサッチャー以来の保守党政権が選挙で敗北し，ブレアが率いる新しい労働党政権（「ニューレーバー」）が成立した．同政権は EU の社会政策に対するイギリス政府の消極的態度を変え，これに協調していくことになる．さらにイギリス政府の内部に省庁横断的な社会的排除対策室（Social Exclusion Unit）を設置して社会的排除との闘いに積極的に乗り出した．フランスに続いてイギリスが，社会的包摂と社会的排除の推進役となった（ただしイギリスは 2016 年には国民投票によって，EU からの離脱を決定したため，この問題に関する将来は不透明である）．

　とはいえフランスとイギリスでは，社会的排除のとらえ方にニュアンスの差が

ある．福原宏幸によると，フランスでは社会的排除が「国家による社会的結束の保護の失敗」であるとともに「社会の秩序から個人が離脱させられ市民権が侵害されていく過程及びその結果」を意味しているのに対して，イギリスでは社会的排除は「さまざまな歪み……によって，市場に参加する個人において資源が欠如したことによって生じる」とみなされる（福原 2006：14）．

日本も 1973 年の石油ショックによって高度経済成長が終わりを遂げ，世界経済のスタグフレーションに巻き込まれ，1978 年には第二次石油ショックに遭遇することになるが，日本はいずれも克服することに成功した．欧州諸国に比べると相対的に安定した経済状況が続き，失業率も低く抑えられてきた．80 年代後半には好況が続き，バブルを形成するまでになった．日本の場合，欧州諸国でみられた長期失業をはじめとする社会的排除の現象が欧州諸国と同じ時期に表面化することはなかった．ところが 1992 年にバブル経済が崩壊して以降，次第に社会的排除と目される現象が日本でも目立つようになった．

岩田正美によると日本の社会的排除は欧州にくらべると「10 年遅れ」であった（岩田 2008：64）．そして，路上ホームレス，ネットカフェ難民，格差社会，フリーター，ニート，ワーキングプア，雇い止めなどの問題がジャーナリズムでも取りあげられ，またアカデミズムでも研究されるようになった．こうして 2000 年代以降，日本でも社会的排除や社会的包摂が論じられるようになる．

●**貧困と社会的排除**　社会的包摂は，社会的排除を克服する過程，あるいは克服された状態のことを指しているから，社会的包摂の定義は社会的排除の定義に依存する．

社会的排除に関する定義でしばしば引用されるのは，欧州委員会によるものである．

> 「社会的排除は，過程と結果としての状態との双方を指すダイナミックな概念である．（中略）社会的排除はまた，もっぱら所得を指すものとしてあまりにしばしば理解されている貧困の概念よりも明確に，社会的な統合とアイデンティティの構成要素となる実践と権利から，個人や集団が排除されていくメカニズム，あるいは社会的な交流への参加から個人や集団が排除されていくメカニズムが有する多次元的な性格を浮き彫りにする．それは，労働生活への参加という次元をすら超える場合がある．すなわちそれは，居住，教育，保健，ひいては社会的サービスへのアクセスといった領域においても感じられ，現れるのである」（欧州委員会 1992：8，訳文は中村［2002］による）．

要するに，伝統的な類似概念である貧困と比較したときの社会的排除は次の二つの点に特徴がある．

一つは，人が社会的排除に至るプロセスを重視するという点である．貧困は生活が困窮する現にある状態を焦点化するが，そこに至る因果関係は捨象する．少

なくとも近代的な救貧制度の下では,生活保護制度における無差別平等の原則(救済にあたっては貧困の原因を問わない)がそのことを物語っている．これに対して,社会的排除は,社会的排除に至る事象間の要因連関に焦点を当てた概念である(図1).

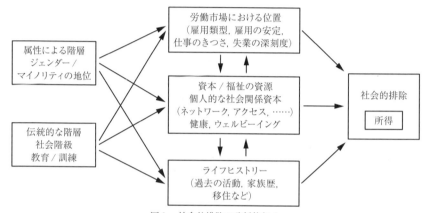

図1　社会的排除の分析枠組み
[出典：European Commission 2002：21]

二つ目は,社会的排除が,貧困に比べて排除の多元的性格を強調する概念だということである．貧困も決して所得水準だけの問題ではないが,貧困は貧困線以下の状態ということで経済的な問題に還元されがちである．これに対して社会的排除には貧困という経済次元も含まれるが,それにとどまらず社会生活のあらゆる次元と関連づけられる．

●**社会的排除の測定**　社会的排除をどのような次元に区分するかについては研究者の間で意見が一致しているわけではない．A. S. バラと F. ラペール(Bhalla and Lapeyre 2004)によれば,社会的排除の次元は経済的,社会的,政治的,文化的とそれらの組み合わせである．イギリス・ブレア政権のブレインでもあった社会学者ギデンズは,ゴードンらの研究に言及しながら,社会的排除に次の4つの次元があることを指摘している(ギデンズ 2009：380).

(1) 貧困ないし適切な収入や資源からの排除
(2) 労働市場からの排除
(3) サービスからの排除(公的私的サービスを含む)
(4) 社会関係からの排除：①日常的活動への不参加,②友人や家族からの孤立,③行動面や情緒面での支援の欠如,④市民参加の欠如

これに対して実務家は,社会的排除を測定するための共通の社会指標を開発してきた(阿部 2002).「ラーケン指標」とよばれるものがそれで,2001年にラー

ケンで開催された首脳会合で，社会的包摂・社会的排除の指標として承認された．当初のそれは相対貧困率をはじめとする10の主要指標と長期失業率など8つの二次指標から成り立っていた．その後2009年に，主要指標11と二次指標11からなる改訂が行われ（European Commision 2009；高橋2013），さらに2015年に以下のように改訂された（European Union 2015）．

Ⅰ　主要指標
①貧困リスク率，②貧困リスクの持続，③貧困リスクのギャップ，④長期失業率，⑤無業・準無業者のみの世帯で暮らす人口，⑥学校中退者，⑦移民の雇用格差，⑧物質的剝奪率，⑨住宅，⑩必要な医療を受けられない者，⑪子どものウェルビーイング，⑫所得移転の効果，⑬有業者の貧困リスク

Ⅱ　二次指標
①-a 世帯類型別の貧困リスク，①-b 作業強度別の貧困リスク，①-c 就業状態別の貧困リスク，①-d 住宅の所有の関係別の貧困リスク，①-e 相対的貧困線前後でのばらつき，①-f 有業世帯の子どもの貧困リスク，②低学歴者，③識字率の低い生徒，④物質的剝奪の深刻さ，⑤負担が過重な住宅費，⑥住宅の過密度，⑦設備状況からみた居住の剝奪，⑧所得移転の年齢別効果，⑨無業世帯で暮らす人口

●日本での取り組み　前述のように日本の社会政策の舞台では2000年代に入ってから社会的包摂・社会的排除に関する議論が本格的に始まった．社会的包摂は，当初は社会福祉のそれまでの理念として定着していたノーマライゼーションの後継概念とみなされた．2000年に旧厚生省の検討会が「ソーシャル・インクルージョンのための社会福祉を模索する必要がある」と述べ，2002年に社会保障審議会が地域福祉計画の策定指針のなかで，ソーシャル・インクルージョンの視点を強調した．その後，社会福祉の研究者がこの問題に関する研究・啓発につとめたが，訳語がなかなか定まらなかった．2009年，麻生内閣のときに発表された「安心と活力の日本へ」のなかではソーシャル・インクルージョン（「社会統合・社会的包摂」と訳）が雇用における優先課題の一つとされた．2011年，民主党政権のもとで「一人ひとりを包摂する社会」特命チームが発足し，「社会的包摂推進室（室長・湯浅誠）が設置された．特命チームは2011年5月に「社会的包摂政策を進めるための基本的考え方」を，同年8月に「社会的包摂に関する緊急政策提言」を決定した．日本学術会議も2009年に「経済危機に立ち向かう包摂的社会政策のために」，2014年に「いまこそ「包摂する社会」の基盤づくりを」といった提言を行った．しかし安倍内閣の成立以降，政府が社会政策の言葉として社会的包摂を用いることは少なくなった．同内閣の下に設置された一億総活躍国民会議でも，民間委員が一億総活躍をソーシャル・インクルージョンの延長で考えるよう提案したが，採用されなかった．

［武川正吾］

持続可能社会

● 持続可能社会の生い立ち

【月面着陸と『成長の限界』，公害が提起したもの】　アメリカや日本をはじめとする先進産業社会が高度経済成長を経験した 1960 年代，無限の成長が可能であるかのような幻想が抱かれていた．転機となったのは三つの出来事である．第一に，1969 年 7 月の月面着陸成功の前後から「宇宙船地球号」という意識が強まり，運命共同体としてのかけがえのない地球という意識が喧伝されるようになり，1970 年 4 月には第 1 回アースデーが開催された．第二に，1972 年に出版されたローマクラブの『成長の限界』が大きな反響を引き起こした．コンピュータ・シミュレーションによって高度経済成長を支えてきた資源やエネルギー・食糧の長期的な安定的な供給の確保に限界があることを警告し，これらをめぐる深刻な利害対立・紛争と軋轢の可能性を突きつけた．1973 年 10 月に第四次中東戦争を契機に起こったオイルショックは，「成長の限界」の問題提起のリアリティを鮮烈に意識させた．第三に，同じく 1972 年 6 月にストックホルムで開催された国連人間環境会議で，環境権などを宣言した「人間環境宣言」が採択されるとともに，胎児性水俣病の患者が世界に紹介され，公害問題の深刻さを印象づけた．

【持続可能な発展】　高度経済成長への反省から生まれたのが「持続可能社会 (sustainable society)」という概念である．この概念はそれまで自明視されてきた成長の持続，豊かさの持続に疑問符を突きつけ，環境保全型社会への転換を急ぐべきだという警鐘を鳴らした（淡路ほか 2006）．持続可能社会を一躍有名にしたのは，国連の「環境と開発に関する世界委員会」（委員長：ブルントラント［ノルウェーの女性首相〈当時〉］）が 1987 年に公表した報告書「我らの共通の未来 (Our Common Future)」で，これから世界がめざすべき理念として，「持続可能な発展 (sustainable development)」が提唱されてからである．1989 年にはベルリンの壁が崩壊し，1990 年には東西ドイツが再統一され，1991 年にはソビエト連邦が崩壊した．ポスト冷戦期という時代背景と 1986 年のチェルノブイリ原発事故や地球温暖化問題に代表される，国境を越えた地球環境問題を背景として，持続可能な発展は，リオ・サミット（環境と開発に関する国連会議，1992 年）をはじめ，1990 年代以降のポスト冷戦期の国際社会を主導する理念となった．

　持続可能な発展には二つの理論的な背景があった．第一は，エコロジカルな持続可能性についての国際自然保護連合 (IUCN) の世界保全戦略（1980 年）の考え方であり，自然を維持しながら，持続可能な形で利用していかなければならないという，自然と人間の共生の必要性を重視する考え方である．第二は，欲求の

充足を重視してきた，これまでの経済開発のあり方への反省である．
　しかし持続可能な発展は，持続可能性を重視し，現状の豊かさを維持できるかに危機感をもつ先進国と，先進国並みの豊かな生活と経済成長を求める途上国側との間の妥協の産物でもあった．また持続可能な発展は，多元的で統合的な性格を帯びており（森田・川島 1993），本来的に曖昧さ，多義性を含んでいる．特に生態系の制約性を重視し持続可能性に力点を置く解釈と，発展の持続に力点を置く解釈とがある．

【環境政策へのインパクト】　持続可能な発展は各国の環境政策に大きな影響を及ぼした．リオ・サミットを受けて，公害対策基本法を全面的に改訂して制定された日本の環境基本法（1993年）でも，第4条で「環境への負荷をできる限り低減することその他の環境の保全に関する行動がすべての者の公平な役割分担の下に自主的かつ積極的に行われるようになることによって，健全で恵み豊かな環境を維持しつつ，環境への負荷の少ない健全な経済の発展を図りながら持続的に発展することができる社会が構築されることを旨とし」と，この理念がうたわれている．
　持続可能な発展や持続可能社会は日本の自治体の環境政策や地域ビジョンづくりにも大きな影響を与えた．それまでの日本の公害防止条例・公害防止協定は防御的な施策であり，対処療法的な側面が強かった．リオ・サミットや環境基本法を受けて，リオ宣言を実行するための行動綱領であるアジェンダ 21 のもとで，地域レベルでの取組みに関するローカル・アジェンダ 21 や環境基本計画が策定されるようになった．持続可能社会は，先進的な環境政策をすすめ，環境自治体をめざす地域の主導的な理念ともなっている．
　国土計画や都市計画の中に環境政策の視点が組み込まれなければならないことは 1990 年代以降各国で常識化したが，それを主導する概念が持続可能性である．
　関連の深い概念として「循環型社会」という言い方もあるが，廃棄物のリデュース（発生の抑制）・リユース（再利用）・リサイクル（再生利用）など，持続可能社会に比べてより限定的に，資源の有効利用に焦点を当てた概念である．

●持続可能性か維持可能性か　ブルントラント委員会報告書（1987年）では，「持続可能な発展」は，「将来世代のニーズの充足能力を損なうことなく，現在世代のニーズを満たしうるような発展」と規定されている．将来世代のニーズの充足を損なわないことが，現在世代の欲求充足の前提条件となっている．
　日本の外務省は「持続可能な開発」の訳語をあて，「将来の世代の欲求を満たしつつ，現在の世代の欲求も満足させるような開発」のことをいうと説明している．しかし「持続可能な開発」では，経済開発を持続可能にすべきというような印象をもたらしかねない．また外務省の説明では，将来世代のニーズの充足を損なわないことが，現在世代の充足の前提条件となっていることが曖昧になっている．
　都留重人や宮本憲一はこれらの点を批判し，「維持可能な発展」と訳すべきだ

と主張している．しかし維持可能では消極的な語感が強いため，「持続可能な発展」の訳語が支配的である．

　持続可能な発展は，資源の制約性を重視し，将来世代との間の世代間の公平性，先進国と途上国との間の公平性に焦点を当てた概念である．第一に，世代間の公平性に焦点を当てた点に，この概念の画期性がある．第二に，環境保全と開発を互いに対立するものとしてではなく，両立し得るものとしてとらえ，環境保全や将来世代を考慮した節度ある発展が重要であるという認識に立っている．

　1992年に提唱された，人間活動が環境に与える負荷を資源の再生産や廃棄物の浄化に必要な面積として示したエコロジカル・フットプリントは，持続可能性に関わる代表的な指標といえる．ただし，国家や地域が持続可能であるか否かを判定する指標について国際的な合意が確立しているわけではない．持続可能な発展のための公共政策の体系も提示されていない．その意味では，持続可能な発展や持続可能性は，政治スローガン的・アドバルーン的ではある．

●**持続可能社会へ向けた取組み**　フランス革命の直後に制定された三色のフランス国旗は，革命のスローガン自由（青）・正義（白）・博愛（赤）を象徴している．この三つの理念は，近代市民社会の基本的な価値といえる．現代的にとらえ返せば，自己決定性・社会的公正・社会的連帯ということになろう．持続可能性は，これに将来世代との関係，自然との共生という新たな次元を加えたものといえる．

　持続可能社会が提起しているのは，宇宙空間に輝く青く美しい星，この地球を，同じ星に乗り合わせた兄弟としての私たちがどうやって守り，将来にわたって継承していくことができるのか，という，最も根底的な課題でもある．

　気候変動（地球温暖化）問題，10万年にわたる安全性が問われている放射性廃棄物問題，産業廃棄物問題，ごみ問題，大気や土壌，河川・海洋の汚染問題，絶滅危惧種をめぐる問題など，環境問題は，持続可能性をめぐる問題でもある．

【**1992年リオ・サミットの画期性**】　リオ宣言では，先進国と途上国との間の「共通だが差異のある責任原則」や科学的に因果関係が十分証明されていない段階でも，規制措置が可能であるとする「予防原則」が宣言されるなど，その後の環境政策に大きな影響を与える原則が確認された．温暖化に関する京都議定書（1997年）やパリ協定（2015年）のもととなった気候変動枠組条約が採択されたのも，生物多様性条約が調印されたのも，リオ・サミットにおいてである．1972年前後に次いで1992年前後には，世界的に環境問題への関心が高まった．

　日本でも，前述の環境基本法が制定されたほか，長年の懸案だった環境影響評価法が成立した（1997年）．県や主要な市では「環境基本計画」という形で，ローカルアジェンダ21の策定が進み，リオ・サミットでの環境NGOの存在感の大きさに影響を受けて環境NGOの組織化が進んだ．環境社会学会が1992年に発足したのを皮切りに，環境経済・政策学会が1995年に発足するなど，社会科学

分野での環境研究の組織化も進展した．環境政策・環境研究の制度化が進行した．

【エネルギー政策と環境政策との融合】 従来支配的だった，ニーズの増大を所与の前提として供給能力を高めていくことが事業者の利潤を増し，事業者の経済成長をもたらすというサプライ・サイド（供給重視）の考え方に対して，デマンド・サイド・マネジメント（需要管理型経営，DSM）という需要を効果的に抑制する方が環境保全的でもあり，経営効率も高いという新たな経営方針が有力になり，さまざまな実践が行われるようになった．原子力発電や火力発電，大型の水力発電が環境破壊的であるとして社会的批判が高まった電力業界では，需要管理型経営が注目されるようになった（長谷川［1996］2011）．電力の節電はその分だけ発電を不要にし，節電に努力するほうが発電能力を拡大するよりも経営効率が高いとする，A. ロビンズ（Lovins）のネガワット革命は，その代表的な主張である．

原子力発電が持続可能な技術であるかは長い間論争的であり，日本政府は長年，気候変動問題の国際会議などで，原子力発電を持続可能な技術として認定するよう働きかけてきた．しかし原子力発電は，①重大事故のリスクがあること，②放射能汚染の影響が不可逆的であること，③核拡散につながりやすいこと，④経済性が疑問視されること，⑤使用済み核燃料など放射性廃棄物の処理技術が確立していないことなどから，持続可能な技術とは認められてこなかった．2011年3月に起こった東京電力福島第一原発事故以降，原子力発電が持続可能な技術であるという主張はなされなくなった．

二酸化炭素をはじめとする温室効果ガスの濃度が増大し，気候変動問題が年々深刻化してきたことは，地球全体の持続可能性を危うくするものとして，国際的に大きな政治課題となっており，エネルギー政策と環境政策との統合が各国の喫緊の課題である．

2015年12月に採択された気候変動に関する「パリ協定」は，先進国のみに削減目標を課していた京都議定書（1997年）を踏まえて，途上国を含むすべての国が，①平均気温の上昇を産業革命前と比較して十分に2度以内に抑える，さらに1.5度未満になるよう努力する（協定第2条），②21世紀後半に温室効果ガスの排出量と吸収量をバランスさせる（実質の排出をゼロにする，第4条1項）などに合意した画期的なものである．この協定でも，持続可能な発展が先進国と途上国間の対立を乗り越える基本前提となっている． ［長谷川公一］

参考文献
[1] 淡路剛久ほか編，2006，『持続可能な発展（リーディングス環境 第5巻）』有斐閣．
[2] 森田恒幸・川島康子，1993，「『持続可能な発展論』の現状と課題」『三田学会雑誌』85（4）：532-61．
[3] 長谷川公一，［1996］2011，『脱原子力社会の選択 増補版――新エネルギー革命の時代』新曜社．

社会関係資本

●**社会関係資本という概念の誕生**　社会構造は，それ固有の働きによって人々の一定の行為を促し，それが彼ら自身や他の人々に広く便益をもたらすことがある．この働きに関わる社会構造の資源や仕組みを社会関係資本という．その構成要素としては，社会ネットワーク，信頼，互酬性の規範などがあげられる．social capital の訳語で，社会資本と訳されることもある．ただし社会資本は，公共投資による産業・生活基盤施設を指す用語として定着しているので，社会関係資本の公共財的な性質に焦点を当てる意味ではよいのだが，用語法として紛らわしい．そのため，そのままソーシャル・キャピタルとするか，あるいは社会関係資本と訳すのが一般的である．語用は古くは 20 世紀初頭にさかのぼるが，実質的には 1980 年代後半以降に注目されるようになった新しい概念である．とりわけ，R. パットナム（Putnam 2000）の研究に端を発して世論を沸かせたアメリカ民主主義の衰退に関する論争や，世界銀行が主導した持続可能な開発援助の実践的研究（Dasgupta and Serageldin eds. 2000）を通して，広く学際的議論を呼び起こすとともに，経済・政治・社会のさまざまな現場にも浸透した．グローバリゼーションに伴う国家的諸制度と国際秩序の急激な変動のなか，政治や経済においても社会学的視点の重要性が増している．社会関係資本は，そうした視点を統一的かつ実証的な枠組みで扱える学際的な社会学概念としての期待を背負ってきた．

【**社会学における出自**】　学術的な出自は社会学者 P. ブルデュー（Bourdieu）および J. S. コールマン（Coleman）に求められる．資本という言葉からして，社会関係資本は階級との関係を内在的主題とする．そもそも資本としての概念定義に疑義を唱える論者は少なくないのだが，それに対してブルデュー（[1986]1997）は，資本はさまざまな形態をもち，それらが互いに形態を転換させながら最終的には経済資本に転換され，階級構造が保持・強化されることを説く．このように社会関係資本は，文化資本や人的資本と並ぶ階級概念としての出自をもつ．ただしその後の研究は階層論が主体となったため，階級の矛盾よりは移動機会の制約構造（個人からみれば投資の合理性）が主題となっていった．

　コールマン（Coleman 1988）も社会関係資本が人的資本に転換される仕組みに着眼した．そこで見出された世代間ネットワーク閉鎖は，友人同士の子どもの親が互いに知り合いであること，グラフ的には 2 組の親子のネットワークが四角形で閉じていることをいう．このネットワーク構造特性が社会関係資本として，親の監督効果を増し，子どもの人的資本の蓄積を促す．教育の観点からコミュニティ再組織化の問題に取り組んできたコールマンの問題意識，および別に示され

た社会関係資本としての規範への着目（Coleman 1987）に照らしていえば，ここでの主題は階級よりはむしろ中間集団とコミュニティ統合の問題にある．この主題はその後，社会関係資本の公共財的性質に着目する研究に汲み取られていった．

●**社会関係資本の概念構成と理論的含み**　社会関係資本は，社会構造内の社会ネットワークに即して蓄積される．この蓄積プロセスには凝集に基づく結束型と，連結に基づく橋渡し型があり，この両者の混合のあり方が，信頼や規範の状況と相まって，生み出される付加価値の量を規定する．このように資本蓄積に関わる社会構造の仕組みに焦点を当てるという狙いは共有されているのだが，何をどういう意味で「資本」とみるかによって多様な論点がある．そのため社会関係資本については概念の多義性が指摘されてきた．ここでは概念論争に踏み込むのではなく，この概念を理論的にどのように生かせるかという観点からそこでの論点を整理する．

【社会構造の外部性】　資本の本質が，将来の利益を見越した現時点の犠牲（投資）であるとすれば，社会関係資本は資本としては特異な形態である．人間関係は当為的な価値をもっており，必ずしも将来の利益を見越して手段的に構築されたり，利用されたりするものではない．むしろありうるのは，友人関係が意図せずしてある局面で手段的な助けとなり，それが結果として便益をもたらすようなことであろう．これは人間関係に限ったことではなく，ある目的でつくられた社会組織が別目的のために役立って便益を生むこともある．その意味で社会関係資本は，投資というよりは社会構造の外部性に関わる．そして社会関係資本は，この社会構造の外部性を経済市場の円滑な稼働条件として位置づける，積極的な主張をもっている．M. グラノヴェター（Granovetter 1985）はこれを経済の社会構造への埋め込みとして論じ，F. フクヤマ（Fukuyama 1995）は産業基盤としての信頼の観点からこれを論じた．これらの議論は，有機的連帯の基礎としての道徳的紐帯（Durkheim 1893），あるいは社会システム均衡の基礎としての制度化された規範体系（契約における非契約的要素）（Parsons 1967）などの古典的論点を，継承・発展させるものである．

　このように社会関係資本は本来的に社会構造の諸要素がもつ正の外部性に着目する議論なので，ともすれば互恵関係を強調しやすい．そこで注意しなければならないのが，その負の部分（ダークサイド）である．これには外部者の排除，自由の制限や，種々の集団圧力の問題などがある（Portes 1998）．もっとも，社会関係がもたらす便益が何らかの程度排除的になるのは自明であるし，集団がもつ抑圧性は中間集団の構想において社会学がずっと苦慮してきた問題である．その意味では社会構造に互恵関係の条件を見出そうとする社会関係資本の論理は，あえてそこにある正の外部性に着目し，そこから切り開かれる中間集団の可能性を

問う思考実験ともいえるだろう．

【公共財的性質】 社会関係資本が公共財的な性質をもちうる点も，資本概念としては特異である．例えば前述の道徳的紐帯や制度化された規範体系は公共財的であり，いったんそれらが供給されれば当該社会構造内の誰もが，それらによるリスク軽減や協力調達によって便益を享受できる．コミュニティの連帯や信頼なども同様であり，それらが高い水準で保たれれば，アメニティや安全などの公共財的な便益が広く住民にもたらされる．この種の社会関係資本の場合，M. ヘクター (Hechter 1987) がいうようにその有効供給には一定の集団境界が必要なので他集団排除の問題はあるにせよ，集団内で便益の不平等問題は生じにくい．むしろここで問題になるのはフリーライダーである．公共財では，その供給に必要なコスト負担（投資）をせずに便益だけを得ることが，個人にとって合理的である．また，その抑止に必要な監視とサンクションは費用がかかり，そのコスト負担をめぐる二次のフリーライダー問題が生じる．サンクションを効率的に制度化させ，フリーライダーを抑止するために有効なのが，規範である．

規範は，行為が外部性をもち，ダイアド交換でその制御をできないときに必要性が高まる (Coleman 1990)．規範は実効性のあるサンクションに裏打ちされて一定の合理性をもち，それにより当該行為者は自らフリーライディングを思いとどまる．したがって，いったん規範が確立すれば，実際にサンクションが発動される必要はない．実は，公共財とフリーライダーの問題のような社会的ジレンマ状況では，外部性をもつ行為によって利益を得る受益圏と，被害を受ける受苦圏が重なるので，人々は自分の問題として当該行為に関する規範を共有しやすい．規範の必要性が高く，なおかつその確立が難しいのは，受益圏と受苦圏が分離する状況である．

【資源提供者の動機】 フリーライダーとともに難問なのは，社会的資源を提供する側の動機である．人々は，他者への資源提供がすぐに，また等価的に報われる見込みがないときでも，資源提供を行うことがある．これは一見して合理的な投資とは考えにくく，その動機が問われる．社会的交換理論は，まさにそのような社会的資源の授受（社会的交換）の非対称性に，権力の源泉を求めた．ダイアド関係に関していえば，権力による互酬性の担保は資源提供者の動機を説明する有力な理論である．けれども，社会関係資本をめぐる社会的交換は組織内の定常的な社会関係に即して，ダイアド的に展開されるだけではない．むしろ上述の公共財的性質に照らして重要なのは，見知らぬ他者との交換である．

古典的な贈与の社会人類学的研究や，その後の交換ネットワークの研究が示唆するように，ここに間接的交換が主題として浮上する．なかでも重要なのは一般化された互酬性の概念である．かつて A. トクヴィル (Tocqueville) は，これを「正しく理解された自己利益」と称し，アメリカ民主主義を支える信念として見出し

た．要は，いまここの資源提供がめぐりめぐってわが身を助ける，という信念が担保する長期的な合理性である．この信念は，間接的交換の連鎖が途中で断ち切られないという世界観の共有を前提にしており，その意味での社会信頼も関係する．この信念に促されて皆が見知らぬ他者間で社会的資源の授受を行えば，それ自体が投資になり，結果として公共財的便益がより広い範囲にもたらされる．

●社会関係資本の実証的展開

【階層論】　前述のブルデュー階級論に即していえば，資本は経済，政治，芸術，社交界などの界に応じてそれぞれ特異な意味をもつ．この意味を嗅ぎとる身体化された能力がハビトゥスである．このようにブルデューの議論は，個人の身体技能まで貫徹した資本主義の構造に言及していて興味深いのだが，実証に乗せにくいのが難点である．そのため社会関係資本の実証的な階級論的適用は，階層と移動の研究が中心となってきた．典型的には地位達成の枠組みで，職業獲得におけるパーソナル・ネットワーク（仲介者）の効果を吟味する研究である．

　従来この研究は，他者が所有する資源の活用という意味で社会的資源論と称されていたが，その主導者であるN. リン（Lin 2001）がそれを社会関係資本の枠組みに一般化した．出身地位から現在の職業地位に至るまでの個人の移動機会に対する制約構造に照らして，職業獲得に際して他者の手助けを得ることがどのような意味をもつかが主題である．この研究から，総じて以下のことが各国共通して確認されている．職探しにおいて仲介者に頼るのは社会的に弱い立場の人が多く，そのため仲介者依存は他の手段と比べて，よりよい条件の職業獲得に対してプラスの効果をもたない．けれども，頼るのであれば仲介者の地位は高いほうが効果はある．しかし，高い地位の仲介者へのアクセスは出身階層に制約される．このように社会関係資本は低階層に職業機会を提供しつつも，それによる上昇移動の機会は階層的制約を受ける．

　専門職の転職において遠い縁の知人が希少な職情報をもたらすことを発見したグラノヴェター（Granovetter 1974）以来，弱い紐帯も重要なテーマである．これについては，紐帯の弱さ（強さ）の測定法，初職時か転職時かといった局面，所得か職業威信かといった結果変数の取り方などの違いもあり，結果は一貫していない．ただし，アジア圏ではむしろ強い紐帯が良い結果をもたらすという調査結果が多く，比較文化的な論点も示唆されている．

　地位達成のように個人のパーソナル・ネットワークに着目する研究は，通常的な質問紙調査でデータ収集できる点が強みである．代表的な位置想起法は，職業階層を万遍なく代表するいくつかの職業について友人知人がいるかどうかを聞く方法である．そのほかにも，具体的に親しい友人について聞く人物想起法や，イシューとなる資源ごとに頼れる人を聞く資源想起法が考案されている．

　その一方でこの種の研究は，社会関係資本を紐帯レベルで論じがちである．そ

そもそもパーソナル・ネットワーク研究は，集団構成や役割関係が流動化した都市社会構造の把握のために社会人類学が導入したものであり，その当時は，まさに個人を起点に紐帯のつながりを描き出すことそれ自体に理論的意義があった．けれども社会関係資本研究の場合，パーソナル・ネットワークは社会構造の資本蓄積状況を知る手がかりとなる個人口座のようなものである．ある人が友人関係の人脈を使って便益を得たということは，単にそれだけでは社会関係資本の実証にはならない．それを説明するオルタナティブな理論はあり得るし，社会関係資本が便益を生むプロセスも一通りではない．それをある特定の社会関係資本の回収として論じるためには，そこに至る資本蓄積のプロセスを理論仮説として明示しなければならない．そして，資本蓄積は社会構造の仕組みに規定されるのであるから，その仮説はおのずとメゾないしマクロ・レベルを志向するものになる．

　マルチレベルモデル分析の発達に伴い，特に教育学や社会疫学の領域で，学校や地域などのコンテクスト効果に社会関係資本を想定した分析枠組みが定着している．世代間ネットワーク閉鎖論の展開や，地域社会が健康に及ぼす影響を検証するような研究である．この分析手法はメゾ・レベルに焦点を置く社会関係資本の狙いと整合的であり，今後も発展が期待される．ただし，やはりここでもコンテクスト効果の背後に理論的に想定される資本蓄積プロセスに関する議論を忘れてはならない．

【社会ネットワーク論】　メゾ・レベルの社会関係資本の仕組みを解明するためには，集団を構成する主体間の関係構造を俯瞰的にとらえるソシオセントリック・ネットワークの分析観点が有効である．ソシオメトリーから発展したこのアプローチは，パーソナル・ネットワーク研究とは対照的に，社会的場の全体的な力学をとらえることを理論的なねらいとする．そこで整備されてきた中心性，クリーク，ブリッジ，構造同値といった分析概念は，社会関係資本の仕組みを定式化するうえで欠かせないものである．実際にそうした定式化を行った研究として，前述の世代間ネットワーク閉鎖のほかに，弱い紐帯の強さと構造的空隙の議論が注目される．

　弱い紐帯の経験的研究は前述したが，理論的には，個々の紐帯の強弱ではなく，ネットワーク構造特性の視点が重要である．弱い紐帯の強さは以下の二つの命題からなる（Granovetter 1973）．第一に，同類結合の仮定のもとで強い紐帯は推移性をもつため，ブリッジは弱い紐帯でなければならない．そのうえで第二に，それはブリッジであるがゆえにネットワークの分断構造を橋渡しして社会統合に貢献する．社会関係資本として弱い紐帯は，異なる複数のクリークで蓄積される結束型社会関係資本を橋渡しして，全体として当該の社会構造における資本蓄積を増強する．言い換えれば，社会構造は，弱い紐帯を効率的に含むことで付加価値をよりよく増大させうる．

構造特性としての弱い紐帯の仕組みを明示化したのが，R. S. バート（Burt 1992）の構造的空隙の議論である．ネットワークの切断点にいる個人はその位置を利用して，ブローカー的権力を手にするだけでなく，他集団がもつ情報を独占的に入手して，便益を増すことができる．ただし，友人が知り合い同士のように冗長な関係が多ければ，また，そもそも結束型社会関係資本を生み出す集団（クリーク）が存在しなければ，その便益性は減少する．構造的空隙は，密度の濃い複数のクリークがつくる隙間であり，そこに収益性の高い橋渡しの機会が生まれる．構造的空隙のあり方は定常的ではない．個人は豊富な社会関係資本をもつ他集団に非冗長なブリッジをつくろうとする．その競争によって空隙が埋まり橋渡しの便益性が減少すると，別の空隙を求めて橋渡し競争がシフトする（Burt 2005）．こうしたネットワーク・ダイナミクスは，社会関係資本の仕組みを動態的にとらえるための基本的な視座になる．

【比較研究】　ネットワークだけでなく，より総合的にメゾないしマクロ・レベルで社会関係資本を指標化する工夫もある．代表的なものはパットナムが，団体や市民活動に関する社会統計と，信頼などに関する質問紙調査の集計値から作成した総合指標である（Putnam 2000）．彼はこの指標を用いてマクロな視点からアメリカ民主主義の衰弱を論じた．わが国でも内閣府国民生活局（2003）を皮切りに類似の調査が継続的に行われており，概して社会関係資本の衰退の傾向が指摘されている．

　機能的観点からみるとき，社会関係資本がコンテクストごとに異なる機能をもつことは示唆的である．例えば，信頼は集団の結束を強める機能をもつと同時に，集団間をつなぐ橋渡し機能をもつ．山岸（1998）は信頼のこの機能的両義性に着目して信頼の解き放ち理論を展開し，安心社会と信頼社会の対比から日米の比較を行った．また，職獲得における仲介者の機能は，求職者の地位を増強して階層化に資する面もあるが，社会的弱者に着目すればむしろセーフティネット機能がみえてくる．社会福祉に関する社会関係資本の研究は，行政や NPO などの支援主体間ネットワークの問題として論じられることが多い．これは生活基盤の整備という公共財的な意味において重要なのだが，上記のように階層と福祉の関係を問うマクロな機能的観点から比較研究を行うことも興味深いテーマである．

［三隅一人］

📖 参考文献
[1] 野沢慎司編・監訳，2006，『リーディングス　ネットワーク論——家族・コミュニティ・社会関係資本』勁草書房．
[2] リン，N. ／筒井淳也ほか訳，2008，『ソーシャル・キャピタル——社会構造と行為の理論』ミネルヴァ書房．
[3] 三隅一人，2013，『社会関係資本——理論統合の挑戦』ミネルヴァ書房．

社会的創発性

●**創発性とは何か——その歴史的背景**　創発性とは要素間の相互作用（相互行為）ないし関係から生み出され，かつ要素の総和に還元できない集合的特性のことをいう．「全体は部分の総和以上のものである」とする有機体論に特有の性質でもある．創発性の概念はすでに G. ルイス（Lewes）によって 1875 年に使用され，その後，C. モーガン（Morgan）の『創発的進化』（1923）により社会的関心が高まった．

創発性のわかりやすい例として化学結合がある．水素（H_2）と酸素（O）が結合することにより水（H_2O）が形成されるが，水の構成要素である水素や酸素それぞれには，両者の結合体である水の性質は何ら存在しない．他の例として以下がある．細胞が集合体を形成することで生命が発生する．渡り鳥が飛行する際，V字型の隊列を組む．人間社会には例外なく個人を拘束する社会規範が存在する．プロテスタントの禁欲倫理から利益追求を是とする資本主義の精神が生まれた（M. ウェーバー［Weber］）等々．創発性の事例は自然界，人間界を問わず豊富に存在する．社会学における創発性としては特に É. デュルケム（Durkheim）の「社会的事実」が有名である．すなわち，個人の外部にあって個人を拘束し，個人の力によっては変えることのできないもの——例えば法や規範，習慣，社会的分業など——である．

社会的創発性は多くの社会学者の関心事であるが，これまで本格的に論じられたことがない．その理由は創発特性を生み出す過程が解明されていないことにある．蝸牛の歩みごとくでよいから，創発性の生成過程についての知識を蓄えていくことが必要である．

このことに関連して注目すべきは，1990年代に複雑系の科学運動が起き，混沌（カオス）やゆらぎからの秩序形成としての自己組織化やエージェント・ベースのシミュレーションによる人工現実としての社会構造や規範の生成に関する研究が試みられるようになったことである．こうして創発性の研究に資する新たな方法が提供されることになった．

複雑系の科学運動は近代科学が金科玉条としてきた方法的立場に批判的である．その第一は，要素還元主義に対する批判であり，かつて一般システム運動で示された全体性と創発性の意義を引き継ぐものである．一般システム運動は有機体論と機械論の無意味な対立を避け，両者の主張を統一する運動として展開された．第二は，認識対象に認識作用や秩序形成能力を認めない立場に対する批判である．認識対象に認識作用を認め，かつ自力で自らの秩序形成を行う能力の存在を前提としてモデル化することは，社会学では当たり前のことであるが，いわゆ

る「近代科学」の方法論では長らく封印されてきた．

　第二のアプローチが可能になった背景には，第一に計算科学の飛躍的な革新がある．複雑系は，一般的に，膨大な要素の相互作用からなるが，これを表現した数式を解析的に解くことはほぼ不可能である．ところがコンピュータが大容量化したことで，解析的に解けなくてもシミュレーションによってシステムの振る舞いとその帰結を知ることが可能になった．加えて，エージェント・ベース・シミュレーションという革新的な方法が生まれた．これは認識対象であるエージェント（行為主体）に認識作用を認め，自らの振る舞いを自己決定できるようにしたシミュレーションである．つまり，エージェントはいくつかの制約を受けるだけで，後はそれぞれが計算機のなかで自律的に振る舞う．そして，エージェント間の相互作用によって個別の振る舞いから全体の振る舞いが創発的に生み出されることを可能にしたのである．この手法を使えば，多数のエージェントの相互作用からどのような結果が創発するかを明らかにすることが可能となる．第二の革新は，ゆらぎやカオスを科学の対象とする自己組織性論の登場である．自己組織性とは，システムが環境との相互作用を営みつつ，自力で自らの構造をつくり変える性質を総称する概念であるが，このパラダイムにより秩序の社会的創発を扱うことが可能になる（今田 1986）．

　本項ではこれら二つ，エージェント・ベース・シミュレーションと自己組織性論による社会的創発性の研究事例を取り上げることにする．繰り返しになるが，ステップ・バイ・ステップでよいから，社会的創発性のメカニズムに近づいていくことが重要である．

●**地域社会における分居現象の創発**　エージェント・ベース・アプローチによる社会的創発性の解明を具体的にイメージするために，古典的な例をあげてみよう．1960年代に，T. シェリング（Schelling 1969）は，今日のエージェント・ベース・シミュレーションの先駆けとなる研究を試みた．それは分居現象（例えば白人と黒人の住み分け）とよばれるものである．彼は，分居が起きる条件をさぐるために，チェス盤の上でコイン貨幣による手動シミュレーションを行った．

　シェリングは，近隣のエージェント（行為主体）の配置によって満足か不満足かを決定するエージェントとそのエージェントの行動によって，社会の居住パターンがどうなるかを表現する近隣社会自己形成モデルを構築した．そして，個々のエージェントは異質なエージェントの隣接居住に対して寛容であるにもかかわらず，地域社会全体では同質のエージェントが集まり分居状態（住み分け）が帰結してしまうこと明らかにした．

　彼のモデルはチェス盤の8×8の升目を，64軒の住宅からなる地域社会と見立て，最初に2種類のコイン（居住者）をランダムに配置し，自分の周囲に同じコイン（同類者）が一定比率（閾値）以上存在すれば（住んでいれば）満足してと

どまる（住み続ける）が，そうでなければ別の場所に移動するというものである．ここでは，構造計画研究所が開発したマルチエージェント・シミュレータ（MAS）にある分居モデルを用いて実験した結果を紹介する（今田 2009；田村ほか 2002）.

まず，35×35（1225 升目）の居住空間を考える．升目ごとに一軒の家が構えられる．この地域には2種類のエージェント（例えば中産階級と労働者階級の家族）しかおらず，それぞれ 500 家族からなると仮定する．シミュレーション開始時には，2種類の家族がランダムに配置される．そして，各エージェントは自分の周囲8近傍（ムーア近傍＝上下左右と斜め4マス）に居住するエージェントを見回して，同類の住人が何人いるかを数え，その比率を計算する．この値がある数値（寛容さの水準を表す閾値）以上になればその場所に住み続け，そうでなければ移住する．これを 200 ステップ繰り返すことにし，全エージェントが満足な状態になって移住が起こらなくなったとき，均衡したとみなす．以下，具体的な設定を掲げる．

1. 分居度＝$\dfrac{\text{ムーア近傍にいる同類エージェントの数}}{\text{ムーア近傍にいるエージェントの総数}} \times 100$
2. エージェントの移動力は3マスで，周囲3×3マスの上をランダムに移動可能．
3. エージェントは近傍の同類者の割合が閾値（移動しないために，周囲にいなければならない同類者の最低限の比率であり，異質なエージェントに対する寛容度に関連する）以上になるまで移動する．分居度が閾値よりも大きくなったエージェントはその場にとどまる．すべてのエージェントが，近傍の同類者の割合が閾値（許容範囲）以上となった場合，その時点で均衡状態に達したとみなしシミュレーションを終了する．
4. 分居の程度を示す指標として，各エージェントの分居度の総和をエージェント総数で除し，平均分居度として用いる．

図1は，他の場所に移住しないために必要な隣接居住する同類者の割合を表す閾値（横軸）と平均分居度（縦軸）の関係をプロットしたものである．平均分居度を計算するにあたっては，閾値ごとにシミュレーションを5回試行した平均値を掲げてある．

図1によると，隣接居住する同類者の割合（閾値）が高くなるにつれて分居度（住み分けの度合）は増していく．閾値が比較的小さいとき，すなわち異質者に対する寛容度が高いとき（例えば 0.30：周囲に同類者が3割居住してさえいれば，すなわち異質者が7割であっても問題ないとする状態）であっても，地域社会での分居度は平均で 70％に及ぶ．中産階級と労働者階級の例でいえば，中産階級の家庭は周りに労働者階級の家庭が7割住んでいても問題ないという寛容さをもっ

ているにもかかわらず，結果的には周りに居住する中産階級の家庭は70％を占めてしまうことである．

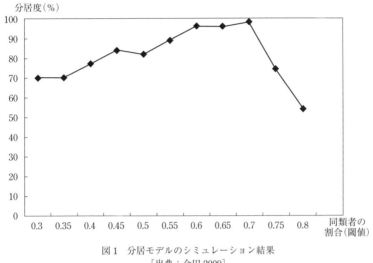

図1　分居モデルのシミュレーション結果
［出典：今田 2009］

さらに閾値が0.6となり，近傍に異質者が4割まで居住していても問題ないとした場合には，分居度は95％を超えてしまう．同類者が近傍に7割（異質者は3割）居住していれば異質者との混住に問題ないとする状態のもとでは，分居度が最大になり，ほぼ100％近い分居状態になる．そして，近傍に7割5分の同類者が居住していれば異質者と混住してもかまわないとする場合には，突如，分居状態が大きく崩れる．この理由は，引っ越しが頻繁に繰り返され続けるためである．住人は引っ越しパニックに陥っている状態といえる．このとき居住パターンが均衡状態に達することはない．同類者の閾値が8割（それ以上）の場合も同様である．

以上，住人が異質者との混住にかなり寛容な態度を示すにもかかわらず，結果的に居住地域全体としては，分居現象が創発してしまう．分離居住モデルはエージェント（行為主体）の寛容な態度には還元されない，社会的創発性のメカニズムを内包していることがわかる．

●祝祭空間の秩序──コミックマーケット　現在，特に日本において「コミック」（漫画・アニメを含む）は巨大産業の位置を占めている．コミックは現代日本における最も強力なメディアの一つになった．このコミック界に，原作コミックから遊離した，つまり原作に対するパロディとしてのコミック同人誌を発行する人々の集いの「場」がある．コミケット（コミックマーケットの略称）とよばれ，同人コミック誌の大規模な展示，交換，即売会である（図2）．

図2 コミックマーケットの風景［撮影：コミックマーケット準備会］

　コミケットは多大な人気をよび，夏と冬の年2回開催（原則各回3日間）で，その参加者数は2015年12月29日（火）〜31日（木）で，のべ52万人，参加サークル数3万5000と報告されている．開催場所は東京ビックサイト（東京国際展示場）．業界団体主催を除く，一民間団体主催では日本最大の屋内イベントである．このコミケットが初めて開催されたのは，1975年12月，虎ノ門日本消防会館会議室で，参加サークル数32，入場者数約700人だったとされている．以後，毎年開催され，サークル数，入場者数がふくれあがるたびに会場を移し今日に至っている（コミックマーケット準備会 2016）．

　コミケットは既成の「マンガ大会」への不満と揺さぶり（ゆらぎ）として出現した．その理念は「コミックマーケットは同人誌を中心としてすべての表現者を受け入れ，継続することを目的とした表現の可能性を拡げるための『場』である」とされている（コミックマーケット準備会 2013：2）．そして，スタッフを含めすべての参加者は対等であり，参加者の協力により運営されると自己規定している．この理念のもと，コミック界における既成の体制からはみ出たゆらぎは，《コミケット》という象徴が秩序パラメータとなり，コミック同人誌関係の人々を次々と引き込んで，コミケット空間を自己組織化していった．

　コミケットは「場」であって「構造」ではない．構造はルールに基づいて人が特定のパターンから逸脱しないように働く．人を型にはめるがごとく作用する．これに対し，「場」は全体としての構造や機能を欠いたものであり，そこで自律的な行為が展開されるとともに，その上に秩序が立ちあげられる空間である．

　また，コミケットの仕掛け人は批評集団「迷宮'75」だが，それは制御中枢といった存在ではない．コミケットでは仕掛けに乗るか否かは，諸個人の自由な意思決定に委ねられている．それでも，コミケットの場合，あたかも神の見えざる手に導かれるかのように，人々は自由な同人誌サークルの活動を行い，祝祭空間全体として一貫した（コヒーレントな）挙動が形成される．

コミック同人誌では，お気に入りのアニメやコミックのなかから，原作の登場人物が敬意をこめて拝借され，独自のストーリーが展開される．それは次第に原作の物語性を解体するだけでなく，それ自体も物語性を喪失するようになる．ストーリーに不可欠な「やま，おち，いみ」の三要素を無視し，「やまなし，おちなし，いみなし」を省略した「やおい本」と称される同人誌がそれである．

　興味深いのは，コミケットは単に同人コミックの流通の場であるだけでなく，同人誌の紙面に描かれた登場人物や場面が会場に飛び出して立体的になったかのように，参加者はコスチューム・プレイや演技をしてみせる祝祭空間になっていることである．そこでは，人間とメディアと作品すべてが同じ重みをもって存在し，相互に交流しあう．好みのマンガやアニメの登場人物の扮装をして，同人誌の売り子を務めたり，独自のパフォーマンスを行ったりする．けれども，彼らは決して笑いや風刺を求めているわけではない．そこには，日常生活を支える常識，偏見，マナーといった言葉の意味を解体する姿がある（今田 2001：209）．

　構造や機能によって記号の統一，強化，管理を押し進めると，生き生きとした意味空間は崩壊に近づく．意味は統一されることはない．意味が統一されるとき，それは意味が死ぬときである．言葉や記号を，実体を伴わないものとして，ただ浮遊させるなかで，記号は遊戯性を取り戻し，意味空間は活性化する．祝祭空間としてコミケットは，興奮と自由のなかに一つの空間として生成し，混沌の力を拡大しながら，幕を閉じる．

　コミックマーケットには，①ゆらぎを新たな秩序の源泉とみなすこと，②創造的「個」の営みを優先すること，③混沌を排除しないこと，④制御中枢を認めないこと，といった自己組織性の諸条件が内蔵されている（今田 2005：28-34）．この条件下で，遊戯する意味空間が創発している．

　しかし，コミックマーケットはヴァーチャル（仮想的）なリアリティ（現実）ではない．それは，リアル（現実的）なヴァーチャリティ（仮想）を創発させる空間である．参加者は会場の入り口を通過して非日常（ハレ）の世界に入る．コスプレ，パフォーマンス，パロディ，やおい本など，参加者は思い思いの活動で，ヴァーチャルな現実を演じているかにみえる．しかし彼らの活動は，リアルである．同人誌の交流会というリアルな活動がシナジーすることでヴァーチャルな祝祭空間が創発する．しかしそのことを知る参加者はいない． ［今田高俊］

参考文献
[1] 今田高俊，1986，『自己組織性——社会理論の復活』創文社．
[2] 今田高俊，2001，『意味の文明学序説——その先の近代』東京大学出版会．
[3] Lewes, G. H., 1875, *Problems of Life and Mind*, vol. 2, Kegan Paul.
[4] Morgan, C. L., 1923, *Emergent Evolution*, Holt.
[5] Sawyer, R. K., 2005, *Social Emergence: Societies as Complex Systems*, Cambridge University Press.

監視社会と生権力

●生権力論の源流

【フーコーの生権力論】　監視社会と生権力に関わる理論や概念は，フランスの哲学者，M. フーコー（Foucault）の 1970 年代の議論，およびそれを引き受けた，管理社会に関する G. ドゥルーズ（Deleuze）の主張の影響が大きい．後にあげるさまざまな論者の間でも，監視社会やそこでの管理様式についての基本的な概念設定が，この両者によってなされたという見解はほぼ一致している．それゆえ，まずはこの両者の議論からみていきたい．

　フーコーは，『言葉と物』(1966)，『狂気の歴史』(1964) など 1960 年代までの著作において，17 世紀を中心とした古典主義時代における知の秩序の構成を検討し，排除や言説に基づく社会性の記述を行っていた．しかし，とりわけ 1970 年以降の著作である『監獄の誕生』(1975) および『性の歴史　第一巻　知への意志』(1976) において，権力論に焦点を当て，排除ではなく，むしろ規律的な包摂に依拠した権力の形態が，18 世紀以降のヨーロッパで顕著なかたちできわだってくることを描き出した．そこではまず，J. ベンサム（Bentham）が考案したパノプティコンを模した，社会のモデルが取り上げられる．パノプティコンとは，一望監視装置といわれ，中心に立つ塔から，周辺に配置された収監者を見る装置のことである．だがその巧妙さは，そこで監視する者が実在するのかどうかわからないように不可視化され，逆に監視される者が相互には分断されたかたちで可視化されることにある．権力者の姿は不在になり，個人化された身体こそが，権力の把捉の対象になる．こうした装置は，監獄のみならず，近代における軍隊，学校，病院，ひいては都市などにおける権力の形態のモデルとして描かれることになった．フーコーは，『性の歴史　第一巻』において，こうした権力の形態を「生権力」と名指し，自己監視や相互監視を中心とする権力の姿を浮き彫りにしたのである．

　だが監視社会との関連でいえば，フーコーが『性の歴史　第一巻』において，パノプティコンに代表される狭義の「生権力」を「規律」を軸とした「身体の解剖政治学」としてとらえるのと並行させつつ，さらに「生政治」という別の位相を論じたことが重要である．前者が，パノプティコンにみられるように，個人の身体そのもののミクロな監視を基本とする権力であるのに対し，後者は，個人ではなく，人口や集団，そこでの統計や確率性の把握によって，より包括的な群れに対する監視を引き立てるものであったからである．

【ドゥルーズから情報化社会へ】　ドゥルーズは著作『記号と事件』(Deleuze 1990) に収められた，A. ネグリ（Negri）によるインタビュー「管理と生成変化」，

およびその補遺である「追伸——管理社会について」において，フーコーの生政治学的な領域を，近代的な規律社会をさらに先鋭化させた「管理社会」と規定した．そこでは，規律や管理のあり方が，監獄や病院といった特定の機関に限定された場面で働くというよりも，まさしくフーコーが人口や確率の把握などをとらえたように，より包括的で流動的な監視や管理が問題になっている．そこでは，いわばある個人の人生のすべてが空間的にも時間的にも監視されることになる．すでにコンピュータや遺伝子の情報化など，今日的なテクノロジー装置が前提となって語られるこうした管理社会論は，P. ヴィリリオ（Virilio）の議論などとも連関しつつ，生権力と監視社会との関係を，21世紀的な場面につなぐものであった．ドゥルーズ自身はきわめて短く言及しただけの管理社会論であるが，この後のD. ライアン（Lyon）による監視社会論においても，また生命のさまざまな情報（遺伝子，病，脳）を軸に生社会を考察するN. ローズ（Rose）などの議論においても，これら一連の流れが下敷きになっている．

●生権力から監視社会へ
【フーコーの規律管理社会と生権力論】　監視社会と生権力の概念の内容を理解する際に，上記のように，フーコーの1970年代以降の仕事はきわめて重要である．まずはそれについて詳しくみておこう．

『性の歴史　第一巻』においては，規律社会が出現する以前の権力形態と，規律社会が出現し，そこで生権力なるものが大きな力をふるうようになった社会のあり方について，以下のように対比的にまとめられている．

まず，かつて権力とは，それを奪ったり保有したりすることが可能なものであった（君主や王が備えている権力，あるいはその譲渡や奪取）．しかし規律社会において，そうした中心的に設定される権力というものは，パノプティコンの中心に本当に監視者がいるかどうかが問題とされないように不可視なものとなり，明確な姿をとらなくなる．そして権力は，以前のように，上から「抑圧」するものとしてではなく，むしろ下から，しかも何かを生産させるものとして作動するのである．禁止ではなく，言葉の増大こそが重要になる．それゆえ権力は，もはや超越的なものではなく，（あえていえば社会の構成員すべてに）内在的なものとして描かれる．そこでは特定の「誰か」の意図や「主観」による決定が問題なのではない．そうしたものさえ，システムのなかでしか問えなくなるのだ．

こうした記述には，一連の権力論が『性の歴史　第一巻』において，まさに性をテーマとして展開されていることとも大いに関連がある．フーコーは，性的な言説が近代において抑圧されてきたという従来の主張に真っ向から異議を唱え，それどころか，知の再編成のなかで，性に関する言説はむしろ増殖をつづけ，そのなかで，別種の権力が成立してきたと主張するのである．例えば性医学の成立は，性的な逸脱について実に多様な分類を描き出し，そうした増大する言語のな

かで，各人の性に規律をかけることになる．性的変質者，ヒステリーの女性，青年の自慰，生殖の社会的管理等々，以前の社会ではあまり問題視されなかったこれらの事例への配慮を，規律社会は，例えば学寮や家庭という空間のなかで中心におくのである．そこでは権力は，決して特定の「誰か」が，何かを「命令」「禁止」することによって作動するのではない．むしろそれは，基本的に「より良い生」を導くことを目的とするものである．フーコー自身，さまざまな模索のなかで「牧人司祭権力」という，善導を旨とする権力を，近代というよりはキリスト教の伝統にさかのぼるかたちで描き出し，規律化された社会の姿のある種の源泉を探った点にも注視すべきである．

こうした権力は，よく知られているように，「死なせる権力」ではなく「生かさせる権力」，まさに生きさせる権力であるとまとめられる．その意味で，生権力は，生そのものを標的とする権力であることになる．

この意味でフーコーの生権力論は，おおよそそれまでの権力の議論において重要であった要素をすべてひっくり返すような内容をもっている．権力は抑圧などしないのである．そして抑圧する権力者など一面では虚妄なのである．もちろん抑圧という事実，権力者という存在はいるだろう．しかし，それらへの視線を根本的に転覆させている．

フーコーの権力観は，また抵抗や革命についての観念をも大きく変貌させる内容を含むものであった．フーコーは，権力は我々すべてに内在するものであり，誰か（何か）という中心を想定し，それに抵抗することで「別の世界」が開けるというヴィジョンに対して，きわめて強いアンチテーゼを示すが（フーコーは「性の解放」という言説を批判している），このこと自身が監視社会の不気味さを引き立ててもいる．また同時に，抵抗の点は，ミクロに規律化されたあらゆる場所に戦略的にこそ見出されると述べるのである．

【生権力から生政治学へ】 規律権力は，身体としての生そのものに介入する権力であった．生権力は，広くいえば規律権力を主な内容としている．だがフーコー自身が，こうした規律権力をさらに進展させた側面を，生政治という言葉によって示している．

規律権力は，「機械としての身体に中心を定めて」おり，身体の有用性を引き出す「解剖政治学」と語られるものであった．これに対して，生政治学とは「調整」する権力のことであり，「生殖や誕生，死亡率，健康の水準，寿命，長寿」などを視野にいれるものである．そこでは個人というよりも集団や群れという意味での生命性，そうした水準での社会性に事態が拡大されている．前者においても後者においても，さまざまなテクノロジーの進展がこうした事態を可能にするのだが，後者においては，まさに人口の統計的な把握や確率の計算に依拠することになり，現代的な監視社会とのつながりはきわめて深くなっている．

【管理社会/監視社会へ】 ドゥルーズの管理社会論が，フーコーの生権力論から生政治学への展開を基盤とし，またヴィリリオの議論などと共鳴しながら，コンピュータ，生命科学などの新たなテクノロジー（フーコー自身は1984年に没しているため，こうした事態の展開をみることはできなかった）による監視社会への展望を開いていることはすでに述べた．監視社会と生権力との関係は，これらのテクノロジーや，生命科学技術との連関において，21世紀に大きく展開されていく．

『監視社会』（Lyon 2001）を著した英米圏の社会学者であるライアンは，そのほかのさまざまな著作（Z. バウマン［Bauman］との共著『私たちが，すすんで監視し，監視される，この世界について――リキッド・サーベイランスをめぐる7章』［Bauman and Lyon 2012］など）も含めて，現代社会における特有な監視のあり方を，フーコーやドゥルーズの仕事を明確に引き継ぎつつ描いている．そこではまさにドゥルーズが言及した，管理社会の「流動性」が問題になっている．フーコーの規律社会において「建築」は大きなテーマであった．だがライアンの議論では，確固たる建築物ではなく，情報やデータそのものの，速度や流れのなかでの把握が重要視されていくのである．

監視カメラが，都市を生きる者にとってはもや避けがたい装置であることは否定できない．そこには膨大な個人の映像が蓄積されている．バーコードのついた商品を購入する際，そこでの情報は即座にデータとして処理され，匿名化されながらもマーケット戦略に生かされることになる．ウェブやメールの情報は，おそらく利用者にはわからない仕方で，断片化されながらも監視され利用されている．

バイオメトリックス（生体認証）的な装置は別の方向で監視を徹底化させる．古典的な顔による識別も，情報化によって精緻化されるだろうし，すでに指紋認証を超えた，虹彩や静脈による個人識別が可能になっている．だがその先にはDNAによる個体の認証というさらに巨大な領域がある．また遺伝子情報については，遺伝病や寿命も含めた膨大なデータを読み取ることが可能である．

ライアン自身が「消滅する身体」と述べるように，こうした監視化された社会においては，身体はまずはきわめて希薄なものになり，むしろ身体が備えている情報こそが主要なものになる．個体の基盤であった身体はデジタルな情報に取って代わられる．身体に関わる質料性よりも，まさに流動的でスピードを備えた情報の流れが注視されるのである．フーコーが引き立てたパノプティコンを超えた一種のハイパー・パノプティコンがそこで見出されることになる．

もちろんライアンにおいて，こうした監視社会の発想は，単にフーコーやドゥルーズを引き受けただけのものではない．その議論は，リスク社会論を著したU. ベック（Beck）とも連関し，安全性やリスクとの関連から議論されてもいる．また社会学者バウマンとも結びつきをもち，一連の議論は広くポストモダニティ

の議論に接続されるものでもある（ライアンの初期の代表作は『ポストモダニティ』［Lyon 1994］であった）．

　だが，ここで考えられなければならないことは，こうした監視社会がリスクや安全と連関していることにより，新たに提起される倫理や抵抗の問いにあると思われる．

【生権力と監視社会の抵抗論】　監視社会的なものが，生権力的な事態をベースとしながら出現する現代において，すでに古典的な人格概念，あるいはプライバシーという概念が維持できるのだろうか．新たなテクノロジーのなかに生きる我々には，すでに古典的な個人概念は存在しないのではないか．

　こうした監視社会に対する直接的な「抵抗」は，もちろんありうることである．フーコーも，きわめて抽象的な記述であるが，生権力社会における抵抗の可能性を同時に思考していた．しかしそれを具体化する際に，きわめて難しい課題にぶつからざるを得ないことは確かだろう．社会システムそのものが変容している以上，そこで何が「抵抗」にあたるのかの基準はきわめて識別困難だからである．

　まず，ライアンも述べるように，そこで想定されがちな「近代主義」的な抵抗はたいてい無意味なものに終わってしまう．なぜならば，監視社会というあり方において，近代の抵抗運動が想定しがちであった権力者，超越者，中心というものはもはや明確な像を切り結ぶことはないからである．そこでは確かに抵抗はあらゆる場所で生じる．だがその抵抗は何を求めての，何に対しての抵抗であるか，決して自明になることはない．

　さらに重要な問題もある．それは，監視社会は決してその構成員にとって「悪」を及ぼす権力ではなく，一見するとそのあり方はまさに「リスクを回避し」「安全性を担保し」「心地よい社会の構成」を可能にするものであるからである．一般的にいえば，監視社会は不気味なものである．だがその機能をよくみてみれば，たいていの構成員にとってその社会は，より安全で生きやすいものに映るだろう．もちろん，そこでの個人データの悪用や，特定個人を狙いうった国家の取り締まりという，古典的な権力がすべて消え去ることはあり得ない．それゆえ，監視社会は危険であるというキャンペーンはいくらでもなすことができ，その正当性もありはする．だが多くの場合，監視社会において実際にいかなる「危険」があるのかは，特定の場面を除いてはきわめてつかみにくい．フーコーが「善導を旨とする権力」と規定したように，生の増大に関わるこの権力は，むしろ「良き」権力でもありうるのである．

　これに対する抵抗について，数多くの立場がありうるだろう．もちろんいたずらに近代テクノロジーを肯定するべきものでもない．だがあくまでも近代的「人格」やプライバシーのみに焦点を当てた抵抗が，想定されるほどの有効性をもたないことも確かである．とはいえ，古典的な権力が消え去ったとはいえないし，

監視社会において新たに排除されるマイノリティがいることも事実である．監視社会化が一見するとその内部に包摂しながらも，巧妙にそこでの動きを封じられてしまうマイノリティの存在への視線は，社会の議論としては決して失ってはならない．

●**生権力と監視社会の未来**　監視社会論は，フーコーの生権力論を引き継ぎさまざまな分野とリンクする．イギリスのローズが，『生そのものの政治学』（Rose 2007）や，共著『ニューロ』（Rose and Abi-Rached 2013）において，DNA分析や脳科学に依拠しつつ，病や生などについて別種のとらえ方が可能になっている現在において，新たな生政治学的コミュニティの可能性を引き立てていることは注目される．むき出しの身体が情報そのものとして示されるあり方や，そこでの脳のシナプスの働きへの着目は，それ自身，管理テクノロジーを軸とした別の社会への方向性を示すものだろう．その力を増大させるにせよ消滅させるにせよ，フーコー以降の生権力論が巡ってきた身体そのもののあり方が（それとともにもちろん主体の姿もまた），医学的テクノロジーの進展に伴って，大きく姿を変えることになる．

　同時に，今日において，コンピュータ・ネットワークの拡大やその情報保有量やその処理能力は，すでに21世紀初頭とは比べものにならないほど進展してもいる．またコンピュータ・ネットワークによる国境を越えた結びつきは，一面では監視社会のありようをさらに激化させ，その水準を変化させるだろう．こうした展開は，もちろんネガティブなだけのものではない．それが，かつては狭い領域のなかでしか成立し得なかった社会運動の姿を，国境を越えて変容させつつあることも事実である．極限化されたネット監視社会が，究極の管理を可能にすると同時に，そこでこそ可能になる，新たなネット上のデモクラシーともいうべき政治や社会のヴィジョンがある．おそらく監視社会への「抵抗」はこうした文脈のなかでしか成立しうるものではないだろうか．

　近年のビッグデータや，マッシブ・データ・フローによるこうした情報処理能力の増大は，基本的にはヴィリリオからライアンにつながる一連のラインを延長させたものにすぎないともいえる．だが，情報処理分野でのこうした変動は，量の増大にとどまらない質的な転換をいずれ果たす可能性があり，管理や生権力に対する視点もさらに変更を余儀なくされる場面が近づいている．　　　　［檜垣立哉］

📖 **参考文献**

[1] Foucault, M., 1976, *L'Histoire de la sexualité, I , La volonté de savoir*, Gallimard.（渡邊守章訳，1986,『性の歴史 I 知への意志』新潮社．）
[2] Lyon, D., 2001, *Surveillance Society: Monitoring Everyday Life*, Open University Press.（河村一郎訳，2002,『監視社会』青土社．）
[3] Deleuze, G., 1990, *Pourparlers, 1972-1990*, Éditions de Minuit.（宮林 寛訳，2007,『記号と事件――1972-1990年の対話』河出書房新社．）

社会シミュレーション

●**社会シミュレーションとは何か**　「社会シミュレーション」とは，社会に関わる多様なシミュレーションを指す．

　社会シミュレーションによる具体的な政策提言が広く社会の注目を集めた早い時期の代表例として，ローマクラブによる「成長の限界」プロジェクトがある．ローマクラブはスイスにある民間のシンクタンクで，D. メドウズ（Meadows）らの「成長の限界」プロジェクトは，地球世界を構成している多様なサブシステムの相互作用（相互行為）をシミュレーション・モデル化し，持続可能な未来に関する衝撃的予測を行った（Meadows et al. 1972）．

　シミュレーションへの期待は，コンピュータ技術が進展し，複雑な計算を高速に実行することが可能になったことで，第二次世界大戦後，大いに高まった．清水幾太郎が，1950年代前後に書かれたシミュレーション関連論文を翻訳・編集した『社会科学におけるシミュレーション』（1965）には，今日に続く社会科学へのコンピュータ・シミュレーションの応用が熱く語られている．

　では，「シミュレーション」によって何が可能になるのか．「シミュレーション」の範囲は多種多様にわたっており，包括的に語ることは難しい．しかし，現代社会科学におけるシミュレーションという技法のめざすところは，相対的に自律的な個体間の単純な相互作用から，多様な社会動態を生成する理論とそれをコンピュータ上に実現するモデルを構築しようとする試みである．この試みは，相互に深く関わり合う三つの目的を追求する．

　第一の目的は，それ自体で，長い論争の歴史をもつ還元主義と集合主義の対立を解消する一般社会理論を構成しようとするものである．

　第二の目的は，こうした一般理論がしばしば客観的表現をもたず，その現実的有効性に疑義が生じるのに答えて，コンピュータというメディアにより操作可能な表現を与えようとするものである．その結果，相互に対立する理論の客観的比較の基盤を提供し，社会科学の教育用ツールや，新たな社会理論構築のための支援ツールとすることができる．

　第三の目的は，上記のような客観的表現により，従来必ずしも十分な相互交通性が確保されていなかった社会科学と自然科学の並列協調的な発展をはかろうとするものである．古代ギリシャの時代，世界認識の体系としての「知（philosophy）」は，決して理系・文系に分かれてなどいなかった．しかし，近代合理主義の展開とともに，「知」は個別化し，自然の普遍的真理を探究する"自然科学"（数理的／合理的に一般化可能）と，曖昧さと非合理にみちた人間システムを考察する"人

文社会科学"（個別的／記述的な論証にとどまる）に分離されてきた．だが，我々の生きる〈世界〉は，人間‒社会‒環境の相互作用の総体としてある．したがって，従来のような文理分離型「知」からは現実認識の歪みを生じてきたのである．この弊害を超克するために，シミュレーションへの期待は大きい．

●〈シミュレーション〉の展開と現代科学　社会科学領域で近年シミュレーションが注目される背景には，広く現代科学全般を覆うパラダイム・シフトがある．現代科学において領域横断的なパラダイムとして登場してきた重要なコンセプトと「シミュレーション」の関係を概観しよう．

【フォン・ノイマンの「コンピュータ」と二つの「ゲーム」】　現代シミュレーションを考えるうえで，きわめて初期に，最も重要な貢献を行ったのは，J. フォン・ノイマン（von Neumann）であろう．周知のように，彼はコンピュータの開発に画期的な貢献を行った．同時に彼は，コンピュータ開発の過程で「自己再製する機械（オートマトン）」の可能性に興味をもった．「自己再製する機械」とは，生命体を他から区別する特徴を「自己再製」ととらえたうえで，これを人工的に実現することを指す．彼は自己再製機械が可能であることの証明を行うだけでなく，その実現にも野心を燃やし，無限個のセルからなる二次元平面上に自己複製するパターン生成の「ゲーム（セルオートマトン）」をつくった（von Neumann 1966）．この「ゲーム」ではパターンが自己再製するだけでなく，「知的進化」を遂げるとみなす人もいる．

その一方でフォン・ノイマンは，経済学者 O. モルゲンシュテルン（Morgenstern）との共同研究によって，現代社会科学の基本理論である「ゲーム理論」を生んだ．ゲーム理論は，「利害の対立する社会における人間の行動を，トランプやマージャンなどのゲームにおけるプレイヤーの行動とアナロジカルなものとしてとらえ，明確な数学的基礎のうえに理論化しようとするものである．現在ではさらに，メタゲーム理論，ハイパーゲーム理論など，理論的拡張がはかられている．

【進化ゲームとシミュレーション】　フォン・ノイマンの「ゲーム」たちは，さまざまな方向に「進化」し，自然科学，社会科学の多様な領域に大きな発展をもたらした．なかでも，生態系モデルでは，環境と遺伝子によって多くが決定されるため，大きな成果をあげている．

ゲームの理論の進化生物学への最初の導入は，R. ルウォンティン（Lewontin）による．彼は，「種を自然とゲームしているプレイヤーとみなして，絶滅確率を最小にする戦略を追求」した．代表的な生態進化モデルとしては，J. メイナード＝スミス（Maynard Smith）のタカ・ハト・モデルがよく知られている．タカ・ハト・モデルでは，「合理的行動の基準を個体群動態と安定性の基準でもって，また自分の利益の基準を C. ダーウィン（Darwin）の適応度でもって置き換え」，この仮定のもとでの，「進化的に安定な戦略（ESS）」を導こうとするものである．彼

らの議論は反復囚人ジレンマゲームをベースにした「進化ゲーム」を発展させる．複雑な進化ゲームの解法は，シミュレーションによらざるを得ない．

　この進化ゲームを社会科学に接続したものとして，R. アクセルロッド（Axelrod 1984）のシミュレーションは有名である．アクセルロッドは，反復囚人ジレンマゲームにおいて，協調関係が進化する過程について研究を行った．この過程を促進する最善の戦略を検討するために，彼は，コンピュータによるトーナメントを開催し，その結果，A. ラパポート（Rapoport）が提出したしっぺ返し（TIT FOR TAT）プログラム，すなわち第一手は協力戦略を選ぶが，それ以後は前回に相手が選んだのと同じ手を使うという戦略が優勝をおさめた．彼はこの結果から一連のゲームを十分長く反復する場合，しっぺ返しが他のいかなる戦略の侵入に対しても安定であると結論した．

【遺伝子と進化論，人工生命】　フォン・ノイマンは数学（情報科学）的観点から自己再製機械（生命）の問題に取り組んだ．これに対して，生命を決定づける遺伝子が一種のプログラムであることを明らかにして世界に衝撃を与えたのが，J. ワトソン（Watson）と F. クリック（Crick）であった．遺伝子の本体である DNA は，アデニン，グアニン，シトシン，チミンから構成される二重らせん構造をとっている．DNA の複製には二つの大きな特徴がある．一つは，こうしてできた二つの二重らせん DNA はいずれも元の二重らせん DNA と同じ構造をもつことであり，もう一つは，どちらの二重らせんもともに一本の親 DNA の鎖と一本の新しく合成された DNA 鎖からできていることである．このような複製の仕方を半保存的複製という．

　このような遺伝子の複製のメカニズムをプログラムとしたものが遺伝的アルゴリズムで，R. ドーキンス（Dawkins）はこのアルゴリズムの反復適用によって単純なものから複雑なものが生成されるバイオグラフ・モデルを紹介している．

　生命科学における展開と並行的に，情報科学の領域でもさまざまな新たなアイデアが生まれてくる．その一つが，人工生命である．人工生命とは，端的にいえば，遺伝子が一種のプログラムであるならば，これをコンピュータ・プログラムとして表現し，コンピュータ上でさまざまな生命現象をシミュレートすることが可能であろう，という考え方である．人工生命の提唱者である C. ラングトン（Langton）は，"ant" や "boid" など，単純な相互作用ルールから複雑な振る舞いを生み出す興味深いプログラムをつくり出した．ただし，人工生命の考え方には「強い人工生命」と「弱い人工生命」があり，前者はまさにコンピュータ上に擬似生命を現出させることを目的とするが，後者は生命科学のモデルをシステムの最適化に利用しようとするものである（Levy 1992 など）．

【人工社会——マルチエージェントとオブジェクト指向】　こうした流れのなかで，社会（あるいはそのサブシステム）をそのままシミュレーション・モデル化

しようと考えるのは当然ともいえよう．このような人工社会モデル構築の試みとしては，J. M. エプスタインと R. アクステル（Epstein and Axtell 1996）などがある．

人工社会モデルで重要な概念となるのがマルチエージェントとオブジェクト指向である．マルチエージェントとは，対象とするシステムのエージェント（行為者）に対して個別に異なる特性を与えて，モデル化するものである．従来の数理モデルにおいては，モデル内のエージェントはほぼ画一的な特性を割り当てられていた．しかし，現実の世界（特に社会のようなシステム）では，エージェント間の差異こそが全体の挙動に大きな影響を及ぼす．したがって，マルチエージェント・モデルの実現は，シミュレーションに大きな展開をもたらした（Akelron 1997 など）．一方，オブジェクト指向のモデリングにおいては，まず，対象をそれぞれが自立した客体（オブジェクト）としてとらえ，これらが他者や状況に固有の反応を行うことによって，全体の動作が決定されると考える．

【サイバネティクスからオートポイエーシス，社会システム理論】　フォン・ノイマンと同時期に活躍した N. ウィーナー（Wiener 1961）は，フォン・ノイマンとは異なるアプローチによって生命のシステムに挑戦した．彼の提示したサイバネティクス・モデルは，フィードバックを含む開放型システムである．

一般システム理論の名において，開放システムのモデル化をはかったのは，L. v. ベルタランフィ（Bertalanffy 1968）である．彼は「交互作用しあう要素の複合体」としての「一般化されたシステムあるいはその部分クラスのシステムに，それらシステムの特殊な種類や成分要素の性質や，要素間の関係や「力」のいかんにかかわらず適用できるモデルと原理と法則が存在する」と考え，この「システム一般に対して使える原理を定式化し，導き出す」ことを一般システム理論の目的とした．この考えを支えているのは，異なる領域，異なるレベルにおいて観察されるシステムの「同型性」である．それを単なる「類推」とは異なるものとするのが一般システム理論の目的であると彼はいうのである．

これに対して，生命の特徴を，自己創出的なシステム（オートポイエーシス）であることだとしたのが，H. R. マトゥラナと F. J. ヴァレラ（Maturana and Varela）である．彼らによれば，オートポイエーシスとは「構成素が構成素を産出するという産出（変形および破壊）過程のネットワークとして，有機的に構成（単位体として規定）された機械である．このとき構成素は次のような特徴をもつ．①変換と相互作用を通じて，自己を産出するプロセス（関係）のネットワークを，たえず再生産し実現する，②ネットワーク（機械）を空間に具体的な単位体として構成し，またその空間内において構成素は，ネットワークが実現する位相的領域を特定することによってみずからが存在する」（Maturana and Varela 1980：訳 70-1）ようなシステムをいう．

彼らはこのようなシステム・モデルを社会にも適用し，「社会（という）現象」

とは「いくつかの個体が，自らがその内部に含まれるような作動的境界を確定する再現的相互作用を通じてサード・オーダーの単体を構成することに参与するとき，この参与にかかわる現象のこと」(同書：訳137)をいうのだとしている．さらに，「観察者としてのぼくらは，社会的カップリングにおいて生ずる行動をコミュニケーション的と呼び，その結果としてぼくらが観察する行動の調整のことをコミュニケーションと呼ぶ」(同書：訳137)のである．

N. ルーマン (Luhmann) は社会学者の立場からオートポイエーシスのモデルで社会をとらえた．彼は，マトゥラナとヴァレラが閉鎖システムとよんだところを，閉鎖＝開放と表現し直している．また，心的システムをもオートポイエティックなシステムとみなし，「意識を通して意識を再生産」(Luhmann 1984：訳403)し，「表象と表象との継起の事前/事後−差異に対して，計り知れない数の，絶え間なく交替しうる排他的な内容を与えることができる」(同書：訳512)と述べている．ルーマンの考えに従えば，人間社会は，有機体や個人の心理，社会システムなどを含んでおり，それらはオートポイエティックなシステムとして一貫してとらえることができる．そして，このようなシステムの集積を記述することのできるのは，シミュレーション以外ないであろう．

●シミュレーションのアクチュアリティ　こうしてみるならば，今日のシミュレーションという方法論は，20世紀以降，急激に発展を遂げた生命科学および情報科学を基盤として，それらと社会科学とを結ぶシステム理論の展開と軌を一にして，社会的応用がはかられてきたと理解することもできるだろう．その意味でシミュレーションは，現代の新たな学問的シェーマを記述するに適した方法論だといえる．

また一方，シミュレーションの源流を，人間の模倣〈学習〉あるいは〈文化〉そのものと結びつけて考えることもできる．「ごっこ遊び」や演劇は，人間の身体を用いた世界のシミュレーションとみなすこともできる．近年では，これら身体的シミュレーションと，コンピュータ・シミュレーションを結びつけた形式のシミュレーションも盛んに行われている．例えば広瀬幸雄 (2011) が詳述するように多くの人に親しまれている RPG (role playing game, ロールプレイング・ゲーム) も，まさにそれである．一般には「遊び」とみなされているゲームも，今後，幅広い分野で応用される可能性のあるシミュレーションの一形態である．

【シミュレーションの正当性──〈科学〉への問い】　しかし，シミュレーションの科学的方法論としての正当性に疑念をもつ研究者も少なくない．それは過剰な可塑性の問題である．シミュレーション・モデルは，人工的なものであるがゆえに，ロジックさえ整合していれば，いかなる「世界」も創出可能である．しかも，解析的モデルが一般化されたロジックのみを追うのに対して，シミュレーション・モデルは多数のパラメータの相互作用の結果として現出する．言い換えれば，パ

ラメータの調整によってどのような結論も導きうる．

　しかし，シミュレーションに内在するこれらの諸問題は，「科学」あるいは「世界の探求」についてのより根源的な問題に関わっている．フランスの思想家 E. モラン（Morin）は次のように述べている．「科学的認識は，これまでも長いあいだ，さまざまな現象がしたがっている単純な秩序を明らかにするために，それらの諸現象から，見かけ上の複雑性を一掃することが使命であると理解されてきたし，いまなおそのように理解されることが多い．けれども，もし，単純化に専念する認識の諸形式が，自らの説明しようとする現実や現象を明確に表現する以上に，それらをばらばらに切り刻んでしまうことが明らかになり，解明よりも蒙昧を生み出すことが明らかになるとすれば，そのとき，次のような問題が浮かび上がる．つまり，どのように複雑性を非‒単純化の方法で考察したらいいのかという問題である」（Morin 1990）．シミュレーションは，一方では従来「科学」的に扱いづらかった対象を操作モデル化する可能性をもつとともに，これまで外部記述の原理に則ってきた「科学」に新たな挑戦を迫るものであるのかもしれない．

【シミュレーションの現実化】　このことは，現代社会とシミュレーションに関わるもう一つの，さらに本質的な様相と深く関係している．それは，〈シミュレーションは社会にどう作用するか〉という問題である．近年インターネットをはじめとするコンピュータ・メディアが急速に社会のなかに浸透しつつある．これに伴い，ビッグデータなどによるシミュレーションの精緻化が進む一方，人工知能技術は現実の認知や判断の自動化を拡大している．また，テキスト・コミュニケーションや対面的コミュニケーションに代わって，ビジュアル・オーディオ・コミュニケーションが拡大し，メディアの多層化が進んで，「仮想現実」や「拡張現実」と「〈現実〉」との相互浸透が日常的なものとなりつつある．いわば，シミュレーションが我々の社会的現実を構成するプロセスそのものとなりつつあるのである．シミュレーションを媒介とした社会の再帰的自己創出の加速が，まさに現代のリスク社会化を推進していることもまた現実である．モデルと現実の共振と乖離について，我々は常に意識しつつ，シミュレーションという技法を使いこなしていく必要がある．

[遠藤　薫]

参考文献

[1] Meadows, D. H. et al., 1972, *The Limits to Growth: A Report for the Club of Rome's Project on the Predicament of Mankind*, Universe Books.（大来佐武郎監訳，1972，『成長の限界──ローマ・クラブ「人類の危機」レポート』ダイヤモンド社．）

[2] Gilbert, N. and K. C. Troitzsch, 1999, *Simulation for the Social Scientist*, Open University Press.（井庭　崇ほか訳，2003，『社会シミュレーションの技法──政治・経済・社会をめぐる思考技術のフロンティア』日本評論社．）

[3] Bolz, N., 1991, *Eine Kurze Geschichte des Scheins*, Wilhelm Fink.（山本　尤訳，1999，『仮象小史──古代からコンピューター時代まで』法政大学出版局．）

カルチュラル・ターン

●**カルチュラル・ターンとは** I. カント (Kant) による「超越論的転回」や, 20世紀初頭から始まった L. ウィトゲンシュタイン (Wittgenstein) らの新たな思想潮流を後に R. ローティ (Rorty) が普及させた「言語論的転回」, さらに H.-G. ガダマー (Gadamer) による「解釈学的転回」などの流れを受け, 1990年前後から使用されるようになった人文・社会科学における大きなパラダイム転換を意味する言葉である. 特に, 1998年に F. ジェイムソン (Jameson) が, 『カルチュラル・ターン』という著書を出版したことから, 国際的にも広く使用されるようになった.

カルチュラル・ターンを簡単に位置づければ, 文化のプロセスや意味の体系が, 政治や社会, さらにはアイデンティティを根本的に規定しているという視座からの, 人文社会科学の新たな革新ということになるだろう. この流れは, 特に「ポスト構造主義」「カルチュラル・スタディーズ」, 新たな文学批評理論などの登場としばしば結びつけて論じられてきたことも強調しておこう.

この転換を代表するような流れをごく簡単に整理するには, ちょっとした「リスト」が必要だろう. 具体的には, 1960年代から70年代にかけて, C. レヴィ=ストロース (Lévi-Strauss) らの構造主義の登場, さらにそれに続く C. ギアーツ (Geertz) らの「文化」に重点を置く文化人類学の発展, また, M. フーコー (Foucault) の『知の考古学』などの「系譜学」, R. バルト (Barthes) や U. エーコ (Eco) などの名前とともに記憶される記号論や記号学の浮上,「歴史は物語だ」とする歴史学の H. ホワイト (White), さらに L. ハント (Hunt) らの「新しい文化史」の発展などである. E. サイード (Said) の『オリエンタリズム』に代表されるポストコロニアリズムの登場も, このカルチュラル・ターンと密接に関係してきたし, カルチュラル・スタディーズの国際的な広がりは, このカルチュラル・ターンを決定的なものにしたといえるだろう.

●**カルチュラル・ターンの歴史的背景** この新たな転回の思想的・歴史的背景には, 1960年代後半, 国際的に拡大した若者の反乱に象徴されるものの見方, 考え方の大きな変動が控えている. 背景には, 産業社会の大きな転換, つまり製造業を軸にした大量生産・大量消費に支えられたフォーディズム型社会から, 情報やサービスを中軸にしたポスト・フォーディズム社会 (脱工業化社会, 知識社会, 情報社会など, さまざまな呼び方で語られてきた) への移行があった. なかでも, メディア社会と消費社会の深化は, その大きな原因を形成していることは明らかだろう.

先にあげたジェイムソンは, この変化を次のようにまとめている.

「文化というまさにこの領域それ自体が拡張した．つまり，文化がもはや，かつての伝統的で経験的な形式には限定されない形で，市場社会と結びつくようになったのだ．文化は，日常生活そのものを通じて，買い物，専門職的な活動，しばしばテレビに介在されたレジャーの諸形態において，また，市場のための生産の場，市場の生産物の消費の場において，まさに最も隠された日常の襞や片隅において，消費されている．社会空間は，今や，完全に文化のイメージによって一杯にされているのだ」(Jameson 1998)．

こうしたカルチュラル・ターンの浮上についてより深く考えるためには，もう少し歴史を遡って考察する必要があるだろう．

●「文化」概念とその再定義をめぐって 「文化」という日本語は，多くの意味を含んだ言葉である．英語であるなら Culture，ドイツ語なら Kultur の訳語である「文化」の概念は，近代社会では，「教養」とか「精神性」と結びついた，ある種の「高級」イメージをもっていた．日本でも「文化人」とか「文化的な生活」というと，今でも知的で洗練された雰囲気をもっているはずだ．

つまり「文化」といえば，基本的にはハイカルチャー（高級文化）を意味していたのだ．絵画やクラシック音楽，宗教や思想，文学や演劇など，人類がその英知と想像力を生かして生み出した「精華」が「文化」であった．また，長い時間保存され，人々に共有されてきた「伝統文化」も，「文化」の重要な要素だった．

他方で，文化人類学などにおいては，「文化」概念は，こうしたハイカルチャー中心のものとは異なり，より人間の生活に密着した形で使われてきた．パターン化されたものの見方，考え方，振る舞い方が，人類学の研究における「文化」の共通の位置づけだったといえるだろう．

人文社会科学における，「文化」概念の変容の最初の契機は，大衆社会の登場やそれと連動する全体主義との対決のなかで生み出された．背景には，「大衆」の社会的登場，もっといえばメディアの発達や消費文化の拡大に伴う大衆文化の浮上があった．当初の大衆文化研究の多くは，こうした新たな「大衆」の社会的登場を危惧するなかから生み出された．代表的なものは，T. アドルノ（Adorno）や M. ホルクハイマー（Horkheimer）らの「文化産業」の研究だろう．資本主義の大量生産・大量消費の展開と連動して生み出された複製技術の発展は，民衆を支配体制の枠組みに包摂するうえで大きな役割を果たしているという彼らの視座は，全体主義社会の構図をきわめて巧みに分析してみせた．こうした文化支配の視座は，戦後も継承され，文化の社会学において大きな潮流を形成してきた．

他方で，すでに 1930 年代の段階で，大衆と大衆文化の登場を，むしろ歴史の進歩的要素として把握しようとした先駆的な研究も存在していた．イタリアの A. グラムシ（Gramsci），ドイツの W. ベンヤミン（Benjamin），さらに日本の中井正一らが，この先駆的な視座の提供者に数えられると思う．グラムシは，大衆

文化を抑圧された民衆の幻想の反映として読み解く一方で，民衆の意思を言語化した大衆文化を通じた民衆の自発的主体形成について論じたし，ベンヤミンや中井は，商品化された大衆文化とは異なる，民衆の集団的な表現形態の登場に期待をかけていた．グラムシやベンヤミンが，やがてカルチュラル・スタディーズの登場のなかで再評価されたのはこうした先駆性ゆえであっただろう．

　第二次世界大戦後，「文化」の意味づけは，少しずつ変容してきた．何よりも大きな変化は，「ポピュラーカルチャー」や「サブカルチャー」というものの位置づけの変化だっただろう．

　実は，欧米の人文社会科学の「ポピュラーカルチャー」研究に先駆けて，日本では早い段階からさまざまな動きがあったことに注目しておくことも必要だろう．1930年代の京都における『世界文化』やそれと連動する隔週の文化-政治新聞である『土曜日』などにおける知識人たちやこれに関わる市民たちの動向である．ここには，民衆文化を否定的にとらえるのではなく，むしろ民衆の文化を通じた社会変革への息吹（この運動の関係者でもあった中井正一はもとより戸坂潤などには，グラムシの視座との共通性がある）が存在していたからである．この潮流は，戦後直後に開始された『思想の科学』に代表される「庶民」「大衆」とよばれる人々と知識人との共同・協働による文化運動に継承されていった．そこでは，ポピュラーカルチャーは，単に大衆文化批判の対象として単純に否定的にとらえられることはなく，ポピュラーカルチャーに映し出された民衆の意識の丁寧な分析や，大衆文化を通じた社会の変革という視座が展望されていた．

●カルチュラル・スタディーズへの道　欧米社会における「文化」，特に「ポピュラーカルチャー」のもつ積極的な視座も含んだ研究が本格的に動きだすのは，1960年代以後のことだっただろう．

　いわゆる「新左翼（new-left）」とよばれる政治運動は，その一つの象徴的表現だった．彼ら彼女らは，これまでの教条的なマルクス主義（A. W. グールドナー［Gouldner］のよぶ「科学的マルクス主義」）に縛られた「旧左翼」の思想を，「下部構造決定論」批判や「民主集中制」批判という視座から分析し，経済構造の変革よりもむしろ文化や意識領域の変革を要求し始めた（グールドナーは，これを「批判的マルクス主義」とよんだ［Gouldner 1975]）．

　フランクフルト学派以後の文化批判の研究スタイル，ラディカル・フェミニズムの「家父長制＝男性優位主義批判」やエコロジー思想（近代科学批判がその背景にはあった），社会学における日常性研究やマイノリティ研究の広がりもまた，こうした社会文化的変動と連動したものであった．

　他方で，こうした若者の反乱は，ロックミュージックなどの音楽活動やアンダーグラウンドな演劇活動，前衛アートの運動，路上におけるパフォーマンスの活動など，都市空間を軸にした「新しい文化」の創造と結びついたことも，その大き

な特徴だった．現状の文化批判から，新たな文化創造の動きが，ここには連動して存在していたのだ．

イギリスのニューレフトの研究において，L. チュン（Chun）は，彼ら彼女らにとっての「文化」の新しい位置づけについて，次のようにまとめている．

「ニューレフトにとって，文化は社会関係の単なる反映でもなければ，政治権力の従属的な一局面でもない．……ニューレフトの斬新さは，新しい政治的全体像をくみ上げる際のその『文化主義的全体性』の中にあると見ることができる．……この戦闘的で積極的な文化闘争こそ，ニューレフトが社会主義の理論と実践に貢献した第一の分野なのである」（Chun 1997：68）．

イギリスにおけるカルチュラル・スタディーズの登場もまた，こうした国際的な社会・文化変動と重なり合って登場したものである．実際，この新たな文化研究の主要な担い手たち，R. ウィリアムズ（Williams），や S. ホール（Hall），さらにここに集結してきた研究者たちの多くが，いわゆる新左翼の理論家であったり活動家であったことはいまさらいうもでもないことだ．

周知のように，ポピュラーカルチャー研究も含むこの新たな研究スタイルは，イギリスにおけるカルチュラリズムを背景にしていた．具体的には，F. R. リーヴィス（Leavis）から始まるむしろポピュラーカルチャーを知的に洗練された文化の破壊者とみる批判的視座である．これが，R. ホガート（Hoggart）らの労働者階級の文化研究（彼は，かつての豊かな労働者階級の文化を高く評価するという点で，ポピュラーカルチャーの肯定的な研究の嚆矢となった．しかし，彼は，まじめな労働者の文化を商業的なマスカルチャーが破壊したという視座を強調していた）に受け継がれ，やがて，ウィリアムズや E. P. トムソン（Thompson）といった，ニューレフト的な文化研究へと発展していったのである．

1964 年にホガートの手でバーミンガム大学に設立された現代文化研究センター（CCCS）は，その後，『ニューレフト・レビュー』などを軸に活動していたホールが所長を務めるようになって以後，F. ソシュール（Saussure）やバルトの言語学や記号論，フーコーの理論，レヴィ＝ストロースの構造主義や L. アルチュセール（Althusser）の新たなマルクス主義，J. デリダ（Derrida）の脱構築や P. ブルデュー（Bourdieu）の社会学など，主要にフランスの現代思想を大胆に取り入れ，文化の視座からの政治分析を深めていった．

カルチュラル・スタディーズとは何か．G. オサリバン（O'Sullivan）らによる『コミュニケーションとカルチュラル・スタディーズのキーコンセプト』によれば，それは次のように位置づけられる．

「カルチュラル・スタディーズは，社会関係と意味との間の関連――もっと正確にいえば，社会的な区切りが有意味化されるその仕組み――について集中して問題にしてきた．身近な言い方をすれば，文化は，階級，ジェンダー，

人種およびその他の不平等が, 自然化され, 表象される領域として把握される. ……逆に文化は, それを通じて被支配グループが, 生活し, 自らの従属性に抵抗するための手段でもある. さらにまた, 文化とは, それを求めてヘゲモニー闘争が行われる場であり, また, ヘゲモニーが確立される領域でもある. すなわち, それは『文化闘争』の場なのだ」(O'Sullivan et al. 1994 : 71).

　カルチュラル・ターンの代表例ともいえるカルチュラル・スタディーズは, 学際的な研究スタイルとして, まずはアングロ・アメリカ社会に広がり, やがてグローバルに受容されていった.

　カルチュラル・スタディーズが, 最初にその姿を国際的に知られるようになったのは, ともにイリノイ大学で開催されたシンポジウム「マルクス主義と文化の解釈」(1984), 「カルチュラル・スタディーズ」(1988) であったといわれる. この会議の参加者は, コーディネイター役のL. グロスバーグ (Grossberg) のほか, H. ルフェーブル (Lefebvre), C. ムフ (Mouffe), E. ラクラウ (Laclau), P. アンダーソン (Anderson), ジェイムソン, T. イーグルトン (Eagleton), T. ベネット (Bennett), ホールなど, ニューレフト的な視座から文化を研究してきた人々であった.

　この二つの会議をみてみると面白いことに気づく. 1984年の会議ではきわめて引用度の高かったアルチュセールの名前が, 第二回目の1988年では減少著く, 逆にグラムシの引用度が急増しているのである. この思想史を逆流するような傾向のうちに, やや「科学主義」的で固い理論であるアルチュセールから, より多元的で媒介的なグラムシの再評価がうかがわれるだろう (伊藤2005).

　カルチュラル・スタディーズは, 明らかにニューレフト的視点, マルクス主義の観点からの文化と政治をめぐる研究スタイルとして発展した. しかし, ポピュラーカルチャーを主要な研究対象としたこのスタイルは, 国際的な広がりのなかで, もともともっていた「階級的視座」を弱めていったようにみえる. 他方で, ジェンダーやエスニシティ, セクシュアリティの視座からの文化研究やポストコロニアリズム論などと結びつくことで, アイデンティティ・ポリティクスとしての観点からの社会批判の学としての位置は保ちつつも, 貧困や経済格差といった社会の全体的課題との結びつきを弱めていったという印象もある.

●**文化の社会学 (sociology of culture) か文化社会学 (cultural sociology) か**　カルチュラル・ターンは, 現代の社会学にも大きな影響を及ぼした. J. アレクサンダー (Alexander) らは, 社会学におけるカルチュラル・ターンの登場を, 次のように学説史的な視野から描いている. 1960年代から70年代に, それまで覇権を握ってきたパーソンズ派の社会学理論に対して, パーソンズ批判の諸潮流が生じた. ネオマルクス主義やネオ・ウェーバリアン, ネオ制度学派などの登場である. しかし, これらの新たな潮流は, 文化領域を切り捨ててきたのではないか, というのがアレクサンダーの認識である (彼は, カルチュラル・ターンにおけるニュー

レフトの文化理論の存在にほとんど目を向けていないようにみえる）．これに対して，1980年代から90年代の社会学の新しい世代は，文化の重要性を強調する諸学の影響のなかで，新たな方向性を見出したと彼は指摘する．

「カルチュラル・ターンによって……質的社会学者の新世代は，構造主義，ポスト構造主義，文化人類学，文化史，文学批評が，これまでの月並みの説明に対するリアルなオルタナティブを提示するだけでなく，主流派社会学に対するもろもろのチャレンジにおいても新たなオルタナティブを示しているということに気がついたのだった」（Alexander et al. 2012：8）．

アレクサンダーらは，カルチュラル・ターンの影響の下で，1990年代に，これまでの「文化の社会学（sociology of culture）」から「文化社会学（cultural sociology）」とよばれる新たな流れが登場したことを強調する．彼らによれば，従来の文化の社会学は，実証的な研究も含めて，狭い「文化」現象，個別化された「文化」を，社会学の視座から研究してきたという．例えば，文化産業や，テレビのオーディエンス研究，美術館の研究といったものがすぐに連想されるだろう．

これに対して，アレクサンダーは，すべての社会現象を「文化」の観点から考察するのが文化社会学だという．政治，宗教，家族……すべてが意味と意味化プロセス＝文化から分析可能であることはたしかだろう．つまり，「文化の社会学」が，文化を「従属変数」としてとらえるのに対し，「文化社会学」は，文化を，行為や制度を形づくる相対的に自立した「独立変数」として把握するのだ，ということになる（Alexander ed. 2003）．極端にいえば，社会学とは文化社会学だ，ということになるといってもいいだろう．

たしかに，彼の「文化社会学」の宣言は，一つの視座として理解することはできるだろう．特に，科学史研究のなかで登場したストロング・プログラム（あらゆる事象を一つの観点から説明可能とする）の理論を借用しつつ，文化こそが社会を研究する唯一の基盤だとする強い文化社会学の観点が，新たな「文化社会学者」たちを，国際的に多数生み出したのも事実だろう．

心理学の分野においても，文化心理学の発展などによるカルチュラル・ターンも生まれつつある．文化心理学の理論と応用のためのリーディングスである『文化を理解する』では，cultural syndrome という用語で，心理学における文化への注目が論じられているのである（Robert et al. 2009）．

カルチュラル・ターンの動きは，今や，ヴィジュアル・ターン（visual turn）とでもよべるような動きと連動していることも，考える必要があるだろう．世紀の変わり目頃から急速に国際的に拡大しつつある visual studies の潮流は，その代表例といえることを最後につけ加えておこう．　　　　　　　　　　　　［伊藤公雄］

参考文献
[1] Alexander, J. C. et al., 2012, *The Oxford Handbook of Cultural Sociology*, Oxford University Press.

サイバーカルチャー

● サイバーカルチャーとは

【サイバーカルチャーの分類】　サイバーカルチャーとは，①サイバー空間（ICT [Information & Communication Technology：情報コミュニケーション技術］によってつくり出される仮想空間）をテーマとした文化作品群，②主としてサイバー空間を媒介として行われる文化活動またはそこから生まれる作品群，あるいは③①②の基盤となっている世界観・倫理観など，を指すものとする．①に分類される作品群のテーマとなる「サイバー空間」は未来的であることが多い．例えば，1980年代から盛んになった「サイバーパンクSF」はまさにサイバー空間が現実化した未来世界を舞台としたSF作品群である．その代表例は，80年代に発表されたW. ギブソンの『ニューロマンサー』（Gibson 1984）である．ただし，ICTが実用化され，日常化される以前に創作された作品群のなかにも，サイバーカルチャーの実践において参照されるものが多くある．例えば，P. K. ディックの『アンドロイドは電気羊の夢を見るか』（Dick 1968）は，60年代に発表された作品だが，サイバーカルチャーのなかで繰り返し参照されている．また，60年代の《スタートレック》，70年代の《スターウォーズ》も，参照されるだけでなく，続編やリメイクが現代にまでつくられ続けている．日本では，1979年からTV放映された《機動戦士ガンダム》がこれにあたる代表作である．

　一方，②に分類される活動や作品は，①にも分類可能であったり，また①に分類される作品をテーマとした批評，同人活動，二次創作であったりする．その意味で，①と②は相互に入れ子状に関連し合っており，分かちがたく結びついている．①②とも，ネットのない時代であれば，一部の人々にしか受け入れられないマイナーな作品であっても，ネットが媒介となることによって，広範囲にわたる爆発的なブームを引き起こすことがある．また，①②とも，テクスト作品だけでなく，SF，映画，音楽，コミック，アニメ，ゲームなど，さまざまな表現形式をとり，またそれらを自在に組み合わせたものとなる．ICTの発展は，誰もがマルチメディア作品を容易に創作，編集することを可能にしたのである．

　そして③としてあげたサイバーカルチャーの基盤となる世界観の共有は，サイバー空間が強いコミュニティ意識に支えられていることと表裏の関係にある．サイバーカルチャーの創作者や享受者たちは，この世界観を内面化することで，自分たちの文化的実践が，サイバー空間の住人たちから正統化されるサイバーカルチャーであると了解するのである．

【サイバーカルチャーとコミュニティ意識】　ICTは，オペレーション（業務）の

合理化・効率化と低コスト化を基本目的として開発投資がなされ，社会システムへの応用でも，この面がまず注目された．

　しかしながら，ICT の開発に関わった人々は，同時に個人間の「コミュニケーション」にも強い関心を抱いていた．ARPANET 開発の推進者であった J. C. R. リックライダー（Licklider）は，人間とコンピュータの関係に強い関心をもっており，1960 年に「人間とコンピュータの共生（Man-Computer Symbiosis）」という論文を書いた．このなかで彼は，将来のコンピュータは，それ以前のもののように，定型的な処理を高速に実行するだけではなく，人間の創造的な思考を協調的に支援するようなシステムとなるべきであると説いて，対話型処理の重要性を強く提言した．

　また，リックライダーは，1968 年には R. テイラー（Taylor）とともに「コミュニケーション装置としてのコンピュータ（The Computer as a Communication Device）」を著した．その一節で，彼は次のように述べている．「通信技術者たちは，コミュニケーション（通信）とは，ある地点からある地点まで，情報をコードや信号として伝達することだと考えている．しかし，『コミュニケーション』は情報の送受信ではない．……我々がいま突入しようとしているテクノロジーの時代には，我々は，まさに生きている豊かな情報と相互作用（相互行為）を行う．書物や図書館を利用するときのように受動的なスタイルだけでなく，現在進行中のプロセス（ネットワークを通じて交わされるコミュニケーション）の積極的な参加者となり，相互作用を通じて，そのプロセスに貢献するのである．それは，単に，ネットワークに接続することで，ネットワークから情報を得る，ということではない」(Licklider and Tailor 1968)．そして，このような意味での「オンライン・コミュニティ」を実現することが，彼の夢だったのである．

　彼の構想したオンライン・コミュニティに具体的な形を与えたのは，インターネットのアプリケーションのなかで最初に開発され（1972），現在も最もよく使われる電子メールである．このプログラムは，その後，返信，転送，記録，メーリング・リストなどの機能が追加され，驚異的な勢いで利用範囲を拡大していった．人々は業務だけでなく私信のためにも電子メールを利用した．距離を隔てた友人たちとゴシップを交換して楽しんだという．電子メールに付加されたメーリング・リスト機能は，多対多のグループ・コミュニケーションを実現し，初期のオンライン・コミュニティの基盤となった．最初期のメーリング・リストのなかには，SF 愛好家たちの SF Lovers，ワイン愛好家たちの Wine-testers，何でもありの Human-nets などがあった．人々は物理的な隔たりを越え，興味や関心を同じくする人々を求めたのである．特に，マイナーな趣味をもつ人々は，ネットワークによって拡大された空間のなかで初めて同好の人々と出会える楽しさを知った．ここに，その後，コンピュータ・ネットワークが，サブカルチャーの温

床としても発展していく萌芽があった．

●サイバーカルチャーとカリフォルニア・イデオロギー
【サブカルチャーのプラットフォーム】　初期のオンライン・コミュニティは，1990年代半ばから広く一般に普及したパーソナル・コンピュータとWWWによって利用者層を大きく拡げた．WWWは，誰でも直感的に操作可能なユーザー・インターフェースの提供により，テクスト，静止画，動画，音声など異なる記号系をデジタル信号系によって統合的に操作することのできる特性は，文化やエンターテインメントのシステムをICT化する大きな契機となった．

　一方，1960年代以降，戦後ベビーブーム世代が若者たちのサブカルチャーの主要な担い手となった．彼らは，彼らの愛好する音楽，SF映画，コミック，アニメ，ゲームなどを単に鑑賞するだけではなかった．それらを再解釈したり，自作したり，同好の仲間たちと情報交換したり，同人誌（ファンジン）をつくったりすることにむしろ大きな楽しみを見出したのだった．

　このような彼らの文化的活動は，それ自体，必ずしも新規なものではなかったかもしれない．太古の昔から，人間たちはこのようにして「文化」と戯れてきたというべきだろう．ただし，こうした「戯れ」の多くは，個人的あるいは限られた集団内の密やかな楽しみにとどまり，傑出した技量によって生み出された一握りの作品のみが「文化」として広く認められたのだった．前者はしばしば「サブカルチャー」（副次文化）とよばれ，後者の「メインカルチャー」（主流文化）に比べて価値のないものとみなされた．

　しかし，20世紀末の潮流は「文化」の社会的位置づけを大きく変えた．

　R．イングルハート（Inglehart 1990）が，意識調査をもとに論じたように，経済の全般的成長に伴い，基本的な生活財に対する欲求がある程度安定した結果，レジャーや余暇生活という文化的な財に，需要はシフトしていった．特に，戦後ベビーブーム世代が消費の核をなすようになって以来，この傾向が顕著になった．それは，経済的にある水準を獲得した国に共通の現象でもあった．

　こうして，市場は若者層をターゲットとし，若者文化あるいはサブカルチャーがビジネスの注目を集めることとなる．すなわち，かつては周縁的なものとしかみなされなかったサブカルチャーが，ビジネス（産業）という観点からも，中心へと移行していったのである．

【ヒッピー文化とサイバーカルチャーをつなぐカリフォルニア・イデオロギー】
　このようなネットと若者文化の関係は，背景となる社会動向とも大きく関わっている．1950年代後半から60年代のアメリカは，第二次世界大戦後のアメリカン・ドリームの時代を過ぎて，公民権運動やベトナム反戦運動，大学紛争で大きく揺れた．若者たちの間には，大人たちを信用せず，自ら新しい時代を生み出そうという意識が膨らんでいた．先に述べたイングルハートの調査結果もこのような意

識と呼応するものだったし，リックライダーやその他 ARPANET の開発に携わった人々もまた，同じ時代を生きていた．

　60 年代に盛り上がった若者たちの政治運動はある種の挫折感とともに終焉し，それは，自然のなかで DIY（Do It Yourself）をベースとしたコミュニティをつくり，仲間たちと生きることを理想とする西海岸のヒッピー文化／運動を生んだ．しかし，ヒッピー共同体（コミューン）は必ずしも現実的ではなく，やがて衰退に向かった．

　ICT の開発と発展は，このような雰囲気のなかで行われた．そこでは，①反商業主義，②反巨大技術主義，③共同体主義，④互酬性と共有の原理，⑤草の根主義，⑥自己責任主義などが暗黙の共通規範となった．これらの規範は，それが 60 年代末からの西海岸文化を土台としているところから，「カリフォルニア・イデオロギー」とよぶこともできよう（Barbrook and Cameron 1998，遠藤 2000）．

　カリフォルニア・イデオロギーを内在させたサイバーカルチャーは，物理的空間とは独立な「仮想共同体」を仮構する．そこでは，メンバーたち（端末）が P2P（peer to peer）で，すなわち各々が各々とつながることによって全体としての社会空間を構成し，その「つながり」は本質的に平等（フラット）であり，「関心の共有」を基盤とし，リアルな個人属性によって必ずしも制約されることのない劇場性（演技性）を生ずる．

　このような特徴から，サイバーカルチャーは alt.culture（オルタナティブ・カルチャー）ともよばれ，共同で物語を紡ぎ出す RPG（ロールプレイング・ゲーム），体制に対する異議申し立てとしてのパンクやヒップホップ音楽，コミックやアニメに関する同人文化（オリジナル作品の N 次創作，および同人作品の大規模交換会），REMIX（既存作品の解体，再編集）をベースとしたクラブ文化など，サイバースペース外の現実空間における文化と強く結びつきつつ，展開していった．

　また，サイバーカルチャーの規範のなかでも特に強く意識されるのが，互酬性の重視と反商業主義であり，R. M. ストールマン（Stallman 2002）などが主張するフリーソフトウェア運動やコピーレフト運動は，N 次創作の活性化を促すだけでなく，ICT 発展の大きな要因でもあるオープンソース運動とも接続し，ハッカー文化ともよばれる．今日，多くの人にとって最も便利で有益な百科事典として使われている Wikipedia（2001 年創設）も，この規範に則った運動の一つである．

　これらの特徴は，サイバーカルチャーが，社会資本を紡ぎ出すコミュニティ性，想像力を育てる遊戯性，新しい価値を生み出す創造性を人々が享受し，共有することのインフラとなり得ることを示している．

　だが，ICT が普及し，サイバーカルチャーがメジャー化するにつれて，カリフォルニア・イデオロギーと矛盾するような（あるいはそもそも内在していた）動きも現れて来る．サイバーカルチャーの需要層が拡大すれば，サブカルチャー市場

は拡大する．商品としてのサブカルチャー，すなわち，音楽，ゲーム，コミック，アニメなどは，容易に電子化になじみ，ネットワークで配信することも可能である．つまり，技術的に電子商取引に適合的なのである．その結果，ICT の進展は，サイバーカルチャーのビジネス化を促進する．

さらに 2000 年代に入ると，iTunes，Amazon などが，それ以前のオンライン・ビジネスとは一線を画す，新たなビジネス＝エンターテインメントの空間を創出した．こうして，「仕事」としてのビジネス（産業）が「遊び」としてのサブカルチャーと結合するという，見方によっては「奇妙な」事態が出来したのである．

● サイバーカルチャーの転換
【サイバーカルチャーは変化する】　サイバーカルチャーは通時的な同一性を維持しつつも，社会や技術の変化に伴って変容を続けている．すでに見てきた範囲でも，ICT がきわめて限られた人々の夢想であった時期，技術志向的なカリフォルニア・イデオロギーをベースとしていた時期，ネットユーザーが爆発的な増加を見せ流行の発信源となってきた時期を経て，2000 年代半ばになるとまた新たな方向へと舵を切った．

Apple の創業者であり，サイバーカルチャーを象徴するカリスマの一人であった S. ジョブズ（Jobs）が亡くなったのは，2011 年だった．彼が晩年開発していたのは，脱コンピュータ，脱カリフォルニア・イデオロギーともいえる技術だった．2001 年に発表された iPod，2007 年に発表された iPhone，2010 年に発表された iPad は，サイバー空間を，コンピュータ・ベースからモバイル・ベースへと大きく変化させる契機となった．その結果，サイバーカルチャーの異界性やカリフォルニア・イデオロギーの規範性は薄れ，娯楽性に大きくシフトしていった．

表　サイバーカルチャーの変化

時期	プレ期（～1985）	I 期（1985～95）	II 期（1995～2005）	III 期（2005～）
マシン	大型コンピュータ・端末	マイコン（高価）	パソコン（低価格化）	モバイル
ネット		Usenet，パソコン通信	インターネット	モバイル・インターネット
ユーザー		技術者が主	一般ユーザー	誰でも利用
サイバー空間	SF 空想空間	「ここではないどこか」メーリングリスト，メールマガジン，電子会議室	「もう一つの場所」ブログ，巨大掲示板	「日常空間」Wikipedia, Facebook, Twitter, LINE
サイバーカルチャー	SF，映画，TRPG	ファンジン，二次創作，CRPG，シミュレーションゲーム，デジタル音楽	オンラインゲーム インターネット・ファッド フラッシュモブ MySpace	YouTube, Instagram MMORPG 「やってみた」(YouTuber) 「踊ってみた」ボーカロイド

【新しいサイバーカルチャーはどこへ向かうのか】　最も大きな変化は A. バラバシ（Barabási 2002）や D. ボイド（Boyd 2014）も指摘しているように，ネットに接続していることが特別なことではなく，むしろ「つながりっぱなしである」状態が常態になったということである．だから我々は，もはや「ここではないどこか」を求めてネットに接続するのではなく，まさに「自分が帰属するグループ」との帰属を確認するために，ネットでコミュニケーションするのである．2010 年代のソーシャルメディアとは，そういう場所である．Facebook も，Twitter もそうであるが，LINE など新しいシステムになるほどその傾向は顕著になる．そこではかつての顔文字に変わって，既製のスタンプが感情表現に使われる．

　また，個人によるマルチメディア創作もいっそう活発化しており，YouTube やニコニコ動画などを舞台として膨大な数の作品が公開されている．なかには，ヴァイラル（viral）とよばれるような爆発的なアクセスを獲得する作品も現れる．「やってみた」系とよばれる作品群も人気をよび，YouTuber とよばれて，個人ビジネス化する例もある．「初音ミク」などボーカロイドの流行もこうした流れと共振するものである（遠藤 2013）．仮想現実（VR）や拡張現実（AR）技術とも融合しつつ，サイバーカルチャー文化空間はさらに拡大している．ホログラフィによって身体を与えられた初音ミクのライブステージは，まさにそれが現実化していることを示している．

　一方，初期からのハッカー文化の亜種ともいえる動きも社会に大きな衝撃を与えている．例えば，J. アサンジ（Assange）が創設した WikiLeaks や E. スノーデン（Snowden）による機密情報の暴露は，「ハクティビズム」ともよばれ，過激なまでに情報への自由アクセスを求めようとする意思の発露といえる．ただし，2016年米大統領選挙では，WikiLeaksの動きがかなり政治的なものであったともいわれる．

　そして，やはり初期からの SF 的空想を現実化しようとする技術志向性も生き続けている．中断したが Google による Google Glass の研究，Apple の iWatch 発売など多様なウェアラブル・コンピュータの開発，Apple の Siri，Amazon のドローンによる無人商品配達計画，Honda，Toyota，ソフトバンクなどによるコミュニケーション・ロボットの開発等．人工知能を備えた新たな自律的機械の実用化は，遊戯性と巨大ビジネス性とを兼備しつつ，着実に我々の社会をこれまでなかったもの，かつて SF 作家たちが描き出した世界へと変貌させつつある．この変化に人間はいかに対応するのか，今まさに迫られている．　　　　　　　［遠藤　薫］

参考文献
[1] 遠藤　薫，2000，『電子社会論――電子的想像力のリアリティと社会変容』実教出版．
[2] 遠藤　薫，2007，『間メディア社会と〈世論〉形成―― TV・ネット・劇場社会』東京電機大学出版局．
[3] 遠藤　薫，2013，『廃墟で歌う天使――ベンヤミン『複製技術時代の芸術作品』を読み直す』現代書館．

不安定社会と若者

●**不安定社会とは何か**　本項では不安定社会を生きる若者のあり方について概観する．ここで不安定社会とよぶのは，1970年代後半以降に先進諸社会が共通に被ってきた変化の結果として今あるような社会のことである．なぜそれは「不安定」と形容されるのか．

　第一に，働いて生計を立てることに関わる不安定さが増してきたという点．20世紀前半を通して先進諸社会に広がった働き方の典型は，企業組織に長期間所属し，その組織によって生活の隅々まで管理されるのと引き換えに安定した生活基盤を保障されるというものであった．R. セネット（Sennett 1998）によれば，例えば20世紀の最後の四半世紀以降のアメリカで崩れてしまったのはそのような働き方である．製造業からサービス業へという産業構造の変化に伴い，不安定な働き方を強いられる人々が増えていく（労働市場の流動化）．

　組織による保護は，別の角度から見れば「鉄の檻」のようなものでもあった．Z. バウマン（Bauman）の見立てによれば，近代の第一段階は伝統的な共同体から諸個人を切り離すと同時に，それを新しい「檻」（企業や国家といった諸組織）へと囲い込むものであった．1970年代後半以降，このような囲い込みは弛緩し，人々は保護と拘束との双方から解除されていく．バウマンはこのような状態を近代の第二段階と見立て，「流動的な近代」とよんだ．

　第二に，人々に分かちもたれているさまざまな前提がその自明性・所与性を失い，コミュニケーションに関わる不安定さが増してきたという点．この変化はとりわけ，日常生活における親しい間柄のあり方に広く深い影響を及ぼす．A. ギデンズ（Giddens）は恋愛のあり方の変化にこの影響を見て取った．すなわち，永遠の愛につなぎとめられたロマンティック・ラブから，たえず互いのコミットメントを確認し合い，したがって常に別離の可能性に開かれている「融合する愛」への変化である．相手との関係から得られる喜びのみが，その関係を続ける根拠となる（純粋な関係性）．そのコミットメントの強度が「融合する愛」の核心である．

　ギデンズは，再帰性が制度の基底に組み込まれた社会として近代をとらえる．この再帰性が，社会のなかのさまざまな営みを再帰的に変容させていくにつれて，古典的な近代の産物とされていたさまざまな制度や営みをも変容させるような段階に至る．ギデンズはこれを高度近代とよぶ．ロマンティック・ラブから融合する愛への変化は，その一端である．

　第三に，上記のような働き方，つき合い方の変化に対応して，自分の人生そのものが自分自身の選択によって大きく変わってしまうという意味での不安定さが

増してきたという点．働き方にせよ，つき合い方にせよ，選択の所産とみなされるのに応じて，それはリスクと感じられるようにもなるだろう．U. ベック（Beck 1986）は，このような選択とリスクとの個人化が，個々人の人生を選択的伝記とでもいうべきものに変化させたと論じる．環境の変化に応じてそのつど下される決断が，後から振り返ったときに常に一貫しているとは限らない．選択的伝記となった人生は不安定な軌跡を描くことになるだろう．

逆に一貫した価値観によって支えられ安定した人生を歩く主体を，これまでは道徳的な含意を込めて人格（character）とよんできたのであった．セネットは，人生が個々人の選択の所産となり，結果として不安定になってしまう状況をさして，人格の腐食と表現した．この不安定さは，1970年代以降，先進諸国で進行した福祉制度の新自由主義的・ポストケインズ的な再編によって，増幅される．国家からの給付を削減するとともに，さまざまな規制を緩和することで，個人の選択がもたらす不安定さの幅はますます大きくなっていく．

日本も他の先進諸社会と同様，1970年代以降，徐々にこのような意味での不安定さを増していくのだが，それが誰の目にも明らかになっていくのはいわゆる「バブル景気」が終息した1990年代以後のことである．そのような状況は若者たちの生活を大きく変化させていくことになった．以下，労働，親密性，政治という三つの領域についてその様相を確認しておこう．

●**若者と労働**　前節でみたような不安定化の影響を最も強く受けるのは，どの社会においても若者たちであった．そしてその影響としてまず最初に注目を浴びたのが働き方に関わるものであった．

職業的な技能や経験において未熟である点で若者はもともと労働市場において不利な位置にある．そこに上でみたような変動が加わり，彼らは労働市場のなかで急速に周辺化されていった．欧米の先進国で1970年代以来，若者が社会問題として浮上し，包括的な対応が模索されてきた背景にはそのような事情がある．

他方，日本においては，オイルショック以後の世界的な景気低迷をいわゆる「日本型経営」と「日本型福祉」によってある程度乗り切ることができた．とりわけ定型化された職務と求職者の技能とをマッチングするいわゆるジョブ型の採用システムではなく，職務を限定せずに会社という組織の成員資格を付与するために選抜を行ういわゆるメンバーシップ型のそれをとっていた日本的な人事方式（濱口 2013）は，十分な技能をもたない若者にとって有利に働いた．もし職に就くために，当該の職に必要な技能と経験をもっていることが必要であるとしたら相対的に最も未熟である若者は，労働市場で周辺化されてしまうであろう．

この方式をいわば大規模に具体化したのが新規学卒一括採用という日本企業が広く用いている採用方式だ．山田昌弘はこれを「パイプライン」にたとえている（山田 2004a）．すなわち，学校から企業へとあたかもパイプが伸びており，若者（生

徒，学生）は同じタイミングで一斉にそこを通って社会人になる，というわけだ．この仕組みのおかげで，1970年代以降の低成長期にあっても日本の若者の失業率は，他の先進諸社会に比較して低く抑えられていた．他方，特定職務と結びつかない雇用のあり方は，生活の全体，時には人格の深部まで企業が管理するようなあり方を許容してもきた．1980年代の後半に社会問題化した「過労死」はその象徴である．また，この「パイプライン」から落ちる人はほとんどいないという想定のもとに制度が構成されていたため，公的部門においてセーフティネットを整備するコストは相対的に低く抑えられていた．

このような採用のあり方は，バブル景気が終息した後に徐々に崩れていった．というのも，この時期に労働市場において起こったのは，まさにこの新規採用の部分を大きく絞り込み，その部分をいわゆる非正規雇用によって置き換えていくという動きであったからだ．M.ブリントンが鮮やかに描き出したように，とりわけ高校から企業への移行過程が急激な失調をきたした（Brinton 2008）．山田の言葉でいえば「パイプラインの漏れ」が拡大していった．

彼らは不安定社会の到来を他の先進諸国に10年以上遅れて経験することになったわけだ．しかも，それ以前の制度が首尾よく作動していたために，先にみたようにセーフティネットが貧弱なままにとどまっており，それがいっそう彼らの境遇を厳しいものとした．すなわち，いったん移行過程から「漏れ」た若者たちは，不安定な就労状況に長くとどまることを余儀なくされたのである．

このような若者の増大は1990年代後半にまずはフリーター問題として，ついで2000年代前半にはイギリスから輸入されたニートという用語によって主題化された．フリーターとは1980年代後半に正社員という身分にこだわらない自由な生き方を意味する言葉として人材派遣企業によって発案されたものだ．その含意を引きずる形で，フリーター・ニート問題は，若者の職業意識の低さに原因を帰属し彼らを道徳的に批判する言説としてまずは展開され消費された．

しかし彼らの意識や生活の実態が明らかにされるにつれ，政策的な対応が必要と考えられるようになり，2003年には戦後初となる省庁横断的な若者支援政策「若者自立・挑戦プラン」が策定された．このプランの下にいくつかの組織が立ち上がり，具体的な施策が実施されていった．これは，若者バッシングからの大きな転換であったといえるが，その結果として若者の雇用状況が劇的に改善したとはいいがたい．それらの諸施策が基本的には若者の側を労働市場に備えさせることに重点を置いており，労働市場のあり方自体については手をつけないものであったところにその根本原因があろう．

2010年代に入ると，フリーター・ニートの高齢化に加えて，形式的には正社員であるが，過酷な労働環境のなかで心身を破壊される若者たちの問題がいわゆる「ブラック企業」問題として浮上する．その背景には，とにかく正社員になら

なければならないという若者の焦りがあると考えられる．従来の移行過程が崩れつつあるといっても，多数派はこれまでどおりに就職している（少なくともそのようにみえる）．多くの若者が達成している地位であるが，達成できない若者も目に見えて増えつつある．このような状況が従来型のライフコースへのしがみつきを加熱させている．この加熱の極端な帰結が，就職活動の失敗を苦にしてなされる自殺，いわゆる「就活自殺」である．このような自殺は2000年代の後半から2010年代の前半にかけて急増した（その後，状況はやや改善しつつある）．やや皮肉な言い方をすれば，これは先行する諸施策が若者の「職業意識」「進路意識」を高めたことの「副作用」であるとみることさえできよう．

●**若者と親密性**　社会の不安定化を若者たちが経験する第二の局面は，親密な関係に生じる変化である．これは先の働き方の変化とも連動しながら，若者のライフコースをいわば脱標準化する動きとしてもみることができる．つまり，一連のライフイベントを，決まった年齢，決まった順序で不可逆的に経験していくという型を前提にして自分の人生を考えることが難しくなっていく．これは一方では選択の幅が広がったということであり，自分の人生を設計する自由が増大したとみることもできる．しかし他方で，この選択や設計のためには一定の資源が必要であるため，少なくない若者にとってこれは親密な関係を結ぶ機会の喪失を意味してもいる．

このような両義性がとりわけ明瞭に現れるのは，友人関係と恋愛関係であろう．

1990年代以降，若者を対象にしたいくつかの調査から指摘されてきたのは，若者が友人関係を重視し，またそれに満足する度合いが高まってきているということだ（例えば内閣府が行ってきた世界青年意識調査やNHK放送文化研究所が行ってきた中学生・高校生の生活と意識調査など）．これは友人が各人の好き嫌いによって選択されるようになってきたことの結果であろう．他方で，友人に気を使う傾向や，協調性をよしとする傾向を強めてもいる．つまり，友人関係の重要度とともにコミュニケーションのスキルや関係への配慮がより強く求められるようになってきている．結果，スキルや配慮が苦手な人は，友人関係から疎外されがちになり，その結果は自己責任として引き受けさせられることになる．

恋愛や結婚についても同様だ．そもそも恋愛や結婚をするかしないか，するとしていつするのか，したとしてどのような形をとって（子どもをもつのか，家事の分担をどうするのか，共働きにするのかなど），どれほど継続するのか．これらの選択がすべて個々人あるいは個々のカップルに委ねられる．このことは若者の恋愛や結婚における自由の大幅な拡大を意味している．しかし，この自由を十分に享受するためには，経済的，人的，社会関係的な諸資本が資源として必要になる．例えば，前節でみたような事情で安定した職に就けなかった場合，恋愛関係を結ぶこと自体が困難になり得る．未婚化の進行は，結婚しないという自由の

行使であると同時に，結婚（したくても）できないという不自由の強制でもある．

ベックやバウマンによれば，ライフコースの脱標準化がもたらす自由と不自由との両義性の拡大は，先進諸社会で共通にみられる傾向である．だがここで注意すべきは，日本においては，標準型をよしとする規範意識が完全に失われてはいないことだ．実際，このような型にそって生きていくことのできる人々はますます少なくなりつつあるが，今なお相対的に多数派をなしていることも事実である．

このような状況を前にして，若者の間には，従来のライフコースへのしがみつきとでもいうような事態が発生する．そして規範意識と現実との落差を埋め合わせるために各種の「活動」が活発化する．就活（就職活動）に始まり，婚活，妊活（妊娠活動），保活（保育園活動）など．自然に得られるはずだった各種のライフイベントはさまざまな活動の努力目標へと転じる．だが，ライフイベントを達成できる人々の割合が全体として増えていかない現状において，個々の活動の熱心さはむしろ目標の達成をより困難なものにする．

●**若者と政治**　働き方にせよ，親密性にせよ，従来の制度的な枠組みが次第に機能しなくなる．それがもたらす選択の自由と不自由との両義性が不安定社会を特徴づける．この両義性がどのような形でバランスをとるのかは各社会の制度設計のあり方によって決まってくる．これは政治の領域の問題である．不安定社会を生きる若者は政治に対してどのように関わっているか．

若者と政治との関わりについて，1990年代後半から指摘されつづけてきたことの一つは，右傾化・保守化であろう．第一に，インターネット上でのやりとりを踏まえて，古典的なものとは異なった質のナショナリズムが現れてきているのではないかという議論がなされた（高原 2006；北田 2005）．第二に，投票行動においても，いわゆるポピュリストとよばれるような政治家に若者がこぞって票を投じるようになったと指摘された．第三に，2010年代以降に排外主義的な団体の活動がネット上から街頭に溢れ出し，社会問題として注目を集めるようになる．そしてこれらに対して，経済的な格差の拡大により周辺化された若者が不満のはけ口としてナショナリズム，排外主義に引きつけられているという説明がしばしばなされた．

他方，これらの議論に対する実証的な反論もなされてきた．政治学者の菅原琢は意識調査や投票行動のデータに基づいてとりわけ若者が右傾化・保守化したとは認められないことを指摘した（菅原 2009）．また辻大介の調査（2007）によればネット右翼の実数は非常に小さいことが示されている．また2010年代に入って，論じられるようになったポピュリズムにしても，必ずしも周辺化された若者による支持によって支えられているわけではないことが意識調査のデータから示されている（田辺編 2011）．また樋口直人は，街頭で排外主義的な活動を組織する団体を調査し，その活動への参加者たちがとりたてて若くもなければ，社会的

に周辺化されているわけでもないということを示した（樋口 2014）．樋口によれば，在日コリアンを対象とする排外主義の主たる動因はむしろ国家間の関係にあるのだという．

若者と政治との関わりでもう一つ注目を浴びてきたのが，反原発運動である．2011年3月の東日本大震災および福島第一原発の事故以降，国会周辺をはじめ，多くの場所でデモが組織され，人々が参加した．日本もデモのできる社会になったと評価する声や，いよいよ日本も社会運動社会になったとの見立ても示された（五野井 2012）．

しかし，NHK放送文化研究所が1973年から5年ごとに行っている意識調査（「日本人の意識」調査）によれば，1年以内にデモに参加したことがあると回答した人は2008年に0.6％，2011年をはさんだその5年後の2013年にも0.6％であった．すなわち第一に，デモに参加したことのある人は，そもそもたいへんに少ない．第二に，震災と原発事故をはさんだ二時点間でデモ参加経験者は増えていない．他方，「特に何もしなかった」と回答した人の比率は，69.1％から71.5％に増大している．若者のデモ参加の増大を云々する以前に全体として規模があまりにも小さいというほかない．

こうしてみると右傾化・保守化，あるいはナショナリズム・排外主義にせよ，反原発デモにせよ，むしろ積極的には関与していないというのが若者の実態に近いようだ．他方で伝統的な政治参加（投票行動など）は相変わらず低調なので，結局，若者たちは制度設計に影響を与えるほどには政治的に組織化されていないというべきであろう．

このことは彼らの状況をさらに不利にしている．なぜなら，彼らは上でみてきたような困難に個々人で対処せざるを得ないからだ．例えば労働組合のような組織に結集して待遇改善を図るという機会に恵まれる若者は少ない．非正規ユニオンや労働NPOは増えてきているが，個人で困難に対処することを余儀なくされている若者はまだまだ多い．

2010年代に入って，若者の幸福度や生活満足度の上昇が注目されるようになってきているが（古市 2011；NHK放送文化研究所編 2013），それが今後も維持されるかどうかは，彼らが社会に対してどのような働きかけを組織していくかにかかっているように思われる．

[浅野智彦]

参考文献

[1] Beck, U., 1986, *Risikogesellschaft. Auf dem Weg in eine andere Moderne*, Suhrkamp.（東廉・伊藤美登里訳．1998，『危険社会――新しい近代への道』法政大学出版局．）
[2] Sennett, R., 1998, *The Corrosion of Character: The Personal Consequences of Work in the New Capitalism*, W. W. Norton.（斎藤秀正訳．1999，『それでも新資本主義についていくか――アメリカ型経営と個人の衝突』ダイヤモンド社．）
[3] 鈴木宗徳編，2015，『個人化するリスクと社会――ベック理論と現代日本』勁草書房．

福祉社会の国家システム

●**福祉国家と社会科学** 「福祉社会」には複数の意味がありうるが，本項では福祉国家をもつ社会を指すことにする．

政治は人間の「良き生（welfare）」の実現に努めるべきだ，とする統治の理念は旧くからある．それは国家という，公共的決定を恒常的につくりだす制度を結晶させていった最初の一片かもしれないが，現在の福祉国家につながる形態が明確に出現するのは19世紀の西欧である．

イギリス，フランス，ドイツ，北欧など，アルプス以北のヨーロッパの国家社会において，その境界内に居住する個人の履歴や生活，例えば出生や死亡，移転，健康状態などを一元的・組織的に調査する技術と知識が，この時期に急速に整備され，やがて近代的な国勢調査(census)などに結実する．さまざまな記録の集積，それらを処理する大規模な文書管理の仕組み，統計的な知識の普及と発展，地域その他での調査の経験の蓄積が重なりあって，人々の生の様態や水準を集合的に観察し，管理し介入する営みが成立していく．

「生きさせるか，死のなかに廃棄する権力」(Foucault 1976)，すなわち「生政治」の出現である（項目「生政治」参照）．こうした活動が最も早くみられるのは18世紀のスウェーデンで，その点でも，ここが「最古の福祉社会」である．

このような営みは別の面からみれば，社会への再帰的な視線の制度化にあたる．それゆえ，組織化された社会科学の誕生でもあるが，そのなかで中心的な位置を占めた一つが「道徳統計学（moral statistics）」，すなわち人間の選択的な活動（="moral"）を国家単位で観察し管理しよう（="statistics"）とする営みであった．そこから観察を「技術」化（項目「リスク社会」参照）する形で統計学が分化し，広い意味での選択的な活動，すなわち意味ある行為全般に注目する形で（項目「意味と他者」参照），É. デュルケム（Durkheim）や M. ウェーバー（Weber）以降の今の社会学（modern sociology）も成立してくる（佐藤 2011）．

その意味で，福祉国家と社会科学，とりわけ社会学は起源をともにしている．それゆえ，福祉社会の問題群はそのまま社会学の課題でもある．例えば，急速な産業化をとげてきた東アジアの各国家社会がいかなる形で福祉社会になれるのか，あるいはなれないのかは，社会学だけでなく経済学や政治学にとっても，大きな主題となっている．その現在と将来を考えるうえでは，今の社会学で重要な理論的用具となっている，二つのシステム理論が応用できる．

●**自己準拠システムとしての福祉国家** 一つは福祉国家の作動様式に関わる．一人ひとりの生は多様で多面的である．そのため，「良き生」の実現を目的に掲げ

る福祉国家は、理論上、個人のあらゆる生活に関与しうる。これは「社会の官僚制化」「管理社会化」という形で、やはりウェーバー以来、社会学でも取り上げられてきたが、もっと根深いものがある。例えば現在のマスメディアや社会学の言説では、こうした関与は「個人の生活に介入し管理する」権力とされて、しばしば強い警戒の対象となる。と同時に、社会のさまざまな領域で何か問題とされる事象が発見されるたびに、同じマスメディアや社会学者が「国の支援が足りない」としてその不作為を批判する。そうした事態がくり返されている。

そこには、福祉国家が生活のどの面にどの程度介入すべきかに関する統一的な見解は存在しない。より正確にいえば、各当事者は一貫した基準や見解をもっているとしても、他の人もそれに準拠すべきだといえる強い根拠はもたない。

それゆえ、福祉国家の介入や非介入によって生じた負の結果は、それが何であれ、自然にありうる帰結としては、すなわち「危険」としてはみなされない（項目「リスク社会」参照）。むしろ人為的な決定の結果として、それゆえ介入した／しなかった福祉国家の責任として、解決するべき課題だとされる。こうした帰責は当然、さらなる国家の介入を要請していく。

この意味で、N. ルーマン（Luhmann）が指摘しているように、福祉国家は自己準拠システムになっている（Luhmann 1981）（項目「自己言及と社会システム」参照）。福祉の実現がさらなる福祉の実現を要求するからである。それによって、福祉国家はいわば自己原因的に存続する。そしてその関与の範囲を内在的に決める原則は、このシステム内部には存在しない。

そうした挙動を踏まえると、例えばG. エスピン＝アンデルセン（Esping-Andersen）が示した自由主義／社会民主主義／保守主義という福祉国家レジームやその経路依存性（path dependence）（過去にたどってきた経路のあり方によって、現在の状態が大きく左右されること）は、別の意味をもってくる（Esping-Andersen 1990）。自己準拠システムとしての福祉国家では、国家が関与すべき範囲は内在的には決まらない。けれども、あらゆる課題に関与できる経済的・人的資源はもちろん国家にもない。

それゆえ、福祉国家の作動は各社会で慣習的に「この部分は家族の領域」「この部分は個人責任」とされている線引きに、二次的に準拠することになる。それが福祉国家の経路依存性として発見されるのである。したがって、個々の線引きは客観的に正しいとはいえないが、そういう線引きがあるからこそ、現実には福祉国家を持続的に営むことができる。

ここからさらに二つのことが引き出せる。第一に、この経路依存性はあくまでも二次的な帰結であり、理念的な制約ではない。線引きも歴史的に固定されたものではない。それゆえ、例えば「下から」、すなわち個別的かつ具体的に問題を発見し、世論に訴えかけ、介入や支援の対象として認めさせることによって、い

わば漸進的（incremental）に変更しうる．

　第二に，資源の限定性ゆえに二次的に経路依存性が生じるとすれば，資源の限定性によって経路依存性は乗り越えられる．伝統的に「この部分は国家の責任」と考えられてきた範囲であっても，資源が不足すれば，介入や支援はなくなりうる．その点でも，線引きは固定されているわけではない（Luhmann 2000a）．

●**世界システム上での福祉社会**　もう一つのシステム性がここに関わってくる．
　それは地球規模での富の配分（分散）という，世界システム論的な特性である（項目「世界システム論」参照）．特に東アジアの福祉社会群を考える場合，世界システム上の位置づけは重要になる．いつそしてどんな経路で「豊かな社会」になったか／なっていないかの違いが，それぞれのあり方に大きな影響を与えているからである（武川 2006 など）．

　大きくみれば，東・東南アジアの諸社会は今まで，それぞれが一定の時間差を伴いながら，ある程度似た経路で産業化の過程を経験してきた．まず，欧米を中心とする国際貿易ネットワークや科学的な医療と接触することで，①大幅な出生率の上昇と乳幼児死亡率の低下が起こり，②若年人口が増える．

　それが初等・中等教育の普及にうまく結びつけば，③大量で質も悪くない労働力が供給される．それによって，④軽工業や電子機器組立て業の生産拠点として比較優位を獲得し，⑤重化学工業の生産拠点も次第に移転してくる．

　さらにそれが社会全体での知識や技術の底上げを伴えば，⑥独自の科学技術開発の体制もできる．また，女性や高齢者の社会的な地位が少しずつ改善されて，⑦家族のあり方も大きく変わってくる．これらは多くの場合，世帯規模の縮小と特に⑧出生力の低下をもたらし，やがて，⑨生産年齢人口も停滞から減少に移り，⑩本格的な高齢化社会を迎える．また，労働力の供給制約などから，⑪経済全体も超低成長へ移行する（樋口ほか編著 2013 など）．

　ヨーロッパも含めた現在までの事例をみる限り，それぞれの福祉社会の形成にとって，特に大きいのは③〜⑤の期間の長さと程度である．その違いがさらに⑥〜⑪のあり方にも影響する．

　西欧では③〜⑤が長くつづき，富の蓄積も進んだ．すなわち，日本などの後発の産業社会に追い上げられるまで，かなりの時間があった．それによって⑥が定着して，人口構成にあまり依存しない形で産業の比較優位を保ちながら，⑦〜⑪を緩やかに経過できた．例えば，ゆっくり進む高齢化のなかで，家族や人口再生産のあり方も徐々に調整しながら，社会保障の仕組みを整備できた．

　それに対して，日本をはじめとする東・東南アジアの各社会は，より急速に③〜⑤または⑥の期間を通過して，⑦以降に入りつつある．程度の差はあれ，急激な人口と社会の転換によって，社会の内部に強い緊張が生じている．例えば世代間不平等が大きな問題になり，高齢者への年金や医療給付などの負担が一気に増

大する．その速度自体も，産業化の過程にいつ巻き込まれたのかによって変わってくる．台湾や韓国では，日本よりもさらに短い時間で③〜⑤または⑥を通過して，やはりより急激な形で⑦〜⑪を迎えつつある．中国もごく近い将来そうなり，いっそう激しく厳しい転換を迫られるだろう（末廣 2014）．

そうした形で東・東南アジアの諸社会は，巨大な転換圧力にさらされていく（落合編 2013）（項目「圧縮された近代」参照）．富の不平等な拡散が地球規模で進行するなかで，十分に「豊かな社会」にならないうちに少子高齢化が始まり，より後発の産業社会に追い上げられる．それによって，西欧のような水準での社会保障の実現が危ぶまれるだけでない．急激な転換に伴う自然的あるいは社会的な人口減で，国家社会それ自体が消滅する可能性さえある（佐藤 2015a）．

●**東アジアと福祉社会の将来**　その点でいえば，東アジアの福祉社会群の最大の課題は，社会保障の水準をどの程度充実させられるか，というより，どの程度維持できるか，だろう．少なくとも20世紀後半の西欧のような高水準の福祉は，地球上のすべての社会で実現できるものではない．そして，自己準拠的に作動する福祉国家では，関与する／しないのどちら側にも聖域は存在しない．

例えば，日本の国家は戦後の高度成長期でも，欧米に比べて「小さな政府」でありつづけてきた．公務員という，雇用の機会平等を最も実現しやすい職種の人数を抑制することで，機会の不平等の改善を抑えてきた（前田 2014）．さらに近年では，急激な高齢化と財政の制約によって，社会保障支出の切り詰めも迫られている．欧米に比べると，日本は常に貧しい「豊かな社会」であった．

こうした事態は，国家社会単位での生き残り競争をもたらすだけではない．福祉国家を実現できない社会から個人や家族が離脱していくことをも，すなわち個人や家族単位での，国境を越えた生き残り戦略の競争も加速させる．すでに福祉国家を実現した社会は，それによって相対的に安く，かつある程度訓練を受けた労働力を新たに輸入できる．その結果，世界システム上の豊かさの不平等が再び拡大していく可能性すら出てきている．

このような形での移動の日常化は，従来の国民国家の枠組みをゆるがし，例えば世界都市（項目「グローバル・シティ」参照）での住み方も変えていくだろうが（Urry 2007 など），「遠隔地ナショナリズム」（Anderson [1983] 1991）などの，文化や歴史をまきこんだ複雑な軋轢や対立も生み出す（項目「消費される歴史」参照）．その意味でも，福祉社会の国家システムは21世紀の地球上の社会群にとって，最も重大な主題の一つになっている．

〔佐藤俊樹〕

参考文献
[1]　G. エスピン=アンデルセン／岡沢憲芙・宮本太郎監訳，2001，『福祉資本主義の三つの世界——比較福祉国家の理論と動態』ミネルヴァ書房．
[2]　N. ルーマン／徳安 彰訳，2007，『福祉国家における政治理論』勁草書房．
[3]　落合恵美子編，2013，『親密圏と公共圏の再編成』京都大学学術出版会

「社会」イメージの再構築

●社会イメージとは

【社会学の誕生】 西欧近代において経済学，社会学などの社会科学が誕生したのは，西欧近代が「個人」と「社会」を発見した時代だったことによる．ここで「個人」と「社会」を発見したという意味は，西欧近代において初めて自然現象とは異なるものとして，個人の行為や社会現象が理解されるようになったということである．つまり自然とは明確に区別された「個人」と「社会」という概念によって，世界や社会が認識されるようになったのである．

社会学はいうまでもなく「社会についての学問」であるから，「社会」についてのイメージがないと，社会を科学的に探究することは困難になる．

18世紀から19世紀にかけての西欧においては，国民国家が誕生する．経済学に国民経済という言葉があり，社会学に国民社会という言葉があることに明らかなように，「社会」についてのイメージは，国民国家のもとでの国民社会を念頭にして形成されていった．しかるに20世紀後半におけるグローバル化の進行は，人々のなかに国民社会を稀薄化していった．ここで稀薄化していったという意味は，社会のボーダーもしくは範域が不明確になったという意味である．皮肉なことに稀薄化と軌を一にして生じたのが民族間のコンフリクトであった．社会の範域が不明確になり，国民という概念への同一化および帰属意識が弱くなるとともに，民族への同一化および帰属意識が強くなったということである．

ひるがえって日本では，2000年代に入ってから，若者から「社会が見えない」「社会が実感できない」という声を聞くようになった．2002年に日韓共同開催で実施されたワールドカップサッカーは，若者のなかに「ぷちナショナリズム」（香山リカ）という心性を生み出したものの，現在に至るまで，相変わらず多くの若者はマクロな社会（全体社会）を認識できないようである．ところがその一方で，「他人との人間関係が気になる」「お互いに傷つかないよう細心の注意を払って，つきあいたい」と考える若者は多い．より正確にいうならば，多くの若者にとって，身近な等身大の世界は社会として認識されているのであるが，マクロな世界の動向は社会の変動としては認識されていないのである．それでは社会学の誕生以来，社会学者はどのような社会イメージに基づいて，社会を科学的に説明する理論——社会学理論——を構築してきたのであろうか．

●19世紀の社会イメージ

【19世紀を代表する社会イメージ：スペンサーとマルクス】 19世紀を代表する社会イメージとして，H. スペンサー（Spencer）が期待を寄せた産業型社会と，K.

マルクス（Marx）が抱いた社会主義社会・共産主義社会への夢がある．スペンサーは社会進化論に基づいて，社会は前近代における軍事型社会から近代における産業型社会になるとした．環境への適応の仕方の違いによって軍事型社会と産業型社会が生み出される．環境への適応の仕方には，社会が主として他の社会に対して自己を保持していく場合と，主として自然界に対して自己を保持していく場合とがある．前者の適応の場合には軍事型社会になり，後者の適応の場合には産業型社会になる．軍事型社会は戦時に見出される社会であり，対外的攻撃的行為を中心とする．全体の目的のために個人はあり，個人の自由はほとんどなく強制的協働が支配的である．これに対して産業型社会は平和時に見出される社会であり，対内的維持的行為を中心とする．構成員の福祉のために全体はあり，個人の自由は可能な限り保障され自発的協働が支配的である．

スペンサーは，資本主義が発達し，「世界の工場」といわれたヴィクトリア朝期のイギリス社会に産業型社会の典型を見出している．彼は「軍事型社会から産業型社会へ」という歴史認識のもとに，いかなる社会も産業型社会へと到達すると考えていたのである（Spencer 1876-96）．

資本主義の発展がもたらす産業型社会の実現に楽観的期待を抱き続けたスペンサーに対して，19世紀の資本主義に対するマルクスの認識はきわめて悲観的なものである．資本主義のもとでの労働者の窮乏化を主張したマルクスにとって，社会主義社会さらには共産主義社会は，実現されるべき理想郷の社会であった．マルクスは『ドイツ・イデオロギー』において，資本主義がもたらす分業の弊害を克服した共産主義社会では，「各人はそれだけに固定されたどんな活動範囲をももたず，どこでもすきな部門で，自分の腕をみがくことができるのであって，社会が生産全般を統制しているのである．だからこそ私はしたいと思うままに，今日はこれ，明日はあれをし，朝に狩猟を，昼に魚取りを，夕べに家畜の世話をし，夕食後に批判することが可能になり，しかもけっして猟師，漁夫，牧夫，批判家にならなくてよいのである」（Marx 1845-46：訳 1966：68）と述べている．さらに『ゴータ綱領批判』では，「各人は能力に応じて働き，必要に応じて受け取る」という有名な言葉のなかに，理想の共産主義社会を描き出している（Marx 1875）．

スペンサーもマルクスも，理想とする社会イメージは異なるが，両者が確固たる自信をもって理想社会の建設に無邪気といえるまでの希望を抱いていることには，その後の歴史を知る者としては驚かされる．

【世紀末の社会イメージ（1）：テンニース】 周知のとおり，19世紀末から20世紀初頭にかけて社会学はアカデミズムの世界に地位を確立していく．アカデミアの社会学者として，F. テンニース（Tönnies），É. デュルケム（Durkheim），M. ウェーバー（Weber）がいる．彼らもまた近代社会の特質を浮き彫りにするために，社会もしくは社会紐帯（社会関係）の類型（二分法）を提示している．

テンニースが提示した社会類型が，有名なゲマインシャフトとゲゼルシャフトである．この二つは，人間の意志の2側面たる本質意志および選択意志から導出される社会類型である．本質意志とは，「思惟を含むところの意志」であり，「実在的自然的な統一」として理解される（Tönnies 1887：訳［上］164）．選択意志とは，「意志を含むところの思惟」であり，「観念的実在的な統一」として理解される（［上］164）．つまり本質意志とは，人間本来の血のつながりや生まれ育った環境から生み出される自然的欲求であるのに対して，選択意志とは，ある目的のための手段の選択，考量において生み出される人為的欲求である．この二つの意志は人間の社会的行為を生み出す力でもある．本質意志によって生み出されるゲマインシャフト的な社会関係とは，相互の了解に基づく全面的な相互依存関係であり，選択意志によって生み出されるゲゼルシャフト的な社会関係とは，相互の契約，協定に基づく一面的な依存関係である．つまりゲマインシャフトとは，資本主義成立以前の共同体の理念型であり，ゲゼルシャフトとは，資本主義の成立によって人間が商品と商品との交換関係として立ち現れる近代市民社会の理念型である．

テンニースは，「ゲマインシャフトからゲゼルシャフトへ」という歴史認識を示しており，近代におけるゲゼルシャフトの優勢という事実を見事に描き出している．ゲマインシャフトとゲゼルシャフトという二分法が，その後，社会イメージを喚起する際のいわば触媒になったことは注目されてよい．またテンニースは，ゲゼルシャフトのなかにゲマインシャフトを復活させたゲノッセンシャフト（協同組合）こそ，将来社会の姿だとしている．テンニースが生まれてから150年以上たった現在においてゲノッセンシャフトを考えるならば，わが国においては，第二次世界大戦後に市民権を得た生活協同組合や，1990年代以降登場してきたNPO法人や社会的企業がこれにあたるであろう．

【世紀末の社会イメージ（2）：デュルケムとウェーバー】 デュルケムの社会イメージは，『社会分業論』（1893）で示された機械的連帯と有機的連帯という社会紐帯（社会関係）の二つの類型に，明瞭に示されている．彼によれば，連帯には類似による連帯と相違による連帯とがある．類似による連帯とは諸個人の相似に基づく連帯であり，いわゆる似た者同士の連帯である．これに対して，相違による連帯とは互いが相互補完的な相違をもっていることによって結合する連帯である．類似による連帯は機械的連帯とよばれ，相違による連帯は有機的連帯とよばれる．この二つの連帯には，二つの意識が対応している．すなわち機械的連帯には，社会全体に共通な集合類型を表す意識が対応し，有機的連帯には，各個人に固有な個人的人格を表す意識が対応している．そもそも社会にこのような二つの連帯があるのは，連帯に基づいて生み出される法（制裁）が二つあるからである．機械的連帯が支配的な社会では抑止的法（刑法）が中心であるのに対して，有機

的連帯が支配的な社会では復原的法（民法）が中心である．

　近代以降の分業の進展は，個人の人格の伸張をもたらすとともに有機的連帯を促進する．デュルケムは，テンニースが示した「ゲマインシャフトからゲゼルシャフトへ」という歴史認識と同様に，「機械的連帯から有機的連帯へ」という歴史認識をもっていた．したがってデュルケムが，個人主義が浸透し有機的連帯が中心となる社会をプラスに評価していたことは明らかである．ただ近代社会の病理として，『社会分業論』では拘束的分業とアノミー的分業を指摘している．『自殺論』(1897) ではアノミー的自殺に言及している．そこでこれらの病理を克服するものとして，『社会分業論』の第 2 版 (1902) 序文では，同業組合の復活を主張している．このようにデュルケムにとっての理想の社会は，同業組合によって個人主義と有機的連帯が真に開花する社会として構想されていたのである．

　ところでデュルケムとともに世紀末を代表する社会学者であるウェーバーは，いかなる社会イメージをもっていたのであろうか．『プロテスタンティズムの倫理と資本主義の《精神》』(1904-05) の最後に登場する「精神のない専門人，心情のない享楽人」というあまりにも有名な言葉に示されているように，ウェーバーは資本主義の将来に冷徹なまなざしを向けている．ウェーバーが卓越していた点は，資本主義，社会主義といういずれの経済体制においても官僚制化と合理化が貫徹することを，20 世紀の初めに喝破していたことであった．ウェーバーの著作のなかに具体的な社会イメージを発見することは至難の業であるが，官僚制化と合理化が進展していくなかで，人間が官僚制的組織に支配され，疎外されていく社会が想定されており，彼が将来の社会に対して陰鬱な気持ちを抱いていたことは間違いない．

●**第二次世界大戦後の社会イメージ**
【**大衆消費社会と福祉国家**】　世紀末の社会学者の社会イメージは総じて暗いものであり，資本主義の発展に対して警鐘を打ち鳴らしていた．そしてこれらの社会的洞察の正しさを証明するかのように，20 世紀の前半に人類は，第一次世界大戦と第二次世界大戦という二つの戦争を経験する．とりわけ第二次世界大戦は，ナチズムの擡頭とホロコースト，さらには広島・長崎への原爆投下という「文明の進歩は必ずしも人間を幸福にするものではないという歴史の皮肉」「人類の悲惨」を，私たちに示したのであった．

　このような悲惨にもかかわらず第二次世界大戦後の社会イメージは，きわめて明るいものとして登場してくる．この明るいイメージは，戦後世界におけるアメリカ合衆国の優位という事実を反映していた．「黄金の 50 年代」ともいわれるアメリカ社会を下地として生み出された社会イメージは，W. W. ロストウ（Rostow）の『経済成長の諸段階』に端的に示されている．ロストウはこの書物で，経済成

長の段階として，伝統社会，離陸のための先行条件期，離陸期，成熟への前進期，高度大衆消費社会の5つをあげている（Rostow 1960）.

『経済成長の諸段階』は，米ソ冷戦構造下の1960年に出版されたのであるが，副題が「一つの非共産主義宣言」であることに明らかなように，マルクス主義の発展段階論に代わって，資本主義，社会主義という経済体制の違いに関係なく，いずれの国民社会も経済成長によって高度大衆消費社会に到達するという収斂理論を主張した点において衝撃的であった．ロストウの社会イメージが高度大衆消費社会にあったことはいうまでもない．ロストウの主張に典型的に示されている収斂理論は，近代化論として社会学のみならず社会科学の支配的理論になっていく．近代化論は，いかなる国民社会も近代化可能であり，とりわけ経済成長を駆動因として，当時の先進社会であった西側先進諸国のような「ゆたかな社会」になることができるとした．かくて近代化論は，第二次世界大戦後独立したアジア・アフリカの新興諸国にとって，開発の処方箋となっていった．

近代化論の有する社会イメージのいわば「コインの裏表」をなすのが，福祉国家である．福祉国家という言葉は，戦争国家（warfare state）に対抗するものとして，イギリスで標榜されたといわれている．「ゆりかごから墓場まで」という言葉に示されているように，経済成長を続けるなかで，国家財政の多くを社会保障政策に充当する国家のことをいう．国民社会の目標としての近代化と，国家のあり方としての福祉国家は，第二次世界大戦後に西側先進諸国に共有された社会イメージだったのである．

【近代化の挫折と世界システム】　ところが開発途上国における近代化の挫折という事態を踏まえて登場してきたのが，「中核-半周辺-周辺」からなる世界システムという社会イメージである．世界システム論を提唱したI.ウォーラーステイン（Wallerstein）によると，近代以降の資本主義メカニズムは先進諸国と開発途上国との分業関係を生み出し，不均等発展を助長するものでしかない．その結果，格差構造は維持されていく．ここでいう格差構造とは，第一に国民社会（国民経済）内における富める者とそうでない者との格差を意味し，第二に世界社会における先進諸国と開発途上国との格差を意味している．以上から明らかなように，世界システム論が提示する社会イメージは，近代化論が示す楽観的な社会イメージとは正反対である．いったん世界システム論的な視点に立つと，グローバル化の進展が格差を拡大しているのか，それとも縮小しているのかということについて，信憑性のあるデータに基づいて検証していくことが重要な課題になってくる．かくて世界システム論は，真の意味での人類の調和ある発展をめざすことになる．

● 21世紀の社会イメージ
【市民権とケアに基づく正義】　社会学の歴史をたどりながら，19世紀から現在ま

での社会イメージを明らかにしてきた．将来に対する楽観的な展望と悲観的な展望とが入り混じりながら，さまざまな社会イメージが提示されてきた．社会学の課題の一つは，社会イメージに基づいて将来社会を構想することにある．将来社会を構想するとは，将来社会のグランドデザインを試みることといってもよい．それでは，21世紀において社会を構想する際のポイントになるのは何であろうか．

21世紀はポスト近代もしくは第二の近代（U. ベック［Beck］）といわれる時代である．当然のことながら，ポスト近代においても近代が生み出してきた遺産は継承されるのであるが，継承される際には修正を施さねばならない．このような観点から考えて，社会イメージの創造にとって重要になってくるのは，意思決定システムとしての民主主義である．それでは近代の民主主義は，第二の近代においていかに修正すべきか．この点について，次の二つを指摘しておく．

第一に，国民国家に基づかない民主主義が構想されなければならない．現在の民主主義は国民国家のもとでの国民を構成員とする民主主義である．しかるに21世紀の民主主義は，多様な民族・多様な宗教・多様な階級からなる市民権に基づくものとして，構想されなければならない．ここでいう市民権が，同一の国に居住しながら国籍を有しない人々を含んだ形で考えられており，共生の実現をめざしていることは，いうまでもない．

第二に，民主主義の基礎をなす正義が，西欧近代が前提とする自立した個人間の関係ではなくて，ケアされる（依存せざるを得ない）関係から構想されなければならない．21世紀においてはケアを必要とする人々が多数いる．ケアを必要とする人々とは，日本国内であれば乳幼児，ハンディキャップをもつ人，震災で被災した人々などであり，世界に目を向けるならば，内戦で避難を余儀なくされた人々や貧困と飢餓に苦しむ人々などである．ケアされる関係から正義を構想するとは，他者を思いやる，他者に寄り添う，他者との関係性が自分を育むというプロセスのなかから正義を考えることにほかならない．他者への愛が自己への愛になるプロセスに介在するものとして，正義は構想されねばならないのではないだろうか．そしてこのような正義の構想が，社会的弱者を擁護する価値に立っていることは，もはや明らかであろう．ここでいう社会的弱者とは，民族的マイノリティ，性的マイノリティ，薬害・公害に苦しむ人々，アンダークラスの人々，社会の底辺を構成する移民労働者などのことをいう．

市民権とケアに基づく正義こそ，21世紀という白いキャンバスに，来たるべき社会をデザインする一歩になるものであろう． ［友枝敏雄］

参考文献
［1］テンニース, F. ／杉之原寿一訳，1957，『ゲマインシャフトとゲゼルシャフト（上・下）』岩波書店．
［2］ロストウ, W. W. ／木村健康ほか訳，1961，『経済成長の諸段階』ダイヤモンド社．

消費される歴史

●**歴史の現在** 今の社会学が成立して以降の百数十年間でも，歴史のとらえ方は大きく変わってきた．

20世紀の半ばすぎまで，歴史は主に「進化」や「発展段階」によって語られるものだった．特定の仕組みが決定する経路を，各社会が過去から未来へと進んでいく．自然科学に準じた形でその仕組みと経路を特定することが，思想的な立場の違いを超えて，社会科学そして社会学の目的とされていた．

ところが1980年代以降，こうした歴史観は大きくゆらいでいく（佐藤2000）．データが爆発的に拡大する一方で，歴史を同定する単位の自明性が失われていった．国家や民族，人類といった従来からの単位に加えて，大小さまざまな地域，移住者や移動生活者，ジェンダーなどが歴史を語る単位として，新たに登場してきた．それによって，近代化のような大きな変動だけでなく，一つの事件や出来事についても，複数の意味が見出されるようになった．そのなかで歴史（history）は「語られるもの（story）」の性格を取り戻してきた．より正確にいえば，「科学」対「物語」，「本質」対「構築」，「事実」対「政治」といった二項対立で，歴史とは何かが語られるようになった．

現在でもこの事態は進行中であるが，新たな動きも生まれている．科学か物語かという，二項対立の下での二者択一ではなく，科学性と物語性の両面を同時にもつものとして，歴史が再定義されつつある．それは方法としては，データの部分的事実性と観察の理論負荷性を，解釈の幅という枠組みの内部にともに位置づけるものになる（佐藤2014）（項目「意味と数理」参照）．科学と物語は，一方であれば他方ではあり得ないという二項対立的なものではなく，ともにありうる，そしてその程度が部分的にせよ測りうる．そういう両面性として，とらえられ始めている．そのなかで歴史も新しい意味を帯びてきている．

●**「正史」の空間** 東アジアの言説空間において，この歴史の転態はさらに独自な展開をみせている．もともと東アジアでは，科学と物語は二項対立でもなければ両面性でもなく，むしろ二つが積極的に融合した形で，歴史の記述を成立させてきた．西欧の歴史記述にももちろんそうした面はみられるが，その程度がはるかに強い．そこにはいくつかの要因が働いてきた，と考えられる．

第一の要因は「正史」の観念である．東アジアの国家社会群は伝統中国で生まれたこの観念を，程度の差はあれ共有してきた．正史は西欧の歴史学と似ているが，同じではない．国家など，特定の単位に関わる正しさとその継承を証する記録（自己記述）が正史である．

東アジアの近代化では，そうした正史を受け継ぐ単位が，そのまま国民国家に読み換えられていった．そのなかで正史の営みも歴史学へ連続的に移行したため，両者の違いが鋭く自覚される機会がかえって失われつづけた（酒井編 2006）．例えば日本の東洋史でも 1960 年代まで，司馬遷の『史記』の列伝がそのまま歴史として語られていた．中国では今も，青銅器時代の考古学的発掘の結果が，その千年以上も後に記された『史記』の王朝伝承にそって解釈されている．韓国の現代史では，大韓民国政府の成立時点や「親日派」関連の遡及立法をめぐって，正史の文法が現在も強烈な力を保ちつづけている．

　それゆえ，東アジアの歴史はたえず正史へ引き戻される．科学か物語かでいえば，西欧近代の歴史記述は事実性の追求の果てに，根源的な物語性を見出した．それに対して，東アジアの歴史記述にとって物語性は最初から自明なものだった．正史は事実性よりも，正義に適うことを常に優先させるからである．

　と同時に，近代化された歴史学では科学性の主張も棄てられない．学術としての価値を失うからである．それゆえ，近代化以降の東アジアの歴史記述は，正義でありかつ事実であることを強く追い求めてきた．それも，科学と物語を歴史の両面として認めたうえで，その程度を測る操作的な基準を探求するという方法的な営みではなく，両者を積極的に融合できる「歴史の真理」を捜しつづけてきた．文献史料による緻密な実証と大胆かつ抽象的な時代区分とを組み合わせた，日本の「戦後歴史学」ももちろん例外ではない．

　第二の要因は東アジアの産業化の特性である．日本をはじめとして，東アジアの産業社会形成は国家が主導する形で，かつ複数の国家間で時間差をもって展開してきた．それによる豊かさの落差は現在も解消されておらず，福祉社会の実現などでは，むしろ決定的な差異となる可能性すらみせている（項目「福祉社会の国家システム」参照）．こうした経路依存性は，国家の歴史と個人の歴史を強く重なりあわせる．国家社会間での豊かさの不平等が，そのまま個人の生活の豊かさと貧しさに，それこそ平均的には大きく反映されるからである．

　にもかかわらず，業績主義と自由選択-自己帰責の原則で運営される市場経済のもとでは，個人の豊かさの程度は過去の選択の結果として，その正しさを示すものとして読み換えられる．そのことが国家の単位で，特にその歴史的経路からくる正義と不正を見出すことに，一定の妥当性と強い現実感を与える．

　19 世紀に，西欧を中心とする世界システムに完全に組み込まれて以来，第一と第二の要因は常に働きつづけてきた．その意味では，東アジアにおける歴史はマルクス主義系の歴史学に限らず，多かれ少なかれ，科学化された正史であった．戦後の日本でこれが目立たなかったのは，他国の正史の承認を自国の正史批判の一部に組み込んだ歴史語りが，いわば「裏正史」になってきたからである．それが自国の民族主義を否定しつつ，他国の民族主義を肯定するという，戦後日本の

独特の言説空間を成立させてきた．

●**新たな過去志向と「賠償政治」**　ところが1990年代以降，東アジアの国家社会間での経済力や生活水準の差が次第に平準化していくなかで，歴史の転態もさらに新たな姿を見せつつある．例えば日本では，「裏正史」のねじれが解けつつある．これは素朴な民族主義の復活ではなく，どの国家社会のナショナリズムもひとしく否定もしくは肯定する点では，普遍主義の面をもつ（平野2014など）．けれども，それによって他の社会との間では，歴史をめぐる軋轢が「正史の衝突」という形で激化している．

こうした新たな展開の背後には，もう一つ別の要因が働いていると考えられる．それは，世界規模での経済成長の鈍化と平準化である．第二の要因とも関連するが，産業化の普及によって，先発産業社会は以前のような高い成長を持続できなくなる．他方で，後発産業社会は平均的には以前より豊かになっていくが，その程度は先発社会ほどではない．地球規模でみれば，これは大きな不平等を内包しながらも豊かさの拡散になっているが（Deaton 2013），国家ごとにみれば，先発社会にとっては成長の鈍化であり，後発社会にとっては期待外れになる．どちらの側も，期待したほどには「豊かな社会」になれなくなっている．

そのため，どの社会でも未来志向が弱まり，過去の拘束力が再認識されていく．すなわち，現在の深刻な問題も将来的には解決される，という希望をもちにくくなり，逆にそれらの原因としての過去が強い注目を集める．

「賠償政治」はこの典型である（Torpey 2006）．過去の政治的な支配や軍事的な攻撃などによって，現在大きな損失が発生しているとして，その賠償を求める．けれども，損失の因果関係や程度は客観的な見積もりがむずかしく，新たな損失が将来発見される可能性も否定できない．それゆえ，「加害者」とされた側からすれば，「被害者」の側で重大な社会問題が発生するたびに，その責任を転嫁されるようにみえる．さらに，そのどちら側もが期待したほど豊かになれなくなれば，未来志向に基づく妥協はいっそう困難になる．

産業社会は19世紀西欧で成立して以来，人類史上かつてない速度で経済成長をつづけてきた．それが超低成長から一部は縮小に転じることで，過去の圧倒的な重みがあらためて強く意識されるようになる．超低成長の「環境に優しい社会」は「歴史に厳しい社会」でもあるのである．

それによって「正史の衝突」はさらに激しくなるだろう．時間差を伴って産業化が進行した東アジアでは，科学的な原因特定手続き上，時間差それ自体が現状の豊かさの不平等の原因である可能性を排除できない．それゆえ，a)「この国が豊かでない」原因が「あの国が豊かである」ことにある可能性は排除できないが，同時に，b) 時間差だけが二つの国家社会の違いでなければ，他が原因である可能性も排除できない．

だから，それぞれの国家社会では，科学と物語が融合された「歴史の真理」が，従来とは違う形であれ，やはり夢見られるだろう．例えば a) によって，国家社会を被害-加害の主体とする「賠償政治」がいっそう強く促されながら，b) によって，事実性を超えた価値基準による原因同定へといっそう強く傾いていく．『帝国の慰安婦』(朴 2014) のような研究が日本と韓国のそれぞれで，それぞれの理由で読まれない，という事態はそのような東アジアの現状をよく示している．

●**多元的で重層的な歴史と国家社会**　しかし，過去志向の強まりはもっと根底的な変化である．国家社会間では「正史の衝突」を激化させる一方で，歴史を語る単位は国境を越えて，ミクロにもマクロにも広がりうる．身近な地域，移住者の集団，海域沿岸などの境界領域，さらにはジェンダーや東アジア全域などの単位でも，現在をつくった過去の出来事の共有はそれぞれ発見できる．

新たな過去志向が浸透していけば，そうして発見された新たな歴史や，そうした歴史を新たに発見していく営みによって，自己の生を意味づける人々もまた増えていくだろう．

それによって，歴史の消費のされ方自体もさらに多様化していく．「真理」のために都合よく加工される材料になるだけでない．科学性と物語性の両面性がより明瞭に自覚されるようになれば，歴史は人々の生活を支えるすぐれた消費財にもなりうる．例えば，再帰的な「履歴形成 (Lebenslauf)」(Luhmann 2002a) の一部として自らの歴史探し自体を自らの歴史としていくこともできる．それは「伝統回帰」でも「過去の復活」でもなく，21 世紀の地球上の個人や社会が多かれ少なかれ，もたざるを得ない同一性 (identity) なのかもしれない．

現時点でその全体像を見通すことはできないが，新たな過去志向はどんな姿であれ，多元的で重層的なものとして歴史を再発見させていく．ただ，それによって国家社会の枠がどの程度具体的に相対化されるかは，一概にはいえない．例えば国家単位での政策の実効性によっても変わってくる．もし国家主導型の産業化や福祉国家による再配分が破綻すれば，国家社会単位での歴史の共有もされにくくなるだろう．

東アジアの歴史のあり方を根底から変えていくのは，むしろそうした変化かもしれない．そうした変化もまた，そうした変化としてとらえる営み自体も含めて，歴史の因果を部分的に同定するデータとなりながら．　　　　　　　　　　　　［佐藤俊樹］

📖 **参考文献**
[1] 佐藤俊樹, 1998,「近代を語る視線と文体」髙坂健次・厚東洋輔編『講座社会学 1　理論と方法』東京大学出版会.
[2] トーピー, J. / 藤川隆男ほか訳, 2013,『歴史的賠償と「記憶」の解剖——ホロコースト・日系人強制収容・奴隷制・アパルトヘイト』法政大学出版局.

縮小社会

●縮小社会をめぐる三つの背景とその内容

【①人口減少と社会の縮小】 国勢調査をもとにした日本の人口は，2010年の1億2,806万人をピークに減少が始まり，2030年には1億1,662万人，2050年には1億人を割って9,708万人になると予想されている（国立社会保障・人口問題研究所による推計）．このままいけば2100年には5,000万人を切るとも推計されており，高位推計でも6,500万人で，ピーク時からの半減予測が示されている．日本社会が今後，大幅に人口減少することは必至であり，こうした21世紀初頭の将来人口予測を踏まえて「縮小社会」の概念は生まれてきた．

「縮小社会」の語が世間に登場するのは，2000年代後半に入ってからだが，その内容の一つである人口減少社会については2000年代の中頃までにはすでに多くの言及がなされてきた（松谷・藤正 2002；赤川 2004 など）．

縮小社会の論じ方にはいくつかのタイプがある．第一のそれは，社会の縮小がもたらす負の効果を示し，その警鐘を鳴らすものである．インフラの更新やそのあり方，あるいは社会保障の充実とその負担をめぐる議論が典型的である．

縮小社会が急速に進展している理由は何か．基本的には，21世紀に入るまでに急速に低下した出生数・率がもたらす超少子化である．日本の出生率は1960年代から他の先進国を追い越すかたちで低下してきた．2005年の期間合計特殊出生率は1.26まで減少し，その後もち直しているが，依然として低レベルにある．

だが縮小社会が問題とされるのには，人口量の低下に加えて，世代間関係があることにも注意しなければならない．産む側の人口よりも生まれる側の人口が少なければ，世代が下がるごとに人口は少なくなる．加えて平均寿命が伸びたことで高齢社会も実現した．そのために，より多くの高齢者を，より少ない若年者が支えるというアンバランスが生じることになる．これは経済の観点からいえば，労働力人口確保の問題にもつながっていく．

アンバランスはさらに，ベビーブーム効果によって，よりいっそう強烈なかたちで現れることが予測されている．団塊世代（第1次ベビーブーム：1947年から49年生まれ）は史上最高の出生数約270万人であり，団塊ジュニア世代（第2次ベビーブーム：1971年から74年生まれ）の約200万人とともに，これまで社会を支える生産年齢人口の大きな割合を占めてきた．このグループが2010年代に老齢人口へと転換していくことで，社会が一気に高齢社会へと転換することが必至となっている．すでに第1次ベビーブーム世代が高齢期に入った2010年の高齢化率は23.0％であり，さらに第2次ベビーブーム世代が高齢者の仲間入り

を始める直前の 2030 年には 31.6%, そして 2050 年には 38.8% になると試算されている. 大量の高齢者を少数の若年層が支え, 子どもは産まれず, 多くの人が死んでいく社会. 社会の縮小化は世代間の人口構成の転換も伴い, 生産年齢人口の問題のみならず, 老齢期の看取りに必要な介護や看護人材の供給がいかに確保されるのかも問題視されている.

加えて, 終戦直後から高度成長期に構築された各種インフラの更新が今後集中的に必要となり, その財政的負担が膨大なものになることが危惧されている. 人口の縮小は経済の縮小をもたらし, 社会の縮小をもたらす. 社会の縮小はさらに, これまで可能であったインフラや行政サービスの提供を難しくし, また人口の老齢化は社会全体の活力をも損なう可能性がある. 人口が減少し, 社会が縮小しながら, なおも強い経済を維持し, かつ安心・安全で豊かな生活を実現するためのインフラや行政サービスの確保はいかに可能なのか——縮小社会の論理はこうしたかたちで展開し, その将来のあり方が議論されてきた.

だが, 縮小社会化が単に予想であるということを超えて, 2000 年代の行財政改革のなかでは政策的に遂行され, 実現されてきた面がある点にも注意したい. なかでも平成の大合併を伴う行財政改革は各地で行政を統合・縮小・解消させ, これまで拡大を続けてきた社会に急激な緊縮化をもたらした. しかもこの縮小は, 直前の膨張期 (バブル期とその崩壊への対応: 1980 年代から 90 年代) から緊縮期 (2000 年代以降) へと, きわめて大きな振り幅で展開したことも特徴的である.

【②環境適応のための望ましい縮小化】　もっとも, 縮小社会論は, こうした単純な縮小=成長への制約といった議論につきるものではない. 縮小社会論の第二のタイプは環境論的文脈からのものであり, 進むべき道としての縮小社会論を示すものである.

世界の「成長の限界」については, すでに 1972 年のローマクラブのレポート (Meadows et al. 1972) で画期的に示され, 世界人口の爆発的増大とともに, その人口が消費する物質とエネルギーの幾何級数的成長がもたらす懸念については, 数多くの論者が警告を発してきた.

すでに世界人口は 70 億人を超えており, 依然として全体としては人口過剰社会である. 人口減少は先進国に固有のものにすぎない. また社会を拡大させる原動力であった石油資源も, 採油のピークは 2010 年から 2030 年といわれ, 石油に代わるとされる天然ガスもやはり採取に限界はあって無限ではない. 終わりのない成長がもたらす環境破壊の現実は「不都合な真実」として注目され, 地球温暖化, 海岸線の浸食, オゾン層の破壊をはじめさまざまな環境問題が指摘されている.

さらに近年, 資本主義社会そのものの限界性を問題視する議論も広く展開されており (Piketty 2013；水野 2014), また消費社会への批判的な議論の展開には, 2011 年東日本大震災・東京電力福島第一原発事故が与えた影響も大きい. 巨大

技術・グローバル経済による高度消費社会がもたらすリスクの増大に対して，小さな技術やローカル経済による小消費，小規模社会の持続性への注目が，環境主義やエコロジー，スローライフの文脈にも結びつけて論じられてきた．

こうした環境論的関心，反（脱）資本主義的な問題設定からすれば，縮小社会は回避されるべきものではなく，むしろ進むべき方向性として概念構成される（松久編著 2012）．社会の縮小はこうして，グローバル化への批判にも結びつき，社会の無限拡大という現実に対する望ましい方向性としても提示されてきた．

【③社会の適正規模を探る】 このように「縮小社会」は，一方で現実に進行する人口減少の展開を予測し，避けるべきリスクとして現れ，他方で望むべき社会の方向性を示すものとしても提示されてきた．社会の「過剰」や「縮小」については，それぞれの文脈のなかでどのように位置づけられているかに注意する必要があり，一概に「縮小社会」という言葉を使っていても同じことを示していると考えるべきではない．そのなかで近年の議論の方向性として，さらに第三のタイプといってよいものが現れ，主流になりつつある．

それは社会の適正規模論ともいうべきものである．社会はどの程度の規模が適正なのか．なかでも，一般に社会＝国家として考えられているとすれば，では国家はどの程度の規模が適正なのか．さらにはこうもいえる．すでにグローバル化のなかで，人々は国家を超えて直接つながり始めている．もはや世界が一体化している現実のなかで，「社会」はどの程度の規模でその範囲を規定（限定）し，制御する必要があるのか．

だが実は，こうした「適正」の評価こそがきわめて難しいのである．さらに次のことがある．社会（国家）の適正規模がもし決められたとして，ではどのようにしてその規模に現実に収めることができるのだろうか．こうしてこの第三のタイプの適正規模論は，人類が自分自身の大きさを適切に見定め，かつそれを制御できるのかという文明論的課題に関わる議論になっている．

以上あげた縮小社会の三つの論のうち，論理的整合性が高いのは第三の議論であり，また第一の議論も第二の議論も，強調の違いはあれ，人口減少社会のバランスよい着地点を探っていることでは一致する．だがそのバランス制御について具体的に論じるとなると，例えば広井良典（2013）がコミュニティ形成と地球倫理の接合を模索しているように，政策論のみならず倫理論・道徳論への展開が必要であり，さらには金子勇の一連の研究が示唆するように，生活の質論・コミュニティ論・高齢者福祉論・少子化論・環境論を横断する丹念な社会分析と，これらを総合した秩序設計・社会設計論（金子 2013 など）を追求する必要がある．これはまた，人・コミュニティ・地域・市場・行政・市民社会・国家の各社会レベルをつなぐ議論をも要請し，本格的に総合的な人口＝社会の適正規模論が求められるものとなっている．縮小社会論は，実際にはきわめて複雑で，かつ解明の

困難な科学的課題を提起しているといわねばならない．

●地域への応用と展開

【地域社会の縮小化の展開】　縮小社会論は，厳格な概念定義がなされているというよりは，人口の変化に伴って生じる多様な問題への対処を考える際の現状分析や現実を誘導する論理として考えるべきである．社会が，それまでの拡大（プラス）から，縮小（マイナス）に転じたことに伴うさまざまな効果を総合的にとらえ，それに適応していくための概念として，縮小社会の語は登場してきた．私たちはこれを上手に使いこなす必要がある．

　ところで以上のような縮小社会論は，基本的には世界や国家の総人口をもとに議論されている．これに対し国内では，縮小社会はさらにその特定の地域において部分的に先行して展開してきた．いわゆる過疎問題である．

　国家内では，国家間と違って人口移動が容易かつ自由であり，国策とも密接に関わって現象するため，拡大縮小の展開はより激しくもあった．加えて近年では長距離を高速に移動することが可能となり，一地域にとどまらない居住や就業の実態（ボーダーレス化）も生まれている．次に，地域社会へのこの概念の応用の実際と，そこで生じている問題点について確認しよう．

　社会の縮小化は，日本国内の地域レベルでみれば，過疎問題として1960年代に始まっている．その後の人口推移をみれば，この前後をピークとして一度も人口増に転ずることなく，減少を続けた市町村は多い．もっとも，1960年代の人口減少は，流入よりも流出が多い社会減であった．人口再生産の面（自然増減）ではどこもプラスだったのである．しかも1970年代には人口Uターンや第2次ベビーブームが生じ，県レベルでは一時人口は回復した．過疎問題はそのため，この時点で収まったかのようにもみられていた．

　しかし1980年代末から90年代に入って，第2次ベビーブーム世代が成長し都市部への移動が始まると，各地の人口が再び減少に転じることになる．しかもこのときには，特に小規模地域で，生まれてくる人よりも死にゆく人の方が多い自然減少も始まった．要するに，この時期をもって本格的な縮小社会が地域レベルでスタートしたといえる．

　だが同じ時期，一方で1980年代末に生じたバブル崩壊から，その後の国内経済規模維持のための公共投資の拡大過程のなかで，地方においては人口は減りながらも，社会のあり方はむしろ拡大傾向にあった．地方の中枢的な都市郊外の住宅地・大型店舗・工業団地の開発が進み，いっそうの都市化・社会の拡大化が展開した．

　しかしまた他方で，工業地帯ではグローバル化のなかで工場の海外移転が始まり，また中心市街地はスプロール化が進んで，実は郊外の都市域は拡大しながらも，旧来の都心では空洞化が進展していた．加えて東京一極集中が進行し，首都

圏では都心回帰の動きもみられていく．が，それもまた従来の都市への回帰というよりはスクラップ・アンド・ビルドを伴う再開発であり，高層タワー型のマンションの林立がその典型で，都市のいわば上空への拡大化をも意味していた．そしてこうした都市・社会の変化とともに，2000年代後半までは日本社会の人口も全体としては伸び続けていたのである．

【限界集落と地方創生】　本格的に地域レベルでの縮小社会論が論じられるようになるのは，日本全体の人口減少が顕在化する直前の2000年代後半である（人口減少社会の到来は，2015年国勢調査の結果を待って確定された）．村落，都市，自治体の三つの議論を確認しておこう．

限界集落論（大野2005）は，過疎地のなかでも特に高齢化の進行した集落（村落）が集落共同に支障をきたし，やがて消滅するというものである．市町村別人口をさらに細かく集落別に検討し，縮小社会が地域の末端部分で先駆的に生じていることを指摘したものである．もともとは1980年代末に提起された議論だが，この概念が人口に膾炙したのは約20年後の2007年であった．しかも本来，集落を適正規模で守るための予防的な議論であったものが，概念が独り歩きし，集落が次々と消えつつあるかのような印象を世間に与えることとなり，「人口減少の進んだ集落は消えるものだ」という誤った認識を広めることになった（山下2012）．

都市の縮小論であるコンパクト・シティ論も，その発端は1980年代末になる．これも本来は，郊外に肥大化した都市を空洞化した都心に戻し，その適正規模を探るとともに周辺の村落との共生をはかるものであった．しかし現在では，地域の生き残りに向けて集住による規模の経済をつくらせるべく，過疎集落を都市中心部に移住させる意味（コンパクト化）でもこの語が用いられるようになってきている．

そして2014年には，2040年までに市町村の半数が消滅する可能性があるという日本創成会議による地方消滅（自治体消滅）論が発表され（増田編著2014），末端地域の消滅可能性が避けられない現実として，よりいっそう印象づけられることとなった．同年には政府による地方創生（まち・ひと・しごと創生）政策が始まり，その後，人口減少＝東京一極集中を阻止する事業が広く展開されている．

もっとも，高齢化する集落の消滅は現実に確かめられたものではなく，また都市農村を含めたコンパクト化も，総合的な観点からみて本当に効率的なのかは確証があるわけではない．また地方消滅論が進める「選択と集中」では，地方創生は成り立ちえないとする議論も広く行われた（山下2014）．加えて，この文脈で示される出生率回復のための対策も，都市・農村や中央・地方の地域的な条件の差異に十分に配慮したものではなく，人口減少の原因とされる東京一極集中の阻止についても，どのようにそれが可能なのかは明確ではない．

こうして地域レベルでの縮小社会論の経緯をたどってみれば，縮小社会概念の地域レベルでの一般的政策的適用は，いまだに経済や行政効率の観点からのもの（第一のタイプ）しかなされていないことに気づく．環境適応論（第二のタイプ）や適正規模論（第三のタイプ）への展開が，学術的にも政策的にも急がれる．

　もっとも適正規模の地域社会論は，農村研究における家・むら論の文脈では早くから論じられており，広域化する家族のあり方から，あるいは交流人口を含めた観点から，縮小社会を問い直す研究は相次いで提示されてきた（徳野・柏尾 2014）．また環境社会学における小さな社会の環境利用の合理性に関わる議論（嘉田 2002）や，そして何より小さな地域社会の自治や自立こそが，東京一極集中を止め，人口維持へとつながる最短ルートであるという政治学・行政学などの永年の議論の蓄積もあり，これらの研究と政策との接合が望まれる．

【生きているものの制御】　とはいえ何より，そもそも縮小社会を制御していくという問題構成が現実には多様な問題に絡み，複雑な系をなしていて，一筋縄ではいかないものだということを私たちは十分に理解する必要があるようだ．縮小社会論の根幹をなす人口問題は，生きているものの制御や統治の問題である．それは出生という個々の人間の人生や家族に深く関わるがゆえに，国家がどこまで政策介入すべきかという根本的な問題が横たわっている．人間による人間の生の制御は，M. フーコー（Foucault）が生政治論（1997）として提起し，その危うさを注意喚起してきたものであるが，国家や科学が生に介入するほど，人間の主体性が失われ，ヒトがモノ化する（Esposito 2007）ことが，近年とみに問題視されるようになってきた．

　このことは地域レベルの議論においても同じことがいえる．現在の人口の地域配置は，政策的に誘導した結果である以上に，人々の戦後社会の激変に対する適応行動の結果である．ここには，人間の主体的で合理的な選択がある．そしてこうした人間の側からの適応はこの先も続くだろうと考えられるのだが，逆にそこに政策的に無理に手を下すことで，そうした人間の適応を阻害し，主体性を喪失させる可能性が捨てきれない．人口問題については，適正規模や安定化への適切な道筋が見えない以上，むしろ焦らずに自然な回復を待つことのほうが政策的には適切なのかもしれないのである．

　　　　　　　　　　　　　　　　　　　　　　　　　　　　［山下祐介］

参考文献
[1] 広井良典，2013．『人口減少社会という希望——コミュニティ経済の生成と地球倫理』朝日新聞出版．
[2] 松久寛編著，2012．『縮小社会への道——原発も経済成長もいらない幸福な社会を目指して』日刊工業新聞社．
[3] 山下祐介，2012．『限界集落の真実——過疎の村は消えるか？』筑摩書房．

構築主義の課題と展望

●構築主義の誕生　1990年代から2000年代にかけて，構築主義は社会学の理論と経験研究の両面で大きな反響と後続者を生み出した．その全貌を確定することは容易ではない．しかしその起源に関しては，L. ウォード（Ward）が1905年の「社会構造の深化」という論文で「構造は構築されたものか」という言葉遣いをしており，これを含めると構築主義はアメリカの社会学界でも100年以上の歴史をもつとJ. ベスト（Best）は指摘している（Best 2007：41）．この間の重要な転機として，P. バーガー（Berger）とT. ルックマン（Luckmann）の『現実の社会的構成』の刊行（1966），M. スペクター（Specter）とJ. I. キツセ（Kitsuse）の『社会問題の構築』（1977）による逸脱と社会問題研究への展開，哲学者I. ハッキング（Hacking）による構築主義批判以降の展開をあげることができる．

　バーガーとルックマンの『現実の社会的構成』はK. マンハイム（Mannheim）やM. シェーラー（Scheler）の知識社会学の理論的拡張をめざしたものであり，「主観的意味が客観的現実になるのはいかにして可能なのか」という問題関心が根本にある．制度化，正当化，内在化といった概念はそのために用意されたものである．彼らは，例えば「水」が，伝統社会では神聖なものとして，近代社会では水素と酸素の化合物として意味づけられる，という意味での「社会的構築」を問題にはした．しかし水が，意味づけを行う人間とは独立に実在することを疑っていない．また，経験的研究への展開に熱心だったともいえない．

　構築主義の影響が最も大きかったのは逸脱と社会問題の分野であった．事実，社会問題研究における構築主義を牽引したキツセやベストは，逸脱のラベリング理論を出自としている．H. ベッカー（Becker）らが創始したラベリング理論は，逸脱した人の心理や行動ではなく，逸脱を統制する社会的権力を問題にし，社会集団はそれを犯せば逸脱になるような規則を設け，それを特定の人々に適用し，彼らにアウトサイダーのレッテルを貼ることで逸脱を生み出すと主張した（Becker 1963）．キツセらは社会問題について，それを何らかの困った社会状態としてよりも，ある状態を社会問題として定義し，苦情を述べるクレイム申し立て活動として研究すべきことを提唱する．ここから「クレイム申し立て活動とそれに反応する活動の発生や性質，持続について説明すること」（Spector and Kitsuse 1977：訳19）を理論的課題とする社会問題の構築主義が登場する．

　ベストの回顧によれば，1970年代後半に構築主義が普及していたのはメディア，科学，逸脱，社会問題など限られた分野であった．ここにジェンダー，人種，セクシュアリティ，歴史，その他諸々「X（という対象）は社会的構築にすぎな

い」ことを強調する人々が参入してくる．これは構築主義の社会学界における拡張，さらには他分野との連携という点では意義深いものであったが，「Xは社会的構築にすぎない」とする言明は，構築主義が元来備えていたポテンシャルを矮小化する危険もあった．例えば人種は社会的構築にすぎないとする言明は，対象となる人種は実在しない，とか，人種は誤った社会的構築であるという言外のニュアンスを帯びるようになっていく．さらに，「Xは社会的構築にすぎない」という言明は「ゆえに現状を変えられる」という政治的変革のメッセージにもつながる．ベストはこのような研究を「俗流構築主義」とよび，これを本流の構築主義の主旨に対する誤解・誤用として斥けている．

●**構築主義への批判と応答**　他方，キツセ流の構築主義を理論的に一貫させることは不可能とする「オントロジカル・ゲリマンダリング（OG）」批判が科学社会学者のS. ウールガー（Woolger）とD. ポーラッチ（Pawluch）によって提起される．彼らはキツセらのテクストにさえ次の特徴がみられるとした．「第一に，筆者たちはある状態や行動を同定する．第二に，彼らはこれらの状態（または行動）について下された様々な定義（またはクレイム）を同定する．第三に，構築主義者は定義に関係する状態の不変性とは反対に，定義の可変性を強調している」（Woolger and Pawluch 1985：訳21）．つまり，構築主義者は社会の状態や行動についての判断を停止するといいながら，その実，恣意的に状態についての判断を密輸入し，公準破りを行っているというのである．

　OG批判は一時期，社会問題の構築主義アプローチをとる人々に甚大な影響を与え，立場の違いを生み出した．第一に，OG批判を受け容れ，社会の状態に対する判断を回避する厳格派である．第二に，言葉は人々に世界を特定の仕方で構築することを強いており，研究者も言葉に依拠せざるを得ない以上，OGは必要悪であり，それを認めたうえでクレイム申し立ての社会的文脈を探求するコンテクスト派である．この立場をとるベストやD. ロウスキ（Loseke）は構築主義の中心的課題を，なぜ，いかにして特定の問題がある場所，ある時代に公的な関心の対象となるのかに求める．この問いを解くにあたってOGは瑣末な問題にすぎないとされる．

　両者の対立は深刻で，認識論的には調停不可能であるかのようにみえた．しかし日本で厳格派の立場を牽引していた中河伸俊も，何事かを説明する営みには何らかの存在論的想定が不可避であることを認めて，OG批判は擬似問題にすぎないという立場を表明している（中河1999）．実際，経験的研究に取り組んでみれば，厳格派もコンテクスト派も，クレイム申し立て活動の連鎖を観察し，そこで何が生じているかをモノグラフとして記述する基本的な作法に関して，大きな違いはない．社会の「状態」を示すとされる事例や統計については，それらの利用可能性や正確性を吟味する必要がある．扱われている数字や統計がハードファク

ト（動かぬ事実）である場合はコンテクスト派の研究が有意義な可能性が高いし，「真相は藪の中」としかいえない数字や統計しか利用できない場合は，状態に対する判断は端的に不可能であるし，ときに統計や数字をクレイム申し立て活動として分析したほうがよいこともある．厳格派かコンテクスト派かの踏み絵に大きな意味はなかった，と今はいうべきだろう．

　また哲学者の I. ハッキング（Hacking）が刊行した『何が社会的に構成されるのか』（1999）は，構築主義が何を行っているかに関して，重要な整理を行った．ハッキングはジェンダー，人種，女性難民から自然，事実，クォークに至るまで「社会的に構成された X」と題された 20 冊以上の本を取り上げ，そこではしばしば対象の構築と，（対象に対する）観念の構築の区別が見落とされているとする．例えば「児童虐待の社会的構築」というとき，そこで構築されているものは「対象」，すなわち児童虐待という行動や慣習の場合もあるし，児童虐待は何であり，どのように対処されるべきかという「観念」が構築される場合もある．ハッキングは，ある観念や種類が人に知られるようになると，それが制度のなかで作用し始め，その種類にカテゴライズされた人の感情や行動を変化させる側面に注目する．その変化がもとの分類に影響を及ぼすこともある．あるいは研究が増えると専門家の数が増え，専門家の数が増えるとその事例が増え，その事例が増えると研究が増えるという循環もありうる．ハッキングはこのような対象と観念の相互作用（相互行為）を「ループ効果」とよんで，社会科学が研究対象とする児童虐待や女性難民など，人間に関する観念や分類は「相互作用する種」であり，自然科学が対象とする物理的実在（クォークなど）と区別されるべきとした．

　実のところこの提案は，ラベリング理論を出自とする構築主義にとって既知のものである．W. I. トマス（Thomas）の「もし人々が状況を現実であると定義すれば，それはその結果現実となる」とする公理を例にとるまでもなく，ある観念や種類が，そう分類された人の感情や行為に影響し，もとの観念や種類が想定する現実を強化する「予言の自己成就」，ある観念や種類に影響された人がもとの観念や種類が想定する現実を変えたり，裏切ったりする「予言の自己破壊」について，ラベリング理論は論じてきた．ハッキングの貢献はむしろ俗流構築主義にまつわる誤解や混乱を整理し，社会理論としての構築主義が進むべき道の一つを示した点にある．例えば S. R. ハリス（Harris）は心，感情，家族，家族内平等，社会的不平等などについて，対象の構築を前提とする客観的構築主義と，対象への意味構築を分析する解釈的構築主義のアプローチがともに可能であることを示し，特に対象への意味構築を重視すべきと提案している（Harris 2010）．

●**方法としての構築主義**　また OG 批判を乗り越えた社会問題の構築主義は，その後大きく 4 つの経験的研究の志向を有するにいたっている．

　第一に，ある社会問題が，「いかにして，なぜ特定の時期と特定の場所で興味

関心の対象になるのか，ある状態に関して何かがなされねばならないと人々が感じるのはなぜか，何をすべきかについて人々が決定に至るのはいかにしてか」(Best 2013：14) を問う研究である．文献検索，新聞・雑誌記事検索，内容分析，参与観察，インタビューなど，いわゆる質的調査の手法を縦横無尽に駆使して，クレイム申し立て活動の痕跡として残る言説を収集・再構成し，そこでの言説やクレイムがいかなる社会的文脈のもとで生起し，なぜ変容したかを説明するのである．

そのためにキツセやベストが提案するのが「社会問題の自然史モデル」である．これは「クレイム申し立て活動とそれに反応する活動の発生や性質，持続について説明する」ために提案されたものであり，ベストは社会問題をめぐるクレイム申し立て活動には，(A) クレイム申し立て，(B) メディア報道，(C) 大衆の反応，(D) 政策形成，(E) 社会問題ワーク（政策の実施過程），(F) 政策の影響（意図せざる結果），(G) 新しいクレイム」という7つのステージがあるとした．クレイム申し立て活動はこれら7つのステージを単線的に歩むわけではなく，相互作用やフィードバックがある．ただ社会問題のクレイムはそれぞれのステージを経由するごとにさまざまな変形の圧力にさらされるので，この点に関心を払うことが重要となる．例えば (A) では，他者からの反応があってはじめて，ある言語行為がクレイム申し立てと認知される．それゆえ他者に受容されるためにクレイムは調整される必要が生じる．また (B) や (D) では，社会問題をめぐるクレイムは限られた時間や空間のなかで競合しあうので，クレイム申し立ての受け手にアピールするために誇張されたクレイムや歪んだ統計が用いられやすくなり，クレイムがパッケージ化される．(E) では実際に政策が実施されるが，その現場には政策を実行に移す「社会問題ワーカー」がいて，もともとのクレイムとは異なる解釈や骨抜きが生じたり，当初意図しない結果を生む場合もある．その結果，(G) 新しいクレイムへとつながることもある．このように自然史モデルを用いた経験的研究はマスメディアの議題設定機能，社会運動論のフレーム分析，政治学の政策過程論，合意形成論，ストリート官僚制論とも積極的に連携し，それらの屋台骨となりうる射程をもつ．また，こうした自然史モデルを空間的に拡張すれば，クレイム申し立ての共時的比較となり，時間的に拡張すればクレイム申し立ての通時的比較となる．

第二に，クレイム申し立てにおける言語使用の特徴をレトリックや言説という観点から分析する方向性である．P. R. イバラ (Ibarra) とキツセ (1993) はクレイム申し立てにつきものの構成の技法や過程を調べ，社会成員の言説実践にみられる共通性を探し出して，比較研究することを目的として，クレイム申し立てにおけるレトリックのイディオム（喪失のレトリックや権利のレトリックなど），対抗レトリック，モナーソ，スタイルという観点から分析することを提唱し，中

河（1999）はこの課題を現代日本の有害マンガ問題に適用した．またベストは S. トゥールミン（Toulmin）のモデルを援用して，社会問題のレトリックには「前提−論拠−結論」という基本構造を見出しうるとし，クレイム申し立て運動の初期には「公正のレトリック」が，後期には「合理性のレトリック」が強調されるといった知見を提供している（Best 1987）．ただしレトリックのイディオムや構造は，クレイム申し立てが組織化される場所や文脈に大きく規定される．またエスノメソドロジーの会話分析や，言説心理学から発展してきた言説分析とも連携しながら（Wooffitt 2005），言説実践としてのクレイム申し立て活動が相互行為の秩序として何を達成しているかを問い続ける必要がある．

　第三に，クレイム申し立て活動が生起するミクロな相互作用場面や現場において，問題となる状態（事例）やその定義，問題の被害者と加害者，問題への対処者とクライアント，社会問題に関する物語や解決策がどのように組織化されるかを参与観察やフィールドワークに基いて明らかにする方向性である．この問題意識に沿って，J. F. グブリウム（Gubrium）と J. A. ホルスタイン（Holstein）の『家族とは何か』（1990），ロウスキ（1992）など，後に社会問題ワークの研究（Holstein and Miller 1993）と名づけられた一連の研究群が生まれることになった．また社会学者が行うインタビュー場面を，調査者と調査対象者が相互につくり出す現実として分析対象とするならアクティブ・インタビューや対話的構築主義となる（Holstein and Gubrium 1995；桜井 2002）．あるいは人々の日常的経験に関する知識がローカルな現場をこえて社会における支配関係に接続するさまを描く「制度のエスノグラフィ」（Smith 2005；Del Rosso 2011）と連携すれば，テクストや文書が支配関係に果たす役割を重視することになるだろう．

　第四に，社会学の質的研究法として言説分析（discourse analysis）との連携をさらに模索していくべきであろう．欧米では言説分析はすでに質的調査の一つとして，標準的な手法となりつつある．例えばイギリスの S. テイラー（Taylor）は，言語が構成的であるという前提のもとで，言語使用とそのパタンに着目する手法として言説分析を定義し，①システムとしての言語のバリエーションと不完全性に着目するもの，②言語使用の実践に着目するもの，③特定の話題や行動に関連する言語のパタン（レトリック，解釈レパートリー，フレームなど）に着目するもの，④社会や文化などより大きなコンテクストに着目するものに分類している（Taylor 2001, 2013）．また，N. フィリップス（Phillips）と C. ハーディ（Hardy）は言説分析を，コンテクスト重視／テクスト重視，権力のダイナミクスに注目／社会構築のプロセスに注目に応じて，①解釈的構造主義，②批判的言説分析，③社会言語学的分析，④批判言語学的分析に分類できるとする（Phillips and Hardy 2002）．さらにドイルの R. ケラー（Keller）は言説をバーガーとルックマンの知識社会学，フーコーの系譜学，P. ブルデュー（Bourdieu），E. ラクロウと C. ム

フ（Laclau and Mouffe），カルチュラル・スタディーズ，フェミニズム，ポストコロニアリズムなどの知的伝統に位置づけるとともに，W. ギャムソン（Gamson）のフレーム分析，J. R. ガスフィールド（Gusfield）の公共問題の文化論とも接合させ，制度レベルでの知識の生産・流通のプロセスと実践に関心を置いている（Keller 2013）．これらのアプローチは構築主義の問題関心，方法論と共通する点が多く，今後一層のオーバーラップが展開するであろう．

●**日本の構築主義** 日本では 1990 年代以降，「構築主義」「社会構成主義」「社会的構築」などの言葉を冠した論文が増加した．特にキツセの高弟・中河伸俊を中心とした社会問題の構築主義アプローチの紹介と実践は大きな影響を与えた（中河 1999，中河ほか編 2001）．例えばラベリング理論の系譜を引き，少年犯罪の社会的構築を論じた鮎川潤（2001），少年犯罪をめぐる解釈に「個性神話」が大きく影響すると論じた土井隆義（2003），山形マット死事件における「いじめ」の問題構築のプロセスを丁寧にたどった北澤・片桐（2002），「いじめ苦」の歴史的由来を自然史モデルに基づいて洞察した北澤（2015），児童虐待の社会的構築を論じる上野・野村（2003）や内田（2009），覚醒剤が法的に禁止される際のレトリックをディスコース分析により明らかにした佐藤（2006），家族社会学における核家族論争のレトリックや福祉的支援や家族支援の場における実践など，制度としての家族に回収しきれない家族体験を描き出した木戸（2010），有害コミック問題や援助交際問題など青少年の社会問題化を論じた赤川（2012）や山本（2014）など，さまざまな領域に展開しつつある．

他方，構築主義は，ジェンダーやセクシュアリティや人種の遺伝的・生得的決定論（本質主義）に対抗する文化的・社会的構築論としての意義を，現代においても失ったわけではない（上野 2001）．また文書中心主義的に歴史的事実を確定する歴史学の実証主義に抗して，口述史やライフ・ヒストリー，歴史に対する語りが社会に果たす機能を問題にする「歴史の社会学」（浜 2000），M. フーコー（Foucault）の言説分析を摂取しながらオナニーやセクシャリティ言説の歴史を描き出した赤川（1999），精神疾患言説が流行する条件を T. スコッチポル（Skocpol）の比較歴史社会学とも関連させながら明らかにした佐藤（2013）の歴史社会学なども，広い意味での構築主義的関心と共鳴するところが少なくない．「方法としての構築主義」（中河・赤川 2013）の模索は現在も進行中といえよう．

［赤川 学］

📖 **参考文献**

[1] 桜井厚・石川良子編，2015，『ライフストーリー研究に何ができるか——対話的構築主義の批判的継承』新曜社．
[2] Del Rosso, J., 2011, "The Textual Mediation of Official Denial : Congress, Abu Ghraib, and the Construction of an Isolated Incident," *Social Problems*, 58(2) : 165-88.
[3] 草柳千早，2004，『「曖昧な生きづらさ」と社会』世界思想社．

第Ⅱ部

コンテンポラリー

社会を分析する道具としての概念と理論

●**社会学における概念と理論**　社会科学の一分野として発展してきた社会学には，この学問独自の概念と理論が存在している．いうまでもなく概念や理論は，現実の社会を分析するための「道具」であり，社会学にとって必須のものである．とはいえ，ときに「常識」を疑うことを主張するこの学問は，むしろ，概念と理論の構築に対する一定の「距離」を意識的に担保してきたのも事実である．概念の構築は，無限の多様性をもつ「現実」をある一定の「枠」のなかに封じ込める．「枠」への封じ込めは，当然，そこから多くの抜け落ちたものを生み出すことになる．こうした概念構築が生み出す限界性は，いわば概念構築にとって不可避の課題とさえいえる．また，概念の組み立てによって精緻化された理論は，それが精妙なものであればあるほど，複雑で多様な「現実」を前に「脆さ」をみせることもある．

　社会学においては，こうした概念構築のメカニズムへの配慮や理論構築のもつ意義とその限界への眼差しは，ある程度自覚的に維持されてきた．また，すでに研究者が，研究対象である「社会」の内部に巻き込まれているという視座もまた，共有されてきたと思う．実際，M. ウェーバー（Weber）の「理念型」の議論をはじめ，概念の形成，理論構築は，社会学の方法論において大きなテーマの一つでさえあった．

●**「人間に理解できるのは，人間の創ったものだけ」？**　こうした概念と理論のもつ限界については，社会学の黎明期から，すでに議論されてきた．例えば，近年の社会学史において，しばしばモンテスキュー（Montesquieu）とともに「社会学の始祖」とされるナポリの修辞学者G. ヴィーコ（Vico）の『新しい学』は，18世紀の段階で，この課題を先取りしていたといえる．ヴィーコは，「真なるものは創り出されたものに等しい」という観点と「創り出した者だけがそれを理解できる」という視座から，自然は神が創りたもうたものであるから人間には理解できないが，文化や歴史は我々人間が生み出したものであるから理解できる，と主張する．つまり，概念や理論は，人間の創り出したものであり，それを用いて我々は世界を認識しているというわけだ．と同時に，我々は自ら創り出したものであるがゆえに，概念や理論を理解できるということでもある．逆にいえば，我々が関与しない「世界」の「現実」の把握は，人間にはとうてい不可能だということでもある．

●**社会的に構築される「現実」**　ヴィーコの指摘を待つまでもなく社会学における概念と理論は，社会学者という人間が構築したものである．人間の構築物であるということは，それを形成した社会学者の視座そのものが，彼ないし彼女を取り巻く社会や歴史に拘束されているということでもある．

我々の「現実」に対する意味づけという視座をとれば，A. シュッツ（Schütz）をはじめとする現象学的社会学について語る必要があるだろう．「多元的現実」や「至高の現実」といった概念の提案は，日常生活という意味世界の分析にとって，きわめて重要な貢献だった．ここから，P. バーガー（Berger）と T. ルックマン（Luckmann）の「現実の社会構築」の議論や，さらには，「日常的知」の分析へと向かうエスノメソドロジーへの発展は，「象徴的相互作用」論とともに，1970年前後広がったよりミクロな領域の探求に至る大きな流れに影響を与えることになった．

●「社会システム」をめぐって　とはいえ，「総合科学」を目指しつつ誕生した社会学にとって，社会のマクロ領域をめぐるテーマは，「社会有機体」の議論をはじめ，当初から重要な課題だった．実際，戦後間もない時期，国際的にも社会学理論においてヘゲモニーを発揮していたのはマクロな社会理論の代表ともいえる「AGIL図式」で知られる T. パーソンズ（Parsons）の構造機能主義だった．

やがて，R. ミルズ（Mills）のパーソンズ批判から始まって，1960年代の若者の反乱に連動した「社会学の社会学」（社会学の自己反省）の運動のなかで，「保守的」と批判されることで，構造機能主義は，少しずつその力を失っていった．

しかし，1980年前後になると，N. ルーマン（Luhmann）による社会システム論の革新がなされ，「生活世界の植民地化」を指摘した J. ハーバーマス（Habermas）との批判的対話や，「自己組織性」の理論の展開などを伴い，マクロレベルでの社会学理論は，大きな発展をみせることになる．また，I. ウォーラーステイン（Wallerstein）の「世界システム論」のような，世界レベルでの分析にもこの「システム」という視座は重要な「武器」を提供してくれたのである．

●新しい社会運動とアイデンティティ・ポリティクス　1960年代後半に始まった社会的マイノリティの権利擁護をめぐる議論は，社会学の概念と理論の展開に大きな影響力を発揮することになった．なかでもジェンダー概念とフェミニスト研究の与えた衝撃は，社会学に影響を与えた．1980年前後からは，性的マイノリティの声も広がり，近年では法的権利の拡大も含めたLGBT(I)の権利擁護の国際的なうねりが形成され，学術分野でもクイア理論の発展が深まった．こうした動きと連動しつつ，先住民やエスニック・マイノリティ，障害のある人々，高齢者，子どもなど社会的に周縁に置かれてきた人々の権利問題が拡大し，社会学分野での研究や理論の発展がみられた．いわゆる「アイデンティティ・ポリティクス」の発展である．

1960年代後半以後顕在化した社会変動は，社会運動論にも深い影響を与えた．社会運動をめぐる社会学研究は，大きく二つの流れに分類することができる．一つは，アメリカ合衆国の研究者などが進めてきた「集合行動」論を源流とするものであり，もう一つは，ヨーロッパにおける社会運動論の流れである．アメリカでは，1960年代の運動の影響を受けつつ，「資源動員論」の理論が大きく発展した．参加

者の心理的要因を重視したそれまでの集合行動論を批判し，資源の動員・活用，コストの把握やそれに基づいた合理的な戦略・戦術に注目するようになったのだ．また，フレーム理論など新たな分析手法も発展した．他方で，ヨーロッパ諸国では，それまでの階級闘争を軸にした社会運動の視座が，より多元的な対立軸をもつ「新しい社会運動」の分析へと変容していった．学生運動の急激な展開，ジェンダーやエスニシティ問題をめぐる運動の活性化，さらにLGBTなどの運動，それと連動する人権問題の発展，環境運動や平和運動などが大きく発展したのである．

●「身体」の再発見　「身体」の再発見もまた第二次世界大戦後の社会学の新たな動きだっただろう．M. モース (Mauss) の「身体技法」概念の再評価や，M. ダグラス (Douglas) の「象徴としての身体」の議論，さらに冒頭に触れたヴィーコによる「擬人論」(人間の身体を参照基準にした世界把握) を軸に身体から出発した新たな社会理論を提起した J. オニール (O'Neill)，「身体社会論 (somatic society)」を提案した B. ターナー (Turner) などの名前をあげることもできるだろう．他方で，ジェンダーやセクシュアリティ論の発展，出産や避妊などリプロダクティブ・ヘルス/ライツの問題，「ボディ・ポリティクス」論，障害者問題，医療問題，スポーツなど身体と社会の関わりをめぐる議論も活性化した．M. フーコー (Foucault) の「生権力」論や P. ブルデュー (Bourdieu) の「ハビトゥス」の概念もまた，身体と深い関わりをもっている．現在では，美容やユニークフェイス論など，身体と社会学をめぐる議論はさらに深化しつつある．

●「文化」への注目と消費社会　第二次世界大戦後の社会学理論の展開において，メディア社会の深化と「文化」の再定義も大きな「事件」だった．メディア技術の発展は，M. マクルーハン (McLuhan) の指摘のように人間の感覚そのものの変容をもたらし，人々のものの見方，考え方，行動の仕方など広義の「文化」に深い影響を与えるようになった．「文化」をめぐる研究という点で，何よりも大きな変化は，「ポピュラーカルチャー」や「サブカルチャー」というものの位置づけの変化だっただろう．それまで社会学が対象としてきた「文化」は，思想，宗教，芸術などいわば大文字の「文化」だった．しかし，戦後社会がつくり出したメディア社会の広がりと消費社会の深まりは，より身近でしかも日常生活においてもより強い影響力を発揮し始めたポピュラーカルチャーやサブカルチャーへの社会学者の関心を引きつけるようになったのである．1980年代以後は，「カルチュラル・スタディーズ」が国際的に受容され，ポピュラーカルチャーと広義の政治の関わりについての議論も深まることになった．「表象研究」や「記憶」といったテーマや「オリエンタリズム」論や「ディスクール論」など，文化と権力をめぐる理論の発展も戦後社会の社会学理論の新たな特徴だったといえるだろう．

●マクロ領域とミクロ領域の理論的統合の流れ　1980年代以後になると，社会学理論におけるマクロ領域とミクロ領域の統合をめぐる議論も大きく広がった．

アメリカ合衆国におけるマクロ−ミクロ統合の議論のきっかけをつくったのは N. エリアス (Elias) のミクロレベルにおけるマナーとマクロレベルの国家の歴史的展開の関係をめぐる論考だったといわれる．この議論は，J. アレクサンダー (Alexander) の「多次元的社会学」や合理的選択理論を基礎にミクロとマクロを結びつけた J. コールマン (Coleman) などによって発展することになった．

他方で，ヨーロッパにおいてもミクロ次元とマクロ次元の理論的統合の試みが発展した．なかでも，A. ギデンズ (Giddens) は，社会構造と行為主体（エージェンシー）との相関を「構造化」という視座から考察することで新たな理論構築を行い，ブルデューは，ギデンズとよく似た視座から，「構造化する構造」「構造化された構造」の概念を用いて，ミクロな領域とマクロ領域の理論的架橋をはかった．

●**グローバル化と不安定化する現代社会**　ヒト，モノ，カネさらに情報の地球規模での広がりは，さまざまな新たな社会現象を生み出した．また，「ネオリベラリズム」と称されるグローバル資本の国境を越えた影響力の拡大は，各国に格差社会の歪みを拡大していった．国境を超えた人の移動の活性化，特に移民をめぐる諸問題や政治的・宗教的弾圧により生じた難民問題は，受け入れ国側での排外主義的政治勢力の拡張を生み出すことになった．さらに，人身取引など国際的な組織犯罪の拡大もまたグローバル化した社会の産物といえるだろう．

原発事故に典型的な「リスク社会」とよばれる新たな課題の浮上，他方で「個人化」「再帰的近代」といった概念で示される社会の変容，それと並行して拡大する自己と社会の関係のゆらぎ＝社会の「不安定化」のなかで社会を分析・診断し，処方箋を生み出すためにも社会学の役割はますます大きくならざるを得ない．

●**おわりに**　社会学における概念と理論は，それが現実の社会と深く関わるがゆえに，社会変動やそれに伴う価値観・社会意識の変容に連動しつつ変化してきた．20世紀前半のイデオロギーや明確な価値観に基づく社会の見方は，1960年代以後，大きく変貌した．社会の複雑化，価値観の多様化は，社会そのものの大きな変動であるとともに，それを分析しようとする社会学者の「社会」への「まなざし」にも深い影響を与えることになったのだ．

ここで繰り返し述べてきたように，概念と理論は，時代や社会，文化に規定されている．その意味で，社会（科）学は，いかに客観性や中立性を求めても，結局，時代と社会に巻き込まれた研究者の観点と，彼・彼女を取り巻く時代状況とに拘束されざるを得ないともいえる．それならば，「学知」としての社会学の概念と理論は，どこで試され，どこでその力を確証しうるのだろうか．おそらくは，社会学の理論と概念がもつ「力」は，それが生み出す（その「社会」その「時代」を真剣に考察しようとしている人々への）「説得性」と，概念と理論によって導き出された議論（「客観的可能性」の分析）が，（現実に生起した）「結果」といかなる整合性をもっているかによってはかる以外にないのかもしれない．　　　　　［伊藤公雄］

1. 生命と身体

　生命と身体に関する社会学的考察は二つに大別できる．一つは，生命や身体に関わる諸現象の可変性を前提に，その（不）変化の説明項としてさまざまな社会的事象に注目するものである．具体的には，病の社会的原因（貧困など）の解明，出生率低下（少子化）の社会的背景の探求，などがあるが，これら以外にも，生命観や身体観，あるいは生命や身体に関する知や技術の形成や変容がいかなる社会過程によって促されたり，阻まれたりするのか，などの考察がある．もう一つは，その逆に，生命や身体に関わる諸現象の不変性ないし可変性を説明項として，さまざまな他の社会現象を説明してゆくものである．社会生物学はその典型だが，生物学的決定論とはまったく別様の，身体の現象学的考察をベースとした社会理論の構築や，生命や身体に関わる知や技術がもたらしうる社会的帰結の考察といったものも，後者に属する．生命と身体に関する社会学は，これら二つの視点をともにそなえる必要があろう．

［遠藤　薫・市野川容孝］

生命科学と社会学

●**生命科学と社会学の前史**　生命科学は生命を探求する学問の総称である．1953年のDNA二重らせん発見以降，分子生物学を中心とする分野を指すことが多い．生命科学と社会学の関連を考察するため，前史として生物学や遺伝学と社会学の関連を，まず見ておこう．

19世紀フランスのA. コント（Comte）は，実証哲学に基づく科学として，数学，天文学，物理学，化学，生物学，社会学をあげ，社会学は生物学によって基礎づけられると論じた（「社会有機体説」）．さらに，19世紀の生物学が社会学に与えたもう一つの大きな影響は，イギリスのH. スペンサー（Spencer）による「社会進化論（社会ダーウィニズム）」である．それは，ダーウィンの進化論を社会にも当てはめ，競争による適者生存と自由放任主義を肯定し，社会政策として行われていた貧困者や病者への国家的援助を否定するものであった．

こうした考え方を推し進めようとした「優生学」運動の創始者F. ゴルトン（Galton）は，20世紀初頭でのイギリスの社会学会創設に大きな役割を果たした．ただし，その後，優生学の考え方は，社会学理論としてよりも，「科学」に基づく社会政策として，世界的に大きな影響を与えた．なお，優生学は，人間の繁殖の管理によって人種を改善することを意味し，優良な遺伝子をもつとされた人々の子孫を増やそうとする「積極的優生学」と，そうではないとされた人々の子孫を減らそうとする「消極的優生学」に分かれる．さらに後者は，隔離や婚姻制限によって生殖をさせない手法と医学的な身体介入によって生殖機能を廃絶する手法（断種）がある．

特に1900年のメンデル遺伝法則の再発見以来，遺伝によって人間の性質が先天的に定められているという決定論の考え方は強くなった．優生学はイギリスとアメリカで特に広がり，1907年にはアメリカのインディアナ州で断種法が制定されている．その後，1930年代に，ナチス・ドイツでは，優生学が大々的に実践されるとともに，障害者らを対象とした「安楽死」までもが行われた．さらに，その延長線上で，人種（「ユダヤ人」）や政治的反対派に対する絶滅政策もあったため，第二次世界大戦後には強制的な優生学は政治的・倫理的に強く批判された．

その流れを受けて，国際連合教育科学文化機関（ユネスコ）は，1952年，ある人類集団内での個人間のばらつきのほうが人類集団間での差異よりも大きいことを根拠として，人種の優劣は存在しないことを宣言している．そのため，人種の生物学について議論することそのものが人種主義を助長することとしてタブー視されるようになった．同様に，遺伝性疾患以外の人間の行動・資質に関する集

団遺伝学の研究もまた，隠れた人種主義ではないかという批判の目にさらされるようになった．

●**生命科学と社会学をめぐる議論の中心的テーマ**　生命科学と社会学をめぐる議論は，以上の歴史を背景としている．それは，しばしば「氏か育ちか（nature or nurture）」とまとめられるが，それほど単純な問題ではなく，大きく分けて三つの論点が絡まり合う場となっている．

一つめは，個体と社会のどちらについて論じているのかという問題である．個体が遺伝と環境の相互作用によって形づくられることは誰も否定しない科学的事実であるので，生命科学と社会学の交錯や論争が起きるのは，生命科学において人間の集団遺伝学が論じられる場合にほぼ限られる．その場合の理論的な争点は，個体保存と種の保存の対立をどう考えるか（利他的行動の問題），進化における「適応」とは何を意味するか（特定の社会環境における適者とは誰か）という二つの点が中心となる．

二つめの論点は，生物学的に規定された性質が社会のあり方にも影響しているかどうか，影響しているとすればどの程度かという事実問題であり，三つめは，社会政策を通じて社会を計画的に変化させていくべきかどうかを問う価値問題である．この三番目の価値問題は，生物学・生命科学とは一見すると無関係のようだが，世代を超えて受け継がれる生命の設計図としての「遺伝子・DNA」のもつ社会的・文化的に強力なイメージ喚起力の影響を強く受けてきた．

そして，第二の事実問題をどの程度の大きさに見積もるかは，この価値問題についての論者の立場性によって大きく影響される．その一つは，遺伝子で決まっていることは（進化のなかで選択されたことなので）変えられないし，社会政策で変化させるべきではないという立場である．もう一つは，社会というレベルで考える場合は社会的・文化的な説明が中心であって，個人の遺伝子の影響はおおむね無視できるという立場である．第三は，遺伝子で決まっていることがあったとしても積極的に社会政策で介入していくべきであるという立場である．

そして，この第三の考え方から，社会的弱者を保護することをめざす福祉国家にも，優生学による社会改良（断種や隔離）にもつながることは重要である．実際，ナチス・ドイツの優生学がスキャンダルとなるまでの20世紀初頭において，科学的な社会改良としての優生学は幅広い支持を受けていた．特に，科学に基づく計画的な社会運営をめざしていた左派は，優生学を歓迎した．その後，優生学そのものが倫理的に批判されるようになるのは1970年代頃からである．

●**社会生物学論争**　1975年，ハーバード大学の昆虫学者E. O. ウィルソン（Wilson）は，『社会生物学』を発表し，進化を中心として人間も含めた動物のすべての社会行動の生物学的基盤を研究することを主張した（Wilson 1975）．社会性昆虫などでよく見られる利他的行動（自分を犠牲として集団の利益や存続を守

る行動)は,個体レベルではなく,遺伝子(の表現型)レベルでの適者生存によって説明できるという理論(血縁淘汰説)がその眼目であった.これは,後に,R.ドーキンス(Dawkins)が遺伝子の視点とか「利己的遺伝子」と表現したものである(Dawkins 1989).

そうした進化論の考え方から人間の道徳や社会行動まで説明できるというウィルソンの主張は,環境の影響を重視する左派(人民のための科学グループ)から大きな反発を受けた.特に,同じ大学の同僚である R. C. ルウォンティン(Lewontin)と S. J. グールド(Gould)を含んだグループが,ニューヨーク・レビュー・オブ・ブックスで,社会生物学を隠れた人種主義と決めつけ,ナチス・ドイツに連続性があるという強い政治的・倫理的批判を行った.さらに,人間での遺伝と環境の影響をコントロールするためのランダム養子縁組による実験が存在しない以上は,人間に適者生存の原理を当てはめるための「適応」の客観的評価はできない,との原理的な批判もあった.また,M.サーリンズ(Sahlins)ら社会人類学者は,動物と人間の間の非連続を主張し,人間社会における言語や文化を重視する観点から,社会生物学を,自然のなかに社会的価値観を読み込むものだと批判していた(Sahlins 1976).

社会学者 U. セーゲルストローレ(Segerstråle)の総括によれば,政治的・倫理的信念を動因とした社会生物学論争は,時に個人攻撃ともなったが,おおむねは反対者の主張の厳密な科学的吟味と反論を生み出して,結果的には生産的な科学論争となったという.

●ヒトゲノム計画　優生学と人種主義をめぐる議論を背景として,社会生物学論争に続いて,生命科学と社会学が交錯したのは「ヒトゲノム計画」である.アメリカを中心とした国際的な共同研究として,人間の全ゲノムの塩基情報を解読する計画が1990年に立ち上げられ,2003年に完了した.人間の生物学的理解を可能とする「聖杯の探求」と当初は考えられていたが,実際には遺伝子と個体(の表現型)をつなぐ仕組みは未解明で,そこには複雑な環境と遺伝子の相互作用(エピジェネティクス)が存在することが判明し,謎解きではなく,より多くの謎を生み出すことになった.

特定の行動パターンとゲノム配列の間に相関が見つかるたびに,暴力遺伝子,犯罪遺伝子,ゲイ遺伝子,貯蓄遺伝子などの言葉がマスメディアのなかに現れたことを,D. ネルキン(Nelkin)と M. S. リンディー(Lindee)は「DNA伝説」として分析し,遺伝子本質主義として批判している(Nelkin and Lindee 1995).それは,生物学的決定論と結びつき,人種主義などの社会的差別を助長し,犯罪などの社会問題の原因を環境ではなく個人の先天的資質に見出し,それを個人の責任とするものだというのだ.

こうした生物学的決定論に対する批判はまったく正しいものだが,実際には人

間の自由意志や環境の影響を度外視して生物学的決定を100%とする説を支持している研究者は存在しない．社会生物学論争から学んだ多くのゲノム科学者はヒトゲノム計画の社会的側面について慎重な姿勢をとっていたため，こうした信条に基づく論争はあまり有益な結果を生み出さなかった．その大きな理由は，ヒトゲノム計画が，好奇心に基づいた知識の探求ではなく，巨大科学プロジェクトとしてグローバル経済のなかに組み込まれていたことによる．また，ヒトゲノム計画予算の一定の割合が倫理的，法的，社会的議論の研究 (ethical, legal and social issues) に当てられており，倫理的な論争は制度化されて生命科学の内部に取り込まれたともいえる．

●**最近のトピックス**　生命科学と社会学の交錯の現代的な事例や概念として3点を取り上げたい．

一つめは，「エンハンスメント」をめぐる議論である (Kass 2003)．これは，従来の生命科学と（医療）社会学の関わりの多くが，疾患の治療や予防や医療化を中心テーマとしていたのに対して，正常を超えて生命科学的手法を利用することで能力増強をめざすことが現代社会において一般化する可能性を問題化しようとするものである．

二つめは，「生物学的市民・市民権」の議論である (Rose 2007)．これは，身体に関する生物医学的な知識（例えばある特定の疾患になる遺伝子リスク，原発事故での被曝リスクの保有者など）をもつことが，自分自身を主体として理解し，アイデンティティをつくり上げていくうえで重要になりつつあることを指している．特に遺伝子や遺伝性疾病と関連する場合は「遺伝学的市民権」ともよばれる (Heath et al. 2004)．

三つめは，生命科学のなかでも「脳科学・神経科学 (neuroscience)」と社会学の交錯である．生物学的市民の神経科学領域での展開として，うつ状態の当事者が自分の情動を脳の化学的状態として自己理解すること（「神経化学的自己」），自閉症スペクトラム当事者が「脳の違い」として自己理解をすること（「脳多様性」）などが論じられる．また，人間の社会性や道徳性を神経科学によって説明しようとする考え方もあり，特に後者は「脳神経倫理」とよばれる (美馬 2010)．

[美馬達哉]

📖 **参考文献**

[1] Kevles, D. J., 1985, *In the Name of Eugenics: Genetics and the Uses of Human Heredity*, Alfred A. Knopf.（西俣総平訳, 1993,『優生学の名のもとに――「人類改良」の悪夢の百年』朝日新聞社．）
[2] Segerstråle, U., 2000, *Defenders of the Truth: The Battle for Science in the Sociobiology Debate and Beyond*, Oxford University Press.（垂水雄二訳, 2005,『社会生物学論争史――誰もが真理を擁護していた（1・2）』みすず書房．）
[3] Rose, N., 2007, *The Politics of Life Itself*, Princeton University Press.（檜垣立哉監訳, 2014,『生そのものの政治学――二十一世紀の生物医学，権力，主体性』法政大学出版局．）

身体の社会学

●「身体の社会学」の二つの観点　身体は，社会学にとって，その誕生以来常に，無意識の中心的主題であった．まさに身体であるということが，人間が生命の絡み合う自然的世界に内属しつつ，そのことにおいて社会的な存在であることを保証しているからである．例えばK. マルクス（Marx）が労働や生産様式に着眼しているときすでに，身体が事実上主題化されていたとみなすことができる．とはいえ，身体という主題が，明確にそれとして意識され，概念化されるようになったのは，M. モース（Mauss）の仕事などの少数の例外を別にすれば，社会学が誕生してからずいぶん経過した後，1960年代以降である．1980年代以降，身体を自覚的に主題に据えた社会学的な研究が多様な領域で手がけられ，同時に，過去の社会学のなかに，「身体」という主題が潜在していたことが再発見されることにもなった．

　今や，「身体の社会学」として包括できる領域は非常に広く，錯綜している．ここでは，身体の社会学の観点を大きく二つに分類したうえで，その内容を紹介しておこう．第一に，「客体」としての身体に着眼する研究がある．身体が自然の与件ではなく，社会的で意味的な構築物であるということを，実証と理論の両面から示す非常に多くの研究が蓄積されてきた．こうした研究の理論的な生産性の頂点には，身体を権力関係の焦点として主題化した研究がある．第二に，身体の「主体」としてのアスペクトに着眼する研究がある．社会的な構築物であるのは身体に限らない．身体の固有性に照明を当てることを通じて，身体が，規範や制度などの「社会的なるもの」を構成する主体であることを示そうとする多様な試みがなされてきた．この観点に立脚した研究に対しては，現象学の貢献が大きい．

●「客体」としての身体　この系列の研究のなかでも比較的初期に属する成果としては，例えばE. ゴッフマン（Goffman）の『行為と演技（日常生活における自己呈示）』（1959）や『スティグマの社会学』（1963b）などをあげることができるだろう．これらは，日常的なコミュニケーションのなかでのちょっとした仕草や行動がどのように意味づけられ，時に負の烙印をおされるかについての繊細な観察の産物である．さらに過去に遡れば，「文明化」の過程でどのようにして身体の諸機能やさまざまな使用法が形成されてきたかについての，N. エリアス（Elias）の歴史社会学的研究を見出すことになるだろう．あるいは，象徴化された身体と罪や穢れの観念とのつながりを論じた，M. ダグラス（Douglas）による，1960年代末期の文化人類学的業績も，この系列の先駆的な成果のなかに含められる．

　身体を社会的に構築された客体として描く考察が，最も多くの成果を上げた領域はフェミニズムの理論である．S. d. ボーヴォワール（Beauvoir）の『第二の性』

(1949)の主張，すなわち人は女として生まれるのではなく——社会・心理的な過程に媒介されて——女になるのだという主張は，構築主義に立脚したフェミニズムのテーゼを先取りしている．1970年代以降のフェミニズムは，生物学的な「セックス」と社会的に構築された「ジェンダー」との間の区別を実証する研究に力を注いだ．こうした研究の延長上に，女性が社会的・政治的に従属的な地位に置かれているという事実が，女性の精神的あるいは身体的な病として現象している，ということを示す経験的な研究が蓄積された（例えば，摂食障害についての研究）．人間の身体の解剖図でさえも，ジェンダーに関する支配的な言説に影響されている，ということを示されている．

社会的な「客体」としての身体に照準する研究のなかで，理論的な観点からみて最も重要なのは，M. フーコー（Foucault）の権力論である．フーコーの当初の目的は，権力の近代的な類型を抽出することにあった．『監獄の誕生』(1975)で，フーコーは，フランス革命の時期を境にして，身体刑を伴う権力から規律訓練型権力への転換があったということを鮮やかに証明してみせた．規律訓練型権力とは，個別化された身体への恒常的で遍在する監視（パノプティコン）を媒介にして，自己反省する「内面」という自己意識の座を身体のうちに構成する権力，つまり，身体を，恒常的な従属化を通じて「主体」として構成する権力である．フーコーは，後の研究で，規律訓練型の権力の起源は，人間に対する神のあり方を「牧人」にたとえる，ヘブライズムの伝統のうちにある，と論ずるようになる．『性の歴史1・知への意志』(1976)では，規律訓練型権力を一部に含む「生権力」なる概念が提起される．生権力とは，伝統的な死への権力（殺す権力）に対して，人を生かしめる権力である．生権力の相関項として，「人口」としてとらえられた身体の集合性が措定されることになる．

フーコーの権力論は，フェミニズムの理論に大きな影響を与えた．その最も顕著な結果が，J. バトラー（Butler）の研究である．『ジェンダー・トラブル』(1990)をはじめとする諸著作で，バトラーは，フーコーの「セクシュアリティ」と権力との関連についての理論をさらに拡張し，文化的に規定されたジェンダーによる汚染を免れた「純粋なセックス」は存在しないとまで主張する，きわめて徹底した構築主義を展開した．さらに，フーコーの理論の発展的な継承としては，G. アガンベン（Agamben 1995）の仕事が重要だ．アガンベンは，「生権力」と「殺す権力」との間の截然とした分割を廃し，両者の交錯のなかから「主権」という概念が生成する論理を抽出した．その際，アガンベンが注目したのは，ローマ法で「ホモ・サケル」とよばれている身体である．それは，宗教法と世俗法の両方から排除された「むき出しの生」によって特徴づけられる身体だ．ホモ・サケルは，純粋に受動的で，権力の無制限の客体であることを通じて，逆説的に，「主権」を立ち上げる．このように論ずるとき知的関心は，身体の「主体」としてのアス

ペクトのほうに移行している．

●「主体」としての身体　モースが，諸々の社会はそれぞれ，歩行から始まって，食事や用便，性交，育児等々に独自の技法，すなわち身体技法をもつと，1930年代に主張したとき，彼は文化的に構築された身体のさまざまな様態を記述しようとしただけではなく，身体の「主体」としてのアスペクトにも注目していた．身体技法とは，はっきりとした実効性をもつ伝統的な行為のことだが，モースはこの概念に西洋近代への批判の意図を込めつつ，身体技法が，社会統合の産物であるだけではなく，道徳を形成する作用をも有するとみなしている．同じ両義性は，その半世紀近く後に，つまり 1970 年代に，P. ブルデュー（Bourdieu 1980）が提起した「ハビトゥス」と「プラクシス」の理論にもみられる．ブルデューは，まず，プラクシスが集団のなかで獲得され，集団ごとに異なっている事実を重視する．ということは，そのような多様なプラクシスを生み出す原理があるということだ．それがハビトゥスである．それゆえ，ハビトゥスは，「構造化された構造」であると同時に「構造化する構造」でもあるとされる．

　とはいえ，ブルデューは，いかにしてハビトゥスが構造を構造化するのか，その機制を理論的に説明し得たわけではない．ブルデューは，身体と構造（制度や規範）の間の循環関係を一つの図式として描写しただけだ．N. クロスリー（Crossley）の『社会的身体』（2001）は，ブルデューのこうした限界を乗り越えようとする試みの一つだと解釈することができる．クロスリーは，デカルト以来の心身二元論の超克という意図をも込めて，社会学のなかに，M. メルロ＝ポンティ（Merleau-Ponty 1964）の知覚の現象学を統合しようと努力している．例えば彼は，ハビトゥス概念を，「身体図式」（メルロ＝ポンティ）の内自化という説明に置き換える．

　大澤真幸が 1990 年頃より展開してきた身体の（比較）社会学も，メルロ＝ポンティの現象学の社会学化の試みを含んでいる．社会的なるものを創出する「主体」としての力能を身体に帰属させようとするとき，身体とその相互作用が属する経験的な水準と制度や規範・意味といった社会的なるものが帯びる理念性・超越性とをどのように接続するのか，という問題が最大の障壁となる．大澤は，身体間の関係――メルロ＝ポンティが「間身体性」とよんだ現象――を通じて，規範の選択性の帰属先として機能する超越的な身体――第三者の審級――が，経験に先立つ超越論的なレベルへと先向的に投射されるメカニズムによって，この問題に答えることができる，と論じている．このメカニズムは，（超越論的な）前提を（経験的に）措定する操作にあたる．この操作は，社会秩序についての「ホッブズ問題」（パーソンズ）への回答ともなりうるので，社会システムのオートポイエーシス（自己創出）を説明するエレメントともなる．

　メルロ＝ポンティの間身体性の概念を社会学化するうえでの鍵は，身体に所属する任意の心の作用が，現象を「この身体に対するもの」として措定する求心性

と同時に，求心化の中心を「他処」への移行させる遠心性をも伴っている，という事実を考慮に入れることである．対象に触れる手はその対象に触れられているのであり，対象を見つめる私はその対象に見つめられてもいる，という直観が常に生じているのだ．この遠心性は，身体が能動的であるまさにそのときに，（他者との相関で）受動的・受苦的でもあるということを含意しており，身体の本源的な「ヴァルネラビリティ」（傷つきやすさ）へと通じている．ここから，意識に主体性を認める伝統的な社会学の理論と，身体に主体性を認める理論とでは，「主体」のあり方としてまったく異なった様態を想定していることがわかる．意識は世界を自己へと中心化する原理である．それに対して，身体には中心化と脱中心化の力がともに働く．いわば主体としての身体は内的な亀裂をはらんでいるのである．

　主体としての身体を十全に概念化しようとすれば，最終的には人間の動物性をも視野に入れなくてはならない．「人間的」とみなされている社会・文化現象は，人間もまた動物であるという事実からどのように説明できるのか．真木悠介の『自我の起原』(1993) は，そうした挑戦の成果である．ここで真木は，「利己的遺伝子」などの生物を支配する原理だけを前提にして，その原理の一種の暴走の産物として「自我」のような現象が生まれうること，同時に自我たちの利己主義を超える可能性が同じ前提から導きうること，これらのことを示した．動物社会学と身体の社会学との統合は，来るべき社会学の最も重要な理論的課題である．

●**ポストヒューマンの時代の倫理的課題**　21世紀の現在，身体は，法と倫理の最も前衛的な主題でもある．医療技術と生命科学の急速の発展によって，「人間」の人間たるゆえんを定義する条件と考えられている身体の諸性質に，すなわち可死性，性的差異，遺伝的条件などの諸性質に人為的に介入しうる技術的な可能性への展望が開かれてきた．このとき，こうした諸性質の変更がどこまで倫理的に許されるのかが，社会的な議題となる．こうした倫理的な問いが浮上したのは，これまで与件でしかなかった身体の諸条件が選択可能なものになったからだ．J. ロック (Locke) によれば，自由（選択）の倫理的な根拠，つまり私的所有の根拠は，身体の自己所属にある．ところが，その身体そのものを，実際に，自己の自明な所有物として，自由と選択の対象としたとたんに，我々は決定不能の状態に陥っているのだ．とすれば，身体への人為的な介入の是非をめぐる現代的な議題は，応用倫理学の一特殊部門に属する主題ではなく，倫理の倫理性そのものの根拠を問う主題だということになるだろう．　　　　　　　　　　　　　　　　　〔大澤真幸〕

参考文献
[1] 市野川容孝，2000，『身体／生命』岩波書店．
[2] 大澤真幸，1990-91，『身体の比較社会学 1・2』勁草書房．
[3] Crossley, N., 2001, *The Social Body: Habit, Identity and Desire*, Sage.（西原和久・堀田裕子訳，2012，『社会的身体——ハビトゥス・アイデンティティ・欲望』新泉社．）

ジェンダー / セクシュアリティと身体

●**問題の背景——社会構築主義と身体** 近代社会以前の多くの社会で，性別に特有な特性・意識・行動（例えば女性らしさや性役割行動など）や，性意識・性行動は，生まれついての身体の形態によって，当然決まっているものと，考えられていた．例えば，近代以前のヨーロッパでは，キリスト教の影響が強く，性役割や性行動は，宗教規範として遵守されていた．近代以降においては性科学などの科学が発展し，宗教に代わって科学が，性役割や性行動を自然かつ不動のものとして位置づける役割を果たした．こうした考え方から，それらの多くの社会では，通常の性別規範や性規範を逸脱する人々は，逸脱者あるいは異常者として社会的制裁を受けがちであった．

この考え方は，欧米西欧や日本など自由主義諸国を中心に1970年代において強まった，第二波フェミニズムやゲイ解放運動などの社会運動によって，大きく変化した．まず，性役割が身体的性別に規定された不変のものであるという考え方に対して，第二波フェミニズムは，歴史的比較社会的資料なども利用しつつ，疑問を提起した．また自らの身体的性別とは異なる異性に性的に惹かれるのが「正しい」性意識・性行動であるという考え方に対して，ゲイ解放運動は，同性愛を肯定する立場から，強い批判を行った．こうした社会運動の影響も受けて，1980年代以降，社会学においては，性器の形など特定の身体的形態によって「本質的に」決まった特性や意識や行動のあり方などは存在せず，それらの多くは当該社会の性別規範や性規範の影響を受けて，社会的に構築されたものであるという社会構築主義に基づく性別観・性観が強まった．また，この社会構築主義的な見方に基づき，社会的要因その他によって形成される性役割や性別特性を「ジェンダー」，性に関する意識や行動を「セクシュアリティ」とよぶ用法も，確立した．

けれどもこの社会構築主義的な性別や性に関する見方の興隆は，一部に生じたにすぎないとはいえ，「性役割や性行動は，意識のみに規定されており，自由意思によって簡単に変更可能である」「身体的性差は存在しない」「身体は性役割行動や性行動にまったく影響を与えない」などの誤解をも生み出した．その結果，身体に焦点を当てた性別や性に関する研究が，やや抑制される結果となった．他方，1950年代以降，遺伝学や発生学など，生殖に関する医学的生物学的研究は著しく変化し，その進展から，生殖医療や遺伝子治療などの我々の身体や生活に直接影響を与える医療・医療サービスも生み出された．またこれらの新しい生物学的医学的知識は，多くの人々にも広く分けもたれるようになり，私たち自身の身体観にも変化を及ぼすようになった．ここから，現代科学の発展による身体に

関する科学的知識の変容それ自体も含めて，現代社会における身体のあり方やそれをめぐる社会関係・社会組織の変容に焦点を当てた社会学的研究の必要性が強く認識されるようになった．性別や性に関しても同様である．ジェンダー／セクシュアリティを身体との関わりにおいて考察するという研究においても，知識を社会との関係において把握する社会構築主義的視点は，維持可能である．「ジェンダーは社会的に構築されるのだから，身体を主題とすることはできない」などの認識があるとすれば，それ自体誤解なのであるから．

●日常知における身体──「物質としての身体」と「経験としての身体」　では，身体とは何か．この視点では，身体を，(言説実践を含む) 人々の日常的実践との関わりで考察する．私たちは日常的に，身体という言葉を以下の二つの意味で使用している．まず私たちは身体を，他のモノと同じ物質性をもつものとして意味づけている．以下ではそれを，「物質としての身体」とよぶことにしよう．私たちは，自分や他者の「物質としての身体」を，他のモノと同じように見たり触れたり掴んだりすることができる．変形させたり，計測したり，一部を切り取って分析に回したりすることもできる．この意味での身体は，日常的実践の客体として現れる．

けれども，身体という言葉には，別の意味もある．それは，「経験としての身体」を意味する．「経験としての身体」は，以下の三つの場合を含む．第一に，身体の一部である感覚器官による知覚経験．五感 (触覚・嗅覚・味覚・聴覚・視覚など) のなかでも，特に視覚以外の知覚を我々は，身体の経験として経験する．第二に，動作経験．手足や体躯などの随意筋を動かすときの力の入れ具合などの身体動作の記憶は，感覚器官による身体経験と組み合わされて，我々の行動のレパートリーとして保持される．歩くこと・走ること・モノを投げるなどの動作経験は，我々の日常的実践を可能にする基礎を形づくる．第三に，自分の身体状態に関する知覚．痛みや疲れ，眠気，しびれなど．そのほか，内臓感覚もここに含まれる．不安や衝撃などの感情も，内臓感覚を伴うことが多い．これらの経験としての身体は，「客体としての身体」であるところの「物質としての身体」との対比でいえば，「主体としての身体」と言い換えることもできる．このように，身体は，客体として現れることも，また主体の経験として現れることもできる両義性をもっている．

「物質としての身体」と「経験としての身体」はともに，「意識の外にある」という点において，共通性をもつ．「意識の外にある」ということは，「意識にとって所与」であり，コントロールが及ばないという意味で「意識の限界」を意味している．身体という言葉が，二つの異なる意味をもつにもかかわらず，日常的に使用できるのは，いずれも「意識の外にある」という含意を含むからである．

また私たちは，日常生活においては，この二つの意味の身体を相互に関連づけ

ることによって，身体についてのさまざまな「日常知」を形成している．手に傷をつけてしまったとき，手に痛みを感じ（経験としての身体）ながら，血が出ている手を見る（物質としての身体）．あるいは病院でレントゲンを撮ってもらい骨が折れたレントゲン写真を見るかもしれない．手を怪我するということの「知識」は，この痛みの経験と「手の傷」を結びつけること，つまり，「経験としての身体」を「物質としての身体」を結びつけている．

けれども，「経験としての身体」は，経験であるゆえに，自分の身体経験しか経験できない．感覚器官による環境知覚にせよ，歩くなどの動作経験にせよ，痛みなどの自己身体知覚にせよ，「経験としての身体」は，自己の身体についての経験である．他者の身体を経験することはできない．しかし，手を怪我するということの「知識」が形成されていれば，私たちは，他者の手から血が出ていることを見ると，自分は痛みを感じなくても，そこに他者の痛みを「想像」することができる．「想像のなかで」，他者の身体もまた，自己の身体と同じく，主体と客体の両義性を伴って，構築される．

●ジェンダー／セクシュアリティと「他者の身体」　「他者の身体」がこのように構築されることから，「異なる外形をもつ身体」「類似している外形をもつ身体」の構築が，一つの政治的問題であることが見えてくる．自分とは異なる外形（性器の形・皮膚の色など）をもつ他者の身体について，私たちは，自分と同形的な身体経験を当てはめにくくなる一方で，そこに異なる身体経験の存在を読み込みがちになる．他方，自己と類似の身体外形をもつ他者に対しては自己と同一の経験をおしつけがちになる．逆に，異なる身体経験をもつことを理由として，そこに異なる「物質的身体」の存在を推測させることも起こる．ジェンダー・バイアスやホモ・フォビアなど，ジェンダーやセクシュアリティに関する差別や偏見のほとんどは，こうした「身体」に関する私たちの日常知に関する実践と深い関連性をもつ．また差別や偏見を解こうとする実践も同様に，私たちの身体に関する日常知的実践と深い関連性をもつ．第二波フェミニズムの「性差最小化論者」は，「物質的身体」の性差を最小に見積もることで，男女間の身体経験や能力の相違も「最小化」できると考えた．また同性愛の傷病化戦略をとったゲイ解放運動の人々は，同性愛という異性愛とは異なる身体経験に，その根拠となる異なる物質的身体の存在を指定することで，同性愛を，脱犯罪化しようとした．身体に根拠があるならば，「身体は意識のコントロールの外」であるゆえに，主体は責任を免れるからである．このように，私たちのジェンダー／セクシュアリティをめぐる政治は，「身体の社会的構築」と深い関連性をもつのである．

●ジェンダー／セクシュアリティと「科学的知識」　「異なる外形をもつ身体」あるいは「異なる身体経験」をめぐる問題は，私たちの身体をめぐる日常知におい

て生じるだけではなく，「科学的知識」の形成においても生じがちである．近代社会において，「科学」は，宗教に代わって，「最も正当な知識」として，位置づけられた．それゆえ「科学的知識」は，臆見や頑迷な迷信をも含む日常知よりも確かな知識としての位置を得ることになった．けれども，この「科学」の担い手は，近年までほとんど白人中産階級異性愛男性であった．科学者の社会的属性は，研究動向や予算配分を決定する問題関心のあり方などに影響を与え，ひいては科学的知識のあり方にも影響を与えることになった．ジェンダー／セクシュアリティの視点からの医学史の見直しが行われるようになったのは，1980年代以降のことである．

●**科学技術の発展と「ジェンダー／セクシュアリティ」**　20世紀末，科学技術の発展によって，「物質としての身体」も，「経験としての身体」も，大きく変化している．以下ではこの変化を，第一に「物質としての身体」に生じている「道具化／手段化」という傾向，第二に，「経験としての身体」に生じている「身体境界の拡張化」という傾向として，例示的に示す．「物質としての身体」に関する科学的知識は，20世紀後半，DNAの発見やヒトゲノム計画の達成，遺伝子治療の発展，体外受精などの生殖技術の発展と普及，ES細胞やiPS細胞を利用した再生医療の発展，脳科学の進歩など，より大きな進歩を遂げた．その結果私たちは，新しい科学的知識を利用した医療技術や医療サービスを受けることが可能になった．このことは，結果的に私たちに，自分の身体を他のモノと同じように，コントロールしたり改変したりできるモノとして見る「道具化」「手段化」といった傾向を強化している．ジェンダー／セクシュアリティに関しても，手術や薬剤を使用した身体的外形の改変手段の利用可能性の増大や，生殖技術の利用などによって，「身体」を「思いのままに加工しうる」かのような社会意識が広まっている．けれども，「物質としての身体」に関する知識の増大は「物質としての身体」の規定性についての我々の認識を強めた結果，遺伝に関する知識の普及などによる血縁意識の強化等も生みだしている．

　他方，私たちの身体経験も，電子的技術の利用によって，大きく変わっている．携帯電話の普及・ヴァーチャル・リアリティ経験・ゲームにおける動作経験などは，具体的な身体の境界を超えた，新しい身体感覚を生み出す可能性がある．こうした電子的環境は，異なるジェンダーやセクシュアリティの経験を，より容易にする．

　これら二つの変化は，ジェンダー／セクシュアリティを大きく変えていくだろう．その変化の方向の予想は難しいが，ジェンダー／セクシュアリティの社会的構築性の意味をより強める方向であることは，間違いないと思われる．

〔江原由美子〕

身体技法

●**身体技法とは何か** 身体技法とは,文字どおり身体を運用するための「技法」であって「技術」とは違う.つまり意図的,計画的,構造的に教えられ,また学ぶことで得た身体ではない.わが国ではしばしば「わざ(技)」という表現が用いられるが,マニュアルや教科書によってではなく,文化や環境に接続することによって世界の一部となるような身体への接近ないし獲得を指す.例えば,1920年代に来日し,東北帝国大学で哲学の教師をしていた E. ヘリゲル (Herrigel) は,阿波研造から弓道の指導を受けるが,弓道が西洋的な意味でのスポーツではなく,きわめて禅的な思考に裏づけられた身体技法であることに気づき,弓道は敵を倒すことではなく「自分自身を的にし,かつその際おそらく自分自身を射中てるに至るような能力」が必要とされていると書き残している.

●**身体技法研究の歴史** 身体技法という概念が最初に言及されたのは,M. モース (Mauss) の心理学会での講演「身体技法論」(1936) である.モースは身体技法を「人間がそれぞれの社会で伝統的な様態でその身体を用いる仕方」と定義している.他者によってでなければ観察することのできない身体の運用法こそが身体技法であり,スポーツやダンス,それに日本舞踊や能楽の仕舞,武道や宗教的な修行,あるいはヨガや気功などの健康法などにおける身体は,「コツ」や「勘所」,それに「間」を身につけることによってその領域に習熟していくことになる.モースは水泳の泳法や軍隊の歩行や休息といった具体的な事例から,自らの身体の挙動とは異なった身体が存在することに気づき,それらを「泳法」とか「歩行(休息)」といった包摂的な立場によって観察し,論じられた形式を「身体技法」としたのである.

　モースはまた「わたくしは有効な伝承的行為を技法とよぶ(そして,ご存知のように,それは,この場合,呪術的,宗教的,象徴的行為と別個ではない).……伝承なくしては,技法も,伝達もありえない.人間はそこでなにはさておき動物と区別されるのであって,技法の伝達,それもおそらくは口頭に基づく伝達によるのである」と述べており,人類のもつ身体技法は,人類が産み出した道具と同じように自然であり基本的なものであった.

　モース以来,身体技法の研究は主として文化人類学の文脈で,つまりは「文化としての身体」といった視点から考察されることが多かったが,P. ブルデュー (Bourdieu) によって一つの転換点を迎えた.ブルデューは「ハビトゥス」の概念を提出し,それを「社会的に獲得された性向の総体」とまとめた.ハビトゥスの概念は教育システムや社会構造の裏面を把握することによって,世界が身体化

されていることを明らかにするものであった．ブルデューは，芸術行為も経済行為も「資本」という共通の立脚点によって論ずることが可能であるとした一方で，「資本」による価値の相対化といった視点でハビトゥスをとらえているという問題も残る．

やがて，「身体技法」の思考は，H. ガーフィンケル（Garfinkel）の「エスノメソドロジー」へと，批判的に継承されることになる．だが，社会現象のある一側面を可能な限り記述するというエスノメソドロジーの方法論は，そもそも身体技法においては記述するための「共通言語」を見出すことが困難であり，この研究のために身体技法を説明・分析する言語を準備しなければならない．むしろ，R. シェクナー（Schechner）のパフォーマンス論で展開されるような，「パフォーマンスとして」の行為と「パフォーマンスそのもの」である行為の分類によって，身体のあり方やその技法上の特徴を抽出する可能性が大いに期待される．

ガーフィンケルの後は，M. ポランニー（Polanyi）の「暗黙知」が，身体技法をとらえるための重要なアイデアとなる．「暗黙知」は，人が暗黙のうちに複雑な身体動作を制御する，文字どおりの「身体知」のことであり，水泳や自転車のように，一度その技法を会得すれば，身体は生涯忘れることはないし，それを言語化することもできない．しかし，これもまた，モース以来の「身体技法論」をより精緻に分析したにすぎず，現実の身体技法にどこまで肉薄した研究となっているかは不明なのである．

●**身体技法研究の可能性**　これからの身体技法研究には，テクノロジーによる補完はどうしても必要になってくる．もちろん，日常生活を送る身体から特殊な能力や技能を必要とする身体に至るまで，我々の身体活動・身体運用は意識的・無意識的に常に行われており，それらのあらゆる局面において身体技法は観察されることになるから，身体技法の全体的研究というものはあり得ない．モースは，「全体的人間（l'homme total）」を生物学的・心理学的・社会学的の三つの視点から記述することを指摘しているが，今日では「VR」（仮想現実，virtual reality）を経て「AR」（拡張現実，augmented reality）による世界把握が実現されており，環境と装置と身体を接続する新たな身体技法が生まれているといえる．それは身体領域の拡張でもあり，同時に身体世界の深化でもある．そうした身体ならびに身体技法の理解のためには，脳科学からアフォーダンス（affordance）理論に至るまで広範なエリアからの討究が必要である．　　　　　　　　［小林昌廣］

参考文献

[1] Mauss, M., [1936]1950, "Les techniques du corps", *Sociologie et anthropologie*, Press universitaires de France.（有地 亨・山口俊夫訳，1976,「身体技法」『社会学と人類学Ⅱ』弘文堂：121-56.）
[2] 倉島 哲，2007,『身体技法と社会学的認識』世界思想社．
[3] 生田久美子，1987,『「わざ」から知る』東京大学出版会．

リプロダクティブ・ヘルス / ライツ

●**リプロダクティブ・ヘルス / ライツとは** 日本語では「性と生殖に関する健康と権利」と訳される．この用語が国際的に使われるようになったのは，1994年国連国際人口開発会議（カイロ会議）の行動計画にその定義が盛り込まれ，翌1995年，世界女性会議（北京会議）において行動綱領に明記されて以降である．カイロ会議では，リプロダクティブ・ヘルスとリプロダクティブ・ライツが別々に定義されているが，それはこの二つの用語が別々のルーツをもっているからである．

リプロダクティブ・ヘルスは，WHOが1980年代末に提唱した健康の定義に即したものであり，人間の生殖システム，その機能と活動過程のすべての側面において，単に疾病，障害がないというだけではなく，身体的，精神的，社会的に完全に良好な状態であることを指し，人々が安全で満ち足りた性生活を営むことができ，生殖能力をもち，子どもを産むか産まないか，いつ産むか，何人産むかを決める自由をもつことを意味するとされる．他方，リプロダクティブ・ライツは，女性の権利拡張運動のなかから生まれた，安全な中絶の権利と性交，生殖の自由を要求するリプロダクティブ・フリーダム運動がそのルーツである．すべてのカップルと個人がその子ども数と，出産の間隔，そして時期を自由にかつ責任をもって決定すること，そしてそれを可能にする情報と手段を有することを基本的人権として承認し，また，最高の水準のセクシュアル・ヘルスとリプロダクティブ・ヘルスを獲得する権利である，と定義されている．

●**概念の歴史的背景** アメリカ社会で始まったリプロダクティブ・フリーダム運動では，医療の場面において女性のからだが男性専門家によって管理され，女性自身が発言権をもたない状況への異議申し立ての象徴として人工妊娠中絶が最大の争点であった．結局，1973年，妊娠初期の中絶を女性の「プライバシー権」として認める連邦最高裁の判決（ロウ対ウェイド訴訟の判決），すなわち「からだに関する自己決定権」が認められた．しかし，宗教上の理由から中絶の是非をめぐって容認派（プロチョイス）と反対派（プロライフ）が激しく対立し今日に至っている（荻野 2014：29）．

日本でも，リプロダクティブ・ヘルス / ライツの自覚を促した契機は，ウーマン・リブ運動の争点「優生保護法と中絶」の問題，とりわけ「経口避妊薬ピル」をめぐる対立であった．やがてリブ運動は障害者運動との共闘を経て，1980年代の「優生保護法改定」をめぐる相克として顕現した（荻野 2014）．優生保護法は，1996年，刑法に堕胎罪を存続させながら優生条項だけを削除するかたちで「母体保護

法」という名称に変更された．つまり，中絶の処罰の対象が女性と医療的に関与した者だけで，妊娠させた男性の責任は問われないという状況が存続しており（山根 2004)，今日においても，性と生殖の「自己決定権」を主張しづらい状況があることも否めない．

このように，リプロダクティブ・ヘルス／ライツは，北の先進諸国における中絶をめぐる女性の権利として議論されてきたが，他方で「南の人口過剰」をいかに抑制するか，すなわち，女性の生殖能力のコントロールが国連などの人口政策や開発の条件となり，南の貧困層の女性の多くが不妊手術ないし避妊薬の投与を強制されてきたことも事実である．

●**概念の適用と新たな問題** リプロダクティブ・ヘルス／ライツにおける喫緊の課題は，まず，途上国や紛争地域における若年女性に対する性的搾取や生存をかけた妊産婦・乳幼児の過酷な現実においてであるが，近年では，先端生殖医療が生み出している新しい問題がある．

リプロダクティブ・ヘルス／ライツを求める女性運動は，中絶や避妊のように「産まない」方向に重きを置いてきた．しかし，出産の病院化とともに，1980年代以降，体外受精に代表される先端生殖技術によって，「産む」方向において女性のリプロダクティブ・ヘルス／ライツを脅かす問題を生み出している．つまり，体外受精が生殖プロセスのパーツ化と外部化，生殖の脱セックス化と商品化（荻野 2014）を可能にした結果，「代理出産」と「卵子提供（売買）」による生殖が生殖における南北問題を生み出している．リプロダクティブ・ヘルス／ライツが望まない妊娠に対する中絶の権利を女性に認めてきたのと同様に，金銭を媒介とした卵子の購入や妊娠出産を代行してもらうことが女性の生殖の権利として認められるのか，また逆に「身体が各自の所有物」であるからという理由で卵子を提供し，また妊娠出産を代行することが女性の権利として認められるのか，早急に結論はでない．しかし，代理出産，卵子提供ともに貧しい女性の身体が他者の生殖に用いられているという事実は，リプロダクティブ・ヘルス／ライツが新たな局面を迎えていることの証左である．さらに，自分の卵子を凍結保存し，時間を経て後に出産するという選択が可能となりつつある．

リプロダクティブ・ライツを他者の生殖身体を使って子どもをもつ（親となる）権利として読み替えることができるか．また，他者の生殖のために生殖身体を提供した女性やさまざまな生殖医療によって生まれてくる子どものヘルス・ライツはどのように確保されるのか問題は多い．

〔浅井美智子〕

📖 参考文献
[1] 柘植あづみ，2012，『生殖技術——不妊治療と再生医療は社会に何をもたらすか』みすず書房．

ディスアビリティ（障害）

●**ディスアビリティ（障害）とは**　日常語としてのこの言葉は，一般に，医学・生理学的な基準によって特定される心身の機能・構造上の欠如や異常性のことだと理解されている．しかし，1980年代に英米で学問分野として成立したディスアビリティ・スタディーズ（disability studies, 障害学）においては，こうした心身の機能・構造における標準からの逸脱を「インペアメント（impairment）」と名づけたうえで，それとは分析的に区別されるものとして，障害者が経験する社会生活上の不利や困難に焦点化するために「ディスアビリティ」を概念化した．イギリスの社会学者M. オリバー（Oliver）は，この新たなディスアビリティの認識論を「ディスアビリティの社会モデル」として定式化した（Oliver 1983）．

その要諦は，インペアメントとディスアビリティとの因果的・本質的な結びつきを想定する伝統的な障害観（ディスアビリティの個人モデル）を相対化したうえで，ディスアビリティの問題こそが重要な理論的・実践的主題であると位置づけたことにある．ディスアビリティは，障害者の個体的特質としてのインペアメントそのものによってよりも，むしろそれを取り巻く社会的な諸関係や諸編成によって生み出されているのであり，重要なのは，そのメカニズムの分析と変革の方途の探究であると主張されたのである．このパラダイムシフトによって，それまで医学を中核とする実践諸科学の体系として，障害者個人への介入を志向するアプローチが支配的だった障害研究は，ディスアビリティの構築に関与している現行の社会のありようを問うという，すぐれて社会学的なテーマと接続することになった．

なお，「インペアメント／ディスアビリティ」の概念の分節化を行ったうえで，後者の社会性に焦点を当てる障害学の基礎的なモチーフは，「セックス／ジェンダー」の区分を前提に，後者の可変性を主張することで性差別からの解放を志向した初期フェミニズム理論の立場と相似性を有していることが指摘されている．

●**「ディスアビリティの社会モデル」の意義**　ディスアビリティの社会構築性に焦点を当てる新たな認識論は，障害問題をめぐる社会的実践に二つの重要なインパクトを与えたとされる（Shakespeare 2006）．一つは，障害者運動における戦略の明確化である．ディスアビリティの原因を社会的諸要素に求める理解が提示されたことで，問題解決の主要なフィールドを障害者自身から周囲の社会へと転換する障壁除去アプローチが支配的な戦略となった．もう一つは，障害者の肯定的な自己理解形成への寄与である．問題を外在化する認識によって，障害者は，自分が困難を経験しているのは自分の身体に問題があるからだ，という自責感情

から解放される足がかりを得ることになったのである.

加えて,ディスアビリティの社会モデルは,既存の社会諸科学の問い直しを迫るものでもあった.ディスアビリティの社会モデルの提起と軌を一にして展開された障害当事者運動は,1960年代以降のさまざまなマイノリティ運動の通奏低音である「統合・包摂」の理念を共有するものだった.しかし,そもそもメインストリームの社会とは,分離された環境へと障害者を排除することを前提としたうえで円滑に機能するようなシステムとして構築されたものだったために,障害者の(再)包摂は不可避的にそうしたシステムの前提と齟齬をきたすことになった.ここにおいて,福祉国家や市場経済を含むマクロな社会制度や社会構造がいかにしてディスアビリティの構築に関与しているのか,それを組み替えていくことはいかにして可能なのか,といった問いが立ち現れることとなったが(Oliver 1990),残念ながら既存の社会諸科学は,それに十分に答えるものとはなっていなかった.ディスアビリティの社会モデルとは,こうした状況に対応するための知の生産を促す研究パラダイムでもある.

●**ディスアビリティ理論の展開** 現在,ディスアビリティの社会理論は発展の過渡期にあるといえる.まず,1990年代からフェミニスト障害学の論者を中心に,「個人的な経験」としてのインペアメントに着目した議論の必要性が提起され(Morris 1991 ; Crow 1996),ポスト構造主義や現象学の知見を援用してインペアメント経験を理論化しようとする試みもなされた(Hughes and Paterson 1997).こうした議論を踏まえつつ,「個人的な経験」の位相を適切に扱えるようにディスアビリティの社会モデルの拡張が試みられる一方(Thomas 1999),ディスアビリティの社会モデルには,「インペアメント/ディスアビリティ」の古典的な二元論的区別に固執し,インペアメントを生物学的な事実として本質化するという致命的な欠陥があるとして,その放棄を求める痛烈な批判も提起されている(Shakespeare 2006).

他方,障害者から社会的・経済的・法的・心理的な力を奪うイデオロギーと制度の問題(ディスエイブリズム)を告発してきた障害学は,新たに,「正常性」や「健常性」への接近という目標を神話化し,強制する象徴作用の問題(エイブリズム)(Campbell 2008)の分析へと射程を広げつつある.この点において,「強制的異性愛」という社会的再生産要請と結びついた性規範を問題化してきたクィア・スタディーズとの理論的接点も生まれている(McRuer 2006). 〔星加良司〕

参考文献
[1] Barnes, C. et al., 1999, *Exploring Disability: A Sociological Introduction*, Polity Press.(杉野昭博ほか訳,2004,『ディスアビリティ・スタディーズ——イギリス障害学概論』明石書店.)
[2] 杉野昭博,2007,『障害学——理論形成と射程』東京大学出版会.
[3] 星加良司,2007,『障害とは何か——ディスアビリティの社会理論に向けて』生活書院.

老いの社会学

●**「老いの社会学」が生まれた背景** 「老いの社会学」を英訳すれば，"sociology of aging" となろう．ただ，これまでは "sociology of aging" の訳語には「老いの社会学」よりも「老年社会学」や「エイジングの社会学」などが使用されてきた．エイジング（老化／加齢）の機制や過程ならびに高齢者に関する諸現象・諸問題を研究対象とする学際的学問分野が老年学（gerontology）として定着していることを鑑みると，どちらかといえば「老年社会学」という呼称のほうが一般的である．しかし，近年では「老年」でも「エイジング」でもなく，「老い」という用語を用いられることも少なくない．あえて「老い」と表現するのは私たちの社会で「年を重ねること」をいかに理論的に記述するかをめぐる格闘の歴史を指し示している．

　アメリカにおいては，かつて「高齢者＝援助を必要とする弱者／老い衰えゆく無能力者」といったステレオタイプ化された高齢者イメージが強く，学問もそれらを参照前提に研究を進めてきた．ところが，こうしたステレオタイプ化された高齢者像が1960〜70年代以降において全米退職者協会（American Association of Retired Person：AARP）やグレイパンサー（Gray Panthers）などの当事者組織によって年齢差別（ageism）として痛烈に批判され，「高齢者は非生産的である」などの「老人神話」に対する批判が起こり，それらの「脱神話化」の試みが運動として展開された．こうしたシニアムーブメントを背景にエイジング概念が強調された．老年学ではそれまで「老年期」を実体的にとらえていたが，こうした異議申し立ての運動を背景に人間の発達（human development）研究という新たなアプローチから，出生から死までのライフサイクル全体のなかで「生涯発達」していく時期として「老年期」をとらえるようになったのだ．つまり「加齢＝年を重ねる（aging）」とはまさに「生涯発達」していくプロセスなのだという認識論的転回のもとで老年学は発展してきたのだ．これに雁行して "sociology of aging" でも「老年期」を「生物学的エイジング」（老化）ではなく，「社会的文化的エイジング」（加齢）として理解するようになった．

●**老いの社会学における認識論的転回** このような異議申し立てを背景に年齢差の「生物学的宿命」を脱構築したことを契機に，老年学では，第一に，「高齢者像のネガからポジへの価値転換」が図られ，かつての高齢者像の呪縛からの解放がうたわれた．生涯発達論は主として「発達」を基軸にした「プロセスとしてのエイジング」を強調していたため，老年期における「主体性」「生産性」「創造性」「成熟」などが積極的に提示された．第二に，高齢者の多様性が強調され，人生をライフサ

イクルとして段階的にとらえるのではなく，激動する社会変動の歴史的文脈において「個人のエイジング」を照射せんとするライフコース論などが登場した．第三に，かつての規範や制度を吟味・改編しつつ，老年期におけるアイデンティティや生き方を問い直す高齢者を描出するため，高齢者が自らの人生をいかにして再帰的に意味づけ・解釈していくプロセスを，いわば「再帰的エイジング (reflexive aging)」とでもよぶべきリアリティを分析しようという立場も登場した．

こうした再帰的エイジングを生きる高齢者像を前提にしたアプローチは二つの点で画期的であった．第一に，少子高齢化する社会においてこれまでの規範や制度を吟味・改編しつつ，不断に自己を意味づけ直して生きる高齢者を描き出せるようになった．「社会の歴史性」をも射程に分析することが可能になったのだ．

第二に，「スーパー高齢者」「生涯現役」「シニア婚活」「終活」などの言葉に象徴されるように，「規範や制度の吟味・改編」の社会的ダイナミズムのもとでの個々人の老いのプロセスを描き出すことができるようになった．

●**老いゆく自己の連続性と非連続性**　しかし，こうした再帰的エイジングでは，人々が自らの人生を問い直して生きるという「自己の連続性」を理解することに成功しても「自己の非連続性・差異性」を十分に描くことが困難である．人々は加齢に伴う身体の変容のただ中で，規範や制度を懐疑・吟味し，自らの人生を問い直しながら「自己の非連続性・差異性」を再び自己内部に回収していくことを前提にしているが，認知症をはじめ老い衰えゆく身体には，自らでは制御・統制できない，自己の同一性には回収し得ない圧倒的な現実がある．また，絶えざる自己の問い直しは記述できても，何ゆえそのようにしか人々は自らを問い直すほかないのか，そもそも何ゆえある特定の人々のみが自らを問い直さなければならないのかという機制や力学を十分に分析することができない．

こうした文脈から，第一に，自己の連続性・同一性のもとで「老い＝自己の非連続性・差異性」が立ち現れる現実をいかに記述するかという意味で「老い」が再発見された．使い古された「老い」という日常語には自己の連続性・同一性と同時に自己の非連続性・差異性を指し示すゆえ，あえて「老いの社会学」とよぶ．

第二に，老年学などで強調されてきた高齢者の「主体性」「生産性」「創造性」「再帰性」などの社会的に称揚される価値を前提にするのではなく，望ましき人間像それ自体を徹底的に問い直す言葉として「老い」が使用されることもある．

いずれにせよ，「老いの社会学」は社会の老いをめぐる現実がいかにしてつくり出されているのかを冷徹かつ大胆に考究していくことが可能な分野である．

［天田城介］

📖 **参考文献**
[1] 天田城介, 2003,『〈老い衰えゆくこと〉の社会学』多賀出版．(普及版, 2007；増補改訂版, 2009)
[2] 木下康仁, 1997,『ケアと老いの祝福』勁草書房．

死の社会学

●**死と社会学理論**　死は基本的に不可知の現象である．ただ，死が社会でどのように受容され処理されているかを問うことはできるし，それが死の社会学の基本姿勢である．社会学理論に基づき死を考察する場合，以下の二つの方向性が存在するといえる．

　第一に，特定の理論的枠組みに依拠する研究方法を用いて死に関する現象を明らかにする場合である．この方向の代表的な研究例としては，エスノメソドロジーに依拠する D. サドナウ（Sudnow）の『病院でつくられる死』(Sudnow 1967) や，シンボリック相互作用論に基づく B. G. グレイザー（Glaser）と A. L. ストラウス（Strauss）の『「死のアウェアネス理論」と看護』(Glaser and Strauss 1965) があげられる．そして第二に，近代化・ポスト近代化の全体的動向をとらえる社会理論を解釈図式として用いて，死の様相を明らかにする場合である．この方向では，社会史家である P. アリエス（Ariès）が提起した「死のタブー（禁忌）化」のテーゼが著名である (Ariès 1975)．近代社会は死を隠蔽・隔離する傾向をもつとするのがこの議論であるのに対して，隠されていても人々の興味の対象であるがゆえに，死はデフォルメされ商品化され，映像やイメージとしてメディアで流通し消費されるとする，G. ゴーラー（Gorer）の「死のポルノグラフィ」の概念もまたよく知られている (Gorer 1965)．社会学理論との関連でいえば，こうした研究の代表例としては，文明化理論に基づき死のタブー化の本質を明らかにした N. エリアス（Elias）の『死にゆく者の孤独』がある (Elias [1939] 1976, 1982)．また Z. バウマン（Bauman）は，単に商品化されるのみならず，消費社会化やリスク社会化のなかで流動化していく死の様相を，リキッド・モダニティ論を軸として描いている (Bauman 1992, 2006)．

●**病院死の社会的構築**　上述の第一の方向性の研究は，いずれも 1960 年代のアメリカの病院でのフィールドワークに基づくものである．この研究を通じてグレイザーとストラウスが彫琢したのが，グラウンデッド・セオリーである．これは，質的データに根ざしつつ，現場の当事者にも理解可能な形で抽出されるある程度一般化された理論である．例えば，グレイザーらは，フィールドワークで得たデータから，死にゆく患者と病院スタッフのコミュニケーションをパターン化する一般化された認識文脈として，「閉鎖認識」（患者だけが近づく死を知らない状態），「疑念認識」（患者が疑問を感じ探りをいれる状態），「相互虚偽認識」（患者とスタッフ双方が死が間近に迫っていることを知りながらも，知らないふりをする状態），「オープン認識」（死の情報が開示され共有された状態）という 4 つの文脈を析出

した(ちなみに当時のアメリカではまだ死の告知がなされることは一般的ではなかった).

またサドナウは,病院において死が,時として,患者の生物学的死や臨床的死と同時にではなく時間的に前後して起こることに注目した.例えば患者がまだ生きているにもかかわらず,本来死体になされる処置が先行してなされてしまう場合である.こうした観点から,死には社会的に構築される側面があるとし,サドナウはそれを「社会的死」という概念でとらえた.

●**近代化・ポスト近代化と死** 上述の第二の方向性のうち,エリアスは,近代化を文明化の過程としてとらえた.中央集権化が進み人間の相互依存関係の範囲も拡大・緊密化し,ネットワーク内の安全性も確保されていくという権力・社会構造上の変化が,心理・自我構造の変化と連動しつつ進行する.人々は欲望・衝動を自己統御するようになり,同時に人間の動物的側面に対する不快感・羞恥心を感じる範囲も拡大していく.こうした変化がマナーなど日常生活の細部の様相にも変化をもたらすとするのが,エリアスのいう文明化の過程である.この過程のなかで,死もまた変容する.安全性がある程度確保されると,死は,突然襲ってくるものではなく「遠い彼方」にあるものとなる.そして,人間の動物的側面を最強度に露呈させる死は社会生活の舞台裏へと隔離され,死への恐れも自ら統御し個人で引き受けていくものとなる.社会が死を隔離し,同時に,死にゆくものが私的問題として死を受け止めざるを得ない状況では,死にゆく者が,まだ生きているのに,周囲の者からすでに切り離されてしまっていると感じざるを得ないような境遇,エリアスが「真の孤独」とよぶような状態が一般化する.

またバウマンは,人々の死への不安を緩和していた「永遠なるもの」との一体化という文化的仕掛けが,ポスト近代になって著しく流動化すると論じる.伝統社会であれば宗教的共同体,近代社会であれば国家・企業・家などの集団が世代を越えて存続する安定性をある程度有しており,そこに帰属し続けるという希望が死への不安を緩和させていた.しかしながら,リキッド・モダンの段階に入るとこうした共同体や集団自体が流動化・不安定化し,変化することが常態となる.それでもなお存在する死への不安をやりすごすためにリキッド・モダンの社会では二つの戦略が発動する.一つは,避けえぬ運命である死を,対処可能で避けうる無数の身体的なリスク・治療上のリスクに読み換え,分割し,それらに際限なく対処し続けることで不安をやりすごす戦略である.そしてもう一つは,高度消費社会のなかで,古いものは捨て去り新しいものを即座に求めることを常に繰り返し,喪失に対するいわば免疫をつけることで,最終的な全面的喪失としての死をもはや絶対的な無化とは感じないよう仕向ける戦略である. [澤井 敦]

📖 **参考文献**
[1] 澤井 敦, 2005, 『死と死別の社会学——社会理論からの接近』青弓社.

病人役割

●病人役割とは何か　病気とは，医療からみれば身体の器質的異常や臓器機能低下や精神的障害であり，病人とはそうした身体・精神的問題を抱えた人のことであるが，T. パーソンズ（Parsons）は，病気を通常の社会的状態からの逸脱ととらえ，人が病気のときにとる規範的行動を病人役割として定式化した（Parsons 1951a）．このパーソンズの病人に関する見方は，従来の生理学をもとにした医療的アプローチに対して，社会学の立場から人が病むことを理解しようとした画期的なものであり，医療社会学という分野を切り拓く先駆けの一つであった．

　パーソンズの病人役割は，二つの権利と二つの義務からなる．第一の役割は，病気であれば通常の社会的役割の責務を免除される権利があることである．例えば会社員だったら，病気のときに会社を休むことは業務を怠っているとはみなされず，休むことが正当なこととして許されている．第二の役割は，病気であることは本人の責任ではないので，病気を克服して健康を取り戻すためには，自力で回復する義務を免除され，医療専門職による援助を受けられる権利があることである．

　そして第三の役割は，第一の役割に対応しており，病気であることは通常の社会的役割を遂行できぬ望ましくない状態なので，その状態から回復する義務を負うことである．すなわち，病気で会社を休むにしても，いつまでも休んでいることは許されない．第四は第二の役割と対応しており，回復を援助する医療専門職と協力する義務があることである．医療専門職から指示された薬を飲んだりリハビリ訓練をしたりすることは，義務として病人に課せられている．

●病人役割への批判　パーソンズの病人役割は，病むことの社会的側面を端的に示していると評価されてきたが，多くの批判もある（進藤 1990；Cockerham 2012）．その中心的なものは，パーソンズは外部者の視座をとっていて，病気を逸脱と考えてコントロールするという認識にあるので，病人を受動的な操作の対象とみなしてしまうというものである．また，感染症や怪我など治療法が確立されている傷病の人だけを対象にしているので，慢性の病いなど回復が見込まれない場合や，切断や麻痺など障害が固定化して残るような場合は，病人役割の射程に入っていないという指摘もある．

　確かにこうした指摘は妥当である．しかしながら，パーソンズの病人役割が外部者の視座であるという位置づけは，必ずしもそうとは言い切れない部分もある．パーソンズの見出した逸脱としての病人役割は，社会によって期待された病人としての規範といえるが，病いや障害のある人々にとって内面化されている

側面もある．病いや障害はスティグマとなりうるが（Goffman 1963b），当事者もまた自らをスティグマ化し，しばしば自己否定の感情をもつことがある（細田 2006）．これはセルフスティグマ（self-stigma）とよばれており，精神疾患の人々を対象とした研究が多いが，その他にいくつかの感染症や障害のある人などにも見受けられる．一方で当事者や支援者の側から，病人としての規範の受け入れを拒否し，スティグマやセルフスティグマを払しょくしようとする動きも続けられている．

●**現代社会における病人**　治療による完治が見込まれる感染症から慢性疾患へと主たる疾病構造が変わった現代において，病いや障害があることは逸脱ではなくて日常となり，現代の病人のあり方は変容している．

　A. ストラウス（Strauss）らは，このような病気や障害をもちながら生きる慢性疾患患者や高齢者などを対象に病人の行動や生活様式を明らかにしていった（Strauss et al. 1984）．このときにストラウスらは，グラウンデッド・セオリーという独自に開発した質的研究の方法を用いたが，こうした研究対象や研究手法は，病いの行動や病いの経験といった医療社会学にとどまらない研究に発展し，看護学にも影響を与えてきた（Conrad 1987）．

　また，病人による共助としてのセルフヘルプ・グループや，今日世界的に大きなうねりとなっている健康に関する社会運動においても，現代の病人の姿が垣間見られる（Brown and Zavestoski 2005）．患者やその家族は，医学研究のための資金提供をしたり，代替治療への理解を呼びかけたり，施設ではなく地域での治療ケアの道を開いたり，公害・環境汚染によって引き起こされる健康被害を企業に認めさせ補償するように訴えたり，患者ニーズに合わせた健康保険のカバーを求めたりしている（Brown and Mikkelsen 1990；Epstein 1996）．

　このような病人のあり方の変化は，1980年代からのインフォームド・コンセントや医療における患者の自己決定の重視と連動した，患者と医療専門職との関係性の変化と深い関わりがある．患者自らがチーム医療の一員となったり，ピアカウンセリングを行ったり，医療者や行政や社会に対して働きかけて成果をあげたりする事例が次々に出てきている．

　現代社会における病いや障害のある人々は，従来の病人役割を内面化している部分もあるが，それを超えて，人として生きることに希望をもち，それを可能にするための行動を起こしてもいる．ここに，今日の病いや障害とともに生きる人々のリアリティを見出すことができる．　　　　　　　　　　　　　　［細田満和子］

📖 **参考文献**
[1] Parsons, T., 1951a, *The Social System*, Free Press.（佐藤　勉訳，1974,『社会体系論』青木書店.）
[2] Strauss, A. et al., 1984, *Chronic Illness and the Quality of Life*, C. V. Mosby.（南　裕子監訳，1987,『慢性疾患を生きる――ケアとクォリティ・ライフの接点』医学書院.）

医療化

●**医療化概念の登場** 医療化とは，広義には，医療の対象領域や医療が管轄する生活領域，医学の影響力が及ぶ生活領域が拡大することを指す．この意味では，1960 年代後半頃からの，専門職を含む既存体制の支配と差別に対する異議申立ての文脈で用いられた．また，この概念は社会の歴史的な趨勢を批判的にとらえるための概念であった．それゆえ，「社会の医療化」とか「生活の医療化」といった表現がなされた．近代医学の一見するとめざましい発展にもかかわらず，それは病からの救済や寿命の延長に結びついておらず，近代医学の支配と統制が生活の広範な領域に浸透していることが問題化された（Illich 1976；Zola 1977）．

狭義には，人間の身体，精神の状態や行動のうち，特定のものが新たに疾患あるいはそれに類するものとみなされ，医療の対象となるプロセスを指す．この意味でも，先述の文脈で概念が提起され，その実証的な研究が開始された．しかし，定義上は，社会の歴史的な趨勢に言及するのではなく，個々の心身の状態や行動に言及するもので，分析枠組みや研究方針の点では，個々に，医療化以前と以後を比較して，医療化の結果，得られた利害得失を比較考量するという姿勢である（Conrad 1975；Conrad and Schneider [1980] 1992；Conrad 1992）．

●**医療化の領域** 近代社会においてこれまで，狭い意味で医療化されてきた領域を，J. E. デイヴィス（Davis）は表 1 の 4 つに分類している（Davis 2010：220-31）．

表1　デイヴィスによる医療化の領域

①逸脱行動	成人における，同性愛，小児性愛などの逸脱的性行動．アルコールやアヘン系薬物などへの中毒．ギャンブルや食事，買い物などへの強迫的衝動．子どもにおける，学校での破壊的・衝動的行動や，攻撃的行動，非行などの社会的に問題のある行動
②人生の自然のプロセス	出産，中絶，不妊などを含む生殖の過程と出来事．閉経，インポテンツ，はげなどの初老期・老人期におけるライフサイクル上の過程と出来事
③日常生活上の問題	1980 年前後の，日常生活における不安や緊張のマイナートランキライザーによる治療や，1990 年頃から，悲嘆，不幸感，孤独感，疎外感などの情緒的経験が新しい精神疾患カテゴリーの設定や既存精神疾患カテゴリーの外延拡張によって精神医学的治療の対象となっていったこと
④健康な人々におけるエンハンスメント	より美しい顔貌や体型にするための美容整形，成長ホルモン剤投与による身長の伸長，手術による性転換．インポテンツ改善薬，覚醒剤，抗うつ剤を性欲増強，勉強への集中，人格改造に用いることなど

このほかに，医師が死の床に最後まで立ち合うようになるとか，死亡場所が自宅から病院に変わっていくなど，死と死にゆくプロセスの医療化がある（これは②に含めるべきであろう）．

また，P. コンラッド（Conrad）は，コレステロール高値などの変性疾患のリ

スクファクター自体が疾患となり，投薬治療の対象となることや，自覚症状のないがんを検診で発見し，治療するようになったことを「リスクの医療化」としている（Conrad 2013：204）．しかし，これらは，かつても今も，当人には知覚できず，検査装置なしには医師にも検知不能な身体の状態なので，狭義の医療化とはいえないという批判もある（黒田 2014：4-5）．

●**医療化研究の展開と課題**　狭義の医療化の事例の実証研究は，コンラッドによる多動の医療化についての研究を嚆矢とする（Conrad 1975）．その後，彼は，J. W. シュナイダー（Schneider）との共著書において，狂気，逸脱的飲酒，アヘン中毒，子どもの逸脱行動などの逸脱行動の医療化の事例研究と，これらの事例研究からの逸脱行動の医療化のプロセスの一般化を行っている（Conrad and Schneider [1980]1992）．これによると，新しい「疾患」の医学の疾患リストへの登録は，人間の皮膚の下に隠れて見えなかった異常が医学の力によって「発見」された結果ではなく，医療専門職，その他の社会統制のエージェント，逸脱者とその保護者，社会運動，産業，特に製薬産業など，関係者間の相互作用のプロセスにおいて「構築」された結果である．二人の研究をモデルとして，医療化の事例の実証研究が蓄積されている（Conrad 1992；Davis 2010）．

ところで，コンラッドは近年，アメリカでは 1990 年頃より医療化の推進者が，医療専門職，社会運動／インタレスト・グループ，専門職間あるいは組織的な競争からバイオテクノロジー，消費者，マネジドケアに代わりつつあると論じている（Conrad 2005）．しかし，後者を推進者とする医療化の事例とされているものは，狭義の医療化の定義に当てはまらないものが多い（黒田 2014：4）．関連して，それまでは薬物治療の対象ではなかったものが新たに薬物治療の対象となる過程を「製薬化」と概念化して，近年の製薬化の進行を研究すべきだとの提言がなされている（Abraham 2010；Williams et al. 2011）．

今後の医療化研究の課題は，①医療化概念を，疾患の (a) 定義・診断基準，(b) 原因や責任の帰属，(c) 治療法のいずれかの次元での「新しさ」の確立というように拡張すること（狭義の医療化は，①の次元の「新しさ」．③の次元で薬物療法という「新しさ」が「製薬化」），②成功の事例だけでなく，失敗の事例や，成功と失敗の中間の状態にある事例にも注目すること，③どのような事例であれ，関係者間の見解の不一致や論争とそれが生じる背景と文脈に注目することである．

［黒田浩一郎］

📖 **参考文献**

[1] Conrad, P. and J. W. Schneider, [1980]1992, *Deviance and Medicalization: From Badness to Sickness*, Expanded ed., Temple University Press.（進藤雄三ほか訳，2003,『逸脱と医療化——悪から病いへ』ミネルヴァ書房．）
[2] 森田洋司・進藤雄三編，2006,『医療化のポリティクス——近代医療の地平を問う』学文社.

生政治

●**社会学と生政治** H.アーレント(Arendt)は,政治と生命の結合を誤りとしつつ,そのような結合を「社会(society)」とよんで,否定的にとらえた.「社会」とは「ただ生命の維持のためにのみ存在する相互依存の事実が公的な重要性を帯び,ただ生存にのみ結びついた活動力が公的領域に現われるのを許されている形式にほかならない」(Arendt 1958:訳71).

政治と生命の結合を意味する,「生政治(バイオポリティクス)」が,アーレントのいう「社会」と同義だとすると,社会に関する学である「社会学」そのものが生政治に帰属するのではないか.そうだといえる根拠はあり,例えばH.スペンサー(Spencer)は,救貧法を批判しながら,C.ダーウィン(Darwin)の『種の起源』(1859)に先んじて次のように主張した.「善意に満ちてはいるが,思慮のない博愛主義者たちは,事物の自然な摂理によって社会は常に,不健康な人間,低能な人間,愚鈍な人間,何一つ自分で決められない人間,不誠実な人間をその外に締め出すという事実をわきまえない結果,浄化のプロセスを妨げるばかりでなく,ますます劣化をもたらすような介入を推奨する」(Spencer 1851: 324).救貧法自体が生政治の一つであり,アーレントのいう「社会」だが,他方で,これを否定し,人間の淘汰を求めるスペンサーの社会学も,間違いなくM.フーコー(Foucault)のいう生権力,生政治に帰属する.

社会学にとって「生政治」は,何よりもまず,自らの歴史を批判的に振り返るための言葉であり,概念である.

●**M.フーコーの生権力論とその周辺** biopoliticsという英語はすでに20世紀前半に使われており,金森修によれば,その最初の用例の一つは,イギリスの小説家のM.ロバーツ(Roberts)の『バイオポリティス』(1938)で,同書でロバーツは社会ダーウィニズムや国家有機体説に相当する考えを展開している.さらに,1970年代に入ると,T. L.ソーソン(Thorson)の『バイオポリティクス』(1970)をはじめ,生物学の知見をベースに人間の政治行動を分析する試みがいくつか登場し,民主主義の生物学的基礎づけが試みられたり,選挙やデモ行動などが生物学的個人差と結びつけられたりした.しかし,現在,生政治の概念は,フーコーの生権力論に依拠して,あるいはそれに関連させて用いられることが多く,そこでは生物学を政治学等に応用する知そのものが,一つの権力として批判的に読み解かれる.

1975年の『監視と処罰』(邦訳『監獄の誕生』)で権力を規律訓練として論じたフーコーは,翌76年の『知への意志』で権力を新たに「生権力」と定式化する.その特徴をフーコーは,生命への積極的で肯定的な関与(生命を増大させ,増殖させること)に求め,生命を奪う身体刑などによってその存在を示した古いタイプの権力に対置した.フーコーは,①社会を原子としての個人にまで分解(解剖)

し，これに働きかける「規律訓育」と，その逆に，②諸個人のいわば積分によって成立する人口や種に定位する「生政治」を，生権力の二つの極とした．①（個人）と②（人口や種）を橋渡しするのが，セクシュアリティの装置である．

しかし他方で，生権力は（上のスペンサーの社会学にみられるように）一群の人々を死のなかに廃棄する．生権力が死権力でもあるという逆説を，フーコーは，人種主義（生きるに値する者と，生きるに値しない危険な者という分割）によって説明したが（Foucault 1997），G.アガンベン（Aganben）はこれを，人権概念そのものに内在する排除のしくみによって説明した．人権は常に境界を伴いながら，その外に無権利のホモ・サケルを生み出す（Agamben 1995）．アガンベンはまた，生政治を含む統治の系譜をオイコスに由来する「オイコノミア」の概念に注目して洗い出している（Agamben 2007）．

フーコー自身は，生政治を生権力の一つの極と位置づけたが，A.ネグリ（Negri）とM.ハート（Hardt）は，資本制による人々の生の包摂と支配を「生権力」，他方，これに対するマルチチュードの抵抗的実践を「生政治」として切り分け，両者を対立させた（Negri and Hardt 2004）．

●**生命の経済，生命の倫理** 1980年代以降のゲノム研究の進展によって，生命は今や物質としてよりは，情報として位置づけられる傾向を強めている．インドの製薬企業に関する実証研究によって，K. S.ラジャン（Rajan）は情報化された生命から経済的利益が創出されてゆく過程を「バイオキャピタル」という言葉とともに明らかにした（Rajan 2006）．

N.ローズ（Rose）は，アガンベンやフーコーが生権力と表裏一体とみた死権力の側面を遠ざけ，生政治の概念をいわば純化するために「生そのものの政治（politics of life itself）」という概念を提唱している（Rose 2007）．ローズによれば，生命科学の発展は（バイオキャピタルを含めて）否定的・批判的に（のみ）とらえられるべきものではない．今や遺伝学は，かつての決定論とは逆に，生物学的な生を一層「決定と選択の領域」に変えており，人々はそこで新たな主体性や自由，また責任を手にし（生物学的シチズンシップ），あるいは同じ生物学的特性（疾患など）をもとにネットワークを形成する（生社会性）．

「バイオポリティクス」という言葉は，生権力論の文脈から離れて，生命の商業化を含め，ヒト胚研究，バイオバンク，遺伝子技術の応用，などをどこまで認め，何を禁ずるかといった，バイオエシックス（生命倫理）とよばれてきた諸問題に関する政治的決定過程を指すようにもなっている（米本 2006）．生命科学の諸問題について2001年に設置されたドイツの国家倫理評議会（Nationaler Ethikrat）（2008年からDeutscher Ethikratに改組）は，そのような意味でのバイオポリティクスの制度化・組織化の一例である． ［市野川容孝］

📖 **参考文献**
[1] 金森 修，2010，『〈生政治〉の哲学』ミネルヴァ書房．
[2] 市野川容孝，2000，『身体/生命』岩波書店．

生命倫理

●「生命倫理」の起源　アメリカで1970年代に生み出された「生命倫理（bioethics）」という言葉には，元来は環境倫理をも含む広い用法が存在していたが，現在ではもっぱら生命科学や医療に関連した倫理的問題を研究する学際的アプローチのことを意味している．伝統的な医療倫理と対比した場合，哲学者や法学者，一般市民や患者など非医療者による医療上の意思決定への参加を強調する点が特徴的である．

　ところで，現在「生命倫理」ないしは「バイオエシックス」の名のもとに議論されているテーマは，臓器移植や生殖技術などの倫理的側面についての検討から，マクロな医療資源の配分に関わる問題まで幅広い．ただし初期の課題は，もっぱら人を対象とする研究に関する倫理的問題の検討にあった（田代 2011）．この背景にあるのは，タスキーギ梅毒研究などを含む，1960年代以降の一連の非倫理的な医学研究スキャンダルの存在である．これらのスキャンダルの発覚により，医学研究のルールづくりをもはや医療者に委ねておくことはできないという世論が形成され，後に「生命倫理学者（bioethicist）」となる神学者や哲学者，法律家が医学研究に関する意思決定の場に次々と参入してくるようになったのである．

　実際これ以降，世界各地で研究開始前に非医療者を含む委員会によって研究計画を倫理面から審査することが常態化し，それと同時に生命倫理学の理論枠組みも「輸出」されていった．その後，生命倫理学の守備範囲は医学研究から日常診療へと拡大し，現在では，生命科学・医療に関するさまざまな「倫理的認可」に係る「専門的知識集団」としての地位を確立するに至っている（Rose 2007）．

●日本への輸入と流通　日本において，「生命倫理」という言葉が注目されるようになったのは，脳死・臓器移植の問題が社会的に注目された1980年代以降のことである．この時期に，新たな社会的課題として先端医療の倫理的問題が注目されるようになり，これ以降「生命倫理」という言葉は，先端的な医療技術への漠然とした不安を表現する言葉として広く流通するようになる．さらに2000年代以降に，ヒトゲノム・遺伝子解析研究とヒト胚研究を主なターゲットとする各種の行政指針が制定され，この過程で「生命倫理」は科学技術政策上の恒常的な課題としても認知されるに至る．その一つの帰結として，2013年に成立した再生医療関連法案において，国内法としては初めて「生命倫理への配慮」が明記された（一家 2014）．

　ただし，上記の意味での「生命倫理」という言葉はアメリカでの使用法とは若干異なっている（土屋 1994）．というのも，日本には新たな学際的な研究分野と

して生命倫理を理解する流れとは別に，患者の権利運動などの「人権運動」として生命倫理をとらえる流れ（木村利人の「バイオエシックス運動」）や「新たな倫理体系」として生命倫理をとらえる流れ（武見太郎の「生存科学」）が存在していたからである．このうち，社会的に流通している「生命倫理」の用法は，後者の流れに近い．すなわち，「生命倫理」を「生命に関する何らかの実体的な規範」と理解したうえで，生命倫理に「反する」「触れる」ような研究や医療に対する懸念を表明する，といった用法である．

　なお，アカデミアの生命倫理の研究者からは，こうした使用法は議論を混乱させるものであり，もし使用するのであれば概念を明確化すべき，との批判が繰り返し示されてきた．しかしその一方で，今日までその中身が定義されたことはなく，先にあげた「生命倫理への配慮」をうたう法においても，それが何を意味するかは不明のままである．逆にいえば，中身が定義されないまま「生命倫理」が実体的な規範として流通し，それが一定の影響力をもつところが日本国内における「生命倫理」の特徴だといえるかもしれない．

●**生命倫理の社会学**　ところで，従来社会学においては生命倫理の領域は必ずしも重要な研究テーマだとはみなされてこなかった．しかし近年では，社会学的アプローチによる研究が増加しつつあり，医療社会学のテキストにおいても，改訂の際に生命倫理を主題化した章や項目が追加されている（Cockerham ed. 2009；Gabe and Monaghan eds. 2013）．

　特に注目すべき研究動向は，生命倫理学者やその言説が社会で果たしている役割を社会学的に分析することを通じて，そこに埋め込まれている価値や信念を浮き彫りにする，というアプローチである．例えば，J. エヴァンス（Evans）は人間の遺伝子を改良する技術に関する公的議論の「合理化」過程において，「生命倫理の専門家」が果たした役割を詳細に分析している（Evans 2002）．また，R. フォックス（Fox）とJ. スウェイジー（Swazey）は，アメリカの生命倫理学の歴史とその発展に関する詳細な調査研究に基づき，その背景にある「アメリカ社会の集合意識」を批判的に検討している（Fox and Swazey 2008）．

　これらの研究はいずれも，既存の生命倫理学に対する批判的視座を共有しつつ，生命倫理学の役割をメタ的に検討することを通じて，生命科学・医療と現代社会の関係を明らかにすることを試みたものである．現代社会における生命倫理に関する言説の位置を考えた場合，こうしたアプローチは，今後生命と身体に関する社会学的研究の一つのフロンティアとなるのではないだろうか．　　　［田代志門］

📖 **参考文献**
[1] 香川知晶，2000，『生命倫理の成立——人体実験・臓器移植・治療停止』勁草書房．
[2] フォックス, R. C. / 中野真紀子訳，2003，『生命倫理をみつめて——医療社会学者の半世紀』みすず書房．

アフォーダンス

●**史的背景**　アフォーダンス（affordance）はアメリカの心理学者 J. J. ギブソン（Gibson）が動詞 afford から造語した生態心理学の中心語である．「環境が動物に与え，提供している意味や価値」と定義され，「良いものでも（地面，空気，住居，食物など），悪いものでも（毒や崖などの危険），環境が動物のために備えていること」を意味する．

　ギブソンはプリンストン大学時代に時代思潮の影響を受けた．ゲシュタルト心理学とニュー・リアリズムである．ゲシュタルト心理学者は φ（ファイ）現象の存在を示し，19 世紀以来，知覚の基礎原理とされた「刺激が知覚の原因である」とする「恒常説」に反証した．ギブソンもミクロな「刺激」単位を放棄して，感覚器官と筋・腱・骨格など運動器官の入れ子（包摂）である視覚系（両眼，頭部，脊椎，四肢などからなる），聴覚系，基礎的定位系，触覚-身体系，味覚・嗅覚系の「知覚系」がピック・アップ（抽出）するマクロな「情報」の研究を開始した．

　ニュー・リアリズムは，W. ジェイムズ（James）の弟子，E. ホルト（Holt）から学んだ．ジェイムズ晩年の『根本的経験論（*Radical Empiricism*）』は推移する流動経験の関係を実在とし，脳や主観から「心」は説明できないと主張して，大陸合理論と新興アメリカ行動主義を批判した．ホルトは，動物行動と環境の関係に「意識（awareness）」を観測し，それが環境「特定的（specific）」である，すなわち，地面を転がるボールが，重力の下で地球の中心（低地）を「特定」するように，行動も周囲の意味を「落としどころ」とする「法則」に従うとした．行動が特定する環境の意味は，後にギブソンがアフォーダンスとよんだことである．

　ギブソンの生態心理学は，20 世紀冒頭のアメリカ思考から，刺激-反応因果論の否定，行為-環境リアリズムのアイデアを継承している．

●**生態光学**　アフォーダンスの核心は，「生態光学（エコロジカル・オプティックス）」である．精神物理学者 H. L. F. ヘルムホルツ（Helmholtz）以来，視覚は物理光学，幾何光学，生理光学で説明され，光源から直進し，網膜に入力する放射光に基づいてきた．実際には放射光は，通過する空気など媒質中の塵や，環境面の粒状の凸凹肌理構造にあたり多方向に散乱反射している．高速の光が媒質中を行き来すると，そこは光ネットワークの定常状態である「照明」になる．そして，照明中では媒質のどこにも全方向からの光が交差する．この光をギブソンは「包囲光」と名づけたが，「包囲光」はギブソン光学の最大の発見である．

　放射光は「刺激」だが，包囲光は「情報」である．媒質中の観察者の眼を包囲する光には，周囲面レイアウトが自然遠近法の原理で投映される．例えば晴れた

屋外では雲以外何もない空からの光である包囲光上半球の肌理構造は粗で，下半球は地面の肌理を投映して密な構造をもつ．眼は上下で異なる光の構造に囲まれ，構造の不変に周囲の環境面の大規模な性質を，構造変化に知覚者自身の姿勢の変化を特定する．

　周囲面構造を投映する包囲光の構造を，ギブソンは「包囲光配列」と名づけた．包囲光配列は，観察者が環境に接近すると拡大し，遠ざかると縮小する．頭を左右に回すと配列は左右の縁からあらわれる新しい配列で置き換わる．このように観察者の動きに伴い変化する構造をギブソンは「遠近法構造」とよび，遠近法構造が変化することでより長く持続する環境の「不変構造」が明らかになるとした．視覚とは，周囲の光に生ずる「変化」と「不変（インバリアント）」から，知覚者の自己の動きと，環境の持続的意味，アフォーダンスを同時に特定する働きである．

　この直接知覚論の枠組みは，聴覚や触覚にも使える．媒質中には，固体同士の衝突に由来する種々の振動が空気中に広がり，同心球状の波面をつくるが，それは音源の方向を特定する．また波面の時系列構造である波列は，衝突の意味を特定する（生態音響学）．動物の身体は，細胞レベルから，筋・腱などの張力と，それが張り付く骨格（圧縮材）までテンセグリティ（張力統合）構造を成す．この構造は，環境と触れた身体にもたらされる振動（触覚）を，音速で伝播する情報伝達機能をもつ．空気が，視覚の媒質であったように，身体のテンセグリティ構造は，触知覚や「身体イメージ（といわれてきたこと）」の媒質である（生態触覚学）．

●**意味の公共性**　物質，媒質，面のアフォーダンスは資源として周囲にあるものなので公共的であるといえる．その公共性は，行為が経験や発達によって多様で，自在になることや，アフォーダンスを特定する情報が，マルチモーダル（多感覚的）であることで保証されている（例えば一感覚に障害があっても，他の情報から実在に接近できる）．ギブソンは「媒質中にある移動路は観察点の集合を構成している．生息地のなかで，時間さえかければ，どの動物個体も，同種の他の動物たちと同じ道を移動できる．……だから，生息地のレイアウトが持続する限り，そこに生きているすべての動物は，等しくそこを探索する機会をもっている．この意味で，環境はひとりの観察者を囲むと同じように，すべての観察者を取り囲んでいる」と書いた（Gibson 1979）．知覚論は，意味は知覚者の（脳の）構成物で，「私有」されていると説明してきた．しかし周囲に情報がある事実が，意味の公共性に根拠を与えている．

　アフォーダンス理論は，現在，心理学にとどまらず，哲学的身体論，生命発達論に，また，ロボティクス，プロダクト・デザイン，建築など人工物設計理論にも広い影響力をもっている．

〔佐々木正人〕

メディアと身体

●**メディアは身体の拡張か**　メディア論の歴史における一つのメルクマールとなったM. マクルーハン（McLuhan）の『メディア論』（1964）には，「人間拡張の諸相（The Extensions of Man）」という副題がついている．彼は「いかなるメディア（すなわち，われわれ自身の拡張したもののこと）の場合でも，それが個人および社会に及ぼす結果というものは，われわれ自身の個々の拡張（つまり，新しい技術のこと）によってわれわれの世界に導入される新しい尺度に起因する，ということだ」（同書：訳1987：7）という．ただし，機械の時代と電子の時代でその様相は異なる．「機械の時代に，われわれはその身体を空間に拡張していた．現在，一世紀以上にわたる電気技術を経たあと，われわれはその中枢神経組織自体を地球規模で拡張してしまって，わが地球にかんするかぎり，空間も時間もなくなってしまった」（同書：訳1987：3）と指摘した．

P. ヴィリリオ（Virilio）もまた，コミュニケーション技術の「加速によって，もはや「ここ」も「あそこ」もなくなる．近いものと遠いもの，現在と未来，現実と非現実といった区別はなくなり，それらを合成したものだけが心理的実在として存在するようになる．コミュニケーション技術がつくり出す歴史と物語と幻覚ユートピアの混合物だけが存在するようになるのだ（Virilio 1993：訳56）と論じている．

●**接続された身体と心**　英語ではインターネットを日常的に利用することを"Wired"という言葉で表す．電子ネットワークと「接続された」あるいは「一体化した」というニュアンスである．

このイメージは，サイバーパンクSFの創始とされるW. ギブソン（Gibson）の『ニューロマンサー』（1984）によってくっきりと描き出された．この物語では，主人公は，自らの脳神経系と広大な世界に広がる電子ネットワークとを接続することにより，仮想世界で自在な活動を行うのである．大ヒットした映画《MATRIX》シリーズも，電子ネットワークが創り出す仮想世界を生きる「接続された」人々の物語である．その仮想世界は，まさに「歴史と物語と幻覚ユートピアの混合物」である．

だが，それは単なる虚構ではない．社会心理学者であるS. タークル（Turkle）は，MUDともよばれるオンライン・ゲームにおける人々の相互作用（コミュニケーション）の観察から，身体とメディアの問題について考察している（Turkle 1995）．オンライン空間では仮想セックスといった親密な身体関係も生み出すが，（仮想的な）暴力やレイプといった身体的攻撃も起こる．しかし，肉体的接触を

伴わない身体的行為は，どのように位置づけられるべきなのか．問いは深く重い．
　仮想空間はアイデンティティの多重構成という問題も露わにする．しかし，それはオンライン空間に限定的な状況ではない．D. ハラウェイ（Haraway）は「理論的にも実質的にも，人間は機械と生物の混合体と化した．つまり，わたしたちはすでにみなサイボーグなのだ．サイボーグこそ現代人の本質であり，政略といえる」（巽編 1991：31）と述べ，「ポストモダニズム的・非自然主義的なモード」において性差なき世界を構築する，と宣言する．

●**世界と一体化する身体**　今日，メディアと身体の関係は，より直接に連続的なものとなりつつある．スマートホンは常時我々を世界と接続する．W. J. ミッチェル（Mitchell）は，「我々は向上著しい電子的器官と不可分になってしまっているのだ．我々の腕はまさに肉体によるアンテナ支柱となり，我々の相互接続はほとんど理解不能な段階にまで分裂・増強してしまっている．胎児のときの超音波画像や心臓鼓動の監視から死後もなお残るデジタルなアドレスや［個人の］痕跡まで，我々の身体は今や周辺環境と電子的に絶え間なく連動した状態にあるのである」（Mitchell 2003：訳 10）．

　コンピュータを常に身体に装着することで人間の能力を高めようとする「ウェアラブル・コンピュータ」も次々と実用化されつつある．Google 社の眼鏡型のコンピュータであるグーグル・グラスは結局開発を中止することになったが，同様のプロジェクトを推進中の企業は他にも存在する．2015 年春に発売されたApple 社のアップルウォッチは，腕時計型の小型情報デバイスで，スマートフォンと連携すると同時に，心拍センサーや加速度センサーを備えて，装着者の身体データの蓄積と解析も行う．スマートフォンと連携した自動車も開発中である．

　小型無人飛行機ドローンは，空間を超えて，我々の物体操作能力を高めるが，それと同時に，我々自身を含む世界の完璧な監視を可能にする．Z. バウマン（Bauman）は「新世代のドローンは，すべてのものを可視化しながら自らは不可視の状態にとどまり，すべてのものを脆弱な状態にしながら，自らは攻撃を受ける恐れ」がなくなると指摘し，こうした「匿名性の浸食」が，戦争を容易にすると同時に，公領域と私領域の境界を消滅させ，我々の身体と精神をかつてない隷従の状態へ追いやると警鐘を鳴らしている（Bauman 2012）．　　　　［遠藤　薫］

📖 **参考文献**
［1］McLuhan, M., 1964, *Understanding Media: The Extensions of Man*, McGraw-Hill．（栗原　裕・河本仲聖訳，1987，『メディア論――人間の拡張の諸相』みすず書房．）
［2］Turkle, S., 1995, *Life on the Screen: Identity in the Age of the Internet*, Simon & Schuster．（日暮雅通訳，1998，『接続された心――インターネット時代のアイデンティティ』早川書房．）
［3］Bauman, Z. and D. Lyon, 2012, *Liquid Surveillance: A Conversation*, Polity Press．（伊藤　茂訳，2013，『私たちが，すすんで監視し，監視される，この世界について――リキッド・サーベイランスをめぐる 7 章』青土社．）

仮想身体

●「**仮想身体」とは** ここでは「人工的に創り出された身体」を指すものとする．特に，コンピュータ技術と生命科学が高度に発達した20世紀末以降，「仮想身体」は，まさに現実の隣人として我々の社会のなかに浸透しつつある．

　そもそも人間にとって，人間を人工的に創り出すことは究極の欲望であるのかもしれない．その欲望は，例えばギリシャ神話のなかに，キプロス島の王ピュグマリオンが創り出した理想の女性の彫像ガラテア，鍛冶の神ヘパイストスが創った青銅の怪物タロスや美女パンドラなどとして現れる．しかし，これらの「創られた人間」は，しばしば災禍をもたらすものとされており，人間にとって「仮想身体」への欲望が鋭くアンビバレントなものであることがわかる．

　仮想身体が空想のものでなく，物理的な存在として現れるのは，機械時計の発明などを契機として，世界を「機械」的構成物として理解しようとする機械論的世界観が近代科学を発展させたことと深く関わっている．近代医学の祖とされるW. ハーヴェイ（Harvey）は，人体の解剖から人間の身体も機械のように構成されているとの認識（人間機械論）を得，近代的外科治療の道を開いた．

　身体＝機械という近代医学の認識は，機械を修理するように身体を治療するだけでなく，機械を創るように身体も創り出せる，という信念へと接続する．ハーヴェイの弟子J. ヴォーカンソン（Vaucanson）は機械的に「生きている人形」（オートマトン）を創り出そうと努めたが，その成果は，現代のコンピュータの祖型ともなった．

　オートマトンは18世紀頃から西欧で流行したが，同時に，この頃から今日に続く「仮想身体」問題が文学の世界でも提起されるようになった．メアリ・シェリーのゴシック小説『フランケンシュタイン』（1818），フランスの作家ヴィリエ・ド・リラダンによるSF小説『未来のイヴ』（1886），チェコの戯曲家カレル・チャペックの『R. U. R.』（1920）などはその代表的なものである．

●**仮想身体の現在と分類** 第二次世界大戦を経て，コンピュータ技術は飛躍的に進歩し，「電子頭脳」ともよばれた．それは，それまで人間の本質と考えられてきた自律的「思考」の人工的構成可能性を夢見させるものだった．さらにデジタル技術，ナノ技術の発展によって，産業，サービス，軍事など社会のさまざまな場面でロボットの活用が急速に進んでいる．また，生命科学や医療の分野での技術開発の進展は，無機的な機械としてのロボットだけでなく，より人間／生物に近く，バイオ技術を応用した仮想身体も視野に入りつつある．

　こうした状況を踏まえて仮想身体をいくつかのタイプに分類しておこう（ただ

し，必ずしも明確な定義があるわけではなく，実際の用法は曖昧である）．

①ロボット：与えられた目的を果たすために，自律的に判断・行動することのできる機械．人型，動物型だけでなく，機能に最適化されたさまざまな形態をとる（産業用ロボット，軍事ロボット，介護ロボット，家事ロボット，コミュニケーションロボットなど）．

②アンドロイド：ロボットのなかでも，特に生体としての人間や動物に近くつくられたものを指す．そのため，人間とアンドロイドの境界が曖昧化し，存在論的不安を引き起こす．

③サイボーグ：アンドロイドとは反対に，生体としての人間/動物に人工的な装置を埋め込むことにより，能力を拡張された人間．

④アバター：ヴァーチャル空間上にソフト的に構成される身体．本人の「分身」として行動するが，その形状は本人の固有性からはまったく自由に構成される．

●**仮想身体を巡る諸問題**　仮想身体の現実化に伴い，古くから仮想身体をめぐる不安であった「ロボットの反乱/悪用」問題が現実のものとして浮上しつつある．SF作家I. アシモフ（Asimov）による「ロボット三原則」（ロボットは，人間への安全性，命令への服従，自己防衛という三つの原則に従う）はこの問題に対する一つの提案である（Asimov 1950）が，そのままでは矛盾を引き起こすと考えられている．近年は戦争などでロボット兵士の利用が進んでおり，「人間を襲うロボット」は夢物語ではない．もはや避けて通れない喫緊の倫理的，科学的課題である．

またバイオ技術の急激な進歩は，アンドロイドやサイボーグをまさに日常の延長上に位置づけつつある．人工臓器の埋め込みは今や一般的な医療行為であり，再生医療もまた万能の医療として今後が期待されている．近年急激に進歩している3Dプリンターは，生体細胞の複写すら可能にしつつある．このような人体の機械化が進めば，人間と人間以外との境界は限りなく曖昧になっていく．

さらに，クローン生物の誕生は，人工的に創り出された生命に対する責任は誰が負うのか，という，生命倫理の根源的な問いを我々の眼前に突きつけている．一方で，2016年に発売されて大流行したポケモンGOは，現実空間と仮想空間が重なり合う新たな空間において，ソフトウェア的に構成された仮装身体と現実身体が相互作用を行う未来を示唆している．　　　　　　　　　　　　　　　　［遠藤　薫］

参考文献
[1] Shelley, M., 1831, *Frankenstein: Or, the Modern Prometheus*, H. Colburn and R. Bentley.（森下弓子訳，1984，『フランケンシュタイン』東京創元社．）
[2] Villiers de L' Isle-Adam, Auguste de, 1886, *L'Ève future*.（齋藤磯雄訳，1996，『未来のイヴ』東京創元社．）
[3] Čapek, K., 1920, *Rossumovi univerzální roboti*.（千野栄一訳，1989，『ロボット（R. U. R.）』岩波書店．）

食と社会

●調理と共食 人間は葉や根をもたず,光合成してブドウ糖を生産したり根からミネラルを吸収したりできないので,植物や動物から必要な栄養素を摂取する.この点は,他の雑食動物と同じであるし,産まれた子がしばらく母乳で生命を維持することは他の哺乳類と変わらない.しかし,人間にとって食べる行為は次の2点において単なる栄養摂取と分別される.

第一に,生物を死骸に変えたあと加工して口に入れること.人間は母乳から離れると次第に複雑な手作業や思考活動をするようになるため,栄養価の高い食料を欲する.それゆえ,植物や動物を人間の嗜好に沿って集めたり育てたり,あるいは改良したりする.さらに,それらを切り刻んだり,火であぶったり,湯で煮たりして食べる.こうした作業は,しばしば複数の人間と協力してなされるが,共同体を取り巻く自然との相互作用のなかで,耕耘,施肥,養殖,品種改良などの農業・漁業技術や乾燥,薫製,発酵,醸造などの調理技術が発展し,共同体を通じて伝承・改良され,集団の形成や文化の成熟と不可分に展開を遂げていく.

第二に,ともに食べること.人類学や民俗学の概念では,神と人々がともに食事をすることを共食とよぶ.例えば,自然条件が人間集団の生命維持を左右する時代は,限りある食べものの分配はその共同体の「まつりごと」,つまり政治の中核を占めていた.それゆえ,古来,祭祀では,狩猟・採集や収穫を神に感謝し,供物の残りを共同体の成員たちで食べるという形式が少なくない.神の前である以上,その食を囲むものは真の友となる,あるいはまったく逆に,他の集団・階層との会食の禁止や食のタブーを守ることが信仰や結束の証であるとする宗教集団や地域も多い.キリスト教徒が,パンはキリストの肉,ワインはキリストの血としてともに口に入れることは,食事と神事との結合を表す最もわかりやすい事例といえよう.

●食の機能の理論 以上のような,食が帯びる人間関係の形成機能は,社会的階層や分業構造が複雑になると,それに応じてさまざまな変容を遂げる.この現象について最も早期に論じたのは,G. ジンメル (Simmel) である.ジンメルは「食事の社会学」(1910) というエッセイのなかで,飲食行為が本来もつ排他性を「飲食の自然主義」とよび,それを克服していく過程をデッサンした.すなわち,食事の様式化である.ジンメルは,「飲食の自然主義」の克服の第一段階として食事時間の統一化をあげる.自然状態の人間は空腹になるとすぐに食べたがる.しかし,共同で食事をするためには,あらかじめ時間が定められていなければならない.

第二に,美的原理に基づく食の規格化である.食器を用いての共食は,個人の

欲求を抑え，食事をする者たちの「心の平準化」を促し，食べる場所に秩序をもたらす．このような食事の管理統制や食事作法の発展は，その集団の成員の共同意識を育み，食文化の統一と洗練をもたらすのである．現代もジンメルの分析枠組みは依然として有効である．ただし，ジンメルの論考から1世紀経た現代社会の食は，以下の2点において異なった様相を帯びてきている．

●**現代における展開** 第一に，ちょうどジンメルの活躍した時代から食の商品化が急速に進んだことである．多くの人間が農山漁村など食料生産の現場から切り離され都市に移動し，人口の増大と都市の膨張が進行すると，食の生産・消費の規模が巨大化していく．それは，化学・農学・栄養学・家政学といった学知や機械・農薬・肥料・調味料・香料などの科学技術の発展を背景に，競争と資本と生産手段の集中を経て巨大化した一部の企業によって担われるようになる．こうした現象は，食べものがあらゆる階層・地域にそれぞれのニーズにあわせて行き渡ることを可能にした一方で，食をめぐる複合的で有機的なつながりの弱体化をもたらした．食べものが自然から切り離されて口に入るまでの過程をめぐる個人と社会と自然（土，川，海，山，生物など）とのつながりは，コスト削減と生産工程合理化の圧力によって整理統合され，しばしば切断された．企業は，そのつながりを補うように広告費を増大させ，食べものの消費の意欲を個々にもたらそうとする．一方で，品種改良や農法が調理手段とともに一定の企業や国家に集中し，味も形も画一化しつつある現状に対する批判も，提携運動や有機農業運動，さらには遺伝子組み換え（GM）食品への反対運動などによって高まっている．

　第二に，食の商品化の重要な要因の一つとして，ジンメルには自明であった食事の親密性醸成現象の基盤自体が揺らぎ始めていることである．日本における孤食や個食という概念の登場はその典型例であろう．孤食は一人で食べること，個食は家族が別々なものを食べることである．家族成員の嗜好と仕事の形態や時間帯が多様化し，家族が毎日同じ時間に食卓を囲むことが困難な時代，調理済み食品の急速な普及と相まって，孤食と個食は一種の社会現象となり問題視された．これに対して，国家や企業，教育機関による「食育」を通じた啓蒙活動や，孤食の子どもたちに安価な食費で夕食をまかなう活動のような対抗の動きも登場しているが，根本的な解決には至っていない．ただ，食事行為を地球規模でとらえたとき，上記の孤食・個食現象はまた違ったニュアンスを帯びてくる．現在，食料の輸出国はほとんどが食料廃棄率の高い先進工業国である一方で，国連食糧農業機関（FAO）の2015年の統計では地球上の1/9が飢餓状態にある．地球上の食料の移動・交換は人類史上最も盛んであるが，経済学者のA. セン（Sen 1981）のいうように，食べものを手に入れるには明らかな差異と差別構造が存在する．このような地球規模の「孤食」もまた，グローバル時代の食の社会学が取り組むべき宿命的な課題といってもよいだろう．

［藤原辰史］

人口転換理論

●**理論登場の背景**　人口の規模や年齢構造は，その社会に生きる人々の暮らしや考え方にさまざまな影響を与える．そうした状態が生じるメカニズムを知り，近い将来の状態を予測することができれば，その社会が直面する課題や対応策を検討するうえで大いに役立つはずである．人口は，人の移動を除けば，出生と死亡の発生の仕方（出生率と死亡率）で決定される．この出生率と死亡率の組み合わせを近代化現象と結びつけ，人口の状態変化を一般化したものが人口転換理論である．人口転換理論登場のきっかけとなった人口様式の変化は，18世紀後半から20世紀前半にかけて欧州各地で観察された．転換を経験する地域では通常まず死亡率が，その後出生率が経済構造や価値観の変化とともに不可逆的に低下すると想定される．高い出生率と死亡率によって人口が定常を保っていた状態（多産多死）から，低い出生率と死亡率の組み合わせによって再び定常化する状態（少産少死）へと移り変わること（その間に人口増加を経験）を「人口学的（demographic）」な「転換（transition）」（人口転換）とよぶようになった．

　人口転換理論の確立に先立ち，19世紀のフランスでは夫婦の出生抑制が明らかになり「人口革命」とよばれていた．A. デュモン（Dumont 1890）や A. ランドリー（Landry 1934）は合理的な生活やより高い地位をめざす人々の意識が出生抑制の原動力になっていると述べた．20世紀に入るとアメリカの W. S. トンプソン（Thompson 1929）が，出生率の違いに基づきさまざまな地域の人口状況の分類を示しており，人口転換理論の萌芽とみることができる（Kirk 1996）．

●**転換のメカニズムと帰結**　人口転換理論の洗練は，その後アメリカを中心に進んだ．出生力低下の誘因となる死亡率低下の重要性が強調され（Notestain 1945），人口転換は，一定の社会発展に到達することで，あらゆる地域で普遍的に起こり得ることが予測された（Davis 1945）．

　人口転換の過程は主に4つの段階に分けられる．①人口転換以前の段階では，死亡率は高いが，出生率はそれを補ってあまりあるほどに高く，人口は緩やかに増加する．ただし，頻発する感染症の流行などによって死亡率が急騰し，人口の激減を繰り返すため，長期的には人口の成長はほとんどみられない．②そこに，こうした感染症の制御が可能になる社会が到来すると（疫学的転換［Omran 1971］とよばれる），高死亡率の状況がなくなるとともに，生活の改善によってふだんの死亡率も低下を開始する．ただし出生率は高いままなので，出生数は死亡数を大きく上回ることになり，急激な人口増加が引き起こされる．この第二段階において，夫婦は生まれた子どもがほとんど亡くなることなく成人することを

経験する．③これが，子ども数を抑制しようとする合理的な考え方や避妊や中絶手段の入手と重なったとき，出生力転換を招き，死亡数を上回っていた出生数が次第に少なくなることで，人口増加のペースも緩やかになる．④最後の段階では，出生数と死亡数が等しくなるほどに出生率の低下が進み，人口は静止状態を迎える．

欧州を例にとれば，夫婦が5人程度の子どもをもち，人々の平均寿命は40年未満，人口の中央年齢は20代といった人口転換以前の社会は，転換により，夫婦の子ども数は意図的に2人前後に抑制され，平均寿命も70年を超えるまでに伸長し，中央年齢も40代という社会に変化することになった．

●**人口転換理論のその後** 人口転換理論が提示されて以降，人口転換期に実際に何が起こっていたのかが歴史的データの収集によって明らかになった（Coale and Watkins eds. 1986）．まず，欧州の調査研究によって，転換以前の出生力の水準が多様であったこと，そして，出生力転換には社会経済的な条件のみならず，文化圏や言語圏を通じた行動の伝播も重要であることがわかった．途上国においては避妊手段の入手も重要であるが，女性への教育や地位向上といった人間開発が出生抑制に効果的であることも示された．転換期の死亡率の低下も，個々の生活水準だけでなく，公衆衛生の普及や，輸送手段の発展による飢饉の減少などが重要な役割を果たしていた．今日では，実際の出生や死亡が変化する過程や要因は，固有の条件によって多様であると認識されている．また，人口転換理論は20世紀中盤のベビーブームの到来や近年の欧州や東アジアにおける人口置換水準以下の出生率，そして平均寿命が80年を超えるような長寿社会を想定しておらず，新たな理論構築が模索されている（Bulatao and Casterline 2001；堀内 2001）．低出生率による人口減少地域は，人口増加地域からの移民の流入を招くケースも多く，人口転換に移動の側面を組み入れる議論も登場している（Chesnais 1992；van de Kaa 2003）．

このように現実の人口現象は人口転換理論が想定した過程よりも複雑なことが多いものの，多産多死状態にあった地域が社会発展によって人口増加とその後の人口停滞期を迎えることを予見したり，転換の途上では，高齢者と年少者が少なく働き盛りの人口が多い，経済発展にとってきわめて有利な時期（人口ボーナス）を経験する一方で，その後一転して高齢社会に移行する必然性を示すなど（Lee and Reher 2011），世界のさまざまな時代・地域の社会現象の理解に大きく貢献している． ［岩澤美帆］

参考文献
[1] Jones, G. W. et al., 1997, *The Continuing Demographic Transition*, Oxford University Press.
[2] Caldwell, J. C. et al., 2006, *Demographic Transition Theory*, Springer.
[3] Livi-Bacci, M., 2012, *A Concise History of World Population*, 5th ed., Wiley-Blackwell.（速水 融・斎藤 修訳，2014，『人口の世界史』東洋経済新報社.）

2. 行為と意味

　科学としての社会学がその固有の対象を観察可能にするために必要とした基礎概念の探究は，社会学の創始当初から連綿と続く理論的課題であった．行為者によって「思念された意味」という視点が理念型として社会の現実のなかから切り出された行為概念と交差した瞬間に決定的に開かれた「行為と意味」という問題系は，その後，多様な学説的系譜を生み出しながら展開されてきた．

　本章では，意味概念の彫琢を起点として，意味が媒介する行為と社会的秩序の諸相へと視座を広げるとともに，「行為と意味」をとりまく問題系を，「行為の合理性」論や意味現象への数理的アプローチ，さらには「行為と構造」論，生活世界論との接続面から浮かびあがらせる．また，現代社会にアプローチする応用的視座として社会的行為におけるリスク，信頼，パフォーマティヴィティ，社会的行為としての消費に光をあて，応用的な研究の可能性や課題を提示する． ［高橋　徹・佐藤俊樹］

複雑性と意味

■**社会学の基礎概念としての位置価**　複雑性と意味はいずれも，複合的な構成物である社会学的対象にアプローチする視座を定めるための，いわば礎石となる概念である．

　N. ルーマン（Luhmann）は，さまざまな分野における複雑性概念に共通する一般的な含意を，「多様なものの統一」のうちにみた（Luhmann 1975b）．K. マルクス（Marx）は，具体的なものを「多様なものの統一」としてみる視点から，経済学の方法について論じている．例えばマルクスは，人口というのはそれを構成する諸階級を無視すれば一つの抽象語にすぎず，階級もまたその諸要素である賃労働や資本などを考えなければ空虚であるとした（Marx 1974）．つまり，対象を所与の具体物として素朴に前提するのではなく，それらを構成する諸要素とその諸関係をみる視点に立つとしたのである．

　G. ジンメル（Simmel）は，社会学的対象の複雑さ（Kompliziertheit）について，社会的な過程や状態は無数の部分的な諸過程によってもたらされていると論じた．ジンメルは，社会現象において同じ結果がきわめて異なる諸原因から生じうることを指摘している（Simmel 1890）．この考え方は，20世紀後半に L. v. ベルタランフィ（Bertalanffy）が一般システム理論において定式化した等結果性につながるものである（Bertalanffy 1968）．またこうした考え方は，R. K. マートン（Merton）における機能的等価物，ルーマンにおける等価機能主義においても示されている（Merton 1957；Luhmann 1970）．さらにジンメルは，個々の人間もまた多種多様な諸要因の所産であって，その意味で人間自体もまた社会現象と同様に複雑な現象であると考えた．こうした考え方は，社会と個人の双方を，そしてこの両者の関係をともに複雑性の観点で考えるものであったといえる．

　意味もまた，社会学の確立に向けた努力のなかで焦点化された概念である．M. ウェーバー（Weber）は，理解社会学の方法論的な確立にあたって「主観的に思念された意味」に着目した．他者に向けられ，明確に理解可能な社会的行為の意味を類型化し，これを理解社会学の対象として規定することで，社会学的な関心の対象とそうでないものが区別されたのである．ウェーバーのよく知られた社会的行為の諸類型（目的合理的行為，価値合理的行為，感情的行為，伝統的行為）は意味理解の類型論でもあったが，ウェーバーは実際には多くの場合，現実の行為はこれらの諸類型の混合物であり，現実の行為とこれらの諸類型の間には大なり小なり距離があると考えていた．しかしウェーバーは，意味理解の明証性に立脚することで，社会学は科学として必要な記述の明証性を獲得することがで

きると考えたのである（Weber 1921-22a）．ウェーバーの社会的行為論は，行為と意味をめぐる以後の社会学理論研究の起点となった．

　T．パーソンズ（Parsons）は，経験的な行為における因果関係を追究する西欧の実証主義と，行為における理念の働きの解明に重きをおいたドイツの理想主義を対置する構図のなかで，後者の伝統に位置づけながら意味の問題を考えた．主意主義的行為理論という構想のもとでこの二つの伝統を活用しようとしたパーソンズは，意味の働きを，行為における規範的要素として自らの行為理論に組み込んだのである．パーソンズは，行為者，目的，状況（手段，条件）とともに，規範的志向を行為の分析的な構成要素とした．パーソンズは，こうした分析的要素によって，社会的行為を構成する諸側面が適切に把握されると考えたのである（Parsons 1937）．

　これに対してA．シュッツ（Schütz）は，行為者の主観的見地に関するパーソンズの分析的アプローチにおいては，行為者の心のなかで現に何が生じているのかという点がまったく問われていないと批判した（Sprondel Hg. 1977）．シュッツ自身は，行為と意味に関する考察を，行為者自身による意味付与，他者理解の問題，そして社会的世界の構成と段階的に深めてゆくことによって「社会的世界の高度に複雑な意味構成」（Schütz [1932] 1974：訳35）に迫ろうとしたのである．

　複雑性と意味の問題はそれぞれに，社会的なものの複合的，多層的な構成をいかにしてとらえるのかという課題を投げかけてきたのである．

●**ルーマンによる定式化**　ルーマンは，あるシステムの諸要素とそれらの諸関係に着目して複雑性概念を定式化した．あるシステムの諸要素の数が増大したときに，数学的に可能なそれらの諸要素の諸関係がすべて成立することはあり得ず，現実には可能な諸関係のうちの一部が選択的に成立することになる．このようにして選択的に成立した諸要素の関係を，ルーマンは「複雑な」関係とみなしたのである（Luhmann 1984：訳37）．

　「複雑な」関係を構成するシステムにおいて，現に成立している事柄（顕在的なもの）は，常にある様相性を伴って現実化している．なぜなら，場合によっては，現に成立している事柄以外の別様なる諸可能性（可能的なもの）が現実化していたかもしれないからである．出来事として生起する社会的な現象は，常に時間のなかで生成消滅を繰り返している．それゆえ，顕在的なものは常に時とともに消滅し，新たな諸可能性が顕在的なものとして現実化する．そしてこの新たな顕在性に対しても，常に別様なる諸可能性が存在するのである．ルーマンは，「意味は諸可能性のたえざる顕在化である」（Luhmann 1984：訳101）と述べたが，これは「意味とは何か」を定義したものではなく，むしろ現に行われている有意味的な出来事の処理がいかなるものであるかを述べたものである．ルーマンのこの

アプローチは，体験において直接与えられているものを記述の出発点とする現象学に学んだものでもある．

●**複雑性と意味が基礎づける社会的視座**　このような複雑性概念，意味概念の見地から，ルーマンは人間の意識とコミュニケーションを，有意味的な処理形式のもとで「複雑な」諸関係を独自に構成・処理する意味システムであるととらえた（Luhmann 1984）．しかし，意識とコミュニケーションの過程において立ち現れる顕在性と可能性は，それぞれの過程に固有のものである．それゆえ，具体的な思考や出来事がいかなる複雑性のもとで意味的に処理されているのか，言い換えれば，個々の顕在性がいかなる意味的地平のもとで立ち現れているのかを考えるためには，当該の意味システムの過程に立ち返らなければならない．理論のレベルでは，意味システムがいかなるものであるのかを定式化することはできても，それぞれの過程においてどのような顕在性／可能性が構成されるのかについては，経験的な対象の観察なくしては語り得ないのである．

社会学的に重要なのは，もちろん社会過程であるコミュニケーションである．コミュニケーションの過程においては，その過程が選択的に積み重ねてきた顕在的な出来事の履歴（システム史）が形成される．同時にその過程は，そのとき選択されなかった諸可能性の履歴を形成している．この観点からすれば，あるシステムの歴史を考えることは，そのシステムが構成してきた共時的-通時的な選択性の歴史を考えることにほかならない（Luhmann 1975a）．例えば，裁判所は長年にわたって判例を積み重ねてきている．企業であれば過去の経営判断の履歴をもっている．これらを参照することで現在における判断や決定が規定されるのである．同時に，その時々の判断や決定においては採用されなかったり，明示的には反映されることのなかった別様な諸可能性も蓄積されている．最高裁判所の判決においては，裁判官の間に意見の不一致がみられた場合，「多数意見」に加えて，結論には賛成であるが理由づけの異なる「意見」，結論に反対する「反対意見」が開示される．この例のように別様な諸可能性が制度的，体系的に記録されている場合は，顕在的なものがどのような様相性のもとで選択されたかを跡づけて理解することができる．しかし，こうした記録がない場合には，開示されなかった別様な諸可能性を史料調査や聞き取り調査などによって発掘したり，比較研究によって対象において考慮されることのなかった諸可能性を示すことで，対象の選択性を批判的に再構成することができる．

こうした問題を考える際に重要なのは，何が顕在性として選択されたかということだけではなく，ある事柄が顕在性として選択されるにあたって，他のどのような諸可能性が可視化／不可視化されていたか，という点である．日常経験からもわかるように，我々が日々行っている多くの判断は，いくつかの別様な選択肢との比較のもとでなされている．他の諸可能性に関わる可視性／不可視性の境界

は，ある選択の妥当性を判断する際の重要なファクターとなる．この境界が動けば，既存の判断の妥当性は揺らいでしまう．例えば，DNA鑑定のような技術革新によって過去においては選び得なかった選択肢が生じると，過去の判断が再検討に付されることになる．

このような可視性/不可視性の境界線を説得力をもって設定する社会的なメカニズムには，どのようなものがあるだろうか．例えば，災害や事故に関するリスク認知は，当該の災害や事故が実際に起きることで大きく変化する．つまり，「想定外」のものが「想定内」に置かれることになる．これは，リスク認知において想定される諸可能性の可視性/不可視性の境界設定が，その社会の歴史的経験に強く規定されていることを示している．また，そのような「歴史」の構成に集合的な記憶をつかさどるマスメディアが強く関与していることにも注目すべきである．

現代社会においては，想定すべき危険/想定しなくともよい危険の境界線は，多くの場合「科学的」に引かれている．最終的な判断の責任主体が形式的には行政であり，政治であったとしても，化学物質や放射性物質の危険性，自然災害が発生する頻度や人工物の建設による自然環境への影響について説得的な説明を提供するのが科学の役割となっている．事故や災害などで既存のリスク認知が不十分であったことが明らかになると，しばしば行政や科学者に対する不信感が表明される．しかし，これは裏を返せば，問題状況が起こらない限り，行政や科学者への信頼がリスク認知を妥当させる社会的メカニズムとして作動していることを明らかにしている．またある社会において高い首肯性（説得力やもっともらしさ）をもつ理念や概念は，その社会における価値的，認知的な選択性の枠組みとなってコミュニケーションを方向づける．こうした理念や概念の働きを当該社会のゼマンティクとして，知識社会学的な分析の対象とすることもできる．

実際に問題となっている個別の事案について，社会学者が当事者や当該領域の専門家よりも優れた別様の可能性を提示できる場面は限られるかもしれない．しかし社会学者は，可視性/不可視性を境界づけるメカニズムが働く社会過程自体を可視化し，その過程自体を別様なる諸可能性に開いていくことに貢献することができる．複雑性と意味の概念は，そのための基礎的な視点を設定してくれるだろう．

[高橋 徹]

参考文献
[1] ジンメル, G./居安 正訳, 1998, 「社会分化論」『社会分化論 宗教社会学（新編改訳）』青木書店：4-159.
[2] ウェーバー, M./阿閉吉男・内藤莞爾訳, 1987, 『社会学の基礎概念』恒星社厚生閣.
[3] ルーマン, N./佐藤 勉監訳, 1993-95, 『社会システム理論（上・下）』恒星社厚生閣.

意味と情報

●**意味と情報の関係問題が生まれた事情**　1948年にC. E. シャノン（Shannon）は論文「通信の数学的理論」を発表し，それは翌年，W. ウィーバー（Weaver）の解説つきで本としても出版された（Shannon and Weaver 1949）．この解説の効果もあって，通信工学以外の諸学科でも情報理論とその応用に関心が寄せられるようになり，それと同時に情報の概念をめぐる議論が始まった．

そうした議論が始まったゆえんだが，この論文でシャノンは次のような接近方法をとっていた．すなわち，彼に先立って情報量の測定を扱っていたR. V. L. ハートレー（Hartley 1928）に倣って，①「工学の問題にとっては，通信の意味論的な諸側面は重要でない」と，意味に関わる問題は除外し，②「実際のメッセージは可能なメッセージの集合のなかから選択されたものである」という側面に注目して，③ある与えられた集合のなかから選択される一事象の平均的な情報量，言い換えると平均的な統計的な稀さないし意外性の程度を求めようとするものであった（これはさらに別の言い方をすると，選択に先立って存在している不確実性の程度でもある）．ここで除外されていた意味の扱いと，諸可能性の集合からの選択というとらえ方の是非とが，その後の議論の中心問題となっていく．そして，その議論は現在も続いている．

●**意味的な情報概念の解明の試み**　情報をめぐる議論で最初に提出された論点の一つは，例えば家への言及と家の大きさについての言明とが区別されなければならないのと同じように，情報と情報量とは区別されなければならない，というものであり，この指摘にはシャノン自身も「同じ意見」であった（Foerster et al. 1951：219；MacKay 1969：56f.）．

しかし他方で，シャノンに従えば，情報は選択を提示し，そのことでもって諸可能性を排除することで，不確実性を減少させる．このとらえ方を受け継いで，今日でも，情報とは不確実性を減少させるものであるとする定義が多くの人々によって採用されている．また，哲学では，意味を除外した平均情報量というシャノンの考え方を下敷きにしたうえで，情報を「事態について我々に真実を語ることのできるもの」，ないしは「真なる知識を与えるもの」に限定し，そこから情報の意味論を展開しようとする有力な試み（Dretske 1981）がある．

だが，社会科学における情報研究にとっては，情報を「真なる知識を与えるもの」に前もって限定してしまうのは適切ではないだろう．また，情報は不確実性を減少させるだけとは限らない（Nyström 1974）．例えば，新しい客体（馴染みのないもの）が現れるとき，すでにそれは多少なりとも驚きをもたらし，不確実

性の発生を伴いうる．得られた情報が信じていることに反していたり，真理とみなされていることを否定している場合，したがって，あり得ないと想定されていた可能性がむしろありうることを示している場合には，その情報ははっきりと不確実性を高める（Luhmann 1984；Huber and Daft 1987；Ritchie 1991）．

　ここにみられるように，シャノンの情報理論の枠組みの外では，与えられた事象の集合を超えて選択肢をふやすような「否定的な情報」がある（Harary and Batell 1978）．そして，もしも不確実性を高める情報が存在しないとすれば，我々の知識と思考の構造的変化はきわめて起こりにくいことだろう．

　とはいえ，諸可能性からの選択というシャノンのとらえ方をまるごと疑問視する必要はない．なぜなら，情報の選択性・事象の稀さ・意外性・驚きということが，例えばコミュニケーションにおいて受け手の情報への注視・注目を支えているからである．そして，情報とはシステムに驚きをもたらすものだということもできる．事実，到来するニュースや我々が遭遇する出来事は，予期（期待）されていたこととの差異に基づいて情報となる．システムは実際の状態と予期（期待）していた状態との差異を前にして，その差異にシステムの構造において対処しようとする．だから，情報とは「差異をつくりだす差異」（Bateson 1972：訳429, 602）であるとか，「システム状態の選び出しをする出来事である」（Luhmann 1984：訳104）といわれる．

　情報はシステムの予期（期待）との差異に基づいて情報になるのだとすると，第一に，情報は環境にあらかじめ存在しているような所与ではなくて（Foerster 1982），システムの内部でシステム自身の把握図式に基づいてはじめて可能となる．第二に，現前していないもの・無（欠如）・期待はずれといったことや，存続・構造・連続などですらも，予期（期待）との比較に基づいて情報として現れうる（Bateson 1972, 1979；Luhmann 1984）．

　ところで，上で扱ってきた情報はすべて，意味を有していた．意味と情報の違いはどこにあるのか．意味は反復されても同じ意味を持ち続けるのに対して，反復される情報は意味が同じでも，情報としての価値を失う．システムは，最初の情報によってすでにシステム状態を選択済みだからである（Luhmann 1984）．

●コミュニケーションにおける情報　我々はコミュニケーションにおいて情報を手放す（失う）という形で伝達をするのではないから，情報伝達といわれていることの説明にも，工学的通信理論の移送（伝達）モデルとは異なる考え方が必要であろう．　　　　　　　　　　　　　　　　　　　　　　　　［長岡克行］

📖 参考文献
[1]　西垣　通，2004，『基礎情報学——生命から社会へ』NTT出版．
[2]　長岡克行，1996，「情報概念再考」『コミュニケーション科学』5：39-56．

意味と時間

●その社会学的主題化 社会学で意味と時間を結びつけたのは，まず，理解社会学とよばれる主観主義的・個人主義的な行為理論の展開である．M. ウェーバー（Weber）が，社会文化的対象の解明には，それを構成する社会的行為について，行為者自身が考えている意味の理解が必要だとし，続いて A. シュッツ（Schütz 1932）がこの構想を掘り下げて，H. ベルクソン（Bergson）の持続概念，ならびに E. フッサール（Husserl）による時間意識の現象学をもとに，主観的意味は行為者の内的時間との相関で成立することを示した．その後，意味と時間に関するさらなる議論は，同じく現象学を参照した N. ルーマン（Luhmann）の社会システム理論を通じて深められるが，もともと社会学理論における時間性への注目自体は，社会化（Vergesellschaftung）という動的概念によって社会の実体論と還元論を止揚した G. ジンメル（Simmel 1908, 1917）や，経験論とアプリオリズムを批判して時間カテゴリーを相対的な社会制度とした É. デュルケム（Durkheim 1912）ら，ウェーバーと同世代の他の社会学者にもすでに見出せる．ベルクソンやフッサールも含め，1890 年代から 20 世紀初頭にかけて活躍したこれらの人物を大なり小なり貫くのは，啓蒙の合理主義を信奉しつつも，19 世紀的な実証主義には異を唱え，人間事象を自然科学に還元せずに探究するという世代的思潮である（Hughes 1958）．意味概念や時間概念は，実証主義の図式的な世界把握に抗して人間行為と人間意識の本性を論じるための，中心的な手がかりであった．

●理論的内容 シュッツによれば，意味とは，行為者が自分の体験の流れに反省的な眼差しを向けることで構成されるものであり，行為の主観意味も同様である．持続の経過の現在から注意を未来に向けて，ある体験の完了状態を目標として先取りすると，意識内で行為の単位が際立つ．目的に動機づけられて未来完了時制で投企されたこの行為（Handlung）が，進行中の行為（Handeln）について行為者が主観的に考えている意味である（「ドアノブをつかもうとしているのは，ドアを閉めるためではなく修理するためである」）．と同時に過去の諸体験も，反省を通じて意味的に縁取られ，経験の連関（解釈図式）に組み込まれたり，投企の理由として過去完了時制で回想されたりして，行為の意味構成に寄与する．

以上のとおり，行為の単位と意味が個々の行為者の内的時間に基礎を置くなら，T. パーソンズ（Parsons）のいう規範的な共通価値も，行為の意味の究極的な源ではない．こうした観点は，ルーマンの社会システム理論にも共有されている．システムが，環境に逐一即応せずとも独自のテンポで自律的に作動できるのは，その固有時間のおかげである（Luhmann 1997：訳 79-80）．つまり，システム要

素（コミュニケーション作動）の意味単位は，独立した原子でないのはもちろん，外的な何かによってでもなく，システムの現在状態に相関した過去と未来（想起と予期）の地平構造，および現在進行中の作動プロセスの前後関係のなかで，内的に選択され規定される．ルーマンのいう自己準拠的な社会システムとは，こうした固有時間の組織化により，同時並列的なカオスの世界複雑性（意味自体の複雑性）を縮減し，自身の単位要素を継起的に秩序づけ，生成消滅する瞬間的な出来事としてたえず再生産する，時間化された動的安定のシステムである．

　さらにルーマンは，これに社会文化的進化の知見を加えて，時間を，システムの自己産出作動に伴う単なる所与ではなく，出来事の意味をより詳細に特定するために分化した，事物次元と社会次元に並ぶ意味次元の一つとする（Luhmann 1984：訳115-26）．古代や中世では運動などの空間的事象から未分化で，あるいは神の永遠性の下位に置かれていた時間の概念（意味論）は，物事の変化が増し，新しさへの評価が芽生えた近代になると，現在を境に非連続的な過去と未来の区別で特徴づけられて，独自の意味規定の形式となった．この点で時間とは，リアリティに対する観察スキームの一種であり，それに意義を与えた社会変動と不可分である．特に身分的な階層分化から機能分化への移行は，未来を個人の選択に開かれたものとし，社会の未来志向を導くこととなった（Luhmann 1975a, 1980, 1982a, 1990a, 1992, 1993, 1997；高橋 2002）．

●**今日的事例**　意味と時間の結びつきを顕著に示す例に，リスクの問題があげられる．過去と未来の違いが増し，過去が未来のモデルではなくなるにつれ，不確かな未来を左右するのは現在での決定となった．それとともに未来の損害は，外から降りかかる災難や宿命（できることなら回避したい危険）ではなく，あえて引き受けるべきリスクとして，決定（者）にますます帰属される．ただ，現代のエコロジー危機や原発事故の場合，被害者は必ずしも決定に関与しておらず，また損害の規模・期間・範囲の事前予測は難しく，社会保険での福祉国家的な対処も困難である．そのため客観的には同じ出来事（例えば原発再稼働の決定）が，未来観察の仕方に応じて相異なる意味で現れて，社会的に不合意や抗議運動をもたらすことになる（Luhmann 1991；小松 2003）．類似のコンフリクト状況は，グローバル化による未来の急激な不確実化のなか，各地で歴史認識のあり方をめぐっても生じており，今日，現実に対して「今そのように（Jetzt und So）」付与されている多元的な意味づけを理解するうえで，個々のシステムの時間パースペクティブは無視できなくなっている．

[多田光宏]

📖 **参考文献**
[1] アダム，B.／伊藤 誓・磯山甚一訳，1997，『時間と社会理論』法政大学出版局．
[2] 多田光宏，2013，『社会的世界の時間構成——社会学的現象学としての社会システム理論』ハーベスト社．

ダブルコンティンジェンシー

●**パーソンズとルーマン——それぞれの課題**　T. パーソンズ（Parsons）は『社会的行為の構造』(1937) で主意主義的行為理論へと収斂する現代行為理論の流れを描き出した直後から，行為の一般理論の構築に向けて，その参照枠となるべき行為者-状況図式の彫琢にとりかかったが，その特色は，目的手段図式によって行為を理解し，所与の状況で自らの目的の実現をめざす行為者の規範的指向を重視することにあった．社会学的に重要なのは，行為者たる「自我」の認知する状況内には，それ自体認知や期待や選択の主体として自我に認知される特殊な客体としての「他我」が存在するという指摘である．ここからパーソンズは，行為理論の一環としての社会学が固有に解決すべき理論的課題として，ダブルコンティンジェンシーを見出すことになる．

　他方，N. ルーマン（Luhmann）は 1970 年代以降，社会システム理論の基礎概念について行為からコミュニケーションへの移行をはかるにあたり，そのつどのコミュニケーションによって不断に解決されることでシステムの存立が維持される，という記述を成立させうるような「問題」の概念を必要とした．これは一般には意味概念によって提供されるが，そのうち特に意味の社会的次元を構成するものとして，パーソンズ版よりも一般的な水準でダブルコンティンジェンシー概念を定式化するに到る．

●**「二重に偶然的」の二つのとらえ方**　「コンティンジェンシー」は「偶然」を意味する語であり，したがって可能なもののうち必然ではないものがこの語で指示される．ある事態が偶然であるならば，その事態が生じない場合や異なる事態が生じる場合を想定することが可能であり，その意味でこの概念は「別様可能性」の存在を暗示する．

　「ダブルコンティンジェンシー」とはこの偶然性が二重であることを指す概念であるが，ある可能な事態は必然であるか偶然であるかのいずれかでしかなく，ある偶然的な事態について「二重」という形容は，その事態を単独で考えた場合には無意味である．したがって二重の偶然性という概念は，当該事態に関わる別の（複数の）要因との関係においてのみ有効となる．

　パーソンズにおいて「二重に偶然的」とされるのは，所与の行為者の社会的状況における目的の実現である．ある事態の成立を目的として追求する行為者にとって，その実現は既定の必然ではなく，あくまで自分の選択に依存して別様でもありうる——すなわち偶然である．加えて，社会的な状況で追求される目的（例えば「結婚する」「商品を買う/売る」）は，自分ひとりの選択によって実現が保証されるわけではなく，他人（相手）による適合的な選択をも必要とする．この意味で目的実

現は「二重に偶然」であるといえる．目的実現に関わる人数に応じて偶然性の係数も増える（n人が関わるなら「n重に偶然」である）．目的実現に対し因果的もしくは論理的に作用する手段選択主体が複数ありうることが，パーソンズ版ダブルコンティンジェンシー概念の基礎であり，そうした状況下における行為者の安定的な行為選択を理論的に説明することが，この概念の提起する問題となる．

他方，当初より目的手段図式からの脱却をはかっていたルーマンは，人間の体験一般に照準し，そのつどの体験の偶然性（＝別様可能性）を，システム存立にとっての問題として定式化する．そのつどの体験が否定可能性を保持しつつ同定される体験処理形式をルーマンは「意味」とよび，意味が作用する体験同定の次元を内容的・時間的・社会的の三つに分類する．ここにおいて他我は，自我の体験同定に還元されることがなく，常に別様体験可能性を提供する偶然性の源泉として作用する．その結果，自我は他の二次元における偶然性に加え，また別個の処理を必要とする社会的な偶然性に直面することになる．これがダブルコンティンジェンシーである．社会システムはその処理のために必要とされ，逆に社会システムが成立するためにはこの社会的な偶然性の次元が不可欠である．

●**基本問題からの展開**　目的手段図式におけるダブルコンティンジェンシー問題は当初は行為者間での価値の共有によって解決がはかられたが，結局は後にパーソンズ自身認めているとおりゲーム理論に回収される（Parsons 1968a）．この概念は各プレイヤーの選択肢数に応じて利得表のセルが複数になりうることと等価だからである．

他方，ルーマンは，コミュニケーションの文脈ではダブルコンティンジェンシーが他我から自我への選択性の伝達の不成立可能性という形をとることに着目し，進化的に獲得された各種のコミュニケーションメディアがこの問題の解決に貢献していると指摘する．選択性がシステムと環境のいずれに帰属されるかで行為と体験を区別すると，選択性伝達問題は(1)「他我体験→自我体験」，(2)「他我体験→自我行為」，(3)「他我行為→自我体験」，(4)「他我行為→自我行為」の四類型に分けられるが，ルーマンはそれぞれの問題類型において伝達の成立を蓋然化するメディアとして(1)では真理，(2)では愛，(3)では貨幣，(4)では権力などを見出している．　　　　　　　　　　　　　　　　　　　　　　　　　　　　　［三谷武司］

参考文献
[1] Luhmann, N., 1971, "Sinn als Grundbegriff der Soziologie", J. Habermas und N. Luhmann, *Theorie der Gesellschaft oder Sozialtechnologie: Was leistet die Systemforschung?*, Suhrkamp.（佐藤嘉一ほか訳, 1987,「社会学の基礎概念としての意味」『批判理論と社会システム理論』木鐸社：29-124.）
[2] Parsons, T., 1968, "Social Interaction", D. L. Sills ed., *International Encyclopedia of the Social Sciences*, 7: 429-41.
[3] Parsons, T. and E. A. Shils eds., 1951, *Toward a General Theory of Action*, Harvard University Press.（永井道雄ほか訳, 1960,『行為の総合理論をめざして』日本評論新社.）

意味と他者

●**方法的個人主義と方法的全体主義**　社会の成立を考えるうえで，二つの代表的なとらえ方がある．一つは方法的個人主義である．これは，社会的な事象を個人個人の振る舞い（行為や行動）の集積としてとらえる．もう一つは方法的全体主義である．これは社会的な事象を，特定の範囲で共有された何かが現実化されたものとしてとらえる．

伝統的な社会学史では，方法的個人主義は M. ウェーバー（Weber）に，方法的全体主義は É. デュルケム（Durkheim）に始まるとされる．しかし実際には，19 世紀半ばの道徳統計学（moral statistics）で両者の対立はすでに起きていた．自殺率の恒常性という事象を，個々人の振る舞いの集積によるとする考え方と特定範囲の集団全体の道徳状態の反映だとする考え方とが，激しく対立していた．

ウェーバーの社会学も，デュルケムの社会学も，この道徳統計学での論争と深く関わる（項目「福祉社会の国家システム」参照）．デュルケムは 19 世紀の方法的全体主義をただ引き継いだのではなく，道徳統計学の方法的個人主義を取り入れて，自殺という振る舞いは個人個人で起きるとした．そのうえで，それら個々の自殺の背後には，特定の集団単位（地域や国家社会）で共有されている一つの力または道徳的な状態があるとして，これが一定数の自殺を発生させる，という形で説明した（Durkheim 1897）．それがデュルケムの方法的全体主義である．

これはいわば反省的な方法的全体主義にあたる．実際，一つの力として規範の共有をおけば，現代の社会学でもよく見られる説明様式になる．

●**理解社会学の地平**　ウェーバーはまったく別の方向で，19 世紀の方法的個人主義から離れていった．

道徳統計学の方法的個人主義は，当事者がどんな動機で振る舞うかを，観察者（例えば道徳統計学者）が特定できることに，疑問をいだかなかった．当事者個人の内面は，観察者には完全に透明なものだった．それに対してウェーバーは，観察者である社会学者が，当事者である個人の動機をどうやって具体的に特定できるのか，という問いを立てた．他人である当事者の動機をなぜ具体的に「理解」できるのかを，社会学が答えるべき方法的な問いだとした．

この問いを最初に立てたのは G. ジンメルだが（Simmel 1905 など），ウェーバーはジンメルの答えを「心理学的」として否定する（Weber 1905-06）．「心理学的」な答え，すなわち人間の心には他人の心を直接把握する能力が備わっているとすることを彼は退けた．それによって「理解」を，観察者の内部に閉じた形で，当事者の動機を間接的に推測していくプロセスにした．

ウェーバーの「理解社会学（verstehende Soziologie, interpretive sociology）」が「合理性」や「計算可能性」を基軸とした理由もそこにある．推測で最も確実な手段になるのは，論理的な模擬演算（シミュレーション）である．「価値合理的」や「目的合理的」など，「理解」における合理性の類型はその計算モデルにあたる．もちろん，現実の当事者は完全に合理的に振る舞うわけではないが，こうした振る舞いも，特定の合理性からの特定の方向での，ある程度の逸脱という形でしか，論理的には推測できない（Weber 1906, 1921-22a）．
　その意味で，理解社会学は，観察者による当事者の観察に決定的な限界をおいた（佐藤 2014, 2015b）．当事者に対する社会学者の観察は，外部観察ではなく，内部観察にあたる．もしウェーバーに行為理論があるとすれば，それは，当事者個人が合理的に選択するというよりも，むしろ，当事者個人の動機は特定の合理性とそれからの逸脱という形でしか記述できない，とするものである．

●**内部観察と社会学**　この，いわば「他者問題」を通じた内部観察性の発見によって，20世紀の社会学は19世紀の社会学から決定的に分かれていく．内部観察性は社会学の記述や説明をより限定的なものにしたが，社会的事象の新たなモデル化の途も開いた（項目「意味と数理」参照）．
　もし社会学者による理解が間接的な推測であるならば，当事者同士でもそうならざるを得ない．それゆえ複数の当事者がいる場合，ある当事者に一定の動機を仮定したうえで，その動機が別の当事者からは系統的に誤解されつづける，という仮定をさらにおくことができる．つまり，当事者間に斉一的な心理や動機づけが強く共有されなくても，社会的な事象は成立すると考えられる．その点で，19世紀の方法的個人主義とは決定的にことなる．
　これによって社会学は，19世紀的な心理学主義や社会有機体論から完全に抜け出していく．デュルケムが唱えた「社会的事実」（Durkheim 1895）も新しい形で定式化される．こうした説明様式は例えばR. K. マートンの「予言の自己成就」論（Merton [1949]1957）やE. ゴッフマン（Goffman）のアイデンティティ論を生み出した．N. ルーマンのシステム理論もその延長線上にある．例えば公式組織においては「『意思決定』で……心理的な経過ではなくて，コミュニケーションが，心的な出来事，意識内部の自己確定ではなくて，社会的な出来事が，考えられている」（Luhmann 1988a：166）ととらえ直した（長岡 1998：167）．そうすることで，ルーマンは経営組織のオートポイエーシス（autopoiesis）をモデル化した（奥山 1986；長岡 1998）．　　　　　　　　　　　　　　　［佐藤俊樹］

📖 **参考文献**
[1]　ウェーバー, M.／森岡弘通訳，1965,「文化科学の論理学の領域における批判的研究」『歴史は科学か』みすず書房：199-227.
[2]　向井 守，1997,『マックス・ウェーバーの科学論』ミネルヴァ書房.

体験と行為

●背景——ルーマンにおける体験と行為　N. ルーマン（Luhmann）はその初期の著作において体験と行為の区別にたびたび言及している．日常語法に従えば，体験ないし行為は個人が当事者である事柄だが，ルーマンはむろんそのようなものとして体験や行為を問題にするわけではない．彼によれば，体験や行為は何よりも世界の複雑性の縮減に関係する概念である．諸可能的事態のなかから特定の事態（体験や行為とよばれうるもの）が顕在化する．その顕在的事態（現実）と諸可能的事態の差異が意味を構成する．この可能的な事態と現実との差異としての意味が，システムの環境によってもたらされるときに体験とよばれ，システムの作動の結果としてもたらされるときに行為とよばれる．複雑性の縮減があらかじめ与えられたものとして扱われるとき，体験とよばれ，特定のシステムによってそれが行われるときに行為とよばれる，といってもよい（Habermas und Luhmann 1971）．

以上が体験と行為をめぐるルーマンの議論の最小限の要約である．複雑性の縮減を環境とシステムに振り分けることで，体験と行為の区別が生まれる．C. ボルフ（Borch）に倣ってラフな言い方が許されるなら，誰かに殴られることは体験であり，誰かを殴ることは行為であるということになる（Borch 2011）．ルーマンはこのような議論を通して，行為を社会事象の最小単位とみなす見方（行為論）に異を唱えようとしている．その際のポイントは二つである．一つは意味の発生がシステムの作動に淵源することを明らかにし，主観的意味に注目する行為論の観点を相対化したこと．もう一つは，行為論的な観点をとると視野に入らなくなる問題，すなわち主観的意味以前の問題としての体験に光を当てたことである．

ルーマンの議論は，システム理論の立場から体験と行為の形式上の区別を語ることにほぼ終始しており，その区別がもたらす認識上の果実について詳細に語ってはいない．たしかに真理，愛，貨幣，権力というコミュニケーション・メディアが，自己と他者の体験／行為の組み合わせによって語られたりしているが，そこでは体験と行為という概念はいわば所与であり，その概念セットに固有の問題を解明するという姿勢はみられない．

●体験と行為をめぐる新たな展開　体験と行為という概念セットを設定したなら，両者の関係をまず問題にするのが自然だろう．体験は一般に行為とどのような関係をもつか．どのような体験が行為に影響を与えるのか．ところがこれらの問いはいわば行為論的な発想に基づくものであり，システム理論的な観点と相性が悪い．これらの問いに接近するには，いったんルーマン的なスタンスから離れ，

ごく素朴に行為の動機解明を問題にする立場をとったほうがよい．
　このような立場から体験と行為というテーマに取り組む研究に，高橋由典のものがある（高橋 1996, 1999, 2007）．高橋が問題にする体験は，体験一般ではない．「対象との出会い」をその内容とする体験である．体験一般に話を広げてしまうと，行為の前提となる共通要素をそこに見出すことは著しく困難になるからだ．何かに魅了されるというような感情的な体験を考えればすぐわかるように，対象との出会いは不意に訪れる．当事者の意図や予測とはまったく無関係にこのことは起きてしまう．つまりやや大仰にいえば，「出会い」は主体成立以前の出来事なのである．この出来事の後，世界はくっきりと差異化され，特定の対象が特別の重みをもって立ち現れてくる．その対象は主体にとって特別なものとなってしまったのだ．主体はしかし，その特別さのわけを説明することができない．特別さの根拠は主体成立以前の出来事にしかなく，出来事そのものはいつでも説明の彼方にあるからだ．ともかく主体は特定の対象と特別なつながりをもつ．主体はどの対象ともこうした関係をもつわけではないので，このつながりは一種の選択といってよい．

●**体験選択というとらえ方**　出会いの出来事の体験そのものが選択の内実をなすという意味で，この種の選択は体験選択とよばれる．ここでは体験それ自体が選択なのである．普通の意味での選択（行為選択）は，事前の思考や判断の所産だが，体験選択は「気づいたらすでに終わっていた」選択として語られうるようなものであり，両者はまったく異質である．
　体験選択はいわば選択以前の選択であり，主体の思考や判断から独立しているため，体験選択の結果が時に主体の利害や道徳観とバッティングを引き起こすこともある（好きになってはいけない人を好きになる，など）．このことは社会学的には大変興味深い現象であり，体験選択が有意味な認識の焦点となりうる可能性を示唆している．体験選択はその人の生全体を起源とする出来事であり，人格の深部からの動員を伴うので，時に決定的な意味をもつ「選択」ともなりうる．
　最後に行為選択と体験選択の関係をまとめておこう．人間の選択には，行為選択と体験選択という二つの様態がある．社会学的行為論はいうまでもなく行為選択をその認識対象とするが，体験選択は動機のカテゴリーの一つとして行為選択のなかに入り込む．体験選択が利害や価値（あるいは理念）と並ぶ動機のカテゴリーの一つとして設定されることにより，行為論的認識はより深みを増すにちがいない．　　　　　　　　　　　　　　　　　　　　　　　　　　　　　　［高橋由典］

📖 **参考文献**
[1]　ハーバーマス，J.・ルーマン，N. ／佐藤嘉一ほか訳，1984-87,『批判理論と社会システム理論（上・下）』木鐸社．
[2]　高橋由典，2007,『行為論的思考　―体験選択と社会学』ミネルヴァ書房．

メディアと形式

● **メディアと形式という区別とその由来**　F. ハイダー（Heider）は論文「物とメディア」（1926）において，遠隔知覚はメディアによって可能にされるのだが，しかし，例えば光が見えると物は見えず，空気自体が音を立てるとすれば言葉は聞こえないことからわかるように，遠隔知覚はメディアそのものが知覚されないことによって可能にされるということを明らかにした．

　N. ルーマン（Luhmann 1995a, 1997）はこの知覚メディア論を修正して，知覚にとどまらず，コミュニケーションや，さらには意味にも適用できるように一般化しようとした．その際に彼は，G. スペンサー＝ブラウン（Spencer-Brown 1969）の「形式」という概念を使って，「メディアと物」という区別を「メディアと形式」の区別へと変更した（Luhmann 2000a：訳 31-7）．また，メディアと形式との差異の説明にあたっては，R. B. グラスマン（Glassman 1973）や K. E. ウェイク（Weick 1979）のルース・カップリング論に倣って，諸要素のルースなカップリングとタイトなカップリングという区別を採用している．

　メディアとは，ルースにカップリングされた諸要素であり，ルースなカップリングとは，諸要素の結合の可能性が多数開かれていることをいう．これに対して形式とは，同じ諸要素をタイトにカップリングしたものである．したがって形式は常にメディアよりも強く，メディアに自己を〈刻印〉することができる．しかし，カップリングしたものは再び解体（脱カップリング）されもする．それゆえ，メディアは形式よりも安定的である．とはいえ，メディアが観察されるのはそれ自体としてではなくて，形式においてである．

　次に，カップリングされる要素についていうと，メディアは常に，すでに形式形成されている諸要素（メディア基体）から形成されている．そしてこのことに基づいて，「メディア / 形式」という関係は多段階的に構成されていきもする．例えば，「音（メディア）/ 言葉（形式）」を踏まえて，続いて「言葉（メディア）/ 文（形式）」に，さらには「文（メディア）/ テキスト（形式）」に，というふうに．

● **コミュニケーション・メディア**　ルーマン（Luhmann 1984）によると，顕在性と可能性の差異（目下の所与性における現実性と可能性との差異）が意味を構成する差異である．顕在的な意味は，例外なく諸可能性から選択的に実現されたのであり，例外なくそれ自身以外の選択を指示（フェルヴァイゼン）する．ここでの諸可能性（メディア）から選択されている顕在的な意味は常に一つの形式である．それゆえ，意味は，心的な形式形成（意識）にも社会的（ソーシャル）な形式形成（コミュニケーション）にも使われる普遍的なメディアだとされる．

「メディアと形式」という区別がとりわけ重要なのは，コミュニケーション理論においてである．それは，工学的通信理論にみられるような情報の移送（伝送）モデルに取って代わろうとする．このモデルでは，情報がまるでチューブのような通信回路を小包で送られるかのようである．しかしながら，人から人への情報の移送（譲渡）は不可能であり，コミュニケーションを情報の移送（伝送）過程としてとらえるわけにはいかない．ルーマン（Luhmann 1997）によると，コミュニケーションはすべて，メディア（諸可能性）と形式（諸可能性からの選択）との差異の処理（プロセッシング）としてのみ可能である．

●**象徴的に一般化されたコミュニケーション・メディア** はやくからルーマンは，コミュニケーション・メディアとして，コミュニケーションの一般的なメディアとしての言語と，コミュニケーションの受け手の範囲を拡張する流布メディア（文字・印刷やその他の複製を可能にするテクノロジー・諸々の電子メディア）のほかに，象徴的に一般化されたコミュニケーション・メディア（真理・愛・貨幣・権力などで，成果メディアともよばれる）をあげてきた．象徴的に一般化されたコミュニケーション・メディアは，言語を補う追加的な装置であり，成功の見込みがありそうにないコミュニケーションをありそうなものへと変える働きをするとされている．というのも，もともと言語はイエスの選択とノーの選択のどちらをも可能にするのであり，したがって要請や懇願や命令などが言語だけでもってなされる場合には，それら提案されている選択の内容がたとえ相手に理解されたとしても，それらが相手に受け入れられるとは限らないからである．象徴的に一般化されたコミュニケーション・メディアはこの受容を動機づける働きをする．ルーマンは，コミュニケーションの状況を表のように分類することによって，このメディアが真理・愛・貨幣・権力などに分化する理由とこれら各メディアが引き受ける問題分野を整理している．

自我＼他者	体験	行為
体験	他体→自体 真理　価値	他体→自行 愛
行為	他行→自体 所有権／貨幣 芸術	他行→自行 権力／法

［出典：Luhmann 1997：訳377］

なお，この表では，コミュニケーション過程は他者から自我へと進むとされている．また，選択がシステムに帰属される場合が行為，選択が環境に帰属される場合が体験である（項目「体験と行為」参照）． ［長岡克行］

📖 **参考文献**
[1] ルーマン，N.／馬場靖雄ほか訳，2009，『社会の社会』法政大学出版局

権力（メディア）

●**メディアとしての権力というとらえ方の由来**　権力理論には長い伝統がある．その権力理論に，メディアという新しい考え方を付け加えたのは，T. パーソンズ (Parsons 1963) である．彼は，社会システムの4つの下位システム，すなわち文化的および動機的コミットメントのあり場所／法および社会統制／経済／政治には，それぞれにこの順に価値コミットメント・影響力・貨幣・権力が属しているとし，価値コミットメントや影響力や貨幣とともに権力が，下位システム間の相互交換を媒介する「一般化された交換の象徴的メディア」であるとした．彼は言語や貨幣によるコミュニケーションとの類比からこのメディアの理論を構想したのであるが，その出発点は，進化によって社会システムの分化が進むと，下位システム間のコンティンジェントな相互依存関係とそこでの相互交換は，もはや欲求充足のためのアド・ホックな交換形式をとれなくなるという洞察にあった (Parsons 1969)．

　各下位システムはどの他の下位システムとの関係においても，残りのシステム間関係と両立しうるような一般化された条件に従ってその関係を営むことができなければならない．それゆえ，下位システム間関係は，例えば貨幣や権力のようなシンボルによって一般化された交換メディアによって媒介されなければならず，各下位システムは，それぞれ他の下位システムとの関係において，具体的直接的な欲求充足の水準とシンボルによって一般化された水準の両方で相補的な期待を形成しあって，交通しなければならないとされた（二重の相互交換）．

　このとらえ方によって，社会の機能的な下位システムである政治とそのメディアである権力が社会全体ならびに下位システム間関係において担う役割と満たすべき条件を研究する新しい道が開かれた．権力のこのとらえ方のもとではまた，影響力と権力が概念的に区別されるとともに，権力の象徴的な性質や，権力のインフレーションとデフレーション現象に留意されている (Parsons 1969)．

●**交換メディアからコミュニケーション・メディアへの変更提案**　パーソンズの一般化された交換の象徴的メディア論に変更を加えて，「象徴的に一般化されたコミュニケーション・メディア」の理論を展開しようとしたのは，N. ルーマン (Luhmann) であった．ルーマンは，シンボルによる一般化という着想は受け継ぎつつも，機能的分化をパーソンズのように四機能図式に従って演繹的に導出するのを避け，また交換関係からコミュニケーションへと準拠問題の拡大をはかろうとした (Luhmann 1975c, 1975d)．これによって，交換メディアはコミュニケーション・メディアへと変更された．

彼がこのコミュニケーション・メディア論でもって扱おうとしたのは，それ自体では成功を見込みにくいコミュニケーションの成功確率を高める働きである（項目「メディアと形式」参照）．権力はそうしたメディアの一つとして，他者による行為選択を自我が自分の行為選択の前提として受容するように動機づける働きをするとされる．したがってこのメディア論は，権力を例えばそれを所有している人の属性としてとらえるのではなくて，コミュニケーションにおいてなされる行為の諸選択の調整と接続という局面の方に目を向ける．ここに，ルーマンのメディアとしての権力論の第一の特徴がある．
　第二の特徴は，権力概念としては狭い意味での権力を採用するところにある．広い意味での権力は，肯定的な賞罰(ポジティブ・サンクション)にも基づきうる．これに対して，狭い意味での権力は，ある人が否定的な賞罰(ネガティブ・サンクション)を設定することができ，それによって脅しをかけることができる場合に限って存在しているとされる．例えば，圧倒的な物理的暴力をそなえていて，要求や命令に従わなければいつでも相手に危害を加えることができる場合が，それにあたる．ただしかし，実際に暴力の行使に至ると権力は崩壊する．というのは，ある人が行う行為選択を他の人が行う行為選択へと接続するという働きは失われてしまうからである．それゆえ，権力をコミュニケーション・メディアとして使用できるようにするには，権力保持者は例えば物理的暴力の行使とか雇用関係の解消ということを背景にして，権力保持者も権力服従者も回避したがっているのだが，権力服従者の方がもっと避けたがるような選択肢，その意味で権力服従者によってより否定的に評価されるような回避選択肢を構成できなければならない．そして，ここでの要求や命令への服従と回避したい選択肢との差異が，他者の選択の受容を権力服従者に動機づけるのである．ルーマン（Luhmann 1975d）によれば，権力はこのことに基づいてありそうにない選択連関の実現を可能にするのであり，これが権力の最も基礎的な規定である．

●社会のなかの権力　社会の政治システムは，集合的に拘束的な決定の能力を用意できなければならず，この機能を満たすにあたって権力をコミュニケーション・メディアとして用いている．また，組織というシステム（これは政治システムにおいても重要な役割を果たしている）も，成員資格の取消しという脅しの権力を最終的な拠り所としている．とはいえ，脅しの権力自体は，社会の至るところに存在しており，状況拘束的である．メディアとしての権力論は，社会の理論としては，上述の脅しの権力という権力の最も基礎的な規定から出発して，最終的には政治システムにおける権力のありよう（Luhmann 2000a）と組織システムの作動基礎（Luhmann 2000b）の解明をめざしている．　　　　　　　　　　　［長岡克行］

📖 参考文献
[1]　パーソンズ,T./新明正道監訳．1974．『政治と社会構造（下）』誠信書房．
[2]　ルーマン,N/長岡克行訳．1986．『権力』勁草書房．

貨幣（メディア）

●**社会の貨幣** 貨幣を社会学的考察の対象として論じる場合，まずは「コミュニケーションを媒介する諸種のメディアの一つ」ととらえるのが適切な出発点となろう．紀元前，アリストテレス（Aristoteles）の『ニコマコス倫理学』にすでに「貨幣（ノミスマ）はある意味においての仲介者（メソン＝中間者）となる」（Aristoteles：訳［上］243）という表現がみられるが，その際彼が着目しているのは主に貨幣の「価値尺度」機能であり，今日的にいえば貨幣の経済的側面である．しかし対象としての貨幣のおもしろさは，N. ルーマン（Luhmann）をもじっていえば，それが単なる「経済の貨幣」ではなく「社会の貨幣」であるという点にある．そしてこの「社会の貨幣」としての貨幣の実相を比類なき筆致で描いてみせたのが G. ジンメル（Simmel）の大著『貨幣の哲学』にほかならない（Simmel 1900）．二篇からなる同書は至るところ「社会の貨幣」の本格的議論に通じる「萌芽的観点」に満ちており，読む者にさまざまな可能性を示唆してくれる．ただ，同書の記述は明確な理論枠組みに沿っているとはいいがたく，全体として迷路や樹海のごとき印象を与え読者を遠ざけてしまう可能性もまた否定できない．冒頭で述べたように，「社会の貨幣」を論じるためには貨幣のみに焦点を合わせてその媒介作用をみるのではなく，「諸種のコミュニケーション・メディアのひとつ」ととらえる視点が欠かせない．すなわち，貨幣が媒介する商取引ないし売買をその一部として含むあらゆるコミュニケーション，したがってまた貨幣のみならずほかにもありうるすべてのコミュニケーション・メディアへと視野を拡大する必要がある．こうした認識へ向けて有力な理論を築きあげた代表者といえば，T. パーソンズ（Parsons），そして彼の成果を吸収しつつさらに先へ進んだルーマンの二人をあげるべきであろう．以下ではルーマンに焦点を合わせて，その「社会の貨幣」論を概観していこう．

●**ルーマン社会システム理論における貨幣** ルーマンが独自の貨幣メディア論を展開するのは，『社会の経済』とりわけ第 7 章の「コミュニケーション・メディアとしての貨幣」においてである．彼は経済理論の狭い貨幣理解を乗り越えるものとして，貨幣を一般行為システム理論の枠組みでとらえたパーソンズを大いに評価する一方，十分な根拠を欠いたまま 4 元（4 区分）図式を入れ子式に重ねるやり方（項目「AGIL 図式」参照）には与しない（パーソンズへの簡にして要を得たコメントは Luhmann 1988b：訳 234-8 参照）．パーソンズによれば「社会システム」の要素は「行為」であるが，ルーマンはこれを「コミュニケーション」に置き換え，貨幣などに与えられた「象徴的に一般化した相互交換メディア」と

いう表現の後半部分も「コミュニケーション・メディア」に改めることによって，社会システムを4元（4区分）の束縛から解放する．いまや社会システムの機能的下位（サブ）システム，したがってまた象徴的に一般化したコミュニケーション・メディアは4種に限られない．

　この刷新された社会システム理論でルーマンが貨幣メディアのもつ最も重要な効果と指摘するのは，「貨幣支払いが第三者を宥める」すなわち「あるひとつの行為すなわち稀少な財の占取行為の選択が，貨幣というメディアのコードを通じて，第三者にとってのたんなる体験に変換される」(Luhmann 1988b：訳56) という点である．誰かがカネを払って財を手に入れた（＝行為）なら，第三者は通常傍観（＝体験）するしかないのである．このように財の取引＝経済的コミュニケーションに（さしあたりの）平和をもたらすのは，貨幣が財の稀少性を映すべくそのつどストックとしては稀少でありつつ，支払いを通じて繰り返し再使用されることでフローとしては稀少でないという独特の性格をもっているからである．貨幣の繰り返しの再使用すなわち「支払い→受け取り→支払い→……」の連鎖は経済的コミュニケーションのいわばエッセンスである．ここには支払いの連鎖が自らの生み出した平和によって自らの継続を支えているという関係がみられる．つまり，支払いの連鎖は貨幣への信頼を前提にして続くと同時に，支払いの継続が貨幣への信頼の前提になっているという関係がみてとれる．ルーマンが社会システム全般に認めた「自己準拠性」は経済システムにおいて（他の機能的下位［サブ］システムにも増して）明瞭に観察されるといってよいであろう．

●**範例的メディアとしての貨幣**　貨幣は象徴的一般化の面でも他のメディア（権力・愛・真理等々）に比して模範的性質を示す．メディアは，それが時差を超えて流通し，具体的使用文脈に対して中立的であり，かつ相手を問わず使用可能なとき一般化しているといわれるが，貨幣の代表的機能である「価値保蔵」「価値尺度」「一般的交換手段」はこの順で一般化の3側面にぴったり対応しており，しかも一般化は時間・モノ・ヒトの差異に橋渡しをする，すなわち違うもの・分離したものを一つに結び合わせるという点で，語源的にさかのぼった意味での「象徴性（Symbolik）」をすでに含んでいる．ルーマンはこの象徴性を，同じく語源的に「本来一つだったものに違いをつくり出し分離させる」ことを意味する「悪魔性（Diabolik）」と対して，この二つが分かち得ない一体をなしていると強調する．貨幣をもたぬ者の取引からの排除は悪魔性の顕著な一側面にほかならない．地域通貨の試みやNPOなどによる支援活動において「絆」という語をよく耳にするのも，それら活動の多くが貨幣の悪魔性の除去・緩和をめざしていることと符合している．以上の概観からも示唆されるように，貨幣は他のメディアしたがってまた経済以外の機能システムを分析する際の範例となりうる格好のメディアである．ここにもまた「社会の貨幣」たるゆえんがある．　　　［春日淳一］

真理（メディア）

●**メディアとしての真理概念の成立** メディアとしての真理は，N. ルーマン（Luhmann）の社会システム理論における象徴的に一般化されたコミュニケーション・メディアの一つであり，認識という他者の体験を自己の体験として受容する蓋然性を高める．近代社会の成立過程で，科学的コミュニケーションを再生産する科学システムが機能的に分出した．このシステムにおいて，認識を表す命題群は科学的知識となり，真理は科学的認識に関するコミュニケーションに特化したメディアとなった．

真理は真/非真という二項コードをもち，真というコード値が割り当てられるかぎりにおいて，命題の有効性・妥当性が保持されたままコミュニケーションが継続され，非真というコード値が割り当てられると，命題の有効性・妥当性を再検討する反省のコミュニケーションが行われる．十分に機能分化した科学システムは高度な限定性をもち，真/非真のコードのみを用いてコミュニケーションが行われ，ほかのコードや意味づけによって左右されない．科学システムにおいて真/非真のコード値を割り当てるプログラムとして，理論と方法がある．理論は，さまざまな概念を用いて連関する命題群を構成する．方法は，命題群に真/非真のコード値を割り当てる条件を規定する．

メディアとしての真理が真/非真という二項コードをもつことによって，コミュニケートされる命題は常に非真の可能性をもち，科学的知識は必然的に確定された真理とはなり得ず，偶発性をはらんだ暫定的な真理となる．その意味でルーマンの考え方は，科学論における反証可能性を踏まえた可謬主義，命題が有用な限りにおいて真であるとするプラグマティズムに通じる．また非真というコード値による反省のコミュニケーションは，それまでの理論を逸脱して新たに真というコード値を与えることのできる命題の探求にむかい，それによって新しい認識が獲得される可能性をひらく．

●**メディア論や真理論との関係** 社会学のなかでは，真理を含むルーマンのメディア論は，T. パーソンズ（Parsons）のメディア論（Parsons and Smelser 1956；Parsons 1969）を継承して展開された．パーソンズがAGIL図式に基づいて演繹的に4つのメディアを導出したのに対して，ルーマンは社会進化の歴史的過程のなかで機能分化によって形成されたメディアに注目して，科学システムとの関連で真理というメディアを考えた（Luhmann 1997, 2005；Baraldi et al. 1997）．パーソンズは，ルーマンが社会システムと一般行為システムのレベルの混同をしており，真理（および愛）は一般行為システムのレベルに位置づけられ

るべきだと批判した（パーソンズ 1984）．

　J. ハーバーマス（Habermas）は，パーソンズもルーマンも成果を志向する戦略的行為におけるコミュニケーション・メディアを構想する点でメディアを機能化していると批判し，了解を志向するコミュニケーション的行為による理想的発話状況のもとでの批判的討議の重要性を主張した（Habermas 1981）．ハーバーマスは真理の合意説を展開し，討議の参加者全員が合意する命題が真であり，合意が理想的発話状況のもとで成立しなければならないと強調した．ルーマンは，ハーバーマスの議論では真理のために理想的発話状況が規範的に要求される一方で，真理が理想的発話状況の成立の前提となっている点を批判した（Habermas und Luhmann 1971）．

　哲学では，認識論や論理学の中心テーマとして，古代からさまざまな真理論が展開されてきた．古典的で支配的な説が，認識内容を表す命題と認識対象である事実の対応を真とする対応説である．近代以降は，命題と他の命題群の間の整合性を真とする整合説，命題についての認識者どうしの合意を真とする合意説，命題の経験的な有用性をもって真とするプラグマティズムなどが生まれた．ルーマンは，システムのオートポイエティックな作動によって認識が構成されるという構成主義の立場をとり，存在論的に客観世界の実在を前提とする対応説からの脱却をはかっている（Luhmann 1990b）．

●真理概念から見るテクノロジーのリスク　ルーマンの真理概念の社会学的な適用事例としては，科学とテクノロジーのリスクとの関係，科学と倫理の関係，科学と経済や政治との関係の考察が考えられる．例えば原子力発電や遺伝子工学といった複雑なテクノロジーを考える場合，ルーマンによれば，それらは世界を一定の因果連関に縮減した知識を用いて開発されているがゆえに，非真の知識として機能不全と深刻なリスクをもたらす可能性をはらんでいる．他方で，科学システムは自己言及的な作動によって科学的知識を追求するから，原子力や遺伝子に関する研究そのものをテクノロジーのリスクに鑑みて停止する内在的な根拠をもたない．この問題に関連して，科学者に要求される倫理，テクノロジー開発のための研究資金という経済的要因，技術開発政策という政治的要因などの関係を総合的に考察する場合に，ルーマンの社会システム理論と真理概念を用いることによって，錯綜した問題の構図の解明が可能になるだろう．　　　　　　［徳安　彰］

📖 参考文献
[1] Luhmann, N., 1990, *Die Wissenschaft der Gesellschaft*, Suhrkamp.（徳安 彰訳，2009，『社会の科学（1・2）』法政大学出版局．）
[2] Habermas, J. und N. Luhmann, 1971, *Theorie der Gesellschaft oder Sozialtechnologie*, Suhrkamp. （佐藤嘉一ほか訳，1987，『批判理論と社会システム理論——ハーバーマス=ルーマン論争』木鐸社．）
[3] Baraldi, C. et al., 1997, *GLU–Glossar zu Niklas Luhmanns Theorie sozialer Systeme*, Suhrkamp. （土方 透ほか訳，2013，『GLU——ニクラス・ルーマン社会システム理論用語集』国文社．）

愛（メディア）

●**愛のメディア論の源流**　G. ジンメル（Simmel）は，人間の個性は他者によって完全に把握することのできない深みをもつものであると考えた．そのような個性の不可知性を基礎条件としつつ，現実の社会関係はそれぞれの社会圏を基礎づける一般的なカテゴリー（商人・官僚・軍人など）によって個人を規定することで成立している．にもかかわらず一般的なカテゴリーで（同業者・同僚などとして）とらえられた現実の個人は，（当人の気質や関心などの）個性によって彩られた存在でもあり続けている．人間は，常にこのような非人格的な社会的規定性と人格性をそなえた二重の存在として立ち現れる（Simmel 1923）．

社会関係の多くは一般的なカテゴリーによる（商人であること，官僚であることなどの）規定性を軸として営まれるが，それとは別に自己および他者の個性に定位して営まれる社会関係を考えることもできる．つまり，自己の個性が最大限他者によって尊重され，かつ他者の個性を自己が最大限尊重するような社会関係である．このような個性の相互尊重を実現する親密な関係は確かに一つのうるわしい関係であり，「愛情」や「友情」によって実現された一つの理想的な関係とよべるかもしれない．しかしジンメルは，愛する他者と自己との関係に強い非対称性をも見出している．例えば，相手に深く心を奪われることで愛する者である自己の個性が，愛する他者との関係のなかに消滅してしまうような事態である（Simmel 1923）．

●**愛のメディア論の展開**　N. ルーマン（Luhmann）は，愛の関係における自己と他者の関係の非対称性を，体験と行為の編成様式の一類型として定式化している（Luhmann 1982b）．愛の関係において，自己は他者の体験に定位して行為を選択する．つまり，他者が自己の行為を含む世界をどのように体験するかを思い，これに配慮して自らの行為を選択する．このような体験と行為の編成様式が，自他の相互的な配慮によって実践されれば，親密な関係が成立する．このような体験と行為の編成様式によって，不確実性をはらむ社会的な相互行為に独自の予期可能性がもたらされるのである．

例えば，ある財の持ち主に対して他の財の持ち主が互いの財の交換を申し出たとき，前者は自らの財を手放すのを惜しむかもしれない．このとき，後者が手持ちの財ではなく，応分の貨幣を支払うことを申し出ることで，交換が成立する蓋然性が高まることがある．コミュニケーションのさまざまな場面で選択的な受け手の受容の蓋然性を高めるものを，ルーマンは「象徴的に一般化されたコミュニケーション・メディア」と定式化した（Luhmann 1997）．送り手の申し出が求愛

であったときにも，同様に受け手の側に受容／拒否の選択肢が成立する．このとき，送り手（愛する者）の選択性が自らの体験に定位することに捧げられていることを受け手（愛される者）が「愛」の表現として観察することで，受け手の受容の蓋然性が高められる．象徴的に一般化されたコミュニケーション・メディアとしての愛は，このような働きのうちに見出される．

　個としての固有の体験世界に定位することが「愛」の表現として理解されるには，コミュニケーションにおいてそのような解釈を安定させるコード化が必要になる．近代においてそうした役割を果たしたのは，歴史的−文化的に形成されたゼマンティクであるロマンティック・ラブの観念であった．同時に身体性との関連でいえば，愛のメディアの働きにはセクシュアリティが関わっている（Luhmann 1982）．それゆえ愛のメディアの働きは，こうした文化的観念，身体性の働きの複合物であるといえる．

●**愛のメディアの比較社会学的展開**　愛のメディアの働きを支える文化的観念や身体性をひとまず方法的に捨象し，他者の体験に定位して自らの行為を選択するという体験と行為の接続様式の形式的な面に着目すれば，一つの比較社会学的な視点が成立する．

　例えば，他者の体験に定位して営まれるケアもまた一つの相互行為としてとらえられており，そこには非対称的な関係があることも指摘されている（上野 2008）．その際，その非対称性の内実そのものも比較の対象となりうるし，ケアの相互行為を構成する規範や身体性を愛のメディアにおいて働くそれと比較してそれぞれの特質を検討することもできる．

　友情との比較も興味深い論点となる．セクシュアリティを取り込まない友愛関係にとって，性関係の取り込みをめぐるパートナー間の不一致は，親密な友情関係の永続的な攪乱要因になり続ける（Luhmann 1982）．愛のメディアについて語ったルーマンが，友情のメディアについて語らなかった理由も，こうした論点から考えてみることができる．

　親密な関係を離れて，公的ガバナンス論や組織論の領域に愛のメディアの視点を採り入れようという試みもなされている．例えばそこでは，自己実現をめざして生涯学び続ける個人とそれを支援する公的機関，あるいは相手に寄り添ってその能力を最大限に引き出そうとするコーチングの関係が（生政治的な関係との距離感をはかりながらも）愛の関係とともに機能的比較の対象となっている（Esmark 2009）．　　　　　　　　　　　　　　　　　　　　［髙橋 徹］

📖**参考文献**
[1]　ジンメル, G.／居安 正訳, 1994,『社会学——社会化の諸形式についての研究（上）』白水社．
[2]　ルーマン, N.／佐藤 勉・村中知子訳, 2005,『情熱としての愛——親密さのコード化』木鐸社．

意味と数理

●「規則」と「意味」の対立図式　意味と数理は長い間，対極的なものとされてきた．例えば，W. ウィンデルバント（Windelband）の「個性記述的／法則定立的」や，M. ウェーバー（Weber）に影響を与えた H. リッカート（Rickert）の「文化科学／法則科学」のような二分法は，今でもよく使われる．それによって，人文社会科学と自然科学を区別しようとする学問論も根強い（佐藤 2015b）．

　しかし，ウェーバーが最終的には J. フォン・クリース（von Kries）の「適合的因果」という因果同定基準を採用し，彼の『法則論的／存在論的』という枠組みを応用して，社会科学と自然科学それぞれの独自性を認めながら，同じ一つの科学としたように（Weber 1906；佐藤 2014），具体的な方法にまで戻れば，二つの間にそれほど大きな差はない．

　理論の形態でも，数学や記号論理学は，syntax（構文規則）と semantics（意味論）の二つの面で定義される．すなわち，記号列とその処理規則だけでなく，その意味という水準をもつ．社会科学の方でも 20 世紀以降，文化科学のような，個体の価値や意義を創造し発見することをめざす方法論は後退していった．繰り返し観察されるか，一般的に定義可能な事態を対象として，複数の事象の間に共通性を見出すことで，抽象化された構文規則の特定がめざされるようになった．

　つまり，現在の科学はどんな分野でも，形式的な規則性と内容的な意味という二つの水準を必ずもつ（野矢 1994）．その意味で，意味か数理かは形式化の程度の違いにすぎない．そのうえで，数理の大きな特徴になっているのは，構文規則による演算であれば，無限回行っても意味論との対応が保たれることである．これを一階述語論理に関して証明したのが K. ゲーデル（Gödel）の完全性定理である．この定理の証明にはいくつか前提があり，無条件に成立するわけではないが，数理モデルでは一般に，多数回の演算の結果でも意味論との対応が崩れない．それゆえ，数式上の記号処理を重ねることで，有意味な結論を導き出せる．

●社会科学の特異性　それに対して社会科学では，構文規則による演算結果が意味論との対応を保つ範囲が狭い．例えば経済学の理論では，効用関数は微分可能とされる．したがって，財の価格も無限に細かくなれるはずだが，現実にはそうではない．つまり，効用関数という構文規則は，どこかで「価格」という意味論との対応を失う．自然科学の理論との最も大きな違いはそこにある．

　社会学の理論では構文規則自体があまり形式化されていないが，同じような問題は生じる．例えば T. パーソンズ（Parsons）の AGIL 図式では，4 つの機能システムがそれぞれさらに 4 つの機能システムに分化するとされる．これを理論の

構文規則だとすれば，システムは無限に階層化できるはずだが，実際には3回以上反復すると，現実の社会制度や自然事象とうまく対応しなくなる．

N.ルーマン(Luhmann)のシステム理論では，システム境界が当事者水準の「内／外」区別に準拠するのでこの問題は生じないが，「内／外」区別に基づくさらなる挙動の理論化では，スペンサー＝ブラウン代数が構文規則として用いられた．この代数では区別（／）という演算を無限回自己適用することで，値__とその否定値¬__が＝で結ばれる「再参入」(すなわち__＝¬__) が導かれる．これをルーマンは，__であり「内」である自が，¬__であり「外」である他でもあることにあたるとして，「内／外」区別からシステムの自己観察が導出されるとした．

けれども，こうした演算の妥当性は社会科学では一般には保証されない．例えば上の「再参入」の等式は，可算無限個の区別の集合を一つの区別として扱う点で，実数の概念を前提にする．また意味論上は「内でも外でもある」ことになり，区別自体が消失するとも解釈できる．有限のブール代数の範囲を超える演算では，この代数は構文規則と意味論の両面で深刻な疑念をかかえる．

こうした非完全性，厳密には健全性のなさゆえに，社会科学では，理論だけで閉じた考察が大きな意義をもちにくい．特に社会学の理論では，構文規則の形式化の程度が弱く，そのため意味論の上でも，公理にあたる命題から数回程度の演算（＝規則の適用）で導かれる命題であっても，経験的なデータとの対応を逐一検証する必要がある．それゆえ，数理モデルを使える範囲は限定される．

●**意味をとらえる数理モデル**　けれども，こうした限界に十分に注意するならば，意味それ自体の挙動をとらえるうえでも，数理的なモデルは有力な手段になる．例えば，意味の大きな特徴の一つはその広がり，すなわち，幅をもって成立するところにある．したがって，ある事態がどんな意味をもつかは常に程度問題になる．その点で，意味は量的な現象でもある．

それゆえ，量を扱う数理的手法を使って，意味の広がりという特性もモデル化できる．例えばベイズ統計学（Bayesian statistics）では，事前分布すなわち事前の予想（判断）に具体的なデータという情報が加わることで，事後分布という新たな判断へ更新される，と考える．これはそのまま，観測値から未知の母数や分布を推定する手段になるが，事前・事後の分布関数を意味の広がりだとみなせば，「ある単語の意味は，具体的な用例をより多く知ることで，よりよく特定される」という，意味的事象のあり方の数理モデルにもなる．つまり，「解釈学的循環」はベイズ更新として定式化できる．

［佐藤俊樹］

参考文献
[1] 佐藤俊樹, 2017（近刊),「自己産出系論のセマンティクス」佐藤俊樹ほか編著『社会が現れるとき』東京大学出版会．
[2] 田中久美子, 2010,『記号と再帰』東京大学出版会．

行為と合理性

●**行為理論という企図** 理論社会学の試みの一つに「行為理論」という考え方がある．といっても実質的には，M. ウェーバー (Weber) が晩年に展開した理解社会学の理論と，それを重要な基盤として構築された T. パーソンズ (Parsons) の社会学理論のことを意味している．ウェーバーは『経済と社会』の第 1 章をなす『社会学の基礎概念』(Weber 1921-22a) において，社会学を「社会的行為を解明しつつ理解し，これによってその経過とその結果とを因果的に解明しようとする一つの科学」であると位置づけ，社会的行為に「目的合理的」「価値合理的」「感情的」および「伝統的」の 4 類型があるとした．またパーソンズは E. A. シルズ (Shils) との共編著『行為の総合理論をめざして』(Parsons and Shils eds. 1951) において，社会科学の諸分野を行為の理論として統合するという壮大な企図のもとに，行為理論の準拠枠を構築する試みを展開し，それに基づいて主著『社会体系論』(Parsons 1951a) とその後の著作において体系的な社会学理論の構築をめざした．

●**ウェーバーとパーソンズの違い** 行為理論という企図の根底にあるのは，次の二つの観点である．第一は，ある事象を解明するという作業は，それを要素的なものに分解して，それら諸要素のレベルでの挙動を解明することで達成されるという方法論的還元主義である．第二は，社会は単なる個人の集まりではなく，諸個人の間の相互作用から形成されているので，その構成要素としては「行為」を想定するのが妥当だという観点である．しかし，これらの観点は一見きわめてもっともらしいものの，その後，行為理論を基盤にした社会学理論体系の構築は挫折したといわざるを得ない．その根源的な理由は，おそらく，社会は意味世界として存在しており，意味世界のなかでは必ずしも行為が構成的単位ではないということにある．

ウェーバー社会学では，その宗教社会学研究も含め，「合理性」概念が重要な役割を果たしている．もともと「合理性 (rationality)」の概念は，「理性 (reason) に従っていること」を意味している．「理性」は，「神」や「正義」と同様に理念的に想定された世界の究極的な要因であって，かつ「神」や「正義」とは異なって，人間に本来的に内在するものと想定されたものである．社会科学の領域では，行為の合理性の概念は第一義的に「所与の目的に対して理性的に考察された適切な手段をとること」を意味している．ウェーバーの目的合理性の概念はこれに対応する．それに対して価値合理性とは，個人の「信念」や「価値」からなるより広範な意味の体系において理性的であることを意味している．

しかし，このようなウェーバーにおける「合理性」の概念はその後の社会科学の展開においては必ずしも継承されていない．今日，「合理性」という言葉は通常「目的合理性」に限定した意味で用いられることが多い．社会学者でもあり経済学者でもあった V. パレート（Pareto）は，目的合理的な行為に対応する「論理的行為」とそれ以外の「非論理的行為」の区別を立て，前者からなる社会現象を探求するのが経済学で，社会の多くはむしろ非論理的行為によって構成されており，それを探求するのが社会学だとした（Pareto 1920）．他方，パーソンズはウェーバーやパレートとは異なって，行為における合理性には重点を置いていない．前掲の『行為の総合理論をめざして』でも『社会体系論』でも，行為の合理性についてはほとんど論じられていない．唯一，後者の最後の章で「合理的行為」について短く言及し，それは経済学では主要な役割を与えられているが，社会学的にみれば「それは，価値志向パターン，状況，および動機的諸要素のある統合様式とによって課せられた限界」のもとで初めて可能なものだ，と位置づけるにとどまっている（Parsons 1951a：549）．

●**合理性の再考**　いうまでもなく，経済学においては「行為の合理性」はその理論体系の最も根幹をなす前提として置かれ，1930年代以降，数理的な市場モデルによる一般均衡理論の構築やゲーム理論の彫琢が進んでいった．そうした影響のもとに，1970年代くらいからは社会学や政治学の領域でも合理的選択理論に基づく社会現象の解析が発展してきている．今日では特に，秩序問題，社会的ジレンマ，共有地問題，協力の成立，制度の成立といった問題領域に関して，経済学，政治学，社会心理学，社会学などのさまざまな分野が，基本的に合理的選択理論の枠組みを用いながら盛んに研究を展開している．

その一方で，「行為の合理性」の仮定にはさまざまな疑問や批判がある．経済学内部からも，かねてから，その市場モデルを支える完全合理性の仮定に対しては，H. サイモン（Simon 1957）の「限定合理性」という修正概念が提示されている．また，経済学の「合理性」概念には，「選好構造の一貫性」という条件もつけ加えられているが，それに対しては，D. カーネマン（Kahneman）と A. ツバルスキー（Tversky）などによる実験研究からの批判がある（Kahneman and Tversky 1979）．また多くの社会学者は，「合理性」がしばしば「利己性」を含意することに対して強い違和感を抱いている．

残念ながらこうした議論でも依然として「意味世界」の問題が見過ごされている．すなわち，人々にどんな「合理性」を想定するにしても，それは「その主観的意味世界にとっての合理性」であって，決して「客観的な合理性」ではあり得ないという問題である．合理性概念を棄却する必要はないが，それはこの観点から再考されなければならないだろう（盛山 2013）．　　　　　　　　［盛山和夫］

行為と合理性の多元性

●**合理性理解の系譜**　20世紀初頭以来の資本主義経済の発展，国家の行政力・支配力の強化によってもたらされた経済システム，政治システムの自立化，社会の目的論的合理化に，M. ウェーバー（Weber）は「合理性」論で，それを受けたG. ルカーチ（Lukacs）は「物象化」論で，そしてM. ホルクハイマー（Horkheimer）とT. W. アドルノ（Adorno）は「道具的理性批判」をもって批判的に取り組んだ．しかし，それは「理性」を否定的に評価することになった．その後，経済，政治の自立システムは社会の基本構造となり社会全体にその合理性が浸透してゆくと，それを前提として，T. パーソンズ（Parsons），さらにN. ルーマン（Luhmann）の社会システム理論が誕生した．ここでは社会のシステムとしての自立が積極的意味づけをもって論じられることになった．これらに対しJ. ハーバーマス（Habermas）は，ウェーバーからアドルノたちに流れる批判性を継承しつつ，その限界を超え，かつルーマンのシステム合理性論と批判的に対峙する合理性の多元性論を展開した．

●**コミュニケーション的行為の多元的合理性**　「理性」の多面性，多元的展開の可能性．それをハーバーマスは社会学の行為論の分析を通して示した．

　社会的行為には行為者が，①客観的世界と関わる「目的論的（戦略的）行為」，②客観的世界に加え社会的世界と関わる「規範規制的行為」，③主観的世界と外的世界（社会的世界・客観的世界）と関わる「演劇的行為」，④客観的，社会的，主観的な世界と反省的な仕方で関わる「コミュニケーション的行為」がある．そして，各行為は関わる世界との関係において合理性（＝批判可能な根拠をもった妥当性要求の承認・合意によって得られる）が問われる．すなわち，それぞれ①認知・命題的真理性，②規範的正当性，③主観的誠実性，④相互主観的な妥当性要求に基づく解釈の承認，了解性，である（Habermas 1981）．

　行為は目的論的構造を基礎とするが，それだけでなく複数の世界と関わり，それぞれの合理性が求められる．目的論的行為は社会的行為の一類型，認知・命題的真理性は合理性の一つにすぎない．この視点に立つと，孤独な行為者が目的論的行為によっていかに成果を達成するか，その現実的適合性を合理性と考えるゲーム理論，合理的選択論，および，目的論的合理性をもって社会の存続を説明する社会システム理論は，合理性の一面をとらえたものと位置づけられる．

　さらにハーバーマスは，了解に共同の解釈枠を与える地平として「生活世界」概念を導入する．この際，生活世界は，A. シュッツ（Shütz）らの現象学的社会学の意識哲学的理解ではなくコミュニケーション論的にとらえられる．合理的選

択論も社会システム理論も，生活世界を，デフォルトとして，あるいは慣れ親しんだ意味の凝縮体として前提せざるを得ない．しかし，これらも意識哲学に囚われている．ハーバーマスは，了解を支える解釈枠が合意の障害や新たな視点をきっかけにテーマ化され，コミュニケーション的行為を通して新たな解釈枠が得られ蓄積されることにより，生活世界が合理化されると考えるのである．

　この生活世界の理解をもって，ハーバーマスは，社会の合理性についてさらに一歩進める．ハーバーマスは，複雑化した社会においてシステム化は必要な過程であるとする．しかしシステムは，そもそも意味づけによってそれとして境界設定されるもので，生活世界の合理性やシステムのあり方を問い，当事者として関わる人々のコミュニケーション的行為を通した制度化によって生活世界に定着しなくてはならない．とはいえ，社会は，意図せぬ結果を機能連関に基づいて調整しなくてはならない側面をもつ．経済，政治といった部分システム間，それぞれの内部に不均衡が生じ，さらにシステム危機も生じる．それを観察し，整理する眼も必要である．社会システム理論の視点はこの点で意味がある．だが，システムを全体化して社会とすることは誤りである．社会は，社会＝生活世界でも社会＝システムでもなく，生活世界とシステムの二元論的視点をもってとらえなくてはならないのである（Habermas 1981）．

●**現代社会の問題への取り組み**　ハーバーマスは，社会問題論，社会運動論の新たな視点を提供した．経済システム，政治システムの危機は意味喪失，アノミー，精神疾患のような生活世界の危機現象をもたらす．意味了解が必要な領域，場面に，機能的な管理や戦略的行為が介入し意味了解を駆逐する「システムによる生活世界の植民地化」は，疎外や集団的アイデンティティの不安定化などの現象を引き起こす．他方，まさにこの領域で，新しい抗争（解放，抵抗，退却）の潜在力が醸成され，運動を引き起こす．生活の質，個人的自己実現，人権，反核，環境，マイノリティ，遺伝子操作，個人データなど，さまざまな新しいテーマが，システム化が生活世界を脅かすことへの不安や，生活世界内の合理化への希求として浮かび上がる．生活世界の合理化は，観察者と当事者の眼をもって問題に取り組む人々を生む．その取り組みを通して，多元的な合理性への自覚と社会の合理性が実現される可能性が生まれる．と同時に，伝統的な社会形態，価値観を維持しようとする保守運動，反近代主義運動も宗教的原理主義運動も生じる．生活世界の合理化は，多様な妥当性要求の屹立と相克の過程でもあるのである．　［栗原　孝］

参考文献
[1]　ハーバーマス, J. / 河上倫逸ほか訳, 1985-87,『コミュニケイション的行為の理論（上・中・下）』未來社．
[2]　コールマン, J. / 久慈利武監訳，2004-06,『社会理論の基礎（上・下）』青木書店．
[3]　ルーマン, N. / 佐藤　勉監訳，1993-95,『社会システム理論（上・下）』恒星社厚生閣．

生活世界

●**概念の生成と社会理論化の経緯** 生活世界は，E. フッサール（Husserl）の『ヨーロッパ諸学の危機と超越論的現象学』（1954）第3部前半で，「超越論的哲学をする際に遡及すべき事前の所与」として概念化されている．この書は『危機書』とよばれ，その第1部と第2部で，近代科学主義とヨーロッパ的人間の陥穽を強く告発し，理性の恢復（かいふく）を掲げており，1930年代をよく反映している．だが，主要部分となる第3部前半とその後半「超越論的現象学への道」は，1938年にフッサールが没した後，ようやく1950年代になって刊行された．

生活世界は，同じく晩年の『デカルト的省察』（1995）にも示され，また没後の『経験と判断』（1999）においては大いに主題化されているが，1950年代から現代まで続いているフッサール遺稿の公刊とそれへの徹底研究により，『イデーン』第2巻（1952）の第62節脚注での言及のみならず，すでに1910年代からフッサールは，その本質に立ち入る概念分析を進めていたことが知られている（Husserl 2008）．

こうした深遠かつ独特の経緯があるが，社会学では，科学批判の拠点としての生活世界論の展開と，超越論的現象学ではなく社会学が遡及すべき事前所与として概念化するための研究が積み重ねられてきた．主要には，次の二つである．

A. シュッツ（Schütz）は，H. ベルクソン（Bergson），W. ジェームズ（James），フッサールの影響を受けながら，1920年代の草稿「生活形式と意味構造」（Schütz 1927, Schutz 2013）における生活形式，および『社会的世界の意味構成』（Schütz 1932）で社会的世界論として独自展開した内容を，1937年以降，フッサールの強い影響を受けながらも超越論的哲学とは別の水準で生活世界の構成論（レリヴァンス論）として彫琢していった．

J. ハーバーマス（Habermas）は，フランクフルト学派の実証主義批判の系譜から科学技術批判の基盤として生活世界に依拠するが，やはり超越論的意識哲学とは訣別した，いわゆる言語論的転回により，普遍語用論（形式語用論）という理論により，生活世界の概念化を試みていった．

●**意識論から身体論・言語論へ** すべてに先だって所与であるとは，どういうことか，これを明瞭に理論化・概念化することが生活世界論の使命である．初期フッサールの『論理学研究』や中期の『イデーン』第1巻，さらに後期の『デカルト的省察』にある諸点だけに依拠して，「我思うゆえに我あり」というデカルト的独我論にのみフッサールが執着していたとは，現在のフッサール研究の水準ではいえない．膨大な遺稿研究から，フッサール自身が相互主観性を含め団体論への

展開を考え生活世界を考究していたことさえ知られている．

しかしシュッツが重要であるのは，同時性と疑似同時性，親密性と匿名性という区別を軸に，直接世界，同時世界，先行世界，後続世界として社会的世界の時空を分節描出し（Schütz [1932]2004），人に帰属する出来事（体験と行為）の連関論（レリヴァンス論）として，主題的レリヴァンス，解釈的レリヴァンス，動機的レリヴァンスから成る循環体系と（Schutz [1970]2011），そこに析出する人と合わせて，生活世界論の基本構成をほぼ明確にしていたことにある（Schütz und Luckmann 1979-84）．

ハーバーマスの普遍語用論は，J. オースティン（Austin）の言語行為論を援用して，行為状況を生み出す発話内的力に着目し，発話内的行為を分類し，行為状況の類型化を試みたが（Habermas 1971），行為に関係する出来事すべてが言語的であるかという重大な問題に抵触する．フッサール，シュッツが，生活世界を概念化するにあたり，言語性のみならず，それ以上に身体性に焦点を置いたことを知る必要がある．

シュッツによるレリヴァンス体系は，身体性から言語性とその逆の循環を示し，人（人間，集団，団体，組織，機械，アンドロイドなども含めて）の析出と，それが帰属する出来事（体験と行為）の連関を動機の言語的説明としてとらえ，より妥当な理論を構成している．

●**理論の定式化と経験的社会研究への展開**　江原由美子の『生活世界の社会学』(2000) は，上述のレリヴァンス論と，いわゆる超越論的哲学とは異なり，シュッツが明確にした多元的現実論との関係を明確に整理した理論研究であり，これを踏まえて，生活世界という主題は，経験的研究において豊かな業績を生んでいくことになった明快な書である．

これをもとに，シュッツの業績をアメリカで受容し展開していった H. ガーフィンケル（Garfinkel）の受容と展開という形で，江原，山崎敬一，好井裕，西阪仰ら日本のエスノメソドロジー会話分析派第一世代の業績が蓄積されていく．

フッサールは，生活世界の事前所与性を明証性（Evidenz）として示したが，シュッツは，自明性（take-for-grantedness）とし，さらにエスノメソドロジーは，これそのものを当事者と観察者がともに説明していく方法で経験研究をなし，超越論的現象学という方法とは別水準の主題として，20世紀後半の新しい社会学の展開に大きく寄与した．

［森 元孝］

参考文献
[1] シュッツ, A. / 佐藤嘉一訳, 2006,『社会的世界の意味構成——理解社会学入門』木鐸社．
[2] シュッツ, A. / 那須 壽ほか訳, 1996,『生活世界の構成——レリバンスの現象学』マルジュ社．
[3] 江原由美子, 2000,『生活世界の社会学』勁草書房．

行為と構造

●**行為論的視点と構造論的視点** 20世紀前半のヨーロッパで展開されていた社会科学の知見を，M. ウェーバー（Weber）の行為理論を基軸に総括したのが，T. パーソンズ（Parsons）の『社会的行為の構造』（1937）であった．社会的行為は，条件と手段，価値規範と目的という4つの要因によって構成されている．そして規範の背景にある社会の共有価値が人々に主体的に選択され主意主義的な行為が展開され，社会の秩序ないしシステムが成立する．パーソンズの行為理論における社会の構造は，秩序ないしシステムであり，その構造が維持されるために充足が必要な機能要件について AGIL 図式が提示された．

そのようなパーソンズの構造機能主義は，構造偏重の統合理論ないし規範主義として1950年代から60年代にかけて批判され，その対抗理論が続々と登場した．交換という相互行為を通じてシステムが生成されるとする交換理論や，規範による秩序形成ではなく闘争という相互行為を通じた構造変動を強調する闘争理論や，意味の創造性や行為選択の自由を唱える主観主義的な意味重視の社会理論などである．こうして生み出された行為と構造をめぐる理論乱立状態のなかでイギリスの A. ギデンズ（Giddens）の構造化理論が登場した．

●**構造化理論の枠組みと論点** 『社会学の新しい方法規準』（Giddens [1976] 1993）において，ギデンズは構造化理論を提唱した．パーソンズの構造機能主義を批判する意味重視の解釈的社会学の流れに共感しつつもその難点を明らかにし，それらを克服した新たな理論的視点を提示したのである．構造化理論は，意味を自在に生成し表現する行為の側面を重視する意味学派の主張に共感しつつも，それだけでは制度的構造の変動や変革という社会理論の中心問題が軽視されてしまうと危惧し，パーソンズの構造機能主義やマルクス主義の流れも継承して，新たな一般理論的枠組みを提示したのである．

構造化という概念自体は，構造は行為ないし相互行為の条件であり帰結でもあること，そして条件は行為を拘束もすれば可能にもすること，帰結は構造の再生産（構造の維持）でもあれば構造の生産（構造の変化）でもあること，などを含意したギデンズの造語（仏語からの移入語であり，structuration は英語辞典に見ることはできない）である．そのような行為・相互行為と構造の関連づけは，きわめて折衷的な視点である．パーソンズの構造機能主義が構造中心的な立場であり，人間は構造に拘束され，構造の維持に貢献するよう機能する役割を遂行することを求められるだけであるという視点だとすれば，構造化理論においては，拘束性だけでなく可能性も，構造維持だけでなく構造変動もありうるとされる．

また，主観主義的社会学が構造によって意味が拘束される側面を軽視し，したがってまた制度的構造の問題に無関心であるとすれば，構造化理論においては，人間は構造に拘束されつつも，制度的構造の変動や変革を帰結する可能性をもつ存在とされる．また，構造化理論と同時にギデンズは二重の解釈学も提示した．それは，人々が実践する意味解釈を専門家が解釈し，その解釈が知識として流通し人々がそれを意味の再解釈に活用するという循環のことである．

　ただし，構造化理論の特性は以上にとどまらない．①そのような行為・相互行為と構造の関係を，意味と規範と権力の三つの側面で把握すること，すなわち，行為・相互行為は解釈図式（構成的意味規則），規範（規制的意味規則），手段が動員され，それぞれコミュニケーション，サンクション，パワーを生成し，それらの3側面の相互媒介的な実現において行為・相互行為が成立すること，②したがって構造もまた有意味化，正当化，支配化という構造化の三つの側面をもつこと，③構造をパーソンズのようにシステムと等置せずに，構造主義的な深層の構造原理から，表層のシステム生成に至るまで重層的に構造を把握すること，④個々の場における相互行為過程はその場における構造との関係で生成され，そのような場の構造は全体的な構造のなかに位置づけられることなども，構造化理論は含意していることを忘れてはならない．

●**構造化理論の有用性**　行為・相互行為と構造の関連づけについての理論的関心は，社会の基本構成に関わる視点に影響を与えるが，直接的に具体的な分析に応用されるものではない．構造化理論の集大成ともいうべき『社会の構成』（Giddens 1984）において経験的研究との接続をはかる試みがなされてはいるものの，行為論的視点と構造論ないし制度論的視点の併用を提唱するにとどまっている．全体的にも，行為論ないしパーソナリティ論，社会過程論としての相互行為論，マクロな構造論と変動論を各章に配置するだけに終わっており，ギデンズの社会理論のその後の展開においても，構造化理論について触れることはなくなっていく．89年より版を重ねる大著『社会学』にも，構造化という用語はまったく登場しない．しかし，それは構造化理論が放棄されたということではなく，その達成点が自明の前提となって，その後の社会理論が展開されていったと見るべきである．また，行為中心主義や構造中心主義の社会理論などの多様な社会理論を明確に位置づけ，それらの相互関連を明らかにする全体的な枠組みとして構造化理論は有用性を発揮し続けるだろう．

［宮本孝二］

参考文献
[1] 宮本孝二，1998，『ギデンズの社会理論』八千代出版．
[2] 宮本孝二，2006，「ギデンズの社会学」新 睦人編『新しい社会学のあゆみ』有斐閣：199-219．
[3] 宮本孝二，2011，「構造化理論」井上 俊・伊藤公雄編『社会学ベーシックス別巻　社会学的思考』世界思想社：63-72．

リスク

●**リスク概念・リスク論の背景**　「リスク」は中世イタリアなどで，損害補償責任を規定した海上保険契約や交易に関する文書で使用されだし，近代初期にかけて次第に多様な領域で使われるようになったといわれる．人間（社会）の決定による未来の制御可能性の観念が定着した近代にいたり日常的な語彙の一部となったという意味では，リスクは近代化そのものを背景にしているともいえるが，社会学がリスクを明示的な研究対象に据えるのは1980年代になってからである．それは，科学技術の抱える不確実性の増大と専門知への信頼の揺らぎ，空間的・時間的規模が大きく被害者の範囲や損害の存否すらも確言し得ない環境問題の増大（「じわり型」の問題［松本 2009］），また特に先進諸国で福祉国家の危機に伴う生活の不安定化，などのゆえである．だがリスクや危険が増えたからリスク社会だという単純なとらえ方はできない．むしろ日常生活の至るところにリスクを見出し，それを管理しようとする性向の定着もリスク論の隆盛を支えている．

●**リスク論とは何か**　リスクは一般に，望ましくない事象が将来的に発生する確率およびその事象の結果の重大さ，あるいは「損害の発生確率×損害の規模」として定量的に定義される．「予測の好ましい方向へのズレ」も含めて「目的に対する不確かさの影響」という包括的な意味で用いる例もある．だが，文化的特性に応じたリスクの構成を主張する文化論的な議論（Douglas and Wildavsky 1982）以降，定量的なリスク概念を相対化した立論も多い．社会学もそうである．例えばU. ベックは，特定のリスクの選択や受容／拒否は，どういう社会に生きたいかという「価値」を不可避的に含意し，また科学は真理を独占できなくなると述べる（Beck 1986）．ほぼあらゆる問題で対抗専門家が現れ，科学は公共的な議論にさらされしばしば意図せずして「受動的」に「政治化」される（サブ政治）．リスク社会では，科学のみならず企業活動や医療や私生活も次々と政治化され，政党や利益団体による公式的な政治が活気を失うのと反比例的に「サブ政治」が活性化する．もちろん社会運動も「サブ政治」の一翼を担う．

　ベックの認識では，①（富の分配が問題であった）第一のまたは単純な近代（産業社会）から，②（リスクの分配が問題となる）第二のまたは再帰的近代へと近代そのものが変化しているわけだが，②ではこうした「政治の再創造」が，諸制度をつくり替えていくチャンスをつくり出す．また，②では，伝統的絆が解体し，生活史の多くの局面が個人の選択に委ねられ，それゆえリスキーになるという「個人化」も進む．個人化はしかし，ベックによれば，労働市場や教育政策などに個人が新たなかたちで依存することでもある．

もう一人，社会学がリスクを研究対象に据えるきっかけをつくった論者がN. ルーマンである(Luhmann 1991；小松 2003)．彼は，未来の損害可能性が自己（組織も含めて）の決定に帰属される場合をリスクと定義し，自己の制御の及ばない外部（神や宿命や自然を含めて）に損害可能性が帰属される危険（Gefahr）から区別した（未来に関する記述の主たる観点も，近代化に伴い後者から前者に移行したとみる）．こうした決定との関連づけは責任帰属過程を問題にする視角にもつながりうるが，これを踏まえてルーマンは，今日，決定に関与しうる者と決定から除外される者との溝が拡大していると考える．またルーマンによれば，政治や法や科学などの機能システムや組織システムによる固有のリスクの構成と固有の論理による反作用が，全体社会に対する多大な負の影響につながっている．

●**リスクにいかに対処するか**　ルーマン的なリスク論に依拠して応用事例を考えてみよう．例えば医薬品は，病で命を落とすリスクに対処するためのものだが，副作用のリスクをも有している．そのため医薬品規制当局は，副作用の除去を重視する立場からは「認可があまりに拙速だ」と非難されうる一方で，治療を重視する立場からは「認可の遅れにより多くの人命が失われている」と非難されうる．認可してもしなくてもいずれの決定も非難可能性からは逃れられない．だが例えば「医薬品の安全性」が政治的なテーマとなっていると，行政組織は「規制しないことで非難されるリスク」（行政組織という社会システムにとってのリスク）に対処し，認可を厳しくする決定を下しがちになり，他方，「海外で標準的に使用される医薬品が国内では未承認という『ドラッグラグ』のゆえに国内で多くの人命が失われている」とする規制批判が政治的議論で支配的である場合は，行政組織は「認可を厳しくすることで非難されるリスク」に対処し，規制を一部緩和するという選択をするだろうとの想定は可能である．実際，1960 年代アメリカでのサリドマイド禍の際に，当初は前者的な対応が，後に後者的な対応が観察されたとする，ルーマンの議論を手がかりとした研究がある（Krücken 1997）．こうした観点では，どの立場の者（社会システム）にとってのリスクかに焦点があてられる．その処理過程を記述することで，社会システム固有のリスク処理が実質的な問題解決にいかに資しているか，逆に，ある組織のリスク管理が問題を悪化させていないかをも問いうる．環境リスクの領域でも，科学技術のリスクや災害リスクの領域でも（東日本大震災後そうであったように）同様の観察は可能だろう．

[小松丈晃]

📖 **参考文献**
[1] Beck, U., 1986, *Risikogesellschaft: Auf dem Weg in eine andere Moderne*, Suhrkamp.（東 廉・伊藤美登里訳，1998，『危険社会──新しい近代への道』法政大学出版局．）
[2] Luhmann, N, 1991, *Soziologie des Risikos*, Walter de Gruyter.（小松丈晃訳，2014，『リスクの社会学』新泉社．）
[3] 橘木俊詔ほか編，2013，『新装増補 リスク学入門（全5巻）』岩波書店

信 頼

●**信頼論が生まれ注目された背景**　信頼の概念が理論的に検討されるようになった背景には，二つの文脈がある．一つは，G. ジンメル（Simmel）と N. ルーマン（Luhmann）に代表される，近代社会の形成と信頼の機能についての理論である．社会関係を結ぶ際に，信頼はどのような働きをするのかという問題を設定している．前近代的共同体を離れて自由に行動する近代的個人は，互いについての知識の不在や未来の不確定性を，信頼によってどのように処理しているのか．これを理論化しようとしたものである．ジンメルが 20 世紀初期に先鞭を付け，ルーマンが 20 世紀後期に再検討している．

もう一つの背景は，20 世紀末以降の「ハイ・モダニティ」「第二の近代」，あるいは「リスク社会」とよばれる社会状況に対応した理論的趨勢である．A. ギデンズ（Giddens）のものがよく知られている．ギデンズは「ハイ・モダニティ」（盟友 U. ベック（Beck）は「第二の近代」とよぶ）という概念を掲げ，現代の社会においてはこれまでの近代タイプの社会とは異なった社会関係や相互作用が求められており，そこでは信頼が重要な働きをすると考えている．

現代社会学のなかで信頼論を代表するギデンズとルーマンであるが，彼らの理論が注目されるようになった現実的背景として，「リスク社会」の到来があげられよう．

具体的には，自然災害・原発事故・食品公害・遺伝子組み換えリスクなどの，自然災害と科学技術に関わる災厄，ならびに政治・経済・社会的意味での（政治的テロから失業・貧困・家族の病理にわたる）さまざまな「新しいリスク」が頻発するようになった．このような社会に対処するために，いかにして「安全・安心」社会をつくるかという実践的課題が，信頼の意義と可能性について再検討することを求めている．

●**信頼論の構造**　ジンメルの古典的信頼論は，主に『社会学』（Simmel 1908），『貨幣の哲学』（Simmel 1900）などで展開されているが，その理論的特性は以下の引用文に特徴的に現れているだろう——「信頼は……仮説としての，人間についての知識と無知の中間状態なのである．完全に知っている者は信頼する必要はないし，完全に全く知らない者は，当然のことであるが，信頼することなどできない」（Simmel 1908）．

このようにジンメルの理論において，信頼は知と無知の中間状態において働くものであるが，同時にそれは，宗教的な信仰と同様の契機に基礎をもち，より世俗的意味での信頼も，そのような宗教的信仰と連続的にとらえられている．信頼

は宗教的信仰において純粋な形で現れ，それが他者との世俗的関係へと拡大されたものであるということになる．"信仰的契機"と"知と無知の中間項"という二つの特性に，ジンメルは，近代都市におけるストレンジャー同士の相互作用を可能にする機能を見出したのである．

　その後のギデンズとルーマンの信頼論は，ジンメルが指摘していた信頼の二つの契機の，それぞれ一方を強調して理論化する形になっている．

　ギデンズはジンメルにあった〈信仰／信頼〉という二重性を，信仰的要素をより重視する方向で語り直している．信頼は「人間やシステムを頼りにすることができるという確信」として定義され，幼児期以来形成される「基本的信頼」や「存在論的安心」の延長上に，社会的な「抽象的システム」への信頼も形成されるとみている——「能動的信頼は新しい連帯形式の原点であり，親密な人格的絆に始まり，相互作用のグローバルなコンテクストにまで及ぶ」(Beck et al. 1994)．

　これに対してルーマンは，ジンメルが指摘したもう一つの契機である〈知識／無知〉という二重性を重視している．我々は相互に十分な知識を持ち合わせておらず，また未来は不確定的であるが，「信頼によって情報不足を補い，利用可能な情報を過剰に利用し」社会的な複雑性を縮減している．それゆえに信頼は「リスクの先行投資」であり，「信頼なしにはありそうもなく，また魅力がないままに留まったであろう行為の可能性を開く」(Luhmann 1968a)．近代化によって増大した社会関係の複雑性は，信頼の機能によって縮減され，より多くの可能性に向けて開かれるという意味で，ルーマンも信頼の意義を評価していた．

●**信頼論の可能性と課題**　リスク社会の到来とともに，信頼論は社会学のみならず科学論や政治論（R. D. パットナム［Putnam］の『孤独なボウリング』）などでも重視されているが，ここで我々はジンメルが保持していた二種類の二重性（〈信仰／信頼〉，〈知識／無知〉）に再び注目せねばならないだろう．

　信頼は信頼できぬこととともにあり，また相手への心情的依存とは区別されるべきものである．原発事故や人災的な災害，薬害，食品偽装などのリスクと向き合うとき，このことが強く意識される．ルーマンももともとは信頼の機能を評価していたのだが，次第に信頼に対して慎重な視点に立つようになっていった(Lumann 1991)．　　　　　　　　　　　　　　　　　　　　　　　　　　[三上剛史]

📖 **参考文献**
[1] Beck, U. et al., 1994, *Reflexive Modernization*, Polity Press.（松尾精文ほか訳，1997，『再帰的近代化』而立書房．）
[2] Luhmann, N., 1968, *Vertrauen*, Enke.（大庭 健・正村俊之訳，1990，『信頼』勁草書房．）
[3] Simmel, G., [1908]1992, *Soziologie*, O. Rammstedt Hg., *Gesamtausgabe/Georg Simmel Bd.2*, Suhrkamp.（居安 正訳，1994，『社会学』白水社．）

行為とパフォーマティヴィティ

●**人間行為の概念化** 社会学理論は人間の行為をどのように概念化すべきなのかという問いは，社会学がその成立当初から深く関わってきた問いだった．M. ウェーバー（Weber）が述べたように，人間の行為を社会学が記述しようと思うならば，行為の主観的意味が理解されなければならない（Weber 1921-22f）．他方，É. デュルケム（Durkheim）が述べたように，人間の行為に対して外在的かつ拘束であるような行為様式というものも確かにある（Durkheim 1895）．T. パーソンズ（Parsons）が「単位行為」という概念のもとでこうした人間行為の特徴を総合的に概念化しようと試みて以来（Parsons 1937），パーソンズ批判を通してさまざまな議論が重ねられてきた．

本項ではそうした議論を紹介する代わりに，そうした議論に影響を与えてきた一つの理論について取り上げたい．J. L. オースティン（Austin）に始まる言語行為論とよばれる理論である．オースティンは20世紀半ばにイギリスのオックスフォードを拠点に活躍した哲学者であり，哲学の問題に日常言語の分析を通じて取り組んだ，いわゆる日常言語学派の代表的人物である．

●**言語行為論の視点** オースティンは『言語と行為』（Austin 1960）におさめられた最初の講義で，一見なんの変哲もない陳述文の発言が，何も「記述」しておらず，またそれゆえ「真/偽」のいずれでもないような性格をもっていることに注意を促している．例えば「私はジャイアンツの優勝に1万円賭ける」といった発言は，何かしらの事態を記述しているのではなく「賭ける」という行為を遂行している．オースティンはこうした発言を「行為遂行的発言」とよび，事実を陳述する「事実確認的（constative）」な発言と区別した．

行為遂行的発言は，真/偽のような特徴はもたないが，何らかの事情で適切な行為の遂行にならないことがある．「私はジャイアンツの優勝に1万円賭ける」という発言がペナントレース終了後に行われたなら「賭ける」という行為は成立しないだろう．オースティンはまず，行為遂行的発言が行為として成立しない状況を考察することで，行為成立の条件を明らかにしようと試みた．

しかしその考察の過程で「行為遂行的/事実確認的」という二分法はうまくいかないことが明らかにされていく．一方で行為遂行的発言も，真偽の区別と関わっていることがある．野球で一塁塁審が「アウト」と発言するのは「判定する」という行為遂行的発言だが，その行為が適切に遂行されるためには，「打者の身体が一塁ベースに触れるよりも早く一塁手のミットにボールがおさまった」ことが真でなくてはならない．他方，事実確認的発言も，適切に成立しないことがある．

2. 行為と意味　こういと　ぱふぉーまてぃうぃてぃ

例えば「雨が降っている．だが私はそれを信じない」という発言は，一貫性ないし誠実性を欠いているがゆえに，事実の言明として不適切である．

オースティンはここから「事実確認的 / 行為遂行的」という二分法を廃棄し，「発語行為 / 発語内行為 / 発語媒介行為」というより一般的な区別のもとで，発言のもつ行為としての効力の類型論を展開していく．発語行為とは意味ある語や文を発言することであり，発語内行為とは語や文を発言することそれ自体において遂行される行為であり，発語媒介行為とは発語内行為の結果として遂行される行為のことである．そのようにしてオースティンは，特定の語や文の発言が特定の発語内行為の遂行となる条件を分析しようとしたのであった．

こうしたオースティンの言語行為論は，行為の記述という課題に取り組む社会学に対しても直接間接に影響を与えてきた．例えば，「約束する」といえば内心では守るつもりがなくても約束したことになってしまうということを強調するオースティンの議論は，行為の理解と主観的意図の理解の関係が単純なものではないことを教えてくれる．また，発語内行為を成立させる「慣習」をどのようなものと考えるかについても，社会学的な視点からの展開可能性がありうるだろう．言語行為論の遺産をどのように活用するかは，社会学にとって現在進行形の問いなのである．

●**フェミニズム理論における「パフォーマティヴィティ」**　狭い意味での社会学とは異なった文脈で，オースティンの議論を換骨奪胎して独自のフェミニズム理論を展開した人物として，J. バトラー（Butler）の名をあげることができる．バトラーは「パフォーマティヴィティ」という概念のもとで，人が女あるいは男としてのアイデンティティや身体をもつということが行為の遂行を通して理解可能になっていると論じた．

バトラーが構想するのは，自由意思と決定論の対立を乗り越えるようなフェミニズム理論である（Butler 1990）．「社会的に構築された性差」という意味での「ジェンダー」概念は，「性差の原因を問う」という思考様式を性差の生物学的説明と共有している．それに対してバトラーは，そもそも「性差がある」という理解がどのようにして成立しているのかを問おうとしたのである．この考えは，「生まれか育ちか」という意味での「セックス / ジェンダー」の二分法を超えて「性別の社会性」を考察する道を拓いたことで，フェミニズム理論の展開に大きな影響を与えた．　　　　　　　　　　　　　　　　　　［小宮友根］

📖 **参考文献**
［1］ Austin, J. L., 1960, *How to Do Things with Words*, Oxford University Press.（坂本百大訳, 1978, 『言語と行為』大修館書店.）
［2］ Butler, J., 1990, *Gender Trouble*, Routledge.（竹村和子訳, 1999, 『ジェンダー・トラブル―フェミニズムとアイデンティティの攪乱』青土社.）

行為としての消費

●**プレ消費社会としての階級社会と産業社会の消費**　人間社会における消費（consumption）は，単純な物財の使用（use）や食糧の消化（digestion）ではなく，意味が付与され，社会的な慣習に従った行為，いわば「儀礼としての消費」（Douglas and Isherwood 1978）である．とりわけ，市場経済を通して物財がやり取りされる近代以降の消費は，商品の購入を通して実現することが多い．この消費という行為が「消費社会」という文脈で語られる現代的な意味をもつまでには，二つの文脈が存在する．

　まず T. ヴェブレン（Veblen）が『有閑階級の理論』（1899）で論じた「誇示的消費」，すなわち 19 世紀までの上流階級，とりわけ新興の富裕層が，他の階級と異なることを示す見せびらかしの消費である．これは，生理的欲求を満たす衣食住にかかわる消費財の直接的・一次的効用に対して，立派な書棚と書籍，高価な骨董品などの，使用されないが，その社会的地位や経済的格差を示す消費財の間接的・二次的効用を指す．また，20 世紀前半までの産業社会は，大量に生産された安価な商品を市場に送り出すことで経済を駆動させた．ここでの商品は「使える / 使えない」という機能が重視され，産業社会はそうした機能を実現した商品をできるだけ大量・安価に生産する供給側の効率性を追及する．

　前者の消費は，特定の身分に限定した階級社会という文脈を残存させている．また後者の消費は，物財の機能の開発・製造に注力した生産中心主義的な産業社会のなかにある．

●**消費社会と記号の消費**　一方，20 世紀後半以降の社会の特徴を表す言葉として「消費社会」がある．産業社会において生産された特定の機能をもつ商品が市場を充たせば，商品はそれ以上売れない．それに対して消費社会は，商品に対して「美しい / 醜い」「綺麗 / 汚い」「面白い / 退屈」などの情報やイメージ，すなわち記号的な価値を付加する．このような操作によって，特定の機能をもつ商品が市場で飽和しても，そうした記号的な価値をコード化し，差異化すれば，理論上，商品を無限に生産−消費できる情報空間が切り開かれる（見田 1996）．こうして消費社会は，商品の記号を開発し，広告・宣伝などの需要側の欲望を察知・喚起するマーケティングを追求することで経済を駆動する．この産業社会から消費社会への転換は，フォード社が実現したライン生産による大量生産システム（フォーディズム）から，GM 社が打ち出したモデルチェンジ戦略（内田 1987），あるいは多品種生産システム（ポストフォーディズム）への移行としても位置づけられる．

このように，J. ボードリヤール（Baudrillard）の『消費社会の神話と構造』（1970）以来，消費社会は，産業型の資本主義体制の展開として論じられてきた．上流階級にのみ許された「誇示的消費」に対して，記号の消費は，他人と同じ豊かさや階層上昇を実現しつつ，他人と異なる個性を獲得できるかのような幻想をより多くの人々に与える．つまり，高度成長を背景にした「豊かな社会」への移行のなか，商品の購入という消費行為を通じて「自由と平等」が達成されるかのように意味づけられる．ただしそれが幻想でしかないのは，例えば P. ブルデュー（Bourdieu）が『ディスタンクシオン』（1979）で指摘したように，趣味のよさが階級の差異や卓越を再生産する「文化資本」にもなるからでもある．

●ポスト消費社会への展開　消費社会は，商品の「記号としての意味」をめぐって，必要以上の欲望を察知し，喚起できる知とテクノロジーがあるという，いわば「マーケティングの神話」（石井 1993）を構築してきた．

この消費社会の出現は，商品が特定の意味論にしたがって生産‐消費される領域として自立してきたことを表している．例えば，「高位文化」「大衆文化」「対抗文化」「サブカルチャー（subculture）」などの「文化」というコンテクストのなかでコード化され，商品が生産‐消費されてきた．けれども，20 世紀末以降，環境問題への地球規模での取り組みや GM 的な販売戦略の行き詰まりなど，「文化」のコードだけで消費を意味づけることは困難になっている．記号的な価値によって無限に物財やサービスを購入することを煽る消費主義や，それによる新たな貧困や格差に対する批判（Ritzer 2005；Bauman 2005）も提起されている．また，日本社会では 1990 年代後半以降の長期デフレを背景に，「下流社会」（三浦 2005），「格差社会」といったことばで消費社会からの離脱と新たな階級社会的な文脈の出現も語られている．

しかし，現代の消費社会は，情報社会化（ネット通販や POS レジなど）も相まって，従来の「記号／実態」「消費／生産」「文化／経済」といったそれ自体もまた二分法コード的な記号的読解のさらに向こうにある．商品の上に重ねられた分厚い「記号」ではなく，薄い意味によってより滑らかに消費が駆動されている（遠藤 2010）．例えば安心・安全, 気楽・快適な行為を追求し，エコ志向に配慮した「自然」な「モール化した都市と社会」（若林編 2013），あるいはどこにでもあるチェーン系のショップが広がる「無印都市（generic city）」（近森・工藤編 2013）など，これまでの「文化」のコードとは異なる意味論で消費という行為はさらに展開している．　　　　　　　　　　　　　　　　　　　　　　　　　[田中大介]

📖 参考文献
[1]　ボードリヤール, J. ／今村仁司・塚原 史訳, 1995,『消費社会の神話と構造』紀伊國屋書店．
[2]　見田宗介, 1996,『現代社会の理論——情報化・消費社会の現在と未来』岩波書店．
[3]　若林幹夫編著, 2013,『モール化する都市と社会——巨大商業施設論』NTT 出版．

3. 自己とアイデンティティ

　20世紀の初頭に「自己」という現象を社会学的な探求の課題として設定したのは G. H. ミード（Mead）であった．ミードの基本構想は，シンボリック・インタラクショニズムから現象学的社会学，そして E. ゴッフマン（Goffman）の演劇・儀礼としての自己呈示の議論へと展開されていく．20世紀中盤には，心理学・精神医学におけるアイデンティティ論が強い影響力をもったが，それとはやや異なる視角を社会学は提示してきたといってよい．

　20世紀後半に入り，先進諸社会は個人化・リスク化・再帰化などと描写される大きな変化を被る．自己のあり方もそれに伴って変容し，エリクソン的なアイデンティティモデルの限界が感じられるようになった．自己を統合されたものではなく多元的なものとしてとらえる議論，感情や物語，「キャラ」などの観点から自己を主題化する視角が登場する．

　他方で，アイデンティティが政治的な行動の鍵になる事態が増え，自己あるいはアイデンティティについての議論は，個人のみならず集合的な振る舞い方を理解するうえでも重要になってきている．

〔片桐雅隆・浅野智彦・草柳千早〕

自己呈示

●**自己呈示とは** 相互行為状況にある人々は，そこで行き交う言葉，表情，しぐさなどの情報を介して，互いに相手に対して何らかの自己イメージを伝達し合う．そしてそうした自己イメージは，各自が相互行為状況において追求している目的の実現や，各自の自己意識のありように大きな影響を与える．そのため人々は，相互行為状況においてさまざまな情報をさまざまな形で調整することで，ある一定の自己イメージを他者に示そうとする．例えば面接試験において，快活な笑顔や清潔感のある服装を心がけ，明るくさわやかな人物だというイメージを示そうとすることなどがそれにあたる．このように，相互行為状況においてある一定の自己イメージを確立したり維持したりすることを自己呈示という．そして，社会学の歴史において，自己呈示の問題について最も体系的な考察を加えたのがE. ゴッフマン（Goffman 1959）である．

●**対面的相互行為における自己呈示** ゴッフマンが対象としたのは，当事者同士が直接的に相手の姿を眺め合うことのできるような相互行為，すなわち対面的相互行為である．そして，対面的相互行為における自己呈示では，表情，しぐさ，服装などの身体的情報がきわめて重要な意味をもつことをゴッフマンは明らかにする．

さて，自己呈示というと，上にあげた面接の事例のように，当事者が比較的自由に身体的情報を調整して自分にとって望ましい自己呈示を行い，それによってその場で追求している目的を首尾よく達成する，という側面に目が向きやすいと思われるが，それとは別の側面にも注目する必要がある．なぜなら，相互行為に参加している当事者が，自分が望んではいないような自己呈示を余儀なくされるようなケースも多々あるからである．例えば，制服の着用を求められるような仕事の場合，個人的にいかにその制服が気に入らなかったとしても，制服の着用を拒否することは通常は不可能である．

そして，自分が望んではいないような自己呈示を余儀なくされると，多かれ少なかれ自尊感情が毀損され，自己意識に危機が生じる．しかも我々は，上に述べたように，こうした自己意識の危機を乗り越えるために，その場で要求される自己呈示を拒否するという手段に訴えることはできないという状況に置かれることが少なくない．こうした状況において，我々が現実的にとりうる最善の選択肢は，その場で求められる自己呈示を大筋では維持しながらも，それに可能な限りのアレンジを加えて距離をとろうとする行動であろう．例えば，制服の着用は受け入れながらも，制服を少し崩して着てみたり，気に入っているアクセサリーをさり

げなく装着してみたりすることなどがそれにあたる．このようにして，その場で要求される自己呈示に対して表明される距離をゴッフマンは役割距離とよぶ．役割距離は，確かにささやかな抵抗という色彩を帯びるが，「役割距離の表明にこそ，その人の個人的スタイルを見て取ることができる」(Goffman 1961：訳 172)のであり，各自が相互行為の場で直面する自己意識の危機を乗り越え，自己意識を維持していくうえできわめて重要な意味をもつのである．

●**非対面的相互行為における自己呈示**　もちろん相互行為には，ゴッフマンが対象とした対面的なものとは異なる，非対面的なものもある．そして，さまざまな非対面的相互行為のなかでも，現在の社会生活において特に重要な位置を占めているのは，電子メールや各種のソーシャル・ネットワーク・サービスやネットゲームなど，インターネット（以下，「ネット」と略記）上でなされる相互行為であろう．

さて，ネット上の相互行為の大きな特徴として，以下の 2 点をあげることができる．第一に，それはしばしば対面的相互行為にはない独特の魅力をもつ．第二に，それは対面的相互行為においてはあまり生じないような誤解やいさかいを生じさせやすい．

そして，第一の特徴は，非対面的になされるネット上の相互行為では，身体的情報を相手にさらす必要がないため，対面的相互行為に比べると自己呈示の自由度が高かったり（例えば実際の性別とは異なる性別で自己呈示することも容易に可能である），自分にとって望ましくない自己呈示を強いられる度合いが低かったりすることから生じている．また，第二の特徴は，ネット上の相互行為では，身体的情報が欠落しているため，対面的相互行為においては相手が放つさまざまなメッセージを解読するうえで大きなヒントとなっている表情やしぐさなどの要素に依拠することができないことから生じている．そして，ネット上の相互行為でしばしば用いられているいわゆる顔文字は，そうした身体的情報の欠落を補う手段としてとらえることができる（速水 2010）．

以上のように，非対面的になされるネット上の相互行為について考えるうえでも，対面的相互行為における自己呈示に関するゴッフマンの知見は示唆に富む．なお，ゴッフマンを手がかりとした，ネット以外の電子メディアに関する考察としては，J. メイロウィッツ（Meyrowitz 1985）の業績がある．　　　　［櫻井龍彦］

📖 **参考文献**

[1] Goffman, E., 1959, *The Presentation of Self in Everyday Life*, Doubleday. （石黒 毅訳, 1974, 『行為と演技――日常生活における自己呈示』誠信書房.）
[2] Goffman, E., 1961, *Encounters: Two Studies in the Sociology of Interaction*, Bobbs-Merrill. （佐藤 毅・折橋徹彦訳, 1985, 『出会い――相互行為の社会学』誠信書房.）
[3] Meyrowitz, J., 1985, *No Sense of Place: The Impact of Electronic Media on Social Behavior*, Oxford University Press. （安川 一ほか訳, 2003, 『場所感の喪失――電子メディアが社会的行動に及ぼす影響（上）』新曜社.）

トラウマ

●**トラウマ概念の生まれた背景**　「外傷（trauma）」の語は，ギリシャ語の「傷」に由来し，被膜組織の破壊を伴う傷を指す（Laplanche et Pontalis 1967）．古代ギリシャ医学においては外科的意味での外傷を指したが，19世紀末，心の傷を表す言葉として用いられるようになる．当時，鉄道事故の後に起こる原因不明の症状「鉄道脊椎」をめぐる論争のなかで，P. ジャネ（Janet）や S. フロイト（Freud）により，外傷によって起こる症状の原因を外傷の記憶に求める考え方が広まる．

　第一次世界大戦後の戦争神経症患者を多く診察したフロイトは，患者が快原理を超えて不快な記憶を反復すること（「反復強迫」）から，外傷をさらに考察していき，「死の欲動」概念を導き出す（Freud 1920）．

　1980年，アメリカ精神医学会が，精神医療診断マニュアル『DSM-Ⅲ』で「心的外傷後ストレス障害（Post Traumatic Stress Disorder：PTSD）」を初めて診断名として認知した．PTSD診断は，ケアや社会的補償の必要性から制定された歴史的経緯があるとされ，とりわけベトナム戦争の関与の大きさが指摘されている（森 2005：45, 154-5）．トラウマは，フェミニズムの文脈でも取り上げられ，その後，強姦・犯罪・事故による被害などのさまざまなトラウマの被害者に適用されるようになる．PTSD はこうして，自然科学による因果論的モデルと法的モデルの両方に基づいており，純粋な医学的判定というより，社会的，歴史的，政治的に構築されたものである．

●**トラウマ概念の内容**　最新版の『DSM-Ⅴ』にもこのカテゴリーは引き継がれ，以下のように説明されている．トラウマは，死や死にそうになること，重傷，性暴力などの経験や目撃，身近な人に起こったことを知るなどの経験により，その出来事の後で（必ずしも因果関係を意味しない），不随意で侵入的な外傷体験の回想，苦痛な夢，フラッシュバックのような解離反応や回避，感情や認知の否定的変化などが起こることである．しかし外傷的経験と症状の関係は因果論的には決定できず，外傷を被った人のうち，なぜある人は症状を示し，ある人は示さないかは判然としない．外傷に発するこのような概念の存在の背景には，主要に法的認定や補償などの現実的な救済の観点がある（そのようななかで，持続エクスポージャー療法の有効性は，この医学概念を現在支えているといわれる）．

●**トラウマと社会，トラウマの消費と心理（学）化**　1980～90年代のアメリカ文化のなかでは，精神分析批評が，歴史・記憶・証言の問題と結びついて論じられた．1985年，C. ランズマン（Lanzman）の映画《ショアー》がアメリカ社会で上映され，言語化困難な出来事としてのホロコーストをいかに証言という言葉にできるかを

めぐって，C. カルース（Caruth ed. 1995）や S. フェルマン（Felman 1992）が議論を行った．

　また，PTSD は，国境なき医師団の災害や事故への介入において重要な契機となった．剥奪され，可視化されない人々の叫びに対する，精神医療的支援のもつ意味について，医者であり人類学者・社会学者でもある D. ファサン（Fassin）と精神科医で人類学者の R. レヒトマン（Rechtman）は，倫理的な主張を聞く営みとしてトラウマを扱う可能性を指摘した．彼らは『トラウマの帝国』のなかで，トラウマに対する精神医療の関与の系譜を考察するとともに，今日の社会では，トラウマの概念や，診察によるトラウマの同定が，トラウマを受けた犠牲者への同情の文脈だけで使用されるのではなく，何らかの保護や政治的権利を獲得するための，政治的正当性を示す手段になっていること，すなわち医療の事実だけでなく，道徳的判定でもあることを示す．トラウマという精神的状況を社会的に認知することは，アジールを求める政治的亡命者にとっては自国での圧制や虐待などを証明するために使用され，パレスチナに住む人々にとっては彼らの大義を示す媒介となり，被災者，犠牲者には保険会社に賠償金を請求する手段になっていると，彼らは指摘し評価する（Fassin et Rechtman 2007）．

　日本における PTSD の診断や医療は，阪神・淡路の震災以降，活発に立ち上がり，スクールカウンセリングなどにおいても，災害や事故対応のケアを導入している．しかし東日本大震災の直後，東北では精神医療はタブー視されてニーズとならなかったことにみるように，トラウマへの反応は，文化や社会システムに高度に埋め込まれている．東日本大震災の後の沈黙（とりわけ原発事故をめぐる）も，現代日本社会のトラウマへの固有の反応を示しているだろう．

　フランスの精神分析家 J. ラカン（Lacan）は，人間にとって，言語と出会うことが，トラウマの経験であると指摘している．それゆえラカンの精神分析は，現在の，生権力に基づくケア——痛みや死を否認するケアを批判する．S. ティスロン（Tisseron）は，この点で，文化的・社会的文脈を捨象する「レジリエンス」概念を批判している（Tisseron 2014）．

　また，フランスのラカン派精神分析家 S. キリアコ（Chiriaco）は，精神分析は，「犠牲者学」（自分の人生をトラウマのせいにしてそこに閉じこもること）を批判し，当事者にとっての回復，すなわち苦痛から自由になる道とは，自らがトラウマを引き受け，自分の人生に責任をもつことだと主張している（Chiriaco 2012）．

　トラウマ概念は，こうして，文脈切断され心理（学）化することで患者の症状となり患者を閉じ込めてしまう（トラウマがアイデンティティの核となってしまう）と同時に，ファサンらがいうように，精神医療概念として脱埋め込みされることでさまざまな権利や治療への介入可能性をもつ，両義的概念である．　　［樫村愛子］

モラトリアム / ポストモラトリアム

●**モラトリアム概念が生まれた時代背景**　モラトリアムとは，若者が自己確立を行うために，部分的に社会的役割を逃れる期間を意味する概念である．一般には支払い猶予を意味する法律用語であったが，アメリカの心理学者である E. H. エリクソン（Erikson）が転用し，心理学的概念として提唱した．この概念をエリクソンが提唱したのは，第二次世界大戦後のアメリカにおいて大量生産・大量消費の経済体制，すなわちフォーディズムが急速に進展した時期である．都市生活と産業労働が主流になると，かつての農村共同体におけるのとは異なり，若者は親と異なる職業と生き方を選択し，市民として社会的責任をもつことが要請される．その意味でエリクソンのモラトリアム概念は，第二次世界大戦後の先進国における都市化・産業化の急速な進展と個人主義の浸透に伴って，若者の成長過程に生じた必然的変化を指すものである．すでに 18 世紀，J.-J. ルソー（Rousseau）は『エミール』において，青年期における精神的変化を「第二の誕生」とよんだが，エリクソンのモラトリアム概念は，この変化が一部の特権階級だけでなく労働者階級の若者にまで一般化したことを示している．

●**能動的主体形成期としてのモラトリアム**　S. フロイト（Freud）の精神分析理論では，青年期の逸脱行動は「退行」とみなされる．エリクソンは，精神分析理論に基づきつつ，それを若者の正常な成長過程のうちに位置づけた．

エリクソンによれば，「自分がしていることと自分が世界から期待されていることが一致している」というアイデンティティの感覚は，幼児期からの親や周囲の人々との同一化を通じて獲得されるが，青年期に入ると若者は自己の身体イメージの変化や，将来の自己の社会的役割に関する悩みを通じて，「自分が何者なのかわからない」というアイデンティティ拡散の危機に直面する．この危機のなかで若者は試行錯誤しつつ，自己と社会を統合し，新たなアイデンティティを獲得しなければならない．そのような青年期のアイデンティティ確立は，幼児期における他者との同一化を通じた受動的なアイデンティティの獲得とは異なり，自己の再創造 / 再発見を行うとともに自己を取り巻く社会の再創造 / 再発見を伴う，能動的な過程である（Erikson 1950）．したがってエリクソンにおいて，アイデンティティの確立は単なる社会適応ではなく，能動的な社会創造 / 変革の主体としての自己形成を意味するものである．

このような自己形成を若者が行うためには，一定の期間，社会的役割を一部免除され，さまざまな社会的役割との同一化を試み，自己のあり方を模索することが望まれる．エリクソンはその時期を「心理−社会的モラトリアム」とよび，たい

ていの社会はそのような時期を設定しており，近代化した先進諸国では学校教育の期間がそれに相当するという．この時期の若者のアイデンティティ確立の努力は，時に社会的逸脱行動にもつながるが，若者自身が心理-社会的な猶予期間をつくる試みとしてとらえられる（Erikson 1950）．反抗的な若者文化も，モラトリアムを過ごす若者たちの社会的な受け皿としての機能を果たすものと考えられる．

●モラトリアムの消失とポストモラトリアム　日本においてモラトリアムという概念は，しばらく心理学の専門用語にとどまっていた．ところが1970年代末頃から消費社会化の進行と社会規範の流動化，大学のレジャーランド化などによって青年期のあり方に変化が起こると，モラトリアムという語は「若者が就職する前に自由に遊ぶ時期」という意味で一般に広まることになった．小此木啓吾の「モラトリアム人間」という概念はその先駆である（小此木 1978）．しかしバブル崩壊後の90年代後半から，経済成長の停滞，非正規雇用の拡大，産業構造のポストフォーディズム化などの諸要因によって雇用が不安定化し，若者が早期から就職のための準備に追われるようになると，エリクソンが述べた意味でのモラトリアムは明確に失われていく．

　ポストモラトリアムとは，モラトリアムを失った現代における新たな青年期のあり方を示すための応用概念である（村澤ほか 2012）．この概念が意味しているのは，若者に対する社会適応（および社会的排除）の圧力が強まったことにより，エリクソンが述べた能動的な社会創造／変革の主体形成としてのアイデンティティ確立が難しくなっていることである．例えば，若者の反抗期の消失もその典型的な事例である．また，不安定な状況に適応するためにその場しのぎの都合のよいペルソナをうまく演じ分けること（「キャラ」を使い分ける）が望まれるようになり，逆にかつての時代に望まれたような固定的な自己像をもつことで社会不適応（特に「引きこもり」）に陥る事例もあげられる．ただし前者は社会適応と引き替えに自己を存在論的に喪失した状態であり，後者は自己の維持と引き替えに社会的に疎外された状態であって，いずれも自己と社会が分裂した病理的状態（アイデンティティ拡散）であることに変わりはない．そこから脱却するためには，自己と社会を常に結びなおし，自己と社会を同時に創造／変革しつづける主体へと移行することが必要であり，新たなアイデンティティ形成に関する心理学的・社会学的な概念の構築も必要であろう．　　　　　　　　　　　　　　　　　　[村澤真保呂]

参考文献
[1] Erikson, E. H., 1950, *Childhood and Society*, W. W. Norton.（仁科弥生訳，1977-80，『幼児期と社会（1・2）』みすず書房．）
[2] Erikson, E. H., 1958, *Young Man Luther: A Study in Psychoanalysis and History*, W. W. Norton.（西平 直訳，2002-03，『青年ルター（1・2）』みすず書房．）
[3] 村澤和多里ほか，2012，『ポストモラトリアム時代の若者たち――社会的排除を超えて』世界思想社．

多元的自己・多元的アイデンティティ

●**自己論の三つの潮流** 自己や自己アイデンティティについて論じる際に，しばしばそれらが統合され，一元化されたものであるという描像が前提となってきた．これに対して，自己や自己アイデンティティが，理論的な可能性としても実態としても，統合されず一元的でもない状態で存続しうると考える立場にとっての描像を多元的自己 / 多元的アイデンティティとよぶ．

本項目では，まず自己について論じる代表的な三つの潮流を紹介し，その後それらとの関係で多元的自己について説明する．

一つめの潮流は，E. H. エリクソン(Erikson 1968)の自我アイデンティティ論だ．エリクソンは精神分析学を土台としながらアイデンティティを発達段階上の課題として定式化した．すなわち，青年期までの間に形成されてきたさまざまな自己イメージを取捨選択しながら一つのまとまりへと構造化していく営みやその結果を自我アイデンティティであると考えた．この課題は，8つに分けられた発達段階のうち青年期に割り当てられたものであるため，エリクソンにおけるアイデンティティの問題は，まずは青年期に固有のものとして定式化された．

二つめの潮流は，G. H. ミード(Mead 1934)を源流とし，後に象徴的相互作用（シンボリック相互作用・相互行為）論とよばれるようになるものだ．ミードは自己を二つの命題によって理解した．第一に，自己とは他者との関係である．自己とはそれ自体としてあるものではなく，他人との関わり合いを通して成り立つものである．その他者の位相は，自己の発達に伴って具体的な存在から所属する集団を象徴する抽象的あるいは超越的なものまで変異しうる．第二に，自己とは自分自身との関係である．他者の視点は常に自らの内部に折り返され，自分自身を見る視点となる．この折り返しがあってこそ，自己は自己たり得る．

三つめの潮流は，社会的性格論だ．社会的性格とはある社会においてうまくやっていくためにある程度まで誰もが共通に身につける性格の型のことだ．E. フロム(Fromm)のように精神分析学の影響を受けている場合も多い．よく知られているのは，D. リースマン(Riesman 1961)の伝統志(指)向 / 内部志(指)向 / 外部志(指)向という区分だろう．広い意味では近年のA. ギデンズ(Giddens 1991)の「再帰的プロジェクトとしての自己」やR. セネット(Sennett 1998)の「人格の腐食」論なども社会的性格論の末裔ということができるかもしれない．

●**多次元的自己論の登場** 以上見てきた三つの潮流のそれぞれに自己やアイデンティティを多元的にとらえる可能性が潜在している．

①エリクソンによって統合の具体的なきっかけとされていたいくつかのライフ・

イベントは，今日の社会では相対的に達成の難しいものとなっている．例えば，日本の状況を考えてみると，安定した職につき，生涯同じ場所で働くことのできる人はますます少なくなっている．それと連動するように，親密な他者と結婚し子育てをすることはますます難しくなっている．

②自己を対他関係とみなすミードの議論からすると，関わり合う他人が異なった文脈に属する度合いが大きくなるほど，それに応じて構成される対他関係も対自関係も多元的なものになる．すなわち文脈ごとに構成される自己の間のずれが大きくなっていくのである．自己はおのずと多元性の度合いを高めていくであろう．実際，ある面でミードの発想を踏襲したJ. F. グブリアムとJ. A. ホルスタイン（Gubrium and Holsteim eds. 2001）の社会構成（構築）主義的な自己論は，自己の今日的な特徴をその文脈に応じた多元性に求めている．

③社会的性格論の現代的な形態ともみなしうるセネットやZ. バウマン（Bauman）（Bauman and Vecchi 2004）の議論は，社会全体の流動性の増大を今日の社会を生きる人々の行動と性格の型とを基底においてかたどるものと考えている．すなわち移動に伴って自己を切り替えていくこと，これである．文脈に応じた切り替えの早さと柔軟性こそが，流動的社会を生き延びるための必須要件だと彼らは考える．リースマンが消費社会の特徴だと考えたものは，現在では，生産の領域をも方向づけ，人々をより深く規定する．

●**常態としての多次元的自己**　以上，自己論・アイデンティティ論の代表的な理論のいずれも，現実の変容に対応しようとする限り，自己・アイデンティティの多元化を帰結することになる．ここで注意すべきは，それらの理論の多くが，多元性を病理的なものとみなしがちであるという点だ．

だが，自己の成り立ちの基本的な諸条件が多元性をもたらす方向に変容しているのだとすると，それを病理としてよりも常態として理解する立場もあり得るのではないか．例えばこう考えてみてはどうか．自己の成り立ちの原理的な水準に即してみれば，それは必ずしも強く統合されている必要はない．その統合は，ごく弱いものからごく強いものまでさまざまである．現代社会は，いわば，統合の弱い自己・アイデンティティとなじみのよい社会なのである． ［浅野智彦］

📖 参考文献
[1] Bauman, Z. and B. Vecchi, 2004, *Identity*, Polity Press.（伊藤 茂訳, 2007,『アイデンティティ』日本経済評論社．）
[2] Erikson, E. H., 1968, *Identity: Youth and Crisis*, W. W. Norton.（岩瀬庸理訳, 1973,『アイデンティティ――青年と危機』金沢文庫．）
[3] Sennett, R., 1998, *The Corrosion of Character: The Personal Consequences of Work in the New Capitalism*, W. W. Norton.（斎藤秀正訳, 1999,『それでも新資本主義についていくか――アメリカ型経営と個人の衝突』ダイヤモンド社．）

自己物語論

●**自己物語概念が登場した背景**　1980年頃から「物語論的転回」ともよばれる学際的な潮流が生まれた．そこでは，「物語」概念は，文学作品にとどまらず，人間の心理，発達，社会，歴史において基本的な機能を果たすものとしてとらえ直される．社会学においても，G. H. ミード（Mead）に端を発する自己論に「物語」概念を接続して，より豊かな理論を開拓しようとする動きが起こった（片桐 2000；浅野 2001）．学際的な流れのなかで起こったため，他の学問領域からの影響も多岐にわたるが，特に，心理学者 K. J. ガーゲン（Gergen）の自己物語論（Gergen and Gergen 1983）や，臨床心理学で「家族療法（family therapy）」や「物語療法（narrative therapy）」とよばれる流派からは多くの刺激を受けている．

●**自己物語論の枢要**　「自己物語」概念の諸特性は，「自分が自分について語る」ということと，それが「物語」という形をとることとに関わる．これについて浅野智彦（2001）は，①「私」が語り手と登場人物との二重の視点をとること，②無数の出来事のなかから意味のあるものを選び出して時間軸に沿って構造化すること，③他者の視点からの納得を志向していること，という3点にまとめている．つまり，自己物語は，他のものでもあり得たかもしれないが（②），これこそが「私」だという優位の現実が提示され（①），何らかの形をとるコミュニケーションにおいて他者からの納得を調達することで，その現実としての優位性が担保される（③），ということである．このように自己物語をとらえることで，ある人々に好まれ流通する自己物語はどのような筋や登場人物，語り口などの特徴をもつかという自己物語の形態に関する問いや，ある時点で優位な現実として語られている自己物語はどのように変化するかという自己物語の時間的変化に関する問い，あるいは，自己物語は具体的にどのようにして他者の納得を調達するのかという自己物語の聞き手に関する問い，などといった広がりのあるテーマ圏が切り開かれることになる．

●**代表的な研究事例と自己物語論の今後**　芳賀学・菊池裕生の研究（2006）は，仏教系の宗教集団「真如苑」の青年部で毎年開催される「弁論大会」に関する調査研究であり，従来心理学的にしかとらえられなかった宗教的回心を自己物語の変容としてとらえ直したものである．1995年の弁論大会において，ある信徒が弁士となり，数か月にわたって自分の体験を述べる原稿を何度も書き直していくが，芳賀らは，そのプロセスにおいて原稿がどのように変化するかを詳細に分析する．その結果，弁士は，原稿の改変を通して，自己物語を教団の世界観に適合的な形に変化させ，そのことを通してより深い信仰へと進むことが明らかになる．

また，このプロセスには，教化委員とよばれる先輩信者が加わり，時には踏み込んだ意見をもって原稿改変に寄与するが，そのことを通して教化委員自身も特有の気づきとともに信仰の態度を変容させていくことが分析されている．
　伊藤智樹の研究（2009）は，アルコール依存と死別体験のセルフヘルプ・グループに関する調査研究であり，従来「共同体の物語」（Rappaport 1993）というとらえ方が提唱されながらも，その作動実態が明らかでなかったセルフヘルプ・グループに自己物語論を適用したものである．集会で収集された物語や，参加者個人のインタビューでの語りを詳細に分析すると，参加者たちは自己物語を生成・変容させることで，専門家の言説に含まれる物語と一定の距離をとりながら，それぞれの病いを生きるにあたっての拠りどころを得ていることが明らかになる．またセルフヘルプ・グループは，さまざまな特徴をもった聞き手として機能し，参加者の自己物語を受容したり，あるいは書き換えを促したりしていることも分析されている．
　これらの研究は，自己物語論を適用して，従来の社会学的自己論では可能にならなかった分析を実現している．両者に共通するのは，①語り手自身に関するまとまった分量の記述が出現する特殊な場を調査対象としており，②比較的長期間にわたるフィールドワークによって分析に耐えるだけのデータを収集している，という点である．これら2点を兼ね備える研究は量産されにくいかもしれない．それでも，近年報告される調査研究のなかには，自己物語論の観点としての重要性に言及したり，あるいは研究の視座として取り込んだりする萌芽的研究も散見される．
　今後に向けて注意すべきなのは，自己物語論は，単にある形態の物語をカテゴライズするためだけのものではなく，自己物語とならないままとどまる言葉や，いったん自己物語として成立したが維持できなくなったものなど，自己物語成立/不成立の間にある境界的な部分にも着眼することを通して，自己物語が成立することの難しさにも目を向けさせるものだという点である．
　この点を踏まえると，今後応用的研究が蓄積されるなかで，自己物語論はその射程範囲を試され，限界を見極められることにもなるだろうが，それは自己物語論にとって本来望ましいことだといえる．そうしたなかで，自己物語成立/不成立の様相を記述するために諸理論・概念との接合が試みられれば，自己物語論はいっそう豊かなものへと発展していくだろう．　　　　　　　　　　　［伊藤智樹］

参考文献
[1] 浅野智彦，2001，『自己への物語論的接近——家族療法から社会学へ』勁草書房．
[2] 芳賀 学・菊池裕生，2006，『仏のまなざし，読みかえられる自己——回心のミクロ社会学』ハーベスト社．
[3] 伊藤智樹，2009，『セルフヘルプ・グループの自己物語論——アルコホリズムと死別体験を例に』ハーベスト社．

スティグマ

●**ゴッフマンのスティグマ概念とは** スティグマという概念が用いられるのは，社会学という学問のフィールドに限らない．また学問的に用いられているだけでなく，マイノリティ問題などの文脈では，一般的にも広く用いられている．もともとスティグマということばは，奴隷や犯罪者の体に押された烙印を意味した．その後，キリスト教における聖痕という意味でも使われるようになったが，現在は，もともとの意味から派生した負の意味合いで用いられている．

社会学的にスティグマという概念を定義し，その概念の使用法や考え方を定着させるきっかけとなったのは，E. ゴッフマンの『スティグマの社会学』（Goffman 1963b）という書物である．それ以後，ゴッフマンの概念を援用した研究は，数多くなされてきた．

ゴッフマンのいうスティグマとは，この人はこういう人だろうと想定される社会的アイデンティティ（virtual social identity）と，その人が自分自身を実際そうだと思っている社会的アイデンティティ（actual social identity）の間にあるズレが契機となり現れるものである．

例えば，ジェンダー・アイデンティティが，男であり男に恋愛感情をもつゲイは，男性に見える外見をしていることが多い．しかし，異性愛が標準とされている現代日本社会では，男に見える人は女が好きなのだろうと周囲の人は想定する．この場合，男に見える人の「想定される社会的アイデンティティ」は，異性愛である．にもかかわらず，その人が自分は同性愛であるというアイデンティティをもっている場合，そこには想定されるアイデンティティと当人のアイデンティティとの間にズレが起こる．そして，この「ズレ」が周囲の人にわかってしまった場合に，マイナスの印象を与え，逸脱しているとされるなどの負の反応を引き起こすならば，当人はスティグマをもった人とされることになるのである．

●**関係性としてのスティグマと可視性** ゴッフマンによればスティグマは，特定の関係性のもとで付与されるものである．このときの関係性とは，スティグマが見る-見られるという相互行為をする人どうしの間に現れるものだということである．さらにスティグマをもたない者（normals）とスティグマをもつ者は連続しているとゴッフマンは述べており，見方によっては誰しもがスティグマをもちうるとされている点が重要である．

スティグマは，可視性（visiblity）と深く関わっている．まさに，直接的に目に見えるかどうかが問題である．よって，スティグマは可視的であるか不可視であるかによってその持ち主による対処が分かれる．不可視なスティグマへの対処

がカヴァリング（covering），可視的なスティグマへの対処がパッシング（passing）とよばれる．カヴァリングとは，瞬時に知覚できるスティグマを，なるべくわからないようにすることであり，例えば視覚障害者がサングラスをかけることがそれにあたる．それにより目が見えないことを，わかりにくくすることができるわけだ．パッシングとは不可視なスティグマを知られないようにすることであり，例えば難聴者が，きちんと聞こえるようにふるまうことがそれにあたる．『スティグマの社会学』日本語訳の改訂版ではパッシングが「越境」と訳されているが，意味合いとしてより正確に訳すなら「通用すること」とでも訳したほうがよいだろう．なぜならパッシングとはふるまいや外見などの見た目（appearance）の操作の問題であり，それらを操作することによって見る−見られるという相互行為において，スティグマに気づかれないようにすることだからだ．

●**パッシング研究への展開**　スティグマを隠す行為であるパッシングを，より相互行為的な問題として展開して研究したものに，H．ガーフィンケルの有名な論文（Garfinkel 1967a）がある．これは，男から女へと性別を変更し，日常生活を送っているアグネスという人物が，どのようにして周囲に対して自分は女性だというパッシングを行っていたかを記述したものである．そのなかで重要なのは，アグネスは女性であるという現実を自己呈示によって成し遂げていたというだけでなく，日々の相互行為のなかで，女性と男性しかいない世界がつくり上げられていることを記述したという点である．一方で，パッシングのような行為によって，ひとは女であること／男であること（doing gender）をしている．他方，人々がそうすることによって，二元的な性別からなる世界が構成されているのである．そのような考え方が，ゴッフマンの相互行為論からエスノメソドロジーへと展開する契機となっている．

[鶴田幸恵]

📖 参考文献

[1] Goffman, E., 1963b, *Stigma: Notes on the Management of Spoiled Identity*, Prentice-Hall.（石黒 毅訳，[1970]2001,『改訂版 スティグマの社会学――烙印を押されたアイデンティティ』せりか書房.）
[2] Winkin, Y., 1998, "Erving Goffman: Portrait du sociologue en jeune homme" and "Entretien avec Erving Goffman" Y. Winkin, *Les Moments et Leurs Hommes*, Text Recueillies et Présentés par Yves Winkin, Seuil/Minuit.（石黒 毅訳，1999,『アーヴィング・ゴッフマン』せりか書房.）
[3] Garfinkel, H., 1967a, "Passing and the Managed Achievement of Sex Status in an 'Intersexed' Person Part 1," *Studies in Ethnomethodology*, Prentice-Hall：116-85.（山田富秋ほか訳，1987,「アグネス，彼女はいかにして女になりつづけたか――ある両性的人間の女性としての通過作業とその社会的地位の操作的達成」『エスノメソドロジー――社会学的思考の解体』せりか書房：217-95.）

身体的アイデンティティ

●**アイデンティティと身体** アイデンティティとは「自己同一性」などと訳される「生ける斉一性と連続性との主観的感覚」（E. H. エリクソン［Erikson 1968］）である．それは，従来の精神分析学では「個人」の人格的成長に核心をもつものと考えられてきた．しかし社会学においては，共同体や対人関係といった「社会」にも核心があるとされている．つまり，階級・ジェンダー・エスニシティなどを通じても，他者との関係を通じても，アイデンティティは形成されるという発想なのである．

近年は，そのほかにも「身体」——「個人」の所有物でありながら「社会」的なものでもある——を通じて形成されるアイデンティティが注目されている．例えば，A. ギデンズ（Giddens 1991）は，身体が自己アイデンティティの問題と密接に結びついていると指摘している．

まずはじめに身体的アイデンティティは「もともとどのような身体を所有しているか」という生まれつきの「ままならぬ身体」（e. g. 肌の色）を基盤に構築されるだろう．だが，それだけではない．次に「どのような身体に変えていくのか」という「選択」（e. g. トレーニングをして引き締まった体型になる）も重要になってくる．なぜなら，近代以降，身体は自分が自由に変えてよいという認識が広まったことに伴い，身体を変えることを通じて，人々はアイデンティティを形成することになったからだ．

●**身体に対する社会規範** とはいえ「どのような身体に変えていくのか」という選択は，実際には自由ではなく，社会規範や文化的圧力に左右されると指摘されている．S. ボルド（Bordo 2003）は，「体型に関わる産業とイデオロギー」によって，人々は非常に規格化された身体を欲するようになると考えているし，荻野美穂（1996）も，ファッション産業や美容産業によって「操作された欲望」が，身体における若さや美しさを求める願望を煽り立てると考えている．M. フェザーストン（Featherstone 1991）も，「消費主義」によって，人は身体をある方向へ導く努力を強制され，身体が自己表現の「乗り物」になってしまうと主張している．いずれにせよ，さまざまな論者が危惧するのは，身体が個人の選択として変えられるようにみえて，その実，社会によって（いわば強制的に）形づくられている点であろう．

「医療化」を事例に考えてみたい．病気とはみなされてこなかった事柄を，病院で扱うようになっていく過程を「医療化」（Conrad and Schneider 1980）とよぶ．例えば，かつて出産の多くは自宅で（比較的自由なスタイルで）行われていたが，

今や病院で扱われている．リスクを減ずることと引き替えに，身体に関する自律性が喪失すること，および医療専門家による身体管理がすすむことが指摘されている．これを身体的アイデンティティにひきつけていうなら，専門家が提供する身体的アイデンティティを，私たちが甘受せざるを得ない事態として解釈することが可能であろう．

別の例をあげるなら，近年の中高年女性向け雑誌では，女性の身体が「医療化」され，加齢（シワやシミ）が病気とみなされ病院で治療する事柄として示している（谷本2013）．これも，中高年女性が自らの身体をどのように変えるかを自由に選べるようにみえて，実際には，若く美しくなければいけないという社会的規範に管理される事態であるといえよう．

●**不断に構築される身体的アイデンティティ**　それでは，身体を通して新たなアイデンティティが生じる可能性はないのだろうか．どのような身体をめざそうとも，社会から型にはめられた身体へ調教されてしまうだけなのだろうか．

確かに，個人が身体を本当に自由に変えることは難しい．しかし，私たちは身体を通じて圧力や規範に一石を投じることもできる．例えば，19世紀後半の女性服の改良運動が，動きにくかったロングスカートとコルセットを廃止しようとして，教会や男性から批判されながらも，当時の社会に問題提起したように．

また，身体を通じて，個人の新たなアイデンティティを構築していくこともできる．D. ギムリン（Gimlin 2002）やK. デイヴィス（Davis 1995）が，美容整形に代表される身体への変更が「操作された欲望」の虜になった結果ではなく，自分のアイデンティティを再構築することにつながると見出したように．日本の整形手術経験者たちも「自分が変われた」「ようやく私も本当にスタートラインにたった」「理想にちょっと近づいて『すごい自分いいじゃん，いいじゃん自分』みたいになる」などと語っている（谷本2008）．

アイデンティティは，身体や階級・ジェンダーや他者関係など，いずれによって構築されようとも，静的なものでも不動のものでもない．また人々が到達する場所でも，拠り所にする場所でもない．それは，変化し，不断に構築されていく自己の感覚なのだ．したがって，個人が再構築していけるポテンシャルも当然もつ．

特に，身体は，代えることはできないが変えることはできる（交換不可能だが変更可能）．ゆえに，身体を基盤とするアイデンティティは，「ままならなさ」を内包しつつも，自分で「選択」しながら何度でも再構築しうるポテンシャルをもつと考えていいだろう．　　　　　　　　　　　　　　　　　　［谷本奈穂］

📖 **参考文献**
[1] Turner, B. S., 1984, *The Body and Society*, Blackwell.（藤田弘人ほか訳，1999，『身体と文化』文化書房博文社．）

自己のテクノロジー

●「自己の自己との関係」という経路の析出　M. フーコー（Foucault）は晩年，自らの研究を総括して，それは「主体化」をめぐる三つの様式の研究であったと述べるようになっていた．すなわち，『言葉と物』で検討されたような「真理」との関係による認識対象としての主体化，『監獄の誕生』で検討されたような「権力」との関係による処罰・規律訓練対象としての主体化，そして残された課題としての「自己の自己との関係」による倫理的主体化という三様式である．この第三の様式に分け入る鍵概念が「自己のテクノロジー」である．

　各様式の原形は混在しつつも『狂気の歴史』のうちにすでにあったとフーコー自身述べるものの，晩年になって自覚的に析出されたこの新たな経路について論じる際，「自己」という対象はもはや単に与えられるままの存在ではないとフーコーは繰り返し示唆しているようにみえる（Foucault 1982）．詳しくは後述するが，単純な「主体」へと回帰することなく，真理と権力によって袋小路に追い込まれた自己へのある種の脱出口を提供する概念として「自己のテクノロジー」はあるといえる．

●真理と権力についてより深く考える視点として　「自己の自己との関係」という様式への接近手法は，『性の歴史Ⅱ　快楽の活用』（Foucault 1984）において次のように示されている．道徳規範を参照資源としながらも，それに収まりきることのない，人々が自分自身を導く流儀という領域があり，それは少なくとも4つの論点から考えることができる．第一は，個々人が自己実践の題材として何を選ぶかという「倫理的実質」．第二は，自らの流儀を実行する拠り所とその関係を定めることに関わる「服従化の様式」．第三は，自らをつくりあげるために行われる実践の諸形式——すなわち「自己のテクノロジー」．そして第四が，こうした諸実践を通してどのような存在をめざすのかという「目的論」である．『性の歴史Ⅱ』および『性の歴史Ⅲ』，『主体の解釈学』は，こうした分析視角から議論が展開されている．

　議論の素材を古代ギリシャや初期キリスト教世界に求めた晩年の研究は「不可解ともとれる文献学的な研究」（Hoy ed. 1986）などと評されることもあるが，その含意を整序し，後続の研究の産出に貢献したのがG. ドゥルーズ（Deleuze）の『フーコー』（1986）である．ドゥルーズは晩期フーコーの研究を次のように解釈する．すなわち，真理や権力が促してくる，あるいは強制してくる主体化の圧力に人々の自己はすべて席巻されてしまうのではなく，その主体化の促し・強制を人々自らが流用し，組み替え，わがものとして再適用する「自己の自己との

関係」を通して主体化を行いうる可能性がこの問題系には示されており，これこそがフーコーの思想の一つの到達点ではないか，と．こうして，晩期フーコーの研究を「プライベートな自律性を求める欲望の投影」(Rorty 1991) というように解釈するのではなく，真理や権力のテクノロジーと交錯しながらも，そのさなかで「自分では選ぶことのできなかった自分自身の自由の条件」(Butler 2005) と闘う，真理や権力に対する抵抗の拠点を探ろうとするものだという解釈が浮上することになる（佐藤 2008）.

●「自己のテクノロジー」と統治性　フーコーはこのような着想を近代以降の世界に展開することなく，1984年に没した．この問題系の展開に大きく貢献したのは，「自己のテクノロジー」概念と，同概念の着想に至る直前までフーコーが専心していた「統治性」概念とを接続させ，現代社会における主体化の様式についての分析を行った N. ローズ (Rose) らである．ローズは，現代における心理諸学（後にバイオテクノロジー）が，人々にとって解放をもたらす「自己のテクノロジー」になっている一方で，ローズがアドバンスド・リベラル・デモクラシーとよぶ，概して新自由主義が席巻して以降の世界における，人々の自助を通じて社会問題を解決に誘おうとする統治のテクノロジーにもなっていると指摘する (Rose 1999, 2007). つまり，諸学の真理に支えられた，人々に自己調整を，また自由になることを強く推奨する権力の一端として，「自己のテクノロジー」は今日の先進国における統治性に深く組み込まれているというのである．このような見解に影響を受けた研究者たちが，同様のある種反転した事態を欧米各国において観察し，知見を積み重ねていくことになる．

「自己のテクノロジー」概念はその論理構成上，真理・権力あるいは統治性という視点と不可分ではある．だがそれらの視点をどの程度組み込むのかはともかくも，同概念は社会学的自己論の一研究プログラムを示してもいる．実際，同概念は自分史（浅野 2002），HIV 罹患者の自助コミュニティにおける実践（田辺 2008），自己啓発言説（牧野 2012）などを素材とした自己論研究のバリエーションを産出してきた．自己形成の選択肢が数多並べられている現代社会において，同概念が掘ることのできる鉱脈はいまだ多く残されているようにみえる．

[牧野智和]

📖 参考文献

[1] Deleuze, G., 1986, *Foucault*, Éditions de Minuit. (宇野邦一訳, 1987, 『フーコー』河出書房新社.)
[2] Foucault, M., 1984, *Histoire de la sexualite 2: l'usage de plaisirs*, Gallimard. (田村 淑訳, 1986, 『性の歴史 II ――快楽の活用』新潮社.)
[3] Rose, N., 2007, *The Politics of Life Itself : Biomedicine, Power, and Subjectivity in the Twenty-first Century*, Princeton University Press. (檜垣立哉ほか訳, 2014, 『生そのものの政治学――二十一世紀の生物医学, 権力, 主体性』法政大学出版局.)

ナショナル・アイデンティティ

●**概念の普及の時代的背景** 本概念にはナショナリズムやナショナリティなど類似・隣接概念が存在し，実際互換的に用いられることも多いが，特に1990年代以降，社会学に限らず幅広い社会科学領域で多用されるようになってきた．

その背景には，「国民国家（nation-state）」の揺らぎがある．まず1980年代以降のナショナリズムの理論研究，特にその歴史的成立が近代であるとする議論（後述する E. ゲルナー［Gellner］や B. アンダーソン［Anderson］の論考など）の影響から，国民国家の起源や発生が再検討され，国民国家の原初性・永続性を前提とする議論が批判されるようになってきた．また東西冷戦終結後の1990年代以降，急速なグローバル化の進展に伴う国民国家の機能不全，一方東欧地域その他での「民族」再活性化による新国民国家誕生など，現実社会でも国民国家体制は大きな変動に見舞われてきた．

その結果，国民国家形成のイデオロギーを示す語として集団レベルに適用されることが多いナショナリズムや，比較的固定的な「国民性」や制度的な「国籍」と訳されるナショナリティではなく，流動性や多層性・多元性を含意可能で，個人レベルの意識・態度・認知にも適用できる本概念「ナショナル・アイデンティティ」（以下「NI」）が，頻繁に利用・研究されるようになってきた．

●**ナショナル・アイデンティティの多様性・多属性** NI の定義には，構成要素である「ネイション」と「アイデンティティ」の定義が前提となるが，両概念とも論者ごとに多義的な使用がなされており，一義的定義が困難である．また適用する水準（個人か集団か）によっても意味内容が異なってくる．そこで本項では多くの諸研究を包括できる幅広い定義として，集団レベルでは「他のネイションと区別するための，特定のネイションの特質や自覚として主張される事柄や事象」，個人レベルでは「特定のネイションに属するという自己認識・帰属感情や，ネイションの成員として自らを同定することから生じる意識・態度・認知・価値観」を提示しておく．

NI 概念の具体的内容を理解するためには，いくつかの研究動向の総合的理解が必要である．集団レベルの NI は，主にその歴史的発生過程が議論になっている．近代化に伴う「産業化」の産物とみなすゲルナー（Gellner 1983）や「出版資本主義」による新たな想像力の結果とみなすアンダーソン（Anderson［1983］1991）が，「近代主義」の代表的な論者である．一方 A. D. スミス（Smith）は，NI の成立には歴史や文化を共有するエトニが不可欠と論じる（Smith 1986）．実際，共有できるエトニ不在の国民国家が破綻国家化するなどの「失敗」事例（ポスト植民地国

家であるアフリカ諸国の一部など) も少なくない.

個人レベルの NI の生成過程に社会的アイデンティティ理論 (Tajfel and Turner 1986) を適用すれば, 自己をネイションにカテゴリー化することで内集団 (同国人) と外集団 (外国人) が区分され, そのうえで内集団に対する肯定感としての愛国主義や, 外集団への敵意としての排外主義が発生する, と説明できよう. そのうえで, 他の社会的アイデンティティより NI が重視され, 多くの社会的現象と密接に関連する理由として, ①国籍や公教育, 軍隊などの国家制度と結びつき「近代世界におけるもっとも強力なアイデンティティの神話」(Smith 1991) となっていること, ②日常的な言語表現やメディア報道の源泉となり, 平凡かつ自明な存在となっている (Billig 1995) ことなどがあげられる. もっとも S. ホール (Hall) が論じるように本来アイデンティティは多層的存在であり (Hall 1992), 同じ国民内また一個人内でも決して一様ではなく, 人種・民族・ジェンダー・社会的役割などによる多様性や競合が存在する.

●**実証研究の成果とその今後**　1990 年代以前の NI に関する研究としては理論研究もしくは事例研究が圧倒的に多かった. しかし, 1995 年に国際社会調査プログラム (ISSP) のテーマとして採用され, 国際比較可能な量的データが提供されるようになって以降, 数多くの計量的実証研究が蓄積されつつある.

これら計量的実証研究では, 個人レベルの NI, 特に (エリートに限らない) 一般の人々が抱く NI を, 複数の下位概念 (ネイションの成員条件, ナショナル・プライド, 自国中心主義, 排外主義など) に分けたうえで, それらをいくつかの質問から測定し, 各下位概念の規定要因や下位概念同士の関連構造を分析している.

NI の下位概念のなかでも特に排外主義については, 多くの先進諸国における極右政党の伸張との関連から強い関心が向けられ, NI の他の下位概念との関連が検証されている. まず排外主義は, 移民や外国人を外集団とみなす認知を前提としている. そのため, 後天的に獲得不可能な属性的・民族的基準を同国人の定義として重視する人々は, 排外主義も強くなりやすい. また自国中心主義的な人々の方が排外主義も強い傾向があった. しかし自国の民主主義や社会保障制度に対する誇りの念 (政治的ナショナル・プライド) は, それが強い人ほど排外主義が弱い傾向の国 (アメリカ, オーストラリアなど) がある一方, 日本や韓国では強い人の方が排外主義も強いとの結果が示されている (田辺 2010, 2011). その結果は, 個人レベルにおける NI の意識同士の関連構造が, 国レベルの制度や歴史, 集団レベルの NI の影響を受けて異なることを示している. そのように現在, 個人レベルの NI と集団レベルの NI の相互関連に関する研究が進みつつある. ［田辺俊介］

📖 **参考文献**
[1] スミス, A. D. / 高柳先男訳, 1998,『ナショナリズムの生命力』晶文社.
[2] 田辺俊介, 2010,『ナショナル・アイデンティティの国際比較』慶應義塾大学出版会.

アイデンティティ・ポリティクス

●**同化主義の衰退**　人種，宗教，ジェンダー，性的指向など，何らかの差異を共有するとみなされる集団（アイデンティティ集団）ごとに社会的資源が偏って分配されていることは少なくない．そうした偏りは自由と平等を基調とする近代市民社会の理念に反するため，しばしば差別問題として是正の要求を喚起することになるが，その要求のあり方は二つの運動様式に大別される．すなわち，普遍的な市民としての平等な分配を勝ち取るための運動と，個々の集団としての要求に見合った公平な分配を勝ち取るための運動である．これら二つの運動様式はどちらかが優れているというものではないが，争点が大きく異なっているため協調的に実践されることは少なく，しばしば衝突しながら時代状況にあわせてヘゲモニーが移り変わっていく傾向がある．

　近代主義的な社会計画を人々が信奉し，画一的な社会理念が堅固に共有されていた時代においては前者が主たる運動様式であったが，1960年代半ば以降，そうした理念が疑問視されるようになるとともに，後者の運動様式が注目されるようになった．後者の運動様式を総称する概念はいろいろと提案されてきたが，1990年代以降はアイデンティティ・ポリティクスという熟語の使用例が増えている．

●**アイデンティティ・ポリティクスの特性**　アイデンティティ・ポリティクスとは，アイデンティティ集団を単位としてさまざまな社会的資源の獲得をめざそうとする運動である．多くの場合，当該社会で歴史的に周辺化されてきたマイノリティによる自己決定権や差異の承認要求としてたち現れる．アイデンティティ・ポリティクスの獲得目標を「差異への権利」と表現したり，その運動様式のことを「承認の闘争」とよぶこともある．日本語のなかにはそのままでアイデンティティ・ポリティクスに該当する熟語は存在しないが，「当事者主権」「当事者運動」などで指示される対象はアイデンティティ・ポリティクスに含まれる．

　アイデンティティ・ポリティクスには，顕著な特徴として，以下の3点が広範に観察される．①市民的平等の追求のように普遍的な「市民」や「国民」に同化するのではなく，アイデンティティ集団の異なった扱いに関する承認を求めること，②多様な社会的資源のうち，物的資源の公正な再分配を追求するだけでなく，文化的資源と関係的資源の剥奪をも異議申し立ての対象に含むこと，とりわけアイデンティティ集団に付与される否定的な威信を撤回させること，③特定の差異に基づくアイデンティティを共有するメンバーを手段的にも情緒的にも動員しやすいため，相対的に運動を生起させやすいこと，である．

一方，アイデンティティ・ポリティクスへの反作用として，以下の3点も指摘される．①市民的・国民的な統合を求める保守的な立場からは，個々のアイデンティティ集団がばらばらに要求を突きつけているように見えるため，「わがまま」な権利要求だという反発を招きやすいこと，②共通の労働者の権利を求める革新的な立場からは，アイデンティティ集団が階級闘争を分断しているように見えるため，階級闘争に対する「裏切り」だという批判の対象となりやすいこと，③差異を共有するとみなされる集団が特定のカテゴリーによって表象されると，その集団内部における差異が結果として不可視化される弊害があるため，とりわけ多重マイノリティからは「過剰な代弁」であるとの告発が寄せられること，である．

●**アイデンティティ・ポリティクスの事例**　カナダのケベックなどにみられる地域的マイノリティの独立運動は，文化的差異の承認とアイデンティティ集団による自己決定を求める典型的なアイデンティティ・ポリティクスである．ポストコロニアリズムの文脈における帝国主義批判も，支配的な価値意識の転換と自己決定を求める告発であり，アイデンティティ・ポリティクスの範疇といえる．独立運動や脱植民地主義のように領土管理の独立性が争点になるだけでなく，エスニック集団のアイデンティティ・ポリティクスは，居住国に対して文化的独自性を尊重する多文化主義を要求する形で表出することも少なくない．

　障害者解放運動におけるアイデンティティ・ポリティクスでは，障害者を特別な保護と医療専門職による治療の必要な弱者とみなすパターナリスティックな「個人モデル（医療モデル）」を脱却し，社会に設けられた障壁によって障害者の自己決定が阻まれているとみなす「社会モデル（生活モデル）」によって不利益を克服することが目標とされる．

　アイデンティティ・ポリティクスは，今日のマイノリティ解放運動において議題設定の大前提ともいえる位置を獲得しているが，グローバル化に伴う社会秩序の解体が「マジョリティとは誰か」という認識を流動化させるようになると，極右団体による移民排斥運動のように当該社会のマジョリティが担い手となることもある．例えば日本において，2000年代以降，「日本は在日コリアンの支配を受けているため，日本人としての主権を取り戻すべきだ」といったデマを主張するカルト団体が一定の支持を得たり，雑誌や新聞が東アジアの隣国を中傷してナショナリズムを煽り立てる記事を集合的に書きたてたりするのは，一種のアイデンティティ・ポリティクスだと考えることができる．　　　　　　　　［金　明秀］

📖 **参考文献**
[1] ケニー，M./藤原孝ほか訳，2005，『アイデンティティの政治学』日本経済評論社．
[2] フレイザー，N.・ホネット，A./加藤泰史監訳，2012，『再配分か承認か？——政治・哲学論争』法政大学出版局．
[3] 堀江有里，2015，『レズビアン・アイデンティティーズ』洛北出版．

キャラクター / キャラ

●**新しい使用法の広がり**　キャラクターは，人を指して用いられる場合，性格や気質，人格や品性といった意味とともに，小説や演劇などの人物や配役といった意味も有する．日本では後者の意味で用いられることが圧倒的に多く，特に漫画の登場人物を指す場合は，その性格や特徴も含んだ言葉として用いられる．

また，人以外のものを指して用いられる場合は，特色や形質，記号や表徴といった意味を有するが，容器や文具などに刻印された物語の登場人物や漫画の主人公の記号化された図柄を指すことも多い．転じて，物語や漫画などの原作の存在を前提としないオリジナルな人物や動物を記号化したデザインにも，しばしばこの言葉が用いられる．こういった商品は，キャラクター商品とよばれている．

他方のキャラは，上記のような登場人物を指すキャラクターの略語として，元来は用いられてきた言葉である．しかし今日では，キャラクターとは異なった意味で用いられることが増えている．すなわち，キャラクターが特定の物語を背後に背負い，したがってその造形も物語の内容に規定されるのに対し，キャラは当初の物語から離脱し，それ自体が独自の存在感を有するものとみなされる．換言すれば，キャラクターがあくまでオリジナルの作品内にとどまっているのに対し，キャラはどんな物語にも転用可能なプロトタイプを示すようになっている．

さらに今日では，本来は創作物に対してであったこのような用法が，日常生活で実在の人物を指す場合においても広がりつつある．すなわち，「彼は〇〇キャラだ」とか「△△キャラを演じている」といったように，対人関係における自他の役回りや性格づけを示すために用いられるようになっている．この場合も，キャラの性質は相互作用（行為）を営む人間関係のなかで相対的に決まるものの，いったん初期設定されたキャラは状況場面に依存せず，彼に固有のものとみなされる．

●**世界を単純化する心性**　キャラクターとキャラが区別して用いられるようになった背景には，いわゆる「大きな物語」の揺らぎという時代状況の到来がある．それは，創作物の描かれ方にも影響を与えている．例えば今日の漫画表現では，物語の展開における意外性や斬新さで読者を引きつけようとするよりも，登場人物の造形描写の巧みさで読者の関心を惹こうとするものが多くなっている．

それはまた，登場人物の描かれ方にも影響を及ぼしている．例えば今日の漫画表現では，個々のエピソードの順番を入れ替えても作品に影響が出ないものが増えている．登場人物に成長や変化がみられなくなっているからである．あらかじめ細かく設定された特徴は固定的なもので，物語の文脈に依存しなくなっている．

同様の現象は，日常生活での対人関係にもみられる．自他をキャラ化して営ま

れる人間関係とは，人々に共通の枠組みを提供していた「大きな物語」が失われ，また価値観の多元化によって流動性の高まった世界のなかで，それでも人間関係を破綻させることなく，むしろ複雑化した関係の諸要素を縮減することで，その揺らぎを抑えつつ円滑に営んでいこうとする現代人の心性の表れである．

キャラクター商品を想起すればわかるように，必要最小限の線だけで輪郭を描いた単純な造形がキャラである．現実の人物を表す場合も同様で，あえて人格の多面性を削ぎ落とし，最低限の単純な要素だけで示した人物像がキャラである．かつて「大きな物語」のもとで求められたアイデンティティのように，多様な要素を徐々に統合して束ねていく過程もなく，初期設定された後は変化しない固定的なものである．だからこそ人間関係の複雑性を縮減し，そこに明瞭性と安定性を与えてくれる．平たくいえば，錯綜した人間関係の見通しをよくしてくれる．

●**キャラ化がはらむ陥穽**　キャラは，「やおい」などの二次創作とよばれる諸作品のなかにも数多く見受けられる．その作者たちは，一次作品から登場人物だけを取り出し，当初の作品とはかけ離れた独自の文脈のなかで自由に操ってみせる．しかし，それがどんなストーリーであっても，あくまで登場人物のキャラを鑑賞するための舞台にすぎず，あらかじめキャラに備わった性質が変わることはない．

二次創作で重視されるのはストーリーではなく，キャラとキャラの組み合わせ（カップリング）である．二次創作のオリジナリティもそこにあるとされる．その意味では，二次創作の独創性を支えるために使用される個々の部品にあたるものがキャラである．同様のことは，日常生活における対人関係についてもいえる．いわば人間関係というジグソーパズルを組み立てている個々のピースがキャラなのである．

個々のピースの輪郭は単純明瞭であるが，それぞれが独自の形を有するため，他のピースとは取り換えがきかない．また，ピースが一つでも欠けると全体の構図は損なわれてしまうので，集団のなかに独自のピースとして収まっている限り，自分の居場所が脅かされることもない．このような点からみれば，不安定な集団のなかに自分の居場所を確保する工夫の一つがキャラ化だともいえる．

しかし，それぞれのピースの形が，全体の構図のなかに収まるように定められるという点に着目するなら，もしまったく同じ輪郭のピースが他のどこかでみつかれば，それは自分のピースと置き換えが可能ということでもある．キャラ化された人間関係では，その安定性が確保されやすいのとは裏腹に，そこに居るのが他ならぬ自分自身だという確信が揺らぎやすくもなるのである．　　　［土井隆義］

📖 **参考文献**
[1] 伊藤 剛, 2005, 『テヅカ・イズ・デッド──ひらかれたマンガ表現論へ』NTT出版．
[2] 斎藤 環, 2014, 『キャラクター精神分析──マンガ・文学・日本人』筑摩書房．
[3] 瀬沼文彰, 2009, 『なぜ若い世代は「キャラ」化するのか』春日出版．

アイデンティティ資本

●**流動化する社会とアイデンティティ**　アイデンティティ資本とは，アイデンティティに関わる能力を資本として把握するためにカナダの社会学者 J. コテ（Côté）らによって提唱された概念である．もともと経済学的な視角から構想された資本という概念は，人的資本，社会関係資本，文化資本などというように，さまざまに拡張されてきた．それらと同様にアイデンティティ資本の場合もまた，アイデンティティに内在するある種の能力が，自己の生活を構造化し，社会に生産的に関わっていくための資源であり，投資の対象であると見立てられている．

　このような見方は，近代社会の変容について社会学において論じられてきたいくつかの理論と深い関係にある．「第二の近代」論，「再帰的近代」論といわれる諸理論がそれである（A. ギデンズ［Giddens］，Z. バウマン［Bauman］，U. ベック［Beck］ら）．これらの理論によれば，近代化の過程は 20 世紀中盤以降にさらなる純化を遂げ，それ以前に想定されていたのとは大きく異なった現実を生み出してきたのだという．そのような現実の一つが，社会の流動性の高まりと，それに対応して強まる自己の再帰的な組織化への圧力である．

　例えば，労働市場の流動性の高まりは，人々の職業生活における不確定性と予見不可能性を高めた．巨大企業がその典型であるような官僚制組織に組み込まれ，職業生活を生涯にわたって一つの職場で過ごすようなライフコースは次第に難しいものとなっていく．あるいは親密な関係についての流動性の高まりは，恋愛や結婚，家族関係の持続を脱自明化し，不確定性と予見不可能性を高めていく．

　このような状況に適応して生きていくためには，各個人がさまざまなライフイベントをその都度，選択していく必要がある．結婚するのかしないのか，するとしたらいつなのか．子どもをもつのか，もたないのか，もつとしたらいつなのか，といったことを個々人が自分の責任において決定しなくてはならない．この状況をギデンズは再帰的なプロジェクトとしての自己として，バウマンは自己の断片化として，ベックはリスクの個人化として描き出す．いずれにしても強調されるのは，標準的な型が，個々人の自己決定によって置き換えられていくということだ．

●**資本としてのアイデンティティ**　コテはこのような理解を前提にして，アイデンティティ資本を次のように定義する．

　「アイデンティティ資本とは，もっぱらその性質において認知的な一群の心理社会的技能に結びついた属性を代表するものだ．その技能は人々が自身のライフコースを知的に戦略化し，それに影響を与える諸決定を下すのに必要であるように思われるものだ」（Côté 2005：225）．

具体的にいえばそれは，内的統制感，自己評価，人生における目的意識のような主体としての諸能力を含んでいる．それらの能力を駆使することで人はこれまでの人生を振り返り，これからの人生を展望することができる．そしてその展望のなかに位置づけながら自らの行為の筋道を計画していくのである．

ではこれらの能力はなぜ資本とよばれるのか．それは，この能力が他人との相互行為において培われ，自分自身のアイデンティティの構築過程として投資され，蓄積されるものと考えられているからだ．この投資に対する配当は，ライフコースの軌道上をうまく進んでいくことができるという形で与えられる．その進行が社会階層上の上昇を含んでいる場合もあれば，そうでない場合もあろう．いずれにせよライフコース上に深刻な躓きが生じないこと，あるいは生じた躓きを自ら克服し，柔軟に軌道修正を行えること，これが蓄積されたアイデンティティ資本のもたらす利得である（Côté and Levine 2002：158）．

●**現代社会を生き延びるために**　アイデンティティ資本は，E. H. エリクソン（Erikson）の発達段階論を社会学に接続する一つのやり方として構想されている．エリクソンが発達上の課題としてとらえたアイデンティティの確立は，コテによって流動化する社会を生き延びていくための資本として読み替えられている．経済資本，人的資本，社会関係資本などを仮に保有していたとしても，アイデンティティ資本を保有していない限り，それら他の資本を自分自身のライフコースのために戦略的に配備することは難しい．その意味で，それは他の資本から区別された独自の意義をもっている．

またそれは若者論のなかで近年論争の中心となってきた構造か主体かという問題に対する回答でもある．社会構造が各個人に課してくるさまざまな諸条件に対応して，自分自身を再帰的に組織化し直すとともにその構造に対して戦略的に働きかけていくという人間像がそこからは引き出される．このような人間像には批判もある．例えば，コテはアイデンティティ資本が他人との相互行為において培われると論じているが，仮にそれが社会経済的な要因によって強く規定されるものであるとしたら，主体は構造による再生産に再度回収されることにもなりかねない．アイデンティティ資本の蓄積過程がどのような社会的条件によって支えられているのかについての経験的研究が今後さらに必要となるだろう．　［浅野智彦］

📖 **参考文献**
[1] Beck, U., 1986, *Risikogesellschaft auf dem Weg in eine andere Moderne*, Suhrkamp.（東 廉・伊藤美登里訳，1998，『危険社会——新しい近代への道』法政大学出版局．）
[2] 乾 彰夫，2010，『〈学校から仕事へ〉の変容と若者たち——個人化・アイデンティティ・コミュニティ』青木書店．
[3] コテ，J./ 松下佳代・溝上慎一訳，2014，「アイデンティティ資本モデル」溝上慎一・松下佳代編『高校・大学から仕事へのトランジション——変容する能力・アイデンティティと教育』ナカニシヤ出版．

当事者研究

●「当事者研究」の背景　病気や障害など困難を抱えた人の回復において、「専門家は普遍的な知識を持ち問題解決を主導する」「個々の患者の経験は特殊であり専門知に劣る」ことは、長く自明だと考えられてきた（中西・上野 2003：13-5）。これに対し、上野千鶴子と中西正司は、近代社会において関与の対象とされ社会的弱者とされてきた人々（障害者、女性、高齢者、患者、子どもなど）が、自らの権利を行使する主体となる動的な過程に着目し、「当事者主権」という概念を立てた（中西・上野 2003）。当事者とは「ニーズの帰属する主体」であり、「当事者主権」とは当事者の自己決定権を第一義的に尊重する規範理念であるとされる（上野 2011：65-72）。

　当事者研究は、これまで研究の対象であった病者や障害者が、主体となって自己や人生をめぐる知的探求に取り組むことを重視する。当事者研究を生み出し、磨き上げたのは、北海道浦河町にある精神障害者の地域活動の場・「浦河べてるの家」だった。初期の代表的な成果は、べてるのメンバーであり、統合失調症をもち暴力の発作を繰り返していた河崎寛による「"爆発"の研究」である（浦河べてるの家 2002, 2005）。

●「当事者研究」とは　浦河べてるの家のソーシャルワーカーである向谷地生良によれば、当事者研究とは、統合失調症などを抱えた人の「当事者活動や暮らしのなかから生まれ育ってきたエンパワメント・アプローチであり、当事者の生活経験の蓄積から生まれた自助――自分を助け、励まし、活かす――と自治（自己治療・自己統治）のツール」である（向谷地 2013）。脳性まひをもつ小児科医の熊谷晋一郎は、英語で「studying oneself through communication with others who share similar experiences（経験を共有する他者と対話しながら自分を研究すること）」と説明する（Kumagaya 2015：27）。

　従来の「治療」においては、患者は「問題ある人」であり、その問題を定義し解決するのは専門家の役割とされてきた。だが、それはしばしば、専門家を権威とみなすことで患者を無力化するとともに、専門家に自らの弱さへの反省を封じて孤立させ、結果的に患者による専門家への依存を強化する側面をもっていた。

　これに対し当事者研究では、患者は「問題ある人」ではなく「問題を抱え、対処法を研究しようとしている人」とみなされる。問題もまた、「忌まわしいもの」から「取り組むべき新たな課題」へと肯定的に意味づけされる。それは言い換えれば、問題に自ら取り組む当事者としての主体性を取り戻す（べてるの言葉では「苦労の主人公になる」）ということである。その意味で当事者研究は、「当事者

による・当事者についての研究」を指すばかりでなく,「研究することで当事者になる」という動的な過程そのものを示すといえる.

さらにべてるにおけるキャッチフレーズが「自分自身で,共に」とされるように,当事者研究では,場を共有し対話する「仲間」の存在が鍵となる.患者の症状には,問題を起こすことで社会とのつながりを保持しようとする,つながりへの希求の表現という側面がある(向谷地 2009).そうであれば,症状をなくすのではなく,本人や周囲にとってより不安がなくなる表現へと変化させることが重要になってくる.当事者研究は仲間とともに行われるため,そのプロセス自体が,社会とのつながりの回復になりうる.すなわち,当事者研究において自らの問題が仲間に共有されること,また,苦しみに満ちた過去の経験が似た問題を抱える他者に役立つ知恵の源泉でありうると知ることは,参加者の自尊心を支え,他者や社会への信頼の基礎となっていく.そこでは専門家は,ともに歩む仲間のひとりとして,あるいは仲間へつなぐ媒介者として,このつながりに参加することになる.

当事者研究は日本で生まれた実践である.とはいえ,当事者の語りや非権威的な対話的関係性に着目しながらよりよい生のあり方を探る現場的な知的実践という点で,ナラティヴ・セラピー(McNamee and Gergen 1992)やセルフ・ヘルプ・グループ(Katz and Bender 1976),オープンダイアローグ(Seikkula 2002)といったアプローチと重なる点がある.理論的には,社会構成主義(野口 2002)や現象学(池田 2013)との関連が指摘できる.

● 「当事者研究」の応用　当事者研究は,べてるの実践に触発されながら,それを越えて広がっている.特に 2000 年代後半以降,アスペルガー当事者の綾屋紗月と脳性まひ当事者の熊谷晋一郎の対話から生まれた『発達障害当事者研究』(綾屋・熊谷 2008),『つながりの作法』(綾屋・熊谷 2010)をはじめ,女性依存症者の困難や回復過程のメカニズムを描いた『その後の不自由』(上岡・大嶋 2010)など,さまざまな領域で成果が発表されている.さらに,「当事者研究とは何か,従来のアカデミックな研究といかに異なるか」といったメタ的なテーマも追求されるようになった(石原編 2013).実践的にも,医療機関や支援機関,セルフ・ヘルプ・グループ,社会運動団体などで取り入れられるなど注目されている.当事者研究を行う人たちがネットワークをつくり,発表や交流の場を共有する営みも広がっている.学術研究や海外への応用も模索されている.2015 年,東京大学の先端科学技術センターに「当事者研究分野」が立ち上がった.また韓国では,当事者研究やべてるの家に関する書籍が紹介され,注目されている.このように,当事者研究の発展は現在進行形である.

[貴戸理恵]

参考文献
[1] 浦河べてるの家,2002,『べてるの家の「非」援助論』医学書院.
[2] 中西正司・上野千鶴子,2003,『当事者主権』岩波書店.

承認（欲求）論

●なぜ，承認（欲求）が問題なのか　人々は，たえず，自己を表現したり，演出したり，創造したり，実現したり，証明したりしている．言い換えれば，人々は，いつも「自分が何であるか」を提示しようとしている．さしあたり，承認とは，そういう他者のアイデンティティを評価し，尊重し，許容することを指す．この過程は，当事者Aが，承認欲求をもつことから始まる．Aは，当事者Bに対して，承認（承認欲求の充足）を求める．それに対して，Bは，「Aを承認するか否か」を判断しなければならない．この過程は，まさしく，闘争的（あるいは政治的）なものである．したがって，社会学では，それを「承認をめぐる闘争」（あるいは「承認をめぐる政治」）とよぶ．

　承認の問題は，それ自体，人類（あるいは社会）の歴史と同程度に古い．本項では，それを，古代ギリシャ＝ローマの都市国家を例にとって考えてみよう．そこでは，市民権は，納税や軍役（武装自弁）の義務と一体であった．つまりは，「市民」として承認されるには，それ相応の器量が必要であった．プロレタリア（Proletarier）という言葉は，もともと，古代ローマの proletarius に由来する．proletarius は，納税や軍役の義務をもたず，子ども（proles）を生むことでしか国家に貢献できない者（男性）を指す．それは，平民の間にも，「承認をめぐる闘争」があったことを示している．ましてや，女性や奴隷は，当初から「市民」の範疇の埒外にあった．

　承認の問題は，人間社会にとって，普遍的な問題かもしれない．しかし，それが，近代社会に固有の問題であることも事実である．もし，人々が，堅固なコミュニティにしっかりと組み込まれているとすればどうか．人々が，そこで，「承認をめぐる闘争」に日常的に直面するかどうかは疑わしい．これに対して，人々が，そういう集団の埒外にあるとすればどうか．人々は，そこで，「承認をめぐる闘争」に恒常的に直面する可能性がある．私たちが，近代社会とよぶのは，そういう状況に対応している．それは，目下，私たちが生きている社会そのものである．私たちは，まさに，日常的に他者に承認を求め，他者から承認を求められているのである．

●承認（欲求）論の展開　「承認をめぐる闘争」を，最初に本格的に問題にしたのは，G. W. F. ヘーゲル（Hegel）である．ヘーゲルの哲学的見解を，社会学的に再解釈すれば，こうなる．人間存在は，T. ホッブズ（Hobbes）が説くように，自己保存をめぐる「万人の万人に対する闘争」状態にあるのではない．むしろ，人間は，相互承認を存在基盤としている（その意味では，人間は，道徳的なコミュニ

ティを形づくっている）．しかし，この相互承認は，人間同士の「生死を賭けた闘争」の過程でもある．これに関連して，ヘーゲルは，有名な「主と奴の弁証法」を提示している（Hegel 1807）．しかし，遺憾ながら，その社会学的な解読は定まっていない（ので，ここでは割愛する）．

ドイツの社会哲学者 A. ホネット（Honneth）は，ヘーゲルの見解を継承しつつ，「承認をめぐる闘争」を基軸とする社会理論を提示している．ホネットは，ヘーゲルの見解を，イェーナ時代の『精神哲学草稿』にまでさかのぼる．あるいはまた，G. H. ミード（Mead）のIとmeの理論をも，「承認をめぐる闘争」として解釈しようとする．そのうえで，相互承認は，①愛，②法，③価値評価の三つの段階で行われるとホネットはいう．そこでのホネットの主張の核心は，愛でも法でもない，社会的な価値評価に基づく相互承認の可能性を強調することにある（Honneth 1992）．明らかに，それは，ホネットの師匠にあたるJ. ハーバーマス（Habermas）のコミュニケーション的行為の理論を連想させるものである．

●論争の舞台　社会学界では，今日，マイノリティをめぐる研究が大きな陣地を獲得しつつある．具体的には，それは，女性，子ども，障害者，同性愛者，（在留）外国人などをめぐる研究を指す．これに関連して，アメリカの社会哲学者 R. ローティ（Rorty）は，文化的左翼（cultural Left）という概念を提起している（Rorty 1997）．ローティは，こう説く．文化的左翼は，「差異の政治学」「アイデンティティの政治学」「認識の政治学」などを専攻し，金銭よりも名誉について考察する，と．そこでのローティの主張は，「承認をめぐる闘争」が，現代社会学（ひいては現代社会）の中心的な主題となりつつある状況をはからずも映し出している．

カナダの政治哲学者 C. テイラー（Taylor）も，「承認をめぐる政治」が，現代政治の中心的な主題となっていると説く．そのような思潮の中核をなすものとして，テイラーは，多文化主義（multiculturalism）をあげる（Taylor 1994）．今日，多文化主義は，先進社会の根本原理となりつつある．しかし，これに対して，各種の疑義も出されている．例えば，社会的な承認よりも，経済的な再配分のほうが重要ではないかという議論がある．あるいはまた，多文化の共生よりも，人間性の共有のほうが重要ではないかという議論もある（Bauman 2001a）．かくして，承認（欲求）論は，現代社会学のホットな論争の舞台となっている．　　［奥井智之］

📖 **参考文献**
[1] Honneth, A., 1992, *Kampf um Anerkennung*, Suhrkamp.（山本 啓・直江清隆訳，2003，『承認をめぐる闘争』法政大学出版局．）
[2] Taylor, C., 1994, "The Politics of Recognition", A. Gutmann ed., *Multiculturalism: Examining the Politics of Recognition*, Princeton University Press.（佐々木 毅ほか訳，1996，「承認をめぐる政治」『マルチカルチュラリズム』岩波書店．）
[3] 奥井智之，2013，『プライドの社会学』筑摩書房．

自己の構築(主義)

●**主体主義的自己論への懐疑** 自己の構築という考え方，あるいは自己の構築主義は，主体主義的な自己論，あるいは本質主義的な自己論に対抗して登場した．主体主義的な自己論では，自己はその環境としての世界から独立した，経験や行動の原点であり，世界は，自己によって経験されたり働きかけられたりする対象となる．つまり，主体としての自己と対象としての世界（＝客体）は二分され，相互に独立しているという主体と客体の二分論は，自己（あるいは個人）と世界をみる見方を大きく規定してきた．自己は内部にあり，世界は外部にあるという感覚や認識の枠組みはそこに端を発している．

　心理学者のK. ダンジガー（Danziger）は，市民革命や産業化の進展するなかで，自己を支えてきた基盤が希薄化し，自己の根拠は，自己意識，つまりは，「自分とは何か」という意識以外に求められなくなり，そのことが自己の主体化をもたらし，そうした自己の主体化が，自己を起点とする見方を生み出したと指摘している（Danziger 1997）．

　これに対して，自己の構築主義は，自己と世界との二分論を否定する．主客二分論は，主体は客体の外にあり，対象を「客観的に」観察することができると考えたが（近代科学の前提），自己の構築主義は，自己は対象の外に出ることはできず，自己と対象は同じ文脈のなかにあると考える．そして，自己の構築主義的な考え方においてもう一つ重要な視点は，自己は言語の作用によって構築されるという点である．例えば，人種は，生物的な属性によって区分されると考える本質主義的な規定に対して，構築主義は，人種の区分は，白，黒，黄色という，19世紀において一般化した名前の枠組みによって構築されると考える．そのことは，セックスとジェンダーやセクシュアリティなどの関係にもいえる．

●**名前によって構築される自己** 自己を構築する名前にはさまざまなものがある．人種，エスニシティ，セックス，ジェンダー，セクシュアリティのほかに，国民性，年齢，ライフサイクルの区切り，役割の名前などがある．役割は，一般的には，組織や集団などの社会システムのポジションに付随する期待や規範の束と考えられるが，自己の構築主義では，役割は，自己を構築する名前である．定年を迎えて，組織での役割を降りるときアイデンティティに揺らぎを感じるのは，それまでの役割が自己の構築において大きな意味をもってきたからである．そして，名前としての役割は，文脈依存的である．ひとは自己を構築するさまざま名前をもっており，どの名前が関連性（レリヴァンス）をもつかは相互行為の文脈に依存している（片桐2000）．

また，自己，心，意識，内部，パーソナリティなどの自己に内在する本質主義的と考えられる属性も，自己を構築する名前であると自己の構築主義は考える．それらの属性は，いつの時代やどの社会にも普遍的に存在する属性ではなく，自己とは何かを解釈する名前であって，それらの多くは近代社会の成立とともに生まれ，人々は，それらの名前によって「自己とは何か」を経験するようになったのである (Danziger 1997)．したがって，それらの名前をもたない時代や社会では，また，異なった自己の構築が考えられる．

●**自己同一性の構築の社会性** 自己が時間的に同一であるという感覚についても，自己の構築主義は，パーソナリティや性格の一貫性や，発達の普遍性などの本質主義的な属性によって説明するのではなく，自己の物語によって構築されると考える．つまり，自己が時間的に同一であるという前提のもとで，過去のさまざまな出来事を位置づけることで自己の同一性が構築されるのである．こう考えると，自己の同一性は必ずしも人間に普遍的な属性ではなく，自己の同一性をどう考えるかという社会的な条件に依存することになる．

自己，あるいは人格 (person) の同一性の議論は，17世紀のJ.ロック (Locke) に始まった．ロックは，王公と靴職人の身体と心（魂）が入れ替わったときに，どちらが本当の王公であり，また本当の靴職人であるかという問いを立てている．ロックは，身体の同一性ではなく，意識が一貫していることをもって同一の人物といえると結論づけた．このようなロックの同一性論は，近代社会の成立を背景としている．つまり，近代社会は，商取引や犯罪行為での自己責任という規範を生み出したがゆえに，自己の同一性は規範として強く作用してきたからである．それは，集団的な責任の取り方から，個人的な責任の取り方への移行を意味している．

現在，自己の同一性の揺らぎが指摘されている．C.レマート (Lemert) とA.エリオット (Elliott) は，新しい個人主義の特徴の一つとして，物語からエピソードへの移行をあげている．自己は，物語的に同一的なものとして構築されるのではなく，その変化が即座でスピードが速いゆえで，単なるエピソードの集積としてしか認識されないという事態が，それを意味している．

このように，自己の構築主義は，自己が本質主義的な属性をもつものではなく，名前による構築物であると考えることによって，自己が文脈依存的なものと考えた．そうすることで，自己を社会的な枠組みのなかで検討することが可能となる．

［片桐雅隆］

参考文献
[1] 浅野智彦，2001，『自己への物語論的接近』勁草書房．
[2] Danziger, K., 1997, *Naming the Mind*, Sage. (河野哲也監訳，2005，『心を名づけること（上・下）』勁草書房.)
[3] 片桐雅隆，2000，『自己と「語り」の社会学』世界思想社．

主体 / 準主体

●**主体／準主体概念の生まれた背景と社会学におけるその定義**　A. アクーン (Acoun) によれば，19 世紀の哲学的な議論のなかで現れた「主体」概念は，自然科学による人間存在の価値下落に対し，人文科学からの反批判の中心概念となった (Acoun 1999)．

A. ギデンズ (Giddens) は，構造主義とポスト構造主義によって提起された「主体の脱中心化」の思想により，「意識が知識の基盤を提供しうるという考え方を拒否」する現代哲学の主要な傾向を参照し，主体性が直接的な経験の基盤であるという仮説に代えて，『主体の理論』を主張した．しかし，さらには「主体よりはむしろ行為主体，単に主体性よりはむしろ主体的行為についての解釈の必然性を主張することが基本的に重要である」とし，社会学においては「実践的意識」と「行為の文脈性」が主要に論じられるべきとした．また「無意識の概念が，なぜ人間という行為主体がそのように行為するか，についての総合的な説明を提示するために必要」であり「人間存在は自らの行為を，行為するとは何かということの内在的部分として，リフレクシヴにモニターする．そのようなモニターは普通は言語的に表現されない．それは実践的な意識のレベルで営まれる」と述べた (Giddens 1987：訳 136)．

P. ブルデュー (Bourdieu) も，「持続する心的傾向や起こりうべき可能性に類似する何ものも認めることができないから，それぞれの行為を，主体と世界との一種の先例なき出会いにしてしまう」と J.-P. サルトル (Sartre) の「超越的な主観主義」を批判し，また「諸行為の『起源』を『意識』の『意図』の内に求める『合理的行為者』理論」についても，「『貨幣的利潤の最大化』はあらゆる社会的機能のうちの一つにすぎない」と批判して，社会学の主体は実践（論理）と行為の内にあるとした (Bourdieu 1980：訳 1988：79-80)．ブルデューは「『主体』なるものは実践感覚を備えた，知識を持って行動する行為者」であると定義した (Bourdieu 1994：訳 54)．

以上のように，社会学において，主体概念は，行為主体や実践主体として重要であるとされ，行為の文脈にある無意識，制度等が重要視されている．

●**後期近代における主体概念の変容**　主体概念は，流動社会である後期近代においてさらに議論の展開をみせる．「第二の近代」論と個人化論を展開したギデンズと U. ベック (Beck) がその主要な論者である．

ギデンズは「ポスト伝統的な秩序においては，自己は再帰的プロジェクトとなる」とし，社会の規範の拡散ないし弱体化に対し，自己がより構成力のあるアイ

デンティティへと強化されていくと指摘した（Giddens 1991：訳36）．

ベックは，ギデンズと同じく「第二の近代」論と個人化論に立脚しながらも，「多元的自己」に焦点化して「準主体」概念を提唱した．第一の近代の安定した近代的主体に対し，第二の近代における主体は，もはや第一の近代におけるような，一義的で矛盾のない主体の境界をもつことなく，可能な主体の境界は多元化され，文脈に応じた境界づけがなされる「準主体」となるとした．第一の近代においては，何が私にふさわしいかという問いに対し集団としてあらかじめ与えられていた社会的な型（階級や性など）は，第二の近代では不可能となり，個々人で答えなくてはならず，新しい複数のアイデンティティ・タイプへの志向性が生まれると述べた（Beck u. a. 2001；伊藤 2005）．

こうして，第二の近代においては，社会の流動化によって，個人が帰属したり規定されたりしていた社会制度が融解し，個人－主体が焦点化されるがゆえ，主体に負荷がかかるという問題が，その後，社会学における主体についての議論の中心点となる．主体の多元化については，ポスト・ブルデュー派のB.ライール（Lahire）も論じている（Lahire 1998）．

社会に支えられていた自己の自律性や一貫性が希薄化すると，自己（主体）は，他者との関係のなかで再帰的に問われ，そのことが焦点化されるようになってくる（片桐・樫村 2011）．A.ホネット（Honneth）の承認論モデルはこのような文脈で現れた．彼は「ヘーゲルの承認論を自然主義的に変容したミード」にも言及しつつ，「人間主体がそのつど新たな形式をとる積極的な自己関係に到達することができる間主観的な条件として」，「承認モデル」を提起し，「個体は，同意してくれたり，激励したりしてくれる他者の視点から，一定の特性と能力があることが実証される存在としての自分自身にたいして関わることを学ぶことによってのみ，人格として構成される」と述べている（Honneth 1992：訳231）．

●**主体の「心理(学)化」**　第二の近代において，主体をカテゴリー化する装置が融解し，代わって，個人化と呼応して，心理学が主体の記述装置として主要な機能をもつ（「心理(学)化」）．M.フーコー（Foucault）や精神分析の理論を参照しつつ，この点について議論した「心理(学)化」議論がある（片桐・樫村 2011）．

精神分析の観点から社会を論じている仏社会学者のA.エレンベルグ（Ehrenberg）やP.-H.カステル（Castel）は，諸社会の心理(学)化の差異を論じるとともに，ネオリベラリズム社会において，主体の「自律」が「条件」から「強迫」に変わり，主体の「自律」がより困難となる点を論じている（Ehrenberg 2010, 2014；Castel 2012, 2014）．

［樫村愛子］

📖 **参考文献**
[1] Elliott, A., 2008, *Concept of the Self*, Polity Press.（片桐雅隆・森 真一訳，2008，『自己論を学ぶ人のために』世界思想社.）

ナルシシズム

●**ナルシシズム概念が登場した理由** ナルシシズム概念は，社会学において，精神分析をはじめとする心理セラピーの隆盛との関連で論じられてきた．そこでまず，精神分析を創始した S. フロイト（Freud 1914）が，ナルシシズム概念を生み出した理由を紹介する．彼がこの概念を使うきっかけは，ある種の精神病の特徴を記述するためであった．その第一の特徴は誇大妄想であり，第二の特徴は他者や事物など，外の世界への関心の欠如である．とりわけ後者は，患者が分析家にも関心を向けないことを意味し，治療関係を成立させなくする．フロイトはこの現象を次のように説明した．人間には，欲動の力を生むリビドーというエネルギーが備わっている．リビドーは二種類に分けられる．一つは自己保存欲動に関連する自我リビドーで，もう一つが種族保存本能に関連する対象リビドーである．両エネルギーの関係は，一方が増えれば他方が減る，ゼロサム関係である．何かのきっかけで，対象に向けられていたリビドーが挫折し，自己に向け直された結果，誇大妄想にエネルギーを供給するようになったのが，精神病患者であり，ナルシシズムの状態なのである，と．

　同性愛などについてもナルシシズム概念で説明したフロイトは，そもそも人間は，一生の間，幼児期のナルシシズムの再生をめざして生きているのではないかとも推論した．人間は生まれてしばらく一次ナルシシズムの状態にいる．幼児は現実を知らず，他者の存在も自分の能力の限界も知らないため，ナルシシズム的な完全性の世界にいる．その後，自己の限界や不完全さに気づき，一次ナルシシズムは挫折する．だが，一次ナルシシズムの完全性の世界を忘れたわけではなく，さまざまな形でその再生をめざす．恋愛の場合のように他者を理想化したり，理想的な自分（自我理想）の実現に向けて努力したりするのは，一次ナルシシズムの代理である．国家の理想に向かって人々が結束するのも，ナルシシズムの代理を求める集団心理的現象であると，フロイトは推論した．

●**「ナルシシズムの文化」とセラピー** 精神分析は人間の本質としてナルシシズムをとらえた．その精神分析が，第二次世界大戦後のアメリカ社会において，他のセラピーとともに，人々のナルシシズムを支えているのではないか．そう主張したのが，C. ラッシュ（Lasch 1979）である．彼は 1960 年代半ば以降のアメリカ社会を「ナルシシズムの文化」ととらえる．ナルシシズムは，幼児期の無力な依存状態を認めたくないがゆえに，盲目的楽観主義と幻想的うぬぼれによって，自己を防衛する状態である．ナルシシストは，自己の内面にある空虚感を否認し，無力さを嫌悪するがゆえに，全能の幻想にとらわれる．その幻想を確認し，支え

てくれるのが，セラピーである．こうして，ナルシシストはセラピーなどの専門家の権威に依存することになる．同時に，パターナリスティックな企業や官僚制への依存をも深める．独立独歩の精神は薄れ，人生の意味や目的も，セラピーが提供してくれなければ，もつことができない．またセラピーの見方が浸透するとともに，社会的・政治的問題が個人的問題にすり替えられ，連帯して社会を変革しようという意識も衰退する．過去や未来に対しても無関心で，現在の心の平安と健康にしか関心を向けなくなる．このように現代アメリカ人は，実際には無力で，生きる目的を見失っているのに，いや，だからこそ，自己の内外にある現実から目をそらし，私生活中心主義に陥り，幻想の全能感に浸っている．セラピーはこの状況を生み出す「ナルシシズムの文化」の一つである．そうラッシュは主張する．

●**ナルシシズム概念の応用可能性**　セラピーがナルシシズムを促進するというラッシュの主張を批判し，セラピー普及の意味をとらえ直したのが，A. ギデンズ（Giddens 1991）である．ラッシュが描く行為者は，専門家に依存するだけの，受け身的な存在である．しかし行為者は，専門知識を資源として主体的に活用し，リスクを考慮に入れながらも，以前には不可能であった選択を実現するチャンスを手に入れようとする．このような側面を表現する言葉として，ギデンズは行為主体（agent）の語を用いる．行為主体は，セラピーに依存するリスクがあるものの，自己の生活設計を組み立てる方法論としてもセラピーを活用している．不確実性が増す後期近代において，伝統や規範は，従来のように，人生の指針としての役割を果たさない．代わりに，個々人はこれまでの人生を物語ることで振り返り，これからの人生をどのように歩みたいかプランを練って，さしあたりどのような目標の達成をめざすか選択・決定する．選択したことがぶれていないか，あるいはプランを練り直す必要を感じていないか，を日々自問自答する．こういった営みのために，行為主体はセラピーの知識と技法を活用している．だからセラピーは，ラッシュがいうような「ナルシシズムの文化」を象徴しているわけではない．むしろ，後期近代における行為主体のありようと密接に関連するのがセラピーの隆盛なのだ，とギデンズは解釈する．

　セラピーの普及現象をナルシシズムとみるか，ギデンズのように自己の再帰的プロジェクトの現れとみなすか，それとも別の解釈がありうるか．そもそも，フロイトのナルシシズム概念は，その意義が十分認められておらず，多様な社会現象を説明するため，理論的にもっと応用できるのではないか．その他の問いも含め，ナルシシズム概念には，今後も検討すべき課題が残されている．　　　〔森 真一〕

📖 **参考文献**
[1] Giddens, A., 1991, *Modernity and Self-Identity*, Polity Press.（秋吉美都ほか訳，2005，『モダニティと自己アイデンティティ』ハーベスト社．）

自己の再帰性

●**ハイモダニティと自己の再帰性**　自己の再帰性，あるいは再帰的自己とは，自己がそれを位置づける安定した枠組みを失い，永続的に問い直される事態を意味する．自己の再帰性は，A. ギデンズ（Giddens）によれば，ハイモダニティ（高次近代）の社会を背景としている．ハイモダニティの社会の特徴とは，グローバリゼーションの進展，メディアによる経験の媒介，リスク社会化である．そして，とりわけ再帰的自己を生み出す社会的背景として，次の4つの要素を指摘している．その4つとは，ハイモダニティがポスト伝統社会であること，生活世界が複数化すること，知識の真偽が文脈依存的になること，そして，最後に，媒介された経験がますます選択の幅を拡大することである．

ポスト伝統社会とは，ライフスタイルの選択において安定した枠組みを提供してきた伝統が機能しなくなり，選択の基準が流動化したことを意味しており，生活世界の複数化とは，公的領域や私的領域を覆う包括的な自己の枠組みが希薄化したことを前提としている．そして，知識の真偽の文脈依存化は，知識の客観性が揺らぎ，何が正しいかの基準が流動化し，その真偽を常に個々人が問わなくてはならない状態を示しており，媒介された経験の拡大も，さまざまな情報の増大が，自己の選択肢を拡大している状況を意味している．こうしたハイモダニティの状況のもとで，自己はそれを位置づける安定した枠組みを失い，「自己とは何か」を常に再帰的に問い続けなくてはならない．これが，自己の再帰性をめぐる社会的背景である（Giddens 1991）．

ギデンズの指摘する再帰的な自己のこのような社会的背景は，U. ベック（Beck）の第二の近代とも対応する．第二の近代は，①経済やメディアに典型的にみられるグローバリゼーションの進展，②貧困や医療などの問題が個人の問題として帰属されるような個人化を推進する制度の拡大，③家族やジェンダーの自明性が解体することなどにみられる性別役割分業の解体，④環境問題に典型的にみられるリスク社会化という特徴をもつ．

●**再帰的自己とは──純粋な関係性と準主体**　ギデンズの再帰的自己の具体的なあり方は「純粋な関係性」に示されている（Giddens 1991）．純粋な関係性は次のような特徴をもつ人間関係である．①経済的な条件や親族間などの関係といった「外的基準」に依存しないこと．②関係そのものから充足を得ることが重要であること．③関係は固定したものではなく開かれており，そのあり方は常に問い直されること．④その関係にどれだけコミットメントをもつかが，その維持にとって重要であること．⑤プライバシーの保持に基づく親密性をもつこと．⑥

相互信頼（トラスト）を前提とすること．⑦相互の自己アイデンティティの交渉に基づく歴史をもつこと．上記のような特徴をもつがゆえに，純粋な関係性において，自己は常に再帰的に問い直されるものと考えられる．

自己の再帰性論は，従来，自立的で，主体的な自己を前提としてきた近代西洋的な自己観を覆すものである．ギデンズによって典型的に示された再帰的自己の特徴は，ベックの「準主体」の概念にもみることができる．準主体とは，第一の近代が前提としていた主体に対して，第二の近代としての現代社会の抱える自己のあり方を意味している．つまり，第一の近代では，自己は，国家や家族などによってつくられる明確な境界をもっていたのに対して，第二の近代では，それらが不安定化することで，自己の境界は多元化し，流動化する．その結果，「自己がどこに所属するか」の問いが，国家や家族などの場に依存するのではなく，あるいは，それを欠くがゆえに，具体的な他者との関係のなかで文脈依存的に行われるようになる．このように，ベックの準主体の自己像も，自己を他者との具体的な文脈のなかで再帰的に構築されるものとして描いた（Beck und Bonß Hg. 2001）．

●**主体的自己像から関係依存的な自己像へ**　ギデンズの純粋な関係性やベックの準主体のあり方からみえることは，西洋社会が前提としてきた自立的で強固な信念に支えられた主体的な自己像の揺らぎである．このような自己像の転換は，もう少しさかのぼれば，1950年代におけるD. リースマン（Riesman）の他者指向論にみることができる．つまり，リースマンは，自立した方向指示器（ジャイロスコープ）をもつ内部指向的な社会的性格類型から，レーダーを張って具体的な他者に同調していく他者指向的な社会的性格類型への変化を指摘した．主体的な自己像から関係依存的な他者像への意向を示した点では，リースマンの他者指向論は先駆的である（片桐 2011）．

そして，このような西洋社会における自己観の変化は，日本における自己や社会を考えるうえでも重要である．従来，日本的な自己は関係依存的で，西洋社会での自己は主体的，自立的だという二項対立的な見方が散見された．個人と「間人」の対比もその典型である．そして，今日，やさしい関係論に典型的にみられるように，とりわけ若者のコミュニケーションのあり方の，他者に対する感情意識的で文脈依存的な関係性が指摘されている．ギデンズやベックの文脈依存的な自己の再帰的構築の指摘からすれば，日本におけるそうした特徴は，西洋社会と対比された日本的特徴ではなく，むしろ，ギデンズらの指摘する特徴と収斂するものとみることもできる．このように，再帰的自己論は，日本における自己や社会をみるうえでも大きな示唆を与えるものである．　　　　　　　［片桐雅隆］

📖 **参考文献**
[1] Giddens, A., 1991, *Modernity and Self-Identity*, Polity Press.（秋吉美都ほか訳，2005，『モダニティと自己アイデンティティ』ハーベスト社．）

4. 相互行為

　相互行為・相互作用（interaction）は，社会学において草創期以来，基本的な概念の一つである．学祖の一人，G. ジンメル（Simmel）は，社会を成り立たせているものとして相互行為（相互作用）に注目した．「社会の概念というと直ぐ思いつく，あの大きな制度や超個人的な組織は，すべて個人と個人との間を一瞬の休みもなく永遠に往復する直接の相互作用が……永続的な構造や独立の構成物に……結晶したものにほかならない」（清水幾太郎訳，1917,『社会学の根本問題』p. 22）．ここで語られている社会は，きわめて動的な過程である．ジンメルは，相互行為（相互作用）の形式を研究することこそが，社会学の存在意義であり，独自の学となってくための道である，と考えた．この研究の系譜は20世紀半ばにはアメリカ合衆国ではシンボリック相互作用（相互行為）論へとつながり，その後も多様な形をとりながら引き継がれている．

　　　　　　　　　　　　　　　　［片桐雅隆・草柳千早・浅野智彦］

シンボリック相互作用論

●伝統と再興 H. ブルーマー（Blumer）によって 1930 年代にはその名がつくり出されていたが，1950 年代に隆盛を誇った統計学的手法や社会システム理論に対抗して，かつてのシカゴ学派社会学がもっていた市井に飛び込む姿勢を復興させるべく 1960 年代に再登場した．現象学的社会学やエスノメソドロジーなどと並び，人々の生活実践における経験の意味や解釈の営みを重視する意味学派（解釈パラダイム）の主流となっている．ランダムサンプリングでは接近し得ない底辺・周縁の少数者や，逸脱とか病理として済まされてしまっていた人々の生活のただ中に分け入ろうとする「負け犬の社会学」としての性質も濃厚にもっている．
●意味の重視と多様な質的研究 この動きに最も概括的で簡明な説明を与えたマニフェストはブルーマーの『シンボリック相互作用論——パースペクティブと方法』(1969) である．ただし，その内容は，社会生活と相互行為に関するシンプルな「ルート・イメージ」，および，一次資料とフィールド体験を通した質的探究を重視する方法態度の推奨であって，首尾一貫した命題群とか現代社会に関する体系的認識という意味での「社会理論」ではない．

人々は，社会生活の常として，おのおのの行為ラインを他者との関係における結合行為として実現していかねばならない．そのおり，①人は対象のもつ意味に反応する．②意味は相互行為を通じてつくられる．③意味は解釈を通じて変容していく（以上を三大前提という）．社会学者は人々がこれをどのように遂行しているのか知るべく，まずは直接観察，インタビュー，ヒューマン・ドキュメントの使用，ライフヒストリーの収集，会話の聴取などによる探査によって，その世界のあらましを記述するとともに，自分の先入見を吟味し，適切な問いを形成しなければならない．続いては，問いに対する答えとして，分析上の要素（権威，社会移動，態度，カリスマ，官僚制など）を集中的に精査しなければならない．要は，その経験的世界の性質を尊重する方法をつくり出すことである．

このようなブルーマーの主張は，パースペクティブとしては還元主義批判，方法としては自然主義だと特色づけられる．還元主義とは，人々の行動に関する従来の二つの説明方法，すなわち，歴史や社会構造によって外側から強制されたものだという説明，および，生来ないし社会化の結果としての人々の内面的な性格特性に起因するものだという説明を指す．相互行為とは，この内外からの力が作用する中立の場なのではなく，行為がそこで実現されていく独自の審級をなす，というわけである．自然主義とは，人々の生活や行為の「自然な状態」にじかに接触し，ありのままに記述しようとする方法態度のことをいう．

具体研究の古典としては H. ベッカー（Becker）のラベリング論，A. ストラウス（Strauss）の社会的世界論，そのグラウンデッド・セオリー・アプローチによる医療社会学などが代表的である．E. ヒューズ（Hughes）の職業社会学，W. F. ホワイト（Whyte）の参与観察とストリートコーナー研究，E. ゴッフマン（Goffman）のドラマツルギーなどを加えることも多い．集合行動論もその一つであり，T. シブタニ（Shibutani）らの流言研究，近年では D. スノウ（Snow）らによるフレーミング分析がある．また，概括的に構築主義とよばれる議論の流れも，ひとつにはブルーマーが社会問題とは単にそこにある社会の状態ではなく人々が状況を解釈し問題を定義する集合的活動の過程だと論じたことに端を発している．シンプルであっただけに活用される範囲も広く，質的分析も専売特許ではなくなって，今日では，誰がシンボリック相互作用論者かという問いが意味をなさなくなっているといっても過言ではない．

●批判と応答　ブルーマーに対する批判としては，①意味の自生性，②相互行為参加者のフラットな関係，③まずは記述せよとの論理が示唆する写実主義，などの難点を指摘する説が有力である．そこで，シンボリック相互作用論は，対象領域に密着しようとする伝統を重視する一方，N. K. デンジン（Denzin）らを中心に自己刷新の動きを進めてきた．意味産出装置としてのメディア，権力や支配という主題，観察の再帰性や記述による上塗りといった問題への対応が，その主要なものである．結果，カルチュラル・スタディーズとの接合，言語論的転回を経た議論やレトリックまたイデオロギーに関する理論の取り入れ，立場性重視の認識論の提起，新しい著述実践（多声法，パフォーマンス・エスノグラフィー，自己エスノグラフィー）が生まれてきている．アクション・リサーチと結合するなど，公共社会学的なアプローチが生じているのも，その一つである．

専門のジャーナルや学会大会がこうした議論に場を提供している．知見を登録する制度というより会話と触発の広場という雰囲気もまたシカゴ的伝統だろう．また，質的著述の読者が一般にも広がっているのも，特色の一つである．

日本では，船津衛が最初にまとまった導入を行い，特に自己論を大きく展開した（船津 1976, 1983）．宝月誠の逸脱研究もこの流派の特色を活かした成果だった（宝月 1990, 1998）．近年では片桐雅隆が物語論的転回を含んだ再構成をはかっている（片桐 2000, 2003, 2006）．グラウンデッド・セオリー・アプローチは木下康仁の修正を経てケアの領域で応用されている（木下 1999, 2003, 2009）．［徳川直人］

📖 参考文献
[1] Blumer, H., 1969, *Symbolic Interactionism: Perspective and Method*, Prentice-Hall.（後藤将之訳，1991,『シンボリック相互作用論——パースペクティブと方法』勁草書房.）
[2] 船津 衛，1976,『シンボリック相互作用論』恒星社厚生閣.
[3] 伊藤 勇・徳川直人，2002,『相互行為の社会心理学』北樹出版.

(社会的)交換理論

●**交換理論の生まれた背景** 1960年代にパーソンズ構造機能主義への対抗パラダイムとして闘争理論，シンボリック相互作用論，エスノメソドロジーと並んで注目されるようになった．社会学での創設者は，G. C. ホーマンズ（Homans）で，そのマニフェストは *American Journal of Sociology* に掲載された「交換としての社会行動」(1958) で，それは3年後に著される『社会行動——その基本的形態』(1961) の予告編ともいうべきものであった．(社会的)交換理論の呼称が使われ出したのは P. M. ブラウ（Blau）の『社会生活における交換と権力』(1964) が出版されてからである．1970年代に登場する交換理論に関するセカンダリーな著作でその呼称が一般化した．

●**交換理論の内容解説** 代表的著者であるホーマンズとブラウでは同じ交換理論といっても，アプローチ，交換視点の戦略的用法がまったく異なるので，上記のセカンダリーな著作でもあえて共通のフレームワークにまとめずに，そのまま紹介している．強いて共通点をいうなら，相互行為を価値の交換（交換としての社会行動），対人行為を報酬，費用の関数，賞罰によって強化されたものとみる視点があげられる．経済的交換との違いを意識した交換の概念化，心理学の強化条件づけ，人類学の互酬性の類型などの発想が取り込まれている．交換視点採用の戦略的ねらいは交換を通じて対等な者の間に権力差が生まれる過程，集団のなかで地位の分化が生じる過程の解明に置かれた．

　社会学における代表的な創設者であるホーマンズとブラウであるが，両者の内容は大きく異なっている．ホーマンズでは，対面的相互行為（彼は準制度的分析水準とよんだ）に焦点が向けられ，よりフォーマルで制度化された社会行動は禁欲されている．対面的相互行為に関する実験研究，フィールドリサーチで得られた経験的命題を B. F. スキナー（Skinner）の行動心理学から得た人間行動の普遍命題から演繹的に説明する．強化条件づけ，学習の色彩が濃い．

　それに対して，ブラウはミクロ水準の社会過程とマクロ水準の社会構造の双方を視野に収める．前者の結合が牽引，反発，凝集，解体，後者の過程が正当化，反抗，統合，分化である．ブラウはホーマンズの心理学還元主義を拒絶し，全体は部分の総和以上のものという創発主義の立場を主張し，社会構造，制度水準ではミクロな社会過程と異なる独自の説明を提出する．しかしホーマンズのように命題の演繹的説明をとらず，カテゴリーによる記述を採用している．理論といえるものではなく，理論の前段階の序説と謙遜している．ホーマンズが行動心理学に依拠したのに対して，ブラウは経済学の交換原理を意識し，種々の原理，推論を借用

4. 相互行為　（しゃかいてき）こうかんりろん

している.

ブラウは1986年の再版序文で，交換理論との決別を宣言し，組織，社会構造の演繹理論に向かう．ホーマンズは，1974年に改訂版を出し，交換理論の呼称より行動主義社会学の呼称を選ぶようになる（Homans 1974）.

大御所が交換理論から離れ，セカンダリーな著作は出るが，新たな展開がみられなくなった交換理論を救ったのが，R.エマーソン（Emerson）とその弟子K.クック（Cook）である．エマーソンは1962年の論文（Emerson 1962）で社会関係における依存に注目し権力（支配）を解明し，交換による権力の解明でブラウに手がかりを与えたり，ホーマンズの著作を，社会関係論の形式理論として整備したりしていたが，1972年の論文（Emerson 1972）で，交換理論とネットワーク分析を連結した試論を提示して一躍脚光を浴びることになる．それは，グラフで表示された「点」をある行為性向をもつ行為者にコンバートする術を与えるかたわら，逆に「ネットワークの構造」を互いとの交換で行為者が使用する資源を規定するものとみなす術を与えるものであった.

エマーソンの衣鉢を継いだクックは弟子の養成に力を尽くし，彼らとの共同研究で，数々の成果をあげた．交換ネットワークの行為者がパートナーにコミットメントを開発する条件を特定したり（Cook and Emerson 1978），ネットワークの中心的位置を占めることが権力分布に及ぼす影響を考察したり（Cook et al. 1983），交換ネットワークにおける衡平と公正の関連を考察したり（Cook and Hegtvedt 1983），限定交換と区別された一般交換（グループ型一般交換とネットワーク型一般交換）の力学（Yamagishi and Cook 1993）に照写したことが注目される．その共同研究者のなかに日本の山岸俊男もいる．上記の系譜と別に，行為権の譲渡，委譲の視点から交換をとらえ，支配関係，信頼関係，集合行動，規範事象を考察したJ.S.コールマン（Coleman）『社会理論の基礎』(1990)がある.

●**交換理論の適用**　多様な社会現象を理解することへの交換理論の適用は，ますます増加してきている．初期の適用は，労働場面，家族，恋愛関係，デート行動の領域における社会関係の開始と停止の説明に焦点を置いていたが，研究者の関心は次第に，社会関係における公正感，関係満足，関係解消と公正感の関係，報酬とコスト双方の制御に基づく，社会関係における権力の使用に，さらには諸個人のネットワーク，組織における行為者間の権力のバランスを変更する際の権力の使用，結託の役割に移ってきている．　　　　　　　　　　　　　　　　　　　［久慈利武］

📖 **参考文献**
[1] Homans, G. C., 1974, *Social Behavior: Its Elementary Forms*, revised ed., Harcourt Brace.（橋本　茂訳，1978，『社会行動——その基本的形態』誠信書房．）
[2] Blau, P. M., 1964, *Exchange and Power in Social Life*, Wiley & Sons.（間場寿一ほか訳，1974，『交換と権力——社会過程の弁証法』新曜社．）
[3] 久慈利武，1988，『現代の交換理論』新泉社．

エスノメソドロジー

●**エスノメソドロジーの生まれた経緯** エスノメソドロジーという言葉の由来は，H. ガーフィンケル（Garfinkel）が 1954 年に行った陪審員研究にさかのぼる．陪審員たちが評決を行うために常識的知識を用いて方法論を実践している，ということに着目したガーフィンケルが，「エスノボタニー（民族植物学）」などから着想を得て名づけたものである（Garfinkel 1974）．

もともとガーフィンケルは，T. パーソンズ（Parsons）の門下生として，社会秩序はいかにして可能か，という秩序問題について考察していた．ガーフィンケルは，この問いに対して，A. シュッツ（Schütz）の日常生活世界の構成的現象学の影響のもとで，「見られてはいるが気づかれていない」背後期待の存在を重視し，その期待を可視化するためにあえて破ってみせる「違背実験」などを行ったが，会話分析の創始者として後に知られるようになる H. サックス（Sacks）との共同研究を経て，次第にこの問題を，社会成員が実践的に解いている問題として積極的に位置づけ直すようになった．

サックスも，É. デュルケム（Durkheim）の『自殺論』（1897）を参照し，「自殺」という自然言語の概念の曖昧さを定義によって解消するのではなく，その概念のもとで分類を行う手続きそれ自体を記述するべきだと主張するなど，社会成員が用いている方法論への関心を共有していた．

●**エスノメソドロジーとは何か** こうした経緯を受けて出版されたのが，ガーフィンケルの記念碑的な著作『エスノメソドロジー研究』（Garfinkel 1967b）である．エスノメソドロジーは，"ethno-methodology"（人々の・方法論），つまり，それぞれの実践に参加している成員が用いている方法（members' methods）についての研究である．ここでの成員（member）とは，自然言語に習熟していることを指している（Garfinkel and Sacks 1970）．つまり，その状況において行われていることを観察し報告できるのであれば，そこで何らかの方法論が用いられているのだ，ということに注意が向けられているのである．

このように，社会学において理論的・方法論的に論じられてきた論点を，実践において用いられている方法論の問題として位置づけていくという方向性に沿って，エスノメソドロジー研究は，実践的行為や実践的推論についての研究として確立されてきた．例えば，秩序問題に対しては，人々は実際にどのように秩序を編成しているのかと考え，秩序現象を再特定化していく研究がなされた．こうした研究は，行列や交通の流れの編成から始まって，科学実験室における時間的秩序の編成に至るまで，社会秩序の産出を解明するものである．

また，意味は文脈に依存してしか決まらない，という指標的表現の問題に対しては，文脈依存的な曖昧な表現を修復しようとするのではなく，それ自体がもつ合理的特性を研究対象として扱った．さらに，曖昧さを修復しようとして文字どおり定式化すること自体が，一つの実践的行為であることが示され，こうした定式化のワークについての研究も行われた．記述を行うこと自体が，それが記述する状況の構成要素の一部になっているという考え方（相互反映性）は，研究を遂行するうえでの指針となった．すなわち，記述や定式化を状況や文脈から切り離して考えるのではなく，それ自体を一つの実践的なワークとして考える方針は，さまざまな領域でのワークの研究を準備することになった．

●エスノメソドロジー研究の広がり　エスノメソドロジストたちは，上記の態度を共有しつつ，さまざまな領域で，人々の方法論を研究してきた．会話が方法的に成り立っていることに注目したサックスらは，録音データを用いた会話の編成の研究をはじめ，会話分析を打ち立てた．

　また，人々の方法論への着目において，測定，記録，発見，評価といった認識に関わるトピック群は，重要な研究対象でありつづけた．これらの活動は，日常においても，そして，法，医療，科学，教育といった領域においても生じうる．ガーフィンケルの高弟 M. リンチ（Lynch）は，こうした考え方に基づいて，科学実験室における実践の合理性を日常的な活動との連続性のもとでとらえる研究を行った（Lynch 1993）．また，医療の領域においては，病院において「死」と「死につつあること」がどのようにつくり出されているのかをめぐる D. サドナウ（Sudnow）の研究が古典であるし，「悪い知らせ」をいかに伝えるかという問題に対しては D. W. メイナード（Maynard）の会話分析的研究があるなど，多岐にわたっている．教育の領域においても，教室での相互行為における「発問–反応–評価」連鎖（IRE 連鎖）についての H. ミーハン（Mehan）による研究をはじめ，多くの蓄積がある．その他にも，さまざまなワークプレイスにおいて，どのようにテクノロジーが用いられているかを明らかにする研究など，テクノロジーのデザインに関わる工学的研究との協働まで含めて，多様な領域に及んでいる．

　これらの研究は，それぞれの領域と協働しつつすすめられ，それぞれの状況において用いられている方法の固有の適切さを明らかにしてきた．これらの研究成果は，そこでの現象がどのように編成されているのかを理解できるように提示するという点において，チュートリアルとしての性格をもっている． ［前田泰樹］

参考文献
[1] Lynch, M., 1993, *Scientific Practice and Ordinary Action: Ethnomethodology and Social Studies of Science*, Cambridge University Press.（水川喜文・中村和生監訳，2012，『エスノメソドロジーと科学実践の社会学』勁草書房．）
[2] 前田泰樹ほか編，2007，『ワードマップ エスノメソドロジー――人びとの実践から学ぶ』新曜社．

ラベリング論

●**伝統的逸脱論からラベリング論へ**　ラベリング論以前の伝統的逸脱論では，社会的統制あるいは紐帯の弛緩による逸脱（統制理論），社会的緊張による逸脱（緊張理論），逸脱文化を日常的に学習することによる逸脱（文化学習理論）が議論されてきた．それらに共通するのは，行為者の側から逸脱行為を分析しその原因を把握するという視点に立っているため，「統制（サンクション）側が逸脱形成に寄与するプロセス」（大村・宝月 1979：9）が不問に付されていることである．

そこで，逸脱は，その行為の「逸脱性」なる実体的な内的属性によってではなく，社会がその行為を逸脱と定義しサンクションを与えることによって初めて成立するという，社会的反作用に逸脱形成の本質を求める逸脱観としてのラベリング論が，主として 1960 年代のアメリカにおいて登場した．社会的定義が逸脱を産出するという相互行為論的なラベリング論の立場は，社会統制の強化が逸脱行為を生み出すという「統制強化-逸脱」（大村・宝月 1979：3）図式に基づく議論ともいえる．

例えば K. T. エリクソン（Erikson）によると，「逸脱は，一定の行動様式に固有の特性ではなく，直接にあるいは間接に目撃する観衆によってその行動に付与される特性である」（Erikson 1962：308）．J. I. キツセ（Kitsuse）は，行動を逸脱として解釈し定義する人々の視点を，逸脱の社会学的定義のなかに明示的に持ち込むことが必要だと主張したうえで，逸脱のラベリング・プロセスを以下のように定式化した．すなわち，「逸脱は，グループやコミュニティや社会のメンバーが，(1) 行動を逸脱として解釈し，(2) そのように行動した人を一定の逸脱者として定義し，(3) そうした逸脱者に適切と思われる取扱いを与える過程として考えられうる」（Kitsuse 1962：248）．そして，ラベリング論の代表的論者である H. S. ベッカー（Becker）は，逸脱研究の相互行為論的視角を次のように端的に表現する．「社会集団は，これを犯せば逸脱となるような規則をもうけ，それを特定の人びとに適用し，彼らにアウトサイダーのレッテルを貼ることによって，逸脱を生みだすのである」（Becker 1963：訳 1978：17）．

E. M. シャー（Schur）は，ベッカーの議論を引いたうえで，逸脱者は「一般に偶然に……レッテルづけされたものとみなされよう」（Schur 1965：訳 13）と述べ，ラベリング論的逸脱観に立ち，そうした観点を「被害者なき犯罪」の分析に応用している．また，精神病にラベリング論を応用したのは T. J. シェフ（Scheff）である．シェフもベッカーの議論に依拠し，「逸脱は公に当局によって規範の侵犯としてのレッテルを貼られた特定の行為を指す」（Scheff 1966：訳 31）と逸脱

を規定したうえで，精神病者の行為が，ある集団の文化が明白なレッテルを提供できないような逸脱的行為，すなわち「残余的ルール違反」としてレッテル貼りされる過程を考察する．

　ベッカーを中心とする以上のようなラベリング論は，統一的な理論体系をなすものではないが，行為者のうちに「逸脱性」なる実体的な内的属性を想定するのではなく，他者によって逸脱カテゴリーが付与され，逸脱者として定義され取り扱われる結果として，相互行為的に逸脱が現象するという視角は一致している．

●**ラベリング論の基本的命題**　ラベリング論の基本的命題は，①相互行為過程におけるセレクティブ・サンクション（ラベリング・プロセスの対他的側面）と②ラベリングの受け手による逸脱的アイデンティティ形成（ラベリング・プロセスの対自的側面）の二つに整理される．①は，「（逸脱者としての）ラベルは，とりわけ社会的弱者に対して適用されやすい」という命題である（徳岡 1987：35［丸括弧内引用者注］）．

　そして②は，逸脱のラベリングの受け手は，「逸脱的アイデンティティと逸脱的生活スタイルとを確立する」という命題である（徳岡 1987：35）．特に②は，E. M. レマート（Lemert）のいう「第一次逸脱」が，「第二次逸脱」として深化し，逸脱が増幅していく過程をとらえたものである．

●**ラベリング論の理論的課題**　従来のラベリング論は，「解釈主体としてのラベリングの受け手」という視点を看過してきた．第一に，ラベリングの受け手をラベリング主体としても想定し，受け手による解釈が自己ラベリングをもたらす過程を主題化する議論があまり行われてこなかった．また，第二に，付与された逸脱カテゴリーの意味をラベリングの受け手が変奏し逸脱的アイデンティティを変容させていく能動的反応（抵抗を含む）の過程を主題化する議論があまり行われてこなかった．

　これらはつまり，これまでのラベリング論が，「ラベリングする側＝解釈主体／ラベリングを受ける側＝解釈客体」という二項対立的把握を行い，受動的行為者像のもとでのみラベリングの受け手を理解することで，受け手を解釈主体かつ解釈客体として多元的に理解する可能性を減殺してしまったということだと思われる．「解釈主体としてのラベリングの受け手」といった視点に基づきラベリング論の理論的課題を乗り越えていく作業は，「相互作用論の観点からレイベリング論を捉え直」す（宝月 1990：226）取組みの一つといえる．　　　　［佐藤　恵］

📖 **参考文献**
[1] Becker, H. S., 1963, *Outsiders: Studies in the Sociology of Deviance*, Free Press.（村上直之訳，2011，『完訳 アウトサイダーズ──ラベリング理論再考』現代人文社．）
[2] 大村英昭・宝月　誠，1979，『逸脱の社会学──烙印の構図とアノミー』新曜社．
[3] 徳岡秀雄，1987，『社会病理の分析視角──ラベリング論・再考』東京大学出版会．

構成主義と対話

●**理論的背景** 社会構成主義における対話の重要性は，P. バーガーとT. ルックマン（Berger and Luckmann 1966）の「現実の社会的構成」に関する議論にさかのぼる．バーガーらは，「現実維持のもっとも重要な媒体は会話である」「会話の機構は現実を維持すると同時にたえずそれを修正する」と述べる．ここでは「対話」ではなくより一般的な「会話」という用語が使われており，バーガーらにおいてはまさに日常世界の構成において会話が不可欠の要素であること，我々は会話を通してたえず現実を構成し再構成していることが述べられている．

こうした考え方をさらに発展させたのがK. J. ガーゲン（Gergen 1999）である．ガーゲンはM. バフチン（Bakhtin）の対話論に影響を受けながら，「発話の意味は対話という関係のなかで生み出される」と述べる．あらゆる発話は語り手と聞き手の関係に規定されている．互いのこれまでの関係，互いに関するこれまでの知識，そうした前提のなかで特定の発話は特定の意味をもつことができる．したがって，対話こそが意味を産出し維持し変形すると同時に，特定の関係を産出し維持し変形する．こうして，「大切なのは発話の内容ではなく，その発話がさまざまな関係のなかでどのように機能するか」という視点が生まれる．「対話」が現実を構成し再構成するという認識から一歩進んで，ある発話が関係のなかでどのように機能するか，それによって関係はどのような影響を受けるのかといった相互行為分析の視点が開けてくる．

●**ナラティヴ・アプローチと対話** こうした考え方は家族療法の領域でさらなる進化を遂げてナラティヴ・アプローチとして結実した．

M. ホワイトとD. エプストン（White and Epston 1990）は「外在化する会話」を提唱し，人と問題を分離して問題を外在化し，人と問題の相互影響関係に焦点を当てた．そして，問題の染み込んだドミナント・ストーリーの支配から脱して，新たなオルタナティブ・ストーリーを生きるために，手紙や認定書なども用いながら会話を「分厚く」していく方法を生み出した．

M. アンダーソンとD. グーリシャン（Anderson and Goolishian 1988）は「治療的会話」を提唱し，「無知の姿勢」による質問によって「問題を解決するのではなく解消する」方法を生み出した．専門家が一段上のポジションから診断し治療するのではなく，「会話のパートナー」となることで「いまだ語られなかった物語」が語られ，それが新しい物語の生成へとつながっていく．

T. アンデルセン（Andersen 1991）は「リフレクティング・チーム」を考案し，「対話についての対話」を繰り返すという方法を生み出した．ワンウェイ・ミラー

越しに専門家チームが家族を観察し介入するという従来の家族療法の常識を逆転させて，家族が専門家チームの対話を観察しながら対話をする．こうして，それまでの対話を制約していた暗黙の前提から解放されて，新たな対話が始まる．

　以上の展開はそれぞれ「対話」のもつ多様な可能性を示しているが，共通するのは「対話」が「関係」を変えるという点である．「外在化する会話」においては人と問題の関係が変わり，「治療的会話」においては専門家と患者の関係が変わり，「対話についての対話」でも専門家と患者の関係が変わっている．「対話」の仕方を変えることで「関係」が変わり，それによって新しいナラティヴが生まれ，新しい生き方につながることをこれらの実践は示している．

●「ナラティヴ」から「開かれた対話」へ　これらの実践，とりわけ，リフレクティング・チームに大きく影響されながら，「対話」をさらに前面に出して新たな世界を切り拓いているのが J. セイクラら（Seikkula et al. 2003；Seikkula and Olson 2003）による「オープン・ダイアローグ」である．そこでは，専門家と患者だけでなく，家族，友人，同僚，近隣，その他の専門職など患者をとりまく主要なネットワーク・メンバーが集まるミーティングを継続することで，精神病からの回復に驚異的な成果をあげている．それが「開かれた対話」とよばれるのは，専門家と患者の対話だけでなく，多様な参加者の多様な組み合わせによる対話が文字通りオープンに行われ，それらすべての声が「多声性」として尊重され，すべての治療的決定が患者のいるその場でオープンになされるからである．

　ナラティヴ・アプローチにおいて専門家と患者家族の間で行われた数々の斬新な対話の方法は，オープン・ダイアローグにおいて関係するネットワーク・メンバーが一堂に会してさまざまな対話を行い共有するという最も素朴かつ根源的な方法へと行き着いた．それは，精神病によって身近なネットワークから疎外され孤立する患者のまさしく「関係」を再建する方法といえる．またそれは，専門家に問題の処理を任せる近代以降の「専門化」という分業関係を問い直し，問題を個人に帰する「個人化」の流れに抗する動きとしてもとらえることができる．「専門化」は専門家それぞれのモノローグを優勢にしてダイアローグの成立を阻んできたし，「個人化」は個人的な問題処理を優勢にしてネットワークによる問題処理という方法を退けてきたからである．構成主義と対話に関する理論は臨床の新たな試みによって進化を続けている．

[野口裕二]

📖 参考文献

[1] Gergen, K. J., 1999, *An Invitation to Social Construction*, Sage.（東村知子訳，2004，『あなたへの社会構成主義』ナカニシヤ出版.）

[2] McNamee, S. and K. J. Gergen eds., 1992, *Therapy as Social Construction*, Sage.（野口裕二・野村直樹訳，1997，『ナラティヴ・セラピー――社会構成主義の実践』金剛出版．2014，再版，遠見書房.）

ドラマツルギー

●**アメリカ社会・社会学とドラマツルギー**　ドラマツルギー（演技＝演出論的）とよばれる方法戦略をもって生活世界の相互作用（相互行為）秩序を分析するE. ゴッフマン（Goffman）の社会学がわが国で広く知られるようになるのは，1970年代も後半のことである．だが，それに先立つ50年代，C. W. ミルズ（Mills）やD. リースマン（Riesman）の名で知られる新中間階級論が，第三次産業の繁栄に伴うホワイト・カラーの輩出とその生態とをヴィヴィッドに描いており，そこでは，「もの」づくり，ないしその担い手たる職人の時代から，私（self）のマーケティングを含む「ひと」づくり，ないし職人に対比されるセールスマンの時代への転換がいち早く指摘されていたのである．例えば，著書『ホワイト・カラー』のなかでミルズは次のようにいう．「他者たちに自分のことを印象づけるに足る持ち前の性向だけが，ホワイト・カラー族の売り物である．……近づきになったひとに与えうる，上品だの親切だのといった印象が，実は彼らの生活を支えるインパーソナルな手段なのだ」と（Mills 1951）．この文脈で「見てくれ」や「印象操作」，それに「呈示される自己」が概念化されていたのも事実である．もう一人『孤独な群衆』のリースマンも有名な性格類型「他人指向」を説明し，「彼らは"one-face policy"をあきらめて……代わりに"multi-face policy"を採る．すなわち彼らは個々の出会い（encounters）ないし集まりの種類に応じて表情を使い分け，その場にふさわしくない表情は秘匿する人たちなのだ」といっていた（Riesman 1950）．だから，ゴッフマンの社会学が，このようなアメリカ社会学一般がいわば実感していた状況を反映していることは認めてよい．

●**劇場のパフォーマンスとしての役割行動**　上記した「印象操作」も「呈示される自己」も演技の賜物であることは確かだ．ただしゴッフマンは，こういった演技のことを，上記した論者のように特定階層の特殊な性向のように限定するのではなく，より普遍的な，いわば人間性の発露とみなした点で大いに異なる．そこで，いかにもゴッフマンらしい概念「役割距離（role distance）」をとって説明しよう．手術という緊張感あふれる場面が例にあがっている．執刀医を中心に看護師その他の技師が手伝っているのであろう．ところが，この執刀医，手術の手を休めることなく，時に茶目っ気たっぷりに仲間や用具を正式名称でなくニックネームでよんで笑ってみせる．執刀医としての役割行動の最中に，あえてされるこういった行為（＝演技）をゴッフマンは「距離の呈示」ないし「役割距離」とよんだのであるが，言い換えればそれは「おしきせの自己イメージ（a me ready made）」をこわすことなく，もう一人別の「自己」——"話のわかる"ナイスガイ——が演

出されているのだ，と説明した．ではなぜ，こんな芝居がかった表現をするのか，それは目前の息が詰まるような状況（＝場面）から自分はもちろん，同じ状況に閉じ込められている仲間をも解放するためであり，しかも同時にその息が詰まるような場面も何とか維持しなければならないものだと認めてもいるためである．

　従来の「体系・機能主義」的とよばれる社会学のオーソドクシーにおいては，例にあがった執刀医としての役割行動だけが「○○役割を演じる」式に語られ，演じられた役柄（character）というべき，もう一人の「私」の方はほとんど無視されていたのだ．そこで，ゴッフマンは，互いを見ることのできる対面的相互作用場面を，あえて舞台上で演じられる劇に準え，同じ場にいるほかの人に影響を及ぼす挙動のすべてを，劇場で演じられるパフォーマンスとみなすよう提案する．ある人のパフォーマンスを見る人は観客，それに協力する人は共演者，そしてその場にあるいろいろなものが舞台装置とみなされる．こうして誰もがパフォーマーであり，かつパフォーマーによって演じられる役柄としてもとらえられることになった．

●**不関与の規範へ**　では，各場面の維持にとって不可欠な役柄の「ふさわしさ」とは何であろうか．これについては，各場面をさらにゲームに準えてみるゴッフマンの次の方法戦略によりいっそう明瞭にされよう．まずゲームには始めと終わりがあり固有のルールがある．ゆえにどんなゲームであれ境界をもった一つの小さな宇宙（コスモス）であり，境界内部にあるのは自発的に世界を構築する活動である．もっとも，ゲーム世界は外部と完全に隔絶しているわけではない．この点を生物の細胞膜の比喩を用い，濾過機能のお陰で必要なものを選択し，そうでないものは排除するのだと説明する．例えばチェスを例にとっても，盤や駒の材質はどうでもよく，プレイヤー各自の生い立ちや社会的地位，家族構成や外見の良し悪しなども関係ない．また，ゲーム中，プレイヤーはそれに集中することが求められ，他のことに気をとられたり関与したりすることは許されない．以上，人が演じる役柄をゲームに興じるプレイヤーに見立てることには，実は現代の都市住民に求められる素養を示唆する意外な効用があるのだ．なぜなら，ストレンジャーをも巻き込むことの多い公共空間において，互いの人格およびプライバシーを尊重し，必要以上に踏み込まない節度ある態度，ないし市民らしい不関与＝儀礼的無関心（civil inattention）がエチケットやマナーとしても求められているからだ．É. デュルケム（Durkheim）が「人格崇拝」をいい，G. ジンメル（Simmel）が「社交」において真に平等な相互作用ができるといったのも，そのことだったのである．

［大村英昭］

📖**参考文献**
[1]　ゴッフマン，E./石黒毅訳，1974，『行為と演技——日常生活における自己呈示』誠信書房．
[2]　ゴッフマン，E./佐藤毅・折橋徹彦訳，1985，『出会い——相互行為の社会学』誠信書房．

会話分析

●**会話分析とは** H. サックス（Sacks）によって1960年代に考案された研究分野およびその方法論を指す．E. ゴッフマン（Goffman）の相互行為研究と H. ガーフィンケル（Garfinkel）のエスノメソドロジーを主要な背景とする．ゴッフマンは，共在場面における相互行為が社会構造から相対的に独立した秩序（相互行為秩序）を形成していると論じた．ガーフィンケルは，社会成員のあらゆる実践的行為がそれを理解可能にする方法の使用を通じて生み出されていると論じた．これらを背景としてサックスは，社会生活が細部にわたって秩序だっているという前提に立って社会をありのままに観察する科学を構想した（Sacks 1984, 1992）．社会生活は，社会成員が理解可能な行為を遂行し，それを互いに理解し合うことを通じて営まれる．行為が理解可能であるなら，それは記述可能な方法を用いて遂行されているはずであり，記述可能であることは秩序が存在することを意味する．したがって社会秩序とは，行為が遂行され理解される具体的場面のそれぞれにおいて，成員自身によってまた成員自身にとって，観察可能な形でつくり出されているものだと考えられる．会話分析は，成員が行為を遂行し理解し合うために用いている方法を記述することで，社会秩序の成り立ちを解明する．

1970年代に入ると，サックスと E. A. シェグロフ（Schegloff）および G. ジェファソン（Jefferson）の共同研究を通じて方法論的な整備が進められた．会話分析は，実際に生じた相互行為の録音・録画を中心的データとし，独自の記号法を用いて成員のふるまいの詳細な転記（トランスクリプト）を作成し，これら両者を精査することを通じて進められる．会話分析における記述とは，観察される具体的な成員の行為が，相互行為の特定の局面において成員が直面している課題への解決として，常識的合理性を備えていることを示すことである．そうした行為記述の妥当性は，相互行為の他の参与者がその行為を実際にどのように理解したかを精査し，その理解と整合的であることを示すことによって確保される．相互行為を取り巻く社会文化的文脈は，成員自身が行為を遂行し理解する際にその文脈を実際に参照していることを示したうえで，記述に組み込まれる．これらの研究手続きや方法論的規準の整備によって，会話分析は相互行為の厳密な観察科学として確立された．

●**会話分析の研究課題と基本概念** 社会成員が相互行為を行うためには，種々の実際的問題が解決されていかなければならない．相互行為をどうやって開始するか，どうやって交替で発話するか，どんな言葉で発話を組み立てるかなどである．会話分析は，社会成員がこれらの問題を解決するために用いている方法の体系的

特徴を解明することと，成員がそれらの方法を運用することで具体的な社会的活動を達成していく仕組みを解明することの二つを，主要な研究課題とする．

相互行為の方法のうち体系的特徴の解明が比較的進んでいるものとして，順番交替組織，連鎖組織，修復組織，全域的構造組織などがある（Schegloff 2007）．順番交替組織とは，主に会話などの言葉を用いる社会的相互行為において，いつ誰が発話するかを統御することによって行為の機会を配分する方法である．連鎖組織とは，行為と行為とが順序のあるまとまりとして結合されることで何らかの活動が達成される方法である．修復組織は，発話産出・発話の聞き取り・発話理解のプロセスにおけるトラブルを検知し対処する方法のことである．全域的構造組織とは，相互行為を開始・終了したりその間の異なる位相を境界づけたり整序したりする方法である．このほか，特定の事象を指し示したり表現したりするための語句を選択する方法（言葉の選択）や特定の行為を遂行するための発話形式を選択する方法（発話順番のデザイン）についても，研究が進みつつある．

●**会話分析の発展と応用** 1980年代以降，会話分析は大きく三つの方向へ発展し，応用されている．第一は，社会制度の分析に会話分析を活用する方向である．特定の制度的活動を行う場面（診療，授業，裁判，報道インタビューなど）で，相互行為が制度に方向づけられつつ制度を生成していく過程が解明されてきた．制度的目的や制度的アイデンティティは，しばしば成員が相互行為で直面する偶発的諸事情やジレンマに対処するための精巧な方法を用いることを通じて実現される．例えば，報道番組のキャスターはジャーナリストとしての中立性を保持しつつ政治家が本音を言うよう刺激しなければならないが，第三者の言葉を引用しながら質問を組み立てるなどの発話形式の選択によってこのジレンマに対処し，制度的目的を果たしていく（Clayman and Heritage 2002）．

第二は，相互行為が発話だけでなく非言語的資源をも用いてマルチモーダルに形づくられる過程を重視する方向である．発話・身体動作・身体の配置・道具使用・機械の使用などを組み合わせて相互行為が遂行されるなかで，身体や物質的環境のあり方も組織されていくことが示されてきた．認知科学や情報工学などとの連携も進められている．

第三は，会話分析の視点を踏まえて言語学の中心的主題をとらえ直す方向である．実際の相互行為における行為遂行と理解の資源として言語使用を分析することで，文概念を前提とした伝統的文法の再考が進められ，それに基づいた複数の言語の比較研究も行われている． ［串田秀也］

📖 **参考文献**
[1] サックス, H. ほか/西阪 仰訳，2010，『会話分析基本論集——順番交替と修復の組織』世界思想社．
[2] サーサス, G. ほか/北澤 裕・西阪 仰訳，1989，『日常性の解剖学——知と会話』マルジュ社．

ポストモダン社会の文化批判

●**ポストモダン状況への相互行為論の応答**　現代のシンボリック相互作用（相互行為）論（以下, SI）の重鎮である N. K. デンジン（Denzin）は, 1980 年代後半以来, ポストモダンの社会状況と思潮に呼応した SI の抜本的刷新を提唱・実践してきた. 彼は,「意味」を生き相互行為する人々の集団生活の動態を経験的に探究するための着眼と方法に SI が優れていることを高く評価する一方で, SI は実証主義的実在論的な科学観・言語観とリベラル・イデオロギーから脱却して, 現代の文化とコミュニケーションへの批判的視点を導入すべきだと主張する（Denzin 1989, 1992 など）.

デンジンによれば, ポストモダンの現代において「意味」の問題は, 諸個人の相互行為を超えたマクロなレベルで展開するコミュニケーション過程との関連抜きには扱えない.「意味」の当事者性・相互行為性を重視する従来の SI に加えて,「意味」の他者性・メディア媒介性への視点が不可欠になった. マスメディア, 芸術・文化産業, 政界, 宗教界, 学界などの「意味製作機関」を通して, 支配的イデオロギー的な意味（「文化的意味」）を担う種々の「文化物（cultural object）」（例：映画）が生み出され流布し, 人々の日常生活に浸透している. なかでもマスメディアとポピュラー文化産業は, 情報テクノロジーの進展と結びついて「文化的意味」と「文化物」の主たる生産者となったのである（Denzin 1995）.

デンジンは, こうした社会状況において SI が問うべきは次のような問題でなければならないという. すなわち, 現代の「文化物」がいかに生み出され日常生活に入り込み, 我々の生活や経験の理解と表象, 自己像や他者像の構成にいかに関与しているのか. そして, そのことが我々の「生きられた経験」にどのような困難をもたらしているのか. さらに,「文化的意味」の支配に抗するオルタナティブな意味構築の可能性はどこに見出し得るかである.

●**相互行為論的文化批判の研究プログラム**　こうした課題を遂行するための新たな研究プログラムとしてデンジンは「相互行為論ベースのカルチュラル・スタディーズ」を提起した（Denzin 1992）. そこでは以下のような観点と研究テーマが強調される.

第一には, 特定の社会における特定の「文化物」に焦点を合わせて, それが商品として文化産業やメディアによってどのように生産され流通し消費されてきたかを歴史的パースペクティブのもとで詳細に追究する研究があげられる. この研究では「文化物」に含まれる「文化的意味」が, 社会内で流通するどのような言説システムから引き出されているのかも研究の焦点になる.

第二にあげられるのは，特定の「文化物」の意味に関するテクスト分析である．それは，種々の言説システムから持ち込まれた多元的な意味を担う「文化物」がどのような語彙とレトリックを用いて，事物や主体や経験についての特定のイメージをどのようにつくり出し称揚しているのか，逆に何を貶め周縁化しているのかを批判的に解読しようとする．そこでは，人種，ジェンダー，セクシュアリティなどに関わる当該社会の支配的イデオロギー的意味への批判の観点と，意味をめぐる抗争の場としてメディアやポピュラー文化をとらえる観点が強調される．

　第三に提起される研究テーマは，日常生活に流布する「文化物」と「生きられた経験」との関連を，人がその個人史において遭遇する劇的で危機的な局面（エピファニー）に焦点を合わせて探ることである．エピファニーにおいて人は通常の意味や定義の失効を体験し，他者との相互行為を通して自らの問題経験や自己自身の新たな意味づけや再定義を行おうとする．そうした意味や定義の失効・見直しとそれを促す相互行為は，デンジンがアルコール依存者自助（セルフ・ヘルプ・）グループのフィールド研究で得た知見（Denzin 1993）によれば，しばしば特定の「文化物」および「意味製作機関」に媒介されて生起する．この点に留意しつつ，人々が出会った他者たちと実際にどのような相互行為と意味構築活動を展開するかを，SI 流の質的研究法を活用して探ろうというのである．

●**デンジンの映画研究**　以上のプログラムをデンジンは一連の映画研究として実地に移し，アメリカ映画における「飲酒」「自己（セルフ）」「有色人種」などをめぐる表象や意味づけの特徴・問題と社会的影響力を探っている（Denzin 1991a, 1991b, 1995, 2002）．例えば，飲酒問題を扱った映画の詳細な分析によって彼は，ハリウッドが飲酒を男女のロマンスや社交と結びつけて称揚する「神話」を再生産する一方で，アルコール依存については「道徳的堕落」「意志薄弱」「病気」といった文化表象を形成し流布させてきたこと，大衆文学，ミュージカル，医学，自助グループなどの言説が関連・競合しながら映画作品に持ち込まれ，アルコール依存についての複合的な映画的現実をつくり上げていることを明らかにした．さらに，主人公や作品と視聴者との感情的一体感を喚起する訴求力の大きさに応じて，映画は人々を映画が提供する解釈枠組みや相互行為場面に招き入れ，視聴者自身の飲酒問題経験が意味づけされ，自助グループへの入会といった新たな相互行為経験が展開すること，そして，その意味づけや経験がまた映画に還流して別バージョンの映画的現実を構成していく可能性などを指摘した（デンジンの仕事の紹介と評価について詳しくは，伊藤 2003, 2007 を参照）．　　　　　　　　　［伊藤 勇］

📖 **参考文献**
[1] デンジン, N. K. / 関西現象学的社会学研究会編訳, 1992,『エピファニーの社会学――解釈的相互作用論の核心』マグロウヒル出版.
[2] 伊藤 勇・徳川直人編, 2002,『相互行為の社会心理学』北樹出版.

対面的相互行為

●**学説の性格と課題**　社会の歴史的・構造的な位相と人々の日常的で習慣的な相互作用（相互行為）とがどのような関係にあるかは，社会学の根幹的な研究課題である．その結節点に人類学から借りた「役割」の概念があった．その役割遂行は社会化と社会統制で説明された．しかし，これではあまりに社会化された受動的な行為者像になってしまう．そこでシンボリック相互作用論は，行為者が自分の置かれた状況を定義し，他者との関係のなかで役割を形成していく過程を重視した．しかし，意味や解釈を重視するそのアプローチも，ともすれば「首から上だけ」しか見ない結果となっていた．対して E. ゴッフマン（Goffman）は，身体と身体が同一の時間・空間に共在する過程に光を当てた．また，エスノメソドロジーや会話分析も，対面的相互作用（相互行為）から編み上げられる秩序の問題を取り上げている．

●**いま・ここでつくられる秩序**　一例に，学校教師の役割といっても，教室での生徒との関係，教員組織内での位置，学校運営上の責務，保護者との関係，地域社会との関係など，その役割は多元的に広がっている．このなかのどの側面を重視し，どんな比重で組み合わせていくかは，その現場で当人がどのような人とどのように出会い，自分の来歴や現在の活動にどんな意味を付与していくかという過程で手探り的につかみとられていく．この過程を G. H. ミード（Mead）の用語を借りて役割取得とよぶが，事実上それは役割形成の過程である（Turner 1956）．

　つまり，人々の行動（自己）を，過去の社会化や外から働くサンクションによって規定・維持されているものではなく，いま・ここで当事者が直面している他者との関係性のなかで刻々とつくられていくものとして，理解するわけである．

　この見地は逸脱行動にもあてはまる．つまり，逸脱は，社会化の失敗（当該社会への参入の失敗）なのではなく，役割形成を通した逸脱者世界への参入である（Becker 1963）．また，災害時のように日常の役割から切り離された場合にも，混乱とパニックといった従来のイメージとは異なり，その場の状況から新しい規範と役割が創出してくる集合過程が存する（Zurcher 1983；Solnit 2009）．流言も，ただ人をまどわすものではなく，人々が共同でつくり上げる即興のニュースである（Shibutani 1966）．これは，マスメディアよりも身近な他者の影響力が勝るとするコミュニケーションの 2 段の流れ説とも結びついた仮説であった．

　対面的相互行為論とは，「対面」の機微をもっと重視したゴッフマンの議論を指すことも多い．同じエレベーターに乗り合わせた人々は，互いにちらっと見はするが，相手の様子を注視したりしない（市民的無関心）．対して，フォーマ

ルな会議室では，特定の話題について参加者が代わりばんこに発言する焦点の定まった相互行為が展開し，服装や表情，手元の作業なども注意の対象となろう．意図しない咳払いや発汗すら筋書きを乱す事件になりかねない．年配の重役が役柄から外れた冗談を飛ばしたら（役割距離），その体面を保つと同時に会議の文脈を再調整しうるよう，若手参加者にも相応の対応が求められる．新しい台本なりフレームが発効し，その一瞬，仕事と課題を焦点にしていた相互行為がコミュニケーションへの志向性に転換されたのだ．対面的状況ではこうしたことが次々に起こる．状況の定義がこうしてそのつど演劇的に構成・維持されていくとともに，転調や偽装によって別の状況へと推移していくありようを，ゴフマンは描き出した（安川編著 1991）．

こうしてみると，対面的相互行為は文字や声だけのやり取りに比して情報量が多いことがわかる．しかも，体格や性や年齢のような属性が，自分をどう処遇すべきかを相手に告げてしまう（社交情報）．この観点から相互行為をみると，カードゲームのような非言語的相互行為，つまり，自分に関するどの情報をどの相手にどう示したり隠したりするかという印象操作の過程となる．スティグマも，もともとそこにあるとかないというものではなく，特定の相互行為秩序と一緒に立ち現れるものなのである（Goffman 1963b）．

相互行為を通じた現実の構成という現象学的社会学にも由来するこの論点は，エスノメソドロジーにも顕著にみることができる．車椅子使用者との相互行為において相手が介助者の方を相手にしてしまう事例（山崎ほか 1993）には，当事者が被保護者化されてしまう微細な権力作用が現れている．混性の会話状況における発言の順番取り（順番交替）にはジェンダー格差が現れた（江原ほか 1984）．日本で勉強中の留学生に対する「日本語は難しいでしょう」「もう食べ物には慣れましたか」といった質問に発するいつもの受け答えは，それを通して日本人／外国人というカテゴリーの壁を再生産させている（西阪 1997）．

●**分析の意義**　こうした分析からは，社会構造による強制とかメディアの影響といった論理では処理することのできない，相互行為に独自のメカニズムが明らかになり，しかもそれが社会構造と結びついていることもみえてくる．一見，それは気の重くなる事態かもしれない．しかし，ひるがえって，問題解決をどこか縁遠い社会の誰かに委ねるのではなく，日常の私たちがしていることの自覚を通して，別様の社会について想像力をふくらませる契機でもある．　　　　　　［徳川直人］

📖 **参考文献**
[1] 宝月　誠，1998，『社会生活のコントロール』恒星社厚生閣．
[2] 安川　一編著，1991，『ゴフマン世界の再構成』世界思想社．
[3] 山田富秋・好井裕明，1991，『排除と差別のエスノメソドロジー――「いま-ここ」の権力作用を解読する』新曜社．

相互主観性

●**社会の「危機」と社会学の「危機」** 実証科学としての社会学は，哲学からの離陸を通して個別科学としての地位を確立してきた．だが，1960年代に入り，そうした社会学のなかに相互主観性という哲学出自の概念が導入された．それは，社会学の危機という問題意識をもった社会学者たちによる，A. シュッツ（Schutz）の著作との対話を通してのことであった．では，そうした社会学者たちの関心を相互主観性という概念に向かわせた危機意識とはいかなるものだったのか．

それは，ルネサンスにおける科学革命がもたらした量化的方法に基づく自然科学の瞠目すべき成果に裏づけられた量化的方法への信念（客観主義）と，そこから帰結する，科学はすべての実在を解明することができるという信念（楽観主義），ならびに科学だけが実在を正確に記述することができるという信念（科学主義）を前提にしている限り，社会学は，肉体をもち日々の生活を営んでいる人々によって生きられている経験を切り詰め，社会現象をいわゆる「プロクルステスのベッド」式に説明することになる，という危機意識である．

それらの社会学者は，研究主体である自分もまた研究対象であるという自己認識に基づきながら，自らの学的活動の基盤とその限界について問い直そうとした．その過程で社会学に導入された概念の一つが相互主観性という概念であった．

●**主観と主観の「あいだ」への問い** 「世界」はそれ自体でいかに在るかと問うのではなく，まずは方法的に「反省」することが唯一可能な単独者としての「私」にとって，さらに「われわれ」にとって，「世界」はいかに現われているかを問おうとする現象学の学祖 E. フッサール（Husserl）は，客観化された科学の成果による「生活世界」の隠蔽という事態に「西欧諸学の危機」の根があるという認識を背景に相互主観性を主題化し，超越論的現象学という枠組みのもとでその彫琢を試み続けた（Husserl 1954）．それゆえフッサールにとって，複数の主観が，一方が他方の客体としてではなく，それぞれが主観のままで共同して形成する「われわれ」はいかにして可能かという，相互主観性の構成に関わる問いが何にもまして重要な問いとなる．

フッサールはその問いに対して，「世界一般」に関する判断を停止し，さらに「他者」を指示するあらゆる意味を捨象することによって得られる「自我の固有領域」に踏みとどまったままで，「他者」を主観＝「私」とは別のもう一つの主観として確保し，そのうえで「私」と「他者」それぞれにとっての対象はいかにして同一の仕方で現われるのかを，「身体」に着目しながら問おうとする．

だが，フッサールのアイデアを基本的に踏まえたうえで，自然的態度のうちに

いる人々によって経験されるものとしての生活世界の構造を主題化する自然的態度の構成現象学を展開しようと試みるシュッツは,「生活世界」から「社会的な日常生活世界」へと探究の焦点を移動させる.そうしたシュッツにとって,自然的態度のうちにいる人々は,「私」とは異なる主観としての「他者」が存在していること,しかもある一定の仕方で存在していること,さらにそうした「他者」は「私」の行為に連動する対応行為をすることをはじめから自明視しているという,経験科学が暗黙の裡に前提している事態こそが,問われるべき問いとなる.

そこでシュッツは,「他者に関するそうした自明視はいかにして可能か」と問い,「立場の相互交換可能性の理念化」と「レリヴァンス体系の相応性の理念化」からなる「視界の相互性」が作動し,「動機の相互性の理念化」（Schutz 1962）が作動している限りで,「私」とは異なる主観としての「他者」とその在り方とが自明視され,その違いが乗り越えられると同時に,「主観」が構成されるなかで「客観」が,「客観」が構成されるなかで「主観」が構成され,主観と主観の「あいだ」が確保されるという事情を明らかにする.

それゆえこれらの理念化は,価値の共有に秩序化の基盤を見出そうとする考え方とは別の,いつもすでに形式的な「われわれ」のなかにいる「私」が日常生活のなかで自らの経験を組織化する際に依拠している一般原理を指示していることになる.

●社会秩序の「構成」を問う視座の確保　社会の成り立ちに関わる考え方を指示する相互主観性という概念は,具体的な社会学的分析に直接,適用できるといった類の概念ではない.むしろそれは,社会を具体的に記述・分析する際の「問い」の立て方を方向づける概念である.

社会は自存的にあるわけではなく,またいずれかの主観に帰属させることができるわけでもなく,あくまで相互主観的に成り立っているという想定に基づく研究としては,「社会問題」の発生を,社会構造の欠陥や矛盾に帰属させるよりも,むしろ人々の「クレイム申し立て活動」に帰属させようという構築主義的な着想のもとでなされた多くの研究や,「社会秩序」に関して,それは何ゆえに成立するのかという問いかけから,どのようにして成立するかという問いかけへと移動させることによって,人々が日常的実践のなかで実際に用いている「方法」を丹念に記述しようと試みる,エスノメソドロジーの立場に立った多くの研究をあげることができよう.　　　［那須　壽］

📖 参考文献
[1] Husserl, E., 1954, *Die Krisis der europäischen Wissenschaften und die transzendentale Phänomenologie*, Martinus Nijhoff.（細谷恒夫・木田 元訳, 1995,『ヨーロッパ諸学の危機と超越論的現象学』中央公論社.）
[2] Schutz, A., 1962, *Collected Papers I*, Martinus Nijhoff.（渡部 光ほか訳, 1983-85,『アルフレッド・シュッツ著作集 第一巻, 第二巻』マルジュ社.）

状況の定義

●「状況の定義の定義」の多義性　「もし人々が状況を現実(リアル)であると定義すれば，それはその帰結において現実となる」——状況の定義について解説する際にしばしば引き合いに出されるのが，この「トマスの公理」である (Thomas and Thomas 1928：572)．この「公理」をその文面どおりに解釈すれば，状況の定義は，行為者が自分の置かれた状況を自ら意味づけることによって社会的現実を主体的に構成していくプロセスを強調した概念ということになる．

　もっとも，W. I. トマス (Thomas) と F. ズナニエツキ (Znaniecki) がこの概念を『ポーランド農民』で初めて明確に定式化した際には，状況の定義は，必ずしも行為者の主体的・自発的な意味づけのみを指していたわけではない (Thomas and Znaniecki 1918：68-70)．同書には，19世紀末から20世紀初頭にかけて生じたポーランドの伝統的な農村社会の解体と再編を経てアメリカに移住した農民たちが，そこでさまざまな問題に直面し，また新たな社会関係を形成していく姿が描かれている．そして，トマスとズナニエツキは，移民たちの適応過程において重要な意味をもつ社会的な規範や価値についても，それを状況の定義とよんでいるのである．したがって，この場合の状況の定義にはさまざまなレベルの社会制度も含まれることになる．また，それらは，個人や集団が新たにつくり出す定義ではなく，いわば「出来合い」の社会文化的定義だといえる．

●構造と主体のダイナミクス　人々が社会生活において直面するさまざまな状況のなかには，その種の既成の定義をほぼそのまま適用するだけで対応できるものもある．もっとも，トマスとズナニエツキが『ポーランド農民』やその他の著作で指摘するように，既存の定義から示唆される行為の選択肢には一定の幅がある．また，社会的価値や規範によって要請される行為と個人あるいは集団の欲するところとの間に食い違いがあることも多い．そのような場合，人や集団は，複数の選択肢のなかから意識的に取捨選択を行ったり，個人や集団の生活や心情・欲求にとってよりふさわしい定義をつくり出したりしていく必要に迫られることになる．そして，それらの新たにつくり上げられた定義は，時には，マクロレベルの社会文化的定義それ自体を変容させていく重要な契機にもなっていく．

　このように，状況の定義概念には，本来，社会的行為を規定する構造的要因と個人や集団の主体的行為能力との間の複雑でダイナミックな関係が含意されていた．つまり，状況の定義概念には，構造と主体のダイナミクスを明らかにし，ミクロとマクロを架橋しうる戦略的概念としての可能性が秘められていた．

●初期の定式化以降の展開　「状況の定義」は，以上で述べた初期の定式化以来，

幾多の社会学者や社会心理学者によって各種の社会現象の分析や解釈に適用されてきた．それらさまざまな用法では，この概念に含まれるいくつかの本質的な要素に対する力点の置き方に顕著な違いがみられる例が少なくない．また，複数の用法の間では，相互にほとんど正反対の性格づけがなされている場合もある．状況の定義ないし類似の発想に基づく概念の各種の用法における主な対立点としては次の二つのものがあげられる――〈主体的な定義づけと構造側の定義のどちらに重点を置くか〉，〈主としてどのようなタイプの「状況」を想定するか〉．

　この概念が最も積極的に使用されてきたシンボリック相互作用（相互行為）論の場合には，もっぱら主体的な定義づけが強調され，また状況については対面的な相互行為場面や小集団的なセッティングに焦点が当てられている例が多い（Bakker 2007）．それとは対照的に，例えば E. ゴッフマン（Goffman）の『フレーム分析』の場合には，個人による状況の定義というよりはむしろその基本的な準拠枠として，社会的に広く共有されている「フレーム」に力点が置かれることになる（Goffman 1974）．

　同様の点は，予言の自己成就に関する R. K. マートン（Merton）の論考（［1949］1957）についても指摘できる．マートンは，その論考の冒頭でトマスの公理を引用し，また，その妥当性を例証するものとして地方銀行の支払い能力に関する誤った信念に基づく流言が銀行の倒産という現実の事態を引き起こした事例を取り上げている．しかし，彼は，他の部分では人種集団内で共有される偏見的信念（社会文化的な状況定義）が人種間関係やそれと密接に関連するトラブルなど現実の事態との間で悪循環を形成していることを指摘している．また，その悪循環は最終的には制度的介入によって解決されるべきだと主張する．

　これらの例からも示唆されるように，「状況の定義」という用語を明示的に使用した研究や論考に限ってみた場合，必ずしもこの概念が本来もっていた，構造と主体の間のダイナミクスを解明する戦略的概念としての潜在力を十分に生かしきった分析がなされてきたとはいえない面がある．もっとも，トマスとズナニエツキによる定式化を一つの重要な契機として改めて明確にされた，外的な状況に対する自発的・主観的な解釈（定義づけ）がもつ重要性についての認識は，社会構築主義やエスノメソドロジーなどにおける基本的な発想に組み込まれ，また同種の認識を根底にもつさまざまな概念（「現実の定義」「状況の意味」など）を介して（Stebbins 1986)，社会学的思考のなかにしっかりと根づいていったのである．

［佐藤郁哉］

📖 参考文献
[1] トマス，W. I.・ズナニエツキ，F. / 桜井 厚訳・編著，1983，『生活史の社会学――ヨーロッパとアメリカにおけるポーランド農民』御茶の水書房．
[2] 佐藤郁哉，1991，「主体と構造」『社会学評論』41(4): 345-69.

役割取得

●**役割取得の概念が主題化する背景**　ある行為主体Aの行為と，別の行為主体Bの行為が，相互に何の関連性ももたないままにバラバラに展開しているとしたら，そこに社会というリアリティの存立を感じ取ることは困難であろう．社会というリアリティが存立するためには，Aの行為が，Bに対して意味のある刺激として作用し，それによって生じるBの行為が，今度はAに対して意味のある刺激として作用し，それによって生じるAの次なる行為が，Bに対して新たな意味のある刺激として作用し……，という形で，自他の行為が相互に意味的なつながりをもつものとして連鎖していく必要がある．またこのことは，人間が社会的存在として生きていくためには，こうした行為のつながりのなかに自らを位置づけることができる必要があるということをも指し示している．

　社会学においてしばしば用いられる相互行為という用語は，上記のような自他の行為のつながりを端的に表している．そして，相互行為の成立や，相互行為のなかに自らを位置づける人間の能力をめぐるさまざまな概念のなかでも，役割取得の概念は重要な意味をもつ．

●**役割取得とはどのような事態か**　目の前にいる他者にペンを貸してほしいと思っている自己が「ペン貸して」と発話し，それを受けて他者がペンを差し出すという相互行為の場面を想定しよう．こうした相互行為が成立するためには，「ペン貸して」と発話する自己が，その発話を聞いた他者はどのように行為するかを予測することができる必要がある．役割取得とは，このように，他者の立場に立って，その他者がその状況をどのようにとらえているか，そしてその状況においてどのように行為するかを予測し，それを自らのうちに取り入れて，自らの行為の資源として活用することのできる能力のことを指す．

　そして，こうした役割取得の概念に関する研究として最もよく知られているのが，G. H. ミード（Mead）の業績である．ミードの業績は，まず，役割取得のメカニズムを理論化した点に大きな意義がある．上の例でいえば，自己が「ペン貸して」と発話するとき，その言葉は，発話の受け手である他者に聞こえているだけではなく，発話の主体である自己自身にも聞こえている．それゆえに自己は，その発話を聞いた他者がどのように反応するかを，自分の意識のなかで想像することができる．言い換えれば，「ペン貸して」という発話は，その発話を聞いた他者の内に呼び起こすのと同じ意味を，発話した自己自身の内にも呼び起こすのである．このように，自己と他者の内に同じ意味を呼び起こすことのできるシンボルを，ミードは有意味シンボルとよぶ．つまりミードは，役割取得を，有意味

シンボルを媒体として「社会的意味を他者と共有し,社会性を獲得していく過程」(船津 1984：52) として論じたのである.

●**役割取得の概念の射程と意義**　さらにミードは,役割取得には人間の成長に応じて段階的な発達がみられると指摘する.幼い子どもが同時に取得することのできる他者の役割は限られている.しかし,成長するにつれて人間は,次第に同時に多数の他者の役割を取得することができるようになる.子どもの遊びが,成長するにつれて,特定の限られた相手と行うごっこ遊びのようなものから,野球のような多数のメンバーと行うゲームへと移行していくのもこのためである.さらに大人であれば,自分が暮らしている地域社会や国家に暮らしている人々全体の役割を取得して,地域社会の成員として,あるいは国民としてしかるべき行動をとるということも可能になる.このように,役割取得の対象となる他者の範囲が拡大し,複数の他者の役割を組織化して取得することができるようになることを,一般化された他者の役割の取得という.

つまりミードは,役割取得に関する考察を通して,人間が生きる社会的世界全体の存立をも問おうとしていたのである.事実,ミードの問題意識は,ミードが暮らしていた当時のシカゴが直面していた,急速な都市化に伴う貧困や犯罪といった社会問題の解決,さらには,当時,国際連盟に託される形で本格的に模索されはじめていた,世界全体を一つに結びつけるような普遍的な社会の実現といった課題にまで及んでいた.

以上のようなミードの問題意識を踏まえると,グローバル化の問題をはじめとして,社会というリアリティをめぐってさまざまな問題が指摘されている現在,相互行為の成立や人間の社会性の獲得といった論点を視野に入れたうえであらためて社会というリアリティの存立を問うことは,社会学にとって重要な課題だといえる.そして,こうした課題への取り組みの一例として, A. シュッツ (Schütz) などを主な手がかりとした発生論的な社会学理論の構築を経て,近年,グローバル化の研究に精力的に取り組んでいる西原和久の一連の業績 (西原 2010 など) をあげることができるが,西原が折に触れてミードに言及している点からも明らかなように,上記のような課題に取り組むに際しては,役割取得の概念に関するミードの問題意識や業績には,今なお学ぶべき点が多いと思われる.　[櫻井龍彦]

参考文献
[1] Mead, G. H., 1934, *Mind, Self, and Society,* University of Chicago Press.（稲葉三千男ほか訳, 1973, 『精神・自我・社会』青木書店.）
[2] ミード, G. H. / 船津 衛・徳川直人編訳, 1991, 『社会的自我』恒星社厚生閣. [ミードによる 3 編の論文 (「社会的自我」「意味のあるシンボルについての行動主義的説明」「自我の発生と社会的コントロール」) を収めた論文集.]
[3] 船津 衛, 1989, 『ミード自我論の研究』恒星社厚生閣.

相互作用秩序

●**相互作用とその秩序の主題化**　社会的相互作用(相互行為)を研究対象とする社会学の系譜は,草創期のG.ジンメル(Simmel)にさかのぼることができる.彼によれば,諸個人が相互作用に入るとき,そこに社会は存在する(Simmel 1908).「相互作用秩序」という概念を研究の要に置くE.ゴッフマン(Goffman)もこの系譜上に位置づけることができる.ゴッフマンの関心は,まさに対面的相互作用(相互行為)に注がれる.

ゴッフマンによれば,相互作用とは,人々が単にともに居合わせているときに与え合う相互影響であり,複数の人が対面していることによって生じるさまざまな出来事の全体(Goffman 1967)である.ある状況にいる人が他者を一瞥する,何らかの身ぶりをする,言葉を発する,といった動きをすれば,それらはそこに居合わせる他の人々に知覚され何らかの影響を与える.つまり,そこにはすでに相互作用が成立していることになる.このような対面的相互作用を社会学独自の研究主題とすることをゴッフマンは提唱した.

その目的を彼は『儀礼としての相互行為』(Goffman 1967)で次のようにあげている.第一に,上にあげたようなさまざまな些細な行為から生まれる自然な状態における相互作用のユニットを記述すること.第二に,それらのユニットのなかに,またユニットの間に存在している標準的な秩序を明らかにすること.その標準的秩序とは,人々がいる場面に生じる行為の秩序にほかならない,と彼はいう(Goffman 1967).この秩序が,相互作用秩序である.

●**相互作用秩序とは**　相互作用秩序は,複数の人々がともにいる場面における秩序である.その場面は,「集まり」「出会い」「共在」などさまざまな名でよばれるが,いずれも人々がある時間ある空間で出会ってから別れるまでの間に繰り広げられる相互作用的な営為であり,ある程度安定しているが刻々と移ろい,その姿を変え,やがて消えていくものである(Goffman 1967).具体的にいえば,会話,宴会,授業,会議,街角や駅,カフェでのひとときなど,人々がともにいるあらゆるところ,そこで諸個人間に生じるあらゆる行為が含まれる.

私たちの生活は,法律やその他明文化された諸規則,例えば学則や就業規則などによって明らかに規制され秩序立てられているが,同時に人とともにいるさまざまな場面で日々刻々と相互作用秩序に支配され,またその秩序を実現する.このことをゴッフマンはさまざまな形で描出する.

例えば,人はどのような場面であれ外見と行為を状況にふさわしいものに保つことが求められる.状況の真っ当な一員として認められるためには,自己の外見,

すなわち服装，化粧，髪型，その他身のまわりの品をその場にふさわしく整えていなければならない．言動ももちろんである．一見些細なことのようだが，この「状況適合性」（Goffman 1963a：訳27）から外れると，相互作用の円滑な進行が損なわれ，周囲の人々を当惑させ，場合によっては逸脱とみなされてその常識，さらには正気が疑われることにもなりかねない．このことは，ただ同じ状況に居合わせているだけといった「焦点の定まらない」相互作用においても，また人々が互いに関心を払ってやりとりするような「焦点の定まった」相互作用においても同様である．

その場の相互作用を円滑に運んでいくこと，そのために人々が互いに自らの外見や振る舞いを管理調整すること，それを司るのが相互作用秩序であり，また人々の相互作用へのこうした専心を通して，相互作用秩序は実現していく．これにより，一つひとつの社会的状況は特定の状況として具現化する．

●**相互作用と身体へのまなざし**　他者との何気ないやりとり，あるいはただ他者の視界の範囲内にいるだけの状況．こうした場面で意識するか否かにかかわらず私たちが一定の秩序に従い，秩序を不断に実現していることをゴッフマンは明らかにした．対面的相互作用において参加者相互に関する情報を伝達する媒体は，私たち自身の生身の身体である．情報の送受信は身体とその感覚に依存する．したがって，相互作用秩序は身体およびその外見の管理調整と密接に関連している．ここから日常生活のさまざまな場面，諸問題へのこの概念の適用可能性が広がる．

例えば，服装の社会学．状況適合的な服装に対して，あえてそこから外れた恰好をすることの意味と社会的効果をこの概念を用いて掘り下げていくことができるだろう．ファッションや独特の身体技法に関心をもつサブカルチャー研究などへの適用が可能である．ゴッフマン自身による応用例としては，ジェンダー広告研究（Goffman 1979）や差別と排除研究（Goffman 1963b）などがある．男らしさ，女らしさ，そして非対称な男女関係は，それぞれの仕種，ポーズ，表情，立ち位置，接触といった身体表現を通してパフォーマティブに示され確認され再生産される．そして観察され自覚的あるいは無自覚的に学習され模倣され実践されていく．差別や排除は，人々の目につく，あるいは目につきづらいスティグマの問題として論じられる．いずれも後に続く研究を多く生み出してきた．

身体の管理調整というテーマはまた，M. フーコー（Foucault）の生に対する権力，規律訓練などの問題とも接合し，身体の社会学へと大きく開かれているといえよう．

[草柳千早]

📖 **参考文献**
[1] ゴッフマン, E. / 丸木恵祐・本名信行訳, 1980,『集まりの構造――新しい日常行動論を求めて』誠信書房．
[2] ゴッフマン, E. / 石黒　毅訳, 1974,『行為と演技――日常生活における自己呈示』誠信書房．

感情労働と感情規則

●**感情労働論の生まれた背景** A. R. ホックシールド（Hochschild）は，1960年代の社会学内部における機能主義や合理的な行為者モデルの行き詰まり，実社会での第三次産業の拡大を背景として，それまでは残余カテゴリーとみなされがちであった感情を社会学の議論の俎上に乗せた．C. W. ミルズ（Mills）の『ホワイトカラー』(1951) や，E. ゴッフマン（Goffman）の相互行為論，S. フロイト（Freud）の不安に関する分析などを批判的に継承しながら，感情を有機論者が考えるよりも文化的影響を受けやすく，相互作用論者が考えるよりも実体的なものとして位置づけたうえで，「感じるべき感情」と「実際に感じられた感情」との間で生じる営為について，「感情規則」「感情管理」「感情労働（emotion labor）」などのタームを通して調査や考察を行っている（Hochschild 1983）．

●**なぜ感情を管理するのか** ホックシールドによれば，行為者は「感情規則」に則って感情を経験し，表出するよう社会的に要請されている．感情規則とは，感じるべき感情の種類，感じるべき場所，どの程度の強度や期間において感じるのが適切かを示す社会規範である．例えば，葬儀では「悲しみ」を表出すべきという規則に従って，人々は義理で参列した場合でも悲しみを表現してみせる．また，怒りを鎮める，恋心を吹っ切るなど，自らの感情の深部に働きかけて感情を変化させることもある．このような「表層演技」や「深層演技」という「感情作業（emotion work）」が行われるのは，「感情とそれに対応した外面的行為」の「適切な範囲」が社会的場面に応じて規定されているからである．

ある感情が「不適切な感情」として経験されるのは，①「感情管理」が過剰あるいは不十分な場合，②タイミングがずれている場合，③場所や状況に合致しない場合である．例えば，身内の死に際して冷静だと「冷酷な人物」とみなされる一方，あまりに長期間にわたって深い悲しみを持続させると今度は「うつ病」として治療対象とみなされることがある．また，結婚式で新郎新婦が浮かない表情をしていると列席者はどうしたのかと尋ねるだろう．このように，取り立てて感情の理由や説明が必要になるときというのは，「感情の慣習」が乱れ，「修理」や「点検」を行うべきだと周囲が認識する場合である．感情管理は微妙なさじ加減で成り立っており，状況の参加者が演技者であると同時に「観客」として振る舞うことで「舞台」上の相互行為が「筋書き」どおりに進行する．

日常生活において感情管理が行われるのは，適切に管理された感情を表出することが他者への敬意の表明，すなわち「捧げ物」とみなされているためである．人々は感情規則に従って相互の関係や役割のなかで何を支払うべきかを判断し，

互いに捧げ物としての感情を贈りあっている．ホックシールドはこれを「感情の贈与交換」とよび，適切にマネジメントされた感情を互いに差し出すことは「文明化された生活の基本的な技術（art）」であるとした．このような敬意の交換としての感情管理という視点には，N.エリアス（Elias）の文明化論（1939）やE.ゴフマンの儀礼的相互行為論（1967），É.デュルケム（Durkheim）の人格崇拝論（［1893］1960）の影響が認められる（山田 2007）．

ホックシールドによれば，同等の地位にある者同士の感情の贈与交換が相補的で均衡を保ったものになる一方，関係性や地位に高低の差がある場合には下位者のほうがより多くの感情や敬意を捧げることになる．感情作業を行う義務と負担は，社会的地位や属性に従って不公平に割り当てられている．適切にマネジメントされた感情は，個人間のやり取りを超えた「集団への捧げ物」である．

ホックシールドによれば，ゴフマンの相互作用論が主に扱っていたのは「表層演技」による印象操作・状況操作である．一方，消費社会化の進展を見据えた彼女は行為者が外面的行為のみならず内面的感情も管理していることを強調した．

日常生活における感情マネジメントが労働の領域に組み込まれ，商業的に利用されるとき，それは「感情労働」となる．ホックシールドはフライト・アテンダントに関するフィールドワークを通して，感情労働従事者が表層・深層演技を通して自らの感情を抑制したり質的に変化させたりしながら，顧客に快適さやホスピタリティを提供すること，「心の状態」を生産物とする感情労働者が自らの感情から疎外されること，その結果，自然で自発的な感情を美徳として称揚する文化的土壌が醸成されると指摘している．

●**感情労働と感情文化** C.ヴァウターズ（Wouters 1989）は，ホックシールドの感情労働論における疎外論的図式を批判した．しかしながら，感情労働の概念の受容は特に看護や介護に関する医療・福祉社会学的研究や家族社会学の領域で進み，慈善や愛のもとに秘匿されてきた対人援助職のバーンアウトやケア，家族や親密性をめぐる諸問題を考察する契機となった．ただし，元来，「感情労働」も「感情管理」も狭義の対人援助職やケアの分析に限定的なものではない．消費社会のなかで「私たちは誰でも部分的にフライト・アテンダントである」とホックシールドは述べており，その射程は広い．また，私的な感情管理とその商業的利用が循環構造を形成するなかで感情管理が拡大・進行し，その結果として「管理されない心」を賞賛する文化が導かれるという指摘は，「社会の心理学化」や「セラピー文化」を分析する鍵となる． ［山田陽子］

📖 **参考文献**

[1] Hochschild, A. R., 1983, *The Managed Heart: Commercialization of Human Feeling*, University of California Press.（石川 准・室伏亜希訳, 2000,『管理される心——感情が商品になるとき』世界思想社.）

感受概念

●**背景——概念の落とし穴** H.ブルーマー（Blumer）が1954年の「社会理論のどこが間違っているか？」で初めてこの言葉を用いた．

およそ科学的な探究の営みには概念の使用が必要となる．「概念論議」を不毛な哲学談議と否定的にみる人でも，エネルギー，構造，不平等，情報といった概念が必要であることに異は唱えまい．これらは，ひとたび定式化されるなら，他の研究者も共通の語義で用いなければならない術語となる．研究には系統だった方法や組織的なコミュニケーションが不可欠だからだ．このことから，概念は，すでに定義されたもの，議論の最初に定義しておくべきもの，先行研究のそれを踏襲すべきものといった性質を帯びてくる．

ところが，うっかりすると，そのあまり，せっかく経験的な研究を行ったのに，知見に既存の名札をつけて済ませてしまい，概念と観察の間の行き来が忘れられてしまいかねない．これでは概念の使用と調査研究が結びつかなくなり，社会理論はそれ自身に対する注釈にすぎなくなってしまう．そこに落とし穴がある——とブルーマーはいうのである．

そこで彼は，曖昧だと指摘されることの多い社会学上の概念について，その曖昧さが有する喚起力を積極的にとらえ直せばどうか，と提案したのだった．

●**注意力の喚起と方向づけ** ブルーマーがあげる曖昧な概念とは，モーレス，社会制度，態度，社会階級，価値，文化規範，パーソナリティ，準拠集団，社会構造，第一次集団，社会過程，社会システム，都市化などである．これらの概念を使用するにあたっては，報告の冒頭で簡略な説明をほどこし，多少の例示をすることもできるだろう．しかし，それは本論で深く探究されるべき内容のイントロダクションにすぎまい．富，資本，官僚制，日常，自己，スティグマとは何なのかは，全体を通して初めて把握される．最終的には要約的に叙述されるべきものでも，当初は注意力に概括的な方向を与えて研究を牽引するところに意義がある．概念のこういった性質ないしその性質を自覚した使用の意義を示したのが，感受概念という言葉である．

概念が曖昧だと批判される場合，普通に求められているのは定義的概念（ないし確定的概念）である．一例に，ラベリングという言葉を用いるとき，それがどんな内容で，何を（どんな例を）指しているのか，最初に明確に規定しておくといったふうに．しかし，ラベルとはそもそも何なのか（誰かが誰かを逸脱者だと指差す行為なのか，賞罰が記録された一件書類のようなものなのか，あるいは当事者が感じるまなざしか，核家族という術語が一人親世帯について有する含意か），

資料収集やフィールドワークで注意力が方向づけられるとき，それは感受概念となる．

ほかにも，文化，障害，青年，差別，いじめといった言葉は，いずれも感受概念としての性質を強くもっている．むろん，○○を差別とよぶ，というように定義しておくこともできる．何らかの行為が法や制度に照らして差別にあたるかどうか判定しようとする場合には，そうすべき理由もあろう．しかし，非制度的な位相で生じている差別や歴史的特殊性を帯びた差別をとらえようとする場合，それでは注意を不適切に制限して，発見する力を弱くしてしまうだろう．

また，青年の社会的態度について調査研究しようとするとき，調査母集団はX市在住の18歳以上30歳未満の者とするといったように操作的定義を行うこともあるし，A大学の学生というように事例を定めることもあろう．しかし，その調査結果の報告において，過度な一般化にならないよう注意すべきなのは当然だとしても，議論が過去の同趣旨調査の結果との比較にとどまって，そもそも青年とはどういう存在であり態度とは何なのかについて触れないとしたら，このような研究が企画されたことの意義さえ見失われることになりかねない．

●感受概念の使用法　1950年代における統計学的手法や構造機能主義の隆盛と対比されるシンボリック相互作用論との関連で参照されることが多いが，ブルーマーには1930年代にも同趣旨の議論があり，より広い社会学批判として扱うべきである．感受概念論は，シンボリック相互作用論者が用いる特殊な用語に関する議論ではないし，感受性を羽ばたかせてくれる便利な概念を案出しようとするものでもない．社会学における概念の性質と使用法について一般的に考察したものである（内田 2003；桑原 2012）．

ブルーマーの「概念なき科学」(1930)によれば，概念は私たちがものごとを知るための道具である．それには，①問題的であるのに認識されていないものごとに対する知覚を刺激し，それに焦点を合わせた検討を可能にする，②名前が与えられることで他者との間に会話の回路を開く，という機能がある．また，③常識的概念とは異なって，これらが自覚的に徹底されることで，科学における概念は，成長し，来歴をもつようになる．

こうしたブルーマーの議論は，それを用いたら私たちの知にどのような変化が生じるのかという，言葉と知についてのプラグマティックな考察を，社会学における経験的研究に適用したものだと考えられる．曖昧なまま放置してよいと誤解されることも多いので注意が必要である．上の発見・対話・成長を促進しているかどうかによって概念の使用法をチェックするとよいであろう．　　　　［德川直人］

📖 **参考文献**

[1] Blumer, H., 1969, *Symbolic Interactionism: Perspective and Method*, Prentice-Hall.（後藤将之訳，1991，『シンボリック相互作用論　パースペクティブと方法』勁草書房.）

動機の語彙

●**理論的争点としての動機**　社会的現実の解明において動機にどのように位置を与えるのかという問いは，社会学という学問の成立以来重要な論争点の一つとなってきた．É. デュルケム（Durkheim）は，個々人の心理に帰属させられる理由は行為の「真の原因」を示すものではないとして，行為者の意識に沿った動機理解を社会学的説明から排除することを提唱した．これに対して M. ウェーバー（Weber）は，行為の成立において主観的な意味付与が決定的な役割を果たしているとして，「社会的行為の意味を解釈によって理解すること」を社会学的解明の条件に据えた．双方の伝統を総合して「主意主義的行為理論」を構築した T. パーソンズ（Parsons）は，行為の動機づけ（目的）を制御する共有された価値・規範の体系こそが，自由で合理的な個人からなる社会に秩序をもたらすのだと論じた．だが，多元的に分化し利害対立が常態化している社会，公と私の空間が調和的なものではなくなっている社会において，パーソンズが描いたような社会秩序の成立を語ることができるだろうか．この問いに応えて動機の新たな位置づけをはかったのが C. W. ミルズ（Mills）の「動機の語彙」論であった（井上 1997；伊奈 2013）．

●**「動機の語彙」とは何か**　動機は通常，行為に先立って行為者の内面に存在する心理過程として理解される．しかしミルズは，動機を行為の実体的な原動力とみる視点を退け，その「言語的性格」に着目する．それぞれの社会には状況に応じて適切に行為の理由を説明しうるような「類型的な語彙」が存在する．人々はその「動機の語彙」を用いて自己や他者に動機を帰属させていくのである．

　私たちは日常生活のすべての行為について動機を問うわけではない．慣習化された行動が円滑に継続している間は動機理解は免除され，その理由が言語化されることはない．動機が問われるのは，行為の遂行や接続がうまくいかなかったとき，何らかの被害やネガティブな結果が生まれたとき，あるいは慣習的な現実理解の枠組みでは十分にその意味がくみ取れないときである．そのような場面で人々は，しばしば「動機の語彙」を駆使して出来事の成り行きに納得のいく説明を与えようとする．それは，社会秩序の「綻び」がみえたときに，言葉のやり取りを通じてこれを「補修」するための手段である．この動機表現の適切性は，行為者の内的な状態を正確に反映しているかどうかではなく，むしろ，その行為に対して問いを発する人々を満足させることができるかどうかにかかっている．その意味で動機とは「状況を正当化するような対話の行きつくところ」（Mills 1963: 訳 347-8）である．ここには，社会生活の至るところに生じうる相互作用（相互行為）秩序の綻びを，人々がそのつど言葉によって繕いながら，互いに納得の

いく状況をつくり出していくような社会の像が浮かび上がる.

したがってまた多くの場合に，動機の言語化が求められるのは行為の帰結が明らかになった時点である．しかし時には「この状況でこのようなことをしたら，人々はどう受け止めるだろうか」と考え，あらかじめその理由を釈明しながら行為に及んだり，他者の反応の予測に基づいて行動を抑制したりする．その場合に他者の判断を行為者の意識のうちに呼び込んでいくのも動機の語彙の働きである．人々は，学習された言葉の意味作用を通じて，「他者の判断」を先取りし，それによって行為を推し進めたり思いとどまったりする．ミルズはここに動機の語彙の統制的機能を見出す．このとき，行為者の意識に呼び込まれていく視点は特定の他者のものではなく，G. H. ミード（Mead）がいう意味での「一般化された他者」のそれである．ただし，ミルズはこれによって社会全体を制御する安定的な視点がもたらされるとは考えていない．他者のまなざしは「選択された社会的な部分」ごとに成立する．それは「細分化」され「断片化」され「不安定なもの」になっている．共同化された解釈枠組みが安定的な意味の了解を可能にするための条件がむしろ失われているからこそ，人々は動機の語彙を用いて，そのつど意味を語り，交渉的な過程のなかで相互の「おりあい」をつけていこうとするのである（伊奈 2013）.

●**応用的展開の可能性**　人々は言葉を用いて相互行為秩序の維持や修復を図っているという見方は，シンボリック相互作用論やエスノメソドロジーに引き継がれ，モーティヴ・トーク論とよばれる研究領域を形づくる．しかしその視点は狭義の動機だけに適用されるものではない．M. B. スコット（Scott）と S. M. ライマン（Lyman）は，「予期せざる行動や不適切な行動を説明するために，社会的行為者によってなされる陳述」を「アカウント」とよび，「行為と期待」のギャップを埋める言葉の橋渡しの力を分析した（Scott and Lyman 1968：46）.

そうした言葉の働きを観察する格好の場面は，動機が不可解だとみえるような犯罪によってもたらされる．社会的に共有された言葉が重大な犯罪行為の理由をうまく言い当てられないとき，しばしば「心の闇」という語彙が浮上する．「心の闇」とは，動機の語彙が機能不全を起こし，行為の成り行きが人々の間で十分に了解されず，行為者の心が「謎」として浮かび上がっていることのしるしである（鈴木 2013）．しかしミルズの発想を引き継ぐならば，秩序の綻びがみえてしまった場面においてこそ，私たちは言葉による補修の可能性を模索し続けなければならない．

[鈴木智之]

📖**参考文献**
[1] 井上 俊, 1997,「動機と物語」井上 俊ほか編『岩波講座・現代社会学 1 現代社会の社会学』岩波書店：19-46.
[2] 伊奈正人, 2013,『C. W. ミルズとアメリカ公共社会――動機の語彙論と平和思想』彩流社.

秘密とプライバシー

●**プライバシーが登場した背景**　プライバシーが法的権利として主張されるようになるのは，近代以降の欧米においてである．プライバシー法制定を初めて公式に主張したのはS. D. ウォレン（Warren）とL. D. ブランダイス（Brandeis）が発表した1890年の論文である（Warren and Brandeis 1890）．これが提唱した「独りにしておいてもらう権利」は，世界初のプライバシー権の定義とされる．その後，1902年，ニューヨークで自分の写真を承諾なく広告に用いられた女性の裁判で，裁判所が女性の訴えをしりぞけたため世論が反発した．翌年，ニューヨーク州議会はプライバシーに関する法律を制定し，これが世界初のプライバシー保護法となった．

●**プライバシーとは何か**　プライバシーの起源については議論が分かれる．性器や性行為の隠蔽までプライバシーとすると，人類の起源（アダムとイヴ）にさかのぼり，ほとんどの文化圏にみられる．一方，欧米の文化人類学者は，多くの文化でプライバシーがみられない（例えば，壁や部屋の間仕切りもない生活）とした．それに対し，プライバシーは人類に普遍的だが，文化により基準が異なるだけだという立場もある．

　日常生活を他人に知られることの社会問題化ととらえれば，時代や文化も限定される．隣家の窓から自宅が見えることをめぐる裁判が17世紀頃のイギリスに起こってきたのが始まりともいわれる．人々が個人空間をもちたがるのも，同じ頃の西洋で広まったといわれる．私生活がスキャンダルになったり，それで他人を脅迫したりする犯罪も18世紀頃に生まれた．このように，権利意識としてのプライバシーの高まりは，近代以降の話である．日本語で，プライバシーがカタカナ語でしかないのも，それにあてはまる概念がなかったからだ．

　いまもプライバシーには一般的定義がない．20世紀になって，多くのプライバシー裁判がアメリカで起こされたが，定義が曖昧なことから判決は混乱した．A. F. ウェスティン（Westin）は，プライバシーほど基本的な価値でありながら「定義されず，社会科学者が曖昧で混乱してきた」ものはないという（Westin 1967）．一般的定義をたてる試みはあったが，結局，それは不可能とみなされている．

　ここからプライバシー権の存在意義を否定する立場（完全否定説）と，複数の定義の並立を認める立場（多面的定義定立説）が生まれる．日本は後者で，裁判ではケースに応じて，それらの定義から一つ，あるいは複数が判決に用いられている．主なものでは，独りにしておいてもらう権利，自己情報のコントロール権，自己イメージを保守する権利，私生活に関する自己決定権などがある．

　プライバシーは秘密と関連するが，秘密そのものとはいえない．例えば，プラ

イバシーには個人が秘密にしたいと考える「固有情報」以外に，必ずしも秘密とはいえない「外延情報」がある．収入や資産状況，病歴や犯罪歴，成績などは前者であり，氏名や住所の書かれた名簿，所属，顔写真，行動の記録などは後者である．これもプライバシー概念を複雑にしている．

●**秘密やプライバシーの応用事例**　秘密を社会学的に分析したのは，G. ジンメル（Simmel 1908）である．彼によれば，秘密は社会結合をもたらすと同時に分化させもする，価値的に中立な社会学的形式である．秘密共有は集団の結束を強化するが，互いに秘密があることも親密な関係に必要である．例えば，信頼は，相手についての知識と無知の中間から（互いに秘密があるから）生じる．その一方で，秘密は社会分化にとって重要であり，個人主義化の契機でもある．また，個人が秘密をもつようになる一方，公共の政治の透明性が高まる近代化は，政治権威の脱神格化と個人の神格化をもたらすことや，秘密があるとみえること自体には，そのものの魅惑や価値を生み出す装身具的機能があるとした．

　これらはプライバシーと関わる．それは個人や私的領域を聖化し，その尊厳を強調する．また，近代に生じた，個人の内面を解明しようとする心理学，覗き趣味文化（古くからある世間の噂と近代のゴシップ記事は互いに異質な情報である）は，個人の秘密の装身具的機能の所産ともいえる．近代には，個人の私生活情報や個人情報の価値が上昇し，それに呼応してプライバシー意識も高まった．

　E. ゴッフマン（Goffman 1959）は，個人自身の演技でつくられる近代の自己は「ガラス細工」のように脆弱だという．スキャンダルが示すように，それは他人からの否定に弱い．その保護のため，私たちはプライバシーを確保するとともに，他人からの配慮や機転による協力を期待する．ゴッフマンにとってプライバシーとは，近代人の生命線である聖なる顔（＝面子）を守るためのものといえる．

　秘密やプライバシーに関する社会学の議論としては，秘密が個人の自我形成に重要な意味をもつとする亀山佳明，プライバシーを秘密ではなく社会的相互作用（相互行為）における関係性の観点からみようとする片桐雅隆（1996），日本文化論の立場から秘密を論じた正村俊之（1995）の議論などがある．

　20世紀後半までプライバシー意識は，政府や企業による個人情報の組織的管理に敵対していた．だが，今は管理を受容する方向へと向かっている．D. ライアン（Lyon 2001）はこれを監視社会化として批判するが，阪本俊生はこれを，個人が自らの社会的自己の支えとするもののシステマティックな移行ととらえている（阪本 1999, 2009）．　　　　　　　　　　　　　　　　［阪本俊生］

📖**参考文献**
[1]　ジンメル, G. ／居安　正訳，1994，『社会学――社会化の諸形式についての研究』白水社．
[2]　ゴッフマン, E. ／石黒　毅訳，1974，『行為と演技――日常生活における自己呈示』誠信書房．
[3]　ライアン, D. ／河村一郎訳，2002，『監視社会』青土社．

ダブル・バインドとメタ・コミュニケーション

●**ダブル・バインド理論が登場した背景** ダブル・バインド理論の生みの親のG. ベイトソン（Bateson）は，1920年代後半からニューギニアやバリ島で文化人類学の調査研究を行ったが，40年代にサイバネティクス理論に触れた後，1952年には，統合失調症の解明をめざす対人コミュニケーション研究プロジェクトを立ち上げ，そこでJ. ヘイリー（Haley 1976）やJ. H. ウィークランド（Weakland），D. ジャクソン（Jackson）らとダブル・バインド理論をつくりあげた．ベイトソンの知的遍歴の背景には，社会集団や精神，機械，動物に通底する関係性のシステムへの探究心があり，これがこの理論の誕生と関わる．

●**ダブル・バインドとメタ・コミュニケーションとは何か** ダブル・バインド理論の基礎には，あらゆるコミュニケーションには二重性があるという見方がある．例えば，通信機械には伝達すべき音声と機械の状態がもたらす雑音がある（オーディオから流れる音楽と機器の不調がもたらすノイズもその一つ）．これらは，人間のコミュニケーションにおける，情報「内容」として伝達されるメッセージ（「報告」）と，発信者と受信者の「関係」に関わるメッセージ（「命令」など）に対応する．この二重性と統合失調症には関係があるとベイトソンは考えた．

伝達される情報（音楽や報告）それ自体は，機械や報告者の状態や，受け手との関係について何も伝えない．一方，雑音や命令はそうではない．それらには伝え手の状態，伝え手から受け手への働きかけや関係性のメッセージが含まれている．機械の雑音は，「潤滑油を入れてくれよ」かもしれないし，子どもが大人に「あのマットの上に猫がいるよ」といえば，単なる報告ともとれるが，《ネコの居場所を教えたのは親愛のしるしだよ》という関係性のメッセージ，さらに，退屈だから遊んでよ，という要請が含まれているかもしれない．

実は，あらゆるコミュニケーションには，常に情報内容（報告）と関係性（関係）の2側面がある．これらのうち，報告や内容のメッセージは表示レベル，関係性のメッセージはメタ・コミュニケーション・レベルである．メタとは「……についての」を示し，メタ・コミュニケーション・レベルは，表示レベルのメッセージに文脈を与える，より高次のメッセージである．

両者には，B. ラッセル（Russell）のいう論理階型の違い（クラスとメンバーの違い）があるが，これらの区別が失われ，言葉が自らの文脈そのものに言及するとき逆説的循環が生じる（いわゆる自己言及のパラドックス）．

例えば，母親が子どもに，言葉（表示レベル）では，「私を愛しなさい」と言いつつ，態度やしぐさ（メタ・コミュニケーション・レベル）では「私を愛するな」

という，互いに相矛盾するメッセージを発し続けたとしよう．子どもは，表示レベルの命令に従おうとすると，メタ・コミュニケーションの命令を破ることになりその逆も同じ，という逆説的循環に陥る．メタ・コミュニケーションは，言語に文脈を与えている．だがダブル・バインド状況では，それを正しく読み取ろうとすると罰せられる．こうしたシステムにとらわれ続けるとき，メタ・コミュニケーションの解読力を失ってしまう．

そうなると，相手の発するメッセージや状況に，適切な文脈を与えられず，冗談と本気の区別がつかなくなったり，場違いな発言や行動をしたりする．さらに自らの経験にも文脈を与えられず，現実の出来事か，ドラマや映画なのか，夢や想像なのかの識別も困難となる．これは論理階型の識別がつかなくなった状態であり，統合失調症の症状でもある．

●**ダブル・バインドの応用事例** ベイトソンは，メタ・コミュニケーションが指示する文脈を枠づけるものとして，フレーム（枠組み）という比喩的概念を用いる．これを社会にひきつけて考えると，フレームとは，いわば社会的相互作用（相互行為）を枠づける場面の文脈である．それは，社会状況における行為や出来事，物の意味や価値（例えば良し悪し）を規定する解釈枠組みとなる．それゆえフレームは，個々の社会状況における行為や振る舞い方を，心理的・精神的に規定する暗黙の社会規範でもある．例えば，E. ゴッフマン（Goffman）が日常世界の分析のために対比した精神病患者たちは，世間の場面のフレームへの不適応ゆえに施設に収容された人々である．

ゴッフマンは，『出会い』（Goffman 1961）や『フレーム分析』（Goffman 1974）において，フレーム概念を遊びや役割距離の分析，あるいは人々の経験や認識と相互行為の絡み合いのなかから生成する社会の分析に応用した．

宗教や儀礼は，文脈への言及を禁じる．また伝統的社会は文脈への言及が抑圧され，無意識へと押し込められている．だが近代社会はそうではない．私の自己とは何か，伝統規範は正しいのか，文脈はたえず言及され（疑問にさらされ），いわば再帰的（Giddens 1999）である．それゆえ近代は，自己言及のパラドックスを引き起こしやすいダブル・バインド型社会である．そして，自己言及を禁じるのが儀礼なら，ダブル・バインドを乗りきる（あるいはやり過ごす）のは遊びである．ゴッフマンの社会学も初期の儀礼論から，演技や遊び論，そしてフレーム分析へと向かった．

［阪本俊生］

📖 **参考文献**
[1] ベイトソン，G. / 佐伯泰樹ほか訳，1986-87，『精神の生態学（上・下）』思索社．
[2] ベイトソン，G.・ロイシュ，J. / 佐藤悦子・ボスバーグ，R. 訳，1989，『コミュニケーション——精神医学の社会的マトリックス』思索社．
[3] ゴッフマン，E. / 佐藤 毅・折橋徹彦訳，1985，『出会い——相互行為の社会学』誠信書房．

クレイム申し立て

●**クレイム申し立て概念の学問的背景** 「クレイム申し立て」は，J. I. キツセ（Kitsuse）がM. スペクター（Spector）とともに1970年代に提唱した社会問題の構築主義の中心概念である．科学社会学など社会学の他分野や，人文社会科学の他領域においても，構築主義の名称を冠した学派は存在する．その大半は，言語を媒介とした相互行為によって社会現象がつくられるとみる観点を共有している．社会問題の構築主義も同様である．

一方でキツセらのアプローチには，社会問題と逸脱の社会学という研究分野に固有の文脈がある．それは第一に，シカゴ学派以来の経験的研究の伝統である．この伝統は調査研究の方法論への関心という形で受け継がれている．第二に，政治的・道徳的な争いのなかに研究が置かれやすいという傾向である．社会問題と逸脱は「問題である」という価値判断と切り離しにくく，人々の日常的な興味の的でもある．それゆえ研究も，価値や利害に関わる争いのなかに位置づけられやすい．

こうした文脈のなかで社会学者は，社会問題と逸脱の実態について診断を下し，原因を探究することを主たる任務としてきた．そのために，何らかの客観的状態（＝実態）が社会問題であるとする研究上の定義を用いてきた．それに対してキツセらは，研究上の定義は概念に問題があるか，首尾一貫していないことを示した．一貫した基準を欠いたまま，犯罪や人種差別，貧困などの雑多な主題を寄せ集め，社会問題と称しているにすぎないという指摘である．

彼らの提出した対案は，定義される対象（客観的状態）ではなく定義する活動として社会問題をとらえ直すことであった．特定の社会の状態を社会問題として定義する人々の活動に注目し，それをクレイム申し立て活動と名づけて研究する．このアイデアは，先行する社会問題の価値葛藤学派と逸脱のラベリング論に着想を得たものである．ただし両者が定義される対象にも言及する実在論的観点を残していたのに対して，キツセらはそれと手を切って，方法論上の一貫性を徹底しようとした．

●**クレイム申し立てとは何か** クレイム申し立てとは，「問題のある状態」を定義して，注目や対応を聞き手（オーディエンス）に要請する働きかけである．それは相互行為の一形式であり，研究者は相互行為のあり方に基づいて社会のメンバーと同じようにしてクレイムを読み取る．研究の主な問いは，クレイム申し立てとそれに対する反応がどのように組織されたかということである．クレイムを申し立てる人々が社会問題のカテゴリーを用いて問題を訴える過程や，それに反

応する人々や諸機関の活動が探究される.

キツセらがこの概念によってめざしたのは，2側面での新展開である．まず，クレイム申し立て活動は経験的に観察可能であるため，首尾一貫した方法論に基づいた調査研究を実施できる．次に，構築主義者はメンバーが行う問題の定義について真偽判定を行わず，クレイムの妥当性を問わない．それによって政治的・道徳的な争いから距離を取ることが可能になると考えたのである．

●**クレイム申し立て研究の多方向の展開**　社会問題の構築主義の提唱を受けて，多くの経験的研究が蓄積された．社会の状態や実態への言及によって方法論的一貫性が損なわれているという批判（Woolgar and Pawluch 1985）はあったものの，クレイム申し立てを探究するための諸概念（社会問題の自然史やレトリック，社会問題ワーク，トラブルのミクロ・ポリティクスなど）が整備された意義は小さくない．分析の範囲は，会話の一連のやり取り，特定の制度的場面，いくつもの場面を横断する社会問題過程，社会問題のカテゴリーと意味づけの歴史など複数の水準にわたっている（中河 1999）．

これらの諸研究を，クレイム申し立ての扱い方によって便宜的に三つの立場に分類してみよう．第一に，クレイムの妥当性を判断せずに活動の組織化を追究する，キツセらの指向を純化した立場がある．彼らに影響を与えたエスノメソドロジーの知見などともリンクしながら，方法論的洗練がはかられている．第二に，社会の状態への言及を回避せず，クレイムを社会的文脈に位置づけようとする立場がある．J. ベスト（Best）のコンテクスト派構築主義（Best 2008）に代表されるこの立場は，しばしば分析者によるクレイムの妥当性の判断をいとわない．第三に，他者に対して表出されない「問題経験」（草柳 2004）に注目するなど，クレイムとみなされないもの（構築されないもの）を視野に入れる立場がある．この立場は，クレイムを読み取る／読み取らないこと自体が政治的・道徳的な争いのなかにあり，研究者もその外部には立てないという見解を強調する．

こうした多方向の展開は，社会学的な知を産出する意義についての自省的な考察にも結びついた．キツセらのめざした路線をどこまで・どのように引き継ぐかという点に違いはあるものの（そしてその解釈次第で構築主義の外延は変化するだろうけれども），差異の存在は生産的なものだといえよう．諸々の立場の共存は，経験的な研究の進展を促す一方で理論的な想像力を喚起して，多様な学説と調査研究の交差するアリーナを用意した．　　　　　　　　　　　　　　　　　［山口　毅］

参考文献
[1] Spector, M. and J. I. Kitsuse, 1977, *Constructing Social Problems*, Cummings.（村上直之ほか訳, 1990,『社会問題の構築――ラベリング理論をこえて』マルジュ社.）
[2] 草柳千早, 2004,『「曖昧な生きづらさ」と社会――クレイム申し立ての社会学』世界思想社.
[3] 赤川 学, 2012,『社会問題の社会学』弘文堂.

冷淡と無関心

●**形式社会学のはじまり**　諸個人間の相互作用（相互行為）に「社会」を見出し，それを社会学の対象とすることを提唱したのは，G. ジンメル (Simmel) であった．相互作用は，家族や特定の目的をもつ組織の成員間など，長期的な相互関係にみられるばかりでなく，見知らぬ者の間にも，一瞬顔を見合わせる，電車内で押し合う，などの形でみられる (Simmel 1917)．「人間と人間との間には，もっと小さな，一つひとつとしては問題にもならぬような関係形式や相互作用様式が無数にあって，それらが公的ともいえる大きな社会形式の間へ忍び込んで，それで初めて世間でいう社会が生まれる」(Simmel 1917：訳 21) とジンメルはいう．

「絶えず結ばれては解け，解けては再び結ばれるもの」「永遠の流動及び脈拍として多くの個人を結び合わせるもの」(Simmel 1917：訳 21)．このように相互作用をとらえ，その形式に着目する，形式社会学がここに提唱された．

●**大都市の人間関係形式**　相互作用の形式とは，内容から区別され独立に扱われうる．例えば，支配と服従は，家族，学校，企業，宗教団体など，内容は異なる関係のいずれにも見出される一定の形式である．ジンメルは「大都市と精神生活」(Simmel 1903) で，大都市の人々の関係形式を次のように考察する．大都市の個性をつくる心理学的な基礎は，神経生活の高揚である．これは，外的内的な印象がめまぐるしく絶え間なく移り変わること，つまり我々の神経を刺激する情報の氾濫によるものである．人々はこうした状況に臨んで，個々の刺激に対して深い感情の水準で反応するのではなく，心の最も表面的な層，適応力の高い悟性で対応する．それは大都市的環境への人々の防御反応といえる．もし迫り来る刺激にそれに相応しいエネルギーで反応しようとすれば，人は疲弊してしまうだろう．そこで，受ける刺激にいちいち反応できないという無能力，すなわち倦怠に大都市人は陥りがちとなる．

ジンメルによれば，このことは人間相互の関係にも当てはまる．「大都市人同士の精神的態度は，形式的な点において冷淡と名づけてよいであろう」(Simmel 1903：訳 276)，と彼はいう．小さな町では人々は互いに知り合いであり，積極的な関係をもつ．だが，無数の人々が絶え間なく行き交う大都市で，小さな町と同様の触れあいを出会う人一人ひとりに求めたり求められたりするなどということは到底できない．そこで人はやはり自己保存のため，互いに他人に対して冷淡になり無関心になる．「都会の人間は冷たい」といわれるゆえんである．

この冷淡さ，無関心は，ジンメルによれば，我々が意識する以上にしばしばかすかな嫌悪，さらには反感へとつながっている．しかしながらこの反感こそが，

人々の間に距離と回避を引き起こし，それゆえにあからさまな敵対や憎悪，あるいは衝突が起こる危険から我々を守ってくれる．つまり互いに対する冷淡や無関心は，人間関係の崩壊や解体にもしみえたとしてもそうではなく，むしろそれによって大都市での生活が可能となるような「根本的な社会化形式」にほかならない（Simmel 1903：訳 277）．

しかもこの冷淡と無関心は，大都市において人々に他の関係では得られない個人的自由を与える．小さな圏では人々はより密接に関係し，そのために人は個人としての自由を発達させる余地が少ない．つまり窮屈なのである．それに対して，大きな圏で，人々が互いに無関心であるならば，個人は自分の特殊性，個性を発達させ表現することがより容易となる．このことは現代の私たちの生活実感としても頷けるだろう．冷淡と無関心の発達は，個人の独立性と自由を高めるという点で，相互作用の形式として「発展傾向」の一つ（Simmel 1903：訳 277）であるとジンメルは述べる．

●**現代社会における人間関係形式へのまなざし**　相互作用形式としての冷淡と無関心を論じることで，ジンメルは，社会圏の規模，人間や刺激の多寡といった外的量的条件が人々の関わり方の形式を規定する要因となっていることを論じた．ともすれば関係の解体とみられる互いへの冷淡と無関心が実は積極的な関係形式であることを論じ，しかもそれを人々の自己を守るための適応の形式，さらには，自由と独立性を高めていく形式として示した．このことは現代社会にも当てはめてみることができるだろう．都市などの公共空間のみならず，通信技術によって開かれたインターネットなどの場においても，現代人はたえず多くの他者とやりとりしている．おそらくかつてジンメルが目の当たりにした以上の量と広がり，速度をもつ情報環境，そこで展開する相互作用の形式はいかなるものであろうか．人はこの環境に臨んでいかに自己を防御し，他者との間にいかなる関わり方の形式を発達させているであろうか．またそのことは現代社会に何をもたらしているであろうか．こうした問いをジンメルの議論から立てることができるだろう．

近代社会の諸問題は，圧倒的な社会，歴史の遺産，文化，生活技術に対抗して自己の存在の自律性と独自性を保とうとする個人の要求に発している（Simmel 1903）とジンメルは述べる．人々の間に見出される相互作用のさまざまな形式は，この対抗の多様な表現であるといえる．個人に対して圧倒的なものとして発展する社会，それに対する「主体の抵抗」（Simmel 1903：訳 269）というモチーフがこの議論を貫いているのである．

［草柳千早］

📖 **参考文献**
［1］ ジンメル, G./ 清水幾太郎訳，1979．『社会学の根本問題——個人と社会』岩波書店．
［2］ ジンメル, G./ 北川東子編訳，鈴木 直訳，1999．『ジンメル・コレクション』筑摩書房．

5. コミュニケーション

　コミュニケーション（communication）とは，common（ラテン語ではcommunis）から派生した語であり，「共有する，分有する」が元の意味であるとされる．コミュニティ（community）もまた，communisから派生した言葉の一つである．このことは，社会（コミュニティ）が，「共有」のネットワークであり，「共有」が生成されるプロセスがコミュニケーションである，という潜在的認識を暗示している．この意味で，「コミュニケーション」とはまさに「社会（コミュニティ）」を紡ぎだす〈場〉であり，社会のダイナミズムのゼロ・ポイントということができよう．にもかかわらず，コミュニケーションやそれを媒介するメディアが明示的に社会理論化されるようになったのは，必ずしも古いことではない．しかし今日，電子メディアや人工知能技術の急激な発展とも相まって，コミュニケーション問題は改めて社会理論のコアに位置づけられつつある． ［遠藤　薫・正村俊之］

ジンメルのコミュニケーション論

●「相互」の時代へ　19世紀後半から20世紀前半にかけてコミュニケーション概念は徐々に社会理論において重要な位置を占めはじめるが，G. ジンメル（Simmel）もその渦中にあった人物の一人である．この概念そのものをジンメルはさほど使用しているわけではないが，彼の相互作用概念をコミュニケーション概念に読み換えることは，その後の社会理論の基本的な傾向となる．

今日コミュニケーション概念をもって語られている事態は，ドイツ語文化圏では交通，理解などとして普通は論じられていた．コミュニケーションの概念も19世紀後半，ヘルバルト派やW. ヴント（Wundt）の社会心理学，A. シェッフレ（Schäffle）の社会有機体説などにおいて，すでに萌芽的にだが取り上げられつつあった．当時これらを一括する概念として，相互作用や相互関係という，自然科学においてもよく使われていた名辞が好まれた．実体的な統一性の感覚が崩壊し，時代は人間の関係を理解や信頼，期待，伝達の応酬として認識しはじめる．全体性が解体し「相互（Wechsel）」のゼマンティクの時代に入ったのである．ジンメルはこの時代の動向に，最も鋭敏に反応し，後の時代の議論の基盤を築いた代表的人物である．

●「相互」論の布置　ジンメルは社会観の根底に分化概念を置く．分化は相互作用の依存関係を拡大していく．しかしこの拡大は，関係を支える媒体の制約を受ける．ジンメルは，関係の拡大はそれに相応した媒体を要請し，逆に媒体の革新が関係の広がりを推進し保証すると考えていた．その媒体としてジンメルは愛や信頼という感情の機制も論じたが，知識，法，貨幣，とりわけ近代社会に最も典型的という意味で貨幣を重視した．当時はメディアという概念は必ずしも一般的ではなく，生理学などから入ってきた「結合媒体（Bindemittel）」という概念がよく用いられた．貨幣は相互作用の拡張を支える循環する「結合媒体」である．貨幣論を通して，ジンメルは近代の社会関係の動態性と質を欠いた抽象性を語る．ジンメルは貨幣とともに通信技術，とりわけ電話や映像などによる社会関係の拡大に注目していた．この注目は，J.-G. タルド（Tarde）の模倣論やF. テンニース（Tönnies）の公論をめぐるジャーナリズム論などにも共通のもので，経済的な輸送の拡大とともに，通信による人間関係の網の目の形成の重要性が，徐々に自覚されつつあった．

統一性が崩れるとは，自明の完了した理解が成り立たないことを意味している．したがって理解は了解（Verständnis）ではなく，分裂や対立そして非知を必須の契機として内包した理解過程（Verstehen）となる．ジンメルは社会統合を文

化や価値の共通性によって支え得るとする希望をもはや有していなかった．この過程はより広い社会圏においては，社会的に確立された「結合媒体」によって一般的に水路づけられている．その回路の成立の保証は，漠然とした信頼であり信用であるとされる．これに対しより対人的な相互作用では，この過程は，もっと屈折したものとなる．そこでは，この過程は断片的な情報と誤解，曲解，推測に基づく一種の構成主義的な他者把握とみなされる．一般的ならびに対人的，両レベルにおいて，ともにジンメルは，相互作用の成立にあたって，非知と伝達の契機の重要性に止目している．この契機の重視は，他者の真正の理解の不成立と関係の分化的な機能化の増大を意味してもいた．他方ジンメルはこういった議論によって「汝」のより深い把握の問題を否定するのではなく，それは哲学的思索に託した．したがって，ジンメルの相互作用論をコミュニケーション論として読むとすれば，そこには社会学的と哲学的の二種の議論端緒が用意されていることとなる．

●「相互」からコミュニケーションへ　相互作用概念は，20世紀になって言語と情報，通信の重要性が前景化するのに応じて，その後とりわけコミュニケーションとして言い換えられていく．ジンメルが意図していた，「相互」というゼマンティックにおいて「コム（com）」の含意を共同的な同一性からともに対立しつつ偶発的に関係するという位相に転換する思索モチーフは，その際より強調して継承されている．ジンメルは，解釈学と進化論の相違と関係を検討すると同時に，結合関係の全体的統合ではなく，その無限の拡大と更新の過程を語った．こういった議論をシステム理論的なコミュニケーション概念の方向において継承したのがN. ルーマン（Luhmann）である．ルーマンは，そのコード，意味，信用，パッションなどをめぐる議論において，広汎にジンメルを連想させる思考を展開した．アメリカ社会学では，ジンメルの相互作用概念は，社会行動主義的なコミュニケーション概念と絡むことで，象徴的相互作用論や社会過程論に決定的な影響を与えた．影響はE. ゴッフマン（Goffman）からエスノメソドロジーへと連綿とつづいている．これらはいずれもジンメルの相互作用概念をコミュニケーション論として読み換えることを前提としたもので，ジンメルの当時相対主義的ともいわれた偶発性を属性とする構成主義的な相互作用概念の継承的な変奏といえるものである．さらに「汝」との意思疎通をめぐる哲学的なコミュニケーション論の方も，M. ブーバー（Buber）からJ. ハーバーマス（Habermas）まで，作用史をもつ．ただしその影響はあくまでも潜在的であった．彼の「汝」をめぐる社会哲学的な議論が明確に注目されるようになるのは，近年になってのことである．　　　　［廳　茂］

📖 **参考文献**

[1] Simmel, G., 1908, *Soziologie: Untersuchungen über die Formen der Vergesellschaftung*, Duncker & Humblot.（居安 正訳, 1994,『社会学――社会化の諸形式についての研究（上・下）』白水社.）

模　倣

●**人間の最古の表現方法としての模倣**　模倣は人間の振る舞いや思考あるいは感情を同型的に反復することを指す．日常用語として一般的に使われるが，この模倣という概念は，ギリシャ時代からの長い歴史を背景にして，西洋哲学，美学の領域で，きわめて重要な位置を占めてきた．ミメーシスというギリシャ語はもともと音楽と言葉を伴う踊りを意味した．つまり，模倣は，「踊る」という演技＝仮象を，多くの者が同型的に反復するという，人間存在にとって根源的な「生」の表現方法を指す概念であった．この点を踏まえて，W. ベンヤミン（Benjamin）は「被いも被われた対象も美ではなく，美とはその被いのうちに存在する対象を謂う，これがゲーテの，そして古代の芸術観の真髄である」（Benjamin 1924：訳172）と指摘し，この芸術観の根源には「あらゆる芸術活動の原現象としての模倣」があり，しかも最古の模倣には，たった一つの素材，すなわち模倣する者自身の肉体しかなかった，と述べた（Benjamin 1935-36）．「踊る」という仮象において，つまり「被い」という仮象のうちに，美の核心が存在するということである．だが，こうした「アウラ的な知覚の時代に基礎づけられた」芸術観は，上記の文で「ゲーテの」という限定が付されていたことが示すように近代において揺らいでいく．そのことは「移ろいやすい悪しき世界の仮象とまやかし」を「諸現象の真の内実」から取り去ってくれるものとして芸術を規定した G. W. F. ヘーゲル（Hegel）の見地によく表れている．

●**模倣が内包する仮象と遊戯**　近代における美の概念の変容を前にして，模倣の意義を救済すべく，この概念に分離不可能な二つの側面があることをベンヤミンは指摘した．仮象と遊戯である．仮象は「呪術的なやり方」「見せかけ」であり，遊戯は「実験的なやり方のすべての，無尽蔵の貯蔵庫」と規定される．遊戯は，「類似物をつくり出すこと」「真似をすること」という模倣の能力を通じて，「子どもの遊び」に端的に示されるような，反復を通じた同一性の差異化の営み，さらにその営みを通じて世界との応答関係を絶えず更新するプロセスを指している．模倣，引用，翻訳，こうした行為を通じて，オリジナルとみなされてきたものに潜在化していた「精神的本質の伝達可能なもの」を生成するプロセスでもある．模倣は同一性の反復にすぎないのではない．それは，反復を通じた差異化の過程であり，仮象の側面に張り付いた「呪術性」を極力剝ぎ取りながら，「遊び」を通じて美をつくり出す力動である．

●**反復と差異としての模倣**　美学の領域を離れ，人間の社会的な存在論のレベルで模倣の現代的意義を論じたのは J.-G. タルド（Tarde）である．彼の模倣論は G.

W. ライプニッツ（Leibniz）のモナド論を引き継ぐものであるが，その単なる継承ではない．モナド間の作用を認めない「閉じたモナド」を前提としたライプニッツとは異なり，モナドが互いに影響しあう「開かれたモナド」の関係を構想したからである．モナド間の「所有」の関係をタルドは模倣として展開した（Tarde 1895）．モナドが「力としての信念」と「力としての欲望」を発揮して，他のモナドを「所有」し，「征服」する様態を十分観察できるのは，モナドたる諸個人の相互作用から生成する「社会界」においてである．社会では，説得，愛，憎しみ，威信，信念，意志といった「力」「社会的要素」が無数の仕方で結びあい，引き寄せあい，反発を引き起こす．ある主張が伝搬し，反発を招きつつ，それが人々を魅了し，熱狂が発現する．あるファッションが新奇さゆえに嫌われつつ，次第に人々の支持を集め，流行をつくり出す．つまり模倣とは，対立から順応へ，さらに再び対立へ，と続く「差異化」のプロセスである．そのことをタルドは「社会の類似性が広さと深さを増したとしても，それを引き替えに社会の差異的側面が減少するわけではない」（Tarde 1898：訳31）と表現する．差異と反復，それは相いれない対立概念ではないことを強調する点で，タルドはベンヤミンと同一の地平に立っているといえる．

　20世紀後半，タルドの模倣論や所有論を再評価し，その意義を知らしめたのはG. ドゥルーズ（Deleuze）である．存在の属性にかえて，「持つ」という領域を考慮に入れることで，不安定性，時間性，逆転や転倒といった新しい契機を存在論の位相に導入した点を積極的に支持するからである．これ以降も，M. ラッツァラート（Lazzarato）やB. ラトゥール（Latour）などの思索にタルドからの影響が顕著に認められる．

　「社会とは模倣であり，模倣とは一種の催眠状態である」と述べたタルドや，模倣の遊戯性に着目したベンヤミンの視点のほかにも，「対象」へ向かう「主体」の欲望は「媒介者」の欲望の模倣として現出するがゆえに，「主体」と「媒介者」との間には「対象」を奪い合うべく暴力が生起するという「欲望の三角形」モデルを提示したR. ジラール（Girard）の洞察も見逃せない．「社会的なるもの」の成立のメカニズムの原理的な探究をすすめるうえで，さらに現代のデジタル・メディアが生み出す複雑な情報現象を探究するうえで，模倣概念は重要な示唆を与えてくれる．

[伊藤 守]

参考文献

[1] Tarde, J.-G., 1890, *Les lois de l'imitation: étude sociologique*, Félix Alcan.（池田祥英・村澤真保呂訳，2007,『模倣の法則』河出書房新社．）
[2] Deleuze, G., 1988, *Le Pli; Leibniz et le baroque*, Éditions de Minuit.（宇野邦一訳，1998,『襞——ライプニッツとバロック』河出書房新社．）
[3] Girard, R., 1961, *Mensonge romantique et verite romanesque*, B. Grasset.（古田幸男訳，1971,『欲望の現象学——ロマンティックの虚偽とロマネスクの真実』法政大学出版局．）

シャノン=ウィーバー図式

●**シャノンの通信図式が生まれた背景** 20世紀初頭に量子力学が誕生すると，観測という行為が注目され，物質やエネルギーとともに「情報」という概念が物理的世界の基本概念として登場するに至った．不確定性原理に代表されるように，対象をいかに観測するか，つまり対象からいかに情報を得るかが，本質的な問題として出現したのである．だが，「情報量」の定義さえ不明確だったので，情報概念は曖昧なままにとどまっていた．一方，電信電話技術の進歩に伴って，20世紀半ばの通信工学分野では，通信路を経由して情報を誤りなくしかも効率的に伝達する理論が求められていた．

通信工学者R.ハートレー（Hartley）の考えをさらに発展させて「情報量」を定義し，通信路を介した情報の一般的な伝達効率について論じたのが通信工学者C.シャノン（Shannon）である．1948年に発表された論文「コミュニケーションの数学的理論」は，翌年にW.ウィーバー（Weaver）の解説を加えて単行本として出版され，世界中に多大な影響を与えた．このため，シャノンを「情報理論の父」とよぶ声も少なくない．その理論においては，確率pで生起する事象が起きたことを知らせる情報量は$-\log p$で与えられる．この定義は，「珍事の発生を知らせるメッセージの情報量は大きい」という常識的な直感とも一致している．一般に，生起確率が$p(i)$ ($i=1, 2, 3, \cdots$) の事象群があるとき，そのなかのどれが起きたのかを知らせるメッセージの平均情報量Hは$-\Sigma p(i) \log p(i)$で与えられる．このHは「エントロピー」とよばれ，対象の不確定度を示す値となる．情報とはエントロピーを減少させる存在であり，したがってこれは「ネゲントロピー（負のエントロピー）」とみなされる．このように広く情報概念をとらえたことから，シャノンの議論は20世紀後半，情報やコミュニケーションの科学的基礎を与える理論だと位置づけられ，通信工学だけでなく，人文社会科学を含め諸学問分野から期待を集めたのだった．

●**シャノンの通信図式とは何か** 残念ながら今日，この期待は過大なものだったと考えられている．理由は，シャノンの論文の内容を詳しく眺めれば明らかである．その情報理論は，意味的内容をもつ情報概念やコミュニケーション概念に関わるものではない．論じられているのは，ノイズの影響を防止しつつ，効率よく情報を伝達するにはいかなる符号化をすればよいかという，あくまで純粋に通信工学的な問題なのである．

シャノンの図式では，情報源から発生する「メッセージ」は，送信機で「信号」に変換され，通信路を介して受信機に送られ，受信機で再びメッセージに復号化

されて宛先に伝達される．ここで，通信路には雑音源からのノイズが加わる．メッセージは文字などの「記号」から組み立てられるが，この記号（列）を「信号」に変換する操作を「符号化」とよぶ．シャノンは，最適な符号化を行えば，ノイズによる誤りの発生を統計的にゼロにし，かつ通信路容量の限界値まで記号の通信速度を上げることが可能であることを証明した（第二符号化定理）．最適符号化においては，雑音源の統計的性質が巧みに用いられている．この結果は，誤り発生を防止するには冗長性を高めて通信効率を下げるしかない，という工学的常識に反する衝撃的なものだった．情報源の統計的性質の分析や符号化処理に伴う実用上の制限はあるにせよ，シャノンの業績は画像通信における圧縮処理などに応用されている．

●**応用上の問題点**　シャノンの通信図式で扱われているのはメッセージの意味内容の統計的性質ではなく，メッセージを構成する記号の統計的性質にすぎない．ゆえにその議論は本来，意味内容の伝達を含むコミュニケーションとは無関係であり，シャノン自身もこれを指摘している．しかし，ウィーバーの解説においてこの点が曖昧にされたため，大きな学問的混乱を招くことになった．シャノンの情報概念は人文社会科学にも適用可能だという誤解が生まれ，芸術論にこれを流用しようとする見当違いな企てもなされた．それらは単に不毛なだけだが，特にメディア論などの関連分野で，シャノンの図式を一部拡張し，社会的コミュニケーション図式として用いようという議論は，等閑視できない問題をはらんでいる．例えば「バーロ・モデル」（田村 1999：54-5）はその代表といえる．そこでは，送信者が発したメッセージが電話やラジオなど工学的な伝播メディアを介して受信者に送られる，という考え方が採用されている．つまり，意味内容を含んだメッセージがあたかも小包のように伝達されることが，基本的にはコミュニケーションを成立させるというのである．

しかし，このような機械的な情報伝達モデルで人間社会のコミュニケーションをとらえるなら，人間の社会的行動はきわめて束縛されてしまうだろう．記号の伝達が意味内容の伝達にそっくり等値されるためには，あたかも軍隊組織のように，送信者と受信者との間で概念が厳密に共有され，行動の枠組みが規定されていなくてはならない．それは人間の根源的自由の抑圧を生む．意味的なコミュニケーションとは本来，あくまで創発的なものなのであり，この点に留意することが高度情報通信社会ではきわめて重要になってくる．　　　　　　　　　　　［西垣　通］

参考文献
[1] Shannon, C. and W. Weaver, 1949, *The Mathematical Theory of Communication*, University of Illinois Press.（植松友彦訳，2009，『通信の数学的理論』筑摩書房．）
[2] 西垣　通，2004，2008，『基礎情報学』『続 基礎情報学』NTT出版．
[3] 西垣　通，2012，『生命と機械をつなぐ知』高陵社書店．

サイバネティクス

●**目的科学としてのサイバネティクスの誕生** サイバネティクスは，アメリカの数学者である N. ウィーナー（Wiener）を中心に創始された学際的ディシプリンで，1946 年から継続的に開催されたメイシー財団主催の会議の過程でその原理や応用可能性が議論された．サイバネティクスが興った 1940 年代は情報社会の屋台骨をなす情報科学の黎明期にあたっており，ウィーナーのサイバネティクスもまた，最初期における情報科学の理論的支柱となった．わけてもサイバネティクスの貢献として特筆に値するのは，情報科学への「目的」概念の導入である．従前，精密科学が扱うのはアリストテレス（Aristoteles）のいわゆる四原因のうち「起動因（causa efficiens）」，すなわち近代科学でいう「因果律（causality）」に限られていた．サイバネティクスは「情報による制御」というアイデアによって「形相因＝目的因」を矛盾なく科学に組み込むことをもくろむ．これは第三者的には，I. カント（Kant）が『判断力批判』で提示した自然における機械論と目的論の調停という問題系への「情報」の見地からするアプローチという見方もできる．また，サイバネティクスには当時の心理学界を席巻していた行動主義（behaviorism）の影響も色濃くみられる．すなわち，システムの入力と出力をのみ問題とし，システム内部の機構いかんを問わない，という方法論的格律の採用である．以上 2 点はウィーナーがサイバネティクスに本格的に取り組む契機ともなった神経生理学者 A. ローゼンブリュート（Rosenblueth）および数学者 J. ビゲロウ（Bigelow）との共著論文『行動，目的，目的論』（1943）からもうかがえる．

●**自己組織化とセカンドオーダー・サイバネティクス** サイバネティクスの語が「舵取り」を意味するギリシャ語からの造語であることからもわかるとおり，当初それは所与の目的を達成するためのシステム制御の一般理論として構想された．その際，重要なことは，①制御が，目的との誤差「情報」をシステムに逐次入力し出力を修正する「フィードバック」によって，すなわち「通信（communication）」によって達成されること，また，②目的実現のための「制御」が果たせれば，制御を実現する機構がいかなる具体的目的をもち，またどのような質料的素材で構成されているか（例えば有機体であるか機械であるか）は二義的でしかないことである．サイバネティクスの古典的定義である「動物と機械における制御と通信（control and communication in the animal and the machine）」は以上の 2 点を明確に表現している．エネルギー過程や力学的過程ではなく「情報」伝達過程に着目することで，素材や目的の特殊性を捨象するサイバネティクスのこうした利点が，研究の学際性とその後の広汎な応用に基礎を与えている．

1970年代に入るとサイバネティクスは急速に影響力を失うが，それにも増して深刻だったのは，R. アシュビー（Ashby）による自己組織化をめぐる提議であった．彼は，サイバネティクスの枠組みでは目的はシステムの外部からしか与えられず，自己組織化は原理的に不可能だと指摘したのである（『自己組織システムの原理』[1962]）．70年代に登場したH. v. フェルスター（Foerster）のセカンドオーダー・サイバネティクスは，システムに目的を与える認知系，すなわち観察者をフィードバック・ループの外に設定する初期のサイバネティクスに対し，観察者をシステム内部に組み込むことでシステムの自己組織化をはかろうとした．80年代には，生物学者H. マトゥラナ（Maturana）と認知科学者F. ヴァレラ（Varela）によってシステムのさらなる〈自立＝自律〉化がめざされた．彼らは認知系のみが自己産出的な閉鎖的〈自立＝自律〉系を構成するとして，その原理を「オートポイエーシス」とよび，「生命」の本質とみなすに至った．フェルスターが所属し，アシュビー，マトゥラナ，ヴァレラもコミットした生物コンピュータ研究所（Biological Computer Laboratory：BCL）を拠点とする70年代以降のサイバネティクスは，システムの自己組織化，〈自立＝自律〉化をめざした点で，システムの「制御」を課題とした初期サイバネティクスから明確に区別される．

●**家族療法・社会システム理論への展開**　サイバネティクスの初期の社会への適用で特筆に値するのは，メイシー会議にも参加したG. ベイトソン（Bateson）の人類学，精神病理学分野での試みである．彼は「分裂生成」や「ダブル・バインド」といった概念で，コミュニケーションの連鎖的接続による社会システムの分化や心理システムの形成メカニズムの解明を企図したが，それは社会システム理論や家族療法における構築主義の理論的基礎を与えた．

　理論社会学者N. ルーマン（Luhmann）は，自己組織化，セカンドオーダー・サイバネティクス，オートポイエーシス，ベイトソンのコミュニケーション理論を批判的に受容しつつ，サイバネティクスを壮大な社会システム理論として体系化した．それは，スペンサー流の社会有機体論でも，パーソンズの行為の体系としての社会システムとも異なる，コミュニケーションのシステムとしての社会システムの構想である．コミュニケーションの主体として「人間」を立てる従来の社会理論に対し，「コミュニケーション＝社会」という非人称的な社会観をとる点は，ルーマン社会システム理論がサイバネティクスの系譜に連なることの裏書きでもある．

［大黒岳彦］

📖 **参考文献**

[1] Wiener, N., 1961, *Cybernetics or the Control and Communication in the Animal and the Machine*, 2nd ed., MIT Press.（池原止戈夫ほか訳，1962,『サイバネティックス――動物と機械における制御と通信 第2版』岩波書店.）

メディアの位相

●**メディア論の背景**　社会学には，G. ジンメル（Simmel 1908）の心的相互作用論のようにコミュニケーション研究の先駆をなすものもあったが，コミュニケーションを「情報の表現・伝達・受容・理解」という情報的プロセスとしてとらえるならば，社会学におけるコミュニケーション研究は，20世紀初頭におけるマス・コミュニケーション研究から始まった．

　20世紀初頭は，書籍や新聞に加えて映画やラジオが普及し，政治的プロパガンダが大きな力を奮った時代であった．そうした状況のなかでマス・メディアに媒介された情報の伝達過程に関する研究が開始され，それ以後，送り手研究や受け手研究を含むさまざまな研究が行われてきた．とはいえ，研究を導いた主要な関心は，マス・メディアが受け手にどれだけ影響を与えられるのかという点にあり，送り手の意図，情報の内容，そして受け手の反応といった要因に照らして，マス・メディアの効果を分析する傾向を有していた．そのため，行為論的枠組みのなかでコミュニケーションを分析する研究が多かった．

●**メディア論の誕生**　これに対して20世紀中葉に，新たな分析視角をもったコミュニケーション研究が登場した．それがメディア論である．メディア論は，送り手の意図や情報の内容よりもメディアの機能的・形式的な特性を重視し，メディア間の比較を行う点に特色がある．ただし，メディアには，①パーソナル・メディア，マス・メディア，電子メディアのように，情報の表現・伝達のあり方を規定するメディアのほかに，②貨幣，権力，愛，真理のように，情報の受容可能性を高めるメディアや，③情報工学者が「テレイグジスタンス」「サイバースペース」と称する技術のように，コンピュータを利用してヴァーチャル・リアリティを表現するメディアがある（舘 2002）．メディア論としての学問的蓄積が進んだのは第一と第二のタイプであるが，ここではH. A. イニス（Innis）に端を発し，M. マクルーハン（McLuhan）に継承されていく第一のタイプを取り上げる（T. パーソンズ［Parsons］のシンボリック・メディア論を換骨奪胎するかたちでN. ルーマン［Luhmann］が提唱した第二のタイプのメディア論については別項［「権力」「貨幣」「真理」「愛」］を参照）．

　情報がどのように伝達されるかはメディアの物理的特性に左右されるが，そのことを認識したのがイニスであった．物的交通の経済学的研究からスタートしたイニスは，粘土版や石版のように，持ち運びは困難だが耐久性が優れている性質を「時間的バイアス」，パピルスや紙のように，耐久性は劣るが持ち運びが容易な性質を「空間的バイアス」としたうえで，時間的バイアスをもったメディアが

エジプト文明のような宗教的帝国の形成を促したのに対して，空間的バイアスをもったメディアは古代ローマ帝国のような政治的帝国の形成につながったとした．そして，社会の歴史は，異なるバイアスをもったメディアの交替や循環を通して形成されてきたことを示した（Innis 1951）．

イニスの影響を受けたマクルーハンも，「メディアはメッセージである」という言葉に象徴されるように，メディアの形式的側面を重視したが，イニスと違って，情報を処理する知覚的様式に着目した．マクルーハンは，メディアを人間の感覚器官の拡張としてとらえ，聴覚的メディアと視覚的メディアがもたらす社会的影響について論じた．印刷術という書き言葉の複製技術が発明されたことによって，話し言葉を基礎にした聴覚優位の世界が視覚優位の世界へと移行し，近代的個人主義や国民国家が形成されたこと，しかしラジオやテレビの登場とともに視覚優位の世界が崩れつつあると考えた（Mcluhan 1962, 1964）．

●メディア論の応用・展開　その後，マクルーハンの考え方の理論的な定式化と実証的な検証を行う作業が進んだ．W.-J. オング（Ong 1982）は，音声メディアと視覚メディアがそれぞれ生み出す「声の文化」と「文字の文化」に固有な思考様式や生活様式を明らかにした．そして，近代の文化が新しいメディアの登場によって揺らぎつつあることを哲学的な議論と結びつけながら定式化したのがM. ポスター（Poster 1990）である．彼は，情報様式の歴史を「声に媒介された交換」「印刷物に媒介された交換」「電子メディアに媒介された交換」という三つの段階に区分したうえで，メディアの歴史的変遷に伴って自己＝人格のあり方が歴史的に変容してきたことを論じた．一方，実証的研究としては，E. L. アイゼンステイン（Eisenstein 1983）が印刷物と母国語の関連を示すことによって，印刷物が国民国家の形成を導いたというマクルーハンの見解を実証的に裏づけた．

またインターネットの普及によって，「グローバル・ヴィレッジ」というマクルーハンの言葉が一面のリアリティを帯びるようになった現代的状況のなかで，J. メイロウィッツ（Meyrowitz 1985）や P. ヴィリリオ（Virilio 1977）のように，時空的距離を克服する電子メディアの働きに注目する研究も生まれた．情報化とグローバル化は地球的規模の統合と分裂，脱場所化と再場所化という二つの対立的な契機を孕んでいるが，そうした社会構造の変化とメディアの再編との動態的な関係を分析するさらなる研究が求められている． ［正村俊之］

参考文献
[1] Innis, H. A., 1951, *The Bias of Communication*, University of Toronto Press.（久保秀幹訳, 1987, 『メディアの文明史──コミュニケーションの傾向性とその循環』新曜社.）
[2] McLuhan, M., 1962, *The Gutenberg Galaxy: The Making of Typographic Man*, University of Toronto Press.（森 常治訳, 1986, 『グーテンベルグの銀河系』みすず書房.）
[3] 正村俊之, 2001, 『コミュニケーション・メディア──分離と結合の力学』世界思想社.

メディアの作動

●**「メディア」とは何か** 「メディア」という言葉は，あまりに安易に使われすぎている．音声や文字もメディアとよばれ，フィルムや磁気記録媒体もメディアとよばれ，新聞やテレビもメディアとよばれる．これら多様な「メディア」を一括して論じようとすれば混乱するだけである．

では，どのように分類すべきか．本項では，①記号系，②再生（シミュレーション）系，③通信（コミュニケーション）系の三分類を提案したい．これらのカテゴリーは，必ずしも截然と分割されるわけではないが，「メディア」に対する視座を規定するといえる．例えば，W.-J. オング『声の文化と文字の文化』(Ong 1982) の議論は①の視座に立つ議論であるし，K. マルクス (Marx) は『資本論』で鉄道を③のメディアとして語っている．そして，メディアを②の視座から語ったのが W. ベンヤミン (Benjamin) である．

ベンヤミンの主著である『複製技術時代の芸術作品』(Benjamin 1935-36) はメディア論の古典として今日でもアクチュアルな問題提起を行っている．しかし，この論文のなかに「メディア」という言葉はほとんど使われていない．代わりに使われているのが，「複製技術 (Technischen Reproduzierbarkeit)」という言葉である．さらにいえば，原題の Reproduzierbarkeit とは，「複製」というよりも「再現性」「再生性」というほうがしっくりくる．

ベンヤミンの時代に，写真，映画，レコードなどの「複製技術」が急速に社会に浸透した．それらの技術は，「現実」を異なる信号系によって再現すると同時に，現実を再編集，再構成することを可能にする技術であった．

●**「一回性」と「再生性」** ベンヤミンの『複製技術時代の芸術作品』のキーワードとして多くの人がまず思い浮かべるのは，「アウラの喪失」というフレーズだろう．気をつけねばならないのは，この「アウラ」の意味である．ベンヤミンが「複製技術によって失われた」とするのは，「一回性」「今ここ性」とも言い換えられる「存在の唯一性」のことである．ベンヤミンは「複製技術」以前の芸術がこの「一回性」によって権威づけられ独占されてきたことを批判し，複製技術による芸術の解放を論じた．

これに対して，同時代の T. W. アドルノ (Adorno) は，複製技術による一回性の喪失，無際限な大衆化を激しく批判した．彼は，芸術の芸術性を担保する真正性が複製技術によって損なわれると同時に，複製技術による芸術の商品化が，大衆支配の基盤となると論じた (Adorno 1962)．同様の主張は，アメリカの社会学者 D. J. ブーアスティンの『幻影の時代』(Boorstin 1961) でも展開されている．

また，フランスの社会学者である J. ボードリヤールが『シミュラークルとシミュレーション』(Baudrillard 1981) などで展開した議論も，アドルノやブーアスティンの延長線上にあると考えられる.

　もっとも，この「仮象」と「真性」を対立させて論じる議論は，プラトン (Platon) の「洞窟の比喩」にまでさかのぼりうるものである. これに対して，アリストテレス (Aristoteles) は，『形而上学』において，素材としての質料 (ヒュレー) に形相 (エイドス) が宿ることで，実体が成り立つと考えた.

●**複製技術からメタ複製技術へ**　ベンヤミンが大きな一歩を踏み出した「複製技術」論であるが，今日の技術環境は，ベンヤミンがみていたそれからさらに一段階シフトしている. 当時の写真，映画，レコードなどの複製技術は，物理的・化学的ないわば機械的複製の技術であったのに対して，20世紀末以降，デジタル信号を媒介にした電子的複製が主流となってきた.

　M. マクルーハン (McLuhan) が『メディア論』を書いたのはまだ電子的複製が端緒についたばかりの時期であったが，彼はこの本のなかで「それは人間意識の技術的シミュレーションであって，そうなると，認識という創造的なプロセスも集合的，集団的に人間社会全体に拡張される」(McLuhan 1964：訳 1987：3) と述べている.

　また V. フルッサー (Flusser) は「テクノ画像」の登場を一つの画期とみなす. そして，「テクノ画像は，それが指し示すものが自動的にその表面に複写されているようにみえる」(Flusser 1983：訳 13) が，その「〈客観性〉は幻想」(同書：訳 14) であると論ずる.

　そして N. ボルツ (Bolz) は，「仮想性 (ヴァーチャル) とは，〈かのようにの世界である. つまり精神の働きによってつくられたものであり，形は同じでも物質的実体とはまったく別物である〉」(Bolz 1993：訳 215) と指摘する.

　このような電子的複製技術を，遠藤薫 (2009, 2013) は「メタ複製技術」とよび，メタ複製された〈断片〉たちが分解と再編集を反復しつつ，自律的な自己／相互再生産の運動を展開する様相を，ベンヤミンの遠望した光景を参照しつつ論じている.

［遠藤　薫］

📖 **参考文献**

[1] Benjamin, W., 1935-36, "Das Kunstwerk im Zeitalter seiner technischen Reproduzierbarkeit". (久保哲司訳, 1995, 「複製技術時代の芸術作品」『ベンヤミン・コレクション 1　近代の意味』, 筑摩書房：583-640.)

[2] Baudrillard, J., 1981, *Simulacres et simulation*, Éditions Galilée. (竹原あき子訳, 1984, 『シミュラークルとシミュレーション』法政大学出版局.)

[3] Bolz, N., 1993, *Am Ende der Gutenberg-Galaxis: Die neuen Kommunikationsverhältnisse*, Wilhelm Fink. (識名章喜・足立典子訳, 1999, 『グーテンベルク銀河系の終焉——新しいコミュニケーションのすがた』法政大学出版局)

受け手研究

●「受け手研究」とは何か 「受け手」などというものは，そもそも果たして存在したことがあったのだろうか？ 多数のメディアが複合し，「受け手」が「送り手」でもあることがすでに当然と感じられている今日，私たちは「受け手研究」の存立可能性自体を疑い始めている．「受け手」とは誰か？ それはいかなる歴史条件下で，あたかも自明の前提があるかのように立ち現れていたのか？「受け手研究」についての解説は，今やそうした前提への疑問に答えることを要請されている．

戦後の数十年間，受け手研究は，主にアメリカの放送オーディエンス研究により先導された．それまでの宣伝研究が，メディアは大衆に「弾丸」ないしは「皮下注射」的な強力効果を及ぼすと考えていたのに対し，それらは受け手が自律性を備えた存在であることを強調した．この流れを先導したのは，P. F. ラザースフェルド（Lazarsfeld）らによる『ピープルズ・チョイス』である．彼らはアメリカ大統領選挙に際し，有権者がどう態度決定したのかを面接調査し，一般の予想よりもずっとメディアの影響が小さいこと，むしろ彼らの態度決定では「多くの個人と個人との相互作用」が決定的な役割を果たしたことを明らかにした．

マスメディアの影響についてのこの発見は，やがて「コミュニケーション 2 段の流れ仮説」につながっていく．それによれば，メディアは私たちに直接に大きな影響を及ぼすのではない．メディアと私たちの態度との間には，オピニオン・リーダーを中心とするパーソナルなコミュニケーション圏があり，これがメディアの影響の成否を左右しているのである．また，彼らは人々がメディアに白紙の状態で接触するのではなく，事前に社会経済的，宗教的，地域的に一定の傾向を有し，情報に「選択的」に接触していることを強調した．

これらの研究は，やがてラザースフェルドと E. カッツ（Katz）による『パーソナル・インフルエンス』に理論化され，「利用と満足研究」に連なる大きな流れを形成していく．ここで注目すべきなのは，こうした受け手の自律性や中間集団の役割を強調する議論が，第二次世界大戦後，つまり冷戦期のアメリカの自由主義イデオロギーとぴったり一致していた点である．宣伝研究の強力効果仮説から受け手研究の限定効果説への重心移動は，自由主義イデオロギーにより要請される新しいメディアの担い手のイメージにあまりにも適合していた．

●限定効果説への批判 1970 年代から 80 年代にかけ，S. ホール（Hall）の「エンコーディング/デコーディング」に代表されるカルチュラル・スタディーズのオーディエンス（受け手）研究が批判したのは，まさにこうした第二次世界大戦後のアメリカの受け手研究を枠づけてきた自由主義イデオロギーであった．すなわち，利用と満足研究が多元主義的な自由主義に基づき個人を多様な解釈に開か

れた自律的な受け手とみなしたのに対し，カルチュラル・スタディーズは，受け手は階級やジェンダー，エスニシティなどをめぐる社会権力の不均等な配分のなかで過剰決定されていると考えた．受け手が「能動性」を発揮するとしても，必要なのはそうした能動性を個人の「自由」な意思に帰属させるのではなく，それを可能にした権力の布置と矛盾やせめぎあいを解明していくことなのだ．ここで提起されたのは，送り手と受け手を対置させ，どちらが権力を多くもっているかを問うことではなく，テクストが読まれる過程自体のなかで権力が織りなされていくのをとらえていくことだった．

とりわけ今日のように，複数のメディアが生活のあらゆる領域を覆い，環境化し，しばしばインタラクティヴな機能も備えている社会では，人々は「能動的」に自分の「個性」に合った意味を選択していくよう迫られてすらいる．したがって，「能動的なオーディエンス」は，メディアの支配的な力に抵抗する方向に作用するとはまったく限らない．むしろ逆に，そうしたオーディエンスの「能動性」こそが，多チャンネル化し，グローバル化し，インタラクティヴになっていく近未来のメディア資本主義を支える大衆的基盤なのかもしれないのである．

他方，機能主義的な受け手研究のなかでも限定効果説への批判はなされていた．1970年代初頭，M. マコームズ（McCombs）とD. L. ショー（Shaw）は，マスメディアは人々の態度自体には間接的な効果しか及ぼさないが，「何が問題なのか」という争点の設定では大きな影響力を及ぼすとする議題設定理論を展開した．また，E. ノエル＝ノイマン（Noelle-Neumann）は，個人の意見表明とメディアの世論調査的な機能が相互に作用しあい，少数意見はますます沈黙を強いられ，多数意見が支配的になっていくとする沈黙の螺旋モデルを示した．さらに，特定のパターンのメッセージとの長期にわたる持続的な接触がもたらす影響を重視するG. ガーブナー（Gerbner）らの培養分析も登場していた．

●**薄らぐメディアの境界線**　しかし2000年代以降，放送からインターネットに支配的なメディアの役割が取って代わられ，諸々の受け手研究の前提であった「送り手」と「受け手」の区別が急速に曖昧化するなかで，これまでの議論の前提そのものが問い返されている．他方，メディアの複合化が進むなかで，インターネットは放送のみならず，出版，新聞，映画，音楽をも含めた諸メディア形式全体を融合させつつある．

今日，雑誌や新聞の読者とレコードのリスナー，映画観客，テレビ視聴者を区別する境界線は薄らいでいる．これまでこれらを区別してきたのは，各メディアの物質的形態であったが，すべての情報がデジタル形式となっていくと，M. マクルーハン（McLuhan）の格言に逆らうかのようにメッセージはメディアの個別性を超えてしまう．この時代になお「受け手」について考えるには，個別メディアを横断して情報が社会空間にどう布置されているかを把握し，そこから主体の生成をとらえる「ポスト受け手研究」が必要なのである．　　　　　　［吉見俊哉］

コミュニケーション2段の流れ

●「コミュニケーション2段の流れ仮説」誕生の背景　1940年代，アメリカのメディア研究では，メディアの影響が，個々人に直接的にかつ強力に及ぶという「皮下注射的効果論」が有力な見解であった．この場合のメディアとは主に新聞とラジオ，特にラジオである．その背景として戦時下のプロパガンダ研究の流れで，ナチスの宣伝戦略が詳細に分析され，E. フロム（Fromm）らドイツからアメリカに亡命したフランクフルト学派の研究者もその脅威について喧伝したこと，1938年に放送されたオーソン・ウェルズ演出のラジオドラマが大規模な「パニック」を招来したとの研究報告がなされたこと（H. キャントリル『火星からの侵略』[Cantril 1940]），ケイト・スミスがラジオでよびかけた戦時国債購入キャンペーンが大成功を収めたことなどを背景としている．

これに対し，メディアの影響に留保条件をつけたのが C. ホブランド（Hovland）らの社会心理学者が推進した説得的コミュニケーション研究と，P. F. ラザースフェルド（Lazarsfeld），E. カッツ（Katz）らの「コミュニケーション2段の流れ仮説」である．前者はメッセージの効果が，一様に受け手に作用するのではなく，さまざまな属性要因や先有傾向に応じて変化することを実験的検証から明らかにした．後者はマスメディアの効果は，間接的に及ぶことも多く，また効果の方向性も「補強」を中心とした限定的な場合が多いことを示した．

●メディアと個人のダイナミクス　コロンビア大学のラザースフェルドらは，1940年のアメリカ大統領選挙時に，オハイオ州エリー郡で投票行動に関するパネル調査を実施した．その結果，①マスメディアに多くの関心を払った人は，選挙に対して多くの関心をもつ人であり，一つの情報源に接している人は，他の複数の情報にも接触していた，②多くの人は政治的議論に関し，マスメディア（ラジオや新聞，雑誌）から直接情報を引き出すのではなく，人との話し合いで情報を引き出している頻度が高かった．特に，マスメディアに直接接している人から，選挙情報を間接的に入手することが多かった．③多くの人は，選挙期間中，初期段階ですでに意思決定をしており，キャンペーンが「改変効果」をもつことは少なく，少数の改変した人は，影響源として特定の人をあげることが多かった，などが明らかになった．ラザースフェルドらは，この影響源となる人物を「オピニオン・リーダー」と名づけ，一つの結論として「もろもろのアイデアは，しばしばラジオや印刷物などのマスメディアからオピニオン・リーダーに直接流れ，次いで，このオピニオン・リーダーから，活動性の低い人々に流れる」という「コミュニケーション2段の流れ」仮説を提唱した（Lazarsfeld et al. 1944）．

この研究は，マスメディアが，孤立した受け手に直接的に影響を及ぼすという大衆社会論的なメディア論を否定し，マスメディアとパーソナル・コミュニケーションとの関係が，対立的なものではなく，複雑に絡み合い，機能的に多様な関連性をもっていることを明らかにし，その後のマス・コミュニケーション研究やイノベーション普及研究の発展に寄与した．

●問題点と応用　この理論仮説が提起されるもとになった調査が実施されたのは1940年であり，当時，テレビはまだ商業放送を開始しておらず，ラザースフェルドがマスメディアといった場合，新聞，ラジオ，雑誌を指していた．特に新聞，雑誌といった活字メディアは，情報への接触に一定のリテラシーを必要とし，社会的階層も中流以上が中心であることに注意しなければならない．実際，1972年に提起された M. E. マコームズ（McCombs）と D. L. ショー（Shaw）の「議題設定効果」(1972)や E. ノエレ=ノイマン（Noele-Neumann）の「沈黙の螺旋仮説」(1973)などの強力効果説への回帰はテレビの普及を一つの背景としている．また，1940年当時のメディアといっても新聞とラジオでは，利用者が接触する能動性にも大きな差異があるにもかかわらず，メディアの種類による効果の違いを深く分析していない．

第二に，マスメディアの効果といっても領域で大きな相違がある．ラザースフェルドらの1944年調査で，主に研究の対象になったのは，政治問題，とりわけ投票行動であり，一般市民からすれば日常的な話題ではなく，問題自体単純ではない．これが科学技術やファッションなどの領域では，メディアは異なる作用を果たすであろう．さらにそれぞれの領域における「オピニオン・リーダー」も，領域ごとに異なった機能を果たすだろう．

第三に，ラザースフェルドらは，1940年の研究でエリー郡を選択した．コミュニケーションの流れは当然，地域特性を反映する．匿名性の大きな大都市や，互いの家庭事情や生育過程の細部まで熟知している村社会など，それぞれに特有のコミュニケーション状況がある．宗教面なども考慮すると，コミュニケーションの流れやオピニオン・リーダーの特性に地域的特性が大きく反映する．

この理論は，それまでの原子論的な受け手のとらえ方を修正してメディア研究に新たな活路を開き，またパネル調査の有効性を示した点において大きな意味はあるが，理論自体は出発点から大きな制約を負っていたといってよいだろう．

「コミュニケーション2段の流れ」仮説は，その後，広く「コミュニケーションの流れ」研究として発展していき，マスメディアが直接的情報源として強い影響力をもつことを強調した P. J. ドイッチマン（Deutschman）と W. A. ダニエルソン（Danielson）の「ニュースの流れ」研究(1960)や，E. M. ロジャース（Rogers）の「イノベーションの普及過程」研究(1962)として発展していく．　　［橋元良明］

世論形成

●**世論研究の誕生とその背景**　「世論」と名指しうる対象は紀元前の史料にも認められるが，それが概念として明確な輪郭を結ぶようになったのは近代社会の成立以降であり，とりわけ 18～19 世紀の西欧においてである．それ以前の単なる世評（reputation）とは区別され，政治・統治に反映されるべき公衆(パブリック)の意見(オピニオン)として，世論が分節化されていった背景には，民主政の思想と制度の広がりがあった．この時期には，識字層の拡大とともに新聞というマスメディアが広く普及し，世論を結晶させる触媒の役割を，目に見えて果たすようにもなっていた．20 世紀に入る頃には，J.-G. タルド（Tarde 1901）のような萌芽的な世論研究も現れ始めるが，そこでも新聞の役割に少なからず関心が寄せられている．

　その後，第一次世界大戦を経て，W. リップマン（Lippmann）の有名な『世論』（1922）が出版される．人々がステレオタイプを通して選択的に情報を受容することなどを論じて，今なお参照されることの多い著作だが，そこでは，世論形成に関する研究文献がまだほとんどないことも指摘されている．体系立てられた世論研究が本格的に進められるのは，第二次世界大戦期以降のことだ．

　二つの世界大戦に代表される総力戦体制にとって，国民の——すなわち世論の——支持をいかに取りつけるかは，きわめて重要な課題であった．そのことからすれば，世論形成への研究関心が高まっていくのは半ば必然の成り行きだったといえるかもしれない．当時，最も民主的と評されたワイマール憲法下で，ナチ党は世論の支持を取りつけて独裁体制を確立した．そしてその世論形成には，ラジオや映画などの新しいメディアを用いたプロパガンダが，旧来の新聞以上に強力な作用を及ぼしたように思われた．それに対する問題意識が，世論研究を進展させる原動力の一つになったのである．

●**世論形成へのメディアの影響**　メディアの伝えるメッセージが受け手の態度・行動に直接大きな影響を及ぼすと考える諸研究を総称して，強力効果説という．初期の代表例としては，アメリカでのラジオの戦時公債キャンペーンの聴取者に調査を行い，その影響過程と成功要因を詳細に分析した R. K. マートン（Merton 1946）の研究があげられる．一方，マートンの共同研究者でもあった P. ラザースフェルドら（Lazarsfeld et al. 1944）は，アメリカ大統領選挙の際の調査結果から，マスメディアの影響はかなり限定的であることを明らかにした．人々はそれぞれの政治的先有傾向に合った情報に選択的に接触していたため，メディア報道の影響によって投票する政党を変えることは少なく，むしろ周囲のオピニオンリーダーからの個人的影響(パーソナル・インフルエンス)を大きく受けていたのである．

それ以降，限定効果説の優位な時期が1960年代半ばまで続くが，テレビの普及とともにその感覚刺激の強烈さが改めて注意を引くことになり，1970年代には，強力効果説が新たな形でリバイバルする．それは，メディアが受け手の態度変容に直接影響するのではなく，認知過程に作用すると考えるものであった．

M. E. マコームズとD. L. ショー (McCombs and Shaw 1972) は，選挙時の調査から，メディアでどのような争点がどの程度報じられたかということと，各争点に関する有権者の重要度認知が高い相関を示すことを見出した．彼らはこれを選挙報道が争点認知に影響した結果であると解釈して，メディアの議題設定機能(アジェンダ・セッティング)と名づけている．

E. ノエル゠ノイマン (Noelle-Neuman 1993) は，ドイツで行われた数多くの世論調査を分析して，メディア報道が意見分布の認知（どの意見が多数派/少数派か）に影響すること，その認知に基づいて少数派は意見表明を控えること，それによって多数派の声はさらに大きくなり，少数派はますます黙りこむという「沈黙の螺旋」が生じる可能性があることを明らかにした．この理論では，多数派認知が同調圧力と結びついて態度変容を引き起こすものと想定されている．

新しい強力効果説に属する他の諸理論も，このようにメディア→認知→態度という多段階の影響過程を想定し，認知心理学などの知見も取り入れながら，より洗練されたメディアの効果モデルを提示するものであった．

●**世論形成をめぐる現況と課題**　近年はまた新たに限定効果説を再評価する動きもあって，強力効果か限定効果かという単純な二分法は通用しにくくなっている．インターネットの普及によってメディア環境も激変した．とはいえ，それは，これまでの理論枠組み自体が通用しなくなったことを意味するわけではない．

リップマンの述べるステレオタイプを通した情報の選択的受容は，ネット上でも起こりうるだろう．大きな声がより大きくなり，小さな声はかき消されるという沈黙の螺旋理論は，むしろネットの方がよく当てはまるのではないか．実際，Twitterにおける原子力発電問題についての書き込みを分析した研究では，よく目にする多数派意見に対して少数派は意見の書き込みを控える傾向にあることが，部分的に確認されている（小川ら 2014）．また，今日のメディア環境にあっても，マスメディアの受け手への影響は，依然としてネットのそれを上回ることを示唆する調査結果もある（小笠原 2014）．理論の蓄積の活用をはかることが，今後の世論研究においてもまず求められるべきだろう．　　　　　　　　　　［辻 大介］

📖 **参考文献**
[1] 竹下俊郎，2008，『メディアの議題設定機能——マスコミ効果研究における理論と実証（増補版）』学文社．
[2] 安野智子，2006，『重層的な世論形成過程——メディア・ネットワーク・公共性』東京大学出版会．

コミュニケーションによるコミュニケーション

●**社会理論のコミュニケーション論的転回**　社会学の歴史において社会の基礎理論としての位置を占めてきたのは，主体理論に立脚した行為理論であった．社会的相互作用論には，G. ジンメル（Simmel 1908）の心的相互作用論のように（個人でも社会でもなく）社会的相互作用を実在的なものとみなす理論もあったが，多くの社会的相互作用論は，行為者を自律的な主体として位置づけてきた．自律的な主体としての自己と他者がまずもって存在し，その自己と他者が互いに相手の行為に関連づけて自分の行為を選択することによって社会的相互作用が成立するというのが一般的理解であった．

しかし，20世紀後半に近代的主体を相対化する思想的動きが進むなかで，主体理論に立脚した行為理論が見直されるようになった．行為理論に代わってコミュニケーション理論を基礎に据えた社会理論が提唱されたのである．これが「社会理論のコミュニケーション論的転回」である．その変革を担ったのが，社会システムをオートポイエティック・システムとしてとらえた N. ルーマン（Luhmann 1981, 1984, 1988b, 1997）と，コミュニケーション行為論を提唱した J. ハーバーマス（Habermas 1981）であるが，特にルーマンの果たした役割が大きい．

●**ルーマンのコミュニケーション理論**　機能主義的な社会システム理論を展開したルーマンは，1980年代に入ると，生物学者の H. マトゥラナ（Maturana）と F. ヴァレラ（Varela）のオートポイエーシス論を社会学に導入して新たな社会システム理論を築いた．マトゥラナとヴァレラが生命有機体（具体的には神経システムや細胞システム等）を対象にして定式化したオートポイエティック・システムとは，構成要素とネットワークの循環的関係のなかで構成要素が次々と産出されていくシステムである．そこでは，ネットワークに先立って構成要素が存在するのでも，また構成要素に先立ってネットワークが存在するのでもない．構成要素によってネットワークが構成されると同時に，ネットワークのなかで構成要素が産出される（Maturana and Varela 1980）．こうした考え方を，ルーマンは社会システムに応用したのである．

ルーマンは，まず送り手の意図や情報の意味内容がそのまま受け手に伝達されることを想定する伝統的なコミュニケーション観を「移転のメタファー」に基づく理解として退け，受け手の立場を重視しながらコミュニケーションを把握した．いかなる情報が，どのような仕方で伝えられ，どのように理解されるかはすべて選択的な問題であり，コミュニケーションはこの三つの選択の統一として成立する．そして，送り手にとって情報がどのように理解されたかは受け手の反応をみ

て知りうるので，いかなるコミュニケーションも後続のコミュニケーションを介してその意味が確定される．それゆえ，いかなるコミュニケーションも一回限りのプロセスとしては完結せず，後続のコミュニケーションを必要としている．こうして，コミュニケーションは「コミュニケーションによるコミュニケーション」という自己創出的なプロセスとして把握された．

そのことを踏まえて，ルーマンは，社会が諸個人（の行為）から成り立つという旧来の社会観に代わる新しい見方を提示した．すなわち，社会システムは，コミュニケーションによってコミュニケーションが再生産されるオートポイエティック・システム，そして心理システムは，意識によって意識が再生産されるオートポイエティック・システムであり，二つのシステムは相互に自律しながら構造的にカップリングし，相互浸透的な関係にあるとした．

●コミュニケーション理論の応用　ルーマンは，さらに自らのコミュニケーション理論の応用として近代社会の機能分化を説明した．近代社会は，政治・経済・教育・科学といった社会的機能が分化した社会であるが，ルーマンによれば，機能分化したサブシステムも，それぞれ固有のコミュニケーション・メディアによってコミュニケーションが次々と継続されていくオートポイエティック・システムである．

例えば，近代資本主義として特徴づけられる経済システムは，商品交換という，貨幣に媒介されたコミュニケーションが継続的に営まれるシステムである．企業が労働者に対して賃金を支払い，消費者が企業の生産した商品を購入するかたちで，貨幣が企業と家計（労働者＝消費者）の間を循環している．貨幣が取引相手に受け取られる可能性は，貨幣が再び別の取引相手に受け取られる可能性がある限りで成立するので，貨幣的交換が果てしなく続くことになる．一方，近代社会の政治システムは，代議制民主主義として成立したが，そこでは権力が循環している．国民が政治家を選出し，政治家が法律の制定や政策の決定を行い，官僚が法律に基づいて政策を実行していくプロセスは，権力が国民・政治家・官僚の間を循環することを意味している．こうして，経済システムと政治システムは，それぞれ貨幣と権力に媒介されながら経済的コミュニケーションと政治的コミュニケーションが継続的に再生産されていくオートポイエティック・システムとしてとらえられた．

[正村俊之]

📖 参考文献

[1] Luhmann, N., 1984, *Soziale Systeme: Grundriß einer allgemeinen Theorie*, Suhrkamp.（佐藤　勉監訳，1993-95,『社会システム理論（上・下）』恒星社厚生閣．）
[2] Luhmann, N., 1997, *Die Gesellschaft der Gesellschaft*, Suhrkamp.（馬場靖雄ほか訳，2009,『社会の社会』法政大学出版局．）
[3] 長岡克行，2006,『ルーマン／社会の理論の革命』勁草書房．

ネットワーク社会

●**ネットワーク社会とは何か** ネットワーク社会の概念を最初に用いたのは,ノルウェーのS.ブラーテン(Braten)やカナダのB.ウェルマン(Wellman)だと考えられている.後者は,1970年代以降,都市やコミュニティをネットワークとしてとらえる研究を推進していた.またオランダのJ. v.デジク(Dijk)も1991年に『ネットワーク社会』という本を書いている.しかしネットワーク社会の概念を確立したのは,分析的でその概念の中身をも提示することに成功したM.カステル(Castells)だったと考えられる.

カステルは,ネットワーク社会を「社会構造が,マイクロエレクトロニクスに基盤を置く情報・コミュニケーション・テクノロジーによって強化された,ネットワークによってつくられている社会」と規定し,そしてさらに社会構造を「生産,消費,再生産,経験,権力」との関係における「人間の配置」を意味するものと規定した(Castells ed. 2004).したがってネットワーク社会の概念は,従来脱産業社会とか知識社会とか情報社会とよばれていたものの新しい社会形態を分析的に内容のある形で提示したものと理解されよう.カステルによれば,ネットワークは「相互に結びつけられたノード群」である.ノードは,「カーブがカーブそれ自体と交差する点である」.ノードは,「有効な情報を吸収し,それを効率的に処理することによって,ネットワークに対する重要性を増していく」.このネットワークは,歴史的には古くから存在した社会形態と考えられるが,20世紀から21世紀への転換点において新しい情報技術の支えを得て,最も効率的な組織形態になっていったと考えられる.その結果,ネットワーク社会のあらゆる次元において時空間を共有するグローバルなユニット(例えばグローバル経済)が成立し,権力もネットワークをなすネットワーク社会が台頭した.

●**ネットワーク社会の構造,諸次元,ダイナミクス** ネットワーク社会は,産業主義の発展様式が危機に陥り,その危機を新しい情報技術パラダイムを基盤にした付加価値を生み出すイノベーションによって克服して新しい情報主義の発展様式を確立し,そしてその新しい発展様式を,徹底的に自由を尊重する創造的破壊の文化が正当化し推進することによって形成された.ネットワーク社会は,その基盤がデジタル・ネットワークにあり,それは再構成されることによって境界を越えて無限の展開が可能であるから,定義上はグローバル社会である.しかしグローバル・ネットワーク社会は,既存のシステムに働きかけ,そこからすべてのものをネットに取り入れるのではなくて,デジタル・ネットワークのバイナリーな排除と編入の論理を使って,あるものはネットに編入し,あるものは排除する

ことによって発展していく．その結果ネットワーク社会は，きわめて断片化された社会にならざるを得ない．断片化された社会構造は，ネットワーク社会の最も重要な特徴である．したがってこの社会の社会的行為者は，ネットワークのプログラムに働きかけ，自らの利害によってプログラムを変更しないとうまく生きられない．行為者の多くの経験は，ローカルで特定の領域においてなされるのであるから，行為者が能動的にプログラムの変更を働きかけないかぎり，支配は貫徹することになる．いずれにしても，ネットワークのプログラムも再編成を繰り返し，行為者もそれに能動的に対応せざるを得ないために，グローバル・ネットワーク社会はきわめてダイナミックな社会である．さらにこの社会は，グローバルなレベルに到達した金融市場，地政学的過程，メディア戦略を主要な次元とし，それぞれの次元が複雑な相互作用を繰り返すダイナミックな多次元的な社会である．

より具体的にネットワーク社会の主要次元をみておこう．経済の次元は，企業がネットワークされたものではなくて，ネットワークそのものが企業であるネットワーク企業が中心を占め，分業関係は，自分自身でプログラムが組める労働者とジェネリックな労働者との分業の形態をとる．コミュニケーションの次元は，マルチメディア・システムを中心として組織される．あらゆる種類の文化的表現は，マルチメディアによってつくられる電子的なハイパーテキストの形で組織されるようになる．このマルチメディアは，マスメディアとは異なり，双方向コミュニケーションを可能にするから，マルチメディアにおいて公共区間を切り開き，旧来の議会制民主主義や都市における公共空間とは異なる新しい民主主義をつくり出す可能性を秘めていると考えられる．

●ネットワーク社会の問題点　ネットワーク社会は，人間が拠って立つ基礎概念である時間と空間までも根本的に変える．時間は，ドットで表されるように「時間なき時間」になり，空間は電子の飛び交うような「フローの空間」になる．ネットワークに編入され，自分でプログラムをつくれる人間は富と社会的意味を与えられるが，ジェネリックな労働者やネットワークから排除される人間は，富と意味を失ってしまう．ネットワーク社会は，このような格差・不平等の問題を克服しなければならない．またマルチメディアに公共空間をつくるメディア政治に取り組まなければならない．さらにネットワークの支配的プログラムに対抗し，それを書き換えるような能動的な社会的行為者とその運動を必要とする．そして断片化を克服する新しい普遍主義的価値をつくる必要があるだろう．　　［矢澤修次郎］

📖 参考文献
[1] Castells, M., 2000, *The Rise of Network Society*, 2nd ed., Blackwell.
[2] Castells, M., 2001, *Internet Galaxy: Reflections on the Internet, Business and Society*, Oxford University Press.（矢澤修次郎・小山花子訳，2009，『インターネットの銀河系』東信堂.）

コミュニケーション的行為と公共圏

●**コミュニケーション的行為論・公共圏論の背景**　J. ハーバーマス（Habermas）の社会理論は，「未完のプロジェクト」としての「近代」の救済への強固な志向によってその全体が貫かれている．コミュニケーション的行為と公共圏は，その二つの焦点をなす概念である．彼は近代社会の現実を，「システム合理性」すなわち政治・経済システムの機能の観点からの合理性に従って一面的に合理化された社会として批判する一方で，その批判の規範的基礎として，西欧近代の民主的政治文化に内在する「コミュニケーション的合理性」すなわち生活世界における討議による合意形成を志向する合理性を擁護し，後者の潜在力の救出・解放を思想的課題とする．コミュニケーション的行為は，このコミュニケーション的合理性を現実化する行為であり，公共圏は，それが現実化される社会空間である．公共圏の概念が，西欧近代における市民的公共圏，すなわち市民の自由な言論による世論形成の空間の成立と変容の過程を分析するという歴史社会学的研究のなかで提起されたものであるのに対し（Habermas［1962］1990），コミュニケーション的行為の概念は，一般理論の構築作業のなかで，その中心概念として位置づけられたものであり（Habermas 1981），それぞれの概念的出自は異なる．しかし，後者の理論構築作業を経て，公共圏概念もまた，コミュニケーション的行為による合意形成の空間として，現代市民社会論の文脈のなかで理論的に再定義されることになる（Habermas 1992）．

●**コミュニケーション的行為と公共圏の意味**　コミュニケーション的行為とは，妥当性要求を掲げてその承認を他者に求め，相互の了解に基づく合意形成を志向する言語行為であり，権力や経済力などの非言語的手段によって他者の行為をコントロールする「戦略的行為」と区別・対比される．妥当性要求は，発言内容の客観的真理性，規範的正当性，および主観的誠実性という3種類の要求からなり，常にそれらの妥当性の根拠に対する批判に対して開かれている．このような批判可能な妥当性要求の承認によって基礎づけられた合意の可能性が「コミュニケーション的合理性」であり，目的合理性およびシステム合理性と対置される．コミュニケーション的行為はその自明的前提をなす超越論的地平としての生活世界のなかで行われ，文化の伝承と革新，行為調整による社会的統合と連帯の確立，および個人の人格的アイデンティティの形成という三つの役割を果たすことにより，生活世界の再生産に貢献する．

　公共圏の歴史的原型は，西欧近代の市民的公共圏にある．その起源は，18世紀の都市のカフェやサロンを舞台として形成された，文学・芸術をめぐる議論に

よる市民の自己啓蒙とアイデンティティ形成の空間（文芸的公共圏）に見出される．そこで成立した，自律性・平等性・公開性という原則は，やがて新聞・雑誌などの活字メディアを舞台として，国家権力を批判する世論形成の空間（政治的公共圏）にも継承された．

現代社会における公共圏もまた，上述の政治的公共圏と同様に，コミュニケーション的行為によって合意・世論を形成する社会空間として定義される．と同時に，システム／生活世界の二層図式に基づく社会理論の枠組みのなかでは，生活世界の内部に位置し，政治・経済システムからは自律性を保つ一方で，生活世界内部の親密圏において発見されたテーマを引き出し，それをめぐるコミュニケーションによって世論を形成することにより，政治システムへの影響力を行使するという，中間的・媒介的な社会空間として位置づけられる．

●**現代社会におけるコミュニケーション的行為と公共圏**　コミュニケーション的行為は，上述のように純理論的な基礎概念であり，理論的・思想的には広範な反響あるいは批判を呼び起こしてきたが，社会学領域における経験的応用事例として注目すべきものは多くはなく，日本におけるオルタナティブ社会の構想をめぐる応用研究（佐藤 1991）が，その少数の例外として数えられる．

他方，公共圏概念は，理論的・思想的な反響や批判にとどまらず，現代社会における多元的な思想的・政治的アリーナ群，すなわちフェミニズム，環境保護，多様なマイノリティをめぐるアイデンティティ・ポリティクス，そしてインターネット空間における世論形成などの「新しい社会運動」をめぐる言説・実践の空間を記述・分析するために適用されてきた．ただしそれらの研究の多くは，ハーバーマスの公共圏概念の直接の応用というよりは，しばしば，その理性中心主義的・西欧中心主義的バイアスへの批判や，オルタナティブとしてのH. アーレント（Arendt）の公共性論の援用など，多くの理論的批判・修正・拡張を伴いながらなされている．また，公共圏の対概念としての親密圏概念の導入により，西欧近代社会の基本的な空間構造をなしていた「公／私」の境界線の自明性のゆらぎ，ないしは境界線の引き直しとして生じる空間構造の再編成の様相を記述・分析することが，この研究領域の共通した課題となっている（田中・吉田編 2014）．

［吉田　純］

参考文献
[1] Habermas, J., [1962]1990, *Strukturwandel der Öffentlichkeit*, Suhrkamp.（細谷貞雄・山田正行訳，1994，『公共性の構造転換 第2版』未來社．）
[2] Habermas, J., 1981, *Theorie des kommunikativen Handelns I, II*, Suhrkamp.（河上倫逸ほか訳，1985-87，『コミュニケイション的行為の理論（上・中・下）』未來社．）
[3] Habermas, J., 1992, *Faktizität und Geltung: Beiträge zur Diskurstheorie des Rechts und des demokratischen Rechtsstaats*, Suhrkamp.（河上倫逸・耳野健二訳，2002-03，『事実性と妥当性——法と民主的法治国家の討議理論にかんする研究（上・下）』未來社．）

討議と倫理

●**討議倫理学の生まれた背景** J. ハーバーマス（Habermas）は，1970年頃にK.-O. アーペル（Apel）とともに，社会理論の言語論的転回を遂行した．討議を中心概念とする討議倫理学は，このプロジェクトの理論的基礎を荷うものである．ハーバーマスによれば，「討議」とは，公共の場でおのおのの参加者が発話によって妥当性要求を行いその根拠を問い質し合い同意をめざす試みである（Habermas 1992）．このプロジェクトのなかで社会理論は，「主観／客観」関係を中心に対象をとらえる意識哲学の枠組みや，人類を歴史のマクロな主体とする歴史哲学的枠組みを放棄し，生活世界の諸問題を人格間の相互主体的な同意に基づいて解決しようとするコミュニケーション的合理性に依拠することになる．

●**討議倫理学の内容解説** ハーバーマスによれば，討議倫理学はカント主義的倫理学として4つの基本特徴をもっている（Habermas 1991）．①義務論的倫理学として，行為規範の正当化に関わっている．②認知主義的倫理学として，規範的言明の妥当性が基礎づけ可能であると考えている．③形式主義的倫理学として，実践的討議という手続きが判断の普遍性を保証すべき形式であるとする．I. カント（Kant）においては，規範の普遍化がモノローグ的な思考実験において行われるのに対して，討議倫理学では相互主体的な実践的討議によって行われる．④普遍主義的倫理学として，実践的討議によって到達し得た規範のみが正当性を有するという考えが，ヨーロッパなどの特定の文化に制約されたものではなく，一般的に妥当すると主張する．

ハーバーマスは，討議倫理学全体を次の「討議原理（D）」にまとめる．「すべての関係しうる者が，合理的討議への参加者として合意できるであろう行為規範こそが，妥当性を持つ」（Habermas 1992）．しかし（D）は，後に出てくる道徳と法との差異に対していまだ中立的である抽象的なレベルにある．（D）を，平等な利害関心の平等な考慮という道徳の観点から差異化したものが，普遍化原則（U）である「道徳原理」である．「（U）が妥当するのは，議論されている規範を普遍的に守ることによって，すべての諸個人の利害関心の満足にとって生じると予測される結果や副次的影響がすべての人から強制なく受け入れうるときである」（Habermas 1983）．

ハーバーマスは道徳原理が，諸個人が討議に参加するに際して必然的に前提せざるを得ない4つの議論前提から，行為規範を基礎づけることの意味を知るという先行知に導かれて基礎づけうると考える．もし誰かが討議においてこの議論前提を否定するなら，その者は討議のための基本前提を否定することになるから

遂行的矛盾に陥るとされる．その4つの議論前提とは，(a) 重要な発言をなしうるかもしれない者は誰でも，参加から除外されてはならないという包摂性，(b) すべての者は，発言をなしうる平等な機会をもっているというコミュニケーション自由の平等な分配，(c) 参加者は，本当に思っていることを言わねばならないという誠実性条件，(d) 偶然の外的強制，またはコミュニケーション構造に内在している強制がないことである（Habermas 2005）．規範の基礎づけの意味を理解しながら，この4つの基本前提から道徳原理は導出される．

●**討議理論の展開**　ハーバーマスは1980年代に，討議倫理学を道徳以外のさまざまな問題設定と関連させて展開し，その全体を「討議理論」（Habermas 1991）とよぶようになる．そこでは，新たに倫理的討議，実用的討議，交渉なども加えられる．道徳的討議が，その規範に関わる当事者をすべての人に理想化して拡大して平等な利害から規範を基礎づけるものである（Habermas 1992）のに対して，倫理的討議はある特定の政治的共同体に属する「われわれ」の伝統と価値評価という自己理解に関わる．実用的討議は，目標の実現のための適切な手段を求めることに関わるが，目標の内容は問わない．交渉は，競合する価値と利害の間で合理的調整を行うものであるが，そこでは直接に規範の合意をめざすのではない．討議理論がさまざまな討議の種類を考察に加えたのは，現実的な政治的共同体における複数主体による複雑な政治的意思形成のなかで，多様な種類の討議が行われうるからである．最初の中立的な討議原理が，政治的意思形成による法制定の場面に合わせて差異化されたものが「民主主義原理」である．民主主義原理は，多様な討議を包摂する政治的意思形成過程のなかで法・権利の形成を制御し制度化するものである．民主主義原理が語るのは，「それ自体も法的に構成された討議的立法過程においてすべての市民が同意しえた法のみが，正統な妥当性を要求しうる」（Habermas 2005）ことである．民主主義原理による法制定が，以上の「たがいに結合された討議と交渉の網の目」（Habermas 1992）によって行われ行政に転換されることが法治国家の理念とされる．

　1980年代以降，ハーバーマスが討議の現実化をとらえようとする脱超越論化の道を歩んだのに対して，アーペルは強い超越論的な要求の枠組みを持ち続けた．ハーバーマスが近代法の規範的基礎づけに，実用的根拠，法的根拠，道徳的根拠を数えるのに対し，アーペルは道徳原理を民主主義原理に対して優位に置く．さらにアーペルは討議倫理学を，道徳原則の超越論的証明を行う「区分A」と，それを責任倫理によって補完する「区分B」に分けて展開している．　　［日暮雅夫］

📖 **参考文献**
[1] Habermas, J., 1992, *Faktizität und Geltung*, Suhrkamp.（河上倫逸・耳野健二訳，2002,『事実性と妥当性——法と民主的法治国家の討議理論にかんする研究（上）』未來社.）
[2] 日暮雅夫, 2008,『討議と承認の社会理論——ハーバーマスとホネット』勁草書房.

プロパガンダ・情報操作

●**プロパガンダの歴史的背景**　プロパガンダとは特定の目的に向けて個人あるいは集団の態度と思考に影響を与え，意図した方向に行動を誘う説得コミュニケーション活動の総称である．組織的なシンボル操作によって宣伝主体の意図を宣伝客体の自律性において実現することを究極目標とする．第一次世界大戦以後は否定的な含意で使われることが一般的だが，歴史的には信仰や社会運動において肯定的に理解されてきた時代が長い．

　語源であるラテン語（propagare，伸ばす・接ぎ木する）はキリスト教伝道の初期から布教活動で使用されていた．1622 年，ローマ法王グレゴリウス 15 世は反宗教改革のため布教聖省（Sacra Congregatio de propaganda fide）を創設した．プロパガンダは布教伝道に伴う使命感を帯びた宗教用語として成立した．フランス革命以後に政治用語となり，19 世紀後半ドイツの社会民主主義運動では公開的な大衆煽動（Agitation）に対してエリート主義的教化のニュアンスで使われた．こうした「プロパガンダ／アジテーション」の「密教／顕教」的な用語法は，G. プレハノフ（Plekhanov）の定義を踏まえた V. レーニン（Lenin）の記述でよく知られている．「宣伝家は，主として，印刷された言葉によって，煽動家は生きた言葉によって，活動する」．この政治的定義はソビエト革命以後，国際共産主義運動とともに広まった．この政治的概念に対して，マスメディア時代の経済・文化領域を射程に入れた「情報操作」も今日では使われている．遺伝子情報を解読するヒトゲノム計画などで象徴的だが，人間存在まで情報レベルで制御しようとする発想も広く浸透している．情報操作はプロパガンダという政治行為におけるメタレベルでの運用技術である．

●**大衆宣伝としてのマス・コミュニケーション**　メディア研究では「宣伝（propaganda）／広告（advertisement）／広報（public relations）」は次のように概念的に区別している．政治領域で操作する「宣伝」，主に経済活動で説得する「広告」，さらに公共圏で納得させる「広報」だが，いずれも「公共の福利」の名目で正当化されることが多い．しかし，政治（国家）と経済（社会）の領域，それにまたがる公共圏の間に明確な境界線を引くことは，現代の社会国家（福祉国家）においては不可能である．そのうえで，「宣伝」が一般に「広告」や「広報」と区別されるネガティブなイメージをもつ理由は，プロパガンダ概念の歴史性，より正確に表現すれば，その歴史的記憶の負荷といえるだろう．レーニンの社会主義プロパガンダ理論は，A. ヒトラー（Hitler）により国民社会主義ドイツ労働者党（ナチ党）の運動でも採用された．重要なことは，今日のプロパガンダに暴力

的＝強制的なイメージを決定づけたソビエト共産主義宣伝もナチ宣伝も史上初の総力戦，第一次世界大戦の産物であるということだ．どちらも労働者・女性・青年を排除した19世紀的な市民的公共性との対抗関係において発達した公共操作の技術なのである．教養なき民衆を組織化する方法としてプロレタリア的公共圏で採用された宣伝技術は，第一次世界大戦の戦争プロパガンダにおいて国家規模で組織化された．この総力戦に兵士として参加したヒトラーは，プロパガンダの民主化を徹底した．すなわち，レーニンが前衛的知識人向けの理論教育と考えたプロパガンダを，アジテーションの共感レベルまで引き下げることで，宣伝を大衆化したのである．マス・コミュニケーション研究は，ナチズムの大衆宣伝に対抗すべくアメリカの戦時動員研究として確立した．「マス・コミュニケーション」は敵の（悪の）プロパガンダに対する自らの（正義の）情報操作を意味する代替語として，第二次世界大戦以後に使用されるようになった．

●**合意の製造システム**　情報操作の目的は世論を特定の方向に誘導することであり，客観性を装った世論操作 として実施されてきた．科学的世論調査は1935年のG. ギャラップ（Gallup）によるアメリカ世論研究所設立とされているが，その政治利用はニュー・ディールを掲げたF. ローズヴェルト（Roosevelt）政権期に飛躍的に発展した．第二次世界大戦への参戦に向けて，慎重な政策論議よりも迅速な政治行動が必要とされており，「Yes」か「No」か二者択一を国民に迫り，統計的な民意を背景に長期化する交渉や審議を打ち切るシステムがここに誕生した．それは大統領が直接ラジオで呼びかけて「参加なき参加感覚」を国民に与える炉辺談話と不可分の「合意の製造」（W. リップマン［Lippmann 1922］）システムだった．「非常時」政治たるニューディール・デモクラシーは，即断即決を旨とする戦争民主主義にほかならない．H. シラー（Schiller）は『世論操作（原題は *The Mind Managers*）』（1973：訳137）で戦時体制と世論調査の発展をこう総括している．

　　　　マーケティングの必要が世論調査の生みの親だとすれば，戦争は調査技法の開発をうながす育ての親だった．第二次大戦の勃発によって，世論調査の技法にお誂え向きのさまざまな情報ニーズが生じた．

世論調査が情報操作による戦時プロパガンダ目的で発展してきた経緯は記憶しておくべきだろう．　　　　　　　　　　　　　　　　　　　　　　　［佐藤卓己］

参考文献
[1]　津金澤聰廣・佐藤卓己責任編集，2003，『広報・広告・プロパガンダ』ミネルヴァ書房．
[2]　ユーウェン，S./平野秀秋ほか訳，2003，『PR! 世論操作の社会史』法政大学出版局．
[3]　佐藤卓己，2014，『増補 大衆宣伝の神話――マルクスからヒトラーへのメディア史』筑摩書房．

流 言

●**流言とは何か** 流言の研究史には，多様な概念が登場する．心理学者は個人の欲求・願望が表象され連鎖的に伝達されていくなかでの認知や判断の歪みに注目し，社会学者はさまざまなレベルにおける集合行動が情報の交流や交換のなかで成立していく条件や構造を探っていった．群衆の精神や行動形態を問題とした群衆論，目撃者の証言の信ぴょう性を検討した裁判心理学，社会心理学的な実験研究，認知のメカニズムの解明，集合的な問題解決過程の分析，交換理論の応用など，さまざまな関心のパラダイムが流言研究を形づくっている．

最も早くに現れたのが，流言をいわば社会的な病理現象ととらえるアプローチである．群衆精神の表れとして流言を説明するG.ル・ボン（Le Bon）の群衆論は，一面で19世紀末の都市騒擾や暴動，労働争議などに対する文明批評とも受け取られた．群衆心理という概念は，巨大な集合状態における人間の精神の非合理性を強調し，感染性，被暗示性，批判能力の低下を指摘するものであった．こうした理解は当時の催眠術の流行とも無関係ではない．同じく催眠術の研究の影響を受けつつ発展した精神分析理論は，流言現象の基盤を自我の防衛機制ととらえ，人々の内部にある容認しがたい欲望や感情にはけ口を与える表現と位置づけている．C. G. ユング（Jung）はそこに神話的で象徴的な元型の投影という論理を付け加えた．関東大震災の体験や二・二六事件の観察などの経験をもとに，日本において先駆的に流言に取り組んだ清水幾太郎は，社会的病理現象の一つであると同時に，社会の近代化のなかで析出しつつある個人の立場からも考察した（清水1937）．先行するW. リップマン（Lippmann）の『世論』（1922）の研究などを踏まえて，流言を潜在的世論ととらえ，顕在的な世論のような制度性と公共性とを備えてはいないものの，声をあげることが難しい個人の感情や不安とともに，一定の合理性もまた刻みこまれていると論じている．

●**社会心理学での実験** 社会心理学における基本的なアプローチの一つを確立したのが，1940年代に行われたG. W. オルポート（Allport）とL. J. ポストマン（Postman）の実験社会心理学的な流言研究である（Allport and Postman 1947）．オルポートらは，社会的属性が相異なる実験集団を設定して，伝達のなかでの情報変容に作用する条件や，変化の法則性について探究した．そのなかで $R = i \times a$ という図式が提示される．すなわち「ある事柄をめぐる流言（R）の成立・流布は，その伝達集団においてその事柄のもつ重要性（i）と，情報の曖昧さ（a）から説明できる」ことを表したものである．曖昧さという変数は，そこで提供される情報の欠如と不完全さゆえに，不安を抱く人たちの多くの解釈を引き起こし，恣意

的な思い込みを書き込む余白として機能する．L. フェスティンガー（Festinger）の認知的不協和の概念は，矛盾する情報や観念から生まれる不安や不快を減少させるために，認知そのものをつくり変えてしまう現象を指すが（Festinger 1957），これも自我防衛の機能を果たす．流言の連鎖的な伝達の過程で起こる変容を，オルポートらの古典的な研究では平均化（用語や説明が短く要約され単純なものになること）・強調（特定の要素が誇張され前面に出てくること）・同一化（聞き手がすでにもっている通念や関心に沿った形に変形されていくこと）の三つに整理した．流言を社会病理や無意識の誤報ととらえる見方は，連鎖的な伝達・再生のなかで，いかに間違った情報が生まれてしまうかという問題設定それ自体にも影響を与えている．そして集団がすでに保有している偏見，すなわち価値的に偏ったイメージが流言の生成や流布において大きく問題にされていく．T. A. クノップ（Knopf）の流言過程モデルでは，人種差別などの敵対関係を含む相互の誤認すなわち偏見が，流言拡大の文脈的要素であることを明らかにしている．

●**社会学的な応用・展開** 流言の実験研究は，実験室的な状況の設定という条件のもとでのさまざまな変数の意識的なコントロールのうえで成り立っており，実際に社会で起こった現象の観察や分析とは異なる．現実に起こった流言現象の研究からも，さまざまな理論・概念が提案されている．T. シブタニ（Shibutani）は，第二次世界大戦下の日本人収容所のなかで観察された流言などの研究から，流言を認知活動とコミュニケーションとで成り立つ集団的な相互行為ととらえ，新しい事態に対応するために「その場でつくられたニュース」である流言は，集合的問題解決の努力でもあることを明らかにした（Shibutani 1966）．地方都市オルレアンでの女子学生誘拐の流言と取り組んだ E. モラン（Morin）は，現地のフィールドワークや資料収集などを通じて，この話題の原型を大衆娯楽雑誌が提供し，学校という場を共有する女子高校生たちの変身願望や薬物をめぐる観念が作用しつつ，地域に蓄積している知識が織り交ぜられながら，流言として成長したことを分析する（Morin 1969）．孵化・転位・反撃・収集・潜伏期という５つの自然史的な局面を設定して，流言の活性化と潜在化を論じている．

　1970年代に付け加わった社会的交換理論（Rosnow and Fine 1976）などは，古典的諸概念の再編成・再配置を含め，流言現象に潜む人間と社会の重層的かつ生成的な構造を複合的なゲームとして読み解く可能性を示唆している．　［佐藤健二］

📖 参考文献
[1] Allport, G. W. and L. J. Postman, 1947, *The Psychology of Rumor*, Henry Holt.（南 博訳, 1952,『デマの心理学』岩波書店.）
[2] Rosnow, R. L. and G. A. Fine, 1976, *Rumor and Gossip: The Psychology of Hearsay*, Elsevier.（南 博訳, 1982,『うわさの心理学――流言からゴシップまで』岩波書店.）
[3] 佐藤健二, 1995,『流言蜚語――うわさ話を読みとく作法』有信堂高文社.

メディア・リテラシー

●**歴史的展開**　1940年代にアメリカで勃興したマス・コミュニケーション研究は，大きく分けて二つの系譜上で成り立っていた．ラジオというニューメディアのインパクト研究と，メディアを用いた戦争宣伝のメカニズムと技法に関する研究である．メディア・リテラシーは，こうしたマス・コミュニケーション研究の起源の物語に密接に関わるかたちで始まった．すなわち一方に新しいメディアへの恐れと好奇心があり，他方にメディアを用いて人々の心を一様に染め上げようとする欲望とそれへの批判があった．メディア・リテラシーはそうした複雑な背景をもつメディアを，専門家ではなく子どもたちや一般人が理解するための，啓蒙性と実践性を備えた営みとして生まれたのだった．

　第二次世界大戦後にアメリカの国際的な存在感が大きくなり，同国発のクルマ，家電製品などとともにハリウッド映画，コミック，テレビ・ドラマなどが世界中へまき散らされた．イギリス，カナダ，オーストラリアなど英語を共有する国々では，アメリカ発のポピュラー文化商品から自国民を，特に子どもたちを守ろうという，保護主義的な観点からのメディア教育が立ち上がった．

　しかしM. マクルーハン（McLuhan）とカルチュラル・スタディーズがこの営みを違うかたちで発展させた．1960年代，世界的なマクルーハン・ブームは彼の母国であるカナダを中心に有形無形の影響を与え，メディアを意識的にとらえ，批判的に吟味していこうという動きが，主に教育領域で生じた．1970年代以降，カルチュラル・スタディーズが発達すると，マスメディアのインパクトを量的に把握しようとするアメリカ流マス・コミュニケーション研究とは異なり，人々をとりまく日常文化に視点を置き，そのなかに編み込まれたメディアのあり方と，それが表象するジェンダー，階級，人種などを文化の内側から批判的にとらえる教育研究が高まった．マクルーハンもS. ホール（Hall）も初期の研究でメディア・リテラシーに取り組んでいたことは記憶されてよい．

●**更新される比喩的概念**　メディア・リテラシーとは，メディアを介したコミュニケーションを意識的にとらえ，批判的に吟味し，自律的に展開する営み，およびそのための素養やそれをうながす教育実践のことを指す．本家を自任するイギリスではメディア教育とよばれるが，教育という言葉がもつ啓蒙的な印象を回避しようとして，カナダなどではリテラシーが用いられ，日本ではこちらの方がよく用いられる．文字の読み書きを意味するリテラシーをメディアの読み書きにまで拡張した比喩的概念である．

　1990年代までは，テレビをはじめとするマスメディアがもたらす商業主義や

ステレオタイプを批判的に読み解くために青少年に必要な能力，などとして喧伝された．現在ではあらゆる人々が本からSNSに至る多様なメディアを批判的にとらえ，自律的に関わるために必要な営みとされている．また受け手だけでなく送り手にも，専門的研究者にもメディア・リテラシーは必須であり，ジャーナリスト教育，メディア論とも深く関わる．

メディア・リテラシーは，メディアの技術的活用，批判的受容，そして能動的表現という三つの営みがバランスよく総合されることで成り立つ．ある種の汎用的なコミュニケーション能力だといえるが，これを個人に内在する能力とみなすか，共同体で育まれる活動とみなすかについては議論の余地がある．

近年は，SNSとモバイル・メディアなどの発達に伴い，メディアを静的なテキストととらえるのではなくダイナミックなシステムととらえ，その仕組みや使い方を実践的に理解する営みや，あふれかえる情報を取捨選択するとともに物語を編み上げる能力の重要性が指摘されている．新たな時代のメディア・リテラシーの全体像の更新が必要だが，その試みはいまだ途上にある．

●**理論と実践のグローカルな発展** 1990年代までの日本では，カナダやイギリスの文献翻訳と事例紹介がほとんどだった．しかし2000年代以降は，メディア・アート，市民メディア，カルチュラル・スタディーズなどと結びついた実践的メディア論の発展，21世紀型スキルなど新しい教育観に基づく情報教育・教育工学との連携による実践研究の深化，メディア業界との批判的連携などによって，日本の多様な領域でメディア・リテラシーは発展しつつある．小中高の教育に加え，各地の大学でもカルチュラル・スタディーズ，メディア論，情報教育，記号論，デザイン論など越境的なアプローチによる教育研究が進められている．

一方で「科学リテラシー」「災害リテラシー」など「○○リテラシー」の乱発には注意を要する．リテラシーは文字など何らかの記号体系に対する知識と操作を指す比喩にとどめて用いられるべきだろう．また，メディアの害悪から子どもたちを守ろうという保護主義は世界各地に根強く，それらが政治的保守主義と結びついて自民族や自国を賛美するメッセージを帯びたとき，メディア・リテラシーはメディア宣伝へと転換してしまうことにも注意をしなければならない．

世界各地で絶えない差別，偏見，紛争などの打開のためにユネスコはメディア・リテラシーの重要性を指摘している．今後は英米系モデルに縛られず，デジタル・メディア社会に即した理論と実践のグローカルな発展が望まれる． ［水越 伸］

📖 **参考文献**
[1] 菅谷明子，2000，『メディア・リテラシー――世界の現場から』岩波書店．
[2] Buckingham, D., 2003, *Media Education: Literacy, Learning and Contemporary Culture*, Polity. （鈴木みどり監訳，2006，『メディア・リテラシー教育――学びと現代文化』世界思想社．）
[3] 水越 伸・東京大学情報学環メルプロジェクト編，2009，『メディアリテラシー・ワークショップ――情報社会を学ぶ・遊ぶ・表現する』東京大学出版会．

メディオロジー

●**メディオロジーが登場した背景**　1990年代から2000年代にかけて，フランスの知識界ではポスト構造主義やポストモダンの次の世代による思想の刷新の動きが見られた．冷戦後のイデオロギーの終焉状況のなかで，宗教や共和国の価値が見直され，インターネットなどITが生活を変え，メディアと権力との関係が問われるなど，文化と社会を決定している象徴的な次元を従来とは違うやり方で問おうという機運が起こったのである．メディオロジーは，若くしてカストロやゲバラと革命運動を行い，チリのアジェンデ政権に参画し，フランス帰国後は1981年のミッテラン左翼政権の樹立の立役者となった1940年生まれの伝説的な思想家R.ドブレ（Debray 1994, 1995）が1990年代になって提唱した，伝達や媒介の観点から人類文明を問う認識の運動である．J.デリダ（Derrida）やB.スティグレール（Stiegler 1994）らの哲学，D.ブーニュー（Bougnoux 2002）らのコミュニケーション学，書物史や文化史，宗教研究を横断する学際的な研究を特徴としている．

●**メディオロジーとは何か**　人間の社会と文化を伝達作用（仏 médiation）の観点から総合的に研究することをめざす認識の運動．メディオロジー（仏 médiologie, 媒介学，あるいは伝達学）は，メディア（média）との対比において，媒介と環境を意味する語「メディオ（médio）」からドブレがつくり出した造語である．「情報」や「コミュニケーション」の理論が，時間の経験を捨象した同時性のモデルを認識論的な前提としていることを問題視し，伝達作用に介在する技術と時間，さらには力関係を問おうとする企てである．

　どのようにして，象徴は力となるのか，技術はメッセージの伝達を可能にすると同時にどのように人々を集団的に組織化するのかを問うことをライトモチーフとしている．①象徴的で社会的な事象（宗教のような集団的・教義的伝統，革命などの政治的転換など），②教会や党のような実践的な組織化の形態，③文字や印刷のような社会文化的痕跡の把持と保存そして流通の技術（メディア・テクノロジーといってもよいもの）の三つの次元に注目して，人間の歴史を理解することを方法とする．

　構造主義からポスト構造主義に至る現代理論が「言語」や「記号」を拠り所としていたのに対して，メディオロジーが試みるのは「技術」の視点からの文化・社会理論であることに特徴がある．技術は象徴が伝達され人々が組織されるための環境，「組織された物質」の次元をつくり出す．この技術的環境において人々は「物質的組織化」を受けて交通するのであり，また社会が集団的に構成される．

メディオロジーの対象は，一時代の科学的な知の布置（M. フーコー［Foucault］のいう「エピステーメー」）ではなく，宗教にみられるように象徴と技術と人の組織がつくり出す集団的な「信」の体系である．メディオロジーには，M. マクルーハン（McLuhan）の『グーテンベルクの銀河系』を思わせる，伝達技術に基づいたメディア文化の成層理論の側面もあって，「言葉圏」「文字圏」「映像圏」「情報圏」など伝達・媒介作用を支える技術的環境の「メディア圏」にしたがって人類文明の歴史を整理する企ても行っている．

●メディオロジーが研究する媒介作用・伝達作用の事例　キリスト教についてメディオロジー的アプローチを行うとどうなるか．それは，最初は孤立した超少数派による象徴的メッセージとしての「福音の言葉」が，一つの組織された信仰の体系へと成長し，3世紀の後にはローマ帝国の実権を掌握するに至るまでを研究することを意味する．そのときキリスト教とは，三つの次元の相互連関に基づく伝達作用からなる文化編成として理解される．すなわち，①教義と秘蹟の総体としての神学的メッセージ群の編成，②相互に命令と服従の関係をなす職位のピラミッドとしての聖職制度の編成，③説教や聖典講読や教典書や祭礼といった宗教の具肉化と教育と布教のための一連の実践の編成，という三つの伝達作用の組織化である．このうち第三のレベルは，口承文化や書承文化とよばれる記憶テクノロジーの歴史的に固有な状態（メディオロジーでは「ロゴスフェール［言葉圏］」とよぶ状態）を指している．

　宗教研究では，これらの次元は，それぞれ神学，教会学，典礼学と教理問答の歴史といった別々の研究対象とされてきた．しかし，キリスト教はイエスの言葉という「象徴」だけでは存在し得ず，その言葉を「伝達」する「教会」という組織があって初めて「力」となる．同じように，マルクス主義もまた，K. マルクス（Marx）の思想というメッセージのみによって成立するのではなく，メッセージを伝達する「活版印刷技術」，伝達する組織としての「党」という「物質的組織化」があって初めて歴史的な力となった．このように宗教や思想のような象徴的な次元がいかに歴史を通して，大きな社会的・政治的な力になるのかという，人類文明の媒介作用を理解することにメディオロジーの狙いがある．　　　［石田英敬］

参考文献
[1] Debray, R., 1995, *Vie et mort de l'image*, Gallimard.（西垣 通監修，嶋崎正樹訳，2002,『イメージの生と死』NTT 出版.）
[2] Stiegler, B., 1994, *La Technique et le temps tome 1: La faute d'Épiméthée*, Galilée.（石田英敬監修，西 兼志訳，2009,『技術と時間 1 エピメテウスの過失』法政大学出版局.）
[3] Bougnoux, D., 2002, *Introduction aux sciences de la communication*, Éditions la découverte & Syros.（水島久光監修，西 兼志訳，2010,『コミュニケーション学講義——メディオロジーから情報社会へ』書籍工房早山.）

パロールとエクリチュール

●**パロールとラング** F. ソシュール（Saussure）の分類では，「言語（ランガージュ）」は「パロール」と「ラング」から成り立つとされる．「パロール」とは，個人が何かを表現するときの話し言葉であり，語（記号）を組み合わせて表わす際のメカニズム（言葉遣い）である．これに対して「ラング」とは，文法や語彙などの制度化された体系であり，言語を共有する集団によって産み出された蓄積物である．パロールは個々人の「話（ディスクール）」からなる実践行為であるのに対して，ラングは個々の実践から相対的に自律した規則性をもつ総体である．パロールは無限の多様性に開かれているものの，純粋な創造活動ではなく，本質的には記号の組み合わせから成り立っている．

●**デリダの着眼点** これに対して J. デリダ（Derrida）は，パロール（話し言葉）とエクリチュール（書き言葉）を対比した．デリダによれば，伝統的な西欧哲学は，神および人間の意識内容（思考・意志・感情・欲求）をありのままに表現するものとしての「パロール」を重んじる「音声中心主義」であった．そこにおいてエクリチュールは，記号（文字）を媒介にしてパロールを表現できるものとみなされ，パロールとエクリチュールはいずれも事物や心理を忠実に映し出すとみなされた．しかしデリダは，エクリチュールが発話された文脈を一般化してしまうがゆえに，不完全な意味伝達手段になるだけでなく，戯れや虚偽，見かけや悪を持ち込んでしまうと考える．エクリチュールは，真理を表現するのではなく，そこにズレと差異を持ち込む．ところがパロールは，そのような不完全なエクリチュールなしには成立することがない．

●**バルトによる社会への応用** こうしたエクリチュールの問題性を，社会実践の問題としてとらえたのが R. バルト（Barthes）である．バルトによれば，エクリチュールとは，言語制度としての「ラング」と，作家（あるいは知識人，書き手）の文筆スタイルとしての「文体」の間にあって，ある特定の時代に，作家たちが共有している文語形式である．それは作家たちが社会と向き合う際に，ある歴史的制約のもとで打ち立てられ，そこに自分自身の社会的地位を位置づけることができるものである．自由に選ぶことはできないが，作家たちは自分のオリジナルな文体のみでは言いたいことを表現できないため，特定のエクリチュールを引き受けて自分の立場を公に示すことになる．

フランスにおいては，17世紀におけるブルジョアジー（都市部の有産市民階級）の台頭とともに「古典主義」文学が生まれ，同時に単一のエクリチュールが生まれた．それ以前の時代にはラングそのものが不安定で，エクリチュールは知られ

ていなかった，とバルトはいう．同じエクリチュールは18世紀末のロマン主義文学にも継承されたが，19世紀前半のV. ユゴー（Hugo）の作品においては，彼独自のパロールと文体が際立った．19世紀後半になると，エクリチュールは多様化していく．近代資本主義のもとで階級闘争が激化するにつれて，作家たちはそれまでのブルジョア的なエクリチュールを継承すべきかどうかを問われるようになった．

それでもG. フローベール（Flaubert）に由来する自然主義派は，リアリズムのエクリチュールとでもよぶべき新たな職人芸を生み出し，ブルジョアジー芸術を発展させた．興味深いのは，プロレタリアートの文学（社会主義リアリズム）もまた小市民的なブルジョア階級のエクリチュールを継承したことである．ブルジョア階級のエクリチュールに対する断罪は，むしろ同階級の内部から生まれた．

作家は，革命を通じてエクリチュールをたえず変更していくわけにはいかないが，バルトによれば，あらゆる修辞的なエクリチュールから解放された透明なパロール（話し言葉）を，そのまま書き言葉にした「零度のエクリチュール」というものがあるという．例えばA. カミュ（Camus）の『異邦人』においては，言語の社会的・神話的な機能が廃棄され，作家は自らの実存と向き合うのみである．エクリチュールとは，社会に対して自らを表現する形式であるが，実存主義においてはそのような形式が失われる．むろん零度のエクリチュールは，他人に模倣されるとふたたび社会的な表現形式になってしまうのであるが．

エクリチュールが多様化しその機能が不透明になると，パロールの復権が生じる．とはいえ現実のパロールは，各人の職業，階級，財産，生物学的性質などと結びつくため，個々の状況を超えて伝達可能なものではなく，階級ごとに分断されてしまう．なるほど現代詩においては，パロールの配列次第でエクリチュールから自由となり，対象がもつ真実を伝えることも可能である．歴史や社会生活から無縁な仕方で，客観的な対象世界と向き合う文体を得ることも可能である．けれども文学においては，エクリチュールが多様化し不透明化すると，伝達方法は袋小路にはまる．背景には階級間の分断と生活の個別化・各私化がある．かかる状況において，バルトは文学における新たなエクリチュールの可能性，すなわち，一切の修辞を排して共通の口語調となった零度のエクリチュールを展望した．それは社会の分断を乗り越え，社会的地位の序列化を消し去った，均質なコミュニケーション空間としての新しい社会体制を先取りするものでなければならないとされた．

[橋本 努]

📖 参考文献
[1] ソシュール, F. / 小林英夫訳, 1972, 『一般言語学講義』岩波書店．
[2] デリダ, J. / 合田正人・谷口博史訳, 2013, 『エクリチュールと差異（新訳）』法政大学出版局．
[3] バルト, R. / 石川美子訳, 2008, 『零度のエクリチュール（新版）』みすず書房．

アイデンティティとコミュニケーション

●**アイデンティティ理論とは** 「私は画家です．若い頃，それほどの賞を貰いませんでしたが，絵を書くことが好きで，60歳の今，やっぱり自分は絵描きだと思います」．「私は中国で生まれ現地の女性と生活をしてきましたが，両親は日本人で，現在70歳の私は，やはり日本人であります」など，「これが自分だ！」という確信を心底でもちうることを自我同一性つまりアイデンティティの確立とよぶ．前者を職業的アイデンティティ，後者を民族的アイデンティティなどともよぶことがある．

「自分探し」という世間に流布する言い方があるが，それは内容の一部を言い得ている．一体，自分は何者なのか？ それを青年期に見つけ，重要な他者に認めてもらえているという感覚の獲得．青年期の人間はその作業を必死になってやっている．そう表明したのが，S.フロイト（Freud）以降の精神分析学の理論的展開のなかで，対象関係論と並び「自我心理学」とよばれる流れを築いた一人，E. H. エリクソン（Erikson）である．人間以外の動物が，こんなことに悩む姿は見かけないし，たぶん，見出されないだろう．

●**自我心理学の流れにあるエリクソン** エリクソンが学んだ精神分析学は1900年前後にフロイトが「夢の解釈」を出版することで世界に広まっていく．精神医学は，現在も「統合失調症」とよばれる心理上の障害の治療をその目的の一つとするが，フロイト自身は統合失調症と区別される「神経症」をその対象として理論と治療方法を生み出し，現在では一分野を確立している．エリクソンが属する自我心理学派はその中心にある．フロイトの娘A.フロイト（Freud）が端緒を拓き，父の言う，エス，自我，超自我のうち自我の外界への適応機能の重要性を説き，より一般的な人間理解に貢献してゆくことになる．

同時期に出た対象関係論とよばれる流れは，M.クライン（Klein）らを中心に，神経症よりは重篤な精神障害や統合失調症といった病理の理解への応用に貢献することになる．

フロイトから半世紀以上遅れて，非医家であるG.ベイトソン（Bateson）と精神科医D.ジャクソン（Jackson）らが中心に，後にグループがいた地名から「パロアルトグループ」とよばれる研究者グループが，ダブル・バインド理論と名づける統合失調症を説明する理論を1956年に提出する．彼らの説は，統合失調症の成員を家族にもつ家族内のコミュニケーションを研究して，その独特のコミュニケーション様式が特徴的なことを見出した．

彼らは，こんな例で説明をしている．統合失調症で精神科病棟にいる息子を見

舞う母親が，面会で部屋の隅に生気のない顔貌で佇む息子の名前を呼んだ．呼ばれた息子は母に抱きついて応えようとするが，母親は一瞬，体を強ばらせ後退する．他者には気づかれない微妙な動きである．言語的なメッセージと非言語的なメッセージが異なる．このとき，息子がとりうる反応は主要には三つしかない．言葉が伝えるメッセージに反応するか，非言語側に反応するか，両者ともを無視して部屋の隅に硬直して佇んだままでいるかである．

この反応の3態が当時の分類による，緊張型，妄想型，破瓜型にちょうど，対応するとしたのである．この矛盾を指摘できない，越え得ない家族環境で育つことが統合失調症の一因であるとしたのがダブル・バインド理論，邦訳で二重拘束理論とされものである．

今日，この理論は統合失調症の説明としては採用されていないし，それをベイトソンらも早くに認めているが，「コミュニケーションによる行動の拘束」という，この理論の主たる概念は，家族療法，特に家族臨床心理学の世界では有効なものとして現在，活躍している．

●アイデンティティと治療的コミュニケーション　コミュニケーションによる行動拘束というベイトソンらの，この理論は，エリクソンのアイデンティティ理論にどのような意味を与えるのだろうか．

いま不登校という事例の一つを考えてみたい．長引いている不登校児童をもつ親は，「もう，登校自体よりも，自分でやりたいことを見つけて進んでいってほしい」という願いをもつに至ることを臨床事例としてはよく体験する．つまり，これは「登校よりも，これが自分である，私のやりたいことだというアイデンティティをもって歩んでいってほしい」という願いである．しかし臨床的には，これは大いに矛盾であり悪循環をさらに生むことになりやすい．

まず，エリクソンによれば青年期の心理的な中心課題とされるアイデンティティ形成が不登校の克服よりも容易であるとは思えない．

そして，この親側のスタンスは上述の二重拘束事態に近い状況に子どもを置くことになる．つまりアイデンティティをもって！という親の願いは上述の意味で，子どもにとっては，まずすぐには応えられないし，応えずにいると問題視される．どちらにしても応えるのは難しく，つまるところは，不安定な心理状態のまま子どもは部屋にとどまり続けることになってしまう．

この事態を打ち破る方法は，家族療法で活用される「治療的二重拘束」である．例えば子ども自身の自立やアイデンティティ獲得のためではなく「家族のために登校を！」といった，いわば近代以前の家族制度の文脈を一時的に構築してもらうような家族内コミュニケーションの促進から介入を開始する．成功事例は少なくない（長谷川2005）．家族療法がモダン（近代）という文脈ではなくポストモダンのそれに乗る方法といわれるゆえんである．　　　　　[長谷川啓三・松本宏明]

情報の所有と専有

●「所有」概念の背景と限界　「物を所有する」という事実を社会的にどう位置づけるかは，人間社会の秩序を形成する基本的な枠組みの一つで，生産手段や市場機能の発展と密接な関係にある．近代においては国民一人ひとりが所有権をもつことが当然とされるが，そこに至る変化は国や風土により，文化や生産方式によって多様である（Attali 1988；加藤 2001）．20世紀には所有権を国家に統合する動き（社会主義または共産主義）があったが，「私的所有と市場」を前提にした分散的意思決定がより優れていることが明らかになった．その結果，所有権と自立・自律，所有権と自己決定などが同義語のように解され，「所有」をめぐる言説は経済学や法学にとどまらず，人文・社会科学全般に広く行き渡っている（大庭・鷲田 2000）．

しかし「所有」概念にも，以下のような限界がみえつつある（大庭・鷲田 2000；日本法社会学会 2014）．①排他性が絶対視されると公益が阻害される（市街地の景観維持や地震で機能不全になったマンションの建て替え，空き地・空き家問題），②個を尊ぶことがいきすぎると他人への配慮を欠いた無縁社会につながる（共助の難しさ，老人の孤独死），③生命情報の扱いをめぐって自己決定をどこまで認めるべきかの規範が定まっていない（臓器移植，DNA情報），④「会社は株主のもの」という論理を徹底しすぎると利潤追求が自己目的化する（リーマン・ショックと強欲資本主義），⑤知的財産も「所有」でき，他人の利用を排除できるとなると，全体最適にならない（フェア・ユースなどの利用に対して敵対的になる）場合がある．本項は，もっぱら最後の⑤に焦点を合わせたものである．

●所有概念の拡張と情報財の特質　所有権は「物」すなわち有体物が対象であり（民法85条　この法律において「物」とは，有体物をいう），情報などの無体財に対して，所有権に準じた排他権を設定することが機能的に優れているかは，検証されていないが，「所有権信奉」の雰囲気のなかでアナロジーとして生き続けている（知的所有権という表現が代表例）．しかし情報財は，①排他性（他人の利用を排除することができる）も，②競合性（私が使っていれば他の人は使えない）も欠いており，むしろ「公共財」に近い．加えて，③「占有」（民法180条　自己のためにする意思をもって物を所持する）状態も不確かで，その移転（内容が受け手に移転され，渡し手には残らない）も起きず，④デジタル化されていれば複製が簡単で，費用はゼロに近く，また品質も劣化せず，⑤いったん（意に反して）流出したら，これを取り戻すことはできない（流通の不可逆性）し，⑥どこに複製物があるかもわからないので削除も効果が薄い．

そこで「知的財産」という新しい法領域が用意され，例えば著作権法は，上記の諸点を意識してか「占有」概念を避け，「権利の専有」の語を用いている（著作権法21条など）．この用語は明治20（1887）年の版権条例までさかのぼる歴史をもち（野一色 2002），他の知的財産制度と共有されるが（特許法68条など），排他的支配権であることを示す以上に特別な意味があるとは解されていない（加戸 1974．三省堂『知的財産権辞典』にも，標準的教科書の索引にも収録されていない）．いずれにせよ著作権は（所有権と同じ）物権の一種とされ，物権と債権を峻別するわが国（あるいは大陸法系）の法制にあっては，対世的（世間一般に対する）排他性があり，それが制限されるのは例外だという大原則を貫かざるを得ない．それゆえ英米法的なフェア・ユースの規定をもたず，「著作権の制限」（同法2章3節5款）というわかりにくい表現をしているが，その実態は公共財的性格を有する情報財に排他権を設定する以上，権利者と利用者との間の利益のバランスを取ろうとする点にあるが，その限界も内包している．

●**情報財への応用にあたっての工夫**　現状の不便さは，all right reserved という権利貫徹状態（これがコピー・ライトの主張）と，public domain という権利不存在状態（コピー・レフトの主張）との両極端に分かれ，その中間形態がないことである．そこで，L. レッシグ（Lessig）が主導したクリエイティブ・コモンズ運動では，インターネット上の取引に限り some rights reserved という中間状態を認めるため，attribution（必須）と，non-commercial, no derivatives, share-alike の三つ（選択は任意）の権利表示マークの組み合わせにより，6種類の権利処理の選択を可能にしている（レッシグほか 2005．当初は attribution もオプションで，12種類の選択肢があった）．これは，一方で創作者へのインセンティブ不足による過少生産を回避しつつ，創作された著作物はなるべく利用しやすくしようという両睨みの作戦であり（レッシグほか 2005；林 2004），その限りで上述の情報財の特質を踏まえた，実効性のある提案といえる．しかし選択肢は，あくまでも補助手段にすぎず，情報財の権利設定に向けての基本検討が必要で，公法的要素（言論法に近い）と私法的要素（e コマース）の交錯，知的財産的保護と秘密的保護の差異と共通項の検討が課題である（林 2014）．そのための萌芽もみられる（青弓社編集部 2004）し，20世紀中葉の「所有権論争」を乗り越える努力も注目される（日本法社会学会 2014 には川島 1949 が繰り返し参照されている）．しかし後者において情報財への言及はほとんどみられず，個人情報とプライバシーが混同されたまま，特定秘密保護法の推進派と反対派に分断されている状況を克服する努力が求められる．

［林 紘一郎］

📖 **参考文献**
[1] 川島武宜，1949．『所有権法の理論』岩波書店．
[2] Branscomb, A.W., 1995, *Who Owns Information*, Basic Books.

6. 表象と文化

　「表象と文化」という主題はK.マルクス（Marx）の唯物史観の命題「存在が意識を規定する」とともに社会科学に登場してくる．この命題において，表象と文化（意識）は経済（存在）と一対のものとしてとらえられ，前者は後者の関数とされている．この両者の関係をどのようにとらえるかということがその後，社会学の中心問題となっていく．構造主義の登場とともに，表象と文化はコンテクストから切り離されて，その内的論理にしたがって考察されるようになる．そして，さらにポスト構造主義に移ると，階級・エスニシティ・ジェンダーなど，表象と文化の担い手が再発見され，その延長上にカルチュラル・スタディーズが登場する．本章では，この変遷を歴史的にたどるとともに，芸術・宗教・科学・記憶・希望など，表象と文化の諸ジャンルの研究動向を紹介している．また，近年の社会学における表象・文化研究として，ゼマンティク論（N.ルーマン［Luhmann］），カルチュラル・ソシオロジー（J.アレクサンダー［Alexander］）を取り上げている．　［伊藤公雄・浜 日出夫］

文化産業

■ **●文化産業（論）の生まれた背景**　文化産業という概念が最初に使用されたのは，M. ホルクハイマー（Horkheimer）と T. W. アドルノ（Adorno）の共著『啓蒙の弁証法』の第Ⅳ論文「文化産業——大衆欺瞞としての啓蒙」(1947) である．彼らは，フランクフルト大学社会研究所に属し，後に批判理論もしくはフランクフルト学派とよばれる研究サークルの主導的人物である．他のメンバー同様，ユダヤ系ドイツ人であったことから，ナチス台頭とともに亡命を余儀なくされ，『啓蒙の弁証法』もカリフォルニア滞在中に執筆された（オランダで刊行）．

そうした背景から，文化産業論は著者たちの全体主義体験を抜きに語ることはできない．それは具体的には，音楽，映画，ラジオ，雑誌などのいわゆる文化産業を用いた全体主義的支配である．しかし，文化産業論は推定される執筆時期（1939～44 年）およびその内容から判断して，自由主義社会アメリカで繁栄をみた娯楽文化（ジャズ音楽やハリウッド映画などの大衆文化）をもその対象としていることは明らかである．つまり，一見自由で幸福に満ちた資本主義社会（消費社会）もまた，文化による支配という点で全体主義社会（ナチスドイツやスターリン体制下のソ連）と同じ支配＝被支配の構造を有していると考えられているのである．

刊行当時，『啓蒙の弁証法』はほとんど顧みられなかったが，1950 年代の社会研究所の再建，1960 年代の学生運動に代表される反体制運動の盛り上がりとともに再び脚光を浴びた．戦後の西ドイツにおいて，本書が再評価されたのは，抑圧的な重苦しい雰囲気のなかで発した本書の警告が，冷戦体制と分断国家のもとにあった当時の人々の不安と危機意識に強く訴えるものがあったためと考えられる．

●文化産業の内容解説　文化産業論が批判する現象は，個性的で自立的であるはずの個人が，娯楽文化を享受するなかで，無意識のうちに社会全体の支配構造にからめとられ，没個性的で受動的な大衆へとつくりかえられてしまう事態である．

西欧社会において「文化」とは，「自然」状態にある未成熟な個人を陶冶し（Bilden），教養（Bildung）を授けることにより，個性的・自立的存在へと高める機能をもつとされている．それに対して，娯楽と化した文化産業はその受け手から個性を奪い，画一的な類似性を刻印することにより，物象化された全体社会のシステム（第二の「自然」）に組み込んでいく．アドルノが産業（Industrie）という表現を使用するのは，下から自発的に形成される民衆芸術と区別し，受け手を上から統合していく様子を明示的に表現するためである（第Ⅳ論文はアドル

ノによる執筆と推測される．訳者・徳永恂による解説参照）．

　しかし，文化産業論は教養文化（高級文化）の高みから娯楽文化やサブカルチャーを批判するエリート主義とみなされる傾向がある．今でもなお，文化産業論はメディア・文化研究に大きな影響を及ぼしているが（Cook 1996；Steinert［1998］2008），多くはエリート主義の側面を払拭しつつ受容している．特にバーミンガム大学現代文化研究センターを拠点とし，フランクフルト学派とともに文化研究をリードしたカルチュラル・スタディーズは，文化産業論の問題提起を受けとめつつも，サブカルチャーにおける抵抗の潜在的可能性を重視してきた（Turner 1996）．とはいえ，『啓蒙の弁証法』全体のなかで文化産業論をとらえるとエリート主義的理解は妥当ではない．同書は教養文化（啓蒙）を賞賛するのではなく，それがすでに暴力（野蛮な自然）の契機を内包し，歴史のなかで顕在化する，まさに「啓蒙の弁証法」を批判的にとらえているからである（出口 2013）．

●**文化産業と服従のメカニズム**　自らも音楽演奏家でもあったアドルノは，「時間のない流行――ジャズについて」のなかで文化産業の例として，ジャズを取り上げている（Adorno 1955）．ジャズが無時間的なのは，そのシンコペーションには新しいもの，個性や成長（文化の契機）がなく，暴力的な機械的反復（自然の契機）だけがみられるからである．たしかに，ジャズには個性を発揮する即興演奏があるが，それもアドルノによれば型どおりのリズムの組み合わせにすぎず，聴衆は終始機械的に反復するリズムのなかに閉じ込められている（竹峰 2007）．アドルノはその秘密を彼らのサド・マゾ的性格（権威主義的パーソナリティ）に見出す．

　アドルノは他の批判理論家と同様，S. フロイト（Freud）の精神分析，特にエディプス・コンプレックスの理論を参照する（出口 2002, 2011）．それによると，小さな子どもは母に対して近親相姦的な愛情を注ぐが，その愛情は父によって禁じられる．そのため，子どもは父によって去勢されるという不安（去勢不安）に取り付かれる．そうした不安を払拭するために，子どもは逆にすすんで父と同一化しようとする．こうして形成される服従的性格（サド・マゾ的性格）がジャズ音楽の視聴態度にも見出されるのである．聴衆は，シンコペーションの暴力的な反復のなかへマゾヒズム的に引き込まれてゆくのである．ここにはまた，資本主義体制の圧倒的な暴力の前で，抵抗不可能であるがゆえに進んで支配体制に同調する大衆の姿と同型のメカニズムを今なお確認することができる．　　　　　　［出口剛司］

参考文献
［1］Horkheimer, M. und T. W. Adorno, 1947, *Dialektik der Aufklärung: Philosophische Fragmente*, Querido.（徳永 恂訳，2007，『啓蒙の弁証法――哲学的断想』岩波書店．）
［2］Adorno, T. W., 1955, *Prismen: Kulturkritik und Gesellschaft*, Suhrkamp.（渡辺祐邦・三原弟平訳，1996，『プリズメン――文化批判と社会』筑摩書房．）
［3］出口剛司，2013，「文化産業論再考――ミメーシスと大衆欺瞞のはざまで」『社会学史研究』35：13-29．

複製技術

●複製技術への視点 W. ベンヤミン（Benjamin）は論文「複製技術時代の芸術作品」のなかで，19世紀から20世紀初頭にかけての写真や映画など複製技術の登場により，芸術の性格と知覚様式にいかなる変容が生じたのかを考察している（Benjamin［1935-36］1989）．ベンヤミンの議論は，複製技術による芸術作品に従来寄せられていた，次のような否定的評価に対抗する意図をもつ．①写真や映画は絵画などの伝統芸術に比べて価値が低い．②複製技術は貧しい経験しかもたらさない．③映画は大衆の受動的態度を促進し批判精神を損なう．これらに対してベンヤミンは，次のように主張する．①複製技術は芸術の性格それ自体を転換させた．②複製技術は知覚と経験の可能性を拡充する．③大衆の散漫な態度は，来るべき標準的な知覚様式の先駆として評価しうる．これら各主張に対応する鍵語として提出されるのが「アウラ（の凋落）」「視覚的無意識」「気散じ」である．

●芸術の性格と知覚様式の変容 複製技術による芸術作品の特徴を，ベンヤミンはアウラの衰退に求める．オリジナルの〈いま-ここ〉的性格は真正さの概念を形成し，作品が埋め込まれる伝統の連関がその権威を支える．作品の真正さと権威は，観る者に畏敬の念を呼び起こし，作品が目の前に現前していても，どこか遙かさを感じさせる．その独特の雰囲気がアウラである．ところが複製技術による作品は大量に複製され，受け手が個別の状況で享受できる以上，アウラは霧散せざるを得ない．この変化は芸術の性格の転換，すなわち秘匿され，儀礼の対象となることで価値をもつあり方（礼拝価値）から，展示され，大衆の目に触れることで価値をもつあり方（展示価値）への転換に照応する．

ここで注意したいのは，ベンヤミンの指摘が，かつてあったアウラが消失したという頽落論的な構えではなく，アウラが欠如態として出現したという遡及的な構えをとっている点である．アウラは失われた何かとして遡及的に見出される（中村 2010）．したがって複製技術の登場や芸術の性格の転換，知覚の変容といった相互連関から切り離して，アウラとは何かと問うような本質論的な議論はあまり意味をもたない．

映画のクローズ・アップやスローモーションは，新たな知覚をもたらす．微細なものを拡大し，運動を引き伸ばすことで，従来は知覚できなかった未知の要素が発見される．足を踏み出すときの一瞬の姿勢など，意識の外にあるものが知覚に組み込まれるとき，そこに視覚的無意識の領野が開ける．映画はまた，受け手の大衆が芸術を受容する際の特有の態度を形成する．従来の芸術作品が，個人での，注意力を集中させた鑑賞の態度を要請するのに対して，映画は，集団での，

受け身の状態で画面を散漫に眺める，気散じの態度を要求する．前者が視覚的だとすれば，後者は触覚的な受容である．この気散じの態度は，来るべき標準的知覚の基礎となり，映画は，その知覚の訓練に役立つとされる．

●複製技術への視点の継承と展開　ベンヤミンにより提起された複製技術への視点は，その後，どのように継承され，展開していくのか．

①メディアの特性が，思考や知覚の様式を規定するという見方は，M. マクルーハン（McLuhan）に代表されるメディア論に引き継がれる．とりわけ F. キットラー（Kittler）はメディア論の発想を徹底化する（Kitter 1985, 1986）．一方では，データの記録と保存を担う「書き込みのシステム」の変遷（書字からアナログ・メディア，そしてコンピュータへ）が，人間の知と世界構成のあり方に影響を及ぼすことを，膨大かつ詳細なメディア技術史的叙述において示し，M. フーコー（Foucault）の言説分析を，書字のメディア性を考慮していないと批判する．他方，グラモフォン，フィルム，タイプライターという装置こそが，J. ラカン（Lacan）の精神分析理論で想定される人間の精神を形成する三領域（象徴界・想像界・現実界）を分離させたのだと指摘し，ラカン理論を歴史化する（北田 2006）．

一方，②イメージの大量生産が引き起こす現実感覚への効果に対する視点は，あらゆるものが記号化し，「オリジナルなきコピー」たるシミュラークルが蔓延する社会状況を分析する，J. ボードリヤール（Baudrillard）の現代社会論に継承される（Baudrillard 1981）．また，③映画作品の生産における受容者の主体的参加や，気散じという受容形態を評価する見方は，T. W. アドルノ（Adorno）らの，大量生産された文化作品は大衆の精神を画一化するとみる文化産業論の見方とともに，文化の政治性を検証する文化研究におけるベーシックな二極的視座へと組み込まれる．さらに，④通常は自明視され反省されない「見ること」の制度性を，視覚装置の緻密な歴史記述から浮かび上がらせるアプローチは，J. クレーリー（Crary）や T. ガニング（Gunning）らの視覚文化論に受け継がれる（長谷・中村編訳 2003）．

最後に一点，指摘しておきたい．ベンヤミンとキットラーに自覚されていたことだが，複製技術（ないし新規のメディア）を問う視点は常に，複製技術の以前と以後を，中立的にまなざす視点の不可能性という難問を抱え込まざるを得ない．書字自体が置かれるメディア的布置を反省的に問いながら，その布置をまさに書字によって描くことの困難——複製技術への問いの理論的価値は，この困難をいかに引き受けるかという点に大きく依存するだろう．　　　　　［近森高明］

参考文献

[1] ベンヤミン, W. / 浅井健二郎編訳, 1995,「複製技術時代の芸術作品」『ベンヤミン・コレクション 1 近代の意味』筑摩書房：583-640.
[2] 多木浩二, 2000,『ベンヤミン「複製技術時代の芸術作品」精読』岩波書店.

ディスクール（言説）

●**近代の言説概念と20世紀以降の理論化**　現代の社会学や周辺領域で，ディスクール/ディスコース，あるいはその訳語（の一つ）としての言説は，幅広い含意をもつものとして用いられている．あまりの幅広さのゆえに，意味が空洞化しているというべきかもしれない．本項ではフランス語圏のディスクールを中心に説明する．

　ディスクールという語は古くから用いられているが，16世紀以降，口頭で行われる談話や語りを指すようになり，近代が進むにつれて，その文書化という含意を強くしていった（ディスコースも同じ）．こうした言葉の歴史を背景にして，É. バンヴェニスト（Benveniste）は，文が単語を単位とするように，文を単位としたまとまりを想定し，これを言述/話（ディスクール）として術語化した．この言語学的ディスクールは，至るところに具体的に出現するが，ディスクールを単位とする上位概念が設定できないため要素的分析ができない．おそらく，こうした性質に着目することで，ディスクールを西欧近代社会の微細な装置（ディスポジティフ）的作動のまとまりをとらえる戦略的拠点へと転換したのが M. フーコー（Foucault）のディスクール分析（analyse du discours）である．

●**フーコーの言説分析**　字数の節約のため，以下ではディスクールを言説と表記する．ある時代において反復的な様式で語られていた主題形象が，別の時代になると消滅する（＝認識論的切断）．言説分析は，こうした言説の規則性/稀少性に着目し，言表（énoncé）の特定の配置として出現する形象の言説的編制を考察する．より正確には，形象を構成する言表の分散を追うことで隣接する諸形象が示唆され，それらとの連関が織りなすマトリクスが描き出される．具体的な関説対象について，この錯綜した記述戦略がどこまで成功しているかは，それぞれ経験的に測られる必要があるが，集約すれば，その方法的意義は2点ある．

　①我々が無自覚に寄りかかっている思考の枠組みのもとで，対象はある種実体化されているが，言説分析は，対象の実体性を立てることを避け，それを徹底的に言説相関的に記述する．時代を通して同一の言表が用いられているときにも（例えば狂気），その同一性は簡単に措定できない．さらに，イデオロギー的図式，科学などの既存の知の類型，あるいは作品や書物といった言説の統一体の想定は，歴史化＝偶有化され，解体される．考古学から系譜学へと移行する中期以降，フーコーは言説内実践と言説外実践との関連を重視するようになり，権力分析への傾斜を強めていったが，言説外実践はあくまで言説の境界において，つまり言説の編制の痕跡として見出される．現象の社会的要因の外在的＝超越的持ち込みに対

する強烈な方法的懐疑のもとで，微細な言説的形象が具体的に描かれていく．言説概念が社会学にもたらした最大の衝撃は，この文体そのものだった．

②かかる方法的態度は，西欧近代そのものと否定しがたく共振している．西欧においては，出来事や行為は単に事実的に連鎖するだけではない．多くの場合，それを記録へと転換し，そうした言語的構成体のうえで抽象化／一般化して観察する手つきがそこに随伴する．ロゴスとしての理性が，その源泉であると同時に帰結である．言説の作動の執拗な分解や，言説相関的に作用する権力というアイデアの背後には，西欧が生み出した近代性(モダニティ)に対する根底的批判がある——彼自身がそこから逃れがたいことへの苛立ちも含めて．

●「言説分析」の諸タイプと問題点　言説分析は精神医学史や法制度史などの精緻化に大きな影響を与えた．また，フーコーとはちがう領域を対象に，記述戦略の力点を変えて近代社会の言説史を描くF. キットラー (Kittler)，D. ヘラー＝ローゼン (Heller-Roazen) らの研究も現れている．言説概念の利用として，最も実りあるのはこの流れだと思われるが，独自の場所に資料を見出すセンスと大量の文献をこなす辛抱が必要なため，少数派であることは否定しがたい．

フーコーは，①西欧近代（正確には，そのフランス版）の知の制度に対する批判を下敷きに，高度な抽象的論理と複雑化した方法論を駆動させつつ，②具体的な遂行としては，微細な資料群に分け入った歴史記述を行ったが，標準的な受容は，良くも悪くもこの二つの傾向を分解するようなかたちでなされてきた．一番多いのは，彼が近代批判の部品として開発した主体化，権力などの概念に触発された理論研究（①-a）である．この延長線上で，主体化と規律訓練によって制御された19世紀型近代の現在的な変質や空洞化を論じるポスト近代論的考察（①-b）や，社会科学的記述の権力性に対するメタ理論的反省を展開する議論（批判的言説分析）がある（①-c）．内部観察としての社会学という問題意識と平行しているが，アルチュセール的イデオロギー論の焼き直しになる危険もある．

一方，資料の経験的研究という面では，近代の歴史過程ではなく，現在のコミュニケーションの客観科学的な記述から，そこで働く権力作用を考察するタイプの研究（②-a）がある．エスノメソドロジーや構築主義との結びつきが強く，しばしば①-cと同時に現れる．また，近年の日本の社会学では，日本近代の「考古学／系譜学」的研究（②-b）が目立つ．そこでは，後発近代社会を対象とすることで，近代批判の感覚が弱まりがちであり，「雑誌研究」のようなかたちでコーパスの輪郭を画定してしまう傾向も比較的強い．一言でいえば，言説分析ではなく，知識社会学化した歴史社会学が増えている．

［遠藤知巳］

📖 **参考文献**
[1] Foucault, M., 1969, *L'Archeologie du Savoir*, Gallimard.（慎改康之訳, 2012, 『知の考古学』河出書房新社.）

神話作用

● **「神話作用」という言葉と概念の由来** 人々が現実を了解・認識する仕方と社会的な存在様態との関係は20世紀半ばまで，K. マルクス（Marx）と F. エンゲルス（Engels）の『ドイツ・イデオロギー』（1845-46），G. ルカーチ（Lukács）の『歴史と階級意識』（1923），K. マンハイム（Mannheim）の『イデオロギーとユートピア』（［1929］1952）などのマルクス主義的なイデオロギー論，階級意識論，知識社会学によって主として理論形成されてきた．R. バルト（Barthes）は『現代社会の神話（*Mythologies*）』（1957）で，マルクス主義的なイデオロギー論と F. de ソシュール（Saussure）の言語学・記号論を接合し，狭義の言語だけでなく商品，広告，映画，スポーツなどの現実世界を構成するさまざまな事物を，「現代社会の神話」を語る言語的コミュニケーションとして分析した．バルトにとってこの試みは，B. ブレヒト（Brecht）の演劇論や J.-P. サルトル（Sartre）の文学理論を背景とすると同時に，同じようにソシュールの言語学の影響のもとにある C. レヴィ=ストロース（Lévi-Strauss），M. フーコー（Foucault），L. アルチュセール（Althusser）などの構造主義的な社会理論と社会分析を同時代的な背景としていた．

なお本項目の「神話作用」の語は，*Mythologies* の抄訳（1967）に訳者の篠沢秀夫が与え，その後通用するようになった言葉であり，バルトが分析上の概念として提示したものではない．"Mythologies" は通常「神話（集）」を意味し，*Mythologies*（Barthes 1957）の第一部も同タイトルである．同書の完訳（2005）の邦題は『現代社会の神話』であり，本項目における概念などの訳語は基本的にこの新訳に準拠する．

● **神話的意味作用の記号論的分析** バルトの神話分析が対象とする「神話」は神々の物語ではなく，現代社会の諸領域に見出される言語的・記号的なコミュニケーションである．それは『現代社会の神話』の第二部「今日における神話」で示される次図のような言語学的・記号論的形式をもつ（Barthes 1957：訳326）．

この図のように，神話は，「1. シニフィアン／2. シニフィエ／3. 記号（シーニュ）」

の三項からなる「第一次の体系」の言語を対象とする，「第二次の体系」の言語（＝メタ言語）である．狭義の言語以外にも，写真や映画などの映像，物や商品，スポーツなども第一次の体系において「1．シニフィアン」「2．シニフィエ」「3．記号」の三項をもつ言語として神話化の対象となる．バルトが示す例（Barthes 1957：訳 328-9）を引くと，「フランスの軍服を着た若い黒人が軍隊式の敬礼をしている『パリ・マッチ』誌の表紙の写真」という「言語」は，第一次の体系としては，表紙に印刷された映像を「1．シニフィアン」とし，その表紙を見て受け手が了解する「若い黒人がフランスの軍服を着て軍隊式の敬礼している」という内容を「2．シニフィエ」とする「3．記号」という三項構造をもつ．それが第二次の体系では，「フランスの軍服を着て敬礼する若い黒人の写真」という「3．記号」を「Ⅰ．シニフィアン」とし，「フランスは偉大な帝国である」，「そのすべての息子たちは肌の色の区別なく，その旗に忠実に仕える」という「Ⅱ．シニフィエ」をもつ「Ⅲ．記号」としての意味作用が成立する．このように第二次の体系で成立する言語の意味作用とコミュニケーションのシステムが，『現代社会の神話』でバルトのいう「神話」である．現代社会では神話は，ブルジョア社会の諸現実や諸概念を自然化し非政治化する装置として機能しており，「神話の読者」である人々は「真実であると同時に非現実的である歴史」（Barthes 1957：訳 344）として神話を生きているとされる．

●**現代社会分析の方法としての神話分析の展開**　「形式に関する科学としての記号学と歴史に関する科学としてのイデオロギー理論とに同時に属している」（Barthes 1957：訳 323）神話学は，現代社会の神話＝イデオロギーを明らかにする理論とその実践的応用である．バルトによる「現代社会の神話」の具体的分析は，『現代社会の神話』の第一部「神話集」に収められている．その後，バルトの記号論は「記号学の原理」（Barthes 1964）で理論的に精緻化され，その発展・応用の試みとしては『モードの体系』（Barthes 1967）や『記号学の冒険』（Barthes 1985）のなかの諸論考などがあるが，それらで示される図式や用語の間には異同があるので注意が必要である．

　バルトの神話論は J. ボードリヤール（Baudrillard）の記号論的消費社会論の先駆であり，メディアのなかの表象のイデオロギー性の生産と受容・解読に注目する視点はカルチュラル・スタディーズのメディア研究へと受け継がれている．今日，記号論的手法を用いた現代社会と現代文化の研究では，直接言及していない場合でもバルトの神話分析の概念や手法が応用されていることが多い．［若林幹夫］

📖 参考文献
[1] Barthes, R., 1957, *Mythologies*, Éditions du Seuil.（篠沢秀夫訳, 1967, 『神話作用』（抄訳）現代思潮社；下澤和義訳, 2005, 『ロラン・バルト著作集 3 現代社会の神話——1957』みすず書房.）

消費社会

●**消費社会とは何か** 現代の高度に発達した資本主義社会は，生産を中心とした産業社会ではなく，消費を中心とした消費社会であるといわれている．フランスの思想家 J. ボードリヤール（Baudrillard）は，現代における「消費」を，モノの機能や効用の消費，すなわち使用価値の消費ではなく，モノを自己表現のための記号として操作すること，すなわち記号価値の消費とみなしている（Baudrillard 1970）．使用価値の消費が他者を前提としない自己完結的なプロセスであるのに対し，記号価値の消費は，定義上，自己表現を目的としているため，その表現の意味を解釈する他者を前提としており，他者を不可欠とするコミュニケーションと同じプロセスをもつ．また，使用価値の消費が，充足されうる衣食住の基本欲求に従うため限度があるのに対して，記号価値の消費は，充足されることのない自己表現の渇望に従うため限度がない．現代の経済成長は，限度のある使用価値の消費よりもむしろ，限度のない記号価値の消費によって牽引されている．このように，記号価値の消費によってコミュニケーションと経済成長が促進されている消費社会として現代社会を読み解こうとする消費社会論が登場した．

●**消費社会論の内容解説** ボードリヤールによれば，記号価値は単独のモノにではなく，種類の異なるモノのコーディネート，種類の異なるモノの組み合わせ（パノプリ [panoplie]）に与えられる．パノプリはまったく自由にではなく，モデル（組み合わせの基本型）とコード（複数のモデル間の関係）に従ってなされる．消費者の「個性」は，モデルからの逸脱によってではなく，あくまでモデルからの微細な差異によって表現される（Baudrillard 1976）．例えば，結婚披露宴に出席するのにふさわしい服装，「フォーマル」という記号を表現する際，私たちは「フォーマル」の基本型（モデル）に準拠し「カジュアル」にならないよう注意して（コード），ジャケット，タイ，シャツなどの組み合わせ，コーディネート，すなわちパノプリを考えている．そして，「フォーマル」モデルから逸脱しないよう注意を払いつつ，好みのタイやシャツを選ぶことで，モデルからの微細な差異によって「個性」を表現している．

また，記号およびモデル，コードは一定不変ではなく，非合理でうつろいやすい流行に従って周期的に更新（ルシクラージュ [recyclage]）される．ルシクラージュには，既存の記号はそのままでモデルが更新される場合（モデルチェンジ），これまでにない新しい記号が創出される場合のほか，そうした記号の変動を消費者がそのつど学習するという意味も含まれている．それは，消費者自身が，現代人として流行に通じていなければならないという強迫観念から，流行の新製品，

時事ニュースなどの諸々のアイテムを組み合わせとしてそのつど知り所有しようとすることである．

　ところで，消費者にとって記号価値の消費は楽しみであると同時に強制でもある．それは，消費者にとって消費が，パノプリによる「自由」な自己表現の楽しみをもたらすと同時に，モデルとコードに従うことの強制，それも，命令による明らかな強制ではなく，誘惑による隠れた強制をもたらすという意味である．

●**消費社会の人間関係**　ボードリヤールの消費社会論は，日本では 1980 年代に知的ファッション，記号価値として「流行」し，主に，思想的関心あるいはマーケティング的関心のいずれかにおいて受け入れられてきた．しかしながら，「流行」が過ぎた現在でも，とりわけ社会学の領域において，現代社会の人間関係の特徴を分析する使用価値をもっているように思われる．

　1990 年代半ば以降，日本で「公園デビュー」が社会現象として問題になった．それは，公園の子連れの母親集団に仲間入りしようとして，母子が初めて公園に出かけることであり，公園上の母親集団の人間関係をめぐるストレスをも意味している．「公園デビュー」を試みる新参の母親は，公園上の子連れの母親集団に対して，仲間に加わりたいという憧憬を感じながら，他方で，抵抗感，嫌悪感も抱いている．「公園デビュー」をめぐる母親のそうしたアンビバレントな心理は，いったい何に由来するのだろうか．

　1990 年代から 2000 年代前半の「公園デビュー」をめぐる雑誌記事やルポなどから考察してみると，以下の 3 点が明らかになる．第一に，母親によって公園に連れて来られる子どもは，母親にとって，育てる対象というよりもむしろ，母親の自己表現のためにある記号のもとで他のモノと組み合わされる一つの項である．第二に，公園上で自己表現する母親にとって，公園に集う仲間は，育児という目標に向けて協働する相手というよりもむしろ，志向する同一のモデルをめぐって自己表現を競い合う相手である．第三に，公園上で自己表現を競い合う母親たちにとって，「公園」は，母親が育児に関して協働するコミュニティというよりもむしろ，同一のモデルをめぐって記号による自己表現を競い合う舞台である．その意味で，「公園デビュー」とはまさしく記号による自己表現を競い合う舞台に初めて上がることであった．「公園」に対して消費者としての母親が憧憬と同時に抵抗感，嫌悪感を抱くのは，消費者が記号価値の消費を楽しみとして体験すると同時に，強制としても感じるという，消費者のアンビバレントな心情に由来するのかもしれない．

[矢部謙太郎]

📖 **参考文献**
[1] 塚原 史，2005，『ボードリヤールという生きかた』NTT 出版．
[2] 矢部謙太郎，2009，『消費社会と現代人の生活――分析ツールとしてのボードリヤール』学文社．

現実界・象徴界・想像界

●**フロイトからラカンへ** フランスの精神科医／精神分析家 J. ラカン（Lacan）が，フロイト理論を構造主義の観点から再評価・再理論化するなかで構成した三つの次元．1950 年代，フロイト理論がアメリカ化し，自我心理学化（過剰な「理性的主体」化）して変形したものになっていると，ラカンは批判し，「フロイトに帰れ」のスローガンのもと，S. フロイト（Freud）の読み直しをはかり，その文脈において構成したものである．

ラカンは，フロイトが，自我を理性の審級としてとらえていたのではなく，「ナルシシズム」論（Freud 1914）を経て，自我のナルシシズム性，想像性を指摘していたとし，この点を強調して「想像界」と名づけた．自我心理学批判の柱となった概念であり，主体がイメージによって疎外され成立することを「鏡像段階論」によって論じた．また，夢や無意識を，フロイトは「シニフィアン」として解読していたとして，主体に外在する言語機能を「象徴界」と名づけた．ラカンの象徴界の概念には，当時の構造主義（C. レヴィ＝ストロース [Lévi-Strauss]，F. de ソシュール [Saussure]）・ポスト構造主義の影響があり，フロイト理論をこの観点から洗練させた．さらに，フロイト以降，ほとんど忘却されていた「死の欲動」「快原理の彼岸」「反復強迫」などの概念を再度分節化するために，外傷に関わる言語化されない領域を「現実界」と名づけた．ラカン理論において，この三つの界は，互いに補い合い重なり合うものとして，最後まで重要な理論枠組みとして維持された（晩年には「ボロメオの結び目」として理論化される）．

●**人文・社会科学における影響** ラカン派精神分析の理論・諸概念は，政治理論，カルチュラル・スタディーズ，フェミニズム映画理論などさまざまな分野で適用・応用された．「象徴界」概念は，構造主義／ポスト構造主義の文脈でフロイト理論を再認識・再受容させる契機となり，また，「想像界」と「現実界」という新しい概念は，ポスト構造主義以降の，英米における文化や社会の分析装置として重用された．主体の不安定さと象徴界の関係についての議論は，E. ラクラウ（Laclau）らのラディカル・デモクラシー論や J. バトラー（Butler）のジェンダー論にも影響を与えている．

象徴界を（父の）権力と同一視する観点からは，フロイト的精神分析を批判する（ポストエディプス的）対象関係論的精神分析を参照しつつ，想像界の自由性に着目して社会変革を構想する議論が，ラカン派の応用理論として社会科学的理論やフェミニズム理論において展開された．しかし，ラカン派からは，想像界の穴・亀裂や現実界についての認識が不十分であるとして，次にみる，フェミニズム映画分析の論争などで批判される．以上のように，ラカンにおいては，三つの

界は，それぞれが互いに関わることで機能しているのに対し，誤用においては個別に論じられやすい傾向をもってきた．

●フェミニズム映画理論，「イマジナリーな領域への権利」論，記憶をめぐる議論　フェミニズム映画理論は，映画を男性のフェティシズムの装置として論じたC. メッツ（Metz）の議論に依拠し，L. マルヴィ（Mulvey）が，映画作品のなかで女性がサディズム的衝動の受動的対象となり，女性の身体の欠落――男性にとっての去勢――を男性が否認できる装置となっているとして，打ち立てた（Mulvey 1989）．しかし，T. ド・ローレティス（de Lauretis）らは，マルヴィの議論には男性の経験しかないが，女性観客は，能動的主体にも受動的主体にも「想像的に」同一化できるとして批判した．

このように想像界は，象徴界に対し相対的に自由な幻想空間としてイメージされたが，これらのマルヴィ批判は逆に，想像界のもつ抑圧性や限界を考慮しないとして，またさらには，フィクションと政治的経験を直接的に結合しているとして，ラカン派フェミニストのJ. ローズ（Rose）やJ. コプチェク（Copjec）から批判された．彼女たちは，想像的同一化（想像界）は，人間と世界の亀裂を埋めるものとして存在するため，そこには原初的な穴が存在すること，その原初的抑圧の効果としてその後の同一化があることを指摘して，フェミニズム映画理論の「安易な同一化」論を批判した（Copjec 1994）．

またポスト構造主義との論争のなかでフェミニズムの「アイデンティティ・ポリティクス」を擁護したD. コーネル（Cornell）は，フェミニズムという「イマジナリー」（想像界）を掲げ維持する必要があり，女性には「イマジナリーな領域への権利」があると主張した（Cornell 2002）．G. C. スピヴァク（Spivak）はこれを「戦略的本質主義」と評価する．コーネルは，想像界とは必要なフィクションであることを強調した点で，精神分析理論の本質をつかんでいたが，ローズらが指摘していた，想像界の穴についての理論はやはり不十分だった．

一方，「現実界」については，歴史・記憶・証言の問題において論じられるようになった．1985年，クロード・ランズマンの映画《ショアー》がアメリカ社会で上映され，「言語につくせぬ出来事」としてのホロコーストをいかに証言という言葉にできるのかをめぐって，C. カルース（Caruth）やS. フェルマン（Felman）が議論を行った（Caruth ed. 1995）．現実界の表象不可能性をテーマにしていた《ショアー》は，最も人間にとって恐ろしい経験は「語り得ないもの」であるという証拠を示しているとし，また慰安婦や戦争被害者らの証言の困難を分節し，文書主義や証言主義を論破する支えとなった． ［樫村愛子］

📖 参考文献
[1] Lacan, J., 1975, *Le Séminaire Livre 1*, Seuil.（小出浩之ほか訳, 1991,『フロイトの技法論（上・下）』岩波書店.）

文化資本

●**概念の生起する文脈** 家族の経済的条件が子どもの就学機会に影響を及ぼさないような制度設計がなされても，就学率や進学率に大きな階層格差が残り続けることがある．フランスでは1880年代に公教育無償の制度が確立され，バカロレア（大学入学資格試験）に通れば原則としてどこの大学にでも登録できる仕組みが整えられてきた．しかし今日に至っても，高等教育への進学率は出自の階層によって大きな隔たりがみられる．それはなぜか．この問いに一つの答えを導くものとして，P. ブルデュー（Bourdieu）やJ. C. パスロン（Passeron）が提起した概念が「文化資本」（1970）である．

●**「文化資本」とは何か** 「資本」とは何らかの「収益」をかけて競合的な行為がなされる空間において，行為主体が投じることのできる元手を指す．そこには貨幣や不動産のような形をとる「経済資本」ばかりでなく，行為者が利用することのできる人間関係や集団のメンバーシップのような「社会資本」も含まれる．加えてブルデューらは，出自の生活環境のなかに準備されている「文化」もまた，競合の条件を左右する要因になると考え，これを「文化資本」と名づけた．特に学校という社会的選別の機関においては，学校教育に親和的な文化を備えた「支配階級」の出身者が有利に立ち，結果として多くの割合において競争に勝ち残ることになる．その他の資本が直接の規定要因にならなくても，文化資本の媒介によって階層構造の再生産が起こる．この考え方を文化的再生産論という．

　文化資本には，①客体化された形態（書籍，辞書，絵画，楽器など），②制度化された形態（学歴や資格など），③身体化された形態（知識や能力や技術など）が区分される（Bourdieu 1986）．それらは生活の環境，社会化の環境のなかに埋め込まれており，そこで獲得していく文化が後に参入していく場の論理からみて適合的なものであるならば，子どもたちはより卓越的に振る舞うことができる．ブルデューは，人々が固有の「正統性」の獲得を賭けて争いあうような，相対的に自律した制度的空間を「場」（「界」とも訳される）とよぶ．例えば，文学者がより高い評価，美的・芸術的正統性を求めて行動する空間は「文学場」としての固有の構造を備えている．学校だけでなく，こうした文化的生産の場の内部においても文化資本が効力を発揮し，人々に不平等な闘争の条件を課す．

　しかし文化資本論は，単に社会的競合のための文化的資源が不均等に配分されていることだけを語るものではない．それとともに，何が正統な文化であるのかを定義づける権利をいかに資本の保有者たちが独占し，不平等な競合を正統なものとして押しつけていくのかが問われている（Goldthorpe 2007）．身体化された

文化資本が，行為者の振る舞いを持続的に方向づける「型」となるとき，それは「ハビトゥス」とよばれる．ハビトゥスは人々の実践を「自生的」で「自然な」ものとして産出する．この実践の秩序のなかで，その根拠が明確に問われることなく，何がより「卓越的」であるのかが選り分けられていく．こうして文化資本が機能する空間では，文化の差異に基づく選別の「恣意」が覆い隠されつつ選別が進行する．ブルデューはこれを「象徴的暴力」という言葉でとらえる．それは，一つの基準を力によって押しつけながら，これを押しつけているという事実を力によって不可視化しようとする権力を指す．文化的再生産論が暴き出そうとしたのは，学校における教育が象徴的暴力の行使にほかならないという事実であった．「教育的働きかけは，コミュニケーション関係のなかで行われる象徴的暴力であり，このコミュニケーションが固有の効果，すなわち象徴的な効果を生じるのは，押しつけを可能にする恣意的な力がまったき事実として決して露わにならないかぎりにおいてである」(Bourdieu et Passeron 1970：訳 26-7)．

●**応用的展開と批判**　階層構造，とりわけ学歴構造の再生産過程において文化的資源という変数がどこまで有効な説明を与えるのかについては，フランス以外の諸地域への応用可能性を含めて多くの実証的研究の蓄積がある（日本での研究については，宮島・藤田編 1991；宮島 1994；宮島・石井編 2003 を参照）．しかし，文化資本論の継承は，文化的再生産モデルの妥当性の検証に終始すべきものではない．社会的不平等が産出されていく過程で，文化的恣意の押しつけがいかに達成されるのか，特に身体化された文化の作動がいかにこれを正統化していくのかについての批判的検証こそ継続されなければならない．

　他方で，理論モデルと記述の様式に関するより内在的な批判もすでに加えられている．例えば B. ライール（Lahire）は，文化資本という言葉が経済資本と同様の実体性を想定させることを指摘する．文化の伝承は，相互行為を通じて感覚や思考や行動の様式を各個人が身体化していく過程であり，親世代が豊かな資本をもっていても，それがそのまま子どもに継承されるとは限らない．文化の継承を可能にする社会関係，特に家族の配置のあり方が問われなければならない．他方においてライールは，ブルデューが階級ごとに均質なハビトゥスの存在を前提にしている点を批判する．子どもが育っていく社会環境には雑多な文化的要素が混在しており，個人はこれを取り込みながら複数の性向体系を身体化していく．文化資本はこの諸個人のハビトゥスにおいてとらえ直されなければならないのである（Lahire 1998）．　　　　　　　　　　　　　　　　　　［鈴木智之］

📖 参考文献
[1] Bourdieu, P. et J.-C. Passeron, 1970, *La Reproduction, éléments pour une théorie du système d'enseignement*, Éditions de Minuit.（宮島 喬訳，1991，『再生産』藤原書店．）
[2] 宮島 喬，1994，『文化的再生産の社会学――ブルデュー理論からの展開』藤原書店．

オリエンタリズム

●**オリエンタリズムの生まれた背景** オリエンタリズムは本来，西洋人にとっての東洋趣味や東洋学を意味する言葉であったが，E. W. サイード（Said）の著書『オリエンタリズム』（1978）によって新しい意味を与えられ，人文・社会科学の重要な概念となった．

コロンビア大学の英文学・比較文学教授であったサイードとはどのような人物なのか．その問いに対する一つの答え方は「故国喪失者」であろう．パレスチナ・エジプト・アメリカなどの場所で彼は生きたが，その人生は○○人という明確な形へと容易に収斂することはない．そのような遊動する立場から紡ぎ出されたのが『オリエンタリズム』である．

●**知と権力** 本書は，オリエント（いわゆる中東地域）自体ではなく，オリエンタリズム（西洋の芸術や学問がオリエントをどのように描き，描くことでオリエントをいかにつくり上げたか）を論じている．西洋には古くからオリエントへの偏見は存在したが，特に注目すべきは，近代のオリエンタリズムである．それは必ずしも偏見の姿をとらず，客観的分析や美的賞賛の姿をしている．だがそれらは一面では，研究対象を昆虫標本のようにピンで固定する営みである．

近代オリエンタリズムのもとでオリエントは，内的本質をもつ首尾一貫した，美しい静的表象として構成された．なるほどオリエンタリストは，わざと表象を歪めているのではなく，客観的な表象づくりをめざした．だがそもそも表象は，表象される対象の本質を純粋に表すのではなく，表象する者がどんな言語を使い，どんな文化・制度・政治に取り巻かれているかという環境条件によって組み上げられる．表象が，表象する側とされる側の社会的・経済的・政治的条件の影響を受けないと思うのは錯覚あるいは自己欺瞞なのである．したがって，オリエントが西洋との間で植民地化という歪んだ関係にあった以上，オリエンタリストが生み出すオリエントの表象は，その関係から自由ではあり得ない．

オリエンタリストは自らが，オリエントの住人が自覚できないオリエントの本質を把握できると考えていた．それは，オリエンタリスト個人の善意とは無関係に，オリエントの住人に君臨する特権であるため，文化という領域を超えて，政治・経済的特権と容易に結びついた．つまり，植民地主義や帝国主義と矛盾なく連動したのである．西洋は，美しいオリエントを文化的に手に入れるとともに，政治・経済的にもオリエントを手中にした．知と権力は手を携えたのである．

では，植民地主義の時代が終わったとき，支配の構図も終わったのか．むしろ，植民地主義が終焉を迎え，露骨な暴力的支配が終息した後こそ，オリエンタリズ

ムは，一見すると問題なく思える客観的分析や美的称揚の形をとって，かえって影響力を深めていった．『オリエンタリズム』は，植民地時代以後，現代に至るオリエンタリズム繁栄の経緯を詳細に描き出し，ポストコロニアリズム研究に影響を与えた．

●**日本への適用**　サイードによるオリエンタリズム批判は，知と権力の関係への根本的な問いかけであるため，地域研究に限らず，多様な分野に影響を与えた．日本における応用の一つは，民藝運動の創始者・柳宗悦の思想と行動に対する再評価である．

　柳宗悦に対する広い意味で政治的な批判は彼の同時代から続いており今日に至っているが，今から考えれば，その主軸はオリエンタリズム批判と軌を一にするものであった．その点を意識的に取り上げた研究の一例として，小熊英二『〈日本人〉の境界』所収の「オリエンタリズムの屈折――柳宗悦と沖縄言語論争」(1998) がある．

　「沖縄言語論争」とは，1940 年，沖縄で県庁主導のもと活発化していた標準語励行運動による沖縄語への抑圧の是非をめぐって，沖縄を訪問した柳たち民藝協会のメンバー・県庁・地元新聞・東京の論壇の間で展開された論争である．柳は，標準語励行の名のもとに沖縄語をはじめとする沖縄文化を軽視する風潮を批判したが，沖縄の人々は必ずしも柳を支持したわけではなかった．小熊はその社会的背景と経緯を詳細に検討している．

　たしかに，柳の個人意識としては「自分の主張がオリエンタリズムと排除の論理に陥ることを避けながら，かつ沖縄の独自性に誇りと自信をあたえようと努力した」．だが「当時の言説の配置のなかでは，沖縄を「日本人」の境界の内側に組みこみ，朝鮮と台湾との差異を強調するというかたちでしか，それが成立してゆかなかったのである」(小熊 1998：416)．

　小熊が主張するように柳とその民藝が一種の屈折したオリエンタリズムであったか否か，もしそうだとすれば，そのオリエンタリズムは今も健在なのか，あるいは過去のものとなったのか．必ずしも明快な答えは出ていないように思われる．

　現在でも柳と民藝は，しばしば一般雑誌に取り上げられるほど，世間一般の人気を保っている．だが他方，かつて徹底的な民藝批判者であった北大路魯山人や青山二郎が，近年，柳以上の人気を集めている．はたしてこの二人は，オリエンタリズム批判の視点からすればどうであろうか．工芸美におけるオリエンタリズムは過ぎ去ったのか，それとも，新たなオリエンタリズムが勝利しつつあるのか．慎重に見守る必要がある．

［竹中　均］

📖 **参考文献**

[1] Said, E. W., 1978, *Orientalism*, Borchardt.（板垣雄三・杉田英明監修，今沢紀子訳, 1993, 『オリエンタリズム（上・下）』平凡社．）

エンコーディング / デコーディング

●**モデルが登場した背景** 「エンコーディング / デコーディング」は，S. ホール（Hall）やカルチュラル・スタディーズの名前とともに広く論議されてきた．このモデルは，1973 年に書かれたワーキング・ペーパー「テレビ言説におけるエンコーディングとデコーディング」(Hall 1973) に由来するが，1980 年に書籍に再録され，その後のカルチュラル・スタディーズの研究実践に広く影響を及ぼしてきた．

　1970 年代のイギリスでは，メディアに関する研究はアメリカ的なマス・コミュニケーション研究からの影響が強く，「送り手−メッセージ−受け手」という直線的なモデルが支配的であった．マス・コミュニケーション研究は，メディアの社会に対する「影響」や受け手個人の行動レベルでの「効果」を測定することを主眼としてきたが，ホールやバーミンガム大学現代文化研究センター（CCCS）における研究員たちは，そのような研究枠組みそのものが根源的にイデオロギー的であると批判し，新たな図式として「エンコーディング・デコーディング・モデル」に基づいた研究実践を展開した（Procter 2004）．

●**意味の食い違いを前提としたモデル**　エンコーディング / デコーディングの中核をなすのは，記号と意味とを結びつける「コード」という概念である．コードとは，F. de ソシュール（Saussure）や R. ヤコブソン（Jakobson），U. エーコ（Eco）などの記号論者にとって基本概念であり，さまざまな定義があるが，一般的には記号が意味をなす枠組みを与える「規約の体系」と定義される．ホールは，エーコや R. バルト（Barthes）を引用し，コードを「記号と意味とを結びつける慣れ親しんだ慣例」と定義した（Hall 1980）．あらゆる言説は，コードの作用なしには理解することができない．私たちがテレビ番組や文学作品といったテクストを読むとき，ある環境や文化のなかに埋め込まれた「規約の体系−コード」を発動させることによって，初めてそれらを「意味のある」言説として理解できるのである．

　エンコーディング・デコーディング・モデルの左側には，メディア言説（テレビ番組）の送り手側の記号化（encode）過程が置かれる．送り手側の〈意味構造 1〉は，技術基盤を最下部に，生産関係，知識の枠組みが層をなし，個々の記号の意味を特定の文化のなかで枠組みづける．これに対し，モデルの右側には，メディア言説の受け手の解読（decode）過程が置かれる．こちらの〈意味構造 2〉も技術基盤 / 生産関係 / 知識の枠組みが層をなす（図 1）．

　重要なことは，マス・コミュニケーション研究が前提としていた「送り手−受け手」間の意味の一致や情報伝達という仮定は，このモデルでは否定されている

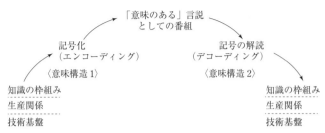

図1　エンコーディング・デコーディング・モデル［出典：Hall 1980］

点である．〈意味構造1〉と〈意味構造2〉は，それぞれ異なった社会的文脈にあり，意味生成と意味解読の過程も当然食い違う．エンコーディング／デコーディングのそれぞれの場において，知識の枠組み，生産関係，技術基盤のレベルを意識し，それぞれ詳細に記述され分析される必要があることをこのモデルは示している．

●解読過程の3タイプとその後の展開　このモデルには，解読過程の三つのタイプ分けが付随する．すなわち，①支配的意味の再生産を行う（dominant coding），②支配的意味を部分的には受け入れつつ保留の解読を行う（negotiated coding），③支配的意味とは対立する解釈を行う（oppositional coding）．ホールや，その枠組みを応用したD.モーレー（Morley）らは，階級，ジェンダー，エスニシティなど，さまざまに異なる社会的グループのメンバーは，同じメディア言説をそれぞれ異なったやり方で解読していることを明らかにした．エンコーディング・デコーディング・モデルと三つの解読コードを用いた研究は，1980年代を通して，イギリスのみならず，アメリカ，オーストラリア，香港などで幅広く展開され，カルチュラル・スタディーズとテレビ研究の世界的な拡大に影響を与えた．

だが，その一方，エンコーディング・デコーディング・モデルに内包されている「送り手−受け手」図式の限界や，過度に楽観主義的な「能動的オーディエンス論」は，さまざまな方法論的論争を引き起こした（Morley 1992）．後に，ホールらは，文化やメディア言説の意味の生産を，単にコミュニケーションのモデルからとらえるのではなく，生産・表現・消費の多元的な脈絡からとらえることのできる「文化の回路モデル」（Hall et al. 1997）へと展開している． ［石田佐恵子］

📖 参考文献
[1] Hall, S., 1973, "Encoding and Decoding in the Television Discourse", *CCCS Stencilled Paper*, 7, University of Birmingham ; 1980, "Encoding / Decoding", S. Hall et al. eds., *Culture, Media, Language*, Routledge : 117-27.
[2] Procter, J., 2004, *Stuart Hall*, Routledge.（小笠原博毅訳，2006，『スチュアート・ホール』青土社．）
[3] Morley, D., 1992, *Television, Audiences and Cultural Studies*, Routledge.（成実弘至訳，2000，「テレビジョン，オーディエンス，カルチュラル・スタディーズ」吉見俊哉編『メディア・スタディーズ』せりか書房：158-202．[序文のみの訳出，訳者による解題を含む].）

サブカルチャー

●**サブカルチャー研究の生まれた背景**　主流社会に対するサブカルチャー＝下位集団を対象とする研究は，1920〜30年代にシカゴ大学を拠点として行われた，いわゆるシカゴ学派エスノグラフィーを嚆矢とする．当時のシカゴは急激な都市化が進行し，多くの移民労働者が流入して，多様な人種，民族，階層，職業のコミュニティが出現していた．シカゴ学派はこれら都市下層民のつくり出す文化について，研究者が街のなかに飛び出し，「ズボンの尻を汚して」参与観察を行い，その生活世界を生き生きと描き出すことを推奨した．そこから，都市を渡り歩く放浪労働者をテーマにしたN. アンダーソン（Anderson）の『ホーボー』（1923）やスラム街の不良少年，ギャングの世界に迫るW. F. ホワイト（Whyte）の『ストリート・コーナー・ソサエティ』（1943）などが生み出されていく．

　サブカルチャーを都市生態学の観点から「逸脱」としたシカゴ学派に対して，「対抗的」な意味を読み取ろうとしたのが，1970年代のバーミンガム大学現代文化研究センターの仕事である．彼らは階級，人種，ジェンダーの観点から文化における政治の問題に取り組んだ．その頃イギリスはサッチャー政権が福祉国家から自由主義市場経済へと舵を切り，伝統的な労働者階級の解体が進んでいた．バーミンガム派の研究者たちはA. グラムシ（Gramsci）やL. アルチュセール（Althusser）の影響を受けて，若者文化をただ消費社会や中流化の所産としてでなく，階級文化や移民文化との密接な関係においてとらえ，ヘゲモニーに対する「抵抗」として解釈したのである．その成果はセンターの論文集『儀礼を通した抵抗』（Hall and Jefferson 1976）やP. ウィリス（Willis）の『ハマータウンの野郎ども』（1977）にまとめられている．

●**サブカルチャー概念の解説**　英米圏の社会学におけるサブカルチャーは，社会の主流とは異なる価値観やライフスタイルをもつグループのことを指す．そこにはヒッピー，パンク，ヒップホップ，スケートボーディングのような若者文化だけでなく，ギャング，カルト宗教，過激な身体装飾などアンダーグラウンドな活動も含まれている．一般的な通念とは違って，彼らは無軌道なならず者ではなく，独自の価値観と行動規範をもち，それなりに秩序あるコミュニティを組織してきた．サブカルチャーを研究する重要な意義は，彼らがどんなアイデンティティをもち，どんな世界に生きているのか，当事者に近い場所から観察し，その内的論理を理解することで，社会全体のあり方を問い直し，その変動の契機として考察することにあるといえるだろう．

　サブカルチャー概念は時代とともに内実を変化させている．20世紀末からは

商業化，グローバル化，インターネット化が進み，もはや下位や逸脱の定義があてはまらないほど一般に普及し，成員のつながりも緩やかなものになっている．1990年代以降の英米圏での研究は，バーミンガム派が階級や抵抗を強調しすぎていたとの批判に立ち，よりフィールドワークを重視して，当事者たちの価値観を詳細に調査する方向に進んでいる．

日本においては下位集団のエスノグラフィー研究がなされる一方，一般にマンガ，ポピュラー音楽，テレビ，アイドル，アニメ，ゲームなどの若者向け大衆文化をサブカルチャーとよびならわす風潮があり，これらメディア・コンテンツの評論や研究が盛んである．こうした評論のなかには，アニメやゲームなどの文化消費が若者のアイデンティティ形成にどう影響を及ぼし，どんな感性が生まれたかを分析したものも少なくなく，下位集団研究として参照することもできる．

●**サブカルチャー理論の事例**　シカゴ学派の流れから生まれた理論として，H. S. ベッカー（Becker）『アウトサイダーズ』(1963) が展開したラベリング理論がある．ベッカーは薬物中毒者やミュージシャンのエスノグラフィーを通して，「逸脱」は人間の行為の性質としてあるのではなく，社会が当事者にそのレッテルを貼り，主体がそれに反応することで，いわば事後的に生み出されるという主張を行い，逸脱研究の転換点となった．

バーミンガム派のサブカルチャー研究としてよく知られているのは，D. ヘブディジ（Hebdige）の『サブカルチャー』(1979) だろう．ヘブディジは戦後の若者文化，とりわけパンクに着目し，彼らの音楽，ファッション，身体表現，行動様式を主に記号論により分析，それらに共通するスタイルの意味を読み解いた．その表現の特徴は，商品や事物を既存の文脈から流用して，他の要素と恣意的に組み合わせ，違和感や不自然さを生み出す「ブリコラージュ」の手法にある．ヘブディジはそれを既成の社会秩序を転倒する批判的な実践として，「記号論的ゲリラ戦」とよんだ．彼はまたパンクのスタイルに労働者階級の継承やカリブ系移民との連帯の意味を読み取ることで，新しい文化闘争の形を見出そうとしたのである．

それに対して，佐藤郁哉（1984）は参与観察，インタビュー，アンケート，スタイル分析などの方法論を組み合わせることで，80年代の暴走族の意味世界に迫った．佐藤は彼らのシンボリズムを分析し，「非行」「社会変革」よりも「非日常」「遊び」の意味が読み取られること，若者たちの創造性についても距離を置いて評価する必要があることなどを論じている．　　　　　　　　　　［成実弘至］

参考文献
[1] Becker, H. S., 1963, *Outsiders*, Free Press.（村上直之訳，1978，『アウトサイダーズ——ラベリング理論とはなにか』新泉社．）
[2] Hebdige, D., 1979, *Subculture*, Methuen.（山口淑子訳，1986，『サブカルチャー——スタイルの意味するもの』未來社．）
[3] 佐藤郁哉，1984，『暴走族のエスノグラフィー——モードの叛乱と文化の呪縛』新曜社．

ゼマンティク

●**歴史学における意味論的研究**　ある観念（体系）と社会の関係を考える際の主な視点として，次の二つをあげることができる．一つは，ある特質をもつ社会の成立をある観念（体系）がどのように条件づけたかを問う視点である．これは，その社会の歴史的成立条件を問うもので，いわば歴史社会学の視点である．周知のように M. ウェーバー（Weber）は，西洋における近代資本主義の成立を宗教社会学の視点から研究した著作で，理念によってつくり出された世界観がしばしば社会的行為の軌道を決定する「転轍手」となったと述べた（Weber 1920b）．もう一つの視点が，知識社会学的視点である．K. マンハイム（Mannheim）は，知識が歴史的‐社会的な存在によって制約を受けていることを明らかにする社会学の一領域として知識社会学を提唱した（Mannheim 1931）．

　ゼマンティク（意味論）という用語は，ドイツにおける歴史的意味論（historische Semantik）につらなるものである（Luhmann 1980）．ドイツ歴史学では，歴史の個性的記述を重んじる L. v. ランケ（Ranke）以来の歴史主義が 20 世紀に入っても主流であったが，第二次世界大戦後，社会科学的な素養をもった O. ブルンナー（Brunner），T. シーダー（Schieder），W. コンツェ（Conze）らが社会の長期的な構造の転換に着目する歴史学（構造史）を展開した．こうした潮流は，H.-U. ヴェーラー（Wehler），J. コッカ（Kocka），R. コゼレック（Koselleck）らによって受け継がれている．彼らは，1970 年代初めから概念史研究の金字塔といえる『歴史的基本概念』辞典を刊行している（Brunner u. a. Hg. 1972-97）．概念史研究の視点は，概念の歴史的被規定性と，概念の改鋳による新たな意味地平の形成の両面に着目し，歴史的転換期における諸概念の働きを明らかにしようとするものであった（Koselleck 1978）．

●**ルーマンによる社会学的定式化**　N. ルーマン（Luhmann）は，常に別様な諸可能性を伴うコミュニケーションの意味的処理において，ある可能性の選択に首肯性（説得力やもっともらしさ）を付与する思想・観念・概念などを指してゼマンティクとよんでいる．先に述べたように，この用語法は歴史的意味論につらなるものであるが，ルーマンの場合，この用語は特定の研究分野やその方法を指示するものというよりは，むしろ別様な諸可能性を伴う意味的な処理において，ある解釈を社会的に安定させる諸形式を指している（Luhmann 1980）．このような有意味的諸形式は当該社会のなかで歴史的に形成され，「意味処理規則のストック」（Luhmann 1980: 訳 10）としての役割を果たす．

　こうした意味的ストックの形成に関連して A. シュッツ（Schütz）は経験の蓄

積に基づいて行われる意味解釈（Schutz 1962）について，P. L. バーガー（Berger）と T. ルックマン（Luckmann）は経験の沈殿化（sedimentation）について論じている（Berger and Luckmann 1966）．コミュニケーション参加者の了解の基盤となる知のストックを文化とよんだ J. ハーバーマス（Habermas）も同様の事態に着目していたといえる（Habermas 1981）．

ルーマンは，ゼマンティクと社会の関係をもっぱら一方が他方を規定するのではなく，両者の（別様でもあり得た）偶発的結合によって歴史的-社会的状況が構成されるという形で相互構成的にとらえようとした．後に，歴史学においても，ルーマンのラディカルな構成主義的視点をとりいれて認識と社会の循環的な関係をとらえようという提案がなされている（Nolte 1997）．

●**応用研究の指針と応用事例**　ルーマンは，研究実践上の判断として，ある思想や概念が歴史的な過程に対して因果的な影響を及ぼしたことを証明するのはきわめて困難であると考えた．むしろある思想の働きを，ある社会的条件下で果たした偶発的作用とみなした．条件が異なれば別な思想が同様な働きをしたり，同じ思想が別様な働きをした可能性もある．同じ条件下でも別の思想が当の思想と同様の働きをした可能性すらある．したがって重要なのは，そのような様相性のもとで，社会が保有する意味的ストックとそのつどの社会的条件との相互規定的な関係を考えることだということになる．

こうしたアプローチはさまざまなスケールで応用可能である．機能的に分化した現代社会を対象にするなら，政治や経済，科学，法，教育，親密圏などの諸領域におけるゼマンティクの働きに着目することになるだろう．政治システムとゼマンティク（例えば，福祉の理念）に関する分析を含んだ福祉国家論をその一例としてあげることができる（Luhmann 1981；坂井 2014）．社会理論レベルのスケールで応用を試みるなら，ウェーバーの比較宗教社会学研究やルーマンのゼマンティク研究などを踏まえた近代社会論（佐藤 1993）も視野に入ってくる．さらには，例えば時間，自然，文化の概念についてルーマンが行ったような個別の題材を対象とした研究（Luhmann 1989, 1995b）も可能である．その際，階層分化や機能分化のような社会の分化構造との相関的関係においてゼマンティクの働きを分析するルーマンの枠組みを離れることも研究実践上の選択肢となりうる．ただその場合は，ゼマンティクと関連づけ，その偶発的な働きを視野に収めるための社会的条件を独自に定式化する必要があるだろう．　　　　　　　　　　　［高橋　徹］

📖 参考文献
[1]　ルーマン, N./徳安 彰ほか訳, 2011-13,『社会構造とゼマンティク（1・2・3）』法政大学出版局．
[2]　高橋 徹, 2002,『意味の歴史社会学――ルーマンの近代ゼマンティク論』世界思想社．

カルチュラル・ソシオロジー

●**社会学における「文化的転回」** 1970年代に哲学，歴史学，文学などの人文諸科学においては「言語的転回」「文化的転回」などとよばれる大きなパラダイムの転換が進行した．それにより，人間が目の前の「客観的」現実を認識し理解するのではなく，逆に言語や概念を介した意味理解が現実世界を構成するものととらえられるようになった．このような視点のラディカルな「転回」によって，従来の科学観の前提であった主観と客観の対立もまた，意味を失うことになった．

社会学がこの「文化的転回」を受け入れるようになったのは1980年代後半であった．社会学における「転回」がやや遅れたが理由の一つは，1970年代にパーソンズ対アンチ・パーソンズの対立が依然支配的だったことにあると考えられる．その対立のなかで，「文化」の概念は「機能主義的」なシステム理論に，「意味」の問題は主観的ないし相互主観的な「行為」にそれぞれ結びつけられた．そのため「文化」を行為の意味理解の前提を構成する超主観的な記号体系や言説構造として理解する道が阻まれたのである．

しかし1980年代後半には，イギリスのカルチュラル・スタディーズやM.フーコー（Foucault）の言説分析などが社会学にも取り入れられるようになり，社会学内部でもP.ブルデュー（Bourdieu）の「文化資本」論などが現れた．そのような動向を受けながら，アメリカ社会学において独自に「文化的転回」を主導したのがJ.アレクサンダー（Alexander）であった．1980年代にパーソンズ理論の後継者として出発し，「ネオ機能主義」を掲げていた彼は，1990年代に「文化社会学（cultural sociology）」へと転身し，弟子のPh.スミス（Smith）らとともに文化社会学の「強いプログラム」を提唱するようになる（Alexander and Smith 2003, 2010；鈴木 2006）．現在彼らはイェール大学を基点として活躍し，「文化」に関心をもつ世界各国の社会学者を集めてグローバルなネットワークを形成しつつある．

●**「文化の社会学」と「文化社会学」** アレクサンダーらの「文化社会学」は，「文化の社会学（ソシオロジー・オブ・カルチャー）」と「カルチュラル・ソシオロジー（文化社会学，以下CS）」とを区別するところから出発している．文化の社会学とは芸術，メディア，文化産業など，対象とする具体的な現象によって他と区別される社会学の一領域であるのに対し，CSとは社会生活を構成する意味秩序の内容やその変化を明らかにする理論的パラダイムの一つであり，その対象は政治や経済を含んだ社会の諸領域全般に及んでいる．

さらにアレクサンダーらは，両者における「文化」へのアプローチの相違を強

調する．文化の社会学(ソシオロジー・オブ・カルチャー)は文化現象を経済的利害関心，政治的権力，社会構造などの文化以外の要因によって説明する傾向を強くもっている．そのため，文化を構成する意味の内容それ自体には深く踏み込まない．それに対し CS は，社会生活における人々の意味理解を解釈し，そこから（しばしば当事者にも自覚されていないような）パターンをすくいとり，そのパターンがどのように構成され，人々の行動をどのように導いているのかを考察していく．そこで「文化」は，他のどの要因にも還元されない「独立変数」とみなされる．

このような CS の立場は，文化を階級支配や権力の産物であるととらえるようなマルクス主義的文化研究やカルチュラル・スタディーズ，あるいは「知」と権力とをあえて未分化なものとしてとらえるフーコー的な言説分析への対抗を意識したものになっている．

●**文化社会学の分析方法**　CS は公的言論や日常的語り，パフォーマンス（振る舞い），図像的表象などさまざまな素材を対象にし，そこにおける意味連関のパターンとその変容を明らかにすることを課題にしている．そのパターン抽出の方法としてアレクサンダーがしばしば用いるのが，É. デュルケム（Durkheim）の聖俗概念を記号論と結びつけた二元コードである．彼はこの二元コードを用いて，ウォーターゲート事件において人物・組織・出来事などが「善」と「悪」とに意味づけられていく経緯を分析した（Alexander 2003）．またスミスは，文学理論における「劇のジャンル」概念を用いて，アメリカ社会の世論が中東での戦争を悲劇，喜劇，ロマンスなどの型に従って意味づけていく過程を明らかにした（Smith 2005）．

しかし，CS は，文化のコードや型を固定的にとらえ，しかもその自律的因果作用を強調しすぎているという指摘も受けている（Emirbayer 2004）．そのような批判を受け，アレクサンダーは文化の意味論的パターン分析から，文化がいかに用いられているかに着目する「文化語用論（cultural pragmatics）」への修正をはかった（Alexander 2004）．だが，文化を他の領域から自律した世界としてとらえる「強いプログラム」の立場は，基本的には変化していない．そのため，文化と文化外の諸要因との関連性が見逃されがちになる傾向はいぜん残っている．とはいえ，CS は，「文化」を自律した変数とみる理論的パラダイムを打ち出したという点で，今後も大きな可能性をはらんでいるといえる．　　　　　［佐藤成基］

📖 参考文献
[1]　大野道邦，2011，『可能性としての文化社会学――カルチュラル・ターンとディシプリン』世界思想社．
[2]　Alexander, J. C. et al. eds., 2012, *The Oxford Handbook of Cultrural Sociology*, Oxford University Press.
[3]　佐藤成基，2010，「文化社会学の課題――文化の社会理論に向けて」『社会志林』56(4): 93-126.

アート・ワールド

●「アート・ワールド」の視点　芸術はなぜ「芸術」であるのか．かつては自明のように思われた問いも，1950年代以降の「現代芸術」を前に多くの疑念にさらされた．伝統的な「模倣」や「表出」の美学によっては理解や説明の困難な作品をめぐり，芸術は新たな水準の保証を必要とした．乱雑にペイントされた古ベッドや，複製され展示される工業製品のたぐいをなぜ「芸術」とよびうるのか．このとき A. C. ダントー（Danto）は，何が芸術かを決めるのは作者の精神や作品の特性でなく，「芸術理論」や「芸術史」という環境への特定の参照であるとした．すなわち制度としての「アートワールド（The Artworld）」である（Danto 1964）．以降この概念は G. ディッキー（Dickie）らによって引き継がれ，分析美学のなかで「制度論」としての地位を獲得する．ここで「アート」と「ワールド」の間に余白はなく，定冠詞付きの単数形で用いられていることに注意したい．

　これに社会学的転回を加えたのが H. S. ベッカー（Becker）である．同様の背景のもとベッカーは，芸術を芸術たらしめる何かは作品内部に存在するのでなく，人々の協働からなる「アート・ワールド（Art Worlds）」によって与えられること，これを可能にするのが慣習化された約束事としての「コンベンション」であることを指摘した．

　この強調は多くの社会学的遺産，とりわけシカゴ学派の洞察と共鳴するもので，T. シブタニ（Shibutani）や A. L. ストラウス（Strauss）らの「社会的世界」論，そして師でもある E. C. ヒューズ（Hughes）の「職業社会学（仕事の社会学）」からの影響が色濃い．前者の文脈は他の類似する概念と地平を共有させ，後者は差異を際立たせる．ベッカーにおいては特に，制度論が陥りがちな「何でもアート」に対し，訓練と経験に基づく職業的基準が重視された．また出世作『アウトサイダーズ』の逸脱理論もたしかな水脈の一つで，正当にも「芸術のラベリング理論」（Kimmel 1983）とよびうる相互作用論的な視点を導くものである．

●「アート・ワールド」の概念　「集合的行為としての芸術」という力点は，当時の芸術社会学の内部にも根強かった本質主義的でロマン主義的なイデオロギー，すなわち芸術とは何か特別な天分を備えた個人が，自身の英雄的努力の末に生み出す，それ自身において価値のある成果であるという観念に対抗するものだった．「作品を制作するのは個別の芸術家というよりアート・ワールド」（Becker 1982）であり，映画のエンドロールのクレジットに典型的なように，その生産，流通，消費，鑑賞，評価に関わるすべての過程や資源が含まれる．T. クーン（Kuhn）の科学論にいう「パラダイム」にも似て，作り手の共同体はもちろん，支援人員，

素材や器具，その製作者，設備や資金，流通の様式，受け手や批評家のすべてが，「分析の基本単位」としてのアート・ワールドの構成要素である．

この知識社会学的な分析のためには，「いつ，どのようにして芸術か」の定義を分析者自ら求めるのでなく，その定義を人々がどのように遂行しているかを観察し記述することが必要とされる．時代と状況による変動を許容するため，ここでは複数形の概念として提示されている．

アート・ワールドはまた労働の一形態であり，さまざまな人々の分業と協働によって社会が成り立つことを教える．作品が生を享け，育まれ，時に死に至るのは，同じ「社会的世界」のなかであり，そんな社会一般から芸術の世界を区別し分離しないという明確な意図が，この概念の本質である．その意味では「芸術の社会的世界（Social Worlds of Art）」とよぶのが，より正確なことだろう．

●「アート・ワールド」の周辺　類似の概念として，P. ブルデュー（Bourdieu）の「芸術場」，N. ルーマン（Luhmann）の「芸術システム」，あるいはその他「芸術のアクター・ネットワーク理論」などが指摘される．しかしいずれもかなり抽象的な水準にとどまり，その理論と分析の間に隔たりをもつ．

「アート・ワールド」の概念にはそもそも，それ以上の理論的精緻化を不毛にしてしまう特性がある．他方で「アート〔の世〕界」の裏事情という日常的で一般的な，ベッカーのいう「ファッショナブル」な用法は，特別な概念を無用にする．ベッカー以降，批判を含めて「アート・ワールド」に刺激を受けた研究は少なくないが，その大半はこれら理論的体系化へ向かう方向（Maanen 2009 など）か，モノグラフやフィールドワークの方向（Thornton 2009 など）に収まる．興味深いのは，アウトサイダー・アートやマージナル・アート，いわゆる「専門家によらない芸術」からのアプローチで，いわばその「境界」や「外部」からアート・ワールドに接近しようとする試みである（Gross ed. 1995；大野 2012 など）．

コラボやセッションを好むジャズ的素養によるのか，プラグマティックな伝統によるのか，それ自体他者との対話や協働に開かれた『アート・ワールド』以降の関心はベッカーをフランス芸術社会学の世界へ誘い（Becker 2005；Gopnik 2015），2010 年 10 月には彼の著作を称えるコロキーが小都市セリシーにて開催された（Benghozi et Paris eds. 2013）．その記録映像には，飄々としたベッカーのピアノプレイや静かに熱い若手討論者たちと並んで，会場設営や清掃などの「仕事」にたずさわる名もなきスタッフたちの姿が冒頭から刻み込まれている．どこにでもあるはずの現場が，人々の協働の産物として，アート・ワールド理論の具現化であることにあらためて気づかされるのである（Becker 1990）．　　［清水　学］

参考文献
[1] Becker, H. S., 1982, *Art Worlds*, University of California Press.（後藤将之訳，2016，『アート・ワールド』慶應義塾大学出版会．）

スピリチュアリティ

●**スピリチュアリティの内容** 聖なるものとの関わりを個々人の経験や資質の方からとらえようとするときに用いられる．超越的・神秘的な体験に親しんだり，神仏や高次の精神的次元に意識を向けようとする個人の特性や意識・実践様態を指す．宗教（religion）というと集団やシステムの方から客観的にみる語感になるが，スピリチュアリティ（spirituality）というと価値ある個人の事柄として主体的に評価する姿勢とつながることが多い．この語はかつては伝統宗教のなかでの個人的な体験や徳性を指す用語として，「宗教」と不可分のものとして用いられてきたが，現代では広い範囲の事柄に適用される．

20世紀の最後の4半世紀以後，世界的にスピリチュアリティが興隆しているが，そこにみられるスピリチュアリティは，それ以前の人々が経験し，表現してきたような伝統的なスピリチュアリティ（例えば，キリスト教神秘主義者のスピリチュアリティ）とはかなり形を変えている．spiritualityの訳語としては「霊性」が用いられることが多い．したがって，今私たちが眼前にしているのは，「新しい霊性を掲げる運動や文化の興隆」とみることもできる．

欧米で「ニューエイジ」「エソテリック」，日本では「精神世界」などとよばれることが多かった現象だが，それらを包括する世界的な現象の呼称としては「新霊性運動」や「新霊性文化」を用いることもできる．

●**スピリチュアリティの背景** 現在，日本でスピリチュアリティとよばれているもののかなりの部分は，1970年代末から90年代前半にかけて「精神世界」とよばれたものと合致している．もちろんそれ以前もさまざまな霊性追求の試み，内からの自己解放の模索があった．しかし，そうしたスピリチュアリティ追求の潮流の急速な波及が起こり始め，目に見える運動となって若者を中心に多数の住民の精神生活に深い影響を及ぼすようになったのはこの頃なのである．

80年代はこの潮流を大きく発展させた．初期の「精神世界」は「反体制」の文化として進歩的メディアの一部に登場したり，前衛的な意識をもつ人々のミニコミ的なネットワークを主な情報流通の場としていた．80年代になると，それはメジャーな文化へと徐々に食い込んでいき，有力な雑誌や大学の講壇や病院・福祉機関の実践の場に実質的な影響を及ぼすようになる．例えば，ニューサイエンス，心と魂の成長，癒し，ホスピス運動（緩和ケア）といった領域で「精神世界」的な考え方や語彙は真剣な検討の対象となるようになる．その一方で，運動体として，あるいはビジネスとして「精神世界」的なものの普及に取り組むものが多数登場する．ヨーガ，気功，気づきのセミナー，意識変容のセラピーといっ

たものが次々と現れ，人々の人生史の転回点に関わるようになる．

　日本でのこの潮流は80年代の前半までは若者の運動とみなされがちだったが，やがて全世代にまたがる運動，または文化現象としてみなせるような広がりをもつようになった．例えば，アルコール中毒者のセルフ・ヘルプ・グループであるアルコホリクス・アノニマス（A. A.）のように「ハイヤーパワー」（「神」とよばなくてもよい）の力による自己回復をめざす運動も，これに含めることができる．90年代に入ると，もはやこれは対抗的な文化であるとか，若者の文化であるとかいえないものとなった．そうした要素を残してはいるものの，主流文化のさまざまな側面との間に多くの接点が生じる．文化的アイデンティティの源泉としての役割も増大し，大組織の内にも確固たる場所を占めるようになった．

●**スピリチュアリティの広がり**　とりわけ大きな影響力をもったのは，合理主義的な科学を基礎として医療や学校教育など近代に形成されてきた制度領域で，スピリチュアリティへの関心が高まって来たことである．病院では死に行く人のケアが必要であることが痛感されるようになった．だが，大学で教えられる近代医学は，人のからだの痛んだ部分を治すための知識と技術は提供するが，死に行く人のケアのための智慧や技は関知するところではない．治療をこととする病院に代わり，死に行く人を看取るために，宗派を越えて万人に開かれた施設としてのホスピスが求められたのはこのような事情によっている．

　S. ソンダース（Saunders）が1967年にロンドンに設立した聖クリストファー・ホスピスは，その後，世界で展開するホスピス運動のモデルとなった．日本で田宮仁により，仏教を基盤とした「ビハーラ」（安らぎの場）が提唱されたのは1984年のことである．ホスピス・ケアの身体的医学的側面は生理的苦痛の緩和であり，この側面に注目すると緩和ケアとよばれる．他方，心理的精神的側面に注目するとスピリチュアル・ケアが重い意味をもつ．スピリチュアル・ペインに向き合う手助けをし，死に行く生を人間らしいうるおいある生に高めようとするのがスピリチュアル・ケアである．

　医療や介護の領域で，スピリチュアリティが不可欠のものとして公認される流れが世界的に生じている．そうなると世俗主義的な合理性を建前としてきた近代社会の中核で，世俗性には還元できないものの存在が尊ばれることになる．あやしいものとみなされがちなスピリチュアリティが，現代社会の正統的な教育システムにも組み込まれてくる可能性がある．近代と宗教の関わりという観点からみても新たな展開である．

［島薗　進］

📖 **参考文献**
[1] 伊藤雅之，2003，『現代社会とスピリチュアリティ』渓水社．
[2] 島薗　進，1996，『精神世界のゆくえ』東京堂出版．(2007, 改訂版，秋山書店.)
[3] 島薗　進，2007，『スピリチュアリティの興隆』岩波書店．

科学知識の社会学

●**科学知識社会学登場の背景**　科学社会学（sociology of science）という分野は，一般に，R. K. マートン（Merton）の一連の研究にさかのぼるとされる．マートンは，近代科学の形成に対してプロテスタンティズムが与えた影響についての歴史的研究で 1936 年に学位を取得し，その後もマタイ効果（共著論文のクレジットが最も有名な著者に帰せられる傾向）や科学の 4 つの規範（CUDOS と略称される）についての論文などを執筆した．マートンの影響を受けた科学社会学の流れをコロンビア学派とよぶ．コロンビア学派の科学社会学は，科学理論の評価や選択そのものはきちんとした方法論に基づいて客観的に行われているということを前提として，その意味での科学を成立させる社会的要件や，それ以外の部分での科学者の振る舞いを研究の対象としていた．

しかし，科学史家の T. S. クーン（Kuhn）による『科学革命の構造』（1962）は，そうした前提に深刻な疑義を投げかけるものだった（本人の意図はともかく，そのように受け取られる内容だった）．異なるパラダイムのもとの科学者は異なる基準で理論を評価するし，パラダイムの選択は完全に客観的には行えない．クーンの議論は，科学史の豊富な事例だけでなく，観察の理論負荷性（背景理論によって観察内容そのものが多面的に影響を受ける）や決定不全（ある一つのデータと整合的な仮説は無数にある）といった哲学的な議論にも支えられていた．

●**科学知識の社会性**　科学知識社会学（sociology of scientific knowledge：SSK）は，クーンの問題提起に社会学の観点から答えようとするものである．観察の理論負荷性や決定不全という問題にもかかわらず，現実の自然科学では多くの問題について広範囲な合意が存在するようにみえる．では，その合意はどのように達成されるのだろうか．そこで社会的な要因が働いている，というのが SSK の答えである．

SSK という言葉をつくり，この運動の中心となったのがエジンバラ大学の研究グループである．D. エッジ（Edge）が同大学に 1964 年につくった科学論ユニットに D. ブルーア（Bloor）や B. バーンズ（Burnes）といった研究者が集まり，SSK の理論的基盤を固めていった．ブルーアは，SSK の「ストロング・プログラム」（コロンビア学派を「弱い」プログラムと位置づけた命名）を打ち出し，SSK の存在は科学論の研究者に広く知られることになった（Bloor 1976）．

ストロング・プログラムは 4 つの信条からなる．①因果性：知識の原因を（社会的原因に限定せずに）研究の対象にする．②公平性：正しい理論，合理的な理論も間違っている理論，不合理な理論と同じく研究の対象にする．③対称性：正

しい理論も間違っている理論も同じタイプの原因で説明する．④反射性：社会学自身にも同じタイプの説明をあてはめる．

　ストロング・プログラムの因果性の信条は研究対象とする原因について特に限定していないが，実際にエジンバラ大学のグループが行った研究では，階級的な利害といったマクロな社会的要因が対象となっている．よく知られているのは S. シェイピンと S. シャファーの研究（Shapin and Schaffer 1985）である．彼らは R. ボイル（Boyle）と T. ホッブズ（Hobbes）の真空の存在についての論争を扱う．ボイルはロンドン王立協会のメンバーを巻き込み，彼らが実験の信頼できる立会人であるということを社会的に認めさせていくことでホッブズに勝利した．そして，イギリス王政復古期の社会で新しい知的権威が必要となっていたこともボイルや王立協会が支持される要因となった．

　エジンバラ大学とならんで，バース大学の H. コリンズ（Collins）の研究グループも SSK の成立にあずかった（Collins 1985）．コリンズらの研究は，科学者共同体内部での人間関係など，よりミクロな社会的要因に科学的論争の決着の原因を求める．よく知られているのは J. ウェバー（Weber）の重力波検出実験についての研究である．ウェバーは重力波を検出したと主張し，批判者たちは同種の装置をつくっても検出できなかったことから，ウェバーが検出したのは人為的な効果だと結論した．コリンズは，こうした問題については「実験家の無限後退」すなわち，どの実験が正しい実験かは，得られるべき結果がどれかわからないといけないが，得られるべき結果が何か知るためにはまずどれが正しい実験かを決めなくてはならない，という堂々めぐりが生じることを指摘する（決定不全問題の一つの形）．コリンズは，関係者へのインタビューから，科学者たちが，個人的に信用できるかどうか，大きなラボを運営する能力についての評判，出身大学や所属機関，などの情報に基づいて実験結果の評価を行ったと分析する．

●**科学知識社会学への批判**　SSK（特にコリンズらのバース学派）は，科学の客観性に疑問を投げかけることで科学の権威を相対化するという政治的な意図をもっていた．しかしそのために，反射性の信条に反し，彼らは自らの社会学的な分析そのものはある種の特権性をもつことを前提とせざるを得なかった．こうした SSK の傾向は他の科学論研究者から批判される．

　SSK を社会学の内部から批判したのが，B. ラトゥール（Latour），M. カロン（Callon）らのパリ学派である．彼らは科学における事実の構成を，人間だけでなく実験器具や研究対象までアクターとして互いに相互作用しあうネットワークの作用としてとらえる（アクター・ネットワーク理論，ANT と略）．ANT においては社会的なものと自然的なものの境界線はなくなり，科学への社会的影響は特権的なものではなくなる．SSK と ANT の論争はおおむね ANT 側の勝利に終わり，ANT は現在の科学技術論の基礎理論としての位置を得ている．［伊勢田哲治］

歴史と記憶の社会学

●**集合的記憶概念の登場**　私たちは記憶がどこにあるのかと尋ねられれば，頭を指差すか，胸を指差すか，するだろう．記憶という営みは頭のなかか胸の内にある「抽斗(ひきだし)」に過去の経験をしまっておくことにたとえられる（「胸にしまっておく」）．心理学でも記憶は記銘（「抽斗に入れる」）・保持（「抽斗にしまっておく」）・想起（「抽斗から取り出す」）というプロセスからなるものとして考えられている．このようにとらえるなら記憶は個人的現象であることになる．なぜなら頭のなかか胸の内にある「抽斗」に近づくことができるのは本人だけだからである．しかし私たちは何かを思い出そうとするとき，手っ取り早く誰かに「あれ，何だったっけ？」と尋ねないだろうか．もし記憶が自分しか近づけない「抽斗」に隠されているのだとすれば，これは奇妙なことではないだろうか．このような日常生活で観察される共同的な記憶のあり方を「集合的記憶」とよんだのは M. アルヴァックス（Halbwachs 1950）だった．

●**集合的記憶の特徴**　アルヴァックスに従って集合的記憶の主要な特徴を整理しておこう．

①集合性（記憶は個人的現象ではなく集合的現象である．私たちは集団の一員として，集団の記憶の枠組みを用いて，過去の経験を想起する）．

②複数性（①からは集合的記憶が複数あることが導かれる．集合的記憶の担い手である集団は複数存在することから，同じ出来事であっても集団が異なれば違った仕方で想起される）．

③空間性・物質性（過去の出来事は頭のなかか胸の内にある「抽斗」のなかではなく，人々の活動の痕跡として空間あるいは物質のなかに保存されている）．

④現在主義（過去の経験はどこかにある「抽斗」から取り出されるのではなく，そのつどの現在において再構成される）．

⑤記憶の変容・忘却（過去の経験はそのつどの現在において再構成されるのだとすれば，記憶が時とともに変容するあるいは歪曲される，さらに忘れ去られるということがそこから導き出される）．

⑥非当事者性（過去の出来事は，空間に残された痕跡を手がかりとして［③］，そのつどの現在において再構成されるのであるとすれば［④］，再構成する主体は必ずしもその出来事を経験した当事者でなくてもよいことになる．非当事者も自分の経験していない過去の出来事を再構成することができる．例をあげれば，"Remember Pearl Harbor" の主語になるのは 1945 年 12 月 7 日（現地時間）に実際に真珠湾攻撃に遭遇した人たちだけではない．アリゾナ号記念館を訪れたり，

映画《パール・ハーバー》を観る戦後生まれのアメリカ人あるいは日本人もまたその主語になりうる).

⑦歴史への越境 ⑥からは，集合的記憶概念の射程は自分が経験したことの範囲を超えて歴史の領域へと越境していくことが導かれる．歴史もまた集合的記憶の一つである）．⑥と⑦は集合的記憶概念の特徴をよく表している．心理学の記憶概念に従うなら，自分が経験していないことを想起するということはあり得ないはずである．

●**記憶の場** 集合的記憶概念を歴史研究に応用したものとして P. ノラ（Nora 1984-92）らの「記憶の場」の研究をあげることができる．ノラによれば，「記憶の場」とは「集合的記憶が根づいている重要な『場』」のことである．それには，物質的な場（史跡・歴史的建造物・博物館・記念碑・慰霊碑など），機能的な場（戦友会・同窓会など），象徴的な場（葬儀・記念式典・黙禱など）があり，時間に抗して残ったもの（廃墟）もあるし，あとから新たにつくられるもの（銅像）もある．また公的な場（戦没者追悼式）もあるし，私的な場（同窓会）もある．またこれら三つの場は重複していることが多い（同窓会は組織としては機能的な場であるが年に一度の集まりは象徴的な場である）．

社会学は，記憶の場の布置，それらをめぐる人々の活動の編成，その変容を観察することによって集合的記憶を研究する．アルヴァックス自身，聖書に書かれているさまざまな超自然的な出来事が起こった場所がローマ帝国の時代や十字軍の時代にそのつど「発見」され聖地とされたことを明らかにしている（Halbwachs 1941）．今日でも人々はそれらの聖地をめぐることによってイエスの生涯を想起している．

集合的記憶概念の特徴の⑥と⑦がよく表れている応用研究として，戦争の記憶研究と災害の記憶研究をあげることができる．日本をフィールドとした代表的な研究をあげておこう．戦争の記憶研究としては，博物館調査を中心とした荻野編（2002），沖縄戦の記憶を論じた冨山（1995），原爆被害の記憶を論じた Yoneyama（1999）がある．災害の記憶研究としては，伊勢湾台風の記憶を論じた大野（2011），阪神・淡路大震災のモニュメントを調査した今井（2001）がある．また集合的記憶研究全般にかかわるものとしては，『社会学評論』の特集「記憶と場所」（2010）がある．

[浜 日出夫]

📖 **参考文献**
[1] Halbwachs, M., 1950, *La Mémoire collective*, Presses universitaires de France.（小関藤一郎訳，1989,『集合的記憶』行路社.）
[2] Nora, P.（sous la direction）, 1984-92, *Les Lieux de Mémoire*, Éditions Gallimard.（谷川 稔監訳，2002-03,『記憶の場（全3巻）』岩波書店.）
[3] 浜 日出夫, 2007,「歴史と記憶」長谷川公一ほか『社会学』有斐閣：171-99.

ユートピアと希望の社会学

●**ユートピア思想の系譜** 元来ユートピア（utopia；どこにもない場所）という言葉はT. モア（More）の同名小説『ユートピア』（[1516]1904）に由来する．架空の国「ユートピア」では，市民は必要のない長時間の肉体労働から解放され，より多くの時間が精神的自由と教養にあてられるとされている．『ユートピア』は，ルネサンスと宗教改革を経て産声をあげた近代的自由の表明であると同時に，中世における絶対王政と封建主義に対する批判でもあった．その後，モアのユートピアの理念は，サン＝シモン（Saint-Simon），C. フーリエ（Fourier），R. オーウェン（Owen）ら，19世紀初頭の社会主義思想家に受け継がれた．しかし，F. エンゲルス（Engels）は『空想より科学へ──社会主義の発展』（1883）において，彼らの思想を啓蒙主義的社会改良の域を出ない空想的社会主義として退け，生産力の発展と資本家－労働者の階級闘争の観点から歴史をとらえる唯物史観，労働者搾取のメカニズムを体系的に解明する剰余価値論をもつ K. マルクス（Marx）の理論を科学的社会主義とし，その優位を主張した．その後，科学を自認するマルクス主義自体が現状維持に奉仕するイデオロギーへと転化し，変革思想としての力を喪失すると，E. ブロッホ（Bloch）が『ユートピアの精神』（[1918]1964）を著し，マルクス主義に変革への希望と革命的情熱（革命的メシアニズム）を蘇らせた．彼のユートピアと希望の思想は，G. ルカーチ（Lukács）のほか，W. ベンヤミン（Benjamin），T. W. アドルノ（Adorno），H. マルクーゼ（Marcuse），E. フロム（Fromm）といったファシズム前夜に活躍したフランクフルト学派の思想家にも絶大な影響を及ぼした（徳永 1968，1974，1979；好村 1978，1986；出口 1997，1998，2002）．

●**ユートピアと希望の理論** ユートピアは，人々に対してめざすべき理想を提示し，歴史社会の変革に積極的に関わるよう動機づける．ブロッホが明らかにしようとしたユートピアの精神とは，歴史や社会そのものが変革へと開かれた状況で，それに関わる人々の意識が社会発展への希望で満たされているような主体のあり方を意味する．彼のいう希望とは，社会発展に対する強い欲求であり，また変革への信念でもある（Bloch 1954-59）．

しかし，ユートピアは，主体が希望を喪失することにより，常にイデオロギー化する危険にさらされている．ブロッホの思想を受け継いだ K. マンハイム（Mannheim）は，ユートピアとイデオロギーをともに現実の秩序を超える方向性をもつ表象とする一方，前者を秩序を変革する力となり得たもの，後者を変革への志向性がない観念として区別した．さらに歴史に現れたさまざまなユートピ

ア（千年王国論，自由主義的・人道主義的な観念，保守的な観念，社会主義的・共産主義的ユートピア）の知識社会学的分析を行い，ユートピアが失われることにより，人間自身も即物的な「物」へと変化するとした（Mannheim 1929）．一方 R. ダーレンドルフ（Dahrendorf）は，ユートピアが内部に矛盾や葛藤がない世界ならば，それは秩序に反する逸脱者を排除するディストピア（否定的ユートピア）にすぎないとし，逆に現実社会に存在する矛盾や葛藤を社会変革の契機として重視した．さらに闘争理論の立場から，パーソンズ的機能主義が描く統合理論，調和均衡的社会システムの内実を否定的ユートピアとして批判し，「ユートピアからの脱出」を提唱した（Dahrendorf 1968）．

●**社会変革に向けて**　これらの知識社会学的および理論社会学的な客観主義的考察に対し，マルクーゼとフロムは，ユートピアと希望の概念を社会変革のプロセスの内部に組み込む変革主体の実践理論を展開した．マルクーゼとフロムの時代には，科学技術の発展により豊かな社会（消費社会）が実現するものの，その背後で画一化的な消費文化が蔓延し，欲求の即時充足が可能となった．マルクーゼは，そうした画一的な思考・行動様式の支配や欲求の擬似的充足がもたらす変革意識の消滅を「ユートピアの終焉」として告発すると同時に，真のユートピアである自由の王国（労働と遊びが一致する世界）は，必然の王国（現状の資本主義）の全面的否定，現在の欲求充足の放棄，歴史的連続性の拒絶によって実現するとした（大いなる拒絶）．また，自身の思想をエンゲルスに対抗して「科学からユートピア（空想）へ」と表現し，1960年代後半の学生運動に大きな影響を及ぼした（Marcuse 1968）．それに対し，かつてマルクーゼと論争を展開したフロムは，官僚主義的な技術社会（管理社会）を歴史的・段階的に人間化するラディカル・ヒューマニズムを提唱した．こうしたフロムの非断絶的・段階的な変革志向は，ブロッホから引き継いだ希望の概念に裏打ちされている．フロムによれば，希望や信念とは「未来を孕む現在の洞察」であり，「まだ生まれていないもののためにいつでも準備ができている」こと，「たとえ一生のうちに何も生まれなかったにしても，絶望的にならない」態度である．逆に希望や信念が失われたとき，（暴力やテロを容認する）絶望的冒険主義や似非（えせ）ラディカリズムが生まれる（Fromm 1968）．また見田宗介も，ユートピアが純粋な虚構であり，実践を通して実現しうる一つの可能性として自覚的に構想されるとき（対自的ユートピア），逆に真の変革力を発揮するとした（見田 1979）．　　　　　　　　　　　　［出口剛司］

📖 **参考文献**
[1] 見田宗介，1979，『現代の社会意識』弘文堂．
[2] 徳永恂，1974，『ユートピアの論理――フランクフルト学派研究序説』河出書房新社．
[3] 出口剛司，2002，『エーリッヒ・フロム――希望なき時代の希望』新曜社．

知識人

●**知識人概念の生まれた背景**　聖職者や呪術師など知的活動を行った者，また道化のように権力者への批判行為をなし得た者は古くからいるが，そうした知的活動や批判的営為を行う者が一定の厚みに達し，彼らの活動が政治や宗教などの領域への従属性を減らし，相対的に自律的営為になったときに知識人という概念が誕生してくる．その意味で知識人は近代的概念である．

　こうした意味での知識人という概念は，フランスでは，19世紀末のドレフュス事件（ユダヤ系陸軍大尉 A. ドレフュス［Dreyfus］がドイツへのスパイを働いた嫌疑で逮捕され，終身流刑を言い渡された）をきっかけにして誕生した．É. ゾラ（Zola）などの「ドレフュス擁護派」（左派）とドレフュス擁護に結集した人々への反感をもつ伝統的・保守的な反共和派の「反ドレフュス派」（右派）に分かれ，争論となったが，そのときに反ドレフュス派が，ドレフュス擁護派の面々を「アンテレクチュエル」（知識人）とよんだことから生まれた．このときには，知識人，つまりドレフュス派は知識を盾にしたエリーティズムをもった輩という侮蔑名称だったが，やがてその蔑称を反転させ，人権を尊重し，国家より個人を重視し，反体制的，反権力的な知識ある人々の謂となった．

　ロシアでは知識人は「インテリゲンチャ」という用語で登場した．インテリゲンチャという用語はロシアの無名作家の造語から始まったという説やそれよりも前にポーランドで誕生したなど諸説あるが，19世紀半ばのロシアで使用されるようになった．インテリゲンチャは教育があるが，現在の秩序のなかに十分な居場所をもたず現在の政治体制に対する不満や反抗的精神をもった学識ある人々を指していた．芸術家や文筆家，一部の大学教授を指示することが多かったが，次第に近代的自由職業人にひろがっていく．ただし官僚をインテリゲンチャに含まなかったように，反体制的な政治態度と批判的に思考する人が含意されていた．

　日本では知識人概念に相当する用語としては，「学識者」や「有識者」があるが，大正時代半ばにロシア革命の成功とソビエト連邦の誕生ともにソ連経由のインテリゲンチャが輸入される．マルクス主義の文脈のなかで輸入されたからインテリゲンチャは「知識階級」として翻訳された．インテリゲンチャの略語である「インテリ」という用語が使用されるようになったのは，昭和初期からであり，知識階級に替わって「知識人」という名称が頻繁に使用されるようになったのは階級用語が忌避された昭和10年代からである．

●**知識人概念の陥穽**　こうした概念の誕生経緯から，知識人概念は規範的定義（あるべき知識人）になりがちだった．知識人とは「権力に対して真実を語ろう

とする言葉の使い手」というE. W. サイード（Said 1994）の定義や「本来のインテリ」と「疑似インテリ」を体制への批判的知性の有無で区分けする丸山眞男（[1948]1995）の定義がそれである．しかし，知識人についてこうした規範的定義をとると，政治イデオロギーが保守である場合には学歴や知識の点でひけをとらなくとも知識人とみなされないか，保守反動知識人や擬似知識人として知識人の境界線に追放されることになる．知識人というラベルと定義そのものが象徴資本となり，その価値と所有が闘争の賭け金になっていることを隠蔽することになる．

さらに，知識人を人類や国民など普遍的価値を代理＝表象する存在とみなすことで，知識人の普遍的言説そのものが彼らの特殊利害と結託して発せられているのではないか，というM. A. バクーニン（Bakunin）やJ. マハイスキー（Machajski）によって提起された知識人固有の利益問題への問いかけを封印することにもなりかねない．

こうした陥穽をさけるべく，P. ブルデュー（Bourdieu）は，知識人を文化生産者として包括的に定義し，知識人の特徴を文化資本が豊か（＋）であるが，経済資本が貧困（−）な支配階級のなかの被支配的フラクションとして社会空間に位置づけ，諸階級の関係のなかにおくことや真理をめぐるゲームの場として知識人界を設定することで，知識人の固有の利害を含めて客観化する主体である知識人についての客観的研究の解き口を開いている．

●**特定領域の知識人と公共知識人**　なお，現代社会における知識人については二つの立場がある．一つは参照規準としての普遍的理念が消滅し，かつ専門分化のきわまる現代社会では何でも嘴を入れる普遍的知識人や社会全体に責任をもつ全体的知識人というような存在は終焉し，職業や専門の立場から発言する特定領域の知識人でしかあり得ないという立場である．

もう一つは，メディア社会化によって知識人は「公共知識人」（政治・経済・社会・文化問題に対して，専門家に向けてではなく，知的公衆に意見を具申する知識人）としていっそう存在感を高めているという立場がある．公共知識人は左派知識人のみならず保守知識人を併合した名称であるが，エリート・ジャーナリストによる，専門に閉塞する大学人との差異化や知識人界の象徴的再編化のための名称革命とみることもできる．　　　　　　　　　　　　　　　　　　　　［竹内 洋］

📖 **参考文献**
[1] Charle, C., 1990, *Naissance des "intellectuels": 1880-1900*, Éditions de Minuit.（白鳥義彦訳，2006,『「知識人」の誕生——1880-1900』藤原書店.）
[2] Bourdieu, P., [1979]1982, *La distinction: critique sociale du jugement*, Éditions de Minuit.（石井洋二郎訳，1990,『ディスタンクシオン——社会的判断力批判 I・II』藤原書店.）
[3] Posner, R., 2001, *Public Intellectuals: A Study of Decline*, Harvard University Press.

オタク論

●**オタク論の生まれた文化的背景** 1970年代末以降，アニメーション，漫画，コンピュータ・ゲーム，SF，アイドルなどメディア文化のいずれかのジャンルを消費することに没頭し，異常なまでに詳しい知識をもつ若者たちが現れた．彼らは，それ以前の若者たちが，政治的運動を展開し，大衆文化や高級文化に抵抗してフォークソングややくざ映画などのサブカルチャーを好んでいたのに対して，子ども向けのSFアニメやゲームのような空想的世界を好み，政治的行動を嫌って同じ趣味の仲間とだけ距離を置いて関係するなど社会的に閉じた自足的世界をもっていたことが特異な印象を与えて注目されるようになった．

「オタク」という呼称は，彼ら同士が会話するときに「君」とか「あなた」のように互いの人格を指す表現ではなく，相手の趣味にのみ興味を持っていることを示すために使用していたものだが，それを1983年にコミックマーケットの会場で評論家の中森明夫が観察して，彼らの人格類型を表す呼称として批評的に使った．だがこの呼称が社会的に広がったのは，1989年に連続幼女誘拐殺人事件の犯人として逮捕された宮崎勤の個室に，5,000本以上のアニメや特撮物を録画したビデオテープが山積していた様子が報道されてからであり，そのときからオタクは，虚構の世界に閉じ込もって，小児性愛的志向をもった風采の上がらない人格類型として差別的に扱われるようになった．

しかし他方でオタクたちは，日本の若者文化，サブカルチャーのシンボル的な存在として徐々に認識され，1990年代半ば以降，文化社会学や批評の対象として取り上げられるようになった．そのなかでも現代思想を駆使し，オタクをポストモダン現象と結びつけて論じた東浩紀の『動物化するポストモダン──オタクから見た日本社会』(2001)は，オタクを学術的に論じるにあたって大きな役割を果たした．その後は，アニメや漫画を中心としたオタク的文化が世界中に愛好されていることが知られるようになったため，企業や行政による経済振興策の材料として注目されるに至り，初期の差別的評価は現在では薄められている．

●**ポストモダン社会の消費モード** 東のオタク論は，単なるサブカルチャー論というよりは，むしろ J.-F. リオタール (Lyotard) の概念を援用したポストモダン日本社会論といった方がよいだろう．1970年代までの近代社会では，人間の理性による人類の進歩といった「大きな物語」が信じられていた．それに対して80年代以降のポストモダン社会では，人々を束ねていた「大きな物語」が失効し，互いにバラバラの「小さな物語」が繁茂するような社会となった．そうした社会的背景からみると，ジャンクなサブカルチャーを材料にして自我の殻をつくり上げる

オタクたちの振る舞いは，ポストモダン社会に適した行動様式だと論じられる．

さらに東はオタクの消費スタイルは，90年代半ば以降に「動物化」していると分析する．例えばアニメ《機動戦士ガンダム》(1979)を愛好したオタクの多くは，メカニックの細かなデータや架空の歴史年表を精査するなど，作品世界全体をある種の「大きな物語」として理解することに情熱を傾けていた．しかし《新世紀エヴァンゲリオン》(1995)のファンは，物語世界の全体には関心を向けず，最初からヒロインのエロティックなイラストを描いたり，巨大ロボットのフィギュアをつくったりすることに夢中になった．このように作品世界にこだわらずに，キャラクターを作品世界から自在に分離させてそれ自体で楽しむ消費モードを，東は「データベース消費」とよぶ．

このように「大きな物語」が失効した後の社会では，個々人がそれぞれ孤独に動物的に自分の欲求を満たすようになって，人々が同じ物語に共感して社会的秩序をつくり出すことはなくなる．これが，東がオタクを通してみた，日本のポストモダン社会の診断である．それは，見田宗介の議論を受けた大澤真幸の戦後日本社会論において，1970年を転回点にして「理想の時代」から「虚構の時代」へと変容したとする議論（大澤 [1996] 2009）を補う形になって，単なるサブカルチャー論にとどまらない現代日本社会論として広く流通した．

●**階級とジェンダーの視点への展開** 東，斎藤環，大澤，宮台真司など，従来のオタク論者は，世代・階級・ジェンダー・趣味などにおいてオタクと親近性の強い人たちだった．また社会的に無価値な知識への耽溺という意味でも，全共闘世代の政治主義に対する反発においても，彼らはオタクときわめて近い位置にあった．だとすれば今後のオタク論には，歴史，階級，ジェンダー，国籍などのさまざまな観点からの相対化と広がりが要求されるだろうし，現にそうなりつつある．

例えば，BL小説などを愛好する「腐女子」の研究や，海外のオタクと比較したファン文化研究についてはすでに多様な研究が展開されている．また階級の視点の広がりという意味では，中産階級文化としてのオタク研究に対抗する下層階級文化としてのヤンキー文化の研究にも注目すべきだろう．ヤンキーたちが既製品としての制服やバイクを自分の趣味に合わせてカスタマイズするという特徴は，オタク文化の二次創作に通ずるものがある．そう考えたとき，オタク文化は，資本主義的な大量複製品をただ受動的に消費することに対抗する，消費者の側の能動的な文化生産の一種と位置づけられるかもしれない．そのような歴史的視野によって，オタク論はより普遍的な文化論へと展開可能だろう． ［長谷正人］

📖 **参考文献**
[1] 大澤真幸，1995，「オタク論」『電子メディア論——身体のメディア論的変容』新曜社，付録：242-93.
[2] 森川嘉一郎，[2003]2008，『趣都の誕生——萌える都市アキハバラ』幻冬舎.

表象不可能性

●**概念の生起する文脈** 語り継がなければならない出来事がある．同じ過ちを繰り返さないために，苦しみの記憶を風化させないために……．だが，しばしばそのように語られる経験こそ筆舌に尽くしがたいものとしてあり，これを言葉やその他の表現手段によって再現しようとする試みを拒絶する．出来事の表象が，経験の根幹にあるものを脱落させ，事実を歪曲するのではないかという不安が，語り伝えようとする意志を脅かす．ここに表象不可能性の問題が立ち現れる．

その問いの焦点に置かれているのは，ホロコーストの記憶である．絶滅収容所から生還した人々は，その経験を他の人々に共有させなければならないと感じていた．そして歴史家たちも，この出来事を正確に記録しなければならないと考え，多くの詳細な事実を明らかにしてきた．だが，J.-F. リオタール（Lyotard）がいうように，「アウシュヴィッツ」を前にして私たちは「どう表現してみてもしっくりしないという感じ」に襲われる．「なにかわからないことが起こったという感覚」を払拭することができないのである（Lyotard 1983）．

●**「限界に位置する事件」** なぜ，語りきれないのか．それは，私たちが経験を再現・表象する際に用いる言葉や記号が慣習化された様式に従っているからであり，「収容所」ではその様式に則って意味を見出したり物語的文脈を与えたりすることを拒絶するような「例外的」な事件が起こったと感受されるからである．

歴史上の出来事の記述は通常物語の形をとってなされる．したがって，歴史叙述が成立するためには，「始まりと中間と終わりをなんらかの解釈枠組みのなかで連結する首尾一貫性のあるプロット化がおこなわれざるをえない」（Friedlander ed. 1992：訳24）．こうした考え方に立って，H. ホワイト（White）は，「私たち」が過去にあった出来事を「意味のとれるもの」にするために使ってきた様式や表徴，あるいはプロット・タイプや物語ジャンルは，「ナチズムと〈最終解決〉」という現実を十分な責任をもって構成することができないのだという（Friedlander ed. 1992：訳58）．S. フリードランダーがいうように，「ヨーロッパ・ユダヤ人の絶滅」の企ては，「わたしたちがもろもろの事件を把握し表象しようとするさいにもちいてきた伝統的なカテゴリーを検査にかけるような事件」，その意味で表象の「限界に位置する事件」（Friedlander ed. 1992：訳17）なのである．

表象の限界に位置する出来事を前にして，私たちの取り得る一つの態度は口を閉ざすことにある．語ることが真実の歪曲にほかならないのであれば，「語り得ぬものについては沈黙しなければならない」という教えに従う方が道徳的要請に適っている．重要なことはむしろ，不用意な物語化の企てを批判し，出来事そ

れ自体の表象不可能性に立ち返ることにあると考える人々がいる．これに対して G. アガンベン（Agamben）は『アウシュヴィッツの残りのもの』において，「言語を絶し」「名状しがたく」「書きあらわし得ない」という形容は「神を讃える」ための言葉であり，敬虔な沈黙を守ろうとする姿勢は，この出来事を「神聖化」し，理解を拒絶してしまうことになると批判する．その出来事を前にして，彼は，拙速に理解してしまおうとするのでもなく，理解し得ぬものとして安直に神聖化するのでもなく，「その隔たりのもとに留まりつづける」ことを選び取る．「生き残って証言する者たちは証言しえないものについて証言しているのだ」ということは明らかなので，これを受け止める作業は必然的に「その欠落について問うこと」，あるいは「その欠落に耳を傾けようとすること」になる（Agamben 1998：訳 9-10）．証言とはもとより，物語ろうとすれば言葉がつまずかざるを得ないような出来事がよび起こすものであり，その意味で内在的な矛盾をはらんだ行為である．

●語り得ぬものをめぐる語りの領域　表象不可能性をめぐる論争は，語りという振る舞いそれ自体の成り立ちを再考させる．E. レヴィナス（Lévinas）は，『全体性と無限』（1961）において，「私」と「他者」とが絶対的に分離されているからこそ，「私」たちは言葉を必要とするのだという．「他者」とは，歴史的時間とは別の次元においてそれぞれの「内部性」を生きる者であり，生き残った者たちが過去をふりかえって構成した物語のなかには統合しきれない者である．その現出──レヴィナスはそれを「顔」とよぶ──に触発されればこそ，「私」は言葉を発さなければならない．「私」の手持ちの言葉によっては表象しきれぬものが「私」に呼びかける．だからこそ「私」は，その何者かに応えて言葉を贈り続けるのである．

こうした語りの普遍的条件に目を向ければ，表象不可能性の問題はホロコーストの記憶に限定して主題化されるものにはとどまらなくなる．さまざまな戦時的暴力，あるいは犯罪的暴力，さらには A. W. フランク（Frank）がためらいがちに比較を試みているような「病い」の経験においても，手持ちの再現・表象の様式には包摂しきれない出来事に出会う．フランクはそれを「混沌」と名づけている．それは「語られた言葉のなかには常に欠落している」（Frank 1995）ものとしてある．「混沌の語り」を前にしたとき，私たちはそこに内在する「欠落」に耳を傾けることを求められるのである．　　　　　　　　　　　　　　　　［鈴木智之］

参考文献
[1] Friedlander, S. ed., 1992, *Probing the Limits of Representation, Nazism and the "Final Solution"*, The President and Fellows of Harvard College.（上村忠男ほか訳，1994,『アウシュヴィッツと表象の限界』未來社．）
[2] Agamben, G., 1998, *Quel che resta di Auschwitz*, Bollati Boringhieri.（上村忠男・廣石正和訳，2001,『アウシュヴィッツの残りのもの──アルシーヴと証人』月曜社．）

7. 集団と組織

　集団とは，一定の境界によって区切られた人々と彼らが繰り広げる相互行為や関係から成り立つ独特な意味空間のことである．集団は人々なしにはあり得ないが，人々は集団抜きで生きていくことができない．また組織とは，あまたある集団のうち，目的志向をもち，それに応じて分業関係と影響力関係が水平方向ならびに垂直方向に分化した機能集団のことである．組織は集団として存在し，また内部にさまざまな部分集団と，それを構成する人々を抱え込む．そして近代化を経た後の人々は，組織なしに一日たりとも過ごすことはできない．

　社会的な諸現象をミクロとマクロのみで，個人と社会のみで，行為と制度のみで語ろうとしても，それは半端な試みにとどまらざるを得ない．集団や組織を介さずに諸個人が全体社会と直接対峙することはさほど多くはなく，また全体社会自体，さまざまな組織や集団から構成されている．集団論・組織論は社会全体を見渡すにあたっても，また諸個人の生をつぶさに見据えるにあたっても欠かすことのできない，社会学理論の中枢そのものといえよう．　　　　　　　　［友枝敏雄・山田真茂留］

準拠集団

●準拠集団概念が登場した背景　かつての安定し，統合化され，また未分化の社会においては，人々は一つ，ないし少数の集団に所属し，その集団の規範や価値に基づいて態度をつくり上げており，その態度もあまり変化することがないものであった．

これに対して，社会の分化・複雑化が進み，流動性が高く，コンフリクトも生じている現代社会においては，数多くの集団が出現し，人々の社会移動が活発化し，また，社会変動が進行している．そのような状況においては，人々は一つの集団に固定するのではなく，いくつもの集団にさまざまに関わるようになる．そして，それらの集団との関連において態度が形成され，その態度も多様で，また，変化・変容するものとなっている．

しかも，人々は，現在は成員資格をもたないが，将来所属することを希望する集団や，また，過去に所属したことのある集団に自己を関連づけ，それによって態度の形成に影響されることが多くなってくる．このような非所属集団が人々の態度形成に影響を与えることを明らかにしたことに準拠集団概念のユニークな特性が存している．

●準拠集団概念の内容　準拠集団とは，人が自分を関連づけることによって，自己の態度や判断・評価，また意識・パースペクティブの形成と変容に影響を受ける集団を意味する．人々は，準拠集団の価値や規範を自らの置かれた位置や行為の方向に照らして，意味づけ，解釈し，修正・変更・再構成しながら，態度などを形成するようになる．

人々が一定の集団に強い関心をもち，深い満足を得て，プラスの価値を認め，それに積極的に関わることによって，その集団の規範を受け入れ，自己の態度に影響を受ける場合，その集団は積極的準拠集団となる．他方，自分が現在所属している集団に反発し，それに自分を関連づけることもなく，その集団の規範を拒否し，態度の形成に影響を被ることのないときには，その集団は消極的準拠集団となる．

家族という集団は人々の態度形成にとって最も中心的な準拠集団であり，それは少なくとも一時的には準拠集団となる．しかしまた，青年期においては，家族は，しばしば，人々に十分な満足を与えず，むしろ，反発され，拒否され，離反されて消極的準拠集団となっている．

人々は，一般に，自分の家族，職場，趣味やスポーツのサークル，友人集団や近隣集団など，現在所属している集団の多くを準拠集団としている．そしてまた，

人々は所属集団のみならず，現在，所属していないが，強い関心をもっている集団や将来所属することを希望する非所属集団，また，かつて所属したことのある集団もまた，態度形成に影響を受ける準拠集団としている．

●**準拠集団概念を適用した事例**　人々は自分や他の人間を評価する際に比較の基準として一定の集団を準拠集団として用いている．アメリカの心理学者 H. H. ハイマン（Hyman）によると，人々は知人，友人，職場仲間などの身近な集団を主観的地位である地位評価の比較の準拠点として用いている（Hyman 1942）．

　また，アメリカの社会学者 R. K. マートン（Merton）は S. A. ストーファー（Stouffer）の『アメリカ兵』（1949）における兵士の不満に関するデータの検討から，「相対的剥奪（不満）」よりも，「準拠集団」の方が事象をよりよく説明するのに有効な概念であるとした．

　すなわち，兵士の不満は単に他の集団との比較から生じるというよりも，実際に自分が社会的相互作用を営んでいる友人や同僚などの所属集団や現実的には社会関係をもたない戦闘員や他の大尉たちなど，所属しないが関係づけを行う集団との関わりにおいて形づくられている（Merton 1957）．このように，準拠集団は比較機能をもっている．

　他方，人々は準拠集団の一定の規範を受け入れ，自己の態度や評価を行っている．アメリカの社会心理学者の M. シェリフ（Sherif）によると，暗室のなかで金属箱の小さな穴を開閉させ，動いているように見える光点の距離を報告させる光点「自動運動効果実験」において，被験者は一人のときは自分自身の主観的規準でもって判定するが，集団場面においては他の人々との関係において集団の規範に基づいて判定を行っている（Sherif 1935）．

　また，同じくアメリカの社会心理学者の T. M. ニューカム（Newcomb）によると，ベニントンカレッジ（バーモント州）の女子学生に対して1935年から5年間かけて実施した態度調査研究において，学生の多くは，学年が進むにつれて，進歩的雰囲気の学園を準拠集団とするようになり，進歩的態度をつくり上げていくようになった．これに対して，少数の学生は自分の育った保守的家庭を準拠集団としており，その規範を受け入れ，保守的態度を保持し続けていた（Newcomb 1950）．このように，準拠集団は規範機能もまた有している（Kelley 1952）．

［船津　衛］

📖 **参考文献**

[1] Merton, R. K., 1957, *Social Theory and Social Structure*, revised ed., Free Press.（森 東吾ほか訳，1961，『社会理論と社会構造』みすず書房．）
[2] Newcomb, T. M., 1950, *Social Psychology*, Holt.（森 東吾・万成 博訳，1956，『社会心理学』培風館．）
[3] 船津 衛，2009，『シンボリック相互作用論』オンデマンド版，恒星社厚生閣．

官僚制とその逆機能

●**官僚制の機能論**　R. K. マートン（Merton）は機能主義の立場に立つ．ある社会的項目の機能は一定の社会的あるいは文化的体系の適応ないし調整を促す観察結果であり，逆機能はこの体系の適応ないし調整を減ずる観察結果だととらえる．この立場からみると，M. ウェーバー（Weber）の官僚制論は官僚制組織の積極的な機能を強調した議論である．

ウェーバー自身は支配の社会学のなかで官僚制を論じており，支配の三類型のうち合法的支配（形式的に正しい手続きで定められた規則によって支配が正当化され，その規則に対する服従がなされる）の典型例として，近代官僚制組織を取り上げた．彼によれば，近代官僚制組織は次のような特徴をもつ．職務の明確な分業化（職務内容が明確に定義され分業化されている），権限のハイアラーキー（分業化された職務は権限の階層的序列によって調整統合される），文書主義（職務執行の内容は文書として記録保存される），規則の重視（職務執行は規則に従って行われる），公私の分離（職務活動と私的活動の領域の区別），専門能力と年功に基づくキャリア形成である．こうした特徴を有する官僚制組織は，多数の人々の活動を調整するうえで技術的能率に優れた手段である（Weber 1921-22f）．

しかし，ビューロクラットという言葉が一つの悪口になっているように，一般世間は逆に官僚制の欠陥の方を強調している．また，T. ヴェブレン（Veblen）やK. バーク（Burke）らは，訓練に基づいて身につけた，これまでは効果のあった行為も，変化した条件のもとでは不適当な反応に終わること（訓練された無能力）があることを論じていた．そこで，マートンは官僚制の逆機能に着目した．

●**官僚制の逆機能論**　マートンは，官僚制の逆機能が生成・展開するプロセスを次のように提示した．①官僚制組織は目標達成の能率を上げるために，職員に規律に従うよう絶えず圧力をかける．②そのため，職員の心情にある変化が生じる．本来規則を守ることは組織の目的達成のための一つの手段でしかなかったのに，それ自体が一つの自己目的に変わってしまう．規律とは状況のいかんを問わず規則を守ることだと簡単に解釈され，目標の転移（手段的価値の終極的価値化）が生じる．③こうして，規則の立案者が立案時に想定していなかった状況のもとでは臨機応変な態度がとれず，融通の利かない杓子定規的な行動に終始し，所定の手続きを几帳面に守るという形式主義や繁文縟礼が生じる．④かくして，一般に能率向上に資すべきはずのものが，ある場合にはかえって非能率を生み出すことがある．

マートンは，こうした同調過剰を職員に引き起こす要因を次のような官僚制組

織の構造に求めた．まず，勤続年数による昇任などの年功制である．これは本来規律ある行為と服務規律への合致に対する刺激剤として工夫されたものであるが，年功制により職員に臆病や保守性がもたらされる．次に，先任順に昇進が行われ競争があまりないため，官僚制組織の職員たちは同僚間に共通の運命があるという連帯感をもつようになる．このため，クライアントたちの利害よりも自分たちの利害を擁護するようになる．さらに，官僚制組織の構造は人間関係の非個人性を強調するため，職員は個人的な関係を最小限にとどめ，もっぱら組織的な範疇に基づいて職務を行う．この結果，個々のケースがもつ特殊性はしばしば無視される．しかし，クライアントにとっては自分自身の問題だから特殊性がある．こうして，職員とクライアントの関係において，クライアントの方は個人的な親身の取り扱いを望んでいるのに，職員は非個人的な取り扱いをせざるを得ないという状況が生じ，悶着が起きる．この悶着を，マートンは第一次的関係と第二次的関係の食い違いとみなす（Merton [1949] 1968）．

●**官僚制の逆機能の適用事例**　マートンが指摘した官僚制の逆機能の適用事例はいくつもあげることができるが，ここでは日本の生活保護制度で起きた事例を紹介する．

　日本の生活保護制度には，最低生活維持の水準を下回っても上回ってもいけないという，基準および程度の原則がある．ある物品を被保護者が保有してよいかどうかは，その地域の一般世帯とのバランスも考慮して判断される．1994年，関東地方に住むある被保護者（79歳）がクーラーを保有していたが，市役所はクーラーをぜいたく品と考え，クーラーを取り外させた．しかし，その年の夏，室内の温度が40度を超え，その被保護者が脱水症状を起こして約40日間入院するという事件が起きた．この事件が世間に知れ渡ると，生活保護制度の運用があまりに硬直的だという批判が起きた．これは官僚制の逆機能に対する批判といえる．こうした批判に対し，厚生省（現・厚生労働省）は，生活保護制度の別の原則，一人ひとりの必要に応じて対応しなければならないという必要応の原則で応じることにした．例えば高齢者などのいる世帯でその病状などからクーラーを利用している場合は，その地域の普及率にかかわらず保有を認めてよいと確認する通知を出した（椋野・田中 2014）．

　官僚制組織の構造が逆機能を引き起こすメカニズムに関する研究は，その後 A. W. グールドナー（Gouldner）や P. セルズニック（Selznick）たちに引き継がれ，一連の官僚制の逆機能研究が生み出された．

［金子雅彦］

参考文献
[1] 渡辺深，2007，『組織社会学』ミネルヴァ書房．
[2] Crothers, C., 1990, "The Dysfunctions of Bureaucracies: Merton's Work in Organizational Sociology", J. Clark et al. eds., *Robert K. Merton: Consensus and Controversy*, Falmer Press: 193-226.

日本的集団主義

●**日本的集団主義概念の源流** 西欧の個人主義と対置させ，日本の特徴を集団主義として記述・説明しようとする発想は，戦前から存在した．夏目漱石の『私の個人主義』(1978) は，自らのイギリス留学経験をもとに，日本が西欧近代と異なる特徴をもつことを指摘した講演集であるが，そこには「進んだ個人主義と遅れた集団主義」といった発想が見え隠れしている．戦後，日本で高度経済成長がみられ，その成功に世界的な関心がもたれるなかで，1960 年代になって否定的特殊性から肯定的特殊性へのパラダイム・シフトが起こる（青木 1990）．

日本の近代化が成功した理由を社会科学的に説明しようとする流れや，日本社会が西洋社会と異なる特性をもつ点を強調する立場，新しい社会科学の方法論を模索する動きなど，いくつかの知的潮流が合わさるなかで，日本的集団主義といった概念が生み出されることになる．集団主義の前に「日本的」という修飾語が付いているのは，あくまで日本社会の特質を理解するために集団主義という概念が用いられているからであって，西欧との対比から日本を語り，日本社会がもつ固有性が強調されている点で，日本特殊性論の一形態といえる．

●**日本的集団主義論の歴史的展開** 日本が集団主義的であるとされる具体的な経験根拠として，①年功賃金，終身雇用，企業内組合といった日本企業にみられる雇用慣行（J. C. アベグレン［Abegglen］ら），②上下関係や依存を重視する日本人のパーソナリティ特性（中根千枝，土居健郎ら），③相互依存的な自己観（濱口恵俊，マークス＝北山ら）などが言及されることが多い．そのため日本的集団主義をめぐる議論は経営学や社会心理学，異文化間心理学，文化人類学，比較文明論など，多くの領域に関わっており，その具体的な主張もさまざまである．

日本的集団主義に関わる研究蓄積が最も豊富なのは，日本的経営に関連する一連の研究群だろう．

アベグレンの『日本的経営』(1958) や間宏の『日本的経営の系譜』(1963)，岩田龍子の『日本的経営の編成原理』(1977) など，多くの研究に共通しているのは，日本企業の行動原理の背後に経営家族主義的考え方が存在し，これが，労使間の協調や組織へのコミットメントを重視する企業風土をつくり上げてきたと考えている点である．そして，従来は「封建主義の残滓」と否定的に評価されてきた，これらの特徴も，日本企業の活力の源泉として理解されるようになり，日本的集団主義が日本企業の成功を支えているといった議論さえ現れるようになる．W. G. オオウチ（Ouchi）の『セオリー Z』(1981) は，日本企業のなかに相互信頼や気配り，親密さの重視といった特徴がみられ，これが高いパフォーマン

スの源泉となっていると指摘した書物であるが，このように戦後30年ほどたって，企業内でみられる集団主義的特徴は否定から肯定へと，大きく評価を変えることになる．

他方で，R. ベネディクト（Benedict）の『菊と刀』（1946）以降，日本人の特異な行動パターンを対象に，比較文化論や社会心理学からアプローチした研究も少なくない．集団主義という概念は利用していないものの，土居健郎の『「甘え」の構造』（1971）や木村敏の『人と人の間』（1972）は，精神医学の視点から本格的に日本人の精神構造に切り込んだ作品である．土居はアメリカ留学を，木村はドイツ留学をそれぞれ経験しているが，このように留学経験者が留学先＝西欧で感じた違和感・異質感をもとに，日本人や日本社会の特性を分析しようとしている点に，比較文化論や社会心理学からのアプローチによる最大の特徴がある．

「自己と自己の間にこそ，真の自己がある」とする考え方は，濱口惠俊の「間人主義」やマークス＝北山の「相互依存的自己観」の主張につながっていくことになるが，青木保が指摘するように，1980年以降，日本文化論は特殊性の指摘から普遍性の模索へと転換するようになり，濱口やマークス＝北山は，日本的集団主義の概念をより普遍的な議論へ引き上げようとした．他方で，杉本＝マオアの『日本人は「日本的」か』（1982）にみられるような方法論的な批判が展開され，G. ホーフステッド（Hofstede）のIBM研究のような大規模な国際比較調査も実施されるようになる．その結果，日本的集団主義に関連する言説も厳密な科学的検証の対象となり，日本は集団主義的ではないといった主張が展開されるようになって（山岸 2002；高野 2008），現在にいたっている．

●**新たな比較研究に向けて**　日本的集団主義の提唱は，西欧出自の概念やモデル，理論に異議を申し立て，日本社会がもつ固有性に定位しつつ，社会科学が陥りがちな普遍信仰に警鐘を鳴らした点で高く評価できる．「甘え」や「タテ社会」など，日本語固有の表現を利用した概念の構築は，社会科学のローカル化の試みとして理解できるが，総じて集団主義とされる他地域との比較・対照から新たな知見を導こうとする力が弱かった．比較のための概念の操作化もほとんどなされず，何より，比較の対象が西欧の先進諸国にほぼ限られていたといった難点を抱えている．筆者は以前，日本社会に比べて場の共属性に拘束されないものの，個別の人間関係が重視される中国社会の特徴を「関係主義」と命名したことがあるが（園田 2001），今後，アジア各地との比較が本格化するなかで，日本的集団主義概念の再発見がなされるかもしれない．

[園田茂人]

📖 **参考文献**
[1] 濱口惠俊・公文俊平編，1982，『日本的集団主義』有斐閣．
[2] 青木 保，1990，『「日本文化論」の変容――戦後日本の文化とアイデンティティ』中央公論社．
[3] 高野陽太郎，2008，『「集団主義」という錯覚――日本人論の思い違いとその由来』新曜社．

日本的経営と労働問題

●**日本的経営論の背景**　社会学における多くの研究分野と同様に，産業・労働・経営に関わる社会学についても，日本におけるその端緒は，「日本的なもの」の探究にあったといえよう．西洋近代社会をモデルとして理論形成が進められた社会学にあっては，日本社会におけるさまざまな領域に西洋起源の理論を当てはめて理解しようとすると，もともとの理論においては想定されない事象に直面することになる．そうした事象をどのように理論的に把握するか，産業・労働・経営という領域において，まさにこうした問題に取り組む試みとして提起されてきた議論が日本的経営論にほかならない．

●**日本的経営論の展開**　この際，多くの研究者が共通に抱いていた問題関心は，日本社会は，西洋社会に比べて遅れて近代化や資本主義の発展を開始したため（後発性），近代化が十分に進展した西洋社会と比べて，相対的に古い社会関係・制度が残存していたり，近代化の過程が「歪められたり」しているというものであった．

　第二次世界大戦後の日本における産業・労働社会学の分野で精力的に実態調査を行った松島静雄（1962）と間宏（1964）は，ともにこうした認識をもっていた．松島は，本来利害関心を異にする経営と労働組合の双方に帰属意識をもつ「二重忠誠」を問題にしたし，間は，企業組織を家族や家になぞらえて把握しようとする「経営家族主義」の労務管理制度とイデオロギーを把握しようとした．こうした戦後の産業・労働社会学にみられる問題意識は，いわば西洋社会に比べて「遅れた」日本社会の近代化を進めることに向けられていた．この点については，主流派社会学と理論的に対抗関係にあったマルクス派においても同様であり，かつての「日本資本主義論争」において，とりわけ「講座派」によって強調された「封建遺制」を払拭することが実践的な課題となっていた．

　それでは，日本的経営を支える制度はどのようなものであろうか．この点を明示した研究者は，はからずもやはり日本社会を西洋社会とは異なるユニークなものとして把握しようとしていた海外の研究者であった．J. C. アベグレン（Abegglen 1958）は，終身雇用，年功序列，および企業別組合という三つの制度的支柱からなるものとして日本的経営のシステムを把握した．1920年代に淵源をもち，戦後において本格的に整備された日本的経営システムは，高度経済成長期を通じて，もっぱら大企業において存続してきた．

　1973年に起こったいわゆるオイル・ショックを契機にして，多くの先進社会が景気の後退局面に入った後も，相対的に良好なパフォーマンスを継続していた

日本企業は，その原因を日本的経営に求められることになる．すなわち，日本的経営は「遅れた」払拭されるべき制度ではなく，西洋社会とは本来的に異なる日本社会固有の制度と考えられるようになった．例えば，個人主義に取って代わる「集団主義」を組織原理とする経営のあり方として，日本的経営は積極的な評価の対象へと変化したといえよう（尾高 1984）．この評価は，日本の経済的パフォーマンスの高さとも相まって，1980年代を通じて継承された．

●**労働問題を生み出す温床**　このように，高い経済的パフォーマンスを支えるシステムとして称賛される一方で，日本的経営は，経営による強い労働者への支配や，そのことを一因とする長時間労働や，単身赴任に示されるような一方的な配転などに代表される労働問題の温床ともなっていた．終身雇用や年功序列といった制度は，労働者による企業への帰属意識を強化したし，「経営家族主義」にみられる温情主義的な労務管理は企業＝「共同体」という認識を喚起することになったのである．こうして，私生活をも含めて，経営による労働者への支配が貫徹されることになり，こうした事象は「企業社会」として概念化されることになった．

さらに，労働組合が企業別に組織されていたことにより，組合員は特定企業の従業員に限定されることになった．つまり，労働者にとっては，組合員であるまえに雇用される企業の従業員としての存在が優越することを意味した．そのため，労働組合は経営に対する有効な対抗組織として十分に機能することはできなかった．遅くとも1960年代の半ばまでには，日本的経営が行われる大企業においては，協調的な労使関係がとり結ばれ，労働組合は経営を補完する機能を担う存在になっていった．

加えて，1990年代に本格化するグローバル化のもとでは，激化する企業間競争に直面し，日本的経営も変容を迫られている．かつての終身雇用や年功型賃金制度は，多くの企業で見直しを迫られるようになってきた．それに伴って，非正規雇用が増加し，不安定な経済状況に置かれる労働者も増えてきている．日本的経営の変容に伴って発生してきている，新たな労働問題についても，依然として特定企業の従業員だけを組織する労働組合は，有効な対策を提供することが必ずしもできていない．そもそも，日本的な特殊性に特徴づけられていた日本的経営も，1990年代以降においては，とりわけイギリスやアメリカ合衆国にみられるような経営による高度に効率性を重視した戦略を背景として，大きく変容しつつあるといえよう．

［山田信行］

参考文献
[1] Abegglen, J. C., 1958, *The Japanese Factory: Aspects of Its Social Organization*, Free Press.（山岡洋一訳，2004,『日本の経営 新訳版』日本経済新聞社．）
[2] 尾高邦雄，1984,『日本的経営——その神話と現実』中央公論社．
[3] 山田盛太郎，1934,『日本資本主義分析』岩波書店．

労働組合の現在

●**労働組合とは** 「賃金労働者が，その労働生活の諸条件を維持または改善するための恒常的な団体である」と，ウェッブ夫妻（S. Webb and B. Webb）は定義している（Webb and Webb 1920）．日本の労働組合法における労働組合の定義「労働者が主体となって自主的に労働条件の維持改善その他経済的地位の向上を図ることを主たる目的として組織する団体又はその連合団体」も，ウェッブ夫妻による定義とおおむね共通している．

労働組合の組織形態には，同一職種の労働者を横断的に組織した職種別労働組合，同一産業の労働者を横断的に組織した産業別労働組合，同一企業の労働者のみを組織した企業別労働組合，特定地域の労働者を企業横断的に組織した合同労組などがある．企業の従業員としての地位の獲得・維持と，特定の労働組合員資格の有無との対応関係は，ショップ制とよばれる．ショップ制には，従業員としての地位と組合員資格の有無が無関係なオープン・ショップ，従業員としての地位を獲得すると組合員になることが義務とされるユニオン・ショップなどがある．

労使関係は，労働者や労働組合と，企業などの雇主（使用者）との関係である．労働組合と使用者との関係を集団的労使関係，労働者個人と使用者との関係を個別的労使関係とよんで，互いに区別することもある．J. T. ダンロップ（Dunlop）は労使に政府を加えた三者関係，すなわち労使関係システムを産業社会の主要なサブシステムとして位置づけ，産業社会の発展段階や社会的文脈により労使関係システムが異なるとした（Dunlop 1958）．

●**日本における労働組合の特徴** 日本の労働組合のほとんどは企業別労働組合であり，かつ組合員の多くは企業別労働組合のメンバーである．日本では公務員の労働組合は国家公務員法と地方公務員法によりオープン・ショップに限られており，ユニオン・ショップは民間の企業別労働組合に多い．同一企業に一つのみでなく，複数の労働組合が組織されていることもある（河西 1989）．各労働組合は産業別組織やナショナル・センターなど上部団体に組織されている．日本全国の労働組合が毎春，一斉に展開する団体交渉が春闘（春季労使交渉）である．

企業別労働組合における組合員の中心は正社員であり，パート・アルバイトや契約社員など非正規雇用者を組織化する組合は少ない．労働組合法が「使用者の利益を代表する者」の参加する団体を労働組合の定義から除外していることもあり，管理職層（おおむね課長級以上）もまた組織化されない．日本国憲法第28条は団結権，団体交渉権，団体行動権（争議権）の労働三権を国民に保障しているが，公務員はその一部ないしすべてが制限されている．

労働組合以外の労働者発言機構として，日本では労使協議制や従業員組織が普及している．労使協議制は，労働条件など労働者の利害に関わる企業経営上の問題について，労働者代表と使用者とが情報交換する常設的機関である．労働組合の組織されている企業では，労使協議制の労働者代表は労働組合であることが多く，団体交渉の補完的機能を果たしている．従業員組織は，従業員相互あるいは従業員と使用者との親睦を目的とする組織で，親睦会や社員会とよばれることが一般的である．従業員組織は，労働組合の組織されていない小規模企業でも多く存在し，一部では労働条件についても使用者と話し合っている（佐藤 2012）．

●**日本における労働組合の変化** 雇用者に占める労働組合員の割合である労働組合組織率は1970年代半ば以降低下を続けており，2003年以降は20%を下回っている．従業員の高齢化による管理職層の増加，未組織企業への出向・転籍の増加，企業再編後に発足した新設企業の未組織化により，非組合員である正社員が増加している．組織率低下のより大きな要因は非正規雇用者の増加である．企業別労働組合は非正規雇用者の組織化に熱心でないため，全体の組織率が低下している．

日本では企業が労働条件を変更する場合，事業所における従業員の過半数を組織する労働組合，あるいは従業員の過半数を代表する者との協定を義務づける法律が数多く存在する．非正規雇用者の多い産業を中心に，過半数代表の地位を維持するため，非正規雇用者を組織化する企業別労働組合も増えつつある（呉 2012）．また，企業別労働組合の上部団体である産業別組織のなかにも，未組織企業の組織化に力を入れているところがある．

未組織労働者の増加に伴い，従来型の労働組合が対象としなかった労働者を組織化する労働組合の活動が注目されつつある．合同労組は1960年代から知られていたものの，その実態は中小企業に組織された組合の連合体であり，組合員の多くは正社員であった．1980年代以降には職種や産業，企業にかかわらず個人で加盟できる，さまざまな形態の個人加盟ユニオンが誕生している．地域の非正規雇用者などを組織化するコミュニティ・ユニオンをはじめ，管理職や女性（小谷 2013），フリーター（橋口 2011），外国人労働者など，組織化の対象を絞った個人加盟ユニオンが生まれている．また労働組合ではないものの，労働問題の解決を目的とする労働NPOが1990年代以降に増加している（遠藤 2012）．

［小川慎一］

参考文献
[1] 遠藤公嗣編著，2012，『個人加盟ユニオンと労働NPO——排除された労働者の権利擁護』ミネルヴァ書房．
[2] 呉 学殊，2012，『労使関係のフロンティア——労働組合の羅針盤（増補版）』労働政策研究・研修機構．
[3] 佐藤博樹，2012，『人材活用進化論』日本経済新聞出版社．

近代組織論

●**バーナード・サイモン理論の確立** 20世紀初頭には，近代化・産業化をささえる企業や官庁などの組織を円滑に管理する必要が至るところで認識されるようになった．C. I. バーナード（Barnard）は企業の経営者でありながら多くの大学の研究者たちと交流を深めていたが，1930年代当時の新しい科学的思考として注目されていたシステム理論の言葉を用いて，自らの経験に基づく組織についての洞察を理論化した(Barnard 1938)．やがて1940年代にはH. A. サイモン（Simon）が，バーナード理論に触発されつつ行政組織管理を出発点にシステム科学の方法論をいっそう徹底させて組織における意思決定の理論を展開し（Simon 1947），さらに1950年代にサイモンはJ. マーチ（March）との共同研究で組織理論の体系化を行った（March and Simon 1958）．以後，バーナード・サイモン理論は組織研究の重要なパラダイムとしての評価を確立した．

●**システム理論と意思決定分析** 特に日本の社会科学では，上記のバーナード・サイモン理論を指して「近代組織論」とよぶ用語法が定着している．近代組織論自体は社会学のなかに含まれないものの，その内容は社会学と共通する部分が多い．近代組織論の内容はその名前とは逆に「近代的」な人間像としての経済人モデルを否定するものであり，その本質は「システム理論的アプローチ」と「組織における意思決定の分析」の2点にある．

①システム理論的アプローチ：近代組織論の第一の特徴は，さまざまな要素の相互関連から成り立つ全体としてのシステム概念を重視する考え方にある．バーナードは人間の協働をシステムとしてとらえ，その協働システムを構成する一つの下位システムとしての（公式）組織を「2人以上の人々の意識的に調整された活動や諸力のシステム」（Barnard 1938:73）と定義した．組織は「共通目的」「コミュニケーション」「協働意思」の三つの要素の確保によって成立し（「内的均衡」），その組織がシステムとして維持されるためには組織目的の達成である「有効性（effectiveness）」と組織成員の満足である「能率（efficiency）」の両方が充足される必要がある（「外的均衡」）．そして能率を左右する（組織が成員に与える）「誘因」と（成員が組織に与える）「貢献」の関係が成員の組織参加に及ぼす影響についてバーナードは「誘因の経済」として論じ，マーチとサイモンも「参加の意思決定」と「組織内の意思決定」を対比して集中的に論じた．

②組織における意思決定の分析：所与の決定のもとで動機づけられる人間モデルではなく，組織内のさまざまな情況のもとで意思決定を行う人間モデルを採用するところに近代組織論の二つめの特色がある．この意味から，組織における権

限は，命令を受ける側の受容によって成立することになる（バーナードの「権限受容説」）．この意思決定は組織におけるさまざまな制約のもとで行われることをバーナードは強調した．サイモンはそれを発展させ，人間は決定の選択肢や，その選択肢が引き起こす結果のすべてを知ったうえで最適解を発見するのではなく，限定された情報のもとで満足できる解を発見して意思決定するという「限定された合理性」のモデルを提案した．

●**組織社会学・理論社会学への影響**　1988年にバーナードの主著出版50年を記念してカリフォルニア大学バークレー校で開催されたセミナー（Williamson 1990）ではマーチを含めて，組織学習論，新制度派組織理論，組織生態学，資源依存論といった代表的な組織社会学の論者たちがこぞってバーナード理論の重要性を主張した．しかし主催者のO. E. ウィリアムソン（Williamson）が「バーナード・サイモン理論」の現代経済学への貢献を強調したのとは対照的に，上記の社会学者たちはサイモンを経由した流れについてほとんど言及していない．すでにこの時点において，バーナード・サイモン理論をまるごと継承するのではなく，両者が内包していた多様な視点を個別に応用する方向へ社会学者たちの志向が移っていたといえるだろう．

　近代組織論の特徴である「システム」としての組織モデルは，特に構造機能理論をはじめとする社会システム理論の集団モデルの原型として高く評価されてきた．吉田民人（1990a）はマーチとサイモンが意思決定モデルにおいて「最適基準」に対して提示した「満足基準」を社会システムの複数要件の充足関係に応用し，許容−非許容と均衡−不均衡の二つの水準を区別する社会変動モデルの基礎づけを行った．富永健一（1997）はバーナード理論とサイモン理論を，ともにミクロとマクロを統合しようとした組織理論として評価したうえで，社会システム理論と社会的交換理論の導入による独自の統合の実現をめざした．

　海外ではN. ルーマン（Luhmann）が，組織における成員資格によって動機づけが一般化される理由をバーナードの「無関心圏」概念を用いて説明しているように（Luhmann 1964），マーチやサイモンを含めた近代組織論に頻繁に言及しつつ，そのなかの諸概念を独自に展開させるかたちで組織研究がすすんでいる．

［髙瀬武典］

参考文献
[1] Barnard, C. I., 1938, *The Functions of the Executive*, Harvard University Press.（山本安次郎ほか訳，1968，『新訳 経営者の役割』ダイヤモンド社．）
[2] Simon, H. A., [1947]1997, *Administrative Behavior*, 4th ed., Free Press.（二村敏子ほか訳，2009，『新版 経営行動——経営組織における意思決定過程の研究』ダイヤモンド社．）
[3] March, J. and H. A. Simon, [1958]1993, *Organizations*, 2nd ed., Blackwell (First published in 1958 by John Wiley and Sons).（高橋伸夫訳，2014，『オーガニゼーションズ——現代組織論の原典 第2版』ダイヤモンド社．）

組織目標の諸問題

●**組織理論の視座の成立** 組織概念は機能的に分化した近代社会の全体性を把握すべく導入されたが，各機能システム内の集団を把握する概念に変化した．各機能システムでは，自由意志に基づいて出入りする個人にはたらきかけて特殊化された行為が組織化されており，この事態を前提に組織目標の達成に向けて調整されたシステムとして組織をとらえる視座が成立した．目的と手段の階層的秩序として組織をとらえる古典的管理論，官僚制論，近代組織論をはじめ，20世紀の多くの組織理論がこの視座を共有し，所与の組織目標の達成に向けて因果的コントロールを行い目的合理性を指向するシステムとして組織をとらえるのである．

この視座には，目的と手段の逆転による組織目標達成の阻害や組織目標の所与性という事実的問題，目的が手段を一義的に導出できず矛盾する下位目的が許容されコンフリクトが発生すること，複数の矛盾する組織目標が存在しうることなど，目的—手段秩序の不完全性という理論的問題がある．そこで不完全性を補完するものとして組織的影響力によるコントロールに焦点が当てられたのである．

●**システム合理性論の登場** この問題の克服には組織概念を目的合理性概念と切断し，組織目標を組織の内生変数として理論化する必要がある．それは，組織が成員を一定の範囲で無関連化し任意の組織目標の設定を可能にする自律的作動に焦点を当て，機能的分化を可能にする一契機として組織をとらえることにもなる．N. ルーマン（Luhmann 1968b）はこの課題に取り組んだ．目的—手段図式は，行為の結果を目的としてその価値を承認し，副次的結果の価値や非価値を無視することに基づき，原因である行為を手段として意味づけるものだ．その前提にある因果図式は，説明概念ではなく複雑性の解釈図式であり，等価機能主義の視点から比較を行い別の可能性を発見する索出的図式である．この比較の準拠点としてシステムの存立問題が前提とされねばならず，目的設定をシステム自身による複雑性の解釈としてとらえ，システム概念を因果科学から解放するのである．

システムは環境との差異を構成することにより自己を維持する同一性であり，因果要因を他の可能性と比較しつつ情報として選択的に取り扱い，システム内的な選択過程によって複雑性を縮減するとともに，この選択をも選択できるという意味で自律性を確立しなければならない．この存立問題に対して，主観化，制度化，環境分化，内部分化，構造の未規定性保持の5つの根本戦略をとりうるが，目的設定は5つの戦略を同時に可能にすることにより，未規定の存立問題をシステム内的な情報処理の過程に接続可能な問題に変換する機能を果たすのである．

このシステムの過程が意思決定であり，プログラム化された意思決定と，他の

意思決定の決定前提として目的や条件をプログラム化する意思決定とを分化させ，再帰的な意思決定過程をつくり出すことにより構造と過程の二重の選択性の関係づけを通じて複雑性の縮減能力が高められシステムの存立が維持される場合に，システム合理性について語ることができる．再帰的な意思決定過程を安定化させる条件が，特定の予期の承認と成員資格を結びつけ，高度に特殊化された予期の受け入れを予期可能にする公式化の仕組みなのである（Luhmann 1964）．

●オートポイエティック・システムへの発展　意思決定概念は，H. A. サイモン（Simon）の限定された合理性に基づく決定前提の連鎖の文脈から，システムの自律的作動の文脈へ移し替えられたが，意思決定概念とシステム概念の接続は不十分であった．そこで，意思決定を要素的単位体とするオートポイエティック・システムとして組織をとらえ，システムの存立問題を意思決定という要素の再生産の水準に定位させることで両概念の接続をはかった（Luhmann 2000b）．

　意思決定は特定時点に生起して消滅する出来事であり，決定前の選択状況として現れる開かれた偶有性を，決定後の別の意思決定もあり得たという固定された偶有性へと変換し，二つの偶有性の総合を実現する唯一の形式である．過去や将来の意思決定が予期される場合に選択状況が生まれ，接続することになる他の意思決定との連関がシステム固有の時間地平において選択的に想定され，それを参照することによりシステムを構成する意思決定が生み出され，また当の意思決定も他の意思決定から参照され，意思決定が偶有性の空間を相互に再帰的に規定しあう．意思決定という形式でのシステムの自己観察により，意思決定が瞬時に消滅するにもかかわらず接続する意思決定を不断に再帰的に再生産することで，システムの同一性が不断に維持されることになる．このようにシステムが意思決定によって環境との差異を創出し，それをシステムに再参入させることによりシステムの同一性が維持される場合，システム合理性について語りうるのである．

　官僚制の限界とともに，目標達成にむけたコントロールではなく可能性の創造やシステムの自律性に重点を置くフラットな組織やネットワーク型組織などが登場したが，上記の理論展開により，秩序現象一般論へ傾斜することなく近代社会の機能的分化を可能にする一契機としての組織に固有のメカニズムとして新たな組織を解明することが可能になる．さらに機能システムが特定の組織形態を越えて拡張し，個々の組織が複数の機能システムとリンクするという機能的分化のあり方の変化と組織の変化の関係について，組織の内的メカニズムという点から解明する途を拓くものである（Bakken and Hernes 2003）．　　　　　　［奥山敏雄］

📖 参考文献
[1] Luhmann, N., 1968, *Zweckbegriff und Systemrationalität: Über die Funktion von Zwecken in sozialen Systemen*, J. C. B. Mohr.（馬場靖雄・上村隆広訳，1990，『目的概念とシステム合理性——社会システムにおける目的の機能について』勁草書房．

集団連帯の合理的根拠

●**理論の背景** 合理的選択理論は，行為の合理性に注目する社会理論である．合理的選択理論は，どのような社会現象も，その現象を導いた行為の合理性を明らかにすることで説明できると考える．しかし，行為の合理性に注目する立場は社会学において特異なものではなかったし，また新しいものでもない．

例えばそれは，方法論的個人主義を確立した M. ウェーバー（Weber）にも見出すことのできる立場である．ウェーバーは，社会学を「社会的行為を明らかにする学問」と定義したうえで，社会的行為を目的合理的行為と価値合理的行為を含む4つに分類した（Weber 1921-22d）．これをみればわかるように，ウェーバーは社会的行為の構成要素として合理性を重視していた．しかし，社会学において行為の合理性に着目する立場がその後の展開において主流を形成することに成功したわけではない．社会学理論は，20世紀半ばにおいてはT.パーソンズ（Parsons）に代表される機能主義が支配的になり，それに対抗するようにさまざまな諸理論が勃興した．そして，これらの理論の多くは，行為の合理性ではなく，社会規範の役割に注目するか，あるいは構造・システムに注目する理論であった．いってしまえば，長い間，社会学理論の基本枠組みは方法論的個人主義にあったのではなく，むしろ方法論的全体主義にあったといえるだろう．しかし，20世紀後半になると，経済学や政治学といった隣接の社会科学の影響を受け，社会学においても方法論的個人主義の影響が強まり，そして合理的選択理論が注目を浴びるようになった．

●**合理的選択理論の特徴** 合理的選択理論は，人々の合理的な判断に影響を与える社会的な条件を明らかにし，そして合理的な判断によって導かれる行為からどのような社会現象が帰結されるのかを解き明かす（Coleman 1990）．また合理的選択理論は，現象を説明するために意図的な行為に注目し，そして人々は効用を最大化しようとすることを前提にする．合理的選択理論に対して，「人々は理論が仮定するほどに合理的ではない」という批判がありうる．しかし，理論は合理的な行為が何であるかを決めているわけではなく，それは人々が何に対して効用を抱いているかに依存して決まる．大切なことは，いったんそれを定めてしまえば，あとはそれを前提にして現象を説明できると考える点にある．合理的選択理論は，現象を説明するために，「行為の合理性」という最小限かつ一般的な基準のみを置く．それゆえその説明は，概念によってではなく，メカニズムによってなされる．これこそが，合理的選択理論のメリットなのである．

例えば，社会秩序の成り立ちを問う秩序問題を例に考えてみよう．社会秩序が

成り立つ理由を,「秩序を成り立たせるような規範を人々が内面化しているからだ」と説明することは同義反復に近く,そこから応用的な知見を導き出すことは難しい.しかし,「人々は合理的であり,かつ利害が対立している」ことを仮定し,そのうえで秩序の成り立ちを問うことは,秩序が成り立つ「メカニズム」の解明を要請している.そして,メカニズムが明らかにされたならば,それが成り立つ条件を特定することが可能になり,応用的な知見を導き出すことができる.

●**集団連帯の理論** 合理的選択理論を用いた社会現象の説明の例として,M.ヘクター(Hechter)の集団連帯の理論をみてみよう(Hechter 1987).彼の主張に従えば,集団の連帯性は,成員が集団に依存している度合いと集団のコントロール能力によって説明できる.このように考えることで,どのようなときにどのような集団が強い連帯性を実現できるのかを,一貫した枠組みのなかで予測できるようになる.しかし,もし集団規範への愛着心などによって集団の連帯性を説明してしまうと,個別的な要因に言及することなしには愛着心が人によって異なる理由の説明や愛着心の変化の予測を行うことが困難になる.

例えば,ヘクターは議員の政党への忠誠心をこの集団連帯の理論を用いて説明している.ヘクターは,議員にとって最大の関心事が自身の再選と政治の場におけるキャリアアップにあることを指摘する.したがって,議員の政党に対する忠誠心は,政党に忠誠心を示すことが自身の再選の可能性にどういった影響を及ぼすのか,そして政治の場における自身のキャリアアップとどうつながるのかに左右される.議員の政党に対する忠誠心は,政党の理念への愛着心といった感情的な要因ではなく,議員の合理的な選択の結果として説明されるのである.例えば,政党の政策利害と選挙区民の利害が一致しており,政党の方針に従うことが再選の可能性を高める場合には,議員は政党に対して忠誠的な行為を選択する.しかし,両者の利害が一致しておらず,政党の方針に従うことが再選の可能性を低めるならば,議員は政党の方針に従わないことを選択するだろう.あるいは,政党が議会の委員会ポストについて強大な人事権をもっているとき,議員は主要なポストを求めて政党に対する忠誠的な行為を選択する.しかし,政党が議員に対して十分なポストを提供できないのであれば,やはり議員は政党の方針に従わないことを選択するだろう.このようにヘクターの集団連帯の理論は,政党の「集団としての連帯性」を説明するだけでなく,それがどのようなときに強まり,そしてどのようなときに弱まるのかについても理論的に予測できる点が優れている.

［数土直紀］

📖 **参考文献**

[1] Hechter, M., 1987, *Principles of Group Solidarity*, University of California Press.（小林淳一ほか訳,2003,『連帯の条件』ミネルヴァ書房.）

ヴォランタリー・アソシエーション（自発的結社）

●概念生成の背景　ヨーロッパでは長い間，国家は政治的・宗教的共同体としてとらえられてきた．近代化のなかで，国家から自律した市民社会の領域が分出していくが，そこには二つの潮流がある（Ehrenberg 1999）．一つめは，市民社会を市場によって組織された必然性の領域ととらえるもので，スコットランド啓蒙から G. W. F. ヘーゲル（Hegel），K. マルクス（Marx）へと引きつがれていった流れである．二つめは，市民社会を個人と国家の間の中間集団が織りなす領域ととらえるものである．その源流の一つのモンテスキュー（Montesquieu）は，17世紀のフランスにおいて，絶対王政の権力を制御し共和制を支持する貴族主義的な立場から中間集団を意義づけた．19世紀以降は，無力化する個人と肥大化する国家という近代化論の下で，個人に社会的役割や政治的権力を付与する存在として中間集団が位置づけられるようになる．

とはいえ，近代化が中間集団に与える影響は両義的である．それは一方で，拡大家族や村落共同体といった伝統的な中間集団を衰弱させ，個人を剝き出しのまま放逐する．他方で，近代化は共同体的規制を弛緩させ，自らの理念・利害に基づく結社を結成する自由を増大させる．この文脈で人為的に結成されるヴォランタリー・アソシエーション（自発的結社）が，独自の意義を与えられるようになる．

●規範概念としてのヴォランタリー・アソシエーション　アソシエーション概念を社会学に導入したのは R. M. マッキーヴァー（MacIver）である．彼はコミュニティの上に築かれる，特定の目的を果たすための人為的な集団をアソシエーションとよんだ．だが，彼のアソシエーション概念は，国家や家族なども含む特異なもので，自発的結社概念の用法とは距離がある．

ここで重要なのがヴォランタリー（自発的）という要素である．これは公共的な価値の実現のために主体的に結成・参加するという含意をもち，強制加入団体（Anstalt）としての国家，市場での営利活動を目的とする企業，第一次集団としての家族などと区別する基準となる．自発的結社概念の政治学的・社会学的意義を決定づけた A. トクヴィル（Tocqueville 1835）は，19世紀前半のアメリカ社会で，人々がさまざまな政治的・市民的結社をつくって社会的な活動を行うことに注目し，それらを公権力の肥大や多数者の暴政を抑制し，民主主義を実効化させるものとして評価した．この視角は20世紀の大衆社会論にも継承される．例えば W. コーンハウザー（Kornhauser）は，自発的結社が衰退する社会では個人は無力化し，全体主義社会や大衆社会が生まれるとする一方，民主的な多元社会の条件を，自律的な自発的結社の存在に求めた（Kornhauser 1959）．

他方で管理社会論的な想像力は，国家と市民社会という対立以上に両者を貫く統治性に焦点を当てるが，これは組織内部の編成原理への着目を促した．M. ウェーバー（Weber）は，近代の官僚制組織はその高い技術的合理性ゆえにあらゆる組織形態を覆うが，それは個人の自発性を奪い無力化に陥れるとする全般的官僚制化論を示した（Weber 1919a）．この議論の影響の下で，その後，官僚制組織の疎外的側面を強調する一方，自由意志に基づく自発的結社をその反対物として理念化し，社会変革主体としての意義を与える組織論が展開されるようになる（佐藤 1994）．20世紀後半にはネットワーキング論など新しい運動組織論が叢生するが，それらも官僚制組織対自発的結社という二項図式を反復しているケースが多い．

以上のように，自発的結社概念は単なる記述概念ではなく，肥大化する国家・官僚制という社会の観察を反照的に含む規範的な概念として構成されてきた．

●概念の現代的展開　20世紀後半以降，経済のグローバル化や新自由主義に伴う福祉国家の縮小のなかで，行政サービスを民間に委ねる動きが生じる．これはNPOなどの自発的結社をシステムの中核に移行させるものだった．一方で左派の言説空間では，社会主義体制の崩壊に伴い市民社会が再評価され，自発的結社もその主要な担い手として位置づけられていく．このように左右から自発的結社が称揚され，アソシエーション革命とよばれる事態が生じている．

だが国家の縮小は，国家からの自律や反官僚制という形式自体を，自発的結社の規範的根拠と等置する議論の失効を意味する．このなかで自発的結社をいかに位置づけるか理論的課題が生じている．例えばJ. ハーバーマス（Habermas）は，市民社会が東欧の民主化に寄与したことを重視し，市民社会を生活世界のコミュニケーションに根差し，それを国家と経済によるシステム統合の力に抗して政治的公共圏へと媒介するものと定式化する．そこで自発的結社は市民社会の中核に位置づけられている（Habermas 1990, 1992）．またマルクス理論の再構築をめざす立場からは，彼のアソシエーション論に着目し，協同組合を通じた生産・流通の自主管理に既存の経済体制の変革の足場を据えようとする議論も提示されている（柄谷編著 1999；田畑ほか編 2003）．このように自発的結社概念は，絶えず規範的組織類型を表現する理念型として構想されてきた．その理論的可能性と経験的現実とを往復する強度が，この概念に接するうえで求められている．

［仁平典宏］

◽参考文献
[1] Ehrenberg, J., 1999, *Civil Society: The Critical History of an Idea*, New York University Press.（吉田傑俊監訳，2001，『市民社会論──歴史的・批判的考察』青木書店．）
[2] 佐藤俊樹，1993，『近代・組織・資本主義──日本と西欧における近代の地平』ミネルヴァ書房．
[3] 沢田善太郎，1997，『組織の社会学──官僚制・アソシエーション・合議制』ミネルヴァ書房．

セルフ・ヘルプ・グループ

●**セルフ・ヘルプ・グループの定義，発展理由，特徴**　今日，セルフ・ヘルプ・グループは多様な展開をみせており，「重要な社会的な影響力と人々のニーズを満たす重要な資源」（Katz 1993：訳1）として社会的に認知，受容されるようになってきた．セルフ・ヘルプ・グループを最大公約数的に定義すると，「なんらかの問題・課題を抱えている本人や家族自身のグループ」（久保 1998：2），「従来型の専門的治療や援助の枠の外側にできた，何らかの問題や目標を抱える当事者グループ」（伊藤 2009：7）などとなる．具体例としては，アルコール依存症回復者たちの会，障害をもつ人たちの会，認知症患者を介護する家族たちの会などがあげられよう．また，難病患者たちの会，死別体験者たちの会，犯罪被害者たちの会なども設立されてきている．

　類似の概念として，ピア・サポートがある．ピア・サポートは，「仲間とともに苦しみを担い合う活動」と定義できようが，ピア・サポートが，個人間の手紙のやりとりなども含む，より広い概念であるのに対して，セルフ・ヘルプ・グループは，「ピア・サポートが生じる場のすべてではない」が「ピア・サポートの主要な場を成す」もので，「組織としての継続性（途絶えることはしばしばあるが，時間をおいてまた再興されたりする）」をその特徴としている（伊藤 2013：7）．また，小集団における「顔の見える関係」（関係の直接性と相互性）を基盤としているという点もセルフ・ヘルプ・グループの重要な特徴の一つである．

　セルフ・ヘルプ・グループが大きな発展を遂げたのは20世紀後半以降であり，近年では，保健・福祉分野のヒューマンサービスに関連する団体が多い．セルフ・ヘルプ・アプローチはヒューマンサービス実践の質の向上に資する可能性をもつという指摘もある（Gartner and Riessman 1977）．セルフ・ヘルプ・グループがこのように発展した理由は，①家族・近隣などのサポートシステムが機能しにくくなってきた，②専門的機関・制度が不足ないし欠如している，③制度によるサービスでは満足できない，④利用者の主体性，権利意識が増大してきた（久保 1998）などといったことである．

　セルフ・ヘルプ・グループの特徴としては，①メンバーは共通の問題をもっている，②共通のゴールがある，③対面的（face to face）な相互関係がある，④メンバー同士は対等な関係にある，⑤参加は自発的なものである，⑥専門家との関係はさまざまだが，基本的にはメンバーの主体性を重んじる（久保 1998）ということがあげられる．

●**機能論から物語論へ——「語る-聴く」という相補的関係**　セルフ・ヘルプ・

グループ論では，1990年代に，それまでの機能論から物語論へ軸足がシフトされた．なかでもJ.ラパポート（Rappaport）は，「共同体の物語」という概念を提示し，グループが有する共同体の物語が，メンバーの自己物語に取り入れられ，個人の物語の変化の基礎として作用すると主張した（Rappaport 1993）．物語論によるセルフ・ヘルプ・グループ研究の端緒といえる．「語る-聴く」（聴いて応答する）という相補的関係がいかにして成り立ち，メンバーの物語がどのように変化しうるか，理論的・経験的な研究を蓄積していくことが重要である．

従来のセルフ・ヘルプ・グループ研究は，グループを予定調和的に描いてきたが，実際にはメンバー間でコンフリクトが生じ，「語る-聴く」という相補的関係が成り立ちにくいことも多い．そのためセルフ・ヘルプ・グループでは，参加者がそれを引き受けることを通して相互に聴く他者＝ピアになるところの原則をしばしば共有する．

例えば，犯罪被害者たちのあるセルフ・ヘルプ・グループでは，①被害の程度や原因を比べないこと，②話の内容や感情を批判しないこと，③話したくないときは無理に話をしなくてもよいこと，④聞いていてつらくなったり苦しくなったりしたらすぐに席を外してもよいことを原則としている．

●**実践的課題と理論的課題**　セルフ・ヘルプの現場における実践的課題は，第一に，主体的参加や相互援助という特徴がゆらいだりメンバー間に序列が生じたりする可能性，第二に，メンバーの関心がグループ内の社会関係や援助関係に閉じてしまう可能性，第三に，専門家がグループを支配したり安上がりな資源とみなしたりする可能性である（南山 2013）．第一に対しては，上述したような原則の引き受けが一つの対処策として想定される．第二については，グループ内での安全感・安心感の確保とのバランスをとりつつ，外部の社会や他の支援機関とメンバーとを「つなぐ」支援が必要である．第三に関しては，自らの関与のあり方がsupport but no-control というかたちになっているか否か，専門家の反省性が求められる．

理論的課題としては，従来の議論が，メンバー間の関係性やグループにおける回復について，予定調和的な描き方をしてきたことに鑑み，メンバー同士のコンフリクトも射程に収めたうえで，グループでの回復に関して，苦しみの除去や原状復帰という従来的な意味を相対化し，苦しみを抱えつつも日々の生活を再建していけることなどといった意味への転換を図る作業が必要である．　　　　［佐藤 恵］

📖 **参考文献**
[1] 伊藤智樹，2009，『セルフヘルプ・グループの自己物語論――アルコホリズムと死別体験を例に』ハーベスト社．
[2] 久保紘章・石川到覚編，1998，『セルフヘルプ・グループの理論と展開――わが国の実践をふまえて』中央法規出版．

スモール・ワールド

　スモール・ワールド研究とは,「世の中にいる人のうちから誰か2人を選んだとき,その2人が互いに知り合いとなる確率はどのくらいなのか?」という問題に取り組む研究である.この問題はM. コーチェン (Kochen) とI. プール (Pool) を中心としたグループにより,ある集団においてランダムに選ばれた2人のメンバーが,2人以下の仲介者によってつながっている場合の確率の問題として,数学的な形で定式化されたうえで解析が試みられていた (Pool and Kochen 1978).

　その一方で,実際の社会関係における知り合い同士のつながりについての実証的な研究が生み出され,なかでも代表的なものがS. ミルグラム (Milgram) らによる「手紙リレー」の実験とその結果である (Milgram 1967; Travers and Milgram 1969).その実験は,アメリカ国内の約2,100 kmを隔てたN州とM州にある2都市において,N州にいる被験者に対して,M州に住むターゲット人物を紹介したうえで,「この人物を知っていそうな知り合い」に手紙を送り,さらにその人がもつ同じような知り合いにも同じ指示を転送するように依頼をさせて,最終的にこの手順を何人に繰り返すこと(何次)でターゲット人物にたどり着くかをみるものであった.その結果,平均6.4人というわずかな人数で到達できることが明らかとなった.このように,わずか6人程度の「知り合いの知り合い」をたどることによって,ネットワーク上の誰とでも互いに結びつくことができるような現象は「6次の隔たり」とよばれ,1970年代に後続した研究によって,特定の地域や組織などにおけるさまざまな社会関係についても見出された.

●シミュレーションによる展開　しかしながら,以上の実証においては,数理的なモデルとは異なり,互いに知り合うものは特にランダムに選ばれているわけではない.ミルグラムの研究でもターゲットに到達する経路(パス)が特定の人物に集中していたように,家族・友人や近隣関係など,まとまり方の規則性(クラスタリング)が高いパスを含んでいた.このことは,高いクラスタリングを含むネットワークに,見知らぬもの同士の短いパスが存在することを組み合わせたような理論的なモデルを打ち立てることの困難さを示すものだった (Schnettler 2013).

　これに対して,D. ワッツ (Watts) とS. ストロガッツ (Strogatz) は,20人によって構成されるネットワークについて,近隣関係による規則性の高さを示すクラスタリング係数 (C) と,ネットワーク内にいる任意の2人を結びつける際の平均のパス長 (L) を設定したうえで,ネットワークが変化する状態のコンピュータ・シミュレーションを行った (Wattz and Strogatz 1998).それにより,個々が直近の4人とだけつながっている状態について,ネットワーク全体が更新される

際に，それまでまったく異なる人とつながってしまう確率 p を0から1の間で動かしたときの $C(p)$ と $L(p)$ の変化についての結果が得られた．図1のようにネットワークが更新される際にランダムな形でのつなぎ直しが生じやすくなる（p が1に近くなる）場合，任意の2人を結ぶ平均のパス長は激減するが，クラスタリング係数の減少には影響しないため，人々のまとまりの規則性が高い状態であるにもかかわらず，互いをランダムに結ぶパスが短い，すなわち「世界が狭い」という現象が発生することが確かめられた．このモデルから，社会関係だけではなく，神経細胞などの自然現象にも共通したスモール・ワールドの特徴の解明が展開した．

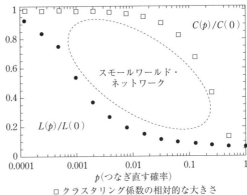

図1 平均的なパスの長さとクラスタリング係数の変化
[出典：小林 2007：179]

●**スモール・ワールド研究の方向性** 近年，インターネットによって電子的に人々の社会関係をたどることが可能になっていることから，より大きな規模をもつさまざまなネットワークについてスモール・ワールドとしての構造が明らかにされている．実際に E メールを用いた研究では，6万人以上を経由するネットワークについて，大半のケースが7次以下のパスでターゲットに到達することが確かめられるとともに，パスが集中するような，いわゆる「ハブ」となる人物がみられなかったことも明らかにされている（Dodds et al. 2003）．

こうした構造の解明の一方で，人々が自らの知り合いを通じて特定のターゲットを探索する場合のプロセスについても検討がなされている（Schnettler 2009）．この点で，M.グラノヴェター（Granovetter）が明らかにした，転職における人的なつながりの活用例は，いわゆる「弱い紐帯」として，理論におけるランダムなパスの存在を示すとともに，スモール・ワールドの形成過程としても注目される．

さらにこうした探索過程への注目は，人的なつながりを人々がどのように認識し，実際にどのような戦略をもって探索を行って目的に到達し得るのか，といったスモール・ワールドの認知についての研究に展開している（Schnettler 2013）．

[是永 論]

📖 **参考文献**

[1] Watts, D., 1999, *Small Worlds*, Princeton University Press.（栗原 聡ほか訳，2006，『スモールワールド——ネットワークの構造とダイナミクス』東京電機大学出版局.）

弱い紐帯

●**グラノヴェターの先駆的研究**　M. グラノヴェター（Granovetter）が 1970 年にアメリカ・ボストン郊外のニュートン市に在住の 282 人の男性ホワイトカラー（専門職，技術職，管理職）労働者を対象にして調査を行い，転職する際に，「労働者は強い紐帯をもつ（いつも会う）人よりも，弱い紐帯をもつ（稀にしか会わない）人から役に立つ就業情報を得る」という傾向を発見した（Granovetter 1974, 1995）．この発見に基づいて，グラノヴェターは「弱い紐帯の仮説」を提唱した．この仮説は彼の調査から帰納的に導かれ設定されたものである．

●**弱い紐帯の強さ**　それでは，なぜ強い紐帯よりも弱い紐帯をもつ人から役に立つ就業情報が入手できるのだろうか．弱い紐帯の仮説に関する理論的根拠は，「弱い紐帯の強さ」に関する彼の論文（Granovetter 1973, 1982）で詳細に議論されている．グラノヴェターは対人的紐帯の「強さ」を次のように定義する．「紐帯の強さとは，多分，関係を特徴づける時間の量，情緒的強さ，親密さ（相互信頼），そして互酬的なサービスの一次結合であろう」（Granovetter 1973）．彼は上記の調査で紐帯の強さの指標として接触頻度を用いた．グラノヴェターは，「弱い紐帯は諸個人の移動機会に特別な役割を果たす．自分と弱く連結している人々が自分のまだ知らない情報に接近できるような構造的傾向が存在する．知り合いは，親密な友人と比較して，自分自身の交際範囲とは異なった交際範囲を動く確率が高い．自分に最も身近な人々は，自分がすでに知っている人々と重複して接触する可能性が大きいので，彼らが関知する情報は自分がすでにもっている情報とほとんど同じである傾向が存在する」（Granovetter［1974］1995）と論じる．

　一般に，強い紐帯をもつ人々はさまざまな点で類似しているという傾向があり，これは「同類原理（homophily principle）」とよばれる．強い紐帯をもつ人々は，この傾向に基づいて，同一の社会圏（ソーシャル・サークル）に属し，強い紐帯はその社会圏内の凝集性を高める機能をもつと想定される．一方，弱い紐帯は，強い紐帯によって緊密に連結し，凝集性の高いネットワークを「橋渡しする機能（bridging function）」をもつと考えられる．言い換えると，「弱い紐帯の仮説」は，「弱い紐帯によって，自分の交際範囲では手に入らないような情報や資源に接近することが可能となる」（Granovetter 1982）というものである．

　図 1 をみてみよう．図の全体の構造において，他の部分から分離する部分が二つ存在している．これは，「クリーク」（閉鎖的集団）とよばれる．強い紐帯で連結している A-C-D が所属するクリーク，そして，B が強い紐帯で連結しているクリークが存在する．図 1 では，それぞれのクリークの内部に位置し，二つの

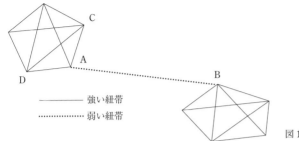

図1　クリークとブリッジ

クリーク間を連結する紐帯，つまり，AとBを結ぶ紐帯を「ブリッジ」という．これは，「橋渡し」という意味であり，ネットワーク全体の結合の維持に非常に重要である．ブリッジが存在しないと，個々のクリークがバラバラになり，ネットワーク全体の統合ができなくなる．一般に，ブリッジとなる行為者間は弱い紐帯で連結されると想定される（Granovetter 1973, 1982）．稀にしか会わない（弱い紐帯で結ばれている）人は自分とは別のクリークに所属する可能性が高いので，その人から新しい情報や役に立つ資源が入手できる傾向があると考えられる．また，ネットワーク全体の情報の伝播と普及という点からみれば，弱い紐帯が全体の統合という重要な役割を担っている．

グラノヴェターが情報の伝達における弱い紐帯の重要性を論じて以来，彼の仮説を検証する多くの調査が欧米だけでなく，アジアにおいても行われ，さまざまな研究成果が再検討されている（Granovetter 1995；Marsden and Gorman 2001；渡辺 2014）．

●**社会的埋め込みと資源動員**　グラノヴェターの研究は，人と仕事のマッチングに関する労働市場の社会学から経済社会学全般へと発展し，経済現象が社会構造に「埋め込まれている（embedded）」という視点による経済活動の分析に向かった（Granovetter 1985）．その視点では，行為者が社会構造に埋め込まれた資源をどのようにして動員するのかという問いが重要なものとなる．「資源動員」という枠組みによって，情報の伝播・普及だけでなく，企業間関係や起業などの経済活動から，人種間関係，コミュニティでの人間関係，社会運動，革命，夫婦間関係，インターネット，ソーシャル・メディアなどの領域まで，さまざまな研究領域で「弱い紐帯の仮説」を設定し，新しい情報や貴重な資源に接近するために行為者間の紐帯の強さがどのような働きをするのかについて明らかにできるだろう．紐帯の強さは，「社会構造における行為者の位置」を示す重要な概念の一つとしてさらに活用されるであろう．

［渡辺　深］

📖 **参考文献**
[1]　渡辺 深, 2002, 『経済社会学のすすめ』八千代出版.

構造的空隙

●「構造的空隙」と構造的空隙の理論　社会的ネットワークにおける関係の欠損部分を，構造的な空隙（structural holes）とよび，自らの社会的ネットワークに構造的空隙を多くもつ者は，空隙をもたない者よりも相対的に有利になるとされる．構造的空隙の理論を提唱したR. S. バート（Burt）は，これをソーシャル・キャピタルの一形態とみなし，直接つながる相手が相互につながり合わないようにすることで，自分の社会的ネットワーク内に，分断された小集団を包含する関係構造を形成することが可能になり，これらの分断された小グループを橋渡しする機能を自らが果たすことで戦略的な優位性が生まれると説く（Burt 1992）．

構造的空隙自体は純粋に関係の「型」がもつ構造的特性であるが，構造的空隙の理論においては，構造的特性のみならず，行為者が自らの社会的ネットワークに空隙をもつことの戦略的な優位性を強調する．

構造的空隙の理論は，行為者の社会的ネットワークを通じた情報や資源へのアクセスの効率性に注目する．社会的ネットワークの大きさが同じ，すなわち自分が直接つながる相手の数が等しくとも，その相手がさらに他の人々とどのようにつながっているかによって，異なる優位性が社会的ネットワークから生まれるとする．図1では，社会的ネットワークにおける構造的空隙の有無を単純化し対比している．A氏，B氏ともに，直接紐帯でつながっている相手，すなわちネットワーク・サイズは5だが，両者のネットワークはまったく異なる性質を備えている．A氏が直接つながる相手はすべて相互関係があり，関係が重複し，間接的な広がりがない．B氏が直接つながる相手にはまったく相互関係がなく，B氏が間接的に到達しうる二次的なつながりは広く分散している．

A氏のネットワークは，重複度の高い結束型であり，安定的で壊れにくいが，資源や情報へのアクセスが狭く非効率である．他者が相互に結束しているため，A氏はネットワーク全体から拘束されやすい．B氏のネットワークは構造的空隙を多く含み，直接B氏がつながっている人同士が非連結のため，冗長性が低く，資源や情

構造的な空隙がない，
A氏のネットワーク

関係の重複度が多い
情報収集範囲は狭い
同質的な傾向を保つ
関係が安定的で壊れにくい
他者から拘束されやすい

構造的な空隙を多く含む，
B氏のネットワーク

関係の重複度が少ない
情報収集範囲は広い
多様性を保ちやすい
関係構造が壊れやすい
他者から拘束されにくい

※ 点線はブリッジ(橋)を示す

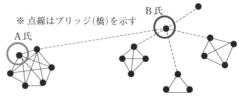

図1　構造的空隙の有無と性質

報へのアクセスにおいては間接的な到達範囲が広く，効率がよい．

●**構造的空隙の脆弱性** 社会的ネットワークに構造的空隙を包含する戦略は，多様性と効率と，他者の団結による拘束からの回避というメリットをもつが，一方で，自らのネットワークの頑健性に関するリスクを伴う．他者からの拘束の回避とは，自らが社会的ネットワーク内で，結束した複数の小集団の橋渡し機能を果たすことで，自分以外の他者同士を直接的に結びつかせず，結束して自分に不利な行動をとらせまいとすることである．「分割して統治せよ」あるいは「漁夫の利」の原則にもあてはまり，バートはこれを「第三者の利益」と表現する．

　構造的空隙は，行為者の社会的ネットワークにおけるブリッジ（橋）により生まれるため，関係構造そのものを脆弱にする．グラフ理論におけるブリッジは，それが切断されるとネットワークが複数に分断されるという重要な性質をもつ紐帯である．ブリッジが切断された際の迂回ルートやバックアップ機能をもつ紐帯が存在しないという点で，ネットワーク全体の脆弱性はブリッジの位置と数に大きく依存する．構造的空隙が多い社会的ネットワークは，効率的には優れるが，不安定で壊れやすい．

●**構造的空隙理論の評価と課題** 従来の社会ネットワーク分析においては，社会的関係がもたらす利益や優位性は指摘・解明されていたが，そのメカニズムとしては，他者との直接的なつながり，すなわち「結合（cohesion）」の重要性が強調されてきた．構造的空隙の概念は，直接結合する他者同士に，関係が「存在しない」ことがもたらす利点に注目した点に，新奇性がある．また，直接結合のみならず間接的なつながりの効果を強調する点にも独自性がある．行為者本人の直接的なつながり（一次のつながり）のみならず，自分が直接結合している他者が，自分のほかに直接，つながっている人（二次のつながり）にまでネットワークの構造を俯瞰しての，戦略的行為を勧める．異なるグループ間をつなぎ，橋渡し機能をもつとは，グラフ理論的には切断点を占めるということであり，M. グラノヴェター（Granovetter）が弱い紐帯理論で述べたブリッジ機能の重要性とも整合的な理論である．構造的空隙の効果を，個人の組織内の昇進速度などミクロレベルでバートは実証している．

　構造的空隙理論は，競争や緊張状況下にある特定の社会的ネットワークにおいて，個々の行為者の相対的な優位性を論じることを前提としている．そのため，他者の結束と分断の操作可能性を考慮する，特定の社会的ネットワークの構成員すべてが構造的空隙を最大化しようとすると，その構成員全体のソーシャル・キャピタルの総量は僅少化し，その場にはきわめて不安定なネットワーク構造が実現するという皮肉な帰結を理論的に予測しうる．ミクロレベルにおける個々人の構造的空隙の追求が，マクロレベルで創発させる事象については，今後のさらなる実証研究が求められている．

[安田 雪]

ネットワーク組織論

●**概念と理論化の背景**　「ネットワーク組織」の定義は曖昧であり,「ソーシャル・ネットワーク」「組織ネットワーク」「社会ネットワーク」など関連する用語が存在する．一般的に SNS などオンラインの関係が「ソーシャル・ネットワーク」とよばれるのに対し，集団や組織について社会的な関係の意味を考察するのが「ネットワーク組織論」である．

　ネットワーク組織論は欧米の組織社会学および経済社会学を中心に発展した．その歴史のなかで特に重要なのが，20 世紀初めの「ホーソン工場実験」における基盤のハンダ付け作業での 14 人の人間関係の研究である．同研究は，労働者はインフォーマル・グループをつくり仕事を進めることなどを見出すことで, F. テイラー（Taylor）の「科学的な経営」を覆し，人間のモチベーションは職場の社会的な関係に強く影響されることを発見した（Homans 1950）．また，1970 年代には，M. グラノヴェター（Granovetter）は,「取引費用の経済学」を批判し，ガバナンス・メカニズムとして，スポット市場と企業のヒエラルキーの間の取引形態あるいは「中間組織」としてネットワークが存在し，インフォーマルな信頼関係に「埋め込まれた」関係（embeddedness）が取引に規律をもたらすことを理論化した（Granovetter 1985）．このような経済社会学からのアプローチは，アメリカ社会学を中心に 1980 年代以降急速に発展し今日に至る．

●**ネットワーク組織論とは何か**　組織や集団をネットワークの視点から説明することは，指揮命令系統による階層関係としてのヒエラルキーを基本とした公式な組織を，組織内の友人関係や専門知識を共有する非公式なコミュニティからとらえるものである．それはフォーマルな組織の裏にあるインフォーマルな集団のダイナミクスを重視し，組織のデザインや戦略マネジメントへの意味を問い直すものである．ネットワーク組織は，人をつなぎ，情報を伝えるチャンネルとなり，開放的かつ柔軟な人間関係は，創造性やイノベーションの源泉として組織の文化を形成する．また，一見すると眼に見えない関係のダイナミクスが組織内の権力構造をつくり上げ，集団の掟，儀礼や儀式，習慣や制度は個人の行動をがんじがらめにし，組織を硬直化させ業務の妨げになる．ネットワーク組織はダイナミックに変化する多面的なものである．

　組織研究におけるその革新性は，分類カテゴリーによる情報処理から離れ，ネットワーク分析の関係性の視座による概念化や分析を可能にする点にある．ネットワーク分析は現象の背後に存在する社会構造を関係性から明らかにする方法論でもあり，分析単位やレベルをどう設定するのかに大きな特色がある．基本単位は

「ノードのペアの関係」である．

　分析レベルと対象としては，レベルに統一性が必要である反面，さまざまなレベルで分析することができる柔軟性をもつ．例えば，企業内の社会集団を考えるなら社員一人ひとりがノードとなり，また，企業間の関係なら個々の企業がノードとなる．そして，企業内のチーム組織の関係を分析するのであれば，チームがノードとなる．したがって，社内の人間関係，部署間の関係，また，企業間関係を調べることも可能である．

●実証・実務への応用と具体例　実証としての組織研究への応用については色々な立場が存在し，狭義のネットワーク分析は計量として厳密な定量分析のことを指すが，広義には定性的および記述的研究も広く行われている．ネットワークは「ソーシャル・キャピタル」としての公共性が強く，メンバーが共有する資本であり，個人はメンバーになることはできても意のままに動かすことはできない．組織のマネジメント実務への応用において，ここに戦略の重要性が生まれ，その応用には組織論や経営戦略論の広範な知識，現場での経験や知見，組織文化の理解が求められる．

　ネットワーク組織論は，基本的に組織を属性情報などのカテゴリーから認知せず，情報を矮小化しないメリットがあり，関係の多様性と多義性から応用研究の可能性を広げる．組織内ネットワークに関しては，例えば，企業内の従業員間のコミュニケーションを可視化すれば，どのような関係性の構造で情報交換が行われているのかが明らかになり，より効率の良いオフィスのレイアウトや，より円滑なコミュニケーション，イノベーションの促進や研究開発期間の短縮が可能になる．また，フラットで組織知を多極的に配置する分権的デザインを試行することで，市場の変化に実践的かつ柔軟に対応する組織をつくることができる．

　組織間関係については，企業グループ，ビジネス・グループ，戦略的提携，サプライヤーとの下請関係，クラスターや産業集積，企業とステークホルダーの関係，組織フィールドとしての産業などにおける関係性の意味を問うさまざまな研究が積み上げられてきた．

　情報処理技術の進歩により，複雑系のシステムやオンラインのコミュニケーションなど，精緻な計量分析や可視化が行われることも多いが，人間がつくる組織や集団とはどういうものかという視点から，組織，制度，文化に深く切り込むことが重要である．　　　　　　　　　　　　　　　　　　　　　　　　［中野　勉］

参考文献
[1] 中野　勉，2011，『ソーシャル・ネットワークと組織のダイナミクス——共感のマネジメント』有斐閣．
[2] Kilduff, M. and W. Tsai, 2003, *Social Networks and Organizations*, Sage.
[3] Nohria, N. and R. G. Eccles eds., 1992, *Networks and Organizations: Structure, Form, and Action*, Harvard Business School Press.

組織における非合理性

●**組織の非合理（認識）モデル** 組織理論において，合理性（rationality）は「決められた目的を最大の能率でもたらすように一連の行為が組織化される程度」(Scott 1998：33) と定義される．合理性に基づいた組織モデル（合理的モデル）の特徴は，目標の特定化と公式化によって，組織における目的－手段の関係を明確にし，特定の目標達成のために最も能率的な手段の選択（合理的選択）を可能にする組織構造である．それに対して，組織化モデルと組織選択のゴミ箱理論は，合理的モデルとは異なる想定に基づく非合理モデルである．

●**組織化，曖昧さ，ゴミ箱理論** K.E.ワイク（Weick）の組織化モデルでは，組織は認識的実体つまり認知的に構成された現実とみなされる．ワイクは，組織化を「意識的な相互連結行動によって多義性を削減するのに妥当と皆が思う文法」(Weick 1979：訳 4) と定義する．つまり，多義性とは不確実性，曖昧さを意味し，人々は，互酬的で相互随伴的な相互作用を通じて，情報の不確実性を低減させるために組織化する．また，組織化は，イナクトメント，淘汰，保持という三つの段階から構成される．組織成員は，環境状況を選択的に知覚する（注目する，注意を向ける）だけでなく，自分自身の行為を通じて，環境に直接影響を与える．つまり，さまざまな解釈（意味の創造・付与）を行うのである．このようにして組織が創造した環境は「イナクト（創出）された環境」といわれる．重要なのは，環境は，組織による注目と解釈の過程を通じて主体的に構成されるので，組織の環境は客観的なリアリティとして存在するわけではない点である．次に，淘汰とは，イナクトメントによって行為者が注目し解釈した環境に含まれる多義性を削減しようとして，さまざまな解釈が当てがわれ，特定の解釈や意味が付与され，残され，それらを全体の集合的な理解・認識にしていくことである．さらに，淘汰された解釈のうち，役に立つ（妥当な）ものや後々有効だろうとみなされたものが規則やルーチンという形で，組織に蓄えられ，記憶されて，特定の解釈が保持される．

合理的モデルでは，組織が意思決定を単純化し，実行プログラム，標準実施手続やルーチンを発達させて，それらを意思決定に用いることが合理的であると考えられる．一方，ワイクの組織化モデルは，これらの実行プログラムやルーチンがそもそもどのようにして出現し，維持されるのかについて非合理モデルの観点から説明したものである．

J.G.マーチとJ.P.オルセン（March and Olsen 1976）は，組織は意思決定を行う存在であるが，その意思決定は不確実なものなので，組織の選択に関して合理

的モデルは適用できないと主張する．それでは，なぜ合理的モデルに記述されているように意思決定が明確でないのか．それは，組織の選択は，意図，理解，歴史，組織の曖昧さ（ambiguity）に直面しているからである．実際に組織が下す決定は，問題が解決され，葛藤が解消するというような合理的な意思決定とはさほど関係しない場合が多い．例えば，「起こったことは，そのように意図されて起こった」あるいは「起こったことは，起こらねばならなかった」と想定する傾向があるが，実際には，行為の流れが誰も意図しない出来事を起こす可能性もあるし，小さな差異が異なる結果をもたらす場合もあり，必ずしも起こる必要がなかったかもしれない．

　M. D. コーエンら（Cohen et al. 1972）は，組織において選択が行われるコンテクストに注目した「ゴミ箱理論」を提唱した．ゴミ箱理論では，組織は「4つの流れが流れ込む（混ざる）コンテクスト（ゴミ箱）」であると論じられる．4つの流れとは，問題，解，参加者，選択機会という意思決定要因であり，各要因は相互に緩やかに連結し，相対的に独立している．図1に示すように，ゴミ箱理論では，意思決定（選択）は必ずしも（問題）解決に結びつかない．例えば，選択は，流れに左右され，時間や場所などのコンテクストに依存する出来事である．このように，意思決定は，かなりタイミング（偶然）に依存するものと考えられる．このモデルは，高い不確実性の状況のもとでも何らかの意思決定を産み出す（何らかの解が何らかの問題といずれかの参加者に付着する）メカニズムを明らかにする．

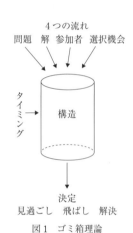

図1　ゴミ箱理論

●**組織化された無秩序と組織**　ゴミ箱理論が特に該当する組織は，「組織化された無秩序（organized anarchies）」という特徴をもつ組織である．組織化された無秩序とは，一貫しない選好，不明確な技術，流動的な参加という一般的属性によって特徴づけられる組織である．組織化された無秩序とは，本当の無秩序ではなく，組織構造は安定しているので，問題，解，参加者，選択機会が構造を流れるやり方によって意思決定の多様性（見過ごし，飛ばし，解決などの決定スタイル）が生じることを意味する．これらの属性は，大学などの教育組織，公官庁，研究開発の研究所，弁護士や広告事務所などの専門的サービス企業や映画産業の企業などに顕著にみられる．

〔渡辺　深〕

📖 **参考文献**
[1] 遠田雄志，1998，『グッバイ！ミスター・マネジメント』文眞堂．
[2] 渡辺深，2007，『組織社会学』ミネルヴァ書房．

新制度派組織理論

●**新制度派組織理論とは** 1977年に刊行されたJ. マイヤー（Meyer）とB. ローワン（Rowan）の論文「制度化された組織——神話と儀式としての公式構造」（Meyer and Rowan 1977）を嚆矢とする社会学的組織理論である．同論文では，官僚制組織が近代において主流の組織形態となった背景について，官僚制的な公式構造の合理性ではなく，むしろその点に関する思い込みないし「神話」が社会に浸透し自明の前提として定着していった，制度化のプロセスによって説明している．

マイヤーらが制度的要因に焦点を当てた組織理論を提唱することになった背景の一つとしては，彼らが所属していたスタンフォード大学では当時から教育機関や病院などを対象とする実証研究が盛んに行われていた点があげられる．その種の組織にとっては，事実として合理的であるか否かという点以上に，いかに合理的かつ正当であるように見えるかが組織自体の存続や成長にとって死活問題となる例が少なくない．実際，これら非営利組織の場合には，営利企業とは違って製品・サービスの生産や提供における効率性はほとんど問題にならない場合も多い．むしろ，公的に定められた規則を遵守し，また，教育機関の場合には学生・生徒の親や同窓生など，病院の場合には医療関係者や患者などの重要なステークホルダーが抱き，社会一般にも共有されている「あるべき教育」ないし「あるべき医療」に関する信念やイメージに沿った活動がなされるようにすること，もしくは少なくともそう見えるように配慮することの方がきわめて重要な課題になる．

マイヤーやW. スコット（Scott）あるいはL. ズッカー（Zucker）などスタンフォード大学の関係者は，以上のような，非営利組織に典型的にみられる組織と制度的環境との関係を軸とする理論的・実証的研究を精力的に行い，後に「新制度派」とよばれるようになる組織理論の地歩を固めていった．

●**組織研究における転換点** 組織のあり方に関わるイメージや信念という制度的・文化的要因に力点を置くマイヤーらの着想は，主流の組織理論の基本的な発想とはきわめて対照的なものであった．実際，M. ウェーバー（Weber）の官僚制論では，内部統制や課題の遂行という点に関する組織構造の合理性が重視されていた（Weber 1921-22f）．そのウェーバー理論の批判的検討から出発したR. K. マートン（Merton）の高弟たちによる組織研究（Blau 1955; Gouldner 1954）にしても，ウェーバーの理念型とは異なる種類の官僚制組織の存在や官僚制組織自体が内包する変化のダイナミクスについて指摘してはいるが，それらの特徴や傾向が組織や社会全体にとってもつ機能や逆機能に焦点を当てているという点では，機能主義的な説明原理に依拠している．マイヤーらの理論は，その種の組織にとっての

機能的要件とは異なる組織原理の重要性について指摘した点で，組織研究における重要な転換点を示していたといえる．

●**新制度派組織理論の制度化とその後の展開**　もっとも，彼ら以前にも，組織現象における制度的要因の重要性に焦点を当てた研究は存在していた．例えば P. セルズニック（Selznick）は，「組織」と「制度」の区分を提唱し，組織の成員が共通の価値観や規範で結束していき，組織自体が一つの制度として確立していくプロセスを強調していた（Selznick 1957）．1991 年に刊行された『組織分析における新制度派』（Powell and DiMaggio 1991）では，それらセルズニックらの研究は「旧制度派」として括られている．同書の編者である W. パウェル（Powell）と P. ディマジオ（DiMaggio）は，旧制度派の場合には，共通の価値観や規範が組織の成員を結束させていくという点など文化の「ホット」な側面を強調しているのに対して，新制度派は，人々の間で共有されている認知的枠組みという，文化が組織に与える影響のなかでも「クール」な側面を重視している点に顕著な特徴がある，としている．

『組織分析における新制度派』には，前述したマイヤー・ローワンの論文や編者のディマジオとパウェル自身による「鉄の檻再考——制度的同型性と集合的合理性」（DiMaggio and Powell 1983）など，新制度派組織理論の先駆けとなった 4 本の論文に加えて，組織の制度分析に関する重要な理論的考察や実証研究が収録されており，新制度派組織理論が広く認知されていくうえで決定的な役割を果たした．そして，新制度派組織理論は，1990 年代半ばまでには教科書などで主要な組織理論の一つとして取り上げられるようになっていった（Greenwood et al. 2008, 2012）．

この新制度派組織理論の制度化に伴い，同理論の発想を適用した実証研究は急激に増加していき，研究対象についても非営利組織の範囲を越えて組織一般に広がっていった．また，アメリカなどでは組織研究に関連する教員ポストが社会学系の学部から経営学等の「実学」系の学部へとシフトしていくなかで，例えば特定の経営戦略や組織形態の流行と伝播に焦点を当てた研究なども盛んに行われている．それら各分野の研究には，合理性や効率性では説明しつくせない組織現象に関する重要な知見を含むものも多い．その一方では，「制度」やそれに関連するいくつかの概念が自明の分析用具になったこともあって，制度的要因による説明と機能的要件や経済合理性による説明とを，基本的な行為者観・組織観に関する両者の違いに踏み込むことなく混在させている例も間々見受けられる．［佐藤郁哉］

📖 **参考文献**
[1] 佐藤郁哉・山田真茂留，2004，『制度と文化——組織を動かす見えない力』日本経済新聞社．
[2] Scott, W., 1995, *Institutions and Organizations*, Sage.（河野昭三・板橋慶明訳，1998，『制度と組織』税務経理協会．）

組織文化論

●**企業文化ブームという背景**　組織文化論のもとになっているのは企業文化論であり，企業文化ブームの火付け役になったのは 1980 年代前半にビジネス書として刊行された 2 冊の世界的ベストセラー本，『シンボリック・マネジャー』(Deal and Kennedy 1982) と『エクセレント・カンパニー』(Peters and Waterman 1982) であった．アメリカ経済が低調で日本企業の国際競争力の強さに世界中が注目していたこの時代，日本のビジネス・スタイルに学べという風潮が急速に高まってくる．そこで注目されたのが日本企業における価値や理念の共有度や成員たちの凝集性や行動パターンの斉一性であった．しかしながら，これらは必ずしも国民文化に還元されきるものではない．そこでこの時代の企業文化論は，それまで見落とされがちだった企業組織における独特な価値や行動パターンに注目したうえで，そうした文化的な諸側面は当の集合体の統合力と生産性を左右するきわめて大切な要素であり，アメリカの会社でも超優良企業には一般的に文化的な強さが認められると主張することになる．初期の企業文化論の多くは，個々の企業組織の文化的独自性の効力を普遍的な形で訴えていた．

さらにこの時代，組織構造の合理化がそれなりに進展して似たような構造の企業が多くなり，また製品やサービスの陳腐化や横並び化が進んだことで，それぞれの企業にとって差異化の試みが困難になってきたという事情もある．市場でユニークさが認められなければ，企業が生き残ることは難しい．そして構造的にはともかく文化的にであれば，個々の企業は比較的容易に自らの独自性を訴えることができるかもしれない．1980 年代には空前の VI（ヴィジュアル・アイデンティティ）ブーム，CI（コーポレート・アイデンティティ）ブームが沸騰するが，それは企業文化への注目度の高まりと軌を一にしたものであった．

●**組織文化の意味**　そして，学術的な世界では企業文化研究は，より一般的な組織文化研究として展開していくことになる．営利企業に限らず行政・教育・医療・宗教などおよそあらゆる組織には文化的側面があり，あるいはいかなる種類の組織体もそれ自体，文化現象としてとらえられるからである．組織文化の定義としてはさまざまなものがあるが，そのなかに行動パターンまで含んでしまうと関係的・構造的側面と区別がつかなくなってしまうため，価値や信念など象徴的な次元に限定するのが一般的だ．最大公約数的に組織文化を規定すれば，それは「個々の組織における観念的・象徴的な意味のシステム」ということになろう．

組織文化の諸要素として，これまで儀礼，遊び，表象，価値，信念，前提など多様な事柄が論じられてきた．それらのなか，代表的な組織文化論者である E. H.

シャイン（Schein）が最も重視するのは，個々の組織において無意識の層に位置する基本的な諸前提である．彼によれば組織文化とは，この基本的な諸前提を基盤とし，またそれが諸々の価値や産物などに顕現した総体にほかならない．そして彼は，組織文化には外的適応と内的統合という二つの大きな機能があると論じた．シャインの組織文化論は，機能主義的な文化の説明の典型例ということができよう（Schein [1985]2010）.

●**組織文化論の展開**　初期の組織文化論はビジネスの世界における企業文化本と同じく，主として独自の強い文化をもつ企業が大きな統合力を誇り，高い生産性をあげている，という点を強調していた．それは，もっぱら関係的・構造的な側面ばかりに注目し，また諸々の組織が同型化するプロセスに重きを置きがちな官僚制論や新制度派組織理論に対する鋭いオルタナティブとなる．

しかしながら，一企業における文化的諸要素（とりわけ価値）の一枚岩的な共有性を強く仮定し，さらにその表面的な効用ばかりを説く議論に対しては，次第に多くの疑問が寄せられるようになる．そして数々の研究の進展によって組織文化論が分野として成熟するにつれ，次のようなことが明らかになってきた．①組織文化が効力を発揮するかどうかは状況による．②強い組織文化が硬直化し，また柔軟な組織文化が脆弱化すると，さまざまな逆機能が生起する．③組織文化の中核には共有価値だけでなく共有認知や共通経験などもある．④文化的な源泉は組織体だけでなく，組織を包摂する次元（国民文化や業界文化など）や，組織を横断する次元（職業文化やジェンダー文化など）や，組織内の諸部分（部門文化）にも認められる．⑤組織文化はしばしば曖昧さをはらむ．⑥組織文化はその中身やあり方いかんによっては倫理的に問題のあるものとなる．

またその後，文化絡みの組織研究としては機能主義的なものだけでなく解釈学的なものの蓄積もなされてきた．それは組織文化論ではなく組織象徴性論を名乗る場合が少なくない（高橋 1998）．さらに，狭い文化論を越えて制度論との架橋をはかり，個々の組織の独自性と諸々の組織の同型性をともに俎上に載せる研究も現れている（山田 1995；佐藤・山田 2004；Pedersen and Dobbin 2006）．個々の組織は共通の組織フィールドによる強い圧力のために構造的に似たような形になりがちだが，その一方で，文化やアイデンティティの水準ではそれなりに個性的であり続けるのである．

いっときの企業文化ブームは遠い昔となったものの，組織にまつわる文化現象の探究の勢いは今なお衰えていない．

[山田真茂留]

📖 **参考文献**
[1] Schein, E. H., [1985]2010, *Organizational Culture and Leadership*, 4th ed., Jossey-Bass.（梅津裕良・横山哲夫訳，2012,『組織文化とリーダーシップ』白桃書房.）
[2] 佐藤郁哉・山田真茂留，2004,『制度と文化——組織を動かす見えない力』日本経済新聞社．

組織アイデンティティ論

●**アイデンティティの時代**　個人のアイデンティティが特に問題となるのは，まさにアイデンティティがゆらぎをきたす状況において，時代的には価値観が極度に多様化したポストモダンにおいてである．組織アイデンティティの場合も同様だ．かつて近代組織の合理性が自明視されていた頃は，既存の構造に頼っていればいいという考えが主だったため，文化もアイデンティティも問題にすらならなかった．組織研究において文化やアイデンティティが話題になり始めたのは，環境の変化が激越になり，既存の構造の信頼性が著しく低下した 1980 年代のことである．ただし組織文化論が台頭した 1980 年代，合理的組織観は相当なゆらぎをきたしながらも，組織アイデンティティそれ自体はそれなりの確からしさを保持していた．したがって，その頃の企業文化論は，明るいトーンで文化の重要性を説き，状況に応じて文化の維持や変革を訴えていれば，それでほぼ事足りていたわけである．

　ところがその後，ポストモダンの思潮とネオリベラリズムの政策が旋風を巻き起こすなか，企業社会におけるキーワードは価値から利害へ，また組織から市場へと移り変わっていく．そして近年，正規雇用を中心とした近代組織による社会の編成という枠組みは大きく揺らぎ，雇用形態は多様なものとなった．今や諸々の組織が――またそれだけでなく組織というあり方それ自体が――，深刻なアイデンティティの危機に見舞われているのである．このように組織をめぐる諸事象が存在論的に安定しない時代にあって，組織アイデンティティという問題への関心は実務的にも学術的にも非常に高いものになっている．

●**組織アイデンティティ論の潮流と真髄**　組織アイデンティティ論の源流としては S. アルバートと D. A. ホウェットンの論文（Albert and Whetten 1985）ならびに B. E. アシュフォースと F. メールの論文（Ashforth and Mael 1989）の二つがある．前者の問題関心はもともと大学経営にまつわる実務的なものであった．そこでは組織アイデンティティなるものが中核性（centrality），特異性（distinctiveness），持続性（continuity）の三つによって規定されている．他方後者は，〈我々-彼ら〉間の認知的境界を基盤に据えた社会心理学の一潮流，社会的アイデンティティ理論（social identity theory）を組織論に応用しようとする論文だ．社会的アイデンティティ理論は 1970 年代初期に誕生した重要な研究視角だが，1987 年に J. C. ターナーによる概説書（Turner 1987）が刊行されたことにより急速にポピュラリティを増し，組織研究においても大きな注目を集めるようになった（例えば Christensen 1995；山田 1991）．そしてその後この二つの源流は合流を果たし，有機的な発展をみている．

組織アイデンティティとは端的にいって他の組織とは違うその組織らしさのことだが，それは①抽象的な〈我々-彼ら〉分節としての自己カテゴリゼーションと，②具体的な組織文化の諸要素（共有目標・成員要求・成員結合・共有価値など）の総体としてとらえることができる（山田 1991, 1993）．このうち組織の独自性にとって一義的に重要なのは前者の方だ．組織の文化的諸側面は複数の組織間で重畳することがままあるため，常に当の組織の個性を際立たせるとは限らない．これに対して，〈我々-彼ら〉間のカテゴリゼーションは組織のユニークさを根底から支えるものと考えられる．組織アイデンティティ論は組織文化論と連携しつつもその先を行き，個々の組織の独自性問題に関して，より深い洞察をめぐらせてきた．

●**活況を呈する組織アイデンティティ論**　組織アイデンティティなるものは通常，本質的に重要で，独自性を誇り，ある程度長続きしているものと考えられるが，しかしその単一性や永続性を過度に強調するわけにはいかない．先にあげたアルバートとホウェットンは，組織アイデンティティには規範的な側面と功利的な側面の二つが併存し得るということ，また当初はいずれか一方の側面から始まった組織でも時が経つにつれてもう一方の側面をも含み込むようになり得るということを指摘している．

　この多元性ならびに流動性の問題は組織アイデンティティ研究の大きなテーマとなっており，これまで多くの研究が蓄積されてきた．例えば多元性に関しては，協同組合における家族的アイデンティティとビジネス的アイデンティティの併存，病院における専門的アイデンティティと管理的アイデンティティの相克，オーケストラにおける芸術的アイデンティティと経済的アイデンティティの衝突など，さまざまな組織において刺激的な経験的研究がなされている．また流動性に関しては，ニューヨーク・ニュージャージー港湾管理局が，バス・ターミナルや空港における技術的な問題のほかにホームレス問題をも扱わざるを得なくなり，数次にわたってアイデンティティを変化させていったさまを活写したJ. E. ダットンとJ. M. デュカリッチの研究（Dutton and Dukerich 1991）が代表的だ．さらに文化的・商業的・職人的・官僚制的という4つの組織の顔を分析的に抽出したうえで，いくつかの学術出版社の組織アイデンティティの多元性と流動性をえぐった佐藤郁哉らの研究もある（佐藤ほか 2011）．日本の経営学でも組織アイデンティティ論は近年活況を呈するようになった（高尾・王 2012；佐藤 2013）．組織アイデンティティ論は集団・組織論のなかで成長著しい分野の一つといえよう．

[山田真茂留]

📖 **参考文献**
[1] 佐藤郁哉・山田真茂留，2004，『制度と文化——組織を動かす見えない力』日本経済新聞社.
[2] 佐藤郁哉ほか，2011，『本を生みだす力——学術出版の組織アイデンティティ』新曜社.

8. 階級と階層

　階級と階層・移動という分野は，現在の社会学のなかできわだった特徴をもっている．大規模調査に基づく統計的な分析が発達しており，研究者の国際化も進んでいる．当事者言語との結びつきが強い社会学のなかでは，むしろ特異な分野である．

　理論と応用の面では，分析的マルクス主義も含めて，操作的な定義と論理的な定式化が特に進んでいる．観察結果からの推論も，因果関係の仮説の検証も，数量的なデータとその解析を通じて，常に第三者による検証可能性にさらされるからである．その点では一般性も高い．それは実は社会学の誕生の瞬間からそうであり，M.ウェーバー（Weber）が採用した適合的因果という考え方も，計量的な分析をその背景にもっていた．それゆえ，研究成果だけでなく，方法の背後にある考え方を知ることも，社会学を学ぶ重要な手がかりになる．　　［佐藤俊樹・近藤博之］

不平等の機能主義的説明

●機能主義による不平等の説明 社会的不平等，より具体的には階級・階層（以下，本項では階層という）はなぜいかなる社会でもみられるのか．この問いに対する機能主義による典型的な説明は，T. パーソンズ（Parsons 1940）や K. デイヴィスと W. E. ムーア（Davis and Moore 1945）に見出せる．デイヴィスとムーアによれば，ある地位は別の地位より機能的に重要であり，その地位に期待される役割を遂行するには特別な技能が必要である．そうした技能を習得しうる才能（どちらかといえば生得的な能力）を有する個人は社会のなかで少数であり，才能を技能に転換するには訓練（教育）を要する．しかも訓練を受ける個人はその期間中，ほかのことを犠牲にしなければならない（費用がかかる）．したがって，有能な個人を訓練に誘導するには，訓練の犠牲を補って余りある誘因が用意される必要がある．それが将来の地位に付随する高い経済的報酬や社会的威信である．同時にこれらはそうした地位に就いた者がまじめにその職務を遂行する動機づけにもなる．こうして一部の者だけが就くことのできる地位，ひいては不平等な階層（構造）が形成されるのだ，と．

「機能」が何を意味するかは A. コント（Comte），H. スペンサー（Spencer），É. デュルケム（Durkheim）以来，いくつかの見解がみられるが，通底する理解として，社会の諸要素（例えば制度や集団）が相互に依存する関係にある（システムとして理解できる）こと，社会の一部分である要素が社会全体の維持や均衡に貢献すること（A. R. ラドクリフ=ブラウン［Radcliffe-Brown］），諸個人の欲求を充足すること（B. マリノフスキー［Malinowski］）をあげることができる．それに従えば，不平等な階層構造は社会の維持に必要であるとともに有能な個人の欲求を充足させるという意味で，機能的だということになる．

●テューミンとの論争 当然のことというべきか，こうした主張は強い反論を招いた．その代表例が M. M. テューミン（Tumin 1953）である．テューミンはデイヴィスらの主張を 7 つの命題に要約し，一つずつ批判している（命題は中野［1986：80-82］や岩木［2010］によって翻訳され，批判もまとめられている）．批判は多岐にわたるものの，ある地位が機能的に重要だとどのようになぜ判断できるのか，世襲（階層の再生産）が起きればエリートの子息ほど能力を開発され訓練の機会に恵まれるのではないか，高い報酬だけではなく義務感や自己実現も訓練の誘引になるのではないか．要するに，不平等な階層が社会にとって必要な順機能を有するなどといえるのか疑問を呈した．こうした点に関してテューミンはデイヴィスらに実証的な根拠はないとしたうえで，結局はエリートにとって都合のよ

い現状肯定的な主張であるといわざるを得ないと断じた．それに対して今度はデイヴィスが，階層化された社会が逆機能的であるというテューミンの批判は，抽象的・一般的な議論と実証的な議論を混同し，かつ資源配分の問題を人員配分の問題と混同しており的外れであるなどと反論した（さらにテューミンが再批判しているが，一連の論争になった論文は Bendix and Lipset［1966］に再録されている）．

●**機能主義の隆盛と人的資本理論の支え**　こうした論争をよそに 1950～60 年代にかけて，機能主義は隆盛期を迎える．パーソンズ（Parsons 1959）は小中学校のクラスを一つのシステムとして措定し，クラスは家族や仲間集団にもまして主要な社会化機能を，そして生徒の能力に応じた地位への配分（選抜）機能を果たしていると論じた．これは一例にすぎないが，機能主義は社会学において重要な位置を占めるに至るとともに，R. K. マートン（Merton）らによって理論も洗練された．

　だが，隆盛は彼らの登場だけによるものではなかった．冷戦下の 1957 年に人類初の人工衛星スプートニクがソ連によって打ち上げられたことに危機感を覚えたアメリカでは，有能な人材の発掘と養成が喫緊の課題となっていた．それに経済学の視点から応えたのが人的資本理論である．T. W. シュルツ（Schultz 1963）は，従来は消費ととらえられがちであった教育は，技能の獲得と向上をはかる生産的な投資であると強調した．この理論は教育（訓練）が人材養成や生産力の増大による社会の発展に寄与するという点で，機能主義と調和的であった．こうして特に教育に関して機能主義は，人的資本理論という後ろ楯を得たかにみえた．

●**機能主義的説明に対するその後の評価**　けれども人的資本理論はその後，完全競争や完全情報といった非現実的な仮定に関して，スクリーニング理論から批判を受ける．それと並行するかのように，機能主義も社会の安定を過度に強調し社会変動を説明できないなどとコンフリクト（紛争）理論から批判された．対して先のムーア（Moore 1978：訳 41-3）は，先の批判の一部を認めたうえで，不平等はいずれの社会にもあるが，それが不可避かはいまでも論争下にあるとした．他方で富永健一（1986：257-9）は，階層は家族や企業のような集団ではないからそれに機能があるというのは，そもそも機能理論の誤用であると結論づけている．

　たしかにデュルケムが強調したように，ある要素が他の要素に対して機能を有することと，それを説明することとは別である．その意味で不平等が社会にとって機能的か，という問い自体が適切なのかは吟味される必要があろう．

［平沢和司］

📖 **参考文献**
[1] 中野秀一郎，1986，「構造−機能分析の理論構成（A）」中 久郎編『機能主義の社会理論――パーソンズ理論とその展開』世界思想社：59-112.

階級構造

●**階級と階級構造**　社会に存在する諸階級の相互関係の構造を，階級構造という．ここで階級とは，主に経済的資源の保有状況によって定義される人々の集群として，K. マルクス（Marx）と M. ウェーバー（Weber）によって確立された概念である．階級は格差の重要な基盤であり，格差構造は階級構造の現象形態でもある．

　マルクスは，経済構造に基づいて階級を定義した．経済構造は社会の発展段階によって異なるが，その中心的な要素は生産手段の所有関係である．資本主義社会においては，生産手段は一部の人々によって集中的に所有され，生産手段を所有しない人々は，生産手段の所有者に自分の労働力を提供し，対価として賃金を受け取る．このような経済構造を資本主義的生産様式，前者の人々を資本家階級，後者の人々を労働者階級とよぶ．労働者階級の労働を通じて生産された価値が両者の収入源となるが，資本家階級はその有利な地位を利用して労働者階級を搾取し，両者の間には大きな経済格差が生じる．マルクスは，資本主義社会の階級構造は最終的に資本家階級と労働者階級へ二極化すると考えたが，同時に自営業者や農民が長期にわたって残存すること，労働者階級が権限や熟練の程度によって内部分化することを指摘しており，この着想が後の理論家たちに継承された．

　これに対してウェーバーは，より広く財貨の所有や獲得のチャンスの違い（階級的状況）によって階級を定義した．ここで階級的状況は，生産手段を含む財産の所有と，地位や権限，資格・能力など財貨を獲得するチャンスの有無によって規定されるのであり，前者によって区別される階級が財産階級，後者によって区別される階級が営利階級である．さらに彼は，世代内または世代間で互いに移動しやすい関係にある階級的状況は一つの社会階級を構成するとした．つまりウェーバーによると，多様な資源の保有と社会移動に基づく三つの階級構造が並存しているのだが，これら三つの関係が明確でない点に課題を残した．

●**現代社会の階級構造**　N. プーランツァス（Poulantzas）はマルクスの階級理論を継承して，①現実の社会には複数の生産様式が並存している，②資本主義的生産様式には経済的支配関係だけではなく，政治的・イデオロギー的支配関係が含まれるとし，ここから資本主義社会の階級構造は二極化するのではなく，前資本主義的生産様式に基盤を置く旧中間階級と，労働者階級への政治的・イデオロギー的支配に関与する新中間階級とが存在するとした．また E. O. ライト（Wright）は，生産手段だけでなく組織のなかの地位や技能・資格も搾取の基盤になりうると考え，ここから現代社会には資本家階級，労働者階級，旧中間階級と，前二者

の間のいくつかの中間形態が存在するとした．これに対してJ. ゴールドソープ (Goldthorpe) は，ウェーバーの階級理論に着想を得ながら，労働市場と生産組織における地位に注目して7つの階級を区別したうえで，これらの階級はサービス階級，中間階級，労働者階級の三つにまとめることができ，このうち中間階級は，被雇用者である下級ノンマニュアルと自営業者・農民を含むとした．以上の見解は，支配階級の規定（資本家階級／サービス階級）と，中間階級の性格および範囲をどうとらえるかに違いがあるものの，現代社会の階級構造を，支配階級，労働者階級，両者の間に位置する新中間階級，独立自営の旧中間階級の4つを基本に把握しようとする点が共通している．しかし近年では，雇用の不安定化や移民労働者の増加，貧困層の増加などを背景に，労働者階級と同一視できない新しい下層階級（アンダークラス，プレカリアートなどとよばれる）が出現したとする主張もみられるようになっている．

●**階級構造と他の諸要因** 階級構造は格差構造の基盤をなすものであるから，格差をもたらす他の諸要因とも密接な関係にある．その代表的なものは，エスニシティとジェンダーである．第一にエスニシティとジェンダーは，階級所属の決定要因となる．マジョリティと男性は上位に位置する階級に所属しやすく，マイノリティと女性は下位に位置する階級に所属しやすいのである．第二にエスニシティやジェンダーと関係することにより，階級構造は複雑化する．労働者階級の内部にマイノリティや女性を中心とする下層労働者層が形成されたり，旧中間階級の内部にマイノリティを基盤とする分派が形成されたりするからである．

●**階級構造の実証的研究** 階級は理論的な概念であるから，これを実証研究に応用するためには操作化の手続きが必要となる．一般に用いられているのは，職種，従業上の地位，従業員規模を組み合わせて各階級を操作的に定義する方法で，さらに産業，性別，学歴，職務上の権限などを併用する場合もある．またデータとしては，官庁統計などの統計データが用いられる場合と，質問紙調査データが用いられる場合がある．前者にはV. I. レーニン（Lenin）の『ロシアにおける資本主義の発展』以来の多数の研究があるが，日本でも大橋隆憲とその後継者たちが，各階級の量的構成を統計的に示したものを階級構成表とよんで精力的に研究を行ったことから，かなりの研究蓄積がある．後者の代表的なものとしては，ライト，ゴールドソープの研究があげられるが，日本にも橋本健二，石田浩の実証研究があるほか，階級という用語は必ずしも用いないものの，ゴールドソープの階級分類に近い階層分類に基づく研究も多く，階級構造に関する研究と階層構造に関する研究は，厳密には区別できない状況にある． ［橋本健二］

📖 **参考文献**
[1] Edgell, S., 1993, *Class*, Routledge.（橋本健二訳，2002，『階級とは何か』青木書店．）
[2] Weber, M., 1921-22, *Wirtschaft und Gesellschaft*.（濱嶋 朗編訳，2012，『権力と支配』講談社．）

連続的地位尺度

●**概念が登場した背景** 人々の社会的地位をどのようにとらえるかは,社会科学の根本課題の一つとして長く認識されてきた.社会的地位を測定するうえで大きく二つの異なるアプローチが存在する.一つは,社会的地位を階級分類のように質的に異なる相互に排他的なカテゴリーとしてとらえる方法(質的アプローチ)である.例えば K. マルクス(Marx)は,生産手段の有無により資本家と労働者という二つの敵対する階級により社会が構成されると考える.この考え方によれば,人々は相互に排他的(mutually exclusive)で同時にもれのない(collectively exhaustive)カテゴリーに分類することができる.異なるカテゴリーの間には質的な違いがあるが,その間に上下の序列が存在することは必ずしも前提となっていない.

もう一つのアプローチは,社会的な地位を連続的な地位尺度によりとらえる方法(量的アプローチ)である.例えば,社会的地位を規定する主要な要因としての職業に着目し,さまざまな職業について人々の平均的な評価尺度(職業威信)を与えることにより,職業の序列づけを行い,職業的地位を連続的な変数としてとらえることができる.このような地位尺度により明らかになるのは,職業による人々の序列づけであり,職業威信という1次元の軸に沿って地位が高いか低いかを量的に判定することができる(Treiman 1977).

●**職業威信スコアと社会経済的指標** 連続的地位尺度という概念は,職業的地位,特に職業威信スコアと密接な関連がある.社会学の分野では社会的地位の指標として職業が広く用いられてきたが,職業に基づく地位尺度を構築する方法として最も体系的な試みが職業威信スコアの発明である.

アメリカのシカゴ大学全国世論調査センター(NORC)により1947年に行われた調査研究が,職業威信スコア作成に関する全国規模での最初の取り組みといわれている(Reiss 1961).全国から抽出された2,920人を対象として面接による調査を実施し,代表的な90の職業に関して,5段階(excellent, good, average, somewhat below average, poor)の評定を行ってもらった.5段階の評定をそれぞれ100点から20点までの値をつけたうえで,職業ごとに回答者全員による評定の平均値を求め,それぞれの職業の威信スコアを算定した.人々の職業に対する主観的な評価に基づき,職業の序列を尺度化したものである.

日本では1955年の「社会階層と社会移動全国調査(SSM調査)」が,代表的な32の職業について全国調査の対象者による評定を実施し,その結果に基づきアメリカと同様な手続きで職業威信スコアを作成した(日本社会学会調査委員会

編 1958).1975 年の第 3 回「社会階層と社会移動全国調査」では,82 の職業に関して回答者が評定する調査を実施し,その結果から類似の職業に同様の値を当てる方法で,289 の職業小分類項目のすべてに職業威信スコアを算出している(富永編 1979).

O. D. ダンカン(Duncan 1961)は,評定者がすべての職業小分類項目を評価することができない問題を取り上げ,少数の職業項目の評定をもとに他のすべての職業項目にスコアを与える方法を提唱した.1947 年の NORC 調査で各職業について評定者が "excellent" あるいは "good" と評価した人の比率を従属変数とし,国勢調査から各職業に従事している人のうち所得が 3,500 ドル以上の人の比率と高校卒業以上の学歴の人の比率を独立変数として回帰式を推定した.この回帰式を用いることにより,所得と学歴比率から評定されていないすべての職業項目にスコアを与えることができる.ダンカンはこの手法による職業的地位尺度を社会経済的指標とよび,職業威信スコアと区別した.

●**応用事例としての地位達成モデル** 連続的地位尺度の代表例としての職業威信スコアや社会経済的指標は,1960 年代以降の社会学における階層研究で頻繁に用いられた.D. トライマン(Treiman 1977)は,職業威信スコアが時間的にも変化せず,異なる社会の間での相関がきわめて高く,頑健であることを実証した.また国際比較のための標準国際職業威信スコアを考案し,その後の国際比較研究の発展の基礎を築いた.

アメリカ社会学で大きな影響をもった地位達成モデルは,連続的地位尺度を用いて職業的地位を測定し,世代間の地位の継承と学歴の果たす役割を分析した.すべての変数が連続的であることのメリットを生かし,父と子の間の職業的地位の関連を一つの相関係数により代表させることが可能となった.さらにその相関係数を,学歴を統制したときの父職の子職へ与える直接効果と父職の子職への学歴を媒介とした間接効果に分解するパス解析の手法へと応用する道を開き,連続的地位尺度は職業的地位の世代間継承に関する新たな計量モデルの発展に貢献した(Blau and Duncan 1967).

地位達成モデルは,その後さまざまな形で拡張され,教育・職業アスピレーションなどの社会心理的変数の媒介要因が導入され,人種や性別による地位達成の違いなどが分析された(Sewell et al. 1970).トライマンの標準国際職業威信スコアを用いた地位達成モデルの国際比較も行われている.日本でも第 3 回「社会階層と社会移動全国調査」の研究成果に取り入れられた(富永編 1979). [石田 浩]

参考文献
[1] 日本社会学会調査委員会編,1958,『日本社会の階層的構造』有斐閣.
[2] 富永健一編,1979,『日本の階層構造』東京大学出版会.
[3] Treiman, D., 1977, *Occupational Prestige in Comparative Perspective*, Academic Press.

不平等の趨勢

●**不平等の趨勢への関心が登場した背景** 社会階層論は，近代化，産業化に伴う不平等の趨勢（トレンド）に，長年大きな関心を寄せてきた．古典的な社会学理論のなかでも，K.マルクス（Marx）の階級論は，資本主義経済の成立が，格差・不平等の構造と変化にどう寄与したかを明らかにする．マルクスは，生産手段の所有の有無と他の労働者の雇用を軸に，階級を資本家階級，自営労働者からなる旧中間階級，労働者階級の三つに区分し，不平等の趨勢を次のように説明する．第一に，旧中間階級は資本家との競争に敗れ，労働者階級へと没落し，不平等構造は，資本家と労働者という二つの階級に二極化する．第二に，技術革新による生産労働の単純化は，賃金の低下と労働者の窮乏化をもたらし，資本家による労働者に対する搾取は，富を少数の資本家へと集中させる（Marx und Engels 1848）．しかし，これら二つの仮説は，20世紀以降の先進諸国の不平等の趨勢を適切に説明できないとして，以下の批判がなされた．階級構造の二極化については，自営業層からなる旧中間階級は，資本主義が進展してもなお存続し，専門職，管理職層は，マルクスの想定する労働者階級とは異なる新たな中間階級を構成した．第二次世界大戦後の先進諸国では，労働者階級の生活水準が向上し，労働者階級の絶対的窮乏化が必ずしも認められない（橋本 1999）．戦後の社会階層論は，労働者階級の地位向上を前提に，機会と結果の不平等などさまざまな分析を行ってきた．

●**不平等の趨勢をとらえる理論** 社会階層論は，機会の不平等と結果の不平等という2種類の不平等に注目する．結果の不平等では，社会的資源の分配の格差が，考察の対象となる．結果の不平等の典型として，所得や資産の配分をめぐる格差，不平等がある．他方で，機会の不平等は，所得や地位，さらにそれらを左右する職業，学歴といった社会的資源にアクセスする可能性の不平等に着目する．機会の不平等では，親の階層的地位，性別，人種・民族といった社会的属性が，どのように学歴や職業の達成に格差を生み出すのかが検討されてきた（鹿又 2001）．

　これら2種類の不平等のうち，戦後の社会階層論は，不平等の趨勢について機会の不平等，なかでも親世代と子世代との階級，職業の地位の結びつきや移動（世代間移動）に焦点を当て，分析・考察を行ってきた．機会の不平等の趨勢を説明する代表的な仮説の一つに，産業化仮説がある．社会の産業化の進展は，経済活動や統治活動に従事する大規模組織を生み出す．組織を効率的に運営するには，能力のある人々を組織で登用する必要が生じ，人々の評価基準として属性主義よりも業績主義が重視される．社会における業績主義化の進展は，学歴と職業の結びつきをいっそう強め，属性主義が弱まることで，家族的背景が本人の教育達成

を左右する度合いは減少すると考えられた (Treiman 1970).

しかし，1970年代以降の研究は，親世代と子世代との産業構造の違いを考慮すると，産業化が進展しても機会の不平等に統計的に有意な変化がないことを明らかにした．D. L. フェザーマンら (Featherman et al. 1975) は FJH (Featherman, Johns and Hauser) 仮説を提唱し，産業社会における機会の不平等の持続を説明する．産業化された社会では，市場経済と核家族制度を共有し，個人間，家族間の所得や資産の格差と世代間での格差の継承が，制度的にも許容されている．社会的資源の不平等な配分が前提とされるなか，社会的地位をめぐる個人間，家族間の競争が生じている．FJH 仮説は，地位達成における産業社会の共通性が，世代間での相対的な機会の不平等に共通のパターンを形成していると説明する (Erikson and Goldthorpe 1992).

●**近年の不平等の趨勢論の展開**　近年の階層研究は，世代間での機会の不平等が，ライフコースという時間軸とともに形成されるものと考え，不平等が人生のなかで蓄積されるプロセスを子細に検討してきた．そして最近の研究は，機会の不平等だけでなく，結果の不平等の動向や趨勢を考察する．近年の格差・不平等の増大をもたらす原因として，脱工業化とグローバル化は大きな関心を集めている．多くの先進国では，企業は安い労働力を求めて海外に生産拠点を移し，その結果，製造業の衰退が進行し，経済のなかでサービス業の占める比重が増大している．製造業には，就業経験と技能育成が重視される熟練労働者に対する需要が高く，工業化は，社会における中間層の形成に大きな役割を果たしてきた．他方で，脱工業化に伴い増大するサービス業は，高度な専門知識を必要とする専門職と特別な技能を必要としない非熟練職に大きく二極化している．こうした変化は，一部の地域では所得格差の増大をもたらしている (Wright and Dwyer 2003).

グローバル化の進展は，世界規模での経済競争の激化をもたらし，政府は，市場競争を後押しするためにさまざまな規制緩和を進めている．その結果，経済活動における不確実性が増大し，企業は多くの従業員に対して保障してきた安定的な雇用を，組織内の中核的な一部の社員に制限し，特別な熟練や技能を必要としない職種には，パート労働や派遣，有期雇用などの非正規雇用を活用する傾向が強まっている (Buchholz et al. 2009)．人生の一時点での非正規雇用の経験は，その後の職業キャリアや家族生活にいかなる影響をもたらすのか．脱工業化，グローバル化という社会変動は，新たな資源分配の格差の構造をつくり出し，そうした不平等が，ライフコースという時間軸のなかで増幅するメカニズムに，近年の研究は関心を向けている．

[竹ノ下弘久]

📖 **参考文献**
[1] 竹ノ下弘久, 2013,『仕事と不平等の社会学』弘文堂.
[2] 鹿又伸夫, 2001,『機会と結果の不平等——世代間移動と所得・資産格差』ミネルヴァ書房.

貧　困

●**貧困とは**　貧困は，近代化・産業化で代表される社会経済体制の変化と密接に関連している．18世紀後半，産業革命がはじめて起こったイギリスにおいて，貧困研究が蓄積されてきたのも偶然ではない．近代経済学の父，A. スミス（Smith）は，貧困を最低の生活を送るうえに必要不可欠の物資を購入することができないこととした．そこでは必要不可欠なものを，生命を存続させるうえに不可欠な絶対的なものと，生活を送るうえに慣習上不可欠なものに区別した（Smith 1776）．B. S. ラウントリー（Rowntree 1901）は，生命を維持するために必要最小限のものを獲得できない一義的貧困と，人々の主観を考慮した二義的貧困に区別した．そこには，必要最小限の生活を送ることができない少数派への条件つき福祉という政策理念が存在していた．

一方，多数派のなかでの必要最低限の生活保障の観点から貧困を位置づけたのが，P. タウンゼント（Townsend 1979）である．彼は貧困を，社会によって当然のこととされる活動や慣習，食生活を実現するために必要な資源が欠落している状態とみなす．そこでは，当時の社会的コンテクストのもとでの相対的な意味合いが強調される．

何を必要不可欠とするか，必要最低限の生活をどう位置づけるか（measurement）が貧困概念を規定するうえで重要となる．貧困をはかる際には，絶対的貧困と相対的貧困という大きな二つの考え方がある．絶対的貧困とは，国連（1995）によると，食事や衛生的な飲み水，衛生的な施設，健康，教育を含む人間の基本的ニーズが著しく剝奪された状況である．一方，相対的貧困とは，実際に個々人が生活する社会や時代の違いを織り込んだうえで，経済的に恵まれない状況を，特定の時代の特定社会のなかで相対的にとらえる．生活保護基準を絶対的貧困とすると，その86％が相対的貧困基準による場合と重なり（山田ほか 2010），ここでの二つの考え方は測定上大きくかけ離れるものではない．

●**貧困のみかた**　貧困を検討する場合，大きく三つの側面がある．第一に，貧困が少数派（女性，移民，有色人種など）に集中するといった，貧困の現状把握．第二に，多数派にとっての最低限の生活が保障されない状況を明示化するため境界線を設定するといった，貧困の相対的位置づけ．そして，高所得層から低所得層への流れを制度的に促し保障する再分配政策といった，貧困への対策．これら三つの側面は互いに関連している．

そもそもなぜ少数派に貧困が集中するのか，という問いがでてくる．そこでは大きく二つの理論が存在する．一つは機能主義論，もう一つは葛藤理論である．

社会を恒常的な観点からとらえる機能主義論（Davis and Moore 1945）は，貧困の事実をとらえるには有効であるが，貧困に至る動学的様相を解明するには不十分である．貧困を葛藤からとらえる観点は，K. マルクスと F. エンゲルス（Marx and Engels [1848] 2006）からの流れを汲み，貧困が女性，若年/子ども，移民/外国人といった特定層に集中する現実を静学的にとらえる．これら二つの理論は背反するというよりも，相互補完的な位置づけにあるとも解釈できる（Merton 1957; Gans 1972）．

社会学者 G. ジンメル（Simmel 1908）によると，貧しさはニーズや欲求の違いのみならずどの程度の支援を享受できるかによって規定される．その支援程度は社会規範と密接に関連しており，ここでいう貧しさは一つの社会学的カテゴリーとして質的な意味づけが強調される．例えば，O. パタソン（Patterson 2000）によると，貧困と密接に関連する 10 代の妊娠や離婚は，構造的要因のみならず，文化的要因が絡む．貧困の下位文化を指摘した文化人類学者の O. ルイス（Lewis 1970）は，貧困に陥る原因を単なる自己責任に帰属させることに警告を発する．H. R. ロジャース（Rodgers 2000）は，望ましくない生活態度や教育への取り組みが世代を超えて継承されていることに注目する．

S. マクラナハン（McLanahan 1985）は，貧困が単なる一時点の問題ではなく世代を超えた貧困連鎖のメカニズムに言及し，生まれ育った家庭環境がその後の人生の立ち位置につながることをダイバージング・デスティネーション（diverging destination）として指摘する．

●**現代日本の貧困**　日本での貧困研究の古典的なものとして，河上肇（1916），中鉢正美（1956），江口英一（1979-80），による研究がある．戦後の高度経済成長を経て，1970 年代終わりから 80 年代にかけた，一億総中流社会論は日本における貧困の存在を暗黙のうちに否定した．しかしながら，1990 年代以降の格差論に火をつけたのは経済学者・橘木俊詔（1989）であり，ひいては格差よりも貧困こそが問題なのだと指摘する（橘木・浦川 2006）．貧困議論を社会運動の枠組みから大衆に訴えたのが湯浅誠（2008）であり，ライフコースの観点から，貧困が子ども，若者，女性，高齢者といった特定層に認められることも指摘される（白波瀬 2010）．

これら特定ステージにおける高い貧困率は，大きく二つの概念からとらえることができる．一つは出身階層の影響をより直接的に受け，人生の独り立ちに向けたスタートラインにおける機会の不平等であり，もう一つはそれまでの人生の不利さが蓄積された結果としての貧困状況である．

スタートラインでの出遅れが不利さの蓄積/連鎖にならないよう，また，いったん蓄積された不利さをどう緩和/解消していくのかが課題となる．

［白波瀬佐和子］

社会移動

●社会移動という概念の誕生　社会移動とは，社会の成員がある社会的位置から別の社会的位置へと移ることを示す概念である．プラトンやアリストテレスの時代から階級世襲などへの関心は存在したし，A. スミス（Smith）や K. マルクス（Marx）にも，実質的には社会移動と同義とみられる著述があった．だが，社会学概念としての社会移動の登場は，20世紀まで待たなければならなかった．この概念を初めて明示的に用い，体系的な研究分野としての礎を築いたのは，P. A. ソローキン（Sorokin）の貢献である．

　安田三郎（1971）によれば，社会移動という概念の誕生へとつながる研究として，都市淘汰論，エリート周流論，職業世襲あるいは職業移動の統計的研究の三つの流れがあるといわれる．それらは互いに関連づけられることなく独自に発展していったのだが，ソローキンによりこれらの流れが総合されて，社会移動という概念が生まれ，社会移動論が社会学の研究分野として確立されるに至った．

　この時代に社会移動の概念が生まれた背景にあったのは，社会移動の事実の普遍化，階級に対する学問的関心の高まり，社会移動に関係するデータの取得可能性，ダーウィニズムの影響の4点であると，安田（1971）は指摘する．

●社会移動の諸類型　社会移動は社会的位置の移り変わりを意味する概念だが，どの時点の，そして誰の社会的位置を用いて移動をとらえるかによって，次に述べる二種類の移動がある．同一個人のなかでの異なる時点における社会的位置を比較して社会移動をとらえるものを，世代内移動という．他方，ある個人の社会的位置を，親のそれと比較して社会移動をとらえるものは，世代間移動という．

　社会的位置としていかなる地位を使用するかにより，社会移動のさまざまな下位類型がありうる．階級を使うならば階級移動，職業ならば職業移動，などというように．近年では，所得階層を使用した所得移動の研究も試みられている．

　注目する社会的位置が，序列的な上下関係ないし優劣関係をもつものであれば，上昇移動，下降移動，垂直移動，水平移動の区別をすることができる．上昇移動とは，前の時点よりも後の時点においてより高い社会的位置へと移動することをいう．逆に，前の時点よりも後の時点でより低い社会的位置へ移動することが，下降移動である．これら両方を含む，序列関係の上下方向への移動のことを垂直移動という．序列のうえでは同水準の社会的位置の間での移動のことを水平移動とよぶ．

　さらに社会移動をとらえる際には，事実移動，強制移動，純粋移動に分けて考えることがある．事実移動（粗移動）とは，実際に起こった，すなわち事実としての社会移動のことである．強制移動（構造移動）というのは，産業構造の変動

など,社会移動市場での需要供給バランスの傾斜で生じた社会移動のことをいう.純粋移動(循環移動,交換移動)とは,そうした構造的変動によらず,社会の開放性ゆえに生じた社会移動のことである.これを,機会均等論的デモクラシーの立場から,それと無関係な不純な要因を除去した社会移動としてとらえたため,純粋移動と命名された.

R. エリクソンと J. H. ゴールドソープ(Erikson and Goldthorpe 1992)は,それらに換えて,絶対移動と相対移動という区別をした.絶対移動とは,前述の事実移動と同一のものである.一方,相対移動は,前の時点であるカテゴリーに属していた人たちが,後の時点においてどのようなカテゴリーに属するかの機会を示すものである.相対移動は純粋移動に意味としては近いものの,別の概念である.方法的にも,純粋移動が事実移動から強制移動を差し引いて求めるのに対して,相対移動はオッズ比や対数線形モデルで求めるという違いがある.

●**社会移動の応用研究の展開** ここでは,産業化と世代間階級・階層移動の関係という課題について,これまでなされてきた主要な研究事例を紹介しよう.

世代間階層移動は,機会の不平等を扱う研究課題の一つとしてみることができる.社会の産業化が進むと,移動の機会,すなわち相対移動がどのように変わるのかに関して,これまでに幾多の研究がなされてきた.

産業化と相対移動の関係については,相対立する二つの理論が知られている.その一つは,産業化命題である(Treiman 1970).これは,産業化が進むにつれて,相対移動の流動化ないし開放化が生じるとする理論である.もう一つは,FJH 命題である(Featherman et al. 1975).この理論は,産業化が一定程度達成された後には,相対移動の構造は共通パターンへと収斂し,流動化は起きないとみる.前者を支持する知見もあれば(Ganzeboom et al. 1989),後者に対して支持的な知見もある(Erikson and Goldthorpe 1992).

世代間階層移動の応用研究を歴史的にみると,第一世代とされる移動指標の数値を解釈する研究から,第二世代のパス解析による地位達成研究(Duncan 1966a),第三世代とよばれる対数線形モデルを主とした移動表の内部構造の研究へと進化した.方法的革新を伴いつつ発展を遂げてきたのが特徴的といえる.

国際比較分析や趨勢分析に基づく応用研究が多いことも,この分野の特徴である.近年の代表的な研究として R. ブリーン(Breen 2004)があげられる.また,日本では,SSM 調査の研究成果が蓄積されている(石田ほか編 2011). [三輪 哲]

📖 参考文献
[1] 安田三郎, 1971,『社会移動の研究』東京大学出版会.
[2] Erikson, R. and J. H. Goldthorpe, 1992, *The Constant Flux: A Study of Class Mobility in Industrial Societies*, Oxford University Press.

メリトクラシー

●**「メリトクラシー」概念の生まれた背景**　メリトクラシー（≒能力主義）という言葉が重要視されるようになる背景として，前近代社会から近代社会への移行にあたって，社会的地位の配分原理に大きな変化があったことを理解しておく必要がある．

　近代化以前の多くの社会ではしばしば身分制度があり，身分間の移動は原則的には禁じられていた．社会階層の再生産は，大筋では伝統的身分制度によって機械的・世襲的に成し遂げられていた，あるいは少なくともそのような規範によって強く枠づけられていたといえる．確かに，前近代社会においても，中国の科挙のように，伝統社会の身分制原理とは異なる基準で地位配分を行うことはあったわけだが，それは基本的には一定の範囲に制限されたものが多かったのである．

　しかしながら，自由・平等・効率といった価値を標榜する近代社会にあっては，身分制に縛られた前近代のシステムは，自由に職業を選べないという点できわめて不自由であり，恵まれた地位につける人があらかじめ決まっているという点できわめて不平等であり，さらにたとえ能力があっても社会的に人材を吸い上げられないという点できわめて非効率なシステムだと位置づけられることになる．そこで新たな選抜理念として強調されることになるのが，「能力」であった．つまり，近代社会においては，人々を能力に応じて選抜してさまざまな地位に割り当てていくことを可能とする価値観が広く普及し，支配的となったのである．

●**「メリトクラシー」概念の意味**　メリトクラシーという言葉は，貴族による支配体制を意味するアリストクラシーに対して，能力（merit）のあるものによる支配体制を意味するもので，イギリスの社会学者である M. ヤング（Young）の造語である．ヤングは，2034 年の未来時点から歴史を振り返るという空想小説のスタイルで，イギリス社会の状況を風刺的に分析した．その著『メリトクラシー』（Young 1958）の後半において彼が描いたのは，能力測定技術の飛躍的向上により，知能が母体検査でわかるようになり，生まれる段階ですでにどの能力階級に属することになるのかが決定され，それに従って，学校教育も能力階級とそれ以外の分離によって行われ，それが社会における地位の配分にも直結する，という体制である．ヤングの描く未来社会は，事前予測が可能な merit の判定に全面的に依拠して地位の配分が行われる決定論的な世界だった．

　しかし，能力を地位配分の主要原理としているという点では近代社会は前近代社会と大きく異なる社会でもあり，前半（第Ⅰ部）では実際の歴史に即して能力主義の進展が描かれている．ヤングのメリトクラシー概念についてしばしば紹介

されてきた merit = IQ + effort という定式は，実はヤングの著書を読んでも，明示的に書かれているのは1か所のみであるが，前半のヤングの現実社会の分析を踏まえ，メリトクラシーは近代社会の原理ととらえられるようになり，現在では，メリトクラシーは，能力主義とほぼ同義の言葉として，現代社会を論じる際の重要概念になっている．

●**メリトクラシーをめぐる研究の展開**　メリトクラシーは分析概念としてだけあるのではなく，入学試験など実際の教育選抜の規範としても存在している．こうしたことから，メリトクラシーが進展しつつあるのかそれとも幻想なのかをめぐって，さまざまな研究が行われてきた．

代表的なアプローチは，階層構造との関連で属性ではなく業績（具体的には教育達成）が到達階層を規定し，出身階層の効果が薄れることをもってメリトクラシーの進展を議論するというものである．この方向性をもった一連の実証研究を整理しながら，J. ゴールドソープ（Goldthorpe 1996）は，教育選抜手続きがメリトクラティックになれば開放的社会が実現するという考えは放棄すべきだ，としている．確かに，手続きがメリトクラティックになっても，恵まれた階層の親たちは教育熱心で，子どものアスピレーションも高いが，恵まれない階層ではその逆になりがちであるので，階層構造はそのままでも維持される傾向がある．これが合理的選択の帰結であるのか（Boudon 1970），それとも文化的再生産であるのか（Bourdieu et Passeron 1970）という点は議論のあるところであるが，いずれにしてもこれに関連した研究はメリトクラシーの進展／幻想をめぐる研究事例ということができる．

日本でも，メリトクラシーの進展／幻想をめぐる研究の蓄積はあるが（例えば近藤 1990），一方で，戦後日本の「激しい受験競争」をめぐる状況を踏まえ，メリトクラシーを「学力をめぐる競争状況」と重ねて解釈する議論も多い．例えば，竹内洋（1995）は偏差値による細かい刻みの学校序列がかえって競争を煽ってきたと解釈し，これに日本のメリトクラシーの特質をみているし，また苅谷剛彦（1995）は学力試験に代表される選抜手続きの標準化と画一化が社会の隅々にまで浸透した状態を「メリトクラシーの大衆化」とよんでいる．ただし，学力試験であれ何であれ，現実の能力判定基準に曖昧さが残るのは，ゴールドソープの指摘するとおりである．その点を踏まえれば，メリトクラシーは常に問い直しを受け続ける再帰性を本来的にもっているとみる議論（中村 2011）も可能であろう．

［中村高康］

📖 **参考文献**
[1] 竹内洋，1995，『日本のメリトクラシー——構造と心性』東京大学出版会．
[2] 苅谷剛彦，1995，『大衆教育社会のゆくえ——学歴主義と平等神話の戦後史』中央公論社．
[3] 中村高康，2011，『大衆化とメリトクラシー——教育選抜をめぐる試験と推薦のパラドクス』東京大学出版会．

階級的消費

●**階級的消費理論の背景と展開**　かつて贅沢消費は一部の上流階級や富裕層だけに許されたものであった．しかし，産業革命に伴う資本主義の確立は人々の社会生活や消費行動に大きな変化をもたらした．人々の生活が次第に豊かになり，経済的格差の拡大を伴いつつも，中流以下の階級や一般庶民でもいろいろな物を消費することが可能となった．こうした状況の変動のなか，卓越化の戦略としての消費と流行現象に関する研究を中心として階級と消費の理論が展開された．家柄が人々の社会的地位を示していた社会から，消費のあり方が人々の地位のシンボル・指標とみなされる社会へと変化してきたこと（＝消費社会化）が背景としてある．さらに消費社会化がいっそう進展した現代では，消費する文化的ジャンルの差違によって定められた階級間の境界を超えた消費が起こり，消費と階級は新たな結びつきへとその関連を変容させているとする見方が展開される．

●**階級的地位を表示する消費の諸理論**　人々の消費様式や文化・趣味のあり方は，所属階級を示すものとして作用し，したがって社会階級に結びついた消費実践の違いや，違いを生み出す嗜好の差違が社会的諸集団（階級，民族，年齢層，性別など）間に文化的境界を画定してきた，との見方は古くから主張されてきた．

最初に理論化を行ったのは，T. ヴェブレン（Veblen）と G. ジンメル（Simmel）である．消費社会論の先駆者であるヴェブレンは，一部の上流階級や富裕層の人々が自分たちを他の階級と差異化するために行った特徴的な消費スタイルについて『有閑階級の理論』（Veblen 1899）で分析している．すなわち，財・サービスが消費されるのはその有用性のためばかりではない．高価な，あるいは役に立たない財を，自らの社会的地位をこれ見よがしに誇示するがごとく消費することが社会的威信・名声を誇示ないし維持する手段として作用しているからだ．この，名誉を付与してくれる富を見せびらかすための消費を，裕福な特定の階級，すなわち有閑階級に特有の消費スタイル「誇示的消費」と概念化した．

ジンメルは，流行の普及や変化という現象の本質を社会階級と消費の関係から理論化した．これは「トリクル・ダウン（滴下）効果」とよばれる（Simmel 1904, 1911）．上層階級から下層階級へ模倣を通じた文化の普及が連鎖的に起こる，とするトリクル・ダウン理論は J.-G. タルド（Tarde）が『模倣の法則』（1890）で示し，ジンメルが発展させた．階級社会の高い位置にいる上流階級のファッション――服装，芸術・娯楽，振る舞いなど――はより低い位置の中流階級などの憧れの対象となり，自分たちを上位の集団と同一視したい下位の集団は同調化欲求から上層集団のファッションを模倣する．やがて，さらに下位の集団も自分よ

り上の集団の消費をまねることが可能となる．こうして，上流のファッションであったものが次第に階級構造の上から下へと普及していく．しかし流行は同等化だけではなく，下の階級に対する差異化という二つの傾向によって起こる．下位の集団に消費様式を模倣されたエリート階級は，新たな境界線を定めるべく新たなファッションを創造・採用するため，流行現象は続いていく．

消費社会の進展に伴って象徴的消費がより人々の行動にみられるようになると，消費スタイルが社会諸集団間の境界をつくる手段となる，との理論的流れを受け継ぐP.ブルデュー（Bourdieu）の理論が展開され，その後の多くの研究に大きな影響を与えた．『ディスタンクシオン』（Bourdieu 1979）では，1960，1970年代のフランス階級社会における文化消費パターンと社会空間との対応関係が論じられる．文化資本が豊かな家庭で育った者，すなわち支配階級出身者や高度な教育を受けた者は，当該社会で高い評価を得ている良い趣味嗜好をもちハイブラウカルチャー消費を行う．他方，文化資本の乏しい家庭出身の者は良い趣味を身につける機会をもてず，上流階級とは異なる消費嗜好，すなわち庶民的な大衆文化消費を行う．慣習行動・趣味に基づいて象徴的境界が設定され，それが支配階級による権力の行使を正当化するよう作用している点を強調した．

後に，主にアメリカでR.ピーターソン（Peterson）らがブルデューを修正する理論を展開している．消費パターン・趣味の社会経済的カテゴリー（階級など）による階層化，という規則性は依然として妥当性をもっているが，エリートは，高尚な趣味だけを好むスノッブというよりむしろ，高級文化と大衆文化を問わず多様な文化的活動を広く楽しむオムニボア（omnivore，雑食性動物の意味）的傾向がある．対して社会的地位の低い階層は文化的嗜好の幅が狭く，ユニボア（univore，単食）的である（Peterson and Simkus 1992；Peterson and Kern 1996）．多様な趣味嗜好に寛容でそれらに通じていることが現代の文化資本であり高地位者の消費スタイルである，とするこのオムニボア仮説は，近年，多くの先進社会でその有効性が示されている．

●**日本における階級的消費をめぐる事例**　現代の日本では文化消費・ライフスタイルと社会的位置との間にはどのような関連が当てはまるのか．大衆文化が広く普及する日本社会においては階級的消費による社会的地位集団間の差異化は弱い，もしくは存在しない，との見方も根強い一方，地位と結びついた消費スタイルの差違が観察されるとの議論がある（小沢 1985；渡辺・タラコプロダクション 1984；宮島・藤田 1991；近藤 2011 ほか）．消費は社会的地位に関連する現象であるとするモデルは今日その有効性を失っていない． ［中井美樹］

📖 参考文献

[1] Veblen, T., 1899, *The Theory of the Leisure Class*, Macmillan.（小原敬士訳，1961，『有閑階級の理論』岩波書店．）

階層イメージ

●**階層イメージの発見** 「階層イメージ」とは，階層構造に対して実際に人々がもつイメージのことである．階層イメージとしては，「階層システムがいくつの，どのような具体的階層からなっているかについてのイメージ」である「階層構成イメージ」と，「それぞれの階層の人的な分布状態に関するイメージ」である「階層分布イメージ」に分けることができる（髙坂 2006）．このなかでも特に階層構成イメージについて経験的な知見からモデル化が先行して進められてきた．以下では主に，「階層構成イメージ」についてのモデルを紹介する．

A. デイヴィス（Davis）らは，古典的なコミュニティ研究 *Deep South* において，他のさまざまなトピックとともにコミュニティの階層構造，そして人々の抱く階層イメージについても詳細な調査をしている（Davis et al.［1941］1988）．その結果，デイヴィスらは人々の抱く階層イメージに関する重要な知見を見出した．それは，「客観的な」階層構造からのある種の規則性を伴った「歪み」の存在である．

●**ファラロ・モデルによる説明** T. ファラロ（Fararo）は，デイヴィスらの発見した階層イメージの特徴が生じるメカニズムを数理モデルによって説明した（Fararo 1973）．

ファラロはデイヴィスらの発見した階層イメージの基本的性質を次のようにまとめている．①階層イメージは現実の階層構造を，順序を保持したまま分割したものである，②階層イメージは現実の階層構造における自己の位置に規定される，③階層イメージ上の区分は，他者の所属階層と自己との社会的距離が遠ければ遠いほど曖昧になっていく．

ファラロ・モデルは，階層イメージのこれらの特徴を，現実の階層構造から階層イメージへの一つの「順序準同型写像」としてモデル化した．モデルの公理群は大きくは，多次元階層構造，他者との出会いによるイメージ形成，節約的な認識過程の三つを仮定する．具体的には以下のような仮定である．①現実の階層構造はいくつかの階層評価次元からなっており，各次元はいくつかのランクで構成される．さらに評価次元の間でも重要度による順序づけがなされている．②行為者は社会において他者と出会い，自他の階層的地位を比較することで階層イメージを形成していく．③自他の階層的地位の比較においては，重要度の高い次元から順に次元を「スキャン」し，自分よりランクが高いか低いと判断できた時点で他者の地位の階層イメージ上の位置を確定させる．

このような他者との出会いにおけるヒューリスティックな認識プロセスの結果，階層構造上の自己の位置に規定されたバイアスのある階層イメージが形成さ

●**FKモデルへの展開とさらなる応用**　ファラロと髙坂健次はファラロ・モデルを発展させ，階層における自己の順序的な位置づけ，つまり階層帰属意識の分布を説明するモデルへと拡張した．これがFKモデルという呼び名で知られるモデルである（Fararo and Kosaka 2003；髙坂 2006）．

階層帰属意識とは，自己の所属する階層のランクについての意識であり，階層意識の中核に位置するものである．日本においては，1970年代以降安定して「中」意識に集中する分布を示している．さらに，国際比較においても多くの国で「中集中型分布」を示すことが知られている．「中」意識肥大化という経験的事実については，さまざまな仮説が提案され，また計量的な研究も盛んになされている．そのなかでFKモデルは，公理論的なフォーマル・セオリーの立場からこのパズルに一つの解答を与えている．

ファラロ・モデルの仮定のもとで形成される階層イメージを前提として，人々は自らの階層ランクを判断するものと考える．そうすると，ある個人の階層イメージ上の階層ランクは，その個人の各次元上のランクの総和（を規格化した尺度）として予測することができる．そして，数学的には確率分布の「たたみ込み」によって，さらには，一般的には中心極限定理によって，次元の数が十分に大きければ階層ランクの分布（階層帰属意識分布）が「中」に集中し，正規分布に近似することがいえる（与謝野 1996；Ishida 2012；Hamada 2012）．つまり，人々のヒューリスティックな認知傾向を前提として，頑健な「中」意識傾向を理論的に導くことができるのである．これが，「中」意識肥大化という経験的事実に対するFKモデルによる解答となる．

さらに，各次元の総和としての階層帰属意識というFKモデルの導出は，各次元のパラメータを固定した，階層帰属意識の線形予測モデルともみなすことができる．つまり，FKモデルは，階層帰属意識などの意識変数を線形モデルで記述しようとするオーソドックスな計量意識研究に対して，一つの理論的正当化を与えているといえる（浜田 2012）．

FKモデルは数理社会学において一つの範例的なモデルとなっており，このモデルをベースとして，モデル拡張と応用を試みるさまざまな発展的研究がなされている．

［石田 淳］

📖 **参考文献**

[1] Fararo, T. J., 1973, *Mathematical Sociology*, Wiley.（西田春彦・安田三郎監訳，1980，『数理社会学Ⅰ・Ⅱ』紀伊國屋書店．）
[2] Fararo, T. J. and K. Kosaka, 2003, *Generating Images of Stratification*, Kluwer Academic．
[3] 髙坂健次，2006，『社会学におけるフォーマル・セオリー——階層イメージに関するFKモデル（改訂版）』ハーベスト社．

階層帰属意識

●**主観に映った階級・階層** 階級・階層意識研究は階級・階層の構造と社会意識の関係を扱う研究分野であり，英語圏においては，社会学的社会心理学とよばれる領域の一角を構成している．階層帰属意識はこの分野における最も主要な概念であり，とりわけ日本国内において階級・階層の姿を論じる研究の焦点となってきた．

K. マルクス（Marx）は，階級と意識の関係性について「物質的生活の生産様式が社会的，政治的および精神的な生活のプロセス一般を制約している」（Marx 1859：訳258）として，即自的階級の自覚（アイデンティフィケーション）こそが，社会関係構造と社会意識をつなぐ結節的な要素であるとみた．階層帰属意識の有用性はこの言説に由来する．

日本に本格的な社会調査が導入された1950年代には，このマルクスのいう階級意識形成過程が確かな実態を伴っていた．そして，とりわけ社会の最下層に暮らしている人々に社会変革の主体としての期待がもたれ，労働者階級の心のあり方が階級・階層研究の主要論点とされた．

やがて経済成長によって豊かさの水準が上昇していくにつれて，階級・階層のメルクマールは中間層の生活のあり方や彼らの階層のとらえ方へと移り変わっていった．この時期，尾高邦雄や安田三郎は階層調査において「中間階層」「中産階級」「中流階級」など多様な階級集団名を対象者に投げかけ，日本人の心のかたちに合う言葉を探った．その結果，最も妥当な問いとして生き残ったのが，研究者側が示す上下の「層」に対する人々の帰属認識を問う質問項目であった．

高度経済成長後の1970年代中盤になると，日本人は急速な変動の後に至った自分たちの姿を知ることを望み，同時に新しい社会のなかでの自身のアイデンティティの帰属先を希求した．ちょうどそのとき，複数の継続調査の階層帰属意識の回答において「下」が減って「中」回答が7～9割を占めるようになる変化が見出された．この数字は大きく報道され，一般社会の反響をよんだ．この「中」意識の増大には，日本社会が平和で，豊かで，平準で，平等な状態に至ったことの証左という意味づけがしばしば与えられた．この言説ブームは「総中流現象」あるいは「一億総中流」とよばれている．

バブル経済を経て21世紀に入ってからは，一転して格差社会がいわれるようになったが，ここでもやはり人々の社会における位置づけの認知，すなわち格差意識は重要な論点であり続けている．階層帰属意識は，戦後日本社会の時代の変化を一貫した質問項目によって解析することが可能な，稀有な研究対象である．

●**時代をはかる計量分析** 階層帰属意識とは，「仮に日本社会の全体を，この表

にある5つの層に分けるとすれば，あなたご自身はどれに入ると思いますか」という問いに対して「上」「中の上」「中の下」「下の上」「下の下」という5つの選択肢から回答を求める意識項目を指す（SSM調査やSSP調査などの場合）．これは中間回答の多さから「中」意識というようにも通称されている．

　階層帰属意識は，自らの産業社会における位置づけ，すなわち地位アイデンティフィケーションを扱うための指標である．地位アイデンティフィケーションは，主観のなかにある階層の姿を再帰的に描き出したものであり，かつ現代人の主体的行動の基点でもある．それゆえに階層帰属意識の組成や性質の計量的・実態把握は，階層構造が社会意識論に及ぼす作用の方向性と強さを知るためのプロトタイプとしての意義をもつ．

　ただし欧米においては，地位アイデンティフィケーションの指標として広く用いられるのは，「上層階級（アッパークラス）」「中流階級（ミドルクラス）」「労働者階級（ワーキングクラス）」「下層階級（ロウワークラス）」というように実在する階級集団への帰属心を問う階級帰属意識である．これに対して，日本の5段階階層帰属意識は，あくまで研究者の側から示された「層」への帰属を意味しており，戦後日本社会では大きな社会的な関心対象であり続けたものの，必ずしも階級・階層研究の国際的な論点とは重ならない．

　この分野の実証研究では，かつては階層帰属意識の度数分布を時点間比較して，それを社会変動の軌跡と関連づけた議論がなされ，時代ごとの階層の形状変化の様態がジャーナリスティックな注目を浴びた．

　しかし現在の調査計量研究では，このような素朴実在反映論はもはや主要な争点とはいえず，これに代わり，階層帰属意識を予測・規定する要因として，学歴，職業的地位，経済的地位，家族の地位などのうちのどれがどの程度の影響力をもっているのかを論じる多変量因果分析に基づいた議論が蓄積されつつある．その代表的なものが，1970年代以降の日本人の地位アイデンティフィケーションが，次第に階層的地位との直接的な結びつきを強めつつあり，かつての幻影的平準状況から覚醒的格差状況に変化してきたとみる「静かな変容」理論である．

●**数理研究と調査計量の架橋**　階層帰属意識をめぐる研究で見逃してはならないのは，数理研究の展開である．T. J. ファラロ（Fararo）・髙坂健次によるミクロな判断とマクロな階層分布の関係を示した数理モデル（FKモデル）を嚆矢として，さまざまな演繹的なメカニズム解明が進められ，調査計量との補完関係をなしている．　　　　　　　　　　　　　　　　　　　　　　　　　　［吉川　徹］

📖 参考文献
[1]　吉川　徹，2014，『現代日本の「社会の心」——計量社会意識論』有斐閣．
[2]　数土直紀編，2015，『階層意識の新次元』有斐閣．
[3]　濱田　宏，2007，『格差のメカニズム——数理社会学的アプローチ』勁草書房．

労働市場と格差

●**労働市場の「発見」** 労働市場とは労働者が仕事や雇い主と出会い賃金や労働条件を交渉する場，あるいは，そのようなマッチングと仕事の詳細が決定されるシステムのことである．労働市場という名前は，このシステムが商品の市場と類似していることに由来する．それゆえ，経済学で主に扱われる概念であったが，1970 年代から社会学者の関心を引くようになった．社会学では，階級，地位，社会移動，といったテーマのもとに経済力や威信の格差が研究されてきたが，1970 年代当時，人種，性別による格差が十分には説明できないことが問題となっていた．教育年数や就業経験年数のような人的資本を示す変数をコントロールしても残る人種や性別による格差は，差別や偏見のような非近代的な要因によって生じるとされたが，それだけでは具体的にどのようなメカニズムで格差が生じるのか不明である．そこで当時，制度派やマルクス主義の経済学が用いていた二重労働市場という概念を社会学に持ち込むことで，格差メカニズムの解明が試みられるようになった．

●**二重労働市場** 労働市場は商品の市場と似た点もあるが，異なる点もある．そのような相違点の一つが内部労働市場の存在である．典型的な内部労働市場とは，企業の内部に，複数の職階（例えば平社員，課長，部長）があり，新しく雇われた者はその職階の一番下の仕事（平社員）に就き，上の職階の職に空席ができると，企業の外部ではなく企業内の同じ職階かその直下の職階から労働者を異動/昇進させることで空席を埋めるようなシステムのことである．このような労働組織内部の昇進/異動の制度を内部労働市場とよぶのは，これもまた労働者と仕事をマッチングするシステムだからである．これに対して，企業内部の労働者の職階も人事異動による人員の補充もないような労働市場を外部労働市場という．外部労働市場の典型は日雇い労働者の労働市場である．

典型的な内部労働市場においては，上の職階ほどオンザジョブトレーニングによって培われる企業特殊的人的資本（その企業内部で特に役立つ知識や経験）が必要とされるので，それが上の職階の賃金を高める．そのような知識や経験の持ち主は企業の外部でみつけることは困難なので，解雇されにくい．こうして内部労働市場には安定した賃金の高い職からなるキャリアの階段が形成されやすいのに対して，外部労働市場の仕事は不安定で低賃金であることが多い（Doeringer and Piore 1971）．ただし，このような概念化およびこの後の議論はすべて理念型的なものであり，実際の労働市場は非常に多様で上の典型とはしばしば異なることが確認されている．

上のように高度な知識と経験をもつ労働者が安定した高収入の仕事を享受するような労働市場を第一次労働市場，低スキルの労働者が不安定で低収入の仕事にあまんじる労働市場を第二次労働市場といい，このような二重構造の労働市場を二重労働市場という．すでに述べたように，第一次労働市場は内部労働市場と，第二次労働市場は外部労働市場とかなり重なるが，完全に一致するわけではない．第一次労働市場には白人（日本であれば日本人）の成人男性が就きやすく，第二次労働市場には黒人，移民，女性や子ども，高齢者が就きやすい．いったん第二次労働市場に入った労働者が第一次労働市場に移動することは容易ではなく，年をとるにつれますます難しくなっていく．なぜなら，第一次労働市場ではオンザジョブトレーニングを通してさらに高い知識や経験を得ることができるのに対して，第二次労働市場ではそのような機会が限られているからである．このような性別や人種，年齢による格差は労働者の側がもともともっていた人的資本のレベルや生活上のニーズによる部分もあるが，雇い主の側の偏見や意図的な労働者の分断，企業内部の規則など，いくつかの要因によっても形成されているという（Reich et al. 1973）．

●**二重経済と社会的閉鎖化**　このような二重労働市場が発展した背景の一つが，二重経済である．経済活動のなかには，最先端の技術と大規模な工場，それらを運用する高度なスキルと経験が必要な産業もあれば，技術や資本はあまり必要ではなく，低スキルの労働者がいればできる産業もある．前者の産業では政府の支援を受けた独占的な大企業が高い生産性を背景に内部／第一次労働市場を発展させやすいが，後者の産業では小規模な企業による外部／第二次労働市場が広がりやすいという．このような産業の二重構造を二重経済とよぶ（Beck et al. 1978）．

　また，労働組合や同業者団体といった労働者の組織も，第一次労働市場を閉鎖的にする役割を果たすことがある．これらの組織は新規参入者の数を制限し，仲間どうしの競争を抑制し，雇用と賃金の安定を高めようとする（Weber 1921-22c, 1921-22d, 1921-22e）．このような行為を社会的閉鎖化という．例えば法律家や医師は国家資格によってその数が制限されているが，資格試験を支配するのは法律家や医師の団体である．そのため，この種の団体は資格保有者を限定し同業者同士の競争を制限することで自分たちの利益を永続化しやすい（Collins 1979）．また正社員中心の労働組合は非正社員（第二次労働市場の労働者）の低賃金と解雇を容認するのと引き換えに正社員（第一次労働市場の労働者）の賃金と雇用を守ろうとすることがある（太郎丸 2009）．　　　　　　　　　　［太郎丸　博］

📖 **参考文献**
[1] 竹ノ下弘久，2013，『仕事と不平等の社会学』弘文堂．
[2] 太郎丸　博，2009，『若年非正規雇用の社会学――階層・ジェンダー・グローバル化』大阪大学出版会．

結婚と階層結合

●**階層結合としての結婚がもつ意味** 世の中の開放性をみるにあたり，親子間の社会的な地位の違い／類似の程度を検討する社会移動の研究は，実証計量研究の発展とともに戦後，活発に展開されてきた．それは，親（父親が主）の社会的地位を個人がどの程度の豊かな家庭でどのような生活スタイルのもとで生育したかの指標として，出身階層が及ぼす彼／彼女の社会的地位への影響に着目する．例えば，社会的に高い地位につく確率が，貧しい家庭に生まれた者も豊かな家庭にあった者も同じであれば，世の中は開放的だとみなす根拠になる．

社会的地位の移動を見る場合には二つのチャネルがある．一つは職業に代表される労働市場における地位に着目するもので，もう一つは結婚に着目するものである．後者では，夫婦それぞれの出身階層の結びつきを階層結合ととらえて，出身階層がどの程度似通っているかをもって社会の開放性の一指標とする．結婚による社会移動は，労働市場を中心に検討されてきた伝統的な社会移動研究に女性を組み込む際のもう一つのチャネルであった．女性は男性ほど労働市場との結びつきが継続的でなかったことから，女性にとっての社会移動を見る場合のもう一つの指標として，結婚による移動に注意が注がれた．父親の職業によって代表される出身階層と結婚相手（夫）の職業の比較が，社会的地位の組み合わせのパターンとして検討される．

D. グラス（Glass ed. 1954）は，早い時期に結婚による社会移動に注目して，社会構造の開放性を検討した研究者の一人である．ここでは，類似する社会的背景をもつ者同士が結婚（結合）する傾向／程度が，社会の開放性や流動性を表す指標の一つとみなされた．似通った出身階層同士の結婚（同類婚）は社会階層の基礎単位である家族／世帯の同質性を高め，社会階層の固定化につながる（Lipset and Bendix 1959 ; Blau and Duncan 1967）．M. カルミン（Kalmijn 1991）は，同類婚の程度が社会の開放性を評価する一つの指標になるとする．

例えば，A. ヒース（Health 1981）は，職業による社会移動が出身階層の影響を受けるのに対して，結婚による社会移動は出身階層の影響を受ける程度が低く，社会の開放性を高くするとした．しかしながら，結婚によって社会が開放的になるという知見は，現時点で実証的に支持されてはいない．

●**結婚を通した社会移動の中味** 階層結合としての結婚に着目する場合，二つの属性が着目されてきた．一つは生まれ育った家庭環境を表す出身階層であり，もう一つは学歴である（渡邊・近藤 1990 ; 志田ほか 2000 ; Kalmijn 1991 ; Mare 1991）．

第一の出身階層に注目した階層結合において，例えば，似通った出身階層間の結婚は「つりあい」とも評されて，望ましい組み合わせとみなされた．結婚相手に出会ったきっかけは，国立社会保障・人口問題研究所が実施した「第14回出生動向基本調査」(2010)によると，1980年代初めには3割近くの者が見合いだと回答していたのに対し，2010年では5.2％の少数派となり，多数派が恋愛となった．この出会いの形が変化したことは，例えば，出身階層間の「つりあい」をそれほど重要視しなくなったことに通じるのかというと，実際にはそうではない．第二の学歴に注目した婚姻結合についても，例えば，高学歴者同士の結婚は多数派であって，高学歴化が進むなか結婚市場は分断化される傾向がある．R.メア（Mare 1991）は，大学で将来の配偶者を見つける傾向を確認し，高等教育への進学が結婚市場としても機能することを指摘した．

　さらに，一組の夫婦に子が誕生した場合，どのようにその子を育てていくのか，という長い時間枠のなかで階層結合の結果を子世代に着目して検討する見方がある．例えば，裕福な家庭環境に育った子どもの学業成績や入学する大学銘柄は，恵まれない家庭（貧困家庭）に育った子どもに比べて高い傾向にある．わが子への教育投資は経済的に恵まれているからだけではなく，自らの高い社会的地位を子どもに継承することを確実にするために，子どもへの教育投資が促される，というメカニズムが浮かび上がってくる．事実，高学歴カップルが費やす子どもへの教育関連費は高い（白波瀬 2011）．

●**現代日本における結婚に関する課題**　階層結合としての結婚という視点から現代日本が抱える課題をみてみると，一つは上でも述べた親の階層結合の結果が，子世代の晩婚化・未婚化にも影響しうるといった問題である．具体的には，恵まれない家庭に生まれると，学歴が低く，不安定な職に就く傾向が高く，独り立ちできずに自らの家庭を築くまでに至らない，といった場合である．子の結婚行動に，出身階層のもとになる親の階層結合の影響が継続する．

　さらには，階層単位としての世帯の問題がある．例えば，離婚は階層結合の終焉であり，夫婦の組み合わせからだけでは出身階層をはかり得なくなったことを意味する．特に，母子家庭の子どもの貧困は深刻で，生まれ落ちた環境が子どもたちの将来を左右する．

　伝統的な階層結合の枠組みは，二人の男女（ここでは同性婚については言及しない）の階層上の地位が一つに「結合」し，世帯の同質的な運命共同体としての側面が強調されたが，現実はそうではない（Acker 1971）．結婚を階層結合として検討することの最終的な目標が社会の開放性，不平等構造の検討にあるとすれば，階層結合という場面や定義それ自体も現代社会に対応した再考が必要なときにきている．

［白波瀬佐和子］

健康と格差

●社会疫学の成立 人々の健康状態を集合的に把握し，健康の社会的決定要因を解明する医学は，社会疫学とよばれる．社会疫学への関心は，産業革命が進展し，都市部の労働者階級が不衛生な環境に置かれた19世紀半ばのイギリスで誕生した．この当時の労働者の境遇は，F. エンゲルス (Engels 1845) によっても記述されている．彼は，イギリスの都市労働者階級では，不衛生な空気や水，栄養状態の悪さによる伝染病の蔓延に加えて，飲酒に代表される労働者自身の生活習慣によって死亡率が高くなっていることを指摘し，その最終的な原因がブルジョア階級によるプロレタリアートの搾取にあり，「社会的殺人」に等しいとみた．こうした都市環境の本格的な疫学研究は，E. チャドゥック (Chadwick 1842) による『衛生リポート』を嚆矢とする．このリポートも，大気と水の汚染が労働者の死亡率を高めていることを指摘し，1848年の公衆衛生法制定の契機となった．

その後，19世紀後半の医学は，コッホによるコレラ菌などの発見により細菌学が主流を占め，病原体こそ疾病の原因であるとする「単一要因説」が影響力をもった．その結果，病因研究も病原体の発見に集中し，社会が健康に影響を及ぼすという視点は背後に退いていった．

しかし，20世紀には感染症への予防医学の発展によって，先進国の主要死因が感染症から生活習慣病に移ると，「単一要因説」に代わって「多要因疾患モデル」すなわち疾病は複数の危険因子が複雑に絡み合って生じるという考え方が確立された．このモデルでは，生活習慣に加えて，その背後にある社会階層的要因（所得，職業，学歴など）も考察の対象となった．そして，社会と個人の危険因子を入れ子として考える「マルチレベル疫学」(Susser and Susser 1996a, 1996b) の提唱により，社会階層と健康格差の問題を統計的モデルによって考察する社会疫学が成立した（本庄 2007）．

●「社会階層と健康」研究の発展 こうした健康格差の問題について国レベルで大規模な調査が最初に行われたのは，イギリスの「ブラック・レポート」である．この調査によると，男女とも全年齢層にわたって，死亡率に社会階層による格差があるだけでなく，こうした格差は医療サービスへのアクセスにもみられ，労働者階級が予防サービスを利用しないのは，彼らの居住地域におけるヘルスサービスの不十分さによる，とされた（早坂 2001）．

こうして貧困の撲滅や生活環境の改善が健康格差をなくすと考えられていたが，これを覆す研究もイギリスで行われた．それが，「ホワイトホール調査」である．この調査の対象者は，中央官庁（ホワイトホール）に勤務する公務員であ

り，彼らは貧困層に属する人々ではない．しかし，この公務員の内部にも職位による心疾患の有病率や死亡率の格差が見出された．この結果は，健康格差が肉体労働者（ブルーカラー）などの低階層だけの問題ではなく，公務員（ホワイトカラー）内部の職位も含めた社会階層全体から影響を受けることを示すものであり，健康とは連続的な勾配をもった社会的格差に従うという「ステータス症候群」という概念も誕生した（Marmot 2004）．

さらにアメリカでは I. カワチ（Kawachi）らが，マクロな社会指標を用いて，所得の格差だけでなく，社会関係資本の保有における不平等度が，乳幼児死亡率や平均寿命などの健康指標にも影響を与えることを明らかにしている（Kawachi and Kenedy 2002）．それによると，経済的資源や社会関係資本が不平等に配分されている地域（国や州など）ほど不健康な人々が多いという．社会関係資本についていえば，他者への信頼度が高く，社会参加が活発な地域ほど，社会民主主義的な再配分政策が受け入れられやすいので，貧困層に対する公衆衛生政策や予防医学の徹底などを通じて，人々の健康が維持される傾向にあるという．

●「社会階層と健康」研究の課題　こうして，社会疫学は，健康格差の発生メカニズムを，社会構造−個人の行動（職業活動，生活習慣など）−健康/疾病という重層構造のなかでとらえ，社会構造が健康に影響を及ぼす媒介メカニズムを特定しようとする．この点では，社会階層と疾病につながる生理的要因を結びつける「ストレス科学」の確立が社会疫学に理論的基盤を与えた（川上 2006）．

そのなかでも，職業性ストレスについては，代表的モデルとして「努力−報酬不均衡モデル）」（Siegrist 1996）と「要求度−コントロール・モデル」（Karasek and Theorell 1990）がある．前者では，仕事における努力と報酬の不均衡がストレスを生むと仮定されている．後者では，仕事の要求度が高いにもかかわらず，自己裁量の余地が少ない「高ストレイン」な状況からストレスの発生が説明される．

日本では，こうした健康格差に関する学際的研究は緒についたばかりだが，今後の研究課題として，①社会階層が健康に影響する経路における媒介要因の解明，②階層が健康格差もたらす過程へのライフコース・アプローチ，③階層の健康への影響をマルチレベルでとらえる視点，④社会階層と健康の双方向的関係の解明があげられている（川上・橋本 2015）．「社会階層と健康」の研究は，今後データを蓄積させることによって，発展が期待される学際的領域である．

[片瀬一男]

📖 **参考文献**
[1] 川上憲人ほか編，2006,『社会格差と健康——社会疫学からのアプローチ』東京大学出版会．
[2] 川上憲人ほか編，2015,『社会と健康——健康格差解消に向けた統合科学的アプローチ』東京大学出版会．

教育格差と文化

●**教育格差と文化をめぐる議論の背景** 教育は，文化伝達を通じて次世代の担い手を育てる社会化の営みである．近代以前の教育的な働きかけの多くは日常生活に埋め込まれ，どのような文化を獲得するかは各人の所属する社会集団で大きく異なっていた．意図的・計画的に教育を行う組織である学校も近代以前から存在していたが，どの学校に通うかは社会集団によって違い，学校に行かず一人前になる人々も多数存在していた．こうした状況においては，教育の経験やそこで身につけた文化に違いがあることは当然で，教育上の格差が問題視されることはなかった．近代社会の到来に伴って身分制が解体し，生まれではなく個々人の能力に応じて社会的な地位が配分されるメリトクラシーが浸透すると，教育の成果が各人のライフ・チャンスを大きく左右するようになる．義務教育制度が普及し，その後も学校で教育を受ける人の数が増大するなかで，共通の文化的資源を身につけた程度に応じて職業上の地位などの社会経済的地位がかなりの程度規定される状況が到来するのである．学業達成にみられる差が社会的に対処しなければならない格差として問題視されるのは，この段階以降である．

●**教育格差と文化** 近代以降の教育，とりわけ学校教育制度は，これまで果たしてきた社会化に加えて，人々を選抜しその結果を正統なものとして受容させる機能を担うことになった．こうした変化を踏まえて教育格差と文化をめぐる議論を整理すると，以下に示す三つの格差（差異）をめぐる問題が重要になる．

第一に，学校が伝達する文化と学習者がそれ以前に家庭で身につけた文化との差異に起因する問題がある．学校が伝えようとする文化になじみがない者は，学業で成功を収めることが難しい．また，労働者階級出身者にみられるように，学校的な文化とは異なる論理をもつ文化的環境で育つ子どものなかには，学校や教師に激しく反発し学業達成をめぐる競争から自ら離脱する者もいる（Willis 1977）．さらに，次世代に継承すべき「優れた」文化を伝達する役割を担う学校教育は，普遍性の名のもとに，実際は特定の社会集団が占有している文化的な資源を万人が習得すべき正統なものとして受容するよう促すことがある．教育上の格差が，本人の才能や努力に起因するやむを得ない結果として受けとめられがちなのはそのためである（Bourdieu et Passeron 1970）．

第二に，先に述べた教育を通じた象徴的支配によって学歴を能力の指標とみなすメリトクラシーが浸透した社会においては，学業達成の度合いがその生活に多大な影響をもたらす．教育を受けることで獲得した文化的な資源の差は，それが能力の証しとみなされることで離学後の社会経済上の格差と密接に結びつく．各

種の調査は学歴が高いほど，また同じ学歴でも威信の高い学校を卒業した者ほどより高い社会的地位を獲得する傾向を明らかにしてきた（平沢 2012 など）．また，近年は非典型雇用に従事する者が増加し，雇用の不安定化が進行しているが，高学歴者ほど不安定な雇用状況に陥るリスクが低い（小杉 2003 など）．身分制と比べるとメリトクラシーはより公平な地位配分原理だが，学校で成功するか否かは，それ以前の家庭的な環境によって大きく左右される．自分では選べない出自の違いが学業達成を規定し，そのことが生涯にわたるライフ・チャンスを左右する事態は是正されるべき重要な問題である．

第三に，経済的な格差が教育上の格差に転化するメカニズム，すなわち経済資本と文化資本の変換に関する問題を指摘できる．例えば塾に代表される学校外教育サービスが普及すると，経済的にゆとりがある保護者は子どもの学習を補助する手立てを購入できる．高い学費を負担しなければならない威信の高い私立学校の存在も，学業達成と保護者の経済力が密接に結びつくことを表す事例である．また，欧米の多くの国と比べて日本では高等教育における家計の負担が非常に重く，そのことが進学における経済的障壁になっている．文化を獲得する営みに家庭の経済状況がどのような影響を与えるのかは，教育格差を論じる際の重要な論点である．また，階級によって教育期待が異なるなど，文化的要因が教育への投資を規定する問題も議論する必要がある．

●**今日における教育格差と文化をめぐる諸問題** 上に述べた論点のうち，近年特に注目を集めているのは，第三の論点である．2000年代の半ばから子どもの貧困が社会問題化し，経済上の格差が教育を経由して貧困の世代間再生産をもたらす事態への対応が求められることになった．また，文部科学省による全国学力・学習状況調査の一環として 2013 年に実施された「きめの細かい調査」では，保護者の学歴や所得から測定された社会経済的地位（Socio-Economic Status：SES）が子どもたちの学力テストの得点を左右することが全国を代表するサンプルで実証された（文部科学省 2014）．三つの論点はどれも重要だが，1990 年代以降に経済の長期停滞と雇用の不安定化を経験したわが国では，経済上の格差が教育格差に転換するメカニズムの解明とそれへの対応が喫緊の課題となっている．

［山田哲也］

📖 参考文献

[1] Bernstein, B., 1996, *Pedagogy, Symbolic Control and Identity: Theory, Reserch, Critique*, Taylor & Francis.（久冨善之ほか訳，2000,『〈教育〉の社会学理論——象徴統制，〈教育〉の言説，アイデンティティ』法政大学出版局.）
[2] Bourdieu, P. et J. C. Passeron, 1964, *Les Héritiers: les étudiants et la culture*, Éditions de Minuit.（戸田 清ほか訳，1997,『遺産相続者たち——学生と文化』藤原書店.）
[3] 苅谷剛彦・志水宏吉編，2004,『学力の社会学——調査が示す学力の変化と学習の課題』岩波書店.

教育格差の合理的選択モデル

●モデルの生まれた背景 19世紀から20世紀にかけて社会階級や社会階層の研究に多大な影響を及ぼしたマルクス主義理論と近代化理論は，前者が階級闘争とプロレタリア革命を，後者が産業化の進展による社会の流動化を主張した点で対立するが，どちらも実際には生じなかった社会変容を予想した点で共通する（Goldthorpe 2000）．方法論的個人主義の立場からすれば，このように誤った予測がなされたのは，両者がマクロな社会現象をマクロな水準にとどまったまま理解しようとしたからである．これに対し，方法論的個人主義は，M. ウェーバー（Weber）の理解社会学（1913）以来の認識枠組みに基づき，マクロな社会現象を，動機をもった個々人の行為の集積から解明しようとする（Boudon 1990）．この立場に立つ研究では，ミクロな個々人の合理的な行為選択からの演繹によって社会現象を説明しようとする合理的選択理論（盛山 1997）の形式を用いることが多い．そのような理論的系譜に位置づけられる，R. ブードン（Boudon 1973）のIEO（教育機会不平等）モデルは，教育機会の不平等に関する合理的選択モデルの代表といえる．

IEO モデルが生み出された理由には，教育機会の不平等に関する当時の支配的理論が，その原因を特定要因にのみ帰着させる「単一的要因理論」に陥っているとする，ブードンの批判的認識もあった．教育機会の不平等は，本来，多様な要因が複雑に絡み合った結果として生じるものである．にもかかわらず，単一要因から説明することに固執すれば，理論に合わない現状に対して場当たり的に追加要因を導入しなければならない．これを問題視したブードンは要因論とは異なるアプローチから説明を試みた．

●ブードンの IEO モデル ブードンの IEO モデルとは，教育における不平等を「文化的遺産のメカニズム（一次効果）」と「社会的位置に応じた決定のメカニズム（二次効果）」から説明しようとしたものである．ここで一次効果とは階層ごとに学業成績などの分布が異なることを指し，二次効果とは成績などが同じでも階層によって残存率（＝進級・進学率）が異なることに対応する．ブードンは，学校教育制度に残存するか否かの選択が進級や進学のたびに繰り返されること（二次効果の累積）によって，教育不平等が形成されていく側面を重視した．

二次効果が生じるのは以下の理由による．ある分岐点において残存するか否かの選択は，誰にとっても，学業成績などによって定義される決定空間において，費用・危険・利益の関数である効用の合理的判断に基づいて行われる．ところが，ある残存の費用・危険・利益は，個人の社会的位置（Keller and Zavalloni 1964）

によって異なるため，合理的意思決定の結果として，残存率の階層差が生じるのである．

ブードンはIEOモデルによるシミュレーションの結果が過去の教育統計に表れる諸傾向と一致すること，一次効果を完全に除去しても二次効果のみによって大きな不平等が生み出され得ることを示し，従来の研究が文化的遺産の現象に過度な重要性を与える傾向にあったと批判した．なおブードンは，教育機会の不平等は時間とともに減少するというシミュレーションの結果も示したが，この認識には批判的な見解が示されている（Hauser 1976 など）．

● IEO モデル後の展開　ブードンのIEOモデルにおけるシミュレーションの恣意性を排し，数理モデルとしての精度を上げようとする初期の試みにT. J. ファラロと髙坂健次（Fararo and Kosaka 1976）がある．同様の試みとして近年注目を集めているのがR. ブリーンとJ. H. ゴールドソープ（Breen and Goldthorpe 1997）のモデル（以下，BGモデル）である．

BGモデルの特徴は，人々は自分の子どもが自分より下の階層に下降移動する確率を最小化するような教育選択を行うと仮定した点にあり，ここから，相対的リスク回避仮説（RRA仮説）とよばれている．注意が必要なのは，BGモデルでは，家庭背景による文化の差を想定せず，こうした性向はどの階層も同様にもつと想定している点である．同じ性向をもちつつも，準拠点となる社会的位置が異なるため，結果的に教育期待水準の階層差が観察されるとの理解は，上記のとおり，ブードンから引き継がれたものである．なお吉川徹（2006）は，成熟した学歴社会である現代日本社会では，人々が下降移動を回避しようとするのは親の職業ではなく学歴であるとする学歴下降回避説を提唱している．

RRA仮説の妥当性を実証的に検証しようとする試みは国内外を問わず多数ある．しかしながら，合理的選択モデルとしてのBGモデルには，その適否を検証する確定した方法が存在しないため，得られた検証結果は一貫していない．なお，仮に実証的なデータ分析の結果が仮説に適合的であっても，実際の行為者がモデルの想定したメカニズムに従って行為したことが証明されるわけではない．こうした問題意識から，相対的リスク回避の心理を直接に測定した検証の試みもある．ただし，これらは合理的選択モデルとしてのBGモデルの展開ではない．これに対し，合理的選択理論に基づく数理モデルとしての側面からモデルのさらなる修正を試みた例もある（Breen and Yaish 2006）．　　　　　　　　　　　［荒牧草平］

参考文献

[1] Boudon, R., 1973, *L'inégalité des chances: La mobilité sociale dans les sociétés industrielles*, Librairie Armand Colin.（杉本一郎ほか訳，1983,『機会の不平等――産業社会における教育と社会移動』新曜社．）

[2] Breen, R. and J. H. Goldthorpe, 1997, "Explaining Educational Differentials: Towards a Formal Rational Action Theory", *Rationality and Society*, 9(3): 275-305.

社会的分化とジニ係数

●**社会的分化の概念と不平等の測定** 人々の間で社会的地位に違いが生じることあるいはそのような違いが生じた状態を,「社会的分化」という. 社会的分化は,人々が社会関係のなかで果たすべき役割の違いによって形成される. そしてその役割は,年齢や職業などの属性によって異なる. 役割に違いをもたらす属性には,例えば性別のように本来は名義的でそのカテゴリーにランクづけがないものもあれば, 学歴のようにカテゴリー間のランクづけを前提にしているものもある. 前者のタイプの属性に人々がどのように分布しているかは, その社会における「異質性」の度合いを表している. これに対し, 後者のタイプの属性に関する分布を捉えることで, その社会における「不平等」を示すことができる (Blau 1977).

不平等の度合いを測定するためにさまざまな指標が提案されているけれども, そのなかで最もよく用いられるのがジニ係数である. これは C. ジニ (Gini) が個人所得の不平等度を表すために提案したもので, すべての人の所得が等しい完全平等状態のとき 0, ひとりだけが正の所得でそれ以外の人の所得が 0 という不平等度最大のとき $1-1/n$ (n は人数) になる. その値が大きければ大きいほど不平等であるといえるけれども, 同じ値をとるからといって分布が同じだとは限らないことに注意すべきである. なお, ジニ係数は世帯所得など個人以外のものの属性にも適用できるし, 所得以外の資源に関する不平等にも応用可能である.

●**ジニ係数の意味** ジニ係数の発想は, 個人間での所得の差をすべての可能なペアに関して計算し, その差の総和をとった後, ペアの数と平均所得とで除して標準化する, というものだった (Gini 1912). しかし, 所得分布における集中度を図示する手法としてすでに提案されていた, ローレンツ曲線 (Lorenz 1905) との関係も明らかになった. ローレンツ曲線は, 所得の低い順に個人を並べ, 累積相対度数 (累積人口比率) と累積所得比率を計算し, 累積相対度数 (横軸) と累積所得比率 (縦軸) を座標とする点を結んで描いたものである. ジニ係数の値は, 完全平等を表す線とローレンツ曲線とで囲まれた面積の 2 倍に等しい (Gini 1914).

ジニ係数はまた, 以下のように, 個人間格差の集計や分布の集中度の表現とは異なるさまざまな考え方を反映した不平等の指標と解釈することもできる (Kimura 1994; Sen [1973]1997). ①各個人の資源量をその順位で重みづけして総和を取り標準化. ②個人間比較において資源量が低い方と判定される回数で重みづけして各個人の資源量の総和をとり標準化. これは J. ロールズ (Rawls) の『正義論』(Rawls [1971]1999) における「マクシミン基準」に近いといえる. ③

個人間比較において各個人が感じる格差是正義務感の集計．④個人間比較において各個人が感じる抑うつ感あるいは妬みの集計．

　ジニ係数はさらに，不平等と他の理論概念との関係に光を当てるものでもある．例えば，社会における貧困を測定する指標が，貧困率（貧困状態と判定する基準である貧困線に比べ，それ以下の所得しか得ていない者の割合），所得ギャップ比（貧困線と貧困者の所得との差の総和を計算し，それと貧困者層での所得の総和との比をとったもの），および貧困者層における所得のジニ係数から構成できることが示されている（Sen 1976）．また，個人が抱く剥奪感が自分よりも所得の大きい人たちの総所得と自分よりも所得の大きい人たちの比率で決まるという考えに基づいて，社会全体での相対的剥奪の大きさを測定する指標を構成すると，それは平均所得とジニ係数との積に等しくなることも示されている（Yitzhaki 1979）．

●**教育の不平等**　ジニ係数を用いて，日本における教育の不平等の趨勢をみてみよう．1960～2010年の国勢調査データを利用し，各調査年次で25～34歳の男性の最終卒業学校（初等教育・中等教育・高等教育の3区分）の分布を調べ，獲得した教育量を標準教育年数で表すことにする．例えば1970年データから1936～1945年出生コーホートに関してローレンツ曲線を描くと，図1のようになる．このような図を各調査年次について作成し，面積からジニ係数を計算すると，その値は0.11（1960年），0.12（1970年），0.11（1980年），0.09（1990年），0.09（2000年），0.08（2010年），と推移していることがわかる．1970年以降，教育の不平等は少しずつ縮小しているといえる．

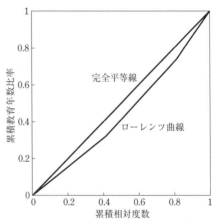

図1　1936～1945年出生コーホート男性の教育年数のローレンツ曲線
［出典：昭和45（1970）年国勢調査，25～34歳男性の最終卒業学校，「e-stat 政府統計の総合窓口ウェブサイト」に基づき作成］

　ただしこれは，結果の不平等の趨勢をとらえたものであることに注意が必要である．教育を受ける機会の不平等を測定するためには，他の方法を用いるのが適切である．　　　　　　　　　　　　　　　　　　　［木村邦博］

📖 **参考文献**

[1] Sen, A., [1973]1997, *On Economic Inequality*, expanded ed., Clarendon Press.（鈴村興太郎・須賀晃一訳，2000，『不平等の経済学』東洋経済新報社．）

社会階層の多次元性

●**多次元階層への注目**　近代社会における階層構造を多次元のものととらえた代表的な議論に，M. ウェーバー (Weber) の「身分と階級」(1921-22b) がある．ウェーバーは，財産の保有状況（財産階級），市場での利益獲得機会（営利階級），社会移動の可能性（社会階級）によって多様な階級的状況が区別されるとし，それぞれにおいて類似の利害状況にある人々の集合を「階級」とよんだ．また，経済的領域とは別に生活様式にも注目し，とりわけ教育や職業に対応した様式的な生活により社会的名誉（威信）を付与されている集団を「身分」として区別した．階級と身分は，党派とならび社会の権力分配において個別の次元をなすが，両者の間には部分的な重なりや対立が存在するとみなされている．

　他方，実証研究の世界でも階層構造の多次元性が早い時期から注目されている．例えば，社会移動研究の基礎を築いたとされる P. ソローキン (Sorokin) は，幾何学的空間とのアナロジーで人や事象に社会的な位置と距離を与える多次元空間を想定し，個人や集団を垂直的に位置づけている主要な形態として，経済的階層，政治的階層，職業的階層を区別している (Sorokin 1927)．また，それらの領域は互いに関連するものの必ずしも重なっているわけではないので，三つの領域を要約的にまとめて階級をとらえることは適当でなく，どれか一つの領域で階級を定義することも現実を過度に単純化するものだとして退けている．ウェーバーと同様に，ソローキンも階層構造の多次元性と時代や社会による次元間の関係の多様性を強調している．

　このように多次元階層の考えは，単一次元および単一指標による階層構造の把握に対抗して唱えられてきたもので，近代社会の複雑化あるいは脱階級化といわれる状況を背景に，その認識に応えるさまざまな社会分析を生み出す基盤となってきた．特に，多変量解析の手法が社会学の分野に導入されるようになった 1970 年代以降，階層と移動の研究領域で，この観点からの分析が積極的に行われるようになっている．

●**地位の結晶化・一貫性**　多次元階層の考え方に基づいて導かれた代表的な概念の一つに，G. E. レンスキー (Lenski) の「地位結晶化」あるいは「地位一貫性」がある (Lenski 1954)．レンスキーは，複数の垂直的次元における個人の位置の重なり程度を階層構造の水平的次元とみなし，そこにおける地位の結晶化あるいは一貫性の度合いが，垂直的次元を統制したときに人々の政治的態度や行動に影響を与えるという仮説を提示している．レンスキーのこの仮説は多くの研究関心を刺激し，社会移動の効果を地位非一貫性の観点から解釈したり (Hope 1975)，

全体社会の階層構造を地位結晶化の概念を用いて吟味するなど（Landecker 1981），階層と移動の研究に新しい試みをもたらした.

実際，多次元階層は社会の流動性に関係しており，社会が複雑化し，制度が多様化するほど，移動の多い中間層の領域で地位の脱結晶化が進むと予想される．しかし，従来の産業化理論は教育制度の発達が労働市場の合理化や効率化を促し，その範囲で地位の一貫性を高めていくと予想している．このような議論を背景に，教育，職業，所得などの地位変数の組合せに注目し，主成分分析やクラスター分析などの多変量解析を用いて，国際間および時点間の比較分析が行われている（今田・原 1977；Covello and Bollen 1979；富永・友枝 1986）.

●**社会空間分析への展開** レンスキーと同様に複数の階層次元の組み合わせに注目しながら，そこでの関係を一つの指標に要約するのではなく，関連の様態を構造的因果の観点から解釈しようとするものに P. ブルデュー（Bourdieu）の「社会空間」の概念がある（Bourdieu 1979）．ブルデューは，社会のさまざまな下位領域（界）に通用している資源や権力のセット（経済資本，文化資本，社会資本，象徴資本などが区別される）をもとに社会空間を構成することができるとし，その構造を二次元の座標系として示している． y 軸に対応するのは資本総量の大きさ， x 軸に対応するのは資本構成（特に経済資本と文化資本のウェイト）の違いである．この座標系において類似の生活条件がおのおのの位置に固有の性向体系（ハビトゥス）を発達させ，個人の選択的行動を通して，社会空間と相同の生活様式空間がつくられるというのがブルデューの基本的な考えである．ここでは，ウェーバーの階級と身分のタイプの違いが，客観的な財の対立関係と慣習行動の象徴的な対立関係として，二つの連続的な空間のなかで同時に扱われている．

ブルデューは，この分析枠組みを全体社会以外にも大学界（Bourdieu 1984）や権力界（Bourdieu 1989）など個別の領域に適用しているが，そこでは多重対応分析の手法が用いられている．その方法は，個人×特徴のデータ・セットをもとに，特徴が描く空間と個人が描く空間を同時にかつ互換的な形で扱うことが可能であるという点で，ブルデューの関係論的思考様式に最も適した方法とみなされている（Le Roux and Rouanet 2010）．

なお，ブルデューが提示した社会空間および各種資本の概念も，例えば中欧の旧社会主義国における体制変革後の階層化のダイナミズムを，多次元階層の観点から経済資本，社会資本，文化資本の価値変動と資本転換として吟味するなど，全体社会の構造分析に利用されている（Eyal et al. 1998）. ［近藤博之］

📖 参考文献

[1] ウェーバー，M. / 濱島 朗訳，1954，『権力と支配』（抄訳）みすず書房．
[2] ブルデュー，P. / 石井洋二郎訳，1990，『ディスタンクシオン――社会的判断力批判 Ⅰ・Ⅱ』藤原書店．

地位達成の因果的推論

●**因果関係とは何か** ある種の社会現象が何によって引き起こされるのか、という因果関係の探求は、社会科学における最も重要な問いの一つである。しかし観察された変数の関係から因果関係を推定することは、それほど簡単なことではない。イギリス経験論哲学者として知られる D. ヒューム（Hume）は、因果関係を直接観察可能なものではなく、空間的に隣接し時間的に連続して起こる二つの現象が常に観察される経験を積むこと（恒常的連接）で、習慣的にこの二つの現象が連想される精神的な営みを因果関係と位置づけた。ヒュームの哲学は懐疑主義ともいわれるが、因果関係の存在を全否定したわけではなく、人間精神の実践の一つであることを経験的に示したのである（久米 2005）。つまり変数の時間的前後関係が特定でき、その先行事象となる変数によって、後に起こる変数が影響を受ける、という関係が理論的に正当化できるものが因果関係であり、統計的分析そのものだけで因果関係を特定できるわけではない。

●**社会学における因果推論の導入** 変数の関係を逐次的、つまり時間的に一方向的な一次連立方程式で示すとき、この因果系は所与の条件となる外生変数と、外生変数の影響を受けると予想される内生変数から構成される。外生変数は因果系内では説明できないシステム外要因（誤差項）のみから影響を受け、かつその誤差項は他の内生変数やそれぞれの内生変数の誤差項と無相関であると仮定される。以上のもとで相関係数をもとに因果関係を推測する方法を、H. A. サイモン（Simon）と H. M. ブレイラック（Blalock）にちなみ、サイモン＝ブレイラック法という（Blalock 1961）。O. D. ダンカン（Duncan）は生物学で S. ライト（Wright）が用いていたパス解析を紹介し、それ以降社会学における因果分析は隆盛をきわめる。ダンカンによれば、パス解析はサイモン＝ブレイラック法の特殊形ととらえることができる（Duncan 1966b）。

パス解析の普及は、P. ブラウ（Blau）とダンカンによる『アメリカの職業構造』（1967）の刊行と、ウィスコンシン大学の社会学者による時系列調査の分析、つまりウィスコンシン・モデルという社会心理学的社会化モデルに多くを負っている（Sewell et al. 2004）。現職という地位を獲得するまでに、出身階層（父職と父学歴）を起点として、本人学歴、初職といった経路を経る。ブラウとダンカンは、本人学歴が親の職業と学歴によって規定され、初職が親の職業、学歴と本人学歴によって規定され、さらに現職は親の職業、学歴、本人学歴と初職で規定される、というように、前の方程式の従属変数を次の方程式の説明変数に組み入れた、逐次的な線型回帰モデルを立てる。そしてこれらのモデルを推定した標準化回帰係

数がパス係数とよばれる．この経路はパス図として示され，階層から現職への影響を，親職や親学歴からの直接効果と，教育や初職を経由した間接効果として区別し，その影響の大きさを比較することを可能にした．ブラウやダンカンによって確立されたこのパス・モデルを地位達成モデルとよぶ．ウィスコンシン・モデルとは，この地位達成モデルのなかに，将来の教育や職業達成に向けての向上心を示すアスピレーション，アスピレーションを喚起する重要な他者，そして学業成績といった変数を取り入れ，地位達成過程における社会心理学的変数の重要性を指摘したものである（Sewell et al. 1969, 1970）．

●反事実的モデルと因果推定　その後コンピュータの発達により，パス解析は構造方程式モデリングの枠組みで理解され，複雑な推定が可能になった．しかしパス係数が，実質的にどんな意味をもつのかは不明瞭なままで，因果関係の真の原因と，原因を特定したうえでの効果という二つの概念が混同されているとされた．哲学者 D. ルイス（Lewis）は現実世界を，現実に起きていないが理論上起こり得る可能世界の一つにすぎないととらえ，反事実的条件文を考察したが，この反事実的条件法を統計分析に取り入れたのが D. B. ルービン（Rubin）である．実験的方法において原因と考えられる処置 t の効果をみようとするのであれば，t を施す実験群と，t を施さない対照群をランダム抽出によって準備し，処置後に実験群と対照群との差をとれば，実質的にその差が原因 t による効果と判断できる．しかし社会科学でこうした実験的環境を準備することは不可能に近く，観察された事象から効果を推定するしかない．しかし観察できるのは発生している事象のみで，発生していない事象は物理的に観察できないから，根本的に両者は比較できないことになる（Holland 1986, 1988）．そこで統計的なテクニックによって擬似的な実験的環境を事後的につくり出し，効果の大きさを推定しようとする試みが提唱された．その一つが傾向スコア・マッチングとよばれるものである（Rosenbaum and Rubin 1983）．

社会学では教育，健康，婚姻，就業といった変数の効果に関心がもたれることが多いが，これらは性，階層，人種といった外生変数の影響を受ける内生変数でもあり，発生や処置の有無自体に選択バイアスが存在している（Lieberson 1985）．内生性のある変数は，処置の有無の背景にある観察されない異質性と相関をもち，回帰分析の推定に誤りをもたらす原因とされている．近年のパネル・データ分析や傾向スコア・マッチングは，そうした問題を乗り越えるべく開発されてきたものである（Morgan and Winship 2007；Gangl 2010；中澤 2012）．　　　　［中澤　渉］

参考文献
[1] 石田 浩，2012，「社会科学における因果推論の可能性」『理論と方法』27(1)：1-18.
[2] 星野崇宏，2009，『調査観察データの統計科学——因果推論・選択バイアス・データ融合』岩波書店.

機会の不平等とオッズ比・ハザード比

●**不可視の「機会」**　「機会の不平等」は，それ自体がきわめて社会学的な概念である．例えば公共経済学では機会の不平等ではなく，機会の平等をあつかう．具体的には，各個人がもつ「機会」を仮説的に導入し，それを使って理論モデルを組み立ててきた（後藤 2002）．こうしたアプローチは，倫理的な基準に合致しない帰結を導くなどによって，仮説された状態の妥当性を検証することには適している．しかし，「機会」をどのように観察できるのかは示されていない．それゆえ，実際の社会の記述や分析には，そのままでは使えない．

　現在のところ，「機会」を直接測定する手段は知られていない．それゆえ，機会の平等状態もそれ自体としては観察できない．特定の「機会のなさ」の不在や少なさをもって間接的に測るしかなく，さらに，何らかの観察できる指標の比率を，その「機会」の代理指標とせざるを得ない．この二重の代理性が「機会の平等」を高度に理念的（ideal）な概念にしてきた．例えば，「機会の平等」原理は多くの人が共通して認める正義でありながら，現実には，その実現に向けた政策的介入はあまりなされてこなかった．その理由の一つもここにある．

　裏返せば，機会の平等または不平等を論じる際には，これらをうまく操作化してあつかう工夫が必要になる．例えばA. セン（Sen）の潜在能力論では，特定の資源の欠如がそれ以外の資源を得る「機会」をほぼゼロにする，という関係性を想定したうえで，その資源の最低限の水準はすべての人に等しく確保しようとする（Sen 1997）．分析的マルクス主義では，まず性別・職業・エスニシティ・年齢などで人間を区分けし，各区分けでの過去の資源や行動の量を測定する．そしてその平均値を，現在その区分けに属する人間の，当該の資源や行動へのアクセス可能性の程度，すなわち「機会」とみなすことが提案されている（Roemer 1996）．

　どちらの立場も実際には，直接観測できる特定の資源または配分の不平等を，直接には観察できない「機会の不平等」と等価だとみなしている（ここでいう資源は地位を含む，以下同じ）．見えない全体を推測するという，社会の内部観察性と同種の事態がそこには生じる．

●**オッズ比が測るもの**　上で述べたように，機会の不平等を具体的に測る際には，測定された何らかの比率を「機会」の量の代理指標にせざるを得ない（長松 2009）．その最も簡単な形が「オッズ比」で，以下のように計算される．

　例えば，親の職業が専門管理だった人が30人いて，うち本人の職業が専門管理の人が10人，そうでない人が20人いる．他方，親の職業が専門管理だった人

が70人いて，うち本人の職業が専門管理の人が30人，そうでない人が40人いる，としよう．この場合，親の職業と本人の職業のオッズ比は，10：20と30：40という比率の比，すなわち0.5と0.75の比0.666…（＝(10×40)÷(20×30)）になる．

オッズ比で機会の不平等が測れるといえるのは，一方の区分けでの頻度を，もう一方の区分けの人々が「本来ならば得られた機会」とみなしているからである．すなわち，前者での頻度を後者の反事実的条件として使っている．

その意味で，機会の不平等の測定とは，時間的に先行する変数から後行する変数への因果関係の大きさを測定することにほかならない．すなわち，機会の不平等とは操作的には，「本人に責任がある（とされている）原因以外の原因によると推定される，特定の資源の配分状態」に等しい．

その意味で，機会の不平等の測定は因果特定の典型例であり，逆にいえば，統計的因果推測の問題はすべてあてはまる．例えば，オッズ比が「周辺度数の変化から独立」かどうかもその一つである．完全な無作為抽出または無作為割り当てで標本集団がつくられている場合にのみ，これはみたされる．

●**時間のなかの不平等** 機会の不平等の測定の妥当性は，結果変数の信頼性にも左右される．一般に，ある個人が得た資源は死亡時に確定する．つまり，機会の不平等は当人の死後に初めて確定できるが，その時点では是正も補償もできない．したがって，機会の不平等は少なくとも政策的には，不確定さを含む形で測定されざるを得ない．

ただし，時間的な変化による不確定さは，測定に時間性を組み込むことでも対処できる．具体的には，まず，比較したい二つの区分け（例えば親が専門管理職か否か）で，同一の観測時間幅を設定したうえで，各時間幅での結果変数（例えば本人が専門管理職か否か）の発生比率をそれぞれ観測する．設定する時間幅によってそれぞれの比率は変化し得るが，もし〈全ての時間幅で，一方の区分けの比率が他方の区分けの比率をつねに上回っていれば〉，全観測期間内で二つの区分けの間に比率の差があるだけでなく，観測打ち切り後もその状態がつづくと類推できる（大橋・浜田 1995）．

この，観測時点を考慮した形での結果変数の比率の比を「ハザード比」とよぶ（厳密には「ハザード」は観測時間幅$\Delta t \to 0$での比率の極限値にあたる）．例えば，上の〈～〉の命題はR. コックス（Cox）の比例ハザード・モデル（コックス回帰）が適用できる条件の一つでもある．このモデルは「生存時間分析」とよばれる手法群の一つであり，これらの手法群は因果関係の測定にも一般的に用いられている（Hosmer et al. 2008）．

［佐藤俊樹］

📖 **参考文献**
[1] 後藤玲子，2002，『正義の経済哲学――ロールズとセン』東洋経済新報社．
[2] 大橋靖雄・浜田知久馬，1995，『生存時間解析――SASによる生物統計』東京大学出版会．

学力差の多水準モデル

●**コールマン報告と家庭・学校の影響力**　家庭環境が子どもの学力（ここでいう学力は，ペーパーテストによって測定された成績を指す）に大きな影響を与えているという点は，教育研究に携わるものであれば誰でも同意するだろう．一般に，家庭環境に恵まれた子どもの学力は高く，恵まれない子どもの学力は低い．それでは，家庭環境による学力差を，学校教育はどの程度克服できるのだろうか．この問いに挑んだ初期の研究のうち，最も有名なものが1960年代にアメリカで提出されたコールマン報告（Coleman et al. 1966）である．

　もともとJ. S. コールマン（Coleman）らは，黒人をはじめとする不利な立場に置かれやすい子どもたちの低学力の要因に，彼らの通う学校の設備などの資源不足があると考えていた．しかし分析の結果，学校間にある資源の分散は期待されたほど大きくはなく，それが成績に与える影響も小さいことが明らかになったのである．子どもたちの成績に影響を与えていたのは，彼らの社会経済的地位（SES）や，通っている学校の生徒集団の構成であった．「学校は家庭環境によって生じた学力差を克服することができない」とも受け取れるコールマン報告の影響は大きく，後に「学校無力論」とよばれる議論が生み出される一因になった．

　他方，発展途上国に焦点を当てた学校教育の効果に関する研究（Heyneman and Loxley 1983）では，家庭環境を統制した後も，学校の資源（教科書の充実度や教師の質）が，成績に大きな影響をもつことが指摘されている．コールマンらの知見と一見矛盾する，この知見をどのように解釈すればよいだろうか．一つの仮説は，各国の経済状況が鍵だというものである．すなわち，発展途上国では学校間の資源の差が大きく，基本的な設備が不十分であるため，学校の資源が成績に大きな影響をもつ．他方，一定以上に経済が発展すると学校間の資源の分散が縮小し，学校の影響力が見出せなくなる（Baker et al. 2002）．このように，学校を取り巻く環境に閾値が存在し，そこを境に学校教育と家庭環境の関連が異なるという仮説を検証するには，以下に述べる学力差の多水準モデルが有効な手法の一つになる．

●**学力差の多水準モデル**　マルチレベル・モデル（階層線形モデル・混合効果モデルといった呼び方もある）は，「階層的なデータ」を分析するための統計手法である（Raudenbush and Bryk 2002；Hox 2010；清水 2014）．「階層的なデータ」とは，個々の標本（例えば生徒）が何らかの上位の集団（例えば学校）に所属しているようなデータを指す．このとき個々の標本は，個人の情報と集団の情報という二つの異なる水準の情報を有していることになる．

こうした「階層的なデータ」を扱う際，マルチレベル・モデルは通常の回帰分析に比べ，次の2点において優位である．第一に，標本の独立性に関わる問題である．同じ学校に通う生徒は，カリキュラムが共通であるなど，似通った性質をもっていることが予想される．このとき，個々の標本は独立ではないから，通常の回帰分析の前提は満たされない．マルチレベル・モデルでは，集団間の類似性をモデル化することにより，この問題に対処することができる．

　第二に，分析結果の解釈に関わる問題である．学力差に家庭と学校が与える影響を考えるとき，個々の生徒のSESが学力に与える影響だけでなく，集団としての生徒のSESが学力に与える影響（つまり，生徒の平均的なSESが高い，あるいは低い学校に通うことによる学力への影響）を検討したいときがある．マルチレベル・モデルでは，学力の分散を生徒レベルと学校レベルに分解し，それぞれの分散の変化を考えることで，生徒と学校という異なる水準の要因を考慮した分析結果の解釈を可能にする．

　コールマンらの研究は，家庭背景に関する変数を統制した後で，学校変数の説明力がどの程度残っているかを学校教育の効果の指標としていた．そのため学校の内部過程はブラックボックス化され，インプットとアウトプットのみを考慮したモデルになっていたといえる．この点，マルチレベル・モデルの登場は，学校に関わる異なる水準の変数（国の経済状況，個々の学校の指導法，生徒のSESなど）の関連を分析し，学力差が生じる過程を検証することを可能にしている．

●**多水準モデルの応用**　ここまでに触れたマルチレベル・モデルは，生徒／学校という二つの水準だけを考えたモデルだが，学力に影響を与える要因として教師の影響もまた無視できない．こうした生徒／教師（学級）／学校という三つの水準を想定した分析モデルも存在する（Creemers and Kyriakides 2007）．あるいは，個人に対して反復的にデータを取得する場合（いわゆるパネル調査），それぞれの調査の回答が「個人」という上位の集団に属していると考えれば，マルチレベル・モデルを適用できる．このモデルは，成長曲線モデルとよばれる．さらに，マルチレベル・モデルと構造方程式モデルを組み合わせた，マルチレベル・モデルSEMとよばれる技法も登場している．

　社会学の研究では，学校に限らず，何らかの集団を扱うことが多い．また，社会調査は多段抽出で実施されることが多いため，抽出単位を考慮しながら多水準の分析モデルを組むことも自然である．その意味で，マルチレベル・モデルは幅広く適用できる分析手法だといえるだろう．

［川口俊明］

参考文献
[1] Heyneman, S. P. and A. W. Loxley, 1983, "The Effect of Primary School Quality on Academic Achievement Across Twenty-Nine High and Low Income Countries", *American Journal of Sociology*, 88: 1162-94.
[2] 清水裕士, 2014, 『個人と集団のマルチレベル分析』ナカニシヤ出版.

9. 社会システム

　社会システムは，社会的相互作用の仕組みと変化および個人に還元できない創発特性を研究するための概念である．社会学の歴史においては，H. スペンサー（Spencer）や V. パレート（Pareto）以来用いられ，スペンサーは有機体システムとの比較で，パレートは物理システムとの比較で，社会システムを考えた．社会学の理論展開のなかで，20世紀後半に社会システム理論を確立したのは T. パーソンズ（Parsons）であり，それを継承し新たに展開したのが N. ルーマン（Luhmann）である．他方，同じ20世紀後半から21世紀初頭に，自然科学分野に由来する一般システム理論やサイバネティクスそして複雑系といった統一科学的な理論が発展し，適用範囲を社会現象にまで拡大していった．社会学内部の社会システム理論も，そうした発展を取り入れながら，今日に至っている．このように，社会システムの概念と理論は，社会学内部の理論発展と一般システム理論やサイバネティクス，複雑系の理論との相互作用のなかで発展しながら，さまざまな概念や理論装置を生み出してきた．本章には，それらのうちの基本的なものが収められている．［今田高俊・徳安 彰］

ホメオスタシス（恒常性維持）

●**概念の由来と社会学への導入**　ホメオスタシス概念は，生物の生命や健康に関する古い思想や理論に由来する．例えば古代ギリシャでは，ヘラクレイトス（Herakleitos），エンペドクレス（Empedokles），ヒポクラテス（Hippokrates）などが，身体を構成する要素間のバランスや調和がとれた状態が健康，バランスや調和が崩れた状態が病気であると考えた．

19世紀半ばにフランスの生理学者 C. ベルナール（Bernard）は，生物の体内にあって組織細胞や器官を包む体液を細胞にとっての内部環境と名づけ，内部環境の固定性ないし安定性が生命維持の条件であると考えた（Bernard 1865）．1920年代にアメリカの生理学者 W. B. キャノン（Cannon）は，ベルナールの考え方を生命維持の基本的原理に展開し，これをホメオスタシスと名づけた．キャノンは，主に血液の成分や体温が一定に保たれるメカニズムを扱ったが，運輸業や商業など流通メカニズムを体液の循環になぞらえ，社会への概念の適用も試みた（Cannon 1932）．

20世紀半ばには，N. ウィーナー（Wiener）や W. R. アシュビー（Ashby）がサイバネティクスの観点から，L. v. ベルタランフィ（Bertalanffy）が一般システム理論の観点から，ホメオスタシスを負のフィードバックによる制御メカニズムを備えたシステムの自己維持メカニズムとして定式化した（Wiener 1961；Ashby 1960；Bertalanffy 1968）．

同じ時期に，T. パーソンズ（Parsons）が，キャノンのホメオスタシス概念に大きな影響を受け，社会システムは環境の変動に対して内部のパターンの恒常性を維持すると考えた（Parsons 1951a）．だがパーソンズの社会システム理論は，社会化と社会統制によるシステムの恒常性維持に重点を置いたために，社会変動の問題を十分に理論化することができなかった．

●**システムの安定性・超安定性**　最も一般的に定義すれば，ホメオスタシスとは，システムが環境の変化によって引き起こされる内部状態の攪乱を負のフィードバックによって制御し，内部状態の安定性を維持している状態である．ホメオスタシスにおける安定性は，完全な静的均衡ではなく，一定の限られた範囲で内部状態がゆらいで変化する動的均衡である．

例をあげると，生物有機体において，自律神経系と内分泌系の制御によって，血液の成分やpH濃度，体温が一定範囲内に維持されている状態，サーモスタットのついた空調機によって室温が一定範囲内に維持されている状態，社会システムにおいて，成員の法規範の内面化や法に基づくサンクションによって，犯罪の

ような逸脱が一定範囲内に抑制され，秩序が維持されている状態がそれである．

しかしシステムは，環境の変化による内部状態の攪乱が制御の能力を超えると，恒常性を維持できなくなる．システムは現状のままでの存続が困難になり，崩壊ないし死をむかえるか，自ら構造や作動様式を変化させて，新たな均衡状態に到達して存続する．後者の性質を超安定性という．近年特に生物学や生理学において，システムの超安定性に着目して，動態的で自己組織的な側面を重点的に研究するために，ホメオダイナミクスという概念が提唱されている．

生物有機体は，ライフサイクルの各段階における自己維持メカニズムが，自己組織的な超安定性を示すものも多い．アシュビーのホメオスタットのような，学習や適応行動によって機能を維持する機械も考えられる．全体社会は，従来の均衡状態を維持できない状況に直面しても崩壊，消滅せずに，構造変動によって作動様式を変化させ，存続，発展すると考えられる（富永 1995）．

●**社会システムとホメオスタシス** 社会システムの研究において，ホメオスタシスの概念を適用するためには，どのようなシステムを対象にするのか，システム存続のための本質的変数は何か，またフィードバック制御のメカニズムは何か，などを明確にしなければならない．また，単純なホメオスタシスよりもむしろホメオダイナミクスの観点から見ることが重要である．

従来の社会学では，ホメオスタシスの概念が最も中心的に適用され議論されてきたのは，全体社会の存続・変動の問題だった．だがパーソンズの時代の論争は，現状維持か変動か，既存の支配的な価値や規範への同調か逸脱かといった単純な二者択一を争って，不毛に終わった．どのような条件のもとでホメオスタシスが成立しうるのか，どのような条件のもとでホメオダイナミクスが生じるのかを解明していく必要がある．

全体社会はきわめて複雑で包括的なシステムであり，システム記述の厳密な要件をみたすのは容易ではない．より具体的な適用例としては，企業のような組織システムについて，設立，成長，変革，倒産ないし解散といった一種のライフサイクルの各段階における作動を，ホメオスタシスあるいはホメオダイナミクスの観点から記述・分析することができるだろう．また個体の生理学的過程だけでなく，個体群の生態学的過程にもホメオスタシスの概念が適用されていることから，組織論の個体群生態学で扱われる業界内の企業群の存続問題を記述・分析することもできるだろう． ［徳安 彰］

📖 参考文献

[1] Cannon, W. B., 1932, *The Wisdom of the Body*, Kegan Paul, Trench, Trubner.（舘鄰・舘澄江訳，1981，『からだの知恵――この不思議なはたらき』講談社．）
[2] Parsons, T., 1951, *The Social System*, Free Press.（佐藤勉訳，1974，『社会体系論』青木書店．）
[3] 富永健一，1995，『行為と社会システムの理論――構造-機能-変動理論をめざして』東京大学出版会．

ソシオサイバネティクス

●**ソシオサイバネティクスの誕生**　ソシオサイバネティクスとは，第二次世界大戦後に生まれたサイバネティクスの考え方を社会科学の分野へと適用しようとするいくつかの研究者集団のうちの一つが，自らの研究領域を指す名称として掲げている言葉である．

ソシオサイバネティクスは，1969年に設立されたWOSC（The World Organisation of Systems and Cybernetics）という，システム理論やサイバネティクスを扱う国際学術団体から派生している．1978年8月にオランダ・アムステルダムでWOSCの第4回大会が開催された際，「社会科学におけるサイバネティクス」というテーマを扱う研究部会が初めて設定された．この部会の記録は *Sociocybernetics* という題名の2巻本として出版されており，この本にはH. A. サイモン（Simon）やA. ラパポート（Rapoport），N. ルーマン（Luhmann）などの著名な研究者たちも寄稿している（Geyer and Van der Zouwen ed. 1978）．ソシオサイバネティクスという言葉は，このとき初めて公式の場で用いられた．このように，ソシオサイバネティクスは当初，社会科学の一分野としてではなく，一般システム理論やサイバネティクスの一部として出発したのである．

●**ソシオサイバネティクスの社会学化**　こうして産声をあげたソシオサイバネティクスという知識体系の社会学化を強力に推進し，これを担う研究者集団を組織化した人物は，上記2巻本の編者でもあった社会学者F. ガイヤー（Geyer）である．ガイヤーは，WOSCの大会でソシオサイバネティクスに関する部会を立てたり，WOSCの公式ジャーナル *Kybernetes* の誌上でたびたびソシオサイバネティクス特集を組み，時には自ら論考を発表したりした．またその一方で彼は，いち早く1980年前後にはISA（国際社会学会：International Sociological Association）のなかにソシオサイバネティクスを扱うアドホック・グループを発足させていた．このグループは，1998年にカナダ・モントリオールで開かれたISA第14回世界社会学会議でISAの51番目のリサーチ・コミッティーへと正式に昇格した（RC51：Sociocybernetics）．このときのRC51の研究部会の記録が，2001年に出版された *Sociocybernetics* という題名の本である（Geyer and Van der Zouwen ed. 2001）．

この本で「ソシオサイバネティクスの父」とよばれているのが，1922年生まれの社会学者W. バックレー（Buckley）である．彼は，1960年代という比較的早い時点で，サイバネティクスや一般システム理論の社会学化を精力的に試みていた先駆者であり（例えばBuckley 1967, 1998），1970年代末のソシオサイバネ

ティクスという研究分野の成立以降は，この名を社会学のなかに根づかせようと尽力してもいた．

●ソシオサイバネティクスの主題　社会科学におけるサイバネティクスの理論枠組という，ソシオサイバネティクスの屋台骨はどのようなものであるか．上で言及した2001年公刊の *Sociocybernetics* の序文では，ソシオサイバネティクスの主題が，①「社会の複雑性の増大」，②「オートポイエーシス」，③「社会システムの観察」という三つに大別されている（Geyer and Van der Zouwen 2001）．なおこの三つは，同書の副題にもなっている．

　ソシオサイバネティクスの文献では，初期の（おおむね1960年代前半までの）サイバネティクスとの考え方の「違い」がしばしば強調されている．上であげられている三つの主題は，まさにこの「違い」に相当する．ソシオサイバネティクスは，社会学の一分野である限りは，「社会システム」なるものの管理や制御，均衡維持，逸脱解消といった関心（つまり「初期の」サイバネティクスと密接に結びついた関心）に与することはほとんどない．上記の三つの主題のうち①，②については，別項目で論じる（項目「フィードバック」「社会のオートポイエーシス」参照）．③の「社会システムの観察」に関しては，H.フォン＝フェルスター（von Foerster）の提唱する「サイバネティクスのサイバネティクス」，ないし，「セカンド・オーダー・サイバネティクス」が念頭に置かれている．1970年代初頭に生じたこの種のサイバネティクスの立場からみれば，社会システムを，他のシステム（例えば人間を含む生物全般の認知の仕組みや，人工知能のような「自ら考える機械」など）と同様，抽象的かつ一般的な意味で「観察者」とみなしうる．観察者としての社会システムが行う「観察」とは，いったいどういったものか．あるいは，社会システムが行う「観察」なるものを扱うにはどういった研究法が要請されるのか．こういった問題設定が，ソシオサイバネティクスの第三の主題に含まれる．

　ソシオサイバネティクスの名のもとで行われている研究は，理論研究や学説研究にとどまるものではない．例えば，RC51ではサイバネティクスの応用も重視されており，具体的な対象を扱う経験研究も広く行われている．特に目につくのは政治社会学やメディア社会学，開発社会学，教育方法学などに関わる諸研究である．また，邦訳も刊行されている『科学計量学の挑戦』（Leydesdorff 1995）で知られる科学社会学者L.ライデスドルフ（Leydesdorff）も，ソシオサイバネティクスの中心人物のひとりである．近年では，いわゆる「サイバー空間」を扱う研究も増えている．このように，ソシオサイバネティクスの対象は多岐にわたっている．RC51の公式サイトやウェブ上で公開されているRC51の公式ジャーナルに目を通せば，ソシオサイバネティクスの名のもとで行われている諸研究の概要をつかむことができる．　　　　　　　　　　　　　　　　　　　　　　［赤堀二郎］

構造機能理論

●**構造機能理論の誕生** 構造機能理論は，社会を分析するアプローチを嚮導（きょうどう）する基本的な理論的立場の一つであり，1940 年代から 60 年代にかけて，社会学理論における主要なパラダイムであった．一般に T. パーソンズ（Parsons）において大成されたとされるが，それには学説史上の前史があり，社会学に必ずしも限定されない人類学，生物学，政治学，哲学などでの動向をパーソンズが集大成したものともいえる．また彼以後も，その修正や発展があったが，特に 1970 年代以降厳しい批判にさらされることになった．1941 年に書かれたウェーバー論においてはじめて，パーソンズは構造機能理論のアイデアを明確に得たと考えられる（Parsons [1941]1949）．この文献は，M. ウェーバー（Weber）の『経済と社会 第一部』の英訳書への序文である．この英訳書全体の出版は 1947 年であるが，序文はすでに 1941 年に書かれていた．その内容は次のようなものであった．

　社会学が取り組むような，相互依存関係にある動態的な現象を，一挙に扱うことができるためには，ある理論的な洗練が達成されねばならない．それは複雑な一般化された概念枠組みの使用によってのみ可能になる．動態的なシステム分析を可能にする概念枠組みは 2 種類しかない．第一は，より効果的なもので，動態的な相互依存関係にある諸「変数」の分析的システムである．これは，数学的操作に基づく解析力学の場合がその例であるという．第二は，第一のものに比べて技術的には不完全であるが，何もないよりははるかにましである．それは「一般化された構造-機能システム」とでもよべよう（Parsons [1941]1949：87）．この方法の特徴は，動態的な問題を解決するために「経験的システムの構造を，不可避的な要素」とみなす点にある．この場合のシステムの構造とは，経験的システムそれ自体の一定の諸特徴であり，それを，解決すべき問題ないし目的にとってのコンスタント（定数）であるととらえるのである．それは，あまりに複雑な諸要素が介入することを避けるための単純化の方策である．

　ここで「構造」とは，経験的システムを，一般化された概念枠組みに基づいて切りとった特徴であって，システムと構造の両者はこの概念枠組みにおいて同じ抽象のレベルになければならない．そしてこの両者を結ぶリンクこそは機能の概念が与えるものである．動態として分析されるプロセスは，所与の状況において，全体として，また「はたらきつつある活動体」としてのシステムによって達成されているレベルの維持に対して，機能的に連関しているからである（Parsons [1941]1949：88）．社会学の現状においては，完全な抽象性のレベルに達した第一の方法（分析的システム）は望みがたく，次善の策としての第二の「構造-機能

システム」という概念枠組みの援用が提案されたのである．
　このような「構造-機能システム」の定式化は，ウェーバー論としてはその修正ないし転換を経て現れていた．なぜなら1937年の『社会的行為の構造』（以下SSA）において彼は，ウェーバーの理念型が，その基本属性として，一般化された抽象概念のレベルにあるはずであるにもかかわらず，個性記述的な面も払拭されていないとして批判し，「分析的要素概念」による徹底化を要求した（Parsons 1937）．問題は，同一の抽象レベルにある統一された概念枠組みによって系統的に分析されていない点にあった．
　しかしそれが1941年の論文においては，パーソンズはいわばこの徹底した純粋抽象モデルの夢に破れている．次善の策としての「構造-機能システム」の提案はその修正ないし転換の路線にあった．つまり，経験的システムの何らかの特徴を含み込んだ要素（「構造」）の導入を不可避としている．ただし，こうした「構造」とシステムとは同一の抽象レベルになければならないことを主張しつつである．これと軌を一にした経緯が，実はジンメル論についても存在する．
　パーソンズはジンメル論を2本書いている．第一のそれはSSAのために用意した草稿であった（Parsons [1937]1993）．次いで，1996年に第二のジンメル論が発見された（油井2002；Buxton 1998）．これは1939年の執筆と考えられる（Parsons [1939]1998）．この第二の論文で彼は，ジンメルの「形式」概念を構造概念の一種であるととらえ，それが社会科学にとって最も重要な最高度の抽象レベルに達していないとして批判した．これはSSA段階でのウェーバー方法論への上記の批判と軌を一にしている．ウェーバー方法論の解釈については，上記のように41年になって軌道修正が行われ，そのただなかから「構造機能理論」は生誕した．次善の策としての「構造」機能理論にパーソンズが舵を切った以上，彼はジンメル論についても同様の修正を施した論稿を準備してもよかった．しかし，ウェーバー論についてはSSAで公表されていたが，第二のジンメル論についてはそもそも未公刊であった．そうした修正論は書かれることはなく，第二のそれも生前に公表されなかった．このような経緯から，構造機能理論といわれているものは，1939年から41年頃にかけての短い期間には定式化されていたことになる．その経過にウェーバーのみならず，ジンメルも影を落としていることは興味深い．
　しかしこうした「理論」の生成には，もとよりさまざまな複合的な影響関係が想定される．その有力な一つとして，人類学における機能主義がある．A. R. ラドクリフ＝ブラウン（Radcliffe-Brown）は，次のように述べた．「機能とは，諸部分の活動が全体的活動――部分的活動はその一部である――に果たしている貢献である」（Radcliffe-Brown [1935]1952：181）．ここで彼は，機能の概念を「構造」の概念とのペアで定義している．「構造」とは，実在する単位間にある「諸関係のセット」（社会関係のネットワーク）であり，この「構造」の継続性の維

持のために諸活動が果たしている貢献が「機能」である（Radcliffe-Brown［1935］1952:180）．ここでは，「構造」（社会関係のネットワーク）と「機能」（社会関係をとおした活動の全体への貢献）とが理論的連関のうちにとらえられ定式化されている．そこには二重の方向性が含まれている．第一は，構造が全体としての社会（「社会システム」）に果たしている機能の問題であり，第二は，反対にこの機能によって構造の継続性が維持されていること，である．

このようにラドクリフ＝ブラウンにおける「構造」と「機能」の概念は，非常に明晰に定義されているが，こうしたアイデアの重要性の自覚を彼にもたらしたルートとして，W. L. ウォーナー（Warner）が考えられる．ウォーナーは，ラドクリフ＝ブラウンの弟子にあたり，1929年から35年までハーバード大学でパーソンズの同僚であり，親密な共同研究グループの仲間でもあった．

パーソンズは，さらに1975年の論文で構造機能理論の概念上の修正を行った．つまり，「構造」概念とレベルないし系統を同じくするのは「過程」概念であって，「機能」は，むしろ理論的一般化のより高い水準に位置し，直接的に経験的な記述がなされる項目ではないという意味で，より分析的な概念だとしたのである（Parsons［1975］1977）．つまり経験的な記述にかかわる「構造−過程」というレベルが，全体として機能を「持つ」（機能分析の対象となる）．「構造−過程」の全体そのものを指すためには「システム」という用語がある．いわば「機能−〈構造・過程〉」分析というパラダイムの提起である．それはまたラドクリフ＝ブラウンにおいて二重の意味をおびていた機能概念の位置づけ（システム内部の個々の要素が全体に及ぼす貢献なのか，システム全体の外部環境への適応問題なのか）に，明瞭な答えを用意するものであった．

●**発展と応用**　構造機能理論は，第二次世界大戦後の社会学における主要なパラダイムとなったが，その後全般的に1970年代から80年代にかけて衰退の時期をむかえる．上記のパーソンズによる修正は，実はこのような衰退期が始まっていた頃になされたものである．この間，40年代から60年代にかけて欧州や日本にも決定的な影響を与えたという意味では，それは戦後世界の国際的なパラダイムになっていたともいえよう．また，いわゆる近代化論は，構造機能理論の圏域から登場しており，50年代から60年代を中心に，W. E. ムーア（Moore），M. レヴィ（Levy），S. N. アイゼンシュタット（Eisenstadt）などが，制度的構造の経験的分析や比較というプロジェクトに応用した．近代化論は，各社会に固有の制度＝構造の内在的・歴史的発展を，近代化という一般的（世界的）発展の系としてとらえるという意味で，優れて構造機能理論の適用という意義をもっていた．それはまたグローバル化論への橋渡しとなるとともに，その内実を埋めるべき示唆に富むものでもある．

しかしすでにこの間に，R. K. マートン（Merton）は，異例に早い1950年代に機能主義の弱点を指摘し，批判を先取りして，その「系統的整理」を提起して

いた．日本においても，構造機能理論を吸収し発展させる多くの試みがあった(富永健一，吉田民人，新睦人，小室直樹など)．

●**批判，反批判そして多元的パラダイムの時代へ**　パーソンズ的構造機能理論への批判とは，まずそれが「保守的イデオロギー」に基づくものであり，コンフリクトや変動の視点を欠き，下からの秩序の生成や行為者自身の真の内面的視点に無頓着な，全体論的アプローチに偏向する「文化決定論」であるなどとするものであった．これらの批判は，具体的には「シンボリック相互作用論」「現象学的社会学」「コンフリクト理論」「交換理論」「合理的選択理論」「エスノメソドロジー」などといった諸理論と結びついていた．

　理論内在的な批判としても，特に機能要件論(社会が機能するうえで必ず満たさねばならない基本的必要)には多くの批判が集中し，1977年にはA.ギデンズ(Giddens)によるそれが登場して，機能主義はすでにのりこえられているといわれた．そこには，ある社会にとっての機能要件が何であるのかを特定することの理論的不可能性や，社会システムそれ自体が目的や機能を有するという目的主義的なスタンスそのものに対する根本的な疑問があった．

　こうした流れに一石を投じる動向は，80年代後半から90年代にかけてJ.アレクサンダー(Alexander)やP.コロミー(Colomy)，R.ミュンヒ(Münch)らによって主導された「ネオ機能主義」のそれであった(Alexander and Colomy 1990)．彼らは，機能主義批判について，一方でそのうちの誤解や単純化に基づくそれを反批判するとともに，他方でその欠陥や不十分性を克服しようとした．彼らはまず「理論前提的議論」として，機能主義の「一般化されたディスコース」を明らかにし，次いでこれに基づいて特定の経験的構造・過程＝領域の研究に対する「リサーチ・プログラム」を提示した．前者においては，核心部分へのコンフリクト論や「条件的」(物質的)要素の導入を提案し，変動論については，社会分化論としての歴史変動論を展開している．また後者としては「文化社会学」「社会変動論と分化理論」「政治社会学」などを提起している(Colomy ed. 1990；鈴木1992)．しかしこうしたネオ機能主義の試みも，上記のような一連の「提案」をこえて実質的な理論の内実が展開されたとは必ずしもいえず，学界全体を巻き込む大きな流れともならないうちに，アレクサンダー自らによるその終息宣言が出されるにいたった．

　今日では，上記の諸学派それぞれの発展はもとより，パーソンズ以後の社会学理論上の「巨人」たち，ギデンズ，J.ハーバーマス(Habermas)，P.ブルデュー(Bourdieu)，N.ルーマン(Luhmann)，U.ベック(Beck)などの理論研究が並行して進んでおり，社会学理論の多元化という状況が継続している．そのなかで，構造機能理論に何らかの遺産があるとすれば，その一つは，意図せざる結果にせよ意図されたものにせよ，相互行為の全体社会レベルおける「帰結」問題を，どのように理論化すべきなのか，というその問題意識であろう．　　　　　〔油井清光〕

AGIL 図式

● **AGIL の意味と意義**　AGIL 図式は，社会のシステム理論的な機能分析を行う際に，その機能をより分節化するために，T. パーソンズ（Parsons）が，1950 年代に導入して以来，最晩年まで発展させつづけた理論図式である．ここで AGIL とは，それぞれ次の言葉の頭文字をつないだものである．A（adaptation：適応），G（goal attainment：目標達成），I（integration：統合），L（latent pattern maintenance：潜在的な型の維持）．これらは，社会が維持され存続し，より高いパフォーマンスを成し遂げるために必要な機能の方向性を指し示している．

　ある社会が存続するためには，その置かれている状況や環境に基本的に「適応」している必要があり，その社会が掲げる「目標を達成」し遂行していくことに，その存在意義がかかってくる．そのためには，社会の成員や単位は，基本的には互いに歩調を合わせ連帯して（「統合」）コトにあたらねばならないであろう．最後に，これらすべてが基本的に成り立つためには，成員や単位がコミュニケーションを円滑にとり，互いに通じ合っていなければならないが，それには互いのコトバや心のカマエ，態度があらかじめある程度は「共通の型」としてそこに存在し，動機づけがかみ合うように「維持」されていなければならないであろう．

　このような機能的なはたらきの方向性は，「適応」については，事後の特定の諸機能がそのうえに展開しうるための基盤としての経済的機能，「目標達成」は政治的機能，「統合」は狭義の社会的機能，「潜在的型の維持」は文化的機能と言い換えられる．またこの場合の「社会」とは，社会システムという観点からとらえられ切りとることのできる分析的単位という意味であり，例えば一つの国民国家という全体社会を指すこともあれば，家族や，ある会社（やその一部門），政党といった諸集団，という意味での社会システムであることもある．

　注意すべきことは，これらが機能的方向性を指示するものであって，実態的な制度や分野を意味するものではないことである．こうした図式をたてることの意義は，社会分析を行うにあたってのその索出的・発見的なはたらきにある．例えば，ある会社を一つの社会システムとして分析しようとする場合，その会社が今月のあるいは今年の目標として特に力を注いでいる商品があるかもしれない（目標達成）．その売り上げ目標を達成するためには，会社の各部門や社員は集団として連帯してそのキャンペーンをもりあげるが（統合），それは普段は意識されることのあまりない「社是」といわれるような会社の究極的なスタンスや価値，コミュニケーションの基盤をなす「社風」といった潜在的な型の共有があって可能となろう（潜在的型の維持）．これらすべては，その会社が置かれている他社との競

争状態や日本社会あるいはグローバル化といった環境のなかで的外れであっては成り立たない（適応）．こうしたことは，社会システムとしての分析対象が，集団としての家族であっても，政党であっても同様である．つまり，ある対象が，全体として政治的分野にあるか経済的分野にあるか，という問題ではなく，どのような社会システムであれ，これら4つの機能的なはたらきの視点から分析できる，ということである．この意味で，AGIL図式は，社会内で実際に作動しているさまざまな動きを，それらがどのような機能をもつか同定しながら「発見」し分析していくための索出的な役割をもつ．

この図式の応用における要点の一つは，これが適用される全体像をどのレベルの大きさの社会におくかにある．社会システムが全体ならば，そのなかにA経済（的機能領域），G政治，I社会共同体，L信託システムをもち，より高次の大きさの「行為システム」（行為という原基的要素の集合・切り分けのあり方によって分節化されるシステム）が全体ならば，そのなかに，全体としての社会システム（I），行動有機体（A：生理的・物理的状況への適応），パーソナリティ（G：行為という要素をある一個の身体—人格にそって集合させたシステム），文化システム（L）が含まれることになる．これら異なるレベルの階梯は入れ子構造になっている．

●**AGIL図式の成立と発展**　最初この図式はR.ベイルズ（Bales）らとの共同研究によって形成された（Parsons et al. eds. 1953）．ベイルズは，小集団における相互行為過程の実験的な研究により，課題解決のための位相運動とそこから導出されるシステムの4つの機能的問題を提起した．外部状況の諸条件への適応，目標を志向する課題を遂行するため状況の諸部分を道具的に統制すること，成員の感情と緊張の表出の管理，連帯した集合体の成員相互の社会的統合の保持である．さらにパーソンズはこれを5組のパターン変数という自らの議論に対応づけた．つまり人間が行為する際のオリエンテーションの型を，5組の二者択一と関連させて整理していったのである．感情性−感情中立性，属性志向−業績志向，無限定性−限定性，個別性−普遍性，集合体本位−自己本位という5組のペアがそれである．その後彼はこれをより系統的に整理して，外部的−内部的，道具的−成就的という二つの軸にそって配置した．A（適応）は，外部的で道具的，G（目標達成）は外部的で成就的，I（統合）は内部的で成就的，L（潜在的な型の維持）は内部的で道具的，という領域に位置づけられるという具合である．特に『経済と社会』（Parsons and Smelser 1956）において彼はAGILの発想を明確化し，さらに機能的分化の原理として社会内における上記4つの機能的下位システムを導いた．システムは，その内部において機能的に分化することで，環境により適応し内部的にもその性能を高めていく．この発展が重要なのは，この原理が，晩年の進化論的社会発展論の基盤となり，また後のネオ機能主義の歴史的変動論にも

受け継がれ，さらに N. ルーマン（Luhmann）理論にもつながっているからである．
　次いで彼は，これら4つの下位システム間および社会全体とその環境との，境界間における相互交換のパラダイムを発展させた．例えば，全体としての社会は，そのシステムとしての境界を維持するために，環境との間で相互交換を行うと同時に，システム内部でも，機能分化した下位システム間での相互交換を行っている．この後者の相互交換は実際には，各下位システム内部の諸要素間の交換関係になる．この交換は入力-出力関係ともいえる．経済と狭義の社会との間でいえば，経済に社会（家族）から「労働」が入力され，経済は社会に対して「消費財・サービス」を出力するといった関係となる．この段階で彼は，象徴的メディア論をすでに導入していた．それは交換メディアとしての「貨幣」であった．しかしこの発想は，この段階では限定的で，その後1963年以降，一般化された交換メディア論へと発展していった．1968年には，社会学が秩序問題を分析するにあたって，共通価値の分有による統合論とともに，複雑化した現代社会においてはこのメディア論の発展が不可欠であると明示（Parsons 1968b）し，それ以後はこのメディア論の比重が増大していく．

●**最終形態へ**　一般化された象徴的交換メディアの具体例は，A領域の貨幣だけでなく，Gにおける権力，Iにおける影響力，Lにおける価値コミットメントへと拡張され，これはさらにサイバネティック・ハイアラーキー論とも結合された．サイバネティクスの概念は，もともと N. ウィーナー（Wiener）によって情報・通信技術の制御理論として導入された．例えば，サーモスタットの機構によって一定の室温が保たれたり，ロケットを目的物に誘導するにあたり，情報によるフィードバックによってその過程を制御するというものである．社会システムや行為システムにおいても，こうしたサイバネティックな制御機構が存在するとされ，そのハイアラーキーにおいて，情報度において高くエネルギー度において低い要素が，逆にエネルギーにおいて高く情報において低い要素を制御すると想定された．この階梯は，L→I→G→Aという順となる．こうして AGIL 図式は，1970年以降正確には LIGA 図式となった．さらにこの LIGA 図式は，象徴的交換メディアの議論とも結合された．したがって，象徴的メディアは，異なる機能的領域間を水平に制御するだけでなく，階梯間を垂直に制御する機構ともなり，いわば横と縦双方の制御を担う概念装置となった．

　LIGA 図式の最終的な形態は，「人間の条件パラダイム」である．これは，1974年から76年にかけてパーソンズがコミットしたペンシルベニア大学の教員たちとの集中的な共同研究の成果であった（Parsons 1978）．ここで彼は，行為システムの範囲をもこえて，それをとりまく生理学的，物理化学的領域やイデア論的世界をも包含した究極的なパラダイムを，あくまで人間中心的な観点から構想した．このパラダイムでは，Aは「物理-化学システム」，Gは「有機体システム」，

Iは「行為システム」，Lは「テリック・システム」とされ，その全体を「生のシステム（living system）」とよんだ．ここでの「一般化された交換メディア」は，システム内の多様で異なった諸現象や諸傾向などの間を関係づけるものであり，それらの間の調整や，対立の回避抑制を行い，調整され組織化された範囲の拡大に資するものと説明される．

「人間の条件パラダイム」においては，全体としての行為システムが，言語という「のりもの」によって流通する「意味」というメディアの下にあるとされた．したがってそのなかで,意味としての「貨幣」「権力」「影響」「価値コミットメント」という個々の下位メディアが社会内に位置づけられることになった．

1978年に書かれ，死後82年に出版された文献で，彼は，一般化された交換メディア論をさらに発展させた（Parsons 1982）．晩年にしばしば言及される遺伝情報論や，N. チョムスキー（Chomsky），R. ヤコブソン（Jakobson），C. レヴィ＝ストロース（Levi-Strauss）らに関する議論を，デュルケム／ウェーバー研究に由来する構成的シンボリズム論（宗教社会学）と結合したものであった．そこで彼は，二つのパラレルな関係にある深層（潜在）構造を措呈する．究極的理念の側のテリック・システムと生理学的世界の側の遺伝子型の領域とはともに深層にあり，これらが表層（顕在）構造に変換される機制をメディア論によって説明しようとしたのである．遺伝子型が表現型に変換される際，コードやプログラムとしての遺伝情報は，酵素やホルモンといった「媒介子（intermediate agency）」が介入することで，その過程に「選択」「組合せ」「排除」「革新」といった現象が伴う．重要なことは，潜在構造が社会システムにおいて顕在化する際に介入する「媒介子」が，上記「貨幣」以下の象徴的メディアであるとされた点である．テリック・システムが社会内に顕在化する場合も同様である．カント的な意味での超越的な世界が，人間社会の意味問題に変換され，社会に制度化される際にも，これらメディアが介入することで上記の「革新」に至る過程が出現する．チョムスキーの変形生成文法の場合のように，そこには変換規則があるとともに発現レベルでの変異に無数の可能性がある．こうして，深層の潜在構造と表層の顕在構造との変換関係は，「分節化（articulation）」であるともいわれ（油井 2004），メディア論のより深い展開によって，究極的価値と社会との関係は，原理にしばられた統制（内在化・制度化）というより，変容の過程とみられるようになり，メディア論はその変容過程の論理を示す装置となっていった． ［油井清光］

📖 参考文献
[1] 進藤雄三，1986,「パーソンズの行為理論」中 久郎編『機能主義の社会理論――パーソンズ理論とその展開』世界思想社：20-58.
[2] 高城和義，1986,『パーソンズの理論体系』日本評論社．

社会システムの均衡理論

●**社会システムの均衡理論という発想**　社会は個人や集団や部分社会などの間の相互依存を特徴とし，相互依存による波及効果は「意図せざる結果」などを帰結することもあるが，社会はカオスではなく秩序を保っている．これを社会システムとよび，社会学の誕生以来の基本的な社会観である．システムのなかで複数の要素が依存し制約しあいながらどのように秩序が形成されるのかを明らかにする論法を均衡理論とよぶ．それは抽象的なリーズニング（論法）であり，具体的な理論内容は相互依存の内実をいかに仮定するかによってさまざまであり得る．

　この論法には大きく二つの根源がある．経済学はこの論法を最初に明確にした．社会は相互依存する複雑な分業体系であり，それぞれの経済主体は価格をもとに需要や供給を決定し，逆に需要と供給が価格を決定する．一見循環論法だが，需要と供給とが価格の関数であり，各財の需給の均衡という連立方程式（市場均衡の条件）を価格を未知数として解くことにほかならない．相互依存から秩序が生じるというA.スミス（Smith）の「見えざる神の手」の理論的定式化である．

　他方の根源は社会の有機体的で目的論的な把握である．生物学の「ホメオスタシス（恒常性維持）」の考え方にならい社会を一定の目標に導かれたサイバネティクス的な制御の体系とみなす論法は，経済学の力学的システム観とは異なる．ただ，この論法は経済学においても家計や企業の主体的均衡条件（価格を外生変数とする効用や利潤の最大化）にも用いられており，均衡理論の範疇に入る．

●**均衡理論の論証法**　均衡理論は，物理学の力学系の拡張として定式化される．複雑な対象であるシステムは，相互に依存・規定し合う一群の内生変数 $x_1 \sim x_n$（例えば $1 \sim n$ 財の価格）の状態として記述される．他方で，システムはこの内生変数に影響を与えるが内生変数の変動に対して一定である外生変数 $c_1 \sim c_k$ の関数でもある．

　相互依存は，内生変数間の連関関係（システムに働く固有の法則性）の存在と仮定され，関数 $f_1 \sim f_m$ として記述される．模式的に陰関数表示をすれば：

$$f_i(x_1, x_2, \cdots, x_n; c_1, c_2, \cdots, c_k) = 0 \quad (i=1, \cdots, m)$$

という連立方程式体系（例えば $1 \sim n$ 財の市場の需給均等）で表示される．これをシステムの均衡条件という．この連立方程式を $x_1 \sim x_n$ について「解いて」得られる値を均衡解（均衡価格）という．すなわち：

$$x_j^* = x_j(c_1, \cdots, c_k) \quad (j=1, \cdots, n)$$

また $f_i = 0$ を制約条件として目的関数（効用）$g(x_1, \cdots, x_n)$ を最大化する x_j を求めるならば，制御理論となる．社会システムの均衡理論とは，法則的命題 $f_1 \sim f_m$ をすべて満足する（あるいは目的関数 g を最大化する）状態を均衡解として出力

することによって社会の説明・予測としようとするものである．この理論体系では，複数の法則性が整合的で有意味な解をもつか論理的な吟味を要する．解が非空か，一義的か，有意味な値かなどである．その条件を「存在条件」という．

均衡解は外生変数を与件として導かれるが，定常や必然を意味するわけではない．得られた均衡解が，外乱から均衡を回復したり均衡点と隔たった状態から収斂できることは，相互依存が秩序形成の可能性をもつことの証である．この性質はシステムの安定性とよばれ，そのための条件を「安定条件」という．秩序も無条件にもたらされるものではなく，理論的な吟味の対象となるのである．

均衡解が得られる過程を静学といい，均衡解が（時間という変数を含む）外生変数の変化に応じていかに変動するかを議論することを動学という．均衡解が外生変数の関数として与えられることによる．

このように，社会システムの均衡理論では，相互依存関係を均衡条件として，それを満足する変数の組み合わせを均衡解として求め，あわせて存在条件，安定条件，動学についても議論する一般的なリーズニングである．

●**社会学理論への応用例**　A. マーシャル（Marshall）や V. パレート（Pareto）などに触れた T. パーソンズ（Parsons）は，経済学にならって「期待の相補性」による社会システム理論の構築をめざしたが，これを完全な相互依存システムとして構築するのは困難と判断し，内生変数のいくつかを社会構造として与件とし，さらに社会構造は社会の機能的必要（機能要件）を満足する場合に存続する，という理論モデルを構成した．いわゆる「構造−機能分析」である．

経済学における市場モデルは，個々の経済主体は制御モデル，市場均衡の条件は力学的モデルであったのに対し，構造−機能分析では社会の機能的必要を満たすという目的論的な制御モデルが採用されたことになる．さらに彼は A, G, I, L の 4 機能に応じて社会システムが分化し，それらの下位システムの間で相互作用が生じるという主張を行った．いずれのモデルも均衡理論の範疇に属すものであるが，均衡理論の体系として，制御と相互依存と，分化の三者を同時に主張するものであり，均衡理論の論法としてはいささか混乱したものであった．

均衡理論の観点からみると，パーソンズの試みはその当初のアイデアを引き継ぐという意味では現代ではゲーム理論のナッシュ均衡概念に依拠する合理的選択理論と，均衡条件とは隔たったシステムを想定するという熱力学の開放系の理論に依拠する自己組織システム理論へと引き継がれているといえるであろう．

［志田基与師］

📖 **参考文献**

[1] Samuelson, P., 1947, *Foundations of Economic Analysis*, Harvard University Press.
[2] Parsons, T., 1951, *The Social System*, Routledge & Kegan Paul.
[3] Parsons, T. and N. J. Smelser, 1956, *Economy and Society*, Routledge & Kegan Paul.

行為システムと社会システム

●**人間と社会** 1890年代に定式化された「個人と社会」問題は，1930年代の初頭に至ると，再定義される．ドイツでは「社会的性格と社会過程」，アメリカでは「文化とパーソナリティ」，と表現は若干異なるが，両者に共通するのは「人間と社会」の関係を問うことこそが社会学の「原問題」とみなす思考法である．「個人と社会」は，「部分と全体」という問題を提起する．それに対して「人間と社会」では，両者が「全体」を主張する．それゆえ，一層解き難い「問題」として現出するのである．1930年の社会学になると，「人間」が「社会」と異なる固有の論理をもった「全体」であることは，自明の前提として受け入れられるようになる．こうした「人間像」変貌の変局点をなすのが，社会学における「フロイト」受容であろう．1930年代以降「行為システム」をキーワードに，「人間と社会」問題に果敢に挑み続けたのがT.パーソンズ（Parsons）である．

●**パーソンズ理論の進化** 「人間」と「社会」の双方を「行為システム」で包摂する，という考え方が最初に提示されたのは『社会的行為の構造』（Parsons 1937）であった．17世紀の啓蒙期以来の西欧の社会思想は「行為理論」という観点からまとめ直され，「主意主義的行為理論」はこうした流れの総決算として提示される．この時期のパーソンズの行為理論では，「システム」概念はもっぱら「部分と全体」の関係を解明する分析用具とみなされ，議論の焦点は「部分」である「単位行為」の水準に絞り込まれていた．

　第二次世界大戦時の経験から「人間と社会」を統一的に把握するような社会学（社会理論）の必要性に目覚めたパーソンズは，勤務するハーバード大学に新学部「人間関係学部」を立ち上げるべく奔走した．1951年に刊行された『行為の一般理論をめざして』（Parsons and Shils eds. 1951）は，初代学部長パーソンズをリーダーに執筆された新学部設立趣旨書といえるだろう．「行為」は，三つの視点から「システム」として体系化することが可能である．「行為」を一人ひとりの「行為者」に着目すれば「パーソナリティ・システム」が，行為主体と他者との「相互行為」に止目すれば「社会システム」が，行為と「シンボル」との相互作用に焦点を絞れば「文化システム」が生成してくる．「パーソナリティ・システム」は「心理学」によって，「社会システム」は「社会学」によって，「文化システム」は「文化人類学」によって専門的に考究される．「人間関係学部」は，研究対象が「行為システム」であり，そしてそれはパーソナリティ・社会・文化，という三つのシステムから構成されるがゆえ，心理学・社会学・文化人類学の相乗りする「学際的」学部として創成されねばならないのである．

しかし2年後の1953年に，パーソンズはもっと一般性に優れた分析枠組みを手に入れた．それがAGIL図式である．彼によればあらゆるシステムは，システムとして自己を維持するために4つの機能的要件，すなわち適応・目標達成・統合・パターン維持を充足させる必要がある．「行為システム」もシステムである限り，4つの機能的命令に従属する．前記の三つのシステム，すなわちパーソナリティがG機能，社会がI機能，文化がL機能の充足に貢献している．不足しているA機能充足のために「行動システム」という新しい下位システムが追加される（「行動システム」を専門的に取り扱うのが生理学［的心理学］）．さらに狭く，社会システムに照準を合わせてみると，Aが「経済」（その専門的科学が経済学），Gが「政治」（政治学），Iが「社会的共同体」（狭義の社会学），Lが「家族・教育」（家族社会学・教育学）といった形で，それぞれ割り当てられることになる．

● 宗教およびコミュニケーションへ

【人間の条件】 さらに広く，「行為システム」を実現可能にする外部的条件をみてみよう．「行為システム」もまた，それを包み込むシステムの一つの下位システムである限りにおいて，はじめて存続可能となる．「行為システム」が，そうした包摂システムのなかでI機能を担っているとすれば，その他三つの機能を受け持つシステムも当然考えられよう．Aは「無機的（物理-化学）システム」，Gは「有機的（動植物よりなる）システム」，そしてLが「テリック（超越的，究極目的に関わる観念世界に関わる）システム」と命名される．最後の「テリック・システム」は，通常「宗教」という言葉で指示されるものに相当する．「行為システム」を包み込むシステムを論じた最晩年の著作（Parsons 1978）は，『行為理論と人間の条件』と名づけられている．ここで「人間の条件」という言葉が特に選ばれているのは，彼の畢生のテーマが「人間と社会」問題であることに由来するからであろう．

【ハーバーマスとルーマン】 「行為システム」をキーに「人間と社会」問題を解こうとする構えは，N. ルーマン（Luhmann）とJ. ハーバーマス（Habermas）によって継承された．両者は「行為システム」の本質を「コミュニケーション」に求める点では共通性をもつが，ハーバーマスが「相互行為」の局面に，ルーマンは，行為が延々と接続されて行く局面に関心をもつという点で対極的である．ハーバーマスの継受するのが「初期」パーソンズの企図であるとすれば，ルーマンが継受するのは「中期」以降の営みであるといえるだろう．　　　　［厚東洋輔］

📖 **参考文献**

[1] Parsons, T., 1937, *The Structure of Social Action*, McGraw-Hill.（稲上 毅ほか訳, 1976-89,『社会的行為の構造 全5巻』木鐸社.）
[2] Parsons, T. and E. A. Shils eds., 1951, *Toward a General Theory of Action*, Harvard University Press.（永井道雄ほか訳, 1960,『行為の綜合理論をめざして』日本評論社［ただし第1部, 第2部の訳］.）
[3] Parsons, T., 1978, *Action Theory and the Human Condition*, Free Press.（富永健一ほか訳, 2002,『人間の条件パラダイム』勁草書房［ただし第4部の訳］.）

一般システム理論

●**統一理論の追究** 近代科学はその基本的な特徴として専門分化への指向をもつ．大きくは自然科学と人文社会科学（いわゆる「理系」と「文系」）が分けられ，それぞれの内部でさらに数学，物理学，化学，生物学など（またこれらの応用科学としての医学，農学，天文学など），あるいは哲学，法学，文学，歴史学，社会学，経済学，心理学などが，内容的にも制度的にも区分される．

こうした分化傾向が進展するとともに，これら細分化した各分野を包括する知的営為，すなわち「科学」の統一性についても問われることとなった．その問いに対し，用いられる方法の一般的な共通性の指摘にとどまらない答えを与えようとすれば，分野ごとに発展を続ける諸理論について，何らかの意味での統一性が示される必要がある．

この課題に対する一つのアプローチが，基礎づけ主義ないし還元主義とよばれる立場である．これはあらゆる学問分野の基礎となる分野を定め，そこで確立した理論を基礎として，他の各分野における諸理論との間に演繹的な導出関係を見出そうとするものである．デカルト哲学やフッサール現象学の構想などはその重要な一環であるが，一つの理論として内的な演繹性と経験世界に対する説明能力の点から最も典型的に基礎科学としての地位を得たのは物理学であった．

ところが人文社会科学が扱う社会的，意識的現象，あるいは自然科学でも特に生命現象は，物理学的基礎づけによる統一的な理解が困難であり，少なくとも現在に至るまでこの方向での十分な成果は得られていない．そこで還元主義ではない形での統一理論が求められることになるが，この要求に対する一つの回答が一般システム理論であった．

●**理論の特徴** 発想の根本は，各分野の対象に共通してみられる形式的な性質，すなわち同形性（isomorphism）を抽出し，それに統一的な定式化を与えることである（Bertalanffy 1968）．この試みが成功するならば，互いにまったく異なる対象を扱う各分野に対し，にもかかわらず一般的な適用可能性を有する概念規定が得られることになる．この対象概念が「システム」とよばれ，これに各分野ごとの対象の実質規定を与える追加的な定式化を加えることで，生物学なら有機体システム，社会学なら社会システムといったように，形式的な相同性を有する諸対象が得られ，かつ各分野の特殊理論はそれぞれ一般システム理論の個別の応用として，互いに他に還元されることなく一定の説明能力を獲得する．

システム概念の定式化の試みは着眼点に応じてさまざまに異なる．部分とその単純総和への還元不可能性に着目する場合には，全体の水準でのみ見られる創発

的性質とその成立機制が問題となる（閉鎖系論）．他方，環境との関係を軸に定式化が試みられる場合には，環境変動に対する相対的不変性が焦点となり，それが恒常性維持（ホメオスタシス）の機序として論じられたり，あるいは環境状態（＝入力）の多様性に対するシステム状態（＝出力）の相対的安定性（＝等結果性）として論じられたりする（開放系論）．

社会学の立場から一般システム理論の発展にも寄与した N. ルーマン（Luhmann）は，生物学者 H. R. マトゥラナ（Maturana）の理論提案に基づき，システム内で利用可能なあらゆる水準での単位構成について当該システムに完全な専権的能力を認め，この点における環境の介入を否定する「作動上の閉鎖」と，それ以外の点での環境（環境内の他システム）との相互依存関係を定式化する「構造的カップリング」の概念対を整備し，かつシステムを構成する要素として時間的持続をもたない出来事としての「作動」を採用したうえで，その自己言及的再生産のあり方を記述する「オートポイエーシス」の理論を導入するという，きわめて独自の理論を展開している（Luhmann 2002b）．

●**社会学分野への応用**　一般システム理論は，その一般性が各分野への応用可能性によって保証されるという意味で定義上応用指向的な理論であり，その成否は各分野ごとの，一般理論への貢献可能性を見据えた特殊システム理論構築の成否に完全に依存する．そのため社会科学でも当初より各分野の研究者——社会心理学の A. ラパポート（Rapoport），経済学の K. E. ボウルディング（Boulding），政治学の D. イーストン（Easton）など——の積極的な関与がみられた．社会学では，社会科学の各分野で次々に発表されるシステム理論的研究の一般理論構築へと向けた綜合に特に意識的かつ精力的に取り組んだ W. バックレー（Buckley）の業績を忘れてはならないが，独創性において突出した理論構築の試みとしては，AGIL 四機能図式の再帰的適用による一般行為理論の体系化に取り組んだ T. パーソンズ（Parsons），またオートポイエーシス理論の適用を見据えてコミュニケーションを情報・発信・理解の三選択の綜合として定義し，その自己言及的再生産をもって社会システムの存立を一般的に定式化するルーマンの試みが，最大限の注目に値する．

［三谷武司］

参考文献
[1] Luhmann, N., 2002, *Einführung in die Systemtheorie*, Carl-Auer-Systeme.（土方　透監訳，2007,『システム理論入門——ニクラス・ルーマン講義録 1』新泉社.）
[2] Parsons, T., 1978, *Action Theory and the Human Condition*, Free Press.（富永健一ほか訳，2002,『人間の条件パラダイム——行為理論と人間の条件第四部』勁草書房.）
[3] Bertalanffy, L. von, 1968, *General System Theory: Foundations, Development, Applications*, revised ed., George Braziller.（長野　敬・太田邦昌訳，1974,『一般システム理論——その基礎・発展・応用』みすず書房.）

最小多様度の法則

●**法則の含意** 通常，W. R. アシュビー（Ashby）の「最小多様度の法則」は，「システムが外的環境の多様性に対応するには，それと同程度以上の多様性を備えなければならない」という法則であると要約される．アシュビーは，「もっと写実的にいえば，……多様度だけが多様度を破壊することができる」（Ashby 1956：訳 256）などとも説明した．

最小多様度の法則は，複雑な仕組みのほうが常により環境対応できるという意味ではない．例えば，歯科だけではない総合医院と歯科医院とが並んで開業し，いずれも全来院者の治療をめざしたとする．両医院の第一来院者の疾病がともに歯科治療のみを要するものと判明したとすれば，この段階では歯科医院のほうが環境対応できていることになる．

アシュビーの議論は環境対応の考え方に特徴があり，この点で若干の注意を要する．その枠組みをとらえるには，まずそれがサイバネティクスの文脈の議論であったことを踏まえるのが適切である．

●**サイバネティクスの文脈**　「サイバネティクス」は N. ウィーナー（Wiener）が作成した用語であり，ギリシャ語で「操舵者」を意味する「キベルネテス」を語源とする．基本的には，操舵者を自動化した「制御器」を考え，船（狭義のシステム）と操舵者（制御器）の全体システムの理論構築をめざす学問領域を指している．室温を一定に保つサーモスタットの問題などが好例とされる．室温が下の閾値に達すると制御器が発熱装置を作動させ，上の閾値に達すると発熱装置の作動を停止させるその仕組みは，（操舵者がさまざまな外的障害に出会っても船の進路を特定方向にとどめるように）室温を特定の範囲にとどめようとする．

ここで最小多様度の法則の数論的構成を確認するため，2人のプレイヤー D と R の小さなゲームを考える．図1はその例であり，基本的にアシュビーの説明に基づく．D と R にはそれぞれ選択肢があり（例では D が9個，R が3個），まず D が一つを選び，次にそれをみた R が一つを選ぶ．両選択に対応して列と行の

		D								
		1	2	3	4	5	6	7	8	9
	α	f	k	m	b	c	h	j	a	l
R	β	f	e	k	b	q	h	d	p	n
	γ	k	f	a	b	c	m	d	j	h

図1　D と R のゲーム例
［出典：Ashby（1956：205 Table 11/5/1）を一部修正］

交差する1項目が定まり，その値がこのゲームの結果を表す（DとRのそれぞれの効用ではなく，ゲームの結果を一つの記号で表す）．このゲームでは，各行のなかに同じ結果記号が現れないことが重要である．つまり，Dの選択（1〜9のいずれか）が異なる限り，Rからみて同じ一つの選択（例えばα）が同じ結果を導くことはないという前提がある．

さて，ゲームに繰り返しが許され，Dが自身の選択肢を順に1回ずつ試したとする．さらに，Rの関心がゲームの結果の種類を少なくとどめることにあったとする．一般に，Rはどこまで結果種を少なくできるか．図1の例でDが1のときRがγとすれば，結果はkである．Dが2でRがαのとき，Dが3でRがβの場合もkとなり，仮にDの選択肢が1から3のみであれば，これで結果種は1種にとどまったことになる．最も幸運な場合（図1の例ではそうならないが），Rは（Dの選択肢数）/（Rの選択肢数）にまで結果種を減らせるだろう〔小数点以下切り上げ〕．最小多様度の法則は，この考え方に基づいている．上記のゲームでDは外的障害（Disturbances），Rは制御器（Regulator）にちなむ．制御器が結果種をただ1種にとどめるためには，少なくとも環境要因である外的障害以上の個数の選択肢が必要である．

●**社会学への影響** 最小多様度の法則は，C. E. シャノン（Shannon）らの情報理論（Shannon and Weaver 1949）の一部定理にも相当する．よってエントロピー型の数理表現をもつが，その基本的着想の説明は上述のとおりである．環境対応の点では全対応が問題とされており，前述の医院の例のように，個別の場面では相対的に多様度が小さいシステムのほうが対応に成功する場合もある．環境対応の考え方が「システム」や「目的」のとらえ方に依存している点にも注意が必要である．医院の例でも，総合医院と歯科医院がそれぞれ自分の専門領域の患者の治療のみを目的としていたり，両医院が合わせて1システムと自覚したうえで全来院者の治療を目的としていたのであれば，全対応できていたことになる．

最小多様度の法則の社会学における一つの意義は，従来曖昧になりがちであった「システム」や「目的」の議論に数理的尺度を対応づけたことにあったといえる．サイバネティクス理論としてのその枠組みには，結果を特定範囲にとどめることに関心を寄せる点で制限があったが，その後，この法則は，自己組織性やN. ルーマン（Luhmann）の「複雑性の縮減」など，社会システム理論の展開に大きな影響を与えていった． ［岩井 淳］

📖**参考文献**

[1] Ashby, W. R., 1956, *An Introduction to Cybernetics*, Chapman & Hall.（篠崎 武ほか訳，1967，『サイバネティクス入門』宇野書店．）
[2] Shannon, C. E. and W. Weaver, 1949, *The Mathematical Theory of Communication*, University of Illinois Press.（植松友彦訳，2009，『通信の数学的理論』筑摩書房．）

カオスと社会

●**カオスとその意義**　カオス（混沌）とは，日常的には，もやもやとして物事の区別がはっきりせず訳がわからないことを意味するが，学術的には，仮に現状が正しく認識できたとしても，その先どうなるかが予測不可能な状態のことをいう．カオスの存在は，現象の背後にある法則を発見しさえすれば，現象の予知や制御ができるとする近代の発想が，必ずしも正当化できないことを表す．

　カオスを発見したのは気象学者 E. N. ローレンツ（Lorenz）である．1961 年に天気予報の気象モデルを数値計算する際に偶然見つけた．以来，乱高下する株価，気まぐれな気象の変化，人間の心臓の脈拍の乱れ，渦を巻く煙草の煙など，身近な日常生活に存在するカオスの解明が精力的に試みられてきた．そして今日，カオス理論は相対性理論，量子力学とならぶ 20 世紀物理学の三大革命とまでいわれるようになっている．カオスの意義は，わずかな違いを無視すると，大きなしっぺ返しを被ることにある．社会や組織をマクロな視点から俯瞰する際，小さな攪乱は無視しても大勢に影響はないと考えられてきた．しかし，カオス理論によりわずかな初期値の違いが大規模な変化を招く場合があることが理解されるようになった．

●**カオスの教訓**　我々は日頃，割り切れない計算結果をためらいもなく，小数点 2～3 桁で四捨五入する．それ以下の微少な差は無視してよいと思いがちである．そのような違いはいずれ消え去るか，互いに打ち消しあってなくなってしまうと思い込んでいる．カオス理論はその偏見を取り除くべきだと教えている．

　北京で今日，蝶が羽ばたいて空気をそよがせたとすると，それが来月ニューヨークで嵐となって現れる．これは気象学の関係筋で「バタフライ（蝶）効果」とよばれ，カオスの特徴づけのために多用される表現である．その意味するところは，普通なら無視してよい程度のわずかな動きが，めぐりめぐって「大異変」をもたらすことにある．

　このバタフライ効果は，専門的には「初期値に対する鋭敏な依存性」と命名されている．犯罪捜査でしばしばいわれる「初動捜査」のミスがその後の捜査を混乱に導くというのはこの例である．また，異端視されていたプロテスタンティズムの倫理から近代資本主義の精神が形成されたことも，これに当てはまる．

　最近では，東西の冷戦が終結するや，それまで米ソの覇権によって抑えつけられていた民族固有の文化や価値が自己主張をはじめ，世界がカオス状態に陥った．もはや覇権という大きな力で世界を管理することはできない状況である．異質な諸民族の小さな個性が大国の論理を突き上げている．そこから新たな国際秩序が

どのように形成されていくのか，カオスの社会理論が取り組むべき課題である．

●カオスの縁からの秩序形成　カオスは異質なもの同士の不規則な相互作用の総体からなる．社会もまた，ちょっとした出来事が不規則な相互作用の累積によって，新たなパターンを生み出していく．この意味で，カオスには秩序を創造する力が含まれる．それは秩序の前段階，新たな秩序の最前線に位置する．

これまでカオスは，秩序を維持するために望ましくないもの，できれば避けるべきものと考えられ，反秩序あるいは反科学の象徴とされてきた．けれども，単純にそう決めつけるわけにはいかない．新しい秩序が模索されるときには，旧秩序と新秩序が混ざりあって，カオス状態になるのを常とする．社会の大きな転換期には，混沌に秩序の兆しを読み取ることが重要である．

カオス理論では，「カオスの縁」が重視される．カオスの縁は秩序でもなく，混沌でもなく，ちょうどその境目に当たる．ここで何が起きているかは，まだ，よくわかっていないが，カオスの縁では相転移が頻繁に発生する．相転移とは，システムの構造が大きく変わることで，具体的には，水分子が温度によって氷（固体）から水（液体）そして水蒸気（気体）へと状態変化する例がある．これら三つの状態の境目がカオスの縁である．相転移が起きるカオスの縁ではゆらぎが多発し，新しい情報創発が頻繁になされる．進化論でいうと，突然変異がひっきりなしに発生している状態である．こうした状態のもとでは，システムは高度に励起した状態になる．そこからどのように新しいパターンや秩序が形成されるかは，確定的にはいえず，確率的な問題になる．

例えば，「デシジョン2000」と騒がれた大統領選挙で，アメリカは国をあげての励起状態になった．ゴアかブッシュ（ジュニア）か．この違いがアメリカだけでなく世界に大きな影響を及ぼすからである．しかし，驚いたことに，この重大事がフロリダ州におけるわずか数百票の行方に左右されることになった．開票の過程や有効票の基準をめぐって，結果が二転三転する混乱ぶりを露呈し，それも驚くほど些細な原因——投票方法が不明瞭でまとまった票が無効にされたり，誤って泡沫候補に票が流れたりなど——に端を発していることが明らかになった．開票過程をめぐるわずか数百票の行方の決着がつかず，世界中がかたずを飲む励起状態になった．結果，ブッシュが大統領に選ばれ，アメリカ社会は同時多発テロやイラク戦争への対応など，強硬な対外軍事政策体制を選択することになった．

[今田高俊]

📖 参考文献
[1] Gleick, J., 1987, *Chaos: Making a New Science*, Viking.（大貫昌子訳，1991，『カオス——新しい科学をつくる』新潮社．）
[2] Prigogine, I. and I. Stengers, 1984, *Order out of Chaos: Man's New Dialogue with Nature*, Heinemann.（伏見康治ほか訳，1987，『混沌からの秩序』みすず書房．）
[3] 今田高俊，1994，『混沌の力』講談社．

複雑系の科学

●複雑系の科学運動とその歴史　複雑系の科学（sciences of complex systems）それ自体には，合意のある定義があるわけではない．ただ，1984年にアメリカのサンタフェ研究所がノーベル賞級の学者を集め，従来の専門科学の枠を超えて複雑系の研究に取り組む宣言をしたことにより，科学運動として高まりをみせた．この運動の背景には，近代科学が金科玉条とする方法的立場では現実を的確に認識できないという不信感が存在している．ものごとを認識するには細かく要素に分解していけば十分であるとする要素還元論の立場，および認識主体の認識される対象に対する優位を前提とし，対象に認識作用や秩序形成能力を認めようとしない立場，に対する不信感がそれである．

　前者の要素還元論に対する批判には特に目新しさはない．「全体は部分の総和以上である」とする主張は，要素の相互作用から要素に還元できない創発性が生成されるとする従来の有機体論や一般システム理論の延長線上にある．複雑系の科学に新鮮味があるとすれば，それは後者にある．認識しようとする対象に認識作用を認めたり，自力で自らの秩序を形成する能力を前提としたりすることは，社会現象では当たり前のことだが，従来の科学的方法では，しばしばその射程を超えてしまう．であるから，M. M. ワールドロップ（Waldrop）が述べるように，「世界自身に語らせる」（Waldrop 1992）科学だとする比喩的表現がなされたりする．この含意は，複雑系は多数の要素がさまざまなやり方で不規則に相互作用しあっている結果，常に予期せぬ変化のダイナミズムをはらんでいること，あるいは不安定に揺らぎつつも新たな構造や秩序を生み出す可能性をもっていることである．例えば，株価や為替相場の不規則な変動，予測が困難な気象状態，原子・分子の複雑な組み合わせから発生する生命現象，脳が感情や思考をもたらす特質などが複雑系の特徴だとされている．

　複雑系の科学の歴史は，何が複雑性（complexity）であり，それをどのように扱うかというシステム的性質をめぐる理論の歴史である．

　物理学の領域では複雑性に関する長い問題関心の歴史がある．そもそも熱力学第二法則のエントロピー増大の法則は複雑性の増大の法則とも解釈でき，乱雑な状態（複雑な状態）と秩序ある状態（単純な状態）に関する統計力学的認識関心は，小さな磁石（スピン）の向きの状態が揃うという意味での秩序化を扱う，強磁性体に関するイジングモデルなどを通じて，社会科学での秩序形成の議論にも影響を与えてきた．このモデルでは，強常磁性体（キューリー温度以下でマクロに磁力をもつ物質）ではすべての格子点で状態が上向きあるいは下向きにそろっ

たときにマクロに秩序ある状態とみなされる．社会のアナロジーでいえば二つの意見があり，それが格子点にいる人の間で意見が上下どちらにせよそろった状態が秩序ある状態に対応する．

　動的なプロセスのなかで生じる秩序や複雑性の議論は力学系の軌道の分類から始まった．一定以上複雑な多体の相互作用問題は極端に難しくなる．惑星の軌道でいえば，3体問題以上は厳密解を見つけることは極端に難しい．これに対する研究プログラムは，ポアンカレに始まる力学系の分岐理論のなかで発展した．この力学系の分岐理論は，グラジエント力学系の分岐理論であるR.トム（Thom）のカタストロフィー理論などを経て，1980年代にI.プリゴジン（Prigogine）による散逸構造やH.ハーケン（Haken）によるシナジェティクスなどの名称で複雑系の科学の一つの流れをつくる．これ以外にも，軌道そのものの複雑性に起因する乱流やカオスなどの力学系に結びついた複雑性の理論が発展した．これらの複雑性は結局のところ理論的には熱力学的に平衡点から遠い領域で，構造パラメータの変化に伴い力学系が分岐するという力学系の分岐理論に帰着する．

　情報科学の領域でも複雑性は大きな関心の対象であった．計算複雑性（computational complexity）は現在も大きな関心が払われている領域である．そこでは「計算（アルゴリズム）」がどういう意味で複雑かを問う．ある種の問題を解くためのアルゴリズムは，問題の規模の増大に伴い，解を計算するのに要する時間（複雑性）は急速に増大する．このような問題を計算の複雑性が高々多項式で表現できるか（P），それでは表現できないほど複雑か（NP）のように分類することが行われた．これらと相互に関連しつつも，1980年代に一時的に流行した人工生命の領域では，人工生命や免疫システムに関する興味関心は，一方でセルオートマタや遺伝アルゴリズムによる進化的計算の数理へ，他方でH. R.マトゥラナ（Maturana），F.ヴァレラ（Varela）によるオートポイエーシスの流れや，サンタフェ研究所を中心とした複雑適応系の研究プログラムへとつながる．これらと関連しつつも国際政治学者のR.アクセルロッド（Axelrod）は，冷戦終結後の世界は複数の自律的エージェントがマルチステークホルダーとして複雑な行動を行う世界であるという観点から，従来の合理的ゲーム理論の分析を捨てエージェント・ベース・モデリングとそのシミュレーションによる複雑な相互作用の探求にリサーチプログラムを転換した．このエージェント・ベースの主体を含む複雑系の探求の流れは，日米欧でほぼ同時に2000年代から大きな潮流となりまたエージェント・ベースの社会シミュレーション言語の発展と相まって多くの研究を生んだ．

　他方でシステム科学の領域では，複雑性に対する認識関心の軸の一つに，外部環境の複雑性の内部環境への写像化というW. R.アシュビー（Ashby）の最小多様度の法則に示される複雑系への関心がある．システムが環境に適応するために

は内部に外部を制御するだけの複雑性をもつ必要があるというこの一見単純な法則は，この半世紀にわたり，組織論のコンティンジェンシー理論など社会科学の領域にさまざまな影響を与え続けた．

●**主体を含む複雑系の科学**　外部複雑性に対して主体がどのように対処できるかという課題は，一方では主体の内部モデル原理と結びつき，また他方では主体が構築した認識の地平が次の行為の地平を可能とし，人工物としての社会システムが継続的に発展していくという意味での社会の人工物としての複雑性の議論へと向かう．これらの主体を含むシステムの複雑性の課題は，自己言及（準拠），ミクロ・マクロリンク，創発性，階層性などの諸概念とともに，社会科学の主題的な問題関心と結びつく．主体が世界を内部写像化する際に内部に構築する主体の側のモデルを内部モデルとよび，内部モデルをもつ主体や主体間の相互作用として内部モデルの学習などを含むシステムモデルを外部から記述する（外部）モデルから区別する．内部モデル概念を導入することで，方法論的個人主義あるいは還元主義と，方法論的集合主義の間の無用な対立や，合理的意思決定と主観的で解釈的な意思決定の対立，あるいはミクロ・マクロリンクや自己言及（準拠）に関する混乱をモデル構築の視点からは回避できる．集合的な概念あるいは社会的な構築物を，共有される内部モデルとして扱い，個の内部モデルと共有される内部モデル，さらに複数の内部モデル間の学習を明示的に扱うことで，多くの方法論的な論争をモデル構築のプラグマティックな課題のなかに吸収できる．社会科学の課題として今の時代に注目せざるを得ない複雑性は，人々によって構築され共有される内部モデルがもたらす人々の理解や情報とそれに基づき実現される社会の機能的なシステムが，相互に織り成し発展し続けている社会の複雑性である．社会は，我々が構築した内部モデルにより認識を共有し，その地平の上に次なる地平を構築し，機能的にも意味・情報的にも複雑になっていく．この意味・情報と機能に関する共有された内部モデルの構築を通じての「認識と機能の大いなる連鎖」の人工物としての構築をいかに運用するかが人工物としての社会に関する複雑性の科学のフロンティアとなる．

　我々が社会の何らかの対象を我々の認識関心と対象に対する介入の水準で切り取りモデル化しようとするとき，モデルを記述する言語とそれが記述できるモデルの境界条件の設定が課題となる．モデルに対象の切り取りの（境）界面に対応した境界条件を導入することができないと，現実のさまざまな状況に対応するだけの内部複雑性をもたないモデルで現象を理解し設計する羽目になる．簡単な事例として，都市での人の感染のプロセスを取り上げてみよう．この課題に対しては未感染者（S）と感染者（I）と快復あるいは死者（R）の関係をマクロな人口動学として扱ったSIRモデルとよばれる微分方程式モデルが今でもしばしば使われる．だが，このモデルには患者と感染者がランダムに出会うという隠された

単純化の仮説が入っている．もしモデルに年齢や家族構造の影響や，学校閉鎖の影響を加味するには，都市とそこでの人々の活動を外部複雑性として内部化したエージェント・ベースのモデルを構築せねばならない．要するに，問題関心と介入水準に応じた境界条件が写像化されモデルに導入される必要がある．

●**内部モデルの構築と複雑性のマネジメント**　これは，何らかの社会的課題を解決するためのモデルを我々が内部モデルとして社会的に共有するためには，社会の複雑性を適切に構造化したモデルを構築された現実として社会的に共有する必要があることを意味する．世界をマネージするに足る内部複雑性を構築しない限り，世界の側の複雑性を我々は認識し制御することはできない．他方で我々が構築し共有する複雑性が増大することで我々の可能な行為の地平もまた増大し，それが新たな知の構築と共有を必要とする．このような構築され共有される内部モデル（状態空間とそこでの機能を含む）の複雑性のマネージメントが人工物としての社会のデザインの最大の課題の一つである．

その歴史的事例として組織の会計的な状態の記述を取り上げよう．15世紀にイタリアでL.パチョーリ（Pacioli）により『算術，幾何，比及び比例総覧』（通称スムマ）という数学書に記された簿記の技術は，構築され共有された現実として世界を変えた．それは人々に共有され承認されることで人がそのうえで商業的な活動をする相互主観的で正当な地平を新たな現実として構築することに成功した．この相互主観的現実が構築される以前の世界では商業取引は利子の概念一つとっても，それが不正であるか正当であるかなどさまざまな解釈が入り乱れていた．これに対して複式の簿記により初めて我々は安定した商取引の認識と行為の地平を構築した．会計認識という内部モデルが取引を相互主観的に観測可能にしたことで，高度な商業的活動が可能な世界とそれに対する共有される評価（会計監査）が可能となったのである．これが現在の資本主義を可能とした根源的な現実の構築である．ひとたび共有された現実の地平が構築されることでそのうえにより複雑な取引の相互作用の地平が構築される．その過程で，産業革命を経てものづくりという複雑性が導入されたとき，今度は工場の原価計算という複雑性に対処する状態空間が導入される．これにより，どの製品がどのような原料から構築されるかについての認識が可能（可観測）となった．このように，我々の社会は，ある種の複雑性に対処するための共有された内部モデルとしての認識の地平の構築が次の相互作用の自由度とそれに伴う複雑性を導き，それがさらに次の認識の地平の構築を導くという形で複雑化してきた．これは会計認識だけの話ではない．我々の技術と社会の地平はそのようにして共進化してきた．この複雑さの増大とそれを運用するための内部モデルの発展とその共有化による認識の地平の構築の運動はいまだ変動の渦中にある．

［出口　弘］

社会のオートポイエーシス

●オートポイエーシス──何が新しかったのか　オートポイエーシス（autopoiesis）とは，チリ出身の二人の生物学者，H. R. マトゥラナ（Maturana）とF. J. ヴァレラ（Varela）による1973年の共著論文「オートポイエーシス」において初めて示された言葉である（同論文はMaturana and Varela［1980］に収められている）．
　オートポイエーシスは「自己」を表す言葉と「産出」を表す言葉とを結合させた造語であり，文字どおり読めば「自己産出」を意味する．だがこの言葉の響きとは裏腹に，彼らが新しい言葉をつくってまで強調したかったのは，ポジティブ・フィードバックのメカニズム（項目「社会システムと自己組織性」「フィードバック」参照）ではないし，「自分で自分を産み出すこと」それ自体でもない．当時の二人の専門領域は，生物学のなかでも特に神経科学である．彼らが注目していたのは，何よりもまず，神経システムの振る舞いとその環境との関係であった．1950年代末から1960年代を通じて，マトゥラナは動物の視神経の研究を通じて得られた知見から，次のような見解に達していた．神経システムを行動主義的に記述すれば，システムは外界から入ってきた刺激にただ反応するだけとなるはずだ．だが実際の視神経の振る舞いは，いわばかなり気まぐれであり，外界からの刺激と必ずしも対応しない．注意深く検討すると，神経システムは「自らの構成要素を自ら産み出し続けること」しかしていない．この再帰的な自己生産のプロセスは，いわば，閉じた円環をつくり出している．この閉じた円環は，神経システムが自らつくり出した，自らを外界に対して差異化し（自らを識別し），また，独自のやり方で外界に反応するための仕組みである．
　神経システムに関するこの見解をより一般化していえば，次のようにまとめられる．まず，システムが行う振る舞いは，環境からの刺激への反応ではない．システムが行うのは，自らを構成する要素を自ら生産することだけである．次に，認知とは，システムが行う自らの構成要素の自己生産により生じる閉じた円環が，外界との刺激とは独立に，「一つの世界を生じさせてしまう」ことにほかならない．つまりオートポイエーシスは，システムの自己産出であると同時に，システムにとっての世界の産出でもある．最後に，システムとその環境との関係は，環境からの刺激が指令となってシステムの振る舞いを決める，といった一方的なものではない．環境で起こることは，システムにとって，自らの内部構造の変化を引き起こすきっかけになるかもしれないし，ならないかもしれない，ただの「攪乱」にすぎない．システムにおいて何が起こるのかを決めるのは，あくまでシステムが自らの活動に基づいて生み出す内部構造のほうである．

以上のような考え方は，マトゥラナとヴァレラによる講演をもとにした著作『知恵の樹』のなかで，簡にして要を得た形で示されている（Maturana and Varela 1984）．なお，神経システムがオートポイエティックなシステムかどうか，あるいは「オートポイエティックなシステムとみなしうるかどうか」という論点はつとに議論の対象となっているが，ここでは立ち入らない．詳しくは長岡（2006）によるまとめを参照のこと．

●社会システムのオートポイエーシス　マトゥラナやヴァレラも「社会」や「社会システム」に言及してはいたが，基本的には，オートポイエーシス概念の適用対象を生物学的なものに限って考えていた．だが 1970 年代後半から 1980 年代にかけ，オートポイエーシスの概念が広く知られるようになるとともに，これを生物学以外の分野，特に「社会システム」の定義にも活用しようとする動きが見られるようになった．そのなかの一人が N. ルーマン（Luhmann）である．

ルーマンは，1980 年代初頭，オートポイエーシスという言葉とそれに付随する考え方を社会学に導入した．これによって彼はそれまでの社会学のなかで雑駁な形で用いられていた社会システムという術語を刷新し，その意味での社会システム概念を社会学という専門分野の中心に据えることを提案した．このアイデアが包括的かつ集中的に論じられているのが，1984 年に世に出たルーマンの大著 *Soziale Systeme*（邦題『社会システム理論』[Luhmann 1984]）である．

ルーマンによるオートポイエティック・システムとしての社会システムの再定義を把握するには，次の点に留意する必要がある．

第一に，ルーマンは社会システムのオートポイエーシスを，マトゥラナやヴァレラのいう生命のシステムのオートポイエーシスと明確に区別している点．社会システムは，生命システムではなく「意味を構成するシステム」である．

第二に，社会システムのオートポイエーシスを考えるにあたり，コミュニケーションが社会システムの構成要素だとされている点．社会システムの構成要素は行為ではない．ここでは，社会学の対象となる基本単位を行為概念からコミュニケーション概念へと転換させることが主張されているのである（ただしコミュニケーションのオートポイエーシスという発想自体は，ルーマンの創意によるものではない．詳しくは赤堀 [2003] を参照のこと）．

第三に，「意味を構成するシステム」には心的システムと社会システムという二種類があるとされている点．ここでは，意識や思考といった「心的なもの」のオートポイエーシスと，コミュニケーションという「社会的なもの」のオートポイエーシスとの混同は許されない．頭のなかで思ったり考えたりすることはコミュニケーションではない．

上記 3 点を踏まえると，社会システムのオートポイエーシスとは，何よりもまず「コミュニケーションの継続を意味する」（Luhmann 1990c：訳 27）というこ

とになる．だがすでに述べたように，オートポイエーシスという言葉を使ううえで重要なのは，社会システムがコミュニケーションの継続を通じて「自己産出」していることそれ自体ではない．社会システムが，「自己産出」の帰結として，その環境との関係をどのように取り結んでいるか，あるいは言い換えれば，どのようにその環境を「意味的に構成しているか」，ということである．以下，この点に関して概観する．

●**社会のオートポイエーシス**　上では社会システムという言葉を用いた．だがここで一点，注意を促しておきたい．それは，ルーマンのいうオートポイエティック・システムとしての社会システム（social systems）は，社会（society）のシステムとは限らないということだ．社会は，相互作用（対面的コミュニケーションの連鎖）や組織といったシステムとともに社会システムの下位類型の一つとされており，すべてのコミュニケーションを含む包括的なシステムとして定義されている．ここではこの意味での社会というシステムについて解説する．

　社会というシステムも，社会システムの一類型である以上，コミュニケーションのオートポイエーシスを通じて「意味を構成するシステム」であるとされている点は変わらない．そして「社会のオートポイエーシス」もまた，そこで意味されているのはコミュニケーションの自己産出，すなわちコミュニケーションという出来事の連鎖にほかならない．だが社会をオートポイエティック・システムととらえることにより，いったい何が新たにみえてくるというのだろうか．これについてはルーマン最晩年の大著『社会の社会』（Luhmann 1997）において詳しく論じられている．論点を列挙すれば膨大な数にのぼるが，導入部として必要となる発想については，だいたい次のようになる．

　第一点．社会をオートポイエティック・システムとして把握することの利点は，上でマトゥラナとヴァレラによるオートポイエーシス概念の「新しさ」の核心として指摘したことと同じである．すなわち，コミュニケーションの継続，ないし，コミュニケーションという出来事の連鎖（＝社会のオートポイエーシス）により循環的・再帰的ループが形成された結果，社会を，コミュニケーションにおいて「意味という形式に基づいて独自の世界をつくり出す」システムとしてとらえなおすことができるところにある．書かれたもの，話されたもの，それらが連鎖することにより，社会がつくり出されると同時に，世界もつくり出されている．コミュニケーションによる構成物としての世界は，一人ひとりの頭のなかで構成されている世界とは別物だ．社会というオートポイエティック・システムは，いわば，一種独特の観察者なのである．

　第二点．社会は包括的なコミュニケーションのシステムとして定義されているので，世界にただ一つしか存在しない．ルーマンのこのような物言いは，読者に強烈な違和感をもたらすだろう．近代化の進んだ地域とそうでない地域，西欧と

東アジアと中東,アフリカと北米,等々,明らかに異なっているではないか.社会が一つしかないというのはあまりに全体主義的ではないか.社会は多種多様であり,複数存在しているとするのが妥当だ,と.だがここでもやはり,常識を裏切る見方が要請されている.既述のように,どのコミュニケーションも,コミュニケートする側において社会をつくり出すと同時に,コミュニケートされる側においても世界をつくり出している.世界に社会が一つだけあるというより,コミュニケーションが世界を生み出しているという形式,言い換えると,コミュニケーションが何かを語り,何かを記述するという形式は,地球上のどこであれ,普遍的だということである.一見して社会のあいだの違いのように思われるものは,コミュニケーションによって構成された差異であり,それもまた,社会のオートポイエーシスの帰結としての社会の内部分化の一形式にほかならない.問題となるのは,社会が事実上どのように分かれているか,ではない.あくまで,コミュニケーションという出来事の連鎖のなかで,社会について語られたり書かれたりする際に,どのような線引きが用いられているか,ということである.社会とその境界線をつくり出しているのは,社会それ自体なのである.

　第三点.社会がオートポイエティック・システムであれば,コミュニケーションにおいて「環境」としてとらえられてきたものはすべて,社会という観察者による構成物である.実際の環境がどのようなものであるかとは独立に,社会は自らにとっての環境をつくり出す.この意味で環境問題とは,社会の「外部」の問題のようでいて,実は,社会の内部問題なのである.ゆえにルーマンは環境問題という言葉の代わりに「エコロジー問題」という言葉を用いている.社会と環境とのあいだの関係をこのように把握しなおすと,次のようにいえる.社会という観察者は,起こっていることをすべてコミュニケートできるわけではない.何をどのようにコミュニケートできるかは,コミュニケーションという出来事の連鎖が積み重なることにより生じ,維持される再帰的なループ,言い換えれば社会というオートポイエティック・システムの内部構造が決める.別の角度からいえば,何らかのきっかけでコミュニケーションのループのあり方が変化すれば,社会がとらえうる「環境」の姿も変わってくる,ということになる.変化の契機は,技術革新かもしれないし,人々の努力や創意工夫かもしれないし,天変地異かもしれない.だが何が社会というシステムの変化の引き金になるのかが,前もって判明することはない.いずれの契機も,システム理論の用語では(システムにとっての)「攪乱」である.

　以上3点は,社会というものを,コミュニケーションを構成要素とするオートポイエティック・システムとしてとらえなおすことの帰結であり,その先の多種多様な議論の出発点となる基本的な考え方である.　　　　　　　　　　［赤堀三郎］

ゆらぎと社会システム

●ゆらぎ概念が登場した背景　1970年代後半から80年代にかけて，自然科学の領域で〈ゆらぎを通じた秩序形成〉というテーマの研究が精力的に進められた．ゆらぎは流行語となり，物理化学現象だけでなく，社会現象にも適用されるようになった．以前は，ゆらぎは余計なもの，望ましくないもの，統制してシステムを正常な状態に戻すべき対象として扱われた．そして社会学では，逸脱や反抗，異議申し立てなどを表した．しかし，ゆらぎが新たな構造や秩序の源泉であることの解明がなされたことで，一躍，脚光を浴びるようになった．社会科学でも，ゆらぎを通じた秩序形成という視点から，社会システムの自己組織化（自らの手で自身の構造を変える営み：項目「社会システムと自己組織性」参照）が主要なテーマとなった．

　ゆらぎの流行は，煎じ詰めれば近代思想（科学）の行き詰まりに起因する．近代社会を導いてきた主導原理は，ものごとを効率や合理性でとらえることを重視する機能優先の発想である．この発想に基づいて，近代社会は豊かな社会の実現をはかってきた．ところが，豊かな社会が訪れたことで，人々の価値観が多様化し，生活様式が個性化するようになった．多様化や個性化は，人々の行動や価値観が，既存の標準モデルでは解読できない状態を表す．多様化・個性化という言葉が乱発される時代状況はゆらぎの温床である．

●ゆらぎ理論とは何か　ゆらぎとは，自然科学では，ある巨視的な物理量で記述された平均値ないし均衡（平衡）状態からのズレと定義される．社会現象に応用する場合には，ものごとの基盤をぐらつかせ危うくする要因のことを意味し，既存の発想や仕組みには収まりきらない，あるいはそれで処理しきれない現象のことをいう．

　ゆらぎ概念を科学の水準にまで高めたのは，物理化学者のI.プリゴジン（Prigogine）らが提唱した散逸構造論が代表的である．この理論ではゆらぎが増幅することでシステムが高度な不均衡（非平衡）状態に移行し，その状態から新たな秩序が形成される問題を扱う．従来の科学では，均衡（平衡）状態に焦点を当ててシステムの運動を解明することが焦点だった．しかし，プリゴジンらはゆらぎの自己強化による新たな構造生成を解明した点で革新的であった（Jantsch 1980：訳44）．

　ゆらぎの理論で重要な点は，ゆらぎは必ずしもシステムを危機に導く要因ではないことにある．従来扱われてきたゆらぎは白色ノイズとよばれるものであり，ランダムに発生する（それゆえ制御の対象となる）が，ゆらぎにはそのようなも

のばかりではなく，系統的なバイアスを伴うものもある．この場合，ゆらぎは構造を脅かしたり，システムを解体させたりする要因ではなく，別様の存在や構造へと駆り立てる要因となる．ミクロなレベルのゆらぎが相互に強化しあって新たなパターンを生成する．そこには，制御センターがシステムを管理する発想はない．また，ゆらぎは快適性の源泉でもある．浜から吹くそよ風，楽器の名奏者の音色には $1/f$ ゆらぎが含まれる（武者 1994）．規則一点張りの生活では息苦しくなることや「犬も喰わない夫婦げんか」には，$1/f$ ゆらぎが関係していよう．幸福とは生活に何らかのかたちで $1/f$ ゆらぎを取り込むことでもある．

●**流行現象と消費社会にみるゆらぎの事例** ゆらぎ理論の平易な社会学の例として流行現象が考えられる．だれかがポツンと変わったこと（差異化）を試みると，それにシナジー（共鳴）する人物が現れ，「いいね」ということで第三者が次々と巻き込まれて，これが社会全体に広がって流行となる．例えば，かつて長髪とジーンズのヒッピー文化が日本に入ってきたとき，多くの国民は違和感を覚え，煙たい存在とみなした．それは，画一性を重視してきた社会にとってのゆらぎである．しかし，画一主義からの差異化を求めるニーズにマッチしていたため，「いいね」というシナジー効果が発生して自己増殖メカニズムが形成され，10年ほどすると違和感もない新たなライフスタイルとして定着した．このように，社会システムにはゆらぎを引き込む作用がある．

　もう一つの例として，1980年代の消費社会の到来をあげることができる．消費社会とは生産よりも消費のあり方が文化や社会に与える影響力が大きくなっていく社会のことをいう．消費社会の特徴は，人がただモノを買うのではなく，モノと一体化した象徴的イメージ（意味）を買うことにある．例えば，ブランド商品，装飾的デザインの多い商品，ステイタス・シンボル商品など，記号によって付加された象徴的価値が消費の対象になる．人々はもはやモノをその機能において消費するだけでなく，象徴的な意味をも消費する．

　消費社会の到来は，生産が優位した従来の企業中心の経済に対するゆらぎを発生させることになる．企業よりも消費者（生活者）の論理の影響力が高まると，近代社会の効率と合理性を中心とした機能優先の論理がゆらぐことになる．こうしたゆらぎは，1980年代以降に増幅していった．その結果，経済活動は一方で，モノの機能性よりは象徴的意味作用に力点を置く高付加価値の商品開発，他方で品質が安定した定番商品の価格破壊をめざすディスカウント戦略に二極分解した．消費社会によるゆらぎが市場構造を二極化させたのである． ［今田高俊］

📖 **参考文献**

[1] Prigogine, I. and I. Stengers, 1984, *Order Out of Chaos: Man's New Dialogue with Nature*, Bantam Books．（伏見康治ほか訳，1987，『混沌からの秩序』みすず書房．）
[2] 今田高俊，2005，『自己組織性と社会』東京大学出版会．

自己言及と社会システム

●**テーマの概要** N. ルーマン（Luhmann）は 1960 年代から一貫して，対象の同一性を前提とせず，しかも対象の外部にその同一性を保証する主体を要さない理論を求めていた．この試みは同一性の維持を対象それ自体によって不断に解決されるべき問題としてとらえる理論の追究という形をとった．1960 年代にはシステム／環境理論がその役割を担ったが，1970 年代から 1980 年代にかけて自己言及システム理論，さらにオートポイエーシス理論を独自の仕方で導入することで，ルーマン社会システム理論の骨格が整うこととなった．

●**自己言及的社会システム理論の構想** ルーマンの理論では，システムの要素は時間的持続をもたない作動である．この作動がある区別に基づく指示（区別によって生じる両側のうちの片方の指示）という形をとるとき，この作動は言及となり，言及が情報獲得に利用されるとき，その言及は観察とよばれる．システムが作動として行う言及ないし観察が，そのシステムそれ自体もしくはその一部へと向けられるとき，その観察は自己言及ないし自己観察となる．

ルーマンは時間的持続をもたない作動を要素とするシステムが時間的持続（存立）を有するという一見不可解な事態を記述するため，作動の自己言及的再生産として定義されるオートポイエーシスの概念を導入する．すなわち，先行する作動によって成立する限定的な可能性集合からの選択によって後続の作動が生じるとき，システムの存立が維持されるといわれる．

社会システムの一般理論の水準では，システムを構成し，その継続的再生産によってシステムの存立を維持する要素はコミュニケーションであり，コミュニケーションの作動形式は観察であるとされる．すなわち，コミュニケーションは先行するコミュニケーションに対して接続しうるもの（＝システムに属するもの）と接続し得ないもの（＝環境に属するもの）を区別し，前者を指示するという形で，システム／環境の区別を用いた観察として作動するのである．

このような理論構成を可能にするため，ルーマンはコミュニケーション単位を情報・発信・理解の三つの選択の綜合によって成立するものと分析する．二つの心的システムの一方が送り手として一定の「情報」を「発信」し，それを他方が受け手として「理解」するという構図であるが，ここにルーマン独特の理論的限定が加わる．すなわち第一に，この三選択はいずれも単独では成立せず，そのすべての綜合として，すなわちコミュニケーションとしてのみ成立する．第二に，情報はシステムの外部（＝環境）についての知識として他者言及を成し，発信はシステムの内部に参与する相手方の発話行為として自己言及を成し，理解はこの

自己言及／他者言及の区別に基づく自己言及への指示，すなわち自己観察である．第三に，本来三選択の綜合として二つの心的システムの間で対称的な作動として定義されるコミュニケーションは，この自己観察の水準では送り手側の発信行為に還元され，これによりコミュニケーションは非対称性を帯びる．第四に，この非対称性が受け手の側で，後続のコミュニケーションを構成する一成分となる発信行為を可能にする．

　さらにルーマンは，このコミュニケーション（＝作動）の自己再生産の水準における基底的な自己言及そのものが後続のコミュニケーションにおいて話題として取り上げられる場合，すなわち自己言及／他者言及の区別や，その基礎となるシステム／環境の区別が観察される場合，形式的には，システム／環境の区別がその区別それ自体によって画定されるシステムの内部に登場するというパラドックスが生じると指摘する．パラドックスは選択の無化を意味するため，そのままだと作動の接続が不可能になる．このことから，存立を安定的に維持しているシステムには進化的な獲得性能として何らかの脱パラドックス化の機制が備わっているとの仮説が導かれ，個々の具体的システムに即した経験的研究への道が開かれる．

●**法システムにおける脱パラドックス化の機制**　この点は，ルーマン社会理論の主要な各論たる機能システム論では，コードの自己適用に伴うパラドックスの成立可能性，およびプログラムによる脱パラドックス化の問題として論じられている．例えば法システムは合法／違法のコードを用いた観察（＝値の選択）によってオートポイエーシスを継続するが，この合法／違法の区別がこの区別それ自体に適用されると前述のパラドックスが生じて作動の接続が不可能となり，システムは停止してしまう．しかし実際にはそのような事態は出来していない．こうして研究の関心は脱パラドックス化の機制へと向かう．この機制を担うものの一つが，いかなる対象にいずれのコード値を与えるかを定める「プログラム」である．

　再び法システムを例にとるなら，この場合，プログラムとしての機能を果たすのはまさに法律である．法律は基本的に「〜ならば合法／違法である」という法的判断の条件を定めるものであり，その意味で，法システムの条件プログラムとして機能する．法的判断，すなわち法システムにおけるコード適用がこのプログラムに従って行われる限り，問われるのはせいぜい特定の法的判断の法律に照らした正／誤であり，合法／違法コードの自己適用は妨げられることになるというわけである．

〔三谷武司〕

参考文献
[1] Luhmann, N., 1984, *Soziale Systeme*, Suhrkamp.（佐藤　勉監訳，1993-95,『社会システム理論（上・下）』恒星社厚生閣.）
[2] Luhmann, N., 1997, *Die Gesellschaft der Gesellschaft*, Suhrkamp.（馬場靖雄ほか訳，2009,『社会の社会 1・2』法政大学出版局.）
[3] 長岡克行，2006,『ルーマン／社会の理論の革命』勁草書房.

社会システムと自己組織性

●**思想史的背景**　自己組織性とは,「システムの固有の性質」たる創発性を「自己組織化」の視点から考察した場合の名称である．今田高俊の著作『自己組織性』に由来する．

自己組織化とは，端的に「システムがシステム自身に再帰的に働きかけて自らを再組織化しあるいは構造変動させること」であり，そのような性質（自己組織性）や能力（自己組織能）をもつシステムを自己組織システムという．

システムの「均衡解の存在」や「秩序の維持」といった静的な問題——それは実際，T. パーソンズ（Parsons）らの時代には重要なテーマであった——を論ずるには，自己維持システムを問題にすればことは足りた．例えば単純な一階の制御モデルで「負のフィードバック」を組み込めば理論化できたのである．パーソンズの「機能的要件」は事実上，「制御者」に相当した．だが今日の社会システム理論ではむしろ，「秩序の生成」や「構造変動」といった動的な問題や人間の「自省作用」の重要性が増している．こういった問題を理論的に主題化しようとすると，どうしても「自己組織性」が避けられないテーマになるのである．ただしこうした思考には，以下に述べるような自己回帰現象に特有の論理的困難をはらんでいる．

●**二つのルーツ**　自己組織化の概念や思考法には二つのルーツがある．第一のそれはサイバネティシャンの W. R. アシュビー（Ashby）によって 1960 年代前半に「制御」の観点から考察されたもので，今日これを「サイバネティックな自己組織性」という．これは通常の制御の上に，高次制御者によるトップダウンの高次制御を既定の事実として重ねていくという発想からなり，そのため「制御を制御する」「制御を制御するを制御する」という類の「屋上屋を架ける」の困難と高次制御の恣意的追加を避けられない．これを「論点先取の困難」とよぶ．この高次制御の概念を極論すれば，すべての世界を一人の制御者が制御する「最高次の制御の既存」（いわば神の類の存在）を措定することになりかねない．

第二のそれは，1970 年代に発展した I. プリゴジン（Prigogine）らの散逸構造論や H. ハーケン（Haken）らによるシナジェティクス論にルーツをもつもので，これを「シナジェティックな自己組織性」とよんで区別する．システムの秩序形成・構造変動を「ゆらぎ」とそれへの「正のフィードバック」の観点からとらえ，システムが「ボトムアップ的に」立ち上がっていく様を記述しようとする．基本的に，まず，変化しやすいミクロの諸要素が，変化しにくいマクロの「場」に隷従する，と発想する．トップダウンの〈制御〉ではなくボトムアップの〈隷従〉である点が重要である．この「場」の様態を示す代表的な変数が統計力学者 L.

ランダウ (Landau) の提唱した「秩序パラメータ」である．そして系が不安定な状態にある場合，秩序パラメータに「分岐」（複数の解）が生ずるが，この分岐において系の挙動を決めるのは偶然の「ゆらぎ」となる．いわば偶然の「ゆらぎ」が系全体の挙動に意思決定を下すのだ．この観点では，中枢制御者が措定されないので高次制御の屋上屋，すなわち「論点先取の困難」は回避されるが，偶然の「ゆらぎ」に自己組織化のスイッチを委ねることになるため，理論的因果性を断念しなければならない．これを「偶然性の困難」とよぶ．

以上の二つの自己組織性を対照的に示せば，図1のようになる：

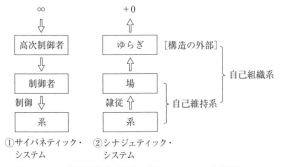

図1　二つの自己組織性［出典：黒石 1991：49 を修正］

●**社会学的展開**　自己組織性の概念を社会システムに導入したのは今田高俊である．彼は当初，サイバネティックな自己組織性に依拠し，これを自らの社会理論の中心に掲げた（今田 1978）．しかし，その後の彼の考察のベースはシナジェティックな自己組織性へウェイトを移している（今田 1986, 2005）．後に吉田民人も自己組織システムや自己組織性の概念を繰り込んだ論を展開するようになるが，吉田のいう自己組織性は「情報によって制御された秩序」に限定されるものであり，ゆらぎ図式を取り込むものにはなっていない．

上記二つの自己組織性は，互いに対立矛盾する二つの論理形式というよりも，メタのレベルで両立する諸論理形式群の一部，と解釈されるのが望ましいだろう．黒石晋（1991, 2009, 2016）は，サイバネティック・システムとシナジェティック・システムのあいだに両者を架橋し統合する第三の自己組織系として「リゾーミック・システム」を措定し，これをウォーラーステインの世界システムにおける「中核−半周辺−周辺」の三層構造の形成に応用することを試みている．　　［黒石　晋］

参考文献
[1] 今田高俊, 1986, 『自己組織性――社会理論の復活』創文社.
[2] 今田高俊, 2005, 『自己組織性と社会』東京大学出版会.
[3] 黒石 晋, 1991, 『システム社会学』ハーベスト社.

リゾーミック・システム

●**思想史的背景** 「リゾーミック・システム」という語は，G. ドゥルーズ (Deleuze) と F. ガタリ (Guattari) の提起した「リゾーム」の概念を，特にシステム理論の観点から彫琢し用いることを強調する場合に，システム理論的なニュアンスを伴って用いられる語である．黒石晋 (1991) によって世に問われた．

ドゥルーズとガタリによる「リゾーム」は，社会や生命のシステムをポスト構造主義的に「構造分析」するうえで援用される概念である．本家の構造主義が想定する「リジッド（堅牢堅固）な構造」に代えて，「ロバスト（柔軟強靭）な構造」に着目する，典型的な概念である．1950～60 年代，思想界では構造主義が全盛をきわめたが，1970 年代にはその硬直した諸概念が行き詰まりを見せ始め，また T. パーソンズ (Parsons) の構造-機能分析も新しい方向性を打ち出せなくなっていった．同じ頃，広い意味でのシステム理論において散逸構造やシナジェティクス，あるいは複雑系といった「動的な秩序」を扱う理論が注目を集めるようになり，こうした機運のなかで堅牢な「構造」の概念が柔軟に見直されるようになっていったのである．

●**ツリーとリゾーム** リゾームの原義は「根茎」ないし「地下茎」で，「樹木」の対概念である．ツリー（＝樹木）が幹・枝・葉・根などという具合に整然と分化した階層関係（上位-下位）や相互の固定的位置関係，役割分担関係，等々を築く典型的な「構造」であるのに対して，リゾーム（＝根茎）はそういった固定的な位置関係や分化した役割関係をもたない．むしろリゾームはそういった静的・固定的な関係性が分化する以前の，未分化な動的運動性に着目する概念である．リゾームはいわば蓮根や竹の地下茎のように自在に伸長する縦横無尽さ，また伸長した先で幹や枝葉・根などを分化できる未分化性，流動的性格などを特徴とし，その運動には必然性もなく一見支離滅裂にみえるが，そのことがかえって硬直を逃れた創造的な結果をもたらすのである．

リゾームは今日，「根茎」の原義を離れ，拡張・発展して，ある種の抽象的な概念や思考法を表すに至っている．ツリーも具体的「樹木」のイメージを離れて「樹状図」「系統樹」などに代表される抽象的〈構造〉を表すようになっているが，リゾームもまた具体的「根茎」のイメージを離れて縦横無尽に伸長し絡み合い，しかも不断に変動する抽象的「流動体」「接続体」を表す．こうしてリゾームは，堅牢堅固な関係・構造をみようとする「構造主義」を超え，したたかで強靭な関係・構造をとらえようとする概念ないし視座となって，「ポスト構造主義」の主要概念の一つに数えられている．

例えば会社の組織図に典型的にみられるように，ツリーにおいて成員は全体のなかで系統的かつ論理的に位置づけられ，固有の地位・役割を同定される（いわば歯車）．だがインターネットのようなリゾームにおいて，諸要素は相互にリンクされ，論理的にはリゾーム上のあらゆる点があらゆる点に接続可能である．リゾームには固定された位置がなく，むしろ各点が不断の差異化の「過程」に置かれるのである（逃走線）．その箇所その箇所ごとに現状から抜け出て差異化していこうとする動的な力が，リゾームの特性である．

●**社会システムとしての展開**　リゾームに着目したわが国の初期の論考として，市川浩（1978）は，〈身〉という存在がいかに錯綜したものであるかを「リゾーム」の語によって表現し，さらに建築家 Ch. アレグザンダー（Alexander）の「都市はツリーではない」との論考を敷衍して都市のリゾーム的分析を展望している．またユング派の分析心理学者である河合隼雄（1983）は市川の論考を参考に「意識はツリー的であり無意識はリゾーム的である」と分析している．

黒石（1991, 2009, 2016）はシステム理論の立場からリゾームをとらえ直し，「リゾーミック・システム」として新たな論を展開している．そのシステム理論的意義は，リゾーミック・システムをシナジェティック・システム（生成のシステム）とサイバネティック・システム（制御のシステム）の中間に置き，両システムを架橋する第三のシステム形式として位置づけることにある．

例えば都市は，その発端において M. マルヤマ（Maruyama）のいう「セカンド・サイバネティクス」のメカニズムによって生成すると論じうるだろう．これは今日のシナジェティックな自己組織性に相当する．しかし，都市はそれにとどまらず，さまざまな接続をなしつつリゾーミックに発展する．そして多くの場合に中枢機能を発達させ周囲の後背地に対する中枢指令機能を獲得するのである．これはサイバネティックな性格を帯びたシステムとなる．生命の発生においても，無意識の上の意識の発生においても，同様の順序を想定することができるであろう．

社会のなかで典型的に「リゾーム」の性格をもつものの例としては，伝統的には商人による販路網・決済網の形成があげられよう．新しくは，上述したインターネットや通信網の展開があるだろう．

前掲の黒石（1991, 2009, 2016）では，商人たちによる全世界的な規模の販路網・決済網の形成にリゾーミック・システムを応用して，その全体像や作動の機序を明らかにしている．

［黒石　晋］

📖 **参考文献**

[1] Deleuze, G. and F. Guattari, 1972, *L'Anti Œdipe*, Éditions de Minuit.（宇野邦一訳，2006，『アンチ・オイディプス——資本主義と分裂症』河出書房新社.）
[2] Deleuze, G. and F. Guattari, 1980, *Mille Plateaux*, Éditions de Minuit.（宇野邦一ほか訳，2010，『千のプラトー——資本主義と分裂症（上・中・下）』河出書房新社.）
[3] 黒石　晋，1991，『システム社会学——大キサの知』ハーベスト社.

機能分化社会

●**社会の複雑化と分化**　歴史の進展とともに社会は，単純で斉一的なまとまりを示す状態から，複雑で多様な諸部分より成る複合体へと変化していく．これは，H. スペンサー（Spencer）の「軍事型社会から産業型社会へ」や É. デュルケム（Durkheim）の「機械的連帯から有機的連帯へ」以来の，社会学の知的遺産ともいうべき論点の一つである．N. ルーマン（Luhmann）はこの知見を継承しつつ，社会の複雑化は，分化様式の変化と相関的に生じると主張する．すなわち，古代の環節分化社会や中世の階層分化（およびそれを補完する中心／周辺分化）した社会に対して，18世紀西欧に始まる近代社会は，機能分化した社会だとされるのである．ルーマンは晩年においてこの発想に基づいて，各機能システムの記述と分析を試みた『社会の……』と題する一連のモノグラフ・シリーズ（Luhmann 2000a など）を刊行している．

●**機能分化とはいかなる事態か**　さしあたり機能分化は，「専門分化」としてイメージすることができる．機能分化社会ではコミュニケーションが，専門分化した領域（経済，法，科学，芸術，政治など）ごとにそれぞれ特殊な様式で組織され，独自の論理のもとで営まれていく．その特殊性は各領域が①社会全体に対して担う特定の働き＝機能を通して，②各領域におけるコミュニケーションがそれぞれ独自の二分図式（コード）を踏まえて進行していくことによって，実現される．例えば経済の機能は希少性条件のもとでの供給の確保であり，そのコードは〈支払い／不支払い〉である，というように．各機能システムはこれらの相違のゆえに，互いに共通点をもたない．同じ社会保障の問題を扱う場合でも経済システムはそのコードに基づくコスト計算の形で，一方，法システムは自身のコードである〈合法／違法〉を踏まえた決定によって，対処策を考えるのである．

　近代社会の複雑な営みを支えているのは，この機能分化である．近代社会はあまりにも巨大化し複雑化してしまったがゆえに，どんなに優れた頭脳，官僚機構，スーパーコンピュータをもってしても，物事のあらゆる側面を考慮しつつ目の前にある問題を処理していくことなどできない．観点を絞り込み，特定の側面からのみその問題を扱うこと（機能的限定化）が不可欠となる．我々は，少なくともある時点においては，各自が今関わっている機能領域に限定化しつつ判断し行動しなければならない（時間の経緯のなかで，軸足を置く領域を交代させることは可能だし，必要でもあるが）．我々は世界に対して全面的にではなく，一面的にのみ関わらねばならず，その関わり方は各人・各集団・各組織ごとに多様であり相異なっている．しかし，この多様性と相違が，高度で速やかな問題処理を可能

にするのみならず，相異なる領域が相互に補完し合うことによる社会の統合をももたらすというのも，デュルケム以来の社会学の定説の一つである．

●**機能分化の終焉？**　しかし，機能分化の進展によって高度なパフォーマンスを達成するというこの体制は，20世紀後半以降，もはや限界に達しているのではないだろうか．ITの進歩とグローバリゼーションの進行を背景として，現代世界では経済と政治，教育と宗教，法と家庭生活が，解きほぐしがたいほど複雑に絡み合っている．また環境問題などの，あらゆる機能システムが関わらねばならない重大問題が発生してもいる．それらの問題に関しては，特定の専門家にコミュニケーションを委ねておくのではなく，経済・法・倫理・教育など，あらゆる観点を総動員して総合的に取り組んでいかねばならない．さもなければ，経済の自己回転が環境破壊を生じさせていくといった，機能システムの暴走を抑えることができなくなるのではないか（正村 2014）．

　もう一つの事例として法の領域では，法の自己完結性にのみ基づく従来の「自律的法」に対して，今日ではより広い社会的諸文脈からの要請に（法は形式的平等だけでなく，国民の実質的福利の実現にも寄与すべきである，などに）積極的に応える，開かれた柔軟な「応答的法」が必要であるとの問題提起がなされていることをあげておこう（Nonet and Selznick 1978）．

　しかしこの種の議論において考慮される「より広い社会的文脈」とは，当該の機能システムからみたものにすぎない．機能システムは自身の観点を通して，あらゆる問題を扱いうる（T. パーソンズ［Parsons］のパターン変数でいう，限定性−普遍主義の組み合わせ）．逆にいえば何が扱われようとも，それは特定の機能システムの観点からみたものにすぎず，機能的限定化（専門家の観点）を是正するのではなくその枠内で生じる動向にすぎない．例えば裁判員制度は，法曹専門家の一面的な見方を，市民的感覚によって補正する試みであるが，それもまた法曹専門家によって導入された，法システムの自己修正の動きなのである．市民にとってはこの制度そのものが，法相専門家の専制の一部とみなされうるだろう．

　同様に，環境問題に対する対処策にしても，各システムからそれぞれのコードを踏まえての提言がなされている（外部費用の内部化，環境権の確立，エコロジー政党設立など）．どれも有効かつ必要であるが一面的であり，それらを統合しようとする試みもまたどれかのシステムの観点に基づく．機能分化克服の試みも，機能分化の圏内に位置するのである．我々は近代社会を導いてきた機能分化という体制の変容と持続を，注意深く見守っていかねばならない．

［馬場靖雄］

📖 参考文献
[1] ルーマン, N. / 馬場靖雄ほか訳, 2009,『社会の社会（1・2）』法政大学出版局．
[2] ルーマン, N. / 庄司 信訳, 2007,『エコロジーのコミュニケーション——現代社会はエコロジーの危機に対応できるか？』新泉社．

フィードバック

●**フィードバック概念とサイバネティクス**　フィードバック（饋還；「饋（き かん）」は「おくる」の意）とは，あるシステムの出力（結果）を再び入力側（原因）に戻し，システムの振る舞いを何らかの目標どおりに舵取りしようとする操作のことであり，当初は制御工学の専門用語であった．工学の分野では，フィードバックの原理はかなり古くから知られていた．

その代表例は，産業革命初期に J. ワット（Watt）が設計した蒸気機関の調速機である．調速機は，蒸気の量（原因）が増えすぎたり減りすぎたりして蒸気機関の回転速度（結果）がある一定の値を上回ったり下回ったりした際に，その「結果」に基づいて蒸気の量，つまり「原因」のほうを増やしたり減らしたりして調節する装置である．この装置によって蒸気機関の回転速度を一定に保つことができる．

フィードバックの概念は第二次世界大戦後のサイバネティクスの誕生以降，多種多様な学問分野にまたがって知れ渡ることとなった．サイバネティクスの創始者 N. ウィーナー（Wiener）は，サイバネティクスの目標は「フィードバック・メカニズムを中心とした，制御と通信の技術の探究」だと述べていたが，このことから，フィードバックはサイバネティクスにおける最重要概念といえる（Wiener [1948] 1961）．結果を再び原因へと反映させるフィードバックにみられる原因と結果との関係は，因果ループ（causal loop）や循環的因果性（circular causality）ともよばれ，さまざまな機械の作動の制御や通信機器の設計だけでなく，脳や神経の振る舞いおよびそのシミュレーション，生体の恒常性維持（項目「ホメオスタシス」参照），新聞やラジオといった当時の支配的なマスメディアと世論の動きとの関係，対面的コミュニケーションや心理的プロセスなど，さまざまな対象への適用可能性を予感させたことから，第二次世界大戦後の十数年間，広範な学際的関心を集めた．そのうち，アメリカで形成された研究者集団の活動については，S. ハイムズ（Heims）の『サイバネティクス学者たち』（Heims 1991）に詳しい．

●**ネガティブ・フィードバックとポジティブ・フィードバック**　ウィーナーが重視したフィードバックは，原因と結果とのあいだの偏差・逸脱を打ち消して，当初の状態を保つタイプのものである．これに対して，偏差・逸脱をさらに拡大して，当初の状態からどんどん遠ざかっていくタイプのフィードバックもある．前者がネガティブ・フィードバック，または逸脱解消型フィードバックなどとよばれるのに対して，後者はポジティブ・フィードバック，逸脱増幅型のフィードバッ

クなどとよばれる.

丸山孫郎は，逸脱増幅型のフィードバックに着目するサイバネティクスを，初期のサイバネティクス（ファースト・サイバネティクス）と区別するために「セカンド・サイバネティクス」と名づけた（Maruyama 1963）．ネガティブ・フィードバックが制御や管理といった関心のもとで威力を発揮する概念であるのに対し，ポジティブ・フィードバックは，成長や発展，創発性，自己組織化といった主題との関わりが強いとされる.

●**社会学的概念としてのフィードバック**　原因と結果との循環的関係であるフィードバックは，社会科学の対象にも広く見出すことができる．経済学でいえば，「貧困の悪循環」のような現象はポジティブ・フィードバックの一例であるし，サンタフェ研究所に代表される「複雑系の科学」の研究者集団に名を連ねるB. アーサー（Arthur）らは，収穫逓増（increasing returns）におけるポジティブ・フィードバックのメカニズムに着目していた（Arthur 1994）（項目「複雑系の科学」参照）.

社会学に関していえば，例えばT. パーソンズ（Parsons）のいうネガティブ・サンクション（制裁，刑罰など）およびポジティブ・サンクション（報酬，褒賞など）による社会統制（social control）にみられる原因と結果との関係は，まさにネガティブ・フィードバックおよびポジティブ・フィードバックによる逸脱の制御・操縦に対応している．また，R. K. マートン（Merton）のいう「自己成就的予言」も「科学におけるマタイ効果」も，何らかの逸脱が時間の経過とともに増幅され，当初の状態からどんどん遠ざかっていくポジティブ・フィードバックの典型例にほかならない.

他にも，自我の形成といった微視的対象から，再帰的近代化といった巨視的対象まで，社会学のさまざまな対象が，原因と結果との循環的関係がみられるという意味でフィードバックの構造をもっている.

ポジティブ・フィードバックのしくみが顕著なのは世論の形成である．流行現象や選挙の投票行動の研究にフィードバックの視点は欠かせないし，さまざまな宣伝，PR，プロモーションなどに実際に活用されてもいる.

以上のように，フィードバックの原理の適用範囲はいわゆる理科系の領域にとどまるものではない．むしろ社会学が扱うような対象にこそ，フィードバックのメカニズムを数多く見出すことができる．そこにおける原因と結果のループは，ポジティブ・フィードバックとネガティブ・フィードバックが複雑に絡み合った，単純には割り切れないものがほとんどであるようにも思われる.

だがそれでもなお，フィードバックという考え方は，原因と結果が循環するさまざまな事象の理解や説明に役立つという意味で，社会学に資するところは大きい.

［赤堀三郎］

開放システム / 閉鎖システム

●**自然科学的背景** 開放システム / 閉鎖システムという概念の背景には，19世紀に熱力学，統計力学が確立したエントロピー概念がある．エネルギーの出入りのない閉鎖システムでは，エントロピーが不可逆的に増大して，最終的に平衡状態（一様分布の均質状態）に到達する．これに対して，エネルギーの出入りがある開放システムの場合，物理化学的なシステムでは対流，振動，カオスなど一定のパターンをもった運動がみられ，システムは平衡状態とは異なる定常状態にある．また生物体の生命現象も，同様に定常状態にあると考えられる．

このような科学の発展を受けて，L. v. ベルタランフィ（Bertalanffy）は一般システム理論を提唱し，閉鎖システムと開放システムの区別を明確にした．特に生物体は本質的に開放システムであり，成分の流入と流出，生成と分解のなかで自己を維持しており，生きている限りは化学的，熱力学的な平衡状態にはなく，定常状態にある（Bertalanffy 1968）．物理学や化学では非平衡熱力学が発達し，I. プリゴジン（Prigogine）は，ゆらぎの増幅によりシステムが平衡から遠く離れた状態において，無秩序から秩序への転移が起こる現象を，システムと環境との相互作用の反映としてとらえ，新しい秩序の状態を散逸構造とよんだ（Prigogine and Stenger 1984）．

生物学の分野では，H. R. マトゥラナ（Maturana）と F. J. ヴァレラ（Varela）があらたにオートポイエーシス理論を提唱した．オートポイエーシスの特徴は入力も出力もないことだといわれるが，これは生物体が熱力学的な閉鎖システムであることを意味するのではなく，構成要素の産出の作動が再帰的なネットワークを形成して閉じていることを意味する（Maturana and Varela 1980）．オートポイエーシス理論は，エントロピーに注目したシステムの開放性 / 閉鎖性とは異なり，システムを形成する作動のネットワークに注目したシステムの閉鎖性を強調している．

●**社会学への導入** 最も一般的に定義すれば，開放システムとは，境界を通して環境との間で相互作用を行うシステムであり，閉鎖システムとは，環境との間に相互作用がないシステムである．ここで重要なのは，開放システムは環境との相互作用をしながら，特定のパターンの形成・維持によって一定の秩序を実現するという点である．社会システム理論は，社会システムの秩序の形成・維持・変動を扱うので，開放システムの視点に立っている．

社会学の歴史のなかでは，実質的に社会システムの秩序を扱う理論が早くから展開されてきた．一つは有機体論であり，社会を有機体になぞらえて，各部分の

全体に対する貢献という観点から社会を考察した．もう一つは機械論であり，経済学の一般均衡理論の影響を受けながら，部門間の相互依存分析を行った（富永1995）．両者は，もっぱらシステム内部の構造，機能，過程，状態を考察するという点で，まだ開放システムの理論には至っていない．

これに対して，開放システムの理論を展開したのが，T. パーソンズ（Parsons）である．パーソンズは，社会システムを境界維持システムとみなし，社会システムは環境の変動に対して内部のパターンの恒常性を維持し，環境との境界を維持すると考えた（Parsons 1951a）．具体的には，AGIL図式を用いて，社会の4つの主要な下位システムが，互いに入力と出力を交換しあう境界相互交換によって，それぞれの境界を維持していると考えた（Parsons and Smelser 1955）．パーソンズは，AGIL図式に基づく境界相互交換の考え方を拡張して，行為システムの一般理論，さらには人間の条件パラダイムへと展開した（Parsons 1978）．

●**自律性と変動**　パーソンズは，開放システムとホメオスタシスの概念によって，社会システムの秩序維持のメカニズムを解明するのには貢献したが，秩序の形成や変動の側面を十分に解明できなかった．また，環境の変化に対するシステムの適応能力は示したが，システムが自律的に自己を変化，発展させる能力をうまく定式化できなかった．組織論の分野でも，開放システムの概念を用いたコンティンジェンシー理論が展開されたが，同様の難点をかかえていた．

一般システム理論では，システムが自律的に秩序を形成し，変化させる過程を，自己組織化という概念を用いて定式化している．社会システム理論でも，M. マルヤマ（Maruyama）のセカンド・サイバネティクスにおける正のフィードバック概念，プリゴジンの散逸構造論におけるゆらぎの概念などが動員され，さまざまなかたちで自己組織システムとしての社会システムの研究が進められている．社会学では，W. バックレー（Buckley）や M. アーチャー（Archer）の形態形成論，今田高俊（2005）の自己組織性論などがあり，組織論では経営戦略論がそれにあたる．

オートポイエーシス理論に依拠する N. ルーマン（Luhmann）の社会システム理論は，開放システムの自己組織化を作動の閉鎖性という観点から定式化する理論とみなすことができる（Luhmann 1984）．システムと環境の入力-出力関係が単純に因果関係とみなされると，環境決定論ないし受動的な環境適応論になってしまうが，閉じた作動のネットワークによって，システムが内部で自律的に環境を構成し，自己の振る舞いを決定すると考えるのである．　　　　　　［徳安　彰］

📖 **参考文献**
[1] Bertalanffy, L. v., 1968, *General System Theory*, George Braziller. (長野 敬・太田邦昌訳，1973,『一般システム理論――その基礎・発展・応用』みすず書房．)
[2] Luhmann, N., 1984, *Soziale Systeme*, Suhrkamp. (佐藤 勉監訳，1993-95,『社会システム理論（上・下）』恒星社厚生閣．)
[3] 今田高俊，2005,『自己組織性と社会』東京大学出版会．

形態形成（モルフォジェネシス）

●**社会システム理論の確立と転換** 「形態形成」（モルフォジェネシス）とは，W. バックレー（Buckley），が T. パーソンズ（Parsons）の社会システム理論を批判するなかで，M. マルヤマ（Maruyama）の説を参考にして展開した概念である．その考えは「オートポイエーシス」や「自己組織性」，さらには「複雑系」の理論へと受け継がれるとともに，現在では A. ギデンズ（Giddens）の「構造化理論」を批判する M. アーチャー（Archer）がこの概念を展開している．

社会学で社会システム理論を確立したのはパーソンズであるが，彼は従来の機械論的なシステム理論と有機体論的なシステム理論の統合をめざし，孤立した物理系をモデルとする前者からは，いかなる小変化からも回復し所与の固定的構造を維持する（最小組織化）という意味で「均衡」の概念を，人体をモデルとする後者からは，発生的に与えられた構造を維持しようとする「ホメオスタシス」の概念を受け継ぐことになった．しかしその結果，固定的な構造や制度や規範を偏重する硬直的なシステム理論に陥ってしまい，社会システムなど生存のために柔軟に自らの構造を変えていく，「複雑な適応システム」（生態学的集合＝種・パーソナリティ・社会など）の特質をとらえることに失敗した．パーソンズの社会システム理論が，（動学が逸脱と統制の問題に矮小化される）変動論を欠いた静学的な「均衡理論」「統合理論」「合意理論」だと批判されるゆえんである．

バックレーは述べる．「社会-文化的システム（社会システム）を扱う場合，我々は新しいシステム・レベルへ飛躍するので，不断に不安定なシステムの単に構造維持的特徴のみならず，構造洗練や構造変更特性をも表現しうるような新しい述語……構造生成の概念」が必要になる，と（Buckley 1967：訳 18）．

●**構造安定と構造生成** バックレーによれば均衡やホメオスタシスにのみ基礎を置く低水準なシステムと違って，社会システムを含む複雑で適応的なシステム（「複雑適応系」）はより高次の組織化原理をもち，それが「構造安定（morphostasis）」と「構造生成（morphogenesis）」という二つの基本過程である．つまり，高次の媒介過程をもつシステムには，変化抑制的な「ネガティブ・フィードバック」に支えられた，所与の形態や組織や状態を保持し維持する過程のみならず，変化促進的な「ポジティブ・フィードバック」に支えられた，それらを洗練し再組織化する過程が含まれているというのである．いわゆる自己調整・自己誘導・自己組織化という（情報的）過程であり，それによってこれらの開放的システムはより環境に効果的に対応しうるよう自ら進化するのである．

パーソンズ理論を基礎づける機械論的なシステム理論と有機体的なシステム理

論は社会論としてはそれぞれ，〈全体は部分の集合である〉とする「方法論的個人主義」と，〈全体は部分の総和以上のものである〉とする「方法論的全体主義」に帰着する．その対立と止揚という観点から「形態形成」の概念を展開するのがアーチャーである．彼女によればいずれの主義も「社会と個人（構造とエージェンシー）の問題」を，上向的もしくは下向的にどちらか一方に還元してしまう「付随現象主義」の誤謬に陥っている．そうではなく両者はそれぞれ創発性をもつ異なる階層であり（「創発主義」「分析的二元論」），しかも「構造はその再生産（＝構造安定）と形態転換（＝構造形成）を導く諸行為に先立つ」とともに，「構造洗練はそれを生じさせる行為の経過の後にくる」として，相互同時浸透的な「構造の二重性」を唱えるギデンズの「構造化理論」を批判する（Archer 1995）．

●**構造生成（形態形成）としての「都市の発展」など**　以上，形態形成とは要は環境への適応をめざして，ポジティブ・フィードバックに支えられた複雑なシステムがとる構造洗練的・逸脱促進的過程のことにほかならない．社会儀礼など構造維持的な現象とは逆に，生物学的進化や学習や社会進化などの進化的な現象が代表例としてあげられるが，よく参照される社会事例が「都市の発展」である．平野のある地点に魅力を感じた一農民が農場を開く．それを見た他の農民がそれに倣う．そうして農場が増えてくるとやがて農機具店や飲食店ができて村落が成立し，やがて作物の市場まで登場する．するとますます人口と他の産業をひきつけ，やがて村落が都市へと発展していく．そこには正のフィードバック，いわゆる地域社会学でいう「集積の効果」，あるいは経済学でいう「規模の経済」，より一般的には「優位なものをますます優位にする自己強化過程」が働いているのであって，さらに一般化すれば進化経済学の「収穫逓増」という現象であるともいえる（井庭・福原 1998：162）．シリコンバレーにおけるIT産業の急成長などもそうした現象の現代版である．しかし，形態形成にはこうした「好循環」（適応的）だけでなく「悪循環」（非適応的）に働く場合もあり，少年の些細な逸脱が周囲のラベリングによって増幅され本格的な非行に至る現象などがその例である．

また，都市の発展がいきすぎて「過密」に至る例を考えれば，そうしたいわば「生」の論理の暴走に対して，ブレーキ機構としての「死」の論理に着目する必要もある．現代生物学には，例えばヒトの個体発生過程で水掻きが消滅して五本指の手が形成されるような，「アポトーシス」（プログラム死・自死）に基づく「形態形成」の理論もあり，社会システム理論への応用が望まれる．　　　　［鈴木正仁］

参考文献
[1] パーソンズ, T./佐藤 勉訳．1974，『社会体系論』青木書店．
[2] バックレイ, W./新 睦人・中野秀一郎訳，1980，『一般社会システム論』誠信書房．
[3] アーチャー, M. S./佐藤春吉訳，2007，『実在論的社会理論――形態生成論アプローチ』青木書店．

エージェント・ベース・モデル

●**モデルが生まれた背景** エージェント・ベース・モデル（Agent-Based Model，以下，ABM）はいわゆる複雑系科学の中心的研究手法として構想された．複雑系科学は，多様な対象に通底する普遍性を探求するシステム科学の一つであって，1960年代のサイバネティクス，1970年代のカタストロフ理論，1980年代のカオス理論に続くシステム科学である．

1999年の『サイエンス』の特集号によれば，複雑系とは，「複数の要素が相互に関連しあって全体として何らかの挙動を示す系であって，その全体的挙動は個々の要素に還元しては理解できないもの」（Gallagher and Appenzeller 1999，この要素に還元し得ない全体性が現れることを創発という）をいい，その対象は，人工知能，人工生命，環境科学，人類学，考古学，経済学，心理学，社会学など多岐にわたる．ABMではコンピュータ上にエージェントとよばれる主体を多数実装し，それらを相互作用させて創発を帰結するかを検証する．1990年代にコンピュータの処理能力が劇的に向上してきたことと相まって，さまざまな学問領域で急速に一般化した．

いうまでもなく，社会学は，個人に還元されない社会の全体性を探求の対象とする科学であり，例えば，個人のミクロな相互行為が集積してマクロな構造・機能を生み出し，逆に構造・機能が個々人の行為に影響を及ぼす動態（ミクロ-マクロ問題）の解明を探求課題としてきた．つまり，多主体の相互作用を通じて創発を調べるというABMの研究手法は，社会学が伝統的に培ってきた考え方ときわめて親和性が高い．

●**再帰的なミクロ-マクロリンクの構成** ABM研究は，エージェントの戦略（意思決定ルール），エージェント間の相互作用の構造，エージェントの適応過程という三つの要素を，研究テーマに合わせて具体的に設定して，多様な研究テーマを取り扱うことが可能となる．

戦略はIF_, then_文の形式で表現されることが多く，エージェントは自身の戦略に従って外部を認識・評価し次の行為に反映させる（このような形で意思決定することを自律性とよぶ）．また，各エージェントは互いに影響を及ぼし合うため，他のエージェントとの相互作用の構造を与える必要がある．例えば，他のどのエージェントを参照し行為するか（例：空間構造やネットワーク構造）や行為の結果（利得など）はどうなるかなどを決めなければならない．さらに，エージェントは自身の行為の帰結や周囲のエージェントの影響によりその戦略を変更する（戦略の変更を適応という）．この適応には，自己の経験に基づいて変更する場合，

関係する他のエージェントを観察して変更する場合,戦略が淘汰・複製される場合の三つがある.淘汰にあたっては利得を定義する必要があるが,獲得した利得の多寡に合わせて戦略の採用者の数が変化する.

ABM では時間の概念が本質的である.t 時点の全エージェントの行為が集積したものを t 時点の社会状態とよぶと,ABM では t 時点の社会状態が $t+1$ 時点の各エージェントが採用する戦略や行為の選択に影響を与える.そして,$t+1$ 時点の行為が集積して $t+1$ 時点の社会状態が生み出され,以上が繰り返される.この過程は,ミクロ(行為)とマクロ(社会状態)の絶え間ない連鎖を表しており,行為と社会状態は時間を介して再帰的に決定されている.そして,再帰性はしばしば非線形性をもち,ポジティブ・フィードバックのような劇的な変化を生む.つまり ABM では,エージェントと社会の再帰的なミクロ-マクロ関係を構成して,多主体の相互作用を通じた創発を説明しようと企てるのである.

この点は,ABM による社会変動の理解につながる.非線形システムの多くは複数の均衡状態をもつ.システムはほとんどの時間でいずれかの近傍に位置し続けるのだが,ノイズや突然変異を入れた場合,ある時,ある均衡から別の均衡へのジャンプ(遷移)が起こる.この遷移の時間は,全体の時間からみれば取るに足らない時間ではあるが,この間に非線形性が強く現れ,システムに劇的な変化が起きる.社会科学での数理研究では,均衡をある社会状態と意味づけるので,非線形性は社会変動を記述する有力なツールとなり得る.この遷移では小さな偶然をきっかけに必然の過程が起動し状態が変わっていくので,例えば,これを偶然と必然が織りなす理念型ドラマとして抽出し補助線とすることで,現実の社会変動へのより深い理解をもたらすことが期待される.M. W. メイシーと R. ウィーラー(Macy and Willer 2002)によれば,多くの研究はエージェントの行為を中央集権的に統制する主体を想定しない.これらの研究は,統制の中心がないなかでエージェント自身が相互作用を通じて社会状態を徐々に変化させていく過程,すなわち,自己組織性による社会変動過程や自生的な秩序形成過程を探求する狙いがある(佐藤 2006;出口・木嶋編 2009).

ABM の方法論的な特徴については,数理モデル分析が演繹的・解析的なアプローチであるのに対し,ABM は帰納的・数値的なアプローチであることが指摘できる.ABM ではパラメーターに数値を入力し数値を出力させるので,構築したモデルのごく一部しか把握していない可能性がつきまとうが,厳密な解を示す数理モデルにはこのような問題はない(このため,ABM 研究では,さまざまなパラメーターを網羅的に変化させ結果の頑健性を示すことが要請される).ABM は解析的な厳密性を放棄した見返りに,エージェントの戦略や相互作用の構造をかなり自由にモデル化することが可能となる.計量分析との関係でいえば,両者はデータから帰納的に結論を得るという点では共通性があるが,ABM は論理的

世界を，計量分析は経験的世界を探求の対象としており，両者は補完的な関係にある．ABM は構築したモデル内の論理的世界を探求するがゆえに，その知見が経験的に成立するのかは ABM だけでは保証できず，計量分析が大きな役割を果たす．一方 ABM は，計量分析による経験的事実の背後にあるメカニズムを理論的に解明することができる．

●**社会構造・秩序の生成メカニズム**　ABM を用いた社会学的研究は，社会構造の生成，あるいは社会秩序の生成，というトピックを対象にしている（Macy and Willer 2002）．

社会構造の生成では，はじめに人々の行動・価値観がランダムで未分化な状態を設定し，そこから相互作用を通じて，行動・価値観のパターン化が生じることを示し，その条件・メカニズムを探求する．人々が離合集散を繰り返すことで空間的なパターンが現れたり，周囲の影響で人々の特性が変化することでネットワーク上に特性のパターンが現れる．この先駆的な研究は，T. シェリング（Schelling）の分居モデル（1971）である．社会秩序の生成には，R. アクセルロッド（Axelrod）の文化モデル（1997）があげられる．

シェリングは，「人種構成に対する選好によって人種による居住地分離は生じるのか」という問題を設定する．分居モデルでは，二次元格子上に配置された各エージェントが，自身の周囲における異人種の割合を観察して，ある閾値（いきち）を超えた場合に居住地を変える（適応過程は存在しない）．その結果，それほど強い差別意識がない場合でも人種による居住地のすみ分けが生じることを示した．

アクセルロッドは，「人々が他者への模倣を繰り返す結果，文化の多様性が維持されるか」という問題を設定する．文化モデルでは，各エージェントは複数の属性（文化と解釈される）をもち，二次元格子上に固定して配置される．似た文化をもつエージェントは相互作用しやすく，互いの文化を模倣する．その結果，文化を均質化するようにエージェントが行動したとしても，文化は一つに収斂することなく複数の文化が生き残ることを示した．

社会秩序の生成では，他者の協力行動にただ乗りする誘因がある状況で，人々の協力が実現する条件・メカニズムが探求され，社会学の文脈では社会秩序がいかに可能かという「秩序問題」としてとらえられる．多くの研究では，各エージェントにさまざまな戦略を与え，他者の過去の行為履歴をもとに「協力」か「非協力」という選択を行わせて利得を付与する．そして利得が下位のエージェントの戦略を上位のエージェントのものと入れ替え，どのような戦略が生き残るのかを観察する．これらの研究は，すべての行為者が非協力を選択するパレート非効率的なジレンマ状態を提示し，そこに特別な戦略を仮定することで，全員が協力するパレート効率的な社会状態へ移行することを示す．先駆的な研究は，アクセルロッド（Axelrod 1984）のしっぺ返し戦略である．

アクセルロッドは,「2人繰り返し囚人のジレンマゲーム下でどのような戦略が利得を稼ぐか」という問題を設定する.アクセルロッドはさまざまな戦略を導入し,異なる戦略をもつエージェントを総当たりする形で対戦させ,どの戦略が最も利得を獲得するかを調べた.その結果,非協力的な戦略が好成績を残すという常識的な発想に反し,しっぺ返し戦略という単純な戦略が最も利得を獲得することを示した.しっぺ返し戦略は最初に「協力」を選択し,その後は対戦相手の前回の選択肢と同じものを選択する戦略である.

　これ以降,協力の発生条件を探る研究が一挙に増えたが,問題設定も変化している.アクセルロッド（Axelrod 1984）では,長期的・固定的な二者関係のもとでいかに協力が可能かが問われたのだが,それが短期的・流動的な社会関係のもとでどう協力が形成されるかという今日的な問題関心に移っていく.そこでは,協力を生み出すメカニズムとして,評判や一般的信頼といった社会学的に重要な概念が導入される.

　評判によるモデルでは,各エージェントに良い・悪いの評判が付与され,良い評判をもつ者が協力を得る.どのように良い悪いの評判が下されるかでさまざまな戦略（選択的利他戦略という）が考えられるが,M. A. ノバック（Nowak）とK. ジグムント（Sigmund）は,他者に協力した者に良い,協力しなかった者に悪い評判が下されるようにした（Nowak and Sigmund 1998）.また一般的信頼は「具体的な特定の相手ではなく他者一般に対する信頼」を意味するもので,見知らぬ他者との相互行為を可能にする概念である.メイシーと佐藤嘉倫（Macy and Sato 2002）では,相互に協力的なエージェントで構成される小集団を多数仮定し,各エージェントに見知らぬ他者である他集団のエージェントと相互作用させて,一般的信頼が醸成されることを示した.

　なお,評判や一般的信頼のほかにも,自らコストを支払って非協力者を罰する制裁に注目し,各エージェントに協力・非協力と制裁への参加・不参加を意思決定させるメタ規範モデル（Axelrod 1986）や,不変のタグによってエージェントをグループ化することでナショナリズムに通ずる内集団びいきを説明するモデル（Nakai 2014）などがあり,社会学での適用範囲が広がっている.なお,本項は,金澤,中井ほか（2011）をベースにして書かれている.　　　　［中井　豊・金澤悠介］

📖 参考文献
[1] 出口　弘・木嶋恭一編，2009,『エージェントベースの社会システム科学宣言——地球社会のリベラルアーツをめざして』勁草書房.
[2] アクセルロッド，R. / 寺野隆雄訳,2003,『対立と協調の科学——エージェント・ベース・モデルによる複雑系の解明』ダイヤモンド社.
[3] 山影　進・服部正太,2002,『コンピューターのなかの人工社会——マルチエージェントシミュレーションモデルと複雑系』構造計画研究所.

10. 社会変動

　ヨーロッパ近代において，「社会」が発見されるとともに社会学は誕生した．社会学のメインテーマの一つは，社会変動という現象のメカニズムとトレンドを明らかにすることであった．

　「社会」は，ヨーロッパ近代において誕生した国民国家という歴史的な実体に影響を受けつつイメージされ，学問の対象とされていった．それゆえ，社会変動を分析する理論枠組みは，国民国家に準拠して構成されることが多かった．例えば19世紀に，初期社会学のメインストリームとして登場した社会進化論や唯物史観，さらには第二次世界大戦後に影響力をもった近代化論は，黙示的であれ，明示的であれ，国民社会の成長と発展を分析する枠組みとして成立していた．

　しかるに国民社会間の経済交流や文化交流が進み，その結果としてグローバル化が日常的な出来事になるにつれて，社会変動を分析する枠組みは修正を迫られ，今日に至っている．

　本章では，マクロ社会学の中核をなす社会変動分析の現在における到達点を紹介するとともに，国民国家の基礎単位として位置づけられた家族に焦点を当て，近代以降の家族のあり方とその変動について，今日までの研究成果を取り上げる．

［友枝敏雄・牟田和恵］

進化論と社会変動

●**社会進化論の登場**　西欧の18世紀に，イギリスで産業革命がスタートし，フランスではフランス革命が勃発した．また18世紀は，大西洋を越えたアメリカで独立革命が起こった時代だった．近代科学が勃興し，啓蒙主義思想が登場し，進歩の観念が浸透していく．地質学，博物誌，解剖学が発展するなかで，生物進化論が万物を説明する原理として影響力をもつようになる．このような時代状況のなかで，生物進化論に基づいて社会を説明する理論として，社会進化論が登場してくる．

●**社会進化論の内容**　社会進化論を構築したのは，イギリスの在野の社会学者H. スペンサー（Spencer）である．彼は『第一原理』（1862）で進化を，無機体，有機体，超有機体（社会）すべてにみられる現象としてとらえている．つまり地球上の万物に貫徹する現象として進化をとらえたうえで，超有機体（社会）を説明するものとして社会進化論を提唱する．

『社会学原理』で，スペンサーは生物有機体との類比によって社会の進化を説明することを試みている．社会を生物体同様，有機体としてとらえているから，スペンサーの社会進化論は社会有機体論ともいわれる．社会有機体は，生物有機体と同様に成長し，「遊牧社会から定住社会へ」「首長なしの社会から首長制の社会へ」「単純な社会から複合的な社会へ」という社会進化の命題を提出している．このなかで，彼にとって最も重要だったのは，軍事型社会と産業型社会という二つの社会類型であった．産業型社会とは，構成員の福祉のために全体があり，個人の自由は可能な限り保障され，自発的協働が支配的な社会である．

これから明らかなように，スペンサーのねらいは，産業型社会を，産業革命以降のイギリス社会，とりわけヴィクトリア朝期のイギリス社会を念頭においてモデル化しプラスに評価することにあった．

スペンサーの社会進化論は，誕生の地イギリスではなく，ヨーロッパからの大量の移民によって成立した「アメリカン・ドリーム」の地アメリカにおいて，大きな影響力をもつようになり，W. G. サムナー（Sumner），L. F. ウォード（Ward）に継承される．サムナーはダーウィンの生物進化論の論理である生存競争と自然選択を重視して，社会進化の自然性を強調し，不干渉主義（国家の介入主義に対する批判）と個人主義の尊重を主張した．ただしサムナーにおいては，生物進化とは異なる社会進化に固有なものとしての文化に注目しており，その研究の成果が『フォークウェイズ』（Sumner 1906）という著作に結実する．個人の自助努力を称揚するがゆえに不干渉主義の主張に到達している．これに対してスペン

サー，サムナーの不干渉主義および個人主義を批判したのがウォードである．生物進化と異なる社会進化の特色として，人間の行為の目的志向性と，人間が道具を用いて環境に適応していることを指摘する．すなわちヒトが他の動物と異なる点として，労働や精神力に注目しているのである．ウォードは，人間においては遺伝的要因よりも環境的要因が重要だとして，教育による知識の平等な分配と組織化に期待を寄せ，知識の普及による社会の改革を唱えた．このようにサムナーとウォードは，社会に対する視点では，不干渉主義vs改革主義という対極的な立場に立っている．しかしスペンサーの提唱した社会進化論が，サムナー，ウォードへと継承されていくにつれて，生物進化とは異なる社会進化固有の要因として文化的要素が注目されるようになったのである．

●**第二次世界大戦後の社会進化論** 19世紀の社会科学は，歴史の進歩もしくは社会の成長を前提にした社会観に彩られている．その代表としてK. マルクス（Marx）とF. エンゲルス（Engels）の唯物史観・社会発展段階説がある．ここでは，社会主義社会もしくは共産主義社会が理想の社会として描かれている．社会学の分野でも19世紀から20世紀にかけて，前近代と近代との対比において社会変動をとらえることが，社会学の王道となった．代表的なものとしてH. J. S. メイン（Maine）の「身分から契約へ」，F. テンニース（Tönnies）の「ゲマインシャフトからゲゼルシャフトへ」，É. デュルケム（Durkheim）の「機械的連帯から有機的連帯へ」，高田保馬の「基礎社会から派生社会へ」などがある．

第二次世界大戦後には，それまでの進化論的パースペクティブは，アメリカ社会の繁栄を踏まえて近代化論として提出された．この時代を象徴する著作は，W. W. ロストウ（Rostow）の『経済成長の諸段階』であった．近代化論は，経済学における経済成長論，文化人類学における文化進化論，社会学における産業化論に支えられて，1950年代，1960年代における社会変動分析の代表的な理論となっていった．近代化論の特色は，資本主義，社会主義という経済体制の違いに関係なく，いずれの国民社会も近代社会に到達するという収斂理論の立場に立っていたことにあった．

しかしながらグローバル化の進行は，国民国家の相対的地位を低下させていった．その結果，国民社会もしくは国民経済を分析単位として進歩もしくは成長を考える近代化論の学問的優位はゆらぐことになった．分析単位を国民社会に照準するのではなく，グローバル化がローカルな社会およびインターナショナルな社会の両者に，いかなる影響を与えているのかを解明することが，21世紀における社会変動分析の課題となっている． ［友枝敏雄］

参考文献
[1] 富永健一，2008，『思想としての社会学』新曜社．
[2] サムナー，W. G. ／後藤昭次訳，1975，『アメリカ古典文庫18 社会進化論』研究社．

唯物史観

●**唯物史観の誕生**　唯物史観とは，マルクス派社会理論の基本的パースペクティブを指し，「史的唯物論」をやや広くとらえた概念である．『ドイツ・イデオロギー』(1845-46) では，それは，第一に，人間の物質的活動が，人間の生み出す観念や思考を規定するのであって，その逆ではないこと，第二に，物質的活動の中心に位置する労働は，社会的には分業や協働を形成していて歴史的に変化していくこと，第三に，社会変革のためには，こうした物質的諸条件をつくりかえる必要があること，を指していた．相次いで産業化と資本主義化を進めつつあった当時の英仏独社会の構造変動を背景に形成された，K. マルクス (Marx)，F. エンゲルス (Engels) の視座であり，後に『経済学批判』では次のように定式化され，史的唯物論の公式的見解のレファランスとなった．「……生産諸関係の総体は，社会の経済的構造を形成する．これが実在的土台であり，その上に一つの法律的および政治的上部構造がそびえ立ち，そしてそれに一定の社会的諸意識形態が対応する．物質的生活の生産様式が，社会的，政治的および精神的生活過程一般を制約する．……社会の物質的生産諸力は，その発展のある段階で……既存の生産関係と，あるいはそれの法律的表現にすぎないものである所有関係と矛盾するようになる．……そのときに社会革命の時期が始まる」(Marx 1859：訳 1964：6)．

このパースペクティブは，第一に，経済決定論的な内容を含んでおり，上部構造の「(相対的) 自律性」をめぐる長期にわたる論争を引き起こした．第二に，土台である経済構造を，生産関係と生産力の相互関係としてとらえる視点を含んでいる．生産力の発展は，それを生み出した生産関係を突き崩すことがありうるのだから，この考え方は，社会システム理論でいう「構造」と「機能」の複線的な相互関係をとらえていたといえるだろう．第三に，生産関係と生産力の矛盾した関係は，経済決定論的図式と相まって，別の生産様式への移行，体制変革に代表される社会変動を引き起こすという主張がみられる．

●**社会理論への応用・展開と反作用**　この図式は，社会構造と社会変動を説明するうえで有用であり，その後のおびただしい数の応用研究と政治的実践にとって導きの糸となった．理論的には，G. ルカーチ (Lukács)，A. グラムシ (Gramsci)，フランクフルト学派や L. アルチュセール (Althusser) らフランス構造主義者たち，従属理論や世界システム論の主唱者たち，階級論の E. O. ライト (Wright) らのように，優れた継承者を生み出した一方，社会理論の展開・応用を絶えず価値的に制約してきた面がある．

オーソドックスな社会学の理論にとって唯物史観は，むしろ反面教師あるいは

仮想敵としてその発展を刺激してきた．M. ウェーバー（Weber）の場合，有名なプロテスタンティズムの資本主義発展に対する影響力に関する議論が，唯物史観の主張とは逆の因果関係をとらえたものであったことはあまりにも有名であるし，「価値自由」に関する議論も，マルクス派の立場を強く意識した面をもつ．機能主義的階層論や実証的・計量的な階層研究，社会運動論に大きな影響を及ぼした集合行為論も，マルクス派の階級論との対抗関係を通じて発展をとげてきたといえるだろう．独自の立場から史的唯物論の「再構成」を企図したJ. ハーバーマス（Habermas 1976）ですら，言語的了解の水準で相互行為を規制する規範，その学習による社会統合，社会進化という，唯物史観にとっては外在的な概念を組み込むことで理論化を試みざるを得なかった．

●**現代的意義と再生への課題**　総じて唯物史観には，労働価値説に結晶化している，基礎概念レベルの価値判断があり，これが，ゼロサム的な階級利害の把握と経済決定論，政治的には社会主義・共産主義体制の理想化，極端な主意主義という強い副作用をもたらしてきた．このことは，その主張が科学というより「思想」ないし「規範理論」であることを意味する．表立って労働価値説を支持していなくても，フェミニズム論や労働研究，地域開発研究などの分野では，マイノリティたちへの共感からマルクス派と類似の発想をする例はなお多い．日本でも，こうした傾向は根強く残っている．

　東西冷戦の終結を経て，21世紀の世界はグローバルな資本の動きに世界中の国や地域が翻弄されている．マルクスには，生産手段の不平等な所有が階級対立や階級的利害を構成するという，社会構造への深い洞察がある．これは，物質的諸条件が社会関係の非対称性を客観的に構成し，集団的連帯と集団間の対立を醸成するうえで重要な役割を果たすという否定しがたい論理を含んでいる．中流化への趨勢が逆転し，階層格差の拡大やリスク配分の不平等は先進諸国でも再びさまざまな社会問題を引き起こしつつあるが，そのなかで上の洞察が再び重要な意義をもつようになっている．死語と化しつつある唯物史観であるが，再生の鍵は，労働価値説的な発想に頼らずに，階級的利害が対立するアクターたちが集団・ネットワークを形成し，アイデンティティを変容させて集合行為に参加するプロセスや結果——これが現在でも社会学にとりもっとも重要な課題の一つであることに変わりない——を正しく示すことができるかどうかにかかっている．このことが，マクロな観点からみれば，経済，政治，社会意識の関係をとらえ直すことにもつながるのだといえよう． ［丹辺宣彦］

📖 **参考文献**
[1] マルクス, K.・エンゲルス, F. / 古在由重訳，1963，「ドイツ・イデオロギー」『マルクス＝エンゲルス全集 3』大月書店．
[2] マルクス, K. / 杉本俊郎訳，1964，「経済学批判」『マルクス＝エンゲルス全集 13』大月書店．

前近代から近代へ

●**社会学誕生の時代背景**　古典的な社会理論に共通にみられる問題関心は，近代社会に特有の構造的特質をそれ以前の社会形態との比較において解明することにあったといえる．社会学が誕生し制度として確立した19世紀後半から20世紀初頭は，ヨーロッパが伝統的な社会から近代的な社会へと変貌を遂げつつあったまさに時代の過渡期にあたっている．市民革命は旧来の身分制秩序を駆逐したが，その後各地で反動や復古の動きが再燃した．あるいはその一方で，より急進的な社会変革を訴える社会主義思想も早くから日の目を見，一定の政治勢力を形成した．イギリスの産業革命に端を発する経済の変動にしても，旧来の農民層や自営商工業者が近代的な工場労働者へと転身を遂げるまでにはかなりの時間を要し，またその過程で数多くの摩擦や矛盾が生じた．伝統から近代への移行は決してスムーズに進んだのではなく，その過渡期には進歩と反動をめぐって時代の価値観が激しく揺れ動き，活発な自省作用が誘発された．創成期の社会学をとりまく時代背景については A. ギデンズの分析（Giddens 1971）に詳しいが，いずれにせよ社会学がそうした時代の転換期に生まれた学問であったがゆえに，初期の社会学者の研究が新しく立ち現れつつあった近代という時代の歴史的特質の解明に向かったのはいわば当然であったといえるだろう．そうした意味で，社会学は近代の自己意識として誕生したのである．

●**近代における「社会」とは**　近代の基本的趨勢に関する代表的な見解として，F. テンニース（Tönnies），É. デュルケム（Durkheim），M. ウェーバー（Weber）の業績が有名である．

　テンニースは近代化をゲマインシャフトからゲゼルシャフトへの移行として定式化する．ゲマインシャフトとは血と場所に根ざした有機的結合が支配的な社会のことであり，それに対置されるゲゼルシャフトとは貨幣に媒介され契約と競争を原理とする社会のことである．ゲゼルシャフト的な社会の利害調整に大きな役割を果たすようになるのが国家であるが，国家の統治原則には人倫的な道徳性が希薄である．テンニースはそうした現実認識に立ち，ゲゼルシャフト的な社会におけるゲマインシャフト的な連帯の再生こそが社会学が探究すべき課題であるとする（Tönnies 1887）．

　デュルケムは社会的分業に着目した観点から，近代化を機械的連帯から有機的連帯への移行として定式化した．すなわち，自己完結性が高いローカルな共同体の分立から成る社会（機械的連帯）が市場経済の発達とともに解体し，より広域的で機能分化がすすんだ分業体系（有機的連帯）へと再編されていく過程こそが

近代化なのであり，とりわけそうした移行期における道徳的集合意識の変化にまなざしが注がれる．デュルケムによれば，近代社会では普遍主義的な道徳意識の興隆がみられるが，それは社会性を欠いた個人主義とも紙一重であり，個人と社会のつながりの見えにくさが自殺率の上昇といった社会病理を生んでいるとされる（Durkheim 1893, 1897）．

ウェーバーは近代化を合理化の不可逆的な進展としてとらえた．合理化とは目的合理性や効率性をノルムとする行動様式や組織形態が支配的になる趨勢のことであり，その理念型とされたのが法制度に依拠して行政を執行する国家の官僚機構である．ウェーバーは近代社会の秩序維持に国家が果たす独自の役割を強調することでマルクス主義的な経済還元論を相対化するとともに，そうした強大な官僚機構に時として激しく抵抗する可能性をもつものとして，意味や理念が人間を突き動かす力に注目する．合理化という基本的趨勢を近代の宿命として甘受する一方で，それに抗し，社会的に制御する可能性を探ること，それがウェーバーの社会学を貫くモチーフとなっている（Weber 1921-22f）．

近代化に関する3人の学説には基本的な共通性がみられる．それは，個人に外在し自律化の様相を帯びるようになった社会の制度的構造（資本主義経済や国家行政機構）の特質を把握するとともに，そうしたマクロな構造に対置される社会的なつながりや連帯の原理に着目し，その再生が模索されていることである．そうした認識観点は現代の社会学にも綿々と受け継がれているといってよいだろう．

●**日本における国家と社会**　鎖国の時代が長く続き，外発的に近代化を開始した日本では，前近代から近代への移行はとりわけ重みをもった課題として立ち現れた．戦前の日本では国家を日本社会の民族的統合の中心とみなす家族主義的国家観が成立するが，それは国家を基本的に必要悪としてとらえる欧米の国家観と乖離するものであった．戦後になると，戦前の軍国主義への反省を踏まえ，日本における市民社会の未成熟が問題とされた．めざされたのは「近代化の人間的基礎」（大塚 1968）の確立，すなわち伝統や集団主義からの脱却した自立した個人の確立である．ウェーバーの著作もそのような観点から解読される傾向があった．逆にいうと，日本では個人と国家の間に介在する「社会」の形成がきちんと問われてこなかったきらいがある（玉野 2008）．国家との関わりにおいて自律性をもった社会をどう形成するかは，日本では決して古い問題ではなく，きわめて現代的意義をもった課題なのである．　　　　　　　　　　　　　　　[室井研二]

📖 参考文献
[1] Giddens, A., 1971, *Capitalism and Modern Social Theory*, Cambridge University Press.（犬塚 先訳，1974,『資本主義と近代社会理論――マルクス，デュルケム，ウェーバーの研究』研究社出版.）
[2] 玉野和志編，2008,『ブリッジブック 社会学』信山社.

近代化論

●**社会変動から近代化論へ**　社会学は，社会の変化の方向性をとらえる学問として誕生した．古典社会学にあって，「軍事型社会から産業型社会へ」「ゲマインシャフトからゲゼルシャフトへ」など，さまざまに定式化されてきた社会変動のスキームを，伝統から近代への移行として抽象化・理論化したのが近代化論である．第二次世界大戦後，多くの植民地が独立し，新たに国家建設を行うなかで，社会がどのように変貌を遂げていくことになるのかを検討するなかで彫琢され，産業化がもたらす政治，経済，社会，文化の変化を射程に入れた理論群である．1950年代にアメリカを中心に大きなブームを迎え，1960年代後半からは従属理論などの批判を受けつつも，1980年代後半にはアジア NIEs の台頭を受けて新たな展開をみせ，今日に至っている．議論の射程が幅広いため，歴史学や経済史，経営学，政治学などでも取り上げられることが多い．

●**近代化をめぐる多様な議論**　近代の始まりをいつに求めるかについては諸説あるが，生物エネルギーから無生物エネルギーへの変換に伴う急速な経済発展＝産業化が始まり，これが人々のライフスタイルや結合様式，考え方や政治体制にまで広く影響を与えるようになったのは，19世紀のヨーロッパにおいてであるとする考え方が一般的である（Levy 1972：4）．

富永健一（1996：35）によれば，近代化は①技術的・経済的領域，②政治的領域，③社会的領域，④文化的領域の，4つの領域の変化として総括できるという．①技術的・経済的領域での変化とは，エネルギー革命や情報革命の進展や産業構造の高度化（第一次産業から第二次，第三次産業への移行），市場経済化を，②政治的領域での変化とは，伝統的法から近代的法への移行や近代国家の成立，専制主義から民主主義への移行を，それぞれ指す．また③社会的領域での変化は核家族化の進展と機能集団の台頭，村落共同体の衰退と都市化の進展，身分制の崩壊と自由な社会移動の成立として，④文化的領域での変化は科学革命の進展や合理精神の発達として，それぞれ定式化される．

富永は，このように複数の領域における変化が，時に時間的なズレを伴いながら，相互に影響を与えつつ進展することで近代化が達成されると考えたが，こうした発想は，古典社会学の社会変動スキーム，とりわけ社会進化論と親近性をもつ．また産業化が進展することで，ドミノ倒しのように変化が生じるとする考え方は，多くの途上国が同じ発展段階をたどるとする W. W. ロストウ（Rostow）の経済発展段階説や，異なる政治・経済的環境にあっても，結局は似た社会的特徴をみせるようになるとする収斂理論の発想にも近い．

もっとも，領域間の因果関係をどのように考えるかについては，研究者や学派によって，まちまちである．
　マルクス主義的唯物論は，技術・経済的領域（＝下部構造）が他の領域（＝上部構造）を規定していると考える点で近代化論の一変種と考えることもできる．他方で，プロテスタンティズムがもつ「世俗内禁欲」が資本主義の精神を生んだとする M. ウェーバー（Weber）の議論や，徳川時代の石門心学にプロテスタンティズムに似た特徴がみられ，これが日本の近代化をスムーズに進行させたとする R. ベラー（Bellah 1957）の主張は，文化的領域が技術的・経済的領域の変化をもたらしたと考える立場と解釈できる．
　産業化が近代化を引き起こす動因だとしても，これが果たして政治や文化を転換・変換するだけの力をもっているのか，特に産業化が民主化を帰結しているといえるどうかについては，どの程度のスパンを念頭に置くかが研究者によって異なっていることもあって，現在でも意見が分かれている．アジア NIEs の韓国と台湾は 1980 年代に民主化を果たしたものの，シンガポールや香港では民主化は依然，大きな政治課題となっている．経済成長著しい中国が西側の民主主義を拒否し，世界最大の民主主義国家であるインドが持続的発展に苦しんでいる姿も，近代化論が想定する「ドミノ倒し」がさほど容易でない現状を映し出している．
　近代化論は，先進国から発展途上国への技術移転やキャッチアップ型産業化モデルの伝播など，当該社会が置かれた国際環境を射程に入れていたものの，伝統から近代への移行が自生的かつ自然に生じると考える傾向にあった．これを批判したのが従属理論で，先進国と発展途上国の関係性こそ，発展途上国の低開発を生み出す原因となっているとした．現在でも，この論争に決着がついたとはいえず，いくつかの理論枠組みが競合した状態となっている．

●**近代化論によって説明される事象**　近代化論によってうまく説明できるのが，明治維新から近代国家をいち早くつくり上げることに成功した日本や，1920 年代のトルコ革命を通じて世俗的な共和制を敷くようになったトルコ，産業化の進展によって開発独裁から 1980 年代に民主主義へと体制転換するようになった韓国や台湾のケースである．特に韓国や台湾は，日本の植民地から独立することで国家建設をはじめ，科学技術や外国資本の導入をはかりながら発展する過程で民主主義体制へと平和的に転換し，現在では体制批判的な中産階級が数多く生まれ，首長を直接選挙で選ぶようになっているなど，多くの共通点をもっている．

［園田茂人］

参考文献
[1] Bellar, R., 1957, *Tokugawa Religion: The Values of Pre-Industrial Japan*, Falcon.（堀 一郎・池田 昭訳，1962，『日本近代化と宗教倫理——日本近世宗教論』未來社．）
[2] 富永健一，1990，『日本の近代化と社会変動——テュービンゲン講義』講談社．

従属理論

●**従属理論が登場した背景** 従属理論とは，第三世界の国々の低開発や経済，政治，社会構造上の歪みを，それらの国々が先進諸国を中心とする資本主義世界経済のなかに周辺として組み込まれたことに焦点を当てて説明しようとする分析枠組みである．1960年代半ば以降，ラテンアメリカ諸国の開発を分析していた研究者を中心に提唱された．その背景には以下のような状況があった（恒川 1988）．

第一に，ブラジル，アルゼンチン，チリなどで1930年代以降生じた輸入代替工業化政策の挫折である．R. プレビッシュ（Prebisch）ら構造学派は，中心-周辺モデルと交易条件の分析から，その政策を擁護してきた．しかし，1950年代後半，貿易収支の悪化，恒常的なインフレーション，政治対立の激化，軍事クーデターといった現実の前に，構造学派理論の再検討が必要となった．

第二に，キューバ革命である．キューバでは，民族ブルジョアジーを含む広範な人民戦線による封建主義的生産様式の打破や資本主義の発展を経ずして社会主義体制が樹立された．それは，マルクス主義や帝国主義論に依拠して低開発問題を分析していた人々に，封建主義的生産様式の位置づけや民族ブルジョアジーの性格について再考をせまるものとなった．

第三は，先進諸国からの技術や価値の伝播によって伝統から近代への移行が可能になるとする近代化論への疑問である．ラテンアメリカは植民地化以降，欧米社会と深くつながっており，そこでの低開発は近代化の遅れとしてとらえるべきではないのではないか．ラテンアメリカで調査研究に従事していた研究者からは，近代化論の非歴史性と単線的な発展段階論に異議が唱えられるようになった．

●**従属理論の内容** 従属理論は単一の理論というより分析枠組み・視角というべきものである．多くの論者に共通しているのは，自律的な発展能力の欠如を従属と定義し，それを一国レベルの閉じた系で考えるのではなく，資本主義世界経済への組み込まれ方と国内の経済，政治，社会構造との関連から説明する，といった歴史的かつ構造論的な視角である．ただ，その内容は多様である．C. カイ（Kay）は，それを改良主義派とマルクス主義派に区分している（Kay 1989）．

改良主義派は国家の役割を重視し，資本主義の改革を通して国内の経済，政治，社会構造の自律性を高める方向を志向する．そのなかで，F. E. カルドーゾ（Cardoso）と E. ファレット（Faletto）は，構造学派の理論を批判的に再構成していく立場をとった（Cardoso and Faletto 1969）．彼らは，①ラテンアメリカが世界経済に組み込まれてきた歴史的経緯には国ごとに違いがあること，②そうした歴史的・構造的な制約のもと，各国において諸階級・集団はそれぞれの利害やイ

デオロギーに基づき運動を行ってきたこと，③その過程を通して先進国経済と低開発国経済は結びつけられ，ラテンアメリカ諸国に異なる従属構造がつくり出されたこと，を示した．このような視角によれば，一定の市場と強力な国家機構のもと，国内での資本蓄積をめざす政治的同盟が形成されれば，先進諸国との経済的連携による経済発展も可能となる．彼らはそれを「連携従属的発展」とよんだ．

それに対して，マルクス主義派は従属の過程を，中心による周辺の収奪と両極分解の固定化として描き出す．A. G. フランク (Frank) は，初期の著作 (1967, 1969) において，①ラテンアメリカの低開発は16世紀にヨーロッパを中枢とする重商資本主義体制に衛星として組み込まれたことに始まり，資本主義の形態は変わっても搾取の構造は変わらない，②中枢－衛星関係は従属国内部にも形成され，国内中枢である民族ブルジョアジーは国内衛星からの経済的剰余を国外の中枢に送り出す役割を果たす，③それゆえ，ラテンアメリカ社会を近代的な都市部と伝統的な農村部とが併存する二重社会とみるべきではない，④中枢の発展と衛星の低開発は資本主義世界経済が示す両面であり，そこからの離脱なしには発展もあり得ない，と主張した．

また，エジプト出身の S. アミン (Amin) は，社会構成体と不等価交換に着目した不均等発展論を展開した (Amin 1973)．彼は，「原始共同体」のほか，継起順序をもたない「貢納制」「奴隷制」「単純小商品生産」「資本制」という生産様式を設定する．それらが複数組み合わされた「前資本制構成体」は，中心部による周辺部への支配と収奪によって「中心資本主義構成体」と「周辺資本主義構成体」に移行する．前者と異なり，後者は諸生産様式の異種混合性と産業部門の歪みを特徴とする．アミンは，こうした構造のもと，不等価交換に基づく一方的な価値の移転によって周辺部の低開発は固定化される，と主張した．

●**理論適用上の意義と限界**　従属理論は，一国レベルでの単線的な発展段階論をとる近代化論や既存のマルクス主義からのパラダイム転換といった点で大きな意義をもつものであった．その視角は世界システム論などに継承されている．

一方で，その適用には時代的な制約もみられた．特に1970年代以降，外資導入や多国籍企業の進出などを積極的に進めつつ経済成長をとげた NICs，NIEs とよばれる新興工業国の登場は，従属理論（とりわけマルクス主義派）の理論的射程に再考をせまるものであった．また，情報・金融資本主義の進展によって工業化を軸とした議論の有効性も低下している．ただし，カルドーゾが後にブラジル大統領となったことにも示されるように，発展に関する彼らの分析は政治的な実践に結びついていった．　　　　　　　　　　　　　　　　　　　　　　　［稲月　正］

📖 **参考文献**
[1] 恒川恵市，1988,『従属の政治経済学　メキシコ』東京大学出版会．
[2] 本多健吉，1986,『資本主義と南北問題』新評論．
[3] Simon, D. ed., 2006, *Fifty Key Thinkers on Development*, Routledge.

グローバル化の歴史

●**グローバル化とは何か** グローバル化は，一般に国境を越えたモノ・ヒト・カネの移動による社会的相互依存の深化として理解されているが，その歴史は，社会的・文化的な対立をはらんだ歴史でもあった．グローバル化の歴史に関しては少なくとも三つの立場がある．第一は，アフリカにいた人類の祖先が長い歳月をかけて世界中に拡散していった事実を踏まえ，グローバル化の歴史を人類史に重ね合わせる見方．第二は，ヨーロッパで誕生した政治システムや経済システムが世界へ拡大されていく近代以降をグローバル化の歴史としてとらえる見方．そして第三は，近代以降の国際化と区別し，グローバル化を特殊現代的なプロセスとみなす見方である．

地球的な相互依存への動きは，古代の遠隔地交易にみられたように，近代以前から始まっていたが，人類が世界に対する共通の時空的観念のもとで世界的な相互依存を生み出すようになったのは近代以降である．そして，19世紀における地球的な相互依存が国家間関係の発展と深く結びついていたのに対して，20世紀後半以降，グローバル化の重要な担い手として多国籍企業などの非国家的主体が登場したことによって，国際化に還元できない側面が加わっている．

●**グローバル化の古典的な理論** グローバル化を広義に解釈し，国際化をグローバル化に含めると，グローバル化に関する理論は，これまで主に国際関係論，国際政治学，国際経済学の分野で発展してきた．そこには三つの古典的な理論がある．いずれの立場も，西欧で誕生したシステムとその世界的拡大について論じてきたが，それぞれ異なる側面を重視している．

第一は，近代に登場した主権国家を主要な構成主体とみなし，世界を国家間システムとしてとらえる「リアリズム」である（Walz 1979）．近代的世界は，主権国家を超える権威が存在しないという意味でアナーキカルな性格をもち，世界秩序は国家間の勢力均衡のうえに成り立つとされる．第二は，世界が国家と非国家的主体から構成されていると考え，国家安全保障問題とともに社会経済問題の重要性を認める「多元主義」もしくは「リベラリズム」である（Keohane 1984）．国際経済の発達に伴って世界的な相互依存が高まり，また国連をはじめ各種の国際政府間組織が確立されたことによって，国際関係においても競争や対立のなかから調和が生まれる可能性があるとされる．そして第三は，近代的世界を資本主義システムとしてとらえ，資本主義的な分業体制から国家や産業のあり方を説明する「世界システム論」である（Wallerstein 1996）．経済システムとしての資本主義システムは，世界各地を資本主義的な分業体制のなかに組み込み，「中核／

周辺/半周辺」としての「支配/服従」関係を確立したとされる.

●**現代のグローバル化をめぐる議論**　現代のグローバル化に関しては，まず国家と国家間関係に対する把握をめぐって多様な見解がある．現代のグローバル化を国際化の延長としてとらえる見方もあるが（Hirst and Thompson 1999），国家や国家間関係の変化を重視する見方が有力になっている．その際，近代国家が衰退したと考える見方とそれに批判的な見方がある.

前者は，さらに二つの立場に分かれる．まず，多国籍企業や国際金融システムの発達，そして世界経済のボーダーレス化の進展によって，これまで国内と国外を分離してきた近代国家の力が衰えてきたことを強調する立場がある（Strange 1996）．もう一つは，近代国家を基軸にした国際秩序に代わる新たな統治体制として帝国が形成されつつあることを主張する立場である（Negri and Hardt 2000）．I. ウォーラーステイン（Wallerstein）の世界システム論では，近代の過程で帝国を築く試みが失敗して世界経済が形成されたが，市場と生産の回路がグローバル化した現代において帝国が形成されつつあるというのが A. ネグリ（Negri）と M. ハート（Hardt）の議論である.

また後者としては，近代国家は衰退したのではなく，変容したことを主張する立場がある（Sassen 1996a）．S. サッセン（Sassen）は，多国籍企業が世界的な企業ネットワークのもとでグローバルな活動を展開すると同時に，多国籍企業の本社機能が「世界都市」とよばれる特定の地域に集中していることに着目し，都市のあり方を規定する国家の重要性を指摘した．国家はグローバル化の重要なアクターであり続けており，その役割が変化してきたという.

次に，現代のグローバル化が世界の均質化を進めているのかをめぐっても意見が分かれている．グローバル化がさまざまな国の文化を資本主義的な文化に包摂し，世界のアメリカ化ないし西洋化を推し進めているとする文化帝国主義の議論（Schiller 1991）がある一方で，現代のグローバル化は「個別主義の普遍化」として地域や文化の多様性を維持・増大させながら進行したものであり，グローバル化とローカル化が同時並行的な現象であることを主張する議論もある（Robertson 1992）.　　　　　　　　　　　　　　　　　　　[正村俊之]

参考文献
[1] Viotti, P. R. et al., 1993, *International Relations Theory: Realism, Pluralism, Globalism*, 2nd ed., Macmillan.（ウェッセルズ，D.・石坂菜穂子訳，1993,『国際関係論――現実主義・多元主義・グローバリズム（第2版）』彩流社.）
[2] Held, D. et al., 1999, *Global Transformations: Politics, Economics and Culture*, Polity Press.（古城利明ほか訳，2006,『グローバル・トランスフォーメーションズ――政治・経済・文化』中央大学出版部.）
[3] 正村俊之，2009,『グローバリゼーション――現代はいかなる時代なのか』有斐閣.

第二の近代

●**再帰的近代** 「第二の近代」という概念は，U. ベック（Beck）の『リスク社会』(1986)（邦訳名は『危険社会』だが，ここでは「危険」ではなく「リスク」の語を用いる）に起源をもつが，言葉としてはそこではまだ現れていない．ただし，同書の副題は「新しい近代への道」（英訳では Toward a New Modernity）とつけられており，そこでのメイン・テーマは「近代が古典的な産業社会から外見上とは異なった新しい形態——本書でいう（産業化された）『リスク社会』——をとりつつある」(Beck 1986：訳 8) ことを明らかにすることであった．その「新しい近代」を指す言葉として，「第二の近代」（英語では，second modernity もしくは second age of modernity）という言葉が広く使われるようになったものであり，ベック自身もその後の論考のなかではこれらの言葉を用いている．ベックは後に A. ギデンズ（Giddens）および S. ラッシュ（Lash）とともに著した『再帰的近代化』(1994) においては，「再帰的近代化（reflexive modernization）」の語を用いてこの概念を改めて論じているが，『リスク社会』のなかでも，第二の近代はしばしば「再帰的（reflexive）」（邦訳本では「自己内省的」）と特徴づけられている．

　ベックの「第二の近代」もしくは「再帰的近代化」の概念の背景には，J.-F. リオタール（Lyotard）の『ポストモダンの条件』(1979) を契機として広く関心を集めていた「ポストモダン」の概念およびポストモダン的社会理論への対抗ないし懐疑が基底にある．きわめて単純化していえば，ポストモダン的社会理論が F. ニーチェ（Nietzsche）や M. ハイデガー（Heidegger），あるいは K. マルクス（Marx）や『啓蒙の弁証法』(Horkheimer und Adorno 1947) に連なるある種の懐疑主義的な「反近代」を基調としているのに対して，それとは異なって，近代および近代化が達成したものに一定の評価を与えつつ，その新たな局面に生まれている問題状況を理論的にとらえようとしているのである．

●**階級社会としての第一の近代** ベックはその主著『リスク社会』のなかで，しばしば第一の近代を「階級社会」，第二の近代を「リスク社会」という言葉で言い表している．「リスク社会」という言葉は主著のタイトルにも使われているので，ベックにとって「第二の近代」における社会の特性とは「リスク社会」ということだという印象を与えるが，それは必ずしも正しくない．主著のなかで展開されたもう一つの重要な概念に「個人化」があることからわかるように，「リスク社会」は第二の近代を特徴づける重要な特性ではあるが，第二の近代がそれにつきるわけではないのである．

　「第二の近代」という言葉には，今日の社会が基本的に「近代」という特性を

受け継ぎながらも「第一の近代」とは異なる何か新しい局面に入っているという認識が表されている．ベックにおいて第一の近代から第二の近代への変容を特徴づける最大のポイントは，「階級社会の変容」あるいはもっといえば「階級社会という特性の消滅」である．ベックはそれを「福祉国家社会」の成立によってもたらされたものとみている．「階級社会」というのは，長い間，イギリス，フランス，およびドイツなどヨーロッパ系社会理論のいわば「自明の前提」であった．第二次世界大戦後に先進諸国では経済成長と生活水準の全般的向上が起こり，次第に「階級社会」的な観点は信憑性を疑われていくのだが，1970年代フランスのレギュラシオン理論やヨーロッパ型福祉国家を論じる際にしばしば用いられるコーポラティズムの概念にみられるように，ヨーロッパの知識人の間では「階級社会」を前提とする強い傾向が残り続けている．そうしたなかで，「階級社会の消滅」を軸とするベックの理論は，きわめて独自性の高いものであるといえる．

●**リスク社会と個人化**　第一の近代と対比される第二の近代の第一の特性はむろん「リスク社会」であるが，それと同時に，ベックは「個人化」「再帰的な近代化」「サブ政治の高まり」などの特性をあげている．個人化というのは，第一の近代である産業社会においては，人々の生活機会とりわけ失業や貧困といった境遇に落ちる可能性が，階級，階層，あるいは家族などの集団レベルで規定されていたのに対して，第二の近代においてはそれが個人レベルになったという認識を表している（Beck and Beck-Gernsheim 2002 も参照）．それによって，第二の近代においては，社会的不平等の焦点が富の分配の問題からリスクの分配の問題へとシフトするとともに，その分配においては「富める者も，権力を有する者も，リスクの前に安全ではない」（Beck 1986：訳 29）という意味で「ブーメラン効果」があるという．

　ベックにおける再帰的な近代化の概念は，リスク社会の特性である科学の再帰性と結びつけられている．すなわち，それまで「単に自然と人間と社会を科学化の対象」とするだけであった科学が，「自ら招いた」欠陥とリスクを対象とせざるを得なくなってきているということに基盤をおく概念である．

　サブ政治というのはわかりにくい概念だが，ベックは，第一の近代である産業社会では，企業活動の範囲である経済−技術の領域は政治からは独立した「非政治」であり得たとしている．それに対して第二の近代では，リスクの増大によって次第に政治−非政治の境界区分は維持できなくなってきているものの，完全に政治化されるのでもなく，当事者たちが正当性をもたない形で実質的に政治的内容を含む決定を下していると考えている．これがサブ政治である．

　「第二の近代」の概念は，このような相互に関連しているさまざまな特性を包括的に言い表すものとして提示されているものである．　　　　　　　　［盛山和夫］

趨勢命題は科学的命題か

●**社会変動分析の方法としての趨勢命題** 趨勢命題とは，社会現象が時間の経過のなかで一定の方向性（上昇もしくは下降）を有していることを示す命題である．社会変動を分析する際に，近代化，産業化，官僚制化，合理化，民主化，世俗化，都市化，個人化という言葉が頻繁に用いられるが，これらはすべて趨勢命題である．科学哲学者の K. R. ポパー（Popper）は，『歴史主義の貧困』（1957）において，趨勢命題はある特定の時代ないし社会という限定された時間−空間関係のなかで生起する趨勢についての言明であるから，特称的な歴史的言明であって普遍法則ではないとする．また趨勢命題には，その趨勢がスタートする条件についても，趨勢が維持されるメカニズムについても，何ら述べておらず，単なる経験的一般化にとどまるものが多いため，普遍法則とはいいがたいとして，趨勢命題を理論の一つとみなすことを批判した．

趨勢命題をどう考えるかということは，社会科学における理論とは何か，さらには社会現象における法則性とは何か，そもそも自然科学における法則と社会科学における法則とは同じものなのか，それとも異なるものなのかという問題に関わっている．

●**産業化，民主化，個人化** 上にあげた趨勢命題のなかから，産業化，民主化，個人化という趨勢命題がいかなる現象を説明しようとしているのかということについて具体的に考えてみよう．

産業化とは，技術革新もしくは外国からの技術導入によって経済成長を遂げることであり，労働人口が第一次産業中心の社会から第二次産業中心の社会になり，さらに第三次産業中心の社会になることをいう．民主化とは，国民国家における首長（わが国であれば内閣総理大臣や地方自治体の長）が民主的手続きによって選出されることであり，議員が普通選挙によって選ばれることをいう．個人化とは，個人の行動が個人主義の原理に基づいてなされることである．近代が実現した「婚姻の自由」「職業選択の自由」「移動の自由」「言論の自由」といったものは，すべて個人主義の原理に基づいていることはいうまでもないが，個人化は，個人の行動の意思決定において，「自己決定と自己責任」に基づく度合いが次第に高まっていることを示している．これらの具体的な事例に示されているように，趨勢命題は自然科学が念頭においているような法則ではない．記述的言明もしくは経験的一般化とよぶべきものであろう．

法則とは，自然現象および社会現象にみられる規則性を発見し，これを要因間の関係として定式化したもののことである．要因間の関係は，第一に相関関係の

提示にとどまるものと因果関係を特定したものとに区別でき，第二に質的な言明と数量的表現によって精密化された言明とに区別できる．自然科学の法則の多くが，因果関係を数量によって表現しているのに対して，社会科学の法則には，因果関係を定式化したものが少なく，その多くは相関関係の質的な言明にとどまっているものが多い．

　法則には要因間の関係の強さに応じて，決定論的必然性，確率論的必然性，歴史的必然性という三つの水準がある．自然科学の法則は決定論的必然性もしくは確率論的必然性に基づくとされ，特に20世紀末までは，決定論的必然性に力点を置く傾向が強かった．ところが2011年3月11日に起こった東日本大震災とそれに伴う福島第一原発事故は，地震の予知不可能性と事故の予測不可能性を白日のもとにさらした．従来社会科学の法則は，確率論的必然性もしくは歴史的必然性として提出されてきたが，3.11東日本大震災は，自然科学においても確率論的必然性にとどまるものが多いことを明らかにした．

●趨勢命題の意義　趨勢命題は厳密な意味での法則とはいいがたく，経験的一般化にとどまるものであるが，社会学的分析にたびたび用いられてきた．社会学的分析では，趨勢命題を独立変数に用いる場合と，従属変数に用いる場合とがある．独立変数として用いる研究としては，例えば都市化が伝統的地域の社会関係にいかなる影響を与えるのかという研究がある．このモチーフは都市社会学の中心的なテーマをなしている．あるいは産業化の進展が，自殺率の増減や核家族比率の拡大をもたらすのかといった研究もこれにあたる．これに対して従属変数として用いる研究としては，いかなる技術革新が産業化（経済成長）をもたらすのかという研究がある．社会学史上に燦然と輝くM. ウェーバー（Weber）の『プロテスタンティズムの倫理と資本主義の《精神》』(1904-05)もまた，プロテスタンティズムの倫理が資本主義（産業化）を西欧において歴史上初めて生み出したことをあとづけた秀逸な分析であるから，これにあたる．

　すでに述べたように趨勢命題は記述的言明であり，法則ではない．しかし社会学的研究の目的の一つがリアリティをとらえることにあるとするならば，趨勢命題は社会学における理論構築の一里塚として考えることができるのである．

　ところで趨勢命題をどうとらえるかという問いを，より大きな文脈に位置づけると，人文・社会科学における歴史的方法，すなわち人間の歴史もしくは社会の変動を理論化することは可能かという大問題になる．したがって趨勢命題をめぐる問題に対しては，歴史分析および時系列データの分析の位置づけを明らかにすることによって，最終的な解答が可能になるであろう．　　　　　　［友枝敏雄］

📖 参考文献
［1］ポパー, K. / 岩坂 彰訳，2013，『歴史主義の貧困』日経BP社．
［2］今田高俊編，2000，『リアリティの捉え方』有斐閣．

社会構造と社会変動

●**社会構造，社会変動，水準変動**　社会には変化しにくい側面と変化しやすい側面とがある．社会学では前者の面を一般的に「社会構造」という概念でとらえる．そこでは，社会における相対的に安定的で恒常的な関係性やパターンのことが意味されている．社会的な地位や役割，規範やルールなどは，日・月単位での短期の状況の変化やメンバーの入れ替えにもかかわらず持続し続ける．例えば，私的所有権を保障された企業家が営利を求めて人々と関係し合うというパターンは，短期的な経済状況の変化にもかかわらず大きく変わることはない．それは資本主義社会の「構造」として個々の経済活動を条件づけ，またそれを可能にする共通の社会的基盤を提供している．

しかし，より長期的にみれば社会構造は変化する．その変化を「社会変動」とよぶ（富永 1965, 1981）．それは，一定の構造のもとでの量的な指標（GDP，人口，犯罪率など）の変化である「水準変動」と区別された，社会の質的変動である（吉田 1974）．現実には，この二つの変動は相伴って起きることが多い．

●**社会変動と機能主義理論**　19世紀以来，社会学は近代に向けた社会変動をさまざまな概念でとらえてきた．例えば，H. スペンサー（Spencer）の「軍事型社会から産業型社会へ」，K. マルクス（Marx）の「封建主義から資本主義へ」，É. デュルケム（Durkheim）の「機械的連帯から有機的連帯へ」，スペンサーの「分化」，M. ウェーバー（Weber）の「合理化」などがよく知られている．

しかしこれらの古典的な概念は，その多くが近代化に向けた社会の変動の主要なトレンドを記述した命題にすぎず，なぜそのような変動が起きたのかを十分に説明したものではなかった．20世紀半ばの社会学において，この「なぜ」を説明する有力な理論として，マルクス主義と機能主義という二つの立場が対立しあった．

マルクス主義理論において，社会を変動させる決定的な要因は階級闘争であった．それに対し機能主義理論では，「機能要件」という概念が社会変動を説明するものとされた．

機能主義は，第二次世界大戦後にアメリカの社会学者 T. パーソンズ（Parsons）が提唱した「構造−機能分析」の理論が採用したアプローチとして知られ（Parsons 1951a），一時期日本を含む西側諸国の社会学に大きな影響を与えた．この理論は社会をさまざまな諸要素の相互連関からなる一つのシステムととらえ，生命体システムがそうであるように，社会システムにもまたその存続のために充足すべき機能要件が存在すると考える．社会システムが機能要件を充足しているのであれ

ば，そこには安定した構造が形成されることになる．もし充足されていなければ社会システムは安定した構造を失うが，そこで社会システムは機能要件を充足させるべく，構造を変動させていくと考えられる．

特に日本では1960〜70年代に富永健一，吉田民人，小室直樹らがパーソンズの構造−機能分析を精緻化し，社会変動の一般理論へと発展させようと試みた（吉田 1964；小室 1966；富永 1975）．そこで機能要件の不充足が社会構造を変動させるプロセスが論理的にフォーマライズされた．しかしその反面，理論モデルの具体的事例分析への適用の方はほとんど進まなかった．

機能主義理論で論争の対象となった点の一つが，機能要件をどのように特定化するかということだった．パーソンズ自身は適応，目標達成，統合，潜在的パターンの維持を行為システムの4つの機能とする「AGIL図式」を提唱した．彼はこの4機能図式を用いてアメリカの民主政治や大学教育の過程についての分析を試みたが（Parsons 1969, 1973），機能概念を用いた社会変動の分析までは行わなかった．むしろ1970年代のパーソンズは，適応能力の上昇，分化，包摂，価値の一般化を近代に向かう社会変動の主要なトレンドとする「社会進化」の議論を展開した（Parsons 1971）．

●**社会変動論の退潮**　だが1980年代以後，社会変動論への関心は全体として退潮していくことになる．その主たる理由の一つとして，社会変動論が志向していた一般理論に対する批判や疑念が広がったということがある．諸分野での研究の進展により，非西洋圏を含むさまざまな社会に関する膨大なデータがもたらされ，実際の社会変動は，一般理論化するにはあまりに複雑かつ多様であることが広く認識されるようになったのである．また1980年代の「ポスト近代」の風潮のなかで，一般理論という「大きな物語」への信用が失墜したという点も指摘できる．さらに日本の社会学界においては，志田基与師や橋爪大三郎らが，機能要件から社会変動の説明を導き出すことの不可能性を論理内在的に示そうとしたことの影響も少なくなかった（橋爪ほか 1984；志田 1997）．

とはいえ，変動への関心が消滅したわけではない．例えば，アメリカでは「歴史社会学」とよばれるアプローチが社会変動の問題を受け継いだ（Skocpol ed. 1984）．だが，そこで考察の対象となるのは，抽象化された社会の「構造」ではなく個別具体的な制度であり，また社会変動の一般理論ではなく歴史的な因果連関とそこにおいて特定の出来事がもたらす作用である．このような因果連関分析への回帰によって，変動の一般理論化の道からは遠ざかったが，研究対象の範囲は拡大し，多くの事例研究の成果が生み出されることになった（Adams et al. eds. 2005）．

［佐藤成基］

📖 **参考文献**

[1] 青井和夫編，1974，『社会学講座第1巻 理論社会学』東京大学出版会．

社会変動の要因

●社会変動の概念が生まれた背景 社会変動とは，比較的長期間にわたって継続する社会の仕組みの変化を指す．社会の仕組みの変化には，人と人の関係の変化と，人と物の関係の変化がともに含まれる．例えば，18世紀中葉に端を発する産業革命は，水車に代わって蒸気機関が生産工程に浸透することを通し，動力技術と人間の関係の変化にとどまらず，産業の立地条件の変化，都市人口の急増，スラムの形成といった人間どうしの関係の変化をもたらす．第一世代の社会学者にとり，19世紀以降本格的に展開する産業社会のこのような変化は社会類型の概念の古典的な見本例となった．「機械的連帯」に基づく社会から「有機的連帯」に基づく社会へ（É. デュルケム［Durkheim］），「軍事型社会」から「産業型社会」へ（H. スペンサー［Spencer］），「ゲマインシャフト」から「ゲゼルシャフト」へ（F. テンニース［Tönnies］）といった類型は事実上産業社会の特性を浮き彫りにする対概念として構想されている．社会変動という概念化の背景には，社会学草創期のこうした基本概念に関わる産業社会の変化が介在している．

●社会変動の要因 社会変動の要因として指摘されるのは，前記の技術進歩に加え，経済発展，人口変動（移民，難民の流出，流入を含む），自然環境の変化，他の文化圏との接触，人々の価値観や態度の変化，婚姻パターン，家族構成などの変化，分業の進展などの社会集団の編成原理の変容，戦争や革命や暴動などの突発的な社会的コンフリクトなど，多岐にわたる．これらのうち，自然環境の変化，他の文化圏との接触，突発的な社会的コンフリクトなどは当該社会にとっての外生的な要因であることから，これらによってもたらされる社会変動を外生変動とよぶ．これに対して，技術進歩，経済発展，人口変動（移民，難民などの流出，流入を含む），人々の価値観や態度の変化，婚姻パターン，家族構成の変化，分業の進展などの社会集団の編成原理の変容は当該社会を形づくるという意味で内生的な要因であるため，これらによってもたらされる社会変動を内生変動とよぶ．いずれの場合も，当該社会全体の仕組みの変化を想定したマクロ社会学的な射程をもつ．そうしたマクロ社会学的な射程のもとで社会変動の概念をとらえる構想は，国民国家の境界を越えてダイナミックに広がるいわば歴史的な趨勢を浮き彫りにするための枠組みを提供してきた．例えば，どのような社会であっても，基本的には技術進歩→経済発展→社会変動という単線的な道筋をたどって変化するといった技術進歩を起点とした収斂仮説はそのよく知られた例である．

他方，そうしたマクロ社会学的な射程のもとで社会変動の概念をとらえる構想には大きく二つの問題点が指摘されてきた．一つは，社会変動のメカニズムを個

人の行為から説き起こして説明する理論モデルが不在であるという問題点．いま一つは，各個別社会の社会変動に関する比較研究の蓄積が手薄なため，はたして社会変動の収斂仮説が成立するかどうか，仮に成立するとしても単線的であるか複線的であるか，にわかには決定困難であるという問題点である．

W. オグバーン（Ogburn）の「文化遅滞」仮説にみられるとおり，古典的な社会変動の要因分析をリードしたのは技術進歩に関する要因分析であった．その後，それ以外の個別要因の分析が次第に浸透しはじめ，人々の価値観や態度の変化などに関する実証的な研究が現れた．例えば，「ネットワーク」（Boltanski and Chiapello 1999：訳［上］xviii）を価値序列の上位に位置づけるような新たな精神が1960年代から1990年代にかけてのフランス社会で現れてきたことが，価値観や態度の変化に関わる要因として指摘される．こうした実証研究は，地域や時代を限定し，社会変動として想定される内容も，属性主義から業績主義への移行といった傾向が想定されることが少なくない．社会変動の要因という場合，そうした多種多様な要因と社会の仕組みの緊張関係や矛盾のパターンが注目を集める．例えば，緊張関係や矛盾が社会変動につながる場合，その過程は連続的か，不連続的か，不連続的な場合，臨界点が存在するのか，存在しないか，臨界点が存在しない場合，どのような初期条件が社会変動の引き金になるのかといった論点が問われる．ソ連社会の崩壊，中国社会の急激な市場化など，既存の社会変動の要因論では予測できなかった劇的な変動が現実に発生していることが，こうした一連の問いの背景を形づくっていると思われる．

●**求められる技術進歩の要因の再考** そのような意味では，東日本大震災・福島第一原発事故もまた，社会変動の要因としての技術進歩に根本的な再考を迫る出来事である．1000年に1回程度とされる希少事象（extreme events）である自然災害のみならず，人と物の関係を媒介する技術と，人と人の関係を媒介する社会の仕組みによって自然災害の負の結果が著しく増幅された経験が，社会変動をとらえなおす新たなパースペクティブを求めているからである．現在までのところ，同事故をめぐる社会学者の取り組みの多くはどちらかといえば後知恵に訴える傾きを否定できないが，「科学技術と社会変動のかかわり方に関する社会学的分析は……非現実的で，あいまい」（Matsumoto 2006：3）とも指摘されるこれまでの社会学の状態を変化させる鍵を，同事故の経験から社会変動の要因をとらえなおす試みが握っている可能性がある． ［松本三和夫］

参考文献
[1] Boudon, R., 1983, "Individual Action and Social Change: A No-Theory of Social Change", *British Journal of Sociology*, 34(1)：1-18.
[2] Hallinan, M. T., 1996, "The Sociological Study of Social Change", *American Sociological Review*, 62(1)：1-11.
[3] Nisbet, R., 1972, *Social Change*, Basil Blackwell.

社会的分化

●**社会的分化という観点が生まれた背景**　社会的分化は，術語として明示的に使用されているか否かを問わず，社会学の成立当初より大きな役割を果たしている基礎的な理論的観点の一つである（Schimank 2007）．それは学問としての社会学と同様，産業革命とフランス革命に代表される巨大な社会変動の産物であり，それゆえ西洋近代の理論化の試みの一環として生まれたという側面をもつ．旧来の位階的身分秩序から解放された諸個人が新たに織り成す多様な結合や技術の発展とともに進展する分業は，それまでの範例には収まりきらない，異質であるが対等な諸部分から構成される秩序に関する理論的関心を高めたのである（構造としての社会的分化）．

この社会像は，大航海時代以降，次第に蓄積されていった非西欧世界の住民に関する民族誌と人類学的知見が提供する原社会像と対照されることで，単純な社会から複合的な社会への進化という図式にしばしば回収された（過程としての社会的分化）．これにより啓蒙主義的歴史哲学の進歩の観念は，絶えざる社会内部の分化過程として，実証的にとらえ直されることとなった．この認識は同時代の生物学の発展からも積極的な示唆を受けたものであった．

他方で，この過程の帰結は，諸部分の側からみれば，高度な自立性と自律性を備えた特殊な部分領域の成立にほかならない（部分の分出としての社会的分化）．ここから分化を社会の分裂と無秩序の要因とする認識が生まれ，異質な部分領域間の緊張関係や相互調整のあり方についての社会構想やそのもとでの諸個人の葛藤といった時代診断に関する基本的な枠組みが提供された．

●**分化の三側面：構造／過程／部分の分出**　このように社会的分化は，構造，過程，部分の分出という三つの側面をもつ．構造としての社会的分化では，分化の類型化が問題となる．H. スペンサー（Spencer）は，分化の程度の低い社会と高い社会をそれぞれ軍事型社会と産業型社会と概念化した（Spencer 1876-96：［I］§266）．同様に，É. デュルケム（Durkheim）は，それぞれを環節社会と組織的社会ととらえ，これらの違いを機械的連帯と有機的連帯という社会統合形式に求めた（Durkheim 1893：訳 6 章）．こうした類型化は，後に N. ルーマン（Luhmann）によって，環節分化から中心と周辺の分化，成層分化を経て機能分化に至る構造転換の過程として定式化された（Luhmann 1997：訳 4 章）．

過程としての社会的分化では，それに伴う副次的変化に関心が寄せられる．スペンサーは，徹底的な自由主義の立場から，産業社会への変化を個人の自由の増大過程ととらえ，政府の役割の縮小と限界づけを主張した．これに対し，デュル

ケムは，分化に伴う個性の多様化を通じて，刑法を典型とし，社会全体を支える集合意識に関わる抑止的法に加え，民事法などの個人間の関係性の規整を担う復原的法の役割が増大する点に着目した．同様に，G. ジンメル（Simmel）は，集団からの個人の分離を基軸に据えつつ，責任範囲の縮小と個性の伸長などの観点から社会的分化を論じた（Simmel 1890：訳 2011：2, 3, 5 章）．すなわち，分化の進展に伴い，集合的な連帯責任から厳格な個人責任へと空間的に限界づけられるだけでなく，さらには個々の行為責任へと時間的にも限界づけられるとした．彼はまた，社会的分化論の枠組みを用いて，主体としての個人が多種多様な社会集団との関わりのなかで，個性を獲得する過程を理論化した．これに対して，H. フライヤー（Freyer）は，社会的分化による専門性の高度化は，人間を自然＝本性から切り離されたさまざまな二次的システムの歯車の一つとして断片化させ，空虚な主体へと変容させるという診断を下した（Freyer 1955）．

分出としての社会的分化では，近代資本主義などの新たに出現したとみなされる行為領域それ自体の成立条件やその固有性だけでなく，並存する他の諸領域との共通性にも関心が注がれる．特に後者の問題について，M. ウェーバー（Weber）は，西洋近代の特性を経済や行政，科学，宗教，芸術といった行為領域における合理化の進展に見出した（Weber 1920c：訳 5ff.）．しかし，ウェーバーは，分化秩序のなかに有機的連帯の生成を見出したデュルケムとは対照的に，各領域がそれぞれに固有法則性をもっているがゆえに生じる相互の（特に宗教とその他の領域の）緊張関係を強調した（同書：訳 109ff.）．

●**社会的分化の応用事例**　社会的分化は，その抽象度の高さゆえに，幅広い応用範囲をもつ．例えば個人を取り巻く地位と役割の分化という観点は，役割コンフリクトや地位の非一貫性などの理論の基礎をなしている．他方で「機能主義は社会変動を扱うことができない」というコンフリクト理論からの批判を背景に，機能分析を社会変動研究へと接続する鍵概念としてこの概念が使用された（Smelser 1959）．また分化の有無や脱分化という観点は，文明の比較分析などにも援用されている（Arnason 2003）．「分化は社会変動の原因の解明ではなく記述でしかない」という分化概念に対する典型的な批判に対しては（Knöbl 2001：205ff.），ウェーバーの系譜に立ち，行為理論的観点から分化概念を基礎づけ直すことで，その克服が試みられるなどしている（Schwinn 2001）． ［小山　裕］

📖 **参考文献**

[1]　Simmel, G., 1890, *Über sociale Differenzierung*, Duncker & Humblot.（石川晃弘・鈴木春男訳，2011，『社会的分化論――社会学的・心理学的研究』中央公論新社．）

[2]　Durkheim, É., 1893, *De la division du travail social*, Félix Alcan.（井伊玄太郎訳，1989，『社会分業論（上・下）』講談社．）

[3]　Weber, M., 1920, *Gesammelte Aufsätze zur Religionssoziologie I*, J. C. B. Mohr.（大塚久雄・生松敬三訳，1972，『宗教社会学論選』みすず書房．）

圧縮された近代

●「圧縮された近代」の背後要因　「圧縮された近代」という議論は，1980年代以降，急速に経済発展を遂げたアジア諸国，とりわけ東アジア諸国において，これまで欧米社会が長い時間をかけて経験してきたさまざまな現象がきわめて短期間の，錯綜した形で生じていることを背景にして立ち現れたものである．特に，1997年の金融危機を契機に，その問題性が社会的，政治的，文化的なさまざまなジレンマを内包しながら表出するに伴って，圧縮された形状そのものが批判の対象となるに至った．そして批判のまなざしは，当初は欧米近代に対するキャッチアップ戦略のなかで語られてきた近代に向けられたが，やがて「内なるオリエンタリズム」——旧来の文化，社会，経済，政治のありようを「まなざされる」側，つまり当の社会の側から蔑視し非合法化すること——によってつくられた近代にも向けられるようになった．

●「圧縮された近代」と再帰的近代化　さて「圧縮された近代」の代表的論者であるチャン・キョンスプ（Chang, Kyung-Sup）によると，それは，社会におけるあらゆる面における変化が時間的，空間的にきわめて凝縮された形で生じている状況のことを指しており，そうした状況のもとでもともと異質な歴史的，社会的な要素がダイナミックに絡みあうことによって，社会システムが非常に複合的で流動的なものになっているという．そしてチャンは，こうした「圧縮された近代」は「一つの文明の条件」であるとともに，ポストコロニアルとして取り上げられる諸現象，例えばハイブリディティをも抱合しているという（Chang 2010）．

　こうしてみると，チャンがいう「圧縮された近代」には，欧米から遅れて起きた近代という以上に，短期間のうちに同時進行的に異質な変化が起きる近代という含意が込められていて，実際，マクロな統計によってしばしば確認されている．ちなみに，「圧縮された近代」の典型例として，この間よく取り上げられてきたのは，福祉制度，家族，ジェンダーにおける変化である．例えば，キム・スンオン（Kim, Sung-Won）は，欧米でオイルショック以降の低成長期にみられた福祉国家の再構築が韓国では福祉制度の本格的な導入と折り重なるようにみられた，つまり福祉制度の構築と再構築が同時に行われることになったというのである（Kim 2009）．他方，落合恵美子は，欧米でみられる第一の出生率低下と第二の出生率低下の間の隔たりが日本を除く東アジア諸国ではまったくみられない，つまり両者の境目がないという．さらに落合は，ジェンダーに関して，欧米では「第一の近代」に主婦化が起き，「第二の近代」で脱主婦化が起きたが，東アジア諸国では前者が十分に展開することなしに，後者へとなし崩し的に突き進んでい

ると述べている（落合 2011）．いずれも，欧米の拡張された近代を向こうにして，東アジアの圧縮された特異な近代のプロセスが強調されている．

ところで，東アジアの地域的特色にもなっている「圧縮された近代」（それ自体，差異を内包している）は，これまでは速度や量にこだわるハン・サンジン（Han, San-Jin）のいう「性急な近代化」としてとらえられる傾向にあった．そこでは，「圧縮された近代」は数値目標を掲げる「開発国家」の樹立には都合のいいものであったが，欧米においてみられたような福祉国家の構築や近代的個人の形成には不適切なものであったとされている．近年は，「性急な近代化」がもたらした意図せざる結果もしくは負の遺産としてのリスクと危険の拡大に目が向けられているが，それも結局は圧縮された，性急な近代化がリスクに十分に対応し得るような制度と個人を構築する／生み出すことができなかったからであるとされている．こうしてみると，「圧縮された近代」はまさに再帰的近代化としてとらえ返される．

●自己のポジショニングに向けて　この再帰的近代化が内包するものは時間軸に沿って観取される速度の迅速性を主テーマとするが，同時に，前近代，近代そして現代が継起的であるとともに「三つにして一つである」といった問題構制（プロブレマチック）をはらんでいる．そこでは，従来の「欧米的近代とアジア的近代」という二分法が相対化されたうえで，グローカル化という空間軸が加わる．そしてこのグローバル化の文脈において，あらためて展開の速度が再審されるとともに，欧米とアジアが交わり，混淆する地平（文化面も含む）が問われることになる．「欧米にないアジア」の発見もこの地平で意味をもってくることになる．もちろん，それは先に述べた「性急な近代化」の二面性を踏まえたものであればこそ，かつて声高に叫ばれた「アジアの奇跡」のような議論に回収されるものではない．

いずれにせよ，「圧縮された近代」論の理論地平は，いまやポストコロニアリズム，グローカル化論などと共振／共進しながら，限りない拡がりをみせている．そこを通底するものは，欧米的近代とアジア的近代の圧縮的共在という問題構制だけでなく，グローバルに広がっている，モバイルでハイブリッドな社会システムの構築と再構築のありようも見据えるまなざしである．いずれにせよ，「圧縮された近代」論は，近代が欧米に特有のものでもなく，アジアに特有のものでもないことを指し示し，近代が意図せざる結果としてもたらしているリスクや危険が（近代の）圧縮的混在の前景化した社会のフレキシビリティとハイブリディティとともに立ち現れていることを明らかにしている点で，そして何よりも我々自身がこのグローカル化した社会のなかで自己の立ち位置を確認することを求めているという点で，今後とも引き続き論議されていくことになるであろう．［吉原直樹］

📖 参考文献
[1] Chang, Kyung-Sup, 2010, *South Korea under Compressed Modernity: Familial Political Economy in Transition*, Routledge.

モビリティ

●**モビリティ・パラダイムの台頭と背景としてのグローバライゼーション** 「そもそも社会とよべるものなど存在しない」——これは，従来国家が担ってきた一連の公共サービスを民営化に導いた立役者である元イギリス首相M.サッチャー（Thatcher）の言葉である．この発言を引き受ける形で，モビリティという概念が提唱される．グローバルとローカル，パブリックとプライベート，起業と継承，表象と現実といった二分法を超えるこの社会科学の新たな潮流は，言語論，文化論，空間論に続く移動論的転回と称される影響を後に与えるまでになるのである（Urry 2000；Ogawa Nishiaki 2000, 2001, 2008；小川［西秋］2007, 2013, 2015；伊藤ほか編 2013）．その背景となったのは，EU統合とアメリカナイゼーションというグローバライゼーションの二つの波である．1970年代からこの二つの気運が著しく重なりをみせるなか，モビリティの文化的側面と科学技術の側面に着目する研究が発表される．イギリスの社会学者J.アーリ（Urry）とフランスのイノベーション研究者B.ラトゥール（Latour）がおのおののモビリティの代表的な論者である．二人の問題関心は，ユネスコ（UNESCO）による地域文化遺産の認証や新製品開発における化学物質の統一基準などヨーロッパ圏での統合の加速化を反映しているといえる（Urry 1990；Latour 1987, 1993, Ogawa Nishiaki 1997）．加えて，モビリティを国是とするアメリカの学会と早くから交流をもち，文化と科学技術におけるアメリカの世界戦略を鋭く察知していた両者は，M.フーコー（Foucault），U.エコ（Eco），A.ギデンズ（Giddens），U.ベック（Beck）らに続き，世界中で広く受容されることになる．

●**ソサエティからモビリティへ** 社会科学の新たなパラダイムとして注目を集め，グローバライゼーション論の発展形態であるモビリティーズ・スタディーズは方法論的ナショナリズムを批判する．つまり，国によって境界づけられた一国一社会を研究対象とすることが，グローバライゼーションが発展するなかでもはや有効性を失っている点に着目する．アーリは，冒頭のサッチャー元イギリス首相の発言をいったん認め，そもそも社会概念の定義自体が論者によって大きく異なっていると主張する．かわって，アーリが重視するのは，社会ではなく，「社会的なもの」のモビリティであり，それらの複数の潮流である（Urry 2000）．同じくグローバライゼーションに着目し，方法論的ナショナリズムを批判するベックは，地球環境危機に直面するリスク社会を論じた後，世界市民が担うコスモポリタニズムに活路を見出していく（Beck 2006）．それに対し，アーリは，社会移動といった従来の社会学の古典的な概念からモビリティを大幅に拡張する試みを

とる.すなわち,観光,自動車移動と交通,人口移動,ソーシャル・ネットワーク,メディア・コミュニケーション,グローバルな気候変動など,すべて,移動性と可動性を兼ね備えた現象を扱う(Urry 2000).そのためにアーリが必要としたのが,ラトゥールのアクター・ネットワーク理論からハイブリッド概念を導入することであった.すなわち,人間のみならず物理的なモノとの結合が流動的な動きを循環創発させグローバライゼーションと相互作用をもたらす(Ogawa Nishiaki 2008).このように,モビリティーズ・スタディーズの特徴として,É. デュルケム(Durkheim)の社会概念を強く否定し,マクロレベルのみならずミクロレベルも考慮したJ.-G. タルド(Tarde)の理論関心の継承がみてとれるといえる(Urry 2000;Featherstone et al. eds. 2005;Latour 1993, 2005).

●オートモビリティへの応用とノンリニアリティ　後にはベックと同様にグローバルな気候変動の研究(Urry 2011)へと発展していくのだが,モビリティーズ概念を応用した初期の代表例としてオートモビリティ研究があげられる.グローバライゼーション研究において従来看過されてきた現象として,7億台を数える自動車と人間がつくり出す移動の構成＝集合体に着目するものである.このオートモビリティは6つの要素から構成される.すなわち,製造物,個人消費,産業複合体,準－私的な移動形態,移動文化,環境資源としてである.アーリはノンリニアリティ,すなわち単一の因果関係によって規定されない非線形性の複雑系(Urry 2003;小川[西秋]2007)としてオートモビリティをとらえようと試みる.ここでは,道路を移動すると同時に,初期条件としての経路から,当初のシステムとは異なる創発を生み出す契機をみてとろうとするのである.さらに,未来の移動システムへと転換させうる6つの技術-経済的・政策的・社会的変容を指摘する.すなわち,燃料システム,新素材,スマート・システム,シェア文化,交通政策,移動・交通・コミュニケーションの結合である(Featherstone et al. eds. 2005;Ogawa Nishiaki 2000).また,自動車移動のエネルギー需給にまで言及することで,従来の社会変動論,さらには「社会的なもの」をいったん解体し,社会・自然・人工物,人間と非人間を再結合させた「集合体」(Latour 2005:245;1996)こそがモビリティーズ概念の中核にあるとした.(Featherstone et al. eds. 2005;小川[西秋]2007, 2012).　　　　　　　　　　　　　　　　　　［小川(西秋) 葉子］

📖 参考文献
[1] Urry, J., 2007, *Mobilities*, Polity Press.（吉原直樹・伊藤嘉高訳,2015,『モビリティーズ——移動の社会学』作品社.）
[2] 小川(西秋)葉子ほか編,2012,『〈グローバル化〉の社会学——循環するメディアと生命』恒星社厚生閣.
[3] 小川(西秋)葉子・太田邦史編,2016,『生命デザイン学入門』岩波書店.

フェミニズムと社会変動

●**フェミニズムを生んだもの** 男尊女卑の考え方や慣習，権力からの女性の排除などは古くから存在したが，フェミニズムの直接の源は近代啓蒙思想にある．身分制のくびきが緩み「人は生まれながらに平等」とされたとき逆に，制度的な女性差別が始まることとなった．世界史上，初めて普遍的な人権を勝ち取ったはずのフランス革命で発された人権宣言は，女性には市民としての資格を与えなかった．アンシャン・レジーム期にも家父長制によって女性の権利は制限されていたが，革命後は富裕層の女性もそれまで有していた財産権や政治参加の権利を奪われ，階層を問わず女性の地位が低下した．フェミニズムの思想と運動は，ここからまず，女性の法的・経済的地位の向上を求めて展開することとなる．

●**フェミニズムの主張** 1791年，フランスのM. オランプ・ド・グージュ（Olympe de Gouges）は人権宣言が男性の権利をうたったにすぎないことを看破し女性の権利の主張を組み込んで，人権宣言を「女性と女性市民の権利宣言」として書き換えた．翌1792年には男女の同権，教育の機会均等を訴えたイギリスのM. ウルストンクラフト（Wollstonecraft）の『女性の権利の擁護』が刊行された．

19世紀になると，英米で奴隷解放運動に携わった女性たちの間から男性と同等の市民権を求める運動が生まれ，1848年にアメリカ東部のセネカ・フォールズで女性参政権を求める宣言が出された．その後，19世紀末から20世紀前半に先進諸国で女性参政権獲得運動が高揚した（第一波フェミニズム運動）．運動は，第一次世界大戦での女性動員の必要も背景として，欧米の主要国で女性に参政権が付与されて成果をあげたが，当時のフェミニストの多くは慎み深さや母性を女性の美徳とする女性像を内面化した漸進的な社会改革を求める女性たちであり，参政権の獲得以降は運動の進展をみることなく終息した．

その後，S. ボーヴォワール（Beauvoir）は『第二の性』（1949）で女性と定義されることをめぐる深い論考を示し，ジェンダーについての根本的な理解をもたらし，女性解放運動（第二波フェミニズム運動）の理論的基盤を提供した．女性解放運動は，「個人的なことは政治的なこと」というスローガンに象徴的なように，私的領域のなかに性をめぐる権力関係が存在しそこに差別の根源があることを暴いた．K. ミレット（Millett）の『性の政治学』（1970）は，父権制（家父長制）という概念を用いて通歴史的な女性の抑圧の特質の解明に迫り，S. ファイアーストーン（Firestone）の『性の弁証法』（1970）と並んでラディカル・フェミニズムの理論的支柱となった．女性解放運動は，学生運動や公民権運動など，新しい社会運動の一部として60年代末から70年代に日本を含む先進諸国で開花し，

1979年の女性差別撤廃条約に結びついた.

　1980年代以降に台頭したG.C.スピヴァク（Spivak 1988）らによるポストコロニアル・フェミニズムは，それまでのフェミニズムの家父長制批判を超えて，白人中心の帝国主義が抑圧の源流であるとして鋭く告発し，歴史上植民地化された地域や時代を取り扱うにとどまらず，現代の先進国内においても，国や地域の内部で人種や階級，性的指向などで差別を受ける「第三世界」の「女」が存在すると論じた．その視点は，グローバル資本の世界的分業編成のなかに新たな性差別イデオロギーの構造を見出すS.サッセン（Sassen 1988）らの研究にもつながっている．

　さらに現在では，フェミニズムの思想はクイア理論との重なりもみせる．レズビアン，ゲイ，バイセクシュアル，トランスジェンダー，インターセックス（LGBTI）の人々による運動に発しつつ，異性愛中心主義と男/女二元論（ヘテロノーマティビティ，ヘテロセクシズム）からの解放を求めるクイア理論は，フェミニズムにとってすでに必須の視座である．

　さらに1990年代前後からは，C.ギリガン（Gilligan）が『もうひとつの声』（1982）で提起した「ケアの倫理」に示唆を受けたケア・フェミニズムが登場した．E.キテイ（Kittay 1999），M.ファインマン（Fineman 1995），N.ノディングス（Noddings 1984）らは，依存が人間存在にとって普遍であることに着目し，フェミニズム思想の根本でもあった個としての平等・解放の理念に疑問を呈し，依存と依存労働を組み込んだ正義と平等の理論をうちたてようとしている．

●**新たな社会構想としてのフェミニズム**　キテイらの議論は，近代以降の政治理論の根本をなす社会契約論や現代政治哲学の古典とされるJ.ロールズ（Rawls）の正義論（1971など）への鋭い批判でもある．依存が人間の基本的条件であるという立場に立つならば，すべての人が正義の原理を尊重して社会的協働を行うことを前提とするロールズ流の正義論はまったく不十分である．さらに，第二波以降，フェミニズムは，公私の線引きに疑問を呈し源流であったリベラリズムを超える試みを行ってきたが，ケアの倫理は，弱さをもつ個人を包摂できる民主主義の実現をめざす，現代社会に席巻するネオリベラリズムへの反論の思想的基盤でありうる（Brugére 2011）．このように，現代のフェミニズムを女権拡張主義や女性解放だけを求める思想とみなすのは，非常に不十分である．フェミニズムは，狭義の女性問題を扱うものから，近代を超える社会と世界を構想する哲学的な営為として展開しつつある．

〔牟田和恵〕

参考文献
[1] Millett, K., 1970, *Sexual Politics*, Doubleday.（藤枝澪子ほか訳，1985,『性の政治学』ドメス出版.）
[2] Kittay, E., 1999, *Love's Labor: Essays on Women, Equality, and Dependency*, Routledge.（岡野八代・牟田和恵監訳，2010,『愛の労働あるいは依存とケアの正義論』白澤社.）

親密な関係性の変容

●**家族＝親密という背後仮説**　「親密性」は，従来，心理学や精神医学の主題であった．そして，それらの研究は，いわゆる「近代家族」を前提として構成されていた．そこでは，親密性と夫婦や親子などの家族関係が密接に結びついていることを前提としていた．

S.フロイト（Freud）やフロイトの影響を受けた精神分析理論，E.エリクソン（Erikson）のアイデンティティ理論，それらの影響を受けた発達心理学などでは，夫婦は愛情で結びつき，子どもを愛情をもって育てるということを，「理想」であると同時に「自然」であるとみなし，理論を組み立てていた．つまり，家族と愛情の結びつきを暗黙の背後仮説としてきた．それは，近代社会で生活する一般の人々の意識とも一致している．

1970年頃までの家族研究では，家族関係は親密であり，親密でない家族関係（子どもを愛せない親，仲が悪い夫婦）が存在すれば，逸脱，病理として分析された．そして，家族外で展開される親密関係は，友情という別のカテゴリーで考察されてきたのである．

●**家族＝親密という前提の崩壊**　しかし，欧米で1970年頃起きた学問世界における知的変化，および，現実の社会変化がこの前提を崩すことになる．

フランスのP.アリエス（Ariès）は，1960年に出版された『子供の誕生（邦題）』のなかで，親と子どもの親密な関係性は，中世ヨーロッパ社会にはみられず，近代社会以降に一般化したという説をさまざまな資料から導き出し，家族研究に大きなインパクトを与えた．E.ショーター（Shorter）などの男女間の愛情関係に関する歴史社会学研究は，ロマンティック・ラブに基づく恋愛を経て，男女が夫婦となり，その愛情は一生続くというモデルが，近代になって成立したものであることを示した．また，M.ミード（Mead）などの文化人類学研究は，家族における親密な関係は，文化によって異なることを示した．女性解放運動とともに生じたフェミニズム理論では，家族の愛情という名において，女性を抑圧する側面をもつことを明らかにした．

日本においては，1990年頃に，近代家族論が展開され，家族と愛情の結びつきが近代家族に固有の特徴であり，それがどのように形成され，どのような機能を果たしているかなどが，落合恵美子，牟田和恵，山田昌弘らによって考察された．

一方，欧米で1960年代末，若者の反乱が起き，そのなかで生じた「性革命」とよばれる若者を中心とした動きは，現実に家族と親密性の関係を切り離す方向に進んだ．同棲の一般化にみるように結婚を前提とせずに，男女，時には同性同

士が性関係を含んだ親密な関係を取り結ぶことが一般化する．夫婦関係と愛情が切り離されたことになる．それとともに，結婚生活のなかに埋め込まれていた性関係（セクシュアリティ）が主題化されることになる．そして，離婚が一般化することによって，夫婦の愛情関係が必ずしも永続するわけではないという現実が明らかになった．

●親密性理解の展開　とりわけ，カップル関係において，結婚，性と愛情が一体であったものが，独自の法則に従って自立した動きをするようになる．そのロジックや相互連関関係を明らかにすることが親密性理論のテーマとなる．親密性（intimacy）や愛情（love）とは何かが，社会学理論のなかに組み込まれ論じられるようになる．U. ベック（Beck）が愛情関係のリスク化を論じ，システム理論のN. ルーマン（Luhmann）は，社会システムのなかでの愛情を一つのシステムとして位置づける．

そのなかで，A. ギデンズ（Giddens）は，アディクション研究など新しい精神療法学の成果と，自身の再帰的近代理論を結合させ，親密性を近代社会の深化のなかに位置づけて論じている．近代社会においては，人々は存在論的不安にさらされる．そして，親密な関係を自ら築いて維持することを課題として宿命づけられる．近代前期においては，カップル間の親密性は，ロマンティック・ラブ・イデオロギーによって，夫婦のなかに閉じ込められて，性別役割分業によってその展開が制限されていた．ともすれば，夫婦の権力関係によって親密関係の抑圧が生じていた．しかし，近年は，役割ではなく「純粋な関係性」，すなわち，お互いがその満足によってのみつながり，不満であれば関係を解消する覚悟を求める関係を追求するようになる．そして，そこでめざされるのは，能動的で偶発的な「一つに溶け合う愛情」であるとされる．しかし，ギデンズはその展開が不十分だと，愛情に対するアディクションが生じ，親密性に関わるさまざまな病理形態を生み出すという議論を行った（Giddens 1992）．

確かに，異性であれ同性であれ，カップル形成が盛んで，同棲や離婚が多い欧米の状況をみれば，ギデンズの議論はあてはまるようにみえる．しかし，純粋な関係性の追求に価値が置かれない日本や他のアジア社会においては，親密性に別のロジックが働いている可能性がある．近代が深化しグローバル化が進展しつつも，文化による違いが大きい親密性研究の新しい展開が求められている．

［山田昌弘］

参考文献

[1] Ariès, P., 1960, *L'enfant et la vie familiale sous l'Ancien régime*, Plon.（杉山光信・杉山恵美子訳，1980, 『〈子供〉の誕生――アンシァン・レジーム期の子供と家族生活』みすず書房.）
[2] Giddens, A., 1992, *The Transformation of Intimacy: Sexuality, Love & Eroticism in Modern Societies*, Polity Press.（松尾精文・松川昭子訳，1995, 『親密性の変容――近代社会におけるセクシュアリティ，愛情，エロティシズム』而立書房.）

近代家族論

●**家族史・心性史の誕生** 19世紀に至るまでヨーロッパでは一夫一婦制的家父長制家族が有史以来の普遍的な家族形態であると考えられていた．しかし19世紀後半に，家族形態の変容についての議論が進展，F. エンゲルス（Engels 1884）らによって家父長制的大家族から小家族へという変化が生じたことが論じられ，その後近代化論の隆盛によって近代化が小家族化・核家族化・民主化をもたらすという「常識」がつくられた．また，人類学者のG. P. マードック（Murdock）は『社会構造』(1949)で，一組の夫婦とそこから生まれた未婚の子からなる「核家族」が人類に普遍的な社会集団であると論じた．社会学においても，T. パーソンズら（Parsons and Bales 1955）によって，核家族形態をとり子どもの社会化と成員の情緒的安定を二大機能とし，夫＝父親が道具的役割を，妻＝母親が表出的役割を果たすのが家族の基本構造であることが定説化された．

しかし1960年代以降の歴史人口学および社会史・家族史の発展により，西欧の世帯は近代化以前から小家族であったこと，親密性・情緒性といった家族感情にも歴史性が刻印されていることが明らかにされていった．すなわち，近代に至る社会経済的変化のなかで，子どもの教育への関心が高まったことで子どもが家族生活の中心となり，子どもの世話をする母親役割が神聖視され，家族は次第に奉公人などの非血縁者を排除し社交を縮小させて閉鎖的集団になったのだ．こうした家族のあり方は近代に登場した歴史特殊的な姿にすぎないという意味で，「近代家族」とよぶことができる．

●**日本の「近代家族」** こうした家族は，西欧では産業化に先立って中産階級に広がり，19世紀半ばから労働者階級にも浸透したが，日本では産業化・都市化が進む明治末から大正期に新中産階級が一つの社会階層をなし，そこに俸給生活者である夫と，主婦として家事や子育てにいそしむ女性，そして教育と健康に十分の配慮を払われて慈しまれる子どもたちよりなる家族が登場する．日中・太平洋戦争および敗戦で普及と浸透が足踏みするが，戦後の経済成長により，夫婦・子どもより成り性別役割分業に基づく家族が一般化することになる．

留意すべきは，近代家族論には，近代家族の種々の特徴が現実化したかどうかというレベルと，家族とはそうあるべきという規範やイデオロギーのレベルとが含まれることだ．昭和前半期において現実化できる階層は限定的だったが，生産労働を担う農村女性にあっても，妻・母としての女性を理想化する近代家族規範は雑誌などのメディアや女学校教育を通じて流通していた（木村 2010）．

また現在，未婚化や少子化，離婚や再婚の増加，子どもの貧困やDV問題の顕

在化など，家族をめぐる事情に揺らぎが生じ，「子どもを中心に夫と妻が温かい家庭を営む」家族は当然のものではなくなった．しかしそれでも，「夫婦別姓は家族の一体性を損なう」と民法改正を阻む意見や，既婚女性の就労が一般的になっても母親は子どもに献身すべしという考え方が根強いことなどにみるように，近代家族規範は相変わらず影響力を保ち続けているといっていいだろう．

日本において近代家族論は，フェミニズム・家族社会学との接点によって興味深い展開を遂げた．一つには，日本の家族社会学では戦後も長く，日本の家族は家制度の残滓を払拭できていないと，欧米家族を理想とする見方が続いていた．しかし，第二波フェミニズムの視点から見るならば，理想とされる西欧市民家族にも性と世代の役割分業は根深い．家庭の中心に存在して温かい「ホーム」をつくる善き妻・母と称揚される女性への抑圧を看破していたフェミニスト研究者たちは，近代家族論を通じて家族社会学の常識を変えていった．

もう一点は，国民国家形成と近代家族の関係への着目である．西川祐子（2000）は，落合恵美子（1989）が近代家族の特徴としてあげた項目に「この家族を統括するのは夫である，この家族は近代国家の単位とされる」という2点をつけ加え，近代家族を「近代国民国家の基礎単位とみなされた家族」と定義した．牟田和恵は，家族と生権力を論じたJ. ドンズロ（Donzelot 1977）をひきつつ「伝統的」「封建的」ととらえられてきた明治民法下の家族はむしろ小家族の核的結合を促進・称揚し，近代国民国家形成のうえで機能的であったことを論じた（牟田1996）．

●**近代家族論の射程** 近代家族論は，近年生じている家族に関わる新たな傾向や変動をとらえるうえでも重要な視点を提供する．例えば，体外受精・代理母など生殖補助技術が発展し，DNA・妊娠出産・生育などの各次元で「親」が複数存在する可能性が生まれ，親子や家族の存立基盤は自明ではなくなった．近代家族規範が一般化する以前の日本においては，家の継承ほかさまざまな事情で養子をとる，子を貰うなどは，階層・身分を問わない一般的な慣行であったが，近代家族イデオロギーの浸透とともに血縁のない親子関係を不自然とみなす「実子」信仰が生まれた．生殖医療の登場はそこに揺らぎをもたらすこととなり，厚生労働省や法務省が各種審議会や研究会を発足させ法制化に向かっているが（2015年現在），そこでは多元的「親」や複数の「親」性を顧慮することなく，近代家族規範や「実子」の概念を自明として家族の可能性を縮減する方向に議論が進んでいく傾向がみられる．近代家族論が提供する家族の自明性と歴史性を問う視点は，将来の家族を考えるうえでも不可欠だ．

［牟田和恵］

📖 **参考文献**
[1] 落合恵美子, 1989, 『近代家族とフェミニズム』勁草書房.
[2] Ariès, P., 1960, *L'enfant et la vie familiale sous l'Ancien régime*, Plon.（杉山光信・杉山恵美子訳，1980，『〈子供〉の誕生――アンシァン・レジーム期の子供と家族生活』みすず書房.）

歴史と人口

●歴史人口学の登場 近代センサス以前の人口統計を用い,前近代の人口動態を探るのが歴史人口学である.マクロにおいては人口の趨勢と社会経済の変化のつながりを,ミクロにおいては歴史に生きた人々の家族を復元することよって,現代への継続と変化の研究に示唆を与える.T. R. マルサス(Malthus)以来,さまざまな分野から歴史上の人口変動に関心が払われてきた.しかし,歴史と人口の研究史上最も重要な方法論的革新は1950年代後半,フランスの人口学者 L. アンリ(Henry)や経済史家 P. グベール(Goubert)らの貢献によって開発された教区簿冊を利用した家族復元法とされる(Saito 1996).教会の洗礼,結婚,埋葬記録など複数の教区簿冊に登場する名前をつなげることによって家族の復元を行う.この方法によって,近代統計成立以前の人口について,従来不可能とされてきた,集計データのみでない,結婚や出産など個人の行動を追うことが可能になった(速水 2009).1960年代のイギリスでこれを引き継いだのが,P. ラスレット(Laslett)と E. A. リグリー(Wrigley)を中心とした「人口と社会構造の歴史のためのケンブリッジグループ」である.組織的に教区簿冊の収集と家族復元がなされ,さらに19世紀の国勢調査や人口動態とのリンク,そして16世紀中葉にまでさかのぼる出生・結婚・死亡統計の後方推計を行い,人口と経済の関係を明らかにした(Wrigley and Schofield 1981).また一方で,ラスレットらによって国勢調査以前の世帯規模と構造に関する大規模な比較研究プロジェクトが展開された.「ハメル・ラスレット世帯構造分類」(Hammel and Laslett 1974)は,世帯を夫婦家族単位(conjugal family unit)の数と配置によってとらえることでさまざまな言語文化における家内集団の比較の可能性を打ち出した(斎藤編著 1988).このような家族・世帯と人口研究の結びつきは,ヨーロッパ型結婚形態(Hajnal 1965)から世帯形成システム(Hajnal 1982)などの理論へとつながり,家族史,社会史,心性史に寄与した.また,このような歴史人口学の発展やアンリの自然出生力理論は,A. コール(Coale)のヨーロッパ出生力プロジェクトへと展開していく(速水編 2003).

●日本における歴史人口学の展開 歴史人口学が対象とするのは,「歴史研究で対象とされる特定の階層や身分(上層,エリート層)でなく,人口の大部分を占める一般庶民の日常生活の集合」(速水 1973)である.日本に歴史人口学を導入した速水融は,1960年代前半,ヨーロッパ留学中に生まれたての歴史人口学と出会い,家族復元法を宗門人別改帳に適用することを思いつき,個人のライフコースを時刻表のごとくにたどった BDS(Basic Data Sheet)という基礎整理シー

トを開発した．丹念なシート分析から速水は庶民の人生行路を描き出し，ダイナミックな経済社会の成立や人口変動の地域差をボトムアップで明らかにしていった．宗門人別改帳は人畜改と宗門改というルーツをもつ．人畜改は農村における労働力把握を，また，宗門改はキリスト教禁圧を目的とし，17世紀初頭にはじまった．宗門人別改帳は地域と時代によって様式や記載内容の精度に差があり，宗門改を含まない人別改帳を作成しているところもある．その形態は，現在の国勢調査（世帯・静態情報）と動態人口調査（死亡・出生・結婚などのイベント）を合わせたようなもので，速水融をして「人類の遺産」といわしめた豊富な情報を提供する．その後この史料を最も組織的に収集・活用したのがユーラシアプロジェクト（代表・速水融「ユーラシア社会の人口・家族構造比較研究」文部省創成的基礎研究 1995～1999 年度）であった．全国規模での史料収集，入力，データベース化をはかり，社会学，家族史，歴史，経済史など学際的なアプローチで人口変動とともに，世帯構造の周期的変化，人口学的制約と世帯戦略など多彩なトピックが扱われた．その成果は歴史人口学と家族史の融合という形で表れ，史料の特長を生かした個人を単位としたライフコース分析，家族の歴史的変化の大きな流れの展望，そして人口‒家族システムの地域的多様性の解明という 3 点が特筆される（落合 2006）．

●**国際比較への展開**　ユーラシアプロジェクトから発展した人口・家族の国際比較研究（Eurasia Project）は 18～20 世紀初頭の欧州とアジアの 5 か国（スウェーデン，ベルギー，イタリア，日本，中国）の長期に連続する人口・世帯情報をデータベース化し，静態人口を明らかにすることでイベントヒストリー分析の導入によるミクロレベルの比較を可能にした．国内プロジェクト終了後も国際比較研究は 12 名ほどの中心メンバーが継続し，20 年続く共同研究は死亡，出生，結婚分析の成果のシリーズ出版に至る（Bengtsson et al. 2004；Tsuya et al. 2010；Lundh et al. 2014）．同研究は世帯の社会的地位や同居親族の状況，また短期経済的ストレスの影響のなかに個人の人口学的行動をとらえた．同時に文化や制度の違いを超えて共通する主体的な個人と家族の生き様や関係性を明らかにした．マルサス以来続く西洋 vs. 東洋，また近代以前 vs. 近代以降という二項対立的な理論形成を再考する意味でも，人口変動と家族構造の関連をミクロレベルで検証する意味においても，さらには歴史人口の解明に大型データとイベントヒストリー分析を適用した点でも，社会科学における新たな比較研究の可能性を提示したといえよう．

［黒須里美］

📖 **参考文献**
[1] 速水 融，2009，『歴史人口学研究――新しい近世日本像』藤原書店．
[2] 斎藤 修編著，1988，『家族と人口の歴史社会学――ケンブリッジ・グループの成果』リブロポート．
[3] 速水 融編，2003，『歴史人口学と家族史』藤原書店．

家族変動論

●**議論の背景** 伝統(的)家族(traditional family)と,近代(的)家族(modern family)の語がそれぞれどのような家族を指すのかは単純ではなく,またどのようなタイムスパンをとるかによっても家族変動の見方は異なる.特に日本では,家族の変動についての議論が長くたたかわされていたところに近代家族論が登場したことで複雑な様相を呈することとなった.「近代化」「近代社会」をとらえるアプローチには,産業化およびそれに付随する諸システムの変化といった客観的条件に特質をおくものと,人間の価値意識における変容すなわち自由・平等,民主主義・個人主義などの価値理念が社会に普遍化されることをメルクマールとする立場とが存在するが,日本では後者がしばしば強調されてきたことが家族変動のとらえ方にも深く関わることとなった.

●**日本における家族変動論** 明治維新後まもない明治4(1871)年に戸籍法が制定され,全国民を戸主の下に家を単位として把握する戸籍制度が施行された(明治5年).そして明治31(1898)年制定の明治民法は,武士の家制度をもととしつつ,家長に家の統率権限を与え長男単独による家督相続を規定した.これらの法制度は地域や階層によって,均質的に普及浸透したわけではないにしろ,国民全体を縛る家族制度として機能した.

戦後,新憲法が男女平等と個人の尊重を定め民法の親族編・相続編が大幅に改正されたことによって家族制度は廃止され,戸籍も家単位から夫婦単位に変更された.こうして平等や民主主義・個人主義に基づく,「近代的」家族が誕生するに至ったわけだが,ここにさらに恋愛結婚を主流とする西洋的家族イメージが重なって,夫婦が対等な人格関係と愛情で結ばれることが家族の近代化であるとする信念が広がった.この考え方は,「制度から友愛へ」のテーゼに象徴されるE. W. バージェス(Burgess)とH. J. ロック(Locke)の家族変動論やT. パーソンズ(Parsons)の家族論などのアメリカ社会学の影響を受けているが,それに加え,川島武宜(1984)はじめ,「前近代的」で「封建的」な家族制度を払拭しようとする学者・知識人や政治家,そして市井の人々も含めた社会改革への動機にも裏づけられていたといえよう.

このように制度上では敗戦による法的改変が家族の近代化を生んだわけだが,現実においては,産業化と都市化によって都市では大正期にすでに社会史でよぶところの近代家族は出現していた.いわゆる有賀−喜多野論争はこうした状況を反映している.有賀喜三衛門は「家」を日本に特殊な家族的現象であるととらえ,家は非親族も包含し成員の生死を越えて連続する家産や家業の運営の集団であり

これが日本の家族の原型とした．これに対し喜多野清一は，産業化や都市化による実態的な家族の変動に着目し1920年の第1回国勢調査をもとにすでに80％以上が核家族形態をとる小家族であることを実証的に論じていた戸田貞三（[1937] 2001）を継承して有賀に異を唱え，夫婦・親子を中心とする近親者の全人格的な一体感に基づく小結合が家族であると論じた．

また，戦後の家族の現実を変容させたのは，法制度改変によるものである以上に，都市化が進んだことと，高度経済成長によってサラリーマンが増え，夫の収入が増加したことで女性の専業主婦化が進んだことによる．「夫婦と子ども2人」が標準世帯となったのは1970年代半ばのことだが，落合恵美子はこれを「家族の55年体制」と名づけた（落合1994）．未婚率をみても75年には30代後半層になると男女ともに5～6％程度であり，ほぼ全員が結婚する皆婚社会を迎えた．

1980年代以降，この状況は大きく変化した．未婚化・晩婚化が進み，結婚や子どもをもつことは個人の選択であるという意識が生じ，人口構成上も夫婦・子どもよりなる世帯は日本社会の多数派ではなくなった．しかし同時に，配偶者法定相続分の引き上げ・配偶者特別控除の創設ほか，政策的な「専業主婦優遇」「家族再強化」がなされ，90年代以降の経済危機による労働力の再編で正社員の長時間労働と女性のさらなる非正規化が進行したことも加わって，「経済的大黒柱の夫と家事育児責任を果たす妻」のあり方は日本では現在も規範として存続している．アメリカではすでに，シングルマザー世帯や継親子関係を含むステップファミリーの増加，同性カップルの家族など多様な家族の存在が自明なものとなって，夫婦と実子よりなる核家族を traditional family とよぶに至っている（例えばParke 2013）が，日本の現代家族は，近代家族規範が現実を超えて正統化され，いわば「創られた伝統」（E. ホブズボーム［Hobsbawm］）になっているという意味で「伝統化された近代家族」とでもよべるかもしれない．

●**家族変動論の射程** 家族の構造や変動に着目する議論は，狭義の親子・親族関係に関心をもつにとどまらず，マクロな文明論・文化論にも及ぶ．C. レヴィ＝ストロース（Lévi-Strauss）の『親族の基本構造』（1949）はその傑作であるし，日本においても家族制度に着目しつつ比較文化論に及んだ中根『タテ社会の人間関係』（1967），村上ほか『文明としてのイエ社会』（1979）などがある．さらに近年では，フェミニズム理論からの家族の構成への着目により，市場領域と家族領域の境界や公私の分離を問い直す社会理論へとつながっている（上野1990など）．これらの議論からは，家族変動に注目することは，社会の構成そのものをとらえることであることがわかる．

[牟田和恵]

📖 **参考文献**
[1] 上野千鶴子，1990，『家父長制と資本制――マルクス主義フェミニズムの地平』岩波書店．
[2] 落合恵美子，1994，『21世紀家族へ――家族の戦後体制の見かた・超えかた』有斐閣．

家族と個人化

●**家族の個人化の背景** 後期近代社会における社会変動は，個人と家族との関係性も変化させてきた．こうしたなか，1990 年代以降の社会学理論においては，個人化という視点がしばしば用いられるようになった．ここで個人化とは，さまざまな出来事や関係をめぐる伝統的な規範が弱まるとともに，そうした出来事や関係を個人が自らの人生における選択としてとらえる傾向が強まることを指す．現代の家族の変化を個人化の進展と関連づける立場からは，家族の個人化という主張が提示されてきた．

●**近代家族から家族の個人化へ** 家族の個人化という概念枠組みは，欧米では A. ギデンズ（Giddens）や U. ベック（Beck）らが，日本では目黒依子らが提唱してきたものである．

ギデンズは，後期近代における親密なパートナー間の関係における変化に着目し，現代の親密な関係性は，「近代家族」を特徴づけた男女間の性別分業に基づく異性愛的関係が，対等な異性あるいは同性の個人たちが再帰的な交渉を行いながら維持する「純粋な関係性」に向かっていくと論じた（Giddens 1992）．家族に関連する諸関係がますます個人同士の主体的な選択に基づくものとなることを強調する点で，ギデンズは家族の変化を個人化に結びつけていたといえる．

より明確に，個人化概念の定義において家族を重視した議論を提示したのがベックらである（Beck 1986）．ベックによれば，個人化が進展した第二の近代を特徴づけるのは，第一の近代で支配的であった画一的で集合的な人生モデルの崩壊であり，家族や性関係の形成や解消をも個人が選択すべきとする観念が広まるという変化である．その要因と目されるのがジェンダー革命による性別分業と家族関係の変化ならびに福祉国家化の進展であるが，こうした変化の結果として，個人たちは離婚などの新たな生活リスクに対処することも求められることになる．

国内では目黒依子が 1970 年代から家族の個人化について論じている．目黒は，性役割の変化などを背景にして，家族が成員に対して及ぼす規範的拘束が弱まり，家族行動における主体としての個人の存在が顕在化したことを家族の個人化とよぶ（目黒 2007）．ジェンダー，ライフコース，ネットワークなどの視点を強調しつつ，目黒は，家族研究における個人への着目の重要性をパラダイム転換としてとらえた．

山田昌弘は，家族の個人化には「家族の枠内での個人化」「本質的な個人化」が区分されると述べる（山田 2004b）．前者は「私事化」などの概念で論じられ

てきたものであり，家族集団内部における個人の選択可能性の増大を指す．後者は家族そのものの形成や解消が個人の選択に委ねられる程度が強まってきたことを指す．山田は，後者の意味での家族の個人化は，家族の選択や解消をめぐって個人の有する資源の決定力が上昇するという意味での階層化と表裏一体であると論じる．

●**家族と個人化をめぐる事例と課題**　家族と個人化をめぐる議論は，現代の家族が近代家族に特徴的な要素を弱めてきたことに注目しながら，個人の選択や主体性の増大を強調するかたちで家族の変化をとらえようとする点で共通している．

経験的研究への適用例として，例えば，未婚化・晩婚化の進展や，離婚の増加，単身世帯の増加といった現象は，「家族的」な関係の外部に生きる個人の増加を意味すると同時に，個人の有する資源が家族の形成や解消の規定因となる傾向を強める限りで，家族の個人化という枠組みで解釈されることが多い．家族アイデンティティ（家族であるか否かの主観的境界の設定）に関する研究も（上野 1994），家族を個人が織りなすネットワークとみる点で同様に位置づけられる．他方で政策の動向をみると，離婚時の年金分割制度，配偶者控除の縮小など，社会政策のレベルでは世帯ではなく個人を対象とした制度の見直しが進んでいる．こうした動向は，分析単位として家族ではなく個人に着目すべきという主張を支持するものといえるだろう．

こうした事例にもかかわらず，山田のいう「本質的な個人化」という意味での家族の個人化が現実にどこまで進んでいるかは，これからの経験的な研究に開かれた問いであろう．近代家族の存立を支えたさまざまな社会的条件の喪失とともに，家族の「多様化」，あるいは家族に関連する個人のライフコースの多様化が進んできたことは事実である．しかし，こうした多様性を説明，解釈するうえで「個人化」論がどこまで有効かは不分明な部分が多い．例えば家族主義の根強い日本では，カップルが主体的に同棲関係を選択するといった方向への変化は生じていない．多くの先進諸国では，親子などの家族関係が選択不可能な関係性であるという観念はいまだに強固であるし，多くの家族にとって生活・家計の共同や，ケアなどの機能はなおも重要である．

個人化という概念が家族との関係で何を意味するのかをさらに明確化するとともに，家族のいかなる変化が個人化の枠組みで理解できるのかが，検討される必要がある．　　　　　　　　　　　　　　　　　　　　　　　　　　　　　［田渕六郎］

📖 **参考文献**

[1] ギデンズ，A. ／松尾精文・松川昭子訳，1995，『親密性の変容──近代社会におけるセクシュアリティ，愛情，エロティシズム』而立書房．
[2] ベック，U. ／東 廉・伊藤美登里訳，1998，『危険社会──新しい近代への道』法政大学出版局．
[3] 目黒依子，2007，『家族社会学のパラダイム』勁草書房．

貧困の女性化

●**概念の登場と展開** 「貧困の女性化」は 1970 年代後半にアメリカで議論されるようになった (Pearce 1978). 離婚や非婚出産の著しい増加とともに貧困女性世帯主および福祉受給者としての女性割合の増加によって,貧困層に占める女性の割合も女性のなかの貧困層の割合も増加し,従来見落とされがちだった女性の貧困への関心が高まったのである (川原 2005:197).

1980 年代に入ると債務危機への対処法として国際通貨基金 (IMF),世界銀行などの国際金融機関によって多くの債務国に構造調整政策 (SAP) が課され,それによる開発途上国における貧困の女性化が問題化していった. 1995 年に北京で開催された第 4 回世界女性会議では,12 の最重要課題の筆頭に「貧困」が取り上げられ,SAP に反対する途上国の女性たちによる活発なロビー活動が展開された. SAP は債務返済を最優先させる経済プログラムであり,社会的コストを切り下げ,女性が多くを担う再生産を直撃する政策である. その「痛み」は,多くが女性に担われている生活を支えるアンペイド・ワークの負担を増大させ,貧困の女性化を進行させた (Dalla Costa and Dalla Costa eds. 1993).

日本で貧困が注目されるようになったのは,バブル崩壊以降の経済不況のなかで格差,フリーター,非正規労働が社会問題化した 1990 年代末から 2000 年代以降のことである. しかし,貧困問題は製造業派遣労働者や若年フリーターなどの男性に代表される傾向が強く,女性に焦点が当たることはほとんどなかった. 貧困問題へのジェンダー・アプローチが政策の俎上に上ったのは内閣府が「生活困難を抱える男女に関する研究会」を立ち上げた 2008 年になってからのことである. この機にようやく男女別貧困率が集計されたが,それによればほとんどの年齢階層で女性の貧困率は男性を上回り,とりわけ高齢層において男女格差は拡大している (阿部 2010). 母子世帯や単身女性など,「標準」とされてきた世帯からの「逸脱」が女性の貧困リスクを高めることは日本においても実証されている (岩田 2004;岩田 2007).

●**「貧困の女性化」概念の意義** 貧困の女性化は,貧困層における女性の占める割合の増加という動態として定義され,「女性あるいは女性世帯主世帯に偏った貧困率の変化」とされている (Medeiros and Costa 2006). この概念は,労働市場における男女賃金格差をはじめとする女性の置かれた不利な条件とともに,多くを女性が担っているアンペイド・ワークの負担への注目を促した. 1980 年にコペンハーゲンで開催された第 2 回世界女性会議では「女性は世界の成人人口の 50%,公的労働力の 3 分の 1 を占め,全労働時間の約 3 分の 2 を占めているにも

かかわらず,世界の所得の10分の1しか受け取っておらず,また世界の資産の1％以下しか所有していない」(国連女性の十年後半期行動プログラム)と述べられている.「貧困の女性化」概念は,ジェンダー間の有償無償の労働の不均衡な分担の是正を国際社会の共通課題とする認識の確立に大いに貢献した.貧困が「解決すべき問題」と認識されるのは,そこに「あるべき社会」の実現がめざされているからであり(岩田2005:3),この概念が国際的な女性問題への取り組みの気運のなかで登場し広く用いられるようになったことは,女性に対する暴力や女性の人権と同様に,労働力の女性化,フェミニズム運動,グローバルな女性問題への取り組みなどによって,女性が市民として労働者として男性と対等な権利をもつ存在として登場してきたことを示している.

●「貧困の女性化」の再検討　「貧困の女性化」は1990年代以降,特に国連諸機関の調査研究によって広く用いられるようになった.北京行動綱領(1995)では「今日,世界の10億人以上の人々が容認できない貧困状態で暮らしているが,それらのほとんどが開発途上国に集中し,大多数は女性である」との現状認識が示され(国際連合1995),同じ1995年版の国連開発計画(UNDP)『人間開発報告書:ジェンダーと人間開発』(国連開発計画編1995)は「13億人と推定される貧困層の70％以上が女性である」(第2章)と述べている.一方,国連『世界の女性1995』(国際連合1995)においては途上国では貧困の女性化というべき現象を裏づけるデータが必ずしも示されず「貧困の女性化」への疑問が出されているが(鈴木2014:72),途上国における調査の困難,世帯構成の多様性と変化など,データ収集における課題は山積している.例えば調査者の「世帯主は男性である」という思い込みが多様な世帯のあり方を把握し損ねている可能性が指摘されている(United Nations 2008).「貧困の女性化」は特に母子世帯の貧困の焦点化に寄与してきたが,その一方で「標準」とされる世帯内に包摂されているとみなされる女性の貧困は世帯内平等分配を前提とする所得データでは把握できず,今後に課題を残している(Sen 2010).

　近年の貧困研究では収入だけでなく教育,健康,生活時間など非金銭的側面に着目した貧困概念の拡大が論じられている(阿部2007).「貧困の女性化」概念も,世帯収入だけに注目した分析や女性世帯主世帯への関心の集中から,女性の生活の質が労働市場と同様に世帯内権力関係に左右されることへの認識によって,さらに発展させていくことがめざされている(Chant 2010).　　　　　　[伊田久美子]

参考文献
[1] 国連開発計画編,1995,『ジェンダーと人間開発』国際協力出版会.
[2] Dalla Costa, M. and G. F. Dalla Costa eds., 1993, *Donne e politiche del debito*, FrancoAngeli. (伊田久美子監訳,1995,『約束された発展？——国際債務政策と第三世界の女たち』インパクト出版会.)
[3] Chant, S. ed., 2010, *The International Handbook of Gender and Poverty: Concepts, Research, Policy*, Edward Elgar.

11. 権力と権威

　現代社会において「権力」と「権威」という概念は一般的に「上から」働く強制的力などとして「否定的」に論じられることが多い．しかし，社会学の視座から考えると，「権力」と「権威」は，社会や組織における秩序形成や人間集団の効率的な運用という点で，時に不可欠な機能を果たすことがある．また「権力」や「権威」が，「上から」だけでなくむしろ「下から」働く（「自発的服従」等）こともあることなど，幅広い議論がなされるようになった．また，支配の構図が必ずしも一枚岩のものではないことも明らかになっている．

　近年，「権力」問題は，大文字の「政治」についての用語としてだけではなく，小文字の「政治」の視座からの考察も広がっている．いわば日常生活における支配・服従・抵抗・調整というプロセスに，この問題が深く関わっていることが明らかになったのだ．ジェンダーなど社会的マイノリティの問題，知と権力問題などが権力と権威という視点において，浮上してきたのである．

［伊藤公雄・江原由美子］

権威主義的パーソナリティ

●**権威主義的パーソナリティが問われた背景**　権威主義的パーソナリティは，初期フランクフルト学派のメンバーのひとりE. フロム（Fromm）が，S. フロイト（Freud）とK. マルクス（Marx）の思想を新たな社会心理学の立場で統合しつつ展開し，後に同じくフランクフルト学派の中心メンバー，M. ホルクハイマー（Horkheimer）やT. W. アドルノ（Adorno）によって継承されることになった概念．この概念は元来，ドイツ語で「権威主義的・マゾヒズム的性格（der autoritär-masochistische Charakter）」として共同研究『権威と家族に関する研究』（1936）のなかで提唱され，フロムの『自由からの逃走』（Fromm 1941）で広く知られるようになった．その後この概念は，アドルノを中心としてフランクフルト学派がアメリカ合衆国で行った共同研究『権威主義的パーソナリティ』（Adorno et al. 1950）を端緒に，英語で「権威主義的パーソナリティ（authoritarian personality）」とよばれることになる．

　この概念が提唱され，それを組み込んだ共同研究が実施された背景には，1930年代のドイツにおいて，ワイマール共和国が崩壊するなかで，A. ヒトラー（Hitler）に率いられたナチスが急速に台頭し，ついには合法的に政権を獲得するに至った，という事実があった．ヒトラーは近代的な民主主義に代わる独裁的な指導者原理を唱え，ユダヤ人排斥を公然と掲げていた．そのような政治家や政党をどうしてドイツの大衆は支持したのか，そこにはどのような社会心理学的なメカニズムが働いていたのか．そのことを，具体的なアンケート調査に基づいて，フロムを中心にフランクフルト学派の人々は解明しようとしたのである．

●**権威主義的パーソナリティとは何か**　フロムは『自由からの逃走』において，権威主義的性格を「ファシズムの人間的基礎となるようなパーソナリティの構造を代表するもの」とよんでいる．当初は「権威主義的・マゾヒズム的性格」と名指されていたように，フロムはフロイトのマゾヒズム論を基礎にして権威主義的性格をとらえようとした．つまり，非合理な権威を進んで支持した大衆の根底にあるのは，マゾヒズム的な態度にほかならないと彼はみなしたのである．その際，フロムはサディズム的人間とマゾヒズム的人間の「共依存関係」に着目した．フロムは，サディストの典型のようなヒトラーにもまた，神，運命，必然，歴史，自然といった優越した力に対する「マゾヒズム的憧憬」が見られるという．ただし，フロイトがあくまで個人の性格分析に用いた視点を，フロムはあらためて「社会的性格」という社会心理学的な概念として適用する．社会的性格とは「一つの集団の大部分の成員がもっている性格構造の本質的な中核」であり，それはまた，

フロムにおいてフロイトとマルクスをつなぐ決定的な概念である．つまり，ナチズムが大衆の支持を得たのは，当時のドイツにおいて権威主義的性格が強固な社会的性格として存在していたがゆえ，なのである．

　フロムは権威主義的性格の登場を，中世における相対的に安定した社会構造が崩壊し，人々が封建的な社会構造から自由になりながらも，それが消極的な自由（〜からの自由）にとどまり，積極的な自由（〜への自由）へと展開し得なかった点に見定めている．フロムによれば，外的な権威にすがる大衆の根底に存するのは，宗教改革と産業革命を通じて消極的な自由を得た近代人が抱えざるを得なかった，根本的な孤独と無力感である．

●**Fスケールの開発と権威主義的国家の概念**　冒頭で述べたように，ホルクハイマーとアドルノは，亡命地アメリカ合衆国で，カリフォルニア大学バークレイ校のスタッフとともに新たな共同研究に取り組み，それを『権威主義的パーソナリティ』へと結実させた．

　そのなかでアドルノは，「Fスケール」（ファシズム尺度）の開発を中心になって担った．いくつかの質問項目（最終的なFスケールでは38の項目）を立てて，それへの回答から，当該の人物のファシズムへの親和性ないしは抵抗性を測ろうとするものだ．その過程では，「反ユダヤ主義尺度」「人種排外主義尺度」「政治経済的保守主義の尺度」などの作成も試みられ，特に高得点であった回答者と特に低得点であった回答者に，さらにインタビュー調査が行われた．

　大著『権威主義的パーソナリティ』の大部分を占めているのは，それらのアンケート調査とインタビューの，さまざまな視点からの分析である．中心に置かれていたのは，アメリカ合衆国のような「民主主義的」な国家にも，潜在的なファシストが数多く存在しているのではないか，という問いだった．得られたのは，回答者の表向きの主張をひと皮むけば，潜在的なファシストが広範に存在している可能性である．この共同研究は，フランクフルト学派の批判理論と合衆国の社会学的経験調査の結合として，高く評価された．

　一方，ホルクハイマーは，1930年代後半から「権威主義的国家」という概念を提示した．経済学者F. ポロック（Pollock）がナチズム分析として示した「国家資本主義」という規定に基づいて，ヒトラーに支配されたドイツのみならずスターリン支配下のソ連をも包摂する概念であり，ホルクハイマーはソ連の姿こそを権威主義的国家の首尾一貫した形態とみなした．　　　　　　　［細見和之］

参考文献
[1] Fromm, E., 1941, *Escape from Freedom*, Reinehart and Winston.（日高六郎訳，1951，『自由からの逃走』東京創元社．）
[2] Adorno, T. W. et al., 1950, *The Authoritarian Personarity*, Haper & Brothers.（田中義久ほか訳，1980，『権威主義的パーソナリティ』青木書店．）

エリート論／エリート支配

●**多数者の民主主義とエリート論の登場** 19世紀中葉以降，中間階級の増大，その不安定化＝群衆化が問題化される．この問題を解決する多数者の民主主義はどのようにしたら可能かが問われ，民主主義の再編成が模索される．これに対し，合理的統治は知識と能力をもつ少数者＝エリートにのみ可能である，という判断を示したのがエリート論である．エリート論は，中間階級，群衆の再組織化を冷徹に省察し，多数者の民主主義の試行――資本主義の革命的変革，改良的な社会民主主義，自由主義の改造など――を安易であると批判する．

いかなる合理的な統治においても少数者が関与する，という判断は，K. マンハイム（Mannheim）や J. A. シュンペーター（Shumpeter）らの民主主義思想にも共通するものである（Mannheim 1951：Shumpeter［1942］2003）．彼らは，保守と革新，社会主義と自由主義，革命と改良，放任と計画などのイデオロギー対立を知識社会学的に整理した．エリート論は，多数者の民主主義を制御する選良的な少数者，合理的な再組織化に付随する扇動，暴力，強制などから目をそらさない．そして多数者の民主主義をめぐるイデオロギーを合理的再組織化の便法として相対化し，エリートの関与を体系的に類型化していくことになる．

●**エリート論の体系的一般化** エリート論の先駆は，G. モスカ（Mosca）が提起した少数者の支配論である．モスカは，現代政治における組織化の問題と向かいあい，少数者支配の不可避を理論化した（Mosca［1896］1923）．そして，少数者支配の類型を歴史的に明らかにした．R. ミヘルス（Michels）は，第二インターの時代にドイツ社会民主党に入党し，中間階級の組織化をめぐる修正主義論争などもつぶさにした．ミヘルスは，社会主義運動に幻滅，失望し，少数者支配論の立論に至る．そして，少数者支配論を，反体制的な運動の前衛論などにも適用し，「寡頭制の鉄則」として一般化した（Michels 1911）．

V. パレート（Pareto）は，こうした支配や組織形成における少数者の問題をエリート概念により定式化した．その基本枠組みは，非合理的なものと合理的なものの媒介をとらえることである．前者は人間社会に原基的な情動的なものであり，残基とよばれる．後者はそれを合理的に正当化する知的体系で，派生体とよばれる．そして支配を，便法としての合理化（パレートの用語では論理化）という観点から類型化した．類型を俯瞰し，秩序＝社会均衡の便法を案配する存在としてエリートが論定される．異質な社会の成立，支配の転換は，二つの異なるタイプ（知の統治＝キツネ型，力の統治＝ライオン型）のエリートの周流として把握される．パレートは，さまざまな領域におけるさまざまな立場のエリートを多元的に体系

化する．非合理的な存在の合理的な意志を類型化する民主主義論は，民主主義の非論理性，ファシズムの論理性などもシニカルに省察する（Pareto 1916）．

●**エリート論継承の2方向**　市場の一般均衡理論に貢献したパレートは，エンジニア的な観点から社会の合理的組織化を見据えたが，徹底した自由主義者であった．ニューディール期のアメリカにおいて市場と計画の問い直しが行われるなか，T. パーソンズ（Parsons）が，市場均衡と社会均衡を総合したパレートの議論を読みかえる（Parsons 1937）．要となったのは，人間性＝シンボルに着眼した権力論の転換である（Parsons 1969）．M. ウェーバー（Weber）的な権力＝強制論に立つならば，合理的組織化における少数者の関与は不可避なものと判断される．アメリカの社会理論は，自国の多元的民主主義に対する自負に基づき，権力＝制御論に立つ（Melossi 1990）．合理的組織化の原基的ベースには，非合理的な情動や衝動ではなく，合理的なもの（意志や能力）が位置づけられる．パーソンズは，実在を合理的に再編成する分析的なリアリズムに基づき，システム均衡の制御を体系化した（Parsons 1951a など）．これによりエリート的な個も，多元的なシステムに再編，解消される．

　C. W. ミルズ（Mills）の『パワー・エリート』（1956）は，こうした民主主義の改造を批判した．多元的なシステム統合は合理化の一便法にすぎないもので，エリート論の問題提起を一掃するものではない，と．他方で，ミルズは，マルクス主義の支配階級論も批判する．経済的な階級と政治的な支配を総合した理論化は，経済決定論として批判されている．エリート概念に照らせば，政治経済学的な変革図式も合理化の一便法にすぎない．主要イデオロギーに対する容赦のない批判は，論争を巻き起こした（Domhoff and Ballard eds. 1968）．

　体制変革にせよ多元的制御にせよ，多数者の民主主義の問題に決着をつけるものではない．権力集中の問題から目をそらさず，秩序形成の論理を類型的に見据え，民主主義の可能性と困難を複眼的に吟味する必要がある．こうした判断を可視化する理論としてエリート論が用いられている．ミルズは，アメリカ社会における一元的統合を，ウェーバーの権力＝強制論，S. フロイト（Freud）の衝動論，合理化論，K. マルクス（Marx）の階級論，マンハイムの媒介原理論などを総合した秩序の類型モデル（Gerth and Mills 1953）を用いて省察した．そして，政治，経済，軍事という3領域のエリートへの権力の集中，制御不全の兆候を批判した．ミルズは，多元的な民主主義の立場に立ちつつ，その条件を知識社会学的に省察するための光源としてエリート概念を用いている．　　　　　　　　　　　　　　　［伊奈正人］

参考文献
[1]　居安 正，2002，『エリート理論の形成と展開』世界思想社．
[2]　松嶋敦茂，1985，『経済から社会へ——パレートの生涯と思想』みすず書房．
[3]　メロッシ, D. ／竹谷俊一訳，1992，『社会統制の国家』彩流社．

知と権威 / 権力

●**概念生成の背景** 「事実なるものはなく,あるのは解釈のみ」とF.ニーチェ(Nietzsche)はいう.解釈は「生の欲求」による価値評価を示す.「生の欲求」は,おのれの最高度の発現を欲するという意味で,「権力への意志」(力への意志)とよばれる.世界の価値は私たちの解釈のうちにある.真理も道徳も「権力への意志」による解釈にほかならない(Nietzsche 1922:訳27).

M.ウェーバー(Weber)によれば,認識は価値理念に相関するため,社会科学はその連関を明らかにする必要がある.対象の認識において,主体は無限の実在から有意味な一部分を切り取り,混沌に意味の秩序を与える.対象の選択は価値理念への準拠を伴うが,価値理念の妥当性は証明できないので,信仰次元の問題とされる(Weber 1904).一方,K.マルクス(Marx)とF.エンゲルス(Engels)は,生産様式という経済的な「土台」(下部構造)が意識という「上部構造」を規定するとの観点に立ち,階級社会では虚偽意識としての「イデオロギー」が特定階級の利益を正当化し,支配体制を強化すると論じる(Marx und Engels 1845-46).ウェーバーとマルクスの議論を踏まえたK.マンハイム(Mannheim)が強調するのは,認識や思想の「存在被拘束性」である.認識のあり方は時代によって変化し,社会的位置によって異なり,集合的行為の影響を受けて変容する.支配階級の「虚偽意識」だけでなく,あらゆる思想は「イデオロギー」であり,社会的条件の制約や階級・集団の利害から自由ではない.だが,綜合的な視野から「存在被拘束性」への理解を深めることで,拘束から解放できる.その役目を担うのが,明確な階級に属さない知識人(「自由に浮動するインテリ層」)であるとマンハイムは考えた(Mannheim 1929).

●**グールドナーのリフレクシヴな探求** マンハイムの知識社会学を独自に発展させたのがR.K.マートン(Merton)だが,そのマートン門下で学び,一連のリフレクシヴな探求を進めたのが,A.グールドナー(Gouldner)である.グールドナーは「存在被拘束性」の考え方を徹底し,社会学的な知の形成や社会学者の役割そのものを社会学の対象とした.彼の「自己反省の社会学(リフレクシヴ・ソシオロジー)」によれば,社会理論には暗黙に前提された仮説や信念が下部構造として存在し,理論は「感情の構造」に共鳴する場合に受容される(Gouldner 1970).グールドナーは,T.パーソンズ(Parsons)の機能主義理論の下部構造に再帰的な分析の光を当てる一方,マルクス主義の社会理論が理論家(マルクスとエンゲルス)自身の階級性を説明する自己反省的な視点を欠いているという問題を鋭く追究した.

さらに『知の資本論』でグールドナーは,近代知識人を自己反省的に考察し,

これを「新しい階級」として描き出した．理性的な議論に特別な価値をおく知識人は「批判的言説文化」を共有する言語共同体であり，資本家や権力者を合理性の観点から批判することで，既存の権威を剥奪する．この点で，知識人は解放理性の担い手である．しかし，一方で，知識人は議論の実践と知識の蓄積によって富と権力を追求し，文化資本を独占する「文化ブルジョアジー」となる．この場合，「批判的言説文化」は知識人の権威を正当化するイデオロギーとして機能する．ゆえに，知識人は「欠陥をもった普遍的階級」なのである（Gouldner 1979）．

一連のリフレクシヴな探求によって，グールドナーは社会理論のイデオロギー性と知識人の階級性を主題化し，知の権力構成の問題圏へと接近した．しかし，その試みは，「すべての理論はイデオロギーである」という理論を通してイデオロギーから自由になろうという，自己言及のパラドックスに陥っているようにもみえる（宮原 1989）．

●**主体化論と宗教社会学的思考**　ニーチェの思想を支えに，グールドナーとは別の観点から知と権力の問題にアプローチしたのが，M. フーコー（Foucault）である．「ある知の領域との相関関係が組立てられなければ権力的関連は存在しないし，同時に権力的関連を想定したり組立てたりしないような知は存在しない」（Foucault 1975：訳 32）．権力はあらゆる社会関係に遍在する．権力は主体形成の基本条件であり，主体はミクロな権力作用の場において自らを主体化する．権力による主体化（＝従属化）のメカニズムに，知やテクノロジーがどう関係してきたのか．この問題をフーコーは，膨大な資料を駆使して追究し，ヨーロッパ近代社会の歴史を「知＝権力」の歴史として描き出した．

フーコーの「知＝権力」理論は，教育社会学，医療社会学，家族論，ジェンダー研究，憲法論など，さまざまな分野で応用されている（例えば Burchell et al. eds. 1991）．これに比べるとグールドナーの影響力は影が薄くみえるが，彼の提起した「再帰性」（リフレクシヴィティ）の問題は，A. ギデンズ（Giddens）や N. ルーマン（Luhmann）の仕事が示すように，現代社会学理論における最重要テーマの一つとなっている．

さらに議論を展開するには非合理的なもの（ニーチェのいう力）の働きにも目を向けるべきだろう．知的理解を超えるものは超越的権威の源泉となりうる．ウェーバーのカリスマ，É. デュルケム（Durkheim）の聖なるもの，G. バタイユ（Bataille）の至高性といった宗教社会学的概念は，圧倒的な力の体験からどのように知と権力が構成されるかという問いに，重要な示唆を与えてくれる．ニーチェから学んだフーコーも，潜在的な諸力が権力システムを変容させる可能性を論じている．

［岡崎宏樹］

📖 **参考文献**
[1] 宮原浩二郎，1989,「現代社会学における『イデオロギー』と『知識人』——グールドナーからハーバマス，フーコーへ」『社会学評論』40(1)：46-59.

3次元的権力

●**現代権力論史のなかの3次元的権力**　S. ルークス (Lukes) が1974年に構想・提起した3次元的権力は，権力の本質をとらえるうえでいまや避けて通れない基礎概念である．とはいえ，成立の経緯から考えても，論争性をはらむ概念である．理由は，以下の二つの論争が成立の背景にあったからである．一つは，権力同定に伴う方法論上の問題や理論上の問題をめぐる論争である．もう一つは，アメリカ民主政治の統治構造をめぐる論争である．具体的には，アメリカ社会の権力エリート層を分析した C. R. ミルズ (Mills) や F. ハンター (Hunter) らと彼らの分析を批判した R. A. ダール (Dahl) らとの論争である．しかしここで注意すべきであるのは，ダールらの批判が「『支配階級』というマルクス主義の影響を受けた考え方に向けられていた」とするルークスの証言である．実際，ダールらの研究目的は，冷戦構造のもとでアメリカ民主政治の多元性と正当性（つまり健全性と優越性）を実証することにあった．

　こうしたダールらの批判に対しては，P. バックラック (Bachrach) と M. S. バラッツ (Baratz) の「権力の二つの顔」論が反批判として提起される．具体的には，E. E. シャットシュナイダー (Schattschneider) のシステム「バイアス」論などを手がかりにダールらの方法的個人主義に立脚する行動主義や多元主義が内包するバイアスなどが批判される．つまり，ダールらは自由主義的な個人主義の立場（1次元的権力観）から，個々の決定行動に介在する特定の人物に権力の所在を見極めようとする．一方バックラックらは，それでは権力の一面しかとらえられないと考える．なぜなら，バックラックらの改良主義の立場（2次元的権力観）からすれば，決定作成の範囲をたくみに操作・制限することで体制の脅威となりかねない不満や苦情の表面化を阻止する非決定作成の権力が，権力のもう一つの側面として重要だからである．こうした権力の同定をめぐる論争が深まるなかで，ルークスはマルクス主義のイデオロギー概念，とりわけ A. グラムシ (Gramsci) の「ヘゲモニー」概念に注目する．なぜなら，「ヘゲモニー」は支配者が服従者の同意をとりつける「階級支配の様式」(Anderson 1976-77：42) だからである．ルークスが3次元的権力概念を構想・提起するに至ったのは，こうした歴史情況のもとにある論争の蓄積が背景にあったからである．

●**3次元の権力作用と反事実的理性**　ルークスの3次元的権力観とは，一体どんな権力観なのか．約言すれば，3次元的権力観とは，社会的諸力や制度上の慣行を操作することにより，紛争や争点を政治過程から意識的・無意識的に排除する多様な手法を考察するラディカルな社会学的視座のことである．この視座から

同定される権力は，マスメディアや社会化の諸過程にみられるありふれた日常の諸形態を通して，人々の知覚や認識，選好を造形し支配する．要するに権力は，1次元と2次元のみならず，3次元も含めて立体的・複合的にとらえなければならない，というのがルークスの主張の核心である．

しかし，3次元的権力観の積極的意義はそれだけではない．なぜなら，3次元的権力観には以下の点が明確に含意されているからである．すなわち，人々の真の利害に反して作用する無活動や無意識的行為，集合的諸力，社会的諸編成などの諸機能は，あえて権力行使としてとらえられねばならない，ということである．重要なのは，「所与の過程を……『権力行使』としてとらえるということは，（権力の）〈行使者〉（たち）が別様に行為できると想定することだ」とルークスが述べている点である．つまり，社会の客観的諸構造の規定作用から相対的に独立した人間主体の自律性が生み出す他行為可能性に権力同定の根拠を見定めようとしているのである．ルークスが『現代権力論批判（*Power: A Radical View*）』の第8章「難問」において権力と責任の関係に言及するに至るのは，こうした「意味のある反実仮想」論を3次元的権力観の構想に際してしかと見据えていたからである．ルークスは，権力が支配する人々の自発的服従を確保する手法や機序を徹底して探究しただけではなく，権力に伴う責任の問題をも鋭く的確にとらえていたのである．

●虚偽意識をねつ造する権力作用の実証へ　この点については，M. A. クレンソン（Crenson）や J. ガヴェンタ（Gaventa）の労作が先駆的事例としてまず想起されるべきだろう．例えば，クレンソンは「調査本来の目的は政治的活動ではなく，政治的無活動である」との問題関心に立脚して，大気汚染をめぐるインディアナ州の隣接する2都市の非決定作成に照準を定め，「おこらないこと」の政治的意味を解明している．また，ガヴェンタは3次元的権力観を調査手法にとりいれながら，アパラチアの一集落にみられる不平等情況にあって，「なぜエリート支配への挑戦が起きないのか」との問いに応答すべく権力関係を分析している．一方日本にあっては，3次元的権力観に対する理論上の関心が強く，その適用・応用への関心は弱かったといえよう．今後は，「人々の真の利害を隠蔽する」虚偽意識の作用を権力としてとらえる3次元の視座から，日本社会の深層にある諸問題の核心へと肉薄することが求められるであろう．　　　　　　　　　　　　　　　　〔中島吉弘〕

📖 参考文献

[1] Lukes, S., [1974] 2005, *Power: A Radical View*, 2nd ed., Palgrave Macmillan.（中島吉弘訳, 1995, 『現代権力論批判』未來社.）
[2] Crenson, M. A., 1971, *The Un-Politics of Air Pollution: A Study of Non-Decisionmaking in the Cities*, Johns Hopkins Press.
[3] Gaventa, J., 1980, *Power and Powerlessness: Quiescence and Rebellion in an Appalachian Valley*, Clarendon Press.

国家のイデオロギー装置

● 「上部構造」の相対的自律性　フランスのマルクス主義哲学者，L. アルチュセール（Althusser）によるイデオロギーの主体化の機能についての概念を指す．

　アルチュセールはフランス共産党内部から，正統派マルクス主義の下部構造決定論を批判した．下部構造決定論とは，歴史において経済的な生産力および生産関係（下部構造）を重視する考え方で，生産力増大の「法則」によって，古い生産関係（支配関係）が乗り越えられ，最終的に資本主義に共産主義が取って代わるという目的論的な物語が前提とされている．そのため，国家，宗教，文化など「上部構造」とよばれる諸領域は，この変化に伴いおのずと変わっていく関数にすぎないとして軽視される．

　これに対しアルチュセールは，歴史は「主体も目的もない過程」であるとし，この歴史観を批判する（Althusser 1973）．彼によれば，この目的論を支える因果律は，上部構造が下部構造の反映（表出＝関数）にすぎないとする表出型因果律である．アルチュセールは，各領域（審級）は相対的に自律していると同時に，相互に条件づけあって（接合して）いるとし，この因果関係を「構造的因果律」とよぶ．これにより，国家や文化を，経済の反映としてではなく，相対的に自律した領域として描くことができるようになった（Althusser et al. 1965）．

● 儀礼的行為　このようにアルチュセールは，生産関係（支配関係）を再生産する国家の機能を照らし出したが，さらに彼はこの再生産過程を保証する装置として，国家の抑圧装置とは別に，国家のイデオロギー装置に注目する．アルチュセールによれば，イデオロギーとは「諸個人が自らの現実的な存在諸条件に対してもつ想像的な関係の『表象』」（Althusser 1995：訳［下］214）であり，個人を想像的な関係のなかで「主体化」することこそがイデオロギーの機能である．

　イデオロギーは想像的な関係だとしても，現実の物質的な諸条件と無関係であるわけではない．アルチュセールはイデオロギーの物質性を，反復される儀礼的行為のなかに見出した．この反復を媒介するものこそが，国家のイデオロギー装置である．国家の抑圧装置が，政府，行政機関，軍隊，警察，裁判所，刑務所など，主に公的な領域に存するのに対し，国家のイデオロギー装置は，学校，教会，政党，組合，家族，メディアなど私的領域に分散した形態で存在する．

　例えば，学校は個人を「教師のもとで勉強に精を出すべき生徒」あるいは「将来の従順な労働者」として，想像的に認識させる．この想像的表象は，儀礼的行為の水準で生成・維持される．アルチュセールは次のような B. パスカル（Pascal）の言葉を使い，イデオロギーの物質性を説明する．「ひざまずき，唇を動かして，

祈りの言葉を唱えなさい．そうすればあなたは神を信じるだろう」（Althusser 1995：訳［下］224）．生徒が熱心に宿題をし，校歌を歌うといった日常の儀礼的行為そのものが，主体化（まじめな生徒）の物質的条件だということであり，彼らがまじめな生徒だから宿題をしているのではない．アルチュセールが，この主体化メカニズムとして重視したのが「呼びかけ」である．例えば警官から「おい，おまえ」と呼びかけられた個人は，この呼びかけに応えて振り向くことによって主体化されるという（Althusser 1995：訳［下］224）．警官の呼びかけは社会関係からの呼びかけを象徴し，これに応えるということは，個人がその社会関係を自明のものとして受け入れ，そのなかに位置づけられることを意味する．そして呼びかけの日常な反復により，社会関係に埋め込まれた主体が形成されるのである．

●**アルチュセール以降**　しかし，彼の議論は，主体はイデオロギーによって強く規定されており，簡単には変わらないという再生産の側面が強調され，そのため社会変動や主体の壊乱的側面を語り得ない．そのためカルチュラル・スタディーズは，アルチュセールから距離を置き，A. グラムシ（Gramsci）のヘゲモニー概念を導入し，主体の不安定さや困難さに着目する（渋谷2004）．例えば，D. ヘブディッジ（Hebdige）は，パンクが一方で白人労働者階級の文化，他方で，ジャマイカ移民（黒人）の文化，双方のせめぎ合いのなかで生じていることを指摘する（Hebdige 1979）．いわば互いに矛盾する複数の呼びかけのなかで，私たちは生きているのである．

　主体の不安定さとは，アルチュセールが主体化の物質的条件とみなした呼びかけの困難さでもある．J. バトラー（Butler）は，主体化をパフォーマティヴな行為の反復の効果とみなすが，むしろ主体化への抵抗ないし失敗の次元に着目する．呼びかけという儀礼的行為は，その一回一回がパフォーマティヴな行為である以上，それを聞き損ねるかもしれない．バトラーよれば，パフォーマティヴな行為としての主体化は本質的に不安定であり，それに抗する壊乱的な要素をはらんでいる（Butler 1997）．E. ラクラウと C. ムフのラディカル・デモクラシー論は，こうした主体化の不安定性こそが，本質主義的な主体概念を乗り越える条件であると指摘する（Laclau and Mouffe 1985）．　　　　　　　　　　　［渋谷 望］

参考文献
[1] Althusser, L. et al., 1965, *Lire Le Capital*, Maspero.（今村仁司訳, 1996-97,『資本論を読む（上・中・下）』筑摩書房.）
[2] Althusser, L., [1969-70]1995, *Sur la reproduction*, Presses universitaires de France.（西川長夫ほか訳, 2010,『再生産について——イデオロギーと国家のイデオロギー諸装置（上・下）』平凡社.）
[3] Jameson, F., 1981, *The Political Unconscious*, Cornell University Press.（大橋洋一ほか訳, 1989,『政治的無意識——社会的象徴行為としての物語』平凡社.）

権力ブロック

●**マルクス主義国家論の新たな展開**　「権力ブロック」は，ギリシャ生まれのマルクス主義者，N. プーランザス（Poulantzas）が，マルクス主義国家論の転換のために新たに生み出した概念である．従来，マルクス主義において，国家は，ブルジョアジーの階級支配の道具として把握されてきた．例えば，V. レーニン（Lenin）は F. エンゲルス（Engels）の国家論を受けて「被抑圧階級を搾取する道具としての国家」（『国家と革命』）とはっきり述べている．

しかし，A. グラムシ（Gramsci）のヘゲモニー論（国家＝強制の鎧をつけたヘゲモニー）やそれを引き継ぐ形で展開された L. アルチュセール（Althusser）の「国家の強制装置」「国家のイデオロギー装置」などの理論は，従来の「道具としての国家」の議論の見直しを要求することになった．グラムシは，従来のマルクス主義の視座を転換し，国家権力による支配が多元的な諸要因の複雑な媒介関係のなかで展開していることを明らかにした．アルチュセールもまた，最終審級としての経済的構造を前提としつつ，社会の構成諸要素の「相対的自律性」を分析の軸に据えたのである．プーランザスは，こうしたグラムシやアルチュセールの新たな国家論を引き継ぐ形で，国家の「相対的自律性」という観点をさらに発展させることで新たなマルクス主義国家論を提示した．

プーランザスの名前が知られるようになったのは，イギリスのマルクス主義者 R. ミリバンド（Miliband）との国家論をめぐる論争だった．国家の階級的支配の構造をめぐって，多元的な自由民主主義を標榜する国家制度内部でトップを占める経済エリートや政治エリート層の階級的出自や所属という視座から国家の階級支配を考察したミリバンドの『資本制における国家』（1969）に対して，プーランザスは，国家における階級支配を，社会的行為者としての階級に帰すべきものではなく，国家の構造や機能などの複合的関係性がもたらすものとして解剖すべきだと指摘したのだ．階級支配について，統治階層の具体的担い手の実態分析によって新たな観点を加えたミリバンドに対して，プーランザスは，国家支配と階級支配が必ずしも連続性をもたず，国家は個別的な担い手の問題としてではなく複合的社会関係という視点から解剖する必要があると批判したのである．

●**権力ブロックという視座**　もともと法学を専門とし，J.-P. サルトル（Sartre）の影響のもとで実存主義的マルクス主義から出発したプーランザスは，やがてアルチュセールやグラムシの影響のもとで独自の視座を形成していく．ミリバンドとの論争に先立つ形で 1968 年に発表された『資本主義国家の構造』は，その代表的な著作だろう．この本のなかで，プーランザスは，国家の（資本家の利害や

要請からの）相対的自立性の議論とともに，権力ブロック概念を提示することになる．彼の国家論の特徴は，（従来のマルクス主義が論じていたように）国家はある階級の経済的利害の反映には還元し得ないものであるという点にみられる．つまり，国家は階級的利害から相対的な自律性をもっている．他方で，資本家階級もまた，一枚岩ではなく，例えば商業的，産業的，金融的ブルジョアなど複数の諸分派に分裂し競合しあっている．そして，国家は，こうした資本家たちの多様な分派を糾合し長期的な戦略や同盟を形成するための制度化された空間を提供しているというのである．プーランザスによれば，権力ブロックは，「資本主義国家という独特な形態に対する諸関係において，政治的支配諸階級・諸分派が構成する独特な矛盾的統一」を意味するのである．

　国家は，権力ブロック内の諸分派の矛盾や競合を内包しつつ，それぞれの力関係を凝縮させた形で現れる．これが，国家支配のある種の統一性をもたらすのだ．

　競合する諸分派を糾合し権力ブロックによる統一性を維持しつつ，国家は被支配階層に対するヘゲモニーを確保する必要がある．そこには，プーランザスのいう「孤立化」の効果が作用している．国家は，資本家階級の諸分派を競合や矛盾を含みつつ権力ブロックとして統合する一方で，被支配層を法的主体としての個人へと置き換える．こうして国家は，個々の労働者を階級形成から引き剝がし，原子的な私人，個人へと解体していくことでヘゲモニーを形成していくのだ．

●プーランザスの影響の広がり　国家を諸階級および階級的諸分派間の力関係の凝縮として把握するプーランザスの視座は，1979年の彼の自死以後も，ネオ・マルクス主義ないしネオ・グラムシ派とよばれる思想潮流形成において，ひとつの源流となった．具体的には，独自のファシズム論・ポピュリズム論やラディカル・デモクラシー論の主張で知られるE. ラクラウ（Laclau）らの「言説・理論的」アプローチにおける批判的受容（彼らは，プーランザスの客観主義や決定論的視座へ厳しい批判を向けている）や，ドイツにおけるJ. ヒルシュ（Hirsch）やイギリスのマルクス主義政治学者のB. ジェソップ（Jessop）などへの影響である．特に，ジェソップは，プーランザスの国家理論を引き継ぎつつ，彼の法的規定性の過剰さへの批判を含め，プーランザスの弱点である文化領域での拡充を視野に，新たな国家論の構築を提案している．また，いわゆる新プーランザス派ともよばれる潮流は，現在もなお，グローバル化の下での階級支配の問題などをめぐって，理論研究や具体的な政策提案においても広範に影響力を与えている．　［伊藤公雄］

参考文献

[1] Poulantzas, N., 1968, *Pouvoir politique et classes sociales*, F. Maspero.（田口富久治ほか訳，1978-81,『資本主義国家の構造——政治権力と社会階級（Ⅰ・Ⅱ）』未來社.）
[2] Poulantzas, N., 1970, *Fascisme et dictature*, Seuil.（田中正人訳，1978,『ファシズムと独裁』社会評論社.）

会話とレトリックと権力

●「権力」とはどんな「力」か　M. フーコー (Foucault) 以来, 「権力」はさまざまな言説を通して人々の行為を律するように働くものだという考え方が一般的になっている (Foucault 1976). しかし, 「権力が働いている」とはどういう状態のことだろうか. ここでは最も重要な点として, 権力の働きが行為の「選択」と関わっているということを指摘しておこう (Luhmann 1975d). すなわち, ある人の行為に対して権力が働いているといえるためには, その人は他の行為もすることができ, 実際権力が働かなければ他の行為をしたであろうと考えられるにもかかわらず, その行為をした, といえることが必要である.

　権力の働きをこのようにとらえると, 権力と「強制」を概念的に区別できる. 例えば暴力によって人を強制的に従わせるとき, 従う人にとっては服従する以外の選択肢は現実的にはほとんどない. それに対して, 例えば上司が目配せをするだけで部下が上司の望む行為をするような場合, 部下は取りえた選択肢のなかから自分で選択をしている. この場合, より大きな権力が働いているのは後者である. このように社会学において「権力」とは, それが大きければ大きいほど, 「強制」をしなくてもより強く相手の行為選択を方向づけることができる「力」のことを指すのである.

　さて, 社会学では「男性の権力」「マスメディアの権力」のような, さまざまな権力が分析や批判の対象になる. しかし, こうした権力がさまざまな言説をとおして働いているという事態を, 社会学はいったいどのように記述できるのだろうか. 実は, この問いに対する答えは決して簡単なものではない.

●「会話」と権力　1970 年代, 日常会話における男女間の権力関係を明らかにするために, 男女間の会話で生じる「割り込み」や「あいづち」の測定が試みられた. 結果, 男性と女性ではそうした振る舞いを行う頻度が異なるということが明らかになる. 男性は女性よりも「割り込み」を行い, 女性は男性よりも「あいづち」を行うのである. こうした結果は, 女性の発言機会が男性の権力行使によって制限されている性差別の証拠だといわれた.

　しかし, ここで注意しなければならないのは, 「割り込み」や「あいづち」は会話をしている当人たちが「女性として / 男性として」振る舞った結果生じたものなのだろうか, という点だ. 「割り込み」について考えてみよう. ある人が発言を終える前に他の人が発言を開始するという事態は日常会話では頻繁に起こるが, それは必ずしも相手の発言機会を奪うために行われるとは限らない. 例えば相手の発言に強く賛成したり同調したりするとき, 私たちは相手の発言が終わる

前に，発言の要点がわかった時点で肯定的反応を開始する．このとき発言が終わるまで待っていたら，賛成や同調を強く示すことができない．だから「女性が発言を終える前に男性が発言を開始している」という事態だけからは，「男性が女性の発言機会を制限している」とはいえない．

このように，一見すると性別による権力が働いているように見えても，丁寧に考えていくと違った事態が見えてくるということはよくある．なぜなら，私たちは「女性／男性」としてだけでなく，さまざまなアイデンティティ・カテゴリーのもとで会話を行っているからだ．「大人／子ども」「日本人／外国人」「教師／生徒」「物語の話し手／聞き手」など複数のカテゴリーを使い分けながら私たちは会話を行っている．社会学がさまざまな言説を通して働いている権力を記述しようと思うならば，私たちがどんなカテゴリーのもとで行為しているかに敏感にならなくてはならないのである（小宮 2011）．

●**レトリックと権力** 会話だけでなく，メディアテクストなども含めたより広い言説において，レトリックを通して権力がどのように働いているかに着目する研究もある．レトリックは，単なる言語表現上の技巧ではなく，より深いレベルで現実認識を支える概念的基礎を私たちに提供している（Lakoff and Johnson 1980）．例えば「時は金なり」というメタファーは，時間を「投資する」「浪費する」「配分する」といった時間の使用についての私たちの考え方を支えている．こうしたメタファーなしでは，私たちは時間について語ることがほとんどできなくなってしまうだろう．

このように考えれば，社会のなかで生じている事態を記述するときに用いられるレトリックは，その事態に対する認識を方向づける力をもつことになる．例えば「進歩という機関車は移民の洪水によってブレーキをかけられかねない」（Wodak and Meyer 2001）というメタファーについて考えてみよう．このメタファーは国家ないし地域を前進する機関車にたとえ，同時に移民を（その前進を止める）自然災害である洪水にたとえることで，国家ないし地域の現状が善きものであり，それに対して移民は害をなすものであるという認識をつくり出す．こうした認識は，実際に移民の迫害へと人々を駆り立てるかもしれない．このような仕方で働く権力についての研究は，批判的談話分析とよばれる領域において盛んに行われている．

［小宮友根］

参考文献
[1] 小宮友根，2011，『実践の中のジェンダー――法システムの社会学的記述』新曜社．
[2] Wodak, R. and M. Meyer eds., 2001, *Methods of Critical Discourse Analysis*, Sage. (野呂香代子監訳，2010，『批判的談話分析入門――クリティカル・ディスコース・アナリシスの方法』三元社．)
[3] Lakoff, G. and M. Johnson, 1980, *Metaphors We Live by*, University of Chicago Press. (渡部昇一ほか訳，1986，『レトリックと人生』大修館書店．)

規律と訓練

●**規律＝訓練とは**　「規律＝訓練」とは，身体の細部に働きかけ，その内部から〈規格〉に合致した主体を形成していく力のことである．M. フーコー（Foucault）が，『監獄の誕生』（1975）でこの概念を定式化した．本書の冒頭で，フーコーは，古典主義時代（17世紀から1789年のフランス革命にかけて）に主流だった王権による「身体刑」が，18世紀末から19世紀初めにかけて消滅し，やがて「規律＝訓練」とよばれる刑罰が出現してくる変化に注目している．

　17世紀から18世紀にかけて，犯罪者に対して科せられていた「身体刑」は，身体に直接苦痛を与える刑であった．だが，18世紀の生活水準の上昇，人口の増大，富や財産の多様化を背景とした法と司法装置の改革を経て，19世紀に入ると，大いなる監獄機構が計画された．この一望監視施設（パノプティコン）という独特の近代的監獄は，中央の監視塔の周りに独房を配置した構造になっており，囚人たちからは監視者の姿を見ることができないようになっている．つまり，囚人たちにとってはいつ監視されているかわからないため，実際には監視塔には誰もいなかったとしても，彼らは自らの行動を常に律しておかなくてはならない．こうして，囚人たちは自己監視する主体として矯正され，規格化されていくのである．

　フーコーは，今日認識されうる人間，つまり主体とは，こうした支配や監視の結果生み出されるものであると論じている．一望監視施設で構想された，碁盤の目のように細分化された「空間の配分」，時間割などによる「活動のコード化」，段階的に組織された「時間の累積」などの要素は，軍隊や孤児院，工場，修道院，労働者居住区にまで応用され，規律＝訓練は社会に一般化されていったのである．

●**規律＝訓練概念の意義**　社会科学の分野では，M. ウェーバー（Weber）が権力について，「ある社会的関係の内部において，抵抗を排してまで自己の意志を貫徹するすべての可能性」として定式化して以来，主体が主体に対して行使するものとして理解されてきた．だがフーコーにとっては，権力はあくまで関係性であり，主体はそのなかで形成・規定されるものとされた．さらにフーコーは，T. ホッブズ（Hobbes）以来の近代政治理論やマルクス主義理論にみられるような，権力が国家に集中しているという前提に対しても，遍在するミクロな権力という新しい視点をもたらした．

　こうしたフーコーのいう権力とは，何よりも関係性（権力関係）であり，個々人の間で繰り広げられる戦略的ゲームである．その権力論においては，規律＝訓練の効果を最大にする技術・手段としての「戦術（tactique）」に加えて，この「戦

略（stratégie）」という概念が重要である．それは，まさにどちらが勝つかわからないゲーム的状況で，勝利を得るためのビジョンである．つまり，フーコーにとって，権力は必然的に抵抗や逆転の可能性をはらむものなのである．

一方で，支配とは，この権力関係が非対称のまま固着し，抵抗の可能性がないままの状態を指す．『監獄の誕生』でフーコーが摘出した規律＝訓練という権力は，主体を規格化してその内側から服従させる力であるがゆえに，結果として抵抗を困難にし，支配状態を導くものなのかもしれない．この権力に対し，フーコーは，現在絶対化・自明視されているものの歴史的不連続性を明らかにする「系譜学」の方法を通して，「監獄」と古典主義時代の「身体刑」の断絶を浮き上がらせ，それを可能にする近代精神のあり方に一石を投じることで，抵抗の可能性を担保しようとしたと考えられる．

●規律＝訓練概念の応用と発展　こうした関係性としての権力，遍在するミクロな権力という視点は，ポストモダンの潮流のなかで教育，医療，ジェンダーとセクシュアリティといった多方面の研究に糸口を与え，主体の脱中心化に大きく貢献した．

教育分野では，フーコーの規律＝訓練論は I. イリイチ（Illich）の脱学校論（1971）とともに受容され，画一化・集団化された学校教育の再検討を促した．同様に，医療の分野でも，望ましい「健康」状態からの逸脱を「治療」によって規格化・画一化していく近代医療の性質が，規律＝訓練の概念によって問題化された．

また，後期フーコーで中心的問題となるセクシュアリティ（sexualité）に関しても，規律＝訓練は重要な概念であった．後期著作においては，規律＝訓練よりも生権力（命を奪うのではなく，むしろ生命を積極的に経営・管理し，増殖させようとする権力）の概念が主に用いられるようになるが，例えば子どもを中心とした近代家族もまた規律＝訓練の装置としてとらえられており，その視点は現代社会におけるセクシュアリティの分析にも大きな影響を与えている．

こうしたフーコーの規律＝訓練概念には，フォーディズムおよび福祉国家を背景にした時代規定的な限界をもつという批判もある．しかし，近年ではグローバルな社会における脱領土的・脱中心的支配装置を〈帝国〉と名づけた A. ネグリ（Negri）と M. ハート（Hardt）が，生権力とともに規律＝訓練が空間を越えて作用する（Negri and Hardt 2000）ことを論じるなど，現代の状況における統制戦略を分析するうえでも，あくまで重要な役割を果たしている．　　　　　[木村至聖]

📖 参考文献
[1] Foucault, M., 1975, *Surveiller et punir: naissance de la prison*, Gallimard.（田村 俶訳, 1977,『監獄の誕生――監視と処罰』新潮社．）
[2] Weber, M., 1921, "Soziologische Grundbegriffe", *Wirtschaft und Gesellschaft*. J. C. B. Mohr: 1-30.（阿閉吉男・内藤莞爾訳, 1968,『社会学の基礎概念』角川書店；清水幾太郎訳, 1972,『社会学の根本的概念』岩波書店．）

文化ヘゲモニー

●**ヘゲモニー概念の誕生** ヘゲモニーはギリシャ語を語源とするが，社会（科）学においては近代資本主義社会における諸階級間の支配関係を表しており，すでにK. マルクス（Marx）のイデオロギー論にその理論的萌芽がみられる．自覚的な用語としては，V. I. レーニン（Lenin）やL. トロツキー（Trotsky）らがロシア革命直前の政治状況を背景に，都市プロレタリアートの貧農など他階級に対する政治的指導を表す概念として使用するようになった（Lenin 1917）．

戦間期になるとイタリアのマルクス主義者であるA. グラムシ（Gramsci）は，西欧の社会変容やレーニンらの経済決定論への批判を念頭に，上部構造を通した階級間の同意調達を表す概念としてヘゲモニーを用いるようになった．グラムシによれば，20世紀の先進資本主義社会では，学校・結社・マスメディアといった「市民社会」の諸装置において「知識人」が日々行う教育や説得を通して，人口的には多数派である被支配階級の間に，少数派である支配階級に対する自発的な同意が形成される．ゆえにグラムシは，社会革命の遂行にあたって，被支配階級による政治的ヘゲモニーの獲得をめざす「機動戦」型の闘争にとどまらず，文化的ヘゲモニーを変革する息の長い「陣地戦」の必要性を説いたのである（Gramsci 1975）．

●**ヘゲモニー概念の理論的展開** 第二次世界大戦後になるとL. アルチュセール（Althusser）は，グラムシの議論や精神分析理論を摂取しながら，資本主義のヘゲモニーにおける「重層的決定」と上部構造の土台（生産諸関係）からの「相対的自律性」を定式化していく．アルチュセールは，支配階級が軍・警察などの「国家の抑圧装置」を掌握することによって他の諸階級を従属させる側面だけでなく，人々が学校やマスメディアといった「国家のイデオロギー装置」において日々「呼びかけ」を受け主体化／従属化（subjection）することによって，資本主義の生産諸関係を自発的・無意識的に再生産している側面に着目し，「イデオロギー装置」が階級闘争の主要な現場であることに注意を促した（Althusser 1995）．

N. プーランザス（Poulantzas）は，グラムシやアルチュセールの議論を批判的に継承しつつ，資本主義社会において支配階級がヘゲモニー維持のために他の諸階級の同意を組織化する過程では，諸階級の力の物質化された「凝集」としての国家が，経済的水準から相対的に自律した役割を果たすと論じた（Poulantzas 1978）．またE. ラクラウ（Laclau）とS. ムフ（Mouffe）は，現代資本主義社会におけるヘゲモニーが，前もって同定可能ないかなる階級的集団にも還元し得ず，社会的諸勢力の政治的節合／分節化（articulation）の連鎖によって暫定的に構造化さ

れる「言説的空間」であると主張する．ラクラウとムフによれば，ヘゲモニーはその暫定性ゆえに，政治的アイデンティティとしていまだ明瞭に言説化されていない「敵対性」にさらされる闘争の場でもある（Laclau and Mouffe［1985］2001）．

●**ヘゲモニー概念の応用**　ヘゲモニー概念を用いた事例分析として特筆すべきは，カルチュラル・スタディーズの研究成果である．その主導者のひとり S. ホール（Hall）はグラムシやアルチュセールの理論的影響のもとで，従来学術的なテーマから閑却されがちであった大衆文化やマスメディア（ポピュラーカルチャー）の領域こそが，表象をめぐる同意・折衝・横領・対抗が絡まりあう闘争現場であると定位し，文化ヘゲモニーの再生産過程やその葛藤・限界を精緻に分析した（Procter 2004）．

グラムシはヘゲモニー論を彫琢する過程で，アメリカを皮切りに 20 世紀の先進資本主義国家に形成されていくフォーディズム体制を念頭に置いていた．すなわち各国民国家において，工業部門が労働者に比較的高水準の賃金を再分配することによって，工業製品の大量生産・大量消費のサイクルをつくり上げるとともに，資本主義秩序に対する国民の同意を調達していく体制である．だが 20 世紀末以降，世界の資本主義秩序は新自由主義的なグローバリズムへと転換し，先進資本主義諸国ではフォーディズム体制が放棄され，発展途上諸国でもしばしば劇的な構造調整政策が採用されることによって，従来市場化・私有化が抑制されてきた自然環境・教育・福祉といった領域を含む市場・私有の全域化が進行していく．

D. ハーヴェイ（Harvey）が指摘するように，新自由主義やグローバリズムがもたらす貧富の差の拡大や人々の不満に対応するために，発展途上国ではしばしば国家の軍事力・警察力など直接的暴力が行使される一方で，先進国では主に表象やメディア・メッセージを通した同意の調達によるヘゲモニーの再生産がめざされた（Harvey 2005）．ホールによれば，先進国における新自由主義体制の再生産には，労働組合などの中間集団や福祉受給者・移民労働者などへの敵対的表象に訴える「権威主義的ポピュリズム」が大きな役割を果たしている．この「権威主義的ポピュリズム」がもたらす社会の分断に対抗するためには，多様なマイノリティをとりまくポストコロニアル状況やディアスポラ状況を踏まえた脱中心的で横断的な「陣地戦」を，粘り強く構築・展開していく作業が求められている（Procter 2004）．

［石原　俊］

📖 **参考文献**

[1] Gramsci, A., 1975, *Quaderni del Carcere*, Einaudi.（片桐　薫編訳，2001，『グラムシ・セレクション』平凡社.）
[2] Althusser, L., 1995, *Sur la reproduction*, Presses universitaires de France.（西川長夫ほか訳，［2005］2010，『再生産について——イデオロギーと国家のイデオロギー諸装置（上・下）』平凡社.）
[3] Procter, J., 2004, *Stuart Hall*, Routledge.（小笠原博毅訳，2006，『スチュアート・ホール』青土社.）

有名人と支配

●**有名性という概念の誕生** 現代社会では，有名人や有名なモノ・場所・事柄に関するあらゆる情報が典型的商品としてつくりあげられ，流通し消費されている．多くの人々が有名人やブランド品など，有名性（celebrity）に関心をもち，その情報を得るために時間と代価を支払う．有名性と人物とが結びついた形態，すなわち，有名人たち（celebrities）は，社会全般に対する強い影響力を及ぼしている．有名人は，知られている範囲や数（知名度）には還元できない性質をもつ．D. ブーアスティン（Boorstin）は，有名人とは「有名であるという理由で知られている人物」と定義している（Boorstin 1961）．また，有名人は，熱狂的なファンに囲まれ，時に神のような崇拝の対象となることもあり，「カリスマ」の世俗化した形態とみなされる（Lindholm 1990）．こうした，有名性や有名人に関係する文化現象は，20世紀のメディア文化の発達と同時に広がっていった．

●**有名性／有名人とは何か** 有名性は，第一義的に「成功」や「業績」を意味する．現代生活において，有名人となることは，人が到達しうる最高の成功の証明となる．社会的成功者はメディアに注目され，必然的に有名になる．例えば，オリンピック金メダル選手やノーベル賞受賞者は，一夜のうちに有名人となっていく．無名人・一般人は，世論調査のパーセンテージで示される単なる数字として統計的に扱われるが，有名人は固有名詞をもつ存在であり，あらゆる意味でユニークな存在として扱われる．有名人はしばしば有名ブランドを身にまとう．逆に有名人が身につけることで，ブランドでないモノが有名になることもある．このように，有名性は，人やモノ，場所や事柄などの間で感染力をもち，強力に伝播していく性質がある．

その一方で，有名性という記号は「実体がなく」「間違った」価値を体現する．「有名になりたいから」犯罪を犯す若者の例など，過剰に有名性を欲望することは，軽蔑やあざけり，道徳的非難の対象となる．「有名無実」という用法からもわかるように，「有名人」という呼称は，実績や業績ではなく「偽りの」能力によって過剰に評価されている人物，という意味でも用いられる．現代メディア文化の特徴は，多数の有名性が乱立し，限られた範囲で流通し，きわめて短い期間で消費されていく点にある．さまざまな有名性が登場しては，またたく間に忘れられ消えていく．そのような有名性は，一方的に選ばれ弄ばれる消費の対象として，不安定でうつろいやすい「ニセモノ」とみなされることもある．

一方で「成功」を意味し，他方で「ニセモノ」を意味するような性質を，有名性の両義性とよぶ（石田 1998；Marshall 1997）．そして，両義性を帯びた存在と

してしかあり得ないことが, 現代社会における有名性の宿命である.

●**現代社会における有名性の構築**　和製英語「セレブ」やカタカナ語「セレブリティ」が日本社会に登場するのは, 1990年代末のことである. セレブリティは, 本来「有名, 有名人」という意味だが, その略語としての「セレブ」は, 有名性の両義性のうち, プラスの側面のみを過度に強調するニュアンスで用いられ, 和製英語として定着した. 「セレブ」を最初に使い始めたのは女性誌で, その後, テレビや週刊誌など他のメディアにも広まった. 「セレブ御用達」や「プチセレブ」などの用法の場合, 「有名」よりも「お金持ち」「ゴージャス」「ブランド」などのイメージが強く, より広告的で拡散的な言葉になっている.

1990年代までの有名人たちは, 名声を得た存在であるのと同時に, ゴシップやスキャンダルの脈絡においても商品化されてきた. 「セレブ」文化は, ビジネス戦略により強く結びついている. ファッション産業や外食産業など, ブランド構築を中心としたセレブリティ・ビジネスの隆盛は, 有名性の強力な伝播力によるものだ. デザイナーやパティシエが「セレブ御用達」であるのと同時に「セレブの一員」でもあるのは, セレブリティの住まう世界こそ, 消費社会の主役たち（＝富裕階層）が住まうあこがれの場所として, 神話的に作用してきたからである.

2010年代に入り, オンライン文化とソーシャル・メディアの世界規模の拡大と浸透によって, 有名人文化は劇的に変容している. 20世紀を通じて有名人構築の主たる舞台となってきたメディアは（テレビ, 映画, 雑誌など）は, インターネットのオンライン文化にとって替わられつつある. 有名人たちは, SNSでプライベートかつ公的なイメージを自ら発信し続ける. SNSでは, 誰しもが自分の訪れた場所や夕食のメニュー, 友人や家族との親密な写真を熱心に公開している. つまり, そこでは誰もが20世紀の有名人たちと同じようにふるまえるのだ. 20世紀に形成・蓄積されてきたさまざまな有名人言説が, 公的自己とプライベートな自己とをオンライン上に区別して提示するテンプレートとして機能し, 新しいタイプの親密性が生まれ, 一般人の自己提示の様式を有名人の様式に接続させている（Marshall 2010）. ネット時代の有名人システムは, 有名人が「表象＝代表」として機能するシステムから, 「プレゼン＝自己構築」のテンプレートとなるシステムへと, 急速に変貌を遂げつつある. 英語圏では「セレブリティ・スタディーズ」がますます活発化している.　　　　　　　　　　　　　　　　　　　［石田佐恵子］

📖 **参考文献**
[1] 石田佐恵子, 1998,『有名性という文化装置』勁草書房.
[2] Marshall, P. D., 1997, *Celebrity and Power: Fame in Contemporary Culture*, University of Minnesota Press.（石田佐恵子訳, 2002,『有名人と権力——現代文化における名声』勁草書房.）
[3] Marshall, P. D., 2010, "The Promotion and Presentation of the Self: Celebrity as Marker of Presentational Media", *Celebrity Studies*, 1(1): 35-48.

専門家支配

●「専門家支配」概念のインパクト　「専門家支配」という用語は，起源としてかなり明確な日付をもつ．この用語は，20世紀を代表する医療社会学者と評されるE. フリードソン（Freidson）によって，1970年にアメリカにおいて公刊された著作のタイトル名として使用された．

この著作のインパクトは，このタイトルそれ自体のなかに凝縮して表現されている．「専門家（プロフェッション）」というアングロサクソン固有とされる言葉は，牧師・医師・法律家という古典的職業を具体的な指示対象とし，クライアントという依頼者の利益を自身の利益に優先する，という道徳的・倫理的含意をもっていた．他方，「支配」という用語は，伝統的に領主，国家などを主体とし，領民，国民，植民地などを客体とする「政治」的関係を表現するものとして使用され，往々にして上位者による下位者の抑圧・搾取・抵抗の排除という用語と関連づけられてきた．フリードソンの著作名は，この相互に相容れない，あるいは相容れないとみなされてきた二つの用語を結びつけたのだ．

この著作が，1970年という時期に，アメリカにおいて，しかも「医療」というフィールドを素材に提示されたのは偶然ではない．1960年代のアメリカは，公民権運動，学生運動，フェミニズム，消費者運動などが広がる「異議申し立て」の時代であり，別様の表現をすれば「クライアントの反逆」の時代でもあった．この時代背景を受けてこそ，当時でさえ半ば聖域視されていた「医療」分野において，フリードソンは医師-患者関係という専門家-クライアント関係に「政治」起源の「支配」という用語を持ち込み，新たな視点を提供し得たといえる．

●構造としての専門家支配　しかしながら，この概念の主軸は，通常理解されるように対クライアントに置かれているわけではない．この点は，例えば1970年代にラディカルな医療批判，専門家批判を展開したI. イリイチ（Illich）の「専門家支配」批判論とは位相を異にしている．

フリードソンが「専門家支配」において目を向けているのは，ミクロの相互作用水準における専門家-クライアント間の具体的行為というより，その相互作用のあり方を背後で規定している，社会構造的な布置状況である．まず，最もマクロの水準では，国家からの公的認定のもとに保健医療サービス提供において，国家から「独占」が公的に認定されているという構造がある．独占市場において，生産者・サービス提供者は供給量と価格を一方的に決定することが可能であり，消費者は構造的に弱者の立場に置かれる．次に，サービス提供の職業構造上の特質がある．医師には，世界的にみてもほぼ例外なく，他の医療関連職種（現在で

はコ・メディカルとよばれる）に対し，医事法制上最上位の特権的権限が与えられており，この法的裏づけをもつヒエラルヒー構造こそ，医療領域に固有のものであり，「専門家支配」の原型をなすものとフリードソンはとらえている．保健医療サービスの提供は，国家による「独占」認定，「単一の専門職による他の多様な従属的職種の支配」（Freidson 1970：訳 iv）という職種間のヒエラルヒーという構造のもとに，さらに診療形態——個人診療，同僚ネットワーク，病院——という組織化のあり方が媒介要因として作動する，という仕組みになっている．専門職-クライアント間の特有な相互作用，クライアントが体験する独特の感情は，こうした一連の社会構造のもとに織りなされるのであり，この構造を表す象徴的用語として「専門家支配」という言葉が使用されているといえる．

●**専門家支配の変容**　フリードソンの「専門家支配」という概念は，その指示対象のさらなる経験的検証・深化をうながすというより，自由・平等という理念を前提とする現代社会において，むしろ 70 年代以前のリアリティを初めて理論的に精緻化したものとして，現実世界の改革の否定的準拠モデルとして機能してきたといえる．

　この点を，70 年代以降の医療分野において展開された動向から例証しよう．まず，「先端医療革命」が制度化され，イリイチの『脱病院化社会』（Illich 1976）がベストセラーとなる「治療ニヒリズム」の 70 年代においても，「患者の権利章典」は制定され，90 年代には「患者第一主義」が保健医療政策の原理として提示されるにいたった．80 年代以降では，障害学の提示した「社会モデル」が着実に浸透し，専門家によるパターナリズムからの脱却をめざす「当事者主権」（中西・上野 2003）という考え方も生まれた．また，保健医療関連職種のあり方に関しては，従来のパターンを「ピラミッド」型とし，多様な専門職種間の水平的分業を強調する「チーム医療」（細田 2003）という言葉も生まれた．さらに，医学研究，出来高払い制度に対する国家の規制と介入，診療行為のコスト-ベネフィット計算に依拠する保険機構の介入，といったマクロ水準での変化——70 年代以降に生起した，こうした対クライアント，対コ・メディカル，対国家・保険機構間の大きな変化は，ある意味において「専門家支配への挑戦」という共通性をもつものととらえることができる（進藤 2005）．　　　　　　　　　　　　　　　［進藤雄三］

📖 **参考文献**
[1] Freidson, E., 1970, *Professional Dominance: The Social Structure of Medical Care*, Atherton Press.（進藤雄三・宝月　誠訳，1992，『医療と専門家支配』恒星社厚生閣．）
[2] Illich, I., 1975, *Medical Nemesis*, Calder & Boyars.（金子嗣郎訳，1979，『脱病院化社会——医療の限界』晶文社．）
[3] Illich, I. et al. eds., 1977, *Disabling Professions*, Marion Boyars.（尾崎　浩訳，1984，『専門家時代の幻想』新評論．）

パターナリズム

●**批判のために使用されつつ吟味もされてきた**　ラテン語の pater を語源とし，訳すると「家父長主義」「父権主義」となるが，現在ではほぼカタカナのまま使われる．特に福祉や医療の領域で，優位な者によるその者たちの価値観の押しつけといった否定的な価値をあらかじめ付与された語として，頻繁に使われるようになった．それと関係しつつ別に，政治哲学などの分野でその正当性と限界をめぐる議論がなされてきた．

●**そのすべてを否定はできないようであること**　その人自身のために，その人が意志していない，あるいはそれに反する行いを示すこと，さらにそれを行うこと，それを是認しうるとする立場．実際に使われることはまずないが「家父長的温情主義」などとも訳される．あらかじめ否定的な価値を有する言葉としてこの言葉が使われることが多い．そのときには，強者が弱者のあり方を，その者にとってその方がよいのだといった（偽りの）理由を持ち出し，押しつけることを指す言葉とされる．そのようなことが，どこでも，とりわけ医療や福祉の領域で多く行われてきたから，その語が否定的な意味で頻繁に用いられて不思議はない．そして，他人の勝手にされることの反対は自分で自分のことを決めることだとなり，自己決定という言葉と組でこの言葉は用いられる．これも当然である．だが，その人が行うという行いを止めることは常によくないか．これは考える余地がある．実際，その人のそのときの意に反することが多く行われている．そのすべてが否定されるべきか．改めてそう問われると，少なくともすべてではないと多くの人は思う．とすると，何がなぜよいかよくないかである．

●**ならばどのように考えられるか**　パターナリズムを認める立場も一つではない．例えば，あくまで本人の意志を尊重するとしたうえで，その人は今おかしな状態にあるが，正常なときならするであろう決定として別のことを指定するのは許容されるといった主張がある．このような判断は実際多くなされているし，またこのような場合の介入は認められてよいと考えるに足る理由もあるだろう．ただ，それだけを介入の理由とするなら，それは，介入が正当化されるときには常にその人をまともでない状態にある人だとすることでもある．それでよいのか．また，明らかに平静な状態においてなされる決定もあるとして，その場合には，その人の決定のすべてを是認すべきか．

　この問いについて考えることは，なぜ本人の決定が尊重されるのかを考えることでもある．その人の存在を尊重すべきであり否定すべきでないと考えるからだとしよう．次に，存在と決定とは等値されるものでないとしよう．誰かを尊重す

ることがその人の述べることを認めることに等しいなら，その人が表明するものをその通りに受け取ればよい．しかし，常に等値されるとは考えられない．

そのうえで，その人の決定を尊重するのは，第一に，その人が自らにとってよいことを知っているからであり，他人に委ねたら他人の都合が入りがちであるからだろう．第二に，その人が決めることはその人の存在の一部であり，その人の決定を認めることはその人を認めることでもあるからであると考える．すると，同時に，第一点について，その人の決定がその人自身に有利でない場合はありうる．そしてこの場合も含め，第二点に関し，その人の決定に反する介入がその人の存在を尊重するためであることがあるだろう．つまり，決定を認める理由がその人を認めることであるなら，その同じ理由から，その人の決定がその人を毀損すると考えられる場合には，その決定をそのまま受け入れられないことがある．

このように考えられるなら，言葉をきちんと用いる限りにおいて，自己決定とパターナリズムの両者は，その根を同じくしている．だから自己決定が尊重されるべきだと考えるその人が，パターナリズムを棄てきれないとも思うとして，時にそのように振る舞ってしまうとして，それは不思議なことではない．

すると，価値の内実を問題にしうる．問題にしたとしても，少なくない場合に定まった答はない．だが第一に，このことに自覚的であることはできるし，またその必要もある．原理的な困難とその困難の仕組みを知っておくことは，むしろ，その場その場のやり過ごし方を考え，その妥当性を判断することにつながる．

第二に考えておくべきは，その人の決定がどこに発するかである．特にその人の存在を毀損する価値や条件が社会にあり，ゆえにその人が自らに破壊的な決定をなすとしよう．この場合には社会の側にむしろ介入の責任があるのではないか．例えば身分や性別など出自に関わる分相応という観念・規範が与えられ，そのために望んでよいだけを望まない「安価な嗜好（cheap taste）」の持ち主に対して，もっと多くを受け取ってかまわないとその人に言うのはよしとされよう．では，近代の社会についてはどうか．その社会には，生産物を正当に受け取ることができるのは生産者であるという観念・規則があり，存在の価値がその能力によって規定されるという価値がある．その価値を自らのものにしている人がいて，その人が今までできていた事々ができなくなったとき，その人は自らが人の手を借りて生きることを選ばないと言うとしよう．それは各々の価値観であるから，立ち入るべきでないといえるか．立ち入ってよい，さらに立ち入るべきであるという考え方もありうる．例えば安楽死とよばれる行為をこのようにみていくことができる．

［立岩真也］

参考文献
［1］立岩真也，2008，『良い死』筑摩書房．
［2］澤登俊雄編，1997，『現代社会とパターナリズム』ゆみる出版．

例外状態

●**例外状態が登場した背景**　例外状態とは，戦争，内戦，革命，あるいは激しい自然災害などによって，国家の存続が危ぶまれたり，国家の機能が致命的な機能不全に陥ったりする事態を指す，政治哲学ないし法哲学上の概念である．しかし，もう少し緩くとって，通常の議会的手続きを経ていては被害が著しく拡大すると判断されるような事態にも適用される．その場合には，日本語で一般に「有事」という言葉で名指しされる事態が含まれる．「例外状態」はドイツ語 Ausnahmezustand からの直訳であり，英語では一般に「緊急事態（a state of emergency）」とよばれる．

　現在，多くの国家は平時の法システムと有事の法システムの二つを有している．有事においては，平時には認められている国民の権利（報道の自由，表現の自由，移動の自由など）が大幅に制限される．その際の根拠は，国民の安全を確保するため，というのが一般的である．煎じ詰めれば，国民の安全を将来的に保障するために差し当たり国民の自由を大幅に制限するという理屈になって，これは国家権力の横暴を合法化してしまう論理にもなる．

　どのような近代国家も，危機的な例外状態に直面する可能性を原理的に秘めている．本当に国家の解体に直面した場合には，それに対処する方法が「合法的」であることを保証するような法そのものが失効している．有事としての例外状態もまさしくそれが「例外」であるがゆえに，それを有事としてあらかじめ具体的に規定する判定基準を設定しておくことが難しい．最低限の判定基準を設定していたとしても，その事態を「例外状態」であると誰がどのようにして判定するのか．その意味において，例外状態は法治国家のまさしく臨界点に位置しているのである．

●**例外状態と主権**　ドイツの憲法学者・法哲学者 C. シュミット（Schmitt）は『政治神学』（1922）の冒頭で主権者を，例外状態と関係づけて，こう定義した．「主権者とは，例外状態に関して決定をくだす者をいう」．

　このシュミットによる主権者の定義に基づいても，例外状態に関してあくまで国民が主権者として決定をくだすと考えることは，論理的には可能である．しかしシュミットは，ヨーロッパ近代の議会制民主主義に対する徹底した批判としてこの定義を提示したのだった．シュミットの例外状態に関する理論は，議会での終わりのない議論ではなく国家主権者の決断こそが重要だとする決断主義とセットである．社会権という発想を組み込み，世界で最も民主的とよばれたワイマール憲法は，その第 48 条において，国家が危機に陥った際に憲法の定めている国

民の基本的諸権利を停止させる権限を大統領に認めていた．シュミットの理論は，この大統領の権限から独裁制を正当化し，ひいてはA. ヒトラー（Hitler）を唯一の主権者とするナチズムへの道を拓くことにもなった．1932年に刊行された『政治的なものの概念』でシュミットは，政治的なものの根底にあるものを友と敵の区別とし，1933年に刊行された『国家・運動・民族』では，例外状態に関する決定者をナチスないしヒトラーとし，共産党を国家の敵と名指した．

戦後，シュミットの思想は危険思想として忌避されることになったが，シュミットの例外状態に関する理論は，法治国家が抱えているアキレス腱を指し示しているという点で重要性を失わない．「常態はなにひとつ証明せず，例外がすべてを証明する．例外は通例を裏づけるばかりか，通例はそもそも例外によってのみ生きる」（Schmitt 1922）というシュミットの挑発的な思想は，右派のみならず，左派の政治勢力にも陰に陽に大きな影響を及ぼすことになる．

●統治のパラダイムとして　イタリアの哲学者G. アガンベン（Agamben）は『例外状態』（2003）という著書において，シュミットの例外状態に関する理論を深く掘り下げている．一方でアガンベンは，すでに古代のローマ法において例外状態に相当する規定が書き込まれていることを確認するとともに，それが中世でいったん後退した後に，近代の法思想において再び明瞭に現れてくることを，膨大な文献に即して跡づけている．

同時にアガンベンは，W. ベンヤミン（Benjamin）の遺稿となった「歴史の概念について」（執筆1940年）の第8テーゼにおいて，「被抑圧者の伝統は，私たちがそのなかに生きている『例外状態』が，例外ならぬ通常の状態であることを教える」と記されていることに着目する．ベンヤミンは，まさしくシュミットが例外状態として規定したあり方が通例の状態と化した現実を批判的に見据えていた，とアガンベンはとらえる．そのうえで，そもそもシュミットの『政治神学』がベンヤミンの初期の論考「暴力批判論」への応答として書かれたと解釈する．アガンベンのこの解釈は十分に刺激的であるとともに，それ相応の説得力をももつ．

アガンベンはその延長で，現在の世界のあり方，とりわけ2001年9月11日以降のアメリカ合衆国のあり方を，例外状態が統治パラダイムと化した状況と厳しく批判している．アフガニスタンで捕らえられたタリバーン兵たちへのいっさいの法的規定をもたない処遇を踏まえて，一時的例外的であった措置がいまや恒常的な統治技術へと転化している，と彼は指摘しているのである．　　　　［細見和之］

参考文献
[1] Schmitt, C., 1922, *Politische Theologie*, Duncker & Humblot. （田中浩・原田武雄訳，1971,『政治神学』未來社．）
[2] Agamben, G., 2003, *Stato di eccezione*, Bollati Boringhieri. （上村忠男・中村勝己訳，2007,『例外状態』未來社．）

構成的権力

●**「構成的権力」という訳語の由来**　「構成的権力」という言葉は，イタリアの思想家 A. ネグリ（Negri）の主著の一つ *Le Pouvoir constituant*（1997）に，邦訳者のひとり杉村昌昭がつけた訳語であるが，この原語は従来「憲法制定権力」と訳されていたものである．では，なぜネグリの著作の表題であると同時に，この本のなかに当然のごとく頻繁に登場するこの言葉を「憲法制定権力」ではなく「構成的権力」と訳したのか．それはこの言葉のネグリ的理解が，「憲法を制定し，憲法上の諸機関に権限を付与する権力を指す」という「憲法制定権力」の定義に収まりきらないニュアンスをもっているからである．

そのネグリの思想の機微を知るために『構成的権力』（訳 1999）の「訳者あとがき」の一部を引用しておこう．

> ネグリは，憲法そのものを制定する権力として日本では一般に「憲法制定権力」と訳されている pouvoir constituant という概念を，政体を全社会的に決定していくダイナミックな力の展開をあらわす「構成的権力」という独自の概念に練り直し，これをほとんど唯一の駆動力として今日にいたるまでの西洋近代の政治的歴史の変遷を描き出し，その結果を現状さらには未来の問題に接合しようとする．したがって，「構成的権力」とは，ネグリにとって，西洋近代の政治的歴史を「さばく」ための包丁として発案されたまったく新しい理論的道具であると同時に，未来を革命的に展望するための実践的武器でもある．これは，あるひとつの力動的概念を針穴として歴史を総括する試みを，そのまま未来の革命的展望にも通じさせようというとてつもない力業（マルクスが階級という概念を使っておこなおうとしたような）といっていいかもしれない．

つまり，従来から存在する概念用語を，自らの独自の解釈でその質的内容を変化させて拡張的に転用するという，現代思想においてよく用いられる手法をネグリは pouvoir constituant という概念に適用したのであり，したがってこれを「憲法制定権力」と訳すのではなく，constutuant を constituer（主要な意味は「構成する」である）という動詞からの派生的形容語とみなし全体として「構成的権力」と訳したのである．

他方，pouvoir constituant を「構成する権力」と訳したほうがよかったのではないかという指摘が当初から一部でなされていたが，これは言語的センスの問題で，「構成的」のなかには当然「構成する」というニュアンスが含まれるという

ことと，著作の表題として「構成的権力」の方が"座り"がいいと判断してのことである．付言するなら，ネグリはこの著作のなかで，当然のことながら「構成する権力」と「構成された権力」とを対比して，「構成的権力」が「権力を掌握する」と必然的に「構成された権力」となって革命性を喪失することを指摘している．しかし，その「構成された権力」に対して新たな「構成的権力」が台頭してくるという循環図式を想定することができ，その意味で「構成的権力」という概念は永久革命の過程性を内包した概念といえるだろう．

● 「構成的権力」と「マルチチュード」 「構成的権力」という概念との関連で，ネグリの思想においてもう一つ重要な概念は，ほとんど流行語にもなった感のある「マルチチュード」という概念である．この言葉の語源はラテン語の multitudo, フランス語や英語では multitude であり，ネグリと M. ハート（Hardt）の共著『帝国』の訳者たちが英語の発音をカタカナに直したものであるが，要するに「多数者」あるいは「多数性」を意味する言葉である．ここでもネグリは，このスピノザ由来（とネグリはいう）の言葉を「ポスト近代」の社会的現状に置き直して質的に変化させるという転用を行っている．したがって，この言葉を単なる「群衆」とか「民衆」，あるいは近代的な代表制民主主義を支えるイデオロギーとしての「多数決」の「多数」と重ね合わせてとらえてしまったら身も蓋もない．ネグリのいう「マルチチュード」とは，他方で K. マルクス（Marx）の階級概念の転用でもあり，ポスト近代社会における資本と労働のあり方の変化を背景にした，従来の資本家と労働者の二項対立的発想では把握しきれない新たな労働者大衆（多様な知的・社会的労働者）の登場を前提にした概念である．ポスト近代社会においてはこの多様な知的・社会的労働（ネグリ派は「非物質的労働」とか「認知労働」という概念も使う）に携わる人々が大きな広がりをみせて「多数者」を形成し，彼らが「マルチチュード」として「構成的権力」を「構成する」主体になるという想定である．

● 「構成的権力」と「日本国憲法」 翻って，日本社会に目を向けて，自民党政権が目論んでいる「憲法改定」との関連でいうなら，「民主主義的選挙」を通して「構成された権力」として振る舞う自民党政権の欺瞞的な「憲法制定権力」に対して，いかなる「構成的権力」を対置することができるのかが，いま日本在住の「マルチチュード」に問われているといえるだろう．言い換えるなら，「構成的権力」を「構成する」人々の社会的存在としての多様性をいかにしてリゾーム的に結合し，異質性の混成体としての「マルチチュード」の力を生み出していけるかという問題意識が広く共有されること，要するに現行憲法の政治的限界を乗り越えていく「構成的権力」が発動しうるかどうかが問われているのである． 　　　　　［杉村昌昭］

◆参考文献
［1］ネグリ，A／杉村昌昭・斉藤悦則訳，1999『構成的権力　　近代のオルタナティヴ』松籟社．

ラディカル・デモクラシー論

● **ラディカル・デモクラシー論が登場した背景**　ラディカル・デモクラシー論とは，広く「根源的な＝根底的な」デモクラシー理論を指す概念であり，必ずしも統一的な定義があるわけではない．広義には，戦後アメリカで有力になったエリート主義的な民主主義論や多元的な民主主義論に対抗して1980年代に登場した一連の政治理論を意味するが，狭義には1985年に刊行されたE.ラクラウ（Laclau）とC.ムフ（Mouffe）による著作 *Hegemony and Socialist Strategy: Towards a Radical Democratic Politics*（1985, 2nd ed. 2001）によって提示された議論を指す．

戦後アメリカにおいては，大衆社会の到来を受けて，デモクラシーとは「人民の統治」ではなく「政治家の統治」であるとして，人民の選抜による政治家間の競争を重視するエリート主義的な民主主義論や，複数の利益集団や圧力団体による相互交渉のはたす役割に注目する多元主義的な政治理論が有力となった．これに対し，1970年代以降，C.ペイトマン（Pateman）らの参加民主主義論が登場し，市民による直接的な政治参加の契機があらためて強調されるようになる．ラディカル・デモクラシー論もまた，このような流れにおいて現れた議論であり，東欧における民主化運動などを背景に，S.ウォーリン（Wolin）らによって提唱された．ウォーリンは消費者的で受動的な市民を生み出す「巨大国家（megastate）」を批判し，市民参加による「下からの」政治的公共空間の創出を主張した．

● **ラディカル・デモクラシー論とは何か**　アルゼンチン出身のラクラウとベルギー出身のムフによるラディカル・デモクラシー論は，政治参加もさることながら，それ以上に既存の支配権力に対する抵抗や異議申し立ての契機を重視する．A.グラムシ（Gramsci）やL.アルチュセール（Althusser）のネオ・マルクス主義の影響を受けた彼らは，M.フーコー（Foucault）の権力論や，多様なフェミニズムの議論を取り入れつつ，リベラル・デモクラシーにおいて一般に重視される自由と平等に加え，差異の契機を強調する政治理論の構築をめざした．すなわち，政治的なコンセンサスの名のもとに，しばしば隠蔽され抑圧されるジェンダーやエスニシティ，階級などに基づく多様なアイデンティティに注目し，さらに政治における敵対関係の契機を重視することで，新たな「ラディカルで複数的なデモクラシー」の可能性を主張したのである．

さらにムフは，その後の著作で「アゴーンのデモクラシー」（闘技民主主義）論を主張するに至る．多様なアイデンティティは隠蔽されるべきではなく，むしろ積極的に政治の場に表出されるべきである．このように考えるムフは，そのような場を「アゴーン」（古代ギリシャ語で闘技場を指す）とよんだ．さまざまな

アイデンティティの対立や紛争こそがデモクラシーを可能にするのであり，このようなアゴーンのデモクラシーのもとにおいて，多様な社会運動が結びつき，差異と複数性を尊重する政治的公共空間が形成されるとした．アメリカの政治学者である W. コノリー（Connolly）もまた，デモクラシーを集合的な意思決定の場ではなく，人々が自らとは異なる価値観をもつ他者と出会い，自らを相対化するための場としてとらえ，「アゴーンのデモクラシー」とよんでいる．このような「アゴーンのデモクラシー」論こそ，現代におけるラディカル・デモクラシー論の最も先鋭な舞台となっている．

　ちなみに，ラディカル・デモクラシーと隣接する議論に，熟議（討議）民主主義論がある．両者はともに市民社会における市民による直接的な対話やコミュニケーションを強調し，そのことによって代表制デモクラシーによって表出されない社会の多様性を可視化することを重視するが，熟議民主主義論があくまで市民間の合意をめざすのに対し，ラディカル・デモクラシー論は差異や複数性の表出それ自体を目的とする点において異なっている．

●**ラディカル・デモクラシー論の応用事例**　ラディカル・デモクラシー論は，旧来の労働運動はもちろん，フェミニズム運動やエスニック・マイノリティの運動，さらにエコロジーの運動といった多様な社会運動において応用可能であり，かつそのような諸運動が相互に結びついて展開されることをめざすものである．

　例えば，北米の文脈においては，白人，男性，健常者，異性愛者によって構成される社会の主流派に対して，非白人，女性，障害者，同性愛者が単に選挙において一票をもつにとどまらず，自らの存在を社会的に承認させることが，ラディカル・デモクラシー論にとっての今日的課題となっている．移民問題や宗教問題などとも関連して，日本を含む世界のそれぞれの地域において同様の課題が存在する．

　また，ラディカル・デモクラシー論は，社会における搾取や抑圧，排除によって生じた断層を明らかにして，そこに存在する敵対関係を政治の場に持ち込むことを課題にする．その意味では，現代日本における格差問題もまた，ラディカル・デモクラシー論と密接に結びつく問題であろう．　　　　　　　　　［宇野重規］

参考文献
[1] Laclau, E. and C. Mouffe, 1985, *Hegemony and Socialist Strategy: Towards a Radical Democratic Politics*, Verso.（山崎カヲルほか訳，1992，『ポスト・マルクス主義と政治——根源的民主主義のために』大村書店.）
[2] Laclau, E. and C. Mouffe, 2001, *Hegemony and Socialist Strategy: Towards a Radical Democratic Politics*, 2nd ed., Verso.（西永 亮・千葉 眞訳，2012，『民主主義の革命——ヘゲモニーとポスト・マルクス主義』筑摩書房.）
[3] Mouffe, C., 1993, *The Return of the Political*, Verso.（千葉 眞ほか訳，1988，『政治的なるものの再興』日本経済評論社.）

ガバナンス論

●**ガバナンス論の生まれた背景**　ガバナンス（governance）という言葉は，政府の統治・管理を中心とするガバメント（government）との対比で用いられるようになった．語源的には，この二つの用語はともに「船のかじを取る」という govern からきている．だが内容的には，上からの一方向的な支配のニュアンスが強いガバメントに対して，下からの民主的な合意形成や秩序形成を重視しようとするのがガバナンスである．

　ガバナンスという言葉は，1980年代頃から用いられ，1990年代以降は一般にも広まった．その背景には，1980年代に本格化する市場至上主義的な新自由主義的政策に対して，福祉切り捨てや国内外の格差拡大といった社会状況を批判しつつ，統治形態の民主化を求める流れがあった．ただし現在に至っては，ガバナンスという語はややインフレ状態で，多様な脈絡で用いられている．そこで，以下では主なガバナンスの適用例を「ローカル・ガバナンス」「グローバル・ガバナンス」「コーポレート・ガバナンス」の三つにまとめて論じたい．

●**ガバナンス論の諸相**　まず「ローカル・ガバナンス」論がある（山本編 2008）．これは主に地域社会学で用いられる．地方分権や地方の活性化のために，地方政府（自治体）だけでなく，一般の住民および NPO や地域企業など地域社会のさまざまなアクターないしステーク・ホルダー（利害関係者）も政策の立案や決定に参加し，いわば下からの民主的な合意形成をめざすあり方が志向される．それゆえ，これは地域ガバナンスやコミュニティ・ガバナンス（都市社会学では都市ガバナンス）ともよばれ，地域・コミュニティ・都市の活性化と深く関係する．そこでは R. D. パットナム（Putnam 2000）の「社会関係資本（social capital）」も注目され，信頼と互酬性の規範やネットワーク（絆）への着目がみられる．そしてそれは，いわゆる公共性論あるいは公私問題や「新しい公共」などとの深い関係がある．その意味で，ローカル・ガバナンスはパブリック・ガバナンスの問題であるとともに，ソーシャル・ガバナンスの問題であるとも表現される．

　さらに，地域の範囲を地球大に拡大してみると，グローバルな統治の問題が射程に入ってくる．それが「グローバル・ガバナンス」論である．とりわけ，グローバル化が新自由主義的展開（多国籍企業や超国籍企業の展開と，それに伴う構造改革・市場開放・規制緩和などの政策）をみせている現代社会において，この問題あるグローバリズムに対処する仕方を含めて，グローバル・ガバナンスが注目を集めているのである．それは，巨大な利益を得ている行き過ぎた金融や投資に

歯止めをかける方策（例えば投機目的の短期取引抑制をめざす国際通貨取引へのトービン税的課税）など国際経済活動の問題点を改善するものであるが，同時にグローバルなレベルでの格差の是正，あるいは人権問題，市民権問題，女性問題，人種問題，民族問題，平和問題，環境問題などとも関わるより良い統治のあり方の模索でもある．

現代では，主にストア派の哲学や I. カント（Kant 1795）以降の思索の展開を踏まえた「コスモポリタニズム」がこのグローバル・ガバナンスと深く関わってくるだろう．現時点では，例えば人間の潜在能力の普遍的な発展をめざすケイパビリティ論を展開する M. C. ヌスバウム（Nussbaum 2006）や国境を越える財の再配分を説く T. ポッゲ（Pogge 2008）のような理念的・規範的なものから，国連改革や世界市民法を模索する D. ヘルド（Held 2010）や J. ハーバーマス（Habermas 1996）のような政治哲学的なものまでいくつかの考え方があるが，これらはいずれも，グローバルなレベルでのガバナンス論に影響を与えるであろう．

そして，もう一つのガバナンス論の系譜もある．それが「コーポレート・ガバナンス」論である．これは一般的には企業経営の効率性を上げるべく経営組織のイノベーションを試み，企業価値を高める方向性をめざす．それゆえ，これは企業統治などとも表現される．この議論はまた新自由主義的な市場形成における国際競争が背景にあり，国内的には企業の不祥事・スキャンダルにも対応しようとするものである．官僚制的な意思決定の改革を含む組織改革の場合は，組織ガバナンスともよばれる．ただし，このガバナンス論では，企業の業績改善だけではなく，企業の社会的責任（CSR）もまた問われる（花崎 2014）．そしてこの社会的責任論の視点は，「コーポレート・ガバナンス」以外でも語られ始めている「メディア・ガバナンス」「ネット・ガバナンス」「IT ガバナンス」さらに「科学技術ガバナンス」「環境ガバナンス」などにも求められる点だろう．

●展望　グローバル化し多文化社会化する傾向にある現代社会で，より良い統治をめざすガバナンス論は，今後とも追求されていくべき重要な点である．エスニシィティやジェンダーなどの視点からのさまざまなダイバーシティ（多様性）を尊重しつつ，議論が閉じられた共同体のなかだけでなされるのではなく，いかに外部に開いた「つながり」の形成という視角からなされるかが特に肝要なことだ，と最後に述べておこう．

［西原和久］

参考文献
[1] 山本 啓編，2008，『ローカル・ガバメントとローカル・ガバナンス』法政大学出版局．
[2] Held, D., 2010, *Cosmopolitanism: Ideals and Realities*, Polity Press.（中谷義和訳，2011，『コスモポリタニズム――民主政の再構築』法律文化社．）
[3] 花崎正晴，2014，『コーポレート・ガバナンス』岩波書店．

サバルタン

●**サバルタンとは**　「従属的集団」ないし「最下層集団」を意味する言葉である．イタリアのマルクス主義思想家である A. グラムシ（Gramsci）が軍隊用語を基礎に新たに生み出した概念といわれる．ムッソリーニによるファシズム体制のもとで政治犯として囚われの身になったグラムシが，1920年代末から30年代にかけて，獄中で書き留めたノートのなかで，イタリア南部や島嶼部の抑圧された人々を指して用いたのがこのサバルタンという言葉であった．

　グラムシによれば「サバルタン集団の歴史は，必然的に断片的であり，エピソード的である．……統一に向けての傾向があることは確かであるが，この傾向は支配的諸集団の主導性によってつねに打ち砕かれ」てきたという（1975）．このグラムシの視座を受けて，インド出身の G. スピヴァック（Spivak）は，『サバルタンは語ることができるか』（1988）において，次のように論じている．サンバタンは，その生活様式，利害，成り立ちが（実際は敵対するはずの）他の諸階級のヘゲモニーのもとにあるがゆえに，彼ら彼女らは，集団的自己認識を形成することができず，「階級」としてその姿を現すことができないというのである．

●**サバルタン概念の意義**　この概念を，スピヴァックに先立って実際の社会分析に持ち込んだのは，彼女と同様インドに文化的基盤をおく研究者たちだった．なかでも政治史を専門とする R. グーハ（Guha）らは，サバルタン概念を「南アジアにおける従属の一般的特質」という視点からとらえかえし，階級のみならず，カースト，年齢，ジェンダー，地位などさまざまな指標によって表明される「下位」に置かれた人々，従属させられている人々と定義づけた．彼らは，グラムシにならって，農民のフォークロアを従属階級の世界観の表出としてとらえ，農民反乱の可能性を，支配的文化を握る権力ブロックの拒否という視座から導き出そうとしたのだ．その成果は，一連の『サバルタン・スタディーズ』シリーズとして，オックスフォード大学出版局から出版され，国際的な注目を受けた．

　サバルタン概念のもつ意義の一つは，いわゆるポストコロニアリズム研究の領域において見出すことができるだろう．植民地状態から解放された社会における旧宗主国との複雑な支配-従属関係や，いまだなお集合的自己意識を形成し得ない状態に置かれている底辺部にある人々の分析に，この概念は大きな影響を与えることになったのである．と同時に，このサバルタンの概念は，それまでのマルクス主義の文脈からみたとき，これまで語られてきた社会変革の担い手としての「プロレタリアート」概念を超えて，従属させられ，社会の周縁におかれ続けてきた人々に光を当てたという点で画期的な意味をもった．つまり，先住民，最下

層民，貧農やエスニック・マイノリティ，女性といった，周縁化され従属状態に置かれることで，これまで集団的自己意識・自己認識を形成することが困難であった人々の社会変革主体としての登場の可能性を指摘したのである．

●サバルタン論の発展と可能性　しかし，スピヴァックは，ここで整理したようなグーハたちのサバルタンをめぐる観点に対して批判的である．その理由は，グーハたちがいまだ古いマルクス主義的な枠組みにとらわれているように彼女にはみえるからだという．グラムシは，マルクス主義の限界をその「一元論」的視点に見出したがゆえに，「プロレタリアート」という均質な変革主体とは異なる，「厳密な階級分析には入らないすべてのもの」をこのサバルタンという語で表現したのだと彼女はいう．ところが，グーハたちは，「純粋なサバルタン的意識」のようなものを求めるあまり，サバルタンを「実体化」してしまい，その多様性や複雑性を切り縮め，エリート知識人によるサバルタン像へとまとめあげてしまうという危険性をはらんでいるという．脱構築派であるスピヴァックが，この概念によって明らかにしようとしたのは，力をもたない植民地／ポスト植民地の人々の社会的実践が，植民地エリートの言説によって「表象される（というよりむしろ表象され得ない）」状況をいかに考察し理論化しうるかということであったからだ．

こうしたスピヴァックの指摘を受けつつ，その後のサバルタン研究は，より深くサバルタン個々人の語られぬ声，サバルタン諸集団の声なき声の分析へと転換していく．自らの声を奪われたサバルタン個々人およびサバルタン諸集団のもっている一つにはくくりきれない多様性への視線とともに，支配的諸集団，支配的文化に対する受容と抵抗の複雑なプロセスそのものを直視した，支配の構図と変革の可能性を，サバルタン分析を通じて探っていくことになるのである．

サバルタン概念は，支配的文化のヘゲモニーのもとに置かれることで，個人的・集団的自己認識を奪われ主体としての姿を現すことのできなかった従属諸集団の状況を明らかにすることに成功した．と同時に，この概念は，1970年代以後拡大してきた社会的マイノリティの奪われた声をめぐる議論と結びつくことで，マイノリティ諸集団の見失われていた潜在能力の発見，個人的・集団的自己認識を介した主体形成という観点から，エンパワーメントという課題と関わらせることで，より広い文脈での活用の可能性をもっているだろう．　　　　　　［伊藤公雄］

📖 参考文献
[1] Gramsci, A., 1975, *Quaderni del Carcere*, Einaudi.（松田 博編訳, 2011,『グラムシ「獄中ノート」著作集Ⅶ 歴史の周辺にて「サバルタンノート」注解』明石書店.）
[2] Guha, R. et al., 1988, *Selected Subaltern Studies*, Oxford University Press.（竹中千春訳, 1998,『サバルタンの歴史――インド史の脱構築』岩波書店.）
[3] Spivak, G., 1988, "Can the Subaltern Speak?", C. Nelson and L. Grossberg eds., *Marxism and the Interpretation of Culture*, University of Illinois Press.（上村忠男訳, 1998,『サバルタンは語ることができるか』みすず書房.）

ジェンダー秩序／家父長制

●**概念の共通性と相違**　いずれもジェンダーとセクシュアリティに関わる広範な社会構造に関わる概念であり，第二波フェミニズム以降，現代社会の女性の状況を理論化する目的で広く使用されている．けれども，「家父長制」概念が，通常は男性である家(父)長によって支配される家族形態を意味する概念から「男性支配」というより広義の意味を含むよう転用された歴史をもつのに対し，「ジェンダー秩序」概念は，社会の構造構成に関する「構造化の理論」などの理論的背景から生み出されたという違いをもつ．それゆえ，この二つの概念の使用には，適用可能性など，使用法に関する相違がある．

●**1970年代〜80年代の第二波フェミニズムと「家父長制」概念およびその応用**　第二波フェミニズムは，社会学や文化人類学において使用されていた「家父長制」という概念に「男性支配」という意味を与え，「個人的問題」としてとらえられがちだった女性の問題を，支配の構造として理論化することを試みた．K. ミレット（Millett）は，「家父長制」という言葉を「男性支配」という意味で初めて使用し，年上の男性による年少者の支配と男性による女性の支配という二重の支配が，家族だけではなく，軍隊や企業など，広範な社会領域において見出せると主張した．

このミレットによる「家父長制」概念の転用は，第二波フェミニズムの他の理論家にも引き継がれた．J. ミッチェル（Mitchell）は，「家父長制」をフロイトのエディプス・コンプレックスに結びつけ，精神分析学による現代社会の男性支配イデオロギーの解明を試みた．またフランスのL. イリガライ（Irigaray）は，ラカンに依拠し，エディプス・コンプレックスをラカン派の用語に置き換え，象徴秩序を維持する「ファルス的シニフィアン」「父の名」を「家父長制」として論じる，精神分析的フェミニズムを展開した．他方，ミレットの「家父長制」概念は，第二波フェミニズムのマルクス主義フェミニズムにも引き継がれ，「資本制」と「家父長制」の関連を解明する後期マルクス主義フェミニズム（N. ソコロフ [Sokoloff]ら）の理論的展開につながった．

●**ポストモダニティと「ジェンダー秩序」概念**　1990年代に入ると，第二波フェミニズムのなかで，レイシズムやポストコロニアリズムの立場からの批判が先鋭化した．これらの批判は，1970年代〜80年代のフェミニズム理論の多くが，暗黙に女性を一枚岩的な存在として位置づけ，階級・人種や民族・経済発展の程度，セクシュアリティなどによって，女性間の搾取被搾取関係など，支配関係の多様なあり方を十分解明できていないことを示した．ここから，現代社会に共通の構

造として「家父長制」を措定するのではなく，階級・人種や民族・セクシュアリティなど複数の変数が複雑に構造構成されているジェンダーに関する特定の社会構造を，具体的に解明することが求められた．

他方，1970年代以降，社会理論においては，特定方向への社会発展を当然視する近代化理論や，共産主義革命による無階級社会の成立を前提とするマルクス主義社会理論への批判が生じた．またそうした理論が前提としていた「主客分離の認識論」「主体と構造の二元論」などの近代的二項対立図式に対する批判も強まり，A. ギデンズ（Giddens）の「構造化理論」などの社会理論が生まれた．こうした社会理論は，フェミニズムやジェンダー研究にも影響を与えた．

R. コンネル（Connell 1987）は，生物学的決定論やカテゴリー還元論に陥らないジェンダー理論が必要だという理由から，ギデンズの「構造化理論」を選択し，構造構成された特定のジェンダー制度（「ジェンダー体制」）と区別される「男女間の権力関係の歴史的に構成されたパターン」「全体社会の構造構成を意味する構造モデル」を，「ジェンダー秩序」と概念化した．江原由美子（2001）は，このコンネルの「ジェンダー秩序」概念を受けて，「ジェンダー秩序」を，①特定の「ジェンダー体制」に還元されず，②また複数の「ジェンダー体制」の単なる集合を意味するのではなく，複数の「ジェンダー体制」をつなぐことで「全体社会の構造構成」に関わるような，③「構造」を産出する「社会的諸実践の規則性」に関わる概念として，位置づける．

こうすることで「ジェンダー秩序」概念は，多様な社会・社会領域において，使用できる．ここから特に，比較社会論やジェンダー史学領域において，「古代オリエント社会のジェンダー秩序」「東アジア社会のジェンダー秩序」などの使用法が定着している．こうした「ジェンダー秩序」概念の用法は，「家父長制」概念が最初から「男性による女性の支配」という意味を含み，また家族制度など特定の社会領域における構造を含意しがちであることから，選択されていると思われる．

他方，「ジェンダー秩序」概念は，行為者の具体的な実践により近い位置づけにある．コンネルが「ジェンダー秩序」概念を導入したのも，日常的秩序をも，「男女の権力関係」として論じられる社会理論を求めたためであった．それゆえ社会的役割や身体動作，言葉遣いなど，日常生活行動における変化などを，「男女の権力関係」との関係で考察する主題にも，「ジェンダー秩序」概念が用いられている．

［江原由美子］

参考文献
[1] Millett, K., 1970, *Sexual Politics*, Doubleday.（藤枝澪子ほか訳, 1985, 『性の政治学』ドメス出版.）
[2] Connell, R. W., 1987, *Gender and Power: Society, the Person and Sexual Politics*, Polity Press.（森 重雄ほか訳, 1993, 『ジェンダーと権力――セクシュアリティの社会学』三交社.）
[3] 江原由美子, 2001, 『ジェンダー秩序』勁草書房.

男性支配 / ヘゲモニックな男性性

●**男性支配をとらえる視点の展開**　ヘゲモニックな男性性という概念がR. W. コンネル（Connell）らによって提唱された1980年代前半当時，主流派社会学におけるジェンダー理解のメインパラダイムは性役割理論であった．性役割理論は，男女それぞれのあり方を，個人が性役割期待に応えて振る舞ったりそれを学習して内面化したりした結果として説明するものであり，ジェンダー関係を男性支配，すなわち男性に女性が従属する状態とみなす視点を欠いていた．

一方，フェミニズムは，その起源である18世紀末以来，ジェンダー関係を男性に対する女性の従属状態とみなし，そこからの女性の解放をめざしてきた．とりわけ1960年代に興った第二波フェミニズムでは，市民権における男女平等が達成された後にもなお持続する男性支配のメカニズムの解明を求めてさまざまな論が展開された．そうしたなか，K. ミレット（Millett）は，あらゆる支配の根源を階級支配に求めようとする社会主義派の理解に対抗し，階級支配とは独立した現象として男性支配をとらえ，それを家父長制とよんだ（Millett 1970）．

第二波フェミニズムの諸理論は，性役割理論よりもはるかに鋭い男性支配への洞察を含んでいたが，性役割理論と同じく男女の二元論に基づいて同性内の差異や支配関係を捨象しがちであった．フェミニズムのみならずゲイ・リベレーションにも共感的な立場をとるコンネルらは，こうした二元論を乗り越えて，男女間の支配関係と男性内の支配関係の両方を説明でき，そうした支配からの解放の可能性を示せるジェンダーの社会理論の構築をめざした（Carrigan et al. 1985）．

●**男性支配の仕組み**　こうした男性支配の理論化の基礎として，コンネルは，男女のあり方を，性役割のような人々の行為に先立って存在する固定的特性ではなく，ジェンダー関係によって構造化された実践の形態であり，人々の実践を方向づけると同時に人々の実践によって生成されるものとらえた．そうした実践は，さまざまに異なる社会的・歴史的文脈で展開されるため，男女のあり方が，同じ社会の内部において，人種，階級，性的指向などの違いに応じて社会的不平等を伴う複数のパターンへと構造化されうることになる．こうして，男女の二元論を超えたジェンダー理解が理論的に可能となった（Connell 1987）．

ヘゲモニックな男性性とは，第一義にはそうした複数の男性のあり方のうち支配的な男性のあり方を指すが，コンネルは，それをさらに，男性支配を正当化するための戦略を具現化する男性のあり方として定義することで，男女間の支配関係と男性内の支配関係を理論的に結びつけた．一方で，ヘゲモニックな男性のあり方は，女性のあり方との関係を通して構築される．男性支配の正当化戦略が奏

功している社会では，「男らしさ」と「女らしさ」の関係は，優位と劣位，支配と服従の関係として定義されるため，理想的な「女らしさ」をめざす女性たちは，権威的で支配的な男性のあり方を称賛し，自ら進んで従属的な位置へと向かうよう行為する（誇張された女性性）．他方で，ヘゲモニックな男性のあり方は，その他のパターンの男性のあり方との関係を通しても構築される．女性に対して支配的な男性のあり方は，男性支配の正当性を脅かす同性愛男性や軟弱な男性などのあり方（従属的男性性）が貶められることを通して理想化されている．さらに，多くの男性は，自らがヘゲモニックなパターンを体現できないにもかかわらず，それを支持し称賛することで男性支配体制の維持と正当化に荷担し，それによって何らかの利益を得ることができるとされる（共犯的男性性）（Connell 2005）．

A. グラムシ（Gramsci）に由来するヘゲモニーの用語が用いられていることからもうかがえるように，コンネルの理論では，男性支配は暴力のような直接的な力の行使や制度的権力のみならず，多分に文化的な同意を通して達成されるものととらえられている．また，ヘゲモニーが全面的支配というよりも競合状態のなかでの優越を意味するように，ヘゲモニックな男性性もまた不変・普遍の固定的性格類型ではなく常に競合の対象となるポジションとして概念化されている．ここでは，支配の仕組みの説明それ自体よりも，ジェンダーと支配をめぐる動的で歴史的な政治的過程の経験的分析が強く意識されている．この点は，支配の成り立ちを非常に緻密に説明しながらもきわめて再生産論的指向性の強い P. ブルデューの男性支配理論（Bourdieu 1990）との特徴的な違いの一つであるといえよう．

●ヘゲモニックな男性性の適用可能性　日本では，この概念を主要な分析概念とした経験的研究はそれほど多くないが，その典型的な適用事例として，サラリーマン的な男性のあり方を戦後社会におけるヘゲモニックな男性性とみなしてジェンダー構造の持続と変化の過程を明らかにしようとする一連の試みをあげることができる（田中 2009；Hidaka 2010；多賀編 2011；Dasgupta 2013）．

一方英語圏では，ヘゲモニックな男性性は，2000 年代半ばまでに教育・メディア・組織研究から犯罪学や健康科学に至る幅広い学問分野で主要な分析概念として普及したが，それに伴い，必ずしもそのオリジナルな定式化に依拠しない用法も多くみられるようになってきた（Connell and Messerschmidt 2005）．この概念が生み出された当初は，男性支配の分析単位として暗黙のうちに国民国家が想定されがちであったが，今後は，ローカル／リージョナル／グローバルといったそれぞれの水準における男性支配のあり方や，異なる水準間でのヘゲモニックな男性性の相互作用を視野に入れた経験的分析の蓄積が待たれている（Messerschmidt 2012）．

［多賀 太］

📖 参考文献
［1］ Connell, R. W.,［1995］2005, *Masculinities*, Polity Press.

親密性と支配

●**語られずにきた親密圏内部の支配**　家庭を愛や安らぎや慈しみの場と考えることも多いが，家庭内には暴力や虐待，抑圧や憎しみもまた多く存在している．ただ，これまでの社会科学において親密圏（親密性）は，公共圏（公共性）の対抗軸として，公共性が存在するための前提として語られてきた．そうした議論のなかでは，親密圏は自由で平等な関係があるとされたものの，中心的テーマはもっぱら公共性のほうであり，親密圏内部のことが明らかにされることはあまりなかった．つまり従来の社会的正義や不平等を研究する方法では，この問題をとらえることができなかった．1960〜70年代以降の第二波フェミニズムは，女性が，結婚や家族のなかで男性に支配されているということ，それは特に恋愛やセクシュアリティを通じた支配であるために，個人的なこととされ，隠され，公には問われない構造にあることを指摘した．90年代にはこうした暴力の問題は，ジェンダー問題の中心的なテーマの一つと位置づけられるようになった．

●**ジェンダー・家族・嗜癖・男性性**　この問題の一つの切り口は，ジェンダーである．国連の「女性に対する暴力（VAW）」または「ジェンダーに基づく暴力」は，女性が，女性であるがために被る，社会のあらゆる領域での性被害や虐待を表す．それには夫や恋人からのドメスティック・バイオレンス（以下，DV），ストーカー，街角や電車での痴漢，職場でのセクシュアル・ハラスメント，さらに，花嫁の殺人，性器切除，拘禁中や戦時における国家による加害なども含まれている．ここでいう暴力には，身体的な暴力行為だけでなく，性的暴力や，精神的な抑圧も含意されている（国連総会 1993）．男女間の支配は，女性の性的主体性の否定を通じてもなされる．男性は，女性との親密な，性的な行為を，支配の行為として行うことがある．男性と女性は性的に異なる存在と考えられ，「性のダブルスタンダード」，すなわち男性は性的主体と考えられ，男性の性欲や性衝動は「抑えられないもの」であるなどとされ，女性が性的に活発・奔放であることは「ふしだら」とされて否定的な評価を受けるという社会規範は，男性の性暴力行為を助長し，女性の被害の影響を拡大する．

　DV，親密な関係性における虐待の問題は，婚姻や恋愛関係が，ある種の支配の磁場をつくり出し，暴力の動機や正当化を用意してしまうことを表している．DVの背景の一つには，もちろん，ジェンダー不平等な社会構造がある．男女の社会経済的な格差やジェンダー規範が，こうした行為を生み出し，また被害者がそこから抜け出せない構造をつくる．しかし，現代では，対等な，当人の同意による交際や結婚が支持され，虐待は社会的に批判されるはずのものである．にも

かかわらず，先進国でも少なくない数のDVやストーカー被害が存在しているのはなぜなのか．その理由として，婚姻や家族というものが，生活の場や家計・財産の共有など，相手に干渉し，束縛し，相手から離れることを難しくする土台をつくっているということが考えられる．さらに，自分が合意して選んだ相手との「プライベートな関係」であるということが，関係性の内実を外からは見えなくさせ，他人が介入しがたい条件をつくってしまうという面もある．

　A. ギデンズ (Giddens) は，親密な関係性と嗜癖の問題について考察している (Giddens 1992)．近代化の進展につれて，伝統的な婚姻の規範から解放され，恋愛や結婚はますます個人が自由に決められるものになってきている．しかし，それは，関係性は絶えず問い直され，永久には保障できないもの (confluent love) になっていくことも意味している．対等な親密関係を続けるには，互いの関わり合いと，相手を一人の他者として扱うことが求められる．ところが，恋愛関係とは相手を自分色に染めることだと考える人もいる．幸せな家族をもつことに価値が見出されている今日では，もっぱら親密な関係性に自己の救済を求め，親密な関係への渇望や依存，「二人が一つになる」恋愛を求める人も出てくる．それはかつては愛や結婚のなかに生きようとする，伝統的な「女性の問題」であった．しかし，ギデンズは，むしろ男性の困難の方を指摘する．一部の男性は，昔と同じように女性を性的に支配し，一方的な型に押し込めるような関係性を望んでいる．しかし，女性の性的主体性が確立してくると，それはますます実現が難しくなる．ギデンズは，今日の男性の性暴力の多くは，家父長制支配が連綿と存続しているからというよりも，むしろ男性のいだく不安や無力感に起因するものとみる．そしてポルノグラフィの氾濫は，現実には手に入らない女性への性的支配の幻想，感情的な依存への男性たちの執拗な関心の存在を示しているのだとする．

●近接する問題群　職場や学校におけるセクシュアル・ハラスメントは，女性が職場で対等なメンバーとして扱われず，親密圏にいるべき存在＝性的な存在として貶められるという形の性差別である．それは，職場の権限や影響力を悪用した性暴力であり，しかもそれが性的なものであるがために，公に告発することが難しいという構造をもっている．また，「相手に干渉し，束縛する場」としての家庭において，そもそも弱い立場の子どもや介護を受ける人への虐待も深刻な問題である．

[北仲千里]

参考文献
[1] クマラスワミ, R./ クマラスワミ報告書研究会訳, 2000,『女性に対する暴力——国連人権委員会特別報告書』明石書店．
[2] ギデンズ, A./ 松尾精文・松川昭子訳, 1995,『親密性の変容——近代社会におけるセクシュアリティ, 愛情, エロティシズム』而立書房．

12. 社会運動

　どのような社会であっても，そこに住まう人々は，解決すべき問題や不安を抱える．問題や不安は，時として，それらを社会的に是正しようとする行為すなわち社会運動となって姿を現す．社会運動は，その社会の何が問題かを顕在化させるだけではない．社会を変革するための起爆剤ともなりうる．さらに社会運動は，人々の価値観や意識の変化をも引き起こす．

　社会運動は多様な姿を取る．社会運動は，人々の単なる「不穏なざわめき」から国家社会の転覆を企図する革命に至るまでの拡がりがある．近年では，ネットワーク型の社会運動が国家を越えてグローバルな空間に拡大している．

　社会理論としての社会運動は，「あるべき社会の姿」を追求するエージェンシーとしての行為者と，その行為が生成するコンテキストとして，さらには変容を受ける対象としての社会構造との結節点として理解できよう．

　　　　　　　　　　　　　　　　　　　［野宮大志郎・町村敬志］

社会運動論のスコープと発展

●**社会運動研究の概要**　社会運動とは，社会変革をめざす人々による自発的かつ集合的な行為である．社会運動を論ずることは，それゆえ，行為，集団，社会変動という社会学の重要な概念を論ずることになる．

　社会運動は，それぞれの時代の社会のあり方を反映する．社会運動研究も，対象を変えながら進められてきた．例えば，1950～60年代には公民権運動，労働運動，学生運動，1970～80年代では女性運動，フェミニズム運動，環境運動，反戦平和運動，また近年では，都市の社会運動，移民・少数民族運動，反貧困・格差などの経済運動，ナショナリズム運動や右派の運動，宗教運動，そしてグローバルな社会運動と，時代ごとに研究対象を変えながら行われてきた．

　研究対象が変われども，社会運動論が中心に据えた問いは変わらない．すなわち「なぜ，どのようにして運動は起こるのか」という問いである．この問いに答えるために，参加者の解釈や理解また感情や道徳観などの文化的側面，動員資源や政治的機会また連携集団やリーダーシップなどの組織・構造的側面，行為レパートリーなどの戦略的側面について，多くの「理論」が生み出されてきた．

　それぞれの理論の詳細は本章の各項目に委ねるが，本項では，社会運動研究の歴史的展開を大きくとらえるため，マクロ，ミクロ，メゾという理論のレベルに言及しつつ，構造論，心理的説明，行為論の三つの理論的系譜から整理し，発展を跡づけてみることにする．

●**社会運動論・集合行動論の登場**　近代に入り，社会運動を社会変革の旗手と論じたのがK.マルクス（Marx 1848, 1867-94）であろう．マルクスは，資本主義経済下における分業と階級分化が，生産過程に組み入れられる労働者の生活を次第に蝕み，ついには抑圧的な生活を強いるとした．追い詰められた労働者は，団結して立ち上がり革命を起こす．その結果，資本主義的体制は打ち崩され，社会は社会主義体制そして労働者が支配する共産主義体制にまで移行するとマルクスは考えた．マルクスの社会運動論は，労働者階級や資本家階級など，社会的カテゴリーを分析のユニットとしたという意味で構造論であり，労働者階級による運動が社会に大きな変革をもたらすとした点でマクロ社会変動の理論であった．

　同じく19世紀に登場するG.ル・ボン（Le Bon 1895）は，マルクスとはまったく異なる人間行動の理解に到達する．ル・ボンは，人々が集合して行われる行動を「群衆」という概念でとらえる．群衆行動は，人々が暗示の状態に陥り，理性的判断ができなくなった状態のもとで起こる無意識的な行動である．ル・ボンによる人間行動の理解は，それが個人の心理変化に起因するとした点でミクロな

運動理論であった．この概念化は，後のシカゴ学派によって都市化と逸脱行動の研究とともに「集合行動論」として受け継がれていく．

第二次世界大戦後，アメリカでの社会運動論は，マクロ構造論的議論とミクロな心理学的議論をもとに進むことになる．マルクスの議論は，革命などの社会変動を研究対象に据え，国家と社会運動との関係を問う一連の議論に引き継がれる．E. R. ウォルフ（Wolf 1969）や J. M. ペイジ（Paige 1975）による農業革命の説明，また T. スコッチポール（Skocpol 1979）によるいわゆる社会革命の説明など，いずれも国家と運動との関係から巨大な社会変動を説明する議論として展開することになる．他方，ル・ボンやシカゴ学派からの思想的潮流は，1960年代以降，N. J. スメルサー（Smelser 1962）や R. H. ターナーと L. M. キリアン（Turner and Killian 1972）によって理論的精緻化に向かう．この議論は，J. C. デイヴィース（Davies 1962）などの相対的剝奪概念に基づく議論とともに，崩壊理論という名前のもとに括られることとなる．

1960年代，欧州でも国家と社会運動との関係のあり方を問う議論が登場する．A. トゥレーヌ（Touraine 1968, 1969）の脱産業社会論である．トゥレーヌは，1960年代を，産業社会からテクノクラートが権力を握る脱産業社会への移行が起こった時期ととらえ，社会運動も経済的搾取への反対から文化的疎外に反対しアイデンティティを確立する運動へと移行すると論じる．トゥレーヌはまた，未来への変革可能性という観点から社会運動を位置づけた．彼によれば，社会は変革的に自己生産を行う力をもつ．自己生産の過程で，社会運動は主体的に歴史形成を担う（Touraine 1965, 1977）．トゥレーヌの議論は，脱産業社会における国家と社会運動との関係を問うという意味ではマクロ理論と考えられる．また，社会運動を社会変革の主体と位置づけ，その未来志向的な潜在性から評価しようとした点では，社会運動の行為論というジャンルを形成する運動論となった．トゥレーヌの視点は，集合的アイデンティティなど，文化構築主義的な観点からの議論を提示した A. メルッチ（Melucci 1989）などに引き継がれることになる．

● パラダイム・シフト

【資源動員へ】 アメリカでは，この時期，従来の社会運動論に対して大きな衝撃をもたらす議論が登場する．M. オルソン（Olson 1965）による合理的選択の理論である．社会運動は，公共財を獲得するための集合的な行為である．しかしオルソンによれば，合理的個人を仮定した場合，社会運動という集合行為は成立しない．合理的個人は，参加・不参加それぞれの場合で便益計算をし，いずれかの判断を下す．社会運動に参加してリスクを負うよりも，参加せずに運動に「ただ乗り（free ride）」し，運動が勝ち取った成果だけを享受することのほうが合理的である．潜在的参加者が皆そう考える場合，運動は起こらない．オルソンの議論は，個人を基点にして社会現象を説明しようとする点では，個人の不満に基づ

く心理的説明と同じレベルにある．しかし，合理的個人を前提として運動の発生メカニズムを問う点では，それまでの心理的説明と異なる．社会運動論研究者は，この時点で，それぞれ異なる選好をもつ合理的個人を前提とする場合，社会運動がいかにして可能なのかを論理的に説明するという課題に直面することとなる．

　この時期，従来の社会運動研究に対しても，その内側から大きな疑念が提出される．マクロ現象としての社会運動に対する関心を引き継いだC.ティリー（Tilly 1964, 1975）は，それまでの運動論での理論的主流をなしていたマルクス主義的議論と崩壊理論を，主にフランスを中心としたヨーロッパの反乱や革命をもとに検証する作業をすすめる．その結果，いずれの理論も，社会運動の発生の説明には役立たないとの結論を得る．この研究は，大きな衝撃をもって迎えられた．それまでの運動論の中心を担っていたマルクス主義的議論や崩壊理論が，説明能力なしとして捨象されたのみならず，まったく新しい説明のロジックが要求され始めたからである．ティリーはその後，オルソンによって提起された問題を睨みながら，「政体モデル（polity model）」「動員モデル（mobilization model）」（Tilly 1978）など，さまざまな概念装置を提案していく．

　ティリーの議論に波長を合わせるようにして登場するのがJ. D. マッカーシーとM. N. ザルド（McCarthy and Zald 1977）による資源動員論である．彼らは議論の焦点を動員に絞る．すなわち，どのような条件のもと，いかなるプロセスを経て動員が行われるかが彼らの課題であった．これに答えるために，彼らは，一般組織論からのアナロジーに着想を得，社会運動をフォーマルな組織として理解することを唱える．彼らは，社会運動の発生は，運動組織が利用できる活動諸資源の動員にかかると主張する．さらに，社会運動の説明で用いられてきた不平・不満などの心理的概念を，どの社会にも遍在するとして，運動発生の説明には役に立たないものと切り捨てる．この動きは，相対的剥奪の説明力に疑問を呈し，あわせて運動組織や戦略に注目すべきとしたW. A. ギャムソン（Gamson 1975）や，運動が生起するための政治過程を注視すべきとしたD. マッカダム（McAdam 1982）などの議論によっても補強されることになる．

　ザルドとマッカーシーによる資源動員論は，運動組織というメゾ・レベルに焦点をあわせ社会運動を理解しようとする点で，それまでの運動のマクロ理論やミクロ理論とは異なる．社会変動や国家と社会運動との関係に対する関心は捨てられ，もっぱら動員のみに焦点を当てた説明へと，社会運動研究全体の重心を移動させる運動論となった．オルソンの研究に単を発した社会運動論のパラダイム・シフトは，このようにしてザルドとマッカーシーによって完成する．

【運動文化へ】　1980年代，それまで資源動員論などの構造論的説明に押され次第に影が薄くなっていた社会運動の心理的説明が姿を変えて登場する．すなわち，D. A. スノウら（Snow et al. 1986）によって提唱された運動フレーム論である．資源

動員論同様，フレーム論も運動の動員局面のみに焦点を当てる．しかし，フレーム論は運動組織と潜在的参加者との間で起こる「同調」や「共鳴」を重要視する．すなわち，ある社会的な事態に際して，運動組織や運動リーダーが投企する解釈枠組み（＝フレーム）が潜在的参加者に適合的に受け入れられるときに動員が起きるとする．フレーム論は，その後「マスターフレーム」(Snow and Benford 1992) 概念の導入など，「フレーム共鳴」が起こる諸条件の整備をたて続けに行っていく．

フレーム論は登場してすぐに大きな反響をよんだ．それは，非合理的な要素に基づく運動の心理的説明への回帰ではなかった．この運動論の登場は，資源動員論など構造論的理解に疑義を呈する人たちの議論を集約する場を提供した．この理論的潮流のなかには，フレーム論に加え，モラルや感情による動員論，事態の主体的な意味づけに焦点を当てる意味論など，主体的・解釈的行為を中心に説明を組み立てる種々の行為論的な議論が包摂されることとなった．この意味で，フレーム論は，社会運動がいかにして可能かという古くからの課題に対する解釈論的，行為論的説明からの回答であるとも理解できよう．

社会運動の行為論は，西欧ではトゥレーヌらの議論，またアメリカではフレーム論に触発された運動論という形で，それぞれ独自の発達を経験する．両者は，運動主体の解釈的行為に理論構築の基礎を置くという点で一致している．こうした議論の興隆は，次第に運動文化論という大きな流れとなって認識されるようになる．運動文化論は，社会運動がどのようにして生起するかに議論の主眼を置く資源動員論から，社会運動のなぜを問う議論への揺り戻しであるとも理解できる点で，運動論の一つのパラダイムといえるかもしれない．

運動文化論の興隆の後に起こった新しい動きがグローバルな社会運動への関心である．20世紀後半に巻き起こるグローバル化の波は，社会運動領域でもグローバル社会運動をつくり出していく．市民社会活動のグローバル化と密接に関連して立ち上がったこの学問的潮流は，社会運動のグローバル化の理由とその支持基盤への探究を中心に展開することになる．とりわけ議論の中心は，その組織化過程にあった．すなわち，グローバルな組織連携がいかにして可能であるか，である．このコンテキストで，グローバル社会運動は「ネットワーク型」もしくは瞬時の離散集合型の組織構造をもつ（Diani and McAdam eds. 2003；Della Porta et al. 2006) などと議論される．近年に入って，このようなグローバル社会運動の組織構造的側面のみならず，参加者の「グローバル意識」(Iriye 2002) など，意識側面に関する議論も盛んになってきている．

グローバル社会運動論の興隆は，理論的革新という意味での運動論のパラダイム・シフトではない．しかし，今までの運動論の理論的発展，すなわち構造論，心理的説明，さらには運動文化論といった諸々の運動論の遺産を継承しつつ，かつ現代社会の様相を見据えながら発展してきた運動論であるといえよう．［野宮大志郎］

集合行動論

●**集合行動論が生まれた背景** H. ブルーマー（Blumer 1939：221）は，集合行動に関わるトピックとして「群集（crowds），暴徒（mobs），パニック，マニア，踊る乱衆（dancing crazes），殺到，大衆行動，世論，プロパガンダ，流行，気まぐれ（fads），社会運動，革命，改革」を列挙している．集合行動には，研究者間で厳密に一致した定義はないが，ブルーマーがこれらの例の共通項としてイメージしていたのは「同じ出来事に関わる人々による，かなり自発的で，定まった形がない行動」といったところだろう．このような集合行動をブルーマーたちが重視したのは，そこから新たな社会秩序が生まれる（こともある）と考えたからである．「集合行動」という用語は，1920年代に R. E. パーク（Park）によってつくられた．その背景には，古代以来の長い歴史を有する，群集への関心があり，西欧では，その関心は18〜19世紀にフランス革命の生起とその評価をめぐる論争を通じて高まった．E. バーク（Burke）や H. テーヌ（Taine）といった保守的な思想家・歴史家が描いた，革命期の群集の否定的な描写に依拠しつつ，G. ル・ボン（Le Bon）や J.-G. タルド（Tarde）によって群集行動の異常性や非合理性を強調する群集心理学が形成された．群集心理学は，G. ジンメル（Simmel）に代表されるドイツ社会学の蓄積とともに，20世紀初頭のアメリカに輸入され，パーク，ブルーマーらのシカゴ学派によって「集合行動論」として定式化された．そこで，大量の移民を抱え都市の膨張期を迎えていたアメリカの現実を反映して，群集心理学から集合行動論へ向けての意味転換が生じる．集合行動論は，群集心理学が強調した群集の異常性，非合理性の側面よりはむしろ，従来のコミュニティから切り離された個人が集合して，相互作用し，新たな秩序を形成していくという集合行動の新秩序形成志向に光を当てることになるのである．

●**集合行動のモデル** 現在では，集合行動論は，北米で社会運動研究の主流になっている資源動員論や政治過程論以前に用いられていた「伝統的」枠組みとみなされることが多く，時には，相対的剥奪論のような心理学的アプローチと一括して「緊張・崩壊理論群」（Buechler 2004）と名指しされたりもする．しかし，集合行動論に内在的にみれば，それはせまい意味での社会運動の分析枠組みに限定されるものではなく，むしろ集合行動というより包括的な行動類型の下位類型の一つに社会運動が含まれることになる．また集合行動論の代表的レビュー（Marx and Wood 1975）は初期の資源動員論もその一部として検討しており，集合行動論と資源動員論の連続性を指摘する問題提起（Turner 1981）もなされてきた．このような集合行動論の複合的性格に留意しつつ，集合行動の代表的モデルとみ

なされることが多い．R. ターナー（Turner 1964）らによる「創発規範モデル」とN. スメルサー（Smelser 1962）の「価値付加プロセス・モデル」の概要を紹介する．

【創発規範モデル】 ターナーは，集合行動の参加者がみせる行動パターンの同一性を，群集心理学が想定したような「感染」によって説明することを否定し，通常の社会的行動と同様に社会規範の働きによるもの，ただし，集合行動の場合，その場での参加者の相互作用を介して生成する「創発規範」によるものとして説明した．ターナーとL. キリアン（Killian）は，それをよく示す事例として，災害に襲われたコミュニティにおいて個人，集団，組織間に創発的に作動する協力関係，リーダーシップ，それを可能にする緊急状況創発的な規範に着目した（Turner and Killian 1972）．

【価値付加プロセス・モデル】 スメルサーは，シカゴ学派的な相互作用論とは異なり，T. パーソンズ（Parsons）とE. シルズ（Shils）の「行為の総合理論」に基づく集合行動の定式化を行った．スメルサーは，集合行動を，価値，規範，組織化された行為への動員，状況的便益という「行為の構成要素」からなる点では，通常の社会的行為と同様としつつ，集合行動では，「行為の構成要素」の「一般的再組織」，言い換えれば「短絡」が生じるために，通常の社会的行為とは異なった特徴が現れると考えた．そのうえで，再組織される「行為の構成要素」に対応した，パニック，クレーズ，敵意噴出行動，規範志向運動，価値志向運動という集合行動の類型を明細化し，どの類型の集合行動も，①構造的誘発性，②構造的緊張，③一般化された信念，④きっかけ要因，⑤行為への動員，⑥社会統制という諸要因の累積によって生起，展開するという価値付加プロセス・モデルを提起した．

このほか，ゲーム理論的集合行動論（Berk 1974），集合行動の閾値モデル（Granovetter 1978），集合行動のサイバネティクス的定式化（McPhail and Wohlstein 1986）なども存在する．

●広く応用される集合行動論 ブルーマーの例示にもみられるように，集合行動論は，政治運動から宗教運動などの文化的運動までを含む，幅広い社会運動の研究に適用されてきただけではなく，災害（情報伝達，避難行動，援助行動），流言，世論・公衆，流行，スポーツや祭礼の観衆など「表出的」群集行動の研究などにも示唆を与えてきた．近年は，「テロ」に対し過剰な防衛的反応を示す「文化的トラウマ」（Alexander et al. 2004）や，人種・民族間の憎悪，ヘイト・スピーチなどの現象についても，集合行動論的見地からの説明が期待されている．［大畑裕嗣］

📖 参考文献
[1] 田中 淳・土屋淳二，2003，『集合行動の社会心理学』北樹出版．
[2] Smelser, N., 1962, *Theory of Collective Behavior*, Routledge & Kegan Paul.（会田 彰・木原 孝訳，1973，『集合行動の理論』誠信書房．）
[3] 塩原 勉，1976，『組織と運動の理論——矛盾媒介過程の社会学』新曜社．

資源動員論

●**資源動員論の登場** 資源動員論は，社会運動の心理的要因を重視する集合行動論に対する対抗理論として，自らの理論を確立してきた．1970年代に登場した資源動員論の主唱者たちには，学生運動をはじめ1960年代の運動を体験したり，身近なものとして見聞きしてきた者が多く，集合行動論が心理的要因の重視から社会運動を非合理的な行動であるととらえがちなことに強い抵抗を感じた．社会運動は，通常の政治活動と同様に，目標を立て，その達成をめざした合理的行動であるという見方に立ち，社会運動の組織戦略に注目する．運動はなぜ生まれるのかという問いよりも，運動はいかにして成功したり失敗したりするのかという問いを重視した．

従来の社会運動研究の主流であった集合行動論との違いを明確にし，資源動員論の独立宣言とも位置づけられる主張を展開したのは，J. D. マッカーシー（McCarthy）と M. ゾールド（Zald）の「資源動員と社会運動」(1977)という論文である．このなかで，彼らは社会運動を引き起こす程度の不満は，どの社会にも常在するとまで述べ，心理的要因の説明要因としての価値を大きく下げ，運動に資源が動員される過程の詳細な組織的・戦略的要因の必要性を語った．

その際に，彼らが理論的根拠としたのが，M. オルソン（Olson）のフリーライダー論であった．享受する人を制限できない集合財の獲得をめざす大集団において，すべての構成員が最もコストの少ない合理的選択をしようとするならば，集合財獲得のための集合行為は生じないというのが，オルソンの明示した社会的ジレンマであった．マッカーシーとゾールドは，このオルソンの問題提起を社会運動にあてはめて，不満の解消という共通の利益があっても，それだけでは人々は運動に参加しないととらえた．オルソンは集合財の獲得をめざす集合行為が起こるためには，選択的誘因か強制が必要であると述べたが，そうした要因を行使することは，多くの社会運動にとっては困難である．にもかかわらず，社会運動が生じるのは，目標が達成されても直接の利益は得られないにもかかわらず，運動のために貢献する良心的支持者が存在したり，既存の集団を運動集団に転化したりすることによってであると彼らは主張し，それまでの主流であった，心理的不満感から人々は運動を起こすという説明理論との明確な違いを示した．

しかし，資源動員論の立場に立つと目される研究者にも多様性がある．上記のマッカーシーとゾールドは，かなり経済的・組織的視点の強い理論を打ち出しているが，A. オバーシャル（Oberschall）や C. ティリー（Tilly）や W. ギャムソン（Gamson）などは，もっと政治的な要因や社会の大きな枠組みを重視する．し

かし，彼らも心理的要因より資源の動員過程に注目するという点では，やはり資源動員論の確立に寄与した研究者として位置づけられる．

●**資源動員論への批判と変化**　集合行動論への対抗理論として登場し，一気に支持者を拡大した資源動員論だったが，当然ながらしばらくすると今度は批判の対象となった．その主たる批判は，行き過ぎた心理的要因の過小評価に対してなされ，心理的要因と資源を動員するための組織的・戦略的要因の理論的統合がめざされるようになった．その代表的な理論の一つとして，片桐新自の「運動参加の2段階理論」があげられる．この理論で，片桐は心理的要因と資源要因を並列に置くのではなく，心理的要因を第一次要因とし，資源要因を第二次要因とし，一定程度の不満感をもつ人々の間で，保有資源量の多寡が運動参加程度に影響を与えることを明らかにしている．

経済学的視点に立つ資源動員論が組織レベルに議論の焦点を置いていたため，マクロな社会との理論的関連の弱さも指摘され，政治的機会構造という概念の重要性も強調されるようになった．また，文化的要因が社会運動にもたらす影響の重要性も指摘され，社会運動が利用するフレーミングという概念も取り入れられるようになった．マクロな社会との関連や文化との関連をその理論のなかに取り込むことによって，同じく1960年代に生じた社会運動を分析することから生まれていた別種の理論であった「新しい社会運動」論とも接点をもち，社会運動の総合理論へと拡張している．こうした理論的拡大によって，今や資源動員論は，限定的なイメージを与える資源動員論という名称ではよびにくい社会運動の総合理論へと変化したといえよう．

●**資源動員論の意義**　現在では，資源動員論は社会運動研究のなかで歴史的意義をもった理論として位置づけるのが妥当である．資源動員論の主唱者たちのなかには，もともと総合理論的志向の強かった研究者もいたが，もしも資源動員論が最初から総合理論的なものとしてとらえられていたら，これほどまでに注目されることはなかったであろう．その後批判されることになったものの，やはり資源動員論という名称で，経済的・組織的視点からそれまでの主流であった集合行動論との違いを明確にしたからこそ注目されたといえよう．資源動員論は，「新しい社会運動」論とともに，1970年代以降の先進国の社会運動研究の中心になり，さまざまなタイプの社会運動に注目させ，かつ社会運動現象を多角的な視点から分析する道筋を開いた重要な理論であったことは間違いないといえるだろう．

[片桐新自]

📖 参考文献

[1] オルソン，M./依田 博・森脇俊雅訳，1983，『集合行為論——公共財と集団理論』ミネルヴァ書房．
[2] 塩原 勉編，1989，『資源動員と組織戦略——運動論の新パラダイム』新曜社．
[3] 片桐新自，1995，『社会運動の中範囲理論——資源動員論からの展開』東京大学出版会．

政治的機会構造論

●**政治的機会構造概念の登場** どのような条件のもとで社会運動は活性化するのか，どのような条件のもとで運動は目標を達成しやすいのかを説明しようとするとき，運動のリーダーシップや主体性，価値・目標など，社会運動の内部的諸条件に着目することも，資源動員能力などの外部的諸条件に着目することも可能である．外部的制約条件としての政治的諸条件に着目する見方が政治的機会構造論である．政治的機会構造論は代表的な構造論的説明枠組みである．C. ティリー (Tilly) や A. オバーシャル (Oberschall)，D. マッカダム (McAdam)，S. タロー (Tarrow) など，アメリカの資源動員論の政治社会学的潮流と，ヨーロッパで，比較国家論的な社会運動の政治分析を行ってきた H. キッチェルト (Kitschelt 1986) や H. クリージら (Kriesi et al. 1995) を統合した説明枠組みである．通常は国家レベルで論じられることが多いが，次頁の例のように，地方政治にも適用できる．基本的には政治的機会構造が開放的であれば，社会運動は高揚しやすく，政治的機会構造が閉鎖的であれば，社会運動の高揚は抑制される．

1990 年代に，それまでの社会運動論の代表的な潮流であるアメリカでの集合行動論的アプローチと資源動員論的アプローチ，ヨーロッパで盛んだった新しい社会運動論的アプローチの 3 者の間で，総合的な説明への志向性が高まったが，その際焦点となったのが，文化的フレーミング，動員構造とともに政治的機会構造だった (McAdam et al. eds. 1996; McAdam et al. 2001)．

●**閉鎖的な日本の政治的機会構造** 社会運動は政治的コンテキストのなかで生成し展開される．社会運動の生成・展開・停滞を規定する制度的・非制度的な政治的条件の総体が政治的機会構造である．具体的にどのような条件に着目するのか，論者によってさまざまだが，マッカダム (McAdam 1996) が整理しているように，基本的には以下の 4 項目に整理することができる．「(1) 制度的政治システムの相対的開放性・閉鎖性」「(2) 政策当局の政策遂行能力」「(3) 挑戦者を支援するエリートの同盟の存在・不在」「(4) 政策当局の社会統制の能力」の 4 次元である．

一党優位体制が長年続き，政権交代の機会が少なかった第二次世界大戦後の日本では，(1) 投票の自由は保障されているものの，制度的政治システムは相対的に閉鎖的であり，(2) テクノクラート的な政策当局の政策遂行能力は全般的に高かったといえる．(3) 挑戦者を支援する政・官・財のエリートの同盟も，革新系の野党指導者を除くと，強くはなかった．(4) 財政的な締めつけなど，政策当局による社会統制の能力も相対的に高かったといえる．

●**巻町における政治的機会構造**　(1) 日本では地域を二分する政治的争点に関して住民投票を行うことは，議会の解散，議員や首長の解職，市町村合併などを除くと，地方議会が過半数の賛成を得て住民投票条例を制定した場合にのみ可能である．地域的な課題に関する自己決定権を重視し，住民投票を求める運動に対して制度的政治システムは閉鎖的である．1996年8月新潟県巻町（現・新潟市西蒲区）で行われた原発建設をめぐる住民投票は，条例に基づいて実施された日本初の住民投票だった．原発建設に反対する住民運動の，1994年10月以降の急速な高揚を背景に実施されたものである．(2) 政策当局の政策遂行能力を抑制する要因として，エリート間の分裂とコンフリクトがある．これは，社会運動の高揚をもたらしうる政治的機会構造の典型例である．原発問題が顕在化して以降，巻町で原発建設を長期にわたってストップさせてきた最大の政治的要因は，町長選において現職町長が新人候補に敗れて1期で交代するというパターンが16年間も続いてきたことにある．大正時代以来町政を二分してきた二つの保守系エリートが，他陣営が町政を握る時期に原発建設が進むことをともに忌避してきた結果，町内の二大政治派閥が交互に慎重姿勢の町長を当選させ続けるという，町内のエリート間の分裂と政治的不安定性が原発建設を阻止してきた．住民投票が実施された1996年8月は，自民党が政権に復帰し（1994年7月），村山政権を経て，社会党・さきがけとの連立による橋本政権が誕生して7か月目の時期であった．二大系列が弱体化し，保守系の締めつけが弱まるなかで，住民投票を求める住民運動は高揚し，勝利した．(3) 巻町内での運動への支援者の存在という点では，1994年10月に発足した「住民投票を実行する会」の運動が，町の既存の権力中枢に比較的近い商工自営業主らによる運動としてスタートしたことが注目される．この運動は，それまでの労働組合中心の反対運動と異なり，原発建設反対を表には掲げずに，住民投票の実施をアピールし，保守層の支持を得やすかったといえる．(4) 社会統制の抑制という点では，国・県・市町村のいずれのレベルでも，既存の政治権力が流動化していた時期であり，そのことは，「国には逆らえない」「逆らえば不利益を被るに違いない」という長年の呪縛から，町当局や住民自身を相対的に自由にした．また地方分権，地方の自立化を求める動きも，そのような中央政府による社会統制への恐怖，警戒心を緩和した（長谷川 2003）．［長谷川公一］

📖 参考文献
[1] McAdam, D., 1996, "Conceptual Origins, Current Problems, Future Directions", D. McAdam et al. eds., *Comparative Perspectives on Social Movements: Political Opportunities, Mobilizing Structures and Cultural Framings*, Cambridge University Press：23-40.
[2] Kriesi, H. et al. eds., 1995, *New Social Movements in Western Europe*, University Minnesota Press.
[3] 長谷川公一，2003，「住民投票の成功の条件――原子力施設をめぐる環境運動と地域社会」『環境運動と新しい公共圏――環境社会学のパースペクティブ』有斐閣：143 GJ.

社会運動の文化的アプローチ

●**文化的アプローチの歴史と発展**　社会運動の文化的アプローチは，運動参加者の心的状態，価値感，物事に対する解釈や感情など，運動の認知的・文化的側面をとらえようとするアプローチである．この領域では，今日に至るまで幾多の努力がなされてきた．1960年代，集合行動論で「一般化された信念」の生成が行動発生の前提条件であるとされるなど運動の認知的側面への高い関心があった（Smelser 1962）．その後登場する資源動員論では，不平や不満などの要因は運動発生の説明には不要であるとされ，文化的要因は概ね無視されるに至ったが，1980年に登場する政治的機会構造論の一部では，抑圧された状態が不公正でかつ変更が可能であると認識されるに至るまでの「認知的開放」（McAdam 1982, 1994）が運動の発生には必要であると論じられ，文化的要因を説明図式のなかに再び入れ戻す作業がなされた．

この後，社会運動研究領域に大きな変化が起きる．すなわち「社会運動の文化的転回（cultural turn）」である．1980年代後半に始まるこの動きでは，「フレーム」や「集合的アイデンティティ」をはじめ，「解釈パッケージ」「抵抗の文化」「メンタリティ」「文化的テンプレート」「安息所」「文化的倉庫」「自由な空間」「停止構造」などの概念が，運動の文化的側面をとらえるための道具として，一挙に登場した．

文化的転回が起こった背後には，ニュー・カルチュラル・ヒストリーの登場や文化人類学における文化への関心の高まりなどの外部的要因，さらには社会運動論研究の内部で，資源動員論や政治的機会構造概念などの構造的議論に対する行き詰まり感があったとされている．

その後の運動文化に対するアプローチは，文化的転回の時期に現れた主要概念の継続的発展をめざす動きと，新しい文化的側面をとらえ概念化することをめざす動きによって特徴づけられる．

●**運動に見出せる文化的要素の内実**　社会運動は，文化的諸要素を生産し，貯蔵し，かつ消費（動員）する活動である．まず，活動が生起しその文化的要素が生産される場所が存在することを示すのが「安息所」「文化的倉庫」「自由な空間」といった概念である．これに加えて，活動が停滞中にもなお文化的要因が地下水脈のように流れ，後の活動にて再度噴出することを示したのが「停止構造」である．動員に関しては，フレーム論が「フレーム共鳴」や「フレーム接合」などの概念を提案した後，「マスター・フレーム」を新たに呈示する．いずれも，潜在的参加者が運動組織に文化的に帰属していくプロセスを理論的に明らかにしようとす

るものである（Snow et al. 1986；Snow and Benford 1988, 1992）．同様に，「集合的アイデンティティ」は，複数の個人がひとつの集合体へと昇華するプロセスで達成される文化的生産物を指す（Melucci 1989）．また，文化的要因を伝達するメディアとして，レトリックやディスコースに関する研究も進んだ．さらに，動員や戦略また抵抗行動に道徳感覚や感情が大きく作用しているという研究もある（Jasper 1997）．

近年の研究では，運動文化の生成プロセスに関する研究が進んでいる．とりわけ，上述の文化が生成される空間概念をさらに精緻化させ，運動集団内での個人間の相互作用をアイデンティティや集団境界への認知が生成される場所として注目する研究がある（Fine and Fields 2008）．また抵抗行動が守るべきものとその由来についても，運動を取囲む諸制度が規定する文化的枠組みに注目する研究（Polletta 2008）や，「解釈パッケージ」に代表される意味付与プロセスをさらに明示化するために行為者の意味づけと意味源泉に注目する研究（野宮 2002；西城戸 2008）も進んでいる．

●**文化的アプローチの到達点と課題**　文化的アプローチによって，社会運動に含まれる文化的要素に対する理解が大きく進んだ．まず，なぜ，どのように人々は動員されるかという動員局面で，集合的アイデンティティ論とフレーム論は，潜在的参加者の内側で起こることを抉り出した．また，なぜ抵抗するのか，という運動論の原理的な問いに対して，近年の運動文化論は，例えば反ドミナンスの源泉に対する洞察など，新しい理解をもたらした．これらの理解は，概して，資源動員論や政治的機会構造論など，いわゆる構造的な議論では獲得が困難であったものである．

他方，課題もある．第一に，文化的アプローチに用いられる概念が曖昧なものになりやすい．例えばフレーム概念は，文化，イデオロギー，信念など「あらゆるものの代用品」となっているとの指摘もある（Williams and Benford 2000：128）．第二に，説明のロジックに疑念をもたれやすい．文化概念は，それが不可視で測定困難であるために，場合によってはアド・ホックな説明を誘発しやすい．例えば，動員局面において，動員がなされたという事実をもって，その背後に文化的要因があるはずだとする，いわゆる逆の因果推論に陥る危険がある．

これらの問題を抱えながらも，社会運動の文化的アプローチは，社会運動には抵抗の根源，運動文化の生産と動員，また運動後の文化変容などの側面が，構造的側面同様に存在することをはっきりと示している．　　　　　　［野宮大志郎］

📖 **参考文献**
［1］Meyer, D. et al. eds., 2002, *Social Movements: Identity, Culture, and the State*, Oxford University Press.
［2］野宮大志郎編著，2002,『社会運動と文化』ミネルヴァ書房．

グローバル社会運動

●**歴史的背景** グローバル社会運動の登場には,第二次世界大戦後の世界政治と世界経済のあり方が大きく関与している.冷戦構造下での東西対立は,ハンガリー動乱やチェコ事件,また朝鮮戦争やベトナム戦争をもたらした.これらの争いは,言論・人権の抑圧や数百万人を超える殺戮を伴うものであった.またトランスナショナル化する世界経済は,富裕国に経済資源を集中させ,多額の負債に苦しむ最貧国の固定化をもたらした.

国内的にも,戦後国家は幾多の問題を創出してきた.1960年代,先進諸国で経済発展を重視したあまりの公害と住環境破壊,格差と貧困層の拡大,また内戦状態にある国家での虐殺と人権の抑圧また難民の流出がなかば日常的なものとなる.こうした事態は,個人を犠牲にして行動する国家を印象づける結果となる.

他方,戦後国家は,自らが保持してきた権能の大幅な減衰を経験する.経済のトランスナショナル化は,もはや国家によっては制御不可能な国際金融市場や投資マネーの拡大をもたらす.国連,国際機構,国際NGOなどのトランスナショナル・アクターが戦後急速に数を増やし,国家政策に介入するようになる.こうした変化は,国家の弱体化をもたらす.この結果,国家はもはや,かつての「強い国家」ではなくなる.国家は「希薄化」「空洞化」(Held ed. 2000:訳141-85)し,国家ガバナンスの脆弱化,求心力の低下が起きる.

こうした状況のもと,人々の国家からの離脱が進む.「国民」から離れ,「ひと」として個人の権利を主張する人々が増える.1980年代,欧州全体を巻き込んだ新型核兵器配備は,人々を無差別に死に追いやる国家という観念を植えつけた.個人は,国民であることをやめ,困窮者,難民,労働者,女性といったカテゴリーに身を寄せるようになる.このアイデンティティの転換こそが,市民活動や社会運動への参加者を,国境を超えてつなぐ結節点となる.「国家」によっては区別されず,労働者として,女性として,さらには国家のない難民として,国境を超えて連帯し活動する主体となる契機が生み出された.

1980年代以降のIT技術の発達は,この動きに拍車をかける.インターネットは,国家のコントロールから自由に,かつ低コストで,地球上の人々が相互につながることを可能にした.

●**グローバル社会運動の定義と特徴** グローバル社会運動とは,文字どおりグローバルなレベルで展開する社会運動を指す.M.カルドー(Kaldor 2003)によると,その端緒は,冷戦体制下,西欧と東欧の市民社会・運動団体の交流に求められる.学問的な概念として発展するのは,1990年代,J.スミスら(Smith et al.

1997) や P. ウォーターマン（Waterman 1998）の議論, さらには J. キーン（Keane 2003）などによる論考が登場して以降であろう. それ以降, 市民社会論と社会運動論双方の視点から, グローバル社会運動についての議論が活発になる.

グローバル社会運動の典型例は, 2003 年から 2004 年にかけて起きたイラク戦争反対運動に見出せる. この運動では, 世界各地の運動組織が事前に連絡を取りあい「グローバル・アクション・デー」を設定し, 地球全体で同時に反戦行動が行われた. グローバル社会運動は, 厳密にいえば, トランスナショナル社会運動とは異なるが, 両者のメカニズムには多くの共通点があると考えられている.

グローバル社会運動は, その心的特性, 動員方法, 訴えの方法で, 特徴がみられる. グローバル社会運動には, 世界にはグローバルなレベルでしかとらえられない問題が存在するとする「グローバル意識」がまず基底にある（Iriye 2002: 訳 186）. さらに, 個人から発想しヒューマニティの回復をめざす（野宮 2014）という特徴をもつ. 動員の仕方について, 国際 NGO やキリスト教協会など, 世界レベルでの統括組織と各国での支部組織をもつ団体が基盤となる組織動員と, Twitter や Facebook などの IT 技術を駆使する個人動員があり, この二つは混合して使用される. 運動の訴えは, 「No War」や「Save the Earth」など, 国や地域の独自性を捨象したシンプルなものになりやすい.

●**グローバル社会運動の展開**　20 世紀後半から今日に至るまで, いくつかの領域でグローバル社会運動をみることができる. 人権・民主化の領域では, 1970 年代から 1989 年のベルリンの壁の崩壊に至るまで, 東欧と西欧諸国にまたがって起きた一連の市民活動が最も有名なものであろう. 反戦平和の領域では, 1980 年代の新型核兵器再配備に伴う反核運動や, 上述した 2000 年代前半のイラク戦争反対運動などがある. 環境領域では, 毎年開催される気候変動締約国会議（COP）にあわせて行われる「気候フォーラム」が大きな運動であろう. 経済の領域では, 1970 年代以降の先進諸国主導によるネオリベラル経済政策に反対する運動が今日でも続いている. 1999 年の「シアトルの戦い」以降, WTO 閣僚会議や G7/8 首脳会議にあわせて世界各国から人々が集まり反対の声を上げる「サミット・プロテスト」（野宮・西城戸編 2016）や 2001 年から始まった世界社会フォーラムなどが代表的なものであろう. 特に「サミット・プロテスト」は, 人権・民主化, 反戦平和, 環境, 経済など, すべてのイッシュー領域での市民活動が結集する場所として, 注目を浴びている.　　　　　　　　　　　　　　　　［野宮大志郎］

参考文献
[1] Kaldor, M., 2003, *Global Civil Society: An Answer to War*, Polity Press.（山本武彦ほか訳, 2007,『グローバル市民社会論——戦争へのひとつの回答』法政大学出版局.）
[2] 野宮大志郎・西城戸 誠編, 2016,『サミット・プロテスト——グローバル化時代の社会運動』新泉社.

「新しい社会運動」論

●**「新しい社会運動」論の生まれた背景**　第二次世界大戦後,西ヨーロッパ諸国では急速に経済が発展し,工業中心の社会から情報・知識・サービス産業中心の脱工業社会への転換が進んでいった（Touraine 1969）.管理職やホワイトカラー労働者が増加し,労働運動が制度化されていく一方で,学生運動,環境運動,女性運動,平和・人権運動などが,労働運動からは独立した形で個々に盛り上がりをみせるようになる.ソビエト連邦や中国など共産主義体制による国家の実態も知られるようになり,新たな運動の意義をめぐる議論が盛んになされるようになった.

社会運動の学問的研究においても,労資関係を中心におく階級闘争論の問い直しが進み,また社会の周辺部に運動を位置づける機能主義的システム論や,運動組織の合理的な損益計算を強調する集合行為論,政治システム中心に運動を分析する政治過程論などに対して批判がなされるようになる.このような状況で登場してきたのが「新しい社会運動」論とよばれた一連の理論であった.

●**「新しい社会運動」論とは何か**　社会運動論を,運動の因果的メカニズムを明らかにする中範囲理論的研究（資源動員論など）と,歴史・社会史的研究に基づく規範的な理論枠組みに基づいて運動の顕在的/潜在的意義を解釈する研究に大別した場合,「新しい社会運動」論は後者の系譜に位置づけられる（濱西 2008）.この理論は二つの流れから構成されている.一つめは,J.ハーバーマス（Habermas）とC.オッフェ（Offe）に代表される批判理論の流れである.ハーバーマスは,公共性に関する歴史的研究（Habermas 1962）や自身の行為理論を踏まえて,同時代の環境保護運動や平和運動・コミューン運動を,システムによる「生活世界の植民地化」への抵抗ととらえて評価し,「伝統的,社会的所有形態の擁護」の運動（税制への異議申立てや父母による学校批判,地域・言語・文化・宗派に基づく分権主義）とは区別した（Habermas 1981）.またオッフェは政党システムや議会代表制に代わる「新しい政治パラダイム」の表れとしてとらえ,その「争点,価値観,行為様式,行為者」の「新しさ」を指摘している（Offe 1985）.

二つめの流れは,A.トゥレーヌ（Touraine）とA.メルッチ（Melucci）に代表される.トゥレーヌは1950年代に実施したルノー工場の社会史的研究と「アクシオンの社会学」という理論枠組みに基づいて,経営者らと闘いつつ企業の意思決定を統制していくような労働組合運動を,進歩・合理化を核とする産業社会における〈社会（全体を変えていく）運動〉——そもそも社会運動という用語はフランス革命のような社会全体を変える運動を指しており（Stein 1850）,トゥレー

ヌもそれを継承している——とみなす仮説を提起し、大規模な社会階層調査を実施していった（Touraine 1966）．1960年代末以降は，官僚・政府・大労組などから成るテクノクラシー体制に対する運動こそが，知識・情報を核とする脱産業社会における〈社会運動〉になり得るという仮説を提起し，若手研究者を率いて社会学的介入法による大規模な運動調査を実施していく（Touraine 1978）．またメルッチは，トゥレーヌの理論枠組みを踏襲しつつも，「社会運動」を，敵手との紛争と，紛争の場の超越という二つの条件をみたす集合行為と広く定義したうえで，その土台となる集合的アイデンティティの有無や特質，変化について調査研究を行っていった（Melucci 1989）．

●「新しい社会運動」論と事例　批判理論は，現実の抗議運動を，社会批判を正当化する土台として，また分析から見出される根源的対立の表れとして位置づける．それゆえ，さまざまな調査や運動に言及はするが，運動調査を中心に行うわけではない——ただ運動の争点や形態の「新しさ」を指摘する作業そのものは運動研究に引き継がれている．それに対してトゥレーヌやメルッチは，理論枠組みと歴史研究に基づいて仮説的解釈を導いたうえで，検証のために調査を実施していった．1970～80年代には学生運動と反原子力運動，女性運動，地域文化保護運動，労働組合，ポーランドの「連帯」労組などがトゥレーヌの調査対象となり（Touraine et al. 1980, 1981），その後，弟子のF. デュベ（Dubet）を中心に学校や移民・貧困層の若者の調査（Dubet 1987），M. ヴィヴィオルカ（Wieviorka）を中心に電力公社や人種差別，テロリズムの調査（Wieviorka 1988）なども行われている．メルッチもまた80年代に若手研究者を率いて，ミラノの新宗教運動やエコロジー運動，女性運動，自主管理社会センターに対する実験的調査を実施していった（Melucci ed. 1984）．

　日本では梶田（1988a）が先駆的にトゥレーヌ理論を行政組織と住民運動の関係に適用し，対抗的相補性論を導き出している．また1990年代になって日本が脱産業社会に至ったという指摘もあり（小熊 2012），近年もフラッシュモブ（伊藤 2011）や東日本大震災以後の脱原発運動（伊藤 2012；中澤 2012）への応用がなされている．また日本の社会的企業やサミット・プロテストへの応用，因果的メカニズム分析への展開については濱西（2016）を参照のこと．　　　　［濱西栄司］

📖 参考文献
[1] Touraine, A., 1978, *La voix et le regard*, Seuil.（梶田孝道訳，2011，『新装 声とまなざし——社会運動の社会学』新泉社.）
[2] Habermas, J., 1981, *Theorie des kommunikativen Handelns*, Suhrkamp.（河上倫逸ほか訳，1985-87，『コミュニケイション的行為の理論（上・中・下）』未來社.）
[3] Melucci, A., 1989, *Nomads of the Present: Social Movements and Individual Needs in Contemporary Society*, Hutchinson.（山之内 靖訳，1997，『現在に生きる遊牧民（ノマド）——新しい公共空間の創出に向けて』岩波書店.）

社会運動へのアプローチ

●社会運動の理論と実証　資源動員論の登場以降，社会運動に関する理論的な命題と実証的な分析をつなぐ研究が志向された．以来，動員構造，ネットワーキング，フレーミング，政治的機会構造，抗議サイクル，行為レパートリーなどさまざまな理論的概念の創出と相まって，これらの概念を経験的にとらえるための多様な分析手法が開発され，社会運動を多角的にとらえる視点が整備されてきた．また，分析手法の標準化に伴い，社会運動の比較分析や，国家（地域）間比較分析なども行われるようになり，理論の洗練化に貢献している．

　今日，社会運動を研究するにあたっては，明確な研究課題の設定とそれに応じた適切な分析手法を選択する必要がある．ここでは，個人の運動参加や意味づけと運動組織，および運動と社会との関係のそれぞれについて，主な手法を紹介していこう．

●運動参加・意味づけ・運動組織へのアプローチ　個人の運動参加に関する理論的アプローチとして特筆すべきは，集合行為のフォーマライゼーション（数学的定式化）である．合理的な個人であれば社会運動に参加せず，その成果にただ乗りするというフリーライダー問題を受けて（Olson 1965），それでも現実に人々が運動に参加するのはなぜか，そして，その集合的帰結は何かについて数理モデルによる精緻化した分析により解明が試みられている（Oliver 1993 など）．

　実証的なアプローチとして，どのような人々が運動に参加するのか一般的な傾向をとらえるのであれば，質問紙調査によって運動参加経験の有無と，社会的属性，保有資源，ネットワーク，社会・政治意識などとの関連を分析する方法が適している．ただし，一般の有権者を対象とした調査の場合，運動参加経験をもつ者が少ないために，しばしば分析に困難を伴う．そこで特定の社会問題の利害関係者を対象として参加の要因を検討する方法や（Walsh and Warland 1983；片桐 1995 など），集会やデモといった運動イベントの現場で参加者に質問紙を配布し，参加者の特徴を記述するという方法も用いられる（Walgrave and Rucht eds. 2010；平林 2013 など）．

　一方で，個人が運動参加に至るまでの詳細なプロセス，参加に際しての動機や感情，あるいは運動参加に付与するライフヒストリー上の意味づけ，参加を通して構築されるアイデンティティなどを考察するためには，少数の人々に対する綿密なインタビュー調査や運動への参与観察が適している．

　個人の参加と同様に，運動組織に焦点を合わせ，組織過程，動員戦略，活動戦略，ネットワークの形成過程（ネットワーキング）をとらえるのも重要な視点で

ある．これには主に，運動のキーパーソンへのインタビュー，参与観察，ドキュメント分析などの方法が用いられる．

運動組織を対象とした質問紙調査も考えられるが，抽出台帳となる組織のリストが存在しない場合が多く，無作為抽出に基づく調査は実施が困難である．そこで，新聞記事や電話帳などに記載されている市民活動団体を対象とした調査が行われてきた（町村・佐藤編 2016；辻中・森編 2010）．なお，社会運動セクターに含まれる組織が特定できるのならば，運動組織間の金銭，人員，情報などの交換関係をもとにネットワーク構造を数量的に分析してセクター全体の特徴を明らかにすることができる（Diani and McAdam eds. 2003 など）．

●運動と社会へのアプローチ　地域社会学や環境社会学などの領域では，社会運動の展開過程や組織連関に関する詳細な事例研究に基づき，運動も含めたさまざまな主体からなる社会全体を包括的にとらえるアプローチがみられる（松原・似田貝編 1976；舩橋ほか 1985；Broadbent 1998 など）．それにより，運動が発生した構造的背景，運動が提示した社会的課題，運動が社会に及ぼすインパクトなどについての考察がなされてきた．

また，社会運動論では当事者と敵対者・研究者のディスカッションによって解釈を共同構築していくという社会学的介入とよばれるアプローチに基づく事例研究もある．これに基づき，社会運動研究から現代社会の変容過程の理論へと昇華させる研究もみられる（Touraine 1978；濱西 2016）．

このほか，政治的機会構造や抗議サイクルといった概念に基づき，社会全体における運動の動態や政治的・社会的影響をマクロな視点からとらえるアプローチもみられる（Tarrow 1998）．例えば，組織生態学に基づき，運動組織の誕生／消滅の動態を数量的に分析するマクロ組織分析がある（Minkoff 1995 など）．また，新聞記事や文書資料をもとに運動イベントの情報（イッシュー，行為形態など）のデータセットを作成し，数量的分析を行う抗議イベント分析もある（Rucht et al. eds. 1999；山本・西城戸 2004 など）．この方法は，一つの社会における運動イベント数の推移や行為形態の変化を政治・経済変動との関連で分析したり，国家（地域）における政治構造と運動との関連を比較分析するうえで有効なアプローチである．さらに，歴史資料の詳細な検討や抗議イベント分析に基づき，長期にわたる争議の政治の変遷や行為レパートリーの変容を分析する研究もみられる（Tilly 2004 など）．　　　　　　　　　　　　　　　　　　　　　［山本英弘］

参考文献
[1] Klandermans, B. and S. Staggenborg, 2002, *Methods of Social Movement Research*, University of Minnesota Press.
[2] 曽良中清司ほか編，2004，『社会運動という公共空間——理論と方法のフロンティア』成文堂．

社会運動組織

●**資源動員論の登場とその背景**　社会運動組織を社会運動研究の分析概念に据えたのは資源動員論である．資源動員論以前の社会運動研究は，R. E. パーク（Park），H. ブルーマー（Blumer），R. ターナー（Turner）などのシカゴ学派の社会学者による集合行動論，N. スメルサー（Smelser）による価値付加プロセス論，W. コーンハウザー（Kornhauser）などによる大衆社会論，J. デイヴィス（Davis）や T. ガー（Gurr）に代表される相対的剥奪論などがあるが，これらは社会運動を非合理的なプロセスとしてとらえ，運動の発生に関する心理的要因を強調した．一方で資源動員論は，不平・不満といった心理的要因は社会に遍在するとし，運動の生起を促進する資源（金銭，施設，労働力）や，社会運動をサポートする良心的構成員の存在が重要であると主張した．その背景には，M. オルソン（Olson）のフリーライダー問題（合理的な個人を前提とした場合，公共財を追求する組織には人々は参加しないでフリーライダーになる）に対する反駁がある．つまり，合理的な行為として社会運動をとらえ，資源があれば公共財を追求する組織による運動が生起するという主張によって，フリーライダー問題に対する対案を提示しようとした．

●**連帯理論と社会運動インダストリー**　資源動員論は，古典的な集合行動論が依拠した「不安・不満を抱えた孤立した個人」が運動の担い手になるという「崩壊モデル」ではなく，社会運動の動員の構造的な組織的要因として，何らかの既存の組織やネットワークの存在を指摘した「連帯モデル」を強調した（Obershall 1993）．例えば，地域の草の根組織や，黒人教会，種々の社会的ネットワークには，共有感情，コミュニケーション回路，動員済みの資源の蓄積，リーダーの存在，連帯行動への参加経験が存在し，既存の集団構造の存在により運動への一人あたりの動員コストが低減するため，抗議活動への動員が効果的になるからである．

さらに，資源動員論は社会運動組織が集まった社会運動インダストリー，その上位概念としての社会運動セクターという概念を提出し，社会運動間の関係をとらえることの重要性を指摘した．そして集合行動論のような群衆ではなく，専門的な社会運動組織の果たす役割を主張している（McCarthy and Zald 1977）．

●**社会運動の類型とグローバル運動による組織概念の転換**　社会運動自体の一般的な定義を，「複数の人々が集合的に，社会のある側面を変革するために，組織的に取り組み，その結果，敵手・競合者と多様な社会的相互作用を展開する非制度的な手段をも用いる行為」（大畑ほか編 2004）としておく．つまり，身近な生活環境や既存の機関，制度，体制，それを支える支配的な価値観の変革をめざ

した多様な形態の集合的な活動が社会運動となり，さまざまなタイプの社会運動が見出せる．H. クリージ（Kriesi）は，組織が何らかの集合財を当局に求めるのか，構成員やクライアントに対して何らかのサービスを提供するのかという軸と，集合行為に構成員を動員する/しないという構成員の直接参加の有無という軸によって，社会運動に関連する組織を，①抗議活動団体，②自助・利他的活動団体，③事業・サービス組織，④代表制政治団体の4つに分類している（図1）．この分類は，組織が集合財を得るための戦略の違いと，個人が集合行為に参加する際に計算するコスト–ベネフィットを決定する組織の誘因構造を踏まえたもので，当局に対抗するという社会運動だけではなく，多様な社会運動組織の類型化を試みている（Kriesi 1996）．

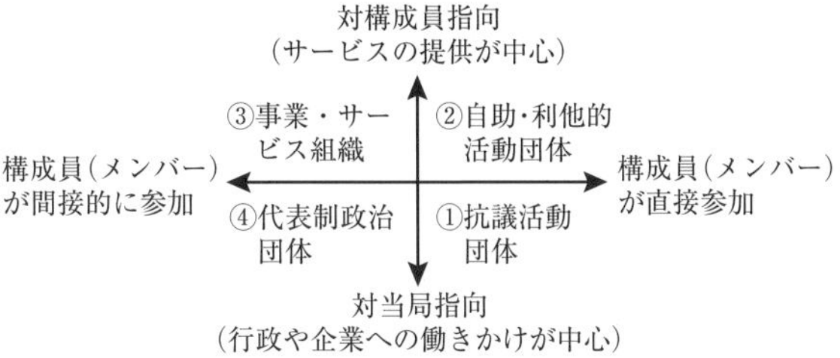

図1 社会運動に関わる組織の一覧
[出典：Kriesi 1996]

ただし社会運動組織の類型は，共通の目標を有し，目標達成のために協働して複数の成員間の役割や機能が分化・統合されている集団としての「組織」を前提としている．だが，アメリカシアトルにおけるWTO反対運動や，G8・G20などのサミットプロテストといったグローバルな社会運動においては，必ずしも共通の目標を有せず，その目標も変化するアフィニティ・グループの集まりによって展開されている．アフィニティ・グループは，直接行動を行う小集団であるが，イデオロギーや問題関心の共有も上下関係も存在せず，気心のあう人々の合意形成に基づき，構成されていることが多い．これらアフィニティ・グループの集まりとしてのグローバルな運動は，それぞれが自律的であるという意味でautonomous movementとよばれるが，これらの運動には，運動の目的を共有し，目標達成のために役割を分担する組織的行動は見出しにくい．K. マクドナルド（McDonald）は，グローバル社会運動におけるアフィニティ・グループの調査のなかで，「自分自身の経験や主体性をめぐって"struggle"する個々人が，同時に同じ場所で互いを承認しあいつつ共在する場として運動を再構築する試み」としての「経験運動」という概念を提出し，グローバルな運動が一つの組織として存在し，そこに人々が動員されるという資源動員論的な発想からの転換を謳っている（McDonald 2006）． ［西城戸 誠］

📖 **参考文献**
[1] 大畑祐嗣ほか編，2004，『社会運動の社会学』有斐閣．
[2] 塩原 勉編，1989，『資源動員と組織戦略——運動論の新パラダイム』新曜社．

運動レパートリー

●**「運動レパートリー」とは何か** 社会運動はさまざまな形式をもって現れる．デモや集会，ストライキやサボタージュというのは比較的よく知られた形式だが，それ以外にも署名集めやロビー活動，シットイン，不買運動，裁判闘争のように比較的穏健なものから，投石や放火，空間占拠，都市暴動，建造物破壊などしばしば非合法とみなされる活動まで，時代や場所によってさまざまな形式が存在する．

運動レパートリーとは，社会運動がこれまでに取って来たさまざまな形式の種類を指している．これは，時代や場所によって変化するだけでなく，その運動に担い手やその政治的目的によっても，さまざまなかたちを取って現れる．この運動レパートリーは，世代や空間を越えて継承され，発展してきた．

「運動レパートリー」という概念を最初に用いた C.ティリー（Tilly）は，歴史社会学の観点から 17 世紀以降のフランスの社会運動を分析している．ティリーは，17 世紀中頃から 19 世紀中頃までの社会運動のレパートリーが，穀物の差し押さえや土地の侵入，機械の破壊など一定の狭い地域に限定され，運動の後援者に依存しつつ，地域の有力者に解決を求めたのに対し，19 世紀中頃からは近代国家が成立し議会政治が制度化される過程のなかで，デモやストライキ，集会などに代表されるように運動レパートリーがより「全国的かつ自律的」になったことを指摘した（Tilly 1986）．

S.タロー（Tarrow）は，1960 年代以降の新しい社会運動（New Social Movements：NSMs）における運動レパートリーの質的な変容を指摘している（Tarrow 1998）．NSMs は，階級闘争に集約される経済的な利害の対立だけではなく，人種主義やジェンダーや性をめぐる差別，反戦運動や反核運動，環境問題など伝統的マルクス主義的な政治の枠組みに収まらない新しい問題を扱った．タローによれば，NSMs は，デモや集会など近代的な運動レパートリーの多くを引き継いだが，その運動レパートリーは，民主主義政治のなかで反復されるうちに，運営するための専門組織を生み出し，政党や市民運動組織のなかで制度化されたのである．

●**政治運動の文化的転回とグローバル化** 1960 年代から 70 年代の NSMs の発展期の運動レパートリーには多様な文化的実践が加えられている．特に反戦運動や公民権運動，そして 68～69 年を頂点とする学生運動は，政治闘争であるのと同時に，ライフスタイルをめぐる世代間闘争であり，音楽やファッション，映画などが重要な役割を果たした．メディア文化産業が後期資本主義の重要な構成要素

となるにつれ，文化はそれ自体で自律した政治のヘゲモニー抗争の場となったのである．

冷戦構造終焉後，本格的にグローバリゼーションの時代が始まると，南北問題や環境問題，貧富格差の拡大など新しい社会問題が登場した．特に1999年にシアトルで開催されたWTO会議に対する反対運動は会議を中止に追い込み，問題を可視化したという点で一つの転換を象徴的に示すものだが，運動レパートリーの観点からみても新しい動向を示すものだった．

シアトルの反WTO運動は，デザインやパフォーマンスを全面的に導入したLGBTのエイズ差別反対運動であるACT UP，音楽やダンスパーティーを結びつけたサウンドデモなどによる路上占拠を通じて環境問題を訴えてきたリクレイム・ザ・ストリーツ（RTS），自転車によるデモを行うクリティカル・マスなど世界各地の都市部で広がっていた祝祭性の高い運動が集結する場所でもあった（Shepard and Hayduk 2002；毛利 2004）．

2000年代の運動レパートリーの変化を考える際に，インターネットの普及が果たした影響は大きい．反グローバリゼーション運動のレパートリーの共有においては，インターネットは「下からのグローバリゼーション」の道具として重要な役割を果たした．また，ホームページへの攻撃や情報ハッキングなどウィキリークスやアノニマスに代表されるハクティビズムも拡大している．

2010年代に転機となったのは2011年の「ウォール街を占拠せよ（Occupy Wall Street）」という空間占拠運動である．ソーシャルメディアを通じた情報拡散と参加者の動員，そして広場や公園などの空間占拠という運動レパートリーは，2010年から2012年に広がった「アラブの春」，2013年トルコのタクシム広場占拠，2014年香港の「雨傘革命」，台湾の「ひまわり学生運動」など近年共通してみられる．いずれも運動の母体となる中心的組織が存在せず，さまざまな属性をもった匿名の人々がソーシャルメディアを通じてネットワーク化されている点にその特徴がある（五野井 2012）．

●グローバル・アクティビズムと日本への影響　運動レパートリーは，時代や空間によってさまざまなバリエーションをもつが，同時にたえず国際的な連携のなかで時代や空間を越えて継承されてきた．この傾向はインターネットの普及によって強まっている．日本においても2003年のイラク戦争の反対運動や東日本大震災以降の反原発運動，そして2015年の安全保障関連法案に対する反対運動にみられる，音楽やデザイン，ファッションなどの積極的な利用に，シアトルWTO反対運動以降の運動レパートリーの発展の影響をみることができる．　　　［毛利嘉孝］

📖 参考文献
[1] タロー，S./大畑裕嗣監訳，2006，『社会運動の力——集合行為の比較社会学』彩流社．
[2] 毛利嘉孝，2004，『文化＝政治——グローバリゼーション時代の空間の叛乱』月曜社．

社会運動と権力

●**社会運動と権力との関係——歴史的類型** 今日では，社会運動と権力とは分断できないものだと考えられている．とりわけ社会運動が国家と対峙する場面では，権力に対抗する行為として運動が概念化される．しかしこうした関係の成立は，比較的新しい．また今日では，両者について，これ以外の関係のあり方が指摘されている．

社会運動が，国家権力に対抗する行為と概念化されるのは，近代以降のことである．ここでは，二つの要件が充足されなければならなかった．一つは，近代国家が，市民生活に対して大きな重圧を加える存在となること，もう一つは，市民が，国家に対して対抗する主体であるという自己認知を獲得することである（Tilly et al. 1975）．この二つの要件を満たして，近代国家は社会運動による抵抗の対象となった．国家同様，人々を圧迫する存在として19世紀から20世紀に大きな注目を浴びたのが資本家である．資本主義的経済生産の拡大に伴い，資本家による労働者の搾取という事態が深刻化するなか，労働者が資本家に対してついに対抗を始める．K.マルクスとF.エンゲルスはこの事態を考察する過程で労働者による権力の奪取とその後の権力構造の解体を予測する（Marx und Engels 1848；Marx 1875）．社会運動が明白な敵手を想定する行為として概念化されるのは，こうした歴史的な展開を経てのことであった．

他方，社会運動が常に権力奪取を希求していたかというと，そうではない．社会運動の定義にもよるが，西欧中世でしばしば起こったとされる，パン屋を襲撃しパンを奪取する行動は，国家や資本家の領域とは無関係なところで起こった運動であろう．現代でも，中南米などでよくみられる建物の無断占拠運動（squatting）も，時には権力と無関係な領域で行われる．

また，国家に対抗する姿勢を明白に取るものの，権力奪取を行わない運動も存在する．1968年，パリの五月革命，1969年のイタリアのあつい秋など「反システム運動」（Wallerstein 1991）とよばれる運動，近年では，メキシコのサパティスタ民族解放軍による運動は，「権力を取らずに国家を変える」運動として論じられる（Cleaver 1998；Holloway 2002）．このように，社会運動と権力との関係は一様ではない．また歴史的にも変化を遂げてきた関係である．

●**社会運動理論のなかにおける権力** 社会運動と国家との実体的関係が，そのまま社会運動論の研究のなかに見出せるかといえば，そうではない．第二次世界大戦後の1960年代，社会運動理論を牽引したのは，革命と国家の関係に関する探求であろう．ここでは，社会運動は国家体制の崩壊によって助長され，同時に国

家権力構造の解体に貢献するものとして概念化される（Skocpol 1979；Goldstone 1986）．

　国家権力対運動という概念化は1970年代に入り，資源動員論の登場とともに消滅していく．資源動員論が運動の「なぜ（why）」ではなく「どのように（how）」を探求することに関心を集中するあまり，問題の発生から運動形成への過程での資源に傾注してしまったからだ（Walder 2009）．

　権力から目をそらすかたちで進んだ運動論の展開は，いわゆる運動の文化的側面に関する研究でも，見出される．1990年代のフレーム論や集合的アイデンティティ論，さらには心理学的な研究においても敵手は理論構築の前提とされてはいるが，実際には，これらの理論は，運動側の認知過程や変化に関するものであり，敵手は理論の一部とはなっていない．

●**グローバルな権力——社会運動と権力の現代的展開**　20世紀終盤から概念化が始まったグローバルな社会運動研究領域では，新しい権力概念が登場したように思える．すなわち，トランスナショナルな権力，さらにはグローバルな権力である．

　前述したマルクスにあっては，資本家はグローバルな権力者であった．なぜなら，資本は国境を超えて自己展開するからである．この考え方が，現代の権力論のひとつの柱を構成する．すなわち，20世紀後半から西欧先進諸国を中心に推し進められた新自由主義経済政策とそれに対抗する途上国という構造図式が，権力をめぐる現代の社会運動の一側面である．

　もうひとつの柱は，国境を跨ぐ社会運動である．20世紀中盤に構想された社会運動は，一国内で起こる社会運動であった．現代の社会運動は，国家が異なれども同じ考えをもつ活動家同士が連携し，共通の敵に対抗するという姿である．かくして，不安定な雇用や就労・労働を余儀なくされる人々は，国境を超えて「プレカリアート」となる（Berardi 2009）．「3.11」にみられるように，アメリカを頂点とする「世俗主義的な」国家は，「イスラム原理主義者」の共通の敵となる．G8サミットまたIMFや世界銀行の閣僚会議などを格好の機会として進められるサミット・プロテストに代表されるように，複数の先進国家が担う世界的な権力と国家を跨いで連帯する社会運動という構図が，まさに現代世界を彩る構図である．

［野宮大志郎］

📖参考文献

[1] Berardi, F. "Bifo", 2009, *Precarious Rhapsody*, Minor Compositions.（櫻田和也訳，2009，『プレカリアートの詩（うた）——記号資本主義の精神病理学』河出書房新社．）
[2] Marx, K. und Engels, F., 1848, *Das kommunistische Manifest*.（大内兵衛・向坂逸郎訳，1971，『共産党宣言』岩波書店．）
[3] Skocpol, T., 1979, *Statese und Social Revolutions: A Comparative Analysis of France, Russia, and China*, Cambridge University Press.

社会運動とメディア

●**社会運動とメディアの連携と断絶** 社会運動とメディアを論ずるなら，芸能の風刺表現や一揆における幟や旗の利用などまで検討対象に含みうるが，本項では特に近代メディアとして新聞，放送，インターネットなどに注目する．そして具体的な社会問題が時代ごとにどのようなメディアにどのように表現されてきたかを概観しながら，社会運動とメディアの連携と断絶に生じている問題を確認する．

J. ハーバーマス（Habermas）は，17〜18 世紀における印刷メディア，特に新聞の発達により，国家とも市場とも異なる領域（＝市民的公共圏）で形成される世論（公論）が社会を動かすようになったと論じた（Habermas 1990）．当時，ジャーナリズムは民衆の側に立ち，民主主義の拡大に寄与する役割を担った．しかし 19 世紀から 20 世紀にかけて，公共圏とジャーナリズムは次第に国家権力と大資本に侵食され，その批判的な機能が衰えていく．その後，20 世紀前半から発達したラジオ，テレビは，当初から商業放送として大衆的娯楽の色彩を強く帯びるか，あるいは公共放送・国営放送として国家の管理下に置かれ，社会運動からは距離があった．

1960 年代に高揚したアメリカの公民権運動は，既存のメディアでも大きく報じられ，体制変革をめざす社会運動がマスメディアを利用する可能性を示した．しかし一般にマスコミは，特定の運動を一時的にクローズアップし，ひいては資源の動員に寄与することはあっても，長期的には大衆の関心を運動からそらせる方向に働きがちである．それに対して，ビラやタウン誌などのミニコミ，さらに低出力のラジオや自家製ビデオなどの〈小さなメディア〉を運動のために活用することの重要性と有効性が，小型ビデオカメラのような視聴覚機器の普及と相まって，ますます広く認識されるようになる．こうしたオルタナティブなメディア実践は，マスメディアが形成する公共圏からは排除されていた社会の周縁にいる人々の声を伝え，「対抗公共圏」のネットワークを形成し，1970 年代以降「新しい社会運動」の萌芽を随所に伝えた（Touraine 1978）．さらに公民権運動から生まれたメディアへのアクセス権の思想は，北米においてケーブル TV を媒体としたパブリック・アクセス制度に結実した（Barron 1973）．この制度はその後，韓国でメディアの労組と市民の言論民主化運動の共闘の成果として公共放送に義務づけられた．ラテンアメリカの鉱山労働者の労働運動に端を発する参加型のコミュニティ・ラジオも，1980 年代以降に欧米のみならずアジアやアフリカを含む多くの地域で制度化され，公的な地位を確立するに至っている．日本でも成田空港や新幹線の建設，ダムや産廃処分場など土木公共事業をめぐる環境問題にお

いて，良心的ジャーナリズムが起点となり，社会運動が展開する契機となった．

●**民主主義を支える非営利かつ多元的価値**　近年，グローバリゼーションの拡大とともに，世界的な貧困の偏在や移民社会における多元的価値の共有が深刻な問題となってきている．そうした問題の解決のため，協同組合やNPO/NGOなど非営利・非政府のアソシエーションによる社会運動が改めて注目され，市民社会の基盤となる「社会関係資本」（ソーシャル・キャピタル）を形成する装置として期待されている（Putnam 1993）．それらの運動の展開に不可欠なインフラとして，すなわち市民社会における民主的なコミュニケーションを可能にするものとして，①非営利，②非政府，③地域や特定の関心への密着を特徴とする「コミュニティメディア」（オルタナティブメディア，市民メディア）が脚光を浴びている．生活世界の価値や多元性を確保し，地域の問題解決への情報を自治的に集約し，議論の場を提供する双方向のメディアが，社会運動と連携し民主主義の土壌を涵養することが期待されているのである．公共性に寄与する公益的な存在として信頼をいかに築くのか，商業性や市場性と離れながら運動を持続させる財源をどこに確保するのか，マス・ジャーナリズムといかに連携できるか．さまざまな問題を抱えながらも，コミュニティメディアは現在，世界的な広がりをみせ，その活動に公共財源を拠出する仕組みも各国で整備されつつある．

●**電子空間の社会運動**　インターネットの発達は既存の商業メディアの収入を損ない，メディア業界の再編を促す一方，運動とメディアをめぐる新たな局面を開いた．イラク戦争で注目を浴びたブログ・ジャーナリズムのように（Waltz 2005），社会運動の当事者からの情報が電子空間に蓄積される今日，メディアは諸個人によって相互作用的に生み出される集合的アイデンティティの集積所となり，市場から離れたグローバルなネットワークの〈結び目〉の役割を果たす（Melucci 1989）．住民ディレクターや市民記者は，少数者や社会運動に寄り添い，コミュニティジャーナリズムを形成し，G8など重要な国際会議の際には市民自身がメディアセンターを用意するようになった．2010年末には野菜商の若者の自殺に始まるチュニジアでのジャスミン革命がFacebookやTwitterを介しエジプトやリビアなど，中東に広範囲に拡大，アラブの春とよばれる大規模な民主化運動に展開した．さらに2014年の台湾のひまわり運動やそれに続く香港の雨傘運動も，若者たちがインターネットと語学力を駆使した国際的な発信力で共感を得た（港 2014）．そして各地で政府情報の非公開やメディア産業寡占に対する抵抗運動が，社会運動として意義をもつとの理解が進んでいる．　　　　　　　［松浦さと子］

📖 **参考文献**
[1] ハーバーマス, A./細谷貞雄・山田正行訳, 1994,『公共性の構造転換（第2版）』未來社.
[2] トゥレーヌ, A./梶田孝道訳, 2011『新装 声とまなざし──社会運動の社会学』新泉社.
[3] ベリガン, F.編/岩田 温ほか訳, 1991,『アクセス論──その歴史的発生の背景』慶応通信.

非暴力的抵抗

●非暴力的抵抗の由来と展開　非暴力的抵抗とは，暴力を使わずに，さまざまな手段を用いて，権力の支配に抵抗し，一定の目標を達成することをいう．市民的抵抗，市民的不服従などの類似語があるが，用語の対象が同じ場合であっても，その行為が何を最も重視しているかに着目して，区別して使用される．非暴力的抵抗は，暴力ではなくその他の手段を使って行われる行為に使われる．市民的抵抗は，権力の支配や権力の行使に抗して市民が行うものであることを重視し，市民的不服従は，権力の恣意的な権力行使には従わないことを重視する場合に使われる．非暴力的抵抗の場合にも，非暴力を手段として考える場合と非暴力を倫理原則として徹底する立場の両方が考えられるであろう．

　非暴力は，すでに『旧約聖書』において説かれているし，仏教，ヒンドゥー教，ジャイナ教，イスラム教などにおいても古くから重視されてきた．今日，非暴力的抵抗の原点をM. K. ガンジー（Gandhi）の関わったインド民衆の解放運動，イギリスからの独立運動に求めるのは，彼が非暴力を政治の分野で展開したことによる．彼は，多くの宗教の教えに基づいて，生命体を殺してはならないと考え，何よりも真理＝神（サチア）に従って（グラハ）行為する道を選択し，自身の生活様式を確立していった．そこから，敵対的な権力者であっても暴力を加え殺してはならないという非暴力的抵抗が，敵対する権力に対する非協力，不服従が導き出されてきた．ガンジーによれば，支配者の物理的暴力に対して非暴力的抵抗は，「魂の力」をもって対抗し，敵対者に暴力をふるうことなく，彼らを転換していくことをめざす．したがって非暴力的抵抗にとっては，「魂の力」が強力なものになると同時にキリスト教のいう「普遍的な愛」のようなものになることによって，それが大衆の共感をよび，受け入れられていくことこそが，何よりも大切なことである．ガンジーは，非暴力的抵抗が受動的な運動ではないことを強調するために，非暴力が人々の臆病を覆い隠すために使われてはならないことを注意している．

　非暴力的抵抗は，アメリカ南部で活動していた牧師M. L. キング（King）によって継承された．彼は大学の一年生のときに，H. D. ソロー（Thoreau）の『市民的不服従』を読んで非暴力の考え方に興味をもった．その後神学校でハワード大学学長の講演を聞いて，ガンジーの非暴力に接し，その考えを深めていった．当初彼にとっては，非暴力は知的考察の対象の次元にとどまっていた．しかし1950年にモンゴメリーで起きた有色人種差別のバスボイコット事件において，キングは非暴力の思想をボイコット運動において具体化する道を選んだ．その後

彼の行った非暴力の人種差別撤廃運動，公民権運動は，多くの人々を引きつけ，1963年の公民権法の成立につながる成果をあげ，彼は銃弾によって倒れるまで，非暴力の抵抗運動をリードすることを止めなかった．

●**非暴力的抵抗と人類生存の危機**　キングの非暴力的抵抗の特徴は，彼の著書『自由への大いなる歩み』（1958）に従って，次の6項目にまとめられることが多い．第一は，暴力に頼ることなく邪悪なものに抵抗することである．第二は，敵対者を貶めるのではなく，敵対者の理解と友情を求めることである．第三は，敵対するのは，邪悪な行為に関わる人ではなくて，行為そのものである点である．第四は，非暴力的抵抗に関わる人々は，自らが蒙る受難を復讐することなく進んで受け入れなければならないことである．第五は，抵抗者は「精神の内的な暴力」をも拒否して，愛によって動機づけられていなければならないことである．そして第六は，正義は宇宙にあるとの信念に支えられて未来に希望を託さなければならない．彼の非暴力的抵抗は，時代状況に対応するものである．暴力が人類全体の生存を危うくしている事態を踏まえて，それなるがゆえに暴力ではなくて，未来に希望をもって非暴力を選択したのである．

●**非暴力的抵抗の現代的・世界的展開**　その後も世界各地で非暴力的抵抗は行われたし，現に行われている．その主なものは，N. マンデラ（Mandela）の率いたアパルトヘイト反対運動，L. ワレサ（Walesa）をリーダーとした連帯運動，V. ハヴェル（Havel）を代表者としたフラワー革命，アラブの春，オキュパイ運動，台湾のサンフラワー運動，香港の雨傘革命などをあげることができる．アメリカのスワスモア・カレッジの非暴力データベースには，世界中の多くの運動の事例が収録されている．

　非暴力的抵抗の実践と研究に関しては，G. シャープ（Sharp）の貢献を忘れることはできない．シャープは，キングの非暴力的抵抗の研究から出発して，それをわがものとするとともに，抑圧者の権力の源泉，被抑圧者の服従がどのように調達されるのかを社会科学的に研究した．その結果，権力の源泉は，実は被抑圧主体にあり，後者が前者に与えたものであることを発見した．権力は，この権力の移譲を容易にするさまざまなシステムをもっている．それらを作動させて，権力は一枚岩であって，それを突き崩すのが難しいと考えさせる．したがって非暴力的抵抗は，それによって権力は被抑圧者の側にあり，抑圧者の権力は彼らが権力に委譲したものであることを明らかにすることにほかならない．　　　　［矢澤修次郎］

📖 **参考文献**

[1] Sharp, G., 1973, *The Politics of Nonviolent Action*, 3 vols., Porter Sargent.
[2] Sharp, G., 2010, *From Dictatorship to Democracy: A Conceptual Framowork for Liberation*, Alvert Einstein Institution.（瀧口範子訳，2012，『独裁体制から民主主義へ——権力に対抗するための教科書』筑摩書房．）

社会学的介入

●社会に介入する社会学の背景　社会学的介入は，社会学者と社会，研究者と当事者（社会的活動の担い手）との関係に関する概念である．近代社会・産業社会を観察し行為の意味をふりかえることを使命として生まれた社会学は，中立性を確保したうえでの社会認識を志向する一方で，社会形成のダイナミズムへの積極的な介入をも志向した．A. コント（Comte）や H. スペンサー（Spencer）は，自らの理論形成が，歴史の進化に寄与すると想定していた．É. デュルケム（Durkheim）は社会学の認識作用を強調し，M. ウェーバー（Weber）は，社会学者の責務と政治家の責務とを峻別した．

K. マルクス（Marx）や A. グラムシ（Gramsci）における社会への介入には，社会を変革するという意図が組み込まれていた．当事者は，社会的資源から引き離された弱者もしくはマージナルな立場にいる人である．知識人は，抑圧され搾取された人々の側に立ち，知的な認識を当事者にもたらし，当事者は，知識人によってもたらされた知的認識に基づき，自らを解放する行為へと向かっていくというものである．しかし，20世紀の二つの世界大戦を経て，管理化・プログラム化され，同時にネットワーク化された（常に変化していく）ポスト産業社会は，こうした救済のモデルがもつ困難を浮かび上がらせた．

●社会運動への社会学的介入　A. トゥレーヌ（Touraine）が考案した社会学的介入は，社会運動として生起していく行為とそこでの社会的関係をとらえるために，行為者たちの「語り」以上に「自己分析」を重要視し，行為者たち同士を厳密な研究条件下に置き，議論と熟考のための空間を構築した．そこでは，研究者たちが社会的活動の担い手たちと直接関わり，行為者たちが自らの活動を社会運動として理解していく手助けをする．社会運動（声，行為）と社会学（まなざし，分析）との往復運動によって，自らの内に在る歴史的役割へと行為者自身を導くことを企図していた（Touraine 1978）．

トゥレーヌらは，この社会学的介入の方法に基づき，学生運動，反原子力運動，地域主義運動，またポーランド「連帯」運動などのなかに入り込み，一定期間にわたって行為者との会合の場を設け，社会学者は仮説を提示しつつ助言を行い，行為者は自らの闘争についての自己分析を行っていった．

例えば反原子力運動への介入においては，①行為者によって構成されるグループが，対話者（運動の支持者，敵手，専門家，政治家，組合活動家，産業界の人々，エコロジストなど）と議論する．②社会学者は，行為者グループを助ける役割と，距離を保ちコメントする役割とに分かれて，行為者自らによる行為の条件と意味

についての分析を促す．③社会学者は仮説を立て，行為がもつ最も高次な意味を示し，この視点からの行為の理解を促す．④社会学者は報告文を作成し，行為者たちと討議し，ここでの分析が行為者たちの実際の行動プログラムにどのように還元されるのかをみていく（Touraine 1980）．

　この方法は，価値中立的に「ありのまま」をとらえようとする方法でもなければ，活動を改善するための手段でもない．社会学者は，最初から自分たちの分析内容を開示し，個々の行為者もまた自己分析を深め，相互のやり取りのなかで分析がつくりなおされていく．集団による膨大な時間とエネルギーを必要とするが，社会学者と行為者が取り結んだ社会関係をも含めて分析観察する方法でもある．完全には関心の重なり合わない二つの主体がそれぞれに分析を行い，相補的に知的創造を行うための場を人工的につくることで，二つの立場の間の矛盾を乗り越えることを企図したものである．

　トゥレーヌは，運動の基盤が脆弱であるか強固であるかよりも，その創造力にこそ意味があり，異議申し立て運動のなかで生起する文化と社会の発明こそが重要だと考え，社会的な異議申し立て運動と文化的革新行為が一体となった文化的かつ社会的運動を見出そうとした（Touraine 1980）．

●**社会学的介入の展開**　トゥレーヌの共同研究者 F. デュベ（Dubet）は社会的経験の研究への応用を試みている（Dubet 1994）．そのほか，社会に介入するという流れのなかには，社会学や社会調査の理論と実践について膨大な議論を積み重ね，社会学上の新しい事実発見と解明によって都市コミュニティへの寄与を企図した初期シカゴ学派，あるいは，K. レヴィン（Lewin），P. フレイレ（Freire）らの流れを汲むアクション・リサーチ，臨床社会学分野におけるナラティヴ・セラピーなどがある．

　W. F. ホワイト（Whyte）は，「社会学的介入」に対して，「外部から組織やコミュニティの内部にもち込まれる，ある何ものか」に対して，「コミュニティもしくは組織に出現する可能性をもち，またしばしば現に出現する」ところの「社会的発明」を提示した（Whyte 1982：訳233-4）．調査研究の方法そのものを，眼前の問題に応答するなかで革新し，その方法自体を「発明」していくという発想は，トゥレーヌの弟子であり「社会学的介入」の批判的継承を図ったA. メルッチ（Melucci）の未発の社会運動に関する「リフレクシヴな調査研究」とも共鳴する（Melucci 2000b）．　　［新原道信］

参考文献
[1] Touraine, A., 1978, *La voix et le regard*, Seuil.（梶田孝道訳，2011，『新装 声とまなざし――社会運動の社会学』新泉社.）
[2] Touraine, A., 1980, *La prophétie anti-nucléaire*, Seuil.（伊藤るり訳，1984，『反原子力運動の社会学――未来を予言する人々』新泉社.）
[3] Dubet, F., 1994, *Sociologie de l'expérience*, Seuil.（山下雅之ほか訳，2011，『経験の社会学』新泉社.）

都市社会運動

● **社会運動の地域的基盤——その変容**　都市社会運動とは，何らかの変革に向け都市で発生する社会運動である．都市化が進展した現代でこそ，社会運動が都市で起こるのは当たり前にみえる．だが，農業や村落が社会の圧倒的大勢を長く占めた人類の歴史において，社会運動や革命とはまずは農民が起こすものであった．それゆえ集合行動の歴史社会学的研究もまた，農村や農民を対象とするケースが多かった（Tilly 1978；Skocpol 1979）．ではなぜ都市と社会運動なのか．またいつ頃から都市なのか．都市が城壁や堀を備えた軍事施設であった時代，体制を揺るがす「敵」は基本的に都市の外部にあった．しかし産業化の進展とともに都市は巨大化し，内部に労働者，資本家，雑業層，中間層など多様な階級・階層を抱え込むようになる．やがて都市は，支配体制に挑むさまざまな実践が展開する主要な場へと浮上する．そのもっとも印象的な事例がパリを舞台とする一連の市民革命であった．多様な利害が複雑に絡み合いながらも人々を集合的実践へと駆り立てていく装置としての都市に関する研究や洞察は，その後の都市社会運動研究にも広く基盤を提供する（Lefevbre 1965；喜安 1982）．

　しかし単に都市で起きるだけならば，現代の運動はどれもみな都市社会運動ということになってしまう．ならばあえて都市という形容を社会運動に加える必要はない．にもかかわらず，「都市社会運動」という概念が市民権をもつようになったのはなぜか．

● **なぜ都市で社会運動なのか**　都市社会運動論に連なる考え方は，興味深いことに同じ 1960 年代，北米やヨーロッパ，日本という異なる場所で独自にその研究の扉が開かれた．単に都市化の結果，社会運動が都市で多数起きただけではない．重要なのは，都市という場がもつ特性が社会運動のあり方自体にも大きな影響を及ぼしたことである．

　第一に，大幅に生産力を増強させた資本主義経済は，利潤蓄積をめざしてさらなる拡大をめざすなかで，集中や過密，環境破壊といった問題を発生させたが，それはとりわけ都市問題という形をとった．第二次世界大戦後における開発主義の台頭は，とりわけ都市開発を世界的に加速させた．その結果，「都市への権利」という考え方は，H. ルフェーブル（Lefevbre 1968）が指摘したように，同時代の異議申し立ての根拠としてこの時代の社会運動を広く基礎づけていく．

　第二に都市問題は，生産過程における矛盾として姿を現しただけでなく，膨大な人々が自らの生命と労働力を再生産するために不可欠な集合的消費手段の不足という形をとった．学校，各種インフラ，公園，道路といった公共財の供給に

は政府・自治体が深く関わる．それゆえ集合的消費手段の拡充を求める運動は，地方自治体や政府を対象とする住民自治の動きと重なっていく（Castells 1972）．高度経済成長期の日本でも，公害・環境汚染に反対をしたり不十分な公共施設の整備を求めたりする住民運動や自治体民主化の動きが，特に大都市郊外で叢生した．

第三に，都市問題は，人種民族や階級階層，ジェンダーといった多様な差異と交錯しながら都市空間を分断し，都心周辺や郊外などそれぞれの場所で複合的な問題を引き起こした．長年の黒人差別により劣悪な生活環境のコミュニティが都心周辺に集中したアメリカでは，厳しい人種対立がたびたび発生した．そのため公民権運動は大きな高まりをみせ，草の根からの改革をめざすコミュニティ・アクション運動が注目を集めた（Alinsky 1969）．

M. カステル（Castells）は，都市社会運動を「都市の意味」の再定義をめざす運動と位置づけたうえで，台頭する社会運動は，諸階級間の力関係の変化を基礎としつつも，社会組織に変化をもたらす独自の集団的営為とみなすことができると主張した（Castells 1983）．ルフェーブルの都市論にも触発された似田貝香門は，構造変動の波にさらされながらも多様な住民が集合的行為主体として形成され，そこから住民運動が生成されていく過程を緻密に論じた（松原・似田貝編 1976）．

●**再び都市へ向かう社会運動**　社会運動はなぜ都市と独特の関係を結ぶのか．要約すると，第一に，運動発生の原因となる構造的矛盾が都市において集中して発生すること，第二に，非通念的なサブカルチャーの生成を促す傾向をもつ都市的環境は社会運動の組織化に対してプラスの影響をもたらすこと（Fischer 1976），そして第三に，都市には人材や集合できる空間，メディアなど運動を進めるうえで有利となる資源が多数存在することが指摘できる．

2000年代に入り，社会運動は再び都市へと向かいつつある．新自由主義的な政治動向の下，労働運動など既存の運動が弱体化していく一方で，アクティビズムを引き取る新たな現場として「ストリート」が世界的に前景化されてきた（毛利 2009）．「アラブの春」，ニューヨークの「オキュパイ運動」，香港の「雨傘運動」，そして日本の脱原発や安保法制をめぐるデモなど，ストリートを取り戻す動きが世界各地で目撃される．だが都市の街頭は同時に，テロやヘイトスピーチといった排他主義的な集合行動の現場でもあった．都市における社会運動はしばしば厳しい監視や統制の対象とされる．都市空間の商業化が進むなか，パブリックスペースを自由な言論や行動，ネットワーク形成へといかに開いておくことができるか．公共性や寛容性，承認の問題を考えるときにも，それを支える物的基盤の存在を忘れることができない．　　　　　　　　　　　　　　　　　　　　　　　　［町村敬志］

📖 **参考文献**

Lefebvre, H., 1968, *Le Droit à la ville*, Anthropos.（森本和夫訳, 1969,『都市への権利』筑摩書房.）

未発の社会運動

●**社会運動の可視性と潜在性**　A. メルッチ（Melucci）は，惑星社会の諸問題に応答する社会運動の潜在的局面をとらえることを課題とした．惑星社会論は，システム化やネットワーク化による社会の可能性のみならず，自然や資源の有限性，グローバル化した社会の統治性の限界に着目する現代社会論である．惑星社会の諸問題は，個々人においては「生体的関係的カタストロフ」の問題として現れる．不満，不安，苦悩，アルコール依存，薬物依存，病，狂気，自殺など，社会的に生み出された個々人の痛みは，未発の状態として滞留し，ある日突然，可視的な出来事として噴出する．身体はシステム化と体験の根源性が衝突する闘技場であり，社会運動はシステムの諸装置と個々人の情動の境界領域に現象する．

　F. アルベローニ（Alberoni）が提起した「発生期」概念は，社会運動における可視的な動きである集合行為と不可視で潜在的な動きである情動的な体験との間のダイナミズムを表そうとするものだった（Alberoni 1968）．構造分析と心理分析を架橋するという革新的な試みではあったが，生成期・成長期・沈静期という線形の枠組みのなかで社会運動をとらえる傾向をもっていた．

　これに対して，メルッチは，微細かつグローバルな網の目の動きが，多方向へとひろがっていく蓋然性を有する「未発の状態」に着目した．集合行為を整合的な実体としてとらえるのではなく，政治的動員などの可視的局面と日常生活における体験などの潜在的局面の両面をとらえる必要がある．動員と運動そのものは異なるものであり，可視的な動員が起こっていない局面においても，管理や支配への抵抗，社会の問題への応答力が，個々人や集団の経験のなかに存在しており，特定の条件下でのみ可視化する（Melucci 1989）．それゆえ，可視的な動員の背後にある「不可視の行為」（Melucci 1982：40），社会運動の「可視性と潜在性との間の生理的結合」（Melucci 1989：訳77）のダイナミズムを理解するには，個々人の声にならない未発の状態を「聴くこと」が重要であるとした（Melucci 2000a）．

●**未発の社会運動**　「未発の社会運動」は，個々人の内面，特定の二者間，そして三者間（集合行為）における関係性の動態を感知することを主眼とした概念である．この概念によってとらえるべきは，いまだ十分な知覚や自覚とならない，生理的・感情的プロセスなども含めた微細な動き，いくつもの可能性が「生まれつつある，生起しつつある（nascenti, nascent）」の動きであり，下記の「毛細管現象」「胎動」「交感」「未発の社会運動」という４つの局面として理解される（新原 2014：12-6, 42-56）．

　①毛細管現象は，特定の個人の深層で起こり，生体的関係的カタストロフのな

かで，心身の現象として現れる．

　②胎動は，これまで構造やシステムに組み込まれることで確保していた生活が，その生活の「安定」や「豊かさ」の代償に生存そのものが危機に瀕するという状況（リスク）を察知・体感したとき，身体に刻み込まれた社会の構造から，ぶれてはみ出すことで起こる．これは，個々人のなかで，集団のなかで，地域のなかで，一つの微細な兆候（シグナル）でしかないが，同時多発的に，非規則的に，雑唱のかたちで起こることによって，多重で多層，多面の胎動として現象化していく．

　③交感は，「他者，差異，還元できないものを承認する」こと，「差異のただなかで，ともに・生きていくことの責任/応答力とリスク」を無償かつ無条件に引き受けるかたちで起こる（Melucci 1996：訳 177-8）．

　④未発の社会運動とは，上述した個々人の内なる変動を伴って，「かたちを変えつつ動いていく」人間が，「見知らぬ明日」に直面し，ぶつかり，つらなることで起こる（Melucci 1996：訳 79）．一つの可視的な動きのなかに，個体間の相互作用とそれぞれの深層における潜在的なうねりが存在している．

●惑星社会の諸問題に応答するために　惑星社会の「網の目」のなかでは，「自らの弱さを識る」（Melucci 2000a：訳 6）ことから特定の他者を必要とし，絶えず自己をつくりかえていくような主体の，「予見しえない重要性を潜在的に秘めた小さな個々の仕事」が，かえって社会そのものを突き動かす可能性となる（Melucci 1996：訳 vii）．限界や変化を受け容れる個々人の身体の内なる声を「聴くこと」によって，惑星社会の諸問題に応答する未発の社会運動にふれる（新原 2007：221-2）というメルッチの方向性については，中村雄二郎が早くから注目し（中村 1992），イタリアでは常に重要視されてきた（Bovone 2010；Chiaretti e Ghisleni 2010）．鹿野政直の「未発の一揆」（鹿野 1988：129），色川大吉の「未発の契機」（色川 1995：547），鷲田清一の「『聴く』こと」（鷲田 1999）などにも，方向性の重なりを読み取ることができる．

　「FUKUSHIMA 以降」の複合的な問題への応答は，惑星社会の問題として世界的に注視され続けている．人々の情緒や情動的な体験の動きの場に居合わせ，当事者や調査メンバー間の対話のなかで，開かれた理論と方法をつくろうとする「リフレクシヴな調査研究」（Melucci 2000b）はきわめて有効となるはずである．

［新原道信］

📖 参考文献
[1] Melucci, A., 1996, *The Playing Self: Person and Meaning in the Planetary Society*, Cambridge University Press.（新原道信ほか訳，2008，『プレイング・セルフ――惑星社会における人間と意味』ハーベスト社．）
[2] Melucci, A., 2000b, "Verso una ricerca riflessiva"（横浜にて録音）．（新原道信訳，2014，「リフレクシヴな調査研究にむけて」新原道信編『"境界領域"のフィールドワーク――"惑星社会の諸問題"に応答するために』中央大学出版部：93-111．）

経験運動

●**経験運動概念の生まれた背景**　冷戦の終結後，人やモノのグローバルな移動が進み，運動はますます国境を越えた広がりをもつようになった．とりわけ市場・競争中心の新自由主義的グローバル化に対して，正義・平等中心のグローバル化を主張するオルタ・グローバル化運動は，1990年代以降，南米，アフリカ，アジア，イスラム圏，共産主義圏も含め世界中で盛り上がりをみせるようになる．そこでは，異なる運動経験・歴史・文化が混ざりあい，またそれぞれが多種多様な運動・組織・組合・個人から構成されているので，運動全体に一つの目標や集合的アイデンティティが隅々まで共有されるということはない．抗議行動もブロックごとに分かれて多様性を許容するイベントや合同デモが中心となり，その経験の解釈や位置づけもそれぞれ異なってくる．それゆえ，国家単位で理論を構築し，西欧の経験・歴史を一般化するような「新しい社会運動」論も，また共通の目的を有する組織ととらえられる部分に焦点を限定する集合行為論や資源動員論も，現代のグローバルな運動を正面から扱うことが困難になりつつあった．そこでK.マクドナルド（McDonald）が新たに提起した概念が，「経験運動」である．

●**経験運動とは何か**　社会運動論を，運動の因果的メカニズムを明らかにする中範囲理論的研究（資源動員論など）と，歴史的な理論枠組みに基づいて運動の意義を解釈する研究に大別した場合，経験運動概念は，「新しい社会運動」論と同じく，後者の系譜に位置づけられる（濱西 2008）．この概念は，A.トゥレーヌ（Touraine）の文化運動概念を，F.デュベ（Dubet）の「経験の社会学」を踏まえ，「拡張」したものである．それゆえ，まず文化運動論と経験の社会学から説明する必要があるだろう．

　「新しい社会運動」論者として有名なトゥレーヌは90年代以降，近代・ポスト近代の思想史を振り返り，自身の理論を根本的に再構成していく．彼によれば西欧近代のモダニティは合理化と主体化——理性と主体，ルネサンスと宗教改革——という，相反する二つの文化的指向性から構成されており，それらを結びつけるものとして産業社会期に「社会」という観念がつくり出された．だが，20世紀後半の市場主義的グローバル化と，反作用としてのナショナリズムや排外主義の盛り上がりによって「社会」は解体へ向かい，近代の諸制度は衰退し，社会化の機能も失われていく．二つの文化的指向性が完全に分裂し，西欧近代の脱近代化と，「社会」の解体が進むなかでは，たとえ「新しい」と形容されようと，もはや「社会（全体を動かす）運動」は困難であり，トゥレーヌはむしろ脱制度化・脱社会化のなかで苦しむ個人の個性化・主体化とそれを保護・支援する場（文

化運動）に目を向けるようになる（Touraine 1992；Bauman 2001b）．また弟子のデュベは社会的排除や制度解体に悩む若者・生徒の複雑な「経験」そのものを分析し，「経験の社会学」を構築していった（Dubet 1994）．ただし，いずれの場合も個人の主体性・経験と集合的な実践との結びつきが，グローバル化された世界/運動状況を踏まえて，十分に理論化されているとは言い難かった．

そこで，マクドナルドはまず経験の社会学に基づいて若年・非正規雇用者の排除経験を分析したうえで，ストリートや拒食症の若者の調査から新たに身体性や空間性などの要素を見出していく（McDonald 1999）．さらに彼は，その若者たちが後に参加していったオルタ・グローバル化運動に関する調査も進め，自身の経験や主体性をめぐって悩み闘う個々人が同時に同じ場所で互いを承認しつつ共在する場として経験運動を位置づけていく．実際，一つの集合的アイデンティティや組織が存在せずとも，また多様な文化・歴史を背景とする個人・集団であっても，限定された時間・空間に共在し，出来事を一緒に経験し，互いの存在は承認しあう関係が存在するなら，集合的な現象は主観的かつ客観的に形成されうる．彼によれば，このようなグローバル化による個人・集団の行為や経験の変容に，従来の諸概念は対応できていない．それゆえ西欧近代という一つの文明的基盤・時代に依拠する「社会運動」の時代は終わり，現在の紛争を経験運動の観点から「再概念化」する必要があると主張するのである（McDonald 2004, 2006）．

●**経験運動概念と事例**　経験運動概念は，オルタ・グローバル化運動以外にもイスラム原理主義運動や南米の反新自由主義運動（サパティスタ），中国の気功集団に適用され（McDonald 2006），近年ではSNSなどを介した運動（McDonald 2015）にも応用されている．日本でも地域通貨運動（濱西 2005）や若年非正規労働者の運動（橋口 2011）の分析に活用されている．

またその土台にある文化運動論は女性（Touraine 2006）や障害者，ホームレス，性的少数者などマイノリティの自助・支援運動の分析（Touraine 1999）に適用され，さらに人種差別やテロリズムにおける暴力（Wieviorka 2004），サパティスタ（Le Bot 1997），世界社会フォーラム（Pleyers 2010）などの研究にも応用されている．

そのほかにも，文化運動論，経験の社会学，経験運動論は，フランス国立社会科学高等研究院の社会学的介入・分析センターなどに関わるトゥレーヌの後継者らを中心にさまざまな運動・問題・制度の分析に応用されている．　　［濱西栄司］

📖 **参考文献**
[1] Dubet, F., 1994, *Sociologie de l'expérience*, Seuil.（山下雅之監訳，濱西栄司・森田次朗訳，2011,『経験の社会学』新泉社.）
[2] 橋口昌治，2011,『若者の労働運動——「働かせろ」と「働かないぞ」の社会学』生活書院.
[3] 濱西栄司，2016,『トゥレーヌ社会学と新しい社会運動理論』新泉社.

メディア・アクティビズム

●メディア・アクティビズムとは　社会変革や既存システムの解体や組み替えのために，さまざまなメディア・表現手段を活用して積極的に介入していく実践的な運動であり思想である．多くの場合，メディアやコミュニケーション制度の民主化や公共性を確保する運動と連動して実践される活動の総体を指す．

　メディア・アクティビズムに活用されるメディアおよび表現方法は，フラッシュモブを含む身体表現から，ジン（少部数で発行する手づくりの冊子），ミニコミ紙，機関誌などの印刷媒体，ステッカーやポスター，グラフティといった公共空間でのグラフィック表現，ラジオ・テレビといった電波を利用したもの，さらに映画やビデオ映像まで，あらゆるジャンルの表現が含まれる．また既存メディアや商業主義に対抗するカルチャー・ジャミングも，メディア・アクティビズムの重要な一形態であり，これらは，互いに複雑に絡み合いながら展開され，ひとつの表現文化をなす．

　WEB2.0が一般化した2000年代半ば以降は，インターネットを活用したメディア・アクティビズムが主流を占めている．SNSを活用した情報の拡散や動画の活用のほか，商業資本によるメディアやコンテンツの独占または寡占からの脱却をめざした方法論，例えば，Wikipediaやクリエイティブ・コモンズ・ライセンス，オープンソースといったインターネット文化を浸透させる動きも活発である．これらはインターネット・アクティビズムとよばれ，技術開発と運動が同時に進行するという特徴をもっており，政治的な動機による不正アクセス，ハッキングなども，その一類型とみなされる．

●進化するメディア・アクティビズム　メディア・アクティビズムの歴史は，メディアそのものの歴史と同じくらいの長さをもっているとの考え方があるが（Waltz 2005），社会運動のなかで強く意識されるようになったのはごく最近であり，コミュニケーションの権利やアクセス権とともに浸透してきた．1970年代以降，欧米を中心に，反論権やパブリック・アクセスを求める運動が高まり，世界コミュニティラジオ連盟（AMARC）が設立された．また自由ラジオなどの海賊放送なども台頭した．韓国では，民主化運動の過程で，公共放送の受信料不払い運動が広がり，言論の自由を求めるメディア運動が活発化した．

　1990年代に入ると，デジタル技術の進歩により，印刷や映像の制作手法が変化し，インターネットや携帯電話が登場した．これに伴い，市民による情報の拡散が容易になり，社会運動におけるメディア・アクティビズムの意味が劇的に変わる．アメリカの有力紙ワシントンポストは，ミャンマーの民主化運動を描いた

映画《ビルマVJ》を評して，かつてはマスケット銃や石であった革命の「武器」が，現代では，携帯電話のカメラになっていると表現したように，メディアが社会運動を拡大する重要なツールと考えられるようになる．

社会変革のためにメディア活動や表現活動を行うメディア・アクティビストの存在が顕著となり，主流メディアとは異なる立場で情報の発信を行うオルタナティブ・メディアも急増している．また，メディア・アクティビズムの実践の過程では，脱中心的な思想が重視されているため，コミュニケーションの平等を実現することを目的とした，女性や少数民族，外国人といったマイノリティに対するメディア教育に力を入れる動きも活発化している．

●メディア・アクティビズムの実践　社会運動においてメディア・アクティビズムが存在感を示したのは，1999年のシアトル世界貿易機関（WTO）閣僚会議である．メディア・アクティビストらがシアトル市内にメディアセンターを設置し，インターネットを通じて，主流メディアが伝えない活動家の声やデモの様子を世界に発信し，世界中の反グローバル運動をつなぐ役割を果たした．

民主化運動におけるSNSの活用が注目を集めたのは，2011年のアラブの春である．チュニジアの「ジャスミン革命」や「エジプト革命」はともに，運動の中心を担っていた若者らがFacebookを活用し，運動が拡大したとされる．またYoutubeやTwitter, WikiLeaksといったメディアも重要な役割を果たしたとみられる．

アラブの春に影響を受けたアメリカのオキュパイ・ウォールストリートもSNSが大きな役割を果たした．呼びかけたのは，長年，カルチャー・ジャミングの活動を展開してきたカナダの雑誌『アドバスターズ』の創始者K.ラースン（Lasn）であった．オキュパイ行動に参加した若者のほとんどがネットメディアを通じて関わりをもったとされる．

アジアにおいては，韓国や香港などでメディア・アクティビズムの活動が活発である．韓国では2008年，米韓自由貿易協定（FTA）によるアメリカ産牛肉輸入再開問題をめぐり，100日間もデモが続いたが，一般市民や独立系メディアによるインターネット中継が世論に大きな影響を与えた．また，2014年に香港で起きた「雨傘革命」および台湾の「ひまわり学生運動」でも，SNSでの情報発信が活発化する一方，政府と運動側が双方でサーバ攻撃をしかけるなど，情報戦の様相を呈した．

日本においては，2011年の3.11以降，マスメディアへの不信からオルタナティブ・メディアへの関心が高まり，Ustreamやツイキャスなどを利用した市民のよるライブ配信が浸透し，原発再稼働に反対する官邸前抗議行動や安保法制反対デモ，沖縄・高江の米軍ヘリパッド抗議行動などで多用されている．　　　［白石　草］

📖 参考文献

[1] 細谷修平編，メディアアクティビスト懇談会，2012，『メディアと活性――What's media activism?』インパクト出版会．

社会運動ユニオニズム

●**社会運動としての労働運動** 先進社会において，遅くとも 19 世紀には本格的に誕生した労働運動は，当時次第に影響力を強めつつあった社会主義思想にも影響されて，労働者が働く職場の労働条件を改善することにとどまらず，資本主義社会を根本的に改革することを志向していた．一般に，社会運動を複数の参加者がその欲求を充足するために行う集合的行為と規定するならば，このような控えめな定義によっても，労働運動は社会運動の一つとして把握されるものであったといえよう．19 世紀以来の労働運動は，とりわけ資本主義の初期においては，労働者の物的な生活条件を改善することが主要な目的であったことはいうまでもない．しかし，20 世紀の後半に至ると，多くの先進社会においては，労働者の生活は大きく改善され，19 世紀にみられたような著しい貧困はかなりの程度克服された．さらに，巨大な社会勢力となった労働運動は，その組織も官僚制化し，組織化の対象から外された女性やさまざまなマイノリティの利害関心から乖離するようになってしまった．いわゆる「新しい社会運動」は，労働運動という「古い社会運動」にとって代わり，その限界を告発する社会運動として，女性解放運動，エスニシティ運動，環境保護運動，あるいは平和運動などのさまざまな形式をとって展開された．この結果，労働運動は社会運動領域のなかでも片隅に追いやられてしまうこととなる．

しかし，グローバル化が進展するとともに，国境を超えて活動する多国籍企業によって雇用が大きく失われ，移民労働者の増加によって不安定雇用に置かれる労働者（プレカリアート）(Standing 2011) が増えたことを背景にして，従来の労働運動は守勢に立たされることになった．その結果，いわゆるビジネス・ユニオニズムという，すでに組織された組合員へのサービスだけを追求する運動スタイルにとって代わり，例えば従来は組織化の対象とはされてこなかった移民労働者を大規模に組織化し，相対的にマージナルな立場に置かれた労働者の利害関心を実現するために，社会制度の改革を志向する労働運動が現れてきた．20 世紀末以降，主として先進社会において台頭した，このような新しいタイプの労働運動は，停滞していると考えられてきた労働運動を再活性化（revitalization）するものであり，社会運動ユニオニズムとよばれる．

●**社会運動ユニオニズム** 社会運動ユニオニズムには，いくつかの顕著な特徴が確認される．まず，その主体は移民労働者などのマージナルで不安定な労働者（いわゆるプレカリアート）である．この点に関して，日本においては例えば，若者，女性，あるいは外国人から構成される非正規労働者が，その主体として注

目されよう．組織については，しばしば官僚制化した労働組合の自己変革と，労働組合とは異なる新たな組織の台頭によって特徴づけられる．例えば，アメリカ合衆国においてみられる労働者センター（worker center）（Fine 2006）とよばれる，しばしば移民コミュニティを基盤にした新たな労働者組織や，労働NGOの参入が，その特徴として指摘される．このように，従来から存在する労働組合にとどまらない多様な組織とそのネットワークによって，社会運動ユニオニズムは展開される．さらに，従来労働運動が組織化の基盤としてきた製造業にとって代わって，社会運動ユニオニズムが活性化しているのは，さまざまなサービス産業にほかならない．この点は，移民労働者の多くが就労している場が，サービス産業であることを背景にしている．戦術については，コーポレート・キャンペーン（corporate campaign）といわれる特定の企業を厳しく告発し，その「反労働者的な」行為を公共の場に暴露する運動スタイルと，一般の市民に対して社会正義（social justice）を訴え，運動に対する共感を得ようとする戦術が採用される．換言すれば，社会運動ユニオニズムにおいては，「公共圏」を形成しようとする運動スタイルが試みられているともいえよう．加えて，方向性については，コミュニティに基礎を置いた組織活動にみられるようなローカルな志向性と，移民や多国籍企業を意識したグローバルな方向性とがともに確認されるといえよう．

●**課題と展望**　もっとも，先進社会において，労働運動の再活性化を示すとされる社会運動ユニオニズムにも，いくつかの制約と課題が確認されよう．まず，アメリカ合衆国に顕著にみられるように，雇主と草の根保守派との抵抗が依然として根強く，それが運動に対する大きな制約になっていることが指摘できよう．さらに，社会運動ユニオニズムが展開されている産業が，サービス産業に限定されるように，その効果も依然として限定されることは否めない．加えて，アメリカ合衆国における労働者センターや，日本における個人加盟ユニオンにみられるように，その資源の限界が指摘できよう．すなわち，人的および経済的にこれらの組織は，大きな制約に直面している．このように，さまざまな制約を伴うにもかかわらず，社会運動ユニオニズムはかつて「新しい社会運動」論において批判された労働運動にとって代わる新たな運動として，一定の可能性をもった労働運動のスタイルを提示しているといえよう．例えば，多くの自治体において「生活可能な賃金（living wage）」の制度化や，最低賃金の大幅な引き上げなどのかたちをとって，社会運動ユニオニズムは社会制度の改変に貢献しているといえよう．

［山田信行］

📖 **参考文献**
[1] 山田信行，2014，『社会運動ユニオニズム――グローバル化と労働運動の再生』ミネルヴァ書房．
[2] Chun, J. J., 2009, *Organizing at the Margins: The Symbolic Politics of Labor in South Korea and the United States*, ILR Press.

13. 対立とコンフリクト

　私たちの生活世界は,「対立とコンフリクト」に満ちている.
　「対立とコンフリクト」は,個人と個人の間,集団と集団の間に生じるばかりではない. ひとりの個人の意識のなかにも現出するし,個人と集団(社会)の間にも現出する. また「対立とコンフリクト」は,異常な状態とみなしうる場合もあれば,むしろそれが平常な状態である場合もある. 顕在していてわかりやすい場合もあれば,潜在していてわかりにくい場合もある. それがもたらしたものを結果として考えれば,ある価値からしてマイナスと評価される場合もあれば,プラスをもたらしたと評価される場合もあるだろう.
　社会学は,社会秩序の形成に関心を傾注してきたが,それを裏返していえば「対立とコンフリクト」の問題を考えてきたということでもある. この章では,原理的な問題から実践的な問題までを視野に入れて,社会学が培ってきた「対立とコンフリクト」に関わる理論を拾い出してみよう.

[早川洋行・町村敬志]

ホッブズ問題

●**パーソンズの問題提起**　ホッブズ問題とは，T. パーソンズ（Parsons）が，共通価値の分有による社会統合という理論構想の基礎に据えた問題機制であるが，その後多くの社会学者によって肯定的・否定的の両面から取り上げられることにより，社会学の理論構想をめぐる共通の出発点を名指すものの一つとなった．

したがってこの「問題」は，理論構想の出発点に置かれる仮説的命題であって，T. ホッブズ（Hobbes）思想の内在的解釈の問いとは本来，別である．もしもホッブズ解釈問題をいうならば，パーソンズによるそれは過度の「単純化」を含み「不正確」であるかもしれない．しかし，過去の学説を再解釈（時に都合よく単純化）することを踏み台としてそこから自らの理論構想を打ちたてることは，学説史上繰り返されてきたことであって，皮肉にもそのことはパーソンズ自身に対してそれ以後の理論家が行ったことでもある．

このようなパーソンズによる仮説的命題＝ホッブズ解釈としてのホッブズ問題とは，以下のようなものであった．ホッブズは，人々の「自然状態」を「万人の万人に対する闘争」であるとし，個々人がそれぞれの利益のために手段を選ばない状態からの帰結であるとした．したがって彼は，個々人の生存権などの基本的人権を守るためにも，人々は自らの自然権の一部を唯一無二の「主権」に譲り渡すことに合意（契約）し，この主権が絶対的な拘束力を人々に及ぼすことによってのみ，この悲惨な野蛮状態は回避されることになる，といった．これに対しパーソンズは，絶対主義国家の正当化に至るような，こうした理論構成は満足すべきものではないと考え，むしろ人々の相互依存の自覚による共同秩序の構成へ，という道筋を探究すべきあるとした．そして，この道筋の全体像の一方の極に，分有された共通価値があるという前提を措定したのである．

●**近代思想としての位相**　パーソンズは，社会学の対象は，相互行為のシステムとしての社会システムであるとし，その他のシステムはこの社会システムとの関連において位置づけられると主張しつづけたが，その秩序化の機制として，分有された共通価値の論理をキーとなる枠組みとして導入した．ところが，この社会システムと価値（文化）システムとの関係性については，特に社会の側から内在的に価値へと至るその理論構築の内実が彫琢されていたとは必ずしもいえなかった．彼の関心は常に一般理論の構築という目標（位相）に注がれていて，それは時に中身のない外枠だけの抽象的な議論であるようにもみえたのである．共通価値が「実体」として存在し，それが秩序化の源泉となる構想であるという印象はそこからも生じ，彼以後のさまざまな研究者による批判もそこに集中した．

ホッブズの理論構成は，今日からみると，バラバラな個人の国家への直接的な関係を想定する近代初期の啓蒙主義的な発想につらなり，パーソンズの場合は19世紀の社会（中間）集団の再発見という「社会学的イデオロギー」(Parsons 1974-75) のプロジェクトの論脈につらなるともいえよう．重要な点は，パーソンズにおいて「ホッブズ問題」が，功利主義批判という文脈に位置づけられていたことである．『社会的行為の構造』(1937) において，この「問題」は，実証主義と理念主義との創発的統合としての「主意主義的行為理論」の構成という構想のなかで，実証主義の重要な一変型としての功利主義への批判という論脈に置かれた．つまり，自己（個人）利害の貫徹という目的のみを追求するためになされる，合理的な「契約」に限定された構想への批判である．こうした合理性の基準は，たしかに規範の一種ではあるが，きわめて限定されたそれであり，それ以外の規範の広大な領域が視野にないという意味で不十分である．正統性の根拠のさまざまな類型 (M.ウェーバー [Weber]) や「契約における非契約的要素」(É.デュルケム [Durkheim]) という論点を考えた場合，この不十分性は明白になるとされた．

　ホッブズ問題に関連して，パーソンズが必ずしも言及していないにもかかわらず，彼の理論構想の全体像からみて重要なもう一つの論点は，社会の「一元論的」説明への批判である．彼は，経済還元主義や実証主義的な「遺伝・環境」による一方的規定力の主張に対してだけでなく，主観的な意志の力や集合意識の規定力のみによる説明の両者を批判することに，自己の理論構想の出発点を置いていた．全体社会をさまざまなセクターに分析し，それらの間の相互浸透関係から社会をみる図式の彫琢は，こうした出発点から真っすぐに発展する延長上にある．この点からみると，ホッブズ問題は，政治権力の，それも暴力装置の独占や合理的計算のみに基づくその一元的支配の貫徹こそが，社会秩序の要諦であるとする見方への批判であった．

●秩序問題への接近　ホッブズ問題は，社会的秩序はいかにして可能かという，社会学における秩序問題でもある．パーソンズの解答は，ウェーバー，デュルケムらの解釈のうえになされたその古典的な解答となった．それだけに，この論点は，反パーソンズや非パーソンズ，ポスト・パーソンズを含めた諸理論における理論構想の焦点となった．この「問題」にどう応えるかによって，それぞれの社会学流派はその独自の理論構想を示し，いわば存在意義を証明しようとしたのである．この「問題」は，言い換えれば，権力や暴力装置の独占による「秩序」か，それとも市民社会的な合意によるそれか，という問題に関わる．その意味では，コミュニタリアンかリバタリアンかといった政治哲学や多文化主義と市民社会論上の諸主題とも原理的なレベルでつながるのである．ホッブズ問題に対するパーソンズ的解釈のいわば重力圏は深く広い．それは規範理論そのものの範囲と重なっており，そこから真に抜け出ている理論は多くない．エスノメソドロジーや全体としてのルーマン理論くらいであろうか．　　　　　　　　　　　［油井清光］

理念と利害関心

●**後期ウェーバーのプロジェクト** 社会学において理念（ideas）と利害関心（interests）の二分法を定式化したものとしては，M. ウェーバー（Weber）の次の文章が最も有名である．

> 人間の行為を直接に支配するものは利害関心（物質的ならびに観念的な）であって理念ではない．しかし，「理念」によってつくり出された「世界像」は，きわめてしばしば転轍手として軌道を決定し，その軌道に沿って利害のダイナミクスが人間の行為を推し進めてきたのである（Weber 1920a：訳 58）.

『経済と社会』とともに後期ウェーバーの2大プロジェクトをなす『世界宗教の経済倫理』（引用はその「序論」より）において，彼は歴史における理念的要因の解明に課題を限定した『プロテスタンティズムの倫理と資本主義の《精神》』（Weber 1904-05）のアプローチを拡大し，理念的要因と物質的要因の双方向の因果関係を分析しながらアジアの諸宗教と長期的社会変動の関係を比較した．マルクス主義的な唯物史観を批判して近代化における宗教の役割を強調した社会学者という通俗的イメージとは異なり，ウェーバーは理念と利害関心の複雑な相互作用を軸に社会変動を説明しようとしたのである．

●**理念と利害関心の相互作用** 上記の引用文は隠喩的な表現にとどまっているものの，ウェーバーの宗教社会学的著作からこれに対応する次のような説明モデルを読み取ることができる．宗教的達人（祭司・預言者など）によって形成された宗教理念は宗教的世界像および宗教倫理の形で提示され，宗教的大衆（平信徒）は自分の利害関心に適合するものをそのなかから選択する傾向がある（選択的親和性）．達人的宗教意識は大衆の支持を獲得するために彼らの欲求に多少とも譲歩せざるを得ないが，信徒に受け入れられればエートスとして身体化され，彼らの生活態度のあり方を規定する．その際，物質的利害関心と観念的利害関心（救済や生の意味づけへの欲求）の双方に関して，彼らの利害状況は所属する社会層によって強く規定されているので，支配的な宗教意識の担い手層の性格は当該社会の発展（合理化）にとってきわめて重要である．

このように理念の力は特定の利害関心と結びつかない限り現実化し得ない一方，利害関心のあり方は理念と世界像に刻印されたエートスを通して水路づけられる．世界像は行為者に目標とそれを達成するための手段を提示する形で状況を定義することによって，いわば利害関心自体の内容をも規定するのである．他方，理念と利害関心を媒介し行為の文脈を設定する「軌道」を「制度」と読み替えることもできる（Lepsius 1990；Schluchter 2009）．とりわけ苦難からの解放を約束

する救済宗教は，心情倫理の方向に合理化されるにつれて，固有法則性を備えた「価値領域」として制度化・自立化していき，信徒に独自の倫理的要求を課すことによって経済・政治・芸術などの現世的価値領域と鋭く対立する．

●**歴史的事例とウェーバー以後の展開**　以上のようなモデルが適用された典型的な事例を『ヒンドゥー教と仏教』(Weber 1921) におけるインドのカースト制の発展の分析にみることができる．その概略は次のとおりである．インドの正統的宗教であるヒンドゥー教は王権から独立した祭司身分であり高貴な知識人層でもあるバラモンを担い手とし，彼らの身分的な利害関心に応じて合理的（非情緒的）救済論を発展させたが，大衆の生活態度へのその影響は限られたものだった．バラモンは他方で自らの地位の正当化と臣民の馴化に関心をもつ政治的支配層と協力して，カースト制に理念的基礎を与えることでその拡大に貢献した．輪廻と業（因果応報）の教説を信じる者にとって，現在のカースト義務を忠実に履行することが来世でより高いカーストに生まれ変わるための前提となるから，信徒が物質的利害関心を追求する限り，既存のカースト秩序を変革する動機は生まれてこない．こうして合理的な宗教的思弁から生まれた世界像は人々の利害関心に支えられてカースト制を強固に持続させることになったのである．救済に関する不平等などを現世の身分構造に結びつけてとらえる「有機体説的社会倫理」としての業の教説は，宗教と政治の緊張関係を妥協によって解消するものであり，神の意思に基づいた現世の合理的改造をはかるピューリタニズムとは対照的に，社会構造の硬直化をもたらした．

　理念／利害関心の二分法はウェーバー以後の社会学にも刺激を与えてきた．T. パーソンズ (Parsons) が行為システムの4つのサブシステム（文化システム，社会システム，パーソナリティ・システム，行動システム）の間に想定したサイバネティック・ハイアラーキーは両者の相互関係をとらえ直したものとみることができる（高城 1986：280）し，P. ブルデュー (Bourdieu) はウェーバーの宗教社会学から示唆を得て「資本」や「界」の概念の彫琢によって利害関心の多元性に関する理論を精緻化した (Bourdieu et Wacquant 1992：訳153ff.)．いずれもウェーバーの洞察を宗教以外の領域に拡張し一般化する試みといえよう．また，S. N. アイゼンシュタット (Eisenstadt) の「軸文明」論は宗教的世界像の制度化による社会変動の軌道の規定というウェーバー的視点を比較歴史社会学において継承するものである (Eisenstadt 2003)．　　　　　　　　　　　　　　　　［田中紀行］

📖 **参考文献**
[1] Weber, M., 1920, *Gesammelte Aufsätze zur Religionssoziologie*, Bd. I, J. C. B. Mohr.（大塚久雄・生松敬三訳，1972，『宗教社会学論選』みすず書房；大塚久雄訳，1989，『プロテスタンティズムの倫理と資本主義の精神』岩波書店．）
[2] Weber, M., 1921, *Gesammelte Aufsätze zur Religionssoziologie*, Bd. II, J. C. B. Mohr.（深沢 宏訳，2002，『ヒンドゥー教と仏教』東洋経済新報社．）

疎外

●**疎外概念の生まれた背景** 疎外とは，人々にとって何らかのもの・ことが疎遠なもの・よそよそしいものとなることを示す言葉である．それは，もともとは財産や権利を譲渡するという意味合いで用いられた言葉であったが，G. W. F. ヘーゲル（Hegel）によって自己（例えば神のような絶対精神）の意思が外在化され物質化されるといった意味で用いられた．そして初期のK. マルクス（Marx）によって疎外は，労働に関わる事態として定式化されて流布されるようになった．

●**四重の疎外論** マルクスは，1844年に書いた『経済学・哲学草稿』の第一草稿の四において，資本主義社会における労働者の「四重の疎外」を論じた．すなわち，労働者は，①労働生産物から疎外され，さらに②生産活動からも疎外され，その結果，③（人間の）類的存在からも疎外されて，最終的に④（他の）人間からも疎外される，と論じられた（④を①〜③のまとめにすぎないとして「三重の疎外」と解釈する人もいる）．「疎外された労働は」——マルクス自身の言葉を引用すれば——

> 人間の類的存在を，すなわち自然をも人間の精神的類的能力をも，彼にとって疎遠な本質とし，彼の個人的生存の手段としてしまう．疎外された労働は，人間から彼自身の身体を，同様に彼の外にある自然を，また彼の精神的本質を，要するに彼の人間的本質を疎外する．（中略）一般に，人間の類的存在が人間から疎外されているという命題は，ある人間が他の人間から，またこれらの各人が人間的本質から疎外されていることを，意味している（Marx [1844] 1932）.

こうした点から，疎外は，自己疎外や人間疎外などとしても知られている．

●**疎外論と物象化論** このような疎外の概念は，科学的社会主義観，すなわち経済決定論的で発展段階的な史的唯物論や，土台と上部構造からなる社会構成体論を柱とする旧来のマルクス主義の図式においては見失われてきた「人間的な」若きマルクスの考えを示すものとして，西欧の思想家たち（例えばF. パッペンハイム [Pappenheim 1959] やE. フロム [Fromm 1961] など）によって評価された．そして，1960年代の学生運動においても「人間性の喪失」を批判する視点として，それゆえ「人間性の回復」という標語にもつながって，特に若い世代に支持された．

しかし，マルクスはこの疎外論の後に記した「フォイエルバッハに関するテーゼ」の六で，「人間の本質とは，個々の個人の内部に宿る抽象物なのではない．それは，その現実の在り方においては，社会的諸関係の総体なのである」（Marx und Engels 1845-46）と記した．それゆえ，マルクスは社会的諸関係を除いて「本来の」「失われた」人間性なるものがどこかに存在していると考えていたわけではない，とするマルクス内在的な批判もある．

　この批判は，失われた人間性の回復といった人間主義的ないしは本質主義的な疎外論的発想よりもむしろ，貨幣の物神性で知られているような『資本論』(Marx 1867-94) でも展開される「物象化」こそがマルクス思想の核心であると考える主張に深く関わっている．つまり，貨幣が物に対して「購買力」をもつかのようにみえるとしても，それは人と人との関係が物と物との関係として立ち現れる資本主義社会（生産者・販売者・消費者などの関係を考えるとわかりやすいだろう）の特性であり，そこに着目した物象化論こそが，マルクス思想の要であるという見方である．

　それゆえに，物象化は単に人が物のように扱われて疎外されるということではない．物象化とは，もの・ことの生成——特に社会学理論的には，過程である相互行為や社会関係が固定的・物象的な社会関係として立ち現れる機制——を問うための概念である．廣松渉が「疎外論から物象化論へ」という表現で着目したのは，この点である（廣松 1969, 1983）．

●**疎外論と社会学**　とはいえ，社会学では，社会生活を営む人々のもつ「疎外感」は無視し得ない．そうした疎外感や無意味感などが，社会変革を促すこともあるからである．それゆえ，人々の実感レベルをとらえる言葉としては，疎外という言葉が現代社会においても一定の意義をもっているというべきであろう．したがって，社会学では，疎外論と物象化論とをともに社会理論に取り込もうとする努力もなされた．

　真木悠介（見田宗介）の『現代社会の存立構造』(1977) や P. L. バーガー (Berger) らの「物象化と意識の社会学的批判」はそうした試みでもある．バーガーらは「疎外とは創造活動と創造物との統一性がうち破られる過程のこと」と定義し，物象化を「物性という特性が客観的な現実の基準になるような疎外過程における契機のこと」とした（Berger and Pullberg 1965）．あるいはさらに，主観的な疎外感を測定したり，労働現場での疎外状況を描き出したりする実証的な試みも，社会学ではしばしばなされてきた．その意味でも，疎外という概念は一定の社会学的意義を持ち続けてきたといえよう．　　　　　　　　　　　　　　　　　　［西原和久］

📖 **参考文献**
[1] Marx, K., [1844] 1932, *Ökonomisch-philosophische Manuskripte aus dem Jahre 1844*, V. Adoratskij Hg., Marx-Engle.（城塚　登・田中吉六訳，1964，『経済学・哲学草稿』岩波書店.）
[2] Pappenhaim, F., 1959, *The Alienation of Modern Man*, Monthly Review Press.（粟田賢三訳，1960，『近代人の疎外』岩波書店.）
[3] Fromm, E., 1961, *Marx's Concept of Man*, Frederick Ungar.（樺　俊雄訳，1977，『マルクスの人間観』第三文明社.）

ルサンチマン

●ニーチェ哲学とルサンチマン論　ルサンチマン（ressentiment）は嫉妬や怨みが鬱屈した心理状態をいうフランス語である．ドイツの哲学者F.ニーチェ（Nietzsche）が後期の代表作『道徳の系譜』（1887）の中心概念として用いたことで，現代の人文社会科学が広く共有する概念となった．

ニーチェは西欧近代社会の中心的価値を問い直したが，その批判が科学の客観性，歴史の進歩，人間の自由意思や主体性といった根本問題に及ぶためか，近代社会の学としての社会学がニーチェ哲学から取り出しうる理論・概念は多くない．「超人」「永遠回帰」「力への意志」といったニーチェ特有の哲学概念も経験科学としての社会学の対象外である．そのなかで，ルサンチマン論は近代市民道徳の成立要因論として命題化が可能であり，道徳や思想の存在被拘束性という知識社会学上の関心に応え，現代的な応用可能性にも富んでいる．ルサンチマン論はニーチェ思想において最も社会学になじみやすい理論といえる．

●ルサンチマンと奴隷道徳　ニーチェのいうルサンチマンは，支配される弱者が支配する強者に対して抱く反感，怨恨および復讐心を指している．強者に対して現実世界で対抗できない弱者が，それでも強者に復讐しようとするとき，ルサンチマンが特異な創造力を発揮する．すなわち，新たな想像上の世界をつくり出して立場を逆転するのである．この想像世界こそ「神のもとの平等」を説く道徳である．この道徳のもとでは，現世において高い者は「悪人」として低められ，低い者は「善人」として高められる．ルサンチマンは「価値の転倒」を引き起こすというのである．

ニーチェは近代市民社会の平等主義的道徳の起源にキリスト教道徳を想定し，その背景として，古代ローマ帝国のもとで存亡の危機にあったユダヤ民族の苦難を指摘する．とりわけパウロ（St. Paul）の教えは，強く高貴な者たちを称える従来の「主人道徳」（君主道徳）を逆転させ，弱く賤しい者たちこそを「善き者」とする，ルサンチマン的な「奴隷道徳」の典型である．「力なき，卑しき，悩める，貧しき，病める，醜き者こそ神に愛される」という教えは，現実世界において強く美しく幸福な者こそは地獄の火に焼かれるべきという，「最後の審判」の復讐心と一体なのである．

主人道徳における価値が自己肯定・自己賛美の直接的産物であるのに対して，奴隷道徳における価値は他者（対立者）の否定という媒介的屈折を必要とする．すなわち，強者にとっては「自分たちはよい（＝優）」という自己肯定が先にあり，その付随物として「あいつらはわるい（＝劣）」が意識される．これに対して，

弱者にとってはまず先に「あいつらはわるい（＝悪）」という反感・怨恨による他者否定があり，その反動としてはじめて「自分たちはよい（＝善）」という意識がつくり出される（Nietzsche 1887）．こうして貴族の肯定的・能動的な価値（「優劣」）は奴隷の否定的・反動的な価値（「善悪」）によって置き換えられることになる．ニーチェはこの「価値の転倒」を「道徳上の奴隷一揆」とよび，その刻印は近代の市民道徳や民主主義，社会主義の思想に及ぶと考えた．

●**ルサンチマン論の応用と展開**　ニーチェのルサンチマン論を正面から継承したのはM. シェーラー（Scheler）である．シェーラーはルサンチマンとキリスト教の関連性こそ強く否定したものの，西欧近代の市民道徳の駆動要因としては積極的に肯定し，社会主義思想にプロレタリアート大衆のブルジョアジーに対するルサンチマンを認めている（Scheler 1915）．シェーラーのルサンチマン論は道徳・思想・観念体系と社会構造の関連性を問う知識社会学として展開された．例えば，「形式的には平等だが実質的に大きな格差のある近代社会は身分制社会以上にルサンチマンを生みやすい」といった社会学的な命題を通して経験的研究への示唆に富んでいる．

シェーラーの指摘するとおり，現代社会はルサンチマンが広く一般化しやすい状況にある．平等意識が高まる一方，地位やアイデンティティの流動性も高まる社会では，人々の被害者意識がルサンチマンの温床となりやすい．ニーチェの「主人道徳」はナチスに利用されたが，ニーチェ自身は反ユダヤ主義者のルサンチマンを痛烈に批判していた．現代のグローバル資本主義社会では，地位低下の不安に晒された人々が，福祉政策に依存する移民・外国人や生活保護受給者などの「社会的弱者」に対してルサンチマンを抱く現象が目立っている（Connolly 1991）．アメリカ大統領選挙における「トランプ旋風」の背景にも白人男性労働者たちのルサンチマンが指摘されている．現代型ルサンチマンの分析は現代社会学の重要な課題の一つである．

なお，ニーチェのルサンチマン論は「主体」観念への根本的問いを含んでいる．「価値の転倒」は道徳的非難を負う責任主体への信仰と一体だからである．M. フーコー（Foucault）が近代的個人を「主体＝隷僕」（subject）としてとらえた背景には，ルサンチマンに基づく有責主体としての人間の画一化・規格化（多様性の排除）に対する批判がある．ルサンチマンと「主体」の問題は，新たな倫理への模索を含め，今なお根本的な思想的課題である．　　　　　　　　　　　［宮原浩二郎］

📖 **参考文献**

［1］Nietzsche, F., 1887, *Zur Genealogie der Moral*, C. G. Naumann.（木場深定訳, 1964, 『道徳の系譜』岩波書店.）

［2］Scheler, M., 1915, *Das Ressentiment im Aufbau der Moralen*, Klostermann.（津田 淳訳, 1972, 『ルサンティマン——愛憎の現象学と文化病理学』北望社.）

［3］Connolly, W. E., 1991, *Identity/Difference*, Cornell University Press.（杉田 敦ほか訳, 1998, 『アイデンティティ／差異——他者性の政治』岩波書店.）

階級闘争

●**階級と階級闘争**　ある社会に存在する階級の間の敵対的な相互作用を階級闘争という．階級闘争を最初に定式化したのはK.マルクス（Marx）である．『共産党宣言』（1848）によると，歴史上のすべての社会には抑圧する階級と抑圧される階級が存在する．そして両者は常に対立し，潜在的あるいは顕在的な闘争を行い，この闘争が社会の構造と，その変化の方向を決定してきた．この意味で「これまでのすべての社会の歴史は階級闘争の歴史」なのだが，なかでも資本主義社会では，階級構造が資本家階級と労働者階級に二極化する傾向があるため，対立の構造は単純に，闘争は全面的なものになる．そして両者の闘争は必然的に，労働者階級の勝利と革命による社会主義社会への移行をもたらすという．ただしこれは政治的文書ゆえの単純化であり，同時にマルクスは『ルイ・ボナパルトのブリュメール18日』（1852）などの著作で，現実の階級闘争は，諸階級の内部分裂や集合離散，さまざまな個人や社会集団の作為や不作為を通じて複雑化し，単純な軌跡をたどらないことを明らかにしていた．

この点をさらに強調したのは，M.ウェーバー（Weber）である．彼によると階級は共同行為を可能にし，基礎づけるが，こうした共同行為は必然的に生じるわけではなく，さまざまな要因に制約される．例えば階級的な利害の対立がどれほど直接的で見えやすいか，共同行為のための社会的・文化的条件に恵まれているか，明確な目標や指導が与えられるか，これらの条件を通じて労働組合などの結社が生じているかなどである．このため同じ階級的地位にある人々が，その利害の方向へと一様に反応するわけではないのである（Weber 1921-22b）．

●**階級闘争を潜在化させる諸要因**　階級闘争に関する『共産党宣言』の主張は，次第に事実に反することが明らかとなっていく．そもそも階級構造の二極化は進まなかったし，労働者階級の組織化も限定された．しかし階級間に支配・被支配の関係や利害の対立があり，また労働者階級が最下層階級であることが否定できないとすれば，労働者階級の組織化が進まず，その闘争が潜在的なものにとどまる原因が解明されなければならない．この点についてV. I.レーニン（Lenin）は国家の役割に注目し，「国家は階級支配の機関であり，一つの階級による他の階級の抑圧の機関であり，階級の衝突を緩和しつつ，この抑圧を合法化し強固なものにする秩序を創出するものである」と主張した（Ленин 1917b）．またA.グラムシ（Gramsci）は国家や市民社会の諸制度の文化的な作用に注目し，これらが人々の文化的・道徳的性質を，生産力発展の必要と支配階級の利害に適合したものにする機能をもつと論じた．さらにL.アルチュセール（Althusser）は，国家

には抑圧的に作用する国家の抑圧装置だけではなく，学校教育に代表される国家のイデオロギー装置が含まれ，それはイデオロギー的な作用を通じて，労働者階級に対しては搾取されるものとしての位置を受け入れさせて反抗を防止し，支配階級に対しては自らの支配を当然のものと受け入れさせ，その団結を強めるのだと論じた．

階級闘争を潜在化させる別の要因として注目されてきたのは，社会移動である．この点についてマルクスは，被支配階級のなかの優れた人物が資本家に登用されることによって，資本家階級の支配は基礎を拡大し，強固なものになると論じた．また P. ソローキン（Sorokin）も，社会移動は革命的な党派から，その有能な指導者になると見込まれる人物を奪い取ることによって，社会の安定性を高めると指摘した．より一般的にいえば，社会移動の存在により被支配階級の成員たちの努力は，階級闘争よりも恵まれた階級へ移動することに向けられやすくなり，また結果的に被支配階級にとどまった場合には，その恵まれない境遇が自らの能力・努力の不足によるものとして正統化されやすくなると考えられる．

●**階級闘争の諸形態**　階級闘争は，経済的な利害対立を基礎とする組織的な政治闘争の意味に解されることが多いが，論者たちは階級闘争に多様な形態があることを指摘してきた．まずアルチュセールは，経済・政治・イデオロギーという社会構造の三つの水準の区別に基づいて，階級闘争はそれぞれの水準に存在するのであり，支配と搾取を含んだ生産活動そのものや，国家のイデオロギー装置における主張の表明，そして理論的な実践としての哲学までもが階級闘争であると論じた．また T. ガイガー（Geiger）は，現代資本主義においては組織された資本と労働の間の，制度的な統制下での対立・妥協・交渉を通じて賃金や労働条件などが決定されるようになっていると指摘し，これを階級対立の制度化とよんだ．さらに N. プーランツァス（Poulantzas）は，各階級はそれぞれ国家装置の内部に自らの権力基盤や利害代表をもっており，その対立は国家内部の対立へと移し替えられていると論じた．他方，ジェンダーやエスニシティなどの社会的諸属性は階級所属の決定要因でもあるので，諸階級は主に男性やマジョリティからなる上層階級と，主に女性やマイノリティからなる下層階級に分断されやすい．この場合，両者の間の階級闘争はしばしば，ジェンダー間闘争，エスニシティ間闘争の形態をとることになる．同様の理由により階級闘争は，反差別闘争，環境保護運動，反戦運動，対抗文化運動など多様な社会運動にも，ある程度まで表現されるのである．

［橋本健二］

参考文献
[1] Marx, K. und F. Engels, 1848, *Manifest der Kommunistischen Partei*.（村田陽一訳，1960,「共産党宣言」『マルクス＝エンゲルス全集 第 4 巻 1846 年–1848 年』大月書店：473–508.）
[2] Weber, M., 1921–22, *Wirtschaft und Gesellschaft*.（濱島 朗編訳，2012,『権力と支配』講談社．）

生活世界とシステム

●**概念対置の理論的背景** 「生活世界とシステム」はJ. ハーバーマス（Habermas）の提起した概念対立であり，近現代社会の二重原理を述べたものである．社会的進化の過程は三段階をたどる．第一段階の伝統的社会ではシステムがまだ生活世界と緊密に結びつき，文化的規範が物質的再生産の条件に決定的影響を与えているが，第二段階の宗教改革から産業革命の時代になるとシステム分化が進んで目的合理的で効率的な行為調整を行うサブシステム（市場経済や官僚国家）が生活世界から分離し，没規範的な構造として凝固するが，それらは脱言語化されたコミュニケーション媒体（貨幣や権力）によって制御され，さらに第三段階の後期資本主義の時代にはシステムによる生活世界の技術化はより先鋭化し，生活世界のコミュニケーション構造をゆがませて「内的植民地化」をもたらす（Habermas 1985）．他方で，相互了解を求めるコミュニケーション的行為を媒介して再生産される行為領域としての生活世界（家庭や学校，ならびに公共性）も存続し，しかも生活世界こそが「社会システムの存立全体を定義するサブシステム」なのであるから，さまざまなシステム機制は「生活世界に係留」される必要がある（Habermas 1981）．ハーバーマスは以上のように考えて，M. ウェーバー（Weber）の西洋合理主義論やK. マルクス（Marx）の物象化論を修正する．ハーバーマスの生活世界論は，É. デュルケム（Durkheim）やG. H. ミード（Mead）を経由しているが，デュルケム的発想では生活世界の分化過程で文化と社会と人格とが分離することになり，生活世界は社会統合の局面に限定されるし，ミード的発想では生活世界が個人の社会化の局面に縮小されるという点で，それぞれ不十分とされる．他方，ハーバーマスはN. ルーマン（Luhmann）との論争などを通して，機能的連関というシステム理論的観点を部分的に採用し，行為主体の視座のみに定位する理解社会学の限界を破ろうとするが，行為状況へのつながりのもとで，システムの視座と生活世界の視座は相互に変換される必要があるとも主張する．T. パーソンズ（Parsons）との比較でいえば，彼が生活世界をシステム理論に吸収して，一般行為システムの部分システムとみなしたのに対して，ハーバーマスは社会を「システムであると同時に生活世界」（Habermas 1981）としてとらえるのである．

●**生活世界の植民地化** ハーバーマスによれば，西洋近代の社会進化が目的合理性を高めたあげく文化的意味の喪失へと導くという説（ウェーバー）は，コミュニケーション的合理性の開花という肯定面を無視しており，また生活世界の合理化が一定の生産関係つまり物質的再生産の条件のもとで歪曲され，物象化される

という批判（マルクス）は，生活世界が物象化され，システムの強制命令に服属する「生活世界の植民地化」（それは後期資本主義において顕在化する）の一特殊例にすぎないものを一般化している．ハーバーマスの社会的統合の観点では，生活世界のシンボル的構造を保存することで社会は再生産されるのである．この点，デュルケムの分業論は，システム分化が生活世界のシンボル的再生産を阻害し，生活世界の奇形化としての物象化につながることを明らかにしたが，生活世界の合理化からただちに意味喪失，アノミー，疎外などの病理現象が生じると考えると，植民地化を「伝統主義的」に受け止める新保守主義につながる（Habermas 1981）．

後期資本主義社会の社会国家ではシステムと生活世界との間に一定の交換関係が成立する．学校や家庭は福祉社会のクライアントとして，官僚制や裁判所の介入を受けつつ，基本的権利を擁護しうる．生活世界の諸個人は被雇用者として労働を提供し，貨幣を受け取る一方，消費者として使用価値志向を提供し，財貨を受け取る．大衆は政治・行政システムのクライアントとなって政策決定を受け取り，忠誠心つまり正統性認証を提供するなどである．これにより，後期資本主義では国家によって経済危機が回避され，階級闘争は大衆民主主義のなかで鎮静化するため，社会抗争はもはや物質的再生産の領域ではなく，「システムと生活世界の接点において発生」するという．

●**生活世界論の現在と今後**　「生活世界の要求それ自体が自己閉塞状況に陥っている」現状で，国家の経済介入（ケインズ型政策）と形式的民主主義により体制内化した労働者に代わる抵抗の潜勢力としてハーバーマスが期待するのは，新しい社会運動などによる公共領域の再構築である．法的・社会的強制力や営利目的ではなく，コミュニケーションによって存続する団体・集団（文化・スポーツ・学術の団体，宗教団体，市民フォーラムや市民運動，独立メディアなど）が今や市民社会の制度的な核心をなすのだという．こういった「新しい政治」の支持層が矛先を向けているのは，「市場に依存した労働の現金化」であり，「競争や成績による締め付けが小学校にまで及んでいる事態」（Habermas 1981）だとされている．政治的な力や経済的動機に左右されずに国家を監視する批判的公共性が再構築できるのか，そもそもシステム統合と社会統合という二重の観点から現代社会をとらえる思想は有効なのかという問題とともに，今後の社会的・政治的展開とその理論的跡づけが注目される．

[中岡成文]

参考文献
[1] Habermas, J., 1981, *Theorie des kommunikativen Handelns*, Suhrkamp.（河上倫逸ほか訳，1985-87,『コミュニケイション的行為の理論（上・中・下）』未來社.）
[2] Habermas, J., 1985, *Die Neue Unübersichtlichkeit*, Suhrkamp.（上村隆広ほか訳，1995,『新たなる不透明性』松籟社.）

闘争理論

●**闘争理論の歴史** 闘争（コンフリクト）とは，人々が何らかの争点をめぐっておのおのの目標を達成するために強制力（物理的な暴力だけでなく，心理的な圧力もあれば，強制の可能性の提示という場合もある）を行使しあうことである．なお，コンフリクトは闘争以外に紛争，抗争，葛藤などとも訳される．

古典的な社会学の時代において K. マルクス（Marx）の階級闘争，G. ジンメル（Simmel）の社会化の形式としての闘争，M. ウェーバー（Weber）の利害の闘争・神々の闘争などについて闘争理論が展開されたが，現代社会学において闘争理論が注目されたのは，T. パーソンズ（Parsons）の構造機能主義ないし社会システム理論が有力になった第二次世界大戦後の1950年代であった．社会システムの統合を重視し，闘争を逸脱ないし異常事態とするパーソンズの理論的見地に対して，L. コーザー（Coser）は，ジンメルのコンフリクト論の系譜に立ちつつ，闘争が統合にもたらす機能的側面を明示した．また，R. ダーレンドルフ（Dahrendorf）は，社会には統合的な側面だけでなく，闘争という側面もあることを，マルクスの階級闘争理論の枠組みを批判的に継承しつつ，第二次世界大戦後の産業社会の階級闘争の特性の解明によって明示したのである．

●**闘争の機能／産業社会の階級闘争** コーザーは『社会闘争の機能』（Coser 1956）において，闘争の機能に関わる命題群を提示した．それらは大きく三つのカテゴリーに区分される．第一に闘争による集団内統合の促進に関わる命題群，第二に闘争による集団間関係の促進に関わる命題群，第三に闘争が統合機能を発揮しにくい場合についての命題群である．

①第一の命題群：集団間の闘争は各集団の統合度を高める．すなわち外集団との闘争が集団内凝集性を高め，集団内寛容性を低める．また，集団内の闘争は集団内の相互の敵意噴出によって集団内の緊張を緩和し，集団内の破壊的要素を除去する．以上のような統合機能を求めて，集団は内外の闘争継続のために敵をつくりあげる場合もある．さらに，闘争を通じて集団は交渉しやすいように相互に統一性を高めることを求めあう．②第二の命題群：闘争がない集団間関係が安定しているとは限らず，闘争によって集団間の相互行為が展開し，相互のパワーの確認が促進され，社会関係が発展する．また，集団間闘争を有利に進めるために，その他の集団との連携も進展することが多い．③第三の命題群：統合機能を発揮しにくい闘争は，手段としての闘争ではなく自己目的化した闘争，相互に憎悪をかきたてられた闘争，個人的な動機ではなく集団の理想（イデオロギー）による闘争，密接な親密な社会関係において敵対的感情が鬱積した末に生じた闘争など

である.また,闘争が制度化されていない社会では闘争が統合機能を発揮しにくいことも指摘されていた.

ダーレンドルフは『産業社会における階級と階級闘争』(Dahrendorf 1957) において,支配と服従,潜在的利害,準集団,闘争集団,組織化,階級闘争,闘争の強さと激しさなどの概念によって構成された理論枠組みを提示した.それによると,社会における支配的地位と服従的地位の集合体は潜在的利害によって準集団となり,その潜在的利害が組織化条件次第で自覚され顕在化すると,準集団は組織化され闘争集団と化し,集団間闘争すなわち階級闘争が生じる.闘争の強さ(闘争に参加し発揮するエネルギー量や,闘争への巻き込まれ度)や激しさ(敵意表出の手段としての暴力の使用)は多様であるが,そのような闘争を経て支配関係が変化し構造変動が生起しうる.

●**闘争の経験的事例/階級の組織化条件**　『社会闘争の機能』でコーザーが提示した命題群は,散発的にではあれ具体的な経験的事例が対応づけられていた.

例えば,闘争する労働者階級の高い一体性と強い連帯感,スケープゴートの生成による統合,経営陣と労組の現実的な闘争,カトリックによる異端審問の激烈さ,宗派・党派内部の闘争の非寛容性などである.このようにコーザーの命題群は,それらに対応する経験的事例を発見し整理していくのに有効であろう.

ダーレンドルフは,現代産業社会における階級の組織化条件として所有と経営の分離,労働者階級の多様化,新中間層の増大,社会移動の開放性,生活水準の平準化,階級闘争の制度化(現代産業社会においては,階級闘争における交渉のルールが定められるようになり,階級闘争の制度化が生じる),階級闘争の政治的領域からの制度的隔離などをあげていた.

これらの条件が闘争集団としての階級の形成や,闘争の強さと激しさを規定していくとみるのである.そして実際に,階級闘争の強さと激しさは先進的な産業社会では減退し,暴力的な革命による構造変動の可能性が著しく低下し,全体社会の変動に階級闘争が作用したり,階級構造が全体社会のレベルで成立することはほぼあり得なくなったと結論づけた.

なお,闘争理論はその後,両者の理論を総合化する方向,闘争を基軸にして社会学理論の体系化をはかる方向,社会学を超えて学際的に展開する方向などに展開するとともに,多様なコンフリクトを分析する紛争の社会学や社会運動論に継承され具体的な闘争分析を蓄積しつつある. [宮本孝二]

📖 **参考文献**
[1] 新 睦人, 1981, 「抗争理論」安田三郎ほか編『基礎社会学第2巻 社会過程』東洋経済新報社: 132-71.
[2] 神原文子, 1990, 「闘争理論」中 久郎編『現代社会学の諸理論』世界思想社: 228-57.
[3] 片桐新自, 2000, 「社会的コンフリクト」碓井崧ほか編『社会学の理論』有斐閣: 139-53.

象徴的暴力

●巧妙な支配への注目 支配形態には，大別して二つある．一つは，武力や経済力を用いて支配対象を直接脅し，恐怖感を煽ることで，支配する方法である．

今一つは，支配対象から支配の事実を悟られないように，より巧妙に支配する方法である．P. ブルデュー（Bourdieu）は，これを象徴的暴力とよぶ．ブルデューは，象徴的暴力の基本形態を前資本主義社会における贈与のなかに見出している．支配者が，あたかも被支配者に対して恩恵を施しているかのように振る舞い，被支配者もそれを信じ込まされているときに，支配が完全なものになる．

ただ，象徴的暴力による支配が，主人と奴隷のようなパーソナルな関係にとどまる限り，その効果は限定的である．また，政治権力が王のような特定の人物に集中していても，支配は完全なものとはいえない．社会分業が進み，É. デュルケム（Durkheim）が有機的連帯とよんだ，社会を構成する諸個人が，対立しながらも相互に依存している複雑な社会において，象徴的暴力は，より効力を増し，その結果，支配は強固になる（Durkheim 1893）．

●社会構造の再生産 ブルデューは，有機的連帯に基づく支配を官僚的支配に基づく国家のなかにみている．国民の平等に価値を置く国家を基礎づけているのは教育制度であり，学校は，試験という一見公正な方法によって能力を判断し，学歴を付与する．学歴は，出自に関わりなく，個人の能力を客観的に示すものであり，その価値を完全に否定することはできない．しかし，この学歴の表面的な公平性は見かけだけのものにすぎない．なぜなら，現実には社会において，階級による格差が存在し，それが再生産されていることが経験的に検証されているからである．

しかし，階級社会が再生産されているにもかかわらず，教育制度に対する信頼は揺らがない．たしかに，学校においてさまざまな問題があることは指摘されている．しかし，それはあくまで個別的な問題として認識されており，学校教育そのものに対する最終的な信頼は揺らぐことはない（Bourdieu et Passeron 1970）．その証拠に，企業も官公庁も，学歴を客観的に能力をはかる指標として用いている．

階級再生産が表面化しにくいのは，社会が複雑になり，具体的に誰が権力を行使しているのかわかりにくくなっているからである．ブルデューは，これを「界」という概念を用いて説明しようとする．界には，政界，実業界，学界，官界などがある．複数の界からなる社会では，権力が一極に集中することはない．大企業経営者のように実業界で優位に立つ者が，学界のような他の界において優位に立てるとは限らない．なぜなら，界によって権力関係において優位に立つための基準が異なるからである．

しょうちょうてき ぼうりょく

●**文化資本とハビトゥス**　ある界で優位な位置に立つために必要になるのが，各種の資本である．資本には，経済資本（財力），社会関係資本などがあげられるが，ブルデューが特に重視するのが文化資本である．文化資本は，学歴だけではなく，より広い教養と知識によって構成される．財界においては，経済資本が重要であることはもちろんだが，それだけでは不十分で，文化資本も保有していなければならない．単に利潤を追求しているだけでは社会的な評価は得られないので，企業人は社会貢献も視野に入れなければならない．企業が文化活動のメセナになり，経済活動以外の活動にも力を入れるのはこのためである．メセナは，経済的利益に文化の衣をまとわせる象徴的効果があり，野放図な利潤追求の暴力を隠蔽する意味がある．

　学界や音楽界，映画界のような芸術の分野においては，端的に文化資本が最も重要になる．ただ，学界においても，経済資本がまったく意味をなさないわけではない．学術研究が結果的に経済的利益を生むことは悪いことではないし，直接利益をもたらさなくとも，研究成果が社会に還元されることが望ましく，そうでないと学者は象牙の塔に閉じこもっていると批判されることがある．

　以上の点から，権力関係で優位に立つための資本の種類と量は，それぞれの界で異なっていることがわかる．それが異なる界の間で対立関係を生むのである．しかし，この対立そのものが，政界のような特定の界だけが特権的に権力を掌握することを防ぎ，社会秩序の維持に寄与するのである．

　ある界において優位に立つには，そのために必要とされる資本の種類と量がある．文化資本をどれだけ蓄積しているかが試されているときに，財力を誇示しても，それは意味をなさない．ブルデューは，このように，特定の界で適切な資本を動員するための能力をハビトゥスとよぶ．ハビトゥスとはラテン語で姿勢，態度を意味し，ある状況で適切な振る舞いをするには，それを可能にするハビトゥスを兼ね備えている必要がある点を示す用語である．それは主に家庭内で醸成される．したがって，上位の階級に生まれれば，そこで適切とみなされる言葉遣いや身のこなしを自然に身につけることができ，それが無形の文化資本として評価されることになる．実は自然に身についたこの言葉遣いや身のこなしが，品の良さとして象徴的効果を発揮するのである．反対に，いくら知識が豊富でも，それを巧みに表現する術がなければ，意味がない．最も優雅にみえる行為こそ，象徴的な暴力を行使しているのである．

　なお，ブルデューは象徴的暴力が効果的に作用している点を強調しているが，マグレブ系フランス人などアフリカ系フランス人が多く住む地区では，学校教育を通じた同化政策が機能せず，「暴動」が起こっている．文脈は異なるが，日本におけるいじめも象徴的暴力が機能しない場所で起こる．教育制度が象徴的暴力を行使できず，制度として破綻している局面にも着目すべきであろう．［荻野昌弘］

同調とアノミー

●**デュルケムからマートンへ** アノミーは，もともとÉ. デュルケム (Durkheim) が『社会分業論』において古い言葉を概念化したものである．さらに『自殺論』において精緻な概念となり，社会学の遺産になった．これを「同調とアノミー」と並べて応用分野への道を開いたのはR. K. マートン (Merton) である．マートンは主著『社会理論と社会構造』([1949]1957) において「社会構造とアノミー」について論じた（論文初出は1938年）．本項ではマートンの所説に準拠して説明する．

●**適応の諸類型** 逸脱は，生物学的衝動や心理的異常性から説明されるものではなく，社会学的に説明されるべきものである．これがマートンの問題提起である．逸脱は，実は同調と同じく「置かれている社会的状況に正常に反応している」(Merton [1949]1957：訳122) と考えられるからである．

社会的状況は分析的には二つの要素からなる．文化的目標と制度的手段である．「常軌を逸した行動は，社会学的にみれば，文化的に規定された志望とこの志望を実現するための，社会的に構造づけられた通路とが結びついていない兆候だといえよう」(Merton [1949]1957：訳124)．これがマートンの基本仮説である．

社会構造内の地位にある人々が文化的価値に適応する様式には5類型ある．

「同調」は，安定した社会では最も一般的である．社会秩序は，同調する社会成員の最頻値的行動によって維持される．同調がないと「社会は存在しない」．「革新」は，「抜け目のない成功」「詐欺師」「ホワイトカラーの犯罪」のケースにみられるように「金銭的成功」という目標は承認しているが，公認された手段ではない場合である．公認された手段を使用できない階級的差別状態にある人たち（下層階級）にとって「革新」という適応様式は身近なものになる．それゆえ非行や犯罪などの逸脱行動は，このような人たちの「正常な」反応になる．「儀礼主義」は，いたずらに野望を抱かず，地味に生活しようとする態度である．制度的規則を遵守する中流下層階級は，あらかじめ目標を下げておいて失望しないようにする．「逃避主義」にあたるのは社会のなかの「異邦人」（よそ者）たちである．ホームレスや麻薬常習者のように，当該社会への適応から離脱している人たちである．社会的

表1 個人的適応様式の類型論

適応様式	文化的目標	制度的手段
Ⅰ 同 調	＋	＋
Ⅱ 革 新	＋	－
Ⅲ 儀礼主義	－	＋
Ⅳ 逃避主義	－	－
Ⅴ 反 抗	±	±

＋は承認，－は拒否，±は「一般に行われている価値の拒否と新しい価値の代替」を意味する．
[出典：Merton [1949]1957：訳129]

無関心者である。「反抗」は，支配的価値を恣意的なものとみなして，別の社会を実現しようとすることである。「反抗」は，価値変革をめざさない「ルサンチマン」と似ているがそれとは異なることに注意したいが，制度的矛盾が激しくなると組織的反抗はルサンチマンを抱く人たちを寄せ集める。

以上がマートンの類型論である。「同調」の説明にマジョリティ視点の傾向があるにせよ，焦点はさまざまな逸脱の理解の方にある。逸脱を異常性や病理現象とみることを批判するところに眼目がある。文化的目標と使用可能な制度的手段に矛盾があるときアノミーが生じる。この場合のアノミーとは無規制状態のことである。つまり規範が行動を規制できなくなった状態である。マートンは上記の「同調」以外の4種の逸脱がアノミーと関連が深いとする。

他方，アノミーの社会学的受容に特定するマートンと異なり，S. デ・グレージア（de Grazia）はアノミーを信念体系の問題として再定義して心理学的に受容する。デ・グレージアによると「アノミーとは，集団，共同体，もしくは社会に支配的な価値体系，信念体系の攪乱から生ずる精神的緊張関係をいう」（de Grazia 1948：訳v）。こちらは情念や疎外に近い理解である。

●アノミーへの正常反応　ポイントは「逸脱」を矛盾した社会文化状況あるいはアノミーに対する「正常な」反応とみることにある。A. K. コーヘン（Cohen）は『逸脱と統制』のなかでアノミーによる逸脱事例を4件あげている（1966：訳130-9）が，デュルケム発マートン流定式の影響はかなり広範で，社会学では常識化しているといってよい。しかし，ここここそが社会学的分析と他の分析（「○○と社会」系）との深い分岐点である。後者はしばしば任意の政治的正義（しばしば○○学のディシプリンに由来する）から批判する。同じテーマであってもいまだに社会学的分析が特異なのは，実にこの点である。

例えば教育社会学と世代論では，単に「反抗」ではなく「儀礼主義」や「逃避主義」から理解できる事態が多い。政治社会学において独裁やファシズムやセクトについては「革新」か「反抗」かを区別して議論できる。シニシズムや無党派層は「儀礼主義」として理解できる。経済社会学では企業のモラルハザードや企業逸脱がアノミーへの反応である。科学社会学においてはパラダイムつまり科学者集団の規範への「同調」以外に，激しい競争に起因する研究不正の問題がある。冷戦終結後の国際社会における戦争と内戦とテロリズムとエスニシティの問題もアノミー論の視点から分析可能である。宗教社会学における教団やカルトの問題も「革新」として理解できる。これらをアノミーの帰結とみる視点は，当事者の社会状況への適応の形式として逸脱を認識することになる。これは必然的に文化的葛藤の問題に直面する。デ・グレージアの「複数の信念体系の葛藤」（単純アノミー）と「単一の信念体系内の葛藤」（尖鋭アノミー）の考慮も必要である。

[野村一夫]

囚人のジレンマ

●**囚人のジレンマの生まれた背景** 1944年,数学者J. フォン・ノイマン（von Neumann）によってゲーム理論が生み出された.一方,第二次世界大戦直後のアメリカにおいては,来るべき米ソ間の核戦争戦略を考える必要性に迫られていた.こうした理論的発展と現実の要請のもとに生まれたのがランド研究所というシンクタンクである.ランド研究所はフォン・ノイマンを顧問として,ゲーム理論の基礎研究および軍事的応用を図った.

1950年,この研究所においてM. フラッド（Flood）とM. ドレッシャー（Dresher）はある実験において,理論的には双方が裏切り続けるはずであるにもかかわらず,実際にはプレイヤーたちが協調行動を多くとる（すなわち非合理な選択をする）ようなゲームを発見した.これに研究所顧問のA. W. タッカー（Tucker）が下記のような逸話を付与し,「囚人のジレンマ」と名づけたのである.

●**囚人のジレンマとは何か** 二人の共犯者が個別に黙秘か自白かを選択する状況に置かれている.相手がいずれを選んでも自分は自白することが合理的（刑期が短い）であるが,二人がそれぞれそのように考えて二人とも自白するならば,二人とも黙秘したとき（各1年）よりも刑期が長くなってしまう（各2年）という結論に導かれる.すなわち,二人にとってより望ましい（パレート優位な）点xが存在するにもかかわらず,wが均衡点（ナッシュ非協力均衡点）となる.

		個人Bの刑期	
		黙秘	自白
個人Aの刑期	黙秘	x 1年　1年	y 3年　0年
	自白	z 0年　3年	w 2年　2年

このように囚人のジレンマとは,均衡点がパレート最適にならないような非協力ゲームであり,各プレイヤーにとっての合理的な選択が集団にとっては非合理な結果を導く.プレイヤーは非合理的な選択をしたときよりも,合理的な選択を行ったほうが,より不利益を被るのである.このように,個人合理性によって選択される状態が,集団合理性にとって望ましいものではないということが「ジレンマ」とよばれるゆえんである.

●**応用と展開** ゲーム理論はそもそも発生当初より軍事的関心と密接な関わりがあり,T. C. シェリング（Schelling）の先制攻撃に関する分析の一部にみられ

るように，攻撃の適否や核競争といった国際問題にしばしば適用されてきた．しかし，囚人のジレンマはそれのみならず「バクテリアから国際関係まで」さまざまな分野において言及され，その「解決」が模索されてきた．

環境問題，公共財供給におけるフリーライダー問題，困難が生じたときに社会運動が可能かどうかといった諸問題，あるいは「共有地の悲劇」としてよく知られている問題は，すべて n 人の囚人のジレンマとして定式化できる．それゆえ，これらの問題を解決するためには囚人のジレンマが「解決」されなければならない．また社会的連帯が可能かどうかという根本的な問題（ホッブズ問題）も，もしもこれを囚人のジレンマとして定式化するならば（容易にそう定式化できるが），社会の成立は不可能なはずである．しかしながら現に我々は社会を営んでいるのであるから，その背後には何らかの（囚人のジレンマを「解決」するような）メカニズムが働いていることになる．

原理的には囚人のジレンマは「解決」できない．モデル上，このような状況に置かれた合理的なプレイヤーは，必ず裏切り行動（自白）を選択するはずである．しかしながら，現実は必ずしもモデルで置かれた諸仮定を満たしていない．

そこで，我々がその場限りの判断を行っているという仮定を変更し，長期的なつきあいを念頭に囚人のジレンマ状況に対応していると想定してみよう．このような反復型囚人のジレンマが明らかにしてきたのは，我々は目先の利益を求めて非協力行動をとるとは限らず，将来の利益や他者の報復を恐れるがゆえに協力する（いわば「情けは人のためならず」）こともあるのだということである．

R. アクセルロッド（Axelrod）はこのことを実験によって明らかにした．コンピュータによって反復型囚人のジレンマゲームを行い，どの戦略が最も高い得点を得るかを競わせた彼のコンピュータ選手権において優勝したのは，相手が協力的ならば協力し，裏切られたら裏切るという単純な「しっぺ返し戦略」であり，自分からは裏切らない「上品な」戦略が好成績を収めた．このことは，反復型囚人のジレンマ状況においては協力行動が合理的であることを示すものであり，また理論的にも，フォーク定理として知られているように，人々が将来利益に十分重きを置くならば，協力行動をとったほうが得策であり，このことはゲーム参加者間での合意がなくとも，互いに遠慮が働くことで協力行動の継続がもたらされることを示している．

［永田えり子］

参考文献
[1] 盛山和夫・海野道郎編，1991，『秩序問題と社会的ジレンマ』ハーベスト社．
[2] Axelrod, R., 1984, *The Evolution of Cooperation*, Basic Books.（松田裕之訳，1998，『つきあい方の科学——バクテリアから国際関係まで』ミネルヴァ書房．）
[3] Poundstone, W., 1992, *Prisoner's Dilemma*, Doubleday.（松浦俊輔ほか訳，1995，『囚人のジレンマ——フォン・ノイマンとゲームの理論』青土社．）

認知的不協和

●**認知的不協和の定義** 認知的不協和とは，人間に二つの矛盾する認知が発生した場合に生じる緊張や不安といった状態を指す．アメリカの心理学者 L. フェスティンガー（Festinger）が提唱した．相矛盾した認知が同居する心理状態は不安定で不快ゆえ，当事者はこの矛盾を解決すべく一方の認知を正当化し，他方を排除することで再び協和状態を取り戻そうとするが，これは合理化とよばれる．

●**認知的不協和のメカニズム** 本概念の理解の手がかりとして用いられる典型的なエピソードはイソップ童話「キツネとブドウのふさ」である．

　　キツネが森を歩いているとおいしそうなブドウが実っている棚をみつけた．／キツネは何とかしてあのブドウを手に入れようと思った．／しかしブドウ棚は高くてどうしても手がとどかない．／キツネは「あのブドウは，まだ酸っぱいのさ」といって，あきらめた．

これを上記の概念に該当させれば次のようになる．

認知A＝ブドウを手に入れたい．／認知B＝目の前のブドウがあるが手に入れることができない．／よって認知AとBは矛盾し，二つの間に認知的不協和が発生する．そしてこれを協和状態に戻そうと考える．キツネは認知Aを支持したい．だが，この認知を温存するためには認知Bは排除されなければない．そこで認知Aを正当化するために，認知BをCという別の認知に置き換えるか，あるいはB'として修正することでこれを達成する．それが「あのブドウは，まだ酸っぱいのさ」となる．すなわち「ブドウを手に入れたい．目の前にはブドウがあるが，あのブドウはまだ酸っぱいから手に入れるに値しない」，換言すれば「目の前のブドウは手に入れたいブドウではない」．必然的にこれによって認知B「ブドウを手に入れることができない」は排除されると同時に，認知Aが正当化される．こういった一連の不協和を協和へと転じる手続きが合理化である．

●**認知的不協和理論の可能性** 認知的不協和をフェスティンガーが提唱したのは1950年代であるが，本概念は人間の普遍的な一般的心理傾向を析出したものであり，それゆえ現代においても有効性を維持している．いや，むしろ，今日的状況を分析するうえでいっそう欠かせない装置として機能しているといっても過言ではない．

情報化の進展が著しい現代社会において，人々は多様な情報をさまざまなソースから入手できる環境に置かれることになった．これによって個人は自らの嗜好に合わせてさまざまな価値観を保持することが可能になったが，半面，規範や慣習といった行動における共通の基盤に対する絶対的な信頼性が失われることにも

なった．この情報化が促す二つの側面は，ある種のシナジーをもって我々の認知的不協和を逓減する行為を正当化する装置として機能することになる．

　個々人がそれぞれの嗜好に基づいて価値観を形成すれば，必然的に人々の価値観は個別化する．一方，こういった価値観の原子化は翻って社会を規定する規範や慣習もまた個別化させ，相対化させる．一つの価値観を支持しようとしても，それを否定する価値観が存在し，さらにそれを否定する価値観も存在するといったかたちで，膨大な選択肢が出現するからである．だが，規範や慣習は本来，個人における行為の準拠枠として機能するものであり，人間が社会性を有するために必須のものである．そこで，個人は多様なソースから任意に情報を選択し，これを代替とするのであるが，この選択を行う基準も結局，個人の個別化された価値観や欲求に基づいている．それゆえ，こうして形成された価値観もまた任意の情報に基づいて構成された島宇宙であり，他者との共有性を著しく欠いたものとなる．必然的に，異質な価値観を保持した個人間ではコンフリクトが常態的に出現することになるが，その際，発生する認知的不協和を逓減，合理化するために，再び任意の情報へのアクセスへと向かうウロボロス的な循環を招いてしまう．

　こういった循環によって結果する典型的な例がヘイトスピーチ，バッシング，ネットの炎上，荒らしといった社会的不寛容である．これらはいずれも自らが支持する認知を正当化＝合理化するために，対立する認知を排除する点で共通した構造を備えている．

　認知的不協和の理論は，こういった不寛容を相対化する装置として機能する．不協和が発生する事態において対立する二つの認知を析出し，かつ自らが正当化しようとする認知を対象化し，反省的かつ理性的に対応することを可能ならしめるのである．一方，認知的不協和の逓減に伴う不寛容の出現は，こういったメカニズムが無意識裡に作動すること，その際，支持する認知に対しての省察が失われることに起因している．言い換えれば，自らのパースペクティブに対する存在論的問いが欠落することによって成立する．例えばヘイトスピーチは差別対象に対して差別を正当化する事実や理論などを集積し，これを認知＝支持し，それによって差別が不正であることを正当化する認知を排除＝抑圧するものである．それに対し認知的不協和の理論は，こういったヘイトスピーチが，まず相手を差別したいという欲求が存在し，それに基づいて適合的な情報が選択され，一方で不適切な情報が無視，抑圧される手続きであることを自明化し，相対化する．言い換えれば，それは他者，異質性の存在に対する寛容の扉を開くのである．

［新井克弥］

参考文献
[1] Festinger, L., [1954]1957, *A Theory of Cognitive Dissonance*, Stanford University Press.（末永俊郎監訳, 1965, 『認知的不協和の理論——社会心理学序説』誠信書房.）

羨望と嫉妬

●羨望と嫉妬の発見——ジンメル　羨望と嫉妬はともに個人が経験するネガティブな感情であるが，社会のなかで大きな役割を演じてきた．古今東西の権力闘争の根底には，それに関わる者たち相互の強い嫉妬心が横たわっていた．羨望と嫉妬は，ただネガティブな結果をもたらすものではない．科学者たちの熾烈な研究競争でさえ，ノーベル賞を獲得することによって，ライバルたちの羨望の的とならんという動機に支配されている部分が少なからずある．その影響力の大きさに比べて，羨望と嫉妬の問題に関する社会学的研究の蓄積は，決して多くはない．

　G. ジンメル（Simmel）は，闘争論の文脈のなかに羨望と嫉妬を位置づけている．羨望とは，他者が所有している「もの」を羨む単純な心理である．他方，嫉妬は精神的なものであれ物質的なものであれ，自分がもっていないものを所有している「ひと」に向けられる．本来自分がもつべきものを，もつべきではない別の誰かが所有しているために，自分の正当な権利が侵害されているという思いを嫉妬に取りつかれた人は抱く．嫉妬は近しい関係のなかで生じるがゆえに，そのなかには憎悪だけではなく愛情や承認の欲求が併存していることが多い．「激しい敵対的な興奮」と「密接な共属性」を結びつける力をもつ嫉妬は，「社会学的にきわめて重要な事実」であるとジンメルはいう（Simmel 1908：訳 292-4）．

●「ロマネスクな真実」の方へ——作田啓一　作田啓一は R. ジラール（Girard）に依拠しながら，人間の行動は内発的な「欲求」に導かれたものではなく，他者の欲求の模倣である「欲望」に支配されたものであると述べている．主体（S）が向かう対象（O）には常に媒介者（M）が存在する．M が S にとって隔絶した存在——「お手本」（外的媒介）——であるうちは，M は S にとっての羨望の対象でしかない．しかし S と M との距離が縮まり，「欲望可能圏」が重なりあう互いにとっての「ライバル」（内的媒介）に変わると，両者の間には激しい嫉妬の感情が生じるようになる（作田 1981：18-25）．

　西欧の個人主義思想は，人間の自律性を過度に称揚してきたために，人間の行動が羨望に支配されたものであることを認めることができなかった．これを作田は「ロマンチックな虚偽」とよび，個人主義思想のもたらす病理であると述べている．他方，優れた文学作品には，登場人物たちの三角関係が描かれている．そこには他者を羨望し，他者に対する嫉妬に苦しむ人間の姿が描かれている．これを作田は「ロマネスクな真実」とよぶ（作田 1981：2-8）．

●ジェラシー・ポピュリズム・排外主義　次に，羨望と嫉妬という観点から，現

代の日本社会について考えてみたい．高度経済成長期から1980年代末までの日本社会は，羨望によって突き動かされてきた．電化製品や自動車のような大衆消費財の普及に際しては，それを所有する人々への羨望の念が大きな役割を果たしている．また，高学歴者たちへの羨望の念が，中高等教育機関への進学率を押し上げていった面のあることも否定できない．バブル期のブランドブームに関しても同様のことがいえる．この時代の人々は，自分のもたない何かを所有する人々を羨み，それを獲得するために懸命な努力を払った．そのことが，経済を発展させる原動力ともなっていた．

90年代初頭のバブル崩壊によって，日本は長い経済的停滞の時代に突入する．経済の停滞によって，人々がより豊かになり，社会的に上昇していく可能性はきわめて小さくなった．人々のなかでは転落と喪失への恐れが膨らんでいく．社会的上昇への望みが失われ，経済状況も厳しいものになったことによって，人々が自分よりも上の人を羨むことは少なくなった．人々の比較対象は，自分と同じか自分よりも下の人たちに向くようになる．そして比較対象となる人たちが，自分のもたないものを所有していることを知ると嫉妬の念が生じ，自分の不遇をもたらしたのも，その所有者のせいだという妄想めいた思いに人々は取り憑かれていく．

ポピュリスト政治家たちは，そうした人々の心理に巧みにつけこんでいく．小泉純一郎元首相は，2005年の郵政民営化が争点となった総選挙で，「40万郵政公務員の特権の剝奪」を叫び，地滑り的圧勝を収めた．橋下徹元大阪市長も政界進出以来一貫して公務員給与の引き下げを主張し続けていた．自民党の有力政治家たちも，生活保護受給者へのバッシングを扇動してきた．自分たちは一生懸命働いているのに「怠け者」の公務員や生保受給者がうまい汁を吸っている．自分たちが恵まれないのも，「怠け者」たちが経済の足を引っ張っているからだ．そうした人々の妄想めいた思いが，ポピュリズムの養分となってきた．90年代以降の日本は，「ジェラシー（嫉妬）が支配する国」となっていった（小谷 2013）．

90年代以降の日本社会のなかには，ヘイトスピーチに象徴される排外主義的な傾向が強まっている．排外主義の標的になってきたのが，中国韓国などの近隣諸国である．80年代までの日本は，アジアのなかで突出した存在であり，近隣諸国にとっては，経済発展の「お手本」であった．ところが90年代以降，近隣諸国の目覚ましい経済成長と，日本経済の停滞とによって，両者の距離は大幅に縮小した．中韓両国は，日本の「ライバル」として浮上してきたのである．日本の排外主義の根底には，かつて見下していた国々が自国と肩を並べ，部分的には自国を凌ぐようにさえなったことに対するジェラシーがあることは否定できない．

[小谷 敏]

参考文献
[1] 石川 実，2009，『嫉妬と羨望の社会学』世界思想社．

二重規範とマージナリティ

●**近代化による社会圏の拡大** 近代社会は生産力を急激に伸張させていった社会であるが、それは同時に人口の増加と人と人とが交流する範囲の拡大、密度の高まりをも意味した。このことは、K. マルクス（Marx）と F. エンゲルス（Engels）が『ドイツ・イデオロギー』（1845-46）において、生産と交通の問題として注目した問題であったが、É. デュルケム（Durkheim）は『社会分業論』（1893）において、それを「社会的世界における重力の法則」とよんで、そのことによる社会的分業の質の変化を問題にした。またこの問題を G. ジンメル（Simmel）は『社会学』（1908）において集団の拡大が個性の発達にどう関係するかという問いとして論じている。

ここでは、ジンメルにならって社会関係が成立する可能域を「社会圏」とよぶことにしよう。集団や社会には一定の規範が対応している。その成員たちは、普通その規範に従って生活している。もし社会圏が拡大していけば、集団や社会では、やがて従来の規範を再構築せざるを得なくなるだろう。しかし、それに至る前に起きる現象がある。それは一つの社会に二つ以上の規範が併存するということであり、一人の人間が二つ以上の集団や社会へ同時に帰属するという問題である。すなわち、「二重規範とマージナリティ」は、社会圏が拡大していった近代という時代が生み出した現象の一つであった。

●**境界をめぐる理論と概念** M. ウェーバー（Weber）は、宗教倫理を論じるなかで、氏族共同体の倫理が宗教共同体の倫理に受け継がれたとして、それを「対内道徳」と「対外道徳」の二元論として把握した（Weber 1920c）。対内道徳とは、友愛的な援助義務であり、対外道徳とはそれとは逆に交換や貸付において自分に有利に事を運ぼうとする態度である。

同様なことは W. G. サムナー（Sumner）も指摘している。彼は、内集団における外集団に対する感情を問題にして、集団間の距離が近く対立が激しければ激しいほど、「集団への忠誠、そのための犠牲、外部の者に対する憎しみ、内部に対する兄弟の愛情、外部の者に対する好戦性」が一緒に成長すると述べた（Sumner 1906）。しかし、サムナーのこの指摘は、後に R. K. マートン（Merton）の準拠集団理論によって否定される。マートンによれば、規範機能をもつ準拠集団は所属集団であるとは限らない。社会統合は、内集団と外集団がより大きな集団の下位集団になることであり、その場合より大きな集団が準拠集団となると考えねばならない（Merton 1949）。

ところで、このように所属集団と準拠集団が違うという認識は、ジンメルが論

じた異郷人論と重なり合う．彼は，異郷人を「今日訪れ来て明日去り行く放浪者としてではなく，むしろ今日訪れて明日もとどまる者——いわば潜在的な放浪者」として把握する．異郷人は，遠離と近接，無関心と関与のバランスをとって「客観的」という特別な態度を示す．人々は，彼を個人としてではなく一定の類型の異郷人として処遇する．すなわち，異郷人は境界人（マージナル・マン）なのであり，そういう存在として社会のなかで特殊な位置を占めることになる．

●日本社会への適用応用事例　日本は平地の少ない島国であることから，山や川や海に遮られて小規模な集落が散在してきた．それは「世渡り」という言葉があることからもうかがえる．つまり「世（よ）」は，渡れるほど小さかった．近代化につれて，人々の交流におけるそうした地理的障壁は徐々に解消していった．しかし，その際，より広い世界の道徳がこれまでの狭い世界の道徳に取って代わったのではない．「世間」とは〈内から見た外〉を意味するが，日本人にとって，より近い「体感する世間」の規範と，より遠い「知感する世間」の規範が矛盾しつつ併存する場合がある．こうした矛盾が可能になるのは，世間に迷惑をかけない，世間を騒がせない限りにおいて，内側の集団に一定の自由が認められているからである．つまり，〈外から見た内〉である「世間体」を保つことが，倫理規範として機能している．これを準拠集団理論との関連でいえば，体感する世間は，知感する世間よりも積極的準拠集団になりやすいということである．

　神島二郎は，日本の都市を「群化社会」として把握した（神島 1961）．彼は，日本人にとって共同体的秩序の原型は，「第一のムラ」である自然村にあるという．自然村の秩序原理とは，神道主義，長老主義，身分主義，家族主義，そして自給自足主義である．近代化の過程で「第一のムラ」は崩壊していき，その秩序原理だけが擬制村＝「第二のムラ」として生き残った．具体的には郷党閥と学校閥である．日本の都市社会は，そういう心性をもった単身者の集まり，「群化社会」の様相を呈する．この学説は，年功序列，終身雇用，企業別労働組合という日本的雇用慣行や政党内の派閥力学の出自を明らかにしている．

　マージナルであることが否定的なスティグマになりがちなことは，西欧におけるユダヤ人問題や日本における在日コリアンの問題をみれば明らかである．準拠集団が自らの出自の集団に固定化されれば，サムナーの主張は復活する．ただし，グローバル化のなかで，多様な文化的背景をもつ人たちが共存して生活する時代が到来している．日本の産業化を推し進めた活力が地方から都市に出てきたさまざまな人々のもつローカル文化同士の対立とコンフリクトから生み出されたと考えるのならば，異郷人がもっている積極的価値を評価し，社会の活力源とみなすことも可能かもしれない．

[早川洋行]

📖 参考文献
[1] 早川洋行，2012，『虚飾の行政——生活環境主義批判』学文社．

世代間／世代内コンフリクト

●**世代間コンフリクトの弱まり**　今日の思春期には，かつてのような激しい第二次反抗がみられなくなったと言われる．各種の調査報告書によれば，確かに親子関係は以前より良好になっている．その背後にあるのは，前期近代から後期近代へと社会が移行するにつれて広がってきた価値観の多元化という事態である．

今日の親は，旧世代の物差しを子どもに押しつけたり，生き方を強要したりしなくなった．若者の側も，多様な価値観が流布するなかで独自の物差しをもつことが難しくなり，生き方をめぐって親と衝突することも減ってきた．しかし，このような価値観の多元化だけが世代間コンフリクトを弱めてきたわけではない．

昭和から平成へと時代を下るにつれ，日本の経済成長率は徐々に鈍化してきた．この鈍化が，親子関係にも影響を与えている．かつて成長期の社会を生きた親子には，それぞれが思春期を迎えた時代の状況に大きな落差があった．その間に社会は急激な変貌を遂げていたからである．しかし今日では，そこにさほど落差が存在しなくなっている．その間に社会はほとんど成長しなくなったからである．

晩婚化が進む今日では，親子の年齢差はかつてより広がっている．しかし，かつてと今日の親子を比較すると，彼らを取り囲む社会が変化する速度は急激に落ちている．そのため，親子間の意識ギャップは逆に小さくなっている．このような歴史的要因が，第二次反抗の衰退を招いている面を指摘することもできる．

このような世代間コンフリクトの衰退がみられるのは，親子関係だけではない．同じような現象は，学校での人間関係にも，また地域社会での人間関係にも見受けられる．実際，各種の調査報告書によると，近年では教師と生徒の関係も良好になっているし，地元が好きだという若者も増加している．現代の若者にとって，もはや大人世代は鬱陶しい敵などではなくなっている．

●**世代内コンフリクトの強まり**　他方，視点を世代内へと転じてみれば，同じ若者同士での差異が，かつてより目立つようになっている．価値観の多元化は，一方では世代間の衝突頻度を下げたが，他方では世代内で連帯しあうことを困難にしてもきた．たとえ同じ若者であっても，もはや同じ地平に立っているとは思いづらくなったのである．

昨今は若者文化が衰退したと言われる．しかし，それは単に価値観の多元化によって互いの考えに相違が生じやすくなったからだけではない．かつてより敏感に，そこに差異を感じとるようになってきたからでもある．

大人と若者の価値観に大きな落差があった時代には，若者たちの目先もまずその相違へ向けられたため，大人という共通の敵を核にして，世代内の差異はさほ

ど注目されなかった．ところが今日では，大人世代が共通の敵として若者の眼前に屹立しなくなり，世代内の差異を際立たせる結果になった．

●**対立軸の移行がもたらす問題**　現代人は，自己の内面に人生の羅針盤をもつことによってではなく，身近な他者から承認を受けることによって，自己肯定感を得ようとする傾向が強い．多様な価値観が乱立するなかで，自分独自の物差しをもつことが難しくなったからである．それは同時に，周囲の人間から与えられる評価の比重が増し，人間関係の重要性が高まっていることも意味する．

しかし他方で，まさにその価値観の多元化によって，人間関係からかつてのような安定性が失われ，円滑な人間関係を営むことが難しくもなっている．今日の対人関係は常に不安定で揺らぎやすく，いつも期待どおりの承認を他者から得られるかどうか，その先行きを見通すことは容易ではない．今まで肯定的な評価を受けてきたからといって，今後も同様だという保証はどこにもない．

このような後期近代の特徴は，若者たちの行動にも変化をもたらしている．各種の調査報告によれば，近年，中高生が悩みごとを相談する相手として，母親の占める比重が増し，逆に友人の占める比重は減っている．ここには，世代間コンフリクトの弱まりと世代内コンフリクトの強まりが，同時にみてとれる．親に対する反発心が消え，その分だけ共感度は増してきたが，容易に悩みを共感しあえた同世代の友人に対しては，おいそれと本音を打ち明けて互いの関係を傷つけてはまずいと感じ，二の足を踏んでしまうようになっている．

青少年犯罪も減少している．そもそも犯罪には不満の発露という面もあるが，特に青年層ではその傾向が強い．非行集団や非行文化も，かつては大人や学校への反発を核にして形成されたものだった．しかし今日の若者たちは，以前ほど大きな不満をそこに抱えなくなっている．学校内に目を転じても，かつて頻発していた組織的な対教師暴力は，昨今はほとんど見当たらなくなっている．

その裏で目立つようになった問題が，いじめ行為に代表される人間関係のトラブルや，そこに起因する自傷行為である．今日では，自己肯定感を支えるうえで人間関係の占める比重は高まっているが，世代内の人間関係は逆に揺らぎやすくなっている．この相剋状況を生きる若者たちは，仲間内に自分の居場所を確保するため，周囲の反応を探るアンテナをいつも敏感に作動させておかねばならない．大人という外敵を失った世界で，しかしこの相互監視の圧力から逃れるために，共通の標的を関係内部に求めざるを得なくなっている．　　　　　　〔土井隆義〕

📖 **参考文献**
[1] NHK 放送文化研究所，2013，『NHK 中学生・高校生の生活と意識調査 2012――失われた 20 年が生んだ"幸せ"な十代』NHK 出版．
[2] 浅野智彦編，2006，『検証・若者の変貌――失われた 10 年の後に』勁草書房．
[3] 三浦 展，2010，『ニッポン若者論――よさこい，キャバクラ，地元志向』筑摩書房．

エスニシティと地域社会

●エスニシティ研究が生まれた背景　エスニシティの諸問題が広く認識されたのは，N. グレイザー（Glazer）と D. P. モイニハン（Moynihan）の編著『民族とアイデンティティ』の出版以降である（Glazer and Moynihan eds. 1975）．エスニック集団という言葉は従来からあったが，近代化論の枠組みでは，業績主義・普遍主義的な近代産業社会への移行が進めば，属性主義・伝統主義的なエスニック紛争は衰退するはずだと考えられてきた．だが 1960 年代以降の世界がみたのは，逆の現実であった．アメリカの黒人公民権運動の高まりを機に，多民族を抱えた新興国の内紛，先進国における移民の増大，少数民族・先住民の権利要求，難民問題など，一国家一国民の枠からはみ出た民族の諸問題が噴出し，脚光を浴びた．グレイザーらはエスニシティを現代の新しい課題として位置づけた．

　戦後の高度経済成長期，西欧諸国は多数の外国人労働者を導入した．彼らが定住したことで，国際労働移動論とエスニシティ論が結びつき，移民国家のアメリカやカナダとも共通の基盤が形成された．さらにグローバル化や EU のような地域統合が進むと人の移動も促され，先進国の大都市には外国人労働者が集住し，エスニックなコミュニティが形成された．都市の変容はグローバル化を直接投影し，都市社会学や国際社会学などの分野でエスニシティの調査研究も蓄積されてきた．

●エスニシティ概念の内容解説　エスニシティとは何かを一般的に定義するのは難しく，複雑かつ曖昧で，その内実は具体的な文脈やエリアによっても変わる．綾部恒雄の定義によれば，エスニック集団（グループ）とは，「国民国家の枠組のなかで，他の同種の集団との相互行為的状況下にありながら，なお，固有の伝統文化と我々意識を共有している人々による集団」であり，エスニシティとはこの集団が表出する性格の総体である（綾部 1993：13）．エスニック集団は同じ文化や宗教，出身地域，言語などを共有し，そのことで連帯意識をもって結びつく．

　シカゴ学派社会学の同化仮説に反して 60 年代以降，ホスト社会に同化されず存続するエスニック集団を，M. M. ゴードン（Gordon）は多元主義で説明した（Gordon 1964）．グレイザーとモイニハンは，エスニシティが同化によって消滅はせず，利益追求の手段・資源として積極的に活用され続けることを示した．

　移民 2 世以降の世代では，ホスト社会の文化による社会化・同化が進むが，エスニック集団としてのアイデンティティも維持される．特に 3 世以降は音楽・踊り・料理などを通して，祖先の文化と象徴的なつながりを保つ．言語や慣習のような客観的な民族特性が希薄化しても，より主観的なレベルで，帰属・連帯意識は保持されていく．エスニシティには客観と主観の両面からの理解が必要である．

エスニック集団は「我々」意識や原初的結びつきを想起させ，感情的紐帯を伴う点で，利益集団以上の存在である．逆にエスニシティへのこだわりは単に情緒的・心理的なものに還元されず，実際の地位の差異を生むものでもある．

●**エスニシティと地域社会の適用事例** ハワイは，アメリカ白人移民・アジア移民・先住民たちのエスニシティが濃密にせめぎ合って歴史を形成してきた場所である．1778年探検家 J. クック（Cook）の到着以来，西洋的近代に包摂されたハワイの激変は，先住民に犠牲を強いた．19世紀，キリスト教の普及に来た宣教師が砂糖きびプランテーションを開始，資本主義の基礎を築く．19世紀末，白人のクーデターで王朝が転覆，ハワイはアメリカに併合された．環境の変化で，30万人いた先住民は5万人にまで激減した．白人企業家はプランテーション労働力を求め，日本を含めアジアから多数の移民を呼び寄せた．ハワイは多民族社会と化し，シカゴ学派社会学の文化融合のモデルにもなった．砂糖きびで富を蓄積した白人財閥は，次の産業に観光を見定めワイキキを開発した．かつて宣教師に野蛮として禁止された先住民の伝統文化フラは観光化され，本土白人向けに商品化された．

1960年代の黒人公民権運動に触発され，ハワイでも70年代から先住民の権利回復運動が高まり，州政府がハワイ先住民問題局を設置するまでに至った．先住民でハワイ大学教授の H. K. トラスク（Trask）は，景観も伝統文化も都合よく楽園につくりかえた観光を痛烈に批判した．今日も白人やアジア移民に対してハワイアンは依然周辺的な立場だが，地域社会でも観光でも一目置かれる存在となった．

次に，沖縄の事例である．日本の一県である沖縄をエスニシティからとらえることに，違和感をおぼえるかもしれない．だが歴史を振り返れば，沖縄は国境線の内外を揺れ動き，国内と海外の中間的な立場にあった．明治12（1879）年の琉球処分に始まり，沖縄戦で本土の捨て石となり，戦後27年間の米軍統治を経て，今なお在日米軍基地が集中する現状は，沖縄特有の境界的な位置を表している．文化や言語の特異性から，県外で差別を受ける人も多かった．ハワイへの移民も，沖縄系は日系と区別され，独特の感情的紐帯を維持してきた．沖縄を国内の一地域社会として自明視するか，エスニシティの観点を組み込むかはそれ自体，政治的な問いである．地域社会とエスニシティの両面を含むのが沖縄だともいえる．

沖縄は地理的・歴史的な特異性から，軍事機能を負う構造的差別を受けてきた反面，同じ源から南の亜熱帯リゾートにもなり，巨額の振興策や世界遺産指定など，特典や誇りを引き出してもきた．エスニシティは A. D. スミス（Smith）がいう原初的特性でありながら，事後的に構築され続ける特性でもある（Smith 1986）．

［多田　治］

📖 **参考文献**
[1] 綾部恒雄, 1993,『現代世界とエスニシティ』弘文堂.
[2] 山中速人, 1993,『ハワイ』岩波書店.

対抗的相補性

●**機能連関から対抗的相補性へ**　ヨーロッパで誕生した社会学は，2度の大戦を経て次第にその中心地をアメリカ合衆国へと移していった．実際，1950 年代中頃から 60 年代後半にかけてのヨーロッパにおける社会学的研究に目を向けてみると，それらの多くが，アメリカから発信された研究成果の影響を色濃く受けていることに気づかされる．日本における同時期の社会学的研究が，そうした世界的な動向と軌を一にしていたことはいうまでもない．そしてこの時期のアメリカにおける社会学はといえば，その主流は，A. W. グールドナー（Gouldner）らが 1964 年に行った調査に回答を寄せたアメリカの社会学者の約 80％が「機能主義を好意的にとらえている」（Gouldner 1970）と回答していることからも明らかなように，T. パーソンズ（Parsons）流の機能主義に基づく社会学であった．

　機能主義社会学を成り立たせているのは，第一に，成員の行為が規則化されることによって成員が一定程度，組織化されているところに，統合されたシステムとしての「社会」は存在していると想定する，「社会」についての仮説であり，第二に，社会科学にあっては演繹的手続きが採用されることを前提にしたうえで，科学的な概念図式の体系化が未熟なレベルから洗練されたレベルへと，しかも広範囲の「事実」に当てはまる単一の綜合理論を打ち立てる方向へと進んでいくことこそが科学の進歩であると想定する，「科学」についての仮説である．それゆえ機能主義社会学は，産業化の進展に伴うさまざまな「社会問題」を産業社会の枠組のなかで解消する先に「社会の再組織化」を展望するという問題関心と適合的であり，したがってそれは，産業社会を対象にするのに適した理論であった（塩原 1994）．

　だが，1960 年代中頃から後半にかけて，産業社会という社会の在り方を前提にしている限りは理解できない，それゆえ解消することもできないさまざまな問題が世界的規模で表面化してきた．そしてそれに応じて，フランスにおける 1968 年 5 月「危機」に象徴的に現れることになった社会の動向に向き合い，機能主義社会学とは異なる視座，方向性のもとに社会学を展開しようとする多くの試みがなされ始めた．その一つが A. トゥレーヌ（Touraine）の社会学であり，そして彼のそうした社会学理論に着目し，その「重要な一側面」を集約的に表すために案出されたのが対抗的相補性という用語であった．

●**諸システムの相関と社会の生産・再生産**　対抗的相補性という概念を産み出すに至ったトゥレーヌの社会学理論の重要な側面とは，「社会」は一つのシテムとしてではなく，「歴史形成行為システム」「政治・制度システム」「組織システム」

という三つの社会関係システムの重層的な構成としてあるという,「社会」についての仮説であり,そうした「社会」を社会学において適切に取り扱おうとすれば,単一の分析視角だけでは不十分なのであって,むしろ複数の分析視角の協同が要請されるという,社会学の在り方についての仮説である.それゆえ対抗的相補性について,「複数の主体・分析視点が互いに自律性をもって対立する,まさしくそのことによって,いずれか一方の主体・分析視点だけでは生み出すことのできない生産的な関係が創出されることを示すために,対抗的相補性という言葉を使用したい」(梶田 1988a) と述べられることになる.

みられるように,対立しつつ補い合うことによって「生産的な関係」を創出する,その起点として想定されているのは,「主体」と「分析視点」である.それゆえこの概念は,社会を生産・再生産するための原理であると同時に,社会学的認識・探究の適切さを確保するための原理でもある,ということになる.

●社会に偏在する「対抗」と「相補」　対抗的相補性という原理に導かれる社会学的研究にあっては,対象にはいかなる「対抗性」が含まれているのかを抉出すること,また,「対抗性」を成している複数の項は,いかにして「共通の土俵」を設定することに成功(あるいは失敗)し,いかにして「相補性」を確保することに成功(あるいは失敗)したのかを解明することが,重要な課題として設定される.

例えば住民運動を研究対象にする場合には,「住民」と「行政」のあいだの,運動を支える「専門家」と「当事者」のあいだの,「対抗性」の在り方と「相補性」の在り方が,また例えば生活協同組合を対象にする場合には,当の組織の「運動体」としての側面と「事業体」としての側面のあいだの,「対抗性」の在り方と「相補性」の在り方とが探究されることになる(佐藤 1996).

また対抗的相補性という原理に基づく社会学は,例えば「行為主義」「機能主義」「構造主義」といった複数の概念枠組みを,あるいは「秩序モデル」「闘争モデル」といった複数の分析論理を,一方が他方の「自己革新を刺激するような形で」ともに取り入れなければならない.この点に関しては,さらに一歩進めて,「科学知」と「日常知」の「対抗的相補性」をも視野に入れておくべきだろう.

いずれにせよ「対抗的相補性」という概念の有効性は,ともに原理のなかにある「対抗性」と「相補性」を実際の社会現象と真摯に向き合うなかでいかに同定するかにかかっているといえよう.

[那須　壽]

参考文献
[1] Touraine, A., 1974, *Pour la sociologie*, Seuil(梶田孝道訳,1978,『社会学へのイマージュ——社会システムと階級闘争の理論』新泉社.)
[2] 梶田孝道,1988a,『テクノクラシーと社会運動——対抗的相補性の社会学』東京大学出版会.
[3] 塩原　勉,1994,『転換する日本社会——対抗的相補性の視角から』新曜社.

経営システムと支配システム

●**公害と紛争という背景**　この理論は，舩橋晴俊が原理論からの洞察と地域問題の実証研究のうえに1970年代後半に構築したものである（舩橋 1980）．舩橋は，真木悠介の存立構造論（真木 1973, 1977）に影響を受け，それを組織論に適用して「組織の存立構造論」（舩橋 1977）を構築した．一方で，新幹線公害や清掃工場建設をめぐる地域紛争についての実証的研究を通して，社会問題の二つの契機，すなわち，経営問題と被格差・被排除・被支配問題を発見する．テクノクラートは社会問題を経営問題としてとらえ，公害反対運動の住民は，同じ問題を支配問題としてとらえた．このような構造をとらえるために，経営システムと支配システムの両義性論は形成されたのである．舩橋が依拠した存立構造論が登場したのは，1960年代後半から1970年代初頭にかけて，東西冷戦体制を世界的背景とし，高度経済成長の歪みによる深刻な公害被害などの多様な社会問題が噴出するなか，革新自治体の誕生，大学紛争など既存の価値の問い直しが求められた時代であった．社会における機構化・官僚化が進み，個人の社会構造に対する緊張感・拘束感・無力感が極限に達した状況は，個人の主体的行為から個人を超越・拘束する社会構造が生成・存立するというパラドックスを解明する必要を迫った．それは理論史的にとらえれば，物象化（項目「疎外」参照）のメカニズムを内在的に解明しようとする試みであった．一方で，社会学理論においては，構造機能主義による社会システム理論が隆盛であった時代であり，舩橋は，構造機能主義が機能要件概念から欠落している支配システムをとらえる視点の重要性を説いたのである．

●**理論の内容**　舩橋は，社会学理論を原理的水準から実証的水準に向けて，原理論，基礎理論，中範囲の理論（Merton 1967）という三水準に分節化し，さらに，規範理論とメタ理論を加えて，5つに分類する（舩橋 2006）．「経営システムと支配システム」論は，基礎理論に分類される．基礎理論とは，社会現象をとらえるための一般性を有する基礎的な視点と概念枠組みを提供し，原理論と実証研究を架橋するものである．

　組織や社会制御システムを，経営システムとして把握するということは，自己存続のために必要な経営課題群をいかに制御しているのかという視点でとらえることであり，一方で，支配システムとして把握するということは，意思決定権の分配と正負の財の分配において，どのような不平等な構造があり，それをいかなる原理で制御しているかという視点でとらえることである．支配システムは，政治システムと閉鎖的受益権の階層構造として把握される．政治システムは，正当

性の合意と交換力の行使の程度によって,「忠誠・協調」「交渉」「対決」「抑圧・隷属」の四状相に,一方で,閉鎖的受益権の階層構造は,財の分配の不平等性の程度によって,「平等型」「緩落差型」「急格差型」「収奪型」の四類型に分類することで,その多様性がとらえられる.受益圏の階層構造が底辺に受苦圏を伴う収奪型においては,被支配構造は必然的に現れる.この理論の重要な点は,現実の組織や社会制御システムを,経営システムのみならず,同時に,支配システムの側面を敏感に把握するような複眼的パースペクティブをもたらすことである.舩橋の研究は,日本の社会学においては珍しく,理論に軸足を置きながら,実証研究と結びつけ,現実の社会問題を解決する処方箋を示唆する実践性を有していることである.経営システムと支配システム論が,それを可能にする舩橋理論の要である.

●**社会運動への適用** 二つのシステムに同時に注目することで何が可能となるのか,新幹線公害を事例にとらえてみる.日本の新幹線は,高速性,正確性,安全性,収益性を備えた交通手段で,経営システムの面でいえば,高く評価できる.一方で,沿線の被害者住民は,騒音や振動に苦しみ続け,公害防止を国鉄に要求したが,国鉄は減速走行という発生源対策を拒否し続けた.この両者の対立は,政治システムにおける支配者と被支配者の対立として把握できる.そのうえ,国鉄は,強大な組織力・経済力・技術力を有しているが,被害者の資源は限られている.経営問題と被格差・被支配問題を同時に解決することが望ましいが,この事例が典型的に示すように,経営問題の解決と被格差・被支配問題の解決はしばしば逆連動を起こす.このような場合,規範理論と接合し,公論により組織を動かし,被支配問題の解決を優先し,その制約条件内で,経営問題を解決していくような社会計画を実践することが重要となる.

一般的に,行政組織は,経営問題に敏感であるが,被格差・被排除・被支配問題に対しては,相対的に鈍感あるいは冷淡である.これに対して,社会運動の有する視点は,その逆の傾向を示す.このような行政組織の態度は,組織を構成する主体に還元することはできず,個々の事業システム自体にそれを解決する資源が不足していたり,個々の主体が自らが位置する役割や地位が課す構造化された場に拘束されていることに起因する.これはR. K. マートン(Merton)の官僚制の逆機能(項目「官僚制とその逆機能」参照)に通ずる議論である.

舩橋は,3.11以後,震災,特に原発災害の研究を精力的に行い,日本学術会議を通して,政策提言し,また,原子力市民委員会の座長として脱原発社会の道筋を示したが,その分析の手法の基礎理論となっているものは,ほかならぬこの経営システムと支配システム論である.

[築山秀夫]

📖 **参考文献**
[1] 舩橋晴俊,2010,『組織の存立構造論と両義性論——社会学理論の重層的探究』東信堂.
[2] 舩橋晴俊,2012,『現代社会学ライブラリー2 社会学をいかに学ぶか』弘文堂.

「共有地の悲劇」と「救命ボートの倫理」

●概念の意味するもの いずれもアメリカの生態学者 G. ハーディン（Hardin）が提唱した概念モデルであり，環境問題の発生メカニズムと解決策を説明するためにしばしば参照されている．「共有地の悲劇」（Hardin 1968）とは，誰もがアクセスできる資源（それを，ハーディンは「共有地」に喩えた）を諸個人が自己利益を最も合理的に最大化しようとして過剰に利用すれば，すべての個人は環境破壊や資源の枯渇という非合理的な結果を招くことを意味する．それを回避するために環境・資源の収容力の限界内にとどまるよう人口を制御しなければならないというのが「救命ボートの倫理」（Hardin 1974）である．前者は，社会学理論において「社会的ジレンマ」とよばれる概念を環境・資源論の文脈でモデル化したものにほかならない．そのため，環境社会学や環境経済学などの環境研究の分野で，資源管理をめぐる環境問題の発生メカニズムを説明するモデルとして引き合いに出されることが多い．

●生存主義の展開 だが，ハーディンのいう「共有地」は，「オープン・アクセス」の対象としての資源を意味するメタファーにすぎず，現実社会に実在するコモンズ・共有地・入会地など，地域共同体の規制と管理の対象となっている資源と同一視してはならない．ハーディンがこのメタファーを用いたのは，人類の生存を維持するのに必要な環境・資源の収容力には限界があるという「生存主義」の言説を強調するためであった．それが，「共有地の悲劇」と「救命ボートの倫理」の結節軸となっている．「救命ボートの倫理」では，ボートの収容人数が環境・資源の収容力の限界を示すメタファーとして用いられ，地球全体にも国家規模にも自在に適用される．実際，「共有地の悲劇」論文でハーディンは，「出産の自由」という基本的人権を放棄することによって人口を地球の収容力の限界内にとどめなければ地球規模の環境問題は回避できないと主張した．そして，「救命ボートの倫理」論文では，収容力の限界を超えてなお増加し続ける発展途上国の人口によって先進国の収容力まで脅かされる状況では，先進国は途上国の過剰人口を受け入れて救済すべきではないと主張した．この考え方はそのままアメリカという一つの国にも適用され，ハーディンは終生，アメリカはその環境・資源の収容力を超えて移民を受け入れるべきではないという政治的立場を貫いた．オバマ政権は移民規制の緩和政策を推進したが，「人口-環境バランス」という政治団体は当時も今もそれに強く反対している．ハーディンは，生前その政治団体の議長を務めるほどの指導的なメンバーであった．その意味で，ハーディンの主張はなお強い政治的影響力を保持しているといえよう．

●**社会学理論への問題提起**　社会学理論としてみれば，ハーディンの「共有地の悲劇」論も「救命ボートの倫理」論も，環境・資源の収容力の限界を絶対視する生存主義に立脚した社会的ジレンマ論の一亜種であって，それ以上の独創的なアイデアではない．しかし，そのメタファーとしてのインパクトの強さが，環境に対する危機感が世界的に広がり始めた1960年代から70年代という時代状況と相まって，驚異的な影響力を発揮することになったのだといえよう．実際，環境問題の基本認識を終末論に結びつける生存主義の言説は，72年に刊行された『成長の限界』を頂点として21世紀の今日においてもなお影響力を保持しているが，ハーディンのメタファーがその大きな契機となったことは明らかである．

　とはいえ，ハーディンの議論は生物学的決定論を極端に展開したもので，人口を収容力の限界内に制御するには「出産の自由」を否定しなければならないとか，過剰人口を生み出している途上国に先進国が食料援助をするのは本来限定的・差別的でしかあり得ない利他主義に反する「無差別な利他主義」という誤謬でしかないとか，収容しきれない途上国の過剰人口を先進国が収容すれば共倒れになってしまうから，貧困と飢餓状態に置かれている途上国の過剰人口は救済せずに放置することが唯一の解決策だとか，同じ理由で先進国は移民を過剰に受け入れるべきではないといった主張（Hardin 1993）は，社会科学的な常識（共通感覚）からすれば，到底容認されるものではない．また，そこには，現実の環境・資源をめぐる諸問題が所有関係すなわち人間の環境・資源への多様な働きかけが複雑に作用しあう社会関係のなかで起こっていることをとらえる社会学的な視点は完全に欠落している（池田 2006）．しかし，だからといって単に無視したり，通俗道徳の枠内で否定し去るべきでもない．21世紀の今，社会も経済も環境ももろともグローバル化の巨大な渦に巻き込まれ，その過程で，途上国と先進国の人口にも経済にも環境にも20世紀以上に大きな格差が生じていて，それが欧米先進国の移民問題やテロの脅威の根深い温床になっていることは明らかである．環境問題に絞ってみても，すでに20年以上にわたって展開されてきた気候変動政策は，今もって南北格差を克服できていない．このような世界的な社会状況のもとでは，ハーディンが提唱したような極端な解決策が政治的に支持される契機は深く広く潜在していると考えるべきであろう．したがって，社会学理論はこうした極端な解決策に代わるより普遍的で説得力のある解決策を合理的に導き出せるような理論をますます洗練させなければならない．その意味で，ハーディンの議論は，社会学理論のいわば「反面教師」として社会学者がこれからも真摯に対峙し続けていく価値があるといえよう．

　なお近年は，医薬品など特許権を設定された知的財産の便益がそれを必要とする人々に公正に供給されない問題を「アンチ−共有地の悲劇」として議論する動きもある（Heller and Eisenberg 1998）．「共有地の悲劇」論は，論理的に反転されることによっても新たな現代的問題を提起しているといえよう．　　　［池田寛二］

暴力論／暴力の社会学理論

●**暴力とは？　三つの立場**　暴力をめぐって今日までつながる議論の元祖の一人は，T. ホッブズ（Hobbes）である．ホッブズにとって，暴力というのは人間性と不可分である．人間の社会に必ずみられる競争や名誉といった要因には常に暴力が伴っていると考える．ここから導き出されるのが「ホッブズ問題」とよばれてきた論題で，人間性の根本をなす暴力をいかにして管理するのかを問う（Hobbes 1651）．ホッブズ問題は暴力をめぐるあらゆる理論的思考にとって不可避であり，これにどう取り組むかによって理論の性質が決定すると考えることもできる．例えば，①暴力を必要悪としてとらえ，最小限の暴力で最大限の秩序を維持しようとする考え（最もホッブズ的な立場）．あるいは，②人間に遍在する暴力を，良い暴力と悪い暴力に分類する立場（端的には，悪の暴力を停止させるための正義の暴力といった考え），あるいは，③暴力の多面性に注目する立場である（同じ暴力でも立場によって評価が違うという考え方）．①が功利主義と結びついた政治思想の原理となっていくのに対し，社会学においては，②はマルクス主義の流れを汲む紛争理論の流れに，そして③は社会有機体論や歴史相対主義に代表され，後には機能主義に代表されるシステム理論の種々の流れに向かっていくことになる．

●**暴力をめぐる難問**　多くの論者が繰り返してきたように，「暴力」というのは多元的な概念である．決まったルールのもとで行われる格闘技は，身体的な力としては大きいのだが暴力ではないと考えられる．これに対して，「言葉の暴力」とよばれるものは身体的な力を伴わないにもかかわらず，多くの人々に大きな被害を与える．問題は，「暴力」とよびうるものとそうでないものとを区別することであり，論者自身が多種多様な暴力に対していかなる立場を取るのかということである．マルクス主義の流れでは，すでに K. マルクス（Marx）と F. エンゲルス（Engels）がプロレタリア階級による権力奪取（暴力革命）のための暴力を，好ましい暴力として肯定した（Marx und Engels 1848）．さらに J. ソレル（Sorel）は暴力を「異議申し立ての行為者をつくり出すもの」と考えた．ソレルの考えでは，暴力こそが妥協的な労使関係に陥るのを避け，暴力革命に至る過程を加速するのである（Sorel 1908）．ただし，この種の理論は，好ましい暴力をそうでない暴力から区別するという困難な課題を引き受けざるを得ない．すると，その基準がどこにあるのかという問いに行き着く．さらに，「暴力革命」の結果成立した政権が用いる暴力をどう評価するのかという難問も待ち構えている．これに対して，暴力の多面性を強調する立場は，社会有機体論や歴史相対主義の流れを受け

ており，論者がどのようなパースペクティブ（遠近法）で暴力をとらえるかによって議論が変わることを受け入れる．代表例は，「価値自由」を標榜した M. ウェーバー（Weber）による議論である．ウェーバーは近代国家を物理的暴力行使の独占する人間共同体として定義した（Weber 1919）．F. ニーチェ（Nietzsche）が「権力への意志」を論じたとき，念頭にあったのは暴力に対する相対主義的なとらえ方であった（Nietzsche 1883-91）．この場合は，好ましい暴力とそうでない暴力を判断する責任を免れている代わりに，暴力行為の結果から暴力を評価するという歴史相対主義を受け入れざるを得ない．まさに，この点こそが暴力をめぐる20世紀以降の議論の根幹をなしている．

●**残る課題** 暴力の多面性や相対性を想定する理論家は，暴力を主題として論じることが少ない．例えば予定調和的にできあがった社会秩序を考える構造機能主義の伝統では，暴力は社会秩序をつくり出す脇役でしかない．この場合，暴力というのは例外的な事態であって，社会生活からできるだけ排除するか，あるいは一般の人々の視界から遠ざけることの方に関心が向けられてきた．暴力の多面性や相対性を視野に入れる理論家として重要なのは，歴史学や人類学の知見を独自に取り込んだ N. エリアス（Elias）や R. ジラール（Girard）である．エリアスは，「文明化」によって，伝統的社会にみられたむき出しの暴力が，種々の手続きを通じた形で行使される暴力に変化していくことを指摘する（Elias 1939）．ただし，それは暴力全般の減少ではなくて，変形（組織化や非人称化）である．このことは，さまざまなイデオロギーや政治体制に基づく大量虐殺や大量破壊兵器の使用について指摘すれば十分だろう．ジラールは，神話をめぐる人類学的なアプローチに出発して，おのおのの社会がつくり出してきた暴力への宗教的，文化的な対応装置の意義を強調した．「聖なるもの」（神話や宗教）は人々の間に容易に充満してしまう暴力を停止する装置なのだという考えが根底にある（Girard 1972）．暴力をめぐる理論は出発点となる「暴力」という概念自体が多義的であることによって，必然的に拡散的な性質を帯びざるを得ない．何らかの形の俯瞰的な議論を行おうとする場合には，特定の定義に出発して，その観点からまとめていくほかはない．例えば「暴力論」の総決算といった評価をされることがある M. ヴィヴィオルカ（Vieviorka）の『暴力』も，暴力が抱える「謎めいた側面」に，首謀者の主体をみつけ出すべきだと主張する（Vieviorka 2004）．ただし，紛争理論の流れを汲むヴィヴィオルカも，好ましい暴力とそうでない暴力を判断する責任を免れていないことは間違いない． 　　　　　　　　　　　　　　　　［犬飼裕一］

📖 **参考文献**
[1] エリアス, N. / 赤井慧爾ほか訳，2010,『文明化の過程（上・下）』法政大学出版局.
[2] ジラール, R. / 古田幸男訳，2012,『暴力と聖なるもの』法政大学出版局.
[3] ヴィヴィオルカ, M. / 田川光照訳，2007,『暴力』新評論.

軍事社会学・戦争社会学

●**歴史的背景**　軍事組織と社会との関連を研究対象とする社会学の一領域が軍事社会学である．狭義の軍事社会学は，軍事制度・組織論，軍事専門職論，政軍関係論に大別される．戦争や戦争準備が社会に与える影響を扱う戦争社会学も広義の軍事社会学に含まれるが，戦争の原因を探求する研究は，次第に国際政治学の研究領域とみなされ，軍事社会学からは除外されるようになった．

　社会現象としての戦争や社会集団としての軍事組織は社会学が成立する以前から存在していたが，社会学が成立した19世紀中葉から後半にかけて，近代西欧諸国では「戦争の産業化」が進展し，フランス革命以後，国民国家の成立とともに，徴兵制に基づく常備軍としての近代大衆軍隊が誕生しつつあった．A. コント（Comte）やH. スペンサー（Spencer）らは，そうした同時代の軍隊と社会の変容を観察し，マクロ社会学的な観点から戦争と軍事組織の編成原理の変化が社会に与える影響を考察した．また，M. ウェーバー（Weber）は，軍事組織における規律が社会に波及し，国家や経済活動に影響を及ぼす点を重視した．戦争の原因を近代資本主義の発展と帝国主義に求めるマルクス主義社会学も一定の理論的寄与をしたが，戦争や軍事組織に関するマクロな研究関心は，社会学の制度化とともに，次第に衰退していった．

●**軍事社会学の発展と制度化**　第一次世界大戦が勃発すると，軍事社会学研究は，ドイツなどの欧州諸国で活発化した．徴兵制を介して大量の兵士が動員された「総力戦」の社会的影響は広範囲に及んだ．兵士の士気や戦闘への動機づけ，精神障害の問題が主要な研究関心となって軍事心理学的研究が増大し，後に戦闘の社会学へと発展した．第二次世界大戦期になると，アメリカでは大量の社会科学者が戦争に動員された．この時期の研究成果の代表的なものとして，社会心理学者S. ストウファー（Stouffer）らによる古典的業績『アメリカの兵士』があげられる（Stouffer et al. eds. 1949）．米軍兵士に対する大規模な意識調査により，兵士の戦闘への動機づけや恐怖心への対処，リーダーシップ，組織内の人間関係や敵兵観，黒人兵に対する認識など，広範なトピックに関する量的データが収集・分析された．また，準拠集団や相対的剥奪といった一般社会学概念の産出，多変量解析手法（リッカート・ガットマン尺度やエラボレーション技法など）の発展にも寄与した（Stouffer et al. eds. 1950）．戦闘の社会学においては，兵士を戦闘へと動機づける主因は兵士相互の親密な連帯感，つまり第一次集団の絆であるとする説が提起された．第二次世界大戦以後，軍事社会学研究の拠点はアメリカに移った．

冷戦初期のアメリカでは，戦時動員により大規模化した軍事組織と自由民主主義的価値観が支配的なアメリカ社会との関係に研究関心が移った．政治学者S. ハンチントン（Huntington）は，政軍関係論，および軍事専門職論の分野の確立に貢献した．彼は，暴力の管理に関する専門識能と責任・団体性という特徴をもつ軍事専門職の自律性を認める一方で，リベラルな価値観が支配的なアメリカ社会とは相容れないため，軍隊は一般社会から隔離すべきであると主張した（Huntington 1957）．一方，社会学者のM. ジャノヴィッツ（Janowitz）は，「軍隊と社会」との融合を進めるほうが政軍関係の健全化にとっては望ましいとして，「分離−融合」論争に発展した（Janowitz 1960）．社会学の下位領域としての軍事社会学は，1960年代までに社会学研究の一分野として欧米で認知されるようになった．

●**研究関心の多様化と学際化の進展**　1970年代には，国際的な学会の組織化も進み，*Armed Forces and Society* と *Journal of Political and Military Sociology* という学術誌も相次いで創刊され，軍事社会学の制度化がさらに進展した．1973年にアメリカで徴兵制が廃止され全志願制に移行すると，新たな軍事組織内部の変化やアメリカ社会との関係の変化をとらえる理論的枠組み（軍事組織の制度／職業モデル）が提示され，国際比較研究も活発化した（Moskos and Wood eds. 1988）．1980年代には，軍事社会学研究はさらに多様化し，軍事組織内のジェンダー，人種・エスニシティ，性的マイノリティの統合，軍人家族，多国籍軍との協働，国連平和維持活動などにテーマが拡大した．さらに，冷戦後の1990年代には，東中欧諸国や非欧米圏での民主化の進展に応じて欧州諸国での「軍隊と社会」の関係に関する研究が活性化し，「政軍関係論のルネサンス」とよばれる状況も出現した．また，冷戦後の軍事組織と社会の関係の変化を主題にしたポストモダン軍隊論や，9.11同時多発テロ後のさらなる安全保障環境の変化を踏まえたハイブリッド安全保障論なども現れた．近年は，軍事専門職論や軍人倫理の見直し，徴兵制の廃止，軍事組織による災害派遣・人道支援などの非軍事的領域への役割拡大，軍事の民営化，予備役・退役軍人，家族支援やメンタル・ヘルスに関する研究なども増えてきている．

一方，戦争の記憶や戦死者の慰霊・顕彰，戦争体験の世代間継承，戦争言説，あるいは国際テロや非対称戦争（非国家主体による武力紛争）などに関する新たな戦争社会学的研究関心も高まっており，人類学や民俗学，宗教学などの隣接領域を包摂しつつ，さらなる学際化が進展している．　　　　　　　［河野　仁］

📖 **参考文献**
[1] Segal, D. and J. Burk eds., 2012, *Military Sociology*, 4 vols., Sage.
[2] Caforio, G. ed., 2006, *Handbook of the Sociology of the Military*, Springer.
[3] 福間良明ほか編，2013，『戦争社会学の構想』勉誠出版．

構造的暴力

●**概念の歴史と類型**　構造的暴力とは，ノルウェーの社会学者，平和学者のJ. ガルトゥング（Galtung）によって開発され，社会科学全般にわたって広く使われるようになった概念である．1950年代に構想され始め，1969年に定式化されたが，その後も平和，暴力，社会構造をめぐって彫琢され続けている概念である．この概念構想の発端は，戦争など明らかに暴力と判断される暴力がない状態を平和と考えるだけでは，暴力と平和の実態をとらえたことにはならないという疑問だった．

　1969年にガルトゥングは，暴力を（生存，福祉，アイデンティティ，自由といった人間の基本的必要の）「可能性と現実とのあいだの，つまり実現可能であったものと現実に生じた結果とのあいだのギャップを生じさせた原因」と定義づけた（Galtung 1969）．彼はまずこの暴力を，相手を傷つけたり，相手に害を与えたりすることを意図する「直接的暴力」と，意図的ではなく働く暴力とを区別し，前者を「個人的暴力」（これは後に行為者暴力と言い換えられる），後者を「構造的暴力」と命名した．したがって構造的暴力は，物理的ではない精神的暴力であり，直接的ではない潜在的暴力であり，傷つけられる客体も傷つける主体も存在しない社会構造による暴力のことである．そしてガルトゥングは，個人的暴力の不在を消極的平和，構造的暴力の不在を積極的平和と規定した．さらに彼は1990年に，「直接的暴力あるいは構造的暴力を正当化したり合法化したりするのに使われる文化の諸側面」（宗教，イデオロギー，言語，芸術，経験科学，演繹科学など）を「文化的暴力」と規定し，よりいっそうみえない暴力をつくり出す要因を摘出して，より積極的な平和の規定に尽力した（Galtung 1990）．構造的暴力と文化的暴力は，直接的暴力を引き起こす原因であり，直接的暴力は構造的暴力と文化的暴力を強化するように作用する．

　彼のさまざまな暴力概念は，平和研究の発展に多大な貢献すると同時に，一方ではさまざまな批判を受けた．多くの人が彼の諸概念の間の論理的整合性に疑問を呈したし，構造的暴力と規定する明確な基準がないために概念の曖昧さが指摘された．こうした批判に対してガルトゥングは，彼の諸概念は具体的な経験的現実と切り離されずに結びついた経験的仮説であって，それが平和の推進に寄与するようにつくられており，形式的，論理的な整合性などにはそれほど重点を置いていないと答えている．

●**構造的暴力と帝国主義**　ガルトゥングの平和研究は，さまざまな構造的暴力の解明と，それからいかに解放されるかという視座のもとに行われている．例えば

構造的暴力の一形態としての貧困を明らかにする場合，解放が達成されるためには何よりもまず，解放が対峙する支配システムが何なのかが詳細に明らかにされなければならないと考えるのである．そこで彼は特別なタイプの支配システムとしての帝国主義に着目する．彼は，帝国主義の概念を資本主義下の集合体（主に国家）間の経済関係に還元できるものとは考えずに，より複雑な関係と考え，「集合体を分裂させ，ある部分間を利害の調和の関係で関係づける一方で，他の部分間を利害の不調和，利害の対立関係の形で結びつけるシステム」（Galtung 1971）と規定した．より具体的には，特別のタイプの支配，一つの集合体，通常は一つの国家が他の国家を支配することを意味し，その基本は，利害の調和を梃にして，支配する国家の中枢が支配される国家の中枢に橋頭堡を築き，両者を結びつけるところにある．より強い形態の帝国主義は，中枢における周辺と周辺における周辺を切り離したままに放置するものである．以上の議論を基盤にしてガルトゥングはさらに，帝国主義の二つのメカニズム，5つのタイプ，三つの局面を明らかにする．帝国主義の一つのメカニズムは，支配する国家と支配される国家が相互作用することによって，支配する国家が支配される国家よりも豊かになる垂直的な相互作用メカニズムである．第二のメカニズムは，周辺における支配される国家が相互作用もないままに分断・放置される封建的相互作用メカニズムである．帝国主義の5つのタイプとは，経済的帝国主義，政治的帝国主義，軍事的帝国主義，コミュニケーション帝国主義，文化的帝国主義である．そして帝国主義の三つの局面とは，二つの中枢が同一の国家に属している植民地の局面，二つの中枢が国際組織によって結びつけられる新植民地主義の局面，両者が高速のコミュニケーションで結ばれる新・新植民地主義の局面である．

●**暴力の総体的把握へ**　ガルトゥングは1990年代以降，文化的暴力の概念を導入し，暴力の総体的把握をめざした．文化は諸個人によって内面化され，諸々の暴力を正当化，合法化する．それまでは構造的暴力の一部と考えられていた文化的暴力を相対的に自立的なものとして取り出したのは，振るわれた暴力に対して否定的に判断する文化の重要性を強調するためである．彼は，構造的暴力，直接的暴力，文化的暴力を，構造的暴力と文化的暴力を底辺とし，直接的暴力を頂点とするトライアングルと位置づけ，一般的には，文化的暴力から構造的暴力を経由して直接的暴力が現れると考えた．また，経験，演繹科学にまで詳細な検討を加え，文化学としての暴力論をめざしている．　　　　　　　　　　　［矢澤修次郎］

参考文献
[1] Galtung, J., 1969, "Violence, Peace, and Peace Research", *Journal of Peace Research*, 6 (3): 167-91.（高柳先男ほか訳, 1991,「暴力, 平和, 平和研究」『構造的暴力と平和』中央大学出版部.）
[2] ガルトゥング, J. / 矢澤修次郎・大重光太郎訳, 2003,『グローバル化と知的様式——社会科学方法論に関する7つのエッセー』東信堂.

和解論

●**和解概念が広まってきた背景**　武力紛争後あるいは政治体制転換後に，和解を社会目標として掲げ，それに対応する政策を実施するという動きは，1990年代以降，活発化してきた．和解という語を直接名称に入れた政府機関を設置し，過去の清算・再発予防・暴力の収拾・真相究明などに取り組んできた例は，南アフリカ，ペルー，東ティモール，モロッコ，シエラレオネ，その他，世界各地にみることができる．紛争後あるいは体制転換後の過去処理政策として従来主流であった（戦犯）法廷が「責任の所在を確定し懲罰を与えること」を目的とする一方で，和解政策の特徴は「（とりわけ被害の）多様な経験を調査・記録し公表すること」にある．

こうした取り組みが広まった背景としては，冷戦終了後に頻発した国内武力紛争や全体主義体制の崩壊に伴い，勝敗の不明確な政治的移行が増加したことや，非戦闘員の犠牲者数が拡大したことが指摘されている．そうした政治的移行は，さらに警察・軍・裁判所といった法執行機関の非中立状態や新政府の予算不足といった事態を受けて，国内司法以外の取り組みも要請することになった．この傾向を，国連の紛争対応における変化と，アカデミズムにおける新分野の定着という二つの制度化が後押しした．前者は，1992年のB. ブトロス＝ガリ（Boutros-Ghali）事務局長による平和構築概念および2003年のK. アナン（Annan）事務局長による人間の安全保障概念の提唱を通じて，和解政策の正当性・有効性に後ろ盾を与えた．後者は，国際法廷や被害者補償と並んで和解政策を主要な構成要素と位置づける移行期正義分野の確立を通じて，政策立案・国際援助実務・大学高等教育といった場における和解概念の一般化に寄与することになった．

●**和解論の現在**　和解という語に対しては，対立当事者が仲直りをするという融和・調和のイメージが一般的なものだろう．実際に，紛争後社会でかつての加害者と被害者が話し合い，互いの認識と行為を受け入れる，というエピソードが聞かれないわけではない．しかし，現場からの実態報告を目にすれば，上記のイメージがいかに部外者の期待の域にとどまるものであるのか，気づかされるだろう．

理論的には，上記の移行期正義分野の整備に伴い，和解を論じる領域横断的な研究蓄積も進んできた．現在までのところ，次の三つの切り口が和解の取り組みを分析する際の主要な潮流を形成しており，相互に競合している．①対話を通じた相互理解の進展や対他認識の変化を「和解＝望ましいゴール」として設定し，そこへ至る段階を定式化しようとするアプローチ．社会心理学や紛争解決論，平和構築論における議論の前提となる傾向がある．②和解とは（当事者の心情を含

む）ある現象を表す語ではなく，特定の政治的・社会的な要件の組み合わせを包含する概念である，とみなす政治学的な立場．例えば政治的寛容・人権の擁護・政府機関の支持・法の支配の適用といった諸条件が総合的に実現している状態を和解とよび，その程度を実証的に検証することを求める．③和解概念の定義はあえて行わず，和解政策が行われているという現実，あるいは公的な言説として和解が唱えられている状態が，どのような社会的影響や効果をもたらすか，を検討する立場．この立場の論者は，和解政策が当初の目的を達成したのかどうか，人々がどういう状態になることを和解とよぶべきなのか，といった議論はしない．むしろ，和解をめぐり生起する一連の事象を社会過程としてとらえ，いわば和解概念が制度化・言説化することの機能を考察するのである．この③は主に社会哲学のバックボーンをもつ論者たちが熟慮民主主義の概念に依拠して展開してきた経緯をもつ．しかし，その論理展開は社会学的思考と親縁性があるものと思われる．

●和解政策の実例とその課題　和解論の現在形と和解政策の実態を把握したうえで，社会学的な考察の例としては，次の二つをあげることができる．まずは，和解政策の実施現場に焦点を当てるアプローチである（阿部 2007）．南アフリカの真実和解委員会は，全国各地で公聴会を開催し，その数は5年間で365回に及んだ．その公聴会ではどのような相互作用が繰り広げられていたのか，証言を規制ないし後押ししていた暗黙のルールは何か，和解という理念に参加者はどのような反応を示していたのか．こうした視点は，上記の切り口でいえば①と③に関係する．もう一つは，各国で行われてきた和解の取り組みにおいて，和解プログラムへの人々の動員が重要な評価基準となりつつある傾向に注目するものである．和解政策を中心的に推進する政府機関は通常アドホックなものであり，裁判所が前提としうる権威や正当性を有していない．そのため和解へ向けての取り組みは，多様な社会構成員をできる限り動員することで正当性を確保しようとするのだが，そこに新たな抵抗やまた別の集合行為への分岐が生じる．このような社会的反応を，紛争後あるいは体制転換後の社会的条件と照らし合わせて考察することは，上記③の方向性をさらに発展させることになるものと思われる．

　紛争後社会の再建であれ，政治体制転換後の社会安定化であれ，集合的な和解が唱えられる社会の再統合は着実に進むものではない．和解が求められると同時にその難しさがますます認識される状況においては，社会過程・社会現象として和解を分析する視座がより必要とされていくのではないかと思われる．

［阿部利洋］

📖 参考文献
[1] 阿部利洋，2008，『真実委員会という選択——紛争後社会の再生のために』岩波書店．
[2] 佐藤章編，2013，『和解過程下の国家と政治——アフリカ・中東の事例から』アジア経済研究所．

14. 正義と社会的分配

　社会学は社会現象の実証的な記述と説明に従事する一方で，あるべき社会関係や社会構造の考察も展開してきた．前者は記述社会学または実証社会学(descriptive or positive sociology)，後者は規範社会学(normative sociology) とよばれる．正義は規範社会学の基礎理念である．古来，「社会あるところ法あり(*Ubi societas, ibi jus*)」といわれるが，この「法(*jus*)」とは単なる実定法秩序(*lex*) ではなく，それを生成発展させる人々の社会的実践の規範的指針となる正義(*justitia*)への志向性を内包している．社会秩序は，財やサービスという社会的資源の分配を規律する点で分配的正義の原理と，規範逸脱に対し制裁を科す点で匡正的正義や責任の原理と不可分である．本章は，正義理念を原理的に再考したうえで，グローバル化が進行し主権国家を分断・横断するさまざまな差異と葛藤が共時的にだけでなく通時的にも噴出する現代世界が，正義の探求の新たな課題として突きつける問題状況を解明する．　　　［井上達夫・今田高俊］

正義概念と正義の諸構想

●**正義は空虚な理念か**——**正義の概念と諸構想の区別**　正義とは何か．この問いをめぐって，古来より現在まで論争が執拗に続いている．この状況は，正義理念に対し二つの哲学的懐疑を生んできた．価値相対主義と無内容説である．価値相対主義は「正義とはXである」という言明は，Xが何であれ確証不能であるがゆえに，客観的に真ではあり得ないとする．無内容説は，この言明は主語の「正義」が無内容な概念であるがゆえに，Xが何であれ恣意的だとする．無内容説によれば，正義をめぐって論争が絶えないのは，それが理解の難しい深遠な理念だからでなく，誰もが自分の立場を正当化するのに都合のいい中身を融通無碍に放り込める「空っぽの箱」——哲学用語では，空虚公式——だからである．

　価値相対主義は確証可能な命題のみが真でありうるという基礎づけ主義に立脚しており，これは独断的絶対主義と同根であるだけでなく，基礎づけ主義自体は確証不能であるため，自己論駁的である．しかし，この批判では無内容説は斥けられない．無内容説を斥けるには，正義概念（the concept of justice）と正義構想（conceptions of justice）の区別が必要である．正義構想とは，行為・決定・制度等の正・不正を判定するための特定の基準を提示し擁護する諸理論，例えば，功利主義，リバタリアニズム，平等基底的権利論，J. ロールズ（Rawls）の公正としての正義論などである．さまざまな立場が先鋭に対立しており，正義の諸構想と複数形でよばれる．正義概念は正義の諸構想が愛の構想でも救済の構想でもなく，まさに正義の構想であるといえるための共通の探求主題を措定する．

　無内容説は正義の諸構想の執拗な対立から，共通の正義概念の不在を導出する点で誤っている．異なった正義の諸構想が真に対立しうるのは，同じ正義概念について異なった判定基準を提示しているからである．異なった諸構想がそれぞれ別の概念の判定基準を提示しているのであれば，すれ違いがあるだけで，真の対立はない．例えば，「目には目を，歯には歯を」という同害報復原理と，最小限の刑罰コストで最大限の抑止効果を求める功利主義との間には真の対立があるが，これらと「右の頬を打たれたら，左の頬を差し出せ」というキリスト教的倫理との間には対立はない．後者は正義ではなく愛の構想であり，対立する正義の諸構想である前二者とは異次元の概念空間に存立しているからである．正義の諸構想の間の真正の対立の存在は，共通の正義概念の不在ではなく存在を含意する．

●**正義概念の規範的実質**——**類型化要請から普遍化要請へ**　それでは，対立競合する正義の諸構想に通底する共通の正義概念の内実は何か．レトリック論で著名な法哲学者，C. ペレルマン（Perelman）は，1945年の仏語論文「正義につ

いて」(Perelman 1963に英訳所収)で，この問いを最初に明示的に設定し，答えた．彼はさまざまな正義の諸構想の定式からの帰納法的一般化として「Xに応じて（according to x）」という共通構造を抽出した．正義の諸構想の差異はXの値によるが，共有された正義概念は「に応じて」という表現が示す類型化要請——各事例を場当たり的（ad hoc）に扱わず，一定の類型に包摂し，同じ類型に属する事例は同じ扱いをせよという要請——に存するとし，これを形式的正義理念（the formal idea of justice）とよんだ．類型化要請は，権力行使の予見可能性を保障する点で，決して完全に無内容というわけではないが，特定の個人・集団が他の人々を一方的に搾取・抑圧する体制も類型化要請を満たし予見可能性をもちうる以上，正義概念の内実とするにはあまりに形式的すぎる．単なる類型化要請は類型自体の正・不正を評価する理念的指針を何ら提示し得ていない．

　帰納法的アプローチが示す類型化要請よりも強い正義概念の規範的内実を同定する代替的方法は，否定主義（negativism）ともよぶべきものである．これはアリストテレス（Aristoteles）の「正義とは何かを知るには，まず不正な人の分析から始めよ」（『ニコマコス倫理学』1129a）という方法論的示唆に由来する．分析されるべき前哲学的与件たる人々の正義感覚が，義憤として，すなわち不正感覚として発現することへの洞察がその背景にある．科学理論の実質的意味情報は理論を反証する事態の総体であるというK.ポパー（Popper）の「経験内容」の概念を価値理念に応用する発想，すなわち価値理念の規範的実質は，「何がそれに合致するか」ではなく，「何がそれに反するか」を問い質すことによって，価値理念を援用する者の融通無碍な自己合理化を許さない厳格な仕方で同定できるという視点も，否定主義には加味されている．否定主義によるなら，異なった正義の諸構想に共通の正義概念は，どの正義構想からも不正とみなされる行動様式，いわば「共通悪」を同定し，それを不正とする根拠を解明することで逆照射される．この共通悪とはエゴイズムであり，その核心は，自己と他者の個体的同一性における差異に基づく差別，すなわち普遍化不可能な差別である．そこから逆照射される共通の正義概念は，「普遍化不可能な差別を排除せよ」という普遍化要請である．

　普遍化要請は特定の個人・集団に言及する規則（「Xとその一族はすべての税を免除される」など）を排除するだけでなく，一般的類型による差別でも，その正当化根拠が普遍化不可能ならこれを排除する点で，類型化要請よりも強く，類型化の正・不正を批判的に査定する理念的指針を示す．普遍化要請が含意するかかる指針の具体例としては，フリーライダーの排除，二重基準の排除，既得権（vested interests）——自分が受益している場合だけなされる利益主張で，普遍化可能な権利（rights）と異なる——の排除，集団的エゴイズムの排除などがある．普遍化要請が含意する派生的指針だが，より一般性の高いものとして反転可能性（reversibility）のテストがある．これは，自己の他者に対する行動や要求が，

もし自己が他者ならばという反実仮想的条件のもとでも拒否できない理由によって正当化可能か否かを，自己批判的に吟味せよ，という要請である．これは単に自他の占める位置の反転可能性だけでなく，自他の視点の反転可能性の吟味も要請する．また，普遍化要請が根底にある以上，反転可能性テストは自己と他者双方に対称的に課される．より正確な定式化は以下のとおりである．「自己の他者 X に対する行動や要求が，自己が X と同じ位置に置かれたとしても，X の視点からも，X が同様な反転可能性テストを自らに課すならば拒否できない理由によって正当化可能か否かを，自己批判的に吟味せよ」．人種差別や性差別など類型化された差別は，差別者が被差別集団の人々の位置と視点に自らを置いても拒否できない理由によっては正当化不可能である以上，反転可能性テストによって排除される．

　普遍化要請の先駆的な哲学的表現は，J.-J. ルソー（Rousseau）が提示した一般意思のテスト（「他者に課した条件に自らも従うこと」）や，I. カント（Kant）の定言命法（「汝の意思の格率が常に同時に普遍的立法の原理として妥当しうるように行為せよ」）にみられる．宗教的表現としては，「汝なされたくあろうがごとく，他者になせ」というキリスト教の黄金律や，「汝の欲せざるところ他者に施すことなかれ」という儒教的格率があげられる．普遍化要請の規範的実質に関する上記の説明は，これらの先駆的な哲学的・宗教的諸表現が部分的に示した洞察を原理的に深め発展させたものである．

　現代哲学においては，R. ヘアー（Hare）がメタ倫理学的観点から価値判断の「普遍化可能性」を解明した（Hare 1981）が，評価言語一般の意味分析的テーゼとしてこれを主張した点に誤りがある．愛など，個体的同一性による差別化と結合した価値も存在し，普遍化可能性は価値一般の共通属性ではなく，あくまで正義という価値の特性であり，普遍化要請は言語分析的原理ではなく，規範倫理学的原理だからである．ロールズの無知のヴェールも普遍化要請に通じる側面をもつが，後述するように，彼は普遍化要請の意義およびそれと正義概念との内在的関係を十分理解しておらず，そこに彼の正義論の大きな欠陥がある．

　個体的同一性による差別化と結合した価値の存在に触れたが，これは，正義が人間の道徳的世界において，一つの重要な価値ではあるがすべてではないこと，正義と競合し衝突する価値も存在することを意味する．エゴイズムは正義の観点からは共通悪だとしても，自己の一回限りの人生や自己が愛する者の人生の自己にとっての「かけがえのなさ」へのこだわりという人間の実存的欲求に根ざす限りで，正義を超えた観点からは倫理性を帯びうる．個体的同一性に立脚した価値と正義との衝突をいかに調整するかは，「正義の限界」の問題である．正義概念の規範的実質を解明するとともに，その限界，すなわち，その管轄領域を画定し他の諸価値との棲み分けのあり方を探求することも，正義概念論の課題である（正義概念の意義と限界に関する以上の説明の敷衍として，井上 1986, 2003 参照）．

●**正義構想に対する正義概念の制約** 上記の正義概念は正義の諸構想に対する消極的制約であり，最善の正義構想を一義的に特定しない．しかし，正義の諸構想はこの正義概念によって高い規範的ハードルを課され，厳格な自己限定なしには，それを越えられない．例えば，無主物に労働投下すれば自分の所有物にできるとするJ. ロック（Locke）やR. ノージック（Nozick）流の自己所有的リバタリアニズムは，「他者のために同種のものが十分残されている」というロック的但し書きや，そのノージック的改訂版たる「自己の専有によって他者の境遇が悪化しない」という制約条件を自らに課している（Nozick 1974）が，これは，そうしない限り正義の反転可能性テストをパスできないからである．能力がありながら労働しない者にも勤勉に労働する者と等しい富の分け前を供与する単純平等主義は，フリーライダー排除の要請に反するとして斥けられる．

宗教や人生観など人々の「善き生の諸構想」が多元的に分裂している社会では，視点の反転可能性テストは，正義の諸構想が特定の善き生の構想から独立に正当化可能でなければならないという反卓越主義を含意し，これは特定の善き生の構想に従って人々の生を統制・教導することを公権力の任務とする卓越主義的諸理論を排除する．例えば，快苦のみを内在的な善と悪とみなす立場に依拠した古典的な快楽説的功利主義は，「卓越」という言葉の語感にはそぐわないかもしれないが，特定の善き生の構想に依拠している限りで卓越主義的であり，斥けられる．これに対し，現代の選好基底的功利主義は選好内容の無差別性に依拠する限り反卓越主義テストはパスできる（選好内容無差別化は別の難点を孕むが）．

ロールズが「公正としての正義」の理論を，功利主義に対する代替的正義構想として提示して以来，現代正義論の関心は「より良き正義構想」の提示に集中し，正義の諸構想に対する共通制約原理としての正義概念の意義の解明は疎かにされ，そのため議論が混乱し，独断的直観に開き直る傾向がみられる．その顕著な例証はロールズ自身である．以下，問題点を箇条的に列挙する（Rawls 1971, 1993, 1999；井上 1986, 2003, 2012）．

①ロールズは正義の諸構想に対する正義概念の共通制約原理を単に「形式的制約」ととらえ，一人称独裁的原理や類型的差別を許容する無内容なものとみなしている．類型化要請を超えた普遍化要請の意義を捨象している．

②他方，原初状態では個人の特殊利害に関わる特殊事実の情報が排除されているという彼の無知のヴェールの条件は，普遍化要請に通じるかにみえるが，自分がどの個人か知らないという個体的同一性の無知と，個人の特殊事実情報の排除とを混同している．普遍化要請は前者と適合するが，後者は要請しない．正義構想の公正性担保のために必要なのは前者である．諸個人の特殊事実情報（その能力・属性など）は正義判断にとってレレヴァントであり，これまで排除するのは「たらいの水と一緒に赤子を流す」誤謬である．

③特殊事実情報排除は原初状態での合理的選択原理についてのロールズの議論も混乱させている．彼は特殊事実情報排除の結果，さまざまな個人の地位に置かれる確率の分配ができないため，期待値最大化原理は適用できないとし，それに代えて最悪帰結の最善化を求めるマクシミン・ルールを採用して彼の正義の二原理を導出する．経済学者J. ハーサニー（Harsanyi）は，無知のヴェールの下ではすべての個人の地位に置かれる確率が等しいという等確率想定が可能であるだけでなく，すべての個人の利害を等しく考慮する点で公正の要請にも合致するとし，等確率想定の下で期待値最大化原理を適用して平均的功利主義が正当化されると批判した（Harsanyi 1976）．しかし，最大の問題は次の点にある．不確実性状況でいかなる選択原理を採択するかは，個人のリスク選好に依存し，これは「冒険者的人生」を望むか，「石橋を叩いて渡る」式の堅実人生を望むかというような，個人の善き生の構想の問題である．マクシミン・ルールは「最悪事態観」ともよぶべきリスク回避傾向が極度に強い特異な善き生の構想に依存している．それに基づく正義原理の導出は，ロールズ自身の「善に対する正義の優位」の原理が含意する反卓越主義（これは正義概念が含意する要請でもある）に反している．

　④政治的リベラリズムに転向した後期ロールズは，他者の視点からの自己の議論の批判的吟味という反転可能性テストの要請を無視する傾向を前期以上に強めている．政治的リベラリズムの核心たる重合的合意の観念は，リベラルな正義構想の哲学的妥当要求を放棄し，立憲的精髄（と正義の基本事項）と彼がよぶ同じ政治的結論を異なった哲学的・宗教的根拠により受容する「適理的（reasonable）」な包括的諸教説（世界観・人間観・価値観の諸体系）の間に成立する合意に，政治社会の基本構造たる正義原理の支柱を求める．しかし，理性の概念規定は哲学的にきわめて論争的な問題であるため，何が適理的かを理性概念によって決定することは政治的リベラリズムの立場と矛盾するから，結局，あらかじめ彼が措定した立憲的精髄を受容するか否かに包括的教説の適理性が依存することになる．これは循環論法であるだけでなく，立憲的精髄の哲学的に論争的な性格を合意の虚構により隠蔽するものである．それは，ロールズの立憲的精髄の選択を批判する「非適理的」な他者に対して，また「適理的」な他者のなかでも，哲学的・宗教的論拠を異にするため，立憲的精髄の具体的な意味と適用をめぐって彼と対立する者に対して，自らの政治的立場を擁護する哲学的論証責任を放棄し，論争的な自己の適理性の直観を独断的に他者に押しつけることにほかならない．

　⑤政治的リベラリズムの延長線上にある「諸人民の法」というロールズの国際正義論において，この独断性はきわまっている．そこでは，対外的攻撃性はないが，民主的制度を欠き，国教徒と非国教徒を差別し，平等な市民的政治的人権の保障を拒否する「節度ある階層国家」の国際的正統性が承認されている．また正統な体制を樹立する意思はあるが社会経済的障害のためかかる体制を確立できな

い「重荷を負わされた社会」への期限つきの経済支援を超えた分配的正義のグローバル化は否定されている．ロールズは，節度ある階層国家において差別され抑圧されている人々の視点から，この体制が正統性を本当に承認されうるのか，先進諸国が押しつけているグローバルな政治経済制度の下で自立的経済発展を妨げられている貧困途上国の観点から，世界経済正義に関する彼のきわめて消極的な立場が正当化可能なのかという，視点の反転可能性テストが提起する問題をまともに検討せず，さらには，かかる問いの提起自体を，リベラルな社会契約説的発想の押しつけという口実で拒否さえしている．しかし政治経済体制の正統性は，その下で不利に扱われる人々の視点から吟味さるべしという要請は，社会契約説のごとき特定の正義構想ではなく，より根元的な正義概念の要請である．

　以上，ロールズ批判に立ち入ったが，これは正義概念の規律を無視した正義構想論がいかに特異な直観の恣意的濫用に陥るかを例証するためである．

●**正義と正統性**　正義概念が正義の諸構想に課す規範的ハードルは高いが，それをパスしうる正義構想は複数存在し，それらの間には対立が執拗に続く．善き生の諸構想の対立については，諸個人の自己決定に委ねることが可能であるが，正義構想をめぐる対立は，対立が解消不能であるにもかかわらず，反対者をも拘束する集合的決定，すなわち政治的決定をせざるを得ない．これは法哲学者 J. ウォルドロン（Waldron）が「政治の情況」とよんだ政治生活の条件である（Waldron 1999）．政治の情況下では，政治的決定が自らの正義構想に照らして誤りだとみなす人々が必ず存在する．しかし，人々が自己の正義構想に照らして正当と思う政治的決定だけ尊重することになれば，政治社会はアナキー状態に回帰する．それを回避するには，政治的決定が誤っていても次の政治的競争のラウンド（選挙による政権交代など）で覆せるまではそれを尊重すること，すなわち正当性（rightness）と区別された正統性（legitimacy）を政治的決定に承認することが可能でなければならない．

　政治的決定の正統性の根拠と条件は何か．対立する正義の諸構想の共通制約原理たる正義概念は，この問題の解明にも重要な指針を提供する．自己の正義構想を反対者に執行する統治便益を享受するには，反対勢力が政権獲得してその正義構想を執行する場合にも，それを受忍する必要がある．これはフリーライダーを排除する正義の要請である．さらに，正義の反転可能性要請により，この議論が政治的敗者の視点からも受容可能であるために，政治的競争の勝者と敗者の地位の現実的反転可能性を保障する民主的制度と，民主的プロセスのなかでも自らを実効的に守ることの困難な無力な個人や周辺的少数者を多数の専制から保護する立憲主義的人権保障制度が必要である．正統性は正義構想から独立しても正義概念には依存する（井上 2012；Inoue 2009, 2015）．政治的正統性を正義と断絶させないためにも正義概念論の深化発展が必要である．　　　　　　　　　　［井上達夫］

分配的正義

●**語の由来と変化** アリストテレス（Aristoteles）が述べた正義のうちの一つに由来するとされる．同じ言葉が「配分的正義」ともよばれることもあったが，配分の語が資源の割り当て（allocation）を指す言葉として定着して，現在ではもっぱら分配的正義の語が用いられている．

●**これまでの議論の枠組みとそこに生ずる論点** 各人が何をどれだけ所有するのがよいかに関わる規範・基準とその根拠．その立場にはいくつもある．ただ，アリストテレスの頃から各人の能力や働きや応じた分配が支持され，それが分配的正義として支持されてきたという経緯はある．また，社会学で示される属性原理から業績原理への変化といった場合にも，それは単に社会の近代化に関わる事実を述べているだけではなく，後者が規範的に支持される分配のあり方であることを示しているとみることができる．少なくとも近代社会において，理論的にもまたその現実においてもそれが主流をなす．それを表すのが，J. ロック（Locke）の自らの労働による生産物の自己取得を正当とする論であり，それは，自らの意志が制御する対象についての自らの決定権の付与という形で現在に引き継がれている．その図式のもとで，社会的文化要因によって能力の形成が妨げられたり，機会が与えられなかったり，わずかな能力の差が大きな結果の差を生じさせることが社会学などでは問題にされてきた．体制批判の思想としてのマルクス主義にも，働きに応じて得られるはずのものの一部が資本家によって搾取されていることを不当ととらえるという限りで，同じ図式のものにあるともとらえられるところがある．

他方，政治哲学では，J. ロールズ（Rawls）の『正義論』（1971）がその嚆矢となって，（分配的）正義論の議論が再度活発になったとされる．一方にはロック的な構図をそのまま引き継ぐリバタリアニズムの系列が存続しつつも，他方ではさまざまに分かれつつ平等主義的な分配的正義論が展開される．多くは，平等主義的な分配的正義論を展開する．そしてそのなかでも，資源の平等か厚生の平等かといった問題がより精緻に論じられてきた．ただ，多様に論じられるその議論においても，例えば病気や障害など自分の制御できない部分について社会的な分配の対象とするべきであるというとらえ方が，多くの場合に基本にある．とすると，自己が意志し制御する対象については自らのものであるという図式そのものは基本的なところでは保存されているともいえる．そのように考えるのがよいのか，それが基本的な論点としてある．

●**考えられるべき多くの基本的な主題** ここまで述べたのも，どのような分配がどのような理由で正当化されるのかという問いであり，その問いは社会全体のあ

り方に関わる．

　次に，何をどれだけ分配するかという問いに関わりつつ，どのような仕組みで分配がなされるべきかという問いがある．特に「再分配」といわれる場合には政府がその役割を果たすことが想定され，アリストテレス以来の古典的な意味でも権力者による配分・分配が想定されていた．だが，自由市場において実現される財の布置をそのまま正義とする考え方も当然ありうる．ただこうした場合にも，交換される財の初期値の配分・分配のあり方も含め，また交換についての規則も定めない完全な放任も含め，分配のあり方は結局社会的に決定・容認されるものであることは踏まえたうえで論じられるべきである．

　また，分配可能なものと不可能なもの，分配がなされるべきものとそうでないものは，なぜ，どのように分かれるかという問いがある．そもそも移動・分配が不可能なものがある一方で，身体部分など技術がそれを可能にすることもある．「商品化」が批判されることがある．そして，その批判と共通するまた異なる理由から，自発的な贈与や強制的な徴収が批判される場合があり，また支持される場合がある．これらがどのように議論されているかを把握し，また自らどのように考えるかという課題がある．

　そして，一般的に「経済」の範囲内にあるもの，つまり財の移転が想定されている領域においても，生産財があり，労働があり，そして生産されたものがある．多くの場合，分配はすでに生産された財，また貨幣の分配として思念されているし，特に分配が「再分配」として理解される場合にはそうである．だが，そのように限定する必要もない．生産財，労働，生産された財，以上三つのいずれが，あるいはそのどんな組み合わせが，いかなる根拠で支持され，また実現されるべきかも考えられるべき重要な課題である．

　さらに，分配，また分配のための徴収の範囲をどのように考えるかという課題もある．「福祉国家」といわれるときには一国内での分配が想定されている．さらに「分権」化して小さい単位にするべきだという主張もある一方で，世界規模での分配が支持されるべきであるという主張もある．「グローバル・ジャスティス」をめぐる議論はこの主題に関わっている．さらに，現存する人間たちの間での分配が通常問題にされるが，将来世代のことを考えに含めた場合にはどのように考えるべきかという「世代間倫理」という問題もある．そして，人間以外の生命・自然物のこともまた考えに入れ権利を認めるべきではないかという「自然（物）の権利」をめぐる議論もある．この主題は社会全体に関わるきわめて大きな主題である．　　　　［立岩真也］

参考文献
[1] 井上彰，2017（予定），『正義・平等・責任――平等主義的正義論の新たなる展開』岩波書店．
[2] 立岩真也，2004，『自由の平等――簡単で別な姿の世界』岩波書店．
[3] 立岩真也，1997，『私的所有論』勁草書房（2013，第2版，生活書院）．

環境的正義

●「環境的正義」概念の生まれた背景　環境的正義とは，環境分野における社会的公正の実現を求める理念である．アメリカにおいて，人種的マイノリティが環境汚染や環境リスクにより高い頻度でさらされる傾向にある状況を「環境人種差別」と訴え，その是正を求める運動として環境正義運動は始まった．すでに30年以上に及ぶ環境正義運動は，アメリカで高揚した「環境人種差別」への抵抗だけではなく，世界的にも環境・健康や社会資源への平等なアクセスを求めるより積極的な運動へと変革している．

【環境人種差別の立証『有害廃棄物と人種』】　1960年代，70年代の散発的な動きを経て，「環境人種差別」への抵抗として転機となったのは，1982年にノースカロライナ州ウォレン郡での PCB（ポリ塩化ビフェニル）処分場計画への抗議運動である．ウォレン郡は，ノースカロライナ州のなかでも，アフリカ系アメリカ人の割合が高く，貧困層も多い地域であった．この農村地帯のアフリカ系コミュニティで発生した大規模な抗議運動は，人種と廃棄物処分場をめぐる，いくつかの重要な研究を引き出した．1983年の連邦会計検査院による南部を対象とする調査，さらに1987年には全米を対象とする調査『有害廃棄物と人種（Toxic Wastes and Race in the United States）』が公民権団体の連合キリスト教会人種的公正委員会から公表された．連合キリスト教会の調査は，アメリカ国内の有害廃棄物処分場は，アフリカ系，ラティーノ系などの人種的マイノリティが多く住む地域ほど，立地の可能性が高いことを立証する結果となった．

【全国的な運動への機運】　一連の調査で，迷惑施設である有害廃棄物処分場が人種的マイノリティ地域に不平等に立地する傾向が全米レベルで示されたことで，廃棄物問題に直面する地域住民の憤りはいっそう高まり，1991年10月のワシントンDCで開催された「第一回全米有色人種環境リーダーシップ・サミット」の高揚につながった．

廃棄物処分場の不平等な立地だけではなく，南部での石油化学産業による環境汚染へのアフリカ系住民の闘争，西部のラティーノ系農民の適正な農薬使用を求める訴え，アメリカ先住民居留地でのウラン鉱山採掘に伴う放射性廃棄物の投棄問題など，人種的マイノリティが抱える多様な環境問題が各地から報告された．

1994年2月11日，環境的正義の訴えは大統領府に到達し，当時のクリントン大統領は「人種的マイノリティと低所得層にとっての環境的正義に関する大統領令（12898号）」に署名した．この大統領令によって，連邦政府はその業務の一環に環境的正義を統合することが求められるようになった．

【政策課題としての環境的正義】 1990年代以降，多くの草の根環境運動で，環境的正義が運動スローガンとなった．環境関連法からのアプローチでは救済策のない地域住民にとって，環境的正義の視点は最後の砦ともなった．すなわち，環境汚染や環境リスクにさらされる住民の有色人種や貧困層の割合が高いことが，分配的正義の理論のもとでは保護すべき住民と位置づけられた．

ルイジアナ州の濃縮ウラン工場の建設計画では，原子力規制委員会が事業者側の手続き的不備を含め，環境的正義を理由に許認可申請を認めないこともあった．また，日系企業によるルイジアナ州農村地帯での化学工場の建設操業計画に対しては，住民からの激しい反対運動が発生し，連邦環境保護庁はこのケースを環境的正義の考えを政策的に導入するためのテストケースとした．最終的に，この日系企業は立地計画を変更した．

環境的正義は，1980年代にアメリカの公民権運動と草の根環境運動のなかから生まれ，約10年という短期間で政策面での影響力をもつに至った概念である．多くの大学が教育プログラムを策定するなど，環境的正義の概念はアメリカ社会の内部に浸透しつつある．1994年の大統領令後，各州の環境政策のなかにも組み込まれ始め，2009年までに全50州が環境的正義に関する何らかの法政策をもつに至るなど，制度化が進んでいる．

● 「環境的正義」概念の内容

【因果関係をめぐる議論】 アメリカ国内の環境的正義の議論は，運動と研究が両輪をなして進んできた．研究が運動の後ろ盾となってきたといっても過言ではない．果たして，人種や経済階級と環境格差は統計的にみて相関関係があると言いうるのか．廃棄物の立地情報や，地域別の大気や水環境への化学物質の放出量が一覧できる環境情報公開制度（有害化学物質排出目録 TRI）を活用した研究が数多く発表された．分配的正義を主なテーマとする環境的正義の訴えは汚染に悩む住民の訴えを，科学的な立証がサポートする形で展開された．

【環境的正義／環境人種差別への疑問と批判】 環境的正義運動が盛り上がるにつれて，「環境人種差別」という主張への批判的見解も示された．廃棄物処分場が人種的マイノリティ地域に集中している現状はあるとしても，廃棄物処分場の立地とコミュニティ形成のどちらが先か，あるいは，不平等な立地は人種と経済階級（貧困）のどちらとより強い相関関係があるのか．人種差別の意図はなく，さまざまな社会経済的要因の結果生じるこのような負の不平等な分配を環境的人種差別と言いうるのか，といった疑問である．

アメリカでは長らく，政治経済力に乏しい貧困層や人種的マイノリティが劣悪な環境で生活せざるを得ない状況は，機会の平等を前提とする競争社会において自己責任の範疇に属するとされてきた．経済力が弱ければ雇用と引き換えに，迷惑施設を受け入れざるを得なかった地域もあるだろう．環境的正義への疑問・批

判も，環境面での不平等が人種ではなく経済階級（貧困）が原因であるのであれば，政策課題とすべき問題ではないという主張が見え隠れする．公民権法（1964）の下，人種差別と認定されれば違法状態となり，法的措置の対象になるというアメリカ的文脈も大いに関係する．効力を発揮するからこそ，「なんとなく人種間で環境格差が確認される」というレベルではなく，研究者を巻き込んでの厳密な立証作業が行われてきたともいえる．

これに対して，環境的正義研究の第一人者であるR. D. ブラード（Bullard）は，アフリカ系コミュニティを故意にターゲットにすることのみが環境人種差別なのではなく，問題の根底には人種差別的な土地利用，土地利用に関する政策決定からの住民排除，貧しい人種的マイノリティ地域を犠牲にした地域開発などが重層的に作用しあい，このような人種間での環境格差を生み出した要因だと指摘する．

【環境エリート主義への批判】　環境的正義については，環境面での不平等な分配に注目が集まるが，そもそもアメリカ国内において，環境への関心が低いといわれていた人種的マイノリティや低所得層が環境運動を担う主体として立ち上がったことは注目すべき点である．R. D. ブラードは，この問題をめぐる初の研究書 *Dumping in Dixie*（2000）で，環境的人種差別の諸相だけではなく，環境問題に関心が低いとされてきたアフリカ系住民の環境運動の実態について明らかにした．

人種的マイノリティや貧困層による環境運動は，アメリカ環境主義の展開にも影響を及ぼしている．アメリカは19世紀末からの長い自然保護運動の歴史を有するが，中産階級の白人男性が主な担い手であり，活動領域もアメリカ文化の主流派の関心を反映していた．彼らは野生生物や生態系，大気，水質の保全，有害物質の規制，エネルギー政策といった領域で活躍したが，公害や廃棄物問題に苦しむ人種的マイノリティが置かれた状況は見過ごされ，「環境問題」として問題視されることもなかった．環境的正義の活動家は，アメリカ環境運動の担い手や活動アジェンダの偏りについて，1990年代以降「エリート主義」と厳しく批判した．アメリカ国内の主流派の環境団体の多くは，現在では環境的正義を活動アジェンダの一つとしてとらえ活動を展開している．

一見，公平にみえる環境政策が特定の地域に及ぼす影響について，環境的正義グループが敏感に察知し，抗議する場合もある．カリフォルニア州での有害物質の排出権取引をめぐり，草の根的な視点をもつ環境的正義グループが，特定の発電所がCO_2の排出枠を大幅に購入すればその立地地域の大気汚染の悪化は免れないとして，全米の環境NPOと対立する結果となることもあった．

● より普遍的な環境的正義の追求

【正義論からのアプローチ】　上記の論争が，アメリカ国内の状況に規定され，かつ分配的正義を中心とする狭義の環境的正義であるならば，より普遍的な環境的

正義の運動や議論も存在する．シチズンシップ概念の再考を通じて，A. ドブソン（Dobson 2004）はサスティナビリティと社会的公正の統合に関する議論を深めた．
　国内では，池田寛二（2005）が環境的正義について，J. ロールズ（Rawls）や A. セン（Sen）の議論をもとに，分配的正義だけでなくグローバルな環境的正義，功利主義的環境的正義について議論している．特に多元的で個別主義的なコミュニティの正義論については批判的にとらえ，このような相対主義を超越し「公共性の正義論」の構築の必要性を指摘する．

【国境を超える環境的正義】　環境的正義の概念がアメリカ国内だけではなく，グローバル化により南北の環境格差も広がるなか，気候変動，廃棄物や有害物質の移動などに関して，環境的正義の訴えが提起されることも珍しくない（Agyeman et al. 2003）．世界各地で開発により，先住民族や人種的マイノリティ，貧困層が被害を受ける例は後を絶たない．アフリカや東南アジア諸国での多国籍企業による森林伐採や資源収奪，南米での鉱山開発，アジアや南米での水銀中毒などが典型である．

　構造的に社会経済的に弱い立場にある人々が最も環境被害を受けやすいことは，日本での公害問題の事例が示すとおりである．この状況を考えれば，環境的正義をめぐっては分配的正義のみの議論では不十分であり，リスクの配分をめぐる手続き的公平性や，さらには住民自らのエンパワーメントという視点が重要となる．

　テーマ別に世界的な環境的正義の運動ネットワークも形成されている．最近では，CO_2 の排出量は少ないにもかかわらず，温暖化問題で最も被害を受ける南洋諸島や途上国に暮らす人々が，「気候変動における正義（Climate Justice）」を求める動きもある．途上国は，温暖化問題の原因をつくった先進国に対して，公平な責任を強く追求している．

　また，近年の環境社会学において重要な理論である「エコロジー的近代化」や「リスク社会論」「生産の踏み車論」との関係性を D. ペロー（Pellow 2007）が論じるなど，2000 年以降は環境的正義をよりグローバルかつ多様な文脈から議論する動きが活発である．

　アメリカ国内の歴史的文脈のなかで，環境人種差別の告発ならびに環境的正義を求める動きは生まれてきたが，アメリカでは制度化されつつあり，他方，世界的には多様なテーマに関しての働きかけが継続的な発展段階にある．　　［原口弥生］

参考文献
[1] Bullard, R.［1990］2000, *Dumping in Dixie: Race, Class, and Environmental Quality*, 3rd ed., Westview Press.
[2] 池田寛二，2005，「環境社会学における正義論の基本問題——環境正義の四類型」『環境社会学研究』11：5-21．
[3] 寺田良一，2016『環境リスク社会の到来と環境運動』明治大学人文科学研究所叢書．

世代間正義

●**持続可能社会の倫理** 1960年代以降，発展する科学技術の長期的影響が飛躍的に増大し，地球環境破壊の問題が切迫したものとして認識されるようになった．そこで現在世代は将来世代に対し，地球環境を持続可能なものとして保持する責務を負っているのではないか，とする問題意識が社会理論において幅広く共有されるようになった．このように，現在世代と将来世代（時に過去世代）の間の正義の関係を問うものが「世代間正義（intergenerational justice）」である（「世代間倫理」「世代間公平」などの言い方もあるが，本項では互換的に用いる）．J. ロールズは1971年の『正義論』（Rawls 1971）によって，実践哲学的議論の復興のきっかけをつくったが，そこで「世代間正義」は独立の節として取り上げられた（44節）．ロールズの議論自体はごく慎ましいものであったが，その後の多くの論者は，各自の規範的立場の現実的妥当性を問う格好の「応用問題」としてその正当化に取り組むようになった．

●**乱立する諸種の理論** 世代間正義は主に現在世代と将来世代との間の規範的関係を問うものであり，多くの場合，なぜ現在世代は将来世代の生存環境に配慮しなければならないのかという，配慮責務の正当化問題の形をとる．将来世代はいまだ存在しない以上，現に存在する現在世代との規範的関係は，すでに存在する者同士の関係とはまた異なった独自の哲学的難問を引き起こす．また，現在世代の意思決定システムである民主主義にとって，遠い将来（時に過去）の公共的利益をいかに扱うかというのも悩ましい問題となる．

同時代的な互恵性（reciprocity）が成立しない相手に対する一方的な責務がどのようにして正当化されるのか．ロールズは「貯蓄原理（saving principle）」という，当該政治共同体の次世代の生存可能性を保障する資源の貯蓄を命じる慎ましい主張をなしたのみであり，これは規範的根拠の不明確さもさることながら，特定の共同体の持続可能性のみを考えるものであって，地球環境問題およびそれに関わる世界正義（global justice）にとって弱すぎるものであった．そして，それを批判的に乗り越えようとする議論として多くの正当化アプローチが試みられた．

①将来世代の効用をも功利計算の対象とする功利主義アプローチ，②ロールズ的「無知のヴェール」を世代間に拡張する世代間契約論アプローチ，③将来世代には良好な地球環境を享受する権利があるとする権利論アプローチ，④過去世代・現在世代・将来世代からなる超世代的共同体を想定する共同体論アプローチなどが代表的なものとしてあげられる（Shrader-Frechet ed. 1981）．

各アプローチにはそれぞれ長所・短所があるが，1984年のD. パーフィット『理

由と人格』(Parfit 1984) において提出された「厭わしき結論」や「非同一性問題」はこうした議論に根本的な懐疑を突きつけることになる．例えば将来世代を含めた効用最大化を考える功利主義アプローチの場合，ある時点の将来世代の大多数がきわめて低い効用水準にとどまるものの，その集計が，高い効用水準の少数の人口よりも多くなる場合，それは規範的に許容されうるか．この難問は，倫理的に望ましい人口規模を考える「人口倫理（population ethics）」の一部ともなり，現在でも活発な議論がなされている．

また，契約論・権利論アプローチでは，特定の将来世代を契約主体・権利主体として扱うことになるが，その契約や権利主張そのものが，それによって実現される将来を変えてしまい（現在世代が将来世代に配慮して慎ましい生活をすれば，生まれてくる将来世代の組成が変化する），当の契約主体・権利主体そのものが消え去るという困難もある（非同一性問題）．この難問を避けるためには一定程度，非人格的な道徳のあり方なり，あるいは将来世代の組成に最初から依存しない一方的な道徳のあり方を考える必要がある．前者の方向としては将来世代の集団的権利主体性を認める権利論や，超世代的共同体の実在を前提として互恵性を時間的に拡張する共同体論など，後者の方向の有力な議論としては，現在世代の影響力に応じた責任負担を主張する H. ヨナス『責任という原理』(Jonas 1979) などがあげられる．これらはいずれにせよ，リベラルな民主主義体制が基礎とする人格の個別性や，現在中心的な傾向に対し，重大な問題提起を行っているものといえる．

●対応を迫られる諸問題　世代間正義論では，地球温暖化，枯渇資源の保存，放射性廃棄物の管理，世界的な人口問題など，将来的に重大な影響の生じるあらゆる問題について考慮されなければならない．しかし，それはしばしば発展途上国の発展要求との緊張関係に立つため，同時代の分配的正義との適切なバランスが求められる問題といえる．一国内の問題としても，財政状況の悪化を公債の発行によって切り抜けるのは将来世代にツケを回すことでもあり，その正当性が厳しく問われうる．また，少子高齢化に伴う公的年金制度の維持可能性など，同時代の世代内正義（intra-generational justice）として連続的に考察されなければならない問題も数多い．　　　　　　　　　　　　　　　　　　　　　　［吉良貴之］

参考文献

[1] Shrader-Frechet, K. S. ed., 1981, *Environmental Ehics*, Boxwood Press.（京都生命倫理研究会訳，1993，『環境の倫理（上・下）』晃洋書房．）
[2] Parfit, D., 1976, *Reasons and Persons*, Oxford University Press.（森村 進訳，1998，『理由と人格』勁草書房．）
[3] Jonas, H., 1979, *Das Prinzip Verantwortung*, Suhrkamp.（加藤尚武監訳，2000，『責任という原理』東信堂．）

世界正義

●**グローバルな諸問題**　現代の世界には，貧困・人権侵害・戦争・気候変動など，国境を越えたさまざまな問題がある．世界銀行が定める1日1.90ドル未満の貧困線を下回る人々は，約9億人に上るといわれる．また，全体主義体制や権威主義体制では，兵士・警察官による市民の殺害・拷問・強姦などの重大な人権侵害がしばしば行われ，民兵・一般市民が大規模な殺戮を引き起こす場合もある．ある国での重大な大規模人権侵害を中止させるために他国が武力干渉を行う人道的干渉については，国際法への適合性や道徳的正当性が問題となる．さらに，地球温暖化を抑制するための緩和策の費用を各国がどのように負担するべきかという問題が，ますます重要となっている．

　途上国での貧困や緩和策の費用負担では，地球規模の分配的正義が問われる．また，人権侵害に対しては，当該国での刑事的正義（刑事司法）などの対応に加えて，国際社会による支援・補完も求められる．これらの諸問題に応える理念を指す語として，政治哲学や倫理学などで"global justice"が用いられるようになった．多くの研究者は，この語を「グローバルな正義」「グローバル正義」と訳すが，論者によっては「世界正義」「地球的正義」を用い，あるいは「グローバル・ジャスティス」と表記する例もある．本項目では便宜的に「世界正義」を用いる．

　地球規模の諸問題のなかでも，途上国での絶対的貧困やそれに関連する南北間経済格差の文脈において，地球規模の正義が最も活発に論じられてきた．そこで，以下では貧困や南北格差をめぐる分配的正義について解説する．

●**多様なアプローチ**　P. シンガー（Singer）は，途上国での飢餓について先駆的な倫理学的考察を行った（Singer 1972）．彼は，悪しきことの発生をそれに匹敵する犠牲なしに防げる限り，防ぐべきだという道徳原理を唱えた．飢餓は明らかに悪しきことだから，我々先進国市民は，自分自身が飢餓に陥らない範囲では，飢餓撲滅をめざす非政府組織（NGO）への寄付などを要求される．彼はまた，悪しきことの発生を道徳的に重要な犠牲なしに防げるならば，防ぐべきだという，より弱い原理も示した．この原理によれば，先進国市民は，例えば家族旅行に行くのをあきらめて，その費用を貧困対策のNGOに寄付するよう求められる．シンガーはその後，貧困問題の解決に必要な国際的再分配の規模はさほど大きくないと強調するようになった（Singer 2009）．

　C. R. ベイツ（Beitz）らは，J. ロールズ（Rawls）の国内正義論を地球規模に拡張することを提唱した．ロールズは，諸個人が利益を与えあう互酬性を前提としつつ，国内制度に妥当する正義原理の一つとして，社会的・経済的不平等は最

も不利な人々の利益を最大化するべきだという格差原理を唱えた (Rawls [1971] 1999). ベイツは, 相互依存が強まっている今日の国際社会では互酬性が成立していると論じたうえで, グローバルな格差原理を唱えた (Beitz 1999).

H. シュー (Shue) らは, 人権または基底的権利を基礎とした理論を提示している. シューは, 食料・衣服・シェルターなどをもつという生存権 (経済的安全権) を唱える (Shue 1996). 生存権は, 表現の自由などの市民的権利よりも基底的だから, 市民的権利の保障を一目標とするアメリカの外交政策は, 生存権も政策目標に含めるべきだという. 他方, M. C. ヌスバウム (Nussbaum) は, 潜在能力アプローチ (項目「平等の指標」参照) を活用した分配的正義を提唱している (Nussbaum 2006).

これらの諸学説は, 内容の多様性にもかかわらず, 先進国市民が途上国の貧困層に対して, 他者に利益を与える積極的義務を負うという基本的前提を共有している. この前提に挑戦し, 先進国市民は, 他者を害さない消極的義務に違反していると主張するのが, 近時の T. ポッゲ (Pogge) である (Pogge 2008). 彼によれば, 多くの貧困者をかかえる国の政府はしばしば非民主的・人権抑圧的だが, こうした政府に対する先進国からの兵器輸出は, 貧困対策に充てうる政府予算を減少させるだけでなく, 国内反対派への武力弾圧を容易にする. さらに, 先進国政府は強権的政府を正統な代表と認めて, その政府から天然資源を輸入し (資源特権), 多国籍企業である銀行とともに融資を行ってきた (借款特権). これらの政策も強権的政府を財政的に支え, 貧困問題の存続をもたらす. 先進国の諸政策は, 国際的政治経済制度によって支えられているが, その国際的制度は, 自国民のために行動する先進国政府の主導によって確立され発展させられてきた. したがって, 先進国市民は, 自らの利益のために途上国の多数の人々を貧困に陥らせてきたというのである. こうした不正義を矯正するために, ポッゲは, 兵器の国際取引への規制などに加えて, 各国の天然資源の使用・売却に課税し, その基金を貧困対策に用いるグローバルな資源配当を提唱している.

●**批判と限定論** 地球規模の分配的正義を唱えるコスモポリタニズムは, 近年には批判も招いている. ロールズに代表されるステイティズム (国家単位主義) は, 正義がもともとは国家内で妥当すると強調し, 地球規模の分配的正義を否定する (Rawls 1999). 他方, D. ミラー (Miller) らのナショナリズムは, 正義が本来はネイション内で成立すると想定し, 他のネイションに対する責任を限定する (Miller 2007). ネイションとは, 政治的に統合され他から独立していることを望む諸個人からなる集団である.

[宇佐美 誠]

📖 **参考文献**
[1] 井上達夫, 2012, 『世界正義論』筑摩書房.
[2] 宇佐美 誠編著, 2014, 『グローバルな正義』勁草書房.

福祉国家

●福祉国家の誕生とその背景　福祉国家とは，一般には，国民あるいは市民（市民権・シティズンシップを有する人々）の福祉に対して責任をもつ国家のことをいう（本項では，形式的市民権［国籍］および/または実質的市民権をもつ人々を指す総称として「市民」の語を用いる）．これに対して，市民が福祉にコンシャス（敏感な）社会や，社会（政府を含む場合もある）が福祉を供給する社会を福祉社会という（武川 1999）．

　プロイセンのフリードリッヒ大王による啓蒙絶対主義の国家が「福祉国家」（Wohlfahrtsstaat）と称されたことがあったが，種々の社会政策を装備した今日的な意味での福祉国家は，近代社会・産業社会の産物である．伝統社会・農業社会では，人々の生活は家族・親族や地域共同体のなかで完結する．人々の生活は自らの労働に加えて家族や共同体による贈与や互酬によって支えられていた．

　ところが商品経済の発達と産業革命を経て，人々の生活条件は大きく変わる．伝統社会の人口の圧倒的多数は農業や牧畜業に従事しており，生活の大部分は自給自足によって成り立っていた．市場における交換は部分的だった．工場制度のもとで彼ら・彼女らは生産手段である土地から切り離され，農村での工業へ，さらには都市での商工業へと社会移動（水平移動）する．これらの人々は，自らの労働力を売って，貨幣を獲得し，生活に必要な物資を市場から調達するようになる．本来，交換のために生産されたものではない労働（生産要素）が，K. ポランニーの言葉を借りれば，「擬制商品」となり（Polanyi 1957），労働市場で取引されるようになる．「労働（力）の商品化」によって自営業が消失するわけではないが，就業人口の大部分が雇用者によって占められるようになる（エンプロイー化）．

　しかし資本主義の初期段階では，生活に必要なものすべてが賃金によって入手できたわけではなかった．生活に必要な財・サービスであっても商品化されないものは多々あった．このため家事労働が生活に必要なものを補うことになった．ここから近代社会に特有な男女の役割分担（夫が外で働き，妻が家を守る），あるいは，男女の性別分業（男が賃労働に従事し，女が家事労働に従事する）が生まれる．マルクス主義フェミニストは，こうした事態を「近代家父長制」とよび，賃労働と家事労働の関係を資本制と家父長制による「ヴィクトリアン・コンプロマイズ」とよぶ（上野 1990）．

　資本主義の発達によって，多くのものが商品化され，また市場で扱われる商品の範囲も拡大し，それぞれの市場規模も拡大していく．I. ウォーラーステインはこうした事態を「万物の商品化」という（Wallerstein 1983）．人々の生活の多く

が各種商品の市場に依存するようになると同時に，市場から入手可能な財・サービスの範囲も拡大し，従来，家事労働によってしか入手できなかった財・サービスも市場から入手することが可能になる．と同時に，家事労働から部分的に解放された女性も，労働市場に参加するようになる．

A. スミス（Smith）以来，市場による資源配分は「神の見えざる手」によるものとみなされ，一般に，市場は社会にとって最適な資源配分を遂行すると考えられてきた．しかし他方で，資本制経済のもとでは景気循環が繰り返され，1930年代には資本主義世界が大恐慌に陥る．こうした状況のなかで，経済を安定・発展させるためには政府が市場に介入することが望ましいというケインズ主義の考え方が生まれる．19世紀に主流だった自由放任の思想と異なり，資本主義社会でも経済政策や経済計画の役割が重要だと考えられるようになり，実際，政府による市場への介入が拡大された．

また，市場には，それ自体で解決できない問題もある．一つは家計や企業が市場活動を通さずに別の経済主体の環境に影響を及ぼす「外部性」の問題であり，公害は外部不経済の典型である．また，公共財は市場によっては提供されないから，政府による供給が必要となる．さらに，分配の公正などの点についても市場は無関心であり，公正な分配を達成するためには公共政策の手を借りなければならない．これらは一般に「市場の失敗」とよばれる現象であり，ここから市場経済に介入する経済政策と並んで，市民生活の安定と向上に寄与するための社会政策の必要が認識されるようになる．福祉国家が成立する一つの条件はこうした「市場の失敗」にも求められる．

他方，賃労働と補完関係にある家事労働の担われる場である家族の方にも変化が生じる．当初，福祉国家は近代家父長制を前提とし，これを維持するものとして設計された．年金制度などでも既婚女性は扶養家族の扱いを受けることが多かった．しかし家族の規模縮小や機能縮小により，福祉国家が出発当初に想定していた家族像は大きく揺らぐ．こうした事態は「市場の失敗」や「政府の失敗」になぞらえて「家族の失敗」とよばれることがある．あるいは福祉国家の制度が家族の規模縮小や機能縮小を促進した面もある（年金制度や保育サービスなど）．このため福祉国家を「国家が家族の中に入っていく制度」とする見解も生まれた（富永 2001:70）．「家族の失敗」も福祉国家が成立するための条件の一つである．

こうした社会・経済的条件に加えて，福祉国家の成立には政治的条件も関係する．T. H. マーシャルは市民権（シティズンシップ）の発展に関する理論を提唱し（Marshall 1992），市民権を公民権・参政権・社会権の三つの部分に区分した．公民権は基本的人権のうちの基礎的な部分であり，18世紀のイギリスで確立された．参政権（政治的権利）は，選挙権・被選挙権を意味し，19世紀から20世紀初頭にかけて確立された．さらに社会権（社会的権利・社会的市民権）は教育

や社会保障などに関する権利を意味し，19世紀から20世紀初頭にかけて確立した．こうした市民権のうち参政権が福祉国家の政治的成立を可能とし，また社会権が福祉国家による社会政策を規範的に正当化する．市民権の発達も福祉国家成立の条件の一つである．

●**福祉国家の目的と手段** 福祉国家（welfare state）という言葉を最初に用いたのはA.ツィンメルン（Zimmern）であり，彼は1930年代，当時のナチス・ドイツを「権力国家」とみなし，これに対抗するイギリスの国家目標として，「福祉国家」というスローガンを掲げた（Bruce 1968：31）．その後，1941年にテンプル僧正が自著のなかで，この言葉を初めて活字として用い，さらに1942年には『ベヴァリジ報告』のなかでも，この言葉が使用された．この報告書による社会保障の構想が国際的に大きな影響力をもったこともあって，同報告とともに「福祉国家」という用語が世界中に広まった．

福祉国家という概念の誕生は1930年代のイギリスであり，その国際的普及は1940年代以降であるが，福祉国家の内容をどうとらえるかによって，福祉国家の成立の時期については異なった見方が出てくる．一般的には，ドイツとの戦争に勝利した戦後イギリスのアトリー労働党政府が福祉国家の建設を標榜していたことから，第二次世界大戦後と考えられている．しかし第二次世界大戦後に体系化された社会保障を構成する諸制度の多くが両大戦間期に成立している点や，政府の財政支出の規模がすでに両大戦間期に拡大していた点などを踏まえ，福祉国家の成立を両大戦間期に求める見解も有力である（林 1992）．さらに，19世紀後半のイギリスでは中央集権国家が成立し，公衆衛生改革をはじめとする多くの社会改革を中央政府が実行したことから，19世紀後半のヴィクトリア朝イギリスに福祉国家の起源を求める見解もある（Roberts 1960）．

「福祉」は英語でも日本語でも語源的には「幸福」「しあわせ」を意味し，現在でも最も広い意味での「福祉」は「幸福」を意味している．したがって「最広義の福祉国家」とは「市民のしあわせに責任をもつ国家」ということになる．

他方で，現在の「福祉」という言葉には，生活困難に陥っている人々に対する援助や支援といった意味もある．特に第二次世界大戦後の日本では，憲法25条が規定する生存権に基づいて，生活困窮者や社会的に弱い立場にある（バルネラブルな）人々に対する援助・支援を目的とする法律や制度が，「○○福祉」という名称で次々に成立したことから，「福祉」はこうした制度と関係する諸問題のことを意味するようになった．この「狭義の福祉」を前提とすれば，福祉国家とは「生活が困難な状態にある人々に対して援助・支援する責任を有する国家」ということになる（ここでは救貧が国家の責任となる）．

しかし，通常，「福祉国家」は最広義と狭義の中間的な意味で用いられる．「狭義の福祉国家」を含むが，それだけではなく，平均的な市民が生活困難に陥るこ

とを防ぐための措置を制度化している国家が「福祉国家」である（防貧は国家の責任である）．通常用いられる意味での「福祉国家」においては，個人の主観的な幸福までが国家の責任であると考えられることはない（失恋は国家の責任とはみなされない）．「福祉国家」が市民に対してもつ責任は，多くの人々からみて不幸であると考えられる状態に市民が陥ることを回避する責任である．

福祉国家は，市民社会における自発的な諸活動を前提としながら，公共政策をつうじて，市民が生活困難に陥るような事態の回避に努める．公共政策のうちの最も根幹的な部分は安全保障や社会秩序を維持するためのものである．福祉国家はこうしたコアな公共政策に加えて，経済政策や社会政策を実施する．

経済政策が経済の安定や発展を直接の目的とする公共政策であるのに対し，社会政策は市民の生活の安定や向上を直接の目的とする公共政策ということができる．福祉国家は社会政策を重視する国家でもある（武川 2007）．社会政策の手段は規制的なもの（例えば労働基準法や差別禁止立法など）と給付をともなうもの（年金・医療など現金やサービスの給付）に分けて考えることができる．また社会政策の範囲はそれぞれの国の各種事情によって異なっており，社会政策の限界の絶対的条件を設けることは困難であるが，通常は，①雇用・労働条件，②所得保障（年金・児童手当をはじめとする社会手当・生活保護などの公的扶助），③ヘルスケア（保健・医療），④福祉サービス（対人社会サービスや社会的ケアとよばれることもある），⑤ハウジング（住宅供給や住環境），⑥教育などが，福祉国家の社会政策の範囲と考えられている．

●**福祉国家の経験的研究**　福祉国家は上記のように定義されるが，これを経験的研究の対象とするためには，さらに操作的な定義が必要となる．この場合，社会保障費をはじめとする社会支出の額がそれぞれの国の国民所得や国内総生産に対して割合が大きい国が福祉国家だとみなされる．H. L. ウィレンスキーはこうした立場にたって，福祉国家の発展は経済発展と高齢化と制度の経過年数によって説明されることを明らかにした（Wilensky 1975）．他方，G. エスピン＝アンデルセンは脱商品化（労働市場からどれくらい自立できるか）という指標によって，自由主義，保守主義，社会民主主義という三つの「福祉国家レジーム」の存在を主張した（Esping-Andersen 1990）．これに対してはフェミニストからはジェンダー・ブラインドだとの批判が出され，D. セインズベリーは福祉国家の社会政策を「個人モデル」と「男性稼ぎ主モデル」に区分した（Sainsbury 1996）．大沢真理はさらに，これを発展させ，ジェンダーを基軸に「男性稼ぎ主」型・「両立支援」型・「市場志向」型の三つを区分し，日本は強固な「男性稼ぎ主」型に属すると主張した（大沢 2007）．また，エスピン＝アンデルセンもこうした批判を受け，労働市場と家族と福祉国家の関係を視野に入れた「福祉レジーム」の概念を提唱するようになっている（Esping-Andersen 1999）．　　　　［武川正吾］

社会的包摂と公正

●**排除と包摂の力学**　社会的包摂(social inclusion)は,そもそも社会的排除(social exclusion)という認識の成立を契機に,それへの対策として成立してきた概念という要素をもっている.社会的排除とは,財や権限を有する社会層が経済的効率や安全性の観点などから,ある社会的カテゴリーの人々を資格外・対象外として,その保有・利用や社会関係から締め出していくことといえる.それは貧困を超えたさまざまな不利の複合的な経験といえ,誰かが誰かを排除するという動的過程が内包される.それに対抗して,社会的包摂はそのように社会的に排除された人々を保護し,社会に迎え入れるという方向性をもって,彼らの社会的参加や経済的自立の実現を重視していく考え方である.そこにおいても社会的排除の動的過程に抗する持続的な取組みが必要とされる.

　排除と包摂の概念は現実の政治的な文脈のなかで培われてきている.排除はフランスで外相R.レノアール(Lenoir)が1974年の著書『排除された人々』で用いたことから使われはじめたが,1988年にそれへの対策として「最低参入所得」制度が導入されたことを契機に,社会問題把握の基本的視点とされていった.参入という言葉は排除された人々の社会的コミュニケーションやネットワークの確保に社会が責任をもつ意味合いがあるが,それはフランスがその思想的基盤に連帯思想を有しているという歴史的経緯がある.また,イギリスにおいては,福祉国家は依存層を増大させるという新自由主義的な批判に対して,福祉はむしろ排除されている人々を活動的にすることができるとして,1997年の総選挙で,ニュー・レーバーとして勝利したブレア政権が,めざすべき社会を「包摂型社会(inclusive society)」としたことで,社会的排除に対する対抗言説として浮上していった.

　理論面ではJ.ヤング(Young)が統治システムに着目して,20世紀半ばまでの福祉国家の進展は同質的で安定した「包摂型社会」を達成したが,財政上・管理上の問題を露呈し,分断や差別を特徴とする後期近代の「排除型社会」へ変容してきているという包摂から排除への逆の流れを指摘する.労働のフレキシブル化,生産のアウトソーシングを基軸とした新たな階級分化,逸脱者や少数者への不寛容,移民へのレイシズム的対応の高まりなど,一国をこえて階層序列の液状化を進めるグローバル化の進展が,新自由主義の主張を支える権威主義的で排除的性質をもつ社会を生み出すとされる.

●**社会的包摂の光と影**　雇用と家族がゆらぎ,すべての人々が新しい社会的リスクにさらされる現代社会における社会的排除の視点に呼応して,社会的包摂も多次元的で動態的な過程への着目,社会関係的問題の焦点化という特徴を有してい

る．社会的包摂においては，特に労働による包摂が中心的な役割を担い，失業への保障の充実よりは労働市場政策が重視される．そこでの政策には，ある脆弱性をかかえた人々に資源を集中して就労可能性を高めるなど人的資本への投資という要素や落層の可能性のある中間層も含めて社会経済的自立を促進することで幅広い関心をよび起こす要素がある．社会的包摂と評される政策群においても，ワークフェア，アクティベーションという異なる方向性があるが，具体的政策としては，雇用なしで生活が成立する脱商品化の進展，就労支援サービス，代替型から補完型の所得補償への移行，雇用機会の保障などが該当する．そのような社会的包摂を実現するための仕組みとしては，縦割りの分立的・中央集権的行政から生活に身近な自治体でサービスを一体的に運用する地方分権的行政への転換が必要であり，同時に社会的ネットワークの役割に大きな期待がよせられ，個人レベルでは社会関係資本の有無が，集団レベルではコミュニティの活性化が見直されている．

政策の胎動があるなかでも，社会的包摂は結局，給付と雇用を結びつけ，受給者の就労義務を強化して，既存の労働市場や社会への人々の参加を強制する動員論であるとする批判や，社会から引きはがしておきながら部分的な社会参加という中途半端な接合にとどめ，その状況を長期に継続する方策にすぎないという批判がある．また，政治的には時に広範な有権者の獲得をめざすポピュリズム的傾向が助長されたり，自国民に対しては包摂型の政策を打ち出すが，外国人に対しては排外的な態度をとる福祉ショービニズム的な潮流も現れているとされる．

●**多様な包摂性を有する社会政策へ**　社会的排除は高齢者や障害者，子どもにまで多様な形で及びうるので，社会的包摂の形態も労働市場への参加や復帰に限定されるものではない．そのため，社会的包摂の基礎は労働にとどまらず，住居・住所の保障や市民としての権利義務の回復にあるととらえることもできる．ホームレスや孤独死する老人たちが社会保障の網の目からこぼれている事態など，社会制度が資格外者をつくり出して社会的排除を助長する逆機能的様相も考えられ，包摂のあり方を多様に模索する必要もあろう．また，資源が潤沢ではない現代社会において，社会的包摂にはその妥当性の説明が求められるようになってきている．包摂を必要とするのは，社会的不利が長年蓄積し生活機会が満足に保障されなかった高齢者であるとか，本人の責に帰さない事情で貧困の世代的再生産に巻き込まれた子どもたちであるなど，公正の考え方に照らして政策的対応の適切性が主張される．

[藤村正之]

📖 参考文献

[1] 岩田正美，2008，『社会的排除――参加の欠如・不確かな帰属』有斐閣．
[2] 宮本太郎，2013，『社会的包摂の政治学――自立と承認をめぐる政治対抗』ミネルヴァ書房．
[3] Young, J., 1999, *The Exclusive Society*, Sage.（青木秀男ほか訳，2007，『排除型社会――後期近代における犯罪・雇用・差異』洛北出版．）

基礎所得保障

●基礎所得保障の背景　日本国憲法第25条は「すべて国民は，健康で文化的な最低限度の生活を営む権利を有する」と述べていて，国は社会保障，社会福祉，公衆衛生などをはじめとして，すべての生活分野で，このことの実現に努めなければならないことになっている．これは19世紀末以降に欧州を中心として発展してきたナショナルミニマム，生存権，社会的市民権などの諸思想が結実した結果でもある．

憲法が定める最低限度の生活を営むために必要な所得保障は「最低所得保障」といわれる．日本の社会保障制度のなかでは生活保護が最も基幹的な制度であるが，生活保護単独で最低生活保障のすべてをまかなうまでにはなっていない．ひとり親世帯の子どものために給付される児童扶養手当，何らかの保険事故が生じたときに給付される高齢・障害・遺族基礎年金，さらに最低賃金制度などの労働政策や，税制における所得控除や税額控除などの組み合わせによって「最低所得保障」が達成されることになる．ただし現実には，さまざまな理由から，生活保護基準以下で生活（すなわち健康で文化的な最低限度に充たない生活）を送っている人々が多数存在すると研究者によって推計されてきた．また，日本の場合，所得再分配の結果として，当初所得の格差が再分配後にかえって開いてしまう場合があるとの指摘もある．

日本をはじめ各国の現行社会保障制度の多くは，社会保険と（公的）扶助の組み合わせから成り立っている．この保険プラス扶助の仕組みはつぎはぎ的にできあがってきたため，あまりにも複雑で，一般の人には理解しにくい（社会保険労務士のような専門家が必要となる素地がそこにはある）．また，複雑な制度を正確に運用するためには多大な人件費が必要となり，そのため給付総額に比べて管理コストの割合が大きくなる（言い換えると，非効率である）．このため，現行の社会保険と社会扶助の組み合わせによる制度を廃止し，新たに，基礎所得（ベーシック・インカム：BI）を保障する制度を設け，これによって所得保障の制度を一本化・簡素化しようとの提案がなされるようになった．基礎所得（BI）とは一定の金額を市民全員に定期的に支給する仕組みのことを指している．市民一人ひとりに，原則として，生まれたばかりの子どもにも，幼少期の子どもにも，成人にも，退職者にも同額の所得が支払われることになる．

●ベーシック・インカムの仕組み　基礎所得（BI）はさまざまな定義のされ方をされるが，BIEN（ベーシック・インカム・アース・ネットワーク）というBIを啓発・普及する団体の定義が一般にはよく知られている．それによれば，基礎所得保障は，

次の3点で, 他の「最低所得保障」の仕組みとは異なっている（武川2008, 2012）.

(1) BIは世帯に対してではなく個人に対して給付される. 20世紀半ばに福祉国家のモデルが呈示されたとき, 大多数の家族は男性稼ぎ主モデルに属していた. その意味で従来の世帯単位の所得保障にも合理性があった. しかし, 女性の雇用率が高まり, 家族形態が多様化した今日, その合理性は失われつつある. 現実にも, 税制や社会保障は基本的には個人単位で設計される方向に向かっており, BIもその延長上にある. あるいは個人化を徹底した仕組みである.

(2) BIは所得があるかないかとは無関係に普遍主義的に支払われる. 現在の社会保険と社会扶助のもとでは, 社会保険給付は保険料の納付額に応じて受給し, 公的扶助では厳格な資力調査（ミーンズ調査）を行ったうえで, 一般財源から給付されるのが原則である. このため資力調査に合格しなかったり, そもそも資力調査を受けなかったりしたために, 貧困線以下（あるいは生活保護基準以下）で生活する人々が多数出てくる. 資力調査を課さずに全員に給付するというのは, 最低生活を送るうえで必要な所得が, それを必要とするすべて人のところへ届くための方途である. 義務教育が無償であるのと同様の考え方である.

●ワークフェアとの違い (3) BIは働いていなくても支払われるし, 提供された仕事に就く意思がなくても支払われる. 現在の先進諸国では, 就労を社会保障給付の条件としている国が多い. 就労を通じて社会保険料を支払っていないと, 給付が受けられないというだけでなく, そもそも稼働能力のある人には低所得であっても公的扶助を受給する資格がないこともある. また働くことを条件に給付が受けられるものの, 紹介された仕事をしなかった場合には給付が打ち切られることもある. これら一連の就労重視の政策はワークフェアとよばれるが, BIはワークフェアの対極にある所得保障政策である.

BIはフリーライダーを生むとの批判があることから, そうした批判を回避するための構想も唱えられている. 例えば, 経済学者A. B. アトキンソン（Atkinson）の提案している「参加所得」の構想では, 広い意味での社会参加（自営業者・雇用者はもちろん, 高齢者, 障害者, 失業者, 学生・職業訓練生, 無償のケア従事者, ヴォランタリーワーク参加者など）をしていることが給付の条件となり, これら条件に一つでも該当すれば基礎所得が給付される.

現在, BIを完全な形で導入している国はない. しかし, 類似の制度を部分的に導入している国はある. 一部の国では「給付付き税額控除」が採用されている. これは, 最低所得水準以上の納税者は所得税から一定額が税額控除されるが, 課税所得に達しない人には控除相当分の給付金が支給される, 税と社会保障が部分的に一体化された仕組みである. アメリカの勤労所得税額控除（EITC）が有名であるが, 勤労が要件となっていることからワークフェア的要素も含む. 子どもの貧困や少子化対策の一環として, 児童税額控除を実施している国もある. ［武川正吾］

正義と善

●**正義と善の関係** 前近代の西洋ではギリシャ哲学やキリスト教などの包括的な超越的価値観や世界観に基づく「善き生」を前提として政治などにおける「正義」が考えられており，「善」と「正義」は密接に関連していた．

これに対して，今日のリベラリズム（およびリバタリアニズム）では，「今の世界においては価値観や世界観が多様になっており，包括的な世界観に基づいて公共的に正義を決めることは紛争をもたらしたり少数派を抑圧したりする危険があるため，そうすべきではない」とする．そこで，価値観・世界観に関連する「善」とは区別し，その相違を超えて人々が合意する「正義」の原理として「権利」を考える．権利が英語ではrightsであり言葉としても「正しい（right）」と密接に関連しているように，この立場からすると，「権利」と「正義（justice）」とは，ほとんど同じ意味として用いられている．

これに対して，それらを批判するコミュニタリアニズムは，「正義」を「権利」と同一視せずに，「善」に関連させて倫理的意味を含めて考えようとする．

●**それぞれのとらえ方** 今日のリベラリズムの代表者J. ロールズ（Rawls）は，『正義論』（1971）において「善に対する正義の優位性」を主張し，人々が自分自身の具体的な状況（能力，貧富，立場，人種など）を知らないという「無知のベール」のかかった仮設的な状態を想定して，そのもとで他者に無関心な人々が合理的に考えて合意する「正義の二原理」を導出した．

その第一原理は，各人が基本的自由に関する平等な権利をもつべきであるというものであり，言論・結社の自由をはじめとする政治的な自由や権利に対応している．これに対して，第二原理は，「分配的正義」に関する原理である．この条件として二つがあげられている．公正な機会の均等のもとでのみ社会的・経済的不平等が許されるという「公正な機会均等原理」と「不平等が最も不遇な立場にある人の便益を最大化する」場合にのみ不平等が許されるという「格差原理」である．

共産主義のように完全な平等の実現をめざそうとすると，熱心に働いても働かなくとも同じような報酬や収入が得られることになるから，働く動機が減少することになりかねない．それゆえ，リベラリズムでは，一定程度の不平等は容認し，経済的成長を可能にしようとする．

しかし，逆に，経済成長が達成されていても，福祉があまり行われずに貧富の差が大きくなりすぎると，自分がもし最も不遇な状態になったときには悲惨なことになってしまう．ここで，経済成長のもとで再分配による福祉が行われ，自分がもし最悪の状況になったときにこれによって便益を受けることができるのであ

れば，人々は，経済的格差の存在も正義として認めるだろう，というのである．このような考え方は，平等を重視することから平等主義的リベラリズムともよばれ，福祉国家や福祉の権利の主張をある程度まで正当化する．

これに対して，R.ノージック（Nozik）に代表されるリバタリアニズムでは，同じく権利や自由を重視するが，特に所有権や経済的自由を重視する．

そして，リバタリアニズムは，福祉に基本的に反対し，国家は最小限であるべきである，と主張する．これは，市場経済における経済的自由を可能な限り擁護する思想であり，これに基づいて，規制緩和や民営化や所得税などの減税などの政策が主張されている．

一方，コミュニタリアニズムの代表者とされるM.サンデル（Sandel）は，ロールズらの「正義の善に対する優位性」という考え方に反対して，正義は「善き生」との関係も考えて議論して公共的に決めていく必要がある，と主張する（Sandel 1982）．

実際には，リベラリズムとリバタリアニズムの論争にも現れているように，経済政策や福祉に関して，権利の内容について理論的に合意が成立することはできず，そこには善に関する価値観や世界観の相違が現れてくる．それにもかかわらず，このような善に関する問題を棚上げして正義を決めようとすれば，現実の人々の関心と離れてしまい，政治における議論の中身は貧困になってしまう．ゆえに，正義について決める際には「善き生」との関係も直視して対話や熟議を行い，そのうえで公共的に決めていく必要がある，とサンデルは主張するのである．

●**正義と善問題の適用事例** M.ウォルツァー（Waltzer）は人々の生活における社会的意味に即して財としての善（social goods）を考え，領域ごとにその分配の基準は異なると主張している（複合的平等論）．A.エツィオーニ（Etzioni）も基礎的最小限の生活水準を保障することを主張する．このように多くのコミュニタリアンは，過度に貧富の格差が増大することに反対し共通善の実現として一定程度の福祉を行うことに賛成しているから，一定の福祉の擁護という点ではロールズやR.ドゥオーキン（Dworkin）の平等主義的リベラリズムと政策的に近い．けれども，「善と正義」の関係については，リバタリアニズムも含めてリベラリズムの考え方に対して論理的に反対しており，ここにリベラリズムとコミュニタリアニズムとの最大の思想的対立が存在する．

他にも安全保障問題，生命倫理，家族などのさまざまな主題について，リベラリズムが権利や自由（中絶や自殺幇助，プライバシーなど）の尊重を主張するのに対し，コミュニタリアニズムは共通善や倫理的観点（安全，生命の尊重，公共の福祉など）からの議論を主張し，しばしば対立する見解を提示している．　　［小林正弥］

📖 **参考文献**
[1] ロールズ, J./川本隆史ほか訳, 2010,『正義論 改訂版』紀伊國屋書店.
[2] サンデル, M. J./菊池理夫訳, 2009,『リベラリズムと正義の限界』勁草書房.

平等の指標——厚生・資源・能力

●**平等の指標が問われるようになった背景** 平等の指標をめぐる議論は，20世紀後半に進展した平等（主義的正義）論の歴史とともにある．その発端となったのは，現代規範理論の嚆矢（こうし）こと，J. ロールズ（Rawls）の『正義論』（1971）である．本書でロールズは，すべての市民に基本的な自由を等しく保障すべきとする第一原理と，一定の経済的平等を保障する条件をうたう第二原理からなる正義の二原理を提唱した．その意図は，功利主義の一元論的な見方，すなわち「厚生の最大化」を「正しい」とし，資源分配はあくまでその手段にすぎないとする議論に対抗しうる正義論の提出にあった．

実際にロールズが展開したのは，功利主義的一元論では十全には尊重されない各種各様の善き生，すなわち多様な生き方を実践する人々をあまねく制度的に支える平等主義的正義論であった．その要となるのが，第一原理でうたわれる自由や第二原理でうたわれる経済的平等をはかる指標，すなわち（社会的）基本財である．基本財は合理的な人ならば誰もが多く欲するような，あらゆる人生目的の手段となりうるものである．基本財には，諸々の権利や自由，機会，権力，所得そして富，さらには自尊（の社会的基礎）といった善に相当するものも含まれる．

●**平等の指標をめぐる論戦** ロールズが展開した基本財を指標とする平等主義的正義論は，さまざまな議論を巻き起こすこととなった．そのなかの一つが，平等をはかる指標として基本財は適切かを問う議論であった．ロールズは基本財を指標とすることで，多様な人生目的の価値を尊重しうる平等主義的正義論が成立すると考えた．それに対し疑問を投げかけたのが A. セン（Sen）である．センはタナー講義「何の平等か」（Sen 1980）において，厚生最大化の手段としてのみ資源分配をとらえる功利主義に対するロールズの批判を評価しつつも，基本財では人間と財との多様な関係——これをセンは「機能」とよぶ——を十分に汲みつくすことはできないと主張した．例えば，健常者と足の不自由な障害者では，移動の自由を実現するために必要となる手段が異なる．ところが，基本「財」として自由や機会をとらえてしまうと，そうした「機能」に起因する違いが無視されてしまう．その結果，得られる厚生に著しい差が出てくる資源分配が，正義の名のもとに後押しされてしまいかねない．センはこうした問題を抱える基本財指標に対し，「機能」の多様性を反映させるべく，実際のないし可能な「機能」の束を意味する「ケイパビリティ」の平等を提唱する．

ケイパビリティの平等は，価値ある事態への機会が個人間で大幅に異なることを織り込んだ指標の重要性を示唆するものとなっている．それゆえ，センのタナー

講義以降の平等の指標をめぐる議論は，価値ある事態への機会をいかに適切にカウントするかが中心的議題となった．その際に問われたのが，どのような機会に等しく恵まれていれば厚生棄損の責任を個人的に負わなければならないのか，という論点である．

　その観点からR.ドゥオーキン（Dworkin）は，「資源の平等」の考え方を提唱した（Dworkin 1981a, 1981b, 2000）．資源といっても，天然資源のみならず能力差や障害の有無などの内的資源も含まれることから，その内容は幅広い．ドゥオーキンは，そうした資源の初期分配を可能な限り等しくするオークション市場と稼得能力の格差に対処する仮想的な保険制度を前提として，機会の束をどう選好するかは個々人の責任に帰されるとする議論を展開した．それに対し，R. J. アーネソン（Arneson）とG. A. コーエン（Cohen）は，ドゥオーキンの資源の平等では，オークション市場と仮想保険のフレームでしか機会の平等が保障されないため，機会の束への選好が真に個人的責任を伴うかどうかは明らかにはならないと主張した．そこでアーネソンとコーエンは，より徹底的な機会の平等指標として，「厚生への機会の平等」と「広義の利益へのアクセスの平等」をそれぞれ提唱した（Arneson 1989；Cohen 1989）．ともに選択責任を問えるような徹底的な機会の平等をうたう指標だが，特に後者は，足が不自由でも常に幸せな『クリスマス・キャロル』のティム坊やのような人間に対しても，広義の利益保障のために車いすの公的供与を行うことを擁護しうる点に特徴があり，今日の平等の指標に関する議論の到達点の一つとして位置づけられている．

●**平等の指標をめぐる議論の今後**　平等の指標をめぐる論戦は，単に人間の福利を測定する指標という面にとどまらず，さまざまな価値や責任の構想を織り込む平等論の進展を促した．それにより，平等の指標自体が，価値の多元性を反映する方向で扱われてしかるべきである，という含意をもつこととなった．しかし，指標をより多元的に構成する場合，種類の異なる財ないし善をどのようにカウントすべきかという「指標問題」に対処する必要がある（Gibbard 1979；Arneson 1990）．この厄介な問題への一つの対処法としては，複数の財や善，もしくは「機能」を多次元空間のなかに位置づけ，それらの間での一定のトレードオフを認めるものの，それらの分布の優先順序が存在することを認める手法が提案されている（Carter 2002）．この手法に基づけば，一方で一元論に陥ることなく，他方で多元的な価値をめぐる一定の比較評価が可能となる．いずれにせよ，今後さらなる展開が期待される手法である．

[井上　彰]

📖 参考文献
[1]　セン, A. /池本幸生ほか訳, 1999,『不平等の再検討——潜在能力と自由』岩波書店.
[2]　ドゥウォーキン, R. /小林 公ほか訳, 2002,『平等とは何か』木鐸社.
[3]　井上 彰, 2008,「厚生の平等——『何の平等か』をめぐって」『思想』1012：103-30.

ケアと正義

●**社会の基礎づけとしての価値倫理**　ケアと正義はともに社会編成の基礎をなす価値倫理である．古来より，正義の倫理はさまざまなかたちで議論がなされてきたが，ケアの倫理については見るべきものが少ない．このため法政治学や経済学では，正義論についての議論が主流を占め，ケア論は影が薄い．しかし，正義は社会編成の価値倫理として万能ではない．個別化した複数の正義（例えば，イスラム圏の正義やキリスト教圏の正義など）が主張されると，骨肉の争いや暴力の正当化につながってしまう．

　正義論のルーツは古代ギリシャにまでさかのぼることができる．本格的に正義の問題と取り組んだのはアリストテレス（Aristoteles）であり，「平等な処遇としての正義」を唱えた．正義論は原則この平等な処遇をめぐって展開したといっても過言でない．しかし，正義論はその後，見るべき展開がなされなかった．

　注目すべき展開があったのは，J. ロールズによる『正義論』（Rawls 1971）が出版されて以降である．彼は，よく知られた「格差原理」（最も不遇な立場にある人々の利益が最大になること）を含む，自由と平等の公正な原理として正義を定式化した．これを機に自由主義の立場から多くの議論が展開され，正義は社会編成の基礎をなす価値倫理として不動の位置を占めるに至った．

　こうしたなか，正義の万能論に対抗するかたちで，ケアの倫理の重要性が主張されるようになった．その契機となったのが，C. ギリガンの『もうひとつの声』（Gilligan 1982）である．彼女は正義の倫理とケアの倫理を，男性と女性との対比で問題提起した．男性は正義の論理を尊ぶが，女性はケアの倫理が基礎にあるとし，「もうひとつの声」を大切にする必要があるという視点でこの本を書いた．このケアの倫理にはジェンダー・バイアスがあるとして，フェミニズムから非難されたが，以後，ケアが正義との関連で議論の高まりをみせた．

●**ケアか正義か**　ケアはこれまでもっぱら，子ども，高齢者，身障者，病人に対する世話や介護や看護を表す言葉として，医療や社会保障分野で用いられてきた．しかし，ケアは人間存在にとってきわめて重要な意義をもつ．ケアは人が他者に開かれた存在となり，「他者と共に在る」ための原点である（広井 2000；今田 2001：257-63）．

　人は生きていく際，例外なく身の回りの事物や他者に関心を寄せ，それらと関わり合いをもつとともに，相手からの呼びかけに応答する．そうすることで人間は，自己がこの世界に存在することを確認する．人間はケアを通しての自己実現を求める存在であり，他者が私を必要とするだけでなく，私も自分自身であるた

めに，ケアの対象となる他者を必要としている（Mayeroff 1971）．

しかし，他者への気遣いや配慮は，人が置かれた個別で特殊な文脈に依存するため，何が正しいことであるかの判断を鈍らせる欠点をもつとされる．また，ケアを社会の主要な価値倫理とすることは，周囲への気配りが過剰となり，自己を見失う危険があるため，競争社会を生きるには不適切な倫理観だとされてきた．さらに，ケアの倫理は正義の倫理のように「すべての人は平等に処遇されるべきである」といった明確な規準をもたないため，道徳観としては曖昧で素朴すぎるとされてきた．

しかし，ギリガンによれば，ケアの倫理には「何人も傷つけられるべきではない」という非暴力の一般原則が存在する（Gilligan 1982：訳305）．ケアは人々のつながりを知り，互いに関わり合い，応答し合う世界を想定している．ケアが開く世界は，正義のそれのように諸権利の擁護が焦点ではなく，責任をベースとした人間関係の物語が中心となる．正義は権利を守るために暴力をも辞さない．暴力は関係者すべてに破壊的にはたらく．一方，ケアの倫理は人間関係を破壊する傷つけあいや暴力は回避すべきだとする道徳的規準を含む．ケアの発想にとって重要なことは，人間関係を手当てし破綻させないことである．

●ハインツのジレンマ　道徳性の発達段階に関する実験に，「ハインツのジレンマ」がある（Kohlberg 1981）．状況設定は，ハインツという名の男が，自分では買う余裕のない高価な薬を病気の妻の命を救うために盗むべきか否か，というジレンマ問題である．11歳になる二人の男女——ジェイクとエイミー——が被験者となった．面接では，ジェイクは「盗むべきだ」と答えた．薬局にある財産と人間の命の価値について，命のほうが財産を上回るという論理的判断をしたからである．ジェイクは何が正しいことか（正義）を法律に優先させる判断力を示している．これに対し，エイミーは「ハインツは薬を盗むべきでない」と答えた．薬を盗めば捕まって監獄に入ることになるため，妻の病気が悪化するかもしれない．だから，人に事情を話して，薬を買うお金を工面する別の方法をみつけるべきだと述べる．エイミーはジレンマのなかに論理の問題ではなく，人間関係の物語をみている．要するに，ジェイクはハインツのジレンマを論理的演繹によって解決できる「生命」と「財産」の葛藤問題として受け止めているのに対し，エイミーは人間関係に焦点を当て，適切に手当てしなければ破綻するという責任問題として受け止めているのである．ケアか正義かのジレンマがここにある．　　［今田高俊］

参考文献

[1] アリストテレス／高田三郎訳，2012，『ニコマコス倫理学（上・下）』岩波書店．
[2] Gilligan, C., 1982, *In a Different Voice: Psychological Theory and Women's Development*, Harvard University Press.（生田久美子・並木美智子訳，岩男寿美子監訳，1986，『もうひとつの声——男女の道徳観のちがいと女性のアイデンティティ』川島書店．）
[3] Rawls, J., [1971]1999, *A Theory of Justice*, revised. ed., Harvard University Press.（川本隆史ほか訳，2010，『正義論（改訂版）』紀伊國屋書店．）

ジェンダー・バイアスと正義

●**フェミニズムの立場からの正義論の背景**　「正義」とは，「道徳的な正しさ」「人間の共同生活において参照すべき規範的原理や基準」などを意味する．哲学史のなかでは，アリストテレス，カント，ロックなどに，言及されて論じられることが多いが，本項目の主題であるジェンダー・バイアスという主題に即して論じられるのは，主として，J. ロールズ（Rawls）の『正義論』（1971）以降の現代リベラリズム思想である．

ロールズの『正義論』以降，リバタリアニズム，コミュニタリズムなど多様な議論が展開したが，そこでも「正義」はおおむね「個人の自律」（個人の「権利」の枠内での決定に対しては介入しないという規範）を重視する視点で展開されてきた．

他方，1960年代以降台頭した第二波フェミニズムは，現代社会におけるさまざまな性差別を社会問題化するとともに，学問におけるジェンダー・バイアス（性別・性差に関わる偏見）を問題とし，既存の学問に対する広範な批判を展開した．「正義論」を含む政治学，政治哲学などの社会科学も，当然批判の対象になった．「主要な現代の政治理論家は，例外なくほとんどが，（ジェンダーの問題から生じる重大な「正義の危機」という）状況を，無視してきた」からである（Okin 1989）．第二波フェミニズムにおけるラディカルフェミニズムやマルクス主義フェミニズム・ポストモダンフェミニズム等の理論においても，アンペイド・ワークや強制的異性愛等，「正義」に関わる論点を含んでいた．そうした批判のなかから，フェミニズムの立場に立つ正義に関する議論が生み出された（有賀 2011）．以下では主に，リベラリズムに関わる議論を扱う．

●**「私的領域」と正義**　第二波フェミニズムからの「正義論」批判の端緒は，C. ギリガン（Gilligan）の『もうひとつの声――男女の道徳観のちがいと女性のアイデンティティ』（1982）に求められる．ギリガンはこの著作で，普遍的道徳発達理論として理論化された L. コールバーグ（Kohlberg）の理論を批判し，女性の道徳発達は，コールバーグが前提とする「正義の倫理」という道徳問題の枠組みで考えるのは適切ではなく，それとは異なる「ケアの倫理」の枠組みで考えるべきだという問題提起を行った（項目「ケアと正義」参照）．ここからさまざまな議論がなされたが，それらの議論のなかでは，従来正義論で論じられてきた正義を，批判的に考察する視点が提示された．

多くのフェミニスト理論家は，「ケアの倫理」が無視されてきた背景に，「『正義』の『原理』が適用されるべき公的領域（政治・経済＝非家庭）と，いわば"不可

侵の聖域"たる私的領域（＝家庭）とを区分する，リベラリズムのとってきた近代的公私二元論」（有賀 2011）の作用を見出した．従来の「正義論」は，家族を「前政治的な領域」として位置づけ，「社会契約によって構成された公的領域」における規範的原理を扱う「正義論」の対象外としてきたのである．

　「ケア」だけでなく，第二波フェミニズムにおいて問題化された諸問題はほとんど，この「正義論」の対象外とされた「私的領域」に関わる問題であった．セクシュアル・ハラスメント，性暴力，ドメスティック・バイオレンス，人工妊娠中絶などの生殖技術などは，女性の生活において非常に大きな問題や困難を生み出す．けれどもそれらの諸問題は「私的領域」における「個人の問題」とされてしまうがゆえに，「正義論」では扱う必要がない問題となる．それゆえ差別を是正し「正義」を実現するためのものであるはずの法において，これらの問題は取り上げられないままになっていた．オーキンが「正義の危機」とよんだ事態は，それゆえに生じたと言い得るだろう．

●ジェンダー・バイアスと「ジェンダー中立性」　従来の「正義論」は，「私的領域」を対象外としながら，その存在を前提としている．「家庭生活」において子どもが産まれ養育されているからこそ，社会の存続や維持は可能になっている．ではなぜ養育などの「ケア責任配分」に関して，「正義」を論じる必要がないと考えられてきたのか？　それは当然，「ケア」役割や「ケア責任」を女性に負わせる役割分担意識，つまりその生物学的特性ゆえに女性が担うのが当然であるとする前提があるからである．その意味において，従来の「正義論」は，ジェンダー・バイアスを前提にしている．しかも，「ケア役割」や「ケア責任」を負うことによって女性は，「公共領域」の参加に関して制限を受けてきた．にもかかわらず従来の「正義論」は，「公共領域」のみを議論の対象とすることによって，「公共領域」の参加自体にすでに「差別」が存在することを覆い隠し，あたかもそれが「ジェンダー中立的な」議論であるかのように装ってきた．つまり，ジェンダー・バイアスゆえに，「ジェンダー中立性」を装うことができたのである．

　この主流「正義論」のジェンダー・バイアスの指摘は，正義論が前提とする人間像の偏りにも及ぶ．E. F. キティ（Kittay）は，「正義論」が，相互に独立して存在する平等な「個人」間の関係としてのみ議論され，自立していない（キティが「依存状態」とよぶ）人間を含む社会関係に関しては議論の対象としないことを，問題として指摘する．「人間の自立性」を前提としてしまうがゆえに，「介入しない」ことだけで「他者の人格の尊重する」ことが，実現可能であるような議論を行う傾向があり，他者を支える活動（ケア）の必要性を無視しがちであり，それゆえ「依存者をケアする労働」を行っているケア労働者の問題をも適切に扱えないのだと．これらの議論から，フェミニズムの立場からの正義論の確立も要請されている．

［江原由美子］

アファーマティブ・アクション

●**アファーマティブ・アクション概念の由来と展開**　アファーマティブ・アクション（以下，AA）とは，アメリカ合衆国における積年の課題である人種差別撤廃のための苦闘のなかで生まれてきた言葉であり，現在では人種問題以外においても用いられてはいるものの，常にその歴史的背景を念頭に置きながら議論することが重要である．用語としては1961年にJ. F. ケネディ（Kennedy）大統領が大統領命令10925号で用いたのが初出であり，そこでは政府との契約の相手方に対して，その被用者（応募者を含む）を人種，信条，肌の色や出身国によって差別せず処遇するようAAをとることを求めていた．このときのAAは単に「積極的な行動」を指す言葉にすぎなかったが，この言葉はやがてより実質的で特定的な意味を帯びて用いられるようになっていく．一つの画期が1964年の公民権法成立の翌年，1965年6月4日に黒人大学として著名なハワード大学で，L. B. ジョンソン（Johnson）大統領が行った演説である．その演説で，幾世紀にも渡った差別を解消するためには，機会の門戸をただ開けるだけでは不十分で，被差別者はその門戸を通り抜ける能力をもつ必要があること，そのために単なる法的な公正，理論上の権利としての平等だけではなく，事実のうえでの結果としての平等を求めるべきであるとの方針が表明された．それ以来，合衆国では公的機関や私企業が人種的少数派に優遇措置を与えることによって差別の解消が図られてきたが，この動きはそれへの反動としてAAを逆差別であると激しく非難する多数派の反発をも招いてきた（Anderson 2004）．

●**AAの内容解説**　歴史的に差別を受けてきた集団に対して，差別解消のためにとられる積極的是正措置のこと．民間によるものと公的機関によるものとがある．被差別集団として措置の対象となるのは，数的にも少数派である場合（人種的少数派など）もあれば，女性のように数的には必ずしも少数派ではないが社会構造上劣位に置かれてきた場合もある．ポジティブ・アクションともいわれる．日本ではもっぱら女性に対するその種の措置をポジティブ・アクションと称することが多い．AAは，ある属性による差別を解消するために当のその属性を指標として使用するという逆説的な措置（大屋 2007）であるため賛否両論を引き起こしてきた．その正当化の論拠としては，被差別集団が被ってきた過去の不正義に対する補償があげられることもあるが，その場合は，時間の経過を通じて当該集団は同一性を保っているといえるかという問題が浮上する．一方，当該集団に属する諸個人が現在において被っている不正義を問題とするのならば，AAの正当化論拠は，その諸個人に対する実質的平等の保障と表現できる．法制度上は形式的

な平等が保障されているにもかかわらず実質的には不平等な社会的状況がある場合，その諸個人に対して優遇措置を講ずることによって初めて機会の平等を実質化したり，結果の平等を実現することができるというわけである．これに加えて，教育機関への入学の例が典型的だが，ある集団の構成員の多様性を促進することが AA の意義として強調されることもある．しかし，ある属性を指標とする優遇措置はかえって当該属性について負のステレオタイプを永続化させる効果をもつことが懸念されることもある．

●**AA の応用をめぐる論争** 公的機関が行う AA はその正当化論拠についても，また実際の効果についても激しい論争を生んできた．人種に着目した AA について，合衆国における著名な法廷闘争としてバッキ事件（1978年）をあげることができる（大沢 2014）．同事件では，州立大学医学部で学生定員の一定数を人種的少数派の志願者に優先的に割り当てていた制度が，平等に反するのではないかが問題となった．連邦最高裁は，この制度によって差別されたとする原告の白人男性の訴えを認め，人種を理由とした区別は基本的に差別となると認定したが，学生集団が人種的に多様であること（ethnic diversity）によってもたらされる教育上の便益を得るためにならAAは許容されることがあるとも述べた．この判示は，人種のみによって一定の入学者数を割り当てるような制度（クオータ）を否定した一方で，集団の多様性を促進する目的のために人種を一つの考慮要素として勘案することは許されるとの判断を示したものと受け止められた．この基本的な考え方は，グラッター事件（2003年）においても維持されたが，同判決は「今から25年後には人種的優遇措置が多様性促進という目的にとってもはや不要となっていることを期待する」(p.2347) と付言しており，AA がその性質上目的達成のための時限的措置であるべきことを印象的に表現している．しかし現状では大学進学率などにおける人種間格差はなお大きい（川島 2014）．女性を対象とした AA では，立法府等における政治的代表の性比の不均衡是正が問題とされることがある．基本的に人口の半分を占めるはずの女性が立法府において過少代表の状態に陥っているのは，女性にとって被参政権が実質的に保障されていないからであるとして，その是正のため女性候補者や女性議員の増大のための諸施策が提唱される．政治的代表選出における AA については，政治についての既成観念を打破するきっかけになりうる一方で「女性が女性を代表する」といい切れるわけではないため，その正当化について慎重な検討が必要である（石山 1987）．仮に性別二元論自体を強化するようなことになれば本末転倒であろう． ［池田弘乃］

📖 **参考文献**
[1] 川島正樹，2014，『アファーマティブ・アクションの行方——過去と未来に向き合うアメリカ』名古屋大学出版会．
[2] 田村哲樹・金井篤子編，2007，『ポジティブ・アクションの可能性——男女共同参画社会の制度デザインのために』ナカニシヤ出版．

自由と正義

●**問題の系譜**　自由も正義も，社会理論・社会思想における中核概念で，古来，それらについて無数の議論が展開されてきた．ただし，正義がプラトン（Platon）の『国家』で明示的に論じられているのに対して，自由は，アテネ市民にとって奴隷状態との比較やペルシャやスパルタの政治体制との比較において尊ばれたものの，古代ギリシャ哲学ではあまり論じられていない．西欧哲学において自由を重視した第一人者は，カエサルを批判した古代ローマの哲学者 M. T. キケロ（Cicero）であった．自由概念はその後，宗教改革期に M. ルター（Luther）によって『キリスト者の自由』（1520）という形で改めて重視されるようになるが，さらに，T. ホッブズ（Hobbes）以降は「社会を構成する基本単位としての自由な個人」という表象を通じて近代社会思想の最も重要な理念に奉戴され，J. ロック（Locke），D. ヒューム（Hume），J. J. ルソー（Rousseau），A. スミス（Smith），I. カント（Kant），G. W. F. ヘーゲル（Hegel），K. マルクス（Marx），J. S. ミル（Mill），功利主義，経済学等々と連なる知的伝統を形成していき，アメリカの独立に代表されるいわゆる「市民革命」を通じての近代政治社会の具体的な構築をリードする主要な理念として君臨することになった．

　もっとも，近代産業社会が「経済的自由」を中心に構成されていることに対しては社会主義からの批判があり，特に第一次世界大戦後のソビエト連邦の成立やファシズム・ナチズムなどによって，「政治的自由」が現実政治のレベルでも脅かされることになる．そうしたなかで「自由」の価値を高らかに宣明したのが，F. ハイエク（Hayek）の『隷従への道』（1944）と K. ポパー（Popper）の『開かれた社会とその敵』（1945）であった．

●**現代リベラリズムにおける「正義」の復活**　その間，「正義」は社会理論の主題からは遠ざかっていたが，1960年代の公民権運動によって喚起された社会的不平等への知的問題関心に答える形で J. ロールズ（Rawls）の『正義論』（1971）が現れると，社会理論における最大のテーマの一つになっていった．それによって盛んとなった現代リベラリズムは，ベトナム戦争や過激な学生運動などで自らの文明史的な意義への懐疑に襲われていたアメリカ社会にとって，新しい理念の理論枠組みを追求する学問運動であった．

　ロールズの『正義論』の理論構成における一つの革新は，しばしば相対立すると考えられている自由と平等という近代の二つの主要な価値を，「正義」というより高次な価値のもとで調停するという構図をとっていることである．彼は，真理が思想体系の第一の徳目であるように，正義は社会制度の第一の徳目であると

し，自由で平等な市民からなるアソシエーションとしての社会において，社会的協働の利益と負担の適切な分配を定めるものとして「正義の原理」が必要とされる，と論じる．これが「公正としての正義」という定式化の意味である．そして，その具体的な正義の原理を提示し，それが実際に正義の原理として妥当なものであることを論証しているのが『正義論』であり，具体的な正義の原理は，「全員にとっての同様の自由の体系と両立しうる平等な諸自由」を述べる第一原理と，「最も恵まれない者にとって最大の利益」という格差原理をなかに含み公正な機会を主張する第二原理とからなる．

●**何が正義か** これ以降，「正義」の概念は，現代リベラリズムを中心とする政治哲学的探求において，最も高次に位置づけられる価値を表すものとみなされるようになり，「何が正義か」，すなわち「どのような社会の状態が正義に適した状態であるか」を探求する試みが盛んに展開されていくようになる．そこには，1970年代以降の先進社会において高まっていった「文化」「エスニシティ」「ジェンダー」「マイノリティ」などをめぐる価値や生き方の多元的な状況への理論的な応答という問題意識があった．そして，多くの場合そうした探求は，「何かに関して平等性を確保することが正義だ」という概念構図を採用していった．例えば現代リベラリズムを最も特徴づける，R. ドゥオーキン（Dworkin 1985）や B. アッカーマン（Ackerman 1980）らによって提唱された「中立性原理」は，「各人の善の構想が自由かつ平等に追求されることに対して，政府や社会が中立であること」を主張した．W. キムリッカ（Kymlicka 2002）は「包括的リベラリズム」の名において，「個人的自由を尊重するという条件のもとではあるが，各個別文化の平等」を主張する．また，A. セン（Sen 1980）のケイパビリティ概念は，何を平等にするかという問いに対してそれは「ケイパビリティ（潜在能力）だ」として答えようとするものである．この意味では，現代リベラリズムはどちらかといえば「平等主義の哲学」であって，それはミル（Mill 1859）のような古典的なリベラリズムとは大きく異なっている．なお，これらの理論が基礎づけ主義的な論理構成をとっていることについては，R. ローティ（Rorty 1999）や盛山和夫（2006）の批判がある．

今日では，社会理論の明示的テーマとして「自由」が論じられることはかつてよりは少なくなっているが，その価値がなくなったわけではないだろう．近代の政治経済社会は個人の「自律性」を前提にして組み立てられており，そこでは人々が理性に従って自由に思考し判断していることが基盤となる．最近の福祉社会学や差別問題などの研究領域でしばしば「当事者主権」がうたわれるのも，基本的にそうした意味での「自律性」ないし「自由」の価値が重視されているのである．この点は，「選択の自由」を全面に押し出して経済的自由だけを重視する傾向のある経済学的理論構成とは一線を画すもので，「自由」に基づいて「正義」を語る一つの試みだといえるだろう．

［盛山和夫］

責任と正義

●**問題の背景** H. ケルゼン（Kelsen）は，古代ギリシャの宗教に特徴的な正義観として，応報を見出した（Kelsen 1941）．神が正しく世界を支配しているという確信は当時疑いようのないものであり，神の正義は「等しきものに等しく，悪には悪を，善には善を」という相等の観念によって表現された．神の正義が確証されるためには，悪人が罰せられ善人が報いられることが不可欠だと考えられた．

こうした応報が，仮に現世で実現しなかったとしても，来世では実現されるべきだと考えられ，ここに霊魂の不滅という観念が誕生した．プラトン（Platon）の正義論が霊魂不滅論を含むのは，霊魂の不滅が，応報的正義が実現されるための前提となっているからである．霊魂不滅論によって，「犯罪には処罰を，功績には報賞を」与えることが正義であるという思想が完成した，というのがケルゼンの見立てである．

●**二つの立場** 応報としての正義は，「Xに責任がある者は，Yという責任を負うことが正しい」とする．Xは犯罪・不法行為や労働・業績・功績などであり，Yは刑罰・非難・損害賠償や報酬・報賞・名誉などである．XはYの根拠であり，Xに関与したがゆえに，Yという負担を担うべきだとされる．XとYはいずれも「責任」とよばれるが，概念的には異なるものであり，XはYに時間的に先行する．

責任と正義の関係理解には，二つの立場がある．第一は，責任を基礎概念として，それに依拠して正義を規定する立場である．この立場では，責任（X）に応じた処遇をすること（Y）こそが正義である．つまり，正義とは犯罪に処罰を功績に報酬を与えることである．第二は，正義を基礎概念として，それに依拠して責任を規定する立場である．この立場では，正義にかなったルールに照らして，責任（Y）の有無や程度が判断される．つまり，どの犯罪にどのような処罰を科すべきか，どの功績にどのような報酬を与えるべきか，は正しいルールに照らして判断される．つまり二つの立場は，Yの分配の問題について，責任（X）に依拠すべきか，責任とは独立の基準で判断すべきか，で対立している．

古代ギリシャの正義観（応報としての正義）は，第一の立場に立脚する．現代正義論に目を移すと，D. ミラー（Miller）も第一の立場に立脚してグローバルな正義の問題を論じる（Miller 2007）．グローバルな貧困を論じる際には，例えばP. シンガー（Singer）のように先進国の援助義務に焦点を当てることが多いが，ミラーは貧困に対する途上国民の責任も考慮すべきだとする．つまり，貧困の原因（X）がどこにあるのか，自然災害か国民の誤った政治的選択かによって，先進国の援助義務の程度も変わってくるはずだとする．

これに対して，現代正義論に多大な影響を与えたJ. ロールズ（Rawls）は，第二の立場に立脚する．ロールズの『正義論』（Rawls [1971]1999）の目標は，社会制度の第一の徳である正義を解明することである．正義の原理を確定するために採用される方法は，原初状態における契約であり，責任観念（X）の解明ではない．業績の高い人に多くの報酬を与えるべきだと仮にいえるとしても，そうすることが結果的に不遇な人に最大の利益を与えることになるからその分配ルールが正しいのであり，責任に応じて処遇することになるからその分配ルールが正しいのではない．根底にあるのは，責任に対して報いを与える義務ではなく，正義にかなった制度を支持・推進する義務（正義の自然義務）である．

だが，こうした正義にかなった制度を支持・推進する義務の根拠を考えていくと，そこに他者に対する責任が浮かび上がってくる．J. デリダ（Derrida）は正義を脱構築として，つまり既存の決断を問い直す不断の運動としてとらえたが，その前提にあるのは，他者に対する応答可能性としての責任である（Derrida 1994）．また，E. レヴィナス（Lévinas）は，複数の顔を前にして正義が要請されるとするが，その前提にあるのは顔が私に課す無限の責任である（Lévinas 1978）．つまり，XやYとは異なる，他者に対する責任（Z）が正義の背景に存在している．

●**責任と正義の応用事例**　責任と正義は，従来，応報的正義の文脈で盛んに議論されてきた．ある犯罪に対する正しい刑罰とは何か（例えば，死刑は正義にかなった刑罰でありうるのか），犯罪に対して責任があるといえるための条件は何か（例えば，精神障害者に責任を問うべきか），犯罪行為が物理法則によって決定されているならば犯罪者は犯罪に対して責任があるといえるか，といった問いが典型である．

近年は，R. ドゥオーキン（Dworkin）の議論を契機として，分配的正義の文脈でも責任と正義をめぐる論争が展開されている（Dworkin 2000）．本人に責任がない運は分配に影響してよいか（例えば，生まれつきの才能や障害は分配に影響してよいか），逆に本人の責任に応じて分配を行うべきか（例えば，自己の過失で事故に遭い障害を負った者に対して社会は支援すべきか），責任と運の境界線はどこで引くべきか（高価な趣味をもつように養育された者に対してその趣味を実現するための補償を社会は行うべきか），といった問いをめぐって多くの議論の蓄積がある．こうした議論が示すように，応報的正義のみならず分配的正義を検討する際にも，責任が基礎概念であるという立場が，古代ギリシャ以来連綿と存在している．

［瀧川裕英］

📖 **参考文献**

[1] Hurley, S. L., 2003, *Justice, Luck, and Knowledge*, Harvard University Press.
[2] 瀧川裕英，2003,『責任の意味と制度──負担から応答へ』勁草書房．

体制移行の正義（移行期正義）

●**社会的背景**　1970年代以来，多くの国が民主化の波に洗われてきた．南欧・中南米・東欧・旧ソビエト連邦・アフリカ・東南アジア・中東で，軍事政権・一党独裁制・大統領独裁制からより民主的な政治体制への転換が生じた．体制転換の途上にある社会を，移行期社会とよぶ．全体主義体制や権威主義体制では，軍人・警察官らによる市民の殺害・拷問・強姦・誘拐などの重大な人権侵害がしばしば行われる．そこで，移行期社会では，旧体制下で生じた重大な人権侵害にどのような対処を行うかが，重要な実践的課題となる．また，内戦などの国内武力紛争が終結して間もない紛争後社会においても，武力紛争中に政府軍・反政府軍の兵士や民兵が行った重大な人権侵害に対してどのように対処するかが，大きな課題となる．

　過去の人権侵害への対策としては，実行者・命令者への刑罰と，侵害の個別的事実・全体的類型を調査し記録する真実委員会が広く知られている．そのほか，加害者・旧体制協力者を公職から排除する浄化，加害者の刑事責任を免除する恩赦・特赦，生存者・遺族への補償金支給，記念日創設や記念碑建立，軍・警察などの組織改革と人権教育，旧体制責任者などによる謝罪など，多岐にわたる．

　これらの多様な対策，その対策を先導する理念，各対策が行われる政治的・法的・社会的状況を広く指す語として，「移行期の正義」・「移行期正義」（transitional justice）が用いられる．ここでいう「移行期」は，移行期社会については政治体制の移行期を意味しているが，紛争後社会については武力紛争から安定的平和への移行期を指すものと解される．

●**研究の進展と多様化**　移行期正義に関する研究は，概念的には実証的（事実解明的）研究と規範的研究に大別されるが，事例研究を踏まえた個別政策の評価のように，両者の研究の性格をあわせもつ考察も少なくない．そして，最近に至るまで，実証的研究のほぼすべてが定性的研究により占められていた．

　定性的研究は，特定の個別政策に着目した考察，その具体的事例に焦点を絞る事例研究，特定の国や地域を対象とする事例研究・比較研究に大別できる．個別政策のなかでは真実委員会が最も注目され，数多くの研究が生み出された．例えば，P. ヘイナー（Hayner）は，多くの重要事例を紹介したうえで，正義・和解の理念や刑罰・補償との関係について多角的考察を行っている（Hayner 2010）．真実委員会のなかでは，南アフリカの真実和解委員会が最も注目され，規範的性格もあわせもつ多くの事例研究が現れた（後述）．また，各国の真実委員会などの元関係者による回顧・省察も，人権侵害の実態や対策の運用について詳細な情

報を与えてきた（例えば，Krog 1999）．特定の国または地域に着目する研究としては，例えば共産主義体制の崩壊後の東欧諸国・旧ソビエト連邦における浄化・刑罰などの取り組みについて，報告や分析が行われている（Rosenberg 1995; Nalepa 2010）．

最近，個別政策が当該社会での人権保障の強化や民主制の確立に対してどのような影響を与えるかを明らかにする定量的研究が緒についた．現時点までの結果によれば，恩赦はもちろん真実委員会も単独では，人権保障にも民主制にも正の効果を与えず，刑罰が単独でこれらの目標に資するかについては，研究により結果が異なる．それに対して，刑罰・真実委員会・恩赦が組み合わされた場合には，人権保障と民主制への正の影響がみられる（Olsen et al. 2010）．

他方，規範的研究としては，各種の人権侵害対策の包括的考察や（Minow 1999），真実委員会に焦点をあわせた検討などがある（Rotberg and Thompson eds. 2000）．従来の規範的研究では，「真実 対 正義」という標語がしばしば用いられてきた．真実委員会は真実究明を進めるのに対して，刑罰は正義を行うが，真実と正義を同時に実現できないため，真実委員会と刑罰の間で選択を行わざるを得ないという意味である．しかし，こうした認識は，真実委員会と刑罰が時には同時に併用され，あるいは継時的に実施されるという移行期社会・紛争後社会の現実に適合していない．また，真実委員会が調査結果を検察に提出して刑事的正義に寄与しようとした事例もみられる．以上から，「真実 対 正義」は正確とはいえない．当該社会の政治的現実のなかで，真実委員会と刑罰，さらには別の政策も組み合わせて，真実も正義も可能な限り追求してゆく姿勢が重要である（宇佐美 2013）．

●**真実委員会の代表的事例**　真実委員会の最重要事例の一つである南アフリカの真実和解委員会は，アパルトヘイト廃止後の1995年に，国民統合和解促進法に基づいて設立された．1998年に中間報告書を，2003年には最終報告書を公刊した．人権侵害小委員会は，多数の人権侵害の被害事実を個別に聴取し公聴会を開催して，公聴会の模様はマス・メディアにより報道された．特赦小委員会は，人権侵害が政治的動機に基づき，加害者が十全な自白を行った場合には，特赦を与える権限をもった．特赦申請の一部のみが認められたが，条件つき特赦への評価は，研究者・人権活動家の間で大きく分かれた．補償小委員会は，新政府に補償金支給等の提言を行った．　　　　　　　　　　　　　　　　　　［宇佐美　誠］

📖 **参考文献**

[1] 阿部利洋，2007，『紛争後社会と向き合う——南アフリカ真実和解委員会』京都大学学術出版会．
[2] 杉山知子，2011，『移行期の正義とラテンアメリカの教訓——真実と正義の政治学』北樹出版．
[3] 望月康恵，2012，『移行期正義——国際社会における正義の追及』法律文化社．

文化的アイデンティティと正義

●**文化的アイデンティティの主張**　ナショナルなアイデンティティをはじめとする文化的アイデンティティは非理性的かつ有害なもので，いずれは消滅へと向かうだろうとの見方もあるが，現代世界を見る限り，少なくともその消滅を見通すのはきわめて困難である．ナショナリズムは，第二次世界大戦終結後の旧植民地の独立に伴う高揚を経た後も，世界各地で常に人々の心をつかんできた．1980年代になると，経済成長の著しいアジア諸国においてアジア的価値論が唱えられるとともに，欧米では多文化主義の名で，移民，先住民族，ライフスタイル・マイノリティなどの多様な文化的アイデンティティの擁護が主張されるようになった．冷戦終結後も，激烈な民族対立など，さまざまな局面で文化的対立が生じ続けており，文化的アイデンティティの主張はますます強まっている．

　文化はしばしば自らの内部にも多様な文化を包含する重層的存在であるが，文化的アイデンティティの主張はそのどのレベルにおけるものであれ，異文化の浸透や押しつけへの反発を伴っているのが通例である．マイノリティや少数民族は主流社会や多数派民族からの文化的圧迫を感じ（多文化主義やナショナリズム），非西洋社会は欧米からの文化の押しつけを感じ（アジア的価値論），いわば強者に対抗して独自の文化的アイデンティティを擁護しようとしているのである．

　人間が文化的アイデンティティから逃れがたいとすれば，ローカルからグローバルまでのさまざまなレベルの社会の仕組み，特に法制度が，文化的アイデンティティにそもそも，あるいはいかに関わるべきかは，正義論の重要な問題となり得る．1970年代から展開されてきた現代の規範的正義論のなかでは，リベラル・ナショナリズムや多文化主義の諸理論（Taylor 1994；Kymlicka 1995；Miller 1995；Tamir 1993 など）がこの問題を正面から論じ，文化的アイデンティティの擁護を正義の要求と位置づけているし，アジア的価値論もそのようなものとして解釈あるいは再構成できる（Bell 2000）．

●**正義の要求としての文化的アイデンティティの擁護**　C. テイラー（Taylor）によれば，個人が善き生を送るには自身のアイデンティティが他者から肯定的に承認されていなければならないが，自らの属する集団の文化が社会的に無視・軽視または蔑視されていてはこの条件は満たされず，それゆえ，文化的に圧迫されている集団の文化的アイデンティティの擁護が必要になるという（Taylor 1994）．また W. キムリッカ（Kymlicka）によれば，個人の自律が意味あるものとなるには自らの属するネイションの社会構成的文化の存続が必要であり，それゆえ，存続の危ぶまれる社会構成的文化は支えねばならないし，ネイションの内部でも，

諸個人が二級市民扱いされることのないようにするため，移民などの文化を尊重せねばならないという (Kymlicka 1995).

こうした主張は，主流社会，多数派民族，欧米諸国といった「強者」の側にもそれぞれに文化的アイデンティティがあり，彼らがその擁護を求めないで済むのは，それが安泰だからにすぎないとの認識を伴っている．実際，ナショナリズムや多文化主義は，「文化は個人の私的な問題であり，公的制度がそれに関わるべきでない」との批判に対し，社会の仕組みや法制度から文化的要素を排除するのは不可能ないし不適切だと主張し，アジア的価値論は，人権や民主主義をめぐるアジア批判は欧米の価値観に依拠したものにすぎないと主張している．

しかし，これらの理論も文化的アイデンティティを無条件に擁護すべきと主張しているわけではない．キムリッカによれば個人の自律を重視しない文化は原理的には尊重に値しないし (Kymlicka 1995)，テイラーも人権に関して文化に優劣がないとは考えない (Taylor 1994)．アジア的価値論も，その多くは人権や民主主義の重要性を否定はせず，それを欧米と異なる仕方で実現することも正当だと主張しているにすぎない．文化的アイデンティティの擁護の主張は，文化に優劣は存在しないという意味の文化相対主義に必然的に結びつくわけではない．

●懸念の所在　文化的アイデンティティの擁護をめぐっては，その必要のない「強者」による悪用が指摘されるほか，一般に不寛容や自由の抑圧につながるとの懸念がある．文化とは諸個人のさまざまな実践の集積により変容するものだが，文化的アイデンティティを擁護しようとすれば諸個人の実践は制約され，また結果として文化の変容も阻害されるのではないか，というのである．こうした懸念に対し，文化の伝承過程における個人の自由を強調するキムリッカは，文化的アイデンティティの擁護を，弱い立場にある文化を防御する「対外的防御」と諸個人を抑圧する「対内的制約」に区別したうえで，後者は許されないとし，文化「そのもの」を維持しても文化の「特徴」は変化し得ると主張している (Kymlicka 1995)．テイラーも，アイデンティティは諸個人の間で交わされる解釈のやり取りのなかで変化し続けるとし，その過程における各人の対等な「発言」の自由を主張している (Taylor 1994)．濃厚な文化的アイデンティティを擁護しようとすれば，それだけ諸個人の自由は制約され，文化の変容の余地も狭まるから，諸個人の自由を重視するならば，擁護可能な文化的アイデンティティは希薄なものとならざるを得ないだろう．

[石山文彦]

参考文献

[1] ガットマン, A. 編／佐々木 毅ほか訳, 1996, 『マルチカルチュラリズム』岩波書店.
[2] キムリッカ, W. ／角田猛之ほか監訳, 1998, 『多文化時代の市民権——マイノリティの権利と自由主義』晃洋書房.
[3] ベル, D. A. ／施 光恒・蓮見二郎訳, 2006, 『「アジア的価値」とリベラル・デモクラシー——東洋と西洋の対話』風行社.

美と正義

●**美への懐疑と政治的批判** 美と正義の関係は一筋縄ではいかない哲学的難問である．特に，「真善美」が緊密に結びついていた伝統社会と異なり，諸価値領域の分化・自律化を特質とする近代社会では，美と正義は互いに自律した価値同士として，その関連性が鋭く問われることになる．ここでは美と正義の親近性にあらためて注目を促す E. スカリー（Scarry）の学説を取り上げる．

スカリーの議論の背景にあるのは，1970年代以降の人文社会科学で顕著になった「美に対する政治的批判」である．とりわけ近年の社会学，人類学，美学・芸術学，カルチュラル・スタディーズなどでは，美や芸術への懐疑や政治的批判がなかば常識化している．ここでは美的価値そのものが支配的勢力によって社会的に構築された虚構とみなされ，階級，ジェンダー，セクシュアリティ，エスニシティ，ポストコロニアリズムなどの観点から批判的に分析される．いわば美の虚偽性が正義の眼差しによって暴かれるという図式が目立つ．

美の構築主義的な批判は「美とされてきたものの受容・消費」に関する分析として重要である．だが，人々の「美の体験」それ自体もまた政治的利害や社会的不正を隠蔽するイデオロギーにすぎないのだろうか．スカリーはこうした問題意識から出発し，むしろ反対に，美の体験が社会正義に不可欠であると論じる．美の体験は人々をして正義への配慮を促し，抽象的な正義を象徴化し，身体的に知覚可能なものにする働きを担うのである．

●**美と正義の親近性** スカリーは美を特権的な芸術や文化事象からではなく，日常的な生活体験から考察する．美は「気前よくふんだんにあり，ほとんどいつでもほとんどすべての人々に対して存在する．愛し合う人たち，その子どもたち，彼らの庭を横切る鳥たち，その鳥たちの歌声，美はそこにある」（Scarry 1999: 109）．美の体験そのものは社会的エリートの独占物ではない．日常的な美の感覚は，日常語の fair が「美しさ」と同時に「公正さ」を意味するように，正義感覚と強い親近性をもっている．

さらに，美は人々の物事に対する知覚を活性化させ，「心づかいの基準」を甦生させる．美しい事物への注目は他の事物への無視を招くどころか，むしろ事物一般をより丁寧に知覚することを促す．社会的な不正を正すためには何よりもまず不正に心を配る感受性が必要だが，人々はまさに美の体験を通した知覚の鋭敏化・活性化を通して，各人の社会的感性を日々更新していくのである．

また，美の体験は自己中心性からの自発的な解放を促す．「何か美しいものを見た瞬間，私たちは根本的な脱中心化を体験する」．それは「私たちが世界の中心に

いるという空想的位置どりを放棄する」よう迫る（Scarry 1999:111）。美による脱中心化は，他者との公正な関係性のための前提条件をつくり出す。なぜなら，人々が美の体験によってエゴをゆるめ，社会生活上の「脇役」になる喜びを知っていてこそ，人々の間の対等性・相互性・対称性（正義）が可能になるからである。

さらに，美は正義を象徴的に可視化することがある。正義そのものは社会制度に関わる抽象的原理であり，これを直接に知覚することはできない。とはいえ，「時には，公正な政治的制度それ自体が感覚可能な時間と空間に圧縮され，……水や空やケーキやバラのように，その美が可視的となることもある。大きな集会所で代表者たちが知覚可能な一まとまりの空間で審議している場合がそうかもしれない」（Scarry 1999:103）。すなわち，民主的討論の正義が小さな会議の場に圧縮され，美として可視化されるのである。

●**溶解体験，日常美学などの関連事例**　冒頭に記したように，近年の人文社会科学は芸術作品などの美的価値を社会の支配的勢力による構築物とみなす傾向が強い。社会学では美的趣味の階級差を強調する P. ブルデュー（Bourdieu）の文化資本・ハビトゥス論が代表的であるが，その研究上の焦点はもっぱら社会的に「美とされてきたものの受容・消費」にあることに留意したい。スカリーのように，人々の日常生活上の「美の体験」に着目する場合，美と正義の深い親和性の可能性があらためて見直されることになる（宮原・藤阪 2012）。

日本の社会学において「美の体験」を重視した理論に作田啓一の拡大体験／溶解体験論がある。いずれも狭い自己中心性から脱する体験ではあるが，拡大体験が自己より大きな社会集団との同一化によって自他の境界・対立を強化するのに対し，溶解体験は自己と他者（世界）との境界そのものを解消する（作田 1993）。溶解体験は自己の脱中心化をもたらす「美の体験」である。

社会制度としてのデモクラシーの美的次元をめぐって，スカリーは古代ギリシャのガレー船や 19 世紀アメリカの街頭パレードやボート競技を例示している。人々の間の対等性，多元性，対称性が小さな時空間に圧縮され，眼前に進行する出来事のうちにデモクラシーの正義が美として体験される。また，日常美学を代表する Y. サイトウ（Saito）はデモクラティックな「よき社会」への指針として「道徳的-美的判断」の重要性を指摘している。「自由」「平等」「人権」「福祉」などの道徳価値が制度化されるだけでなく，それらが人々の日常の生活環境において美的に体験される必要性を説いている（Saito 2007）。ここでも美と正義の親近性があらためて注目されている。

〔宮原浩二郎〕

📖 **参考文献**
[1] Scarry, E., 1999, *On Beauty and Being Just*, Princeton University Press.
[2] Saito, Y., 2007, *Everyday Aesthetics*, Oxford University Press.
[3] 作田啓一，1993，『生成の社会学をめざして——価値観と性格』有斐閣．

15. グローバリゼーションと社会

　西欧近代の学問として誕生した社会学の発展は，主権国民国家の歴史的形成と重なる．それゆえ，社会学にとって，社会とはまずもって国民社会のことであった．この方法論的ナショナリズムは比較社会といった方法によっても強化されてきた．

　だが今日，グローバリゼーションの進行は，社会学に新しい課題をもたらしている．第一に，資本主義経済が地球の隅々に浸透することで「南北」格差のみならず，「南」「北」それぞれの内的格差が重層的に加わり，社会問題の理解にあたって世界大の構造と動態の理解が不可欠となっている．第二に，国境横断的に活動する非国家的主体（多国籍企業，国際移民，社会運動体など）の増加とともに，各地の拠点をつなぐ越境的社会空間が出現している．第三に，これらが相まって，ほとんどの国民社会で多民族化・多文化化の趨勢にある．

　本章では，こうしたグローバリゼーションのインパクトを読み解くために必要な社会学の諸概念やパースペクティブの数々を取り上げる．

［町村敬志・伊藤るり］

世界システム論

●巨視的な歴史社会学　長期的な歴史的スパンにおける世界規模での資本主義の発展を主題とする社会理論である．アメリカの歴史社会学者 I. ウォーラーステイン（Wallerstein）が 1970 年代に提唱した．

　世界システム論の前提には，近代化理論，アナール派史学，従属理論の三つの系譜的源流があるといわれる．ウォーラーステインは近代化理論が近代化の単位として国民国家を前提としていること（一国史観）を批判して，資本主義的な世界システムの総体を分析単位とすることを提唱した．

　ウォーラーステインはアナール派史学，特に F. ブローデル（Braudel）の所説に拠って，世紀単位の長期的な歴史的視野で資本主義を分析する枠組みを構築した．近代以前においては，経済的・政治的・文化的に一元的で小規模なミニシステムを除くと，世界システムは（文化的には多元的で政治的に一元的な）世界＝帝国として存在していたが，「長い 16 世紀」（1450 年頃から 1640 年頃までの持続的な経済拡大の時代）にヨーロッパに生まれた世界システムは政治的に一元化されず，資本主義の論理によって結びつけられた世界＝経済となった．この資本主義的な世界＝経済が近代世界システムの実体である．

●史的システムとしての資本主義　近代世界システムにおいては，相対的に利潤率の高い産業が立地する地域（中核）と逆に利潤率の低い産業が立地する地域（周辺）への階層化が力動的に再生産される．この着眼は従属理論の中枢－衛星関係の理論から発展させたものであるが，中核と周辺の両面的な性格をもち，開発政策などで国家が特に大きな役割を果たす半周辺国家の概念を導入することで，世界システム論は従属理論よりも世界＝経済の政治的動態を前景化する視角を提供することになった．

　資本主義的な世界＝経済は不断に外部を内部化することで自己を再生産する．この意味で近代世界システムは絶えずフロンティアの更新を必要とする．近代世界システムの地理的な拡大（外部世界の包摂）がその一つの典型的な表現であるが，高い利潤率や軍事的優位の源泉である技術のフロンティアが更新されることによるヘゲモニー（覇権）――ウォーラーステインは 17 世紀のオランダ，19 世紀のイギリス，20 世紀のアメリカをあげる――のシフトにも表れる．また利潤率の低い産業の立地は安価な労働力を前提とする．最も安価な労働力は，労働力の再生産費用を賃金に依存しないような労働者（セミプロレタリアート）であるが，そのような労働者の生存を可能にするような所得構造をもつ世帯の創出をフロンティアととらえることもできる．

●**資本主義批判から知の制度の批判へ**　1990年代以降，ウォーラーステインの関心と世界システム論の理論的展開の焦点は資本主義の動態そのものから，資本主義的な世界システムを対象化しようとする契機を経た知の制度（ジオカルチュア）の分析へとシフトした．ウォーラーステインがあげるジオカルチュアの具体的形態は，イデオロギー，社会運動（反システム運動），社会科学の三つである．イデオロギーの次元ではフランス革命に淵源をもつ保守主義，自由主義，社会主義の三つのイデオロギーが19世紀を通じて自由主義に収斂し，そのことを前提として議会制と官僚制が進歩を推進する自由主義国家の体制が20世紀の標準になった．

社会運動の次元では19世紀から世界システムとしての資本主義を究極的な克服対象とする反システム的な運動が現れた．それらの運動の多くはまず個別の国家において政権を奪取し，その後システムとしての資本主義の克服へ向かうという戦略を採り，社会民主主義運動，共産主義運動，民族解放運動の三つの反システム運動は20世紀に入ってそれぞれ第一世界，第二世界，第三世界で実際に多くの国において政権の奪取に成功したが，資本主義の克服という課題では成果をあげられず，1968年の諸革命において本質的に挫折した．社会科学の次元では，自然科学と人文学の分断を前提に，主に自然科学的なアプローチで近代国民国家の諸機能（国家，市場，市民社会）の分析を担当するディシプリン（政治学，経済学，社会学）と，主に人文学的なアプローチで前近代社会の諸段階を扱うディシプリン（歴史学，東洋学，人類学）とに知が分割され，世界システムとしての資本主義を総体として分析する視点は構造的に抑圧されてきた．

世界システム論はグローバルな格差の問題を主題化する社会理論の現代的古典であると同時に，アメリカのヘゲモニーの変容や金融化する資本主義の限界に対する批判的分析の文脈では今日なお主要な参照枠組みの一つを提供している．他方，ヨーロッパに誕生した資本主義的システムが外部の諸社会を一方的に包摂するかたちで理論化された近代史叙述は，非ヨーロッパ圏の歴史研究の近年の成果を背景にA. G. フランク（Frank）ら西洋中心主義批判の立場から強い批判を受けており，さらに独特に定義された資本主義概念に歴史解釈が還元される傾向への批判も強い．またグローバル化の進展により，中核／半周辺／周辺というマクロなゾーン分けで資本主義的なシステムを理解することの妥当性も低下しており，グローバル化の帰結として資本主義の限界を指摘するところから先の具体的分析を提示することはその理論的射程の境界線上の課題である．　　［山下範久］

📖 **参考文献**
[1] ウォーラーステイン, I. ／山下範久訳, 2006,『入門・世界システム分析』藤原書店.
[2] アリギ, G. ／土佐弘之監訳, 2009,『長い20世紀――資本, 権力, そして現代の系譜』作品社.
[3] フランク, A. G. ／山下範久訳, 2000,『リオリエント――アジア時代のグローバル・エコノミー』藤原書店.

帝国論

●**帝国論の背景** 帝国論とは，マルクス主義的観点から，世界資本主義の諸段階をどのように理解するのか，という試みの最新版である．自由主義者J. A. ホブスン (Hobson) による『帝国主義論』(1902) が自由競争主義から独占資本への移行と必然的に関連したものとして帝国主義の力学を把握して以来，R. ヒルファディング (Hilferding)，R. ルクセンブルク (Luxemburg) により『資本論』の批判的創造的活用を通して同時代の現象をつかむ努力がつづけられてきたが，それは1916年のV. I. レーニン (Lenin) の『帝国主義論』に至って頂点に達した．それによれば帝国主義とは「独占と金融資本の支配が成立し，資本の輸出がきわめて重要となり，国際トラストのあいだで世界の分割が始まり，最大の資本主義諸国による地球の全領土の分割が完了したという発展段階に達した資本主義」となる．

　第二次世界大戦後の世界資本主義体制は，冷戦構造のもとで東側に「社会主義体制」を片割れとしてもちながら，アメリカの軍事力による諸勢力の調整，IMF-GATT体制による市場の自由化や通貨の管理，フォーディズム，ケインズ主義的福祉国家といった諸装置によって形成されるが，この体制は1970年代に崩壊を迎える．帝国論は，それらの解体から台頭してきた「グローバリゼーション」と曖昧に名指される国際秩序あるいは世界資本主義の現段階をマルクス主義的展望からどう把握するか，という問いから現れた．代表的論者がA. ネグリ (Negri) とM. ハート (Hardt) である．その理論は，『帝国主義論』の属する現状分析の伝統，「オペライズモ」といわれるイタリア独特のマルクス主義の流れ，ネグリの専門分野である政治哲学，そしてM. フーコー (Foucault) とG. ドゥルーズ (Deleuze) を中心とするフランス現代思想の交錯点に位置している．これらは各々，帝国論における，世界資本主義の段階論，資本制と階級闘争の分析，政治体制の分析，権力・イデオロギー・抵抗の分析に寄与しているといえよう．

●**帝国とは何か？** 「帝国 (Empire)」と名指される「グローバルな秩序，新たな統治の論理と構造，主権の新たな形態」(Negri and Hardt 2000：訳3) は，中心をもたないという点で，帝国主義とは顕著な対照をなす．帝国主義が主権国家による世界分割というかたちで（複数の）中心に支配されていたとすれば，帝国は脱中心的である．したがって，帝国のプロジェクトの中心はアメリカ合衆国ではない，ということになる．帝国とは，いかなる領土的境界もその支配に限界を与えない，とされ，地理的には地球総体をカバーする．この見解は，グローバリゼーションに伴う国民国家の比重の低下という現状認識を前提とし，金融資本，産業資本，旧来の国民国家，国際行政機関，メディア，NGOのような官民組織

が，国民国家の枠を超え横断的に連結し位階秩序化された世界大のピラミッドとして，しかし，脱中心化され脱領土化したネットワーク状の統治／支配の装置として，新しい帝国を描き出すものである．

したがって，帝国論による世界地図は「帝国主義的な……国別に塗りわけられた色彩の世界」から「グローバルな虹色のなかに溶け込む」世界へと変貌するのであり，その地図上の統治を構成するのは「交雑的なアイデンティティとフレキシブルなヒエラルキー，多元的な空間を，指揮命令のモジュレートするネットワーク」（同書：訳5）を通した管理となるのである．このような把握の文脈にあるのは，以下のような事態である．階級闘争による賃金コストの上昇や環境コストを抑えたい資本の思惑と技術的環境の変容などが相まって，国際分業や資本投資が国境を越えて細分化していること，福祉国家，労働運動の解体と（労働者には不安定雇用として現れる）フレキシビリティの導入，製造業の国際移転，サービス化，とりわけ先進国における知的労働への比重のシフト，階級の分極化の進行と，従来の空間的分割の解体再編，また利潤率の低落や貧困化のもたらす資本主義の「金融化」，世界の市場が金融資本家にはフラットに投機の場となることなど．さらに，このような新しい体制は，ミクロな水準では，同質化，画一化，規格化，組織化といった機能を主要にもつ規律権力の比重を相対的に低下させ，流動性，移動性，断片性，差異といったポストモダン的諸要素を統御し組織化する新しい権力の形態である「管理権力」を前面に押し出すことになる．マクロな水準では，古代的帝国と同様に，歴史の外（「歴史の終焉」というイデオロギー）の永遠の秩序（「パックス・ロマーナ」）を保守し，普遍的な平和に捧げられるべくたえず血塗られた戦争が行使されることになる．つまり，常に内側の「ならず者」的国家や下位国家集団による「テロリズム」に脅かされた永続的例外状態が帝国の統治の特徴となる．

●**帝国とマルチチュード** 一方，帝国論では，帝国とは双対をなすものないし帝国そのものの「生地」をなすものとして，「マルチチュード」という主体が想定されている．これはネグリによって読み直された初期近代の哲学者たちのデモクラシー論に由来している．マルチチュードとは，同質性，等質性を含意している限りでの「プロレタリアート」や「民衆」とは異なり，差異性や単独性，脱規範性をはらんだ，諸境界を横断するグローバルでありかつローカルな主体である．そのイメージは，帝国の台頭とともに，あるいはそれに先行して現れた，世界各地における反グローバリゼーションの闘争を担う主体においている．帝国における変革の主体，あるいは主体ならざる担い手とは，マルチチュードなのである．

〔酒井隆史〕

📖 **参考文献**

[1] レーニン, V.I.／宇高基輔訳, 1956, 『帝国主義』岩波文庫.
[2] ネグリ, A.・ハート, M.／水嶋一憲ほか訳, 2003, 『帝国』以文社.

グローバル・シティ

●**グローバル・シティの登場**　グローバル・シティとは，国境を越え地球規模で展開をする諸活動の結節点が集積し，その結果広範囲にその影響を及ぼすようになっている都市を指す．この定義からも明らかなように，グローバル・シティ概念とは，地球規模を表すグローバルとローカルな範域である都市とが，国家という空間スケールを越えて直接結びつく現象を指し示す点に理論的特徴がある．

例えば古代ローマ，中国諸王朝やイスラム帝国の都のように，広範囲に及ぶ影響をもつ都市は歴史上過去にも存在しなかったわけではない．しかしその多くは世界帝国の中心都市であった．近代以降，国民国家形成によって地球上が国境によって仕切られていくと，都市もまた国家システムのなかに囲い込まれていく．しかし20世紀後半，資本，労働，情報などの移動が活発化するにつれ，国境を越えた諸活動のネットワークがその厚さを増す．「フローの空間」(Castells 1989) に広がるネットワークの結節点が立地する場所として，大都市の役割が再発見される．1980年代に入り，J. フリードマン (Friedmann) やS. サッセン (Sassen) らによって世界都市 (world city) やグローバル・シティの考え方が提示され，それは短期間の間に世界的に影響を及ぼしていく．

●**「世界の中の都市，都市の中の世界」を理論化する**　グローバリゼーションが都市に与えるインパクトをどう理解するか．この点は都市研究の新しい主要テーマとなり現在に至っている．「ひとつの都市が世界経済に統合されている形態や程度，新しい空間的分業の中で都市に割り当てられている機能は，都市内で発生するあらゆる構造的変動にとって，決定的になるであろう」(Friedmann 1986：訳40)．この命題から始まるフリードマンの「世界都市」仮説は，やがてサッセンらによってさらに具体的に定式化されていく．

第一に，資本主義のグローバル化，とりわけ金融資本主義の急激な拡大が，膨大な資本と情報を限られた大都市へと集積させ，そうした都市の国際的な影響力を増していく．ただし集積の度合いには都市・地域間で大きな差があった．そこから都市間のヒエラルヒー構造が生まれると同時に，より上位の地位をめぐる都市間競争が激化する．

第二に，グローバルなネットワークへの組み込みは，都市自体の内部をどう変えるのか．サッセン (Sassen 1988) によれば，先進国多国籍企業による海外直接投資の拡大は，結果的に途上国における移民送り出しを促進する一方で，先進国大都市においては中枢管理機能の拡大とそれを支える生産者サービス部門の集積を促す．ただしそこで生まれるのは専門技術などの高賃金職種ばかりではない．

ビル清掃や食品加工など多数の低賃金職種が生み出され，増加する移民労働者が労働市場の底辺部に組み入れられていく．その結果，世界都市では階層分極化傾向が進む．

●**グローバル・シティの先へ**　グローバル・シティの考え方は，グローバリゼーションや新自由主義の影響力が拡大するにつれて世界に流布をし，各地で検証が進められてきた (Brenner and Keil 2006)．とりわけ，ニューヨークやロンドンとならぶ国際金融市場となったバブル経済期の東京は，非欧米に位置するグローバル・シティとして，それ自体，きわめて象徴的な存在とみなされた (Sassen 2001；町村 1994)．だが，この概念は幅広く受容される一方で，さまざまな壁にぶつかっていく．

　第一に，ニューヨークやロンドンなど限られた都市の経験から導き出されたグローバル・シティ概念は，金融資本主義中心の経済構造など，そのアングロ－アメリカ的な偏りが指摘されてきた (White 1998)．しかし，国際的なネットワークを形成しているのは金融だけではない．実際には，情報産業，文化・アートなど多様な分野でグローバルな役割を果たす都市が存在している．

　第二に，もともとグローバリゼーションがもたらす影響をそのマイナス面も含め批判的に分析するための用具として生まれたグローバル・シティ概念ではあったが，現実の都市政治においては，ヒエラルヒー上位をめざす都市間競争における政策目標と位置づけられていく．このため，日本を含め各地で「グローバル・シティ」は開発促進のイデオロギー的象徴となり，皮肉にも再開発やジェントリフィケーションを促進する役割を果たしてしまう．

　第三に，グローバル・シティはいわば早生のグローバリゼーション論であった．トランスナショナルなネットワークの結節点が重要性を増す点を，実証手続きも含めいち早く明らかにした理論としてグローバル・シティ論は確かに優れていた．しかしこの理論が登場した 1980 年代はいまだインターネットも登場しておらず，冷戦も終結していなかった．グローバルなネットワークの結節点が「巨大都市」というインフラを必要とするとは限らない．拡散しつつ地球全体をネットワーク状に覆い始めた新しい都市化現象をどうとらえるか．「惑星規模の都市化」(Brenner 2013) など，新しい理論が登場している．

　グローバル・シティ論は，グローバリゼーションという新来の変動を先取りする存在として都市を描き出そうとした．しかし現実の都市はグローバリゼーションに対するさまざまな違和が噴出する場でもある．経済格差や人種・民族対立，テロなどが 21 世紀の都市を特徴づける．人々は都市を介して，グローバリゼーションを飼い慣らすことができるのか．ポスト・グローバリゼーション時代における都市研究の課題がここにある．

[町村敬志]

グローバルな階級

●**グローバリゼーションという背景**　社会関係としての階級は，K.マルクス（Marx 1867-94）とM.ウェーバー（Weber 1921-22b）という二人の古典的な社会学の泰斗によって，基本的にはナショナルな関係として想定されていた．生産手段に対する種差的な関係，つまりその所有／非所有によって生産に関わる当事者を差異化するマルクスの階級概念も，市場における生のチャンスの同一性によって規定されるウェーバーの階級概念も，どちらも近代の国民社会を関係がとり結ばれる「場」として想定していたのである．しかし，本格的には1990年代から，国家や地域の境界を超えて社会関係が一般化する傾向，つまりグローバリゼーションが進展するとともに，階級という関係のあり方にも変化が起きてきている．

　資本主義のシステムのもとでは，基本的には階級関係が資本と賃労働との関係によって規定されていると考えられる．グローバリゼーションのもとで資本と賃労働がともに，多国籍企業や移住労働者として境界を超えて移動するならば，まずは国民社会の内部においてとり結ばれる階級関係にも変化が現れよう．さらに，グローバルな移動に象徴されるように，階級関係それ自体が国民社会を超えてとり結ばれる可能性もあろう．すなわち，階級関係がとり結ばれる「場」がグローバルな空間に拡大するわけだ．

●**資本と賃労働のグローバルな移動**　新国際分業が形成されて以来，資本のグローバルな移動は低賃金労働力を求めて発展途上の社会に生産の再配置を試みることを大きな特徴としてきた（Fröbel et al. 1980）．このことは，移動元である先進社会において製造業が衰退するとともにサービス経済化（Sassen 1988）が進展することを意味する．サービス産業は多様な産業であり，収益性が高いハイエンドな部門と収益性が低いローエンドな部門から構成される．多国籍企業による工場移転を通じて，大きな比重を占める資本は，金融業などに代表されるハイエンドなサービス部門における資本である．

　他方では，ローエンドな部門を代表する対人サービス産業，清掃業，あるいはケア労働などの部門には，発展途上地域からの移住労働者が雇用されることになる．こうして，資本と賃労働とのグローバルな移動を媒介にして，先進社会を例にとれば，ナショナルなレベルにおける階級関係を構成する当事者のあり方が変化する．

　さらに，グローバリゼーションに伴って製造業労働者が直面する雇用不安と相まって，金融化に伴って現れる資本による飽くなき利益追求は，他方における移住労働者を当事者とする階級関係の内実をあらためて資本にとって優位なものに

編成することになる．加えて，企業間競争の激化は資本による効率的な労働力利用を促進し，結果的にはかつて「豊かな」の生活を享受していた中間階級にも所得の減少をもたらし，格差を拡大している．

●**トランスナショナルな資本家階級**　グローバルに展開する資本は，さまざまな差異を内包しつつも，グローバルな空間を支配するという共通の利害関心をもつ可能性がある．L. スクレアー（Sklair 2001：17）は，こうした利害関心の共通性に基づいてトランスナショナルな資本家階級という概念を提起している．この階級に含まれるものは，多国籍企業の経営者とそのローカルな提携者，グローバルに活動する官僚と政治家，グローバルに活動する専門家，および商人とメディアからなる4つの分派である．スクレアーが提起する資本家階級は，少なくともマルクス派が継承してきた階級概念とは大きく異なり，利害関心の共通性だけに依拠した，いささか粗野な概念ではある．

しかし，こうした資本家階級は，グローバルな空間における支配階級として活動し，消費主義という文化的イデオロギーを喚起することを通じてグローバルな資本主義の利潤追求を支え，さらには貧困と富との同時形成や，資本主義にとってのエコロジカルな制約という二つの危機を解決するために活動するという．こうした人々は，まさにグローバルな社会における利害関心を共有し，連携しているというわけだ．

●**トランスナショナルな連帯**　このような連携活動を営む人々の集まりを「階級」としてとらえるのであれば，それは資本家階級だけではなく，労働者階級にも該当する可能性がある．先進社会に移動してくる移住労働者は，移住先の定住地コミュニティと移住元である発展途上社会の農村や都市との間を，社会的ネットワークを形成して行ったり来たりしている．そのような意味では，彼（彼女）らはトランスナショナルなコミュニティを形成している．こうしたコミュニティに係る移住労働者に国境を超えた利害関心の共有がみられるのであれば，トランスナショナルな労働者階級としての連帯も可能になろう．

もっとも，一般的には世界システムの作動がつくり出す階層的な格差が，失われることなく再生産されるとすれば，こうしたトランスナショナルな連帯が先進社会における労働者にまで拡大する可能性はそれほど大きくなく，その形成には大きな困難を伴うことになろう．そのなかで，グローバルな視座を持とうとする，労働組合による自己変革の模索や，発展途上社会におけるスウェット・ショップを規制する運動が続いている．　　　　　　　　　　　　　　　　　［山田信行］

📖 **参考文献**
[1] Sassen, S., 1988, *The Mobility of Labor and Capital*, Cambridge University Press.（森田桐郎ほか訳，1992，『資本と労働の国際移動――世界都市と移民労働者』岩波書店．）
[2] Sklair, L., 2001, *The Transnational Capitalist Class*, Blackwell.

途上国の貧困

●従属理論からの展開 途上国の貧困に関する社会学的な議論は，1960年代後半に誕生した従属理論に端を発する．その背後には，独立後に進められた開発政策や先進国からの援助にもかかわらず，なぜ途上国には大衆的貧困が蔓延しているのかという問いがあった．当時の社会科学では途上国の開発や発展の諸課題に対する楽観論が支配的であった．それを牽引したのは近代化理論である．近代化理論は，「後進」諸国がその伝統的な価値志向性や社会制度を近代化させることで経済が発展し，貧困が解消されると説いた．経済発展には当該社会の生産＝消費水準の高まりや，一人当たりの生産性の向上が必要とされる．その条件となるのは，業績主義に基づく価値観と起業家精神の醸成である．

　先進と後進という単線的な尺度で社会の発展を論じた近代化理論は，途上国の貧困の構造的要因を特定するには不十分であった．そのため，従属理論は途上国の低開発と貧困の性質と原因を「内的」な社会的・文化的・心理的諸特徴ではなく，「外的」な関係性に求めた．1960年代に軍政下のチリで展開し，後に他の途上国で展開した民衆運動の理論的支柱となったという意味で，同理論は先進国発の理論とは一線を画す．その第一人者であるA. G. フランク（Frank 1979）は，資本主義世界経済における国家間の不平等な関係に着目し，国際分業に規定された不等価交換を分析した．彼は社会の分析単位を，地球全体を覆う資本主義システムに求めた．そこには先進国に対応する中枢／中心，途上国に対応する衛星／周辺という二項対立関係が存在する．また，周辺部ではブルジョアジーの政治的・経済的決定における対外従属が広くみられる．ゆえに，少数のエリート集団による世襲政治と大衆的貧困に象徴される途上国型の階級社会が形成されるのである．

●貧困と剝奪をめぐる社会関係 貧困は絶対的貧困と相対的貧困とに峻別されるが，途上国の貧困は前者を指す場合が多い．絶対的貧困とは，生物学的存在としての人間が生命を維持するために必要な物質的基盤が欠乏する状態を指す．貧困の定義や測定基準はさまざまであるが，経済学者のA. セン（Sen 1981）は栄養不良を招く所得水準の低さにその基準を求める．ここで中心になるのは剝奪の問題である．従来，社会学は貧困を相対的剝奪の問題としてとらえ，当事者の剝奪の状況と感情を準拠集団論との関わりで論じてきた．しかしながら，当事者が対比する準拠集団は，当該社会の政治状況や経済発展の水準によって大きく異なる．また，当事者の期待のほかに何が公正であり，誰が何を享受する権利があるかに関する当事者の見方に密接に関係する．したがって，当事者の主観に基づく相対的剝奪は，それ以上減らすことができない絶対的剝奪とは性質が異なる．ただし，

絶対的貧困層の間にも所得や生活機会の面で相対的剥奪は広範にみられ，属性に基づく不平等な社会関係によって規定されることが多い．

貧困は当事者が生存するために必要な能力の欠如である．この能力は諸個人が達成しうるものではなく，あらかじめ社会構造によって方向づけられている．富の分配をめぐり展開する強力な利益集団による諸活動や，彼/彼女たちが他者の不利益を顧みずに自らの利害にかなうように公共政策に対して影響を与える能力などがその例である．つまり，特権階級には富・権力・社会的地位を維持するための資源へのアクセスが保証されている一方で，下層階級にとっては教育や地位達成上の不平等が貧困の慢性化につながるのである．

●**貧困の再生産に対するマクロ的・ミクロ的視座**　以上のように，途上国の貧困をめぐる開発社会学の議論を支えたのは，マクロな社会変動論とミクロな権力論である．

前者には，貧困を持続させるグローバル資本主義の権力に着目した研究がある（Du Toit 2004）．これらの研究は貧困を社会的「排除」の所産としてではなく，つまりグローバルな富の蓄積過程に貧困層が「接合」される過程に着目する．その例として，遠隔地での生産と交換の複合的なネットワークにローカルな生存維持経済が編入されることや，貧困層がグローバルな商業的食糧生産や消費システムに編入されることがあげられる．この関連で指摘すべきは1980年代以降，世界銀行とIMFが債務危機に陥った途上国に対して進めた構造調整政策，特に公共サービスの民営化である．その結果，都市部では水供給や土地の商品化が進み，階級分化や貧困層の公共空間からの排除が進行した（Davis 2006）．

後者には，社会制度が媒介となる貧困の再生産に関する研究がある．貧困を階級とその他の社会集団特性が加味された複合的な剥奪状況ととらえた場合（Béteille 2002），ジェンダーや人種，エスニシティ，カーストなどの属性に規定されたミクロな権力関係の分析が必要となる．とりわけ着目すべきは不可視の権力関係である．例えば，南アジアの多くでは女性は個人の利害よりも家族の福利を優先する傾向がある．こうした価値観の実践を通して，家庭内の資源配分をめぐるジェンダー不平等が再生産されることになる．そして，こうした実践を支えるのは人間のもつ世界観や価値観，生活様式に無意識または半意識的に浸透し，日常実践のなかに内面化される権力である（Kabeer 1994）．こうした権力が行為者によって自明視された場合，不利な立場にある諸個人の間で諦観が広くみられ，社会変革に向けた集合的行為は困難なものになる．　　　　［佐藤　裕］

参考文献

[1] Frank, A. G., 1979, *Dependent Accumulation and Underdevelopment*, Monthly Review Press.（吾郷健二訳，1980，『従属的蓄積と低開発』岩波書店.）
[2] 小倉充夫，1982，『開発と発展の社会学』東京大学出版会.
[3] Sen, A. K., 1981, *Poverty and Famines: An Essay on Entitlement and Deprivation*, Clarendon Press, Oxford University Press.（黒崎　卓・山崎幸治訳，2000，『貧困と飢饉』岩波書店.）

トランスナショナルな社会運動

●**国民国家を越える現象に対応した異議申し立ての誕生**　国民国家の誕生によってナショナルな社会運動が生まれたように，国民国家の枠組みを越えるグローバル化に伴う現象は，国境を越えて市民が連携するトランスナショナルな社会運動を生起させた．「トランスナショナル」な社会運動とは，環境や難民の問題など一国では対応できない社会問題を扱う運動である．A. ギデンズ（Giddens 1990）の定義するグローバル化，つまり，目の前にいない他者との相互関係が，時空間を超えて強化されるような社会に出現する社会運動といえる．

　トランスナショナルな課題に，国家の枠組みを越えて対処する主要な方法の一つは，従来は国際条約の締結であった．一般に，国家が交渉主体である国際関係に市民社会が関与する余地はほとんどない．さらには，アジア金融危機や飼料を介しての狂牛病の国境を越えた拡散，遺伝子組み換え作物の輸出など，日常生活や特に環境に大きな影響を及ぼす多国籍企業の活動は，既存の国民国家の政治的回路では，市民の介入どころか，国家間の合意あるいは議会の審議や決定を経ることすらなく，人々の生活に大きな影響を与える「サブ政治」を出現させた（Beck 1997）．このように非民主主義的に進行するグローバル化に異議を申し立て，ロビーイングやデモなどにより国際的なルールの決定に影響を及ぼすトランスナショナルな社会運動が誕生し，国境を越える課題解決の方法の民主化のプロセスとして議論されるようになった（Held and McGrew 2007）．

　トランスナショナルな社会運動の登場を印象づけたのは1999年にシアトルで開催されたWTO（世界貿易機関，World Trade Organization）閣僚会議に対する抗議行動であった．アメリカをはじめとする少数の富裕国が密室で経済のグローバル化のあり方を決定する非民主主義的な過程への批判から，5万人が会場周辺での反対デモに参加した．その流れを汲んで，世界の富を一部の人が独占する現状に異議を申し立て，「もう一つの世界は可能だ（Another World is Possible）」というスローガンを掲げて，2001年にブラジルのポルトアレグレで第1回の世界社会フォーラムが開催されて以降，新自由主義的なグローバル化にオルタナティブを提示する社会運動が形成されていった．

●**下からのグローバル化**　国家や国際機関は，世界銀行（World Bank）やIMF（国際通貨基金，International Monetary Fund），WTOを通じてグローバル化を推進してきた．このように国家や国際機関が主体となるのが「上からのグローバル化」である．さらに多国籍企業は，国際機関や国家の決定を経ずに，その頭越しに活動をグローバルに展開し，人々の生活に大きな影響を行使する．これをU. ベッ

ク (Beck 1997) は後期近代の特徴として,「サブ政治」と名づけた. トランスナショナルな社会運動は, サブ政治に対応して現れた社会運動であり,「下からのグローバル化」である (Della Porta et al. 2006).

　もっとも, 上からのグローバル化は, トランスナショナルな政治の場において, 常に市民社会を排除する方向で機能するわけではない. ILO（国際労働機関, International Labor Organization) や, 国際人権条約の締結を通じて, マイノリティの人権は普遍的な権利として各国の法制度に適用されていった. 国際人権基準というトランスナショナルなイシューに訴えることで, ローカルなイシューを掲げる社会運動がグローバルなゲームに参入する機会が開かれたといえる. M. ケックとK. シキンク (Keck and Sikkink 1998) は, ナショナルな政治の土俵に参加できない, もしくは影響力を行使しにくい主体が, 国際社会に訴え, 西欧や北米など普遍的人権を擁護する主要な国家, あるいは国際機関や条約機関が, 当該国家に対して圧力をかけることで, その主張が実現する過程を「ブーメラン・モデル」として概念化した.

●**下からのグローバル化と民主主義**　「ブーメラン・モデル」としては,「先住民族の権利に関する国際連合宣言」があげられる. 日本政府はアイヌ民族を先住民であることを認めてこなかった. アイヌに限らず, 先住民の問題は, 自己決定権や土地・資源の所有権など政治性が高い. いずれの先住民も一国内では圧倒的なマイノリティであり, その主張が国内で顧みられることはなかった. アイヌ民族は, 他国の先住民の権利保障を求める国際NGOとともに, 国連で先住民の権利宣言が採択されるまで, 30年近くにわたって国連の人権会議にロビーイングを行ってきた. その結果, 先住民の権利宣言は2007年に採択され, 日本でもこれに準拠して2008年に衆参両院で「アイヌ民族を先住民族とすることを求める決議」が採択された. オーストラリアでも首相が先住民族アボリジニに公式に謝罪した.

　上からのグローバル化の非民主主義を批判して誕生したがゆえに, トランスナショナルな社会運動は, 運動のプロセスの民主主義を主張する点に特徴がある (Graeber 2014). 世界社会フォーラムやオキュパイ運動は, 運動内での意志決定の方法にも直接民主主義を取り入れたり, マイノリティの意見を尊重するために多数決ではなく合意形成モデルを導入するなど, 近代国家の既存の代議制民主主義へのオルタナティブも提示している.　　　　　　　　　　　　　　　　［稲葉奈々子］

📖 **参考文献**
[1] Beck, U., 1997, *Was ist Globalisierung?*, Suhrkamp.（木前利秋・中村健吾監訳, 2005,『グローバル化の社会学——グローバリズムの誤謬 グローバル化への応答』国文社.）
[2] Graeber, D., 2014, *The Democracy Project*, Penguin Books.（木下ちがや ほか訳, 2015,『デモクラシー・プロジェクト——オキュパイ運動・直接民主主義・集合的想像力』航思社.）

国際移民システム

●**国際移民システムのマクロ理論**　移民はどこから来てどこに向かうのか．移民は，（アルジェリア→フランスなど）特定の国から特定の国へ，細かくは（ブエノスアイレス→藤沢など）特定の場所から特定の場所へと集中している（Faist 2000）．賃金の低いところから高いところへ人が移動するという，新古典派経済学のプッシュ＝プル理論では，こうした現実を説明できない．特定の場所同士を結ぶ移民フローはそう簡単に形成されないし，賃金格差の変化によってすぐ増減するほど不安定ではないともいえる．すなわち，移民システムとは「移民を促進し，その規模と移民先を決定する社会的ネットワーク」であり，一つの安定的なシステムとして確立したものとみなすべき性質をもつ（Massey et al. 1998）．

こうした移民システムの形成をマクロ変数で説明するのが，世界システム論など広義のマルクス主義に属する歴史構造論といわれるアプローチである．移民は，世界システムの中心における資本主義が周辺に浸透する過程で発生するものとされる（Portes and Walton 1981）．周辺の生存維持経済が解体されて発生した過剰労働人口と，中心での資本蓄積に必要な安価な労働力への需要が相まって，周辺から中心への移民フローを生み出す．このフローは，かつてなら植民地化，現代なら資本投資などにより密接な関係を有するに至った二国間で発生する．

歴史構造論の強みは，世界レベルでの資本蓄積という抽象度の高い理論と現実の移民フローの説明が両立しているところにある．移民を多く輩出するのは，メキシコなど一定の経済開発が進んだ国であり，賃金格差では説明できない．周辺部における資本主義の浸透が過剰労働人口を生み出す過程がまず必要で，それが旧宗主国など密接な関係をもつ国の資本蓄積に必要な移民になる．これは，特定の二国間で移民フローが生まれるマクロ条件を示唆するもので，植民地朝鮮から日本，現代の中米からアメリカへの移民などに応用可能である．人種理論と組み合わせれば，周辺諸国からの移民労働者に対するレイシズムが，安価な労働力として移民を利用するのに使われるメカニズムも解明できるだろう．

●**移民ネットワーク論の前提**　だが，マクロ理論だけでは移民システムの規則性と安定性を説明することはできない．現実には，構造的変数よりもむしろ人々の関係からなるネットワークが移民システムのバリエーションをつくり出す．そうしたメゾレベルを扱った移民ネットワーク論は，先行する二つの理論のオルタナティブとして移民システムの形成を説明する．第一に，シカゴ学派など移民と社会解体を結びつける議論に対して，移民コミュニティ内部での連帯が強調される．第二に，プッシュ＝プル理論が依拠する新古典派経済学が想定する孤立した行為

者が，コストとリスクを伴う移住を独力で実行できるとは考えにくい．それに対して，移民システム論はネットワークに埋め込まれた行為者像を前提とする．そのネットワークを用いることで社会関係資本にアクセスし，国境越えに必要な資源を得て初めて，一定規模の移民が可能となる．その意味で，移民とは組織だって行われるものであり，無秩序に押し寄せる移民というステレオタイプは現実と乖離している．

●**移民ネットワークと移民システムの形成**　移民ネットワークは，移民過程において以下のような役割を果たす．①ネットワークによって移動に伴うコストとリスクを下げ，安定した移民フローをつくり出す．②受入国とのネットワークをもつ少数の地域が多数の移民を輩出するという意味で，移民の出身地を限定する．③特定の場所から特定の場所へと移民の流れを方向づける．④ネットワークを介して就労や生活を助けてもらうことで，移住先でスムーズに適応できるようにする．その結果，移民は労働市場の特定のニッチに集中するようになり，受入国の労働市場の構造を変えていく要因ともなる．

　これは，通常は特定の場所に規定される社会関係資本が，国境を越えて蓄積される過程といってもよい（Faist 2000）．移民過程は，人的資本に恵まれた少数の者から始まり，親族や友人を呼び寄せることでコミュニティに拡大していく．こうして移民母村となったコミュニティは受入国にも広がって，国境を越えた移動が日常化する．学業を終えた就職先として受入国がごく自然に選ばれるようになり，移民過程の進展と移民システムの強化には累積的因果関係（ミュルダール）がある（Massey et al. 1998）．こうして確立した移民システムは，受入国の不況や移民規制の強化といった外的要因によっては容易に崩壊しない．一つの安定したサブシステムとして，上位のシステムから自律的に作動するようになる．

　以上をまとめると，歴史構造的アプローチが示唆するマクロな中心‒周辺関係により，移民システム形成のきっかけがつくられる．だが，日本からの移民でも東日本から旧満洲へ，西日本からアメリカ大陸へといったように，マクロな構造では説明できない地域間の相違がある．これは，移民ネットワークのあり方によってつくられるもので，細かな移民フローのあり方はメゾレベルによって規定される．移民過程が進展すると，移民ネットワークはマクロな与件の変動に左右されなくなり，移民システムといってもよい自律性と安定性を示すようになる．　［樋口直人］

📖 **参考文献**
[1] 梶田孝道ほか，2005，『顔の見えない定住化――日系ブラジル人と国家・市場・移民ネットワーク』名古屋大学出版会．
[2] Watson, J. L., 1975, *Emigration and the Chinese Lineage*, University of California Press.（瀬川昌久訳，1995，『移民と宗族――香港とロンドンの文氏一族』阿吽社．）
[3] Sassen, S., 1988, *The Mobility of Labor and Capital*, Cambridge University Press.（森田桐郎ほか訳，1992，『労働と資本の国際移動――世界都市と移民労働者』岩波書店．）

移民と社会関係資本

●経済社会学の再活性化と社会関係資本への関心　1980年代後半以降，国際的に社会学のなかで経済社会学のルネサンスともいうべき研究の活性化がみられてきた．高度資本主義の構造危機のなかで80年代に入り経済学的思潮が市場原理へと傾斜しつつある時期に，その中心の合衆国の社会学の内部からは，原子化した個人から成り立つ市場経済モデルへの新たな批判が沸き起こってきた．M.グラノヴェター（Granovetter）により，経済行為が目的合理的な利得を求めての選択でも単に内面化された価値基準でもなく，実際はその具体的社会的文脈に深く埋め込まれているとする社会的埋め込み論が展開されていく．この背景のなかで，J.コールマン（Coleman 1988）が提起した社会関係資本は，新たな経済社会学の中軸概念として脚光を浴びて行くようになる．社会関係資本は，しばしば社会的なネットワーク一般といったといった曖昧な概念と混同されてきた（Portes 2010）．しかし，コールマンは，あくまで個人が構造化した社会関係をいかに活用し，資源へのアクセス機会を拡大するかという視点から提起した．この視角から，彼は社会的な統制（例：地域の父母間の連携による子どもの非行の抑制），信頼の確保と取引の迅速化（例：煩瑣な契約手続きの省略），希少な資源への有利なアクセス（例：アジア系移民の輪番での融資制度）といった目的を達成するうえで，社会的紐帯の構造化がどのような効果をもち，それを諸個人がいかに意識し活用しているかを提示した．

　しかし，社会関係資本は必ずしも，家族や小集団の発展や個人の社会的な上昇を招来するものではないことが，研究の進展のなかで提起されてきた．すなわち，家族内部の強い社会的紐帯は，しばしば個人の社会的上昇を抑制し，希少な資源の効果的利用の代わりに再分配により消費にまわされるなど，プラスの機能を果たすとは限らない．ミクロにおける社会関係資本は特定の個別的な目的のために行使される可能性をはらんでおり，必ずしも地域や集団全体の連帯やその発展を生み出すとは限らず，むしろ発展を妨げ分断を生む可能性もある．社会関係資本自体はプラスの要因とは限らず，あくまで分析概念であって，それによる連帯や分断の具体的な構造化パターンとその作用の解明こそが課題なのである．

●移民研究の進展と社会関係資本の交差　この同じ時期に合衆国は，新たな大規模な移民の流入を経験することで移民研究は著しい進展を遂げ，特に労働移民を超えた不均等でダイナミックな多様な移民とその経済貢献の実像が明らかになり，そこでの社会的紐帯の重要な機能が浮かび上がってきた．例えば，ロサンゼルスなどの韓国人，マイアミのキューバ人のように，エスニックな紐帯を活用し

て，独自の経済圏をつくり上げ，その特定地域への集中により，一方で企業家間の信頼のネットワーク，他方で新規移民を労働力プールとしながらも彼らをも新しい企業家として上昇させるメカニズムの研究が進んだ（エスニックな飛び地）．他方で，移民の送り出し構造を出身地での現地調査により分析した研究グループは，出身地から受け入れ地域に至るまでの社会的紐帯が連鎖構造をなして，その移動を維持し，促進し続ける点を指摘し，これを移民システムとよんだ（Massey et al. 1987）．同時期に発展した社会関係資本の研究は移民の事例研究から刺激を受けると同時に，その理論化に寄与していく（Portes 1995）．

●越境空間での社会関係資本の機能的多義性　90年代に入ると社会関係資本は，エスニック・ビジネス研究や出身社会と受け入れ地域の間での国境を越えた移民コミュニティの形成について発展してきたトランスナショナル視角（Glick-Schiller et al. 1992）の重要な理論的ツールとなり，越境的な社会関係資本の構造と機能について理解を深めていった．例えば，D. カイル（Kyle 2003）は，エクアドルからニューヨークへの対照的な二つの移民集団を比較し，不利にみえる農村・先住民出身の集団が，グローバル都市の環境のなかでも緊密な出身コミュニティの紐帯を通じての社会統制によって成員の逸脱行動を抑制し故郷の特産品を連携しながら流通販売することで社会的上昇と故郷の発展を促す例を示し，社会関係資本の積極的機能を示した．だが，出身地由来の紐帯のみが重要なのではない．樋口直人ら（2012）は，日本人との結婚を通じて，日本社会での社会関係資本を獲得し，他方で越境的に兄弟親族のネットワークを活用することで多角的な貿易やレストランなどの事業を推し進めるなどの事例を通して，社会関係資本が単純にエスニックな紐帯ではない民族を超えた新しい関係性の構造の複合体でもありうることも示した．

他方，N. グリック＝シラー（Glick-Schiller 1999）は，故郷からの社会関係資本を使った再分配要求は，移民のさらなる個人的・集団的上昇の障害になりうるもので，社会関係資本が両義的な機能をもちうるものであることも注意すべきことを示した．さらに，L. グアルニーソら（Guarnizo et al. 1999）は社会関係資本が，同じ民族集団を全体的に連携させるとは限らず，麻薬ディーラーなど自集団内に不信感を生み出す要因がある場合には，越境的に出身地とつながりながらも受け入れ社会内で分裂を生み，その断片のなかでのみ社会関係資本が作用するなど，媒介要因により社会関係資本の具体的形態と作用は多様であることを示した．移民研究のなかで，社会関係資本が単に成功の鍵ではなく，異なる文脈のなかで多義的な作用をもつ複雑な形態を検証する努力が続いているのが現状といえるだろう．

[小井土彰宏]

参考文献
[1] 樋口直人編, 2012, 『日本のエスニック・ビジネス』世界思想社.
[2] Portes, A., 2010, *Economic Sociology: A Systematic Inquiry*, Princeton University Press.

ディアスポラ

●**拡散するディアスポラ概念**　ディアスポラの語源は，古代ギリシャ語の「多方向」を意味する接頭辞 dia- と，「種をまく」を意味する動詞 speirein が結合した言葉で，「風などにより植物が種を撒き散らして実を結ぶ」という自然現象を指していた．それが，ギリシャ人・ユダヤ人などの離散から，移民，国籍離脱者，難民，出稼ぎ労働者，亡命者，外国人，エスニック・コミュニティにまで広げられ，「本来の」郷土から出奔・転地し，国民国家の枠組みを超えた「民族」の経験に関する社会現象を広くディアスポラとよぶようになった．

W. サフラン（Safran 1991）は，ディアスポラを「故国を追放されたマイノリティのコミュニティ」と定義し，離散の歴史，祖国の神話／記憶，ホスト国における疎外，最終的な帰郷の欲望，祖国への継続する支持，これらにより形成される集団的アイデンティティをその特徴とした．しかし，S. ホール（Hall 1990）がいうように，ディアスポラ経験とは「本質や純粋さなどでなく，必然的な異種性の認識によって規定される．差異にもかかわらず，ではなく，差異とともに，差異を通して生きられるような『アイデンティティ』の概念」に依拠している．ディアスポラの生活世界とは，離散した異郷暮らしで，トランスナショナル社会空間を生きるため，その世代間には文化的差異が必然的に入り込み，ハイブリディティが層を重ねていく．根源（roots）と経路（routes）をともに分節化し「移ろいゆく同一性」と J. クリフォード（Clifford 1997）が述べたように，「果てしなくハイブリッド化されながらも，プロセスとしてはずっとあり続けるもの」なのである．R. ブルーベイカー（Brubaker 2005）は「『ディアスポラ』のディアスポラ」として，さらに複合化・多元化していくディアスポラ概念には，既存の民族・国民国家を相対化しつつ，異種混淆する意味世界や，技術・価値・文化の再創造を行う状況・主義・プロセスまでが含まれて拡散するが，空間上の離散，「郷土」志向，境界の維持という三つの基準が核となるとした．

●**故郷喪失・コミュニティ**　「郷土」志向は，必ずしも物理的な帰郷に至るわけではない．ホスト社会での社会的排除に対して，W. E. B. デュボイス（Du Bois 1903）や P. ギルロイ（Gilroy 1993）が述べる"二重意識"や，同化に抵抗する対抗同一性と民族主義が台頭する場合でも，「郷土」志向やディアスポラの境界維持は，より複雑で多様な現象の結合である．モデル・マイノリティとしての同化志向，他のマイノリティとともに多様性と人権の尊重を求める連帯など，ディアスポラは「弱者」の民族主義・国家主義とともに，トランスナショナリズム，コスモポリタニズム，ポストコロニアリズムまで，緊張関係と政治的両義性を内

包している.

　故郷は遠くにありて想うもの——不在の時間と物理的な距離から，故郷が帰るべき安住の地ではなくなった現実を実感したうえ，もはやどこにも疎外感なき所属意識が得られる場所はないと気づくと，帰郷せずに望郷の念を満せる象徴的な代替「空間」を希求する．実際の故郷とは似て非なるもの，〈いま−ここ〉の土着の身体性を捨象して準拠する中心(センター)としてのコミュニティを，神話による運命共同体として「われわれ感情」をもたらす集団的アイデンティティの「場所」として創造する．国民としての時間／空間の内部にありながら，差異を保てる「外部」として，共同体意識と結束によるもう一つの公共圏ともなる．故郷と転地におけるアイデンティティの政治から，揺らぐ境界線とディアスポラは醸成される．

　エスニシティは各ホスト社会の構造に沿って形成されるため，ディアスポラ内には必ず差異が生じる．例えば，コリアン・ディアスポラ（中国朝鮮族，在日朝鮮人，旧ソ連の高麗人，韓系ドイツ人，韓系ブラジル人，在米韓人，在加韓人など）は，類似性もあるが差異も大きい．異質で複数のKorean-nessが混在する状況から，エスニシティの脱構築も生じた．韓国は「在外同胞の出入国及び法的地位に関する法律」（1999年）を定めて，大韓民国樹立前の移住者や，外国籍をもつ直系卑属までを「在外同胞」とすることで，文化資本や社会的資源として，国民国家の枠に再び取り込もうとしている．中国人投資家など，コスモポリタン的にグローバライズ脱領域化された貿易ディアスポラも，家族との関係で拠点化(ローカライズ)される．

　故国単位ではなく形成されたものとして，ムスリムなど宗教による境界線が強く意識されるディアスポラ，奴隷制から解放され，市民権を獲得し，西洋の近代性システムから自律性を得ようと解釈共同体を節合して形成されたブラック・アトランティックなどがある．

●**移住の女性化**　ディアスポラ経験は常にジェンダー化されているが，それは隠蔽されてきた．家父長制により経済的自立や自己実現が難しい場合，高等教育を受けた女性たちほど，ジェンダー平等の「先進国」へと文化的避難の越境をする者が出る．グローバル資本主義で産業構造と労働形態が変化し，国内での貧富の格差や南北問題が拡大し，中産階級が縮小すると，世界各地でジェンダー秩序や家族・親密圏のあり方が変容した．少子高齢化が進む社会では，再生産労働者への需要が高まり，移住者に占める女性の割合が増す"移住の女性化"が進んだ．通信・交通の技術革新が「距離」をせばめたことで，家族単位での片道切符の移民ではなく，往還移動を繰り返す個人と，国境を挟んで遠隔居住するトランスナショナル家族が拡大することで，さらにディアスポラは複合化するだろう．　　［鄭　暎惠］

📖 **参考文献**
[1] 武者小路公秀監修，浜 邦彦・早尾貴紀編，2008，『ディアスポラと社会変容——アジア系・アフリカ系移住者と多文化共生の課題』国際書院．

多重化する市民権

●**市民権(シティズンシップ)とは** 「市民権」はcitizenshipの訳語であり,「シティズンシップ」というカタカナ表記が用いられることも多い.本項では,政治共同体と個人の間の権利・義務の束およびそれらが付着した地位と定義しておく.英語のcitizenshipは「国籍」の意味でも広く使われており,さらに「善き市民」のあり方を指す用法もある.シティズンシップという言葉のこうした多義性は,古代ギリシャでポリスの政治に参画した「市民」やフランス革命の主体となった「市民」など,「市民」概念の歴史とも密接に関わっている.

市民権の社会学的な考察の嚆矢となったのは,T. H. マーシャル(Marshall and Bottomore [1950]1992)による定式化である.マーシャルの論考は社会階級と市民権との関係に焦点を当てており,国際移民の問題を扱っているわけではない.しかし,市民(公民)的権利・政治的権利・社会的権利というように,市民権を権利・義務の束ととらえる視角を示したことで,その後の理論的展開に寄与した.

欧米諸国では,第二次世界大戦以降の新たな移民の増加と定着化を受けて,1990年代から移民と市民権の関係が社会学的な関心を集めるようになる.T. ハンマー(Hammar 1990)は,民主主義国家のなかで,定住外国人が社会の実質的な構成員でありながら「国民」ではないゆえに参政権をもたない矛盾を考察し,永住市民(デニズン)の概念を提起した.

●**多重化する市民権の様相** 市民権に関する理論的考察の多くは,グローバリゼーションのなかで市民権および国籍が多重化ないし多層化する様相を浮き彫りにしている.Y. ソイサル(Soysal 1994)は,「ポストナショナル・シティズンシップ」を概念化することで,権利保障の主体の多重化をとらえた.個人の法的地位は,国家との関係にとどまらず,国際人権規範にも規定される.その内容も,国際人権保障レジームの発達とともに,自由権から社会的権利の相当な範囲まで拡大しており,ソイサルは,結果として市民権の脱領域化が進んでいると論じた.

権利保障の主体は,垂直方向にも「多層化」している.ヨーロッパでは,EUの統合の進展に伴い超国家的な「EU市民権」の制度化がはかられている.他方では,地域や地方自治体など,国家内部でのローカルな市民権が観察ないし構想されている.さらに,欧米諸国を中心に重国籍者の増加というかたちで市民権と結びつく国籍自体の「多重化」が進んでいる.より多くの国が重国籍を許容するようになったこともその背景の一つである.また,国籍ないし市民権の多重化は,個人の主体的な働きによっても増幅される.A. オング(Ong 1999)は,移動性の高い華僑ビジネス・エリートが,経済的な利害に基づき複数の国家への帰属を

選びとる様子を「柔軟なシティズンシップ」の概念を用いて考察し，そうした市民権のあり方が，後期資本主義の性格に呼応していると論じた．

これらの理論展開からみえてくるのは，国民国家の文化的まとまりと結びついたナショナルな次元の市民権すなわち国籍の相対化である．その帰結を分析したC. ヨプケ (Joppke 2010) は，西欧・北米・オーストラリアといった先進地域での国籍（シティズンシップ）が，リベラリズムに依拠しつつ，義務をあまり伴わず文化的にも内容が薄い，「軽い」ものに変容しつつあると主張する．

●**市民権論の適用・応用事例** 市民権の多重化という視角は，日本社会をとりまく事象にもさまざまに適用できる．例えば地域住民としての外国人の権利を保障する取り組みは「ローカル・シティズンシップ」の概念でとらえることができる（Tsuda ed. 2006）．永住外国人の地方参政権を論じるうえでは「デニズンシップ」が参照点となるし，国際人権規範に照らして外国籍者・移住者の権利擁護を求める運動は，「ポストナショナル・シティズンシップ」に通じる．さらに「柔軟なシティズンシップ」も，ニューカマー移民の一部について，日本国籍の取得もしくは永住資格の維持を選択する局面に適用できるであろう．その一方で，エスノ文化的なアイデンティティとの結びつきが相対的に強い日本の国籍のありようは，ヨプケが論じる「軽いシティズンシップ」とは距離があるようにみえる．

ほかに，欧米に比べて研究が比較的少ない地域，例えば湾岸アラブ諸国におけるシティズンシップ，あるいは難民にとってのシティズンシップの検討も，従来の市民権論を深化させるものである（錦田編 2016）．

市民権に関わる考察では，形式的あるいは規範のうえでの地位平等と，実質的な不平等との関係にも注意を払う必要がある．国際移民研究では，これまでにもジェンダー，人種・エスニシティなどの違いによりシティズンシップの諸権利を享有・行使できない事例が問題化されてきた．非正規移民をはじめ，形式的な権利が乏しい場合もあれば，地位の平等がうたわれていても，法制度の運用や社会的差別により社会資源へのアクセスが制限される場合もある．

グローバリゼーションと人の移動の活発化が，個人の法的地位をめぐる規範をどのように変容させるのか，さまざまな属性をもつ移住者や社会の諸集団がその変容過程にどのように関わり，影響しあうのかなど，市民権（シティズンシップ）概念からは多くの研究課題が広がっている． ［柏崎千佳子］

📖 **参考文献**

[1] Marshall, T. H. and T. Bottomore, [1950]1992, *Citizenship and Social Class*, Pluto Press.（岩崎信彦・中村健吾訳, 1993,『シティズンシップと社会的階級──近現代を総括するマニフェスト』法律文化社.）

[2] Joppke, C., 2010, *Citizenship and Immigration*, Polity Press.（遠藤 乾ほか訳, 2013,『軽いシティズンシップ──市民, 外国人, リベラリズムのゆくえ』岩波書店.）

多文化主義とネオリベラリズム

●規範的視点としての展開と批判的視点 政治哲学や社会理論でいう多文化主義とは，国民社会における民族・文化的差異の承認をめざす理念である．先進諸国で 1980 年代頃から行われてきた多文化主義のあり方をめぐる規範的論争は，エスニック・マイノリティの民族・文化的差異の承認と自由民主主義の枠組みの両立をめざす「リベラルな多文化主義」へと収斂してきた（Kymlicka 2001）．もっとも，自由民主主義という理念のとらえ方をめぐって，例えば個人としてのエスニック・マイノリティの権利と集団としてのそれの関係については，論争の余地が残されている．一方，カルチュラル・スタディーズなどの影響を受けた「批判的多文化主義」研究は，こうした規範が国民社会におけるマジョリティ国民のエスニック・マイノリティに対する優先性を自明視・固定化・隠蔽しうることを的確に指摘した（塩原 2005）．

●福祉多文化主義とネオリベラル多文化主義 このような限界があるにせよ，公共政策とそれを正当化する言説としての「公定多文化主義」は，自由民主主義国家体制と両立しうるエスニック・マイノリティ独自の権利・義務・アイデンティティとしての「多文化的シティズンシップ」（Kymlicka 1995）を，福祉国家体制の前提としての社会的シティズンシップの延長線上に位置づけて保障しようとした．こうして福祉国家的な公共政策によるエスニック・マイノリティの権利保障をめざす「福祉多文化主義」が，1980 年代以降いくつかの先進諸国において発展していった．

しかし 1990 年代に入ると，市場原理主義と規制緩和による「小さな政府」を推進するネオリベラリズムの台頭により福祉国家理念の正当性が低下した．それに伴い，民族的・文化的差異にこだわらずに優秀な人材を活用し，その多様性が生み出す創造性によって国民経済を活発化させようとする「経済主義的多文化主義」（関根 2010）の影響力が強まった．経済主義的多文化主義は移住者受入政策における選別性を強化し，ミドルクラス「高度人材」移民を誘致する政治潮流を加速させる．その結果，こうした「望ましい」移民にとって安心・安全な社会環境の整備（レイシズムの抑制を含む）と，彼／彼女らが快適に滞在できるコスモポリタン的生活様式の普及をめざす「ミドルクラス多文化主義」へと公定多文化主義の強調点が移行するが，それは下層エスニック・マイノリティ向け公的支援の後退や民営化としばしば同時進行する（塩原 2010, 2015a）．こうしてネオリベラリズムが台頭する国家では，公定多文化主義は福祉多文化主義から「ネオリベラル多文化主義」，すなわち必要な人材を民族・文化の区別なくグローバル化と連動した労働

市場のニーズに基づいて導入するとともに，エスニック・マイノリティ向け公的支援の効率化・民営化の徹底をめざす言説・政策へと変質していく．

あくまでマジョリティ国民の利益を増進する手段であった経済主義的多文化主義とは異なり，ネオリベラル多文化主義は本来的には，マジョリティ国民の既得権益を奪ってでもグローバル資本主義にとって最適な労働力移動を追求する．その結果，マジョリティ国民は自らが抱く，自分たちのネイションのあり方を自己決定できるという「統治的帰属」の感覚（Hage 1998）を，例えばミドルクラス高度人材移民の社会的存在感の増大といったかたちで揺るがされる．それはマジョリティ国民のあいだに，ネオリベラリズムを推進する重要な要素であるミドルクラス高度人材のフレキシブルな越境移動への反発を広げかねない．したがって政府はしばしば「望ましくない」とみなしたエスニック・マイノリティ（非正規移民や庇護希望者，先住民族の貧困層など）をスケープゴートとして排除・放置し，排外主義的ナショナリズムや福祉ショーヴィニズムを利用してマジョリティ国民の注目をネオリベラル多文化主義から逸らそうとする．

●**公定多文化主義と日常的多文化主義** こうしてネオリベラリズムの台頭とともに，公定多文化主義は「望ましくない」とされたエスニック・マイノリティの排除・放置を正当化し助長する言説・政策という，もうひとつの側面をもつことになる．このネオリベラル多文化主義は，国内のエスニック・マイノリティの若者によるテロリズムの頻発という，今日の先進諸国が直面する課題への対応をきわめて難しくしている．リベラルな福祉多文化主義はムスリム住民を含む下層エスニック・マイノリティを曲がりなりにも社会的に包摂しようとしたが，ネオリベラル多文化主義はそのような人々を単に排除・放置の対象とみなす．その結果，そうした人々の不満は増幅され，グローバルなテロリストのネットワークと容易に接続してしまう．つまりエスニック・マイノリティが社会的に排除・放置されていくほど，そうした人々のなかから実際に「地元育ちのテロリスト」が出現しがちになるという，自己成就的予言が起こってしまうのだ（塩原 2015b）．この負の連鎖を断ち切るためには，排除・放置されたエスニック・マイノリティの社会的包摂をめざす多文化的シティズンシップを再び強化する必要がある．そしてその前提として，人々の日常における他者との交流・対話・交渉としての「日常的多文化主義」（Wise and Velayutham eds. 2009）を促進していくことも重要である． ［塩原良和］

参考文献
[1] 大澤真幸ほか，2014，『ナショナリズムとグローバリズム——越境と愛国のパラドックス』新曜社．
[2] 塩原良和，2012，『共に生きる——多民族・多文化社会における対話』弘文堂．
[3] Hage, G., 2003, *Against Paranoid Nationalism: Searching for Hope in a Shrinking Society*, Pluto Press.（塩原良和訳，2008，『希望の分配メカニズム——パラノイア・ナショナリズム批判』御茶の水書房．）

セグメント化された同化

●**概念生成の背景** アメリカ社会における同化理論は，1960年代まで，一つの到達点としてのメイン・ストリーム（コア）が前提として設定され，そこに移民，とりわけ第二世代はさまざまなプロセスを経て同化していくと考えられていた．必ずしも現実にはそのような方向に進んだわけではないし，社会はモザイク状態と認識されてきたのだが，理論的に同化とはそのメイン・ストリーム，すなわちアメリカ社会の支配的な価値観や行動への文化変容が進むと想定されてきた．

これを大きく転換したのが1965年の移民法改正である．それまで主流をなしてきたヨーロッパ系白人移民とは異なり，新移民の多くはアジア，ラテンアメリカ，カリブ海諸国を出身地域とする人々であった．これら新移民が流入してきた1970年代以降，アメリカ社会は工業化段階から脱工業化段階へと移行をとげ，社会，経済的にはグローバル化が急速に進展する．そのため，かつて移民が下層階級から中産階級へと上昇移動するルートであった工場労働分野が失われ，労働市場の二極化と格差の拡大という問題を抱えていく．一部のエスニック・グループでは第一世代よりも第二世代が社会的に下降同化あるいは下層に滞留する状況が1980年代に深刻化した．

こうした状況を踏まえ，A.ポルテス（Portes）らは移民第二世代を対象として1991年から2006年にかけて継続的に調査を実施し，新たな同化理論としてセグメント化された同化を導き出した．

●**理論の内容解説** セグメント化された同化とは移民第二世代の若者たちが分節化された社会に異なるプロセスを経て同化していく状況を理論化したものである．理論モデルは現代の移民第二世代が多くの機会と大きな危険をもたらす多様でセグメント化した環境に立ち向かわなければならず，そこでは「米国社会に同化するか否かではなく，その社会のどこに同化するか」が重要な問題なのだと指摘する（Portes and Rumbaut 2001：訳114）．

セグメント化された同化が生ずる背景には第一世代である親の諸要因（人的資本，編入様式，家族構造）と親子間の文化変容が大きく関わり，そのプロセスは移民の子どもが社会的な差別といった外在的障害に立ち向かうときの対応の仕方と関連づけられている．多様な状況に置かれている子どもの典型的な同化の結果がどのようなものになるかは，外在的な困難（人種差別），家族とコミュニティの資源，文化変容の仕方などの相互作用によって決まるものと想定されている．

そこでの文化変容は協和型，不協和型と選択型の三つに集約される．協和型とは「移民家族が英語とアメリカ的なやり方を習得し，母国語と母国の文化を次第

に捨て去るプロセスが親子間でほぼ同じ速さで生じる状態」を指す（Portes and Rumbaut 2001：訳112）．

不協和型とは，移民家族の子どもたちが親より先に英語とアメリカ的なやり方を身につけ，移民の文化を失うときに生ずる．その結果として，移民家族の子どもたちは親との関係において逆転を経験する．この場合，学校仲間など周囲のピア集団との関係が第二世代の子どもたちの将来を大きく左右する．

選択型は移民第一世代と第二世代のいずれもが，十分な大きさと多様な制度をもった同一エスニックの移民コミュニティに埋め込まれており，そのコミュニティによって，移民家族の文化面での変化が緩やかなものとなるときに生ずる．ここでの選択型の場合，バイリンガルとなる可能性が高く，そのことによって，同一エスニックからの資源が十分に得られ，それを手がかりとして上昇同化が可能となると考えられている．従来の協和型のように，完全に母国語・母文化を捨て去ることで上昇同化が進むという考え方とは異なり，選択型はバイリンガルであることによって，自らの自尊感情と家族関係が維持されると同時にアメリカ社会への同化が段階的に進むと考えられている．

また，選択型は今日のトランスナショナルなエスニック・コミュニティ状況を前提とすれば，彼らの背後に広がる送り出し社会との関係が維持されることで，移民が社会的地位の上昇をはかることができると考えられている．時代背景の違いは，アメリカ社会のメイン・ストリームへの全面的同化を前提とする考え方が，移民第二世代にとって必ずしも有利に働くわけではないことを示唆する．

●**その適用・応用事例** この理論はアメリカ社会に特有のエスニック構造を前提として論じられているものであり，日本社会にそのまま応用可能とは考えにくい．しかし，日本におけるニューカマーズ研究において，移住第一世代の母国における階層，受け入れの経緯が第二世代の適応に影響を与えることを示した点は重要である．

また，移住第二世代にとって，受け入れ社会の言語のみを学習する場合，エスニック・コミュニティとの関係は希薄なものになるが，反対に母国語を維持する程度によって，それぞれのアイデンティティと受け入れ社会における適応が異なる点など検証すべき課題があるものといえよう． ［田嶋淳子］

参考文献
[1] Portes, A. and M. Zhou, 1993, "The New Second Generation: Segmented Assimilation and Its Variants", *The Annals of the American Academy of Political and Social Science*, 530：74-96.
[2] Portes, A. and R. G. Rumbaut, 2001, *Legacies: The Story of the Immigrant Second Generation*, University of California Press.（村井忠政訳者代表，2014,『現代アメリカ移民第二世代の研究——移民排斥と同化主義に代わる「第三の道」』明石書店.）
[3] Zhou, M. and C. L. Bankston, 2016, *The Rise of the New Second Generation*, Polity Press.

人種編成とエスニシティ

●**人種関係からエスニシティ論へ**　アメリカ社会学における初めての本格的な人種理論は、R. E. パーク（Park）を中心とするシカゴ学派社会学によって確立された。パークらは、大都市における黒人や移民集団を対象とした研究枠組みとして、接触・対立・応化・同化へと至る「人種関係サイクル」を提案し、異なった人種的・文化的背景をもつ集団が相互作用を通して同化を達成する過程を図式化した。このような人種関係論は、市民的な信条に基づくアメリカ社会への人種集団の包摂のための条件をさぐる議論として、20世紀後半には、N. グレイザー（Glazer）らによるエスニシティ論へと引き継がれる。グレイザーらは、アメリカ都市における移民集団の経験に基づき、移民が有するエスニックな文化やアイデンティティが、アメリカ社会への適応を促進する有効な資源として機能することを強調した（Glazer and Moynihan 1963）。エスニシティ論は、移民が独自文化を維持する過程を説明し、20世紀後半の移民マイノリティをめぐる社会学の支配的な概念枠組みとなった。一方で、グレイザーは、個人の帰属の自発性を重視するエスニシティ論の観点から、アファーマティブ・アクションのような人種の枠組みを前提とする社会政策を批判した。

●**人種編成論の射程**　ヨーロッパ系移民の経験を軸とするエスニシティ論に対して、アメリカ黒人をはじめとする人種マイノリティが経験する抑圧や疎外に依拠した視点は、「20世紀の問題はカラーラインの問題」と喝破した W. E. B. デュボイス（Du Bois）をはじめとする黒人社会学者たちに共有されてきた。これをブラックパワー運動の流れを汲んだエスニック・スタディーズが継承し、人種マイノリティの連帯と反人種主義を掲げた研究実践が広がった。このような歴史的文脈において、人種概念を社会学理論として再構成したのが、M. オミ（Omi）と H. ウィナント（Winant）による人種編成論である。オミとウィナントは、エスニシティ論と同様に人種を社会的構築物とするものの、その力点を、人種が構築される過程において生じる構造的な不平等に置いた。人種編成論は、「人種というプロジェクト」を、特定の身体的特徴に対して「人種アイデンティティや意味を解釈・表象・説明することが、同時に、特定の人種の区分に沿った（経済的・政治的・文化的）資源の組織や分配に結びつく」こととと定義する（Omi and Winant [1986] 2015:125）。人種は、公的な政策や制度だけでなく、人々の生活世界における日常的実践において形づくられ、その蓄積が不均衡な社会編成をつくり出す。人種編成論の射程は、人種隔離制度を廃止させた公民権運動以後も集団間の格差や不平等が維持される過程を説明することにあった。そこで議論の焦点となったのは、

自由民主主義社会で尊重される理念や価値が，集団間の格差を是正するよりも，それを放置したり再生産したりする論理として転用される再分節化の過程であった．例えば，アファーマティブ・アクションや人種アイデンティティに基づく異議申し立てを「個人の自由」よりも人種の枠組みを優先させるものとして批判するカラーブラインド主義は，人種編成論の視点では，再分節化された新しい人種主義とみなされる．

●**人種編成論の展開と可能性**　身体的特徴をめぐる意味づけと不平等な社会編成の関係に注目する人種編成論の視点は，アメリカ合衆国だけでなく，南アフリカ，ブラジル，ヨーロッパ諸国の人種主義をめぐる研究にも応用され，そのグローバルな同時代性や浸透が議論されている（Winant 2001）．また，1980年代のイギリスでも，構築主義的な視点を共有する批判的人種研究が次々と登場した．例えば，P. ギルロイ（Gilroy）は，人種編成論の視角に言及しながら，イギリス都市の非白人移民が「犯罪」や「暴動」と結びついた「ブラック」と表象され，排除される過程を論じる（Gilroy 1987）．人種編成は，「個人」の自己責任と市場原理のもと，福祉削減を求める新自由主義とグローバル化の時代における人種主義を描く有力な理論枠組みとなった．

一方で，人種を国民国家形成のなかに位置づける人種編成論の立場に対して，ギルロイは，大西洋を越境する黒人ディアスポラ文化を抵抗の拠点と考え，本質主義的な人種概念を乗り越えようとする（Gilroy 1993）．また，人種とジェンダー・階級・セクシュアリティなどの相互関係（交差性）を強調する立場からは，人種のみを特権的に扱う傾向が問われている．さらに，ヨーロッパ系移民が「白人になる」過程に注目する白人性研究や，非ヨーロッパ系移民の経験に基づくエスニシティ論と人種編成の接合など，人種研究の観点によるエスニシティ概念の再検討も行われている（例えば，南川 2007）．

このような人種編成論の批判的検討が進むなか，オミとウィナントは，*Racial Formation in the United States* の第三版（2015）で，「アメリカの政治的生活の組織化における人種という概念の中心性」をあらためて強調する（Omi and Winant [1986]2015：3）．実際，21世紀の先進諸国では，特定の人種集団に対する警察・治安維持当局・入国管理当局などによる大量収監や組織的排除，極右勢力や人種主義団体による暴力や排斥が社会問題化している．人種編成論が描いた人種主義の再分節化という視角は，カラーブラインド主義とむき出しの暴力や排除が両立する現代世界の人種主義を問うための基本的な視座を提供し続けている．

［南川文里］

📖 **参考文献**

[1] Omi, M. and H. Winant, [1986]2015, *Racial Formation in the United States*, 3rd ed., Routledge.

レイシズム

●**レイシズム概念の誕生の背景** ある人間集団が，他の集団を否定的にとらえたり低く評価する態度や思想は古くから多くの地域で存在してきた．古代ギリシャ人は他民族をバルバロイ(蛮族)と卑しみ，ローマ人も他集団をバルバロスとよび，中国の漢民族も周辺の異民族を自分たちより劣る存在とみなした．このように他集団を蔑視する自民族中心主義的な発想が古代から存在したのに対し，レイシズムは近代の西洋個人主義社会のなかで発達した思想・行為と考えられており，その起源は大航海時代に始まった植民地主義にあるとの見方が優勢である．海外侵略に乗り出したヨーロッパは，その過程で遭遇・接触した異民族に関する研究を進め，そのなかで人種思想が形成された．この思想は，「各民族集団には固有の生物学的・身体的特徴が存在し，その特徴は一定の知的能力に合致する」というものであり，白人の他民族に対する優越性や混血が及ぼす悪影響などが主張された（Frederikson 2002）．

歴史学，文献学，倫理学，人類学など人文社会科学でも考察が重ねられ，A. ド・ゴビノー（de Gobineau）の人種不平等論や H. スペンサー（Spencer）の社会進化論などを生み出したが，人種概念の構築に決定的な役割を果たしたのは自然科学だった．なかでも 19 世紀末に C. ダーウィン（Darwin）の従兄弟 F. ゴルトン（Galton）が確立した優生学は諸集団の身体的特徴を遺伝子の優劣と結びつけ，「人種間の優劣」に揺るぎない科学的根拠を提供することになった．こうして，人間集団間にみられる生活様式や文化的特徴の違いは人種の違いに起因すると考えられるようになり，その違いは教育や環境などによって変えることのできない本質的なものとして理解された．

●**レイシズムの変貌** このように人種思想を科学によって正当化し，他集団を支配・排除する思想や態度を科学的レイシズムとよぶ．科学的レイシズムは西洋の奴隷制や植民地支配下の搾取や支配を合理化する役割を果たした．日本でも優生学が 20 世紀初頭から積極的に紹介され，植民地支配やアイヌなどの国内マイノリティ支配の正当化に用いられた．だが科学的レイシズムの思想を最も組織的に政策として行ったのはナチスであり，それは強烈な反ユダヤ主義に帰結した．

科学的レイシズムには批判の声もあがっていた．1910 年ドイツの優生学者 A. プレッツ（Ploetz）の講演に M. ウェーバー（Weber）は激しく反発したし（市野川 2007），第二次世界大戦中にも R. ベネディクト（Benedict）が，人種概念を科学研究の観点から擁護しつつも，それに基づいたレイシズムを強く批判した．戦後にナチスのユダヤ人大量殺戮が明らかになり，また世界的な植民地独立の気運

が高まると，今度は人種概念の正当性が問われるようになり，その代表的な業績に「人種間の優劣を科学的に立証できるものはない」と指摘したC.レヴィ＝ストロース（Levi-Strauss）の『人種と歴史』（1952）がある．こうした批判によって，科学的レイシズムは次第に正当性を失って衰退した．

だが1980年代以降，ヨーロッパをはじめとする多くの国々で，国内の移民・外国人に敵意を向ける新たなレイシズム運動が観察されるようになった．日本でも2000年代後半からヘイト・スピーチを発する集団が問題となっている．これらの運動は，「身体的な違いに基づく優劣」によって他集団の支配や排除を正当化するのではなく，言語，宗教，伝統，歴史といった「文化的差異の擁護」の名のもとに異質な他集団の排除を訴える．M.ヴィヴィオルカ（Wieviorka）はこれを従来の科学的レイシズムと区別して文化的レイシズムとよんだ（Wieviorka 1998）．

文化的レイシズムの概念によって，人種概念がなくなっても，他集団の文化的差異を否定的に認知・本質化し，それを根拠に差別，周縁化，搾取，排除，殲滅(せんめつ)などの暴力を行使・正当化するという，科学的レイシズムと同じメカニズムが作動することが明らかになった．またP.-A.タギエフ（Taguieff）は「少数集団の文化的差異の擁護」という反レイシズムの主張と「自らの文化的差異の擁護」という文化的レイシズムの主張の親和性を指摘し，現代のレイシズムに対抗するうえでの思想的困難を明らかにした．

●**差別の複数性と交差性**　レイシズムは常に差別や排除を正当化する根拠を必要とし，その根拠は科学，文化以外にも多岐にわたる．例えば警察が特定の人種を犯人だと疑うレイシャル・プロファイリングは，治安対策のためには仕方ないと正当化されてしまい，アメリカでは黒人青年が警察に射殺される事件が繰り返されている（Wacquant 1999）．またヨーロッパでもイスラモフォビアが跋扈(ばっこ)しているが，そのような差別もムスリムが「男女平等」「人権」「民主主義」などの普遍的価値を遵守しないからいけないのだ，という論理で放置されがちである．

一方，J.W.スコット（Scott）はフランスのムスリム女子生徒が「宗教マイノリティである」と同時に「女性」であることで二重の差別を受けていると指摘した（Scott 2007）．このようにジェンダー，人種の抑圧構造が独立して機能するのではなく，互いに関連する点に注目した「交差性」研究も進んできた．同概念はその後ポストコロニアル・フェミニズムの知見と結びつきながら，レイシズムが男性中心主義や異性愛主義，階級，障害者差別と連動して，どのような権力格差を生んでいるかを問い，複合的な差別状況に置かれた人々に対する多角的な理解を促している．

［森　千香子］

📖**参考文献**
[1]　ヴィヴィオルカ, M./森 千香子訳, 2007,『レイシズムの変貌』明石書店.
[2]　駒井 洋監修, 小林真生編, 2013,『移民・ディアスポラ研究3 レイシズムと外国人嫌悪』明石書店.

交差性と支配のマトリクス

●**アイデンティティ・ポリティクスの矛盾** 1960年代以降，先進資本主義社会におけるエスニック・マイノリティや第二波フェミニズムの運動は，人種，エスニシティ，女性といった，アイデンティティに基づく運動主体を立ち上げた．その過程で，アイデンティティ・ポリティクスが台頭したが，これらの運動はカテゴリー内の同質性を強調し，内部の差異を不可視化する傾向も示した．このため，例えばアメリカのマイノリティ女性は，女性であると同時にエスニック・マイノリティでもあることで，女性運動の内部では「白人中産階級女性」のヘゲモニーによって，またエスニック集団内部では家父長制的支配によってマージナル化され，いずれにおいても声を封じられるという矛盾に直面する．こうした状況をとらえたブラック・フェミニズムの小説に，A. ウォーカー（Walker）の『紫のふるえ』（1982）がある．映画化もされたこの小説は，南部アメリカの貧しい分益小作人の娘，セリーの物語を通して，アフリカ系アメリカ人女性のジェンダー，階級，人種，セクシュアリティといった複数の位相における抑圧と相互関係性を描き出した．日本では，鄭暎惠（1986）がほぼ同時期に，反外国人登録法運動の事例を通して，在日朝鮮人内部の世代間関係とジェンダー関係の変化が民族差別とのたたかいに与えるインパクトを考察している．

●**交差性の概念と支配のマトリクス** 交差性は，こうした単一の位相にとどまらない差別の問題をとらえ，複数の差別の交差，それが生み出す作用，さらにそこからの解放への関心を示す概念といえる．それは1960年代以降のアメリカで築かれてきた反レイシズムとフェミニズムのあり方への批判として1980年代末に提起された．交差性概念を打ち出した法学者の K. クレンショー（Crenshaw）は，夫やパートナーからの暴力から逃れてシェルターに身を寄せるマイノリティ女性や移住女性の事例を検討する過程で，彼女たちが受ける暴力が，貧困とそのなかでの育児責任，教育機会からの排除，雇用と住宅市場における差別といった，ジェンダー，階級，人種の構造的で交差的抑圧の結果，孤立に追い込まれ，最後の手段としてシェルターに来ること，したがってフェミニズムが想定するようなジェンダーの位相だけで性暴力に取り組むには限界があると指摘した（Crenshaw 1989, 1991）．レイプの被害においても，被害女性が白人かアフリカ系か，また加害男性が白人かアフリカ系かによって，平均的量刑が異なり，アフリカ系女性の被害が最も軽く扱われ，訴えすら認められないことが多いことから，レイプ犯罪が中立的なものではなく，人種，ジェンダー，階級の交差によって社会的に構築されていることを示した（Crenshaw 1991）．なお，被害者としての男性が不可

視化されていることを踏まえれば，性的志向もまたこの社会的構築において重要な要素であることがわかる．

社会学者，P. H. コリンズ（Collins）もブラック・フェミニズムの成果に基づき，マイノリティ女性やその他の複合的にマージナル化された集団を分析の中心に置くことで，男性 vs. 女性，白人 vs. 黒人といった二項対立的抑圧モデルの乗り越えを訴えた（Collins 1990）．白人女性が，ジェンダーの面では抑圧されても，人種の面では特権的地位にあるというように，個人は状況に応じて抑圧側にも被抑圧側にも，また両側にも立つことが可能である．また，アフリカ系女性にとっては，人種，階級，ジェンダーの三つが重要な抑圧の軸だが，ほかの集団にとっては，性的志向，宗教，障害などがより重要となりうる．このように，集団ごとに異なる抑圧の様態を，コリンズは「支配のマトリクス」とよび，①個人の生活史，②集団，もしくはコミュニティの文化的コンテクスト，そして③社会制度など，複数のレベルで立体的に構成されるとした．

●**複数の差別や不平等の包括的理解へ**　交差性と支配のマトリクスの議論は，複数の差別や不平等の問題を特定の集団の視点からではなく，制度やシステムの問題として包括的にとらえる研究も生み出してきた．例えば，アメリカにおける有償再生産労働の人種間分業や市民権について，複数の不平等を統合的にとらえるアプローチで検討してきた E. N. グレン（Glenn），複合的不平等レジームを論じる S. ウォルビー（Walby），労働社会学の立場から階級，ジェンダー，人種による社会関係の複合一体性と相互拡張性を提唱してきたフランスの D. ケルゴアット（Kergoat）らをあげることができる（Glenn 1992, 2002；Walby 2009；Kergoat 2009）．

日本では『女性学年報』が 1994 年に「"マイノリティ"とフェミニズム」特集を組んでいる．その後，複合差別の概念を提案する上野千鶴子，「複合的な『私』」の解放を論じる鄭，より近年では，在日朝鮮人 1 世女性の社会運動を取り上げた徐阿貴など，徐々に研究の蓄積がみられる（上野 1996；鄭 1996；徐 2012 など）．

集団アプローチであれ，包括的アプローチであれ，交差性の意味作用をとらえるには，複数の差別の布置関係とともに，その動態的把握や歴史性への視点が欠かせない．また，グローバリゼーションのもとでは，不平等の越境的構造についても留意することがますます重要となっている．　　　　　　　　　　　　［伊藤るり］

📖 参考文献

［1］ Crenshaw, K., 1991, "Mapping the Margins: Intersectionality, Identity Politics, and Violence Against Women of Color", *Stanford Law Review*, 43(6):1241-99.

［2］ Collins, P. H., 1990, *Black Feminist Thought: Knowledge, Consciousness, and the Politics of Empowerment*, Unwin Hyman.

［3］ 上野千鶴子，1996，「複合差別論」井上 俊ほか編『岩波講座 現代社会学 15 差別と共生の社会学』岩波書店：203-32.

多言語主義と複言語主義

●**多言語主義・複言語主義概念が登場した背景**　多言語主義は，ある社会のなかで複数の言語が用いられているという多言語状況を容認・支持する理念や政策を示す概念として使用されている．19世紀のヨーロッパでは，国家と国民と言語を一致させようとするイデオロギーのもとに国家の統一がはかられ，国民国家がつくられていった．こうした思想は日本も含め，世界に広く普及した．しかし多民族からなるかつての帝国では，次第に国境内に取り込まれた少数民族による権利獲得のための運動が活発化していった．そうしたなか，各民族にその言語を保持し，育成する権利を認めた1867年のオーストリアの国家基本法は，多言語主義という用語はまだ用いられていなかったが，その先駆的な例として知られる．古くからの地域的少数言語を抱えるヨーロッパ諸国でも，1960年代になると，言語マイノリティによる言語復権運動が盛り上がりをみせ，その後，主流派言語以外の少数言語の使用を一定程度認めたり，教育の権利を保障したりする政策がとられるようになっていった．1970年代に多文化主義を採用したカナダやオーストラリアでも，多言語主義を支援する政策がとられるようになった（真田・庄司編 2005）．

　他方，複言語主義は，欧州評議会が提唱したことにより広く普及するようになった概念である．1990年代に，言語の学習，教育，評価のためのヨーロッパ共通枠組みを策定しようとする動きがみられるようになり，2001年に，複言語主義に基づく「ヨーロッパ言語共通参照枠（CEFR）」が示された．欧州評議会では，多言語主義が「複数の言語の知識であり，あるいは特定の社会のなかで異種の言語が共存していること」（Council of Europe 2001：訳4）であるのに対し，複言語主義は，個人の複数言語習得の能力や価値に関わる概念であるとしている．

●**複言語主義の特徴**　多言語主義では，言語選択の幅を広げること，そして複数の言語を母語話者並みに習得することがめざされるが，複言語主義では，部分的能力を身につけることにも積極的な価値が見出されている．それは，複数の言語知識や文化的な経験は，別々のものとして並列的に存在しているのではなく，複合的に作用しあいながら，コミュニケーション能力を形づくっているとの考えに基づいている．種々の知識や経験，理解が相互に作用しあうなかで，豊かな統合された複文化能力が形成されるとされ，複言語能力はその一部分であるとされている．こうした複言語・複文化能力は，生涯を通じて発展を続けていくものであり，複数の言語・文化に関わる多様な経験は，自らの文化の視点や価値観を相対化すること，多様性を尊重すること，学習能力を伸ばすこと，また自らの言語的・

文化的アイデンティティを確立することにつながるとされている.

●**多言語主義・複言語主義の応用・展開可能性**　欧州連合では，欧州評議会のいう多言語主義と複言語主義の両方を指して多言語主義という用語を使用している．その多言語主義に基づく政策では，市民が母語に加えて二つ以上の言語を習得することを奨励している．それは，各加盟国の公用語だけでなく，地域語や移民言語も含めてすべての言語を尊重するという理念に基づいた政策であり，同時にバイリンガリズムでは英語の優位を助長してしまうという懸念とも結びついている．また今日では，個人の多言語能力を知識基盤型経済の重要な資源とみる政策とも連動している．しかし現実には，公的な場で社会的評価の高い多数派言語が使われ，私的な場で社会的評価の低い少数派言語が使われるといったダイグロシア状況のなかで共存している場合が多い．また，言語は国家や社会の統合の問題と密接に関連したものでもあることから，特に学校教育において正統な言語資本とみなされる規範的言語は限られたままである．

　日本社会の多言語性は歴史的に存在してきたものであるが，近年，南米出身の日系人，留学生，技能実習生など，ニューカマーとよばれる外国人の増加に伴い顕在化するようになっている．阪神・淡路大震災や東日本大震災といった震災も，日本語を十分に理解できない人々が大勢ともに暮らしていることを示すことにつながった．そうしたなか，「多文化共生」というキーワードのもとに，外国人への多言語サービスや多言語支援が議論・実践されるようになっている．また「生活者としての外国人」への日本語教育や，外国につながる子どもたちへの日本語教育や母語教育のさまざまな試みもみられるようになっている．このように，日本社会の多言語性は意識されやすくなったものの，日本語以外の言語を積極的に認め，多言語性を促進していこうという政策はみられない．また，外国語教育においても，英語が圧倒的な優位にあることに変わりはない．複言語主義との関連では，CEFRの理念と切り離されたところで，共通参照レベルを日本語教育の言語評価基準として取り入れようとする動きが中心である．「日本における複言語・複文化主義とは何か」についての議論もみられるようにはなっているが，その成熟にはまだ時間を要する段階である（細川・西山編 2010）．日本社会がその多言語性・多文化性とどのように向き合っていくのか，そして個人の複言語・複文化能力を積極的に追求していくのかどうかが問われている．　　　［中力えり］

📖 **参考文献**

[1] Council of Europe, 2001, *Common European Framework of Reference for Languages: Learning, Teaching, Assessment*, Cambridge University Press.（吉島 茂・大橋理恵訳編，2008，『外国語教育Ⅱ——外国語の学習，教授，評価のためのヨーロッパ共通参照枠』朝日出版社，（2015年1月13日取得，http://www.dokkyo.net/~daf-kurs/library/CEFR_juhan.pdf）．
[2] 細川英雄・西山教行編，2010，『複言語・複文化主義とは何か』くろしお出版．

再生産労働の国際分業とケア・チェーン

●**再生産の二つの意味と再生産労働**　社会学において再生産概念は二つの意味で用いられる．ひとつは，システムや構造が時間の経過のなかで持続的に保たれる過程を指す場合，いまひとつは，生命体として，そして社会成員としての人間とその生活が日々維持される過程をいう場合である．再生産労働の概念は，基本的に後者の視点から，物やサービスの財を生み出す生産労働との区別に立って，1970年代，特に1980年代以降マルクス主義フェミニズムの立場から提起されてきた（Dalla Costa 1981；Federici 2012）．社会と時代によって程度に差はあるものの，炊事，掃除，洗濯といった家事，子どもや病人などの世話といった再生産労働の多くは世帯内の女性によって担われ，概ね無償で，インフォーマルな位置づけであった．女性解放運動はここに性差別の根源的問題を見出したが，他方で再生産労働の調達はジェンダーの位相だけでなく，階級，人種・エスニシティ，植民地支配の位相ともかかわる．移民立国であると同時に奴隷制の歴史をもつアメリカでは，有償再生産労働の人種分業が各地で生み出され（Glenn 1992），類似の状況はヨーロッパのブルジョアジー世帯や植民地社会における宗主国出身者世帯に仕える使用人の事例においてもみられた（Sarti 2008）．このように再生産労働の配置は，家父長制，資本制，植民地主義といった各種支配システムの再生産（第一の意味）と深く結びついている．

●**国際移民の女性化とグローバルなケア・チェーン**　1970年代以降のグローバリゼーションは，再生産労働をめぐるジェンダー，階級，人種・エスニシティに基づく分業の従来のあり方に加え，高所得国の支配層世帯が，低所得国出身女性の移住労働によって再生産労働を確保するという「再生産労働の国際分業」（Parreñas 2001, 2015）を生み出した．外貨獲得を求める途上国が派遣する海外契約労働者に占める女性の割合は徐々に拡大し，1990年代には〈国際移民の女性化〉とよばれる現象を招いた（Oishi 2005；伊藤・足立編 2008；小ヶ谷 2016）．受け入れ側の背景には，湾岸産油諸国のように石油危機後の急激な富裕化，新興工業経済（香港，シンガポール，マレーシア，台湾）における高学歴中産階級女性の就労を推進する移住家事労働者受け入れ政策（Huang et al. eds. 2005），欧米諸国における1980年代以降の福祉国家の縮小と緊縮財政を志向する新自由主義的統治（Lutz ed. 2008），そして世界的な富の格差拡大がある．グローバル資本主義経済がもたらす格差の縮図ともいえる世界都市には，グローバル・エリート層世帯とその対極にある途上国出身でしばしば滞在権をもたない非正規移住女性が滞留し，前者は既婚女性の就労を支える選択肢として，再生産労働を移住女性

から購入するようになる（Sassen 1996b）．

　1990年代末にローマとロサンゼルスで働くフィリピン人家事労働者の実態調査を行ったR. S. パレーニャス（Parreñas）は，移住家事労働が未婚の若い女性によって担われるという通説に反して，子どもの教育費はじめ，世帯の主要な収入を確保する稼ぎ主として海外就労を行う母親が少なくないこと，またこれらの母親たちが就労先世帯の子どもの世話をする代わりに，フィリピンに残した子どもたちの世話を親族女性に委ねるか，現地の家事労働者を雇用していることを見出した．また，パレーニャスの研究に触発されたA. R. ホックシールド（Hochschild）は，「北」の専門職や管理職に就く高学歴女性，「南」の移住家事労働者，そして「南」のローカルな家事労働者や親族女性という，三層の女性たちの関係を「ケア・チェーン」と名づけ，グローバル資本主義を支えるこのケアの連鎖においてもっとも大きな利益を得るのが「北」の高学歴女性を雇用できるグローバル資本であり，ここにケアをめぐる新たな「南北問題」の発生を認めることができると指摘した（Hochschild 2001）．

●再生産労働の国際分業の多様なパターン　　生産領域の国際分業には，古典的国家間分業モデルや多国籍企業の企業内国際分業（新国際分業）のモデルがあるが，再生産領域の国際分業についても複数のパターンがある．第一にあげられるのは，高学歴中産階級世帯における既婚女性の就労拡大を目的として移住家事労働者受け入れを政策化する新興工業経済のような事例であり，これは古典的な国家単位の国際分業モデルに近い（Lan 2005；Huang et al. eds. 2005）．これに対して，グローバル・エリート層世帯の自由な国際移動に付随して家事労働者が移動する場合があり，この第二のパターンは国家間分業というよりは，世界社会のレベルにおけるグローバルな階級構造の編成と再生産にかかわる．さらに，移民受け入れの歴史が長い国では，再生産労働に特化した移住労働政策によらずとも，さまざまな経緯で定住した移住女性の労働市場への参入経路として低賃金の家事労働が充当される場合が多い（Lutz ed. 2008）．この第三のパターンが，母親から娘へと世代を超えて継続すれば，再生産労働の人種分業システムへとつながっていく．今日「再生産労働の国際分業」とよばれる現象には，これらの異なるパターンが折り重なって展開していると考えられ，それらを腑分けした，より綿密な分析が今後求められるだろう．　　　　　　　　　　　　　　　　　　　　［伊藤るり］

参考文献
[1] Parreñas, R., [2001]2015, *Servants of Globalization: Migration and Domestic Work*, Stanford University Press.
[2] Hochschild, A., 2000, "Global Care Chains and Emotional Surplus Value," W. Hutton and A. Giddens eds., *On the Edge: Living with Global Capitalism*, Jonathan Cape：130-46.
[3] 伊藤るり・足立眞理子編，2008，『国際移動と〈連鎖するジェンダー〉——再生産領域のグローバル化』作品社．

人身取引とセックスワーク

●「人身取引」と「セックスワーク」の生まれた背景　「人身取引」は，2000年に採択された国連「国際組織犯罪防止条約」とこれを補完する「人身取引議定書」を翻訳した外務省による trafficking in persons の日本語訳である．国連は，1990年代をとおして，人権委員会内に「現代の奴隷制作業部会」を設け，20世紀初頭に確立した奴隷制概念を再考していた．情報，物，金，人の移動に対する国家の規制力が弱まるとともに貧富の差が増大する，グローバル化に対応する必要からである．その過程で，多くの NGO や ILO の協力もあり，特に児童労働や売春に関わる強制，搾取，密航が注目されるようになった．そして，これらを目的とした人の取引を「現代の奴隷制」として禁止する上記議定書が生まれたのだった（UNOHCHR 2014）．性産業における外国人の搾取が問題化していた日本は，まさにその渦中にあった．

　一方，オックスフォード英語辞典によれば1980年代中盤から新聞などで使われ始めた「セックスワーク（sex work）」は，1980年前後にサンフランシスコで開かれた女性運動の集会で，売春で生計を立てていたあるフェミニストによって発案され，世界中に広がったといわれている（Leigh 1997）．日本では，おそらく『セックス・ワーク——性産業に携る女性たちの声』（Delacoste and Alexander eds. 1987）が1993年に邦訳出版されたことが，この言葉が一般化するきっかけだったろう．背景には，売春をはじめとする性的サービスの提供を労働として社会に認めさせ，労働条件を改善することから性産業におけるスティグマと搾取と暴力をなくそうとする，当事者運動があった．周縁化されてきた人々が，自分たちの存在を肯定的にとらえ返し，承認させるための概念を編み出したのである．

●「人身取引」とは何か・「セックスワーク」とは何か　上記議定書は，「人身取引」を，人を勧誘し移動させ受領する行為，行為を実行する手段，行為の目的である搾取の形態によって定義する．手段には，物理的強要だけでなく，脅迫，欺罔，人の弱みにつけこむような権力の乱用などが含まれ，搾取の形態には，他者を売春させることなどの性的搾取，強制労働，奴隷化，臓器の摘出が含まれる．ただし，18歳未満の被害者については，手段にかかわらず行為と目的があてはまれば人身取引になる．「他者を売春させることなどの性的搾取」について，国連は，単純売春や性産業全体を法的にどう扱うかは各国の判断にゆだねるとし，人身取引と売買春の是非論を切り離そうとしている．これは，近年の人身取引概念が「人身売買禁止条約」などの前身条約のそれと異なる点の一つといわれる（OSCE 2014；山田 2014）．

　当事者運動や各国法規に共通する「セックスワーク」の定義はといえば，「あ

る人が報酬のために他の人に対してする性的サービスの提供」である．売春は一例だが，セックスワークは売春にとどまらない．その概念は非常に包括的で，性交に限らないすべての性的サービスの提供を含み，提供者や相手の性別も性指向も問わなければ両者の関係も数も問わない．また，報酬も金銭に限らず，サービスの期間も限定しない．最も広い解釈をすれば，婚姻や恋愛関係にある人同士の性行為も，相手から何らかの報酬を得るために行われればセックスワークにあたるといえる．つまりこの概念は，上述の背景からもわかるように，性的サービスを有償無償の労働と結びつけ，かつ普遍化することで，それまでの「売春」という呼称に隠喩されていた差別を克服し，性産業従事者を犯罪者，逸脱者，管理の対象とみなす法規範を批判する概念なのである．

● 「人身取引」と「セックスワーク」の衝突に見えるもの　人身取引概念も包括的であいまいなまま置かれた部分が多く，「議定書」の目的である取引防止，加害者処罰，被害者保護をどう実行するかは，締結各国の法規に依存する．「議定書」草案提出国として世界に先駆けて国内法を改正し，対策法を制定したのはアメリカだった．以来アメリカは，この「人身取引被害者保護法」をもとに，他国（後に国内も）における人身取引の実態を調査し，結果を『人身取引報告書』で公表してきた．『報告書』は，「保護法」が定める人身取引防止の最低基準を満たしているか否かで各国を分類し，最低ランク国には援助打ち切りなどで制裁し，準最低ランク国は監視リストに載せて警告する．影響力は大きく，2004 年『報告書』で，性産業への人身取引対策不足を理由に監視リスト入りした日本は，半年後に刑法，風営法，入管法など関連法を改正し，2005 年に「議定書」を国会承認している．

改正風営法は，性風俗店経営者に仕事を求める外国人の査証の検査を義務づけ，不履行に罰則を設けた．もともと日本では，外国人が性産業で働くことは基本的に禁止されていたのだが，この改正によって性産業での資格外就労が実際に困難になった．改正の影響は外国人のみならず，強制捜査を受ける性産業全体に及んだ．強制売春への注目から始まり，かつ幅広い強制の定義をもつ人身取引への対策は，当初の国連の判断保留にもかかわらず，売買春一般と性産業全体に対する取締りの強化を招いたのである．このことは，セックスワークを労働ととらえ条件を良くすることで，搾取と管理と犯罪から解放しようとする当事者運動と対立し，国境を越えた議論をよんでいる（青山 2014）．大きな論点は，この問題について当事者のエージェンシーを認め，対策の中心を国家・政府から当事者に移す「当事者中心主義」を取るか否か，その際当事者の代表制をどう担保するかにある．　［青山　薫］

📖 参考文献
[1] 青山 薫, 2007,『「セックスワーカー」とは誰か——移住・性労働・人身取引の構造と経験』大月書店．
[2] Kempadoo, K. et al., 2011, *Trafficking and Prostitution Reconsidered: New Perspectives on Migration, Sex Work, and Human Rights*, 2nd ed., Paradigm Publishers.

文化帝国主義

●**文化帝国主義の射程と限界** 　国境を越える情報と文化流通の国際的格差が問題とされるなかで1960年代に文化帝国主義の議論が現れ，1970年代には新世界情報コミュニケーション秩序の議論と相まって活発に論じられた．文化帝国主義は，西洋先進国，とりわけアメリカの消費文化・メディア文化の世界各地への伝播を通して，それらの国々の生活様式・価値観・イデオロギーが多様な国地域，とりわけ発展途上国の文化を圧倒し，文化的自律性を損なわせることを問題視する．より広義には，文化帝国主義は欧米を中心に発展してきた資本主義・消費主義とそれに基づいて構築された近代性が，アメリカを中心とする多国籍メディア文化産業の活動によって世界に浸透することに対する批判的な言説であり，その根底には文化の商品化とそれに伴う世界文化の均質化への危惧が横たわっている．

　世界における情報・文化の生産と流通の格差への批判的視座は重要だが，欧米の中心から他の周縁への一方的な文化支配により世界が画一化されるという文化帝国主義の議論はグローバル化の複雑な過程を単純化していると批判されてきた．文化帝国主義論はアメリカ文化が表象する価値観や社会的役割が一方的に押しつけられ，受容されることを前提とするが，実際にはそれぞれの社会的文脈のなかで，ジェンダー・セクシュアリティ，エスニシティ，階層，年齢など異なる立場の人々は能動的に（時に批判的に）文化を受容して多様な意味を紡いでいる．さらに，アメリカ文化の影響力は現地化され混成化されて，単なるコピーではない新たな文化の生成をもたらしており，そうしたメディア文化の多くはローカルでアメリカ文化よりも好意的に受容されている．文化のグローバル化がいっそう進展した1990年代以降には，一定の経済成長を果たした非西洋地域のメディア文化・消費文化の制作力が増大し，欧米の「文化侵略」を非難していた国々の政府も国内のメディア文化産業を奨励する政策を採用するようになった．また，非西洋地域内のメディア文化の流通や共同制作が活発となり，日本や韓国，ブラジル，ナイジェリアなどのメディア文化は海外でも受容されている．

●**グローバル化における標準化と多様化の相互作用** 　しかし，このことはアメリカの文化的影響力が消失したとか，文化の均質化がまったく起きていないというわけではない．グローバル化の進展は厳然と区切られた国や文化の枠組みや境界を越えた文化混成を活性化させて，文化の起源や絶対的な文化的覇権を特定の国に見出すことを困難にしている一方で，トランスナショナルな文化交通はより分散化され遍在したものへと再編されており，そのなかでアメリカの文化的影響力も質的な変化を遂げている．

アメリカのメディア文化が直截的には世界の均質化をもたらしていないとしても，アメリカを中心に発展したいわばメディア文化の文法が世界的に普及したことで，グローバル文化システムの基軸として文化的多様性を組織化する一連の文化フォーマットが各地で共有されるようになった．アメリカのメディア文化が及ぼす影響力は，個々のテクストの人気以上に，例えば広告やマーケティングの手法，ジャンル，演出手法といった文化フォーマットにみて取れるともいえるだろう．クイズ番組，シチュエーションコメディ，トークショー，リアリティテレビ，恋愛ドラマなど，世界各地で人気を得ているテレビ番組のフォーマットの多くもアメリカで発展してきたものが多い．それを土台にして，語りの内容やテーマ，状況設定が世界各地でローカル＝ナショナルな波長に適合されながら「オリジナル」なメディア文化が制作されている．グローバル化は世界各地の文化差異を消し去るのではなく，むしろ尊重しながら「奇妙な形」で均質化を促しており，多様性はグローバル化によって組織化されている（Hall 1991）．標準化を通して世界は多様化し，多様化を通して世界は標準化している．

●**不均衡な文化グローバル化過程の検証に向けて**　世界各地で新たなメディア文化が生成され，地域化が進んでいるからといってグローバルな文化の生産・流動の過程における不均衡な関係性が消失したわけでもない．文化発信国と受容国の間の格差はいまだ顕在だし，インターネットやソーシャルメディアの進展はアメリカや先進国に本拠を置くメディア企業の躍進をもたらすとともに，英語の中心性を強化している．さらには，アメリカを中心とした先進国を本拠とする多国籍メディア複合企業と世界各地のメディア企業の連繋が進むなか地球規模での産業・資本・市場の提携と協力が推し進められており，著作権の寡占による文化の支配をもたらしている．グローバルなメディア文化の生産・流通構造はアメリカ一国に集中したものから脱中心化される一方で，非西洋を含めた世界各地の大都市に拠点を置く（多国籍）メディア企業の連繋を主体としたさらに強固なものへと再編されている．それにより，グローバル・リージョナル・ナショナル・ローカルとさまざまなレベルの市場を同時に射程におさめる柔軟で広汎なネットワークが誕生したのである．

　文化帝国主義の議論が提起するグローバルな文化権力構造への批判的な視座は重要性を失っていない．世界が複雑かつ密接に相互連関する現在において，国の枠組みを越えて編制される脱中心化されたグローバルな文化の生産・流通構造がもたらす不均衡再生産の複雑な過程を検証することが求められている．

〔岩渕功一〕

📖 **参考文献**
［1］トムリンソン, J.／片岡 信訳, 1993, 『文化帝国主義』青土社.

コスモポリタニズム

●概念の起源と展開 すべての人類を一つの世界の市民とみなし，普遍的な道徳の適用を唱える考え方は，西洋哲学のなかで，紀元前4世紀古代ギリシャ，シノペの哲学者のディオゲネス（Diogenes）の台詞「我は世界市民である（kosmopolitês）」が起源であるといわれる．都市国家ポリスの市民による政治が理想とされ，よそ者に対するエスノセントリズムが当然視されていたその時代においては，突出した発想であった．その後，世界市民の概念は紀元前3世紀ストア派の哲学を通して発展した．人間は自分が生まれたローカルなコミュニティに加えて，普遍的なコミュニティの住民であり，正義のような道徳的義務はすべての人類に対して向けられるべきというものである．肯定的な道徳的価値として論じられたコスモポリタニズムは，ローマ帝国を経由して，またキリスト教の普遍主義を通して，国境を越えるコミュニティの理想として受け継がれていった．

　コスモポリタニズムは18世紀の啓蒙思想の時代に復活する．資本主義の勃興と帝国主義的拡張による「世界」の広がり，理性と人権概念に対する哲学的関心の高まりを背景に，知識人が国家を超えた視点をもつ素地ができた．特定の宗教や政治体制にとらわれない外に開かれた態度を指し示した．

　I. カント（Kant）は，道徳的および政治的の両方の意味において，現代コスモポリタニズムの基礎を築いた．『永遠平和のために』（1795）は代表作である．恒久的な平和に向けてコスモポリタン法と自由な国家の連合を構想した．また，外国人に対して人権を尊重するなど寛容性を唱えた．これらは，コスモポリスの創造によって達成される．国際連盟や国際連合の理念の基礎は，世界平和のために国際平和機関を構築しようというカントの考えに見出すことができる．さらには，国際司法裁判所などはカントのコスモポリタン法の理念の延長線上にあるといえよう．国籍にとらわれずに人類を救済する義務を実行する国際赤十字赤新月社連盟などの救援活動は，18世紀的な西洋哲学を色濃く反映している．このようなコスモポリタニズムをめぐる展開は19世紀から20世紀にかけて続いた．一例をあげると，H. アーレント（Arendt 1967）の伝統的国民国家の批判の根底には，カントのコスモポリタニズムの理想の追求がみられる．

●コスモポリタニズムの意味するもの　この概念が何よりも強調する道徳・倫理の特徴は，外部世界に対する開放性である．その概念の起源において人類全体に対する道徳・倫理が論じられたように，現代においても国境を越えた人類の基本的人権の擁護は中心的なテーマである．例えば，J. ロールズ（Rawls 1971）の正義論に対して，グローバルな正義論がC. ベイツ（Beitz 2005），M. ヌスバウム

(Nussbaum 1996) などによって展開されている．加えて，コスモポリタニズムは差異の承認を促進し，自らの特定の文化とアイデンティティに対する愛着からの脱却を唱える．多文化主義に関する議論に結びつく．

コスモポリタニズムと対比されるのは，パトリオティズムあるいはナショナリズムである．例えば，ヌスバウムは「パトリオティズムとコスモポリタニズム」と題する論文のなかで，「ナショナル・アイデンティティの考えとナショナルな誇りの感情」を重視する R. ローティ（Rorty 1994）に対して，内向きのナショナリズムを拒否しながら，人類の世界規模のコミュニティへの忠誠というコスモポリタンな理想をアメリカの教育が採用すべきであると論じた．

コスモポリタニズムが唱える政治的な課題は，普遍的道徳を実現させるためのコミュニティの構築である．取りうる形態と規模は，世界国家から，例えば環境問題のように具体的なテーマ別に組織される国際的諸制度のように，幅はある．いずれにしても，国民国家を超える共通善の考え方に支えられるガバナンスおよび制度の構築が目標である．

●**コスモポリタニズム概念の問題と可能性**　この概念の問題についても触れておきたい．第一に，コスモポリタニズムは西洋の理想として論じられてきたが，非西洋における比較可能な概念にも注意を向けて，より多元的な視野から検討することが望まれる．第二に，コスモポリタニズムという道徳的目標にこだわるのではなく，U. ベック（Beck 2002）がいうように，コスモポリタン化という社会学的視点の設定は有意義であるかもしれない．すなわち，ヨーロッパ的啓蒙思想という特定の文脈のなかで展開した倫理をめぐる哲学的議論に終始するのではなく，社会学的な現実の理解の重視である．そのような視点を通して，例えば，他者への開放性を唱えることができるのはグローバルな移動と多様な文化的経験を可能にする資本に恵まれた特権階級に限られるのではないかというような問題が浮上する．C. キャルフーン（Calhoun 2002）がいうように，手段的な理由からコスモポリタンであるグローバルなビジネス・エリートは，国境を越えてエリート層を結びつける結果に終わる．他方，トランスナショナルに活動する医療従事者や救援活動従事者は人道的理由からコスモポリタン的民主主義を促進する傾向が強い．コスモポリタニズムの倫理は，文脈化・構造化された生活経験の複雑な社会学的現実に照らしあわせてはじめて意味をもつといえよう．　　　［吉野耕作］

参考文献

[1] Nussbaum, M. C., 1996, "Patriotism and Cosmopolitanism", M. C. Nussbaum with respondents, J. Cohen ed., *For Love of Country: Debating the Limits of Patriotism*, Beacon Press.（辰巳伸知・能川元一訳, 2000,『国を愛するということ――愛国主義（パトリオティズム）の限界をめぐる論争』人文書院．）
[2] Skrbiš, Z. and I. Woodward, 2013, *Cosmopolitanism: Uses of the Idea*, Sage.
[3] Brown, G. W. and D. Held, 2010, *The Cosmopolitanism Reader*, Polity Press.

第Ⅲ部

クラシカル

社会学の歴史を学ぶ

●**本事典の構成** 本事典の第Ⅰ部では，現代社会で生起している最先端のイシューを取り上げ，それを読み解くキー概念を丁寧に紹介し，第Ⅱ部では，社会学の研究分野を15に分け，その分野での重要な概念と命題を解説した．この第Ⅲ部では，現在が21世紀であるということから少し距離をおいて，そもそも社会学が誕生したのはいつの時代なのか，社会学の発展に貢献した偉大な社会学者たちは，自分たちの生きた時代・社会の何を問題にしたのかということについて平明に論じていく．

多くの社会学の教科書では，通例，社会学の誕生から今日までの展開をあとづけた後，現代社会を分析する社会学の理論と方法を紹介し，実際に現代社会のさまざまな事象を分析するという構成になっている．つまり社会学の由来を紹介した後，社会学という「ナイフ」を提示し，その切れ味を実際に示すという構成が，常套手段的なやり方なのだ．

しかるに本事典は，このようなやり方とは，まったく逆のやり方をとっている．社会学という「ナイフ」の切れ味はこんなにすごいのだと大見得を切ったうえで，「ナイフ」について派手な講釈をする．講釈が終わったと思ったら，過去へとタイムスリップして，そもそも社会学はいつ誕生したのだろうかという故事来歴を紹介する構成になっている．この故事来歴にあたる部分が第Ⅲ部である．

●**編年体での紹介** 社会学の故事来歴を編年体で紹介するという方法は，歴史記述においてはきわめてオーソドックスな方法である．その際，重要になるのが，時代区分である．いうまでもなく時代区分には，100％客観的な根拠があるわけではない．しかしエポックメーキングな事件や出来事によって時代を区分することは，一つの時代の終わりと新しい時代の到来を明瞭にし，私たちの歴史認識（時代認識）を確固たるものにしていく．

このようなことを前提にして，実際に時代区分の作業をするにあたりポイントになるのが，次の二つの問いである．第一は，社会学という学問はいつ誕生したのかという問いであり，第二は，社会学という学問が人々の間に市民権を得たのはいつかという問いである．第二の問いについては，「社会学という学問はいつ確立したのか」と言い換えることができる．

●**第一の問いについて** 社会学の誕生については，少しでも社会学を勉強した人であるならば知っているように，一つの共通理解がある．その共通理解とは，フランス革命の後に登場したA. コント（Comte）が『実証哲学講義』の第4巻（1839年）で，「社会学（sociologie）」という言葉を用いているので，この前後に社会

学が誕生したというものである．これに関しては，項目「社会学の誕生」で，詳細に論じられているのでそこを参照してもらうことにして，ここで大事なことは，西欧における近代社会の生成とともに，社会学が誕生したことである．

もちろん西欧近代の起源については，いくつかの説があるが，ここではイギリスで産業革命が勃興し，フランスでフランス革命が起こった18世紀後半を近代の起源とする考え方を採用しておこう．その理由は，市民革命および産業革命（＝近代資本主義の生成）が，近代社会という新しい社会誕生の原動力になったと考えられるからである．要するに，社会学は18世紀後半から19世紀前半の西欧において誕生したと考えられるのである．

●「社会」および「社会的なるもの」　西欧における社会学誕生の背景としては，近代社会がそれ以前の社会（前近代社会）とは異なるものだという認識が，人々の間に生まれたことが考えられる．「社会」および「社会的なるもの」という観念が生まれたのである．ここでいう「生まれた」という表現は，「発見された」と言い換えることもできる．また「社会」および「社会的なるもの」という観念が「生まれた」もしくは「発見された」ということは，自然および自然現象とは異なるものとして，社会および社会現象が認識されるようになったという意味である．

ただ「社会」および「社会的なるもの」を研究対象とする学問であるならば，「社会の科学」でもよかったはずである．そこで，「社会」および「社会的なるもの」をどう位置づけるのかが，社会学の課題になっていく．「社会」および「社会的なるもの」をそれ自体で，ポジティブに定義することは至難の業であるが，同じ近代の産物である「個人」，「近代国家」という概念と並べると，「社会」および「社会的なるもの」の独自性は明らかになる．西欧近代においては，「社会」および「社会的なるもの」は，一方では「近代国家」と異なるものとして，そして他方では「個人」と異なるものとして，概念化されていくのである．

と同時に，社会学は，その学問の独自性を示すために，政治学，経済学などの学問との違いを鮮明にしていく．政治学が支配と権力，経済学が市場（近代資本主義）という明確な研究対象をもっているのに対して，社会学は，人間の活動の集積である「社会」および「社会的なるもの」を総体としてとらえようとする．近代社会をトータルに分析して，「社会についての全体知」を獲得しようとするところに社会学の独自性がある．

●第二の問いについて　次に第二の問いである「社会学はいつ確立したのか」ということについて考えてみよう．項目「社会学の確立」で論じられているように，社会学の確立には，社会学のディシプリン化（経済学・法律学等々と同等な専門科学になること）という意味と，社会学の制度化（大学や研究所で社会学専用のポストがつくり出されること）という二つの意味がある．19世紀末から20

世紀初頭にかけて，フランスで É. デュルケム（Durkheim），ドイツで G. ジンメル（Simmel），F. テンニース（Tönnies），M. ウェーバー（Weber）という社会学史上の巨人が登場しているし，デュルケムは大学に教授ポストを得ているから，19 世紀末から 20 世紀初頭の時期にかけて，社会学は確立したといいうる．項目「社会学の確立」では，1890 年から第一次世界大戦終了までの社会学の歴史を取り上げ，社会学の確立期の実相に迫る．

● **20 世紀をどうとらえるか**　それでは第一次世界大戦終了以降，今日までの社会学の歴史について，どのように整理したらよいのであろうか．ここで問題となるのが，第一次世界大戦終了から第二次世界大戦勃発までの，いわゆる戦間期をどう位置づけるかということである．

　第二次世界大戦後の黄金の 1950 年代に，高度大衆消費社会を実現し，パックス・アメリカーナを謳歌したアメリカ社会を，戦間期とは別な社会だと位置づけるならば，戦間期とその後の第二次世界大戦後の時期とはまったく異なる二つの時代区分だということになる．しかし第二次世界大戦後の先進諸国に出現した社会状況の予兆は，すでに戦間期にあったとみることができる．それは大衆社会状況の出現，すなわちラジオ，レコード，映画による大衆文化というものの成立である．もちろん 1990 年代以降の情報化を経験した現在からみれば，ラジオ，レコード，映画による大衆文化の成立という現象は，人々への普及度合において取るに足らないこととみなされるかもしれない．しかしナチズムの歴史にみられるように，ヒットラーのラジオ演説による世論操作，ベルリンオリンピック（1936 年）の記録映画「民族の祭典」「美の祭典」の制作と大衆動員という事実を想起するならば，大衆社会状況は戦間期に出現したとみてよいであろう．戦間期は，ヨーロッパからアメリカへとアカデミアの中心が移行した時期でもあった．

　以上のような歴史認識に立つならば，第一次世界大戦終了時から 1960 年代までを，一つの時代として位置づけることができる．第Ⅲ部では，この一つの時代を，アカデミアの中心がまだヨーロッパにあった 1930 年代までの時期と，アカデミアの中心がヨーロッパからアメリカへと移行していった 1930 年代から 1960 年代までの時期とに分けて，社会学の歴史を紹介する．

● **パックス・アメリカーナ以降**　パックス・アメリカーナ以降，どこに時代の分岐点を見つけるかという作業はきわめて難しい．ここでは二つの出来事に基づいて時代の分岐点を確定することにしよう．一つは，人文社会科学におけるポストモダン思想の登場である．ポストモダンという言葉は，もともと建築学を起源とするものであり，C. ジェンクス（Jenks 1977）が 1970 年代に使ったのが最初といわれている．人文・社会科学にポストモダンという言葉を定着させたのは，J.-F. リオタールの『ポストモダンの条件』（Lyotard 1979）である．項目「社会学の展開」で紹介されているように，社会学の世界では，ポストモダン的診断は，すでに D. ベ

ル『脱工業社会の到来』(Bell 1973) と J. ボードリヤール『消費社会の神話と構造』(Baudrillard 1970) でなされていたのであった．もう一つは，ベトナム戦争の終結（1975年）がパックス・アメリカーナの終焉をもたらしたことである．国際経済におけるニクソンショック（1971年）と変動相場制への移行（1973年）は，国際社会におけるアメリカの威信の低下を象徴的に示していた．

このような時代状況・社会状況のなかで，アカデミアの中心がアメリカのみではなくなって多極化していく．ドイツにおいて J. ハーバーマス（Habermas），N. ルーマン（Luhmann），フランスにおいて R. ブルデュー（Bourdieu），イギリスにおいて A. ギデンズ（Giddens）が登場してくるのである．

以上ラフスケッチしてきた編年体での社会学の歴史を，以下では，「社会学前史」（聖書の時代から18世紀後半まで），「社会学の誕生」（18世紀後半から1890年代まで），「社会学の確立」（1890年代から第一次世界大戦終了まで），「社会学の発展①」（第一次世界大戦終了から1930年代まで），「社会学の発展②」（1930年代から1960年代まで），「社会学の展開」（1970年代から現在まで）の6つの項目として，論じていく．

●**社会学の歴史をとらえる視点** 近代社会の生成とともに誕生した社会学の歴史を振り返ることの意義はどこにあるのだろうか．この問いを考えること自体，社会学という学問の存在理由を明らかにすることにつながっている．そこで社会学をとらえる視点として，①社会および社会的なるものとは何か，②社会学の独自性，③社会学理論の客観性という三つの視点があることを指摘しておく．

第一の「社会および社会的なるものとは何か」いう視点とは，すでに述べたように社会学は「社会」および「社会的なるもの」を研究対象にしているから，「社会」および「社会的なるもの」をどうとらえるのかが，社会学的研究のアルファでありオメガであるということである．デュルケムが提出した「社会的事実」という概念の意義は，まさしくここにある．第二の「社会学の独自性」という視点とは，いうまでもなく社会学は社会科学の1分野であるが，経済学，政治学などとの違いはどこにあるのか，さらには人文科学（哲学，歴史学，宗教学など）との違いはどこにあるのかということである．第三の「社会学理論の客観性」という視点とは，社会学が社会事象を説明し，社会問題を解決し，将来社会を構想しようとする立場に立っていることである．しかし社会学では，自然科学と同様な検証を行うことはできない．構築主義を持ち出すまでもなく，社会事象が客観的事象なのか，それとも構築された事象なのか，さらにはこのような社会事象を説明しようとする社会学理論の客観性の基準は何なのかという問題が，社会学には常につきまとっている．

以上三つの視点を念頭に置きつつ，6項目で詳細に論じられている社会学の歴史を読み進めると，社会学という学問が鮮明に理解されるであろう． ［友枝敏雄］

社会学前史

　社会学は，大革命を経た後の19世紀フランスに，「実証」の学問として誕生した．社会は，経済や政治や法律と異なるかもしれないが，法則を具えたもう一つの領域で，科学的な考察の対象だと意識されたのである．

　裏を返していうなら，そのときまで，社会はそれとして独自に考察する対象ではなかった．18世紀の啓蒙思想は，社会学を必要としなかった．社会は，人々の合理的な意思によって，すなわち契約によって，構成できると考えられた．これを，社会契約説という．社会契約説は決して過去のものではなく，憲法を国の基本法とする体制に影を落としている．啓蒙思想や社会契約説は，社会学に伏流しているのである．

　そこで，社会学をその深い動機から理解するため，社会学に先行する時期に，人々が社会をどう理解していたのか，整理してみよう．これを，社会学前史という．

　●**聖書は社会をどうとらえたか**　西欧キリスト教文明は，聖書を常に参照してきた．聖書は，人々が社会をどうとらえるべきかの原点だったといえる．

　聖書は，旧約聖書と新約聖書からなる．前者は，ユダヤ教の聖典で，1世紀にはいまのかたちに編集され，それがキリスト教の聖典ともなった．新約聖書は，イエス・キリストを主題にする，キリスト教独自の聖典である．

　旧約聖書は，ユダヤ教を信じる人々（イスラエルの民）の歴史を書き留めている．ユダヤ教は，一神教という特異な宗教で，社会についても特徴的な考え方をしている．イスラエルの民は父系社会で，はじめ家畜を飼育しながら生活し，後に定着して農耕民となった．部族社会（族長支配）→都市定着（長老支配）→王制（王の支配）→神聖政治（祭司支配）→議会政治（律法学者の支配）といった，政治体制の変遷を経験している．しかも，部族制から王制に移行する経緯を細かく記録している（サムエル記）．それによれば，異民族（ペリシテ人ら）と戦うため，多くの部族がそのつど軍事的リーダー（士師）のもとに結集していたイスラエルの民は，王をたてる必要に迫られ，預言者サムエルの指導のもと，サウル，続いてダビデを王とした．サウルは弱小なベニヤミン族，ダビデは強盛なユダ族の出身である．神ヤハウェは，王は重税をかけ，権力をふるい，人民を圧迫するかもしれないと警告する．ダビデは，預言者サムエルに油を注がれた（叙任された）うえ，各部族のリーダーたちとも契約を結んで，王に即位した．統治契約を交わした場合に，王は人民の正統な王となるというのが，旧約聖書の思想だ．

　王制は，イスラエルの民を幸せにしただろうか．王国は南北に分裂し，北王国は滅ぼされ，南王国はバビロン捕囚の憂き目に遭った．イザヤ，エレミヤ，エゼ

キエルといった預言者らが，王に警告し，民を勇気づけた．イスラエルの民の特徴は，絶対の神に従う人々で，神に代わって王を批判する預言者の言葉に耳を傾ける，ということだ．政治権力を批判する原理を，宗教がそなえているということである．

　捕囚から帰還したイスラエルの民は，壊された神殿を再建した．その神殿はイエスの時代にはあったが，イエスの死後ローマ軍によって再び壊され，以後再建されることはなかった．イエスの教えは聖書に，何をつけ加えたか．

　第一は，裁きの日の到来を予告し，その後に来る神の王国は，地上のものでないと述べたこと．この世界は終末を迎え，天も地も崩れる．神は新たな天と地を，人間のためにつくる．人間は，来るべき神の王国（神が人間を直接に支配すること）を待ち望む，のが正しい生き方である．

　第二に，終末が来るまでは地上で，愛に生きるよう教えたこと．あなたの主である神をともかく，愛しなさい．あなたの隣人を，あなた自身のように愛しなさい．主を愛せ，隣人を愛せ，がイエスの教えである．そしてこの教えが，キリスト教徒が社会を構築する基本である．

　パウロはこれに，第三をつけ加えた．地上の権威に従いなさい，地上の権威とはすべて神が立てたものだからだ，と『ローマ人への手紙』第13章にある．権威とは，例えばローマ皇帝のことで，キリスト教徒であるとは限らない．異教徒であろうと，ともかく政治権力（とその法律）に従うのが，キリスト教徒のルールになった．こうして，教会（信徒の集まり）と政府が分離する体制（政教分離の原則）ができあがった．

　キリスト教のこの特徴は，イスラム教の場合と対照的である．イスラム教は，ムハンマドが教権・軍事行政権を一身に兼ねそなえる神権体制を樹立した後，前者の権限をイスラム法学者，後者の権限をカリフが継承した．地上の権威（軍事行政権）は，イスラム教的に正統であることが，基本になる．そのため，イスラム教の原則のもとでは，西欧的な主権国家を正当化するのが困難になる．

　さて，こうしたキリスト教の原則がきちんと守られていたかというと，そうでもなかった．西欧中世では，教会の専従職員（聖職者）がいて，神に仕えるのだからと威張っていた．祈りの生活を送る，修道士も尊敬されていた．王侯貴族も地上の権威だからと，偉そうにしていた．それにひきかえ，農民や商人は，卑しい仕事だとされていた．M. ルター（Luther）は，これはおかしいと考えた．どんな職業もみな貴いはずだ．なぜなら職業は，隣人の求めに応え隣人の必要を満たす，隣人愛の実践であるはずだから．聖職者は聖書に書いてないから，職業にはならない．農民や職人や商人や軍人は，隣人愛の実践だから，キリスト教的に正当な活動である．世俗の活動である職業に，宗教上の価値が付与された．J. カルヴァン（Calvin）はこれをもう一歩進めて，禁欲的に世俗の職業に集中できて

いる人は，神の恩寵を受けている（つまり，ほとんど救われている）というロジックを生み出した．ビジネスをやればやるほど救われるのだから，資本主義の追い風になる．西欧近代の経済システムの，骨格がつくられた．

●**自然状態と社会契約**　さて，近代社会思想の起点になるのは，T. ホッブズ(Hobbes)である．ホッブズは宗教改革後の混乱や宗教戦争，イギリス国内の宗教対立に心を痛め，またデカルトを尊敬していた．数学のように合理的な精神によって，人々の生きるこの世界に正しい秩序を実現したいと考えた．そして著したのが，『リヴァイアサン』(1651)である．

リヴァイアサンは旧約聖書に出てくる水中の怪物のことで，強大な統治権力の比喩である．ホッブズはまず，人間の自然状態を考察した．ここで自然とは，神が創造したそのままの秩序（神のわざ）を指す．山や海や動植物や天体はもちろん，人間も被造物である限りは自然の一部だ．自然の反対は人間のわざ，すなわち農業や都市や，人間のつくり出す社会関係である．自然状態の人間は，自分で自分を守ろうとする．動物と違って知恵があり，将来を予期するので，念のため余分に食糧を貯え安全を確保しようとして，互いの領域を犯し合う．「万人の万人に対する戦争」を帰結して，「各人の人生は悲惨で短」くなる．ここまでは人間の自然条件から導かれる演繹的な推論だ．そして人々は理性があるので，この結果を理解し予測し，避けようとする．それが社会契約である．人々は契約を結んで，各自の自由の一部を譲り渡して，政府（国家権力）を形成する．これは神の創造のわざをまねた，人造人間（人間のわざ）なのだ．

『リヴァイアサン』の後半は，ほとんどが神学的な議論である．焦点は，「普遍的な教会」が存在するかどうか．「普遍的な教会」は，神の代理として，地上の人々が審きの日に赦しと救済を得られることを保証する．そのような教会がもしあれば，世俗の権威がいかに死刑をもって社会秩序を強制しようとしても，教会に属する人々に対して絶対的な権力をふるうことができないだろう．ホッブズはプロテスタント神学を駆使して，ローマ・カトリック教会がそうした「普遍的な教会」ではないことを論証する．そして各地の教会は，統治権力のもとでその制約を受けるべきこと（例えば，聖典の選択とか教会の人事とか）を主張する．英国国教会がそうであるように．統治権力が信仰と教会のあり方を誘導するというホッブズの考えは，日本の国家神道の形成にヒントになったと想像される．

ホッブズは論理的必然として，自然状態（無秩序）と社会契約（社会秩序）が生まれることを導いた．そしてこの考えは，J. ロック(Locke)やJ.-J. ルソー(Rousseau)らの思想に大きな影響を与え，社会契約説は西欧近代社会思想の中軸を占めることとなった．なお，自然状態から社会秩序が生まれる必然を論証することは，後にT. パーソンズ(Parsons)の理論的関心の焦点となり（ホッブズ的秩序の問題），社会学のテーマとして受け継がれている．

自然状態との関係で，自然法についても触れておこう．近代初頭に自然法論を展開したのは，H. v. グロティウス（Grotius）である．グロティウスは，弁護士としてオランダの海運事案に関わり，海洋法を研究，公海自由の原則を表明した．その後，国際法の体系的な著書『戦争と平和の法』を著した．その基礎はやはり，プロテスタント神学にある．

トマス・アクィナス（Thomas Aquinas）の『神学大全』は，中世スコラ学の集大成であるが，そのなかに自然法についての議論がある．この世界の背後には，創造者である神の与えた「神の法」があるが，人間はそれを直接に認識できない．そのうち，人間の理性によって理解できる部分が，「自然法」である．ここで自然は，神の与えた秩序そのまま，という意味である．国王が制定した「国王の法」は，人間の法であるから，神の法や自然法に反してはならない．そこで，どの主権国家も従わなければならない「国際法」が，存在できることになる．その実態は，自然法であり慣習法であると，グロティウスはいう．グロティウスは，国王や絶対君主が戦争する場合にも従わなければならない，戦時国際法が存在することを，聖書や古代ギリシャ・ローマや中近世の事例を根拠に，導き出した．

自然とは，人間をかくあらしめ，社会を形づくる神のわざ．その自然の秩序を理性で明らかにする「啓蒙」は，封建領主や旧体制に叛旗を翻す市民階級の，旗印になった．そしてそこから，近代の萌芽がめばえてくる．社会のあるべき秩序を，理性によって構想しようとする社会契約説は，社会（科）学の先駆形態ともいえるものである．

●アダム・スミスと市場の秩序　社会科学のなかで，最も早くにその地位を確立したのは，経済学である．それは，市場が，政治権力から独立の秩序をもつものとして，近世初頭に登場したからだ．古代の貿易ネットワークは寸断され，中世にはローカル経済が地域ごとに分立していた．領主は商品の価格を決めるなど，経済活動に介入した．遠距離交易はローカル経済や領主権に服属できないと，ローマ法を採用した．自治都市は，貿易の利益を蓄積し，経済活動の範囲を拡大した．火薬革命と大航海時代は，新大陸から大量の銀をもたらしヨーロッパの経済環境を激変させた．そんななかプロテスタントの事業主たちは，マニュファクチュアなどの製造業を発展させ，市場経済を定着させた．そこでは，需要供給によって価格が決まる経済法則が成立した．ゆえにその法則を解明する，経済学が求められることになった．

A. スミス（Smith）は，経済学でなく，道徳哲学を大学で講じていた．経済学なる学問は，当時まだ存在しなかったからである．彼の主著は，『諸国民の富』と『道徳感情論』．後者は，法律や人間の本性などについての考察を含む，社会についての領域横断的な考察である．一方前者で，スミスは，市場についていくつかの基本的な考察を行った．第一に，交換が人々に利益をもたらすこと．交換

は，偏在する資源をより均等に行き渡らせ，人々の幸福を総じて高める有用な活動である．ゆえに，自由貿易を妨げてはならない．第二に，分業は生産の効率を高めること．ある製品を製造する工程をすべて一人がこなすより，工程を分解して別々に担当するほうが，技術がまったく同じだとしても生産性が高まる．生産組織の革新が生産力の増大に貢献するという論理が示されている．第三に，商品の価格は，需要供給の関係によって決まるが，それは商品を生産するのに必要な労働量を反映するであろうこと．素朴なかたちの労働価値説が示されている．労働価値説は，勤勉な労働が所有権を正当化するという，市民階級の共通意識を経済学に投影したものであった．

　スミスは，このように形成される市場が，自律的な実態をもち，市場法則によって作動することを確信した．この，市場法則の発見が，経済学の誕生の瞬間である．個々人が，自分の利害のみを考えて行動しても，市場には神の摂理のようなもの（視えざる神の手）が働いて，人々にとって最善の状態が実現する．市場への人為的な介入（人間のわざ）は，それを損なうものである．

　スミスの創始した経済学をさらに発展させたのは，D. リカルド (Ricardo) である．リカルドは，『経済学および課税の原理』を著し，新たな分析をつけ加えた．第一に，地代論．商品の価格が，労働を反映するのだとすれば，ではなぜ地代が存在するのか．土地は所与の自然であって，労働の成果ではないはずなのに．リカルドはいう，土地には一等地，二等地，……のように等級がある．いちばん劣悪な土地は，地代がゼロである．より上等な土地は，同一の労働に対してより多くの成果を生むので，その差額を地主は地代として請求しうる．差額地代説である．第二に，貿易の理論（比較優位説）．リカルドは自由貿易が両国の幸福を増進することを，次のように論証する．二国（イギリスとポルトガル）が，二商品（衣類と葡萄酒）を生産している．生産費はどちらも，ポルトガルのほうが安い（絶対優位）．しかし二商品の価格（交換比率）が二国で異なる場合，相対的に安価な商品を相手国に輸出してそうでない商品を輸入するほうが，両国にとって有利になる．つまり貿易は，絶対優位でなく比較優位に基づいて生じる．このほかリカルドは，多くの経済学的課題を，今日に通用する方法で分析した．その特徴は，労働価値説に基本的に立脚しつつも，実際のモデルではそれにこだわらないことである．

　スミス，リカルドを父祖とするイギリス国民経済学は，資本主義の優位を説明する理論として，おおかたの人々の信頼を集めた．スミス，リカルドの系譜を踏む業績として，K. マルクス (Marx) を忘れるわけにはいかない．

　マルクスは，マルクス主義を生み出した19世紀最大の思想家・社会科学者である．ホッブズの社会契約説と，リカルドの労働価値説を反転させ，独創的な議論を展開した．ホッブズは，人々の合意（契約）によって統治権力が創設された

とする．マルクスは，統治権力は階級対立のなかから生み出された，合意があったとするのは階級対立を隠蔽するためのフィクションだと考える．リカルドは，労働が商品の価値を生み出すが，現実の経済では，資本には利子が，土地には地代が支払われるとする．マルクスは，労働が価値の源泉であるなら，資本家や地主が利子や地代を受け取るのは搾取であり，私的所有権を廃絶して資本家や地主を消滅させるべきだとする．これが，革命だ．労働者を指導して革命を担うのが，共産主義者の組織（共産党）である．マルクスの議論は，理性によってあるべき社会を創出できるとする，啓蒙思想の系譜に属する．社会は，理性によって意のままに形成できるのであって，社会に固有の法則をもたない．ゆえにマルクス主義は，社会に固有の法則を解明すると称する，社会学はブルジョア科学だから存在しなくてよいとした．

　マルクス主義は，自由主義的な市場経済や議会制民主主義の限界を説き，真理を体現した革命的知識人が社会の変革を主導すべきだとする．理性主義的な哲人政治の伝統に立つものといえよう．

●**アメリカ独立革命とフランス革命**　近代社会の骨格を形づくった重要な出来事として，アメリカ独立革命とフランス革命をあげることができる．

　アメリカ独立革命は，それに先立つ長い前史がある．アメリカの北部諸州はイギリス国王の特許状を得て，入植した自治体（コロニー）が元になっている．メイフラワー号でプリマスに上陸したピューリタンの一行は，旧約聖書の契約をまねて，船上でメイフラワー契約を結んだ．社会契約説そのままに，契約に基づく社会を人為的に構成しようとしたのである．これは以後，アメリカ植民市の一つのひな型となった．市民の合意によって統治権力を生み出すという，ヨーロッパの伝統社会にない形態が，神の意に従い信仰に合致するやり方だと支持された．聖書に規準を置き，人間があとからつくり出した伝統的な制度にとらわれないプロテスタントの教会ならではの制度である．

　カトリック教会は，聖職者を教皇が叙任する．そこには神の意思がはたらいていると考えられる．それに対してプロテスタント教会では，聖職者がいない．教会の役員は民主的な選挙で選ばれるなどする．選挙に神の意思がはたらいていると考える．入植地は最初，宗教的に不寛容で，異なる宗派を弾圧したり追放したりした．しかしやがて，植民地の政府と教会とが分離し，公職（政府職員）と教会の特定の宗派とは関係をもたなくなる．その場合でも，公職に就く者を選ぶ選挙には神の意思がはたらくという根強い感覚が残った．公職に就く者を選挙で選ぶのは，民主主義の基本だが，これはもともと教会内部の手続きだったものが世俗の職務に拡大適用されたものである点に注意しよう．

　植民地の自治体は，議会をもち，リーダーを擁していた．これらの職務に就く者を選挙で選出するのは，アメリカ植民地の伝統だった．アメリカ植民地の主権

者はイギリス国王であったが，相応の自治権が認められていた．しかしやがて，イギリス本国と植民地のあいだの対立が，抜き差しならないものになる．いくつもあった植民地は連合して，イギリス本国に対抗し，独立を宣言した．そして大統領のもと，団結して戦って，イギリス軍をなんとかやっつけた．こうして成立したのが，アメリカ合州国である．せっかく独立したのに，大統領が世襲の国王になっては元も子もないので，選挙で選び任期は4年，などと定めたアメリカ合州国憲法を起草し，代表がみなで署名した．世界最初の近代的成文憲法，といわれる．契約によって社会を律するという一神教の原則が世俗化され，近代社会の基本フォーマットとなった．

　アメリカはプロテスタントが主流で，教会はいくつもの宗派に分かれていた．これを連携させるのに，フリーメーソンの役割が大きかったといわれている．フリーメーソンは宗教団体ではないので，教会と二重帰属ができる．そこで，異なる宗派の人々が意思疎通をする場となりうる．

　フランス革命は，アメリカ独立革命に触発されて起こった．フランスはアメリカと異なり，カトリックの国で，カトリックは旧体制（アンシャン・レジーム）にすっかり組み込まれていた．フランスの知識人はほとんどが啓蒙思想を信じ，信仰を離れていた．フランス革命勢力は王室ばかりでなく，カトリック教会を標的とし，修道院領を没収した．そして理性を拝む，理性の祭典を催すなどした．理性とは何かといえば，人間の精神活動のうち神から与えられたままである部分．数学や論理学のことである．理性は，人間の精神活動のほかの部分と違って，神に背くことがない．したがって，人間個々人を導く至高の原理ということになる．ゆえに理性を，啓蒙思想が神に替えて重視したのである．

　教会を政権の根拠とすることができなくなったフランス共和国は，ローマの共和制の再興を標榜した．平等な市民の参加による世俗の機構で，議会がその権力の中心である．国王ルイ16世を斬首したことは，イギリス清教徒革命に先例があるとはいえ，ヨーロッパの旧体制を揺るがす重大事であった．自由・平等・友愛の理念を掲げたナポレオン戦争は，ヨーロッパ社会に後退不可能な刻印をしるし，近代社会への扉を押し開いた．

　ナポレオン戦争がヨーロッパに与えた衝撃は，その戦争形態にある．フランス共和国は大量の徴兵で軍を編制し，絶対王制の傭兵軍が数万だったのに対し数十万もの国民軍を動員した．陸戦の勝敗は兵員数がものをいう．ナポレオン軍に対抗する諸国も，徴兵制を採らざるを得ず，結果的に戦闘に参加する市民階級の政治的発言権が強まった．こうした不可逆の変化がヨーロッパ諸国に及び，政府／軍／市場／教会／大学／都市／……がそれぞれ独自の作動をしつつ組み合わさる，ヨーロッパ型の近代社会が各国に行き渡ることとなった．

●**日本のプレ近代思想**　西欧キリスト教圏と異なる文明では，聖書に相当する規

範的テキストがあって，それぞれの伝統社会を基礎づけていた．イスラム文明のコーラン，ヒンドゥー文明のヴェーダ聖典，儒教文明の五経である．例えば中国の集権的な官僚組織は，儒教の経典に根拠をもっており，容易に近代化を試みることができなかった．

日本の徳川幕府は，儒教（朱子学）を公認し，武士階級の基礎教養とした．しかし徳川幕藩制は，儒教の想定する集権的官僚制でなく，イエ制度を骨格にしている．イエ制度の成立は，儒教の導入以前にさかのぼる．では朱子学は，イエ制度と幕藩制を正統化できるのか．日本の知識階級は，この問題を考察するなかで，オーソドックスな朱子学に批判的となり，伊藤仁斎の古義学，荻生徂徠の古文辞学，本居宣長の国学などを生み出した．これらは，科学的なテキスト批評によって，朱子学の経典解釈を脱構築し，孔孟の教えを復興するものである．特に国学は，古事記の批判的読解を通じて，儒学や仏教が伝来する以前に，日本に自生的な社会秩序が存在したことを実証し，天皇を中心とする統治組織を理想化した．これが幕末の尊皇攘夷の運動を準備し，外圧に抗して民族の独立をはかるナショナリズムと，日本の近代化の起点となった．日本のプレ近代思想もまた，社会学の前史にあたるといえる．

●社会学の誕生へ　19世紀の欧米世界は，主権国家が並立し，国力を競い，つぎつぎ法律を制定し，経済を振興し，列強となって，軍事力を背景に世界に進出した．イスラム，インド，中国，アフリカは，植民地もしくは半植民地となった．この圧力に対抗するには，自らも近代化をとげるほかなかった．日本社会に生じた大きな変化も，こうした世界情勢に応じたものである．

欧米世界の外側に拡がる伝統社会や固有文化を考察するために，人類学が，近代化に伴うさまざまな社会の副次的変化を考察するために，社会学が，生まれることになった．社会学の誕生とその変遷は，本項に続く各項でのべられる．

本項で取り上げなかった社会学の先駆形態としては，イスラムの思想家イブン＝ハルドゥーン（Ibn Khaldun）の著作（ウェーバーの古代ユダヤ教研究と類似した考察を示している），中国の朱子学（宇宙原理と社会秩序との関連を論ずる），B. スピノザ（Spinoza）の『エチカ』（ユークリッド幾何学と平行に人間社会を論述する試み），ルソーの『人間不平等起源論』，G. W. F. ヘーゲル（Hegel）の『精神現象学』，I. カント（Kant）の『永遠平和のために』，などがある．あわせて参照されたい．

[橋爪大三郎]

📖 参考文献
[1] 丸山眞男，1952，『日本政治思想史研究』東京大学出版会．
[2] 小室直樹，2001，『痛快！憲法学』集英社インターナショナル．
[3] 山本七平，1997，『現人神の創作者たち』文藝春秋．
[4] ヴェーバー, M.／内田芳明訳，1996，『古代ユダヤ教』岩波書店．
[5] 吉川幸次郎，1975，『仁斎・徂徠・宣長』岩波書店．

社会学の誕生

　J. ギヨームの最近の研究によれば（Guilhaumou 2006），sociologie という言葉は『第三身分とは何か』（1789）で知られる E. シィエス（Sieyès）の 1780 年の未発表のメモにすでに確認できるが，この言葉の公刊文書での使用ならびに本格的な展開は，依然として A. コント（Comte）の『実証哲学講義』の第 4 巻（1839）が最初とされている．
　だが，これに先立つ『社会再組織に必要な科学的作業のプラン』（1822）で，コントは「社会学」ではなく，「社会科学（science sociale）」という言葉を用いている（Comte 1822：訳 203）．社会学の誕生の前にまず，社会科学の誕生をみてゆこう．
　●平等の実現と社会科学──コンドルセ　「社会科学」という言葉の最初の公的使用は，M. コンドルセ（Condorcet）が 1792 年 4 月にフランスの革命議会に提出した教育改革案にみられ，そこでコンドルセは社会科学をリセ（高等学校）で教えられるべき科目の一つとしてあげている．コントも上の『プラン』で「社会科学」を，コンドルセにつなげて用いている．
　「社会科学」をコンドルセは『人間精神進歩史』でも一度だけ用いているが，同書ではそれと同義のものとして「社会的技術（art social）」のほうが多用されている．そして，コンドルセは社会的技術の目的を「すべての人が，自然から与えられた共通の権利を確実に，普遍的に享受する」ようにすること（Condorcet 1793-94：訳 [1] 262），すなわち平等の実現に求めた．コンドルセは社会科学をリセで教えられるべき科目の一つとしたが，同時に，教育そのものがコンドルセのいう社会的技術の中心に位置づく．上の教育改革案でコンドルセは，経済状況に関わりなく，すべての市民に対して教育を可能な限り平等に与えられなければならないと主張した（Condorcet 1792）．
　J.-J. ルソー（Rousseau）の『社会契約論』（1762）は，T. ホッブズ（Hobbes）や J. ロック（Locke）が単に「契約」とよんだものに初めて「社会的」という形容詞を付した点で新しいが，ルソーはその社会的な契約の目的を，自然的には不平等な人間が，しかし「約束によって，また権利によってすべて平等になる」ことに求め，さらにこの社会的な契約から生まれる「社会的な状態（état social）」が「人々に有利であるのは，すべての人がいくらかのものをもち，しかも誰もがもちすぎない限りにおいてなのだ」と述べた（Rousseau 1762b：訳 41）．
　ルソーとジロンド派のコンドルセを同一視はできないが，コンドルセの社会科学は，ルソーの社会的な契約をさまざまな意味で継承するものであると同時

に，身分制という不平等の装置を解体したフランス革命とも深く結びついている．K. マンハイム（Mannheim）のいう「存在拘束性」は，当然ながら，社会科学や社会学にもみてとらねばならない．

●**個人主義と社会科学**——**サン=シモン**　コンドルセに続いて社会科学という言葉を用いたサン=シモン（Saint-Simon）と彼の学派は，社会科学を彼らが「個人主義」とよぶものに対置した．

　サン=シモンは『産業者の教理問答』（前述のコントの『プラン』はもともとこの『問答』の第三分冊として書かれた）で，革命前のフランスは「貴族」「ブルジョア」「産業者（労働と生産に従事する者）」の三つの階級に分かれていたが，今日では後二者の対立が深まっていると述べ，「自由主義」とは異なるものとして新たに「産業主義」を提唱しながら，後者に状況の打開を求めた（Saint-Simon 1823-24：訳15）．産業主義に求められるのは「一切の個人的利益に反対して，国民の大多数の利益を支持する意思」である（同書：181）．

　続く『新キリスト教』では，キリスト教の隣人愛の原理が「すべての社会は最も貧しい階級の精神的・物質的生活の改善に努めなければならない」「社会はこの大目的を達成するために最も都合がよいように組織さなければならない」という戒律として新たに定式化される（Saint-Simon 1825：訳297）．そのような社会の組織化を可能にするのがサン=シモンの考える社会科学であり，それはそのまま一つの道徳を意味した．「物理学的知識や数学的知識よりも社会にとってずっと重要な科学がある．それは，社会をつくり上げる科学，社会に基礎としての役を果たす科学，つまり道徳である」（同書：訳309）．

　サン=シモン自身は，彼が啓蒙主義とフランス革命の所産と考えるものをanarchie（無秩序）や egoïsme（利己主義）という言葉で批判したが，彼の弟子たちはそれらを individualisme という新語で批判し始める．他の多くの言葉と同様，「個人主義」はまず批判のための言葉として生まれ，その後，次第に肯定的な意味で用いられるようになるのだが，サン=シモンとその学派は社会科学を，個人主義とは正反対のものとして構想した．

　そのまま道徳でもあったサン=シモンらの社会科学に対して，science de la morale（道徳を対象とする科学）として構想される É. デュルケムの社会学は（Durkheim 1893：訳31），道徳そのものとは異なる次元に位置づく．利己主義や個人主義を社会科学と単純に対立させたサン=シモンと異なり，デュルケムの社会学はそれらを愛他主義と並ぶ一つの道徳，すなわち社会的事実として観察する．そういう違いがあることは確かだが，個人に対する外在性と拘束性によって社会的事実を定義するデュルケムの社会学もまた，一種の個人主義批判であることに変わりない．

●**政治経済学批判としての社会科学**　英語圏に目を移そう．social science とい

う英語を最も早く用いた人物の一人はアイルランドのW. トンプソン（Thompson）で，彼はその『報われるべき労働』(1827) で次のように述べている．「今日まで，すべての政治経済学者たち（political economists）の注意は，ほとんどの場合，富をどう生産するか，いかに大量につくるか，とりわけどうやって目を見張るほど山のようにつくるかに関する安っぽい論文を書くことにのみ向けられてきた．しかし，社会科学（social science）というものは，富その他の，人間の幸福のための資源すべてを，最大量の幸福を生み出す形で分配する手立ては何かを探究するのであり，この学問はごく最近，産声をあげたばかりである」(Thompson 1827：40-1).

今日，「政治経済学」という言葉は，L. ワルラス（Walras）の「純粋経済学」との対比で，政治と経済の相互連関を重視するアプローチとして理解されることが多いが，上でトンプソンがいう政治経済学は，そういう意味ではなく，A. スミス（Smith）の『諸国民の富』(1776) などによって体系化された古典派初期の経済学を指す．それはまた，初期資本主義の別名でもある．

トンプソンは社会科学を，この政治経済学との対比で構想した．政治経済学だけではダメだと思ったから，彼は社会科学という新語を用いたのである．スミスの『諸国民の富』が生産力を飛躍的に増大させる分業の考察から始まるように，たしかにそれまでの政治経済学は生産を考察の中心に置き，一国民の富の総量をいかに増大させるかを第一に考えた．しかし，政治経済学は，生産された富が実際にどう分配されているか，また本来はどう分配されるべきかを考えてこなかった，とトンプソンは批判する．その結果，「富に関する事態の現在の成り行きは，生産者大衆を犠牲にして，少数者を豊かにする傾向がある．すなわち，貧困層の貧困をますます絶望的にし，中間階級を貧困層に没落させる傾向がある．……多数者の側に貧困を，少数者の側に法外な富の虚飾を，という日に日につのる傾向に，不安を感じない者がいようか」(Thompson 1824：訳［1］xviii).

社会科学という新語とともに考察の課題を生産から分配へ移動させつつ，トンプソンはあるべき分配の原理を「効用（utility）」に求めた．例えば1万円に相当する財の効用は，すでに1億円もっている人にそれを与えるよりも，1,000円しかもっていない人に与えるほうが，はるかに大きいとトンプソンは考える．「富の分け前が，連続して同一個人の割り当てに追加されるとき，その幸福生産力は減少するが，多くの個人の間に分割されるとき，各部分の幸福生産力は（…）驚くほど増大するものである．そこで，正義は，社会の富の総量がその構成員の間に等しい分量で分割されることを要求しているように思われる」(同書：訳138). より貧しい人から順番に富を与えて平等を実現することが，生産された富の効用を最大化するというのである．

スミスの政治経済学を社会科学の古典とすることは，今日の常識だが，その結

果,社会科学という言葉が誕生した際にそれと政治経済学の間に存在したはずの断層が,今では逆に見えなくなっている.

コントには,富の平等な分配という発想は薄い.しかし,政治経済学批判として社会科学や社会学を立ち上げようとする点では,トンプソンと同じである.「産業の統制の導入を,どんなものであれ阻もうとする政治経済学の形而上学的な傾向は,非常に危険なものであり続ける.ひとりでに生成する秩序のみを認めるという,この無益で非合理的な志向は,社会的実践としては,公然と自分の任務を放棄することに等しく,この自称『学問』は,まさに産業の発展の結果,生まれる深刻な難局に直面するときに,いつでもそうするのである.そうした難局のなかでも最も明白なのは,機械化がもたらす経済問題であり,詳しく調べてみると,それが発生するところでは常に,社会的な諸弊害が同時に発生している.これらの弊害は,産業の発展に必ず付随するものであり,労働者階級の現下の生活を持続的に,また根底的に損なう.我々の社会秩序が抱えるこの深い亀裂が呼び起こす,正当で,しかも切迫した抗議や不満に対して,我々の経済学者たちは,慈悲のかけらもない杓子定規さでもって,経済活動の無制限の自由という不毛な章句を繰り返すのみで,この危機のなかに真の政治学を実践すべき最も重要かつ最も差し迫った契機をみようとしない」(Comte 1839:277).

コントがこう述べる少し前の 1831 年と 34 年の二度にわたって,フランスのリヨンでは絹織工の大規模な蜂起がおきている.原因は,それまで認められてきた絹織物の固定最低価格買取制度を,事業経営者たちが景気悪化を理由に廃止したことだった.経済活動の自由によって同制度の廃止を正当化する事業経営者側に対し,生活基盤をおびやかされた絹織工たちは「労働によって生きるか,さもなくば闘って死なん」を合言葉に蜂起したが,その鎮圧の過程で多くの死傷者が出た.政治経済学に上のような批判を向ける際,コントが同時代のこうした出来事を念頭に置いていたことは確実だろう.

●マルクス　1867 年に第 1 巻が刊行された K. マルクス(Marx)の『資本論』の副題は「政治経済学批判(Kritik der politischen Ökonomie)」である.スミスの『諸国民の富』が 18 世紀の政治経済学の一つの集大成だとすれば,マルクスの『資本論』は,19 世紀に入って「社会科学」などの新語とともに積み上げられていった政治経済学批判の集大成といえる.

マルクスによるその批判を素描すると,政治経済学がその写し鏡である資本制のもとで,賃労働者は(労働価値説に立てば)常に搾取されるばかりか,そこで吸い取られる剰余価値が資本として蓄積される過程で,資本の有機的構成が変化し,人(可変資本)ではなく,機械等の生産手段(不変資本)により多くが注ぎ込まれるになる.その結果,失業者(相対的過剰人口)が生み出され,この「産業予備軍」は有業者の賃金に対してもこれを引き下げる圧力となる.生産力の総

体が増大する一方，失業者が生まれ，有業者の賃金も総じて下がりこそすれ，上がらないとすれば，生産される商品全体（総供給）に対して可能な消費総量（総需要）は低く抑えられる．このギャップが過剰生産という社会的疫病，すなわち恐慌を定期的にもたらし，しかもその規模は次第に大きくなってゆく．

スミスが重視した分業が進めば進むほど，生産様式は社会化されてゆく（一個人では完結しないものになってゆく）．そのような社会化を後戻りできない形で押し進めてゆくのがほかならぬ資本制だが，しかし，所有様式は私有のままである．つまり，一握りの人々に富が集中し，多くの人が満足に消費者たり得ない．恐慌の原因として資本制下での利潤率の傾向的低下を論じつつ，マルクスは次のようにいう．「すべての現実の恐慌の窮極的原因が（…）資本主義的生産の衝動に対比しての，大衆の貧窮と消費制限とであることに，変わりはない」（Marx 1867-94：訳 1969-70：[7] 249）．社会化された生産様式と私有のままの所有様式という捩れに資本制の矛盾の一つがあり，これを正して生産様式のみならず，所有様式を社会化することが，マルクスの考える共産主義だった．

●**社会主義批判としての社会学──スペンサー**　しかし，19 世紀の社会（科）学がすべて政治経済学批判という性格を有していたわけではない．社会主義に敵意や警戒心をはっきり示しながら，社会（科）学を 18 世紀の政治経済学に連れ戻そうとする試みも存在した．

H. スペンサー（Spencer）の社会学はその典型だが，その特徴は，第一に，明確な自由主義の立場である．1851 年の初版以降，版を重ねた『社会静学』で，スペンサーが社会のあるべき「第一原理」とし続けたのは，「すべての人間には，他のどの人間にも平等に与えられる自由を侵害しない限り，自分の望むことすべてを行う自由がある」である（Spencer 1851:103）．『社会静学』は 1880 年代に『社会平権論』と邦訳され，日本では自由民権運動の教科書ともされたが，スペンサーは結果の平等を求める社会主義を，この第一原理に反するものとして否定し続けた．「自分の望む対象を獲得する機会を各人に与えることと，それを得るために然るべき努力をしたかどうかに関係なく，その対象をそのまま与えることは，互いに別であり，まったく違うことである．いやそればかりか，後者は自由の平等という原則に著しく反することになる」（同書：131）．

第二は，ダーウィンの進化論との結合である．ダーウィンが「自然選択」とよんだものを「最適者生存」と言い換えたスペンサーは福祉政策全般を批判しながら，次のような主張を「社会学」として展開した．「生物学的真理をわきまえない，あるいは考慮に入れない，一連の立法や諸個人の単独ないし共同の行為によって，深刻な災いがもたらされる．最も虚弱な構成員を人為的に保護すれば，社会の質は身体的に劣化するということが無視されているだけではない．自分で自分の面倒をみることが最もできない人々を人為的に保護することは，社会の質を精神的

かつ知的にも劣化させるということが無視されているのである」(Spencer 1873: 343).

●**原子論と有機的思考** コントは冒頭で触れた『プラン』で，コンドルセに連なって science sociale を用いるだけでなく，彼独自の physique sociale という新語も用いていた (Comte 1822: 訳208). この言葉をコントがさらに『実証哲学講義』の第4巻 (1839) で sociologie と言い換えることで「社会学」は厳密な意味で誕生するのだが，実をいうとコントの社会学は，コンドルセの社会科学とある点で大きく異なっていた．コンドルセが数学を基礎に社会科学を構想したのに対し，コントは生物学を社会学の基礎とした．

上の physique sociale には「社会物理学」という日本語があてられてきたが，この訳語は，少なくともコントに関する限り，ミスリーディングである．コントによれば，人間の精神は，神学的状態，形而上学的状態，実証的状態，という順番で進歩し（三段階の法則），さらに3番目の実証的な状態である科学は，数学，天文学，物理学，化学，生物学，という順番で発展し，最後の生物学の上に社会学が成立するのだが，化学を転換点として科学は，物理学までの「無機的思考」から生物学で確立される「有機的思考」へと根本的な変化をとげる，とコントはいう．彼の社会学もこの転換の上に成立するのだが，「社会物理学」という訳語はその点を見えにくくする．コントが physique sociale というときの physique は，上の三段階の法則に照らして métaphysique（形而上学）との対比で理解すべきであり，「実証的な科学」ほどの意味である．それゆえ，physique sociale は science sociale と同義といってよいが，おそらくコントはコンドルセとの違いを意識して science sociale ではなく，新たに physique sociale といったのだろう．

コントのいう「有機的思考」とは，対象をバラバラに分解するのではなく，個々の要素を互いに不可分に結びつける力の洞察のことである．ドイツの医学者のR. フィルヒョウ (Virchow) にならっていえば，生物学の考察対象は「個体」であり，それは物理学が対象とする「原子」と異なる．原子も個体も，語義的には，それ以上，分割できないものだが，原子が物理的にそれ以上，分割できない単位なのに対し，生物学の対象である個体は，その気になれば，まだ分割（解剖）できる．しかし，切り刻めば，死んでしまうという意味で，個体もまた分割できないもの，正確には分割してはならないものである．

炭素の単体であるダイヤモンドは，どんなに細かく切り出しても，ダイヤモンドとしての性質を失わず，それとして存在し続ける．ダイヤモンドは「無機的思考」で扱えるが，生命ある個体は，それぞれに分化した諸組織や諸器官の間に，しかし，不可分の結びつきを読みとる「有機的思考」によってしか認識され得ない．ダイヤモンドの固さに相当するのがデュルケムのいう「機械的連帯」であり，他方，分業が生み出す連帯を「有機的連帯」と名づける際，デュルケムはそれを

生命個体内の諸器官の相互連関になぞらえた（Durkheim 1893：訳 128-9）.

　コントはもともと数学者だが，社会学の構想に際してはその直接の根を生物学に求めた．これに対して，コンドルセは「社会数学（mathématique sociale）」なるものを構想した．

　コンドルセの社会数学をその『多数決論』（1785）に焦点を当てて考察した沢田善太郎によれば，コンドルセの社会数学の根底にあるのは「18世紀の原子論的社会観」であり，それはコントらの「19世紀の有機体論的社会観」とまったく別物である（沢田：2004）．『多数決論』でコンドルセは，多数決によって選ばれる考えが常に真であることの確率論的証明を試みるが，その前提条件として，すべての個人の意見が互いに独立であることを置いた．これはルソーの「一般意志」に関する前提とまったく同じである．「人民が十分に情報をもって審議するとき，もし市民がお互いに意志を少しも伝えあわないなら，わずかの相違がたくさん集まって，つねに一般意志が結果し，その決議はつねによいものであるろう．……一般意志が十分に表明されるためには，国家のうちに部分的社会が存在せず，各々の市民が自分自身の意見だけをいうことが重要である」（Rousseau 1762：訳 47-8）．ルソーもコンドルセも，個人が互いに原子としてバラバラであることを一般意志の正しさの条件としたが，コントはコンドルセのこの社会数学を誤った試みとした（Comte 1822：訳 203）．

　コンドルセの『多数決論』は，特にその「投票のパラドックス」に注目したK. J. アロー（Arrow）の『社会的選択と個人的評価』（1951）よって再評価され，今日の社会的選択理論につながってゆくが，これはコントらの社会有機体論とはまったく別種の社会科学の系譜である．

●**統計学と社会学**　コントの社会学はまた，A. ケトレー（Quételet）の社会統計学とも対立した．ケトレーは「平均人」という考えを提唱した自著『人間とその能力の発達について』（1835）の副題に，コントにならって physique sociale という言葉を用いたが，単に統計だけを扱ったケトレーのこの本がこの語を掲げるのは言葉の誤用だとして，コントの側が physique sociale を捨て，『実証哲学講義』の第4巻（1839）で sociologie と言い換えた．これが「社会学」誕生の真相だが，統計学なしには成り立たない社会学の現状を考えれば，社会学の起源はコントではなく，ケトレーに求めることもできる．

　ケトレーに対するコントの苛立ちも，原子論的社会観と有機体論的社会観の違いに由来する．ケトレーの「平均人」は，理想的には全人類を母数として，あらゆる項目について平均値をとる仮想人間のことだが，それを算出するのに，人々の有機的結びつきはまったく必要ない．むしろそこで人々は，ルソーやコンドルセの場合と同様，原子としてバラバラに存在すると想定される．他方，コントのいう有機的思考を（コント以上に）用いて問われるべきことは，それぞれに異な

る数値をとる人々の間に，どのような不可分の関係が存在するかである．例えば100人の人がいて，そのうちの1人の年収が2億円で，他の99人の年収が200万円だとする．その平均年収を約400万円と算出したり，あるいは最頻値の200万円を代表値とするだけでは，有機的思考にならない．この1%と99%の間に存在する関係が問われて初めて有機的思考となるが，マルクスの「搾取」という概念は，そういう問いに対する一つの答えとなりうる．

しかし，ケトレーの「平均人」は，平均値から外れる人々の存在を可視化し，そのような格差の原因の解明と除去を可能にするためのものでもあった．例えば，死亡率は都市と農村で違っているし，肺病にかかる人の数や率も職業や生活状況によって異なる．なかでも「貧困」は「それがもたらす他の諸欠乏とともに，死亡率に最も影響を及ぼす原因の一つである」（Quetelet 1835: 訳 [上] 195)．社会のしくみに由来する格差のこれらの要因を，ケトレーは「自然的要因」と区別して「攪乱的要因」とよび，次のようにいう．「文明化の主たる帰結の一つは，人間に関係するさまざまな要素がその間を揺れ動く両限が，徐々に狭まることである．啓蒙の光が行き渡るにつれて，平均値からの偏差はますます小さくなってゆくであろう」（同書：訳 [下] 283)．

ケトレーの「平均人」も，ルソーの社会的な契約やコンドルセの社会的技術と同様，平等の実現に定位していたといえる．

●**社会の発見** コントの政治経済学批判との関連で触れた，1830年代のリヨンの絹織工の蜂起に戻ると，絹織物の固定最低買取価格制度の廃止を正当化する際，事業経営者側は，革命時に制定されたル・シャプリエ法（1791年）を持ち出した．この法律は，同業組合（corporation）の廃止を目的とし，結社の自由を否定した．リヨンの固定最低買取価格制度は，絹織工たちの同業組合的結束に支えられたものだったが，事業経営者側はそれがル・シャプリエ法に違反するとしたのである．

結社の自由を認めないこのル・シャプリエ法は，しかし，フランス革命の，さらに遡ればルソーの共和国の論理から導き出されたものだった．つまり，市民の平等を真に実現するためには，一人ひとりの市民と共和国の間にいかなる中間組織も設けてはならない，なぜなら，ある人々がAという中間団体に属し，別の人々がBという中間団体に属するなら，その時点で市民は同じ（平等）ではなくなるからだ，という論理である．先に引用した『社会契約論』の一節で，ルソーは「部分的社会」を「一般意志」に対立するものとして否定していた．ル・シャプリエ法によって否定された結社の自由が，フランスで十全に認められるのは1901年のアソシアソン法によってである（高村2007)．

「社会科学」「社会学」という言葉とともに，サン＝シモンやコントが主張した社会の再組織化とは，ルソーやル・シャプリエ法の論理に抗して，国家と個人の間に中間集団を再建することにほかならないが，同様の志向はドイツ語圏の社会

科学にもみてとれる.

　ドイツ語圏で社会科学に相当する Wissenschaft der Gesellschaft という言葉を初めて用いたのは, 在野の文筆家の F. ブーフホルツ (Buchholz) で, 彼はルソーとフランス革命に連なりつつ, この「社会科学」とともに, 「あらゆる身分の違いを撤廃し, 人々を国民という単一体に融解させること」をめざした (Buchholz 1807：108). これに続いて, L. シュタイン (Stein) らが社会科学に相当する言葉を用いるが, なかでも R. モール (Mohl) は「社会学 (Gesellschaftswissenscahft)」を「国家学」に明確に対置しながら, 中間集団を重視した (Mohl 1851). モールは, 家族, 市民社会, 国家というヘーゲルの弁証法では社会が単なる通過点でしかないことを批判し, 社会を国家に回収されない独自の領域として立てた. モールによれば, 人々は「利害 (Interesse)」に応じて多様な中間集団を形成し, しかも一人の人間がいくつもの異なる中間集団に所属しうる. こうした中間集団の連なりが, 国家と異なる社会を形成する. と同時に, 小山裕の表現を借りれば, モールの社会学が提示するのは「国家と個人」ではなく, 「国家と社会」の自由主義的区別であり, 彼のいう社会は国家のみならず, 個人にも還元されない (小山 2015：32).

　モールのこの社会学にある意味で連なるのが, 社会政策学会左派の L. ブレンターノ (Brentano) の労働組合論であり, 同時にそれはコントの社会学の延長線上にも位置づく.『イギリス労働組合批判』(1872) で, ブレンターノは次のように述べている.「私は, 社会科学の方法に関してはオーギュスト・コントの信奉者の一人であるに過ぎない」(Brentano 1872：訳 372). この本でブレンターノは, イギリスにおける労働組合の歩みを中世からたどりながら, 資本主義の発達とともに, どの国でも労働組合が不可避的に生まれ, 重要な役割を果たすようになると主張した. 労働組合は, 自分の労働力以外に何も売る物をもたない無産者が, 自分たちの利益を守るのに不可欠の中間集団である.

　ブレンターノのこの主張の背景には, ドイツではフランスと違って, 北ドイツ連邦の営業令 (1869 年) によって, 経済活動の自由のみならず, 労働組合を含む結社の自由がある程度認められたという事情もある. 他方, ブレンターノに 20 年ほど遅れて, デュルケムが 1890 年代に「同業組合」や「職業集団」の重要性を説くのは, 職業組合法 (1884 年) によってル・シャプリエ法が正式に廃され, フランスで労働組合が積極的に認められるようになって以降である.

　「機械的連帯」と「有機的連帯」について, デュルケムは前者が「個人を無媒介的に社会に直接結びつける」のに対して, 後者において「個人は社会を構成する諸部分に従属する」と述べている (Durkheim 1893：訳 127). それは要するに, ル・シャプリエ法からは機械的連帯しか生まれず, 有機的連帯は, 労働組合等の中間団体が育成され, モールのいう「社会」が形成されて初めて可能になる, と

いうことである.

●**歴史的方法とコロニアリズム**　有機的思考によってコントの社会学は生物学と連続するが,他方で,社会学を生物学と異なる新しい科学として誕生させるためには,両者の切断も必要である.生物学になく,社会学で初めて確立されるものを,コントは「歴史的方法」とよんだ（Comte 1839：450）.それは不可逆的な進歩という視点であり,コントの三段階の法則がその一例である.

　ここでは,2点,指摘する.第一に,歴史的方法といいつつも,コントはそれを次のように空間的に展開した.「ニュージーランドの野生人からフランス人やイギリス人までの文明の全レベルが地球上の各所で共存している」という事実によって,「時間的継起に沿って並べられる連鎖関係は,空間的な比較によって検証することができる」（Comte 1822：訳221）.非西洋社会の現在を西洋社会の過去として,つまり遅れたものとして位置づけるということだが,このような考えは今日,コロニアリズム,ヨーロッパ中心主義,などとして批判されている.

　第二に,コントの歴史的方法は,社会の変化を征服等の外的要因によってではなく,今の社会は,その前の社会によって準備され,かつ次の社会を準備する,というように内在的に説明する.無生物からの生物の発生を否定したパストゥールに結びつけられがちな omne vivum ex vivo（すべての生体は生体から）という言葉は,実はコントが『実証政治体系』の第1巻で述べたものである（Comte 1851：591）.彼によれば,生体と同様,すべての社会は社会から生まれる.歴史的方法に基づいてコントは,軍事型社会から産業型社会へという命題を提示したが,歴史的方法は,社会の変化が征服等によって外からもたらされる軍事型社会ではなく,変化の要因を（例えば資本蓄積等によって）自分でつくり出す産業型社会で初めて妥当性を得るとみることもできよう.

　建部遯吾はコントの社会学を日本に紹介しつつ,社会学の原型を儒学に見出した.「儒学は,東西の古代に於ける各種の教学中,最も完全に幾き社会学と謂うべし.社会学にして（…）其淵源の一は必ず之を儒学に遡りて尋ねざるべからず」（建部1904：204）.建部のこうした物言いは,ある意味で彼がコントの歴史的方法を正しく理解した結果ともいえる.コントの歴史的方法は,ある社会が例えば社会学を,あるいは文明全般を受容しながら変化してゆく動因を,その社会の内部（過去）に探し出す.だが,それと入れ代わりに,征服という外的要素や自らの植民地的状況は背景に退いてゆく.1870年代以降の日本における社会学の積極的受容の意味の一つは,そこにあるのかもしれない.　　　　　　　　　　［市野川容孝］

📖 **参考文献**
[1]　市野川容孝,2006,『社会』岩波書店.
[2]　市野川容孝,2012,『社会学』岩波書店.

社会学の確立

●**専門化と制度化と**　本項では1890年から第一次世界大戦終了時（1918年）までの西欧（ドイツ，フランス，イギリス）社会学の基本動向が論じられる．「社会学の確立」といった場合，二つの局面が区別されるだろう．その一つは社会学のディシプリン化（経済学・法律学等々と同等な専門科学になること），もう一つは社会学の制度化（大学や研究所で社会学専用のポストがつくり出されること），である．第一の課題では社会学「内部」の学問論が焦点をなすとすれば，第二の課題では社会学を取り巻く社会構造のあり方が重要となる．社会学の専門科学化の歴史のなかで決定的な役割を果たしたのが G. ジンメル（Simmel）と É. デュルケム（Durkheim）である．両者はまったくの同時代人で，ドイツとフランスを舞台に，1890年代に入るや否や活動を始めた．

●**ジンメルと「個人と社会」問題**　ドイツでは1890年代に入ると「社会主義」は一大勢力となる．社会民主党は帝国議会で確固たる地位を占め，また「マルクス」の仕事がアカデミズムに浸透し始める．ジンメルは社会主義から〈社会的なもの〉を奪還し，「社会学」を専門科学として樹立しようと試みる．

　ジンメルの社会学ディシプリン論は，出世作『社会分化論』（1890）の序章においてまず提示され，それ以降『社会学』（1908）などでの改訂をへて，『社会学の根本問題』（1917）において最も簡明な定式化へと至りつく．「社会学」とは何か？　それは「個人と社会」の問題を専門的に解明する科学である．

　19世紀思想史の基軸は，「個人」という視点から歴史を考察する「人間の科学」から，階級や集団を歴史の決定因とみなす「社会の科学」への移り変わり，として押さえられる．社会主義は，個人主義のように「社会」を単なる「名目」とみなさない点では正しい．しかし社会を個人と同じような「実在」とみなすことによって，社会と個人の間に解き難い二律背反を招き寄せた点で間違っている．ジンメルによれば，実在するのはただ一つ「相互行為」（ドイツ語でいえば「心的相互作用」）であって，「個人」も「社会」も「相互行為」から二次的に構成される「名目」にすぎない（『社会分化論』1890；『社会学』1908）．

　「社会学」は，個人と社会の間に相克性のみを認める社会主義あるいは個人主義に代わり，個人と社会の相互関係を解明し，両者が調和しうることを根拠づける新しい思想・学問でなくてはならない．「個人と社会」問題を首尾よく解決するには，三つの部門の協働が必要不可欠である．社会学の第一部門：「相互行為」に視点を定め〈社会的なもの〉が発生し成立する仕組み，すなわち「形式」の解明をもっぱら課題とする「純粋（形式）」社会学．その第二部門：〈社会的なもの〉

すなわち（相互行為の）「形式」が経済・政治・宗教などの「内容」と結びついて構成される「個人」と「社会」——この両者の関係性を問う「一般社会学」．第三部門が，「個人と社会」問題を理念の平面で追究する「哲学的社会学」．ジンメルは〈社会的なもの〉の本質を〈個人と社会との調和〉に見定めた（『社会学の根本問題』1917）．

●**テンニースと主意主義** 1890年代は，文化史の側面からみると「世紀末」という言葉で特徴づけられる．同時代を終末に向かう下降・崩壊・退廃とみなす時代風潮は，文学・美術・演劇といった「芸術」を震源地に全文化領域に波及し，哲学・思想の分野において「ニーチェ」を偶像へと押し上げた．社会学は世紀末的風潮に，一方では棹さしながら，他方ではそれに抗する現代的思想動向として構想された．F. テンニース（Tönnies 1855-1936）は，ニーチェ批判を明示的な形で最も早い時期に展開している社会学者である．

テンニースの出世作『ゲマインシャフトとゲゼルシャフト』（1887）は，社会結合の対概念を提示した書物として有名であるが，ゲマインシャフト vs. ゲゼルシャフトという対比は，当初から社会学のキー・コンセプトとして提示されていたわけではない（「純粋社会学の基礎概念」という副題が付けられたのは1912年の第二版からである）．テンニースが「社会学」に期待したのは，19世紀を貫く思想的対立を克服するための方途である．思想的にはロマン主義 vs. 合理主義，社会観としては有機体論 vs. 機械論，という対立は，17世紀以来の啓蒙主義に淵源するが，19世紀に入ると，とりわけドイツにおいて，きわめて先鋭化するに至る．テンニースは，基底にある「人間」のあり方に止目して，両者の二律背反を超克しようとする．ロマン主義は人間の「情」に，合理主義は「知」に由来する．もしも（知／情ではなく）第三項の「意」に着目するなら，対立思想を貫通する座標軸が見出されるはずである．「主意主義」という観点に立ち，ロマン主義 vs. 合理主義という対比から，「本質意志」と「選択意志」という意志に関する極類型が抽出される．

ロマン主義・有機体論を基礎づけるのが「本質意志」であるとすれば，合理主義・機械論の基底にあるのは「選択意志」，人間の意志のなかで，実在的で自然的局面を指すのが「本質意志」であり，観念的・作為的局面を指すのが「選択意志」である．「本質意志」がつくり上げる人間結合が「ゲマインシャフト」であるとすれば，「ゲゼルシャフト」は「選択意志」がつくり上げる文化形式である．ジンメルの重要視する個人主義 vs. 社会主義という対比は，テンニースでは「選択意志」の発展段階の相違として了解されることになる．

テンニースは「主意主義」をもって世紀末という時代風潮に抗しようと欲する．「世紀末病」の病原として喧伝される人間の生命力の衰え・枯渇——こうした「生の病い」の元凶こそ人々の意志の弱体化にほかならない．「意志」の働きの重要

さに目覚め，その鍛え直しが生きる力を回復するための唯一の手だてとなる．ニーチェを代表とする世紀末思想のなかに鳴り響いているのは，「意志」をもって人間存在の中核とみなす思考法である．

●デュルケムと道徳の科学　ドイツからフランスへと目を転じることにしよう．フランスで社会学成立のための敵役を演じたのはカトリシズムである（ドイツでは社会主義）．カトリシズムが〈社会的なもの〉の存在をそれなりに認め始めたのは，ようやく 1890 年に入ってからのことである．19 世紀後半のフランスでは，「公教育」の導入をめぐって国家と教会（カトリック）とが激しく対立した．近代化を押し進めるために，カトリックの保持している（とりわけ初等の）教育権力を奪い取り，国家にそれを移管させることの是非が一大政治争点をなしていた．義務教育を推進する「世俗化主義（レイシスム）」のアキレス腱は，国家による教育管理が，宗教の担保していた道徳的権威を弱体化し，結果として社会の無秩序状態（アナーキー）を招来するのではないかという危険性である．こうした危惧の念を一掃するために，世俗化時代にふさわしい「モラル（道徳）」に関する新しい「科学」の構築が求められる．というのも 19 世紀において「宗教」に匹敵する知的権威を主張しえたのはただ「科学」のみだからである．当時の高等教育局長は，新しい時代にふさわしい「モラル（道徳）の実証科学」のためにボルドー大学に「社会学」の講座を創設し，かねてから目をかけていた期待の星デュルケムを教授に招聘することにした．デュルケムこそアカデミックポストに就いたヨーロッパ最初の「社会学者」である．

　社会学は「社会」問題を解決するために 19 世紀中葉に構想された新しい科学である．social をベースに socio-logy という名称が案出された．19 世紀初頭以前では，social で指示される意味内容には，（ヨーロッパ諸言語においては）moral という言葉が当てられるのが普通であった．「social problem」は「moral problem」，「social science(s)」は「moral science(s)」と表現されていた．デュルケムは「社会主義」に親近感があったので，社会主義との差異化によって社会学の専門化をはかるという（ジンメルがとった）戦略に共感することはできなかった．社会諸科学のなかで「社会学」の固有性を主張するために，デュルケムが用いたのは「先祖がえり」の方式である．社会学とは何か？それは「モラル（道徳）に関する実証科学」のことである．「モラル（道徳）」をもって〈社会的なもの〉を総称するという工夫は，少なくとも日本人にとっては少々難解である．しかし「モラル」という用語によってポピュラリティを，「実証科学」という言葉によって新時代性を主張するという戦略は，少なくともフランス語圏を地平とする限り，見事な成功をおさめた．こうしてソルボンヌ大学において「社会学」の講義が可能になったのである．

　デュルケムの社会学論のうち最も有名なのが『社会学的方法の規準』(1895)

である．社会学の取り扱う固有の対象は「社会的事実」，すなわち，人々の表象と行為に対して拘束力をもつような事実である．デュルケムのいう「拘束性」は「強制」と同義ではない．人々が一定の行為に従うのは，そうすることが「義務」と感じるからである．強制の源泉は人々の「意志」を拘束する力である．「社会的事実」の典型としてデュルケムに念頭にあるのは「モラル（道徳）」であることは明らかであろう．この場合の「モラル」は，掟・行為規範をもっぱら意味し「道徳」と訳されるのが普通である．こうした意味での「道徳」は，人々の「意志」内の事象であるので，直接目で見たり・手で触ったりすることはできない．社会学が「モラル（道徳）の実証科学」を志向する限り，「モラル（道徳）」という（内的な）事実を，観察し・記述し・比較することが可能な（外的）事実を用いて研究するような実証科学でなくてはならない．外的事実から，いかにモラル（道徳）にアプローチするかについて，徹底的に考え抜いたところに，デュルケムの社会学論の真骨頂がある．「社会学的方法の規準」と題されたゆえんである．

『社会分業論』（1893）では，「連帯」というモラル（道徳）現象は，法律という外的事実の分析からアプローチされる．『自殺論』（1897）では，自殺というモラル（道徳）の病理形態は，「自殺率」という統計的事実を手がかりに分析される．『宗教生活の原初形態』（1912）では，「宗教・信仰」という内的事実は，「儀礼」という外側に表出される「実践」から探求されている．

デュルケムは，社会学的方法論の歴史のなかで，統計的データを用いた分析法および比較論的パースペクティブの重要性を開示した先達として決定的に重要である．

●**宗教の倫理化**　「モラル」といった場合，人々が心のなかで大切と信じている事態そのものを指す場合がある．モラルのこうした特性は，しばしば「理想」「価値意識」「倫理」という言葉でもって把握される．テンニースは「ドイツ社会学会」が結成される以前の時期，「倫理−文化協会」のアクティブとして有名であった．「倫理」こそ，世紀末における「生の衰弱」を克服し，バイタリティを回復させる特効薬とみなされた．「倫理」もまた世紀末を特徴づけるキータームの一つである．

19世紀は「世俗化」の時代といわれている．「世俗化」ということで宗教の力が一方的に衰退する過程を考えるのは間違っている．「世俗化」とは「神の国」と「地上の国」との厳しい二元論が後退し，宗教が俗世間の平面と交叉するようになった，という事態を意味するにすぎない．当時のキリスト教において，「イエスの教えを社会問題に適用しよう」という〈キリスト教の社会化〉の動きが顕著となる．〈キリスト教の社会化〉の典型が，19世紀最後の四半期のアメリカを席巻した「社会福音」運動である．ドイツでも1890年には「福音−社会会議」が発足する．〈キリスト教の社会化〉という宗教リバイバル運動は，19世紀末に「社会学」を興隆させた原動力の一つをなしている．

1893年にシカゴ大学において社会学部および社会学研究科が創設されたが，こうした動きの背後にあったのが「社会福音」運動である．事実19世紀におけるアメリカの社会学者の大半は，プロテスタント系キリスト教の牧師あるいはその子息であった．ドイツの「福音−社会会議」にコミットしていたのが M. ウェーバー（Weber）である．彼の母親は〈社会化されたキリスト教〉の熱心な信者であり，従兄弟は「福音−社会会議」系の新聞の編集長であった．

　世紀末的時代風潮の乗り越えを可能にする「倫理」は，いったいどこから来るのか．それはキリスト教を代表とする「宗教」からである．宗教が強い関わりをもつ対象は「神」の代わりに「人間の生きざま」とみなされるようになる．宗教の意義は，もっぱら人間の生の内面的支えを提供する点に求められた．〈キリスト教の社会化〉を「社会学」の側からとらえ返せば，〈キリスト教の倫理化〉ということができるだろう．ジンメル（『宗教』1906）も，デュルケム（『宗教生活の原初形態』1912）も，いずれも「倫理」の根基に「宗教」を見出すような宗教社会学論を残している．

　しかし〈キリスト教の倫理化〉の系列にたつ社会学的業績としてはウェーバーの『プロテスタンティズムの倫理と資本主義の《精神》』（1904-05）が屈指のものであろう．マルクス由来の「資本主義」概念を用いながら，資本主義を創出するために決定的な力を揮ったのは，「経済」（例えば資本の蓄積）ではなく，「宗教」（プロテスタンティズムの倫理＝エートス）であることが，論証されていく．出世作で用いられた方法は，後年洗練され，「理解社会学」として定式化された（『社会学の基礎概念』1920）．「エートス」を導きの糸に「社会行為」を解明的に理解しつつ，「資本主義」のような行為の一連の経過と帰結を因果的に説明しようとする科学——これがウェーバーの企図する「社会学」である．

●ウェーバー問題　社会学史を振り返ってみると，ウェーバーがデュルケムに匹敵する社会学の巨匠として登場するのは，比較的最近のことである．その嚆矢は1937年に刊行された T. パーソンズ（Parsons）の処女作（『社会的行為の構造』）であり，ポピュラライズされたのは1958年に刊行された S. ヒューズ（Hughes）の著作『意識と社会』のお蔭である．それ以前では，デュルケムとペアにされるのはジンメルであった．ウェーバーの業績をあらためて読み返してみると，彼を「世紀の転換期の社会学者」あるいは「1890年代の思想家」とよぶには，あまりにもおさまり切らない部分に目を奪われてしまう．実際，第一次世界大戦以前では，ウェーバーが学者として遇されたのは何よりも「社会政策学者」としてであり，その「社会学的」著作が広く知られ，（社会学者の間で）引用されていたとは到底思えない．ウェーバーは大戦間期の社会学の先駆け，あるいは（ウェーバー死後の）「ワイマール期」のコンテクストに埋め込むと，彼の仕事の鋭さが最もよく理解される．事実，彼の死後に，続々と刊行された論文集によって，彼のア

カデミックな著作はようやく広く読まれるようになったのである．ウェーバーをどこに位置づけるかは，社会学史上の最大の難問といえるかもしれない．

「1890年世代」としては〈過剰な〉ウェーバーの特質を以下列挙しておくことにしよう．まず人間観．ウェーバーによれば，人間とは無意味な世界の真っただ中に投げ出された存在であり，もしも理解するに値する「意味」がこの世にあるとすれば，それは人間が付与したものである．一切の意味の源泉は人間の行為にある．こうした世界観は大戦間に勃興した「実存主義」にきわめて類似する．

次に科学観．科学的認識の「客観性」は人間の「主観性」を基盤に存立するという「価値自由論」が前提とするのは，人間同士の全存在を賭けた「神々の闘争」が不可避であるとする時代認識である．こうした学問観は，ロシア革命以降の「イデオロギーの時代」に入り，ようやくその本質が会得される．

最後に社会観．ウェーバーによれば，来たるべき世界は官僚制化とカリスマ的指導者との緊張関係によって彩られる．官僚制化の決定的契機は（第一次世界大戦を嚆矢とする）「総力戦」の遂行にある．官僚制の時代は第一次世界大戦以降に属する．官僚制を自由に駆使するようなカリスマの威力を知らしめた世界史的事件はナチズムである．また社会主義の中核に官僚制化を見出すウェーバーの社会主義観は，社会主義にロマンチックな感情をもち得なくなった〈ポスト-ロシア革命の時代〉に適合的である．「世界宗教の経済倫理」の1巻として構想された『儒教と道教』(1916)，『ヒンドゥー教と仏教』(1916/17)は，未開 vs. 文明，という19世紀的対比（その逆である「オリエンタリズム」）からまったく自由なアジア社会論である．グローバル時代にふさわしい比較文明論の先駆けといえるだろう．

●ドイツ/アメリカ/フランス/イギリス　ひとくちに社会学の「確立」といっても，ヨーロッパ諸国の間においてすら，大きな相違があることを，最後に瞥見しておくことにしよう．社会学の「学論」という面では，ドイツが最も洗練された業績を積み上げてきた．にもかかわらず第一次世界大戦以前のドイツの大学には「社会学」を講義したり研究したりする「講座」は一つも存在しない．ジンメルもテンニースもアカデミックな意味における「社会学者」ではない．ジンメルはベルリン大学では私講師という非常勤ポストに据え置かれ，社会学の講義をすることは許されなかった（「社会学」という名称はゼミの題目としてのみ用いられている）．テンニースは58歳になって初めてキール大学の教授に任命されたが，「経済学」のポストであった．「社会学」を専門的に研究したいテンニースは，3年後に大学を去る（ウェーバーが若くして任用された教授ポストは「国民経済学」である）．

ドイツのアカデミズムが「社会学」を峻拒したのは，〈社会的なもの〉が「社会主義」と同一視されていることに由来する．社会学を社会主義との差異化によって基礎づけようとしたジンメルらの渾身の努力にかかわらず（反面，そうした努力の副産物として），「社会主義」と〈社会的なもの〉との合体性は結局のところ

打破されることはなかった．〈社会的なものの科学〉である「社会学」は，党派的な科学であり，不偏不党を建前とするアカデミズムのなかに居場所を与えることは許されない．在野の学問であり続けたこと，これがドイツ社会学の栄光であり悲惨でもある．

　ドイツの社会学的状況の対極にあるのがアメリカである．アメリカでは1890年代にすでに社会学部が創設され，「社会学」は大学のなかで正規の授業科目として，社会学を専攻した専門の教授によって講義されていた．社会学者を育成するための大学院も存在し，「社会学者」のリクルート源は確保されていた．アメリカにおいて〈社会学の再生産構造〉がいち早く確立されたのは，消極的には社会主義勢力が薄弱でドイツのように〈社会的なもの〉をもって反体制とみなす通念が存在しなかったこと，積極的には，シカゴ大学などの努力によって社会学は「社会問題の科学」として方法的に洗練化され，〈社会的なものの科学〉の王者として君臨することに成功したことに由来する．シカゴ大学において展開された「科学としての社会学」運動の乗り越えるべき壁は「社会福音」主義であった．科学と宗教とを切り分けするには，19世紀の思想的遺産を活用すればよい．ドイツのように，社会学者がゼロから方法論を説き起こす必要はない．

　フランスとイギリスでは，「社会主義」は〈社会的なもの〉という大きな括りのなかに包摂されていた．すでに存在していた〈社会的なもの〉を地平に，「社会主義」は19世紀の後半以降分岐・独立するに至った主義主張といえるだろう．〈社会的なもの〉のなかに当初から存在していた「個人主義」の要素が，フランス・イギリスの社会主義の場合，本質的な要素として組み込まれていたといってもよい．

　フランスの場合〈社会学の専門科学化〉に乗り越えるべき壁を提供したのはカトリシズムである．1891年の教皇レオ13世の回勅は「社会問題」が存在することを初めて認める．それ以前の段階で「社会問題」を取り扱おうと志す人々は，正統カトリシズムからの「破門」を覚悟する必要があった．「社会問題の科学」である社会学は，カトリシズムからみれば危険思想である．デュルケムはユダヤ教のラビの息子であるがゆえに，ためらうことなく「社会学」に接近することができたのかもしれない．事実社会学者のリクルート源として重要なのはユダヤ人，それに続いてプロテスタントであった．カトリック教徒でかつ優れた社会学者としては，『模倣の法則』(1890) を著したJ.-G. タルド (Tarde 1843-1904) が屈指の存在だろう．タルド社会学の出発点は「相互行為」に設定されている．相互行為の基本型として措定された「模倣」は，同時に，個人と社会の対立を乗り越え調和的な世界をもたらす「宇宙論的」力である．というのも「模倣」は他者肯定に由来する「愛」に近似した相互行為であるからである．

　フランスで社会学の専門化の後押しをしたのは，「国家」であった．19世紀の最後の四半世紀のフランスは，普仏戦争での手痛い敗北を契機に，富国強兵をめざ

して国民国家への道をばく進していた．社会学が投入されたのは，カトリシズムと国民国家のせめぎあいの最前線である小・中・大の教育の現場であった．デュルケムは，ボルドーでもソルボンヌでも，社会学と教育学をワンセットとして教授することが期待されていた．デュルケムは，「モラル（道徳）の実証科学」を旗印に，フランスのアカデミズムのなかに「社会学主義」を制度化することに成功した．

イギリスでは1907年にL. T. ホブハウス（Hobhouse）が，ロンドン・スクール・オブ・エコノミクス（LSE）の初代社会学教授に任命されている．当時のLSEは，社会人のための夜間学校で，独立の建物ももたない小規模な教育機関であった．現在の標準からいえば「大学」というより「塾」とよばれるのにふさわしい．ホブハウスの関心は社会学よりも政治思想の彫琢にあった．

ホブハウスの社会学の定義すなわち「人間が相互に織りなす関係の網の目としの人間社会の研究」は，穏当でありすぎて，専門性を確立するには鋭さに欠けていた．イギリスはH. スペンサー（Spencer）という大物を出しながら，社会学の専門化に関して一歩遅れをとっているようにみえる．こうした遅れは，社会学の行く手に立ちふさがる壁が存在しないことに由来するだろう．

イギリスでは，社会主義は有力な政治勢力をなしているが，党派的な排他性に乏しい．英国国教会も「社会問題」を認めないほどの頑なさはない．国家権力もすでにリベラルな民主主義体制への道を歩み始めていた．当時の全世界を見渡しイギリスほど〈社会的なものの制度化〉に成功している場所はない．〈社会的なもの〉の制度化が進んでいるがゆえに，「社会学」が専門科学として確立される必要がなかったのである．〈社会的なものの科学〉は「社会研究 Social Study」という名称のもとに当時の世界最先端を行く業績を輩出していた．

1892年に始まるC. ブース（Booth）の『ロンドン庶民の生活と労働』シリーズ，「都市生活の研究」という副題をもつB. S. ロウントリー（Rowntree）の『貧困』（1901），統計学を用いて「貧困」の調査研究法を革新したA. L. ボウリー（Bowley）の『暮らし向きと貧困』（1915，ボウリーはLSEの社会統計学の初代教授）などは，都市研究・社会病理学・社会福祉学の傑作であるばかりでなく，用いられている社会調査技法という点からみて経験社会学の古典といってよい．手間と時間と費用がかさむこうした社会調査研究が，イギリスの場合は，「大学の外で」遂行可能であった．労働組合・労働党・地方自治体の役人・中央政府の審議会・民間の調査機関，そして資産家の家族などに所属さえしていれば，大学にポストを獲得しなくとも職業としての「社会学者」でありえたのである． ［厚東洋輔］

参考文献
[1] Hughes, S., 1958, *Consciousness and Society,* Knopf. （生松敬三・荒川幾男訳，1970，『意識と社会——ヨーロッパ社会思想，1890-1930』みすず書房．）
[2] Abrams, P., 1968, *The Origins of British Sociology, 1834-1914,* University of Chicago Press.
[3] Mitzman, A., 1973, *Sociology and Estrangement,* Knopf.

社会学の発展①

●**理論的な突破** そもそも，社会学は，発展してきたのであろうか．ひょっとして，それは，停滞したり，衰退したりしてきたのではなかろうか．「社会学の発展」について，まず問われるべきことは，それである．『日本国語大事典』（小学館）は，「発展」に，「物事が進み，ひろがっていくこと．より低い状態から，より高く，より完全に，より分化し，より豊かに，より複雑になっていくこと．勢いや力などが伸びてひろがること．盛んになること」との語釈をあてる．社会学が，「より低い状態から，より高く，より完全に」なってきたとは，単純にいえない．しかし，それが，「より分化し，より豊かに，より複雑に」なってきたことについては大方の合意があろう．

社会学の歴史は，それ自体，数々の傑出した社会学者たちによる理論的な突破の過程である．この理論的な突破は，決して単線的ではなく，複線的な経路をたどってきた．したがって，社会学の歴史は，恒常的にマルチ・パラダイム状況におかれてきた．つまりは，基本的なパラダイムが複数あるというのが，社会学の常態であった．これは，社会学の歴史の語り手にとって，はなはだ厄介な状況である．というのも，何が主要な潮流であるかが，簡単に見通せないからである．もっとも，それは，歴史の語り手が日常的に直面する状況でもある．歴史の語り手は，常に，歴史の主要な潮流を見抜く目を求められているのである．

G. ジンメル（Gimmel），É. デュルケム（Durkheim），M. ウェーバー（Weber）の三者は，19世紀末から20世紀初めのヨーロッパにおいて，アカデミックな社会学の基礎を築いた．もちろん，それまで，今日の社会学につながる社会理論がなかったわけではない．しかし，上記の三者（ほかに何人かの人物をつけ加えてもよい）は，現代社会学に固有の概念や着想を提示した．社会学の歴史上，彼らは，現代社会学の創始者（もしくは古典社会学の革新者）としての地位を占めている．彼らの知的生産は，社会学の歴史上，最大の理論的な突破であった．ある意味では，その後の社会学者たちは，彼らの敷いた路線の上で社会学的な思考を展開してきたといっても過言ではない．

【マンハイム】 さきの三者に続く世代の社会学者のなかで，一つの理論的な突破を果たした社会学者に，K. マンハイム（Mannheim）がいる．マンハイムは，ハンガリー出身の社会学者で，ドイツに留学した（ベルリン大学でジンメルに師事）．その後，帰国し，G. ルカーチ（Lucács）などとともに文化運動に従事した．1919年のハンガリー革命の挫折（反革命）後，マンハイムは，ドイツに亡命する．そして，ハイデルベルク大学で，A. ウェーバー（M. ウェーバーの弟）の厚誼を

得て，職業的な社会学者として歩み始める．その際，マンハイムは，(A. ウェーバーの文化社会学の延長線上で）知識社会学を構想した．文字どおり，それは，知識そのものを研究対象とする社会学的研究を指す．

社会学的な研究は，それ自体，一つの知的活動である．したがって，知識社会学は，自分自身をも研究対象としなければならない．暗黙的には，そういう自己言及性は，社会学的な思考に内在しているものである．つまりは，自らの存在理由を探究することは，社会学の本質的な問題の一つである．しかし，それを明示的に提起したのは，マンハイムの功績の一つといってよい．例えば，歴史主義 (historicism) をめぐる論文で，マンハイムは，こう説く．「歴史主義は，並外れた，知的影響力をもつようになってきている．……歴史主義的な原理は，見えざる手のように，文化科学の活動を組織するばかりか，日常的な思考にまで浸透している」と (Mannheim 1924).

マンハイムは，歴史主義の根幹をなすものとして，「発展」の概念をあげる．そして，「発展」の過程を理論的に解明することが，歴史主義の課題であるとする．同時代的に，K. R. ポパー (Popper) は，歴史主義を批判する作業を進めていた（それが，『歴史主義の貧困』にまとめられるのは，ずっと後年であるが）．その際，ポパーの歴史主義批判の論拠の一つとなったのは，「合理的ないしは科学的方法によって，科学的知識の将来の発展を予測することはできない」ことであった (Popper 1957). ある意味では，そこでは，知識によって知識を探究することの困難が指摘されている．残念ながら，マンハイムの知識社会学が，そういう難題を克服し得ているとはいえない．

しかし，マンハイムの知識社会学が，何の成果も生まなかったわけではない．例えば，イデオロギー概念の彫琢は，社会学史に残る彼の功績の一つである．そこでのマンハイムの主張の核心は，マルクス主義のイデオロギー概念もまた，固有の党派性（イデオロギー性）をもつということであった．マンハイムはこう説く．自分自身の立場でさえも，イデオロギー的なものととらえる勇気をもたなければならない，と (Mannheim 1929). 思想的に，マンハイムが切り開いた地平は，相対主義（relativism）にあたる．それは，今日，社会学的な言説がおかれている地平そのものである．その意味で，マンハイムは，現代社会学の中心的存在（キー・プレーヤー）の一人と位置づけられる．

●**ユダヤ人と社会学** マンハイムがフランクフルト大学社会学教授在職中に，ナチスが，ドイツで政権を獲得した．それを受けて，マンハイムは，イギリスに亡命する．もちろん，彼が，ユダヤ人であったからである．もともと，社会学者のなかで，ユダヤ人は一大勢力を占めている．例えば，ジンメル，デュルケム，W. ベンヤミン (Benjamin), G. ギュルヴィッチ (Gurvitch), M. ホルクハイマー (Horkheimer), N. エリアス (Elias), L. ワース (Wirth), H. マルクーゼ (Marcuse),

A. シュッツ（Schütz），E. フロム（Fromm），T. W. アドルノ（Adorno），P. F. ラザースフェルド（Lazarsfeld），R. C. F. アロン（Aron），D. リースマン（Riesman），R. K. マートン（Merton），H. ガーフィンケル（Garfinkel），D. ベル（Bell），A. W. グールドナー（Gouldner），E. ゴッフマン（Goffman），Z. バウマン（Bauman），P. L. バーガー（Berger），S. ミルグラム（Milgram）なども，皆ユダヤ人である（出生順．以下同）．

隣接科学にまで探索範囲を拡げれば，その名簿に，次の人々も付け加えることができる．K. マルクス（Marx），S. フロイト（Freud），K. ポランニー（Polanyi），H. アーレント（Arendt），P. F. ドラッカー（Drucker）……．そもそも，なぜ，社会学者（ならびに周辺領域の学者）にユダヤ人が多いのか．これは，それ自体，知識社会学的問題である．マンハイムは，社会学の担い手として，（A. ウェーバーの用語を借用して）「社会的に自由に浮動する知識人」をあげた．それは，知識人が，「相対的に階級性のない階層」であるという文脈においてであった．実際には，知識人が，階級性を脱しているかどうかは疑わしい．しかし，社会学者にユダヤ人が多いというのは，それ自体興味深い知見である．

●フランクフルト学派　第二次世界大戦前に，ユダヤ人の社会学者を中心に構成された学派にフランクフルト学派がある．社会学の歴史上，フランクフルト学派は，数次にわたる世代交代を経ている．しかし，ここで問題にするのは，第一世代の——1920〜30年代にフランクフルト大学社会研究所（1923〜33年）に集結した——社会学者の一団である．一般に，第一世代のフランクフルト学派として名前があげられるのは，ベンヤミン，ホルクハイマー，マルクーゼ，フロム，アドルノなどである．彼らの多くは，ナチズムの台頭を契機として国外に亡命し，その後亡命先でも研究活動を続行した．なお，フランクフルト大学社会研究所は，第二次世界大戦後再興された．

社会学の歴史においては，しばしば，「学派（school）」が問題にされる．もっとも，一つの学派のメンバーが，一つの立場を共有しているわけではない．そのことを断ったうえで，フランクフルト学派の「学風（tradition）」を大胆に要約するとすれば，こうなる．柔軟なマルクス主義に依拠しつつ，「近代社会」のありようを批判的に分析したのが，フランクフルト学派である，と．そういう学風は，第二世代のフランクフルト学派を代表する，J. ハーバーマス（Habermas）にも継承されている．かくして，従来，フランクフルト学派の立場は「批判理論」と総称されてきた．そしてまた，この学派には，フロイトの創始した精神分析理論の影響も濃厚である．

一般に，フランクフルト学派の理論的な指導者と目されるのは，ホルクハイマーとアドルノである．ここでは，二人の共著のなかから，『啓蒙の弁証法』を取り上げよう．ホルクハイマーとアドルノは，それを，第二次世界大戦中のカ

リフォルニアで執筆した．その序文で，二人は，「なぜ，人類は，野蛮な状態（barbarism）に落ち込んでいくのか」と問うた（Horkheimer und Adorno 1947）．要するに，そこでの二人の関心は，野蛮化した「近代社会」の現況にあった．そして，その根源は，「近代文明」そのもののなかに内在しているというのが二人の認識であった．ここには，「近代文明」を批判的にとらえようとする，フランクフルト学派の基本的な姿勢が明示されている．

【フロム】　例えば，フロムの一連の著作も，そういうフランクフルト学派の理論的な枠組みのなかにある．彼の作品のなかでは，とりわけ，『自由からの逃走』（Fromm 1941）が著名である．よく読まれた社会学書として，それは，リースマンの『孤独な群衆』（Riesman 1950）と双璧をなす．そして，『孤独な群衆』が，フロムの理論の影響を受けていることを忘れてはならない．ここでは，フランクフルト学派との関連で，『自由からの逃走』を読み解くことにしたい．ナチズムの台頭を受けて，多くのユダヤ人社会学者が亡命を余儀なくされたことについては，さきに書いた．彼らにとって，一つの共通の課題は，「なぜ多くの人々がナチズムを支持したのか」ということであった．

　『自由からの逃走』も，まさしく，そういう問いに答えようとしている．フロムは，そこで，近代人にとって「自由」が二面性をもつと説く．より具体的には，それは，ポジティブな自由とネガティブな自由である．そのうち，フロムの議論で明確な概念規定がなされているのは，ネガティブな自由（「……からの自由」）である．すなわち，ネガティブな自由とは，コミュニティ的な関係からの自由を指す．コミュニティ的な関係は，人間に対して，「安全」を提供する．しかしまた，それは，人間の「自由」を制限する．近代人は，本来，そういうコミュニティ的な関係から「自由」な存在である．しかし，それは，一つの両義的(アンビヴァレント)な状況にあたる．

　というのも，「自由」であることは，「孤独」であること，「不安」であること，「無力」であることと等価であるからである．もし，人間が，そういう苦境に耐えられなければ何が起こるか．そのとき，人間は，「自由」を放棄し，新しい「束縛」を希求するかもしれない．そういう事態のことを，フロムは，「自由からの逃走」とよぶ．これに対して，ポジティブな自由（「……への自由」）については，必ずしも明確な概念規定がなされていない．どうやら，フロムは，こう想定しているらしい．人間は，「自由」を確保した状態で，他者とコミュニティ的な関係を構築することができる．と．たしかに，近代人は，そういうことを夢想しがちである．

【ベンヤミン】　しかし，それが，どれほど困難であるかはだれもが知っている．明らかに，ここには，フランクフルト学派の理論的特性が映し出されている．良くも悪くも，それは，「批判理論」なのである．フランクフルト学派が，今日の社会学界で，どれほどの影響力を保っているかは何ともいえない（中立的にみて，

その理論的な影響力は，年々低下しているように映る）．そのなかで，ベンヤミンは，異彩を放つ存在である．例えば，彼が提起した「アウラ（aura）」という概念は，今日の社会学界で広く共有されている（『複製技術時代の芸術作品』）．そのことは，ベンヤミンが，フランクフルト学派の範疇をはみ出す人物であったことを示している．

　もっとも，彼は，紛れもなくフランクフルト学派のメンバーであった．ベンヤミンは，1933年，パリに亡命する．しかし，1940年，パリ陥落を目前にして窮地に陥る（最終的に，彼は，パリを脱出する．しかし，スペインへの入国を拒否されるなか，ピレネー山中で自殺する）．論文「歴史の概念について」は，パリ陥落（パリ脱出）を目前にして，ベンヤミンが執筆した遺稿である．ベンヤミンは，そこで，歴史を一つの破局としてとらえようとしている．そこには，フランクフルト学派のメンバーの大半が共有する，ペシミズムが色濃く映し出されている．その論文中の，「歴史の天使」をめぐる最も有名な一節を，ここで引用しておこう．

　　歴史の天使は，顔を過去に向けている．私たちが出来事の連鎖を見て取るところに，彼はただ一つの破局（catastrophe）だけを見る．その破局は，瓦礫の上に瓦礫を積み重ねては，彼の足下に投げ出していく．天使は，できることならばそこにとどまって，死者たちを目覚めさせ，粉々になったものを元通りにしたいと思う．しかし，楽園から嵐が吹きつけて，翼が激しく煽られているために，天使は翼を閉じることができない．嵐は，背が向いている未来のほうへ，彼を否応なく押し進めていく．その間にも，天使の前の瓦礫の山は，天にも届く勢いで積み上がっていく．私たちが進歩とよんでいるものが，この嵐なのである（Benjamin 1940）．

●アメリカへ　そろそろ，話を，ヨーロッパ社会学からアメリカ社会学に転じよう．遺憾ながら，アメリカ社会学の起源をたどることは，本項の課題ではない．一つ確実なことは，19世紀末から20世紀初めの時点で，社会学の中心地は依然としてヨーロッパにあったということである（実際，その当時は，アメリカの社会学者がヨーロッパ諸国に留学する慣行があった）．しかし，まさに，その頃からアメリカに固有の社会学が生まれてくる．のみならず，それが，世界的な影響力をもつようになる．かくして，20世紀を通じて，社会学の中心地はヨーロッパからアメリカに移っていく．本項で扱うのは，そういう局面における，アメリカ社会学の創生である．

【ミード】　G. H. ミード（Mead）の登場は，そういうアメリカ社会学の創生を告げる，一つの象徴的な出来事であった．ミードは，アメリカの諸大学で学んだ後，ドイツに留学した．その後，1894年，シカゴ大学哲学部のスタッフになった（以

後，没年まで在籍）．シカゴ大学は，1890年に，石油王 J. D. ロックフェラーの寄付をもとに設立された大学である．大学開講時の1892年には，アメリカで最初の社会学部として，シカゴ大学社会学部が設置された．社会学のシカゴ学派が，ここに集結した社会学者の一団を指すことについては，後に触れる．ミードは，シカゴ学派の社会学に種々の影響を与えていることから，シカゴ学派に含められることも少なくない．

しかし，ここでは，一人の独立した存在として取り上げることにする．ミードの著作としては，何にも増して，『精神・自我・社会』(Mead 1934)が著名である．ただし，それは，ミードの没後に（講義ノートなどを素材に，弟子によって）編纂された著作である．そのことを断ったうえで，ここでは，そこで展開されるIとmeの理論を再検討することにしよう．ミードは，人間の自我を，生得的な自我 (I) と社会的な自我 (me) の二元的な構造で理解する．このうち，社会的な自我は，他者によって期待される役割に相当する．もっとも，他者は，通常複数である．したがって，自我は，「どういう役割期待に応えるか」という問題に常時直面することになる．

かくして，私は，「私がしたいこと (I)」と「私がしなければならないこと (me)」の矛盾のなかにあるというのがそこでの議論の核心である．あるいはまた，こう評価してもよい．そういう自我の二元的な構造を問題にする際に，ミードは，生得的な自我の創造性を重視している，と．ミードのIとmeの理論は，同時代的にヨーロッパで展開された，フロイトの自我の構造をめぐる議論（自我・エス・超自我という三つの審級からなる）を連想させる．実際，『精神・自我・社会』には，一個所フロイトへの言及もある．それでもなお，それは，アメリカ社会学の一つの成果として評価されてしかるべきであろう．

ミードは，この二元的な自我が形成される過程を，具体的な文脈で問題にしている．すなわち，子どもが，プレイとゲームを通じて（より正確には，それらの活動のなかでの役割取得を媒介として）自我を形成する過程がそれである．プレイの段階では，子どもは，特定の他者（「重要な他者」）との関係において自我を形成する．これに対して，ゲームの段階では，一般的なルールを基準として（「一般化された他者」を基準として）自我を形成する．社会学の歴史上，ミードのプレイとゲームの理論は，社会化の問題の地平を切り開いたと評価できる．総括的に彼はいう．「自我の起源や基礎は，思考の起源や基礎と同じく，社会的である」と．

【クーリー】 ミードに先立って，自他の相互作用を分析したアメリカの社会学者に，C. H. クーリー (Cooley) がいる．クーリーは，他者という鏡に映った自己像を指して，「鏡に映った自己」とよぶ．すなわち，自己は，他者との相互作用のなかで自己を形成するというのが，そこでのクーリーの主張である．特段，自

他の相互作用は，対面的な状況に限られるものではない．例えば，電子メールを通じて，遠隔地の知人と交信するとしよう．その知人の返信のうちに，私たちは，「鏡に映った自己」を見出すこともできる．ただし，クーリーは，もっぱら対面的な状況に関心をおいている．そのことは，クーリーの社会学のもう一つの中心概念との関連で，興味深い．

すなわち，それは，クーリーが主著『社会組織論』で提示した「第一次集団」である．一般に，第一次集団とは，家族・近隣・友人などの基礎集団を指す．そこには，「親密で，直接的な結合と協同」がある，とクーリーはいう（Cooley 1929）．後世の社会学では，「第一次集団」の対立概念として，「第二次集団」という言葉が使われるようになる．すなわち，後者は，学校・政党・組合などの機能集団を指す．今日からみれば，そういう集団類型の提示は，きわめて陳腐である．私は，クーリーが，「第一次集団」だけを提示していることにかえって興味をもつ．というのも，コミュニティ的な関係を重視することに，彼の社会学の特質はあるからである．

●シカゴ学派　これに対して，コミュニティ的な関係の解体を問題にするのが，シカゴ学派である．ということで，最後に，シカゴ学派を取り上げよう．シカゴ学派も，フランクフルト学派と同じく，数次にわたる世代交代を経ている．そのうち，ここでは，第一世代（1890～1900年代）と第二世代（1910～30年代）のシカゴ学派を取り上げることにしたい．第一世代のシカゴ学派のなかで，最も注目されるのは，W. I. トマス（Thomas）の仕事である．トマスは，F. ズナニエツキ（Znaniecki）と共同で，大著『ヨーロッパとアメリカにおけるポーランド農民』を著した．そこでは，第一次資料を用いて，移民のヨーロッパとアメリカでの状況の総合的な把握が試みられている．

一般に，それは，シカゴ流のモノグラフの記念碑的作品とされている．経験的な調査を通じて，モノグラフ（特定の主題をめぐる詳細な論文）を作成するというのは，シカゴ学派の「学風」の一つである．理論的には，トマスとズナニエツキは，個人と状況の相互作用に注目している．これに関連して，トマスは，こう説く．「ある状況を，現実的（real）と規定すれば，結果として，その状況が現実のものとなる」と（Thomas and Znaniecki 1918-20）．マートンは，この着想を再評価して，「トマスの公理」と命名した（のみならず，それをもとに，「予言の自己成就」という独自の概念を提示した）．トマスは，そこで，自分自身が自分のありようを決定する一面に着目している．

現代社会学の用語をもってすれば，そこでは，人間存在の自己準拠性が問題になっている．トマスとズナニエツキの共著の現代性をもう一つ指摘するならば，そこでは，グローバル化＝個人化社会が問題になっている．その背景には，二人の共著が，国外移民を主題にしていたという事情がある．今日，私たちの周囲で

も，グローバル化＝個人化社会が大きな問題になりつつある．あたかも，1世紀ほど前のアメリカの状況が，今日のわが国で再現しているかのようである．トマスとズナニエツキは，「社会解体」を中心概念として，移民の問題を扱った．そういう理論的立場は，都市社会学の文脈で，第二世代のシカゴ学派にも継承されている．

R. E. パーク（Park）は，E. W. バージェス（Burgess）とともに，第二世代のシカゴ学派を代表している．パークは，都市を，「社会的実験室」とよぶ．そこでは，旧来のコミュニティ的な秩序が崩壊するとともに，各種の社会問題（犯罪・失業・貧困など）が噴出している．そういう都市の状況を，人間生態学的に分析することが，パーク（あるいはシカゴ学派）の都市社会学の中心的課題であった．とりわけ，そこでは，「社会的廃棄物の集積場」としてのスラムが中心的な主題となった．つまりは，都市が，光の部分と闇の部分の両面をもつというのが彼の関心であった（Park et al. 1925）．なお，マージナル・マン（マージナル・パーソンともいう）は，パークの提起した概念である．

ミードの理論を継承して，シンボリック相互作用論を提唱したH. ブルーマー（Blumer）は，1920年代から50年代までシカゴ大学のスタッフであった．彼が，その理論を本格的に主張するのは，60年代以降である．しかし，その着想は，すでに30年代に表明されている．ブルーマーはこう説く．人々の相互作用は，行為の解釈を媒介とするという，シンボリックな性質をもつ．つまりは，他者の行為を解釈し，自分の行為を形成する過程が，それである，と（Blumer 1969）．この立場は，「行為者が，どう状況を定義し，どう行為を形成したか」に注目する，トマスの立場と呼応し合っている．そういう立場を，「シカゴ流」とよぶならば，そうよべないこともない．

【巨人の肩の上に立つ】 西洋で知的活動の何であるかを表現するのに，「巨人の肩の上に立つ」という比喩が用いられる（例えば，ニュートンは，自らの知的活動をそう表現している．そしてまた，それは，グーグル・スカラーのトップページに掲げられている）．端的にいえば，それは，人間の知的活動が先人の知的活動の上に成り立つことの比喩である．もちろん，社会学も，その例外ではない．本項でみたように，社会学の歴史は，偉大な社会学者の理論的な突破の過程である．しかし，偉大な社会学者もまた，「巨人の肩の上に立つ」人々であることに変わりはない．その意味で，社会学の歴史をたどることは，今日の社会学者の知的活動と深く結びついているのである．

［奥井智之］

📖 **参考文献**
[1] 奥井智之，2010,『社会学の歴史』東京大学出版会.
[2] マンハイム，K. ／樺 俊雄監訳，1975-76,『マンハイム全集 全6巻』潮出版社.
[3] ベンヤミン，W. ／浅井健次郎ほか訳，1995-2014,『ベンヤミン・コレクション1 7』筑摩書房.

社会学の発展②

●**社会学の制度化のより一層の完成と科学としての社会学の創生**　1930年代から1970年代頃までの間における社会学の発展を考察する場合，社会学を社会科学の一つの専門分野として確立していこうとする努力に着目するのは，一つの重要な視点でありうるだろう．この努力は，アメリカにおいては1930年代に始まり，第二次世界大戦後に実を結んだ．またこの視点を取ることは，「社会学の制度化」の細部にも注意を払うことである．1930年代以降の社会学の発展は，研究の場が確立されること，研究成果の発表の媒体や場が確保されること，専門学会が創設されること，社会学的知を学ぶ学生や市民が増加すること，社会学的知が公共財として市民や政府によって受け入れられ，使用されることなどに，ますます依存するようになった．これまでどおり偉大な社会学者個人の理論のブレイクスルーは，もちろん重要である．しかしそれに加えて，その理論を共有しながら，それをさまざまな分野に適用して理論を改善したり，調査によって理論を検証したり，教科書をつくったりする諸理論家のネットワーク，すなわち「理論集団」(N. C. マリンズ [Mullins]) も重要になる．機能主義，象徴的相互作用論，闘争理論，エスノメソドロジー，批判理論，現象学的社会学，マルクス主義といった社会学の代表的理論は，みなそれぞれ，この研究者のネットワーク，理論集団を構成していることが多い．社会学の発展も偉大な社会学者の理論のブレイクスルーにだけ依存する時代は過ぎ，集団に依存する時代に入っている．

●**機能主義の確立**
【**パーソンズ**】　1930年代以降，アメリカの「スタンダードな社会学」をつくろうとする企ては，T. パーソンズ (Parsons) によって口火が切られた．彼は1925年にハイデルベルグ大学に留学し，そこでM. ウェーバー (Weber) の社会経済システムとしての資本主義論と出会い，大きな影響を受けた．帰国後はハーバード大学経済学部に所属して，主要社会科学者 (A. マーシャル [Marshall]，ウェーバー，V. パレート [Pareto]，É. デュルケム [Durkheim] ら) の経済理論の背景にある社会システムの研究，すなわち経済学理論と社会学理論の関係を研究した．

　パーソンズは，1930年代中頃のアメリカ社会は，大恐慌による混乱のなかにあり，T. ホッブズ (Hobbes) のいう「万人の万人に対する戦争状態」にあると判断した．人々は情念に突き動かされ，「暴力と欺瞞」に逢着していたのである．この状態から脱却するには何が必要か．パーソンズの答えは，行為が規範・規範的要素 (望ましいものとみなされる行為の具体的コース) をもつか，ないしはそれらから評価されることというものである．ウェーバーとデュルケムの理論の収

敵点にある主意主義的行為の理論こそ，それを提供してくれ，経済学理論と社会学理論を適切に媒介してウェーバーの『経済と社会』のように社会の総体認識を可能にしてくれるものであった．

　パーソンズが以上のような主張を展開した『社会的行為の構造』(1937)は当初，シカゴ大学の社会学を中心として発展していたアメリカ社会学においては，あまり注目されなかった．彼は既存のアメリカ社会学とは意識的に断絶することによって，新しい社会学理論を用意したといえる．ハーバード大学も，大学の既存の社会学セクションとは別に，彼のために新しい社会関係学部を創設したほどである．

　パーソンズは出発点から，理論（経験的事実と対応した「一般概念」が論理的に関係づけられたものの総体）の独立変数性を強調し，「体系的な一般理論」を構築する方向に向かった．それは，社会学を成熟科学として確立するには必要不可欠だと考えたからである．パーソンズが問題にしたのは，特殊な現象の特殊な一般化を意味する「諸理論」ではなくて，「論理的に相互依存関係にある一般化された諸概念の一群」(Parsons 1949) としての理論であり，理想的には論理的に閉じた「理論システム」である．この高度に発達した理論システムには，バラエティに富んださまざまな種類の一般化された諸概念が含まれており，多様な機能を果たしている．一般化された概念によって，記述も分析も可能になる．また一つの概念的要素としての「準拠枠」は，システムを記述する具体的なカテゴリーを提供してくれ，システムそれ自体の構造カテゴリーは，システムの「静態的」側面の記述を与え，システムの動態分析のための環境を整えることを可能にする．パーソンズは，以上のような一般化された理論システムの論理的タイプを「構造-機能システム」とよぶ．それは，物理学や数学にのみ可能な動態分析の「論理的等価物」である．人々は，パーソンズの体系的理論を構造機能主義とよんだ．

　パーソンズは，この体系的理論を用いて，社会的行為の一般理論をめざすとともに，社会体系の構造-機能分析を行った（『行為の一般理論をめざして』『社会体系論』）．社会的行為の一般理論が可能になるには，可能な行為の組み合わせをすべてカバーすることのできる1組の概念がなければならない．そのためには従来の社会学が用意したゲマインシャフト-ゲゼルシャフト，有機的連帯-機械的連帯などではあまりにも単純で役に立たない．そこでパーソンズは，普遍主義-個別主義，業績主義-属性主義，限定的-無限定的，感情中立的-感情的という「パターン変数」のアイデアを開発した．さらに彼は，行動有機体，パーソナリティ体系，文化体系，社会体系が安定的に存在するためには，それぞれの生物学的機能的先行要件（生物学的，心理的欲求充足），動機づけの機能的先行要件（社会体系を構成する役割を実現するように動機づけること），文化的機能的先行要件（社会の成立に不可欠な文化的資源）が充足されると同時に，社会的相互行為を

通じて文化パターン，価値基準がパーソナリティに内面化され，さらには社会体系に制度化される形で連関することが必要不可欠であることを明らかにした．彼は社会を，機能的先行要件の許す範囲で変動するパーソナリティ体系，文化体系，社会体系の連関によって安定的に存在し，機能要件（最終的には，適応，目標達成，統合，緊張処理の4つ）のそれぞれを専門的に受けもつ社会制度をもつものと考えたのである．彼は，終始一貫して概念としての社会を考察し続けた．

【マートン】　パーソンズのハーバードにおけるゼミナールには社会学に関心のある多くの俊英が集まった（K. デイヴィス［Davis］，R. K. マートン［Merton］ら）．なかでもマートンが社会学の発展において残した足跡はきわめて大きなものだった．

マートンが専門社会学者として歩みを始めた1940年代初め頃，社会学は依然として未熟な専門分野にとどまっていた．理論は社会学史と混同されて脆弱な先人の肩に寄りかかっており，また他方では理論があまりにも一般的で研究や調査をガイドできるものではなかった．結果として社会学は研究結果が累積・蓄積されて発展する状態ではなかった．そこでマートンは，「理論と方法の系統的整理」と「理論と調査の統合」を目的として，「中範囲の理論」と「機能分析の系統的整理」を提唱した．前者は，一般化されていない特殊なものの記述と社会システムの一般理論とを媒介するものであり，後者は理論とデータを結びつける方法の開発を意図したものだった．そこから彫琢された「顕在的機能と潜在的機能」概念こそマートンの理論として，社会学の発展に多大な貢献をした．顕在的機能は，特定の単位に対して「その調整ないし適応に寄与し，またそれを意図した客観的結果」（Merton［1949］1957）を指し，潜在的機能は意図されない，また認知もされない結果を指す．またマートンはこれ以外にも，K. マンハイム（Mannheim）の知識社会学を継承し，マスコミュニケーション研究のヨーロッパ種が知識社会学であり，知識社会学のアメリカ種がマスコミ研究だと位置づけ，比較して，アメリカにおけるマスコミュニケーション研究，知識社会学の発展の軌道を設定した．彼の知識社会学の応用は，他の領域にも及び，マートンは科学社会学など多くの連辞符社会学の創設に貢献した．

マートン社会学の諸理論はすべて，理論と調査の統合を意図したものである．実際マートンは，コロンビア大学の応用社会調査研究所を舞台にして，P. ラザースフェルド（Lazarsfeld）と共同調査研究を実施し，数々の成果をあげた．パーソンズを中心としたハーバード・グループもS. ストゥーファー（Stouffer）を迎えて調査研究を実施したが，それほど大きな成果をあげていない．マートンを中心とした理論と調査の統合をめざした社会学は，社会からも受け入れられ，社会学専攻者の就職もそれなりに開け，専門分野としての社会学は，確立されたと判断される．

●社会変動と人間の問題

【リースマン】　D. ベル（Bell）は，第二次世界大戦後25年間の社会科学がやっ

たことは，一つの統合原理によって文化や社会の全体を説明し，未来を予見しようとする「全体論的未来構想」であると理解し，その代表例が M. ミード（Mead）の創始した「文化とパーソナリティ」論であり，パーソンズの社会システム理論，行為の一般理論であったと理解している．

「文化とパーソナリティ」論は間もなく「国民性」論と結びつく．この流れのなかで，画期的な仕事をしたのが，D. リースマン（Riesman）である．彼はハーバードで法学を修め法曹界で活躍した後，シカゴ大学の実験的カレッジで人文社会科学の総合的教養教育に携わりながら，S. フロイト（Freud），E. フロム（Fromm），Th. ヴェブレン（Veblen）など多くの思想潮流を取り入れ，自分自身を社会学者として教育し直していった．彼は，『孤独な群衆』(1950) において，西欧社会の歴史変動を，人口動態の変化を中心として，高度成長潜在的段階（出生，死亡ともに絶対数が多く，かつ両者がほぼ同数），過渡的成長段階（食糧増産や医療の改善で死亡率が低下し人口が増加する），初期的人口減退段階（死亡率，出生率ともに減少し，人口成長率が下降する）に区分した．そして，各段階に特徴的な性格類型を，「伝統指向」（伝統に従う同調性の様式），「内部指向」（同調性が，幼少期における諸目標を内面化することによって得られる機動力によって保証される），「他者指向」（同調性が外部の他者の期待に敏感に反応することによって保証される）であるとした．

そのうえで彼は，この三つの性格類型のいずれにも共通に見出される個人の社会への関わり方の型を「適応型」（典型的な各型の人間），「アノミー型」（同調性がない），「自律型」（同調するかしないか選択の自由を保持している）に分類したのである．ここにおける彼の主張は，他者指向という性格類型を一方的に批判することではない．リースマンは，他者と協調してやっていける他者指向は，当時のアメリカ中間階級社会には必要不可欠であることを認めている．しかしそれは，リーダーシップを提供しにくいこと，自己の潜在能力の開発を推進する力を欠くことなどの欠点をもっている．他者指向が圧倒的な社会にありながらもなお自律型の人間が必要不可欠であることこそ，彼が言いたかったことにほかならない．それだからこそ，『孤独な群衆』は，冷戦の激化，マッカーシズムに傷ついたアメリカ人の「魂の希求」と同期し，大ベストセラーになったのである．

アメリカ市民社会の大衆社会化，疎外を発見しつつも，なおそこに未来を切り開く人間像を見るリースマンの社会学は，シカゴ社会学の影響の下に，突然の大恐慌に苦しんだアメリカが社会的趨勢，社会変化の方向を見極めようとしてつくり出した社会的予測の社会科学（W. F. オグバーン［Ogburn］の「社会的潮流」研究など）の流れを汲むとともに，それを革新するものであった．

構造機能主義とシカゴ社会学の関係はどうだったのか．前者は後者の衰退に伴って台頭したが，互いに他方の始祖をあまり高く評価せず，また前者がサーベ

イ・リサーチ（世論調査のサンプル・サーベイ，パネル・サーベイ）を受け入れたのに対して，後者はそれを受け入れることなく，対立関係にあった．すなわち両者は，前者の圧倒的優位の下に併走していたと考えられる．そして1960年代中頃以降，N. J. スメルサー（Smelser）やW. ムーア（Moore）らが構造機能主義と他の諸理論との融合を進めて機能主義の独自性が希薄になったこと，C. W. ミルズ（Mills），R. ダーレンドルフ（Dahrendorf），L. コーザー（Coser）らの闘争理論の機能主義批判が現れ，さらには若者の機能主義離れが進むとともに，H. ブルーマー（Blumer）らによってシカゴ社会学から発展してきた象徴的相互作用論が注目されるようになった．

【スメルサー】　スメルサーは，ハーバード大学の大学院生のときに師パーソンズとともに『経済と社会』（1956）を執筆し，またパーソンズの理論を用いて，イギリス産業革命とそれに伴う社会変動を分析することによって博士号を取得したことからもわかるように，静態的であり社会変動を説明できないと批判されていたパーソンズらの行為論，構造機能主義の動態化，社会変動論の構築に関心を抱いていた．彼がまずやったのは，その理論を使って集合行動を分析することだった．彼の集合行動論の特色の一つは，非合理的性格の強いパニック，願望表出運動，暴動，モブから，規範志向や価値志向による動員である改良運動，政治革命までを一つの理論枠組みで説明しようとしたことである．そのために彼は，「社会的行為構成要素」論と「価値付加プロセス」論を提示した．

「社会的行為構成要素」論は，社会体系のレベルで社会的行為を価値，規範，組織行為への動機づけの動員，状況的便益の4つの構成要素に分析し，それぞれの構成要素が価値を頂点，状況的便益を底辺とするヒエラルヒーをなしていることを明らかにしたものである．集合行動，運動は，社会体系に何らかの緊張が生じ，それを既存の方法では解決できない場合に発生する．まず緊張はヒエラルヒーの低次のレベルに現れ，不満が蓄積されると，それを克服するための資源を得ようとして，ヒエラルヒーを上昇し，ある特定の部位で一般化され，意味の再構成が起こる．それと同時に今度は逆にヒエラルヒーの低次に向かって下降，再特定化（specialization）が行われる．要するにこの理論は，集合行動，運動に関する行為の経路，地図を把握するためのものであろう．

これに対して「価値付加プロセス」論は，運動がどのような要因が組み合わされて起こるのかを明らかにしようとする理論である．集合行動，運動の規定要因は，構造的誘発性，構造的緊張，一般化された信念，きっかけ，動員，社会統制の失敗の6つである．この理論は，それぞれの要因は先行する要因の規定した限界内で活性化して働くという論理に基づいて，集合行動，運動は，6つの要因が重なって発生・展開すると考えるのである．

スメルサーは，パーソンズの社会変動論が，L. ワルラス（Walras）の閉鎖的均

衡体系をめざしたものの，その次善の理論，開放的均衡体系にとどまったものと理解した．スメルサーの社会変動の一般理論は，パーソンズ変動論を改良しようとしたものである．彼は，ムーアとともに，社会は恒常的な緊張・変動への潜在力をもっていることを認めるとともに，そのことによって機能主義社会変動論の長所が失われないように，「支配＝統制の機構」との関連で社会変動を考える道を選択している．

● 機能主義をこえて

【ゴッフマン】　必ずしも象徴的相互作用論を代表するものではないが，象徴的作用論では E. ゴッフマン（Goffman）のドラマツルギー論が注目に値する．彼は，リアルなものは人間の働きや社会的機能ではなくて，他者の前でそれぞれの自我の概念をつくりあげたり，維持したりすること，自我の説得的なイメージを他者に投企することである，と考えた．彼は，システムによってつくられる個人ではなくて，自我を高めるためにシステムを作動させる個人を対象にしたのである．そして彼はさらに，人々を結びつけるのは，道徳的なコードではなくて，「鋭敏な感覚」（賢明な社交性）であり，社会秩序は「些細な親切」に依存していると考えている．

要するにゴッフマンは，人間の諸活動や社会を，相互に結び合わされた機能群とは考えず，洗練された形態のドラマとしてとらえている．ドラマにおいては，繊細な社会的相互作用が行われるが，外見（出演）が重視されるだけで，人々の果たした機能や標準的な文化による価値づけは行われない．したがって，ドラマにおいては，業績に見合う報酬の原則もなければ，その他一切のヒエラルヒーも認められていない．この意味で A. グールドナー（Gouldner 1970）が指摘したように，ゴッフマンの社会学理論は，ヴォランタリズムに支えられた古典的なブルジョア市民とその社会を越えた新しい市民と市民社会の台頭を反映した社会学理論ということができる性質のものであろう．

【ダーレンドルフ】　1960年代中葉以降，構造機能主義は多くの闘争理論によって，その理論の静態性，統合性，合意性を批判された．そのなかでアメリカだけではなく，社会学が復活してきたヨーロッパにおいても大きな影響力をもったのは，ダーレンドルフの闘争理論であった．ダーレンドルフは，機能主義の統合理論そのものの意義は否定しない．また，統合理論を闘争理論によって置き換えることにも意味を見出さない．目標は，両理論を統一した弁証法的，循環的な闘争理論を構築することであった．そこで彼は，統合分析における社会システムに相当する闘争分析の社会組織の単位としてウェーバーの「支配団体」を選択した．この組織，単位において，一定の条件の下に勢力（power）が正当化され支配（authority）になれば，人々に受け入れられ，正しいものとして従われ，社会秩序が形成される．しかしその組織における勢力の「ゼロ-サム」的配分や役割群の支配（authority）に

対する位置によって規定される顕在的利害，潜在的利害の差異などによってつくり出される支配的な集団と従属的集団とは，稀少なる資源である支配，勢力をめぐって闘争関係に入る．この闘争集団同士の闘争をダーレンドルフは，K.マルクス（Marx）と同様に階級闘争とみる．一つの対立，闘争を解決したとしても，その解決は新たな権力，利害対立を引き起こし，闘争は弁証法的，循環的に続いていく．したがって，闘争は社会においてユビキタスであると考えられる．

　ダーレンドルフの社会学は，D.ロックウッド（Lockwood）らの「豊かな労働者」研究と並んで，1960年代後半以降のイギリス社会学の台頭の象徴ともいえるものである．

【ミルズ】　しかし象徴的相互作用にしても闘争理論にしても，それらは構造機能主義と部分的に共有するものをもっていたり，共有部分をもたない場合には，原理を異にしながら共存・併走したりしていたように思われる．この状況によりいっそう根源的に挑戦したのは，階級，人種民族，性，年齢などの差別に挑戦する社会学であり，核軍産学複合体化した体制を変革しようとした社会学である．その代表は，ミルズの社会学に求められよう．

　彼は，プラグマティズムから出発して，H.ガース（Gerth）のもとでウェーバーなどを学び，アメリカにおける公衆の大衆化の問題，すなわちJ.デューイ（Dewey）が取り組み，うまく解決することができなかった問題を継承し，考え続けた．彼はまず，『新しい権力者たち』(1948)において，第二次世界大戦後，都市化の進展によって労働者の連帯の基盤であった労働者コミュニティが解体され，また職場においては組合運動が賃上げなどの経済的イシューに特化されることによって，労働運動が体制内部に編入され，アメリカ労働運動の社会変革の機能，ラディカルな伝統が失われたことを明らかにした．またN.グレーザー（Glaser）の協力を得て行われた社会調査に基づいて書いた『ホワイト・カラー』(1951)において彼は，官僚制化がホワイトカラー労働者を圧倒し，ホワイトカラーが自動機械のように現実に適応し，抑圧されながらも陽気であることを明らかにした．彼らは，政治的には去勢され，創造的思考とは無縁で文化的に無意味だというのである．さらにミルズは，『パワー・エリート』(1956)において，軍事エリート，政治エリート，経済エリートのそれぞれの制度内部において権力の集中が起こると同時に，三つのエリート間がインターロックされている現状を明らかにし，そうした制度構造が出来上がる論理を明らかにした．まず各制度内において，権威（authority）の集中に伴って権力のトップエリートへの集中が起こる．各制度のエリートは，現実認識，世界観，階級アイデンティティを同じくするために，相互互換性をもつようになる．その結果，各制度のエリートは，他の制度を渡り歩き，その移動は三つの制度のインターロッキングを完成させるのである．そしてミルズは，このパワー・エリートこそが，恒常的な戦争経済を維持し，アメリカ資本主義を擁護し，マスメ

ディアを使って現実を隠蔽している当のものだと考えたのである．

　ミルズの階級三部作は，公衆の大衆化と，その大衆が官僚制の檻のなかに閉じ込められて疎外され，出口を見失っていることを明らかにした．この現状には，プラグマティズムも大いに関係していると考えられる．プラグマティズムは，有機体としての人間が環境のなかで生きていく際に抱えた問題を解決するのに有用な観念を真なるものと考える思想である．しかしそれは，単なる実用主義，道具主義ではなかったはずである．個々の問題を解決するに有用な観念を真とするだけではなく，有用と考えられるさまざまな観念を検討してより一般的な観念をつくり出し，真善美に到達する思想だったはずである．アメリカの現状は，プラグマティズムがそうした観念をつくり出せず，実用主義，手段主義に堕していることを表していると考えられる．

　そこでミルズの課題は，知識人論を打ち立てるとともに，アメリカ社会の現状を把握し，その現状を変革する主体を見出す理論を提供し，人々が官僚制の鉄の檻から脱出するのに有効な観念を見出すことであった．ミルズの社会学的想像力は，そのために提示されたものであった．社会学的想像力とは，個々人が彼らの内部や外部世界に起こることを正確に認識するために必要な精神的な資質である．一言でいえば，個人と社会の全面的な相互依存関係を歴史的に認識する精神である．これによって，個人が直面する私的問題が，多くの人が抱える公的問題，イシューと関連づけられ，そうすることによって，有用な一般的観念が得られることになろう．

　プラグマティズムの社会理論をつくろうとするミルズの試みは，ミルズの急逝によって実現しなかった．しかし彼の社会学的想像力は，イギリスのニューレフトと交響し，アメリカにおいても若きラディカルに支持され，デモに参加した若者の多くがミルズの著作のペーパーバック判を携帯するほどであった．彼の精神は，アメリカ社会学における新潮流，エスノメソドロジー，現象学，解釈学，言語理論などと交響し，新たな社会学を涵養する基盤ともなっているのである．

〔矢澤修次郎〕

参考文献

[1] Bell, D., 1982, *The Social Sciences Since the Second World War,* Transaction. (蠟山昌一訳, 1984, 『社会科学の現在』TBSブリタニカ.)
[2] Berger, M. B. ed., 1990, *Authors of Their Own Lives: Intellectual Autobiographies by Twenty American Sociologists,* University of California Press.
[3] Dewey, J., 1927, *Public and Its Problems: An Essay in Political Inquiry,* H. Holt. (阿部 斉訳, 1969, 『現代政治の基礎——公衆とその諸問題』みすず書房.)
[4] Gouldner, A. W., 1970, *The Coming Crisis of Western Sociology,* Basic Books. (岡田直之ほか訳, 1978, 『社会学の再生を求めて』新曜社.)
[5] Mullins, N. C., 1973, *Theories and Theory Groups in Contemporary American Sociology,* Harper & Row.

社会学の展開

● **1970年代社会学理論の特性** 本項目では，1970年代までに著作のある主な社会学者を対象として，必要に応じて80年代までの著作にも言及しながら社会学の展開をたどることになる．前項では，T. パーソンズ，R. K. マートン，C. W. ミルズ，E. ゴッフマン，D. リースマンなどが取り上げられているので，本項目ではそれ以降の社会学者が対象となる．主として J. ハーバーマス（Habermas），N. ルーマン（Luhmann），P. ブルデュー（Bourdieu），そして A. シュッツ（Schütz）などを扱うことが求められよう．このような要請を念頭に置きながら，1970年代という時代の特性と，そこで生じた社会学上の新たな理論的展開について記したい．

何人かの特筆すべき理論家について語る前に，1970年代という時代の特性と，そこに生まれた新しい社会学理論の傾向性について論じておかなければならない．70年代は「脱近代」の思想が芽生え展開された時代である．西欧を中心に，いわゆる「ポスト構造主義」と称される思潮が大きな影響力をもち，日本でも80年代頃まで影響力をもっていた．この思想的流れは，一般に「ポストモダニズム」などと総称され，主として哲学・思想・芸術などの領域での出来事とみなされることが多いのであるが，社会学も同じ時代を呼吸していた科学であり，同様の動きがみられた．ただし社会学では，当時流行した「脱構築」思想とは異なった用語でこの時代状況が説明されていた．

ポストモダンの思想家の代表であった J.-F. リオタール（Lyotard）は『ポストモダンの条件』（1979）で，社会学的な視野をもった時代診断を行い，「ポストモダン」という言葉を定着させたが，これは実は，社会学では D. ベル（Bell）の『脱工業社会の到来』（1973），J. ボードリヤール（Baudrillard）の『消費社会の神話と構造』（1970）などで，その特性が論じられていた事柄でもあった．ベルやボードリヤールは，情報社会論，消費社会論としての現代社会分析への道を開いたが，1960年代後半から70年代，そして80年代へと続く理論的革新は，この時期に活躍し，本項目で主として取り上げることになる，ハーバーマス，ルーマン，ブルデューらの努力によって推進されたものである．

そういう意味では，社会学的なポスト近代的理論形成は（その理論を形成した理論家たちはこの言い方を好まないが），大きくみれば1970年代前後に，ハーバーマス，ルーマン，ブルデューらを中心とするヨーロッパ系の社会学者たちが敷いた路線の上を走ったのであり，21世紀社会学の理論的展望も，その路線の延長上にあるといっても過言ではないだろう．もちろん彼らだけでつくされるも

のではない．ハーバーマス，ルーマン，ブルデューがこだわった「意味」の問題を導入したのは，もう一世代前の社会学者であるシュッツであるし，また，構造主義とポスト構造主義の狭間にいたM．フーコー（Foucault）の影響も見逃すことはできない．シュッツについては，その理論的影響力が発揮されたのが，英語文献が出揃う1960年代以降であるということもあり，本項目で扱うことになる．

●**シュッツという触媒** 第二次世界大戦後から1960年代半ばにかけては，人文社会諸科学では，構造主義と実存主義そしてマルクス主義が生産的に交錯しあった時代であった．ナチスの迫害を逃れた多くの社会学が亡命した先がアメリカ合衆国であったこともあり，戦後社会学の中心は北米に移っている．社会学理論では，パーソンズに代表される構造機能主義的なグランドセオリーがその主脈を形成していた．しかし，やがてパックス・アメリカーナとよばれた時代が陰りをみせ，パーソンズ的なグランドセオリーが批判に晒されるようになると，社会学の理論的土俵にも変化がみえ始めた．

その際の新たな理論形成の触媒となったのが現象学である．現象学は哲学者フッサールに発する思想であるが，これを社会学に応用したのがシュッツの現象学的社会学である．ハーバーマス，ルーマン，ブルデューともにシュッツから直接に影響を受けているわけではないが，行為者にとっての「意味」の問題を社会学的思考の中心に置くという点で，三者ともに現象学の影響が大きい．行為と意味との関係を問う論点を明確化し社会学に導入したという点で，この時期のシュッツに理論的触媒としての役割をみることができる．

パーソンズの理論は，M．ウェーバー（Weber）とÉ．デュルケム（Durkheim）を結びつけ，「共有価値」とそれを内面化した行為者によって維持される社会秩序を想定していたが，このような主意主義的行為理論もシュッツの立場からは批判される．パーソンズは〈目的・手段・規範〉などの概念を用いて，外面的に行為を説明しているだけで，行為者自身による意味づけから社会的世界を解き明かそうとはしていない．シュッツのこの観点はすでに『社会的世界の意味構成』（Schütz 1932）で示されていたが，渡米後の『コレクティッド・ペーパーズⅠ』（Schutz 1962）などを通じて英語圏にも浸透していった．シュッツの現象学的社会学を継承したP. L. バーガー（Berger）とT．ルックマン（Luckmann）の『日常世界の構成』（1966）は，そのような視点から日常的世界の成り立ちを解き明かす社会学理論として広く読まれた．

既存秩序を前提とするのではなく，それがいかにして成り立っているかを，行為者による「意味づけ」という観点から説明する志向性は，その後に芽生えてくるポストモダン期の社会学的刷新を準備するものだったといえるかもしれない――（ポストモダンの思想家たちは，現象学哲学を徹底的に批判したのであるが）．そして，これまでの社会学の理論的構成を根本的に問い直す作業を遂行し

ようとしたのが，ハーバーマスであり，ルーマンであり，ブルデューであった．なかでもハーバーマスとルーマンは同じドイツ社会学という土壌の上で，互いに理論的な対抗関係に立ちつつも，近代社会の変容を見据えたうえで，社会的現実を「意味」と「コミュニケーション」によって説明しようとした点において共通していた．

●**ハーバーマスと未完の近代**　ハーバーマスとルーマンが使用する用語はよく似ている．1968年ドイツ社会学会大会での二人の論争が収められた『批判理論と社会システム理論』(Habermas und Luhmann 1971) においても，「意味」「システム」「主体」「行為」などの同一用語の概念規定をめぐって，両者の社会観の相違が目立っている．同じ時代を生きる理論家であるがゆえの土俵の共通性がその基礎にあるが，同時に，際立った対照性を形成していることもまた確かである．とりわけ，パーソンズ由来の「システム」，シュッツ由来の「生活世界」，「相互主観性」(「間主観性」) などの概念に対する構えが大きく異なっている．現代社会の複雑性と諸問題を処理し解決する手段は，ハーバーマスにおいては言語を媒介としたコミュニケーションと，そこから生まれる合意によらねばならないのであるが，ルーマンは機能システムなどの諸システムが現実の複雑性を縮減する能力にそれを見出している．より根本的には，デュルケム以来の規範科学・道徳理論としての社会学の学問的性格をどうみるかという態度に関わるものでもある．現代社会独特の規範性の危機に直面して，ハーバーマスは規範と道徳性あるいは新たな公共性を再構成する道を探ろうとし，ルーマンはそれとは別の道を歩もうとしている．

　ハーバーマスの理論形成をごく大雑把にたどるなら，まず『公共性の構造転換』(Habermas 1962) で現代社会における公共性形成の可能性について論ずることから始まり，その後『晩期資本主義における正統化の諸問題』(1973) などで，フランクフルト学派らしい現代社会批判を展開し，上記のルーマンとの論争などを経由して，『コミュニケーション的行為の理論』(Habermas 1981) において新機軸を打ち出す．以後はその路線上で，現代社会における規範性の回復を志向した理論的活動を続けている．「公共性」や「コミュニケーション的行為」の概念について詳しく解説するよりも，ここでは，ハーバーマスの理論形成において，公共性の問題がコミュニケーションの問題へと変化していったことの意味を確認しておきたい．

　『公共性の構造転換』という書物は，資本主義の成熟期に入り，大衆社会や福祉国家のマイナス面がみえ始めた時代における「市民的公共性」の行方を批判的に考察したものである．公共性の担い手であるはずの公衆が，福祉国家体制のなかで行政のクライアントと化し，市民的公共性が腐食しつつあるという時代診断である．この視点は後に，システムによる「生活世界の植民地化」として定式

化される．シュッツ由来の概念である「生活世界」を，ハーバーマスは主体同士の自由で平等なコミュニケーションによって構成される場ととらえ，そこで自然発生的に生成する高次元の相互主観性を公共性の基盤だと考えている．それを阻害しているのが，貨幣と権力というメディアを用いる経済と政治のシステムである．それゆえに，生活世界が貨幣と権力によって「植民地化」されることを防がねばならないのであり，その理論的根拠として要請されるのが「コミュニケーション的行為」という新しい概念である．ハーバーマスも，近代化に伴う政治・経済システムの分化と自律化は避けられない事態として承認するが，自由なコミュニケーションがもつ合理性の力と，そこからもたらされる合意の可能性に信頼を寄せ，「コミュニケーション的合理性」に立脚した「討議」による規範の再構成を通じて，システムによる生活世界の侵犯（「植民地化」）を避けることができると考えている．

　理論史的に鳥瞰するならばこれは，リオタール的な「大きな物語」に代表される規範的価値と目標の喪失に対抗すべく，社会統合を可能にする合意がいかにして構成されるかを問う議論となっている．その際にハーバーマスは，これまでの社会学が依拠してきた「主観性のパラダイム」から「コミュニケーション的パラダイム」に転換するべきだと主張する．I. カント（Kant）以来格上げされた「世界を産出する主観であると同時に，自律的に行為する主体」であり，またウェーバー＝パーソンズの行為論の基礎でもある行為者概念に，ハーバーマスはデュルケム由来の規範と道徳の理論を接合し，同時にG. H. ミード（Mead）の自我論を組み込んだうえで，言語学の新しい成果を取り入れながら理論構成を行っている．その作業を通じて，目的合理的行為とは異なる了解志向的な「コミュニケーション的行為」に，社会の規範的合意を可能にする合理性が備わっていることを論証しようとしている．『コミュニケーション的行為の理論』という書物は，まさにその目的を達成するために，ハーバーマスが社会学の歴史を再構成した読書ノートのような著作である．

　このようなハーバーマスを，ルーマンは一方でまだ古い主体概念に固執していると批判するが，他方では，フランクフルト学派の歴史上初めて「主体の間主観化と手続き化がなされた」と評価もしている——もっとも，ルーマンはシュッツ的意味での「間主観性」を批判するのだが．合理性の根拠を個人主体に帰することはできないという点では，ハーバーマスもルーマンも一致し，また個人主体に替わる理論的な要がコミュニケーションであるという点でも同じであるが，コミュニケーションによって達成されるのが「コミュニケーション的合理性」なのか「システム合理性」なのかという点で，対照的な位置に立っている．ハーバーマスは近代が胚胎させ開花させようとした本当の意味での「合理性」の実現が，理性が暴力や狂気，道具主義に堕することなく達成される可能性を捨てていない

のであり，そういう意味で近代は「未完」だと考えている．ルーマンは違う言い方をする．「社会」を可能にしているのはシステムがもつ複雑性縮減という処理機能の合理性であり，これを他の近代的概念（人間主義，主体，道徳など）と区別し，社会が社会たるゆえんを研ぎ澄まされた社会理論として彫琢すること，それが「社会学的啓蒙」である．

●ルーマンと社会システム　ルーマンのシステム理論においては，システムは環境世界（周界）との間で内外の差異を維持しつつ，その差異を安定化するところに形成される．まず「複雑性の縮減」という機能があり，環境との境界づけと差異化の後に暫定的な構造が形成される．ルーマンにおける「構造」とは，選択可能性の範囲を限定する期待構造（具体的には，役割，価値など）を指しており，実体的なものではない．これは構造を所与とする従来のパーソンズ的システム理論に対する批判であり，システムをとらえる新しい視点でもある．システムを特定の構造に結びつけて，その構造を維持することがシステムの機能であるという観点は排除される．ルーマンにとってシステムとはコミュニケーションのシステムであり，システムはコミュニケーションの不確定性に晒されながら，そのつど新たなコミュニケーションを行い，コミュニケーションの連鎖を形成し続ける．システムはさまざまな差異の可能性（複雑性）を潜在させた不確定性に晒されているがゆえに存在しているのであり，これはルーマン社会学を規定する根本的視点である．近代システムがゆらぎ高度に情報化するという，20世紀末の社会状況を反映した理論構成になっており，それが多くの研究者の関心を惹いたといえよう．

　構造だけでなく「人間」という概念についても同様のことが指摘される．これまでの社会学は「主体」という用語で社会理論を「人間化」してきたという．社会的価値を内面化した主体的行為者があり，それが単位となって社会を構成しているという従来の図式を批判するものである．社会システムと人間の意識（ルーマンはこれを「心的システム」とよぶ）は別個のシステムであり，個々人（の心的システム）は社会システムの周界（環境）に属する．個人の意識システムとは異なって，社会システムはコミュニケーションの選択的接続によって更新されていくのであり，そこでは外化されたコミュニケーションによってコミュニケーションが再生産されている．最初に「意識の主体」があるのではなく，それぞれの場で選択的に接続されていくコミュニケーションのネットワークが社会を構成しているのである．ここには，あらかじめ実在する「構造」や「主体」はない．60年代に登場した構造主義やそれを引き継いだフーコーの社会理論も主体や人間の価値を低下させていたが，ルーマンのように，個人の意識システムを社会システムの環境として理論的に位置づけるという作業は怠っていた．

　70年代のルーマンは，上記のような社会学的視点の刷新を『社会学的啓蒙』（論

文集『社会学的啓蒙 1』の刊行は 1970 年で，以後も続けて同名の論文集が刊行された）などの著作において明らかにしていたが，80 年代半ばまでには「オートポイエーシス（Autopoiesis：自己産出）」概念を用いた新しい理論枠組みを形成している．システムは「自らを構成している諸要素の選択と統一性を自分自身で決定し」，常に新たに自己を更新している．このようなシステムは自己の内的規準によって周界に反応し，自己の内生的メカニズムによって自己を更新していく．主著とみなされている『社会システム理論』（Luhmann 1984）でこの視点をまとめたうえで，1998 年に没するまでの間に，それぞれの機能領域ごとに『社会の経済』（1988），『社会の科学』（1990），『社会の法』（1993），『社会の社会』（1997）などを刊行している．また同時に，『信頼』（1968）や『情熱としての愛』（1982）など，社会関係をつくり出す際に機能する信頼や愛についても，革新的な理論的考察を行っている．

ルーマンの社会観では，現代社会には機能的に分化したいくつものオートポイエティク・システムが存在するが，各機能システムはそれぞれ独自のコードに基づいてオートポイエーシスを遂行している．ここではコミュニケーションを円滑に進行させるために，機能的システムの各領域に応じて各種のコミュニケーション・メディアが利用される（象徴的に一般化されたコミュニケーション・メディア：経済システムの「貨幣」，科学システムの「真理」，政治システムの「権力」などがその代表である）．したがって，いくつもの機能システムを横断的にカバーするスーパー・コードは存在しない．現代社会のような機能分化の進んだ社会では，各機能システムは相互に緊密に連関しつつも，相対的に完結した意味的境界を維持している．それゆえ，全体を統括するセンターも存在しない．ここには「中心なき社会」が現出しているとルーマンは考えている．

行為論の進展という点からみるなら，ウェーバー＝パーソンズ的な行為論は，ハーバーマスではコミュニケーション的行為の概念に置き換えられ，ルーマンにおいては行為ではなく，コミュニケーションが社会の構成要素となっている．ルーマンにとって行為はコミュニケーションよりも狭い概念であり，コミュニケーションの一つの形にすぎない．主体も行為も人間も，コミュニケーションという概念ほどの重要性はもたなくなっている．また，システム理論の発展という観点からみるならば，目的と価値が明瞭なパーソンズ的な統合的社会観から，新たな規範的合意によって再統合されるべきだというハーバーマスの図式を経て，ルーマンでは，可変性を内在させた自己更新的諸システムのネットワークとして社会が構想されている．パーソンズ的グランドセオリーを可能にしていた，目的と構造が明瞭な 20 世紀型社会が，やがて「大きな物語」を喪失していき，その先にハーバーマス型の規範的再構成をめざすモデルと，「中心なき社会」のリアリティを承認しようとするルーマン型の理論モデルが現れたとみることもできる

だろう．

　いうまでもなく，ハーバーマスとルーマンはともに「ポストモダン」という言葉を好まないし，近代は連続していると考えている．ハーバーマスについてはすでに述べたが，ルーマンの場合にも，機能分化という近代社会の趨勢が伸展し続ける限りにおいて，現代社会は紛れもなく近代なのだということになる．これよりやや後の A. ギデンズ（Giddens）や U. ベック（Beck）になると「ハイ・モダニティ」「第二の近代」という折衷的用語が使用されるようになるが，ハーバーマスとルーマンの位相では，ポスト構造主義的色彩の濃い「ポスト」近代という見方に対しては，拒否的な反応が見受けられる．もっともルーマンは，自分の考え方がポスト構造主義の哲学者 J. デリダ（Derrida）の「差異」概念と同種のものであることを認めてはいる．

●ブルデューとハビトゥス　「構造と主体」のとらえ方の転換という点では，ブルデューもまた独自の理論化と概念構成によってそれを遂行しようとしていたといえる．ブルデューの社会学は，「ハビトゥス・実践・場・資本」などの独特の用語によって構成されている．それはルーマンのやり方とも似ているが，新しいタイプの社会学理論を構成するという同種の理論的・現実的要請から生まれたものである．第二世代の構造主義者として出発したブルデューは，後に自分の立場を「生成論的構造主義」ともよぶが，C. レヴィ＝ストロース（Levi-Strauss）的構造主義を批判しながら，同時にウェーバー＝パーソンズの行為論を批判的に摂取することで自らの視点を形成した．構造主義への批判は，レヴィ＝ストロースや L. P. アルチュセール（Althusser）の構造主義が，行為者を構造の担い手に還元してしまったことへの異議としてある．ブルデューは，構造は行為者の手で絶えずつくり出されることによって存在するのであり，構造が再生産されてくるメカニズムの解明こそが求められると考える．そこで参照されるのが行為論の枠組みである．しかしここでもブルデューは，ウェーバー＝パーソンズの行為論の伝統に異議を申し立てる．彼らの行為モデルは，明確に意識された目的－手段図式に基づいており，主観的にコントロールされた行為のみを想定した過度の主観主義に陥っていると批判する．このような理論的革新への姿勢は，すでに述べた同時代人であるルーマンやハーバーマスを彷彿とさせるものである．行為論の「主観主義」に対する批判はハーバーマスを思わせるし，現象学の「間主観性」概念に対する批判――（間主観的なるものが主観と主観の間に存在しているかのような想定への批判）はルーマンと同種のものである．ただ，ブルデューと彼らとの間には理論的交流はなく，フランス社会学の，しかも構造主義が席捲した独特の理論的風土のなかで，独自の営みとして形成されたものである．

　構造主義と行為論をともに批判的に乗り越えるための新たな枠組みとして，行為者の主観的意識と社会構造とを媒介する新しい概念が求められる．この理論的

要請に応えるために提出されたのが,「ハビトゥス」であり「資本」であり,「場」の理論である.ブルデューによれば,近代化とはさまざまな「場」（政治・学問・芸術など）が分化し自律化してくる過程であるが,おのおのの場は独自の論理とそこにおいてのみ評価される価値（「資本」：経済資本,社会資本,文化資本）を有している.その場合,「資本」は出自などによって規定される傾向が強い要因であるから,これを現実の行動に媒介する概念が必要となる.ここに「ハビトゥス」という新しい用語が登場する.簡単に要約するならば,ハビトゥスとは,過去の経験から身に付けた「知覚・思考・行為の図式」であり,半ば無意識的に行為を導く半意識的なマトリックスとして身に付いたものである.そしてそのハビトゥスに基づいて成される実際の振る舞いが「実践」（プラティック）とよばれる.実践はハビトゥスが要請する構造を再び構造化していくのであり,それゆえハビトゥスは「構造化された構造」であると同時に「構造化する構造」とされる.それが典型的に現れる場の一つとしてブルデューは教育を取り上げ,学校教育の内に社会階級再生産の仕組みをみている.『再生産』(1970),『ディスタンクション』(Bourdieu 1979) などでそれが明らかにされているが,『実践感覚』(Bourdieu 1980),『構造と実践』(1987) など,幅広い社会領域にこの理論を適応し,啓発的な著作を刊行した.

　上でも少し述べたが,このようなブルデューの理論的営みを振り返るとき,ハーバーマス,ルーマンとの同時代性が改めて浮かび上がる.それぞれに使用される用語は異なっているが,それまでの近代社会学が基本に据えていた主体や構造の概念を刷新し,時代に適合した新たな分析枠組みと用語をつくり出そうとする努力に,同時代の理論家たちが立つ土俵の共通性と通底項がみえる.1970年代から80年代にかけてが,近代社会学の大きな曲がり角であったということが理解できる.そしてその時期の社会学理論の転換を主導したのがハーバーマス,ルーマン,ブルデューらであったとすると,それらとは一線を画しながら,別の角度から社会学の研究テーマに刺激を与え続けたのがフーコーであり,また,先行者たちの仕事を受けて,ある形での総括を提示したのがギデンズである.

●フーコーの刺激とギデンズの近代　ここでフーコーにスペースを割くのは,フーコーがハーバーマス,ルーマン,ブルデューなどとは違った意味で70年代以降の社会学を刺激し続け,方法論とテーマ選択の両面において大きな影響を与えたからである.フーコーを何学者とよぶべきかを決めるのは難しいけれども,1960年代には,レヴィ=ストロースの構造人類学的視点を取り入れながら『言葉と物』(1966),『知の考古学』(1969) などの著作で,近代的な「主体」概念の克服と解体をめざす仕事をしていた.「人間」という概念は近代の「発明」にすぎないとするフーコーの観点は,その後のポスト構造主義による「主体の同一性解体」と同質の理論的志向性を有していたといえよう.

フーコーの「知の社会学」は，古典的な K. マンハイム（Mannheim）などの知識社会学とは異なり，特定の主体が社会的条件に拘束されて一定の知識やイデオロギーを形成するというのではなく，逆に，知が主体を構成すると考える．そのような視点から，精神医学や人間諸科学の形成プロセスを検討しつつ，近代における「人間」や「主体」の成立を考察していたフーコーであるが，70 年代に入って研究上の転機が訪れる．『監獄の誕生』(Foucault 1975) の刊行である．フーコーを社会学者として取り上げる際には欠かすことができないのがこの著作であり，『監獄の誕生』から『性の歴史』（第 1 巻 1976 ～第 3 巻 1984）にかけての仕事が，その後の社会学に大きな影響を与えた．これらの著作に影響を受けて，社会学領域では『○○の誕生』というタイトルで語られる多くの社会史的研究が続いた．また『性の歴史』は，セクシュアリティや社会的排除の研究を刺激し，社会学的研究の裾野を今も拡大し続けている．

フーコーの「監視」や「権力」についての研究は刺激的であり，懲治監獄に典型的に現れ，学校・軍隊などにもみられる「パノプティコン」（一望監視施設）の構造が，いかにして権力に従属する「主体」(sujet, subject＝従属する者) を生み出すかを明らかにしている．そういう意味では『監獄の誕生』は，近代的な主体が近代的な知によって生み出されたことを暴露する作業から，いかにして自発的に服従する主体が生み出されるのかという問いへの移行を示している．これは D. リースマンが『孤独な群衆』で「内部指向型」とよび，M. ウェーバーが『プロテスタンティズムの倫理と資本主義の《精神》』で解明しようとした，自己抑圧的・禁欲的主体の形成を問う際の，もう一つの重要な視点を提供するものである．

後にフーコーは，パノプティコン型の権力（「規律権力」）を超えて，社会の構成員をよりよく「生かす」，福祉国家型の「生を与える権力」（「生–権力」）の概念を生み出し，身体・人口・性などを検討するための新しい視点を提示した．『性の歴史』の各巻のタイトル（『知への意志』『快楽の活用』『自己への配慮』）は，そのような理論的展開のプロセスをよく表している．このような作業を続けながら 1984 年に没するまで，フーコーはその後の監視社会や管理社会につながる多くの示唆的論点を提供した．D. ライアン（Lyon）の『監視社会』(2001) をはじめ，現代の監視社会論を代表する研究の多くがフーコーを理論的源泉としている．

ここまで述べてきた，ハーバーマス，ルーマン，ブルデュー，フーコーらの理論構築は，1970 年代に生じた，人文社会科学全体にわたる大きな理論的革新の動きのなかでとらえられるべきものである．その傾向性を一言で表すならば，それは「近代への問い」と要約できるのではないか．ギデンズの『近代とはいかなる時代か？』(Giddens 1990) という著作の題目は，70 年代と 80 年代の理論的営みが何をめざしていたかを認識する手がかりを与えている．

ギデンズもハーバーマスやルーマンと同じく「ポスト」近代という表現を好まないが，後に「ハイ・モダニティ」という折衷的用語によって示されるような，新たな理論的土俵を形成しようとしていた．ギデンズは70年代後半には『社会学の新しい方法基準』(1976) や『社会理論の最前線』(1979) などの方法論的著作を刊行し，「構造化理論」という独自の視点を提唱していた．ギデンズ自身は意識していないかもしれないが，この立場はブルデューやルーマン，そしてハーバーマスと共通する部分が少なくない．ブルデューのハビトゥス概念がもっていた，「構造化される」ものであると同時に「構造化する」ものという言い回しは，ギデンズがパーソンズ的な構造機能主義を批判する際の切り口と類似している．また，構造が実在するのではなく，あるのはシステムであるというルーマンの観点とも近い．さらに，行為主体が相互行為においてもつ意味形成能力・反省能力（「リフレクシヴィティ」）を強調する姿勢は，ハーバーマスのコミュニケーション的行為の理論を思わせる．

　ギデンズはそれまでフランス語圏やドイツ語圏で展開されてきた理論的革新の成果を集約するような形で，英語圏の社会学理論を新たな時代に向けて再編成したとみることができよう．「近代」の社会と社会学を問い直し，時代の変化に合わせて方法論を鍛え直すという70年代以降の理論的活動は，より実践的な社会学的分析に向けて展開されようとしていた．そこにギデンズがいた．本項目で中心的に取り上げた時期からは少し遅れるが，90年代以降のギデンズは，近代を総括しつつ新しい時代への対処と展望を提示して，多方面の支持を得ることとなった． 　　　　　　　　　　　　　　　　　　　　　　　　　　　［三上剛史］

📖 参考文献
[1] Bourdieu, P., 1979, *La distinction: Critique sociale du jugement*, Minuit.（石井洋二郎訳, 1989, 『ディスタンクシオン――社会的判断力批判』新評論.）
[2] Foucault, M., 1975, *Surveiller et punir: Naissance de la prison*, Gallimard.（田村俶訳, 1977, 『監獄の誕生――監視と処罰』新潮社.）
[3] Giddens, A., 1990, *The Consequences of Modernity*, Polity Press.（松尾精文・小幡正敏訳, 1993, 『近代とはいかなる時代か？――モダニティの帰結』而立書房.）
[4] Habermas, J., 1981, *Theorie des kommunikativen Handelns*, Suhrkamp.（河上倫逸ほか訳, 1985-87, 『コミュニケイション的行為の理論（上・中・下）』未來社.）
[5] Habermas, J. und N. Luhmann, 1971, *Theorie der Gesellschaft oder Sozialtechnologie*, Suhrkamp.（佐藤嘉一ほか訳, 1987, 『批判理論と社会システム理論――ハーバーマス＝ルーマン論争』木鐸社.）
[6] Luhmann, N., 1984, *Soziale Systeme*, Suhrkamp.（佐藤勉監訳, 1993-95, 『社会システム理論（上・下）』恒星社厚生閣.）
[7] Schutz, A., 1962, *Collected Papers I: The Problem of Social Reality*, Nijhoff.（渡部光ほか訳, 1983-85, 『アルフレッド・シュッツ著作集第 1, 2 巻 社会的現実の問題 I, II』マルジュ社.）

和文引用文献

*各文献の最後に明記してある数字は引用している項目の最初のページを表す.

■あ

青木 保, 1990, 『「日本文化論」の変容——戦後日本の文化とアイデンティティ』中央公論社. ……390
青柳まちこ編・監訳, 1996, 『「エスニック」とは何か——エスニシティ基本論文選』新泉社. ……672
青山 薫, 2014, 「グローバル化とセックスワーク——深化するリスク・拡大する運動」『社会学評論』65 (2):224-38. ……770
赤川 学, 1999, 『セクシュアリティの歴史社会学』勁草書房. ……122
赤川 学, 2004, 『子どもが減って何が悪いか!』筑摩書房. ……116
赤川 学, 2012, 『社会問題の社会学』弘文堂. ……122, 296
赤堀三郎, 2003, 「社会システムのオートポイエティック・モデル——ゴードン・パスクの会話理論を手がかりとして」『社会・経済システム』24:97-102. ……492
安里和晃, 2013, 「家族ケアの担い手として組み込まれる外国人家事労働者——香港・台湾・シンガポールを事例として」落合恵美子編『親密圏と公共圏の再編成——アジア近代からの問い』京都大学学術出版会. ……44
浅野智彦, 2001, 『自己への物語論的接近——家族療法から社会学へ』勁草書房. ……230
浅野智彦, 2002, 「〈自己のテクノロジー〉としての自分史」『現代社会理論研究』12:39-49. ……236
東 浩紀, 2001, 『動物化するポストモダン——オタクから見た日本社会』講談社. ……380
阿部 彩, 2002, 「貧困から社会的排除へ」『海外社会保障研究』141:67-80. ……50
阿部 彩, 2007, 「日本における社会的排除の実態とその要因」『季刊・社会保障研究』43 (1):27-40. ……556
阿部 彩, 2010, 「日本の貧困の動向と社会経済階層による健康格差の状況」内閣府男女共同参画会議監視・影響評価専門委員会『生活困難に抱える男女に関する検討会報告書——就業構造基本調査・国民生活基礎調査 特別集計』最終報告書, 内閣府. ……556
阿部利洋, 2007, 『紛争後社会と向き合う——南アフリカ真実和解委員会』京都大学学術出版会. ……686
綾部恒雄, 1993, 『現代世界とエスニシティ』弘文堂. ……672
綾屋紗月・熊谷晋一郎, 2008, 『発達障害当事者研究』医学書院. ……246
綾屋紗月・熊谷晋一郎, 2010, 『つながりの作法——同じでもなく違うでもなく』日本放送出版協会. ……246
鮎川 潤, 2001, 『少年犯罪——ほんとうに多発化・凶悪化しているのか』平凡社. ……122
荒牧草平, 2010, 「教育の階級差生成メカニズムに関する研究の検討——相対的リスク回避仮説に注目して」『群馬大学教育学部紀要 (人文・社会科学編)』59:167-80. ……452
有賀美和子, 2011, 『フェミニズム正義論——ケアの絆をつむぐために』勁草書房. ……720

■い

五十嵐誠一, 2013, 「アジアの市民的公共圏と市民社会——新たな公共性に向けて」落合恵美子編『親密圏と公共圏の再編成——アジア近代からの問い』京都大学学術出版会. ……44
池田寛二, 2005, 「環境社会学における正義論の基本問題——環境正義の四類型」『環境社会学研究』11:5-21. ……698
池田寛二, 2006, 「環境社会学の所有論的パースペクティブ」淡路剛久ほか編『リーディングス環境 第2巻 権利と価値』有斐閣:336-47. ……678
池田 喬, 2013, 「研究とは何か, 当事者とは誰か——当事者研究と減少学」石原孝二編『当事者研究の研究』医学書院:113-48. ……246
石井淳蔵, 1993, 『マーケティングの神話』日本経済新聞社. ……218
石田佐恵子, 1998, 『有名性という文化装置』勁草書房. ……570
石田 浩ほか編, 2011, 『現代の階層社会2 階層と移動の構造』東京大学出版会. ……434

石原孝二編著, 2013, 『当事者研究の研究』医学書院. ……246
石山文彦, 1987, 「「逆差別論争」と平等の概念」森際康友・桂木隆夫編『人間的秩序——法における個と普遍』木鐸社: 291-326. ……722
市川 浩, 1978, 「〈身〉の構造」田島節夫ほか編『講座・現代の哲学2 人称的世界』弘文堂: 105-75. ……502
市野川容孝, 2007, 「社会学と生物学——黎明期のドイツ社会学に関する一考察」『現代思想 マックス・ウェーバー特集』35 (15): 157-73. ……762
一家綱邦, 2014, 「再生医療関係3 法——新たな医療を規律する新たな法と倫理の考察」『京都府立大誌』123 (8): 553-63. ……164
伊藤 勇, 2003, 「シンボリック相互行為論からカルチュラル・スタディーズへ——N・K・デンジンの転回」『社会学研究』74: 83-104. ……274
伊藤 勇, 2007, 「シンボリック相互行為論の生かし方をめぐって——N・K・デンジンの批判的評価から」『社会学研究』82: 55-76. ……274
伊藤公雄, 1984, 「〈男らしさ〉の挫折」作田啓一・富永茂樹編『自尊と懐疑』筑摩書房. (伊藤公雄, 1993, 『〈男らしさ〉のゆくえ——男性文化の文化社会学』新曜社に再掲.) ……8
伊藤公雄, 2005, 「解釈と実践——カルチュラル・スタディーズの射程」盛山和夫ほか編著『〈社会〉への知／現代社会学の理論と方法 (下)』勁草書房. ……84
伊藤公雄ほか, 2012, 『新訂 女性学・男性学』有斐閣. ……8
伊藤智樹, 2009, 『セルフヘルプ・グループの自己物語論——アルコホリズムと死別体験を例に』ハーベスト社. ……230, 404
伊藤智樹, 2013, 「ピア・サポートの社会学に向けて」伊藤智樹編『ピア・サポートの社会学——ALS, 認知症介護, 依存症, 自死遺児, 犯罪被害者の物語を聴く』晃洋書房: 1-32. ……404
伊藤昌亮, 2011, 『フラッシュモブズ——儀礼と運動の交わるところ』NTT出版. ……616
伊藤昌亮, 2012, 『デモのメディア論——社会運動社会のゆくえ』筑摩書房. ……616
伊藤美登里, 2005, 「ドイツにおける自己の『語り』の変遷」『人間関係学研究』7: 1-11. ……252
伊藤陽一ほか編, 2013, 『グローバル・コミュニケーション——キーワードで読み解く生命・文化・社会』ミネルヴァ書房. ……542
伊藤るり・足立眞理子編著, 2008, 『国際移動と〈連鎖するジェンダー〉——再生産領域のグローバル化』作品社. ……44, 752
井上 俊・伊藤公雄編, 2010, 『社会学ベーシックス5 近代家族とジェンダー』世界思想社. ……8
井上達夫, 1986, 『共生の作法——会話としての正義』創文社. ……690
井上達夫, 2003, 『法という企て』東京大学出版会. ……690
井上達夫, 2012, 『世界正義論』筑摩書房. ……690
井上芳保, 1988, 「ルサンチマンの社会学の構想——ニーチェ的主題の継承をめざして」『思想』773: 202-31. ……650
井庭 崇・福原義久, 1998, 『複雑系入門——知のフロンティアへの冒険』NTT出版. ……510
今井信雄, 2001, 「死と近代と記念行為——阪神・淡路大震災の「モニュメント」にみるリアリティ」『社会学評論』51 (4): 412-29. ……374
今田高俊, 1978, 「自己組織系の論理と社会発展論」『思想』647: 1-25. ……500
今田高俊, 1986, 『自己組織性——社会理論の復活』創文社. ……66, 500
今田高俊, 1987, 『モダンの脱構築——産業社会のゆくえ』中央公論社. ……32
今田高俊, 2001, 『意味の文明学序説——その先の近代』東京大学出版会. ……38, 66, 718
今田高俊, 2005, 『自己組織性と社会』東京大学出版会. ……66, 500, 508
今田高俊, 2009, 「社会システム論への新たな接近法——エージェントベース・アプローチ」出口 弘・木嶋恭一編著『エージェントベースの社会システム科学宣言——地球社会のリベラルアーツめざして』勁草書房: 21-36. ……66
今田高俊・原 純輔, 1977, 「現代日本の階層構造——地位の一貫性と非一貫性」『現代社会学』8: 59-114. ……456
伊豫谷登士翁編, 2013, 『移動という経験』有信堂高文社. ……752
色川大吉, 1995, 『色川大吉著作集第1巻 新編明治精神史』筑摩書房. ……634
岩木秀夫, 2010, 「教育と社会階層——機能主義か葛藤理論か? 米国論争史の回顧」有本 章ほか編『教育社会学概論』ミネルヴァ書房: 186-208. ……424
岩田正美, 2007, 『現代の貧困——ワーキングプア／ホームレス／生活保護』筑摩書房. ……556
岩田正美, 2008, 『社会的排除——参加の欠如・不確かな帰属』有斐閣. ……50
岩田正美・濱本知寿香, 2004, 「デフレ不況下の『貧困の経験』」樋口美雄ほか編『女性たちの平成不況——デフレで働き方・暮らしはどう変わったか』日本経済新聞社: 203-33. ……556
岩田正美・西澤晃彦編著, 2005, 『貧困と社会的排除——福祉社会を蝕むもの』ミネルヴァ書房. ……556

■う

上野加代子, 2011, 『国境を越えるアジアの家事労働者――女性たちの生活戦略』世界思想社. ……44
上野加代子・野村知二, 2003, 『「児童虐待」の構築――捕獲される家族』世界思想社. ……122
上野千鶴子, 1990, 『家父長制と資本制――マルクス主義フェミニズムの地平』岩波書店. ……552, 706
上野千鶴子, 1994, 『近代家族の成立と終焉』岩波書店. ……554
上野千鶴子, 1996, 「複合差別論」井上 俊ほか編『岩波講座 現代社会学15 差別と共生の社会学』岩波書店：203-32. ……764
上野千鶴子, 2008, 「ケアされるということ――思想・技法・作法」上野千鶴子ほか編『ケア その思想と実践3――ケアされるということ』岩波書店：1-33. ……200
上野千鶴子, 2011, 『ケアの社会学――当事者主権の福祉社会へ』太田出版. ……246
上野千鶴子編, 2001, 『構築主義とは何か』勁草書房. ……122
上野千鶴子編, 2005, 『脱アイデンティティ』勁草書房. ……240
宇佐美 誠, 2013, 「移行期正義――解明・評価・展望」『国際政治』171：43-57. ……728
内田 健, 2003, 「H・ブルーマーにおける『概念』の問題――感受的概念をめぐって」『社会学史研究』25：55-70. ……288
内田隆三, 1987, 『消費社会と権力』岩波書店. ……218
内田 良, 2009, 『「児童虐待」へのまなざし――社会現象はどう語られるのか』世界思想社. ……122
梅棹忠夫, 1988, 『情報の文明学』中央公論社. ……14
浦河べてるの家, 2002, 『べてるの家の「非」援助論――そのままでいいと思えるための25章』医学書院. ……246
浦河べてるの家, 2005, 『べてるの家の「当事者研究」』医学書院. ……246

■え

江口英一, 1979-80, 『現代の「低所得層」――「貧困」研究の方法』未來社. ……432
NHK放送文化研究所編, 2013, 『NHK中学生・高校生の生活と意識調査』NHK出版. ……96
江原由美子, [1985]2000, 『生活世界の社会学』勁草書房. ……208
江原由美子ほか, 1984, 「性差別のエスノメソドロジー――対面的コミュニケーション状況における権力装置」『現代社会学』18：143-76. ……276
遠藤 薫, 2000, 『電子社会論――電子的想像力のリアリティと社会変容』実教出版. ……14, 168
遠藤 薫, 2007, 『間メディア社会と〈世論〉形成――TV・ネット・劇場社会』東京電機大学出版局. ……14
遠藤 薫, 2009, 『メタ複製技術時代の文化と政治』勁草書房. ……312
遠藤 薫, 2013, 『廃墟で歌う天使――ベンヤミン『複製技術時代の芸術作品』を読み直す』現代書館. ……170, 312, 316
遠藤 薫編著, 2004, 『インターネットと〈世論〉形成――間メディア的言説の連鎖と抗争』東京電機大学出版局. ……14
遠藤 薫編著, 2016, 『ソーシャルメディアと〈世論〉形成』東京電機大学出版局. ……14
遠藤公嗣編著, 2012, 『個人加盟ユニオンと労働NPO――排除された労働者の権利擁護』ミネルヴァ書房. ……394
遠藤知巳編, 2010, 『フラット・カルチャー――現代日本の社会学』せりか書房. ……218

■お

呉 学殊, 2012, 『労使関係のフロンティア――労働組合の羅針盤（増補版）』労働政策研究・研修機構. ……394
大川三雄ほか, 1997, 『図説近代建築の系譜――日本と西欧の空間表現を読む』彰国社. ……32
大沢秀介, 2014, 「高等教育機関におけるアファーマティブ・アクション」大沢秀介・大林啓吾編『アメリカ憲法判例の物語』成文堂：3-46. ……722
大澤真幸, [1996]2009, 『虚構の時代の果て』筑摩書房. ……380
大沢真理, 2007, 『現代日本の生活保障システム――座標とゆくえ』岩波書店. ……706
大塚久雄, 1968, 『近代化の人間的基礎』筑摩書房. ……522
大野 晃, 2005, 『山村環境社会学序説――現代山村の限界集落化と流域共同管理』農山漁村文化協会. ……116
大野左紀子, 2012, 『アート・ヒステリー――なんでもかんでもアートな国・ニッポン』河出書房新社. ……368
大野道邦, 2011, 『可能性としての文化社会学――カルチュラル・ターンとディシプリン』世界思想社. ……374
大橋靖雄・浜田知久馬, 1995, 『生存時間解析――SASによる生物統計』東京大学出版会. ……460
大庭 健・鷲田清一編, 2000, 『所有のエチカ』ナカニシヤ出版. ……340
大畑祐嗣ほか編, 2004, 『社会運動の社会学』有斐閣. ……620

和文引用文献

大村英昭・宝月 誠, 1979,『逸脱の社会学——烙印の構図とアノミー』新曜社. ……266
大屋雄裕, 2007,「平等理論とポジティブ・アクション」田村哲樹・金井篤子編『ポジティブ・アクションの可能性——男女共同参画社会の制度デザインのために』ナカニシヤ出版: 64-81. ……722
小笠原盛浩, 2014,「ソーシャルメディア上の政治コミュニケーションとマスメディア」『マス・コミュニケーション研究』85: 63-80. ……318
小ヶ谷千穂, 2016,『移動を生きる——フィリピン移住女性と複数のモビリティ』有信堂高文社. ……768
小川(西秋)葉子, 2007,「グローバライゼーションをめぐる二重らせんの時間——ハイパー・リフレクシヴィティと集合的生命の解明にむけての批判的考察」『社会学評論』57 (4): 749-83. ……542
小川(西秋)葉子, 2012,「グローバル化論の新たな視点——環境デザインからサスティナブルな集合的生命へ(コラムII)」丸山哲央編『現代の社会学——グローバル化のなかで』ミネルヴァ書房: 157-9. ……542
小川(西秋)葉子, 2013,「コミュニケーション・デザインとエージェンシー——グローバライゼーションのメディア学のために」『メディア・コミュニケーション』63: 33-44. ……542
小川(西秋)葉子, 2015,「民主的な, しかしコモンズではない未来のヴィジョン——コミュニティ・デザインとメディア・キャンペーンにみる集合的生命の共有と創出」『メディア・コミュニケーション』64: 39-51. ……542
小川祐樹ほか, 2014,「Twitterにおける意見の多数派認知とパーソナルネットワークの同質性が発言に与える影響——原子力発電を争点としたTwitter上での沈黙の螺旋理論の検証」『人工知能学会論文誌』29 (5): 483-92. ……318
荻野昌弘編, 2002,『文化遺産の社会学——ルーヴル美術館から原爆ドームまで』新曜社. ……374
荻野美穂, 1996,「美と健康という病——ジェンダーと身体管理のオブセッション」井上 俊ほか編『病と医療の社会学』岩波書店: 169-85. ……234
荻野美穂, 2014,『女のからだ——フェミニズム以後』岩波書店. ……150
奥田道大編, 1997,『都市エスニシティの社会学——民族/文化/共生の意味を問う』ミネルヴァ書房. ……672
小熊英二, 1998,『〈日本人〉の境界——沖縄・アイヌ・台湾・朝鮮 植民地支配から復帰運動まで』新曜社. ……358
小熊英二, 2012,『社会を変えるには』講談社. ……616
奥山敏雄, 1986,「組織を捉える視角と装置」『ソシオロゴス』10: 120-42. ……188
小此木啓吾, 1978,『モラトリアム人間の時代』中央公論社. ……226
小沢雅子, 1985,『新「階層消費」の時代——消費市場をとらえるニューコンセプト』日本経済新聞社. ……438
尾高邦雄, 1984,『日本的経営——その神話と現実』中央公論社. ……392
落合恵美子, 1989,『近代家族とフェミニズム』勁草書房. ……548
落合恵美子, 1994,『21世紀家族へ——家族の戦後体制の見かた・超えかた』有斐閣. ……552
落合恵美子, 2006,「ユーラシアプロジェクトの課題と達成」『社会学研究』57 (3/4): 57-80. ……550
落合恵美子, 2007,「アジア市民社会における家族とジェンダー——『第2の近代』の岐路」棚瀬孝雄編著『市民社会と法——変容する日本と韓国の社会』ミネルヴァ書房: 126-44. ……44
落合恵美子, 2008,「アジアにおけるケアネットワークと福祉ミックス——家族社会学と福祉社会学との結合」『家族研究年報』33: 3-20. ……44
落合恵美子, 2011,「個人化と家族主義」U. ベックほか編『リスク化する日本社会——ウルリッヒ・ベックとの対話』岩波書店: 103-25. ……540
落合恵美子, 2012,「親密性の労働とアジア女性の構築」落合恵美子・赤枝香奈子編『アジア女性と親密性の労働』京都大学学術出版会: 1-34. ……44
落合恵美子, 2013,「アジア近代における親密圏と公共圏の再編成——〈圧縮された近代〉と〈家族主義〉」落合恵美子編『親密圏と公共圏の再編成——アジア近代からの問い』京都大学学術出版会: 1-38. ……44
落合恵美子編, 2013,『親密圏と公共圏の再編成——アジア近代からの問い』京都大学学術出版会. ……44, 102
落合恵美子・赤枝香奈子編, 2012,『アジア女性と親密性の労働』京都大学学術出版会. ……44

■か

ガーケンダール, L. A./波多野義郎・黒田芳夫編訳, 1975,『愛の理解——家族関係の性教育』ぎょうせい. ……8
梶田孝道, 1988a,『テクノクラシーと社会運動——対抗的相補性の社会学』東京大学出版会. ……616, 674
梶田孝道, 1988b,『エスニシティと社会変動』有信堂高文社. ……672
梶田孝道, 1996,「「民族・国家・エスニシティ」論の現状と課題」井上 俊ほか編『岩波講座 現代社会学 24 民族・国家・エスニシティ』岩波書店: 245-63. ……672
柏崎正憲, 2015,『ニコス・プーランザス 力の位相論——グローバル資本主義における国家の理論に向けて』吉田書店. ……570
片桐新自, 1995,『社会運動の中範囲理論——資源動員論からの展開』東京大学出版会. ……618
片桐雅隆, 1996,『プライバシーの社会学——相互行為・自己・プライバシー』世界思想社. ……292

片桐雅隆, 2000, 『自己と「語り」の社会学――構築主義的展開』世界思想社. ……122, 230, 250, 260
片桐雅隆, 2003, 『過去と記憶の社会学――自己論からの展開』世界思想社. ……260
片桐雅隆, 2006, 『認知社会学の構想――カテゴリー・自己・社会』世界思想社. ……260
片桐雅隆, 2011, 『自己の発見――社会学史のフロンティア』世界思想社. ……20, 256
片桐雅隆・樫村愛子, 2011, 「『心理学化』社会における社会と心理学/精神分析」『社会学評論』61(4): 366-85. ……252
嘉田由紀子, 2002, 『環境学入門9 環境社会学』岩波書店. ……116
加藤雅信, 2001, 『「所有権」の誕生』三省堂. ……340
加戸守行, [1974]2013, 『著作権法逐条講義 六訂新版』著作権情報センター. ……340
金澤悠介ほか, 2011, 「エージェント・ベースト・モデルの方法と社会学におけるその展開」『理論と方法』26(1): 141-59. ……512
金子 勇, 2013, 『「時代診断」の社会学――理論と応用』ミネルヴァ書房. ……116
鹿野政直, 1988, 『「鳥島」は入っているか――歴史意識の現在と歴史学』岩波書店. ……634
鹿又伸夫, 2001, 『機会と結果の不平等――世代間移動と所得・資産格差』ミネルヴァ書房. ……430
上岡陽江・大嶋栄子, 2010, 『その後の不自由――「嵐」のあとを生きる人たち』医学書院. ……246
神島二郎, 1961, 『近代日本の精神構造』岩波書店. ……668
柄谷行人編著, 1999, 『可能なるコミュニズム』太田出版. ……402
苅谷剛彦, 1995, 『大衆教育社会のゆくえ――学歴主義と平等神話の戦後史』中央公論社. ……436
河合隼雄, 1983, 「無意識の科学」飯田 真ほか編『岩波講座 精神の科学 第1巻 精神の科学とは』岩波書店: 215-49. ……502
川上憲人, 2006, 「社会疫学――その起こりと展望」川上憲人ほか編『社会格差と健康――社会疫学からのアプローチ』東京大学出版会: 1-21. ……448
川上憲人・橋本英樹, 2015, 「社会階層と健康への学際的アプローチ」川上憲人ほか編『社会と健康――健康格差解消に向けた統合科学的アプローチ』東京大学出版会: 1-17. ……448
河上 肇, 1917, 『貧乏物語』弘文堂. ……432
川口恵子, 2010, 『ジェンダーの比較映画史――「国家の物語」から「ディアスポラの物語」へ』彩流社. ……752
川島武宜, 1948, 『日本社会の家族的構成』学生書房. ……552
川島武宜, 1949, 『所有権法の理論』岩波書店. ……340
河西宏祐, 1989, 『企業別組合の理論――もうひとつの日本的労使関係』日本評論社. ……394
川原恵子, 2005, 「福祉政策と女性の貧困」岩田正美・西澤晃彦編『貧困と社会的排除――福祉社会を蝕むもの』ミネルヴァ書房: 195-222. ……556

■き
北澤 毅, 2015, 『「いじめ自殺」の社会学――「いじめ問題」を脱構築する』世界思想社. ……122
北澤 毅・片桐隆嗣, 2002, 『少年犯罪の社会的構築――「山形マット死事件」迷宮の構図』東洋館出版社. ……122
北田暁大, 2005, 『嗤う日本の「ナショナリズム」』日本放送出版協会. ……96
北田暁大, 2006, 「フーコーとマクルーハンの夢を遮断する――フリードリッヒ・キットラーの言説分析」佐藤俊樹・友枝敏雄編『言説分析の可能性――社会学的方法の迷宮から』東信堂: 59-87. ……346
吉川 徹, 2006, 『学歴と格差・不平等――成熟する日本型学歴社会』東京大学出版会. ……452
ギデンズ, A./松尾精文ほか訳, 2009, 『社会学 第五版』而立書房. ……50
木戸 功, 2010, 『概念としての家族――家族社会学のニッチと構築主義』新泉社. ……122
木下康仁, 1999, 『グラウンデッド・セオリー・アプローチ――質的実証研究の再生』弘文堂. ……260
木下康仁, 2003, 『グラウンデッド・セオリー・アプローチの実践――質的研究への誘い』弘文堂. ……260
木下康仁, 2009, 『質的研究と記述の厚み――M-GTA・事例・エスノグラフィー』弘文堂. ……260
木村涼子, 2010, 『〈主婦〉の誕生――婦人雑誌と女性たちの近代』吉川弘文館. ……548
喜安 朗, 1982, 『パリの聖月曜日――19世紀都市騒乱の舞台裏』平凡社. ……632

■く
草柳千早, 2004, 『「曖昧な生きづらさ」と社会――クレイム申し立ての社会学』世界思想社. ……296
久保紘章, 1998, 「セルフヘルプ・グループとは何か」久保紘章・石川到覚編『セルフヘルプ・グループの理論と展開――わが国の実践をふまえて』中央法規出版: 2-20. ……404
久米 暁, 2005, 『ヒュームの懐疑論』岩波書店. ……450
黒石 晋, 1991, 『システム社会学――大キサの知』ハーベスト社. ……500, 502

黒石 晋, 2009,『欲望するシステム』ミネルヴァ書房. ……500, 502
黒石 晋, 2016,「リゾーミック・システムの編制原理」『彦根論叢』滋賀大学経済学会, 407：20-35. ……500, 502
黒田浩一郎, 2014,「医療化, 製薬化, 生物医学化」『保健医療社会学論集』25 (1)：2-9. ……160
桑原 司, 2012,「シンボリック相互作用論の方法論的立場」『経済学論集』鹿児島大学, 79：19-32. ……288

■こ

髙坂健次, 2006,『社会学におけるフォーマル・セオリー——階層イメージに関するFKモデル (改訂版)』ハーベスト社. ……440
好村富士彦, 1978,『希望の弁証法』三一書房. ……376
好村富士彦, 1986,『ブロッホの生涯——希望のエンサイクロペディア』平凡社. ……376
国際開発計画編, 1995,『人間開発報告書』国際開発計画. ……556
国際連合/日本統計協会訳, 1995,『世界の女性——その実態と統計 1995』日本統計協会. ……556
国連総会, 1993,「女性に対する暴力の撤廃に関する宣言」. (48/104. Declaration on the Elimination of Violence Against Women, The General Assembly, 20 December 1993.) ……598
小杉礼子, 2003,『フリーターという生き方』勁草書房. ……450
小谷 幸, 2013,『個人加盟ユニオンの社会学——「東京管理職ユニオン」と「女性ユニオン東京」(1993年～2002年)』御茶の水書房. ……394
小谷 敏, 2013,『ジェラシーが支配する国——日本型バッシングの研究』高文研. ……666
後藤玲子, 2002,『正義の経済哲学——ロールズとセン』東洋経済新報社. ……460
五野井郁夫, 2012,『「デモ」とは何か——変貌する直接民主主義』NHK出版. ……96, 622
小林哲郎, 2007,「スモールワールド・ネットワーク」山田一成ほか編著『よくわかる社会心理学』ミネルヴァ書房：176. ……406
駒井 洋監修, 明石純一編著, 2011,『移民・ディアスポラ研究1 移住労働と世界の経済危機』明石書店. ……752
小松丈晃, 2003,『リスク論のルーマン』勁草書房. ……4, 184, 212
コミックマーケット準備会, 2013,「コミケットマニュアル」. (2016年5月5日取得, http://www.comiket.co.jp/info-c/C86/C86comiketmanual.pdf) ……66
コミックマーケット準備会, 2016,「コミックマーケット年表」. (2016年5月5日取得, http://www2.comiket.co.jp/archives/Chronology.html) ……66
小宮友根, 2011,『実践の中のジェンダー——法システムの社会学的記述』新曜社. ……572
小室直樹, 1966,「構造機能分析と均衡分析——パーソンズ枠組の発展的再構成へむかって」『社会学評論』16 (4)：77-103. ……534
小室直樹, 1974,「構造-機能分析の論理と方法」青井和夫編『社会学講座1 理論社会学』東京大学出版会：15-80. ……478
小山 裕, 2015,『市民的自由主義の復権』勁草書房. ……790
近藤博之, 1990,「『学歴メリトクラシー』の構造」菊池城司編『現代日本の階層構造3 教育と社会移動』東京大学出版会：185-208. ……436
近藤博之, 2011,「社会空間の構造と相同性仮説——日本のデータによるブルデュー理論の検証」『理論と方法』26 (1)：161-77. ……438

■さ

斎藤 修編著, 1988,『家族と人口の歴史社会学——ケンブリッジ・グループの成果』リブロポート. ……550
齋藤純一編, 2003,『親密圏のポリティクス』ナカニシヤ出版. ……44
坂井晃介, 2014,「福祉国家の意味論的分析に向けて——N.ルーマンの理論構成を手がかりに」『年報社会学論集』関東社会学会, 27：73-84. ……364
酒井直樹編, 2006,『ナショナル・ヒストリーを学び捨てる』東京大学出版会. ……112
阪本俊生, 1999,『プライバシーのドラマトゥルギー——フィクション・秘密・個人の神話』世界思想社. ……292
阪本俊生, 2009,『ポスト・プライバシー』青弓社. ……292
作田啓一, 1981,『個人主義の運命——近代小説と社会学』岩波書店. ……666
作田啓一, 1993,『生成の社会学をめざして——価値観と性格』有斐閣. ……732
桜井 厚, 2002,『インタビューの社会学』せりか書房. ……122
佐藤哲彦, 2006,『覚醒剤の社会史——ドラッグ・ディスコース・統治技術』東信堂. ……122
佐藤郁哉, 1984,『暴走族のエスノグラフィー——モードの叛乱と文化の呪縛』新曜社. ……362
佐藤郁哉・山田真茂留, 2004,『制度と文化——組織を動かす見えない力』日本経済新聞社. ……418

佐藤郁哉ほか, 2011,『本を生みだす力——学術出版の組織アイデンティティ』新曜社. ……420
佐藤健二, 1995,『流言蜚語——うわさ話を読みとく作法』有信堂高文社. ……330
佐藤俊樹, 1993,『近代・組織・資本主義——日本と西欧における近代の地平』ミネルヴァ書房. ……364
佐藤俊樹, 1998,「近代を語る視線と文体」高坂健次・厚東洋輔編『講座社会学1 理論と方法』東京大学出版会：65-98. ……4, 112
佐藤俊樹, 2011,『社会学の方法——その歴史と構造』ミネルヴァ書房. ……102
佐藤俊樹, 2014,「『社会学の方法的立場』をめぐる方法論的考察」『理論と方法』29 (2)：363-72. ……112, 188, 202
佐藤俊樹, 2015a,「東アジアの産業化と日本の不平等」『統計』66 (2)：10-6. ……102
佐藤俊樹, 2015b,「19世紀/20世紀の転換と社会の科学」内田隆三編『現代社会と人間への問い』せりか書房. ……188, 202
佐藤秀典, 2013,「組織アイデンティティ論の発生と発展」組織学会編『組織論レビューⅡ——外部環境と経営組織』白桃書房：1-36. ……420
佐藤博樹, 2012,『人材活用進化論』日本経済新聞出版社. ……394
佐藤雅浩, 2013,『精神疾患言説の歴史社会学』新曜社. ……122
佐藤嘉倫, 2006,「自己組織性とエージェント・ベースト・モデル」『理論と方法』21 (1)：1-10. ……512
佐藤慶幸, 1991,『生活世界と対話の理論』文眞堂. ……324
佐藤慶幸, 1994,『アソシエーションの社会学——行為論の展開 (新装版)』早稲田大学出版部. ……402
佐藤慶幸, 1996,『女性と協同組合の社会学——生活クラブからのメッセージ』文眞堂. ……674
佐藤嘉幸, 2008,『権力と抵抗——フーコー・ドゥルーズ・デリダ・アルチュセール』人文書院. ……236
真田信治・庄司博史編, 2005,『事典 日本の多言語社会』岩波書店. ……766
サムナー, W. G./後藤昭次訳, 1975,『アメリカ古典文庫18 社会進化論』研究社. ……518
沢田善太郎, 2004,「コンドルセ『多数決論』の研究」『現代社会学』広島国際学院大学現代社会学部, 5：3-23. ……790

■し

塩原 勉, 1994,『転換する日本社会——対抗的相補性の視点から』新曜社. ……674
塩原良和, 2005,『ネオ・リベラリズムの時代の多文化主義——オーストラリアン・マルチカルチュラリズムの変容』三元社. ……756
塩原良和, 2010,『変革する多文化主義へ——オーストラリアからの展望』法政大学出版局. ……756
塩原良和, 2015a,「グローバル・マルチカルチュラル・ミドルクラスと分断されるシティズンシップ」駒井 洋監修, 五十嵐泰正・明石純一編著『「グローバル人材」をめぐる政策と現実』明石書店：222-37. ……756
塩原良和, 2015b,「制度化されたナショナリズム——オーストラリア多文化主義の新自由主義的転回」山崎 望編『奇妙なナショナリズムの時代——排外主義に抗して』岩波書店：165-95. ……756
志田基与師, 1997,「社会学におけるシステム理論の展開——日本における構造‐機能分析の発展と没落」『岩波講座社会学 別巻 現代社会学の理論と方法』岩波書店：21-38. ……534
志田基与師ほか, 2000,「結婚市場の変容」盛山和夫編『日本の階層システム4 ジェンダー・市場・家族』東京大学出版会：157-76. ……446
渋谷 望, 2004,「危機の時代の社会批判——カルチュラル・スタディーズと民主主義の問い」西原和久・宇都宮京子編『クリティークとしての社会学——現代を批判的に見る眼』東信堂：155-80. ……568
清水幾太郎, 1937,『流言蜚語』日本評論社. ……330
清水裕士, 2014,『個人と集団のマルチレベル分析』ナカニシヤ出版. ……462
白波瀬佐和子, 2010,『生き方の不平等——お互いさまの社会に向けて』岩波書店. ……432
白波瀬佐和子, 2011,「少子化社会の階層構造——階層結合としての結婚に着目して」石田 浩ほか編『現代の階層社会2 階層と移動の構造』東京大学出版会：317-33. ……446
進藤雄三, 1990,『医療の社会学』世界思想社. ……158
進藤雄三, 2005,「医療専門職とコントロール」宝月 誠・進藤雄三編『社会的コントロールの現在——新たな社会的世界の構築をめざして』世界思想社：23-41. ……580
ジンメル, G./川村二郎編訳, 1999,『ジンメル・エッセイ集』平凡社. ……298

■す

末廣 昭, 2014,『新興アジア経済論——キャッチアップを超えて』岩波書店. ……102
菅原 琢, 2009,『世論の曲解——なぜ自民党は大敗したのか』光文社. ……96
鈴木健之, 1992,「ネオ機能主義社会学の構造」『社会学評論』43 (2)：45-59. ……470

鈴木健之, 2006,「ネオ機能主義から文化社会学へ——アレクサンダー社会学の展開」富永健一編『理論社会学の可能性——客観主義から主観主義まで』新曜社: 236-52. ……366
鈴木智之, 2013,『「心の闇」と動機の語彙——犯罪報道の1990年代』青弓社. ……290
鈴木春子, 2014,「先進国と途上国の貧困の女性化に関する文献研究」『日本女子大学大学院人間社会研究科紀要』20: 67-79. ……556

■せ

青弓社編集部, 2004,『情報は誰のものか?』青弓社. ……340
盛山和夫, 1997,「合理的選択理論」井上 俊ほか編『岩波講座 現代社会学 別巻——現代社会学の理論と方法』岩波書店: 137-56. ……452
盛山和夫, 2006,『リベラリズムとは何か——ロールズと正義の倫理』勁草書房. ……724
盛山和夫, 2013,『社会学の方法的立場——客観性とはなにか』東京大学出版会. ……204
関根政美, 1994,『エスニシティの政治社会学——民族紛争の制度化のために』名古屋大学出版会. ……672
関根政美, 2010,「白豪主義終焉からシティズンシップ・テスト導入まで——多文化社会オーストラリアのガバナンス」『法学研究』83 (2): 1-38. ……756

■そ

徐 阿貴, 2012,『在日朝鮮人女性による「下位の対抗的な公共圏」の形成——大阪の夜間中学を核とした運動』御茶の水書房. ……764
園田茂人, 2001,『中国人の心理と行動』日本放送出版協会. ……390

■た

高尾将幸, 2014,『「健康」語りと日本社会——リスクと責任のポリティクス』新評論. ……4
高尾義明・王 英燕, 2012,『経営理念の浸透——アイデンティティ・プロセスからの実証分析』有斐閣. ……420
高城和義, 1986,『パーソンズの理論体系』日本評論社. ……646
高野陽太郎, 2008,『「集団主義」という錯覚——日本人論の思い違いとその由来』新曜社. ……390
高橋 徹, 2002,『意味の歴史社会学——ルーマンの近代ゼマンティク論』世界思想社. ……184
高橋真樹, 2011,『観光コースでないハワイ——「楽園」のもうひとつの姿』高文研. ……672
高橋正泰, 1998,『組織シンボリズム——メタファーの組織論』同文舘出版. ……418
高橋義明, 2013,「欧州連合における貧困・社会的排除指標の数値目標化とモニタリング」『海外社会保障研究』185: 4-25. ……50
高橋由典, 1996,『感情と行為——社会学的感情論の試み』新曜社. ……190
高橋由典, 1999,『社会学講義——感情論の視点』世界思想社. ……190
高橋由典, 2007,『行為論的思考——体験選択と社会学』ミネルヴァ書房. ……190
高原基彰, 2006,『不安型ナショナリズムの時代——日韓中のネット世代が憎みあう本当の理由』洋泉社. ……96
多賀太編, 2011,『揺らぐサラリーマン生活——仕事と家庭のはざまで』ミネルヴァ書房. ……596
竹内 洋, 1995,『日本のメリトクラシー——構造と心性』東京大学出版会. ……436
武川正吾, 1999,『福祉社会の社会政策』法律文化社. ……706
武川正吾, 2006,「福祉資本主義の三つの世界」野口定久編『福祉国家の形成・再編と社会福祉政策』中央法規出版: 197-237. ……102
武川正吾, 2007,『連帯と承認——グローバル化と個人化のなかの福祉国家』東京大学出版会. ……706
武川正吾, 2012,『政策志向の社会学』有斐閣. ……712
武川正吾編著, 2008,『シティズンシップとベーシック・インカムの可能性』法律文化社. ……712
建部遯吾, 1904,『普通社会学 第1巻 (社会学序説)』金港堂書籍. ……790
竹峰義和, 2007,『アドルノ, 複製技術へのまなざし——「知覚」のアクチュアリティ』青弓社. ……344
田代志門, 2011,『研究倫理とは何か——臨床医学研究と生命倫理』勁草書房. ……164
多田 治, 2008,『沖縄イメージを旅する——柳田國男から移住ブームまで』中央公論社. ……672
舘 暲, 2002,『バーチャルリアリティ入門』筑摩書房. ……310
橘木俊詔, 1998,『日本の経済格差——所得と資産から考える』岩波書店. ……432
橘木俊詔・浦川邦夫, 2006,『日本の貧困研究』東京大学出版会. ……432
巽 孝之編, 1991,『サイボーグ・フェミニズム』トレヴィル. ……168
田中きく代・高木 (北山) 真理子編, 2004,『北アメリカ社会を眺めて——女性軸とエスニシティ軸の交差点から』関西学院大学出版会. ……672

田中俊之,2009,『男性学の新展開』青弓社.……596
田中紀行・吉田 純編,2014,『モダニティの変容と公共圏』京都大学学術出版会.……324
田辺繁治,2008,『ケアのコミュニティ——北タイのエイズ自助グループが切り開くもの』岩波書店.……236
田辺俊介,2010,『ナショナル・アイデンティティの国際比較』慶應義塾大学出版会.……238
田辺俊介,2011,「日韓のナショナル・アイデンティティの概念構造の不変性と異質性の検討」『社会学評論』247：284-300.……238
田辺俊介編,2011,『外国人へのまなざしと政治意識——社会調査で読み解く日本のナショナリズム』勁草書房.……96
谷本奈穂,2008,『美容整形と化粧の社会学——プラスティックな身体』新曜社.……234
谷本奈穂,2013,「ミドルエイジ女性向け雑誌における身体の「老化」イメージ」『マス・コミュニケーション研究』日本マス・コミュニケーション学会,83：5-29.……234
田沼靖一,2001,『死の起源——遺伝子からの問いかけ』朝日新聞社.……510
田畑 稔ほか編,2003,『アソシエーション革命へ——理論・構想・実践』社会評論社.……402
玉野和志編,2008,『ブリッジブック 社会学』信山社出版.……522
田村紀雄,1999,『コミュニケーション』柏書房.……306
田村 誠ほか,2002,「地域社会の住み分け——異文化接触と分居のプロセス」山影 進・服部正太編『コンピュータのなかの人工社会——マルチエージェント シミュレーションモデルと複雑系』共立出版：108-23.……66
太郎丸 博,2009,『若年非正規雇用の社会学——階層・ジェンダー・グローバル化』大阪大学出版会.……444

■ち

近森高明・工藤保則編,2013,『無印都市の社会学』法律文化社.……218
中鉢正美,1956,『生活構造論』好学社.……432
鄭 暎惠,1986,「〈家〉の解放と開かれる〈民族〉——反外国人登録法運動の展開から」『解放社会学研究』1：83-96.……764
鄭 暎惠,1996,「アイデンティティを超えて」『岩波講座 現代社会学15 差別と共生の社会学』岩波書店：1-33.……764

■つ

辻中 豊・森 裕城編,2010,『現代社会集団の政治機能』木鐸社.……618
土屋貴志,1994,「『バイオエシックス』と『生命倫理』の間で——日本における生命倫理学の導入と現状」『人文研究 大阪市立大学文学部紀要』46(5)：51-69.……164
恒川恵市,1988,『従属の政治経済学 メキシコ』東京大学出版会.……526

■て

出口剛司,1997,「守られない約束・希望へのまなざし」『ソシオロゴス』21：183-99.……376
出口剛司,1998,「大いなる拒絶か,未知なる一人称か」『ソシオロゴス』22：32-46.……376
出口剛司,2002,『エーリッヒ・フロム——希望なき時代の希望』新曜社.……344,376
出口剛司,2011,「批判理論の展開と精神分析の刷新——個人の終焉から新しい個人主義へ」『社会学評論』61(4)：422-39.……344
出口剛司,2013,「文化産業論再考——ミメーシスと大衆欺瞞のはざまで」『社会学史研究』35：13-29.……344
寺田良一,2016,『環境リスク社会の到来と環境運動』明治大学人文科学研究所叢書.……698

■と

土井隆義,2003,『非行少年の消滅——個性神話と少年犯罪』信山社出版.……122
徳岡秀雄,1987,『社会病理の分析視角——ラベリング論・再考』東京大学出版会.……266
徳永 恂,1968,『社会哲学の復権』せりか書房.……376
徳永 恂,1974,『ユートピアの論理——フランクフルト学派研究序説』河出書房新社.……376
徳永 恂,1979,『現代批判の哲学——ルカーチ,ホルクハイマー,アドルノ,フロムの思想像』東京大学出版会.……376
徳野貞雄・柏尾珠紀,2014,『T型集落点検とライフヒストリーでみえる家族・集落・女性の底力——限界集落論を超えて』農山漁村文化協会.……116
ドーソン,R./清水幾太郎編訳,1965,『社会科学におけるシミュレーション』日本評論社.……78
戸田貞三,[1937]2001,『家族構成 新版』新泉社.……552

富永健一, 1965, 『社会変動の理論——経済社会学的研究』岩波書店. ……534
富永健一, 1975, 「構造と機能」富永健一・塩原 勉編『社会学セミナー 1 社会学原論』有斐閣: 68-73. ……534
富永健一, 1981, 「社会変動の基礎理論」安田三郎ほか編『基礎社会学 第Ⅴ巻 社会変動』東洋経済新報社: 2-32. ……534
富永健一, 1986, 『社会学原理』岩波書店. ……424
富永健一, 1995, 『行為と社会システムの理論——構造−機能−変動理論をめざして』東京大学出版会. ……466, 508
富永健一, 1996, 『近代化の理論——近代化における西洋と東洋』講談社. ……524
富永健一, 1997, 『経済と組織の社会学理論』東京大学出版会. ……396
富永健一, 2001, 『社会変動の中の福祉国家』中央公論社. ……706
富永健一編, 1979, 『日本の階層構造』東京大学出版会. ……428
富永健一・友枝敏雄, 1986, 「日本社会における地位非一貫性の趨勢 1955-1975 とその意味」『社会学評論』37 (2): 152-74. ……456
富永茂樹, 2010, 『トクヴィル——現代へのまなざし』岩波書店. ……44
冨山一郎, 1995, 『戦場の記憶』日本経済評論社. ……374

■ な

内閣府国民生活局, 2003, 『ソーシャル・キャピタル——豊かな人間関係と市民活動の好循環を求めて』国立印刷局. ……60
長岡克行, 1998, 「自己組織化・オートポイエーシスと企業組織論」『経営史学会年報5　経営学研究のフロンティア』文眞堂: 161-78. ……188
長岡克行, 2006, 『ルーマン／社会の理論の革命』勁草書房. ……492
中河伸俊, 1999, 『社会問題の社会学——構築主義アプローチの新展開』世界思想社. ……122, 296
中河伸俊・赤川 学編, 2013, 『方法としての構築主義』勁草書房. ……122
中河伸俊ほか編, 2001, 『社会構築主義のスペクトラム——パースペクティブの現在と可能性』ナカニシヤ出版. ……122
中澤秀雄, 2012, 「ポスト3.11（災厄期）の社会運動と地域社会の再生」『大原社会問題研究所雑誌』647/648: 1-14. ……616
中澤 渉, 2012, 「なぜパネル・データを分析するのが必要なのか——パネル・データ分析の特性の紹介」『理論と方法』27 (1): 23-40. ……458
中嶋弓子, 1993, 『ハワイ・さまよえる楽園——民族と国家の衝突』東京書籍. ……672
中西正司・上野千鶴子, 2003, 『当事者主権』岩波書店. ……246, 580
中根千枝, 1967, 『タテ社会の人間関係』講談社. ……552
中野秀一郎, 1986, 「構造−機能分析の理論構成 (A)」中 久郎編『機能主義の社会理論——パーソンズ理論とその展開』世界思想社: 59-112. ……424
長松奈美江, 2009, 「階級・階層研究における「機会の平等」概念についての考察」『大阪大学大学院人間科学研究科紀要』35: 313-32. ……460
中村健吾, 2002, 「EUにおける「社会的排除」への取り組み」『海外社会保障研究』141: 56-66. ……50
中村高康, 2011, 『大衆化とメリトクラシー——教育選抜をめぐる試験と推薦のパラドクス』東京大学出版会. ……436
中村秀之, 2010, 『瓦礫の天使たち——ベンヤミンから〈映画〉の見果てぬ夢へ』せりか書房. ……346
中村雄二郎, 1992, 『臨床の知とは何か』岩波書店. ……634

■ に

新原道信, 2007, 『境界領域への旅——岬からの社会学的探求』大月書店. ……634
新原道信編, 2014, 『"境界領域"のフィールドワーク——"惑星社会の諸問題"に応答するために』中央大学出版部. ……634
西垣 通, 2004, 『基礎情報学——生命から社会へ』NTT出版. ……182
西川祐子, 2000, 『近代国家と家族モデル』吉川弘文館. ……548
錦田愛子編, 2016, 『移民・難民のシティズンシップ』有信堂高文社. ……754
西城戸 誠, 2008, 『抗いの条件——社会運動の文化的アプローチ』人文書院. ……612
西阪 仰, 1997, 『相互行為分析という視点——文化と心の社会学的記述』金子書房. ……276
西原和久, 2010, 『間主観性の社会学理論——国家を超える社会の可能性〈1〉』新泉社. ……282
仁平典宏, 2013, 「散乱するモデルの中にたたずむ」『理論と方法』28 (2): 247-68. ……4

日本学術会議,2009,『提言 経済危機に立ち向かう包摂的な社会政策のために』.……50
日本学術会議,2014,『提言 いまこそ「包摂する社会」の基盤づくりを』.……50
日本共産党中央委員会宣伝部編,1969,『レーニン——宣伝・煽動Ⅰ』大月書店.……328
日本社会学会,2010,「特集・記憶と場所」『社会学評論』60(4):462-553.……374
日本社会学会調査委員会編,1958,『日本社会の階層的構造』有斐閣.……428
日本法社会学会,2014,『新しい所有権法の理論(法社会学80号)』有斐閣.……340

■の

野一色 勲,2002,「特許権の本質と「専有」の用語の歴史」小野昌延先生古稀記念論文集刊行事務局『知的財産法の系譜——小野昌延先生古稀記念論文集』青林書院:73-128.……340
野口裕二,2002,『物語としてのケア——ナラティヴ・アプローチの世界へ』医学書院.……246
野宮大志郎,2014,「グローバル市民社会——新たな世界政治空間の創出」吉川 元ほか編『グローバル・ガヴァナンス論』法律文化社:144-58.……614
野宮大志郎・西城戸 誠編,2016,『サミット・プロテスト——グローバル化時代の社会運動』新泉社.……614
野矢茂樹,1994,『論理学』東京大学出版会.……202

■は

芳賀 学・菊池裕生,2006,『仏のまなざし,読みかえられる自己——同心のミクロ社会学』ハーベスト社.……230
朴 裕河,2014,『帝国の慰安婦——植民地支配と記憶の闘い』朝日新聞出版.……112
間 宏,1964,『日本労務管理史研究——経営家族主義の形成と展開』ダイヤモンド社.……392
橋口昌治,2011,『若者の労働運動——「働かせろ」と「働かないぞ」の社会学』生活書院.……394,636
橋爪大三郎ほか,1984,「危機に立つ構造-機能理論——わが国における展開とその問題点」『社会学評論』35(1):2-18.……534
橋本健二,1999,『現代日本の階級構造——理論・方法・計量分析』東信堂.……430
長谷川啓三,2005,『ソリューション・バンク——ブリーフセラピーの哲学と新展開』金子書房.……338
長谷正人・中村秀之編訳,2003,『アンチ・スペクタクル——沸騰する映像文化の考古学』東京大学出版会.……346
パーソンズ,T./倉田和四生訳,1984,『社会システムの構造と変化』創文社.……198
花崎正晴,2014『コーポレート・ガバナンス』岩波書店.……590
浜 日出夫,2000,「『歴史の社会学』の可能性」『情況別冊 現代社会学の最前線(3) 実践・空間の社会学』情況出版:185-200.……122
濱口桂一郎,2013,『若者と労働——「入社」の仕組みから解きほぐす』中央公論新社.……96
浜田 宏,2012,「線形結合モデルは科学的説明たりうるか?」『理論と方法』27(2):259-75.……440
濱西栄司,2005,「集合的アイデンティティから経験運動へ——トゥレーヌ学派モデル/社会学の介入によるLETS・変容の事例分析」『ソシオロジ』154:69-85.……636
濱西栄司,2008,「動員論と行為論,及び第三のアプローチ——方法論的差異と社会運動の『質』」『ソシオロジ』163:39-53.……616,636
濱西栄司,2016,『トゥレーヌ社会学と新しい社会運動理論』新泉社.……616,618
早坂裕子,2001,「健康・病気の社会的格差」山崎喜比古編『健康と医療の社会学』東京大学出版会:49-71.……448
林 紘一郎,2004,『著作権の法と経済学』勁草書房.……340
林 紘一郎,2014,「秘密の法的保護のあり方から情報法を考える」『情報セキュリティ総合科学』6:112-31.……340
林 健久,1992,『福祉国家の財政学』有斐閣.……706
林 雄二郎,1969,『情報化社会』講談社.……14
速水 融,1973,『近世農村の歴史人口学的研究——信州諏訪地方の宗門改帳分析』東洋経済新報社.……550
速水 融,2003,『歴史人口学と家族史』藤原書店.……550
速水 融,2009,『歴史の人口学研究——新しい近世日本像』藤原書店.……550
速水奈名子,2010,「相互行為と身体——電子メディア社会におけるゴッフマン理論の可能性を問う」『社会学雑誌』27・28:45-65.……222

■ひ

樋口直人,2014,『日本型排外主義——在特会・外国人参政権・東アジア地政学』名古屋大学出版会.……96
樋口直人編,2012『日本のエスニック・ビジネス』世界思想社.……750
樋口美雄ほか編著,2013,『超成熟社会発展の経済学1——技術と制度のイノベーションが切り拓く未来社会』慶應義塾大学出版会.……102

平沢和司, 2012,「大学の学校歴を加味した教育・職業達成分析」石田 浩ほか編『現代の階層社会2 階層と移動の構造』東京大学出版会: 155-70. ……450
平野 聡, 2014,『「反日」中国の文明史』筑摩書房. ……112
平林祐子, 2013,「何が『デモのある社会』をつくるのか——ポスト3.11のアクティヴィズムとメディア」田中重好ほか編『東日本大震災と社会学——大災害を生み出した社会』ミネルヴァ書房: 163-95. ……618
広井良典, 2000,『ケア学——越境するケアへ』医学書院. ……718
広井良典, 2013,『人口減少社会という希望——コミュニティ経済の生成と地球倫理』朝日新聞出版. ……116
広瀬幸雄編著, 2011,『仮想世界ゲームから社会心理学を学ぶ』ナカニシヤ出版. ……78
廣松 渉, 1969,『マルクス主義の地平』勁草書房 (1991, 講談社学術文庫版). ……648
廣松 渉, 1983,『物象化論の構図』岩波書店 (2001, 岩波現代文庫版). ……648

■ふ

福原宏幸, 2006,「社会的包摂政策を推進する欧州連合——そのプロセスと課題」『生活経済政策』115: 14-7. ……50
福原宏幸編著, 2007,『社会的排除/包摂と社会政策』法律文化社. ……50
船津 衛, 1976,『シンボリック相互作用論』恒星社厚生閣. ……260
船津 衛, 1983,『自我の社会理論』恒星社厚生閣. ……260
船津 衛, 1984,「「解釈」と社会過程」『社会学評論』35 (1): 49-57, 125. ……282
舩橋晴俊, 1977,「組織の存立構造論」『思想』638: 37-63. ……676
舩橋晴俊, 1980,「協働連関の両義性——経営システムと支配システム」現代社会問題研究会編『現代社会の社会学——社会生活への新しい視角』川島書店: 209-31. ……676
舩橋晴俊, 2006,「「理論形成はいかにして可能か」を問う諸視点」『社会学評論』57 (1): 4-23. ……676
舩橋晴俊ほか, 1985,『新幹線公害——高速文明の社会問題』有斐閣. ……618
ブルーア, J. / 近藤和彦編訳, 2006,『スキャンダルと公共圏』山川出版社. ……14
古市憲寿, 2011,『絶望の国の幸福な若者たち』講談社. ……96

■ほ

宝月 誠, 1990,『逸脱論の研究——レイベリング論から社会的相互作用論へ』恒星社厚生閣. ……260, 266
宝月 誠, 1998,『社会生活のコントロール』恒星社厚生閣. ……260
細川周平, 2008,『遠くにありてつくるもの——日系ブラジル人の思い・ことば・芸能』みすず書房. ……752
細川英雄・西山教行編, 2010,『複言語・複文化主義とは何か』くろしお出版. ……766
細田満和子, 2003,『「チーム医療」の理念と現実——看護に生かす医療社会学からのアプローチ』日本看護協会出版会. ……580
細田満和子, 2006,『脳卒中を生きる意味——病いと障害の社会学』青海社. ……158
堀内四郎, 2001,「死亡パターンの歴史的変遷」『人口問題研究』57 (4): 3-30. ……174
本庄かおり, 2007,「社会疫学の発展」『保健医療科学』56 (2): 99-105. ……448

■ま

前田健太郎, 2014,『市民を雇わない国家——日本が公務員の少ない国へと至った道』東京大学出版会. ……102
牧野智和, 2012,『自己啓発の時代——「自己」の文化社会学的探究』勁草書房. ……236
真木悠介, 1973,「現代社会の存立構造——物象化・物神化・自己疎外」『思想』587: 592-620. ……676
真木悠介, 1977,『現代社会の存立構造』筑摩書房. ……648, 676
真木悠介, 1993,『自我の起原——愛とエゴイズムの動物社会学』岩波書店. ……140
正村俊之, 1995,『秘密と恥——日本社会のコミュニケーション構造』勁草書房. ……292
正村俊之, 2009,『グローバリゼーション——現代はいかなる時代なのか』有斐閣. ……26
正村俊之, 2014,『変貌する資本主義と現代社会——貨幣・神・情報』有斐閣. ……504
増田寛也編著, 2014,『地方消滅——東京一極集中が招く人口急減』中央公論新社. ……116
町村敬志, 1994,『「世界都市」東京の構造転換——都市リストラクチュアリングの社会学』東京大学出版会. ……740
町村敬志, 2007,「エスニシティと境界」長谷川公一ほか著『社会学』有斐閣: 413-44. ……672
町村敬志・佐藤圭一編, 2016,『脱原発をめざす市民活動——3・11社会運動の社会学』新曜社. ……618
松島静雄, 1962,『労務管理の日本的特質と変遷』ダイヤモンド社. ……392
松谷明彦・藤正 巌, 2002,『人口減少社会の設計——幸福な未来への経済学』中央公論新社. ……116
松田素二・鄭 根埴編, 2013,『コリアン・ディアスポラと東アジア社会』京都大学学術出版会. ……752
松原治郎・似田貝香門編著, 1976,『住民運動の論理——運動の展開過程・課題と展望』学陽書房. ……618, 632

松久 寛編著，2012，『縮小社会への道——原発も経済成長もいらない幸福な社会を目指して』日刊工業新聞社．……116
松村祥子ほか，2005，「社会福祉に関する日仏用語の研究（2）」『放送大学研究年報』23：97-107．……50
松本三和夫，2009，『テクノサイエンス・リスクと社会学——科学社会学の新たな展開』東京大学出版会．……212
丸山眞男，［1948］1995，「日本ファシズムの思想と運動」『丸山眞男集 第3巻』岩波書店．……378

■ み

三浦 展，2005，『下流社会』光文社．……218
水野和夫，2014．『資本主義の終焉と歴史の危機』集英社．……116
見田宗介，1979，『現代の社会意識』弘文堂．……376
見田宗介，1996，『現代社会の理論——情報化・消費社会の現在と未来』岩波書店．……218
三成美保，2005，『ジェンダーの法史学——近代ドイツの家族とセクシュアリティ』勁草書房．……44
港 千尋，2014，『革命のつくり方 台湾ひまわり運動——対抗運動の創造性』インスクリプト．……626
南川文里，2007，『「日系アメリカ人」の歴史社会学——エスニシティ，人種，ナショナリズム』彩流社．……672, 760
南山浩二，2013，「セルフヘルプグループの役割とは何か？」福祉社会学会編『福祉社会学ハンドブック——現代を読み解く98の論点』中央法規：216-17．……404
美馬達哉，2010，『脳のエシックス——脳神経倫理学入門』人文書院．……136
宮島 喬，1993，「私化」森岡清美ほか編『新社会学辞典』有斐閣：532．……32
宮島 喬，1994．『文化的再生産の社会学——ブルデュー理論からの展開』藤原書店．……356
宮島 喬・石井洋二郎編，2003，『文化の権力——反射するブルデュー』藤原書店．……356
宮島 喬・藤田英典編，1991，『文化と社会——差異化・構造化・再生産』有信堂高文社．……356, 438
宮原浩二郎，1989，「現代社会学における『イデオロギー』と『知識人』——グールドナーからハーバマス，フーコーへ」『社会学評論』40（1）：46-59．……564
宮原浩二郎・藤阪新吾，2012，『社会美学への招待——感性による社会探究』ミネルヴァ書房．……732
宮本太郎，2013，『社会的包摂の政治学——自立と承認をめぐる政治対抗』ミネルヴァ書房．……50

■ む

向谷地生良，2009，『技法以前——べてるの家のつくりかた』医学書院．……246
向谷地生良，2013，「当事者研究とは——当事者研究の理念と構成」当事者研究ネットワーク．（2015年6月19日取得，http://toukennet.jp/?page_id=56）．……246
椋野美智子・田中耕太郎，2014，『はじめての社会保障——福祉を学ぶ人へ（第11版）』有斐閣．……388
武者利光，1994，『ゆらぎの発想——1/fゆらぎの謎にせまる』日本放送出版協会．……496
牟田和恵，1996，『戦略としての家族——近代日本の国民国家形成と女性』新曜社．……548
村上泰亮ほか，1979，『文明としてのイエ社会』中央公論社．……32, 552
村澤和多里ほか，2012，『ポストモラトリアム時代の若者たち——社会的排除を超えて』世界思想社．……226

■ め

目黒依子，2007，『家族社会学のパラダイム』勁草書房．……554

■ も

毛利嘉孝，2004，『文化＝政治——グローバリゼーション時代の空間の叛乱』月曜社．……622
毛利嘉孝，2009，『ストリートの思想——転換期としての1990年代』日本放送出版協会．……632
森岡清美，1983，「日常生活における私秘化」『社会学評論』34（2）：130-37．……32
森 茂起，2005，『トラウマの発見』講談社．……224
文部科学省，2014，「平成25年度全国学力・学習状況調査（きめ細かい調査）の結果を活用した学力に影響を与える要因分析に関する調査研究」報告書（国立大学法人お茶の水女子大学への委託研究）．（2015年8月21日取得，http://www.nier.go.jp/13chousakekkahoukoku/kannren_chousa/pdf/hogosha_factorial_experiment.pdf）．……450

■ や

安川 一編著，1991，『ゴフマン世界の再構成』世界思想社．……276
安田三郎，1971，『社会移動の研究』東京大学出版会．……434
山岸俊男，1998，『信頼の構造——こころと社会の進化ゲーム』東京大学出版会．……60
山岸俊男，2002，『心でっかちな日本人——集団主義文化という幻想』日本経済新聞社．……390

山崎敬一ほか, 1993,「相互行為場面におけるコミュニケーションと権力――〈車いす使用者〉のエスノメソドロジー的研究」『社会学評論』44 (1): 30-45. ……276
山下祐介, 2012,『限界集落の真実――過疎の村は消えるか？』筑摩書房. ……116
山下祐介, 2014,『地方消滅の罠――「増田レポート」と人口減少社会の正体』筑摩書房. ……116
山田篤裕ほか, 2010,「貧困基準の重なり――OECD相対的貧困基準と生活保護基準の重なりと等価尺度の問題」『貧困研究』(4)：55-66. ……432
山田昌弘, 2004a,『希望格差社会――「負け組」の絶望感が日本を引き裂く』筑摩書房. ……96
山田昌弘, 2004b,「家族の個人化」『社会学評論』54 (4): 341-54. ……554
山田昌弘, 2016,『家族難民　中流と下流――二極化する日本人の老後』朝日新聞出版. ……50
山田真茂留, 1991,「組織アイデンティティ――帰属意識はどう変わってきているか」吉田民人編『社会学の理論でとく 現代のしくみ』新曜社: 135-52. ……420
山田真茂留, 1993,「組織アイデンティティの現代的変容」『組織科学』27 (1): 15-25. ……420
山田真茂留, 1995,「組織をめぐる文化と制度」『年報社会学論集』8：47-58. ……418
山田美和, 2014,「人身取引の定義をめぐる議論―― GallagherおよびKneebone and Debeljakをレビューする」山田美和編『「人身取引」問題の学際的研究』調査研究報告書, ジェトロ・アジア経済研究所: 1-10. ……770
山田陽子, 2007,『「心」をめぐる知のグローバル化と自律的個人像――「心」の聖化とマネジメント』学文社. ……286
山中速人, 1992,『イメージの〈楽園〉――観光ハワイの文化史』筑摩書店. ……672
山中速人, 1993,『ハワイ』岩波書店. ……672
山根純佳, 2004,『産む産まないは女の権利か――フェミニズムとリベラリズム』勁草書房. ……150
山本 功, 2014,『逸脱と社会問題の構造』学陽書房. ……122
山本英弘・西城戸 誠, 2004,「イベント分析の展開――政治的機会構造論との関連を中心に」曽良中清司ほか編『社会運動という公共空間――理論と方法のフロンティア』成文堂：83-114. ……618
山本 啓編, 2008,『ローカル・ガバメントとローカル・ガバナンス』法政大学出版局. ……590

■ゆ

湯浅 誠, 2008,『反貧困――「すべり台社会」からの脱出』岩波書店. ……432
油井清光, 2002,『パーソンズと社会学理論の現在――T・Pと呼ばれた知の領域について』世界思想社. ……470
油井清光, 2004,「構造主義〈以後〉とパーソンズ」富永健一・徳安 彰編著『パーソンズ・ルネッサンスへの招待――タルコット・パーソンズ生誕百年を記念して』勁草書房：225-38. ……474

■よ

与謝野有紀, 1996,「階層評価の多様化と階層意識」『理論と方法』11 (1)：21-36. ……440
吉田民人, 1964,「行動科学における〈機能〉連関のモデル」『思想』482：36-50. ……534
吉田民人, 1974,「社会体系の一般変動理論」青井和夫編『社会学講座第1巻　理論社会学』東京大学出版会：189-238. ……534
吉田民人, 1990a,『情報と自己組織性の理論』東京大学出版会. ……396, 500
吉田民人, 1990b,『自己組織性の情報科学――エヴォルーショニストのウィーナー的自然観』新曜社. ……500
吉野耕作, 1997,『文化ナショナリズムの社会学――現代日本のアイデンティティの行方』名古屋大学出版会. ……672
吉見俊哉, 2003,『カルチュラル・ターン』人文書院. ……84
米本昌平, 2006,『バイオポリティクス――人体を管理するとはどういうことか』中央公論新社. ……162

■れ

レッシグ, L. ほか, 2005,『クリエイティブ・コモンズ――デジタル時代の知的財産権』NTT出版. ……340

■ろ

ローティ, R./富田恭彦訳, 1999,『連帯と自由の哲学――二元論の幻想を超えて』岩波書店. ……724

■わ

若林幹夫編著, 2013,『モール化する都市と社会――巨大商業施設論』NTT出版. ……218
鷲田清一, 1999,『「聴く」ことの力――臨床哲学試論』TBSブリタニカ. ……634
渡辺和博・タラコプロダクション, 1984,『金魂巻――現代人気職業三十一の金持ビンボー人の表層と力と構造』主婦

の友社. ……438
渡辺 深, 2014,『転職の社会学』ミネルヴァ書房. ……408
渡辺恒夫, 1987,『超弾性の時代』勁草書房. ……8
渡邊秀樹・近藤博之, 1990,「結婚と階層結合」岡本秀雄・直井道子編『現代日本の階層構造4 女性と社会階層』東京大学出版会：119-45. ……446

欧文引用文献

＊各文献の最後に明記してある数字は引用している項目の最初のページを表す．

■ A

Abas, A. and J. N. Erni, 2005, *Internationalizing Cultural Studies: An Anthology*, Blackwell.……84
Abegglen, J. C., 1958, *The Japanese Factory: Aspects of Its Social Organization*, Free Press.（山岡洋一郎訳，2004，『日本の経営 新訳版』日本経済新聞社．）……392
Abraham, J., 2010, "Pharmaceuticalization of Society in Context: Theoretical, Empirical and Health Dimensions", *Sociology*, 44(4): 603-22.……160
Acker, J., 1973, "Women and Social Stratification: A Case of Intellectual Sexism", *American Journal of Sociology*, 78(4): 936-45.……446
Ackerman, B., 1980, *Social Justice in the Liberal State*, Yale University Press.……724
Acoun, A., 1999, "Sujet", A. Acoun et P. Ansart, *Dictionnaire de sociologie*, Éditions du Seuil: 513.……252
Adam, B., 1990, *Time and Social Theory*, Polity Press.（伊藤 誓・磯山甚一訳，1997，『時間と社会理論』法政大学出版局．）……184
Adams, J. et al. eds., 2005, *Remaking Modernity: Politics, History, and Sociology*, Duke University Press.……534
Adorno, T. W., 1955, *Prismen: Kulturkritik und Gesellschaft*, Suhrkamp.（渡辺祐邦・三原弟平訳，1996，『プリズメン――文化批判と社会』筑摩書房．）……344
Adorno, T. W., 1962, *Einleitung in die Musiksoziologie: zwölf theoretische Vorlesungen*, Suhrkamp.（高辻知義・渡辺 健訳，1999，『音楽社会学序説』平凡社．）……312
Adorno, T. W. et al., 1950, *The Authoritarian Personarity*, Haper & Brothers.（田中義久ほか訳，1980，『権威主義的パーソナリティ』青木書店．）……560
Agamben, G., 1995, *Homo sacer*, Einaudi.（高桑和巳訳，2003，『ホモ・サケル――主権権力と剥き出しの生』以文社．）……140, 162
Agamben, G., 1998, *Quel che resta di Auschwitz*, Bollati Boringhieri.（上村忠男・廣石正和訳，2001，『アウシュヴィッツの残りのもの――アルシーヴと証人』月曜社．）……382
Agamben, G., 2003, *Stato di eccezione*, Bollati Boringhieri.（上村忠男・中村勝己訳，2007，『例外状態』未來社．）……584
Agamben, G., 2007, *Il Regno e la Gloria*, Neri Pozza.（高桑和巳訳，2010，『王国と栄光――オイコノミアと統治の神学的系譜学のために』青土社．）……162
Agyeman, J. et al., 2003, *Just Sustainabilities: Development in an Unequal World*, MIT Press.……698
Alberoni, F., 1968, *Statu Nascenti*, Il Mulino.……634
Albert, S. and D. Whetten, 1985, "Organizational Identity", *Research in Organizational Behavior*, 7: 263-95.……420
Alexander, J. C., 2003, "Watergate as Democratic Ritual", J. C. Alexander ed., *The Meaning of Social Life: A Cultural Sociology*, Oxford University Press: 155-78.……366
Alexander, J. C., 2004, "Cultural Pragmatics: Social Performance Between Ritual and Strategy", *Sociological Theory*, 22(4): 527-73.……366
Alexander, J. C. ed., 2003, *The Meaning of Social Life*, Oxford University Press.……84
Alexander, J. C. and P. Colomy, 1990, "Neofunctionalism Today: Reconstructing a Theoretical Tradition", G. Ritzer ed., *Frontiers of Social Theory: The New Syntheses*, Columbia University Press.……470
Alexander, J. C. and Ph. Smith, 2003, "The Strong Program in Cultural Sociology: Elements of a Structural Hermeneutics", J. C. Alexander ed., *The Meaning of Social Life: A Cultural Sociology*, Oxford University Press: 11-26.……366
Alexander, J. C. and Ph. Smith, 2010, "The Strong Program: Origins, Achievements, and Prospects", R. Hall et al. eds., *Handbook of Cultural Sociology*, Routledge: 13-24.……366

Alexander, J. C. et al., 2004, *Cultural Trauma and Collective Identity*, University of California Press.……606
Alexander, J. C. et al., 2012, *The Oxford Handbook of Cultural Sociology*, Oxford University Press.……84
Alinsky, S. D., 1969, *Reveille for Radicals*, Vintage Books.（長沼秀世訳, 1972,『市民運動の組織論』未來社.）……632
Allport, G. W. and L. J. Postman, 1947, *The Psychology of Rumor*, Henry Holt.（南 博訳, 1952,『デマの心理学』岩波書店.）……330
Althusser, L., [1969-70] 1995, *Sur la reproduction*, Presses universitaires de France.（西川長夫ほか訳, [2005] 2010,『再生産について——イデオロギーと国家のイデオロギー諸装置（上・下）』平凡社.）……568, 576
Althusser, L., 1973, *Réponse à John Lewis*, Maspero.（西川長夫訳, 1974,『歴史・階級・人間——ジョン・ルイスへの回答』福村出版.）……568
Amin, S., 1973, *Le développement inégal: Essai sur les formations sociales du capitalisme périphérique*, Éditions de Minuit.（西川 潤訳, 1983,『不均等発展——周辺資本主義の社会構成体に関する試論』東洋経済新報社.）……526
Andersen, T., 1991, *The Reflecting Team: Dialogues and Dialogues about the Dialogues*, W. W. Norton.（鈴木浩二監訳, 2001,『リフレクティング・プロセス』金剛出版.）……268
Anderson, B., [1983] 1991, *Imagined Communities: Reflections on the Origin and Spread of Nationalism*, Verso.（白石 隆・白石さや訳, [1997] 2007,『定本 想像の共同体——ナショナリズムの起源と流行』書籍工房早山.）……102, 238
Anderson, H. and H. A. Goolishian, 1988,"Human Systems as Linguistic Systems: Preliminary and Evolving Ideas about the Implications for Clinical Theory", *Family Process*, 27（4）: 371-93.（野村直樹訳, 2013,『協働するナラティヴ』遠見書房: 27-100.）……268
Anderson, N., 1923, *The Hobo*, University of Chicago Press.（広田康生訳, 1999-2000,『ホーボー——ホームレスの人たちの社会学』ハーベスト社.）……362
Anderson, P., 1976-77, "The Antinomies of Antonio Gramsci", *New Left Review*, 100 : 5-78.……566
Anderson, T. H., 2004, *The Pursuit of Fairness: A History of Affirmative Action*, Oxford University Press.……722
Appadurai, A., 1996, *Modernity at Large: Cultural Dimensions of Globalization*, University of Minnesota Press.（門田健一訳, 2004,『さまよえる近代——グローバル化の文化研究』平凡社.）……26
Archer, M. S., 1995, *Realist Social Theory: The Morphogenetic Approach*, Cambridge University Press.（佐藤春吉訳, 2007,『実在論的社会理論——形態生成論アプローチ』青木書店.）……510
Arendt, H., 1958, *The Human Condition*, University of Chicago Press.（志水速雄訳, [1973] 1994,『人間の条件』筑摩書房.）……44, 162
Arendt, H., 1967, *The Origins of Totalitarianism*, George Allen and Unwin.……774
Ariès, P., 1960, *L'enfant et la vie familiale sous l'Ancien Régime*, Plon.（杉山光信・杉山恵美子訳, 1980,『〈子供〉の誕生——アンシャン・レジーム期の子供と家族生活』みすず書房.）……44, 546
Ariès, P., 1975, *Essais sur l'histoire de la mort en Occident: du Moyen-Âge à nos jours*, Éditions du Seuil.（伊藤 晃・成瀬駒男訳, 1983,『死と歴史——西欧中世から現代へ』みすず書房.）……156
Aristoteles, *Ethica Nicomachea*.（高田三郎訳, 2009,『ニコマコス倫理学（上・下）』岩波書店.）……196
Arnason, J. P., 2003, *Civilizations in Dispute*, Brill.
Arneson, R. J., 1989, "Equality and Equal Opportunity for Welfare", *Philosophical Studies*, 56（1）: 77-93.……716
Arneson, R. J., 1990, "Primary Goods Reconsidered", *Noûs*, 24（3）: 429-54.……716
Arthur, W. B., 1994, *Increasing Returns and Path Dependence in The Economy*, University of Michigan Press.（有賀裕二訳, 2003,『収益逓増と経路依存——複雑系の経済学』多賀出版.）……506
Ashby, W. R., 1956, *An Introduction to Cybernetics*, Chapman & Hall.（篠崎 武ほか訳, 1967,『サイバネティクス入門』宇野書店.）……484
Ashby, W. R., 1960, *Design for a Brain: The Origin of Adaptive Behaviour*, Chapman and Hall.（山田坂仁ほか訳, 1967,『頭脳への設計——知性と生命の起源』宇野書店.）……466
Ashby, W. R., 1962, "Principles of the Self-Organaizing System", H. von Foerster and G. W. Zopf, Jr. eds., *Principles of Self-Organaization: Transactions of the University of Illinois Symposium*, Pergamon Press: 255-78.……308, 500
Ashforth, B. E. and F. Mael, 1989, "Social Identity Theory and the Organization", *Academy of Management Review*, 14（1）: 20-39.……420
Asimov, I., 1950, *I, Robot*, Gnome Press.（小尾芙佐訳, 2004,『われはロボット 決定版』早川書房.）……170
Attali, J., 1988, *Au propre et au figure: Une histoire de la proprieté*, Librarie Arhteme Fayard.（山内 昶訳, 1994,『所有の歴史』法政大学出版局.）……340
Austin, J. L., 1960, *How to Do Things with Words*, Oxford University Press.（坂本百大訳, 1978,『言語と行為』大修館書店.）……216
Axelrod, R. M., 1984, *The Evolution of Cooperation*, Basic Books.（松田裕之訳, 1987,『つきあい方の科学——バクテリ

アから国際関係まで』CBS出版.）……78, 512
Axelrod, R. M., 1986, "An Evolutionary Approach to Norms", *The American Political Science Review*, 80 (4) : 1095-111. ……512
Axelrod, R. M., 1997, *The Complexity of Cooperation: Agent-Based Models of Competition and Collaboration*, Princeton University Press.（寺野隆雄監訳, 2003,『対立と協調の科学――エージェント・ベース・モデルによる複雑系の解明』ダイヤモンド社.）……78, 512

■ B

Baker, D. P. et al., 2002, "Socioeconomic Status, School Quality and National Economic Development: A Cross-National Analysis of the 'Heyneman-Loxley effect' on Mathematics and Science Achievement", *Comparative Education Review*, 46 (3) : 291-312.……462
Bakken, T. and T. Hernes eds., 2003, *Autopoietic Organization Theory: Drawing on Niklas Luhmann's Social Systems Perspective*, Copenhagen Business School Press.……398
Bakker, J., 2007, "Definition of the Situation", G. Ritzer ed., *The Blackwell Encyclopedia of Sociology*, Blackwell: 991-2. ……280
Barabási, A.-L., 2002, *Linked: The New Science of Networks*, Perseus Publishing.……90
Barbrook, R. and A. Cameron, 1998, "Californian Ideology".（篠儀直子訳, 1998,「カリフォルニアン・イデオロギー」『10＋1』13 : 153-66.）……90
Barker, M. B., 1981, *The New Racism: Conservatives and the Ideology of the Tribe*, Junction Books.……762
Barnard, C. I., 1938, *The Functions of the Executive*, Harvard University Press.（山本安次郎ほか訳, 1968,『新訳 経営者の役割』ダイヤモンド社.）……396
Barron, J. A., 1973, *Freedom of the Press for Whom?: The Right of Access to Mass Media*, Indiana University Press.（清水英夫訳, 1978,『アクセス権――誰のための言論の自由か』日本評論社.）……626
Barthes, R., 1957, *Mythologies*, Éditions du Seuil.（篠沢秀夫訳, 1967,『神話作用』(抄訳) 現代思潮社；下澤和義訳, 2005,『ロラン・バルト著作集3 現代社会の神話――1957』みすず書房.）……350
Barthes, R., 1964, "Éléments de Sémiologie", *Le Degrè zéro de l'écriture*, Éditions du Seuil.（沢村昂一訳, 1971,「記号学の原理」渡辺 淳・沢村昂一訳,『零度のエクリチュール』みすず書房: 85-206.）……350
Barthes, R., 1967, *Système de la mode*, Éditions du Seuil.（佐藤信夫訳, 1972,『モードの体系』みすず書房.）……350
Barthes, R., 1985, *L'aventure sémiologique*, Éditions du Seuil.（花輪 光訳, 1988,『記号学の冒険』(抄訳) みすず書房.）……350
Bateson, G., 1972, *Steps to an Ecology of Mind*, Ballantine Book.（佐藤良明訳, 2000,『精神の生態学』新思索社.）……182
Bateson, G., 1979, *Mind and Nature: A Necessary Unity*, Wildwood House.（佐藤良明訳, 2001,『精神と自然』新思索社.）……182
Bateson, G. and M. C. Bateson, 1987, *Angels Fear*, John Brockman Associates.（星川 淳・吉福伸逸訳, 1988,『天使のおそれ――聖なるもののエピステモロジー』青土社.）……294
Baudrillard, J., 1970, *La société de consommation: ses mythes, ses structures*, Gallimard.（今村仁司・塚原 史訳, [1979] 1995,『消費社会の神話と構造 (普及版)』紀伊國屋書店.）……218, 352, 778
Baudrillard, J., 1976, *L'échange symbolique et la mort*, Gallimard.（今村仁司・塚原 史訳, 1992,『象徴交換と死』筑摩書房.）……38, 352
Baudrillard, J., 1981, *Simulacres et simulation*, Éditions Galilée.（竹原あき子訳, 1984,『シミュラークルとシミュレーション』法政大学出版局.）……312, 346
Bauman, Z., 1992, *Mortality, Immortality and Other Life Strategies*, Polity Press.……156
Bauman, Z., 2001a, *Community*, Polity Press.（奥井智之訳, 2008,『コミュニティ』筑摩書房.）……248
Bauman, Z., 2001b, "Feature Review: Alain Touraine, Can We Live Together? Equality and Difference", *New Political Economy*, 6 (3) : 427-9.……636
Bauman, Z., 2005, *Liquid Life*, Polity Press.（長谷川啓介訳, 2008,『リキッド・ライフ――現代における生の諸相』大月書店.）……218
Bauman, Z., 2006, *Liquid Fear*, Polity Press.（澤井 敦訳, 2012,『液状不安』青弓社.）……156
Bauman, Z. and B. Vecchi, 2004, *Identity*, Polity Press.（伊藤 茂訳, 2007,『アイデンティティ』日本経済評論社.）……228
Bauman, Z. and D. Lyon, 2012, *Liquid Surveillance: A Conversation*, Polity Press.（伊藤 茂訳, 2013,『私たちが, すすんで監視し, 監視される, この世界について――リキッド・サーベイランスをめぐる7章』青土社.）……72, 168

Beauvoir, S. de, 1949, *Le deuxième sexe*, Gallimard.（中嶋公子ほか監訳, 1997,『第二の性 決定版』新潮社.）……140, 544

Beck, E. M. et al., 1978, "Stratification in a Dual Economy: A Sectoral Model of Earnings Determination", *American Sociological Review*, 43 (5) : 704-20.……444

Beck, U., 1986, *Risikogesellschaft: Auf dem Weg in eine andere Moderne*, Suhrkamp,（東 廉・伊藤美登里訳, 1998,『危険社会――新しい近代への道』法政大学出版局.）……4, 32, 96, 212, 530, 554

Beck, U., 1997, *Was ist Globalisierung?: Irrtümer des Globalismus-Antworten auf Globalisierung*, Suhrkamp.（木前利秋・中村健吾監訳, 2005,『グローバル化の社会学――グローバリズムの誤謬 グローバル化への応答』国文社.）……26, 746

Beck, U., 2002, "The Cosmopolitan Society and Its Enemies", *Theory, Culture & Society*, 19 (1-2) : 17-44.……774

Beck, U., 2006, *Cosmopolitan Vision*, Polity Press.……542

Beck, U. and E. Beck-Gernsheim, 2002, *Individualization: Institutionalized Individualism and Its Social and Political Consequences*, Sage.……44, 530

Beck, U. und W. Bonß Hg., 2001, *Die Modernisierung der Moderne*, Suhrkamp.……20, 256

Beck, U. et al., 1994, *Reflexive Modernization: Politics, Tradition and Aesthetics in the Modern Social Order*, Polity Press.（松尾精文ほか訳, 1997,『再帰的近代化――近現代の社会秩序における政治, 伝統, 美的原理』而立書房.）……32, 214, 530

Beck, U. u. a., 2001, "Theorie reflexiver Modernisierung", U. Beck und W. Bonß Hg., *Die Modernisierung der Moderne*, Suhrkamp: 11-62.……252

Becker, H. S., 1963, *Outsiders: Studies in the Sociology of Deviance*, Free Press.（村上直之訳, 1978,『アウトサイダーズ――ラベリング理論とはなにか』新泉社 ; 村上直之訳, 2011,『完訳 アウトサイダーズ――ラベリング理論再考』現代人文社.）……122, 266, 276, 362

Becker, H. S., 1982, *Art Worlds*, University of California Press.……368

Becker, H. S., 1990, "*Art Worlds* Revisited", *Sociological Forum*, 5 (3) : 497-502.……368

Becker, H. S., 2005, "Inventer chemin faisant: comment j'ai écrit *Les mondes de l'art*" ("Making it up as you go along: How I Wrote *Art Worlds*"), D. Mercure ed., 2005, *L'analyse du social: Les modes d'explication*, Les Presses de l'Université Laval: 57-73.……368

Beitz, C. R., 1999, *Political Theory and International Relations*, with a new afterword, Princeton University Press.（進藤榮一訳, 1989,『国際秩序と正義』岩波書店.）……704

Beitz, C. R., 2005, "Cosmopolitanism and Global Justice", G. Brock and D. Moellendorf eds., *Current Debates in Global Justice*, Springer.……774

Bell, D., 1973, *The Coming of Post-Industrial Society: A Venture in Social Forecasting*, Basic Books.（内田忠夫ほか訳, 1975,『脱工業社会の到来――社会予測の一つの試み（上・下）』ダイヤモンド社.）……14, 778

Bell, D. A., 2000, *East Meets West: Human Rights and Democracy in East Asia*, Princeton University Press.（施 光恒・蓮見二郎訳, 2006,『「アジア的価値」とリベラル・デモクラシー――東洋と西洋の対話』風行社.）……730

Bellar, R., 1957, *Tokugawa Religion: The Values of Pre-Industrial Japan*, Falcon.（堀 一郎・池田 昭訳, 1962,『日本近代化と宗教倫理――日本近世宗教論』未来社.）……524

Bendix, R. and S. M. Lipset eds., 1966, *Class, Status, and Power: Social Stratification in Comparative Perspective*, 2nd ed., Free Press.……424

Benghozi, P.-J. et T. Paris eds., 2013, *Howard Becker et les mondes de l'art*, Édition de l'École Polytechnique.……368

Bengtsson, T. et al., 2004, *Life Under Pressure: Mortality and Living Standards in Europe and Asia, 1700-1900*, MIT Press.……550

Benjamin, W., 1924, "Goethes Wahlverwandtschaften", 1972-77, *Gesammelte Schriften*, Bd. I-1, Suhrkamp: 123-201.（浅井健二郎編訳, 久保哲司訳, 1995,「ゲーテの『親和力』」『ベンヤミン・コレクションⅠ 近代の意味』筑摩書房: 39-184.）……304

Benjamin, W., [1935-36] 1989, "Das Kunstwerk im Zeitalter seiner technischen Reproduzierbarkeit〈Zweite Fassung〉", *Gesammelte Schriften*, Bd. VII, Suhrkamp.（浅井健二郎編訳, 久保哲司訳, 1995,「複製技術時代の芸術作品」『ベンヤミン・コレクションⅠ 近代の意味』筑摩書房: 583-640.）……304, 312, 346

Benjamin, W., 1940, "Über den Begriff der Geschichte".（浅井健二郎編訳, 久保哲司訳, 1995,「歴史の概念について」『ベンヤミン・コレクションⅠ 近代の意味』筑摩書房: 643-65.）……808

Berardi, F., 2009, *Precarious Rhapsody*, Minor Compositions.（櫻田和也訳, 2009,『プレカリアートの詩――記号資本主義の精神病理学』河出書房新社.）……624

Berger, P. L. and S. Pullberg, 1965, "Reification and the Sociological Critique of Consciousness", *History and Theory*, Ⅳ :

196-211.(山口節郎訳, 1974,「物象化と意識の社会学的批判」『現象学研究2』せりか書房:94-117.)……648
Berger, P. L. and T. Luckmann, 1966, *The Social Construction of Reality: A Treatise in the Sociology of Knowledge*, Doubleday.(山口節郎訳, 2003,『現実の社会的構成——知識社会学論考』新曜社.)……122, 268, 364
Berger, P. L. et al., 1974, *The Homeless Mind*, Penguin.(高山真知子ほか訳, 1977,『故郷喪失者たち——近代化と日常意識』新曜社.)……20
Berk, R. A., 1974, "A Gaming Approach to Crowd Behavior", *American Sociological Review*, 39 (3): 355-73.……606
Berman, M., 1981, *The Reenchantment of the World*, Cornell University Press.(柴田元幸訳, 1989,『デカルトからベイトソンへ』国文社.)……14
Bernard, C., 1865, *Introduction à l'étude de la médecine expérimentale*, J.-B. Baillière.(三浦岱栄訳, 1970,『実験医学序説』岩波書店.)……466
Bertalanffy, L. von, 1968, *General System Theory: Foundations, Development, Applications*, George Braziller.(長野 敬・太田邦昌訳, 1973,『一般システム理論——その基礎・発展・応用』みすず書房.)……78, 178, 466, 482, 508
Best, J., 1987, "Rhetorics in Claims-Making: Constructing the Missing Children Problem", *Social Problems*, 34: 101-21.(足立重和訳, 2006,「クレイム申し立てのなかのレトリック——行方不明になった子供という問題の構築」平 英美・中河伸俊編『構築主義の社会学——実在論争を超えて 新版』世界思想社: 6-51.)……122
Best, J., 2007, "Historical Development and Defining Issues of Constructionist Theory", A. Holstein and J. F. Gubrium eds., *Handbook of Constructionist Research*, Guilford Press: 41-64.……122
Best, J., [2008] 2013, *Social Problems*, W. W. Norton.……122, 296
Béteille, A., 2002, *Equality and Universality: Essays in Social and Political Theory*, Oxford University Press.……744
Bhalla, A. S. and F. Lapeyre, 2004, *Poverty and Exclusion in a Global World*, Palgrave Macmillan.(福原宏幸・中村健吾監訳, 2005,『グローバル化と社会的排除——貧困と社会問題への新しいアプローチ』昭和堂.)……50
Billig, M., 1995, *Banal Nationalism*, Sage.……238
Blalock, H. M., Jr., 1961, *Causal Inferences in Nonexperimental Research*, University of North Carolina Press.……458
Blau, P., 1955, *The Dynamics of Bureaucracy*, University of Chicago Press.……416
Blau, P. M., 1964, *Exchange and Power in Social Life*, Wiley.(間場寿一ほか訳, 1974,『交換と権力——社会過程の弁証法』新曜社.)……262
Blau, P. M., 1977, *Inequality and Heterogeneity: A Primitive Theory of Social Structure*, Free Press.……454
Blau, P. M. and O. D. Duncan, 1967, *The American Occupational Structure*, Wiley.……428, 446, 458
Bloch, E., [1918] 1964, *Geist der Utopie, Band 3 der Gesamtausgabe*, Bearbeitete Neuauflage der zweiten Fassung von 1923, Suhrkamp.(好村富士彦訳, 2011,『ユートピアの精神』白水社.)……376
Bloch, E., 1954-59, *Das Prinzip Hoffnung*, Suhrkamp.(山下 肇ほか訳, 1982,『希望の原理 (全3巻)』白水社.)……376
Bloor, D., 1976, *Knowledge and Social Imagery*, Routledge & Kegan Paul.(佐々木 力・古川 安訳, 1985,『数学の社会学——知識と社会表象』培風館.)……372
Blumer, H., 1939, "Collective Behavior", R. E. Park ed., *An Outline of the Principles of Sociology*, Barnes and Noble: 221-80.……606
Blumer, H., 1969, *Symbolic Interactionism: Perspective and Method*, Prentice-Hall.(後藤将之訳, 1991,『シンボリック相互作用論——パースペクティブと方法』勁草書房.)……260, 288, 808
Bochholz, S. et al., 2009, "Life Courses in the Globalization Process: The Development of Social Inequalities in Modern Societies", *European Sociological Review*, 25 (1): 53-71.……430
Boltanski, L. and È. Chiapello, 1999, *Le nouvel esprit du capitalisme*, Gallimard.(三浦直樹ほか訳, 2013,『資本主義の新たな精神(上・下)』ナカニシヤ出版.)……536
Bolz, N., 1993, *Am Ende der Gutenberg-Galaxis: Die neuen Kommunikationsverhältnisse*, Wilhelm Fink.(識名章喜・足立典子訳, 1999,『グーテンベルク銀河系の終焉——新しいコミュニケーションのすがた』法政大学出版局.)……312
Boorstin, D. J., 1961, *The Image: Or, What Happened to the American Dream*, Atheneum Publisher.(星野郁美・後藤和彦訳, 1964,『幻影(イメジ)の時代——マスコミが製造する事実』東京創元社.)……312, 578
Borch, C., 2011, *Niklas Luhman*, Routledge.(庄司 信訳, 2014,『ニクラス・ルーマン入門——社会システム理論とは何か』新泉社.)……190
Bordo, S., 2003, *Unbearable Weight: Feminism, Western Culture, and the Body*, University of California Press.……234
Boris, E. and R. Parreñas eds., 2010, *Intimate Labors: Cultures, Technologies, and the Politics of Care*, Stanford University Press.……44
Boudon, R., 1973, *L'inegalite des chances: La mobilité sociale dans les sociétés industrielles*, Librairie Armand Colin.(杉本一郎ほか訳, 1983,『機会の不平等——産業社会における教育と社会移動』新曜社.)……436, 452
Boudon, R., 1990, "Individualism and Holism in the Social Sciences", P. Birnbaum and J. Leca eds., *Individualism*,

Clarendon Press : 33-45. ……452
Bougnoux, D., 2002, *Introduction aux sciences de la communication*, Éditions la découverte & Syros.(水島久光監修,西 兼志訳,2010,『コミュニケーション学講義――メディオロジーから情報社会へ』書籍工房早山.)……334
Boulding, K. E., 1964, *The Meaning of the Twentieth Century: The Great Transition*, Harper & Row.(清水幾太郎訳, 1967, 『二十世紀の意味――偉大なる転換』岩波書店.)……14
Bourdieu, P., 1979, *La distinction: critique sociale du jugement*, Éditions de Minuit.(石井洋二郎訳, 1990,『ディスタンクシオン――社会的判断力批判 I・II』藤原書店.)……218, 438, 456, 824
Bourdieu, P., 1980, *Le sens pratique*, Éditions de Minuit.(今村仁司ほか訳,[1998] 2001,『実践感覚』みすず書房.)……140, 252, 824
Bourdieu, P., 1984, *Homo academicus*, Éditions de Minuit.(石崎晴己・東松秀雄訳, 1997,『ホモ・アカデミクス』藤原書店.)……456
Bourdieu, P., 1986, "The Forms of Capital", J. G. Richardson ed., *Handbook of Theory and Research for the Sociology of Education*, Greenwood Press: 241-58. ……356
Bourdieu, P., [1986] 1997, "The Forms of Capital", A. H. Halsey et al. eds., *Education: Culture, Economy, and Society*, Oxford University Press: 46-58. ……60
Bourdieu, P., 1989, *La Noblesse d'État: Grandes écoles et ésprit de corps*, Éditions de Minuit.(立花英裕訳, 2012,『国家貴族――エリート教育と支配階級の再生産 I・II』藤原書店.)……456
Bourdieu, P., 1990, "La domination masculine", *Acte de la recherche en sciences sociales*, 84-septembre.(伊藤公雄ほか訳, 1992-93,「男性支配 上・中・中二・中三・下(最終回)」『情況』第二期, 3(3): 88-100, 3(6): 140-52, 3(9): 153-67, 4(1): 168-76, 4(3): 164-74.)……596
Bourdieu, P., 1994, *Raison Pratiques: sur la théorie de l'action*, Éditions du Seuil.(加藤晴久ほか訳, 2007,『実践理性』藤原書店.)……252
Bourdieu, P. et L. J. D. Wacquant, 1992, *Réponses. Pour une anthropologie réflexive*, Éditions du Seuil.(水島和則訳, 2007, 『リフレクシヴ・ソシオロジーへの招待――ブルデュー, 社会学を語る』藤原書店.)……646
Bourdieu, P. et J.-C. Passeron, 1970, *La Reproduction: Éléments pour une théorie du système d'enseignement*, Éditions de Minuit.(宮島 喬訳, 1991,『再生産――教育・社会・文化』藤原書店.)……356, 436, 450, 658
Bovone, L., 2010, *Tra riflessività e ascolto. L'attualità della sociologia*, Armando Editore.……634
Boyd, D., 2014, *It's Complicated: The Social Lives of Networked Teens*, Yale University Press.(野中モモ訳, 2014,『つながりっぱなしの日常を生きる――ソーシャルメディアが若者にもたらしたもの』草思社.)……90, 168
Breen, R. ed., 2004, *Social Mobility in Europe*, Oxford University Press.……434
Breen, R. and J. H. Goldthorpe, 1997, "Explaining Educational Differentials: Towards a Formal Rational Action Theory", *Rationality and Society*, 9(3): 275-305. ……452
Breen, R. and M. Yaish, 2006, "Testing the Breen-Goldthorpe Model of Educational Decision Making", S. L. Morgan et al. eds., *Mobility and Inequality: Frontiers of Research in Sociology and Economics, Studies in Social Inequality*, Stanford University Press: 232-58.……452
Breger, R. and R. Hill, 1998, *Cross-Cultural Marriage: Identity and Choice*, BERG Publishers.(吉田正紀監訳, 2005,『異文化結婚――境界を越える試み』新泉社.)……752
Brenner, N. ed., 2013, *Implosions/Explosions: Towards a Study of Planetary Urbanization*, Jovis.……740
Brenner, N. and R. Keil eds., 2006, *The Global Cities Reader*, Routledge.……740
Brentano, L., 1872, *Zur Kritik der englischen Gewerkvereine*, Duncker & Humblot.(島崎晴哉・西岡幸泰訳, 2001,『イギリス労働組合批判』日本労働研究機構.)……790
Brinton, M. C., 2008, *Lost in Transition: Youth, Education, and Work in Postindustrial Japan*, Cambridge University Press. (池村千秋訳, 2008,『失われた場を探して――ロストジェネレーションの社会学』NTT出版.)……96
Broadbent, J., 1998, *Environmental Politics in Japan: Networks of Power and Protest*, Cambridge University Press.……618
Brooker, P., 1999, *Cultural Theory a Glossary*, Arnold.(有田 健・本橋哲也訳, 2003,『文化理論用語集』新曜社.)……84
Brown, P. and E. J. Mikkelsen, 1990, *No Safe Place: Toxic Waste, Leukemia, and Community Action*, University of California Press.……158
Brown, P. and S. Zavestoski, 2005, *Social Movements in Health*, Blackwell. ……158
Brubaker, R., 2005, "The 'Diaspora' Diaspora", *Ethnic and Racial Studies*, 28(1), January 2005: 1-19. (臼杵 陽監修, 赤尾光春・早尾貴紀編著, 2009,「付録「ディアスポラ」のディアスポラ」『ディアスポラから世界を読む――離散を架橋するために』明石書店: 375-400.)……752
Bruce, M., 1968, *The Coming of the Welfare State*, Batsford.(秋田成就訳, 1984,『福祉国家への歩み――イギリスの辿っ

た途』法政大学出版局.)……706
Brugére, F., 2011, *L'éthique du 〈care〉*, Presses universitaires de France.(原山 哲ほか訳, 2014,『ケアの倫理——ネオリベラリズムへの反論』白水社.)……544
Brunner, O. u. a. Hg., 1972-97, *Geschichtliche Grundbegriffe: Historisches Lexikon zur politisch-sozialen Sprache in Deutschland*, Ernst Klett.……364
Buchholz, F., 1807, *Untersuchungen über den Geburtsadel*, Berlin u. Leipzig.……790
Buckley, W., 1967, *Sociology and Modern Systems Theory*, Prentice-Hall.(新 睦人・中野秀一郎訳, 1980,『一般社会システム論』誠信書房.)……468, 510
Buckley, W., 1998, *Society: A Complex Adaptive System: Essays in Social Theory*, Gordon and Breach.……468
Buechler, S. M., 2004, "The Strange Career of Strain and Breakdown Theories of Collective Action", D. A. Snow et al. eds., *The Blackwell Companion to Social Movements*, Blackwell: 47-66.……606
Bulatao, R. A. and J. B. Casterline, 2001, *Global Fertility Transition*(Population and Development Review, A Supplement to vol. 27). Population Council.……174
Bull, H., 1977, *The Anarchical Society: A Study of Order in World Politics*, Macmillan.(臼杵英一訳, 2000,『国際社会論——アナーキカル・ソサイエティ』岩波書店.)……14
Bullard, R., [1990] 2000, *Dumping in Dixie: Race, Class, and Environmental Quality*, 3rd ed., Westview Press.……698
Burchell, G. et al. eds., 1991, *The Foucault Effect: Studies in Governmentality*, University of Chicago Press.……564
Burt, R. S., 1992, *Structural Holes*, Harvard University Press.(安田 雪訳, 2006,『競争の社会的構造——構造的空隙の理論』新曜社.)……60, 410
Burt, R. S., 2005, *Brokerage and Closure: An Introduction to Social Capital*, Oxford University Press.……60
Butler, J., 1990, *Gender Trouble*, Routledge.(竹村和子訳, 1999,『ジェンダー・トラブル——フェミニズムとアイデンティティの攪乱』青土社.)……8, 140, 216
Butler, J., 1997, *The Psychic Life of Power: Theories in Subjection*, Stanford University Press.(佐藤嘉幸・清水知子訳, 2012,『権力の心的な生——主体化=服従化に関する諸理論』月曜社.)……568
Butler, J., 2005, *Giving an Account of Oneself*, Fordham University Press.(佐藤嘉幸・清水知子訳, 2008,『自分自身を説明すること——倫理的暴力の批判』月曜社.)……236
Buxton, W. J., 1998, "From the 'Missing Fragment' to the 'Lost Manuscript': Reflections on Parsons's Engagement with Simmel", *The American Sociologist*, 29 (2): 57-76.……470

■ C

Calhoun, C., 2002, "Imagining Solidarity: Cosmopolitanism, Constitutional Patriotism, and the Public Sphere", *Public Culture*, 14 (1): 147-71.……774
Campbell, F. K., 2008, "Exploring Internalized Ableism Using Critical Race Theory", *Disability & Society*, 23 (2): 151-62.……156
Cannon, W. B., 1932, *The Wisdom of the Body*, Kegan Paul, Trench, Trubner.(舘 鄰・舘 澄江訳, 1981,『からだの知恵——この不思議なはたらき』講談社.)……466
Cantril, H., 1940, *The Invasion from Mars: A Study in the Psychology of Panic*, Princeton University Press.(斎藤耕二・菊池章夫訳, 1971,『火星からの侵入——パニックの社会心理学』川島書店.)……316
Čapek, K., 1920, *Rossumovi univerzální roboti*.(千野栄一訳, 1989,『ロボット (R. U. R.)』岩波書店.)……170
Cardoso, F. H. and E. Faletto, [1969] 1978, *Dependencia y desarrollo en América Latina, ensayo de interpretación sociológica*, 14th ed., Siglo Veintino Editores.(鈴木 茂ほか訳, 2012,『ラテンアメリカにおける従属と発展——グローバリゼーションの歴史社会学』東京外国語大学出版会.)……526
Carrigan, T. et al., 1985, "Toward a New Sociology of Masculinity", *Theory and Society*, 14 (5): 551-604.……596
Carter, A., 2002, "Value-Pluralist Egalitarianism", *Journal of Philosophy*, 99 (11): 577-99.……716
Caruth, C. ed., 1995, *Trauma: Explorations in Memory*, Johns Hopkins University Press.(下河辺美知子監訳, 2000,『トラウマへの探究——証言の不可能性と可能性』作品社.)……224, 354
Castel, P.-H., 2012, *La fin des coupables, suivi de le cas paramord, vol. II: Obsessions et contrainte intérieure, de la psychanalyse aux neurosciences*, Ithaque.……252
Castel, P.-H., 2014, "Contrainte intérieure et fragilité de l'agir", *Critique*, 802: 225-38.……252
Castells, M., 1972, *La question urbaine*, F. Maspero.(山田 操訳, 1982,『都市問題——科学的理論と分析』恒星社厚生閣.)……632
Castells, M., 1983, *The City and the Grassroots: A Cross-cultural Theory of Urban Social Movements*, E. Arnold.(石川淳志監訳, 吉原直樹ほか訳, 1997,『都市とグラスルーツ——都市社会運動の比較文化理論』法政大学出版局.)……632

Castells, M., 1989, *The Informational City: Information Technology, Economic Restructuring, and the Urban-Regional Process*, Blackwell.……14, 740
Castells, M. ed., 2004, *The Network Society: Across Cultural Perspective*, Edward Elgar.……322
Chadwick, E., [1842] 1965, *Report on the Sanitary Condition of the Labouring Population of Great Britain*, Edinburgh University Press. (橋本正巳訳, 1990, 『大英帝国における労働人口集団の衛生状態に関する報告書』日本公衆衛生協会.)……448
Chaney, D., 1994, *Cultural Turn*, Routledge.……84
Chang, Kyung-Sup, 2010, *South Korea under Compressed Modernity: Familial Political Economy in Transition*, Routledge.……540
Chant, S., 2010, "Towards a (Re) conceptualisation of the 'Feminisation of Poverty': Reflections on Gender-differentiated Poverty from The Gambia, Philippines and Costa Rica", S. Chant ed., *The International Handbook of Gender and Poverty Concepts, Research, Policy*, Edward Elgar.……556
Chesnais, J.-C., 1992, *The Demographic Transition: Stages, Patterns and Economic Implications; A Longitudinal Study of Sixty-Seven Countries Covering the Period 1720-1984*, Clarendon Press. ……174
Chiaretti G. e M. Ghisleni eds., 2010, *Sociologia di Confine: Saggi intorno all'opera di Alberto Melucci*, Mimesis Edizioni. ……634
Chiriaco, S., 2012, *Le désir fourdoye: sortit du traumatisme par la psychanalyse*, Navarin.……224
Christensen, L. T., 1995, "Buffering Organizational Identity in the Marketing Culture", *Organization Studies*, 16(4): 651-72.……420
Chun, L., 1993, *The British New Left*, Edinburgh University Press. (渡辺雅男訳, 1999, 『イギリスのニューレフト――カルチュラル・スタディーズの源流』彩流社.)……86
Clayman, S. and J. Heritage, 2002, *The News Interview: Journalists and Public Figures on the Air*, Cambridge University Press.……272
Cleaver, H., 1998, "The Zapatistas and the Electronic Fabric of Struggle", J. Holloway and E. Peláez eds., *Zapatista! Reinventing Revolution in Mexico*, Pluto Press.……624
Clifford, J., 1997, *Routes: Travel and Translation in the Late Twentieth Century*, Harvard University Press. (毛利嘉孝ほか訳, 2002,『ルーツ――20世紀後期の旅と翻訳』月曜社.)……752
Coale, A. J. and S. C. Watkins eds., 1986, *The Decline of Fertility in Europe*, Princeton University Press.……174
Cockerham, W., 2012, *Medical Sociology*, 12th ed., Prentice-Hall. ……158
Cockerham, W. ed., 2009, *The New Blackwell Companion to Medical Sociology*, Wiley-Blackwell.……164
Cohen, A. K., 1966, *Deviance and Control*, Prentice-Hall. (細井洋子訳, 1968,『逸脱と統制』至誠堂.) ……660
Cohen, G. A., 1989, "On the Currency of Egalitarian Justice", *Ethics*, 99(4): 906-44.……716
Cohen, M. D. et al., 1972, "A Garbage Can Model of Organizational Choice", *Administrative Science Quarterly*, 17: 1-25. (遠田雄志・土屋守章訳, 1992,『あいまいマネジメント』日刊工業新聞社.)……414
Coleman, J. S., 1987, "Norms as Social Capital", G. Radnitzky and P. Bernholz eds., *Economic Imperialism: The Economic Approach Applied Outside the Field of Economics*, Paragon House Publishers: 133-55.……60
Coleman, J. S., 1988, "Social Capital in the Creation of Human Capital", *American Journal of Sociology*, 94: S95-S120. (野沢慎司編・監訳, 2006,『リーディングス ネットワーク論――家族・コミュニティ・社会関係資本』勁草書房: 6章.)……60, 750
Coleman, J. S., 1990, *Foundations of Social Theory*, Harvard University Press. (久慈利武監訳, 2004-06,『社会理論の基礎(上・下)』青木書店.)……60, 262, 400
Coleman, J. S. et al., 1966, *Equality of Educational Opportunity*, U. S. Department of Health, Education, and Welfare, Office of Education.……462
Collins, H. M., 1985, *Changing Order: Replication and Induction in Scientific Practice*, Sage.……372
Collins, P. H., 1990, *Black Feminist Thought: Knowledge, Consciousness, and the Politics of Empowerment*, Unwin Hyman. ……764
Collins, R., 1979, *The Credential Society: An Historical Sociology of Education and Stratification*, Academic Press. (新堀通也監訳, 1984,『資格社会――教育と階層の歴史社会学』有信堂高文社.) ……444
Colomy, P. ed., 1990, *Neofunctionalist Sociology*, Edward Elgar.……470
Comte, A., 1822, *Plan des travaux scientifiques nécessaires pour reorganizer la société*. (杉本隆司訳, 2013,「社会再組織のための科学的研究プラン」『ソシオロジーの起源へ』白水社.)……790
Comte, A., 1830-42, *Cours de philosophie positive*, Au Siege de la Société Positiviste. (石川三四郎訳, 1920, 31,『実証哲学』春秋社; 縮刷版の訳, 霧生和夫訳, 1970,「社会静学と社会動学」清水幾太郎編『世界の名著 36 コント・スペンサー』

中央公論社: 第50講-第51講.) ……778
Comte, A., 1839, *Cours de philosophie positive*, tome 3, Bachelier.……790
Comte, A., 1851, *Systéme de politique positive*, tome 1, Paris.……790
Condorcet, M. de, 1792, *Rapport et projet sur l'organisation générale de l'instruction publique*.(阪上 孝訳, 2002,「公教育の全般的組織」『フランス革命期の公教育論』岩波書店.) ……790
Condorcet, M. de, 1793-94, *Esquisse d'un tableau historique des progrès de l'esprit humain*.(渡辺 誠訳, 1951,『人間精神進歩史(1・2)』岩波書店.) ……790
Connell, R. W., 1987, *Gender and Power: Society, The Person and Sexual Politics*, Polity Press.(森 重雄ほか訳, 1993,『ジェンダーと権力——セクシュアリティの社会学』三交社.) ……8, 596
Connell, R. W., [1995] 2005, *Masculinities*, Polity Press.……596
Connell, R. W. and J. W. Messerschmidt, 2005, "Hegemonic Masculinity: Rethinking the Concept", *Gender & Society*, 19: 829-59.……596
Connolly, W., 1991, *Identity/Difference*, Cornell University Press.(杉田 敦ほか訳, 1998,『アイデンティティ/差異——他者性の政治』岩波書店.) ……650
Conrad, P., 1975, "The Discovery of Hyperkinesis: Notes on the Medicalization of Deviant Behavior", *Social Problems*, 23(1): 12-21.……160
Conrad, P., 1987, "The Experience of Illness", *Research in the Sociology of Health Care*, 6: 1-31.……158
Conrad, P., 1992, "Medicalization and Social Control", *Annual Review of Sociology*, 18: 209-32.……160
Conrad, P., 2005, "The Shifting Engines of Medicalization", *Journal of Health and Social Behavior*, 46(1): 3-14. (進藤雄三・松本訓枝訳, 2006,「医療化の推進力の変容」森田洋司・進藤雄三編『医療化のポリティクス——近代医療の地平を問う』学文社: 3-27.) ……160
Conrad, P., 2013, "Medicalization: Changing Contours, Characteristics, and Contexts", W. C. Cockerham ed., *Medical Sociology on the Move: New Directions in Theory*, Springer: 195-214.……160
Conrad, P. and J. W. Schneider, [1980] 1992, *Deviance and Medicalization: From Badness to Sickness: With a New Afterword by the Authors*, expanded ed., Temple University Press.(進藤雄三監訳, 杉田 聡・近藤正英訳, 2003,『逸脱と医療化——悪から病いへ』ミネルヴァ書房.) ……160, 234
Cook, D., 1996, *The Culture Industry Revisited: Theodor W. Adorno on Mass Culture*, Roman & Littlefield.……344
Cook, K. S. and K. A. Hegtvedt, 1983, "Distributive Justice, Equity, and Equality", *Annual Review of Sociology*, 9: 217-41. ……262
Cook, K. S. and R. M. Emerson, 1978, "Power, Equity and Commitment in Exchange Networks", *American Sociological Review*, 43: 721-39.……262
Cook, K. S. et al., 1983, "The Distribution of Power in Exchange Networks: Theory and Experimental Results", *American Journal of Sociology*, 89: 275-305.……262
Cooley, C. H., 1929, *Social Organization*, Charles Scribner's Sons.(大橋 幸・菊池美代志訳, 1970,『現代社会学大系4 社会組織論』青木書店.) ……808
Copjec, J., 1994, *Read My Desire: Lacan Against the Historicists*, Massachusetts Institute of Technology.(梶理和子ほか訳, 1998,『私の欲望を読みなさい』青土社.) ……354
Cornell, D., 2002, *Between Women and Generations: Legacies of Dignity*, Palgrave.(岡野八代ほか訳, 2005,『女たちの絆』みすず書房.) ……354
Coser, L. A., 1956, *The Functions of Social Conflict*, Free Press.(新 睦人訳, 1978,『社会闘争の機能』新曜社.) ……656
Côté, J. E., 2005, "Identity Capital, Social Capital and the Wider Benefits of Learning", *London Review of Education*, 3(3): 221-37.……244
Côté, J. E. and C. G. Levine, 2002, *Identity Formation, Agency, and Culture*, Lawrence Earlbaum Associates.……244
Council of Europe, 2001, *Common European Framework of Reference for Languages: Learning, Teaching, Assessment*, Cambridge University Press.(吉島 茂・大橋理恵訳編, 2008,『外国語教育 II——外国語の学習,教授,評価のためのヨーロッパ共通参照枠』朝日出版社.)(2015年1月13日取得, http://www.dokkyo.net/~daf-kurs/library/CEFR_juhan.pdf) ……766
Covello, V. T. and K. A. Bollen, 1979, "Status Consistency in Comparative Perspective: An Examination of Educational, Occupational, and Income Data in Nine Societies", *Social Forces*, 58(2): 528-39.……456
Creemers, B. and L. Kyriakides, 2007, *The Dynamics of Educational Effectiveness: A Contribution to Policy, Practice and Theory in Contemporary Schools*, Routledge.……462
Crenshaw, K., 1989, "Demarginalizing the Intersection of Race and Sex: A Black Feminist Critique of Antidiscrimination Doctrine, Feminist Theory and Antiracist Politics", *University of Chicago Legal Forum*, 1989: 139-67.……764

Crenshaw, K., 1991, "Mapping the Margins: Intersectionality, Identity Politics, and Violence Against Women of Color", *Stanford Law Review*, 43 (6): 1241-99.……764
Crenson, M. A., 1971, *The Un-Politics of Air Pollution: A Study of Non-Decisionmaking in the Cities*, Johns Hopkins Press.……566
Crossley, N., 2001, *The Social Body: Habit, Identity and Desire*, Sage.（西原和久・堀田裕子訳, 2012,『社会的身体——ハビトゥス・アイデンティティ・欲望』新泉社.）……140
Crow, L., 1996, "Including All of Our Lives: Renewing the Social Model of Disability", J. Morris ed., *Encounters with Strangers: Feminism and Disability*, The Women's Press: 206-26.……156

■ D

Dahrendorf, R., 1957, *Soziale Klassen und Klassen Konflikt in der Industriellen Gesellschaft*, Ferdinand Enke.（富永健一訳, 1964,『産業社会における階級および階級闘争』ダイヤモンド社.）……656
Dahrendorf, R., 1959, *Class and Class Conflict in Industrial Society*, Stanford University Press.（富永健一訳, 1964,『産業社会における階級および階級闘争』ダイヤモンド社.）……816
Dahrendorf, R., 1968, "Out of Utopia: Toward a Reorientation of Sociological Analysis", *Essays in the Theory of Society*, Stanford University Press.（橋本和幸ほか訳, 1975,『ユートピアからの脱出——ダーレンドルフ社会理論論集（上）』ミネルヴァ書房.）……376
Dalla Costa, M. R., 1981, "Emergenza femminista negli anni '70 e percorsi di rifiuto del lavoro, in AA. VV", *La società italiana. Crisi di un sistema*, Franco Angeli.（伊田久美子訳, 1986,『家事労働に賃金を——フェミニズムの新たな展望』インパクト出版会.）……768
Dalla Costa, M. R. and G. F. Dalla Costa eds., 1993, *Donne e politiche del debito*, FrancoAngeli.（伊田久美子監訳, 1995,『約束された発展？——国際債務政策と第三世界の女たち』インパクト出版会.）……556
Daly, S. and N. Wice, 1995, *Alt. Culture: An A-to-Z Guide to the '90s: Underground, Online, and Over-the-Counter*, Harper Perennial.（吉岡正晴訳, 1997,『オルタ・カルチャー』リブロポート.）……90
Danto, A. C., 1964, "The Artworld", *Journal of Philosophy*, LXI.（西村清和訳, 2015,「アートワールド」西村清和編・監訳『分析美学基本論文集』勁草書房.）……368
Danziger, K., 1997, *Naming the Mind*, Sage.（河野哲也監訳, 2005,『心を名づけること——心理の社会的構成（上・下）』勁草書房.）……20, 250
Darley, A., 2000, *Visual Digital Culture: Surface Play and Spectacle in New Media Genres*, Routledge.（荒木功訳, 2002,『デジタル・カルチャー——大衆娯楽のコンテンツをめぐって』晃洋書房.）……90
Dasgupta, P. and I. Serageldin eds., 2000, *Social Capital: A Multifaceted Perspective*, World Bank.……60
Dasgupta, R., 2013, *Re-reading the Salaryman in Japan: Crafting Masculinities*, Routledge.……596
Davies, J. C., 1962, "Toward a Theory of Revolution", *American Sociological Review*, 27: 5-19.……602
Davis, A. et al., [1941] 1988, *Deep South*, University of California Center for Afro.……440
Davis, J. E., 2010, "Medicalization, Social Control, and the Relief of Suffering", W. C. Cockerham ed., *The New Blackwell Companion to Medical Sociology*, Wiley-Blackwell: 211-41.……160
Davis, K., 1945, "The World Demographic Transition", *The Annals of the American Academy of Political and Social Science*, 237 (1): 1-11.……174
Davis, K., 1995, *Reshaping the Female Body*, Routledge.……234
Davis, K. and W. E. Moore, 1945, "Some Principles of Stratification", *American Sociological Review*, 10 (2): 242-9.……424, 432
Davis, M., 2006, *Planet of Slums*, Verso.（酒井隆史監修, 篠原雅武・丸山里美訳, 2010,『スラムの惑星——都市貧困のグローバル化』明石書店.）……744
Dawkins, R., 1989, *The Selfish Gene*, 2nd ed., Oxford University Press.（日高敏隆ほか訳, 1991,『利己的な遺伝子』紀伊國屋書店.）……136
de Grazia, S., 1948, *The Political Community: A Study of Anomie*, University of Chicago Press.（佐藤智雄・池田昭訳, 1966,『疎外と連帯——宗教的政治的信念体系』勁草書房.）……660
Deal, T. E. and A. A. Kennedy, 1982, *Corporate Cultures: The Rites and Rituals of Corporate Life*, Penguin Books.（城山三郎訳, 1983,『シンボリック・マネジャー』新潮社.）……418
Deaton, A., 2013, *The Great Escape: Health, Wealth, and Origins of Inequality*, Princeton University Press.（松本裕編訳, 2014,『大脱出——健康、お金、格差の起源』みすず書房.）……112
Debray, R., 1991, *Cours de médiologie générale*, Gallimard.（嶋崎正樹訳, 2001,『一般メディオロジー講義』NTT出版.）……14

Debray, R., 1994, *Manifestes médiologiques*, Gallimard. (西垣 通監修, 嶋崎正樹訳, 1999,『メディオロジー宣言』NTT出版.) ……334

Debray, R., 1995, *Vie et mort de l'image*, Gallimard. (西垣 通監修, 嶋崎正樹訳, 2002,『イメージの生と死』NTT出版.) ……334

Delacoste, F. and P. Alexander eds., 1987, *Sex Work: Writings by Women in the Sex Industry*, Cleis Press. (角田由紀子解説, 1993,『セックス・ワーク——性産業に携る女性たちの声』パンドラ.) ……770

Deleuze, G., 1986, *Foucault*, Éditions de Minuit. (宇野邦一訳, 1987,『フーコー』河出書房新社.) ……236

Deleuze, G., 1990, *Pourparlers, 1972-1990*, Éditions de Minuit. (宮林 寛訳, 2007,『記号と事件——1972-1990年の対話』河出書房新社.) ……72

Deleuze, G. and F. Guattari, 1972, *L'anti Œdipe*, Éditions de Minuit. (宇野邦一訳, 2006,『アンチ・オイディプス——資本主義と分裂症』河出書房新社.) ……502

Deleuze, G. and F. Guattari, 1980, *Mille plateaux*, Éditions de Minuit. (宇野邦一ほか訳, 2010,『千のプラトー——資本主義と分裂症(上・中・下)』河出書房新社.) ……502

Della Porta, D. et al., 2006, *Globalization from Below: Transnational Activists and Protest Networks*, University of Minnesota Press.……602, 746

Delpyh, C., 1984, *Close to Home: A Materialist Analysis of Women's Oppression*, translated and edited by D. Leonard, University of Massachusetts Press. (井上たか子ほか訳, 1996,『何が女性の主要な敵なのか——ラディカル・唯物論的分析』勁草書房.) ……8

Denzin, N. K., 1989, *Interpretive Interactionism*, Sage. (関西現象学的社会学研究会編訳, 1992,『エピファニーの社会学——解釈的相互作用論の核心』マグロウヒル.) ……274

Denzin, N. K., 1991a, *Hollywood Shot by Shot: Alcoholism in American Cinema*, Aldine De Gruyter.……274

Denzin, N. K., 1991b, *Images of Postmodern Society: Social Theory and Contemporary Cinema*, Sage.……274

Denzin, N. K., 1992, *Symbolic Interactionism and Cultural Studies: The Politics of Interpretation*, Blackwell.……274

Denzin, N. K., 1993, *The Alcoholic Society: Addiction and Recovery of the Self*, Transaction Publishers.……274

Denzin, N. K., 1995, *The Cinematic Society: The Voyeurs Gaze*, Sage.……274

Denzin, N. K., 2002, *Reading Race: Hollywood and the Cinema of Racial Violence*, Sage. ……274

Derrida, J., 1994, *Force de loi: Le "Fondement mystique de l'autorité"*, Éditions Galilée. (堅田研一訳, 1999,『法の力』法政大学出版局.) ……726

Dery, M., 1996, *Escape Velocity: Cyberculture at the End of the Century*, Grove Press. (松藤留美子訳, 1997,『エスケープ・ヴェロシティ——世紀末のサイバーカルチャー』角川書店.) ……90

Deutschman, P. J. and W. A. Danielson, 1960, "Diffusion of Knowledge of the Major News Story", *Journalism Quarterly*, 37: 345-55.……316

Diani, M. and D. McAdam eds., 2003, *Social Movements and Networks: Relational Approaches to Collective Action*, Oxford University Press.……602, 618

Dick, P. K., 1968, *Do Androids Dream of Electric Sheep?*, Doubleday. (浅倉久志訳, [1969] 1977,『アンドロイドは電気羊の夢を見るか?』早川書房.) ……90, 170

DiMaggio, P. and W. Powell, 1983, "The Iron Cage Revisited: Institutional Isomorphism and Collective Rationality in Organizational Fields", *American Sociological Review*, 48: 147-60.……416

Dobson, A., 2003, *Citizenship and the Environment*, Oxford University Press. (福士正博・桑田 学訳, 2006,『シチズンシップと環境』日本経済評論社.) ……698

Dodds, P. et al., 2003, "An Experimental Study of Search in Global Social Networks", *Science*, 301 (5634): 827-9.……406

Doeringer, P. B. and M. J. Piore, 1971, *Internal Labor Markets and Manpower Analysis*, Heath Lexington Books. (白木三秀監訳, 2007,『内部労働市場とマンパワー分析』早稲田大学出版部.) ……444

Domhoff, G. W. and H. B. Ballard eds., 1968, *C. Wright Mills and the Power Elite*, Beacon Press. ……562

Donzelot, J., 1977, *La police des familles*, Éditions de Minuit. (宇波 彰訳, 1991,『家族に介入する社会——近代家族と国家の管理装置』新曜社.) ……548

Douglas, M. and A. Wildavsky, 1982, *Risk and Culture: An Essay on the Selection of Technical and Environmental Dangers*, University of California Press.……212

Douglas, M. and B. Isherwood, 1978, *The World of Goods: Towards an Anthropology of Consumption*, Basic Books. (浅田 彰・佐和隆光訳, 2012,『儀礼としての消費——財と消費の経済人類学』講談社.) ……218

Dretske, F. I., 1981, *Knowledge and the Flow of Information*, Basil Blackwell.……182

Du Bois, W. E. B., 1903, *The Souls of Black Folk*. (黄 寅秀ほか訳, 1992,『黒人のたましい』岩波書店.) ……752

Du Toit, A., 2004, "'Social Exclusion' Discourse and Chronic Poverty: A South African Case Study", *Development and*

Change, 35 (5) : 987-1010.……744
Dubet, F., 1987, *La galère: Jeunes en survie*, Fayard.……616
Dubet, F., 1994, *Sociologie de l'expérience*, Éditions de Seuil.（山下雅之監訳, 濱西栄司・森田次朗訳, 2011,『経験の社会学』新泉社.）……630, 636
Dumont, A., 1890, *Dépopulation et civilisation: étude démographique*, Lecrosnier et Babé.……174
Duncan, O. D., 1961, "A Socioeconomic Index for All Occupations", A. Reiss ed., *Occupations and Social Status*, Free Press: 109-38.……428
Duncan, O. D., 1966a, "Methodological Issues in the Analysis of Social Mobility", N. J. Smelser and S. M. Lipset eds., *Social Structure and Mobility in Economic Development*, Aldine: 51-97.……434
Duncan, O. D., 1966b, "Path Analysis: Sociological Examples", *American Journal of Sociology*, 72 (1) : 1-16.……458
Dunlop, J. T., 1958, *Industrial Relation Systems*, Henry Holt.……394
Durkheim, É., [1893] 1960, *De la division du travail social*, Presses universitaires de France.（田原音和訳, 1971,『社会分業論』青木書店；井伊玄太郎訳, 1989,『社会分業論（上・下）』講談社.）……60, 106, 286, 522, 538, 658, 668, 790
Durkheim, É., 1895, *Les règles de la méthode sociologique*, Presses universitaires de France.（宮島 喬訳, 1978,『社会学的方法の規準』岩波書店.）……188, 216
Durkheim, É., 1897, *Le suicide: étude de sociologie*, Presses universitaires de France.（宮島 喬訳, 1985,『自殺論』中央公論社.）……106, 188, 264, 522
Durkheim, É., 1912, *Les formes élémentaires de la vie religieuse: le système totémique en Australie*, Félix Alcan.（古野清人訳, 1975,『宗教生活の原初形態（上・下）』岩波書店.）……184
Dutton, J. E. and J. M. Dukerich, 1991, "Keeping Eye on the Mirror: Image and Identity in Organizational Adaptation", *Academy of Management Journal*, 34 (3) : 517-54.……420
Dworkin, R., 1981a, "What is Equality? Part 1: Equality of Welfare", *Philosophy and Public Affairs*, 10 (3) : 185-246.……716
Dworkin, R., 1981b, "What is Equality? Part 2: Equality of Resources", *Philosophy and Public Affairs*, 10 (4) : 283-345.……716
Dworkin, R., 1985, *A Matter of Principle*, Harvard University Press.……724
Dworkin, R., 2000, *Sovereign Virtue: The Theory and Practice of Equality*, Harvard University Press.（小林 公ほか訳, 2002,『平等とは何か』木鐸社.）……716, 726

■ E

Eagleton, T., 2000, *The Idea of Culture*, Blackwell.（大橋洋一訳, 2006,『文化とは何か』松柏社.）……84
Eagleton, T., 2003, *After Theory*, Penguin Books.（小林章夫訳, 2005,『アフター／セオリー』筑摩書房.）……84
Eco, U., 1976, *A Theory of Semiotics*, Indiana University Press.（池上嘉彦訳, 2013,『記号論（Ⅰ・Ⅱ）』講談社.）……360
Ehrenberg, A., 2010, *La société du malaise*, Odile Jacob.……252
Ehrenberg, A., 2014, "Santé mental: autonomie en -elle un malheur collectif ?", *Esprit*, 402 : 99-108.……252
Ehrenberg, J., 1999, *Civil Society: The Critical History of an Idea*, New York University Press.（吉田傑俊監訳, 2001,『市民社会論――歴史的・批判的考察』青木書店.）……402
Eisenstadt, S. N., 2003, *Comparative Civilizations and Multiple Modernities*, 2 vols., Brill.……646
Eisenstein, E., 1983, *The Printing Revolution in Early Modern Europe*, Cambridge University Press.（小川昭子ほか訳, 1987,『印刷革命』みすず書房.）……310
Elias, N., [1939] 1976, *Über den Prozeß der Zivilisation, 1, 2*, Suhrkamp.（赤井慧爾ほか訳, 1977-78,『文明化の過程（上・下）』法政大学出版局.）……156, 286, 680
Elias, N., 1982, *Über die Einsamkeit der Sterbenden in unseren Tagen*, Suhrkamp.（中居 実訳, 1990,『死にゆく者の孤独』法政大学出版局.）……156
Elliott, A. and C. Lemert, 2006, *The New Individualism*, Routledge.……20
Emerson, R. M., 1962, "Power-Dependence Relations", *American Sociological Review*, 27 : 31-41.……262
Emerson, R. M., 1972, "Exchange Relations and Network Structure", J. Berger et al. eds., *Sociological Theories in Progress*, vol. 2, Houghton Mifflin: 38-87.……262
Emirbayer, M., 2004, "The Alexander School of Cultural Sociology", *Thesis Eleven*, 79 (1) : 5-15.……366
Engels, F., 1845, *Die Lage der arbeitenden Klasse in England. Nach eigner Anschauung und authentischen Quellen*, Verlag von Otto Wgand.（浜林正夫訳, 2000,『イギリスにおける労働者階級の状態（上）』新日本出版社.）……448
Engels, F., 1882, *Die Entwicklung des Sozialismus von der Utopie zur Wissenschaft*.（大内兵衛訳, 1900,『空想より科学へ――社会主義の発展』岩波書店.）……376

Engels, F., 1884, *Der Ursprung der Familie, des Privateigenthums und des Staats.*（戸原四郎訳, 1979,『家族・私有財産・国家の起源――ルイス・H・モーガンの研究に関連して』岩波書店.）……548
Epstein, J. M. and R. Axtell, 1996, *Growing Artificial Societies: Social Science from the Bottom Up*, Brookings Institution Press.……78
Epstein, S., 1996, *Impure Science: AIDS, Activism, and the Politics of Knowledge*, University of California Press. ……158
Eriksen, T. H., [1993] 2002, *Ethnicity and Nationalism*, Pluto Press.（鈴木清史訳, 2006,『エスニシティとナショナリズム――人類学的視点から』明石書店.）……672
Erikson, E. H., 1950, *Childhood and Society*, W. W. Norton.（仁科弥生訳, 1977-80,『幼児期と社会（1・2）』みすず書房.）……226
Erikson, E. H., 1958, *Young Man Luther: A Study in Psychoanalysis and History*, W. W. Norton.（西平 直訳, 2002-03,『青年ルター（1・2）』みすず書房.）……226
Erikson, E. H., 1968, *Identity: Youth and Crisis*, W. W. Norton.（岩瀬庸理訳, 1973,『アイデンティティ――青年と危機』金沢文庫.）……228, 234
Erikson, K. T., 1962, "Notes on the Sociology of Deviance", *Social Problems*, 9 (4) : 307-14.……266
Erikson, R. and J. H. Goldthorpe, 1992, *The Constant Flux: A Study of Class Mobility in Industrial Societies*, Oxford University Press.……430, 434
Esmark, A., 2009, "The Functional Differentiation of Governance: Public Governance beyond Hierarchy, Market and Networks ", *Public Administration*, 87 (9) : 351-70.……200
Esping-Andersen, G., 1990, *The Three Worlds of Welfare Capitalism*, Polity Press.（岡沢憲芙・宮本太郎監訳, 2001,『福祉資本主義の三つの世界――比較福祉国家の理論と動態』ミネルヴァ書房.）……102, 706
Esping-Andersen, G., 1999, *Social Foundations of Postindustrial Economies*, Oxford University Press.（渡辺雅男・渡辺景子訳, 2000,『ポスト工業経済の社会的基礎――市場・福祉国家・家族の政治経済学』桜井書店.）……706
Esposito, R., 2007, *Terza persona: Politica della vita e filosofia dell'impersonale*, Einaudi.（岡田温司監訳, 2011,『三人称の哲学――生の政治と非人称の思想』講談社.）……116
European Commission, 1992, *Towards a Europe of Solidarity: Intensifying the Fight Against Social Exclusion, Fostering Integration*.……50
European Commission, 2002, *European Social Statistics: Income, Poverty and Social Exclusion: 2nd Report 1994-1997*, Office for Official Publications of the European Communisites: 21.……50
European Commission, 2009, *Portfolio of Indicators of the Monitoring of the European Strategy for Social Protection and Social Inclusion - 2009 Update*.……50
European Union, 2015, *Portfolio of Indicators of the Monitoring of the European Strategy for Social Protection and Social Inclusion - 2015 Update*.……50
Evans, J. H., 2002, *Playing God?: Human Genetic Engineering and the Rationalization of Public Bioethical Debate*, University of Chicago Press.……164
Eyal, G. et al., 1998, *Making Capitalism Without Capitalists: The New Ruling Elites in Eastern Europe*, Verso.……456

■ F

Faist, T., 2000, *The Volume and Dynamics of International Migration and Transnational Social Spaces*, Clarendon Press. ……748
Fararo, T. J., 1973, *Mathematical Sociology*, Wiley.（西田春彦・安田三郎監訳, 1980,『数理社会学 I・II』紀伊國屋書店.）……440
Fararo, T. J. and K. Kosaka, 1976, "A Mathematical Analysis of Boudon's IEO Model", *Social Science Information*, 15 (2-3) : 431-75.……452
Fararo, T. J. and K. Kosaka, 2003, *Generating Images of Stratification*, Kluwer Academic.……440
Fassin, D. et R. Rechtman, 2007, *L'empire du traumatisme*, Flammarion.……224
Featherman, D. L. et al., 1975, "Assumptions of Social Mobility Research in the U. S.: The Case of Occupational Status", *Social Science Research*, 4 : 329-60.……430, 434
Featherstone, M., 1991, *Consumer Culture and Postmodernism*, Sage. ……234
Featherstone, M. et al. eds., 2005, *Automobilities*, Sage.（近森高明訳, 2010,『自動車と移動の社会学』法政大学出版局.）……542
Federici, S., 2012, *Revolution at Point Zero: Housework, Reproduction, and Feminist Struggle*, PM Press.……768
Felman, S., 1992, *The Return of the Voice: Claude Lanzmann's Shoah*, Routledge.（上野成利ほか訳, 1995,『声の回帰――映画「ショアー」と〈証言〉の時代』太田出版.）……224

Festinger, L., [1954] 1957, *A Theory of Cognitive Dissonance*, Stanford University Press.（末永俊郎監訳, 1965,『認知的不協和の理論――社会心理学序説』誠信書房.）……330, 664
Fine, G. A. and C. D. Fields, 2008, "Culture and Microsociology: The Anthill and Veldt", *The Annals of the American Academy of Political and Social Science*, 619 : 130-48.……612
Fine, J., 2006, *Worker Centers: Organizing Communities at the Edge of the Dream*, ILR Press.……640
Fineman, M., 1995, *The Neutered Mother, Sexual Family and Other Twentieth Century Tragedies*, Taylors & Francis.（上野千鶴子監訳, 2003,『家族、積みすぎた方舟――ポスト平等主義のフェミニズム法理論』学陽書房.）……544
Firestone, S., 1970, *The Dialectic of Sex: The Case for Feminist Revolution*, Morrow.（林 弘子訳, 1972,『性の弁証法――女性解放革命の場合』評論社.）……8, 544
Fischer, C. S., 1976, *The Urban Experience*, Harcourt Brace Jovanovich.（松本 康・前田尚子訳, 1996,『都市的体験――都市生活の社会心理学』未來社.）……632
Flusser, V., 1983, *Für eine Philosophie der Fotografie*, European Photography.（深川雅文訳, 1999,『写真の哲学のために――テクノロジーとヴィジュアルカルチャー』勁草書房.）……312
Foerster, H. von, 1982, *Observing Systems*, Intersystems Publications.……182
Foerster, H. von et al. eds., 1951, *Cybernetics: Circular Causal and Feedback Mechanisms in Biological and Social Systems. Transactions of the Eighth Conference*, Josiah Macy Jr. Foundation.……182
Foucault, M., 1961, *Histoire de la folie à l'âge classique*, Gallimard.（田村 俶訳, 1975,『狂気の歴史――古典主義時代における』新潮社.）……72
Foucault, M., 1966, *Les mots et les choses, Une archéologie des sciences humaines*, Gallimard.（渡邊一民・佐々木 明訳, 1974,『言葉と物』新潮社.）……72
Foucault, M., 1975, *Surveiller et punir: naissance de la prison*, Gallimard.（田村 俶訳, 1977,『監獄の誕生――監視と処罰』新潮社.）……14, 72, 140, 234, 564, 574, 824
Foucault, M., 1976, *La volonté de savoir, Histoire de la sexualité I*, Gallimard.（渡辺守章訳, 1986,『性の歴史Ⅰ 知への意志』新潮社.）……72, 102, 140, 572, 824
Foucault, M., 1982, "On the Genealogy of Ethics: An Overview of Work in Progress", H. Dreyfus and P. Rabinow eds., *Michel Foucault: Beyond Structuralism and Hermeneutics*, University of Chicago Press.（山形頼洋ほか訳, 1996,「倫理の系譜学について――現在手がけている仕事の概要」『ミシェル・フーコー――構造主義と解釈学を超えて』筑摩書房 : 308-27.）……236
Foucault, M., 1984, *L'usage de plaisirs: Histoire de la sexualite II*, Gallimard.（田村 淑訳, 1986,『性の歴史Ⅱ 快楽の活用』新潮社.）……236
Foucault, M., 1997, *Il faut défendre la société: cours au Collège de France 1975-1976*, Seuil.（石田英敬・小野正嗣訳, 2007,『社会は防衛しなければならない――コレージュ・ド・フランス講義1975-76年度』筑摩書房.）……116, 162
Fox, R. C. and J. P. Swazey, 2008, *Observing Bioethics*, Oxford University Press.……164
Frank, A. G., 1967, *Capitalism and Underdevelopment in Latin America*, Monthly Review Press ; 1969, *Latin America: Underdevelopment or Revolution*, Monthly Review Press.（大崎正治ほか訳, 1976,『世界資本主義と低開発――収奪の《中枢-衛星》構造』柘植書房.）……526
Frank, A. G., 1979, *Dependent Accumulation and Underdevelopment*, Monthly Review Press.（吾郷健二訳, 1980,『従属的蓄積と低開発』岩波書店.）……26, 744
Frank, A. W., 1995, *The Wounded Storyteller, Body, Illness, and Ethics*, University of Chicago Press.（鈴木智之訳, 2002,『傷ついた物語の語り手――身体・病い・倫理』ゆみる出版.）……382
Fraser, N., 1992, "Rethinking the Public Sphere", C. Calhoun ed., *Habermas and the Public Sphere*, MIT Press.（山本 啓・新田 滋訳, 1999,『ハーバマスと公共圏』未來社.）……44
Fraser, N. and A. Honneth, 2003, *Redistribution or Recognition? A Political-Philosophical Exchange*, Verso.（加藤泰史監訳, 2012,『再配分か承認か?――政治・哲学論争』法政大学出版局.）……240
Fredrickson, G. M., 2002, *Racism: A Short History*, Princeton University Press.（李 孝徳訳, 2009,『人種主義の歴史』みすず書房.）……762
Freidson, E., 1970, *Professional Dominance: The Social Structure of Medical Care*, Atherton Press.（進藤雄三・宝月 誠訳, 1992,『医療と専門家支配』恒星社厚生閣.）……580
Freud, S., 1914, *Zur Einführung des Narzißmus*, Internationaler Psychoanalytischer.（中山 元訳, 1997,「ナルシシズム入門」中山 元編訳『エロス論集』筑摩書房；立木康介訳, 2010,「ナルシシズムの導入にむけて」進藤泰三訳『フロイト全集 13 1913-14年』岩波書店: 117-51.）……254, 354
Freud, S., 1920, *Jenseits des Lustptinzips*, Internationaler Psychoanalytischer.（須藤訓任訳, 2006,「快原理の彼岸」須藤訓

任・藤野 寛訳『フロイト全集17 1919-22年 不気味なもの,快原理の彼岸,集団心理学』岩波書店: 53-125.)……224
Freyer, H., 1955, *Theorie des gegenwärtigen Zeitalters*, Deutsche Verlags-Anstalt. ……538
Friedlander, S. ed., 1992, *Probing the Limits of Representation, Nazism and the "Final Solution"*, The President and Fellows of Harvard College.(上村忠男ほか訳, 1994,『アウシュヴィッツと表象の限界』未來社.)……382
Friedman, T. L., 2005, *The World is Flat: A Brief History of the Twenty-First Century*, Farrar, Straus and Giroux.(伏見威蕃訳, 2006,『フラット化する世界——経済の大転換と人間の未来』日本経済新聞社.)……26
Friedmann, J., 1986, "The World City Hypothesis", *Development and Change*, 17 (1): 69-83.(町村敬志訳, 2012,「世界都市仮説」町村敬志訳編『都市の政治経済学 都市社会学コレクション3』日本評論社: 37-57.)……740
Fröbel, F. et al., 1980, *The New International Division of Labour: Structural Unemployment in Industrialised Countries and Industrialisation in Developing Countries*, Cambridge University Press.……742
Fromm, E., 1941, *Escape from Freedom*, Rinehart.(日高六郎訳,[1951]1965,『自由からの逃走』東京創元社.)……560, 808
Fromm, E., 1961, *Marx's Concept of Man*, Frederick Ungar.(樺 俊雄訳, 1977,『マルクスの人間観』第三文明社.)……648
Fromm, E., 1968, *The Revolution of Hope: Toward a Humanized Technology*, Harper & Row.(作田啓一・佐野哲郎訳, 1969,『希望の革命——技術の人間化をめざして』紀伊國屋書店.)……376
Fukuyama, F., 1995, *Trust: The Social Virtues and the Creation of Prosperity*, Free Press.(加藤 寛訳, 1996,『「信」無くば立たず』三笠書房.)……60

■ G

Gabe, J. and L. Monaghan eds., 2013, *Key Concepts in Medical Sociology*, 2nd ed., Sage.……164
Gallagher, R. and T. Appenzeller, 1999, "Beyond Reductionism", *Science*, 284 (5411): 79.……512
Galtung, J., 1969, "Violence, Peace, and Peace Research", *Journal of Peace Research*, 6 (3): 167-91.(高柳光男ほか訳, 1991,「暴力,平和,平和研究」『構造的暴力と平和』中央大学出版部.)……684
Galtung, J., 1971, "A Structural Theory of Imperialism", *Journal of Peace Research*, 8 (2): 81-117.……684
Galtung, J., 1990, "Cultural Violence", *Journal of Peace Research*, 27 (3): 291-305.……684
Gamson, W. A., 1975, *The Strategy of Social Protest*, Dorsey.……602
Gangl, M., 2010, "Causal Inference in Sociological Research", *Annual Review of Sociology*, 36: 21-47.……458
Gans, H., 1972, "The Positive Functions of Poverty", *American Journal of Sociology*, 78 (2): 275-89.……432
Ganzeboom, H. B. G. et al., 1989, "Intergenerational Class Mobility in Comparative Perspective", *Research in Social Stratification and Mobility*, 8: 3-84.……434
Garfinkel, H., 1967a, "Passing and the Managed Achievement of Sex Status in an 'Intersexed' Person Part 1", *Studies in Ethnomethodology*, Prentice-Hall: 116-85.(山田富秋ほか訳, 1987,「アグネス,彼女はいかにして女になりつづけたか——ある両性的人間の女性としての通過作業とその社会的地位の操作的達成」山田富秋ほか編訳『エスノメソドロジー——社会学的思考の解体』せりか書房: 217-95.)……232
Garfinkel, H., 1967b, *Studies in Ethnomethodology*, Prentice-Hall.……264
Garfinkel, H., 1974, "The Origin of the Term 'Ethnomethodology'", R. Turner ed., *Ethnomethodology*, Penguin: 15-8.(山田富秋ほか訳, 1987,「エスノメソドロジー命名の由来」山田富秋ほか編訳『エスノメソドロジー——社会学的思考の解体』せりか書房: 9-18.)……264
Garfinkel, H. and H. Sacks, 1970, "On Formal Structures of Practical Actions", J. Mckinney and E. Tiryakian eds., *Theoretical Sociology: Perspectives and Developments*, Appleton Century Crofts: 337-66.……264
Gartner, A. and F. Riessman, 1977, *Self-Help in the Human Services*, Jossey-Bass Publishers.(久保紘章監訳, 1985,『セルフヘルプ・グループの理論と実際——人間としての自立と連帯へのアプローチ』川島書店.)……404
Gaventa, J., 1980, *Power and Powerlessness: Quiescence and Rebellion in an Appalachian Valley*, Clarendon Press.……566
Gelder, K. and S. Thornton, 1997, *The Subcultures Reader*, Routledge.……84
Gellner, E., 1983, *Nations and Nationalism*, Blackwell.(加藤 節監訳, 2000,『民族とナショナリズム』岩波書店.)……238
Gergen, K. J., 1999, *An Invitation to Social Construction*, Sage.(東村知子訳, 2004,『あなたへの社会構成主義』ナカニシヤ出版.)……268
Gergen, K. J. and M. M. Gergen, 1983, "Narratives of the Self", T. R. Sarbin and K. E. Scheibe eds., *Studies in Social Identity*, Praege: 254-73.……230
Gerth, H. H. and C. W. Mills, 1953, *Character and Social Structure: The Psychology of Social Institutions*, Brace & World.(古城利明・杉森創吉訳, 1970,『性格と社会構造——社会制度の心理学』青木書店.)……562

Geyer, F. and J. Van der Zouwen ed.,1978, *Sociocybernetics: An Actor-Oriented Social Systems Approach*, 2 vols., Martinus Nijhoff.……468
Geyer, F. and J. Van der Zouwen, 2001, "Introduction to the Main Themes in Sociocybernetics", F. Geyer and J. Van der Zouwen eds., 2001, *Sociocybernetics: Complexity, Autopoiesis, and Observation of Social Systems*, Greenwood Press: 1-14.……468
Gibbard, A., 1979, "Disparate Goods and Rawls' Difference Principle: A Social Choice Theoretic Treatment", *Theory and Decision*, 11 (3): 267-88.……716
Gibson, J. J., 1979, *The Ecological Approach to Visual Perception*, Houghton Mifflin. (古崎 敬ほか訳, 1985, 『生態学的視覚論——ヒトの知覚世界を探る』サイエンス社.) ……166
Gibson, W., 1984, *Neuromancer*, Ace Books. (黒丸 尚訳, 1986, 『ニューロマンサー』早川書房.) ……90, 168
Giddens, A., [1976] 1993, *New Rules of Sociological Method*, 2nd ed., Hutchinson. (松尾精文ほか訳, 2000, 『社会学の新しい方法基準』而立書房.) ……210
Giddens, A., 1971, *Capitalism and Modern Social Theory*, Cambridge University Press. (犬塚 先訳, 1974, 『資本主義と近代社会理論——マルクス, デュルケム, ウェーバーの研究』研究社出版.) ……522
Giddens, A., 1984, *Constitution of Society*, Polity Press. (門田健一訳, 2015, 『社会の構成』勁草書房.) ……210
Giddens, A., 1987, *Social Theory and Modern Sociology*, Blackwell. (藤田弘夫監訳, 1998, 『社会理論と現代社会学』青木書店.) ……252
Giddens, A., 1989, *Sociology*, Polity Press. (松尾精文他訳, 1992, 『社会学』而立書房.) ……26
Giddens, A., 1990, *The Consequences of Modernity*, Polity Press. (松尾精文・小幡正敏訳, 1993, 『近代とはいかなる時代か?——モダニティの帰結』而立書房.) ……14, 32, 746, 824
Giddens, A., 1991, *Modernity and Self-Identity: Self Society in the Late Modern Age*, Polity Press. (秋吉美都ほか訳, 2005, 『モダニティと自己アイデンティティ——後期近代における自己と社会』ハーベスト社.) ……20, 228, 234, 252, 254, 256
Giddens, A., 1992, *The Transformation of Intimacy: Sexuality, Love & Eroticism in Modern Societies*, Polity Press. (松尾精文・松川昭子訳, 1995, 『親密性の変容——近代社会におけるセクシュアリティ, 愛情, エロティシズム』而立書房.) ……44, 546, 554, 598
Giddens, A., 1999, *Runaway World: How Globalization is Reshaping Our Lives*, Profile Books. (佐和隆光訳, 2001, 『暴走する世界——グローバリゼーションは何をどう変えるのか』ダイヤモンド社.) ……294
Gilligan, C., 1982, *In a Different Voices: Psychological Theory and Women's Development*, Haverd University Press. (岩男寿美子監訳, 生田久美子・並木美智子訳, 1986, 『もうひとつの声——男女の道徳観のちがいと女性のアイデンティティ』川島書店.) ……8, 544
Gilroy, P., [1987] 1992, *There Ain't No Black in the Union Jack: The Cultural Politics of Race and Nation*, Routledge. ……760
Gilroy, P., 1993, *The Black Atlantic: Modernity and Double Consciousness*, Harvard University Press. (上野俊哉ほか訳, 2006, 『ブラック・アトランティック——近代性と二重意識』月曜社.) ……752, 760
Gimlin, D., 2002, *Body Work: Beauty and Self-Image in American Culture*, University of California Press.……234
Gini, C., 1912, *Variabilità e Mutabilità*, Tipografia di Paulo Cuppini.……454
Gini, C., 1914, Sulla misura della concentrazione e della variabilità dei caratteri, *Atti del Reale Istituo Veneto di Scienze, Lettere ed Arti*, Anno Accademico 1913-1914, 73 (Parte seconda): 1203-48. (F. De Santis trans., 2005, "On the Measurement of Concentration and Variability of Characters", *Metron: International Journal of Statistics*, 63: 3-38.) ……454
Girard, R., 1972, *La violence et le sacré*, B. Grasset. (古田幸男訳, 1982, 『暴力と聖なるもの』法政大学出版局.) ……680
Gitlin, T., 1998, "Public Sphere or Public Spericules?", T. Liebes and J. Curran eds., *Media, Ritual and Identity*, Routledge: 168-74.……14
Glaser, B. G. and A. L. Strauss, 1965, *Awareness of Dying*, Aldine. (木下康仁訳, 1988, 『「死のアウェアネス理論」と看護——死の認識と終末期ケア』医学書院.) ……156
Glass, D. ed., 1954, *Social Mobility in Britain*, Routledge.……446
Glassman, R. B., 1973, "Persistence and Loose Coupling in Living Systems", *Behavioral Science*, 18: 83-98.……192
Glazer, N. and D. P. Moynihan, [1963] 1970, *Beyond the Melting Pot: The Negroes, Puerto Ricans, Jews, Italians, and Irish of New York City*, 2nd ed., MIT Press. (阿部 齊・飯野正子訳, 1986, 『人種のるつぼを越えて——多民族社会アメリカ』南雲堂.) ……760
Glazer, N. and D. P. Moynihan eds., 1975, *Ethnicity: Theory and Experience*, Harvard University Press. (内山秀夫訳, 1984, 『民族とアイデンティティ』三嶺書房.) ……672

Glenn, E. N., 1992, "From Servitude to Service Work: Historical Continuities in the Racial Division of Paid Reproductive Labor", *Signs: Journal of Women in Culture and Society*, 18 (1) : 1-43.……764, 768

Glenn, E. N., 2002, *Unequal Freedom: How Race and Gender Shaped American Citizenship and Labor*, Harvard University Press.……764

Glick-Schiller, N., 1999, "Transmigrants and Nation-States: Something Old and Something New in the U.S. Immigrant Experience", C. Hirschman et al. eds., *The Handbook of International Migration: The American Experience*, Russell Sage Foundatiton: 94-119.……750

Glick-Schiller, N. et al., 1992, "Towards a Transnational Perspective on Migration: Race, Class, Ethnicity, and Nationalism Reconsidered", *Annals of the New York Academy of Sciences*, vol. 645.……750

Goffman, E., [1956] 1959, *The Presentation of Self in Everyday Life*, Doubleday.（石黒 毅訳, 1974,『行為と演技――日常生活における自己呈示』誠信書房.）……140, 222, 270, 292, 816

Goffman, E., 1961, *Encounters: Two Studies in the Sociology of Interaction*, Bobbs-Merrill.（佐藤 毅・折橋徹彦訳, 1985,『出会い――相互行為の社会学』誠信書房.）……222, 270, 294

Goffman, E., 1963a, *Behavior in Public Places: Notes on the Social Organization of Gatherings*, Free Press.（丸木恵祐・本名信行訳, 1980,『集まりの構造――新しい日常行動論を求めて』誠信書房.）……284

Goffman, E., 1963b, *Stigma: Notes on the Management of Spoiled Identity*, Prentice-Hall.（石黒 毅訳, [1970] 2001,『改訂版 スティグマの社会学――烙印を押されたアイデンティティ』せりか書房.）……140, 158, 232, 276, 284

Goffman, E., 1967, *Interaction Ritual: Essays on Face-to-Face Behavior*, Doubleday.（広瀬英彦・安江孝司訳, 1986,『儀礼としての相互行為――対面行動の社会学』法政大学出版局；浅野敏夫訳, [2002] 2012,『儀礼としての相互行為――対面行動の社会学』法政大学出版局.）……284, 286, 294

Goffman, E., 1974, *Frame Analysis: An Essay on the Organization of Experience*, Harvard University Press.……280, 294

Goffman, E., 1979, *Gender Advertisements*, Harper & Row.……284

Goldstone, J., 1986, *Revolutions: Theoretical, Comparative, and Historical Studies*, Under the General Editorship of R. K. Merton, Harcourt Brace Jovanovich c1986.……624

Goldthorpe, J. H., 1996, "The Problems of 'Meritocracy'", R. Erikson and J. O. Jonsson eds., *Can Educaton be Equalized?: The Swedish Case in Comparative Perspective*, Westview Press: 255-87.（住田正樹ほか編訳, 2005,「メリトクラシーの諸問題」『教育社会学――第三のソリューション』九州大学出版会: 533-62.）……436

Goldthorpe, J. H., 2000, *On Sociology: Numbers, Narratives, and the Integration of Research and Theory*, Oxford University Press.……452

Goldthorpe, J. H., 2007, "'Cultural Capital': Some Critical Observations", *Sociologica*, 2/2007, Sicietà editrice il Mulino.……356

Gopnik, A., 2015, "The Outside Game: How the Sociologist Howard Becker Studies the Conventions of the Unconventional", *The New Yorker*, Jan.12, 2015.……368

Gordon, M. M., 1964, *Assimilation in American Life: The Role of Race, Religion, and National Origins*, Oxford University Press.（倉田和四生・山本剛郎訳編, 2000,『アメリカンライフにおける同化理論の諸相――人種・宗教および出身国の役割』晃洋書房.）……672, 758

Gorer, G., 1965, *Death, Grief, and Mourning in Contemporary Britain*, Cresset Press.（宇都宮輝夫訳, 1986,『死と悲しみの社会学』ヨルダン社.）……156

Gouldner, A. W., 1954, *Patterns of Industrial Bureaucracy*, Free Press.……416

Gouldner, A. W., 1970, *The Coming Crisis of Western Sociology*, Basic Books.（岡田直之ほか訳, 1974-75,『社会学の再生を求めて 1-3』新曜社.）……564, 674

Gouldner, A. W., 1975, *For Sociology*, Penguin Books.……86

Gouldner, A. W., 1979, *The Future of Intellectuals and the Rise of the New Class*, Macmillan.（原田 達訳, 1988,『知の資本論――知識人の未来と新しい階級』新曜社.）……564

Graeber, D., 2014, *The Democracy Project: A History, a Crisis, a Movement*, Penguin Books.（木下ちがやほか訳, 2015,『デモクラシー・プロジェクト――オキュパイ運動・直接民主主義・集合的想像力』航思社.）……746

Gramsci, A., 1975, *Quaderni del Carcere*, Einaudi.（片桐 薫編訳, 2001,『グラムシ・セレクション』平凡社；松田 博編訳, 2011,『グラムシ「獄中ノート」著作集Ⅶ 歴史の周辺にて「サバルタンノート」注解』明石書店.）……84, 576, 592

Granovetter, M. S., 1973, "The Strength of Weak Ties", *American Journal of Sociology*, 78 : 1360-80.（大岡栄美訳, 2006,「弱い紐帯の強さ」野沢慎司編・監訳『リーディングス ネットワーク論――家族・コミュニティ・社会関係資本』勁草書房.）……60, 408

Granovetter, M. S., [1974] 1995, *Getting A Job: A Study of Contacts and Careers*, University of Chicago Press.（渡辺 深訳, 1998,『転職――ネットワークとキャリアの研究』ミネルヴァ書房.）……60, 408

Granovetter, M. S., 1978, "Threshold Models of Collective Behavior", *American Journal of Sociology*, 83 (6) : 1420-43. ……606

Granovetter, M. S., 1982, "The Strength of Weak Ties: A Network Theory Revisited", P. V. Marsden and N. Lin eds., *Social Structure and Network Analysis*, Sage.……408

Granovetter, M. S., 1985, "Economic Action and Social Structure: The Problem of Embeddedness", *American Journal of Sociology*, 91 (3) : 481-510. (渡辺 深訳, 1998, 「経済行為と社会構造――埋め込みの問題」『転職――ネットワークとキャリアの研究』ミネルヴァ書房: 付論D.) ……60, 408, 412

Greenwood R. et al. eds., 2008, *The Sage Handbook of Organizational Institutionalism*, Sage. ……416

Greenwood R. et al. eds., 2012, *Institutional Theory in Organization Studies*, Sage. ……416

Gross, L. ed., 1995, *On the Margins of Art Worlds*, Westview Press.……368

Guarnizo, L. et al., 1999, "Mistrust, Fragmented Solidarity, and Transnational Migration: Colombians New York and Los Angeles", *Ethnic and Racial Studies*, 22 (2) : 367-96.……750

Gubrium, J. F. and J. A. Holstein, 1990, *What is Family ?*, Mayfield Publishing. (中河伸俊ほか訳, 1997, 『家族とは何か――その言説と現実』新曜社.) ……122

Gubrium, J. F. and J. A. Holstein eds., 2001, *Institutional Selves*, Oxford University Press.……228

Guha, R. et al., 1988, *Selected Subaltern Studies*, Oxford University Press. (竹中千春訳, 1998, 『サバルタンの歴史――インド史の脱構築』岩波書店.) ……592

Guilhaumou, J., 2006, "Sieyès et le non-dit de *la sociologie*: du mot à la chose", *Revue d'histoire des sciences humaines*, 15 : 117-34.……790

Guillaumin, C., 1995, *Racism, Sexism, Power and Ideology*, Routledge.……762

■H

Habermas, J., [1962] 1990, *Strukturwandel der Öffentlichkeit: Untersuchungen zu einer Kategorie der bürgerlichen Gesellschaft*, Suhrkamp. (細谷貞雄・山田正行訳, [1973] 1994, 『公共性の構造転換――市民社会の一カテゴリーについての探究』未來社.) ……14, 44, 324, 402, 616, 626, 824

Habermas, J., 1971, "Vorlesungen zu einer sprachtheoretischen Grundlegung der Soziologie", in Habermas 1984. (森 元孝・干川剛史訳, 1990, 『意識論から言語論へ――社会学の言語論的基礎に関する講義 (1970/1971)』マルジュ社.) ……208

Habermas, J., 1976, *Zur Rekonstruktion des Historischen Materialismus*, Suhrkamp. (清水多吉・木前利秋訳, 1982, 「史的唯物論の再構成にむけて」『思想』岩波書店, 695 : 201-44.) ……520

Habermas, J., 1981, *Theorie des kommunikativen Handelns I, II*, Suhrkamp. (河上倫逸ほか訳, 1985-87, 『コミュニケイション的行為の理論 (上・中・下)』未來社.) ……198, 206, 320, 324, 364, 616, 654, 824

Habermas, J., 1983, *Moralbewußtsein und kommunikatives Handeln*, Suhrkamp. (三島憲一ほか訳, 1991, 『道徳意識とコミュニケーション行為』岩波書店.) ……326

Habermas, J., 1984, *Vorstudien und Ergänzungen zur Theorie des kommunikativen Handelns*, Suhrkamp.……208

Habermas, J., 1985, *Die Neue Unübersichtlichkeit*, Suhrkamp. (上村隆広ほか訳, 1995, 『新たなる不透明性』松籟社.) ……654

Habermas, J., 1991, *Erläuterung zur Diskursethik*, Suhrkamp. (清水多吉・朝倉輝一訳, 2005, 『討議倫理』法政大学出版局.) ……326

Habermas, J., 1992, *Faktizität und Geltung: Beiträge zur Diskurstheorie des Rechts und des demokratischen Rechtsstaats*, Suhrkamp. (河上倫逸・耳野健二訳, 2002-03, 『事実性と妥当性――法と民主的法治国家の討議理論にかんする研究 (上・下)』未來社.) ……324, 326, 402

Habermas, J., 1996, *Die Einbeziehung des Anderen: Studien zur politischen Theorie*, Suhrkamp. (高野昌行訳, 2004, 『他者の受容――多文化社会の政治理論に関する研究』法政大学出版局.) ……590

Habermas, J., 2005, *Zwischen Naturalismus und Religion*, Suhrkamp. (庄司 信ほか訳, 2014, 『自然主義と宗教の間――哲学論集』法政大学出版局.) ……326

Habermas, J. und N. Luhmann, 1971, *Theorie der Gesellschaft oder Sozialtechnologie: Was leistet die Systemforschung?*, Suhrkamp. (佐藤嘉一ほか訳, [1984-87] 1987, 『批判理論と社会システム理論――ハーバーマス=ルーマン論争』木鐸社.) ……190, 198, 824

Hacking, I., 1999, *The Social Construction What?*, Harvard University Press. (出口康夫・久米 暁訳, 2006, 『何が社会的に構成されるのか』岩波書店.) ……122

Hage, G., 1998, *White Nation: Fantasies of White Supremacy in a Multicultural Society*, Pluto Press, Comerford and Miller. (保苅 実・塩原良和訳, 2003, 『ホワイト・ネイション――ネオ・ナショナリズム批判』平凡社.) ……756

Hajnal, J., 1965, "European Marriage Pattern in Perspective", D. V. Glass and D. E. C. Eversely eds., *Population in History*, Edward Arnold: 101-46.······550
Hajnal, J., 1982, "Two Kinds of Pre-Industrial Household Formation System", *Population and Development Review*, 8(3): 449-94.······550
Haken, H., 1978, *Synergetics: An Introduction: Nonequilibrium Phase Transitions and Self-Organization in Physics, Chemistry and Biology*, Springer.（牧島邦夫・小森尚志訳, 1980,『協同現象の数理——物理, 生物, 化学的系における自律形成』東海大学出版会.）······500
Halbwachs, M., 1941, *La Topographie legendaire des Evangiles en Terre Sainte*, Presses universitaires de France.······374
Halbwachs, M., 1950, *La Mémoire collective*, Presses universitaires de France.（小関藤一郎訳, 1989,『集合的記憶』行路社.）······374
Haley, J., 1976, *Problem-solving Therapy*, Jossy-Bass.（佐藤悦子訳, 1985,『家族療法——問題解決の戦略と実際』川島書店.）······294
Hall, S., 1973, "Encoding and Decoding in the Television Discourse", *CCCS Stencilled Paper*, 7, University of Birmingham; 1980, "Encoding / Decoding", S. Hall et al. eds., *Culture, Media, Language*, Routledge: 117-27.······360
Hall, S., 1990, "Cultural Identity and Diaspora", J. Rutherford ed., *Identity, Community, Culture, Difference*, Lawrence & Wishart: 222-37.（小笠原博毅訳, 1998,『現代思想』26(4): 90-103.）······752
Hall, S., 1991, "The Local and the Global: Globalization and Ethnicity", A. D. King ed., *Culture, Globalization and the World-System: Contemporary Conditions for the Representation of Identity*, Macmillan.（山中 弘ほか訳, 1999,「ローカルなものとグローバルなもの——グローバル化とエスニシティ」『文化とグローバル化——現代社会とアイデンティティ表現』玉川大学出版部: 41-66.）······772
Hall, S., 1992, "The Question of Cultural Identity", S. Hall et al. eds., *Modernity and Its Futures*, Polity Press: 273-326. ······238
Hall, S., 1995, "New Cultures for Old", D. Massey and P. Jess eds., *A Place in the World?: Places, Cultures and Globalization*, Oxford University Press: 175-214.······26
Hall, S. and T. Jefferson eds., 1976, *Resistance Through Rituals*, Hutchinson.······362
Hall, S. et al., 1997, *Doing Cultural Studies*, Sage/Open University Press.（暮沢剛巳訳, 2000,『実践カルチュラル・スタディーズ——ソニー・ウォークマンの戦略』大修館書店.）······360
Hamada, H., 2012, "A Model of Class Identification",『関西学院大学社会学部紀要』114: 23-35.······440
Hammar, T., 1990, *Democracy and the Nation State: Aliens, Denizens and Citizens in a World of International Migration*, Avebury.（近藤 敦監訳, 1999,『永住市民と国民国家——定住外国人の政治参加』明石書店.······754
Hammel, E. A. and P. Laslett, 1974, "Comparing household Structure Over Time and Between Cultures", *Comparative Studies in Society and History*, 16: 73-109.······550
Harary, F. and M. F. Batell, 1978, "The Concept of Negative Information", *Behavioral Science*, 23: 264-70.······182
Haraway, D., 1991, *Simians, Cyborgs and Women: The Reinvention of Nature*, Routledge.（高橋さきの訳, 2000,『猿と女とサイボーグ——自然の再発明』青土社.）······8, 90
Hardin, G., 1968, "The Tragedy of the Commons", *Science*, 162: 1243-48.（桜井 徹訳, 2006,「共有地の悲劇」淡路剛久ほか編『リーディングス環境 第2巻 権利と価値』有斐閣: 291-303.）······678
Hardin, G., 1974, "Lifeboat Ethics: The Case Against Helping the Poor", *Psychology Today*, September: 39-43, 123-6. ······678
Hardin, G., 1993, *Living Within Limits*, Oxford University Press.······678
Hare, R., 1981, *Moral Thinking: Its Levels, Methods and Point*, Oxford University Press.······690
Harris, S. R., 2010, *What Is Constructionism?*, Lynne Rienner Publishers. ······122
Harsanyi, J., 1976, *Essays on Ethics, Social Behavior, and Scientific Method*, D. Reidel Publishing.······690
Hartley, H. V. L., 1928, "Transmission of Information", *Bell System Technical Journal*, 7: 535-63.······182
Harvey, D., 1992, *The Condition of Postmodernity: An Enquiry into the Origins of Cultural Change*, Blackwell.（吉原直樹訳, 1999,『ポストモダニティの条件』青木書店.）······26
Harvey, D., 2005, *A Brief History of Neoliberalism*, Oxford University Press.（渡辺 治監訳, 2007,『新自由主義——その歴史的展開と現在』作品社.）······576
Hauser, R. M., 1976, "On Boudon's Model of Social Mobility", *American Journal of Sociology*, 81(4): 911-28.······452
Hayek, F. A. von, 1944, *The Road to Serfdom*, Routledge.（一谷藤一郎・一谷映理子訳, 1992,『隷従への道——全体主義と自由』東京創元社.）······724
Hayner, P., 2010, *Unspeakable Truths: Transitional Justice and the Challenge of Truth Commissions*, 2nd ed., Routledge.（阿部利洋訳, 2006,『語りえぬ真実——真実委員会の挑戦』平凡社.）······728

Health, A., 1981, *Social Mobility*, Fontana.……446
Heath, D. et al., 2004, "Genetic Citizenship", D. Nugent and J. Vincent eds., *A Companion to the Anthropology of Politics*, Blackwell.……136
Hebdige, D., 1979, *Subculture: The Meaning of Style*, Methuen.(山口淑子訳, 1986,『サブカルチャー──スタイルの意味するもの』未來社.)……362, 568
Hechter, M., 1987, *Principles of Group Solidarity*, University of California Press.(小林淳一ほか訳, 2003,『連帯の条件──合理的選択理論によるアプローチ』ミネルヴァ書房.)……60, 400
Hegel, G. W. F., 1807, *Phänomenologie des Geistes*.(長谷川 宏訳, 1998,『精神の現象学』作品社.)……248
Hegel, G. W. F., 1821, *Grundlinien der Philosophie des Rechts*, In der Nicolaischen Buchhandlung.(上妻 精ほか訳, 2000-01『法の哲学──自然法と国家学の要綱(上・下)』岩波書店.)……44
Heider, F., 1926, "Ding und Medium", *Symposion*, 1 : 109-57.……192
Heims, S. J., 1991, *The Cybernetics Group*, MIT Press.(忠平美幸訳, 2001,『サイバネティクス学者たち──アメリカ戦後科学の出発』朝日新聞社.)……506
Held, D., 2010, *Cosmopolitanism: Ideals and Realities*, Polity Press.(中谷義和訳, 2011,『コスモポリタニズム──民主政の再構築』法律文化社.)……590
Held, D. ed., 2000, *A Globalizing World?: Culture, Economics, Politics*, Routledge in association with the Open University.(中谷義和監訳, 高嶋正晴ほか訳, 2002,『グローバル化とは何か──文化・経済・政治』法律文化社.)……614
Held, D. and A. McGrew, 2007, *Globalization/Anti-Globalization: Beyond the Great Divide*, 2nd ed., Polity Press.……746
Heller, M. A. and R. Eisenberg, 1998, "Can Patents Deter Innovation ?", *Science*, 280 : 698-701.……678
Herrigel, E., *Die ritterliche Kunst des Bogenschiessens*.(柴田治三郎訳, 1941,『日本の弓術』岩波書店.)……148
Hesmondhalgh, D., 2008, "Neoliberalism, Imperialism and the Media", D. Hesmondhalgh and J. Toynbee eds., *The Media and Social Theory*, Routledge.……772
Hidaka, T., 2010, *Salaryman Masculinity: Continuity and Change in Hegemonic Masculinity in Japan*, Brill.……596
Hirst, T. and G. Thompson, 1999, *Globalization in Question: The International Economy and the Possibilities of Governance*, Polity Press.……528
Hobbes, T., 1651, *Leviathan*.(角田安正訳, 2014,『リヴァイアサン』光文社.)……680
Hochschild, A. R., 1983, *The Managed Heart: Commercialzation of Human Feeling*, University of California Press.(石川 准・室伏亜希訳, 2000,『管理される心──感情が商品になるとき』世界思想社.)……286
Holland, P. W., 1986, "Statistics and Causal Inference", *Journal of the American Statistical Association*, 81 (396) : 945-60.……458
Holland, P. W., 1988, "Causal Inference, Path Analysis, and Recursive Structural Equation Models", *Sociological Methodology*, 18 : 449-84.……458
Holloway, J., 2002, *Change the World without Taking Power*, Pluto Press.(大窪一志・四茂野 修訳, 2009,『権力を取らずに世界を変える』同時代社.)……624
Holstein, J. A. and G. Miller, 1993, *Reconsidering Social Constructionism: Debates in Social Problems Theory*, Transaction Publishers.……122
Holstein, J. A. and J. F. Gubrium, 1995, *The Active Interview*, Sage.(山田富秋ほか訳, 2004,『アクティヴ・インタビュー』せりか書房.)……122
Homans, G. C., 1950, *The Human Group*, Harcourt, Brace.(馬場明男・早川浩一訳, 1959,『ヒューマン・グループ』誠信書房.)……412
Homans, G. C., 1958, "Social Behavior as Exchange", *American Journal of Sociology*, 63 : 597-606.……262
Homans, G. C., 1974, *Social Behavior: Its Elementary Forms*, revised ed., Harcourt Brace.(橋本 茂訳, 1978,『社会行動──その基本的形態』誠信書房.)……262
Honneth, A., 1992, *Kampf um Anerkennung: Zur moralischen Grammatik sozialer Konflikte*, Suhrkamp.(山本 啓・直江清隆訳, 2003,『承認をめぐる闘争──社会的コンフリクトの道徳的文法』法政大学出版局.)……248, 252
Hope, K., 1975, "Models of Status Inconsistency and Social Mobility Effects", *American Sociological Review*, 40 : 322-43.……456
Horkheimer, M. und T. W. Adorno, 1947, *Dialektik der Aufklärung: Philosophische Fragmente*, Querido.(徳永 恂訳, [1990]2007,『啓蒙の弁証法──哲学的断想』岩波書店.)……344, 530, 808
Hosmer, D. et al., 2008, *Applied Survival Analysis*, Wiley.(五所正彦監訳, 2014,『生存時間解析入門』東京大学出版会.)……460
Hox, J., 2010, *Multilevel Analysis: Techniques and Applications*, 2nd ed., Routledge.……462
Hoy, D. C. ed., 1986, *Foucault: A Critical Reader*, Basil Blackwell.(椎名正博・椎名美智訳, 1990,『フーコー──批判的

読解』国文社.)……236
Huang, S. et al. eds., 2005, *Asian Women as Transnational Domestic Workers*, Marshall Cavendish Academic.……768
Huber, G. P. and R. L. Daft, 1987, "The Information Environments of Organizations", F. M. Jablin et al. eds., *Handbook of Organizational Communication*, Sage: 130-64. ……182
Hughes, B. and K. Paterson, 1997, "The Social Model of Disability and the Disappearing Body: Towards a Sociology of Impairment", *Disability and Society*, 12 (3) : 325-40.……156
Hughes, S. H., 1958, *Consciousness and Society: The Reconstruction of European Social Thought 1890-1930*, Alfred A. Knopf.(生松敬三・荒川幾男訳, 1970,『意識と社会──ヨーロッパ社会思想 1890-1930』みすず書房.)……184
Huntington, S., 1957, *The Soldier and the State*, Harvard University Press.(市川良一訳, 2008,『軍人と国家(上・下)』原書房.)……682
Husserl, E., 1952, *Ideen zu einer reinen Phänomenologie und phänomenologischen Philosophie, Zweites Buch, Phänomenologischen Untersuchungen zur Konstitution*, Martinus Nijhoff.(立松弘孝・別所良美訳, 2001/2009,『イデーン──純粋現象学と現象学的哲学のための諸構想〈2-1, 2〉第2巻 構成についての現象学的諸研究』みすず書房.)……208
Husserl, E., 1954, *Die Krisis der europäischen Wissenschaften und die transzendentale Phänomenologie: Eine Einleitung in die phänomenologische Philosophie*, Martinus Nijhoff.(細谷恒夫・木田 元訳, 1995,『ヨーロッパ諸学の危機と超越論的現象学』中央公論社.)……208, 278
Husserl, E., 1995, *Cartesianische Meditationen: Eine Einleitung in die Phänomenologie*, Felix Meiner.(浜渦辰二訳, 2001,『デカルト的省察』岩波書店.)……208
Husserl, E., 1999, *Erfahrung und Urteil*, Felix Meiner.(長谷川宏一訳, 1999,『経験と判断』河出書房新社.)……208
Husserl, E., 2008, *Die Lebenswelt: Auslegung der vorgegebenen Welt und ihrer Konstitution: Text aus dem Nachlass (1916-1937)*, Springer.……208
Hyman, H. H., 1942, "The Psychology of Status", *Archives of Psychology*, 269 : 1-94.……386

I

Ibarra, P. R. and J. I. Kitsuse, 1993, "Vernacular Constituents of Moral Discourse: An Interactionist Proposal for the Study of Social Problems", J. A. Holsten and G. Miller eds., *Reconsidering Social Constructionism*, Aldine de Gruyter: 25-58.(中河伸俊訳, 2000,「道徳的ディスコースの日常言語的な構成要素」平 秀美・中河伸俊編『構築主義の社会学』世界思想社: 46-104.)……122
Illich, I., 1971, *Deschooling Society*, Harper & Row.(東 洋・小澤周三訳, 1977,『脱学校の社会』東京創元社.)……574
Illich, I., 1973, *Tools for Conviviality*, Harper & Row.……14
Illich, I., 1976, *Limits to Medicine: Medical Nemesis: The Expropriation of Health*, Boyars.(金子嗣郎訳, [1979] 1998,『脱病院化社会──医療の限界』晶文社.)……160, 580
Inglehart, R., 1990, *Culture Shift in Advanced Industrial Society*, Princeton University Press.(村山 皓ほか訳, 1993,『カルチャーシフトと政治変動』東洋経済新報社.)……90
Innis, H. A., 1951, *The Bias of Communication*, University of Toronto Press.(久保秀幹訳, 1987,『メディアの文明史──コミュニケーションの傾向性とその循環』新曜社.)……310
Inoue, T., 2009, "Constitutional Legitimacy Reconsidered: Beyond the Myth of Consensus", *Legisprudence: International Journal for the Study of Legislation*, 3 : 19-41.……690
Inoue, T., 2015, "Legitimacy, Justice and Critical Democracy", *University of Tokyo Journal of Law and Politics*, 12 : 1-21. ……690
Iriye, A., 2002, *Global Community: The Role of International Organizations in the Making of the Contemporary World*, University of California Press.(篠原初枝訳, 2006,『グローバル・コミュニティ──国際機関・NGOがつくる世界』早稲田大学出版部.)……602, 614
Ishida, A., 2012, "A Detailed Derivation of the Distribution of Class Identification in a 'Chance Society'",『関西学院大学社会学部紀要』114 : 257-65.……440

J

Jameson, F., 1998, *The Cultural Turn: Selected Writing on the Postmodernism 1983-1998*, Verso.(合庭 惇ほか訳, 2006,『カルチュラル・ターン』作品社.)……84
Jamieson, L., 1988, *Intimacy: Personal Relationships in Modern Societies*, Polity Press.……44
Janowitz, M., 1960, *The Professional Soldier*, Free Press.……682
Jantsch, E., 1980, *The Self-Organizing Universe: Scientific and Human Implications of the Emerging Paradigm of*

Evolution, Pergamon Press.（芹沢高志・内田美恵訳, 1986,『自己組織化する宇宙――自然・生命・社会の創発的パラダイム』工作舎.）……496

Jarvis, J., 2009, *What Would Google Do?*, Collins Business.（早野依子訳, 2009,『グーグル的思考―― Google ならどうする？』PHP研究所.）……90

Jasper, J., 1997, *The Art of Moral Protest: Culture, Biography, and Creativity in Social Movements*, University of Chicago Press.……612

Jencks, C., 1977, *The Language of Post-Modern Architecture*, Academy Editions.（竹山 実訳, 1978,「ポスト・モダニズムの建築言語」『建築と都市』臨時増刊号.）……32, 38, 778

Jessop, B., 1982, *The Capitalist State: Marxist Theories and Methods*, M. Robertson.（田口富久治ほか訳, 1983,『資本主義国家――マルクス主義的諸理論と諸方法』御茶の水書房.）……570

Jessop, B., 1985, *Nicos Poulantzas: Marxist Theory and Political Strategy*, Macmillan.（田口富久治監訳, 1987,『プーランザスを読む――マルクス主義理論と政治戦略』合同出版.）……570

Jonas, H., 1979, *Das Prinzip Verantwortung*, Suhrkamp.（加藤尚武監訳, 2000,『責任という原理』東信堂.）……702

Jones, S. G. ed., 1997, *Virtual Culture: Identity and Communication in Cybersociety*, Sage.……90

Jones, S. G. ed., 1998, *CyberSociety 2.0: Revisiting Computer-Mediated Communication and Community*, Sage.……90

Joppke, C., 2010, *Citizenship and Immigration*, Polity Press.（遠藤 乾ほか訳, 2013,『軽いシティズンシップ――市民, 外国人, リベラリズムのゆくえ』岩波書店.）……754

■ K

Kabeer, N., 1994, *Reversed Realities: Gender Hierarchies in Development Thought*, Verso.……744

Kahneman, D. and A. Tversky, 1979, "Prospect Theory: An Analysis of Decision under Risk", *Econometorica*, 47 (2): 263-92.……204

Kalmijn, M., 1991, "Status Homogamy in the United States", *American Journal of Sociology*, 97 (2): 496-523.……446

Kant, I., 1795, *Zum ewigen Frieden: ein philosophischer Entwurf*, Bey Friedrich Nicolovius.（宇都宮芳明訳, 1985,『永遠平和のために』岩波書店.）……590, 774

Kaplan, C., 1996, *Questions of Travel: Postmodern Discourses of Displacement*, Duke University Press.（村山淳彦訳, 2003,『移動の時代――旅からディアスポラへ』未來社.）……752

Karasek, R. and T. Theorell, 1990, *Healthy Work: Stress, Productivity, and the Reconstruction of Working Life*, Basic Books.……448

Kass, L. R., 2003, *Beyond Therapy: Biotechnology and the Pursuit of Happiness*, Dana Press.（倉持 武監訳, 2005,『治療を超えて――バイオテクノロジーと幸福の追求 大統領生命倫理評議会報告書』青木書店.）……136

Katz, A. H., 1993, *Self-Help in America: A Social Movement Perspective*, Twayne Publishers.（久保紘章監訳, 1997,『セルフヘルプ・グループ』岩崎学術出版社.）……404

Katz, A. H. and E. I. Bender, 1976, *The Strength in Us: Self-Help Groups in the Modern World*, New Viewpoints.……246

Kawachi, I. and B. P. Knedy, 2002, *The Health of Nation: Why Inequality is Harmful to Your Health*, The New Press.（西 信雄ほか訳, 2004,『不平等が健康を損なう』日本評論社.）……448

Kay, C., 1989, *Latin American Theories of Development and Underdevelopment*, Routledge.（吾郷健二監訳, 小倉明浩・安原 毅訳, 2002,『ラテンアメリカ従属論の系譜――ラテンアメリカ 開発と低開発の理論』大村書店.）……526

Keane, J., 2003, *Global Civil Society?*, Cambridge University Press.……614

Keck, M. and K. Sikkink, 1998, *Activists Beyond Borders: Advocacy Networks in International Politics*, Cornell University Press.……746

Keller, S. and M. Zavalloni, 1964, "Ambition and Social Class: A Respecification", *Social Forces*, 43 : 58-70.……452

Kelley, H., 1952, "Two Functions of Reference Groups", G. Swanson et al. eds., *Readings in Social Psychology*, revised ed., Holt: 410-4.……386

Kelsen, H., 1941, *Vergeltung und Kausalität, Eine soziologische Untersuchung*, W. P. van Stockum & Zoon.（長尾龍一訳, 2009,『ハンス・ケルゼン著作集5 ギリシャ思想集』慈学社出版.）……726

Kenny, M., 2004, *The Politics of Identity: Liberal Political Theory and the Dilemmas of Difference*, Polity Press.（藤原 孝ほか訳, 2005,『アイデンティティの政治学』日本経済評論社.）……240

Keohane, R. O., 1984, *After Hegemony: Cooperation and Discord in the World Political Economy*, Princeton University Press.（石黒 馨・小林 誠訳, 1998,『覇権後の国際政治経済学』晃洋書房.）……528

Kergoat, D., 2009, "Dynamique et consubstantialité des rapports sociaux", E. Dorlin ed., *Sexe, race, classe: Pour une épistémologie de la domination*, Presses universitaires de France. 111 25.……764

Kim, Sung-Won, 2009, "Social Changes and Welfare Reform in South Korea: In the Context of the Late-coming Welfare

State", *International Journal of Japanese Sociology*, 18 (1) : 16-32. ……540
Kimmel, M. S., 1983, "Review: Art Worlds by Howard S. Becker", *American Journal of Sociology*, 89 (3) : 733-5. ……368
Kimura, K., 1994, "A Micro-Macro Linkage in the Measurement of Inequality: Another Look at the Gini Coefficient", *Quality & Quantity*, 28 : 83-97. ……454
King, M. L., Jr., 1958, *Stride Toward Freedom: The Montgomery Story*, Harper & Row.（雪山慶正訳, 1959,『自由への大いなる歩み――非暴力で闘った黒人達』岩波書店.）……628
Kirk, D., 1996, "Demographic Transition Theory", *Population Studies, A Journal of Demography*, 50 (3) : 361-87. ……174
Kitsuse, J. I., 1962, "Societal Reaction to Deviant Behavior: Problems of Theory and Method", *Social Problems*, 9 (3) : 247-56. ……266
Kittay, E. F., 1999, *Love's Labor: Essays on Women, Equality, and Dependency*, Routledge.（岡野八代・牟田和恵監訳, 2010,『愛の労働あるいは依存とケアの正義論』白澤社.）……544, 720
Kittler, F., 1985, *Aufschreibesysteme 1800/1900*, Wilhelm Fink. ……346
Kittler, F., 1986, *Grammophon, Film, Typewriter*, Brinkmann & Bose.（石光泰夫・石光輝子訳, 1999,『グラモフォン・フィルム・タイプライター』筑摩書房.）……346
Knöbl, W., 2001, *Spielräume der Modernisierung*, Velbrück. ……538
Kohlberg, L., 1981, *The Philosophy of Moral Development: Moral Stages and the Idea of Justice*, Harper & Row. ……718
Kornhauser, W., 1959, *The Politics of Mass Society*, Free Press.（辻村 明訳, 1961,『大衆社会の政治』東京創元社.）……14, 402
Koselleck, R., 1978, "Begriffsgeschichte und Sozialgeschichte", R. Koselleck Hg., *Historische Semantik und Begriffsgeschichte*, Klett-Cotta: 19-36. ……364
Kriesi, H., 1996, "The Organizational Structure of New Social Movements in a Political Context", D. McAdam et al. eds., *Comparative Perspectives on Social Movements: Political Opportunities, Mobilizing Structures, and Cultural Framings*, Cambridge University Press: 152-84. ……620
Krog, A., 1999, *Country of My Skull*, Vintage.（山下渉登訳, 2010,『カントリー・オブ・マイ・スカル――南アフリカ真実和解委員会〈虹の国〉の苦悩 ルポルタージュ』現代企画室.）……728
Krücken, G., 1997, *Risikotransformation: Die Politische Regulierung Technisch-Ökologischer Gefahren In Der Risikogesellschaft*, Westdeutscher. ……212
Kuhn, T. S., 1962, *The Structure of Scientific Revolutions*, University of Chicago Press.（中山 茂訳, 1971,『科学革命の構造』みすず書房.）……372
Kumagaya, S., 2015, "Tojisha-Kenkyu of Autism Spectrum Disorders", *Advanced Robotics*, 29 (1) : 25-34. ……246
Kyle, D., 2003, *Transnational Peasants: Migrations, Networks, and Ethnicity in Andean Ecuador*, The Johns Hopkins University Press. ……750
Kymlicka, W., 1995, *Multicultural Citizenship: A Liberal Theory of Minority Rights*, Oxford University Press.（角田猛之ほか監訳, 1998,『多文化時代の市民権――マイノリティの権利と自由主義』晃洋書房.）……730, 756
Kymlicka, W., 2001, *Politics in the Vernacular: Nationalism, Multiculturalism and Citizenship*, Oxford University Press.（岡崎晴輝ほか監訳, 2012,『土着語の政治――ナショナリズム・多文化主義・シティズンシップ』法政大学出版局.）……756
Kymlicka, W., 2002, *Contemporary Political Philosophy: An Introduction*, 2nd ed., Oxford University Press.（千葉 眞・岡崎晴輝訳者代表, 2005,『新版 現代政治理論』日本経済評論社.）……724

L

Lacan, J., 2002, *Séminaire XXII*, RSI. Éditions de l'Association Freudienne Internationale, Publication hors commerce. ……354
Laclau, E. and C. Mouffe, [1985] 2001, *Hegemony and Socialist Strategy: Towards a Radical Democratic Politics*, Verso.（山崎カヲルほか訳, 1992,『ポスト・マルクス主義と政治――根源的民主主義のために』大村書店；西永 亮・千葉 眞訳, 2012,『民主主義の革命――ヘゲモニーとポスト・マルクス主義』筑摩書房.）……568, 576, 588
Lahire, B., 1998, *L'homme pluriel: les ressorts de l'action*, Nathan.（鈴木智之訳, 2013,『複数的人間――行為のさまざまな原動力』法政大学出版局.）……252, 356
Lakoff, G. and M. Johnson, 1980, *Metaphors Mtaphors We Live by*, University of Chicago Press.（渡部昇一ほか訳, 1986,『レトリックと人生』大修館書店.）……572
Lan, P.-C., 2005, *Global Cinderellas: Migrant Domestics and Newly Rich Employers in Taiwan*, Duke University Press. ……768
Landecker, W. S., 1981, *Class Crystallization*, Rutgers University Press. ……456

Landry, A., 1934, *La révolution démographique: études et essais sur les problèmes de la population*, INED.……174
Laplanche, J. et J.-B. Pontalis eds., 1967, *Vocabulaire de la psychanalyse*, Presses universitaires de France.（村上 仁監訳，1977,『精神分析用語辞典』みすず書房.）……224
Lasch, C., 1979, *The Culture of Narcissism*, Norton.（石川弘義訳, 1981,『ナルシシズムの時代』ナツメ社.）……254
Lash, S., 1990, *Sociology of Postmodernism*, Routledge.（田中義久監訳, 1997,『ポスト・モダニティの社会学』法政大学出版局.）……38
Latour, B., 1987, *Science in Action*, Harvard University Press.（川崎 勝・高田紀代志訳, 1999,『科学が作られているとき――人類学的考察』産業図書.）……542
Latour, B., 1993, *We Have Never Been Modern*, Harvard University Press.（川村久美子訳, 2008,『虚構の「近代」――科学人類学は警告する』新評論.）……542
Latour, B., 1996, *Aramis, or the Love of Technology*, Harvard University Press.……542
Latour, B., 2005, *Reassambling the Social*, Oxford University Press.……542
Lazarsfeld, P. F. et al., 1944, *The People's Choice: How the Voter Makes Up His Mind in a Presidential Campaign*, Duell, Sloan and Pearce.（有吉広介監訳, 1987,『ピープルズ・チョイス――アメリカ人と大統領選挙』芦書房.）……316, 318
Le Bon, G., 1895, *La psychologie des foules*.（櫻井成夫訳, [1952] 1993,『群集心理』講談社.）……602
Le Bot, I. et le sous-commandant Marcos, 1997, *Le rêve Zapatiste*, Éditions du Seuil.（佐々木真一訳, 2005,『サパティスタの夢』現代企画室.）……636
Le Roux, B. and H. Rouanet, 2010, *Multiple Correspondence Analysis*, Sage.……456
Lee, R. D. and D. S. Reher eds., 2011, *Demographic Transition and Its Consequences*（Population and Development Review, A Supplement to vol. 37）, Population Council.……174
Lefebvre, H., 1965, *La Proclamation de la Commune, 26 mars 1871*, Gallimard.（河野健二ほか訳, 2011,『パリ・コミューン（上・下）』岩波書店.……632
Lefebvre, H., 1968, *Le Droit à la ville*, Anthropos.（森本和夫訳, 1969,『都市への権利』筑摩書房.）……632
Leigh, C.（aka Scarlot Harlot）, 1997, "Inventing Sex Work", J. Nagle ed., *Whores and Other Feminists*, Routledge: 225-31.……770
Lenin, V. I., 1917a, Империализм Как высшая Стадия Калитализма.（宇高基輔訳, 1956,『帝国主義――資本主義の最高の段階としての』岩波書店.）……738
Ленин, В. И.（Lenin, V. I.）, 1917b, *Государство и революция*（*Gosudarstvo i Revolyutsiya*）.（日本共産党中央委員会レーニン選集編集委員会編訳, 1970,「国家と革命」『レーニン10巻選集 第8巻』大月書店；レーニン全集刊行委員訳, 1984,『国家と革命』大月書店.）……576, 652
Lenski, G. E., 1954, "Status Crystallization: A Non-Vertical Dimension of Social Status", *American Sociological Review*, 19 (4): 405-13……456
Lepsius, M. R., 1990, *Interessen, Ideen und Institutionen*, Westdeutscher.……646
Lessig, L., 2006, *Code Version 2.0*, Basic Books.（山形浩生訳, 2007,『CODE VERSION 2.0』翔泳社.）……14, 90
Lévinas, E., 1961, *Totalité et infini, Essai sur l'extériorité*, Martinus Nijhoff.（熊野純彦訳, 2005,『全体性と無限』岩波書店.）……382
Lévinas, E., 1978, *Autrement qu'être, ou, au-delà de l'essence*, Martinus Nijhoff.（合田正人訳, 1999,『存在の彼方へ』講談社.）……726
Lévi-Strauss, C., 1949, *Les Structure élémentaires de la parenté*, Presses universitaires de France.（福井和美訳, 2000,『親族の基本構造』青弓社.）……552
Levy, M. J., 1972, *Modernization: Latecomers and Survivors*, Basic Books.……524
Levy, S., 1992, *Artificial Life: The Quest for a New Creation*, Sterling Lord Literistic.（服部 桂訳, 1996,『人工生命――デジタル生物の創造者たち』朝日出版社.）……78
Lewis, O., 1970, *Anthropological Essays*, Random House.……432
Leydesdorff, L., 1995, *The Challenge of Scientometrics: The Development, Measurement, and Self-Organization of Scientific Communications*, DSWO Press.（藤垣裕子ほか訳, 2001,『科学計量学の挑戦――コミュニケーションの自己組織化』玉川大学出版部.）……468
Licklider, J. C. R. and R. W. Taylor, 1968, "The Computer as a Communication Device"（http://memex.org/licklider.pdf）.……90
Lieberson, S., 1985, *Making It Count: The Improvement of Social Research and Theory*, University of California Press.……458
Lin, N., 2001, *Social Capital: A Theory of Social Structure and Action*, Cambridge University Press.（筒井淳也ほか訳,

2008,『ソーシャル・キャピタル——社会構造と行為の理論』ミネルヴァ書房.) ……60
Lindholm, C., 1990, *Charisma*, Basil Blackwell. (森下伸也訳, 1992,『カリスマ』新曜社.) ……578
Lipnack, J. and J. Stamps, 1982, *Networking: The First Report and Directory*, Doubleday. ……14
Lippmann, W., 1922, *Public Opinion*, Harcourt Brace. (掛川トミ子訳, 1987,『世論(上・下)』岩波書店.) ……318, 328, 330
Lipset, S. M. and R. Bendix, 1959, *Social Mobility in Industrial Society*, University of California Press. ……446
Lorenz, M. O., 1905, "Methods of Measuring the Concentration of Wealth", *Publication of the American Statistical Association*, 9 : 209-19. ……454
Loseke, D., 1992, *The Battered Woman and Shelters: The Social Construction of Wife Abuse*, State University of New York Press. ……122
Luhmann, N., 1964, *Funktionen und Folgen formaler Organisation*, Duncker & Humblot. (沢谷 豊ほか訳, 1992-96,『公式組織の機能とその派生的問題(上・下)』新泉社.) ……396, 398
Luhmann, N., 1968a, *Vertrauen*, Ferdinand Enke. (大庭 健・正村俊之訳, 1990,『信頼』勁草書房.) ……214
Luhmann, N., 1968b, *Zweckbegriff und Systemrationalität: Über die Funktion von Zwecken in sozialen Systemen*, J. C. B. Mohr. (馬場靖雄・上村隆広訳, 1990,『目的概念とシステム合理性——社会システムにおける目的の機能について』勁草書房.) ……398
Luhmann, N., 1970, "Funktion und Kausalität", N. Luhmann, *Soziologische Aufklärung 1: Aufsätze zur Theorie sozialer Systeme*, Westdeutscher: 9-30. (土方 昭訳, 1984,「機能と因果性」土方 昭監訳『ニクラス・ルーマン論文集 2 社会システムのメタ理論——社会学的啓蒙』新泉社: 4-49.) ……178
Luhmann, N., 1975a, "Weltzeit und Systemgeschichte: Über Beziehungen zwischen Zeithorizonten und sozialen Strukturen gesellschaftlicher Systeme", *Soziologische Aufklärung 2: Aufsätze zur Theorie der Gesellschaft*, Westdeutscher: 103-33. (土方 昭訳, 1986,「世界時間とシステム史」土方 昭監訳『ニクラス・ルーマン論文集 3 社会システムと時間論——社会学的啓蒙』新泉社: 103-70.) ……178, 184
Luhmann, N., 1975b, "Komplexität", *Soziologische Aufklärung 2: Aufsätze zur Theorie der Gesellschaft*, Westdeutscher: 255-76. (西坂 仰訳, 1986,「複雑性」土方 昭監訳『ニクラス・ルーマン論文集 3 社会システムと時間論——社会学的啓蒙』新泉社: 216-60.) ……178
Luhmann, N., 1975c, "Einführende Bemerkungen zu einer Theorie symbolisch generalisierter Kommunikationsmedien", *Soziologische Aufklärung 2: Aufsätze zur Theorie der Gesellschaft*, Westdeutscher: 170-92. ……194
Luhmann, N., 1975d, *Macht*, Ferdinand Enke. (長岡克之訳, 1986,『権力』勁草書房.) ……194, 572
Luhmann, N., 1980, *Gesellschaftsstruktur und Semantik 1*, Suhrkamp. (徳安 彰訳, 2011,『社会構造とゼマンティック 1』法政大学出版局.) ……184, 364
Luhmann, N., 1981, *Politische Theorie im Wohlfahrtsstaat*, Günter Olzog. (徳安 彰訳, 2007,『福祉国家における政治理論』勁草書房.) ……102, 320, 364
Luhmann, N., 1982a, "The Future Cannot Begin: Temporal Structures in Modern Society", *The Differentiation of Society*, translated by S. Holmes and C. Larmore, Columbia University Press: 271-88. ……184
Luhmann, N., 1982b, *Liebe als Passion: Zur Codierung von Intimität*, Suhrkamp. (佐藤 勉・村中知子訳, 2005,『情熱としての愛——親密さのコード化』木鐸社.) ……200
Luhmann, N., 1984, *Soziale Systeme: Grundriß einer allgemeinen Theorie*, Suhrkamp. (佐藤 勉監訳, 1993-95,『社会システム理論(上・下)』恒星社厚生閣.) ……78, 178, 182, 184, 192, 320, 492, 508, 824
Luhmann, N., 1987, "Autopoiesis als soziologischer Begriff", H. Haferkamp und M. Schmid Hg., *Sinn, Kommunikation und soziale Differenzierung*, Suhrkamp: 307-24. (馬場靖雄訳, 1993,「社会学的概念としてのオートポイエーシス」『現代思想』21 (10) : 109-30.) ……492
Luhmann, N., 1988a, "Organisation", W. Küpper und G. Ortmann eds., *Mikropolitik: Rationalität, Macht und Spiele in Organisationen*, Westdeutscher: 165-85. ……188
Luhmann, N., 1988b, *Die Wirtschaft der Gesellschaft*, Suhrkamp. (春日淳一訳, 1991,『社会の経済』文眞堂.) ……196, 320
Luhmann, N., 1989, *Gesellschaftsstruktur und Semantik 3*, Suhrkamp. (高橋 徹ほか訳, 2013,『社会構造とゼマンティク 3』法政大学出版局.) ……364
Luhmann, N., 1990a, "Gleichzeitigkeit und Synchronisation", *Soziologische Aufklärung 5: Konstruktivistische Perspektiven*, Westdeutscher: 95-130. ……184
Luhmann, N., 1990b, *Die Wissenschaft der Gesellschaft*, Suhrkamp. (徳安 彰訳, 2009,『社会の科学(1・2)』法政大学出版局.) ……198
Luhmann, N., 1990c, "Autopoiesis of Social Systems", *Essays on Self-Reference*, Columbia University Press: 1-20. (土方 透・

大澤善信訳, 1996,「社会システムのオートポイエーシス」『自己言及性について』国文社: 7-40.）……492
Luhmann, N., 1991, *Soziologie des Risikos*, Walter de Gruyter.（小松丈晃訳, 2014,『リスクの社会学』新泉社.）……4, 184, 212, 214
Luhmann, N., 1992, *Beobachtungen der Moderne*, Westdeutscher.（馬場靖雄訳, 2003,『近代の観察』法政大学出版局.）……4, 184
Luhmann, N., 1993, *Das Recht der Gesellschaft*, Suhrkamp.（馬場靖雄ほか訳, 2003,『社会の法（1・2）』法政大学出版局.）……184
Luhmann, N., 1995a, *Die Kunst der Gesellschaft*, Suhrkamp.（馬場靖雄訳, 2004,『社会の芸術』法政大学出版局.）……192
Luhmann, N., 1995b, *Gesellschaftsstruktur und Semantik 4*, Suhrkamp.……364
Luhmann, N., 1997, *Die Gesellschaft der Gesellschaft*, Suhrkamp.（馬場靖雄ほか訳, 2009,『社会の社会（1・2）』法政大学出版局.）……4, 184, 195, 198, 200, 492, 538
Luhmann, N., 2000a, *Die Politik der Gesellschaft*, Suhrkamp.（小松丈晃訳, 2013,『社会の政治』法政大学出版局.）……4, 102, 192, 194, 504
Luhmann, N., 2000b, *Organisation und Entscheidung*, Westdeutscher.……194, 398
Luhmann, N., 2002a, *Das Erziehungssystem der Gesellschaft*, Suhrkamp.（村上淳一訳, 2004,『社会の教育システム』東京大学出版会.）……112
Luhmann, N., 2002b, *Einführung in die Systemtheorie*, Carl-Auer-Systeme.（土方 透監訳, 2007,『システム理論入門――ニクラス・ルーマン講義録1』新泉社.）……482
Luhmann, N., 2005, *Einführung in die Theorie der Gesellschaft*, Carl-Auer-Systeme.（土方 透監訳, 2009,『社会理論入門』新泉社.）……198
Lukács, G., 1923, *Geschichte und Klassenbewusstsein*, Malik.（城塚 登・古田 光訳, 1987,『ルカーチ著作集新装版9 歴史と階級意識』白水社.）……350
Lukes, S.,［1974］2005, *Power: A Radical View*, Palgrave Macmillan.（中島吉弘訳, 1995,『現代権力論批判』未來社.）……566
Lundh, C. et al., 2014, *Similarity in Difference: Marriage in Europe and Asia, 1700-1900*, MIT Press.……550
Luther, M., 1520, *Von der Freiheit eines Christenmenschen*.（石原 謙訳, 1955,『キリスト者の自由 聖書への序言』岩波書店.）……724
Lutz, H. ed., 2008, *Migration and Domestic Work: A European Perspective on a Global Theme*, Ashgate.……768
Lynch, M., 1993, *Scientific Practice and Ordinary Action: Ethnomethodology and Social Studies of Science*, Cambridge University Press.（水川喜文・中村和生監訳, 2012,『エスノメソドロジーと科学実践の社会学』勁草書房.）……265
Lyon, D., 1994, *Postmodernity*（Concepts in the Social Sciences）, University of Minnesota Press.（合庭 惇訳, 1996,『ポストモダニティ』せりか書房.）……72
Lyon, D., 2001, *Surveillance Society: Monitoring Everyday Life*, Open University Press.（河村一郎訳, 2002,『監視社会』青土社.）……14, 72, 292
Lyotard, J.-F., 1979, *La condition postmoderne: rapport sur le savoir*, Éditions de Minuit.（小林康夫訳, 1986,『ポスト・モダンの条件――知・社会・言語ゲーム』書肆風の薔薇.）……38, 530, 778
Lyotard, J.-F., 1983, *Le différend*, Éditions de Minuit.（陸井四郎ほか訳, 1989,『文の抗争』法政大学出版局.）……382

M

Maanen, H. van, 2009, *How to Study Art Worlds*, Amsterdam University Press.……368
Machlup, F., 1962, *The Production and Distribution of Knowledge in the United States*, Princeton University Press.（高橋達男・木田 宏監訳, 1969,『知識産業』産業能率短期大学出版部.）……14
MacKay, D. M., 1969, *Information, Mechanism and Meaning*, MIT Press.……182
Macy, M. and R. Willer, 2002, "From Factors to Actors: Computational Sociology and Agent-Based Modeling", *Annual Review of Sociology*, 28: 143-66.……512
Macy, M. and Y. Sato, 2002, "Trust, Cooperation, and Market Formation in the U.S. and Japan", *Proceedings of the National Academy of Sciences of the United States of America*, 99: 7214-20.……512
Mannheim, K., 1924, "Historismus", *Archiv für Sozialwissenschaft und Sozialpolitik*, Bd.52.（森 博訳, 1969,「歴史主義」『歴史主義・保守主義』恒星社厚生閣: 1-71.）……808
Mannheim, K.,［1929］1952, *Ideologie und Utopia*, Schulte-Bulmke.（鈴木二郎訳, 1968,『イデオロギーとユートピア』未來社；高橋 徹・徳永 恂訳, 1979,「イデオロギーとユートピア」（第3版の翻訳）『マンハイム オルテガ』中央公論社.）……350, 376, 564, 808

Mannheim, K., 1931, "Wissenssoziologie", A. Vierkandt Hg., *Handwörterbuch der Soziologie*, Ferdinand Enke: 659-80.（秋元律郎・田中清助訳, 1973,「知識社会学」『現代社会学史系8 マンハイム／シェーラー——知識社会学』青木書店.）……364

Mannheim, K., 1951, *Freedom, Power and Democratic Planningn*, Routledge.（池田秀男訳, 1971,『自由・権力・民主的計画』未来社.）……562

March, J. G. and H. A. Simon, [1958] 1993, *Organizations*, Blackwell (First published in 1958 by John Wiley and Sons).（高橋伸夫訳, 2014,『オーガニゼーションズ——現代組織論の原典（第2版）』ダイヤモンド社.）……396

March, J. G. and J. P. Olsen, 1976, *Ambiguity and Choice in Organizations*, Universitetsforlaget.（遠田雄志・ユング, A. 訳, 1986,『組織におけるあいまいさと決定』有斐閣.）……414

Marcuse, H., 1968, *Das Ende der Utopie*, Verlag Maikowski.（清水多吉訳, 1967,『ユートピアの終焉——過剰・抑圧・暴力』合同出版.）……376

Mare, R., 1991, "Five Decades of Educational Assortative Mating", *American Sociological Review*, 56: 15-32.……446

Marmot, M., 2004, *The Status Syndrome*, Henry Holt.（鏡森定信・橋本英樹監訳, 2007,『ステータス症候群——社会格差という病』日本評論社.）……448

Marsden, P. V. and E. H. Gorman, 2001, "Social Networks, Job Changes, and Recruitment", *Sourcebook of Labor Markets*, Kluwer Academic/Plenum.……408

Marshall, P. D., 1997, *Celebrity and Power: Fame in Contemporary Culture*, University of Minnesota Press.（石田佐恵子訳, 2002,『有名人と権力』勁草書房.）……578

Marshall, P. D., 2010, "The Promotion and Presentation of the Self: Celebrity as Marker of Presentational Media", *Celebrity Studies*, 1 (1): 35-48.……578

Marshall, T. H., 1992, "Citizenship and Social Class", T. H. Marshall and T. Bottomore, *Citizenship and Social Class*, Pluto Press.（岩崎信彦・中村健吾訳, 1993,「シティズンシップと社会的階級」『シティズンシップと社会的階級——近現代を総括するマニフェスト』法律文化社.）……706

Marshall, T. H. and T. Bottomore, [1950]1992, *Citizenship and Social Class*, Pluto Press.（岩崎信彦・中村健吾訳, 1993,『シティズンシップと社会的階級——近現代を総括するマニフェスト』法律文化社.）……754

Maruyama, M., 1963, "The Second Cybernetics: Deviation-Amplifying Mutual Causal Processes", *American Scientist*, 51: 164-79.（佐藤敬三訳, 1984,「セカンド・サイバネティクス——逸脱増幅相互因果過程」『現代思想』12 (14): 198-214.）……506

Marx, G. T. and J. L. Wood, 1975, "Strands of Theory and Research in Collective Behavior", *Annual Review of Sociology*, 1: 363-428.……606

Marx, K., [1844] 1932, *Ökonomisch-philosophische Manuskripte aus dem Jahre 1844*, V. Adoratskij Hg., Marx-Engle.（城塚 登・田中吉六訳, 1964,『経済学・哲学草稿』岩波書店.）……648

Marx, K., 1852, *Der 18te Brumaire des Louis Bonaparte*.（石堂清倫ほか訳, 1962,「ルイ・ボナパルトのブリュメール18日」『マルクス=エンゲルス全集 第8巻 1851年-1853年』大月書店: 105-204.）……652

Marx, K., 1859, *Zur Kritik der politischen Öconomie*.（秋山憲夫ほか訳, 1964,『経済学批判』『マルクス・エンゲルス全集 13』大月書店: 3-163；木前利秋訳, 2005,「経済学批判」横張 誠ほか訳『マルクス・コレクションIII』筑摩書房: 58.）……442, 520

Marx, K., 1867-94, *Das Kapital*, F. Engels Hg., 3 Bde.（向坂逸郎訳, 1969-70,『資本論』岩波書店；岡崎次郎訳, 1972-75,『資本論』大月書店.）……602, 648, 742, 790

Marx, K., 1875, "Kritik des Gothaer Programms", *Die Neue Zeit*, n.18, 1. Band, 1890-91.（大内兵衛・細川嘉六監訳, 1968,『マルクス=エンゲルス全集』大月書店.）……624

Marx, K., [1875] 1922, *Randglossen zum Programm der Deutschen Arbeiterpartei: mit einer ausführlichen Einleitung und sech*, Vereinigung Internationaler Verlags-Anstalten.（望月清司訳, 1975,『ゴータ綱領批判』大月書店.）……106

Marx, K., 1974, *Grundrisse der Kritik der politischen Ökonomie (Rohentwurf) 1857-1858, Anhang 1850-1859*, 2. Auflage, Dietz.（木前利秋訳, 2005,「経済学批判要綱 序説 資本制生産に先行する諸形態」横張 誠ほか訳『マルクス・コレクション3——ルイ・ボナパルトのブリュメール一八日；経済学批判要綱：「序説」「資本制生産に先行する諸形態」；経済学批判：「序言」；資本論第一巻初版』筑摩書房.）……178

Marx, K. und F. Engels, 1845-46, *Die deutsche Ideologie*.（真下信一ほか訳, 1963,「ドイツ・イデオロギー」『マルクス=エンゲルス全集3』大月書店: 7-632；花崎皋平訳, 1966,『新版 ドイツ・イデオロギー』合同出版；渋谷 正編訳, 1998,『草稿完全復元版 ドイツ・イデオロギー 序文第1巻第1章』新日本出版社；廣松 渉編訳, 小林昌人補訳, 2002,『新編輯版 ドイツ・イデオロギー』岩波書店.）……106, 350, 520, 564, 648, 658

Marx, K. und F. Engels, 1848, *Das kommunistische Manifest ; Manifest der Kommunistischen Partei*.（大内兵衛・向坂逸郎訳, [1951] 1971,『共産党宣言』岩波書店；村田陽一訳, 1960,『共産党宣言』『マルクス=エンゲルス全集 第4

巻 1846年-1848年』大月書店: 473-508.) ……430, 518, 602, 652, 680
Marx, K. and F. Engels, [1848] 2006, *Manifesto of the Communist Party*, Cosimo Classics.……432
Massey, D. S. et al., 1987, *Return to Aztlan: The Social Process of International Migration from Western Mexico*, University of California Press.……750
Massey, D. S. et al., 1998, *Worlds in Motion: Understanding International Migration at the End of the Millennium*, Clarendon Press.……748
Matsumoto, M., 2006, *Technology Gatekeepers for War and Peace*, Palgrave Macmillan. ……536
Maturana, H. R. and F. J. Varela, 1980, *Autopoiesis and Cognition: The Realization of the Living*, D. Reidel.（河本英夫訳, 1991,『オートポイエーシス——生命システムとはなにか』国文社.）……78, 320, 492, 508
Maturana, H. R. and F. J. Varela, 1984, *El Árbol del Conocimiento*, Editorial Universitaria.（管啓次郎訳, 1987,『知恵の樹』朝日出版社［1997, 筑摩書房］.）……492
Mayeroff, M., 1971, *On Caring*, Harper & Row.（田村 真・向野宣之訳, 1987,『ケアの本質——生きることの意味』ゆみる出版.）……718
McAdam, D., 1982, *Political Process and the Development of Black Insurgency, 1930-1970*, University of Chicago Press. ……602, 612
McAdam, D., 1994, "Culture and Social Movements", E. Larana et al. eds., *New Social Movements: From Ideology to Identity*, Temple University Press: 36-57.……612
McCarthy, J. D. and M. N. Zald, 1977, "Resource Mobilization and Social Movements: A Partial Theory", *American Journal of Sociology*, 82 (6): 1212-41. ……602, 608, 620
McCombs, M. E. and D. L. Shaw, 1972, "The Agenda-Setting Function of Mass Media", *Public Opinion Quarterly*, 36: 176-87.（谷藤悦史訳, 2002,「マス・メディアの議題設定の機能」谷藤悦史・大石 裕編訳『リーディングス 政治コミュニケーション』一藝社: 111-23.）……316, 318
McDonald, K., 1999, *Struggles for Subjectivity: Identity, Action and Youth Experience*, Cambridge University Press. ……636
McDonald, K., 2004, "Oneself as Another: From Social Movement to Experience Movement", *Current Sociology*, 52 (4): 575-93.……636
McDonald, K., 2006, *Global Movements: Action and Culture*, Blackwell.……620, 636
McDonald, K., 2015, "From Indymedia to Anonymous: Rethinking Action and Identity in Digital Cultures", *Information, Communication & Society*, 19: 1-15.……636
McLanahan, S., 1985, "Family Structure and the Reproduction of Poverty", *American Journal of Sociology*, 90 (4): 873-901.……432
McLuhan, M., 1962, *The Gutenberg Galaxy: The Making of Typographic Man*, University of Toronto Press.（森 常治訳, 1986,『グーテンベルグの銀河系』みすず書房.）……310
McLuhan, M., 1964, *Understanding Media: The Extensions of Man*, McGraw-Hill.（後藤和彦・髙儀 進訳, 1967,『人間拡張の原理——メディアの理解』竹内書店新社；栗原 裕・河本仲聖訳, 1987,『メディア論——人間の拡張の諸相』みすず書房.）……14, 168, 310, 312
McNamee, S. and K. J. Gergen, 1992, *Therapy as Social Construction*, Sage.（野口裕二・野村直樹訳, 1998,『ナラティブ・セラピー』金剛出版.）……246
McPhail, C. and R. T. Wohlstein, 1986, "Collective Locomotion as Collective Behavior", *American Sociological Review*, 51 (4): 447-63.……606
McRuer, R., 2006, *Crip Theory: Cultural Signs of Queerness and Disability*, New York University Press. ……156
Mead, G. H., 1934, *Mind, Self, and Society*, University of Chicago Press.（河村 望訳, 1995,『精神・自我・社会』人間の科学社；稲葉三千男ほか訳, 2005,『現代社会学大系10 精神・自我・社会』青木書店.）……228, 808
Meadows, D. H. et al., 1972, *The Limits to Growth: A Report for the Club of Rome's Project on the Predicament of Mankind*, Universe Books.（大来佐武郎監訳, 1972,『成長の限界——ローマ・クラブ「人類の危機」レポート』ダイヤモンド社.）……78, 116
Medeiros, M. and J. Costa, 2006, "Poverty Among Women in Latin America: Feminization or Over-Representation?", *Working Paper*, 20, International Poverty Centre.……556
Melossi, D., 1990, *The State of Social Control*, Polity Press.（竹谷俊一訳, 1992,『社会統制の国家』彩流社.）……562
Melucci, A., 1982, *L'invenzione del presente: Movimenti, identità, bisogni individuali*, Il Mulino.……634
Melucci, A., 1989, *Nomads of the Present: Social Movements and Individual Needs in Contemporary Society*, J. Keane and P. Mier eds., Hutchinson Radius.（山之内 靖ほか訳, 1997,『現在に生きる遊牧民（ノマド）——新しい公共空間の創出に向けて』岩波書店.）……602, 612, 616, 626, 634

Melucci, A., 1996, *The Playing Self: Person and Meaning in the Planetary Society*, Cambridge University Press.(新原道信ほか訳, 2008,『プレイング・セルフ——惑星社会における人間と意味』ハーベスト社.)……634
Melucci, A., 2000a, "Sociology of Listening, Listening to Sociology"(地域社会学会25周年記念講演).(新原道信訳, 2001,「聴くことの社会学」地域社会学会編『市民と地域——自己決定・協働, その主体 地域社会学会年報13』ハーベスト社: 1-14.)……634
Melucci, A., 2000b, "Verso una ricerca riflessiva"(横浜にて録音).(新原道信訳, 2014,「リフレクシヴな調査研究にむけて」新原道信編『"境界領域"のフィールドワーク——"惑星社会の諸問題"に応答するために』中央大学出版部: 93-111.)……630, 634
Melucci, A. ed., 1984, *Altri codici: Aree di movimento nella metropolis*, Mulino.……616
Merleau-Ponty, M., 1964, *Le visible et l'invisible*, Gallimard.(中島盛夫ほか訳, 2014,『見えるものと見えざるもの』法施大学出版局.)……140
Merton, R. K., 1946, *Mass Persuasion: The Social Psychology of a War Bond Drive*, Harper & Brothers Publishers.(柳井道夫訳, 1970,『大衆説得——マス・コミュニケイションの社会心理学』桜楓社.)……318
Merton, R. K., [1949] 1957, *Social Theory and Social Structure*, Free Press (1968, 3rd ed.).(森 東吾ほか訳, 1961,『社会理論と社会構造』(1957年版の翻訳)みすず書房.)……4, 178, 188, 280, 386, 432, 660, 668, 816
Merton, R. K., [1949] 1968, "Bureaucratic Structure and Personality", *Social Theory and Social Structure*, Free Press: 249-60.(森 好夫訳, 1961,「ビューロクラシーの構造とパースナリティ」森 東吾ほか訳『社会理論と社会構造』(1957年版の翻訳)みすず書房: 179-89.)……388
Merton, R. K., 1967, "On Sociological Theories of the Middle Range", *On Theoretical Sociology: Five Essays, Old and New*, Free Press: 39-72.(森 好夫訳, 1969,「中範囲の社会学理論」日高六郎ほか編, 森 東吾ほか訳『現代社会学体系第13巻 社会理論と機能分析』青木書店: 3-54.)……676
Messerschmidt, J. W., 2012, "Engendering Gendered Knowledge: Assessing the Academic Appropriation of Hegemonic Masculinity", *Men and Masculinities*, 15(1): 56-76.……596
Meyer, J. and B. Rowan, 1977, "Institutionalized Organizations: Formal Structure as Myth and Ceremony", *American Journal of Sociology*, 83: 340-63.……416
Meyrowitz, J., 1985, *No Sense of Place: The Impact of Electronic Media on Social Behavior*, Oxford University Press.(安川 一ほか訳, 2003,『場所感の喪失——電子メディアが社会的行動に及ぼす影響(上)』新曜社.)……222, 310
Michels, R., 1911, *Zur Soziologie des Parteiwesens in der modernen Demokratie: Untersuchungen über die Oligarishichen Tendenzen des Gruppenlebens*, Alfred Kröner.(森 博・樋口晟子訳, 1990,『現代民主主義における政党の社会学——集団活動の寡頭制的傾向についての研究』木鐸社.)……562
Milgram, S., 1967, "The Small World Problem", *Psychology Today*, 22: 61-7.……406
Mill, J. S., 1859, *On Liberty*.(塩尻公明・木村健康訳, 1971,『自由論』岩波書店; 早坂 忠訳, 1979,「自由論」関嘉彦責任編集『世界の名著49 ベンサム ミル』中央公論社: 211-348.)……724
Miller, D., 1995, *On Nationality*, Oxford University Press.(富沢 克ほか訳, 2007,『ナショナリティについて』風行社.)……730
Miller, D., 2007, *National Responsibility and Global Justice*, Oxford University Press.(富沢 克ほか訳, 2011,『国際正義とは何か——グローバル化とネーションとしての責任』風行社.)……704, 726
Millett, K., 1970, *Sexual Politics*, Doubleday.(藤枝澪子ほか訳, 1985,『性の政治学』ドメス出版.)……8, 544, 596
Mills, C. W., 1948, *The New Men of Power: America's Labor Leaders*, Harcourt Brace.(河村 望・長沼秀世訳, 1975,『新しい権力者——労働組合幹部論』青木書店.)……816
Mills, C. W., 1951, *White Collar: The American Middle Classes*, Oxford University Press.(杉 政孝訳, 1957,『ホワイト・カラー——中流階級の生活探究』東京創元社.)……270, 286, 816
Mills, C. W., 1956, *The Power Elite*, Oxford University Press.(鵜飼信成・綿貫譲治訳, [1958]1969,『パワー・エリート(上・下)』東京大学出版会.)……562, 816
Mills, C. W., 1959, *The Sociological Imagination*, Oxford University Press.(鈴木 広訳, 1965,『社会学的想像力』紀伊國屋書店.)……816
Mills, C. W., 1963, *Power, Politics, and People*, Oxford University Press.(青井和夫・本間康平監訳, 1971,『権力・政治・民衆』みすず書房.)……290
Minkoff, D. C., 1995, *Organizing for Equality: The Evolution of Women's and Racial Ethnic Organizations in America, 1955-1985*, Rutgers University Press.……618
Minow, M., 1999, *Between Vengeance and Forgiveness: Facing History after Genocide and Mass Violence*, Beacon Press.(荒木教夫・駒村圭吾訳, 2003,『復讐と赦しのあいだ——ジェノサイドと大規模暴力の後で歴史と向き合う』信山社出版.)……728

Mitchell, W. J., 2003, *M++: The Cyborg Self and the Networked City*, MIT Press.（渡辺 俊訳, 2006,『サイボーグ化する私とネットワーク化する世界』NTT出版.）……168
Mohl, R. von, 1851, "Gesellschafts-Wissenschaften und Staats-Wissenschaften", *Zeitschrift für die gesammte Staatswissenschaft*, 7 : 3-71.……790
Money, J. and P. Tucker, 1975, *Sexual Signature: On Being a Man or a Woman*, Little Brown.（朝山新一ほか訳, 1979,『性の署名――問い直される男と女の意味』人文書院.）……8
Moore, W. E., 1978, "Functionalism", T. Bottmore and R. Nisbet eds., *A History of Sociological Analysis*, Basic Books.（石川 実訳, 1986,『社会学的分析の歴史9 機能主義』アカデミア出版会.）……424
More, T., [1516] 1904, *Utopia*, Oxford.（平井正穂訳, 1957,『ユートピア』岩波書店.）……376
Morgan, S. L. and C. Winship, 2007, *Counterfactuals and Causal Inference: Method and Principles for Social Research*, Cambridge University Press.……458
Morin, E., 1969, *La Rumeur d'Orléans*, Éditions du Seuil.（杉山光信訳, 1973,『オルレアンのうわさ――女性誘拐のうわさとその神話作用』みすず書房.）……330
Morin, E., 1990, *Introduction à la pensée complexe*, ESF éditeur.（古田幸男・中村典子訳, 1993,『複雑性とはなにか』国文社.）……78
Morley, D., 1992, *Television, Audiences and Cultural Studies*, Routledge.（成実弘至訳, 2000,「テレビジョン, オーディエンス, カルチュラル・スタディーズ」吉見俊哉編『メディア・スタディーズ』せりか書房: 158-202.［序文のみの訳出, 訳者による解題を含む.］）……360
Morris, J., 1991, *Pride Against Prejudice: Transforming Attitudes to Disability*, The Women's Press.……156
Mosca, G., [1896] 1923, *Elementi di scienza politica*, 2a ed., Fratelli Bocca. (Retrieved December 30, 2012, http://www.liberliber.it/mediateca/libri/m/mosca/elementi_di_scienza_politica/pdf/mosca_elementi_di_scienza_politica.pdf)（志水速雄訳, 1973,『支配する階級』ダイヤモンド社.）……562
Moskos, C. and F. Wood eds., 1988, *The Military: More Than Just a Job?*, Pergamon-Brassey's.……682
Mulvey, L., 1989, "Visual Pleasure and Narrative Cinema", *Visual and Other Pleasures*, Indiana University Press.（斉藤綾子訳, 1998,「視覚的快楽と物語映画」岩本憲児ほか編『「新」映画理論集成 1 歴史・人種・ジェンダー』フィルムアート社: 126-39.）……354
Murdock, G. P., 1949, *Social Structure*, Macmillan.（内藤莞爾訳, 1978,『社会構造――核家族の社会人類学』新泉社.）……548

N

Nakai, Y., 2014, "In-group Favoritism Due to Friend Selection Strategies Based on Fixed Tag and Within-group Reputation", *Rationality and Society*, 26 (3) : 320-54.……512
Nalepa, M., 2010, *Skeletons in the Closet: Transitional Justice in Post-Communist Europe*, Cambridge University Press.……728
Negri, A., 1997, *Le pouvoir constituant, Essai sur les alteratives de la modernité*, Presses universitaires de France.（杉村昌昭・斉藤悦則訳, 1999,『構成的権力――近代のオルタナティブ』松籟社.）……586
Negri, A. and M. Hardt, 2000, *Empire*, Harvard University Press.（水嶋一憲ほか訳, 2003,『〈帝国〉――グローバル化の世界秩序とマルチチュードの可能性』以文社.）……14, 26, 528, 574, 738
Negri, A. and M. Hardt, 2004, *Multitude: War and Democracy in the Age of Empire*, Penguin Press.（幾島幸子訳, 2005,『マルチチュード――「帝国」時代の戦争と民主主義（上・下）』日本放送出版協会.）……26, 162
Nelkin, D. and S. M. Lindee, 1995, *The DNA Mystique: The Gene as a Cultural Icon*, Freeman.（工藤政司訳, 1997,『DNA伝説――文化のイコンとしての遺伝子』紀伊國屋書店.）……136
Newcomb, T. M., 1950, *Social Psychology*, Holt.（森 東吾・万成 博訳, 1956,『社会心理学』培風館.）……386
Nicolis, G. and I. Prigogine, 1977, *Self-Organization in Nonequilibrium Systems: From Dissipative Structures to Order Through Fluctuations*, Wiley.（小畠陽之助・相沢洋二訳, 1980,『散逸構造――自己秩序形成の物理学的基礎』岩波書店.）……500
Nietzsche, F., 1883-91, *Also sprach Zarathustra*, Ernst Schmeitzner（1～3）, C. G. Naumann（4）.（氷上英廣訳, 1967-70,『ツァラトゥストラはこう言った』岩波書店.）……680
Nietzsche, F., 1887, *Zur Genealogie der Moral*, C. G. Naumann.（木場深定訳, 1964,『道徳の系譜』岩波書店.）……650
Nietzsche, F., [1922] 1996, *Wille zur Macht: Versuch einer Umwertung aller Werte*, Kröners Taschenausgabe 78.（原 佑訳, 1993,『ニーチェ全集13 権力への意志（下）』筑摩書房.）……564
Noddings, N., 1984, *Caring: A Relational Approach to Ethics and Moral Education*, University of California Press.（立山善康ほか訳, 1997,『ケアリング――倫理と道徳の教育 女性の観点から』晃洋書房.）……544

Noele-Neumann, E., 1973, "The Spiral of Silence: A Theory of Public Opinion", *Journal of Communication*, Spring 1974 : 43-51.······316
Noelle-Neuman, E., [1984] 1993, *The Spiral of Silence: Public Opinion - Our Social Skin*, University of Chicago Press.(池田謙一・安野智子訳, 2013,『沈黙の螺旋理論——世論形成過程の社会心理学(改訂復刻版)』北大路書房.)······318
Nolte, P., 1997, "Gesellschaftstheorie und Gesellschaftsgeschichte: Umrisse einer Ideengeschichte der modernen Gesellschaft", T. Mergel und T. Welskopp Hg., *Geschichte zwischen Kultur und Gesellschaft*, C. H. Beck: 275-98.······364
Nonet, P. and P. Selznick, 1978, *Law and Society in Transition: Toward Responsive Law*, Harper & Row.(六本佳平訳, 1981,『法と社会の変動理論』岩波書店.)······504
Nora, P.(sous la direction), 1984-92, *Les Lieux de Mémoire*, Gallimard.(谷川 稔監訳, 2002-03,『記憶の場(全3巻)』岩波書店.)······374
Notestein, F. W., 1945, "Population: The Long View", T. W. Schulz ed., *Food for the World*, University of Chicago Press: 36-57.······174
Nowak, M. A. and K. Sigmund, 1998, "Evolution of Indirect Reciprocity by Image Scoring", *Nature*, 393 : 573-7.······512
Nozick, R., 1974, *Anarchy, State and Utopia*, Basic Books.(嶋津 格訳, 1985-89,『アナキー・国家・ユートピア(上・下)』木鐸社.)······690
Nussbaum, M. C., 1996, "Patriotism and Cosmopolitanism", M. C. Nussbaum with respondents, J. Cohen ed., *For Love of Country: Debating the Limits of Patriotism*, Beacon Press.(辰巳伸知・能川元一訳, 2000,『国を愛するということ——愛国主義(パトリオティズム)の限界をめぐる論争』人文書院.)······774
Nussbaum, M. C., 2006, *Frontiers of Justice: Disability, Nationality, Species Membership*, Harvard University Press.(神島裕子訳, 2012,『正義のフロンティア——障碍者・外国人・動物という境界を越えて』法政大学出版局.)······590, 704
Nyström, H., 1974, "Uncertainty, Information and Organizational Decision-Making", *Swedish Journal of Economics*, 76 : 131-9.······182

O

Oakley, A., 1972, *Sex, Gender and Society*, Temple Smith. ······8
Oberschall, A., 1993, *Social Movements: Ideologies, Interests, and Identities*, Transaction.······620
Ochiai, E. and K. Aoyama eds., 2014, *Asian Women and Intimate Work*, Brill.······44
Offe, C., 1985, "New Social Movements: Challenging the Boundaries of Institutional Politics", *Social Research*, 52 : 817-68.······616
Ogawa Nishiaki, Y., 1997, "Global Time/ Mobile Subjects", Time and Value Conference, Institute for cultural Research, Lancaster University, Programme, 9.······542
Ogawa Nishiaki, Y., 2000, "Taming Global Environment/ Re-appropriating Technoscience: Hierarchies of Technologies and Flows of Culture in Sustainable Automobile Design", Session: Investigating Design Procedures. The Society for Social Studies of Science and the European Association for the Studies of Science and Technology Joint Conference 2000, Final Abstract Book, University of Vienna, Wien, Austria: 123.······542
Ogawa Nishiaki, Y., 2001, "Tokyo Style, or, the Prospect of Living Otherwise: Mobility, Dwellings, and Technologization of Tokyo Metropolis", Theme Session: Session 5: Locales, Techno-locales and Portable Places, Abstract, University of Massachusetts, Boston, MA, U.S..······542
Ogawa Nishiaki, Y., 2008, "The Location of (Doubly-Mediated) Sustainable Cities: Of Human and Non-Human Bondages that Stretch Apart: Towards a Hyper-Reflexive Theory of Urban Visions and Creative Designs", Session 11: Creative Cities in Comparative Perspectives, International Sociological Association Tokyo Conference 2008, Research Committee 21: Urban and Regional Development: Landscapes of Global Urbanism, International House, Tokyo, Japan, December 18, 2008.······542
Oishi, N., 2005, *Women in Motion: Globalization, State Policies, and Labor Migration in Asia*, Stanford University Press. ······768
Okin, S. M., 1989, *Justice, Gender, and the Family*, Basic Books.(山根純佳ほか訳, 2013,『正義・ジェンダー・家族』岩波書店.)······720
Oliver, M., 1983, *Social Work with Disabled People*, Macmillan.······156
Oliver, M., 1990, *The Politics of Disablement*, Macmillan.(三島亜紀子ほか訳, 2006,『障害の政治——イギリス障害学の原点』明石書店.)······156
Oliver, P., 1993, "Formal Models of Collective Action", *Annual Review of Sociology*, 19 : 271-300.······618
Olsen, T. D. et al., 2010, *Transitional Justice in Balance: Comparing Processes, Weighing Efficacy*, United States Institute of

Peace Press.……728
Olson, M., 1965, *The Logic of Collective Action: The Logic of Collective Action: Public Goods and the Theory of Groups*, Harvard University Press.（依田 博・森脇俊雅訳, 1983,『集合行為論——公共財と集団理論』ミネルヴァ書房.）……602, 618
Omi, M. and H. Winant, ［1986］2015, *Racial Formation in the United States*, 3rd ed., Routledge.……760
Omran, A. R., 1971, "The Epidemiologic Transition: A Theory of the Epidemiology of Population Change", *The Milbank Quarterly*, 83（4）: 731-57.……174
Ong, A., 1999, *Flexible Citizenship: The Cultural Logics of Transnationality*, Duke University Press.……754
Ong, W. J., 1982, *Orality and Literacy: The Technologizing of the Word*, Methuen.（桜井直よほか訳, 1991,『声の文化と文字の文化』藤原書店.）……14, 310, 312
OSCE, 2014, "Background Paper for Working Group II: Trafficking as a Form of Violence Against Women".（Retrieved December 29, 2014, http://www.osce.org/odihr/15769?download = true）……770

P

Paige, J. M., 1975, *Agrarian Revolution*, Free Press.……602
Pappenhaim, F., 1959, *The Alienation of Modern Man*, Monthly Review Press.（粟田賢三訳, 1960,『近代人の疎外』岩波書店.）……648
Pareto, V., 1916, *Trattato di Sciologia Generale*, G. Barbèra.（北川隆吉ほか訳, 1987,『社会学大綱』青木書店.）……562
Pareto, V., 1920, *Compendio di sociologia generale*.（姫岡 勤訳, 板倉達文校訂, 1996,『一般社会学提要』名古屋大学出版会.）……204
Parfit, D., 1976, *Reasons and Persons*, Oxford University Press.（森村 進訳, 1998,『理由と人格』勁草書房.）……702
Park, R. E. et al., 1925, *The City*, University of Chicago Press.（大道安次郎・倉田和四生訳, 1972,『都市』鹿島出版会.）……808
Parke, R. D., 2013, *Future Families: Diverse Forms, Rich Possibilities*, Wiley Blackwell.……552
Parsons, T., 1937, *The Structure of Social Action: A Study in Social Theory with Special Reference to a Group of Recent European Writers*, McGraw-Hill.（稲上 毅ほか訳, 1976-89,『社会的行為の構造（全5巻）』木鐸社.）……178, 186, 210, 216, 470, 480, 562, 644, 816
Parsons, T., ［1937］1993, "Georg Simmel and Ferdinand Tönnies: Social Relationships and the Elements of Action", *Teoria Sociologica*, 1: 45-71.……470
Parsons, T., ［1939］1998, "Simmel and the Methodological Problems of Formal Sociology", *The American Sociologist*, 29（2）: 31-50.……470
Parsons, T., 1940, "An Analytic Approach to the Theory of Social Stratification", *American Journal of Sociology*, 45（6）: 841-62.……424
Parsons, T., ［1941］1949, "Max Weber", *Essays in Sociological Theory: Pure and Applied*, Free Press.……470
Parsons, T., 1949, *Essays in Sociological Theory: Pure and Applied*, Free Press, revised in 1954.……816
Parsons, T., 1951a, *The Social System*, Free Press.（佐藤 勉訳, 1974,『社会体系論』青木書店.）……158, 204, 466, 508, 534, 562, 816
Parsons, T., 1951b, *Toward a General Theory of Action*, Harvard University Press.（永井道雄ほか訳, 1960,『行為の総合理論をめざして』日本評論新社.）……816
Parsons, T., 1959, "The School Class as a Social System", *Harvard Educational Review*, 29（4）: 297-318.（武田良三監訳, 1985,「社会システムとしての学級——アメリカ社会における若干の機能」『社会構造とパーソナリティ』新泉社: 171-201.）……424
Parsons, T., 1963, "On the Concept of Political Power", in Parsons 1969.（新明正道監訳, 1974,「政治的権力の概念について」『政治と社会構造（下）』誠信書房: 63-138.）……194
Parsons, T., 1967, "Durkheim's Contribution to the Theory of Integration of Social Systems", *Sociological Theory and Modern Society*, Free Press: 3-34.……60
Parsons, T., 1968a, "Social Interaction", D. L. Sills ed., *International Encyclopedia of the Social Sciences*, 7: 429-41.……186
Parsons, T., 1968b, "Order as a Sociological Problem", P. G. Kuntz ed., *The Concept of Order*, University of Washington Press: 373-84.……474
Parsons, T., 1969, *Politics and Social Structure*, Free Press.（新明正道監訳, 1973-74,『政治と社会構造（上・下）』誠信書房.）……194, 198, 534, 562
Parsons, T., 1971, *The System of Modern Societies*, Prentice-Hall.（井門富二夫訳, 1977,『近代社会の体系』至誠堂.）

……534
Parsons, T., 1973, *The American University*, Harvard University Press.……534
Parsons, T., 1974-75, "The Sociology of Knowledge and the History of Ideas", H. Staubmann ed., 2006, *Action Theory: Methodological Studies*, Lit Verlag: 13-29.（土屋淳二・杉本昌昭訳, 2003,『知識社会学と思想史』学文社.）……644
Parsons, T., [1975] 1977, *Social Systems and the Evolution of Action Theory*, Free Press.……470
Parsons, T., 1978, *Action Theory and the Human Condition*, Free Press.（徳安 彰ほか著訳, 2002,『宗教の社会学——行為理論と人間の条件 第三部』勁草書房；富永健一ほか訳, 2002,『人間の条件パラダイム——行為理論と人間の条件 第四部』勁草書房.）……474, 480, 482, 508
Parsons, T., 1982, "Action, Symbols, and Cybernetic Control", I. Rossi ed., *Structural Sociology*, Columbia University Press: 49-65.……474
Parsons, T. and N. J. Smelser, 1956, *Economy and Society: A Study in the Integration of Economic and Social Theory*, Routledge & Kegan Paul.（富永健一訳, 1958-59,『経済と社会——経済学理論と社会学理論の統合についての研究（Ⅰ・Ⅱ）』岩波書店.）……198, 310, 474, 508, 816
Parsons, T. and R. F. Bales, 1956, *Family, Socialization and Interaction Process*, Routledge & Kegan Paul.（橋爪貞雄ほか訳, 1970,『家族——核家族と子どもの社会化』黎明書房.）……548
Parsons, T. and E. A. Shils eds., 1951, *Toward a General Theory of Action*, Harvard University Press.（永井道雄ほか訳, 1960,『行為の綜合理論をめざして』日本評論社［ただし第1部, 第2部の訳］.）……204, 480
Partridge, C., 2004-05, *The Re-enchantment of The West: Alternative Spiritualities, Sacralization, Popular Culture, and Occulture*, vol.1-2, T&T Clark International.……18
Patterson, O., 2000, "Taking Culture Seriously: A Framework and Afro-American Illustration", L. E. Harrison and S. P. Huntington eds., *Culture Matters*: 202-18.……432
Pearce, D., 1978, "The Feminization of Poverty: Women, Work, and Welfare", *The Urban & Social Change Review*, 2(1-2): 28-36.……556
Pedersen, J. S. and F. Dobbin, 2006, "In Search of Identity and Legitimation: Bridging Organizational Culture and Neoinstitutionalism", *American Behavioral Scientist*, 49 (7): 897-907.……418
Pellow, D. N., 2007, *Resisting Global Toxics: Transnational Movements for Environmental Justice*, MIT Press.……698
Perelman, C., 1963, *The Idea of Justice and the Problem of Argument*, Routledge & Kegan Paul.……690
Peters, T. J. and R. H. Waterman, Jr., 1982, *In Search of Excellence: Lessons from America's Best-Run Companies*, Harper & Row.（大前研一訳, 1983,『エクセレント・カンパニー——超優良企業の条件』講談社.）……418
Peterson, R. A. and A. Simkus, 1992, "How Musical Taste Groups Mark Occupational Status Groups", M. Lamont and M. Fournier eds., *Cultivating Differences*, University of Chicago Press.……438
Peterson, R. A. and R. M. Kern, 1996, "Changing Highbrow Taste: From Snob to Omnivore", *American Sociological Review*, 61: 900-7.……438
Piketty, T., 2013, *Le Capital au XXIe siècle*, Seuil.（山形浩生ほか訳, 2014,『21世紀の資本』みすず書房.）……116
Pleyers, G., 2010, *Alter-Globalization: Becoming Actors in the Global Age*, Polity Press.……636
Pogge, T., 2008, *World Poverty and Human Rights: Cosmopolitan Responsibilities and Reforms*, 2nd ed., Polity Press.（立岩真也監訳, 2010,『なぜ遠くの貧しい人への義務があるのか——世界的貧困と人権』生活書院.）……590, 704
Polanyi, K., 1957, *The Great Transformation*, Beacon Press.（吉沢英成ほか訳, 1975,『大転換——市場社会の形成と崩壊』東洋経済新報社.）……706
Polanyi, K., 1977, *The Livelihood of Man*, H. W. Pearson ed., Academic Press.（玉野井芳郎ほか訳, 1980,『人間の経済1——市場社会の虚構性』岩波書店.）……26
Polletta, F., 2008, "Culture and Movements", *The Annals of the American Academy of Political and Social Science*, 619: 79-96.……612
Pool, I. and M. Kochen, 1978, "Contacts and Influence", *Social Networks*, 1: 5-51.……406
Popper, K. R., 1945, *The Open Society and Its Enemies*, Routledge.（内田詔夫・小河原 誠訳, 1980,『開かれた社会とその敵（第1部, 第2部）』未来社.）……724
Popper, K. R., 1957, *The Poverty of Historicism*, Routledge & Kegan Paul.（久野 収・市井三郎訳, 1961,『歴史主義の貧困——社会科学の方法と実践』中央公論社；岩坂 彰訳, 2013,『歴史主義の貧困』日経BP社.）……532, 808
Portes, A., 1998, "Social Capital: Its Origins and Applications in Modern Sociology", *Annual Review of Sociology*, 24: 1-24.……60
Portes, A., 2010, *Economic Sociology: A Systematic Inquiry*, Princeton University Press.……750
Portes, A. ed., 1995, *The Economic Sociology of Immigration: Essays on Networks, Ethnicity and Entrepreneurship*, Russell Sage Foundation.……750

Portes, A. ed., 1996, *The New Second Generation*, Russell Sage Foundation.……758
Portes, A. and J. Walton, 1981, *Labor, Class, and the International System*, Academic Press.……748
Portes, A. and R. G. Rumbaut, 1990, *Immigrant America: A Portrait*, University of California Press.……758
Portes, A. and R. G. Rumbaut, 2001, *Legacies: The Story of the Immigrant Second Generation*, University of California Press. (村井忠政訳者代表, 2014, 『現代アメリカ移民第二世代の研究――移民排斥と同化主義に代わる「第三の道」』明石書店.) ……758
Poster, M., 1990, *The Mode of Information: Poststructuralism and Social Context*, Polity Press. (室井 尚・吉岡 洋訳, 1991, 『情報様式論――ポスト構造主義の社会理論』岩波書店.) ……14, 38, 310
Poulantzas, N., 1978, *L' État, le pouvoir, le socialisme*, Presses universitaires de France. (田中正人・柳内 隆訳, 1984, 『国家・権力・社会主義』ユニテ.) ……570, 576
Powell, W. and P. DiMaggio, 1991, *The New Institutionalism in Organizational Analysis*, University of Chicago Press. ……416
Pratt, M. L., 1992, *Imperial Eyes: Travel Writing and Transculturation*, Routledge.……26
Prigogine, I. and I. Stengers, 1984, *Order out of Chaos: Man's New Dialogue with Nature*, Flamingo. (伏見康治ほか訳, 1987, 『混沌からの秩序』みすず書房.) ……508
Procter, J., 2004, *Stuart Hall*, Routledge. (小笠原博毅訳, 2006, 『スチュアート・ホール』青土社.) ……360, 576
Putnam, R. D., 1993, *Making Democracy Work: Civic Traditions in Modern Italy*, Princeton University Press. (河田潤一訳, 2001, 『哲学する民主主義――伝統と改革の市民的構造』NTT出版.) ……626
Putnam, R. D., 2000, *Bowling Alone: The Collapse and Revival of American Community*, Simon & Schuster. (柴内康文訳, 2006, 『孤独なボウリング――米国コミュニティの崩壊と再生』柏書房.) ……60, 590

Q

Quetelet, A., 1835, *Sur l'homme et le développement de ses facultés, ou essai de physique sociale*, tome 1 et 2, Bachelier, Imprimeur-Libraire. (平 貞蔵・山村 喬訳, 1939, 『人間について(上・下)』岩波書店.) ……790

R

Radcliffe-Brown, A. R., [1935] 1952, "On the Concept of Function in Social Sciences", *Structure and Function in Primitive Society*, Cohen and West. (青柳まちこ訳, 1975, 『未開社会における構造と機能』新泉社.) ……470
Rajan, K. S., 2006, *Biocapital: The Constitution of Postgenetic Life*, Duke University Press. (塚原東吾訳, 2011, 『バイオ・キャピタル――ポストゲノム時代の資本主義』青土社.) ……162
Rappaport, J., 1993, "Narrative Studies, Personal Stories, and Identity Transformation in the Mutual Help Context", *The Journal of Applied Behavioral Science*, 29(2): 239-56. (reprinted in T. J. Powell ed., 1994, *Understanding the Self-Help Organization: Frameworks and Findings*, Sage: 115-35.) ……230, 404
Raudenbush, S. W. and A. S. Bryk, 2002, *Hierarchical Linear Models: Applications and Data Analysis Methods*, 2nd ed., Sage.……462
Rawls, J., [1971] 1999, *A Theory of Justice*, revised ed., Harvard University Press. (川本隆史ほか訳, 2010, 『正義論(改訂版)』紀伊國屋書店.) ……454, 544, 690, 702, 704, 714, 724, 716, 726, 774
Rawls, J., 1993, *Political Liberalism*, Columbia University Press. ……690
Rawls, J., 1999, *The Law of Peoples: with "The Idea of Public Reason Revisited"*, Harvard University Press. (中山竜一訳, 2006, 『万民の法』岩波書店.) ……690, 704
Reich, M. et al., 1973, "A Theory of Labor Market Segmentation", *The American Economic Review*, 63(2): 359-65. ……444
Reiss, A. J., Jr. ed., 1961, *Occupations and Social Status*, Free Press. ……428
Rheingold, H., 1993, *The Virtual Community: Homesteading on the Electronic Frontier*, Addison-Wesley. (会津 泉訳, 1995, 『バーチャルコミュニティ――コンピュータ・ネットワークが創る新しい社会』三田出版会.) ……90
Rich, A., 1986, *Blood, Bread and Poetry: Selected Papers*, Virago. (大島かおり訳, [1989] 2000, 『血, パン, 詩――アドリエンヌ・リッチ女性論1979-1985』晶文社.) ……8
Riesman, D., [1950] 1961, *The Lonely Crowd*, Yale University Press. (加藤秀俊訳, 1964, 『孤独な群衆』みすず書房.) ……228, 270, 808, 816
Ritchie, L. D., 1991, *Information*, Sage.……182
Ritzer, G., 1993, *The McDonaldization of Society: An Investigation into the Changing Character of Contemporary Social Life*, Pine Forge Press. (正岡寛司訳, 1999, 『マクドナルド化する社会』早稲田大学出版部.) ……26
Ritzer, G., 2004, *The Globalization of Nothing*, Pine Forge Press. (正岡寛司監訳, 2005, 『無のグローバル化――拡大する

消費社会と「存在」の喪失』明石書店．）……218
Robert, S. W. et al. eds., 2009, *Understanding Culture, Theory, Research and Application*, Psychological Press.……84
Roberts, D., 1960, *Victorian Origins of the British Welfare State*, Yale University Press. ……706
Robertson, R., 1992, *Globalization: Social Theory and Global Culture*, Sage.（阿部美哉訳，1997,『グローバリゼーション——地球文化の社会理論』東京大学出版会．）……26, 528
Rodgers, H. R., 2000, *American Poverty in a New Era of Reform*, M.E. Sharpe.……432
Roemer, J., 1996, *Theories of Distributive Justice*, Harvard University Press.（木谷 忍・川本隆志訳, 2001,『分配的正義の理論——経済学と倫理学の対話』木鐸社．）……460
Rogers, E. M., 1962, *Diffusion of Innovations*, Free Press.（藤竹 暁訳, 1966,『技術革新の普及過程』培風館．）……316
Rorty, R., 1991, *Essays on Heidegger and Others*, Cambridge University Press.……236
Rorty, R., 1994, "The Unpatriotic Academy", *New York Times*, 13 February.（Retrieved September 1, 2015, http://www.nytimes.com/1994/02/13/opinion/the-unpatriotic-academy.html）……774
Rorty, R., 1997, *Achieving our Country*, Harvard University Press.（小澤照彦訳, 2000,『アメリカ・未完のプロジェクト』晃洋書房．）……248
Rose, N., 1998, *Inventing Ourselves*, Cambridge University Press.……20
Rose, N., 1999, *Governing the Soul: The Shaping of the Private Self*, 2nd ed., Free Association Books.……236
Rose, N., 2007, *The Politics of Life Itself: Biomedicine, Power, and Subjectivity in the Twenty-First Century*, Princeton University Press.（檜垣立哉監訳, 2014,『生そのものの政治学——二十一世紀の生物医学，権力，主体性』法政大学出版局．）……72, 136, 162, 164, 236
Rose, N. and J. M. Abi-Rached, 2013, *Neuro, The New Brain Sciences and the Management of Mind*, Princeton University Press.……72
Rosenbaum, P. R. and D. B. Rubin, 1983, "The Central Role of the Propensity Score in Observational Studies for Causal Effects", *Biometrika*, 70：41-55.……458
Rosenberg, T., 1995, *The Haunted Land: Facing Europe's Ghosts after Communism*, Random House.（平野和子訳, 1999,『過去と闘う国々——共産主義のトラウマをどう生きるか』新曜社．）……728
Rosenblueth, A. et al., 1943, "Behavior, Purpose and Teleology", *Philosophy of Science*, 10（1943）：18-24.……308
Rosnow, R. L. and G. A. Fine, 1976, *Rumor and Gossip: The Psychology of Hearsay*, Elsevier.（南 博訳, 1982,『うわさの心理学——流言からゴシップまで』岩波書店．）……330
Rostow, W. W., 1960, *The Stages of Economic Growth: A Non-Communist Manifesto*, Cambrige University Press.（木村健康ほか訳, 1961,『経済成長の諸段階——一つの非共産主義宣言』ダイヤモンド社．）……106
Rotberg, R. I. and D. Thompson eds., 2000, *Truth v. Justice: The Morality of Truth Commissions*, Princeton University Press.……728
Rousseau, J.-J., 1762a, *Émile, ou, De l'éducation*.（今野一雄訳, 1962-64,『エミール（上・中・下）』岩波書店．）……226
Rousseau, J.-J., 1762b, *Du contrat social*.（桑原武夫・前川貞次郎訳, 1954,『社会契約論』岩波書店．）……790
Rowntree, B. S., 1901, *Poverty: A Study of Town Life*, Macmillan.……432
Rucht, D. et al. eds., 1999, *Acts of Dissent: New Developments in the Study of Protest*, Rowman and Littlefield.……618

S

Sacks, H., 1984, "Notes on methodology", J. M. Atkinson and J. Heritage eds., *Structures of Social Action: Studies in Conversation Analysis*, Cambridge University Press: 21-7.……272
Sacks, H., 1992, *Lectures on Conversation*, 2 vols., Blackwell.……272
Safran, W., 1991, "Diasporas in Modern Societies: Myths of Homeland and Return", *Diaspora: A Journal of Transnational Studies*, 1（1）：83-99.……752
Sahlins, M., 1976, *The Use and Abuse of Biology: An Anthropological Critique of Sociobiology*, University of Michigan Press.……136
Said, E. W., 1978, *Orientalism*, Borchardt.（板垣雄三・杉田英明監修，今沢紀子訳, 1993,『オリエンタリズム（上・下）』平凡社．）……358
Said, E. W., 1994, *Representations of the Intellectual: The 1993 Reith Lectures*, Vintage.（大橋洋一訳, 1998,『知識人とは何か』平凡社．）……378
Sainsbury, D., 1996, *Gender, Equality and Welfare States*, Cambridge University Press.……706
Saint-Simon, C. -H. de, 1823-24, *Catéchisme des industriels*.（森 博訳, 2001,『産業者の教理問答』『産業者の教理問答 他一篇』岩波書店．）……790
Saint-Simon, C. -H. de, 1825, *Nouveau christianisme*.（森 博訳, 2001,『新キリスト教』『産業者の教理問答 他一篇』岩

波書店.)……790
Saito, O., 1996, "Historical Demography: Achievements and Prospects", *Population Studies*, 50 (3) : 537-53.……550
Saito, Y., 2007, *Everyday Aesthetics*, Oxford University Press.……732
Sandel, M. J., 1982, *Liberalism and the Limits of Justice*, Cambridge University Press. (菊池理夫訳, 2009, 『リベラリズムと正義の限界』勁草書房.)……714
Sarti, R., 2008, "The Globalisation of Domestic Service: An Historical Perspective", H. Lutz ed., *Migration and Domestic Work: A European Perspective on a Global Theme*, Ashgate: 77-97.……768
Sassen, S., 1988, *The Mobility of Labor and Capital: A Study in International Investment and Labor Flow*, Cambridge University Press. (森田桐郎ほか訳, 1992, 『資本と労働の国際移動——世界都市と移民労働者』岩波書店.)……544, 740, 742
Sassen, S., 1996a, *Losing Control?: Sovereignty in an Age of Globalization*, Columbia University Press. (伊豫谷登士翁訳, 1999, 『グローバリゼーションの時代——国家主権のゆくえ』平凡社.)……528
Sassen, S., 1996b, "Toward a Feminist Analytics of the Global Economy", *Indiana Journal of Global Legal Studies*, 4 (1) : 7-41. (伊豫谷登士翁訳, 2001, 「グローバル経済のフェミニスト分析にむけて」伊豫谷登士翁編『経済のグローバリゼーションとジェンダー』明石書店: 245-75.……768
Sassen, S., 2001, *The Global City: New York, London, Tokyo*, 2nd ed., Princeton University Press. (大井由紀・高橋華生子訳, 2008, 『グローバル・シティ——ニューヨーク・ロンドン・東京から世界を読む』筑摩書房.)……740
Sassen, S., 2006, *Territory, Authority, Rights: From Medieval to Global Assemblages*, Princeton University Press. (伊藤 茂訳, 2011, 『領土・権威・諸権利——グローバリゼーション・スタディーズの現在』明石書店.)……26
Scarry, E., 1999, *On Beauty and Being Just*, Princeton University Press.……732
Scheff, T. J., 1966, *Being Mentally Ill: A Sociological Theory*, Aldine Publishing. (市川孝一・真田孝昭訳, 1979, 『狂気の烙印——精神病の社会学』誠信書房.)……266
Schegloff, E. A., 2007, *Sequence Organization in Interraction: A Primer in Conversation Analysis 1*, Cambridge University Press.……272
Schein, E. H., [1985] 2010, *Organizational Culture and Leadership*, 4th ed., Jossey-Bass. (梅津裕良・横山哲夫訳, 2012, 『組織文化とリーダーシップ』白桃書房.)……418
Scheler, M., 1915, *Das Ressentiment im Aufbau der Moralen*, Klostermann. (津田 淳訳, 1972, 『ルサンティマン——愛憎の現象学と文化病理学』北望社.)……650
Schelling, T. C., 1969, "Models of Segregation", *American Economic Review*, 59 (2) : 488-93.……66
Schelling, T. C., 1971, "Dynamic Models of Segregation", *The Journal of Mathematical Sociology*, 1 (2) : 143-86.……512
Schiebinger, L. ed., 2008, *Genderd Innovation in Science and Engineering*, Stanford University Press.……8
Schiller, H. I., 1973, *The Mind Managers*, Beacon Press. (斎藤文男訳, 1979, 『世論操作』青木書店.)……328
Schiller, H. I., 1991, "Not Yet the Post-Imperialist Era", *Critical Studies in Mass Communication*, 8 : 13-28.……528
Schimank, U., 2007, *Theorien gesellschaftlicher Differenzierung*, 3.Aufl., VS für Sozialwissenschaften.……538
Schluchter, W., 2009, *Die Entzauberung der Welt: Sechs Studien zu Max Weber*, Mohr Siebeck.……646
Schmitt, C., 1922, *Politische Theologie*, Duncker & Humblot. (田中 浩・原田武雄訳, 1971, 『政治神学』未来社.)……584
Schnettler, S., 2009, "A Small World on Feet of Clay?: A Comparison of Empirical Small World Studies Against Best-Practice Criteria", *Social Networks*, 31 : 179-89.……406
Schnettler, S., 2013, "Editor's Introduction: Six Themes of 'Six Degrees'", S. Schnettler ed., *Small World Research*, vol. 1, Sage: xxi-lii.……406
Schultz, T. W., 1963, *The Economic Value of Education*, Colombia University Press. (清水義弘・金子元久訳, 1981, 『教育の経済価値』日本経済新聞社.)……424
Schumpeter, J. A., [1942]2003, *Capitalism, Socialism and Democracy*, Harper & Row. (中山伊知郎・東畑精一訳, 1995, 『資本主義・社会主義・民主主義 (新装版)』東洋経済新報社.)……562
Schur, E. M., 1965, *Crimes Without Victims: Deviant Behavior and Public Policy: Abortion, Homosexuality, and Drug Addiction*, Prentice-Hall. (畠中宗一・畠中郁子訳, 1981, 『被害者なき犯罪——堕胎・同性愛・麻薬の社会学』新泉社.)……266
Schütz, A., 1927, "Lebensformen und Sinnstruktur", in Schütz 2006.……208
Schütz, A., [1932] 1974, *Der sinnhafte Aufbau der sozialen Welt: eine Einleitung in die verstehende Soziologie*, Springer. (佐藤嘉一訳, 2006, 『社会的世界の意味構成——理解社会学入門 (改訳版)』木鐸社.)……178, 184, 208, 824
Schutz, A., 1962, *Collected Papers I: The Problem of Social Reality*, Martinus Nijhoff. (渡部 光ほか訳, 1983-85, 『アルフレッド・シュッツ著作集 第1, 2巻 社会的現実の問題 I, II』マルジュ社.)……278, 364, 824

Schutz, A., [1970] 2011, "Reflections on the Problem of Relevance", in Schutz 2011. (那須 壽ほか訳, 1996, 『生活世界の構成——レリバンスの現象学』マルジュ社.) ……208
Schütz, A., 2006, *Alfred Schütz Werkausgabe Band I, Sinn und Zeit: Frühe Wiener Studien*, M. Michailonw Hg., UVK Verlagsgesesschaft. ……208
Schutz, A., 2011, *Alfred Schutz Collected Papers V. Phenomenology and the Social Sciences*, L. Embree ed., Springer. ……208
Schutz, A., 2013a, "Life Forms and Meaning Structures", in Schutz 2013b. ……208
Schutz, A., 2013b, *Collected Papers VI. Literary Reality and Relationship*, M. Barber ed., Springer. ……208
Schütz, A. und T. Luckmann, 1979-84, *Strukturen der Lebenswelt*, Band 1, 2, Suhrkamp. (那須 壽, 2015, 『生活世界の構造』筑摩書房.) ……208
Schwinn, T., 2001, *Differenzierung ohne Gesellschaft*, Velbrück. ……538
Scott, J. W., 1988, *Gender and the Politics of History*, Columbia University Press. (荻野美穂訳, 1999, 『ジェンダーと歴史学』平凡社ライブラリー.) ……8
Scott, J. W., 2007, *The Politics of the Veil*, Princeton University Press. (李 孝徳訳, 2012, 『ヴェールの政治学』みすず書房.) ……762
Scott, M. B. and S. M. Lyman, 1968, "Accounts", *American Sociological Review*, 33 (1): 46-62. ……290
Scott, R. W., 1998, *Organizations*, 4th ed., Prentice-Hall. ……414
Segerstråle, U., 2000, *Defenders of the Truth: The Battle for Science in the Sociobiology Debate and Beyond*, Oxford University Press. (垂水雄二訳, 2005, 『社会生物学論争史——誰もが真理を擁護していた (1・2)』みすず書房.) ……136
Seikkula, J., 2002, "Open Dialogues with Good and Poor Outcomes for Psychotic Crises: Examples from Families with Violence", *Journal of Marital and Family Therapy*, 28 (3): 263-74. ……246
Seikkula, J. and M. E. Olson, 2003, "The Open Dialogue Approach to Acute Psychosis: Its Poetics and Micropolitics", *Family Process*, 42 (3): 403-18. (斎藤 環著・訳, 2015, 『オープンダイアローグとは何か』医学書院.) ……268
Seikkula, J. et al., 2003, "Postmodern Society and Social Networks: Open and Anticipation Dialogues in Network Meetings", *Family Process*, 42 (2): 185-203. ……268
Selznick, P., 1957, *Leadership in Administration*, Harper & Row. ……416
Sen, A., [1973] 1997, *On Economic Inequality*, expanded ed., Clarendon Press. (鈴村興太郎・須賀晃一訳, 2000, 『不平等の経済学』東洋経済新報社.) ……454
Sen, A., 1976, "Poverty: An Ordinal Approach to Measurement", *Econometrica*, 44 (2): 219-31. ……454
Sen, A., 1980, "Equality of What?", S. M. McMurrin ed., *The Tanner Lectures on Human Values*, University of Utah Press, 1: 197-220. (大庭 健・川本隆史訳, 1989, 「何の平等か?」『合理的な愚か者——経済学＝倫理学的探究』勁草書房: 225-62.) ……716, 724
Sen, A., 1981, *Poverty and Famines: An Essay on Entitlement and Deprivation*, Clarendon/Oxford University Press. (黒崎 卓・山崎幸治訳, 2000, 『貧困と飢饉』岩波書店.) ……172, 744
Sen, A., 1997, *On Economic Inequality*, Clarendon Press. (鈴村興太郎・須賀晃一訳, 2000, 『不平等の経済学——ジェームズ・フォスター, アマルティア・センによる補論「四半世紀後の『不平等の経済学』」を含む拡大版』東洋経済新報社.) ……460
Sen, G., 2010, "Poor Households or Poor Women: Is There a Difference?", S. Chant ed., *The International Handbook of Gender and Poverty Concepts, Research, Policy*, Edward Elgar. ……556
Sennett, R., 1998, *The Corrosion of Character: The Personal Consequences of Work in the New Capitalism*, W. W. Norton. (斎藤秀正訳, 1999, 『それでも新資本主義についていくか——アメリカ型経営と個人の衝突』ダイヤモンド社.) ……96, 228
Sewell, W. H. et al., 1969, "The Educational and Early Occupational Attainment Process", *American Sociological Review*, 34 (1): 82-92. ……458
Sewell, W. H. et al., 1970, "The Educational and Early Occupational Status Attainment Process: Replication and Revision", *American Sociological Review*, 35 (6): 1014-27. ……428, 458
Sewell, W. H. et al., 2004, "As We Age: A Review of the Wisconsin Longitudinal Study, 1957-2001", *Research in Social Stratification and Mobility*, 20: 3-111. ……458
Shakespeare, T., 2006, *Disability Rights and Wrongs*, Routledge. ……156
Shannon, C. E., 1948, "A Mathematical Theory of Communication", *The Bell System Technical Journal*, 27: 379-423, 623-56. ……306
Shannon, C. E. and W. Weaver, 1949, *The Mathematical Theory of Communication*, University of Illinois Press. (植松友彦

訳, 2009,『通信の数学的理論』筑摩書房.)……182, 484
Shapin, S. and S. Schaffer, 1985, *Leviathan and the Air-Pump: Hobbes, Boyle, and the Experimental Life*, Princeton University Press.……372
Shelley, M., 1831, *Frankenstein: Or, the Modern Prometheus*, H. Colburn and R. Bentley.(森下弓子訳, 1984,『フランケンシュタイン』東京創元社.)……170
Shepard, B. and R. Hayduk, 2002, *From ACT UP to the WTO: Urban Protest and Community Building in the Era of Globalization*, Verso.……622
Sherif, M., 1935, "A Study of Some Social Factors in Perceptions", *Archives of Psychology*, 187 : 1-60.……386
Shibutani, T., 1966, *Improvised News: A Sociological Study of Rumor*, Bobbs-Merrill.(広井 脩ほか訳, 1985,『流言と社会』東京創元社.)……276, 330
Shirky, C., 2008, *Here Comes Everybody: The Power of Organizing Without Organizations*, Penguin Books.……90
Shrader-Frechet, K. S. ed., 1981, *Environmental Ehics*, Boxwood Press.(京都生命倫理研究会訳, 1993,『環境の倫理(上・下)』晃洋書房.)……702
Shue, H., 1996, *Basic Rights: Subsistence, Affluence, and U.S. Foreign Policy*, 2nd ed., Princeton University Press.……704
Siegrist, J., 1996, "Adverse Health Effects of High-Effort/Low-Reward Conditions", *Journal of Occupational Health Psychology*, 1 (1) : 27-41.……448
Simmel, G., 1890, *Über sociale Differenzierung: Sociologische und psychologische Untersuchungen*, Duncker & Humblot.(居安 正訳, 1998,「社会分化論」『社会分化論 宗教社会学（新編改訳）』青木書店 : 4-159；石川晃弘・鈴木春男訳, 2011,『社会的分化論――社会学的・心理学的研究』中央公論新社.)……178, 538
Simmel, G., [1900] 1989, *Philosophie des Geldes*, O. Rammstedt Hg., *Gesamtausgabe/Georg Simmel Bd.6*, Suhrkamp.(元浜清海ほか訳, 1981,『ジンメル著作集2 貨幣の哲学（分析篇）』白水社；居安 正訳, 1978,『ジンメル著作集3 貨幣の哲学（綜合篇）』白水社；居安 正ほか訳, 1994,『ジンメル著作集3 貨幣の哲学』白水社.)……196, 214
Simmel, G., 1903, "Die Großstädte und das Geistesleben".(酒田健一ほか訳, 1994,「大都市と精神生活」『ジンメル著作集12 橋と扉』白水社.)……298
Simmel, G., 1905, *Die Probleme der Geschichtsphilosophie: eine erkenntnistheoretische Studie*, 2nd ed., Duncker & Humblot.(生松敬三・亀尾利弘訳, 1977,『歴史哲学の諸問題（第2版）』白水社.)……188
Simmel, G., [1908] 1923, *Soziologie: Untersuchungen über die Formen der Vergesellschaftung*, Duncker & Humblot.(居安 正訳, 1994,『社会学――社会化の諸形式についての研究（上・下）』白水社.)……184, 200, 214, 284, 292, 320, 432, 666, 668
Simmel, G., 1910, "Soziologie der Mahlzeit", *Der Zeitgeist, Beiblatt zum Berliner Tageblatt*.(酒田健一ほか訳, 1994,「食事の社会学」『ジンメル著作集12 橋と扉』白水社.)……172
Simmel, G., 1911, *Philosophische Kultur, gesammelte Essais*.(円子修平・大久保健治訳, 1976,『ジンメル著作集7 文化の哲学』白水社.)……438
Simmel, G., 1917, *Grundfragen der Soziologie: Individuum und Gesellschaft*, G. J. Göschen.(清水幾太郎訳, 1979,『社会学の根本問題』岩波書店.)……184, 298
Simon, H. A., [1947] 1997, *Administrative Behavior*, 4th ed., Free Press.(二村敏子ほか訳, 2009,『新版 経営行動――経営組織における意思決定過程の研究』ダイヤモンド社.)……396
Simon, H. A., 1957, "A Behavioral Model of Rational Choice", *Models of Man, Social and Rational: Mathematical Essays on Rational Human Behavior in a Social Setting*, Wiley: 241-59.……204
Singer, P., 1972, "Famine, Affluence, and Morality", *Philosophy and Public Affairs*, 1 (3) : 229-43.……704
Singer, P., 2009, *The Life You Can Save: How to Do Your Part to End World Poverty*, Random House.(児玉 聡・石川涼子訳, 2014,『あなたが救える命――世界の貧困を終わらせるために今すぐできること』勁草書房.)……704
Singer, P. W., 2009, *Wired for War: The Robotics Revolution and Conflict in the Twenty-first Century*, Penguin Press.(小林由香利訳, 2010,『ロボット兵士の戦争』日本放送出版協会.)……170
Sklair, L., 2001, *The Transnational Capitalist Class*, Blackwell.……742
Skocpol, T., 1979, *States and Social Revolutions: A Comparative Analysis of France, Russia, and China*, Cambridge University Press.(牟田和恵監訳, 2001,『現代社会革命論――比較歴史社会学の理論と方法』岩波書店.)……602, 632
Skocpol, T. ed., 1984, *Vision and Method in Historical Sociology*, Cambridge University Press.(小田中直樹訳, 1995,『歴史社会学の構想と戦略』木鐸社.)……534
Smelser, N. J., 1959, *Social Change in the Industrial Revolution*, University of Chicago Press.……538
Smelser, N. J., 1962, *Theory of Collective Behavior*, Routledge & Kegan Paul.(会田 彰・木原 孝訳, 1073,『集合行動の理論』誠信書房.)……602, 606, 612, 816

Smelser, N. J., 1968, *Essays in Sociological Explanation*, Prentice-Hall.（橋本 真訳, 1974,『変動の社会学——社会学的説明に関する論集』ミネルヴァ書房.）……816
Smith, A., 1776, *An Inquiry into the Nature and Causes of the Wealth of Nations*, Methuen.……432
Smith, A. D., 1986, *The Ethnic Origins of Nations*, Blackwell.（巣山靖司ほか訳, 1999,『ネイションとエスニシティ——歴史社会学的考察』名古屋大学出版会.）……238, 672
Smith, A. D., 1991, *National Identity*, Penguin Books.（高柳先男訳, 1998,『ナショナリズムの生命力』晶文社.）……238
Smith, D., 2005, *Institutional Ethnography: A Sociology for People*, Altamira Press.……122
Smith, J. et al., 1997, *Transnational Social Movements and Global Politics: Solidarity Beyond the State*, Syracuse University Press.……614
Smith, M. A. and P. Kollock eds., 1999, *Communities in Cyberspace*, Routledge.……90
Smith, P., 2005, *Why War?: The Cultural Logic of Iraq, the Gulf War, and Suez*, University of Chicago Press.……366
Snow, D. A. and R. D. Benford, 1988, "Ideology, Frame Resonance, and Participation Mobilization", *International Social Movement Research*, 1 : 197-217. ……612
Snow, D. A. and R. D. Benford, 1992, "Master Frames and Cycles of Protest", A. D. Morris and C. M. Mueller eds., *Frontiers in Social Movement Theory*, Yale University Press: 133-55.……602, 612
Snow, D. A. et al., 1986, "Frame Alignment Processes, Micromobilization, and Movement Participation", *American Sociological Review*, 51 : 464-81. ……602, 612
Solnit, R., 2009, *A Paradise Built in Hell: The Extraordinary Communities That Arises in Disaster*, Viking Penguin.（高月園子訳, 2010,『災害ユートピア——なぜそのとき特別な共同体が立ち上がるのか』亜紀書房.）……276
Sontag, S., 1967, *Against Interpretation, and Other Essays*, Eyre & Spottiswoode.（高橋康也ほか訳, 1993,『反解釈』筑摩書房.）……38
Sorel, G., 1908, *Réflexions sur la violence*, Librarie de "Pages libres".（今村仁司・塚原 史訳, 2007,『暴力論（上・下）』岩波書店.）……680
Sorokin, P. A., 1927, *Social Mobility*, Harper.……456
Soysal, Y., 1994, *Limits of Citizenship: Migrants and Postnational Membership in Europe*, University of Chicago Press. ……754
Spector, M. and J. I. Kitsuse, 1977, *Constructing Social Problems*, Cummings Publishing.（村上直之ほか訳, 1990,『社会問題の構築——ラベリング理論をこえて』マルジュ社.）……122, 296
Spencer-Brown, G., 1949, *Laws of Form*, George Allen & Unwin.（大澤真幸・宮台真司訳, 1987,『形式の法則』朝日出版社.）……192
Spencer, H., 1851, *Social Statics*, J. Chapman.……162, 790
Spencer, H., 1873, *The Study of Sociology*, H. S. King.……790
Spencer, H., 1876-96, *The Principles of Sociology*, vol. Ⅰ-Ⅲ, Williams and Norgate.……106, 518, 538
Spencer, H., 1982, *First Principles*, Williams and Norgate.（沢田 謙訳, 1927,『第一原理』春秋社.）……518
Spivak, G. C., 1988, "Can the Subaltern Speak?", C. Nelson and L. Grossberg eds., *Marxism and the Interpretation of Culture*, University of Illinois Press.（上村忠男訳, 1998,『サバルタンは語ることができるか』みすず書房.）……544, 592
Sprondel, W. M. Hg., 1977, *Alfred Schütz Talcott Parsons Zur Theorie sozialen Handelns: Ein Briefwechsel*, Suhrkamp.（佐藤嘉一訳, 2009,『A・シュッツ=T・パーソンズ往復書簡——社会的行為の理論論争（改訳版）』木鐸社.）……178
Stallman, R. M., 2002, *Free Software, Free Society: Selected Essays of Richard M. Stallman*, GNU Press.（長尾高弘訳, 2003,『フリーソフトウェアと自由な社会—— Richard M. Stallmanエッセイ集』アスキー.）……90
Standing, G., 2011, *The Precariat: The New Dangerous Class*, Bloomsbury Academic.……640
Stebbins, R., 1986, "The Definition of the Situation: A Review", A. Furnham ed., *Social Behavior in Context*, Allyn & Bacon: 134-54.……280
Stein, L., 1850, "Vorwort", *Geschichte der sozialen Bewegung in Frankreich von 1789 bis auf unsre Tage*, Leipz.（森田 勉訳, 1991,『社会の概念と運動法則』ミネルヴァ書房.）……616
Steinert, H., [1998] 2008, *Kulturindusrie*, Westfälisches Dampfboot.……344
Stiegler, B., 1994, *La Technique et le temps tome 1: La faute d'Épiméthée*, Éditions Galilée.（石田英敬監修, 西 兼志訳, 2009,『技術と時間 1 エピメテウスの過失』法政大学出版局.）……334
Stoller, R., 1968, *Sex and Gender*, Aronson.……8
Stouffer, S. et al. eds., 1949, *The American Soldier: Studies in Social Psychology in World War II*, 1-2, Princeton University Press.……682
Stouffer, S. et al. eds., 1950, *Measurement and Prediction: Studies in Social Psychology in World War II*, vol.4, Princeton

University Press. ……682
Strange, S., 1996, *The Retreat of the State: The Diffusion of Power in the World Economy*, Cambridge University Press. (櫻井公人訳, 1998,『国家の退場』岩波書店.) ……528
Strauss, A. et al., 1984, *Chronic Illness and the Quality of Life*, C. V. Mosby. (南 裕子監訳, 1987,『慢性疾患を生きる——ケアとクォリティ・ライフの接点』医学書院.) ……158
Sudnow, D., 1967, *Passing On: The Social Organization of Dying*, Prentice-Hall. (岩田啓靖ほか訳, 1992,『病院でつくられる死——「死」と「死につつあること」の社会学』せりか書房.) ……156
Sudweeks, F. et al., 1998, *Network and Netplay: Virtual Groups on the Internet*, MIT Press. ……90
Sumner, W. G., 1906, *Folkways: A Study of the Sociological Importance of Usages, Manners, Customs, Mores, and Morals*, Ginn. (青柳清孝ほか訳, 1975,『現代社会学大系第3巻 フォークウェイズ』青木書店.) ……518, 668
Susser, M. and E. Susser, 1996a, "Choosing a Future for Epistemology I: Era and Pradigms", *American Journal of Public Health*, 86 (5): 668-78. ……448
Susser, M. and E. Susser, 1996b, "Choosing a Future for Epistemology II: From Black Box to Chinese Boxes and Eco-Epidemology", *American Journal of Public Health*, 86 (5): 674-77. ……448

T

Tajfel, H. and J. C. Turner, 1986, "The Social Identity Theory of Inter-Group Behavior", S. Worchel and L. W. Austin eds., *Psychology of Intergroup Relations*, Nelson-Hall: 7-24. ……238
Tamir, Y., 1993, *Liberal Nationalism*, Princeton University Press. (押村 高ほか訳, 2006,『リベラルなナショナリズムとは』夏目書房.) ……730
Tarde, J.-G., 1890, *Les lois de l'imitation: étude sociologique*, Félix Alcan. ……438
Tarde, J.-G., 1895, *Monadologie et sociologie in essais et malanges sociologiques*, Storck et Masson. (村澤真保呂・信友建志訳, 2007,「モナド論と社会学」『社会法則/モナド論と社会学』河出書房新社: 123-234.) ……304
Tarde, J.-G., 1898, *Les lois sociales: esquisse d'une sociologie*, Félix Alcan. (村澤真保呂・信友建志訳, 2008,「社会法則」『社会法則/モナド論と社会学』河出書房新社: 5-122.) ……304
Tarde, G., 1901, *L'opinion et la foule*, Félix Alcan. (稲葉三千男訳, 1964,『世論と群集』未來社.) ……318
Tarrow, S., 1998, *Power in Movement: Social Movements and Contentious Politics*, Cambridge University Press. (大畑裕嗣監訳, 2006,『社会運動の力——集合行為の比較社会学』彩流社.) ……618, 622
Taylor, C., 1994, "The Politics of Recognition", A. Gutmann ed., *Multiculturalism: Examining the Politics of Recognition*, Princeton University Press: 25-73. (佐々木 毅ほか訳, 1996,「承認をめぐる政治」『マルチカルチュラリズム』岩波書店: 75-106.) ……248, 730
The Black Report 1980. (Retrieved July 15, 2015, http://www.sochealth.co.uk/resources/public-health-and-wellbeing/poverty-and-inequality/the-black-report-1980/) ……448
Thomas, C., 1999, *Female Forms: Experiencing and Understanding Disability*, Open University Press. ……156
Thomas, W. and D. Thomas, 1928, *The Child in America*, Alfred A. Knopf. ……280
Thomas, W. I. and F. Znaniecki, 1918-20, *The Polish Peasant in Europe and America*, 5 vols, University of Chicago Press (I-II); Richard G. Badger (III-V). (桜井 厚抄訳, 1983,『生活史の社会学——ヨーロッパとアメリカにおけるポーランド農民』御茶の水書房.) ……208, 808
Thompson, W., 1824, *An Inquiry into the Principles of Wealth*, Longman, Hurst Rees, Orme, Brown, and Green. (鎌田武治訳, 2011,『富の分配の諸原理 (1・2)』京都大学出版会.) ……790
Thompson, W., 1827, *Labour Rewarded*, Hunt and Clarke. ……790
Thompson, W. S., 1929, "Population", *American Journal of Sociology*, 34 (6): 959-75. ……174
Thornton, S., 2009, *Seven Days in the Art World*, Granta. (鈴木泰雄訳, 2009,『現代アートの舞台裏——5ヵ国6都市をめぐる7日間』ランダムハウス講談社.) ……368
Thorson, T. L., 1970, *Biopolitics*, Holt, Rinehart and Winston. (奈良本重訳, 1973,『バイオポリティックス——生物・文化的進化の政治学』勁草書房.) ……162
Tilly, C., 1964, *The Vendée*, Harvard University Press. ……602
Tilly, C., 1978, *From Mobilization to Revolution*, Addison-Wesley. (堀江 湛監訳, 1984,『政治変動論』芦書房.) ……602, 632
Tilly, C., 1986, *The Contentious French*, Harvard University Press. ……622
Tilly, C., 2004, *Contention and Democracy in Europe, 1650-2000*, Cambridge University Press. ……618
Tilly, C. et al., 1975, *The Rebellious Century: 1830-1930*, Harvard University Press. ……602, 624
Tisseron, S., 2014, *La résilience*, Presses universitaires de France. ……224

Tocqueville, A. de, 1835, *De la démocratie en Amérique*, Michel Levy. (松本礼二訳, 2005-08, 『アメリカのデモクラシー (第1巻上・下, 第2巻上・下)』岩波書店.) ……402
Toffler, A., 1980, *The Third Wave*, Bantam Books. (鈴木健次ほか訳, 1980, 『第三の波』日本放送出版協会.) ……14
Tolson, A., 1977, *The Limits of Masculinity*, Tavistock Publication. ……8
Tomlinson, J., 1991, *Cultural Imperialism: A Critical Introduction*, Continuum. (片岡 信訳, 1993, 『文化帝国主義』青土社.) ……772
Tönnies, F., 1887, *Gemeinschaft und Gesellschaft*, Fues's. (杉之原寿一訳, 1957, 『ゲマインシャフトとゲゼルシャフト——純粋社会学の基本概念(上・下)』岩波書店.) ……106, 522
Torpey, J., 2006, *Making Whole What Has Been Smashed: On Reparation Politics*, Harvard University Press. (藤川隆男ほか訳, 2013, 『歴史的賠償と「記憶」の解剖——ホロコースト・日系人強制収容・奴隷制・アパルトヘイト』法政大学出版局.) ……112
Touraine, A., 1965, *Sociologie de l'action*, Éditions du Seuil. ……602
Touraine, A., 1966, *La conscience ouvrière*, Éditions du Seuil. ……616
Touraine, A., 1968, *Le mouvement de mai ou le communisme utopique*, Éditions du Seuil. (寿里 茂・西川 潤訳, 1970, 『現代の社会闘争——五月革命の社会学的展望』日本評論社.) ……602
Touraine, A., 1969, *La société post-industrielle*, Denoël, Gonthier. (寿里 茂・西川 潤訳, 1970, 『脱工業化の社会』河出書房新社.) ……602, 616
Touraine, A., 1973, translated by D. Coltman, 1977, *The Self-Production of Society*, University of Chicago Press. ……602
Touraine, A., 1978, *La voix et le regard*, Éditions du Seuil. (梶田孝道訳, 2011, 『新装 声とまなざし——社会運動の社会学』新泉社.) ……616, 618, 626, 630
Touraine, A., 1980, *La prophétie anti-nucléaire*, Éditions du Seuil. (伊藤るり訳, 1984, 『反原子力運動の社会学——未来を予言する人々』新泉社.) ……630
Touraine, A., 1992, *Critique de la Modernité*, Fayard. ……636
Touraine, A., 1999, *Comment sortir du libéralisme ?*, Fayard. ……636
Touraine, A., 2006, *Le monde des femmes*, Fayard. ……636
Touraine, A. et al., 1980, *La prophétie anti-nucleaire*, Éditions du Seuil. (伊藤るり訳, 1984, 『反原子力運動の社会学——未来を予言する人々』新泉社.) ……616
Touraine, A. et al., 1981, *Le pays contre l'État*, Éditions du Seuil. (宮島 喬訳, 1984, 『現代国家と地域闘争——フランスとオクシタニー』新泉社.) ……616
Townsend, P., 1979, *Poverty in the United Kingdom*, Allen Lane and Penguin Books. ……432
Travers, J. and S. Milgram, 1969, "An Experimental Study of the Small World Problem", *Sociometry*, 32 (4) : 425-43. ……406
Treiman, D. J., 1970, "Industrialization and Social Stratification", E. O. Laumann ed., *Social Stratification: Research and Theory for the 1970s*, Bobbs-Merrill: 207-34. ……430, 434
Treiman, D., 1977, *Occupational Prestige in Comparative Perspective*, Academic Press. ……428
Tsuda, T. ed., 2006, *Local Citizenship in Recent Countries of Immigration: Japan in Comparative Perspective*, Lexington Books. ……754
Tsuya, N. O. et al., 2010, *Prudence and Pressure: Reproduction and Human Agency in Europe and Asia, 1700-1900*, MIT Press. ……550
Tumin, M. M., 1953, "Some Principles of Stratification: A Critical Analysis", *The American Sociological Review*, 18 : 387-93. ……424
Turkle, S., 1995, *Life on the Screen: Identity in the Age of the Internet*, Simon & Schuster. (日暮雅通訳, 1998, 『接続された心——インターネット時代のアイデンティティ』早川書房.) ……168
Turner, G., 1996, *British Cultural Studies: An Introduction*, 2nd ed., Routledge. (溝上由紀ほか訳, 1999, 『カルチュラル・スタディーズ入門——理論と英国での発展』作品社.) ……344
Turner, J. C., 1987, *Rediscovering the Social Group: A Self-Categorization Theory*, Blackwell. (蘭 千壽ほか訳, 1995, 『社会集団の再発見——自己カテゴリー化理論』誠信書房.) ……420
Turner, R. H., 1956, "Role-Taking, Role-standpoint, and Reference-group Behavior", *American Journal of Sociology*, 61 : 316-28. ……276
Turner, R. H., 1964, "Collective Behavior", R. E. L. Faris ed., *Handbook of Modern Sociology*, Rand McNally: 382-425. ……606
Turner, R. H., 1981, "Collective Behavior and Resource Mobilization as Approaches to Social Movements: Issues and Continuities", L. Kriesberg ed., *Research in Social Movements, Conflicts, and Change*, 4 : 1-24. ……606

Turner, R. H. and L. M. Killian, 1972, *Collective Behavior*, 2nd ed., Prentice-Hall.……602, 606

U

United Nations, 1995, *The Copenhagen Declaration and Programme of Action*, World Summit for Social Development, United Nations.……432

United Nations, 2008, *Principles and Recommendations for Population and Housing Censuses Revision 2*, Statistical Papers Series M No.67, Department of Economic and Social Affairs, Statistics Division.……556

UNOHCHR, 2014, *Annual Thematic Reports*. (Retrieved December. 28, 2014, http://ap.ohchr.org/documents/dpage_e.aspx?m=160)……770

Urry, J., 1990, *The Tourist Gaze*, Sage.（加太宏邦訳, 1995,『観光のまなざし』法政大学出版局.）……542

Urry, J., 2000, *Sociology Beyond Societies: Mobilities for the Twenty-First Century*, Routledge.（吉原直樹監訳, [2006] 2011,『社会を越える社会学——移動・環境・シチズンシップ』法政大学出版局.）……26, 542

Urry, J., 2003, *Global Complexity*, Polity Press.（吉原直樹監訳, 2014,『グローバルな複雑性』法政大学出版局.）……542

Urry, J., 2007, *Mobilities*, Polity Press.（吉原直樹・伊藤嘉高訳, 2015,『モビリティーズ——移動の社会学』作品社.）……102

Urry, J., 2011, *Climate Change and Society*, Polity Press.……542

V

van de Kaa, D. J., 2003, "Second Demographic Transition", P. Demeny and G. McNicoll eds., *Encyclopedia of Population*, Macmillan Reference: 872-75.……174

Veblen, T., 1899, *The Theory of the Leisure Class*, Macmillan.（小原敬士訳, 1961,『有閑階級の理論』岩波書店：高 哲男訳, 1999,『有閑階級の理論』筑摩書房.）……218, 438

Vieviorka, M., 2004, *La violence*, Balland.（田川光照訳, 2007,『暴力』新評論.）……680

Villiers de L'Isle-Adam, Auguste de, 1886, *L'Ève future*.（齋藤磯雄訳, 1996,『未来のイヴ』東京創元社.）……170

Virilio, P., 1977, *Vitesse et politique: essai de dromologie*, Éditions Galilée.（市田良彦訳, 2001,『速度と政治——地政学から時政学へ』平凡社.）……72, 310

Virilio, P., 1993, *L'art du moteur*, Éditions Galilée.（土屋 進訳, 2002,『情報エネルギー化社会——現実空間の解体と速度が作り出す空間』新評論.）……168

von Neumann, J., 1966, *Theory of Self-Reproducing Automata*, edited and completed by A. W. Burks, University of Illinois Press.……78

W

Wacquant, L., 1999, *Les Prisons de la misère*, Éditions Raisons d'Agir.（森 千香子・菊池恵介訳, 2008,『貧困という監獄——グローバル化と刑罰国家の到来』新曜社.）……762

Walby, S., 2009, *Globalization and Inequalities: Complexity and Contested Modernities*, Sage.……764

Walder, A. G., 2009, "Political Sociology and Social Movements", *Annual Review of Sociology*, 35 : 393-412.……624

Waldron, J., 1999, *Law and Disagreement*, Oxford University Press.……690

Waldrop, M. M., 1992, *Complexity; The Emerging Science at the Edge of Order and Chaos*, Simon & Schuster.（田中三彦・遠山峻征訳, 2000,『複雑系——科学革命の震源地・サンタフェ研究所の天才たち』新潮社.）

Walgrave, S. and R. Rucht eds., 2010, *The World Says No to War: Demonstrations against the War on Iraq*, University of Minnesota Press.……618

Walker, A., 1982, *The Color Purple: A Novel*, Harcourt Brace Jovanovich.（柳澤由実子訳, 1985,『紫のふるえ』集英社.）……764

Wallerstein, I., 1974, *The Modern World-System 1: Capitalist Agriculture and the Origins of the European World-Economy in the Sixteenth Century*, Academic Press.（川北 稔訳, 1981,『近代世界システム——農業資本主義と「ヨーロッパ世界経済」の成立（1・2）』岩波書店.）……26

Wallerstein, I., [1983] 1996, *Historical Capitalism with Capitalist Civilization*, Verso.（川北 稔訳, 1997,『史的システムとしての資本主義』岩波書店.）……528, 706

Wallerstein, I., 1991, *Geopolitics and Geoculture: Essays on the Changing World-System*, Cambridge University Press.（丸山 勝訳, 1991,『ポスト・アメリカ——世界システムにおける地政学と地政文化』藤原書店.）……624

Walsh, E. J. and R. H. Warland, 1983, "Social Movement Involvement in the Wake of Nuclear Accidents: Activists and Free Riders in the TMI Area", *American Sociological Review*, 48 (6) : 764-80.（大畑裕嗣訳, 1989,「スリーマイル島原発事故と市民の対応」塩原 勉編『資源動員と組織戦略——運動論の新パラダイム』新曜社: 197-235.）……618

Waltz, M., 2005, *Alternative and Activist Media*, Edinburgh University Press.（神保哲生訳, 2008,『オルタナティブ・メディア――変革のための市民メディア入門』大月書店.）……626, 638
Walz, K. N., 1979, *Theory of International Politics*, Addison-Wesley.（河野 勝・岡垣知子訳, 2010,『国際政治の理論』勁草書房.）……528
Warren, S. D. and L. D. Brandeis, 1890, "The Right to Privacy: The Implicit made Explicit", F. D. Schoeman ed., 1984, *Philosophical Dimensions of Privacy*, Cambridge University Press: 75-103.……292
Waterman, P., 1998, *Globalization, Social Movements, and the New Internationalisms*, Mansell.……614
Wattz, D. and S. Strogatz, 1998, "Collective Dynamics of 'Small-World' Networks", *Nature*, 393 (6684): 409-10.……406
Webb, S. and B. Webb, 1920, *The History of Trade Unionism*, Longmans, Green.（荒畑寒村監訳, 飯田 鼎・高橋 洸訳, 1973,『労働組合運動の歴史（上・下）』日本労働協会.）……394
Weber, M., 1904, "Die »Objektivität« sozialwissenschaftlicher und sozialpolitischer Erkenntnis", in Weber [1922] 1988: 146-214.（富永祐治・立野保男訳, 折原 浩補訳, 1998,『社会科学と社会政策にかかわる認識の「客観性」』岩波書店.）……564
Weber, M., 1904-05, "Die protestantische Ethik und der „Geist" des Kapitalismus I, II", *MWG1/9 Asketischer Protestantismus und Kapitalismus*, J. C. B. Mohr: 123-215, 242-425.（梶山 力訳, 安藤英治補訳, 1994,『プロテスタンティズムの倫理と資本主義の《精神》』未來社.）……532, 646
Weber, M., 1905-06, "Roscher und Knies und die logischen Probleme der historischen Nationalökonomie II, III", in Weber [1922] 1988: 42-145.（松井秀親訳, 1955-56,『ロッシャーとクニース』未來社: 89-296.）……188
Weber, M., 1906, "Kritische Studien auf dem Gebiet der kulturwissenschaftlichen Logik", in Weber [1922] 1988: 215-90.（森岡弘通訳, 1965,「文化科学の論理学の領域における批判的研究」『歴史は科学か』みすず書房: 99-227.）……188, 202
Weber, M., 1913, "Über einige Kategorien der verstehenden Soziologie", in Weber [1922] 1988: 489-540.（海老原明夫・中野敏男訳, 1990,『理解社会学のカテゴリー』未來社.）……452
Weber, M., 1919a, "Parlament und Regierung im neugeordneten Deutschland", *MWG1/15 Zur Politik im Weltkrieg*, J. C. B. Mohr: 432-596.（中村貞二・山田高生訳, 1988,「新秩序ドイツの議会と政府」『ウェーバー政治・社会論集』河出書房新社: 303-83.）……402
Weber, M., 1919b, *Politik als Beruf*, Duncker & Humblot.（*MWG1/17 Wissenschaft als Beruf 1917/1919 Politik als Beruf 1919*, J. C. B. Mohr: 156-252.）（脇 圭平訳, 1980,『職業としての政治』岩波書店.）……680
Weber, M., 1920a, *Gesammelte Aufsätze zur Religionssoziologie 1*, J. C. B. Mohr.（*MWG1/18 Die protestantische Ethik und der Geist des Kapitalismus*, J. C. B. Mohr. *MWG1/19 Die Wirtschaftsethik der Weltreligionen Konfuzianismus und Taoismus*, J. C. B. Mohr.）（大塚久雄・生松敬三訳, 1972,『宗教社会学論選』みすず書房: 大塚久雄訳, 1989,『プロテスタンティズムの倫理と資本主義の精神』岩波書店. ほか）……646
Weber, M., 1920b, "Einleitung", *MWG1/19 Die Wirtschaftsethik der Weltreligionen Konfuzianismus und Taoismus*, J. C. B. Mohr: 83-127.（大塚久雄・生松敬三訳, 1972,「世界宗教の経済倫理 序論」『宗教社会学論選』みすず書房: 31-96.）……364, 646
Weber, M., 1920c, "Zwischenbetrachtung", *MWG1/19 Die Wirtschaftsethik der Weltreligionen Konfuzianismus und Taoismus*, J. C. B. Mohr: 479-522.（大塚久雄・生松敬三訳, 1972,「世界宗教の経済倫理 中間考察」『宗教社会学論選』みすず書房: 97-163.）……538, 668
Weber, M., 1921, *Gesammelte Aufsätze zur Religionssoziologie 2*, J. C. B. Mohr.（*MWG1/20 Die Wirtschaftsethik der Weltreligionen Hinduismus und Buddhismus*, J. C. B. Mohr.）（深沢 宏訳, 2002,『ヒンドゥー教と仏教』東洋経済新報社.）……646
Weber, M., 1921-22a, "Soziologische Grundbegriffe", *MWG1/23 Wirtschaft und Gesellschaft Soziologie*, J. C. B. Mohr: 147-215.（阿閉吉男・内藤莞爾訳, 1987,『社会学の基礎概念』恒星社厚生閣: 清水幾太郎訳, 1972,『社会学の根本概念』岩波書店.）……178, 188, 204, 400, 574
Weber, M., 1921-22b, "Die Typen der Herrschaft", *MWG1/23 Wirtschaft und Gesellschaft Soziologie*, J. C. B. Mohr: 449-591.（世良晃志郎訳, 1970,『支配の諸類型』創文社.）……456, 652, 742
Weber, M., 1921-22c, "Wirtschaftliche Beziehungen der Gemeinschaften im allgemeinen", *MWG1/22-1 Wirtschaft und Gesellschaft Gemeinschaften*, J. C. B. Mohr: 77-107.（厚東洋輔訳, 1975,「経済と社会集団」尾高邦雄編『世界の名著50 ウェーバー』中央公論社: 485-598.）……444
Weber, M., 1921-22d, "Hausgemeinschaften", *MWG1/22-1 Wirtschaft und Gesellschaft Gemeinschaften*, J. C. B. Mohr: 114-61.（厚東洋輔訳, 1975,「経済と社会集団」尾高邦雄編『世界の名著50 ウェーバー』中央公論社: 485-598.）……444
Weber, M., 1921-22e, "Die Wirtschaft und die Ordnungen", *MWG1/22-3 Wirtschaft und Gesellschaft Recht*, J. C. B.

Mohr: 191-247.(厚東洋輔訳, 1975,「経済と社会集団」尾高邦雄編『世界の名著50 ウェーバー』中央公論社: 485-598.) ……444
Weber, M., 1921-22f, *MWG1/22-4 Wirtschaft und Gesellschaft Herrschaft*, J. C. B. Mohr.(世良晃志郎訳, 1960/62,『支配の社会学Ⅰ, Ⅱ』創文社.) ……216, 388, 416, 522
Weber, M., [1922] 1988, *Gesammelte Aufsätze zur Wissenschaftslehre*, J. Winckelmann Hg., J. C. B. Mohr.……188
Weick, K. E., 1979, *The Social Psychology of Organizing*, 2nd ed., Addison-Wesley.(遠田雄志訳, 1997,『組織化の社会心理学(第2版)』文眞堂.) ……192, 414
Westin, A. F., 1967, *Privacy and Freedom*, Atheneum.……292
White, J. W., 1998, "Old Wine, Cracked Bottle? Tokyo, Paris and the Global Hypothesis", *Urban Affairs Review*, 33(4): 451-77.(渡戸一郎訳, 1999,「古い酒とひび割れたボトル——東京, パリ, そして世界都市仮説」『明星大学社会学研究紀要』19: 65-88.) ……740
White, M. and D. Epston, 1990, *Narrative Means to Therapeutic Ends*, W. W. Norton.(小森康永訳, 1992,『物語としての家族』金剛出版.) ……268
Whyte, W. F., 1943, *Street Corner Society*, University of Chicago Press.(奥田道大・有里典三訳, 2000,『ストリート・コーナー・ソサエティ』有斐閣.) ……362
Whyte, W. F., 1982, "Social Inventions for Solving Human Problems: American Sociological Association, 1981, Presidential Address", *American Sociological Review*, 47(1): 1-13.(今 防人訳, 1983,「人間の諸問題を解決するための社会的発明——アメリカ社会学会, 1981年会長就任演説」「社会と社会学」編集委員会編『叢書 社会と社会学Ⅰ 世界社会学をめざして』新評論: 232-61.) ……630
Wiener, N., [1948] 1961, *Cybernetics, or, Control and Communication in the Animal and the Machine*, MIT Press.(池原止戈夫ほか訳, 1962,『サイバネティックス——動物と機械における制御と通信(第2版)』岩波書店.) ……78, 466, 506
Wieviorka, M., 1988, *Sociétés et terrorisme*, Fayard.……616
Wieviorka, M., 1998, *Le Racisme: une introduction*, La Découverte.(森 千香子訳, 2007,『レイシズムの変貌——グローバル化がまねいた社会の人種化, 文化の断片化』明石書店.) ……762
Wieviorka, M., 2004, *La Violence*, Balland.(田川光照訳, 2007,『暴力』新評論.) ……636
Wilensky, H. L., 1975, *The Welfare State and Equality*, University of California Press.(下平好博訳, 1984,『福祉国家と平等——公共支出の構造的・イデオロギー的起源』木鐸社.) ……706
Williams, R. H. and R. D. Benford, 2000, "Two Faces of Collective Action Frames: A Theoretical Consideration", *Current Perspectives in Social Theory*, 20: 127-51.……612
Williams, S. J. et al., 2011, "The Pharmaceuticalisation of Society? A Framework for Analysis", *Sociology of Health and Illness*, 33(5): 710-25.……160
Williamson, O. E. ed., 1990, *Organization Theory: From Chester Barnard to the Present and Beyond*, Oxford University Press.(飯原春樹監訳, 1996,『現代組織論とバーナード』文眞堂.) ……396
Willis, P., 1977, *Learning to Labour: How Working Class Kids Get Working Class Jobs*, Saxon House.(熊沢 誠・山田 潤訳, 1996,『ハマータウンの野郎ども』筑摩書房.) ……362, 450
Wilson, E. O., 1975, *Sociobiology: The New Synthesis*, Belknap Press of Harvard University Press.(坂上昭一ほか訳, 1983-85,『社会生物学』思索社.) ……136
Winant, H., 2001, *The World Is A Ghetto: Race and Democracy Since World War II*, Basic Books.……760
Wise, A. and S. Velayutham eds., 2009, *Everyday Multiculturalism*, Palgrave Macmillan.……756
Wodak, R. and M. Meyer eds., 2001, *Methods of Critical Discourse Analysis*, Sage.(野呂香代子監訳, 2010,『批判的談話分析入門——クリティカル・ディスコース・アナリシスの方法』三元社.) ……572
Wolf, E. R., 1969, *Peasant Wars of the Twentieth Century*, Harper & Row.……602
Wooffitt, R., 2005, *Conversation Analysis and Discourse Analysis: A Comparative and Critical Introduction*, Sage.……122
Woolgar, S. and D. Pawluch, 1985, "Ontological Gerrymandering: The Anatomy of Social Problems Explanations", *Social Problems*, 32(2): 214-27.(平 英美訳, 2000,「オントロジカル・ゲリマンダリング——社会問題をめぐる説明の解剖学」平 英美・中河伸俊編『構築主義の社会学——論争と議論のエスノグラフィー』世界思想社: 18-45.) ……122, 296
World Bank, 2013, *Risk and Opportunity*, World Bank. ……4
Wouters, C., 1989, "The Sociology of Emotions and Flight Attendants: Hochschild's Managed Heart", *Theory, Culture & Society*, 6: 95-123.……286
Wright, E. O. and R. E. Dwyer, 2003, "The Patterns of Job Expansion in the USA. A Comparison of the 1960s and 1990s", *Socio-Economic Review*, 1: 289-325.……430

Wrigley, E. A. and R. S. Schofield, 1981, *The Population History of England, 1541-1871: A Reconstruction*, Edward Arnold.……550

■ Y

Yamagishi, T. and K. Cook, 1993, "Generalized Exchange and Social Dilemma", *Social Psychology Quarterly*, 56 : 235-49. ……262
Yitzhaki, S., 1979, "Relative Deprivation and the Gini Coefficient", *Quarterly Journal of Economics*, 93 (2) : 321-4.……454
Yoneyama, L., 1999, *Hiroshima Traces: Time, Space, and the Dialectics of Memory*, University of California Press.（小沢弘明ほか訳, 2005,『広島──記憶のポリティクス』岩波書店.）……374
Young, M. F. D., 1958, *The Rise of the Meritocracy 1870-2033: An Essay on Education and Equality*, Thames & Hudson.（窪田鎮夫・山元卯一郎訳, 1982,『メリトクラシー』至誠堂.）……436

■ Z

Zhou, M. et al., 2008, "Success Attained, Deterred, and Denied: Divergent Pathways to Social Mobility in Los Angeles's New Second Generation", *The Annals of the American Academy of Political and Social Science*, 620 : 37-61.……758
Zhou, M., 1997 "Segmented Assimilation: Issues, Controversies, and Recent Research on the New Second Generation", *International Migration Review*, 31 (4) : 975-1008.……758
Zola, I. K., 1977, "Healthism and Disabling Medicalization", I. Illich et al., *Disabling Professions*, Marion Boyars: 41-68.（尾崎浩訳, 1984,「健康主義と人の能力を奪う医療化」『専門家時代の幻想』新評論: 53-92.）……160
Zurcher, L. A., 1983, *Social Roles: Conformity, Conflict and Creativity*, Sage.……276

◆ 判例

Grutter v. Bollinger, 123 S.Ct. 2325（2003）.……722
Regents of the University of California v. Bakke, 98 S.Ct. 2733（1978）.……722

事 項 索 引

＊「五十音見出し語索引」は xv ページ参照．見出し語の掲載ページは太字で示してある．
なお，事項の英語表記等については項目執筆者による訳語を採用し，統一は必要な場合にとどめた．
欧文表記については，仏語は(仏)，独語は(独)，伊語は(伊)，梵語は(梵)，ギリシャ語は(ギ)，ラテン語は(ラ)
とし，日本語が定着しているものは(日)とした．

■ A ～ Z

ABM(エージェント・ベース・モデル) agent-based model 512
AGIL図式　AGIL scheme　198, 202, 210, **474**, 481, 483, 509, 535
AJS　*American Journal of Sociology*　262
ANT　→アクター・ネットワーク理論
ARPANET　Advanced Research Projects Agency Netwerk　15, 91

BCL　Biological Computer Laboratory　309
BDS(ベーシック・データ・シート，基礎整理シート)　Basic Data Sheet　550
BGモデル　Breen and Goldthorpe model　453
BL(ボーイズラブ)　boys love(和製英語)　381

CEFR(ヨーロッパ言語共通参照枠)　Common European Framework of Reference for Languages　766
CI(コーポレート・アイデンティティ)　corporate identity　418
COP(締約国会議)　Conference of the Parties　615
CSR(企業の社会的責任)　corporate social responsibility　591
CUDOS　communalism, universalism, disinterestedness, and originality skepticism　372

DIY　Do It Yourself　93
DNA情報　DNA information　340
DSM(精神障害の診断と統計マニュアル)　Diagnostic and Statistical Manual of Mental Disorders　224
DV(ドメスティック・バイオレンス)　domestic violence　548, 598, 721

ESS(進化的に安定な戦略)　evolutionarity stable strategy　79

EU(欧州連合)　European Union　52, 672, 754
EU統合　Europeanization　542

FAO(国連食糧農業機関)　Food and Agriculture Organizaiton　173
FJH仮説　FJH(Featherman, Johns and Hauser) hypothesis　431
FKモデル　Fararo and Kosaka model　441, 443
Fスケール　F scale　561

G8(主要国首脳会議)　Group of Eight　621, 627
G20(20か国財務省・中央銀行総裁会議)　Group of Twenty　621
GATT(関税および貿易に関する一般協定)　General Agreement on Tariffs and Trade　738
GDP(国内総生産)　gross domestic product　534
GM食品(遺伝子組み換え食品)　genetically modified food　173

ICT　→情報コミュニケーション技術
IEO　inequality of educational opportunity　452
ILO(国際労働機関)　International Labour Organization　747, 770
IMF(国際通貨基金)　International Monetary Fund　556, 738, 746
IQ　intelligence quotient　437
ISA(国際社会学会)　International Sociological Association　468
ISSP(国際社会調査プログラム)　International Social Survey Programme　239
Iとme　"I" and "me"　249, 813

LGBT(I)　lesbian, gay, bisexual, transgender and intersex　12, 42, 545, 623
LSE(ロンドン・スクールオブエコノミクス)　London School of Economics and Political Science　807

NGO(非政府組織)　non governmental organization　614, 627, 641, 704, 738, 747, 770

事項索引

NICs（新興工業国） Newly Industrializing Countries 527
NIEs（新興工業経済地域） Newly Industrializing Economies 524, 527
NII/GII National Information Infrastructure/Global Information Infrastructure 16
NORC National Opinion Research Center 428
NPO（非営利組織） nonprofit organization 108, 627, 700

OG →オントロジカル・ゲルマンダリング
OSCE（ヨーロッパ安全保障協力機構） Organization for Security and Co-operation in Europe 770

P2P peer to peer 93
PTSD（心的外傷後ストレス障害） post traumatic stress disorder 224
public domain 341

R＝i×a 330
RPG（ロールプレイング・ゲーム） role playing game 82, 93
RRA仮説（相対的リスク回避仮説） relative risk aversion hypothesis 453

SAP（構造調整政策） structural adjustment program 556
SEM（構造方程式モデリング） structural equation modeling 459, 463
SES（社会経済的地位） socio-economic status 451, 463
SI →シンボリック相互作用（相互行為）論
SNS（ソーシャル・ネットワーキング・サービス，ソーシャル・ネットワーキング・サイト） social networking service; social networking site 17, 333, 412
SSK（科学知識社会学） sociology of scientific knowledge 372
SSM調査（社会階層と社会移動全国調査） National Survey of Social Stratification and Social Mobility 428, 435, 443
SSP調査（階層と社会意識研究調査） Stratification and Social Psyohology Survey 443

TRI（有害化学物質排出目録） Toxic Release Inventory 699

UNDP（国連開発計画） United Nations Development Programme 557
UNOHCHR（国連人権高等弁務官事務所） United Nations Office of the High Commissioner for Human Rights 770

VAW（女性に対する暴力） violence against women 598
VI（ヴィジュアル・アイデンティティ） visual identity 418

WHO（世界保健機関） World Health Organization 150
WOSC World Organisation of System and Cybernetics 468
WTO（世界貿易機関） World Trade Organization 615, 621, 746
WWW world wide web 92

■あ

愛 love 310
愛（メディア） love (media) 200
愛国主義 patriotism 239
アイデンティティ identity 189, 226, 234, 238, 240, 243, 244, 267, 338, 573, 651, 672, 730, 752
アイデンティティ・カテゴリー identity category 573
アイデンティティ形成 identity formation 267
アイデンティティ資本 identity capital 244
アイデンティティとコミュニケーション identity and communication 338
アイデンティティ・ポリティクス identity politics 240, 355, 764
曖昧さ ambiguity 330, 415
アウトサイダー・アート outsider art 369
アウラ Aura（独）, aura 312, 346, 812
アカウント account 291
空き地・空き家 vacant land/vacant house 340
アクシオンの社会学 sociologie de l'action（仏） 616
アクション・リサーチ action research 261, 631
アクセス権 access rights 626
アクター・ネットワーク理論 actor-network theory: ANT 373, 543
アクティブ・インタビュー active interview 126
アジア的価値 Asian values 730
アジェンダ21 Agenda 21 57
アスピレーション aspiration 437, 459
新しい階級 new class 565
新しい個人主義 new individualism 20
新しい社会運動 new social movements: NSMs 325, 622, 640, 655
「新しい社会運動」論 'new social movements' theory 609, 616, 636
圧縮された近代 compressed modernity 540

事項索引

アディクション　addiction　547
宛　先　destination　307
アート・ワールド　art world　**368**
アナール派　Annales school　736
アノミー　anomie　655, 660
アノミー型　anomie type　819
アバター　avatar　171
アパルトヘイト反対運動　anti-apartheid movement　629
アファーマティブ・アクション　affirmative action　**722**
アフィニティ・グループ　affinity group　621
アフォーダンス　affordance　**166**
アプリオリズム　apriorism　184
アポトーシス　apoptosis　511
アメリカ　United States of America　736
アメリカナイゼーション　Americanization　542
ありのままに観察する科学　natural observational science　272
アルコホリクス・アノニマス　Alcoholics Anonymous: A. A.　371
アンセルシオン　insertion（仏）　52
アンダークラス　underclass　427
アンチ-共有地の悲劇　tradedy of the anticommons　679
安定条件　stability conditions　479
安定性　stability　466
アンテレクチュエル　intellectuel（仏）　378
アンドロイド　android　171
アンペイド・ワーク　unpaid work　556
暗黙知　tacit knowledge　149

■い

家・むら論　theories of 'Ie（family and household）' and 'Mura（village）'　121
閾　値　threshold　68
生き残り戦略　survival strategy　105
生きられた経験　lived experience　274
イギリス　United Kingdom　736
移行期正義　→体制移行の正義
意　識　Bewußtsein（独），consciousness　184
意思決定　decision making　396
異質性　heterogeneity　454
移住（海外）就労　migrant labor　769
移住女性　migrant women　764, 768
移住労働者　migrant worker　742
威　信　prestige　444
イスラム教　Islam　783
イスラム原理主義　islamic fundamentalism　625
イスラモフォビア　islamophobia　363
1次元的権力観　one-dimensional view of power　566
位置想起法　position generator　63

逸　脱　deviance　158, 232, 266, 362, 660
逸脱行動　deviant behavior　161, 276
逸脱行動の医療化　medicalization of deviant behavior　161
一党優位体制　one-party dominance system　610
一般化された象徴的交換メディア　generalized symbolic media of interchange　476
一般化された象徴的メディア　generalized symbolic media　194
一般化された他者　generalized others　283
一般均衡理論　general equilibrium theory　205, 509, 563
一般システム理論　general system theory　466, 468, **482**, 508
一般的信頼　generalized trust　515
一般理論（綜合理論）　general theory　674, 817
イデオロギー　Ideologie（独），ideology　261, 348, 350, 376, 562, 564, 566, 568, 576, 656, 681, 732, 737, 805, 809
イデオロギーの時代　the age of ideology　805
イデオロギー論　analysis of ideology　349
遺伝学的市民権　genetic citizenship　139
遺伝子組み換え食品（GM食品）　genetically modified food　173
遺伝的アルゴリズム　genetic algorithm　80
移　動　mobility; motion　30, 753
意図せざる結果　unintended consequence　6, 37, 125, 473
厭わしき結論　repugnant conclusion　703
イナクトメント　enactment　414
イノベーションの普及過程　diffusion of innovations　317
イベントヒストリー分析　event history analysis　551
いま・ここ　here and now　276
イマジナリーな領域への権利　right to the imaginary domain　355
意　味　meaning, Sinn（独）　178, 182, 184, 186, 188, 192, 202, 210, 274, 352, 364
意味空間　meaning space　71
意味世界　meaning world, sinnhafte Welt（独）　205
意味と時間　meaning and time　**184**
意味と情報　meaning and information　**182**
意味と数理　meaning and mathematical approach　**202**
意味と他者　meaning and others　**188**
意味のある反実仮想　relevant counterfactuals　567
意味論　semantics, Semantik（独）　185, 202
移　民　migrant; migration　445, 672, 750, 814
移民システム　migration system　751

事項索引

移民・少数民族運動　minority movement　602
移民と社会関係資本　migration and social capital　750
移民ネットワーク　migration network　748
イメージ　image　275
イラク戦争反対運動　opposition to the Iraq War　615
医療化　medicalization　160
医療社会学　medical sociology　165
因果, 因果関係, 因果律　causality　114, 308, 458, 461
印象操作　impression management　270, 277
インセンティブ　incentive　341
インターネット　internet　15, 223
インタビュー　interview　260
インテリ　intellectual　378
インテリゲンチャ　→知識人
インフォーマル・グループ　informal group　412
インフォームド・コンセント　informed consent　159
インペアメント　impairment　152

■う

ヴァーチャル　virtual　313
ヴァルネラビリティ(傷つきやすさ)　vulnerability　143
ウィキリークス　Wikileaks　623
ウィスコンシン・モデル　Wisconsin model　458
ウェアラブル・コンピュータ　wearable computer　95, 169
ヴォランタリー・アソシエーション(自発的結社)　voluntary association　402
ウォール街を占拠せよ　Occupy Wall Street　623
受け手研究　audience research　314
宇宙船地球号　spaceship earth　56
埋め込み　embeddedness　61, 412, 750
運動参加の2段階理論　two steps approach on movement participation　609
運動文化　movement culture　604, 625
運動文化論　theory of movement culture　605
運動レパートリー　repertoire of contention　622

■え

映画　cinema; movie　274
影響力　influence　194
永住市民(デニズン)　denizen　754
エイジング　aging　154
衛星　satellite　527
映像圏　vidéosphère(仏)　335
疫学的転換　epidemiological transition　174
エコロジー　ecology　185, 495
エコロジカル・フットプリント　ecological footprint　58

エコロジー的近代化　ecological modernization　701
エージェント・ベースのシミュレーション　agent-based simulation　66
エージェント・ベース・モデリング　agent-based modeling　489
エージェント・ベース・モデル　agent-based model　512
エスニシティ　ethnicity　50, 653, 672, 732, 753, 760, 764, 768
エスニシティと地域社会　ethnicity and local community　672
エスニック経済　ethnic economy　750
エスニック集団　ethnic group　672
エスニック・スタディーズ　ethnic studies　760
エスニックな飛び地　ethnic enclave　751
エスニック・マイノリティ　ethnic minorities　589
エスノメソドロジー　ethnomethodology　149, 156, 209, 233, 260, 262, **264**, 277, 279, 281, 291, 349, 473, 645
エディプス・コンプレックス　Oedipus complex, Ödipuskomplex(独)　345
エートス　ethos, Ethos(独)　646, 804
エトニ　ethnie　238
エピファニー　epiphany　275
1/fゆらぎ　1/f fluctuation　497
エリート　elite　562
エリート論/エリート支配　elite(elitist)theory/elitism　562
エンコーディング　encoding　314
エンコーディング/デコーディング　encoding/decoding　360
エントロピー　entropy　306, 488, 508
エンハンスメント　enhancement　139

■お

老いの社会学　sociology of aging　**154**
オイルショック　oil crisis　56
欧州社会憲章　European social charter　52
応報　retribution　726
応報的正義　retributive justice　726
大いなる拒絶　great refusal　377
大きな物語　grand narrative　380
「大きな物語」の揺らぎ　dicline of "grand narrative"　242
オキュパイ運動　occupy movement　747
送り手-メッセージ-受け手　sender-message-receiver　360
オタク論　otaku theory　**380**
オッズ比　odds ratio　460
オートポイエーシス　autopoiesis　81, 142, 189, 309, 469, 483, 489, **492**, 498, 508, 510, 829

事項索引

オートポイエティック・システム　autopoietic system　320, 399
オートマトン　automaton　170
オートモビリティ/オートモビリティーズ　automobility/automobilities　543
オピニオンリーダー　opinion leader　318
オープン・アクセス　open access　678
オープン・ダイアローグ　open dialogue　269
オムニボア　omnivore　439
重荷を負わされた社会　burdened societies　695
オランダ　Netherlands　736
オリエンタリズム　Orientalism　358, 540
オルタ・グローバル化運動　alter-globalization movements　636
オルタナティブメディア　alternative media　627
恩赦　amnesty　728
音声中心主義　phonocentrisme（仏），phonocentrism　336
オントロジカル・ゲリマンダリング　ontological gerrymandering: OG　123
オンライン・ゲーム　online game　168
オンライン・コミュニティ　online community　91

■か

界（場）　champ（仏）　358, 647, 658
階級　class, Klasse（独）　50, 60, 178, 424, 426, 444, 456, 652, 732, 764, 768
階級意識　class consciousness　350
階級構造　class structure　**426**, 652
階級社会　class society　530
階級的状況　class situation, Klassenlage（独）　456
階級的消費　class and consumption　**438**
階級闘争　class struggle, Klassenkampf（独）　616, **652**, 655
階級闘争の制度化　institutionalization of class conflict　657
外国人労働者　foreign laborer　672
外在化　externalization　268
解釈学的循環　hermeneutic circle　203
外集団　out-group　239, 668
回心（宗教的回心）　conversion（religious conversion）　230
外生変数　exogenous variable　458, 478
外生変動　exogenous change　536
階層　stratification　60, 424
階層イメージ　image of stratification　**440**
階層帰属意識　stratum identification　441, **442**
階層結合　association between classes　446
階層線形モデル　hierarchical linear model　462
階層分化（成層分化）　stratum differentiation, stratifikatorische Differenzierung（独）　185, 504, 538
開発　development　736
開発社会学　sociology of development　745
回避選択肢　Vermeidungsalternative（独）　195
外部性　externality　707
外部労働市場　external labor market　444
開放系(開放システム)　open system　479, 508
開放システム/閉鎖システム　open system/closed system　**508**
快楽説的功利主義　hedonistic utilitarianism　693
会話とレトリックと権力　conversation, rhetoric and power　**572**
会話分析　conversation analysis　264, **272**, 276
顔（面子）　face　293, 383
カオスと社会　chaos and society　**486**
カオスの縁　edge of chaos　487
科学　science　181, 348
科学革命　scientific revolution　278
科学からユートピア（空想）へ　von der Wissenschaft zur Utopie（独），from science to utopia　377
科学知識の社会学　sociology of scientific knowledge　372
科学的　scientific　146
科学的社会主義　wissenschaftlicher Sozialismus（独），scientific socialism　376
科学的レイシズム　scientific racism　762
科学の進歩　progress of science　674
鏡に映った自己　looking-glass self　813
可観測　observability　491
核家族　nuclear family　553
学業達成　academic achievement　450
格差原理　difference principle　705, 718, 725
格差社会　disparate society　53
革新　innovation　660
学生運動　student movement　344, 377, 602
拡大家族　extended family　402
学知　Wissenschaft（独）　32
革命　revolution　606, 624
学力差の多水準モデル　academic achievement and multilevel model　**462**
過去　Vergangenheit（独），past　184
下降移動　downward mobility　453
下降同化　downward assimilation　758
過去志向　past-oriented　114
家事（労働）　domestic work　48, 769
可視性と潜在性　visibility and latency　634
過剰生産　over production　794
過少代表　under-representation　723
カースト制　caste system　647
下層　lower class　758
仮想空間　virtual space　100
仮想現実　virtual reality　40

仮想身体　artificial body　**170**
家族アイデンティティ　family identity　555
家族社会学　sociology of the family　549
家族主義　familism　555
家族的配置　configuration familiale（仏）　357
家族と個人化　family and individualization　**554**
家族の個人化　individualization of family　554
家族の失敗　family failure　707
家族復元法　family reconstitution　550
家族変動論　theory of family change　**552**
家族療法　family therapy　268, 309
過疎問題　problems of depopulated areas　119
かたちを変えつつ動いていく　changing form　635
語る-聴く　narrate-listen to　405
価値　value, Wert（独）　184, 418
価値葛藤学派　value-conflict school　296
価値観の多元化　multiplication of values　670
価値合理性　Wertrationalität（独）　204
価値合理的　wertrational（独）, value-rational　178, 189
価値自由　Wertfreiheit（独）　521, 681, 805
価値付加プロセス　value added process　820
価値付加プロセス・モデル　value added process model　607
価値領域　Wertsphäre（独）　647
学校効果研究　school effectiveness research　462
葛藤理論　→闘争理論
カテゴリー化　categorization　239
寡頭制　oligarchy　562
かのように　als ob（独）　313
ガバナンス　governance　201, 590
ガバナンス論　theory of governance　**590**
ガバメント　government　590
可謬主義　fallibilism　198
家父長制　patriarchy　596
家父長制家族　patriarchal family　548
株　主　shareholder　340
貨　幣　money, Geld（独）　196, 200, 310
貨幣（メディア）　money（media）　**196**
カリスマ　Charisma（独）　565, 578, 805
カリフォルニア・イデオロギー　California ideology　92
軽いシティズンシップ　citizenship light　755
カルチャー・ジャミング　culture jamming　639
カルチュラル・スタディーズ　cultural studies　261, 274, 314, 332, 345, 351, 354, 360, 569, 577, 732
カルチュラル・ソシオロジー　→文化社会学
カルチュラル・ターン（文化的転回）　cultural turn　**84**, 366
環　境　environment　495

環境運動　environmental movement　602
環境影響評価法　low of environmental assesment　58
環境基本計画　basic environment plan　57
環境基本法　basic environment law　57
環境権　environmental rights　56
環境・資源の収荷力　carrying capacity　678
環境社会学　environmental sociology　121
環境人種差別　environmental racism　698
環境的正義　environmental justice　**698**
環境と開発に関する国連会議　United Nations Conference on Environment and Development　56
環境と開発に関する世界委員会　World Commission on Environment and Development　56
環境問題　environmental issues; environmental problem　7, 117
還元主義（還元論）　reductionism　66, 184, 482
観　光　tourism　543, 673
観　察　observation, Beobachtung（独）　309, 349, 498
観察されない異質性　unobserved heterogeneity　459
観察の理論負荷性　theory-ladenness of observation　112
監視社会　surveillance society　19
監視社会と生権力　surveillance society and bio-power　**72**
患者第一主義　patient first　581
感受概念　sensitizing concept　**288**
感情管理　emotion management　286
感情規則　feeling rules　286
感情作業　emotion work　286
感情の慣習　emotional conventions　286
感情の贈与交換　emotional gift exchange　287
感情労働と感情規則　emotional labor and feeling rules　**286**
間身体性　inter corporéité（仏）　142
関税および貿易に関する一般協定　General Agreement on Tariffs and Trade: GATT　738
間接効果　indirect effect　459
環節社会　segmentary society, société segmentaire（仏）　538
環節分化　segmentary differentiation, segmentäre Differenzierung（独）　504
（ゲーデルの）完全性定理　（Gödel's）completeness theorem　202
管理社会　administered society　73, 377, 403
官僚制（官僚機構）　bureaucracy, Bürokratie（独）　388, 403, 419, 421, 523
官僚制化　bureaucratization, Büreaukratisierung（独）　532, 805

事 項 索 引

官僚制組織　bureaucratic organization　416
官僚制とその逆機能　bureaucracy and its dysfunction　**388**, 677

■き

記憶の場　lieux de mémoire(仏), real of memory　375
議会制民主主義　parliamentary democracy　584
機械的連帯　mechanical solidarity, solidarité mécanique(仏)　108, 522, 536, 538, 795, 798
機会の(不)平等　(in)equality of opportunity　460
機会の不平等とオッズ比・ハザード比　inequality of opportunity and oddsratio/ hazardsratio　**460**
機械論　mechanism　509
企業社会　corporate society　393
企業の社会的責任　corporate social responsibility: CSR　591
企業文化　corporate culture　418, 420
企業別(労働)組合　enterprise union　392, 394
危　険　danger, Gefahr(独)　4, 185
危険社会　→リスク社会
記　号　sign, signe(仏)　307, 350, 352
記号消費　symbolic consumption　42
気候変動　climate change　58, 701, 704
気候変動における正義　climate justice　701
気候変動枠組条約　United Nations Framework Convention on Climate Change　58
記号論　semiology　333, 350
気散じ　distraction, Zerstreuung(独)　346
技　術　→テクノロジー
技術進歩　technological progress　536
帰　属　Zurechnung(独), imputation　185
基礎所得保障　basic income maintenance　**712**
基礎づけ主義　foundationalism　482, 690, 725
議題設定機能　agenda-setting function　125, 319
期待値最大化原理　principle of maximum expected values　694
期待の相補性　complementarity of expectations　479
機　能　function; functioning　424, 716
技　能　skill　424
機能主義　functionalism　400, 419, 424, 432, 534, 674
機能主義建築　functionalist architechure　38
機能主義的理性　functionalist reason　38
機能の先行要件　functional prerequisite　818
機能の等価物　functional equivalents　178
機能(的)分化　functional differentiation, funktionale Differenzierung(独)　7, 185, 198, 321, 365, 398, 475, 504, 538
機能分化社会　funktional differenzierte Gesellschaft(独)　**504**

機能分析　functional analysis　474
機能要件　functional requisite　473, 479, 534, 818
規　範　norm　61, 211, 263
規範主義　normativism　210
規範的　normative　184
規範的研究　normative study　728
規範的行動　normative behavior　158
基本財　primary goods　716
逆機能　dysfunction　388, 416, 425
逆差別　reverse discrimination　722
客観主義的　objectivistic　377
キャラクター／キャラ　character　**242**
救済宗教　salvation religion　647
旧中間階級　old middle class　426
給付付き税額控除　tax credit　713
救命ボートの倫理　lifeboat ethics　678
旧約聖書　Old Testament　782
教育格差と文化　educational differentials and culture　**450**
教育格差の合理的選択モデル　rational choice model of educational differentials　**452**
教育達成　educational attainment　437
教育投資　educational investment　447
共依存関係　co-dependency　560
境界人　marginal man　669
強化条件づけ　reinforcement conditioning　262
恐　慌　recession　794
競合性　competitivity　340
共　在　copresence　276
共産主義　communism　328, 340, 377, 602, 737
共　助　mutual assistance　340
強　制　coercion　572, 608
業　績　achievement　437
業績主義　→メリトクラシー
共通善　common good　715
協　定　convention, Konvention(独)　108
協同組合　cooperative　403
共同体の物語　community narrative　231, 404
京都議定書　Kyoto protocol　59
共犯的男性性　complicit masculinity　597
「共有地の悲劇」と「救命ボートの倫理」　"tragedy of the commons" and "lifeboat ethics"　**678**
共有地問題　problem of the commons　205
強力効果説(メディアの)　strong effects theory (of media influence)　318
協和型文化変容　consonant acculturation　758
虚偽意識　false consciousness, falsches Bewußtsein(独)　564, 567
極右政党　far right political party　239
去勢不安　castration anxiety, Kastrationsangst (独)　345
巨大理論　grand theory　2

キリスト教　Christianity　782
規律（と訓練）　discipline　72, 349, **574**, 682
規律訓練型権力　disciplinary training type of power　141
儀礼主義　ritualism　661
儀礼的相互行為　interaction ritual　287
儀礼的無関心　→市民的無関心
緊急事態　a state of emergency　584
均　衡　equilibrium　509, 510
均衡解　equilibrium solution　478
均衡条件　equilibrium conditions　478
近　代　the modern　185, 524
近代化　modernization　113, 402, 532, 646
近代科学　modern science　482
近代家族論　theory of modern family　548
近代化（理）論　modernization theory　472, **524**, 526, 672, 736, 744
近代資本主義　modern captialism　321
近代社会　modern society　321
近代性　modernity　33, 772
近代世界システム　modern world system　736
近代組織論　modern organization theory　396
近代（的）家族　modern family　46, 546, 548, 552, 554
近代的主体　modern subject　320
近代の大きな物語　grand narrative of modern times　38
緊　張　strain　606
緊張理論　strain theory　266
近隣社会自己形成モデル　self-forming neighborhood model　67

く

クィア理論　queer theory　545
空虚公式　empty formula　690
空想的社会主義　utopischer Sozialismus（独），utopian socialism　376
空想より科学へ　von der Utopie zur Wissenschaft（独），from utopia to science　376
偶発性　contingency　198
クオータ　quota　723
区　別　distinction, Unterscheidung（独）　498
クライアント　client　580
グラウンデッド・セオリー　grounded theory　156, 159
グラウンデッド・セオリー・アプローチ　grounded theory approach　261
クラスタリング　clustering　406
グラッター事件　Grutter case　723
クリエイティブ・コモンズ　creative commons　341
クリエイティブ・コモンズ・ライセンス　creative commons license　638

グループ型一般交換　group generalized exchange　263
クレイム申し立て　claims-making　296
クレイム申し立て活動　claims-making activity　122
グローカル　glocal　28
グローバリズム　globalism　577
グローバリゼーション（グローバル化）　globalization　26, 48, 185, 238, 393, 403, 431, 505, 528, 640, 672, 740, 774, 814
グローバリゼーション論　globalization theory　**26**
グローバル・アクション・デー　global action day　615
グローバル意識　global consciousness　605, 615
グローバル化　→グローバリゼーション
グローバル化の歴史　history of globalization　**528**
グローバル・シティ　global city　**740**
グローバル社会　global society　322
グローバルな階級　classes in globalization　**742**
グローバルな階級構造　global class structure　769
グローバルな気候変動　global climate change　543
グローバルな権力　global power　625
グローバル（な）社会運動　global social movements　602, 605, **614**, 621
グローバル（な）正義　→世界正義
群化社会　gunka shakai（日）　669
軍事型社会　militant type of society　107, 518, 536, 538, 799
軍事社会学・戦争社会学　military sociology, sociology of war　**682**
軍事組織　military organization　682
群衆（群集）　crowd　562, 602, 606
群集（衆）心理　mob mentality, psychologie des foules（仏）　330
群集（衆）心理学　crowd psychology　606
軍　隊　armed forces　682
訓　練　training　424

け

ケ　ア　care　47, 201, 555
ケア・チェーン　care chain　768
ケアと正義　care and justice　**718**
ケアの倫理　ethics of care　545, 718
経営家族主義　management familism　392
経営システムと支配システム　management system and domination system　**676**
ゲイ解放運動　gay liberation　144
経　験　experience, Erfahrung（独）　184
経験運動　experience movement　**636**

事 項 索 引

経験科学　empirical science　650
経験社会学　emprical sociology　807
経験の社会学　sociologie de l'expérience（仏）　637
経験論　empiricism　184
傾向スコア・マッチング　propensity score matching　459
経済決定論　economic determinism　520
経済資本　economic capital, capital économique（仏）　356, 379, 457
経済社会学　economic sociology　412
経済人　homo economicus　396
経済政策　economic policy　709
計算科学　computational science　67
計算可能性　Berechenbarkeit（独）, calculable　189
計算複雑性　computational complexity　489
形　式　Form（独）, form　192
形式社会学　formal sociology　298
芸術社会学　sociology of art　368
継　承　heritage　542
形態形成（モルフォジェネシス）　morphogenesis　509, **510**
刑　罰　criminal punishment　726, 728
ケイパビリティ（潜在能力）　capability　591, 705, 716, 725
系譜学　genealogy, généalogie（仏）　348, 575
啓　蒙　enlightenment, Aufklärung（独）　184, 538
啓蒙思想　philosophy of enlightenment　782
啓蒙の弁証法　dialect of enlightenment, Dialektik der Aufklärung（独）　345
契　約　Vertrag（独）　108
経　路　routes　752
経路依存性　path dependency　103, 113
ゲゼルシャフト　Gesellschaft（独）　522, 536, 801
結　合　cohesion　411
結婚行動　marital behavior　447
結婚と階層結合　marriage and association between classes　446
結婚による社会移動　social mobility through marriage　446
決　定　decision, Entscheidung（独）　5, 185, 212
月面着陸　moon landing　56
ゲマインシャフト　Gemeinschaft（独）　522, 536, 801
ゲーム理論　game theory　79, 187, 206, 479, 607, 662
権　威　authority　565
権威主義的国家　authoritarian state, Autoritärer Staat（独）　561
権威主義的パーソナリティ　authoritarian personality　345, **560**
権威主義的ポピュリズム　authoritarian populism　577
限界集落　marginal settlements　120
言　及　reference, Referenz（独）　498
元　型　archetype, Archetyp（独）　330
言　語　language, Sprache（独）　209
健康と格差　health disparity　**448**
健康に関する社会運動　health social movements　159
健康の社会的決定要因　social determinants of health　448
言語学　linguistics　348, 350
言語行為論　speech act theory　209, 216
言語（コミュニケーション・メディアとしての）　Sprache（alsKommunikationsmedien）（独）　193
言語資本　linguistic capital　767
言語マイノリティ　linguistic minority　766
言語論的転回　linguistic turn　261, 326
顕在的機能　explicit function　818
現実界・象徴界・想像界　real, symbolic and imaginary spheres　354
現象学　phenomenology, Phänomenologie（独）　180, 184, 264, 278
現象学的社会学　phenomenological sociology　260, 277, 473
原初状態　original position　693
原子力発電　nuclear power generation　59
言説空間　universe of discourse　112
言説的な意味作用　discursive signification　40
現代の奴隷制　contemporary forms of slavery　770
限定効果説（メディアの）　limited effects theory（of media influence）　319
限定（された）合理性　bounded rationality　205, 397, 399
原発（原子力発電所）　nuclear power plant　185
言　表　énoncé（仏）　348
ケンブリッジグループ　Cambridge group for the history of population and social structure　550
権　力　power, Macht（独）, pouvoir（仏）　194, 211, 310, 349, 564, 572, 624, 628
権力ブロック　power block　570
権力（力）への意志　Wille zur Macht（独）　564, 681
権力（メディア）　power（media）　**194**

■こ

行　為　action; act, Handeln; Handlung（独）　184, 186, 190, 197, 204, 206, 210, 216, 218, 602
合意形成　consensus building　747
行為権　right of action　263
行為システム　action system　480, 647

行為システムと社会システム　action system and social system　480
行為主体　agent　255
合意説　consensus theory　199
行為と構造　action and structure　210
行為と合理性　action and rationality　204
行為と合理性の多元性　action and plurality of rationality　206
行為としての消費　consumption as action　218
行為とパフォーマティヴィティ　action and performativity　216
行為の準拠枠　action frame of reference　665
合意の製造　manufacturing consent　329
行為の総合理論　general theory of action　607
高位文化　high culture　219
行為(理)論　action theory; Handlungstheorie(独)　179, 184, 189, 190, 204, 210, 320, 539, 602
交　換　exchange　210
交換理論　exchange theory　473
抗議イベント分析　protest event analysis　619
抗議運動　protest movement, Protestbewegung(独)　185
後期近代(社会)　late modern (society)　252, 554, 670
後期資本主義　Spätkapitalismus(独)　655
公共圏　public sphere　16, 45, 324, 328, 403, 626, 641
公共財　public goods　62, 340
公共サービス　public services　542
公共社会学　public sociology　261
公共性　Öffentlichkeit(独), publicness　45
公共政策　public policy　709
考古学　archeology　348
交差性　intersectionality　761, 764
交差性と支配のマトリクス　intersectionality and the matrix of domination　764
講座派　Koza school　392
公式組織　formal organization　189
公　衆　public　607, 823
恒常的連接　constant conjunction　458
公　正　fairness　711
構成=集合体　assemblage　543
構成主義　constructivism　199, 268
構成主義と対話　constructionism and dialogue　268
構成的権力　pouvoir constituant(仏)　586
公正としての正義　justice as fairness　690
厚生への機会(の平等)　opportunity for welfare (equality of)　717
構　造　structure　210, 538
構造化　structuration　210, 594
構造学派　the Latin American structuarlist school of development　526

構造化理論　theory of structuration　510, 595
構造機能主義　structural functionalism　210, 262, 656
構造-機能分析　structural-functional analysis　479, 534, 817
構造機能理論　structural-functional theory　470
構造主義　structuralism　211, 252, 350
構造調整政策　structural adjustment program: SAP　556
構造的カップリング　structural coupling　321, 483
構造的空隙　structural hole　65, 410
構造的暴力　structural violence　684
構造の二重性　duality of structure　511
構造方程式モデリング　structural equation modeling: SEM　459, 463
構造論　structural theory　602
拘束性　contrainte(仏)　803
構築主義　constructionism　122, 141, 261, 279, 296, 309, 349, 732
構築主義の課題と展望　perspectives and challenges in constructionism　122
公定多文化主義　official multiculturalism　756
公的知識人　public intellectuals　379
公的扶助　public assistance　51
行動主義　behaviorism　308
行動主義社会学　behavioral sociology　263
行動心理学　behavioral psychology　262
高度経済成長(期)　high economic growth (period)　56, 672, 667
後発近代社会　subsequent modern society　349
後発性　backwardness　392
構文規則　syntax　202
公　平　equity　240
公民権運動　civil rights movement　602, 626, 672, 699
公民権法　Civil Rights Acts　722
効　用　utility　452, 792
強欲資本主義　greed capitalism　340
合理化　rationalization, Rationalisierung(独)　523, 532, 646, 654, 664
功利主義　utilitarianism　645, 680, 690, 716
合理主義　rationalism　184
合理性　rationality　189, 204, 400, 403
合理的選択　rational choice　189, 437, 603, 608
合理的選択モデル　rational choice model　452
合理的選択理論　rational choice theory　205, 206, 400, 452, 473, 479
高齢化　population aging　104
国際NGO　international NGO: INGO　615
国際移民システム　international migration systems　748
国際移民の女性化　feminization of international

事項索引

migration 768
国際化 internationalization 528
国際社会学会 International Sociological Association: ISA 468
国際社会調査プログラム International Social Survey Programme: ISSP 239
国際通貨基金 International Monetary Fund: IMF 556, 738, 746
国際連合教育科学文化機関（ユネスコ） United Nations Educational, Scientific and Cultural Organization 136
国際労働機関 International Labour Organization: ILO 747, 770
国民国家 nation state 105, 113, 238, 672
国民文化 national culture 418
国連開発計画 United Nations Development Programme: UNDP 557
国連食糧農業機関 Food and Agriculture Organizaiton: FAO 173
国連人権高等弁務官事務所 United Nations Office of the High Commissioner for Human Rights: UNOHCHR 770
国連人間環境会議 United Nations Conference on the Human Environment 56
互恵性 →互酬性
誤差項 error term 458
誇示的消費 conspicuous consumption 218, 438
互酬性（互恵性） reciprocity 62, 262, 702, 704
個人化 individualization 20, 48, 97, 212, 244, 252, 269, 531, 532, 554, 814
個人化と心理化 individualization/psychologization 20
個人主義 individualism 390, 791, 800
個人主義的 individualistic 184
個人情報 personal information 341
個人的なことは政治的なこと The personal is political 544
個人と社会 individual and society, Individuum und Gesellschelt（独） 480, 800
コスモポリタニズム cosmopolitanism 542, 591, 705, 752, **774**
戸　籍 family registry 552
個体群生態学 population ecology 467
誇張された女性性 emphasized femininity 597
国　家 state 652
国家のイデオロギー装置 ideological state apparatus **568**, 576, 653
国家目標 national goal 706
コード code 198, 360, 504
孤独死 solitary death 340
言葉圏 logosphère（仏） 335
言葉の選択 word selection 273
言葉の暴力 verbal violence, verval abuse 680

コピー・ライト（著作権） copyright 341, 773
コピー・レフト copyleft 341
個別化 individuation 36
コミックマーケット comic maeket 69
ゴミ箱理論 garbage can model 415
コミュニケーション communication, Kommunikation（独） 185, 186, 200, 211, 274, 310, 320, 349, 352, 364, 403, 493, 498
コミュニケーション的行為 communicative action, kommunikatives Handeln（独） 199, 206, 320, 324, 654, 827
コミュニケーション的行為と公共圏 communicative action and public sphere 324
コミュニケーション的合理性 communicative rationality 324
コミュニケーション（の）2段の流れ two-step flow of communication 276, 314, **316**
コミュニケーションによるコミュニケーション communication by communication **320**
コミュニケーション・メディア Kommunikationsmedien（独） 192
コミュニタリアニズム communitarianism 714
コミュニティ（地域社会） community 60, 402, 606, 670, 672, 752
コミュニティメディア community media 627
コミュニティ・ラジオ community radio 626
コ・メディカル co-medical（和製英語）, paramedic 581
固有法則性 Eigengesetzlichkeit（独） 647
語用論 pragmatics 208
コロニアリズム colonialism 799
根　源 roots 752
混合効果モデル mixed effects model 462
コンタクト・ゾーン contact zone 30
コンティンジェンシー理論 contingency theory 489, 509
コンテクスト派構築（構成）主義 contextual constructionism 123, 297
混　沌 chaos 71
コンパクト・シティ compact city 120
コンフリクト（闘争） conflict 185, 210, 656
コンフリクト理論 →闘争理論
コンベンション convention 368

■さ

差　異 difference 588
再埋め込み re-embedding 15
災　害 disaster 607
災害派遣 disaster relief 683
再帰性 reflexivity; recursiveness, Reflexivität（独） 2, 23, 33, 96, 154, 256, 437, 513, 565
再帰的 reflexive 295

事項索引

再帰的近代　reflexive modernity　244
再帰的近代化　reflexive modernization　**32**, 507, 530, 540
債　権　liabilitiy rule　341
最小多様度の法則　law of requisite variety　**484**
再生産　reproduction　768
再生産のグローバル化　globalization of reproduction　49
再生産労働　reproductive labor　48, 768
再生産労働の国際分業　international division of reproductive labor　768
再生産労働の国際分業とケア・チェーン　international division of reproductive labor and care chain　**768**
最適者生存　survival of the fittest　794
才　能　talent　424
サイバーカルチュア　cyberculture　**90**
サイバー空間　cyberspace　90
サイバネティクス　cybernetics　294, **308**, 466, 468, 476, 478, 484, 506, 607
サイバネティック・システム　cybernetic system　503
サイバネティックな自己組織性　cybernetic self-organization　500
サイバネティック・ハイアラーキー　cybernetic hierarchy　476, 647
サイバーパンク　cyberpunk　90
サイバーリスク　cyber risk　16
再分節化　re-articulation　761
再分配　redistribution　697
差異への権利　droit à la différence（仏）　240
サイボーグ　cyborg　169, 171
再魔術化　re-enchantment　15
サイモン=ブレイラック法　Simon-Blalock method　458
搾　取　exploitation　430, 624
サスティナビリティ　→持続可能性
雑音源　noise source　307
作　動　operation　483
作動上の閉鎖　operational closure　483
サパティスタ　zapatista　624
サバルタン　subaltern　**592**
サブカルチャー　subculture　91, 285, 345, **362**, 380, 633
サブ政治　subpolitics　7, 212, 531, 747
差別禁止立法　anti-discrimination law　709
サミット・プロテスト　summit protest　615, 625
散逸構造　dissipative structure　496, 500, 508
参加民主主義　participatory democracy　588
産業化　industrialization　102, 113, 430, 435, 524, 532
産業型社会　industrial type of society　536, 538, 799

産業社会　industrial society　104, 113, 616, 656
産業主義　industrialism　791
産業廃棄物　industrial waste　58
産業予備軍　industrial reserve army　793
サンクション（制裁）　sanction　62, 211, 466, 507
3次元的権力　three-dimensional power　**566**
3次元的権力観　three-dimensional view of power　566
三段階の法則　loi des trois états（仏）　795
3.11　625

■し

シアトルの戦い　battle of Seattle　615
ジェンダー　gender　141, 144, 217, 285, 554, 622, 653, 732, 753, 761, 764, 768
ジェンダー／セクシュアリティと身体　gender/sexuality and body　**144**
ジェンダー秩序／家父長制　gender order/patriarchy　**594**
ジェンダーとセクシュアリティ　gender and sexuality　**8**
ジェンダーに基づく暴力　gender based violence　598
ジェンダー・バイアスと正義　gender bias and justice　**720**
ジオカルチュア　geoculture　737
自　我　ego　186
視界の相互性　reciprocity of perspectives　279
資　格　credential　445
視覚的無意識　Optisch-Unbewußte（独）, optical unconscious　346
シカゴ学派　Chicago school　296, 368, 603, 672, 748, 760, 814
シカゴ学派社会学　Chicago school of sociology　260
シカゴ社会学　Chicago sociology　819
時　間　time, Zeit（独）　179, 184
時間地平　time horizon　399
時空間の圧縮　time-space compression　27
軸文明　axial civilizations　647
資　源　resource　602
資源動員能力　capacity to mobilize resources　610
資源動員論　resource mobilization approach　606, **608**, 613, 616, 618, 620, 625, 636
資源（の平等）　(equality of) resources　717
自己維持システム　self-maintaining system　500
至高性　souveraineté（仏）, souveraignty　565
自己エスノグラフィー　auto-ethnography　261
自己記述　self-description　5
自己決定　self-determination　58, 240, 340, 582
自己言及システム理論　theory of self-referential

事項索引

system　498
自己言及と社会システム　self-reference and social system　498
自己肯定感　self-affirmation　671
自己指示的　self-indicative　40
自己準拠(言及)　self-reference, Selbsreferenz (独)　197, 490
自己準拠(言及)システム　self-referential system　102
自己準拠(言及)的　self-referential　185
自己成就的予言　→予言の自己成就
自己組織化　self-organization　66, 309, 467, 496, 500, 509
自己組織システム　self-organizing system　500
自己組織システム理論　self-organizing system theory　479
自己組織性　self-organity　67, 500, 509, 510, 513
自己中心性　egocentricity　732
自己呈示　presentation of the self; self-presentation　222
仕　事　job　444
自己の構築　construction of the self　250
自己の構築主義　constructionism of the self　250
自己の再帰性　reflexivity of the self　256
自己の再帰的プロジェクト　reflexive project of the self　255
自己のテクノロジー　technologies of the self　236
自己反省の社会学　reflexive sociology　564
自己物語論　theory of self-narrative　230
自己論駁的　self-refuting; self-defeating　690
指　示　indication, Bezeichnung(独)　498
私(事)化　privatization　20, 36, 554
市　場　market　340, 444
市場の失敗　market failure　707
「静かな変容」理論　quiet transformation of status identification　443
システム　system, System(独)　210, 344, 403, 424, 498, 654
システム／環境理論　system/environment theory　498
システム合理性　system rationality　324, 399
システム分析　systems analysis　470
システム理論　system theory, Systemtheorie(独)　102, 203, 303, 396, 474
私生活中心主義　privatism　255
自　然　Natur(独), nature　344
自然科学　natural science　2, 184, 737
自然状態　state of nature　784
自然選択　natural selection　794
自然的態度　natural attitude　278
自然的態度の構成現象学　constitutive phenomenology of the natural attitude　279

持　続　durée(仏)　184
持続可能社会　sustainable society　**56**
持続可能性(サスティナビリティ)　sustainability　701, 702
持続可能な発展　sustainable development　57
実証主義　positivism　179, 184, 645
実証的(事実解明的)研究　positive study　728
実　践　practice　596
実存主義　existentialism　337, 805
実体論　substantialism　184
質的研究法　qualitative research method　275
質的探究　qualitative inquiry　260
嫉　妬　jealousy　666
しっぺ返し　tit for tat　80
しっぺ返し戦略　tit for tat strategy　514
私的所有　private ownership　340
史的唯物論　historical materialism, historischer Materialismus(独)　520, 648
自動運動効果実験　autokinetic movement effect experiment　387
シナジェティクス　synergetics　500
シナジェティック・システム　synergetic system　503
シナジェティックな自己組織性　synergetic self-organization　500
ジニ係数　Gini coefficient　454
シニフィアン　signifiant(仏)　350, 354
シニフィエ　signifié(仏)　350
死の社会学　sociology of death　**156**
死のポルノグラフィ　pornography of death　156
支　配　domination　445, 562, 685
支配階級　ruling class, dominant class　563, 653
支配関係　dominance relationship　263
支配団体　imperatively coordinated association　821
支配のマトリクス　matrix of domination　765
指標的表現　indexical expression　265
指標問題　index problem　717
死亡率　mortality rate　174
資　本　capital　358, 647
資本家　capitalist　624
資本家階級　capitalist class, bourgeois　426, 652
資本主義　capitalism, Kapitalismus(独)　117, 337, 364, 539, 602, 648, 736, 804
資本主義世界経済　capitalist world-economy　526
資本主義的生産様式　capitalist mode of production　426
資本蓄積　accumulation of capital　748
シミュラークル　simulacre(仏)　40, 347
シミュレーション　simulation　78, 189, 453
市　民　citizen　50, 624
市民権(シティズンシップ)　citizenship　754

907

市民社会　civil society　402, 576, 614, 650, 652
市民的公共性　bürgerliche Öffentlichkeit（独）　45, 329
市民的不服従　civil disobedience　628
市民的無関心　civil inattention　276
市民メディア　citizen media　333, 627
市民らしい不関与　→儀礼的無関心
ジャーナリズム　journalism　626
社　会　society　542
社会移動　social mobility　434, 444, 446, 653, 657
社会移動（水平移動）　social mobility（horizontal social mobility）　706
「社会」イメージの再構築　reconstruction of social image　106
社会運動　social movement　606, 620, 624, 626, 653, 657, 737
社会運動インダストリー　social movement industry　620
社会運動社会　society of social movement　101
社会運動セクター　social movement sector　620
社会運動組織　social movement organization　620
社会運動と権力　social movement and power　624
社会運動とメディア　social movement and media　626
社会運動の文化的アプローチ　cultural approach to social movement　612
社会運動の文化的転回　cultural turn of social movement　612
社会運動へのアプローチ　approach to social movement　618
社会運動ユニオニズム　social movement unionism　640
社会運動論のスコープと発展　scope and development of social movement　602
社会疫学　social epidemiology　448
社会化　Vergesellschaftung（独）, sociation　184
社会化　socialization, Sozialisation（独）　425, 450, 466, 654, 672, 813
社会階層と社会移動全国調査　→SSM調査
社会階層の多次元性　multidimensionality of social stratification　456
社会解体　social disorganization　815
社会科学　social science, science sociale（仏）　790
社会科学のローカル化　localization of social science　391
社会学前史　prehistory of sociology　782
社会学的介入　sociological intervention, intervention sociologique（仏）　617, 619, **630**
社会学的介入・分析センター　Centre d'analyse et d'intervention sociologiques（仏）　637

社会学的社会心理学　socological social psychology　442
社会学的想像力　sociological imagination　823
社会学の確立　professionalization of sociology　**800**
社会学の制度化　institutionalization of philosophy　816
社会学の誕生　birth of sociology　778, **790**
社会学の展開　development of sociology　824
社会学の発展①　development of sociology①　**808**
社会学の発展②　development of sociology②　**816**
社会学の歴史　history of sociology　780
社会学の歴史を学ぶ　learning the history of sociology　778
社会革命　social revolution　603
社会関係資本（ソーシャル・キャピタル）　social capital　60, 410, 449, 590, 627, 711, 749, 750
社会空間　espace social（仏）, social space　457
社会経済的指標　socioeconomic index　429
社会経済的地位　socio-economic status: SES　450, 462
社会契約　social contract　721, 784
社会構成（構築）主義　social constructionism　144, 229, 247, 268, 281
社会構成体　social formation　527, 648
社会構成的文化　societal culture　730
社会構造　social structure　61, 479, 534, 647
社会構造と社会変動　social structure and social change　534
社会参加　social participation　50
社会システム　social system　187, 213, 472, 498, 644, 656
社会システムと自己組織性　social system and self-organization　500
社会システムの均衡理論　equilibrium theory of social system　478
社会システム理論　social systems theory　184, 198, 309
社会資本　capital social（仏）　356
社会シミュレーション　social simulation　78
社会主義　socialism　340, 376, 403, 602, 652, 737, 800
社会主義フェミニズム　socialist feminism　764
社会進化　social evolution, soziale Evolution（独）　535
社会進化論　theory of social evolution　524
社会進化論（社会ダーウィニズム）　social Darwinism　136
社会数学　mathématique sociale（仏）　796
社会政策　social policy　50, 709
社会制度　social institution　184

事項索引

社会生物学　sociobiology　137
社会秩序　social order　264, 279
社会的アイデンティティ理論　social identity theory　239, 420
社会的威信　social prestige　424
社会的位置　social position　452
社会的埋め込み　social embeddedness　750
社会的技術　art social（仏）　790
社会的行為　social action, soziales Handeln（独）184, 204
社会的交換理論　social exchange theory　**262**, 331
社会的公正　social justice　58, 698
社会的構築　social construction　122
社会的再生産　social reproduction　47
社会的死　social death　157
社会的資源　social resource　240
社会的資源論　social resource theory　63
社会的事実　social fact, fait social（仏）　66, 189, 791, 803
社会的市民権　social citizenship　712
社会的ジレンマ　social dilemma　6, 205, 608, 678
社会的進化　soziale Evolution（独）　654
社会的性格　social character　228, 560
社会的世界　social world　261, 368
社会的相互作用（相互行為）　social interaction　320
社会的創発性　social emergence　66
社会的地位　social status　446
社会的定義　social definition　266
社会的な（る）もの　the social　542, 779
社会（的）ネットワーク　→ソーシャル・ネットワーク
社会的排除　social exclusion　50, 710
社会的発明　social inventions　631
社会的反作用　social reaction　266
社会的分化　social differentiation　454, **538**
社会的分化とジニ係数　social differentiation and the Gini coefficient　**454**
社会的閉鎖化　social closure　445
社会的包摂　social inclusion　50, 710
社会的包摂と公正　social inclusion and justice　**710**
社会的包摂と社会的排除　social inclusion and social exclusion　**50**
社会的連帯　social solidarity, solidarité sociale（仏）　58
社会統合　soziale Integration（独）　654
社会統制　social control　466, 607
社会の医療化　medicalization of society　160
社会のオートポイエーシス　→オートポイエーシス
社会の開放性　openness of society　446
社会福音　Social Gospel　803
社会扶助　social assistance　713

社会物理学　social physics, physique sociale（仏）795
社会変動　social change, sozialer Wandel（独）185, 425, 520, 534, 536, 538, 569, 602, 646
社会変動の要因　factors of social change　**536**
社会保険　social insurance　51, 713
社会保障　social security　6, 104
社会民主主義　social democracy　328, 737
社会問題の自然史　natural history of social problems　297
社会問題の自然史モデル　natual history model of social problems　125
社会問題のレトリック　rhetoric of socil problems　126
社会問題ワーク　social problems work　126, 297
社会有機体説（論）　theory of social organism　136, 309, 680
社会老年学　social gerontology　154
社会を分析する道具としての概念と理論　**130**
社会国家　social state, Sozialstaat（独）　328
社交情報　social information　277
ジャーナリスト教育　journalist education　333
シャノン＝ウィーバー図式　schematic diagram by Shannon and Weaver　**306**
主意主義　voluntarism　179, 210
主意主義的行為理論　voluntaristic theory of action　186, 290, 480, 645, 817
収穫逓増　increasing return　511
『自由からの逃走』　*Escape from Freedom*　811
宗　教　religion　50, 681
宗教運動　religious movement　602, 607
宗教社会学　sociology of religion　364, 646
集合意識　collective conscience　165
集合行為論　collective action theory　636
集合行動　collective behavior　263, 330, 606, 820
集合行動論　collective behavior theory　261, 603, **606**, 608, 612
集合財　collective goods　608
集合体　the collective　543
集合知　collective intelligence　17
集合的アイデンティティ　collective identity　612, 617, 625, 636
集合的記憶　mémoire collective（仏）　374
集合的行為　collective action　368
重合的合意　overlapping consensus　694
集合的消費　collective consumption　633
集合的問題解決　collective resolution　331
自由主義（リベラリズム）　liberalism　528, 538, 714, 724, 737, 791, 794
終身雇用　lifetime employment　392
囚人のジレンマ　prisoner's dilemma　515, **664**
集積の効果　effect of agglomeration　511
集蔵体　archive　2

重層的決定　overdetermination　576
従　属　dependency　526
従属的男性性　subordinate masculinity　597
従属理論　dependency theory　28, 520, 524, **526**, 736, 744
住宅市場　housing market　51
集団的権利　collective right　703
集団的浅慮　groupthink　17
集団分極化　group plarization　17
集団連帯の合理的根拠　rational basis of collective solidarity　**400**
自由と正義　liberty and justice　**724**
柔軟なシティズンシップ　flexible citizenship　755
自由の王国　realm of freedom, Reich der Freiheit（独）　377
修復組織　repair organization　273
周　辺　periphery　526, 736
住民投票　referendum　611
宗門人別改帳　Shumon-aratame-cho and Ninbetsu-aratame-cho; religious investigation and population registers　550
重要な他者　significant others　459
収斂仮説　convergence hypothesis　536
収斂理論　convergence theory　519, 524
主観主義　subjectivism　210
主観主義的　subjectivistic　184
主観的意味　subjective meaning, subjektiver Sinn（独）　190
需給の均衡　equilibria between demand and supply　478
熟議（慮）民主主義　deliberative democracy　589, 687
縮小社会　reduced society　**116**
主　権　sovereignty, Souveränität（独）　141
主権国家　sovereign state　528
主権者　sovereign　584
受信機　receiver　306
主人道徳　master morality　650
主体化　subjectivation（仏）　236, 349, 565
主体化/従属化　subjectification/subordination　576
主体/準主体　subject/quasi-subject, quasi-subjekte（独）　**252**
主体的均衡条件　conditions for subjective equilibrium　478
出生率　fertility rate　174
出生力転換　fertility transition　175
出身階層　origin class　446
出　力　output　483
順機能　eufunction　424
準拠集団　reference group　**386**
準拠枠　frame of reference　817

準主体　quasi-subject, quasi-subjekte（独）　23, 253, 257
順序準同型写像　order-homomorphism　440
純粋（形式）社会学　Reine oder Formale Soziologie（独）　800
純粋な関係性　pure relationship　47, 96, 547, 554
準制度的分析水準　subinstitutional analytical level　262
順番取り　turn-taking　277
順番（取り）交替組織　turn-taking organization　273
浄　化　lustration　728
障害学　disability studies　581
（障害の）社会モデル　social model of disability　152, 241
生涯発達　life-span development　154
状況の定義　definition of the situation　277, **280**
消極的義務　negative duty　705
証　言　testimony　383
上昇同化　upward assimilation　759
少数民族　ethnic minority　672
象徴的一般化　symbolic generalization, symbolische Generalisierung（独）　197
象徴的相互作用論　→シンボリック相互作用（相互行為）論
象徴的に一般化されたコミュニケーション・メディア　symbolically generalized communication medium, symbolisch generalisierte Kommunikationsmedien（独）　193, 195, 198, 200
象徴的暴力　violence symbolique（仏）　357, **658**
焦点の定まった相互行為　focused interaction　277
承　認　recognition　240
承認（欲求）論　theory of (desire for) recognition　**248**, 253
消　費　consumption　115
消費される歴史　**112**
消費社会　consumer society, société de consommation（仏）　43, 218, 344, 351, **352**, 377, 438, 497
上部構造　superstructure　576
情　報　information　182, 306, 308, 310, 320, 498
情報格差（デジタル・デバイド）　digital divide　16
情報教育　information education　333
情報圏　infosphère（仏）　335
情報源　information source　306
情報コミュニケーション技術　information & communication technology; ICT　90
情報財　information goods　340
情報・メディア社会　computerized society　14
情報量　amount of information　182, 306

事項索引

情報理論　information theory　485
剰余価値論　theory of surplus value, Theorie über den Mehrwert(独)　376
初期値に対する鋭敏な依存性　sensitive dependence on initial conditions　486
職業威信スコア　occupational prestige score　429
職業集団　occupational group, Berufsverband(独)　798
食と社会　food and society　172
女性運動　women's movement　602
女性化　feminization　753
女性差別撤廃条約　Convention on the Elimination of all Forms of Discrimination against Women　545
女性に対する暴力　violence against women: VAW　598
情報の所有と専有　ownership and appropriation of information　340
所　有　ownership　340
所有権　ownership; property right　340
所有権論争　property debate　341
所有と経営の分離　separation of ownership from management　657
自立・自律　independence/autonomy　340, 730
自律型　autonomy type　819
ジ　ン　ZINE　638
進　化　evolution, Evolution(独)　185, 538
人格崇拝　culte de la personne(仏)　287
進化的に安定な戦略　evolutionarity stable strategy: ESS　79
進化論　evolution theory　794
進化論と社会変動　evolution theory and social change　518
神経化学的自己　neurochemical self　139
人　権　human rights　705, 731
人権侵害　human rights violations　704, 728
信　号　signal　306
人　口　population　141, 178
人口－環境バランス　population-environment balance　678
人口減少　population decrease　116
人工生命　artificial life　80
人口置換水準以下の出生率　sub-replacement fertility　175
人口転換　demographic transition　174
人口転換理論　demographic transition theory　174
人口ボーナス　demographic dividend　175
人口倫理　population ethics　703
新国際分業　new international division of labor　742, 769
新古典派経済学　neoclassical economics　748

新左翼　new left　86
真実和解委員会　Truth and Reconciliation Commission　687
人　種　race　444, 764, 768
新自由主義(ネオリベラリズム)　neoliberalism　29, 403, 420, 545, 577, 590, 710, 746, 768
人種関係サイクル　race relation cycle　760
人種差別　racial discrimination　722, 758
人種主義　→レイシズム
人種分業　racial division of labor　768
人種編成　racial formation　760
人種編成とエスニシティ　racial formation and ethnicity　760
心情倫理　Gesinnungsethik(独)　647
人身取引　trafficking in persons　770
人身取引議定書　Trafficking in Persons Protocol/Palermo Protocol　770
人身取引とセックスワーク　human trafficking and sex work　770
人身取引報告書　Trafficking in Persons Report　771
心身二元論　mind-body dualism　142
新制度派組織理論　new institutionalism in organizational analysis　416, 419
深層演技　deep acting　286
身　体　body, Leib(独)　140, 144, 209, 234
身体化　somatization　148
身体技法　techniques of the body, techniques du corps(仏)　142, 148
身体図式　body schema　142
身体的アイデンティティ　identity based on body　234
身体の社会学　sociology of the body　140, 285
陣地戦　war of position　576
新中間(層)階級　new middle class　426, 657
心的外傷後ストレス障害　post-traumatic stress disorder: PTSD　224
人的資本　human capital　60, 444
人的資本理論　human capital theory　425
心的相互作用　seelische Wechselwirkung(独)　800
人道支援　humanitarian assistance　683
人道的干渉　humanitarian intervention　704
信念体系　belief system　661
真の利害　real interests　567
神秘主義　mysticism　370
人文学　humanities　737
進　歩　progress　538
新保守主義　Neokonservatismus(独)　655
シンボリック相互作用(相互行為)論　symbolic interactionism　156, 228, 260, 262, 274, 276, 291, 303, 473, 815, 816
シンボル操作　symbol manipulation　328

事項索引

親密圏　intimate sphere, Intimsphäre（独）　45, 325
親密圏と公共圏　intimate and public spheres　44
親密性（親密な関係）　intimacy　47, 200, 546, 598
親密性と支配　intimacy and control　598
親密性の労働　intimate labor; intimate work　47
親密な関係　→親密性
親密な関係性の変容　546
ジンメルのコミュニケーション論　The concept of 'communication' in G. Simmel　302
新約聖書　New Testament　782
信　頼　trust, Vertrauen（独）　61, 181, 197, **214**
信頼関係　trust relation　263
真　理　truth　310
心理化　psychologization　20, 225, 253
心理学還元主義　psychological reductionism　262
心理的説明　psychological explanation　602
真理（メディア）　truth (medium)　198
神　話　mythology, mythologie（仏）　350, 681
神話作用　mythologie（仏）　**350**

■す

遂行的発言　performative utterance　216
水準変動　level change　534
趨勢命題は科学的命題か　Is trend proposition a scientific proposition?　**532**
数理社会学　mathematical sociology　441
数理モデル　mathematical model　453
スケープゴート　scapegoat　657
図像化　figural　40
図像的な意味作用　figural signification　39
スタグフレーション　stagflation　51
スティグマ　stigma　159, **232**, 277, 285
ステイティズム　statism　705
ステータス症候群　status syndrome　449
ステレオタイプ　stereotype　318, 333
ストリート官僚制論　street-lavel bureaucracy theory　125
スピリチュアリティ（霊性）　spirituality　**370**
スペンサー＝ブラウン代数　Spencer-Brown algebra　203
スポーツ　sports　607
スマートフォン　smartphone　169
スモール・ワールド　small world　406

■せ

静　学　statics　479
性革命　sexual revolution　546
生活世界　life world, Lebenswelt（独）　206, **208**, 278, 324, 403, 627, 654, 826
生活世界とシステム　Lebenswelt und System（独）　**654**

生活世界の植民地化　colonialization of the lifeworld, Kolonialisierung der Lebenswelt（独）　207, 655, 826
生活態度　Lebensführung（独）　646
生活の医療化　medicalization of life　160
生活保護基準　criteria for public assistance　432
成果メディア　Erfolgsmedien（独）　193
正　義　justice　726, 730
正義概念と正義の諸構想　the *concept* of justice prior to *conceptions* of justice　**690**
正義と善　justice and good　**714**
正義の二原理　two principles of justice　716
世紀末　fin de siècle（仏）　802
制　御　control　308, 563
政教分離　separation of church and state　783
制御中枢　control center　71
正義論のルーツ　root of the theory of justice　718
政軍関係論　civil-military relations　682
生権力　bio-pouvoir（仏）　141
整合説　coherence theory　199
制　裁　→サンクション
性差別　sexism; gender discrimination　572, 768
生産関係　relations of production, Produktionsverhältnisse（独）　520
性産業　sex industry　770
生産手段　means of production　426
生産の再配置　relocation of production　742
生産様式　mode of production　140, 426, 526
生産力　productive forces, Produktionskräfte（独）　520, 652
正　史　authentic history　112
政治運動　political movement　607
政治過程論　political process theory　606
政治経済学　political economy　792
政治的機会　political opportunity　602
政治的機会構造論　political opportunity structure theory　**610**, 613
政治的リベラリズム　political liberalism　694
政治の情況　circumstances of politics　695
聖　書　the Bible　782
精神障害の診断と統計マニュアル　Diagnostic and Statistical Manual of Mental Disorders: DSM　224
精神分析　psychoanalysis, Psychoanalyse（独）　345
生政治　bio-politics　72, 102, 121, **162**, 201
成層分化　→階層分化
生存権　subsistence rights, Recht auf Leben（独）　705, 712
生存時間分析　survival analysis　461
生存主義　survivalism　678
生態心理学　ecological psychology　166

事項索引

生体的関係的カタストロフ　biotic and relational catastrophe of human species, la catastrofe biologica e relazionale della specie umana（伊）634
成長曲線モデル　growth curve model　463
成長の限界　limits to growth　56
制　度　institution　646
正当(統)化　legitimation　211, 647, 653
制度／職業モデル　institutional/occupational model　683
制度的手段　institutionalized means　660
制度のエスノグラフィ　institutional ethnography　126
制度派経済学　institutionalist economics　444
聖なるもの　the sacred, le sacré（仏）　565, 681
正のフィードバック（ポジティブ・フィードバック）　positive feedback　500, 509, 510
生物学的市民・市民権　biological citizen/citizenship　139
生物コンピュータ研究所　Biological Computer Laboratory: BCL　309
生物多様性条約　Convention of Biological Diversity　58
性別(役割)分業　sexual division of labor　548, 554
生命科学　life science　136
生命科学と社会学　life science and sociology　**136**
生命情報　biological information　340
生命倫理　bioethics　**164**
製薬化　pharmaceuticalization　161
性役割理論　sex role theory　596
世界＝経済　world-economy　736
世界システム　world system　104
世界システム論　world-systems theory　28, 520, 527, 528, **736**, 748
世界社会フォーラム　World Social Forum　746
世界正義　global justice　702, **704**
世界帝国　world empire　740
世界都市　world city; global city　529, 740, 768
世界貿易機関　World Trade Organization: WTO　615, 621, 746
世界保健機関　World Health Organization: WHO　150
セカンドオーダー・サイバネティクス　second-order cybernetics　309
セカンド・サイバネティクス　second cybernetics　503, 509
責　任　responsibility, Verantwortlichkeit（独）　539, 726
責任と正義　responsibility and justice　**726**
セクシュアリティ　sexuality　50, 144, 201, 547, 732, 761

セグメント化された同化　segmented assimilation　**758**
世　間　seken（日）　669
世間体　sekentei（日）　669
世俗化　secularization　532
世俗主義　secularism　371
世　帯　household　736
世　代　generation　116
世代間移動　intergenerational mobility　434
世代間コンフリクト　intergenerational conflict　670
世代間コンフリクトの弱まり　weakening of conflict between generations　670
世代間正義　intergenerational justice　**702**
世代間の公平性　58
世帯形成システム　household formation system　550
世代内移動　intragenerational mobility　434
世代内コンフリクトの強まり　strengthening of conflict within generation　671
世代間／世代内コンフリクト　intergenerational/intragenerational conflict　670
積極的義務　positive duty　705
セックス　sex　141
セックスワーク　sex work　770
節合／分節化　articulation　576
接続された　wired　168
絶対移動　absolute mobility　435
絶対王政　absolute monarchism　402
絶対的貧困　absolute poverty　432
節度ある階層国家　decent hierarchies　694
絶滅危惧種　endangered species　58
ゼマンティク　Semantik（独）　5, 181, 201, **364**
セミプロレタリアート　semi-proletariat　736
セラピー　therapy　370
セル・オートマトン　cell automaton　79
セルフ・ヘルプ・グループ　self-help group　159, 231, 247, 371, **404**
セレクティブ・サンクション　selective sanction　267
セレブ　celeb（和製英語）　579
全域的構造組織　overall structural organization　273
尖鋭アノミー　accute anomie　661
戦間期　interwar period　780
前期近代　early-modern　670
前近代から近代へ　modernization; from premodern to modern society　**522**
線型回帰モデル　linear regression model　458
選好基底の功利主義　preference-based utilitarianism　693
潜在的機能　latent function　818
潜在的世論　latent public opinion　330

潜在能力アプローチ　capability approach　705
全志願制軍隊　all volunteer force　683
先住民　indigenous people　672
戦争社会学　sociology of war　682
戦争の産業化　industrialization of war　682
全体主義　totalitarianism　344, 402
選択意志　Kürwille(独)　801
選択型文化変容　selective acculturation　758
選択的親和性　Wahlverwandtschaft(独)　646
選択的誘因　selective incentive　608
選択バイアス　selection bias　459
宣伝　propaganda　332
戦闘の社会学　sociology of combat　682
善に対する正義の優位　the primacy of justice over the good　694
選抜　selection　425, 436, 450
羨望　envy　666
羨望と嫉妬　envy and jealousy　**666**
専門化　professionalization　269
専門家　professional　580
専門家支配　professional dominance　**580**
専門職　profession　581
専有　appropriation　340
占有　possession　340
戦略的行為　tactical action　199
戦略的本質主義　strategic foundamentalism　355

■そ

臓器移植　organ transplant　340
争議の政治　contentious politics　619
相互依存　interdependence　478
綜合理論　→一般理論
相互行為(相互作用)　interaction, Wechselwirkung(独)　200, 210, 222, 274, 282, 298, 302, 606, 644, 656, 800
相互交換　interchange　194, 476
相互作用する種　interactive kind　124
相互作用秩序　interaction order　**284**
相互作用論　interaction theory　267
相互主観性　intersubjectivity　**278**
相互浸透　interpenetration　321
相互反映性　reflexivity　265
操作的定義　operational definition　289
送信機　transmitter　306
創造の「個」　creative"individual"　71
創造的破壊　creative destruction　322
相対移動　relative mobility　435
相対主義　relativism　809
相対的剥奪　relative deprivation　387, 455, 603, 606
相対的貧困　relative poverty　432
相対的リスク回避仮説(RRA仮説)　relative risk aversion hypothesis　453

装置　→ディスポジティフ
相転移　phase transition　487
創発　emergence　512, 543
創発規範モデル　emergent norm model　607
創発主義　emergentism　262
創発性　emergence property　66, 490, 500, 511
総力戦　total war　682, 805
疎外　alienation, Entfremdung(独)　287, **648**, 655, 819
属性　ascription　437
属性主義　ascription principle　672
俗流構築主義　popular constructionism　123
ソシオサイバネティクス　sociocybernetics　**468**
組織　organization　396, 467
組織アイデンティティ論　theory of organizational identity　420
組織化　organizing; organization　414, 681
組織化された無秩序　organized anarchies　415
組織構造　organizational structure　418
組織象徴性　organizational symbolism　419
組織的社会　organized society, société organisé(仏)　538
組織における非合理性　irrnationality in the organization　414
組織文化　organizational culture　418, 420
組織文化論　theory of organizational culture　418
組織目標の諸問題　problems of organizational goals　398
ソーシャル・キャピタル　→社会関係資本
ソーシャル・ネットワーク(社会(的)ネットワーク)　social network　61, 412, 543, 743
ソーシャルメディア　social media　623
存在条件　existence conditions　479
存在被拘束性　Seinsverbundenheit(独)　564, 650
存立構造論　existence structure theory　676

■た

第一次集団　primary group　402, 683, 814
第一次労働市場　primary labor market　445
第一波フェミニズム運動　first wave fenimism　544
対応説　correspondence theory　199
対外道徳　Aussenmoral(独)　668
ダイグロシア　diglossia　767
体験　lived experience, Erleben(独)　184, 187, 190, 197
体験選択　lived choice　191
体験と行為　experience and action　**190**
対抗的相補性　conflictual complementarity, complémentalité conflictuelle(仏)　617, **674**
対抗文化　counter culture　219

事項索引　915

第三者の審級　instance of generalized other　142
第三世界　third world　526
対自的ユートピア　utopia for self, Utopie fürsich（独）　377
大衆　mass　344, 819
大衆行動　mass behavior　606
大衆社会　mass society　402
大衆文化　mass culture; popular culture　219, 344, 380
大衆民主主義　Massendemokratie（独）　655
体制移行の正義（移行期正義）　transitional justice　686, **728**
タイトなカップリング　tight coupling　192
対内道徳　Binnenmoral（独）　668
第二次人口転換　second demographic transition　45
第二次労働市場　secondary labor market　445
第二世代　second generation　758
第二の近代　second modernity　44, 244, 252, **530**, 554
第二波フェミニズム　second-wave feminism　144, 544, 596
ダイバージング・デスティネーション　diverging destination　433
対面的相互行為　face-to-face interaction　262, **276**, 284
大陸法系　continental legal system　341
大量虐殺　massacre　681
大量絶滅　extinction event　4
対話　dialogue　268
他我　alter　186
卓越主義　perfectionism　693
多言語主義　multilingualism　766
多言語主義と複言語主義　multilingualism and plurilingualism　766
多元主義　pluralism　528, 672
多元的現実論　multiple realities, mannigfalte Wirklichkeiten（独）　209
多元的自己　multidimentional self　253
多元的自己・多元的アイデンティティ　multiple selves/multiple identities　228
多国籍企業　transnational corporation　742, 746
多次元階層　multidimensional system of stratification　456
他者　others　278, 352
他者指向　other orientation　819
多重化する市民権　citizenship and international migration　**754**
多重対応分析　multiple correspondence analysis　457
多声　polyphony　261, 269
ただ乗り　free ride　603
立場性重視の認識論　standpoint epistemology　261
立場の交換可能性の理念化　idealization of the interchangeability of the standpoints　279
脱埋め込み　disembedding　225
脱カップリング　Entkoppelung（独）　192
脱工業化　postindustrialization　431
脱産業社会　postindustrial society　603, 617
脱分（節）化　dedifferentiation　39, 539
多動　hyperactivity　161
妥当性要求　validity claim　206
ダブルコンティンジェンシー　double contingency　**186**
ダブル・バインド　double bind　294, 309
ダブル・バインドとメタ・コミュニケーション　double bind and meta-communication　**294**
多文化主義　multiculturalism　241, 249, 730, 756, 775
多文化主義とネオリベラリズム　multiculturalism and neoliberalism　**756**
多文化的シティズンシップ　multicultural citizenship　756
多変量解析　multivariate analysis　456
多民族社会　multi-ethnic society　673
単純アノミー　simple anomie　661
男女の性別分業　sexual divion of labour　706
男性稼ぎ主-女性主婦型　male breadwinner-female housewife model　48
男性稼ぎ主モデル　male breadwinner model　709, 713
男性支配/ヘゲモニックな男性性　male domination/hegemonic masculinity　**596**
談話　discourse　348

■ち

知　knowledge, savoir（仏）　564
地位　status　444, 539
地位アイデンティフィケーション　status identification　443
地位一貫性　status consistency　456
地域社会　→コミュニティ
地位結晶化　status crystallization　456
地位達成　status attainment　63
地位達成の因果的推論　causal inference in status attainment　458
地位達成モデル　status attainment model　429, 459
地位（の）非一貫性　status inconsistency　456, 539
知識階級　intelligentsia　378
知識社会　knowledge society　322
知識社会学　sociology of knowledge, Wissenssoziologie（独）　122, 349, 350, 364, 377, 562, 651, 809

知識人（インテリゲンチャ） intellectual, Intelligenz（独）, intellectual（仏）, intelligentsiya（露） **378**, 810, 823
秩　序　order　210
秩序の前段階　prior stage to order　487
秩序パラメータ　order parameter　501
秩序問題　problem of order　205, 514
知的財産　intellectual property　340
知と権威／権力　knowledge and authority/power　**564**
地方消滅　dissolutions of local governments　120
チーム医療　581
中　核　core　736
中間階級　middle class　562
中間集団　intermediate group　61, 402, 798
中　心　center(centre); core　526
中枢－周辺　center-periphery　685
中範囲の理論　theory of "middle" range　2, 676, 818
超安定性　ultrastability　467
超越論的現象学　transzendentale Phänomenologie（独）, transendental phenomenology　208
直接効果　direct effect　459
著作権　→コピー・ライト
著作権の制限　limitations of copyright　341
貯蓄原理　saving principle　702
沈殿化　sedimentation　365
沈黙の螺旋　spiral of silence　317, 319

■つ

通　信　communication　308
通信路　channnel　306
つなぐ　connect　405
強　さ　intensity　657
ツリー（樹木）　tree　502

■て

出会い　encounters　270
ディアスポラ　diaspora　577, **752**, 761
低開発　underdevelopment　526
定義的概念　definitive concept　288
抵　抗　resistance　299
帝　国　empire　29, 529
帝国主義　imperialism　526, 685
帝国論　theory of empire　**738**
呈示される自己　presentation of self　270
ディシプリン　discipline　737
定常状態　steady state　508
ディスアビリティ（障害）　disability　**152**
ディスクール（言説）　discours（仏）, discourse　336, **348**
ディストピア　dystopia　377

ディスポジティフ　dispositif（仏）, apparatus　348
定性的研究　qualitative study　728
締約国会議　Conference of the Parties: COP　615
定量的研究　quantitative study　729
適応型　adaptation type　819
適合的因果　adequate causation　2
テクノクラシー　technocracy　617
テクノクラート　technocrat　610
テクノロジー（技術）　technology　5, 199
デコーディング　decoding　314
データベース消費　database consumption　381
デマンド・サイド・マネジメント　demand side management　59
テリック・システム　telic system　477
テロリズム　terrorism　637
転記（トランスクリプト）　transcript　272
電子メディア　electronic media　310
伝達作用　transmision, médiation（仏）　334
伝　統　tradition　524
伝統指向　traditional orientation　819
伝統社会　traditional society　732
伝統主義　traditionalism　672
伝統（的）家族　traditional family　552

■と

同一化（同化）　assimilation　331, 672, 760
同害報復原理　lex talionis　690
等価機能主義　Äquivalenzfunktionalismus（独）, equivalence functionalism　178, 398
動　学　dynamics　479
等確率想定　equi-probability assumption　694
同化理論　assimilation theory　758
投　企　Entwurf（独）　184
討　議　Diskurs（独）　326
動　機　motive　191
討議原理　Diskursprinzip（独）　326
討議と倫理　Diskurs und Ethik（独）　**326**
動機の語彙　vocabularies of motive　**290**
動機の相互性の理念化　idealization of the reciprocity of motives　279
東京一極集中　Tokyo centralization　119
同業組合　corporation　797
討議理論　diskursive Theorie（独）　327
討議倫理学　Diskursethik（独）　326
道具的理性批判　critique of instrumental reason　206
統計学　statistics　796
統計的因果推論　statistical causal inference　461
統計的事実　fait statistique（仏）　803
等結果性　equifinality　178, 483
統　合　integration　656
統合失調症　schizophrenia　294
統合理論　integration theories　210

同時交差性　intersectionality　763
当事者　tojisha（日）, the persons concerned; marginalized people　246
当事者運動　social movement by the persons concerned　770
当事者研究　tojisha kenkyu（日）　**246**
当事者主権　tojisha shuken（日）　581
同人誌（ファンジン）　fanzine　92
同　棲　cohabitation; living together　546
統制理論　control theory　266
闘　争　→コンフリクト
闘争（葛藤，コンフリクト，紛争）理論　conflict theory　262, 377, 425, 432, 473, **656**, 680, 816
統治性　governmentality　237
同　調　conformity　660
同調とアノミー　conformity and anomie　**660**
動的均衡　dynamic equilibrium　466
道　徳　moral　720
道徳原理　Moralprinzip（独）　326
道徳統計学　moral statistics　102, 188
道徳の実証科学　la science positive du moral（仏）　802
逃避主義　retreatism　661
動物化　animalization　381
動物社会学　animal sociology　143
同類婚　homogamy　446
独　占　monopoly　445
特定秘密保護法　Specially Designated Secrets　341
都市化　urbanization　532
都市社会運動　urban social movement　602, **632**
都市社会学　urban sociology　815
都市への権利　right to the city　632
途上国の貧困　poverty in the global South　**744**
トマスの公理　Thomas theorem　280, 814
ドメスティック・バイオレンス　domestic violence: DV　548, 598, 721
友と敵　friend and enemy　585
トラウマ　trauma　**224**
トラブルのミクロ・ポリティクス　micro politics of trouble　297
ドラマツルギー　dramaturgy　261, **270**, 821
トランスナショナリズム　transnationalism　752
トランスナショナル　transnational　29, 614
トランスナショナル・アクター　transnational actor　614
トランスナショナル化　transnationalization　614
トランスナショナル家族　transnational family　753
トランスナショナル視角　transnational perspective　751
トランスナショナルな権力　transnational power　625

トランスナショナルな公共圏　transnational public sphere　49
トランスナショナルな資本家階級　transnational capitalist class　743
トランスナショナルな社会運動　transnational social movement　615, **746**
トランスナショナルな親密圏　transnational intimate sphere　48
トリクルダウン（滴下）効果　trickle-down effect　438
努力－報酬不均衡モデル　effort-reward imbalance model　449
奴隷道徳　slave morality　650
ドローン　drone　169

■な

内集団　in-group　239, 668
内集団びいき　in-group favoritism　515
内生性　endogeneity　459
内生変数　endogenous variable　458, 478
内生変動　endogenous change　536
内部環境　milieu intérieur（仏）　466
内部観察　internal observation　189
内部指向　inner-directed　819
内部労働市場　internal labor market　444
長い16世紀　long 16th century　736
ナショナリズム　nationalism　100, 105, 114, 238, 705, 730, 775
ナショナリズム運動　nationalism movement　602
ナショナリティ　nationality　238
ナショナル・アイデンティティ　national identity　**238**
ナショナルミニマム　national minimum　712
ナッシュ均衡　Nash equilibrium　479
ナラティヴ・アプローチ　narrative approach　268
ナラティヴ・セラピー　narrative therapy　246, 631
ナルシシズム　narcissism　**254**, 354

■に

新潟県巻町　Maki town, Niigata prefecture　611
2次元的権力観　two-dimensional view of power　566
二次創作　derivative works　243
二重意識　double consciousness　752
21世紀社会を読み解くためのキーコンセプト　2
二重規範とマージナリティ　dual norm and marginality　**668**
二重経済　dual economy　445
二重忠誠　double loyalty　392

918　　　　　　　　　　事　項　索　引

二重の解釈学　double hermeneutics　211
二重労働市場　dual labor market　444
20世紀物理学の三大革命　three major revolutions in the 20th century physics　486
日常的多文化主義　everyday multiculturalism　757
ニート　not in education, employment or training: NEET　53, 98
日本資本主義論争　controversy on Japanese capitalism　392
日本的経営と労働問題　Japanese-style management and labor problems　392
日本的集団主義　Japanese collectivism　390
入力　input　483
入力-出力　input-output　509
ニューエイジ　New Age　370
ニュー・ディール　New Diel　329
ニューメディア　new media　332
人間性　human nature　680
人間と社会　human being and society　480
人間の安全保障　human security　686
人間の条件パラダイム　paradigm of human condition　477
人間の発達　human development　154
認識文脈　awareness context　156
認識論的切断　epistemic rupture　348
認　知　cognition　330
認知的不協和　cognitive dissonance　331, **664**

■ね

ネイション　nation　238, 730
ネオ機能主義　neofunctionalism　473, 475
ネオリベラリズム　→新自由主義
ネオリベラル多文化主義　neoliberal multiculturalism　756
ネガティブ・インフォメーション（否定的な情報）　negative information　183
ネガティブ・サンクション（否定的な賞罰）　negative sanction　195
ネガティブ・フィードバック　→負のフードバック
ネガワット革命　negawatt revolution　59
ネゲントロピー　negentropy　306
ネット右翼　internet right wingers　100
ネットカフェ難民　internet cafe refuges　53
ネットワーク　network　554, 605
ネットワーク型一般交換　network generalized exchange　263
ネットワーク社会　network society　**322**
ネットワーク組織論　network organization theory　**412**
ネットワーク閉鎖　network closure　60
年功序列　392

年齢差別　ageism　154

■の

ノイズ　noise　306
脳神経倫理　neuroethics　139
脳多様性　neurodiversity　139
能動的オーディエンス論　active audience theory　361
能動的信頼　active trust　215
能　力　merit; ability　436
ノーマライゼーション　normalization　55
ノンリニアリティ（非線形性）　nonlinearity　513, 543

■は

場　field　70
場（界）　→界
媒介原理　principia media　563
排外主義　xenophobia; antiforeign feeling　100, 239, 636, 667
売　春　prostitution　770
賠償政治　reparations politics　114
排他権　right to exclude　340
排他性　excludability　340
排他的支配権　exclusive right of ownership　341
ハイパーリアリティ　hyper-reality　40
ハイブリッド　hybrid　543
ハイブリディティ　hybridity　540
配　分　allocation　425
ハイ・モダニティ　high modernity　833
バイリンガリズム　bilingualism　767
ハインツのジレンマ　dilemma of Heinz　719
波及効果　repercussion　478
ハクティビズム　hacktivism　95, 623
ハザード比　hazards ratio　461
パス解析　path analysis　458
パス長　path length　406
パースペクティブ（遠近法）　perspectivism　681
パーソナル・メディア　personal media　310
パターナリズム　paternalism　581, **582**
バタフライ（蝶）効果　butterfly effect　486
破綻国家　failed state　238
パターン変数　pattern variables　475, 817
バッキ事件　Bakke case　723
パックス・アメリカーナ　Pax Americana　780
発話内行為（発話内的行為）　illocutionary act　209, 217
発　信　Mitteilung（独）　498
パッシング　passing　233
発生期　stato nascente（伊）　634
発話順番のデザイン　turn design　273
発話内的力　illocutionary force　209
パニック　panic　606

パネル・データ分析　panel data analysis　459
パノプティコン　panopticon　72, 141, 832
ハビトゥス　habitus　142, 148, 357, 457, 659, 733, 831
パフォーマティヴィティ　performativity　217
パフォーマンス・エスノグラフィー　performance ethnography　261
パフォーマンス論　performance theory　149
バーミンガム大学現代文化研究センター　Centre for Contemporary Cultural Studies　345, 360
パラダイム　paradigm　368
パラドックス　paradox　499
パリ協定　Paris Agreement　59
パレート効率的　Pareto efficient　514
パロールとエクルチュール　parole（仏）, écriture（仏）　336
反核運動　anti-nuclear movements　615, 622
反グローバリゼーション運動　antiglobalization movement　29
反　抗　rebellion　661
犯　罪　crime　726
反事実的条件　counterfactual condition　461
反事実的モデル　counterfactual model　459
反システム運動　antisystemic movement　737
半周辺　semiperiphery　736
反証可能性　falsifiability　198
反　省　reflection; reflexion　349
反省的　reflexiv（独）, reflexive　184
反戦運動　anti-war movements　622
反戦平和運動　anti-war/peace movement　602
反貧困・格差　anti-poverty/disparity　602
万物の商品化　commodification of everything　706
反ユダヤ主義　anti-Semitism　651

■ひ

ピ　ア　peer　404
ピア・サポート　peer support　404
非営利組織（団体）　nonprofit organization: NPO　108, 627, 700
ヒエラルキー　hierarchy　581
比較歴史社会学　comparative historical sociology　647
非決定作成　non-decisionmaking　567
非言語的相互行為　non-verbal interaction　277
非　行　delinquency　671
ビジネス・ユニオニズム　business unionism　640
非正規雇用　non-regular employment　431
非正規雇用者　non-regular employee　394
非政府組織　non-governmental organization: NGO　614, 627, 641, 704, 738, 747, 770
非線形性　→ノンリニアリティ

非対称戦争　asymmetric warfare　683
必然の王国　realm of necessity, Reich der Notwendigkeit（独）　377
非同一性問題　non-identity problem　703
ヒトゲノム計画　human genome project　138
美と正義　beauty and justice　732
一つに溶け合う愛情　confluent love　547
独りにしておいてもらう権利　the right to be let alone　292
非人称化　impersonalization　681
ビハーラ　vihāra（梵）　371
批判的言説文化　culture of critical discourse　565
批判的言説分析　critical discourse analysis　349
批判的多文化主義　critical multiculturalism　756
批判理論　critical theory, Kritische Theorie（独）　344, 561, 616, 810
非暴力的抵抗　nonviolent resistance　628
秘密とプライバシー　secret and privacy　292
ヒューマン・ドキュメント　human document　260
「表出的」群集　'expressive' crowd　607
標準化回帰係数　standardized regression coefficient　458
標準化と多様化の相互作用　interaction of standardization and diversification　772
表　象　representation　358
表象の危機　crisis of representation　39
表象の透明性の崩壊　lack of transparency of representation　39
表象不可能性　impossibility of representation　382
表層演技　surface acting　286
平　等　equality　240
平等基底的権利論　egalitarian theories of rights　690
平等主義　egalitarianism　725
平等の指標　measurement of equality　716
病人役割　sick role　158
評　判　reputation　515
比例ハザード・モデル　proportional hazards model　461
貧　困　poverty　432, 451, 455, 704, 744
貧困研究　poverty study　433
貧困線　poverty line　713
貧困の女性化　feminization of poverty　556

■ふ

不安定社会と若者　liquid society and youth　96
フィードバック　feedback　308, 506
風営法（風俗営業法）　Entertainment Businesses Law　771
フェア・ユース　fair use　340

フェミニスト福祉国家論　feminist theories of the welfare state　48
フェミニズム　feminism　48, 140, 217, 549, 589
フェミニズム運動　feminism movement　602
フェミニズム映画理論　feminist film theory　355
フェミニズムと社会変動　feminism and social change　**544**
フォーディズム　Fordism　218, 226, 577
フォーマライゼーション　formalization　2
フォーマル・セオリー　formal theory　441
不確実性　uncertainty　4
不可視の行為　l'azione invisibile（伊）　634
不協和型文化変容　dissonant acculturation　758
福音－社会会議　evangelisch-sozialer Kongreß（独）　803
複言語主義　plurilingualism　766
複言語能力　plurilingual competence　766
復原的法　restitutive law, droit restitutif（仏）　539
複合差別　complex discrimination　765
複雑系　complex system　510, 512, 543
複雑系の科学　sciences of complex systems　488
複雑系の科学運動　scientific movement of complex systems　66
複雑性　complexity, Komplexität（独）　178, 185, 488
複雑性と意味　complexity and meaning　**178**
複雑性の縮減　Reduktion der Komplexität（独）　190, 828
複雑適応系　complex adaptive system　510
福祉国家　welfare state　44, 50, 102, 115, 403, **706**, 715, 768
福祉国家的　welfare state, wohlfahrsstaatlich（独）　185
福祉国家レジーム　welfare state regime　103, 709
福祉社会　welfare society　102
福祉社会の国家システム　state system of welfare society　**102**
福祉多文化主義　welfare multiculturalism　756
複数性　plurality　589
複製　copy　340
複製技術　mechanical reproduction, technische Reproduktion（独）　312, **346**
複文化能力　pluricultural competence　766
符号化　coding　307
物権　property rule　341
物象化　reification, Verdinglichung（独）; Versachlichung（独）　206, 344, 649, 654
不等価交換　unequal exchange　527
負のフィードバック（ネガティブ・フィードバック）　negative feedback　466, 500, 510
不平等　inequality　424, 454
不平等の機能主義的説明　functional theory of inequality　424
不平等の趨勢　inequality trend　430
不平・不満　grievance/discontent　604
普遍化原則　Universalierungsgrundsatz（独）　326
普遍主義　universalism　672
普遍主義的　universalistic　713
ブーメラン・モデル　boomerang model　747
プライバシー　privacy　292, 341
プラクシス　praxis　142
プラグマティズム　pragmatism　198, 822
ブラック・アトランティック　The Black Atlantic　753
ブラック・フェミニズム　black feminism　764
ブラック・レポート　Black Report　448
フラッシュモブ　flash mob　617, 638
フランクフルト学派　Frankfurter Schule（独）, Frankfurt school　344, 376, 520, 560, 810
フランクフルト大学社会研究所　Sozialforschung an der Johann Wolfgang Goethe-Universität in Frankfurt am Main（独）, Institute for Social Research at the University of Frankfurt　344
フランス革命　French Revolution　328, 737
ブリコラージュ　bricolage（仏）　363
フリーター　freeter　53, 98
ブリッジ（橋渡し）　bridge　409, 411
フリーライダー　free rider　62, 620
フリーライダー問題　free rider problem　618
フリーライダー論　free rider theory　608
ブルジョアジー　bourgeoisie（仏）　336, 651
プレイング・セルフ　playing self　635
プレカリアート　precariat　427, 625, 640
フレーミング　framing　609, 610
フレーミング分析　framing analysis　261
フレーム　frame　295, 605
フレーム共鳴　frame resonance　605
フレーム分析　frame analysis　125
フレーム論　framing theory　604, 625
プログラム　programm　198
プロテスタンティズム　Protestantismus（独）　521
フローの空間　space of flow　740
プロパガンダ　propaganda　318, 606
プロパガンダ・情報操作　propaganda; information manipulation　**328**
プロレタリア（階級），プロレタリアート　proletarier, Proletariat（独）　248, 576, 651, 680
文化　culture, Kultur（独）　274, 344, 365, 366
文化遺産　cultural heritages　542
文化運動　cultural movement　637
文化科学　Kulturwissenschaft（独）　202
文化学習理論　cultural learning theory　266
文化産業　culture industry, Kulturindustrie（独）

344, 347
文化資本　cultural capital, capital culturel（仏）
　60, 219, **356**, 366, 379, 439, 451, 457, 565, 733,
　753
文化社会学（カルチュラル・ソシオロジー）
　cultural sociology　89, **366**
文化相対主義　cultural relativism　731
文化遅滞　cultural lag　537
文化帝国主義　cultural imperialism　529, **772**
文化的アイデンティティと正義　cultural identity
　and justice　**730**
文化的意味　cultural meaning　274
文化的再生産　reproduction culturelle（仏），
　cultural reproduction　356, 437
文化的左翼　cultural Left　249
文化的自律性　cultural autonomy　772
分化的接触理論　differential association theory
　51
文化的転回　→カルチュラル・ターン
文化的トラウマ　cultural trauma　607
文化的暴力　cultural violence　684
文化的目標　cultural goals　660
文化的レイシズム　cultural racism　763
文化とパーソナリティ　culture and personality
　819
文化の回路　circuit of culture　361
文化フォーマット　cultural format　773
文化物　cultural object　274
文化ヘゲモニー　cultural hegemony　**576**
文化変容　acculturation　758
分　岐　bifurcation　501
分居現象　segregation　67
分居度　degree of segregation　68
分岐理論　bifurcation theory　489
分散的意思決定　distributed decision making
　340
分居モデル　segregation model　514
分　出　differentiation, Ausdifferenzierung（独）
　538
分析的マルクス主義　analytical Marxism　460
紛争後社会　post-conflict society　687
紛争理論　→闘争理論
分　配　distribution　240
分配的正義　distributive justice　**696**, 700, 704,
　727
分　布　distribution　203
文明（化）　civilization, Zivilisation（独）　140, 157,
　287, 539, 681
「分離−融合」論争　divergence-convergence
　debate　683
分裂生成　schiomogenesis　309

へ

平均化　leveling　331
平均人　homme moyen（仏）　797
平　衡　→均　衡
ベイズ更新　Bayes updating　203
ベイズ統計学　Bayesian statistics　203
平成の大合併　the great Heisei merger　117
ヘイト・スピーチ　hate speech　607, 763
平　和　peace　684
平和運動　peace movement　616, 640
平和構築　peace-building　686
ヘゲモニー　hegemony　362, 566, 569, 592, 597,
　736
ヘゲモニックな男性性　hegemonic masculinity
　596
ベーシック・インカム　basic income　712
ヘテロセクシズム　heterosexism　545
ヘテロノーマティビティ　heteronormativity
　545
ベルリンの壁　Berliner Mauer（独）　56
偏　見　prejudice　331, 444
変　数　variable　470
編入様式　modes of incorporation　758

ほ

ボーイズラブ（BL）　381
包囲光　ambient light　166
包囲光配列　ambient array　167
崩壊理論　breakdown theory　603
包括的諸教説　comprehensive doctrines　694
封建遺制　feudal relic　392
放射性廃棄物　radio active waste　58
法則論的/存在論的　nomologisch/ontologisch
　202
法治国家　Rechtsstaat（独）　327
方法（論）的個人主義　methodological
　individualism　188, 400, 452, 510
方法（論）的全体主義　methodological holism
　188, 400, 511
暴力革命　violent revolution　680
暴力論/暴力の社会学理論　theories of violence
　680
ポジティブ・アクション　positive action　722
ポジティブ・フィードバック　→正のフィード
　バック
保守主義　conservatism　737
母　数　parameter　203
ポスト近代（ポストモダン）　postmodern　6, 274,
　349, 380, 420, 530, 780, 824
ポスト構造主義　poststructuralism　252
ポストコロニアリズム　postcolonialism　241,
　359, 592, 732, 752

ポストコロニアル　postcolonial　540, 577
ポストコロニアル・フェミニズム　postcolonial feminism　545, 763
ホスト社会　host society　672
ポスト伝統的　post-traditional　252
ポストナショナル・シティズンシップ postnational citizenship　754
ポストヒューマン　post humen　143
ポストフォーディズム　post-Fordism　218, 227
ポストモダニズム　postmodernism　**38**
ポストモダン社会の文化批判　cultural criticism of postmodern society　**274**
ポストモラトリアム　post-moratorium　227
ポスト冷戦期　post-Cold War period　56
ホスピス運動　hospice movement　371
ホーソン工場実験　Hawthorne experiments　412
ホッブズ問題　Hobbesian problem　142, **644**, 680
ポピュリズム　populism　667
ホメオスタシス（恒常性維持）　homeostasis　466, 478, 483, 509, 510
ホメオスタット　homeostat　467
ホメオダイナミクス　homeodynamics　467
ホモ・サケル　homo sacer（伊）　141
ホロコースト　Holocaust　382
ホワイトホール調査　Whitehall Survey　448
本質意志　Wesenwille（独）　801
本質主義　essentialism　569

■ま

マイノリティ女性　minority women　764
マクシミン基準　maximin criterion　454
マクシミン・ルール　the maximin rule　694
マクドナルド化　McDonaldization　28
マクロ組織分析　macro organizational analysis　619
負け犬の社会学　sociology of underdog　260
マージナリティ　marginality　668
マージナル・アート　marginal art　369
マージナル・パーソン，マージナル・マン　marginal person, marginal man　815
マス・コミュニケーション　mass communication　310
マス・コミュニケーション研究　mass communication research　329, 332, 360
マスターフレーム　master frame　605
マスメディア　mass media　181, 274, 310, 328, 572
マルクス主義　Marxism　113, 210, 376, 526, 646, 680
マルクス主義経済学　Marxist economics　444
マルクス主義フェミニズム　Marxist feminism　768

マルチチュード　multitude　29, 587
マルチメディア　multimedia　90, 323
マルチレベル・モデル　multilevel model　462

■み

ミクロ－マクロ　micro-macro　512
ミクロ・マクロリンク　micro-macro link　490
見てくれ　appearance　270
ミドルクラス多文化主義　middle class multiculturalism　756
ミニシステム　mini-system　736
未発の社会運動　movimenti nascenti（伊），nascent movement　**634**
未発の状態　stato nascente（伊），nascent state　634
身　分　Stand（独），status　456
ミメーシス　→模　倣
未　来　Zukunft（独），future　184
未来志向　future-oriented　114
民営化　privatization　542
民主化　democratization　532, 728
民主主義　democracy　731
民主主義原理　Demokratieprinzip（独）　327
民族解放　national liberation movement　737

■む

ムーア近傍　Moore neighborhood　68
無縁社会　indfferent society　340
無活動　inaction　567
無機的思考　philosophie inorganique（仏）　795
無作為抽出　random sampling　461
無作為割り当て　random assignment　461
無差別な利他主義　promiscuous altruism　679
無断占拠運動　squatting　624
無知の姿勢　not-knowing stance　268
無知のヴェール　veil of ignorance　692, 702

■め

メタ規範　meta-norm　515
メタ複製技術　meta-reproduction; electronic reproduction　313
メタ理論　metatheory　349
メディア　Medium（独），media　192, 198, 321
メディア・アクティビズム　media activism　**638**
メディア・アート　media art　333
メディア基体　mediales Substrate（独）　192
メディア教育　media education　332
メディア・コミュニケーション　media communication　543
メディアと形式　Medium und Form（独）　**192**
メディアと身体　media and body　**168**
メディアの位相　phase of media　310
メディアの作動　actuation of media　312

事項索引

メディア・リテラシー　media literacy　332
メディア論　media studies　333
メディオロジー　médiologie（仏）　334
メリトクラシー（業績主義）　meritocracy　436, 450, 672
メンバーシップ型／ジョブ型　membership type/Job type　97

■も

目的　goal　308
目的合理性　purposive rationality, Zweckrationalität（独）　205, 398
目的合理的　purposively rational, zweckrational（独）　178, 189, 654
目的手段図式　means-end schema　186
目的論　teleology　308
目標の転移　displacement of goals　388
国民社会主義ドイツ労働者党（ナチ党）　Nationalsozaialistische Arbeiterpartei Deutschland（独）　328
文字圏　graphosphère（仏）　335
モダニズム建築　modern architecture　38
モーティヴ・トーク　motive talk　291
モナド　monad　305
物　goods　340
物語　narrative　230, 383
物語論　narrative theory　404
物語論的転回　narrative turn　230, 261
モバイル・メディア　mobile media　333
モビリティ／モビリティーズ　mobility/mobilities　542
模倣（ミメーシス）　mimesis, mimesis（ギ）, imitatio（ラ）, imitation　304, 438
モラトリアム／ポストモラトリアム　moratorium/post-moratorium　226
問題経験　experience of problems　297

■や

やおい本　"YAOI"　71
役柄　character　271
役割　role　270, 276, 539
役割距離　role distance　223, 277
役割形成　role-making　276
役割コンフリクト　role conflict　539
役割取得　role-taking　276, **282**
病いの経験　illness experience　159
病いの行動　illness behavior　159

■ゆ

唯物史観　materialist conception of history, materialistische Geschichtsauffassung（独）　316, 519, **520**, 646
有意味化　signification　211

有意味シンボル　significant symbol　282
有害化学物質排出目録　Toxic Release Inventory: TRI　699
遊戯　play, spiel（独）　304
有機体説的社会倫理　organische Sozialethik（独）　647
有機体論　organicism　508
有機的思考　philosophie organique　795
有機的連帯　organic solidarity, solidarité organique（仏）　61, 108, 522, 536, 538, 658, 795, 798
優生学　erugenics　136
有体物　tangible goods　340
有名人（有名性）　celebrity　578
有名人と支配　celebrity dominance　**578**
ユーザー・インターフェース　user interface　92
豊かな社会　affluent society　104, 377
ユートピア　utopia　376
ユートピアからの脱出　out of utopia　377
ユートピアと希望の社会学　sociology of utopia and hope　**376**
ユニボア　univore　439
輸入代替工業化　import-substituting industrialization　526
ユネスコ（国際連合教育科学文化機関）　UNESCO（United Nations Educational, Scientific and Cultural Organization）　136, 333, 542
ゆらぎ　fluctuation　71, 487, 500, 508
ゆらぎと社会システム　fluctuation and social system　**496**
ユーラシアプロジェクト　Eurasia Project on Population and Family History　551

■よ

溶解体験　melting experience　733
要求度－コントロール・モデル　demand-control model　449
要素還元主義　→還元主義（還元論）
容量　capacity　307
抑止的法　repressive law, droit répressif（仏）　539
予言の自己成就　self-fulfilling prophecy　124, 189, 281, 814
予言の自己破壊　self-defeating prophecy　124
予測不可能　unpredictable　486
予防原則　principle of prevention　58
ヨーロッパ安全保障協力機構　Organization for Security and Co-operation in Europe: OSCE　770
ヨーロッパ型結婚形態　European marriage pattern　550
ヨーロッパ言語共通参照枠　Common European

事項索引

Framework of Reference for Languages: CEFR　766
ヨーロッパ出生力プロジェクト　European fertility project　550
ヨーロッパ中心主義(西洋中心主義)　Eurocentrism　737, 799
世論(よろん，せろん)　public opinion, opinion publique(仏), öffentliche Meinung(独)　318, 324, 606, 626
世論形成　formation of public opinion　318
弱い紐帯　weak tie　63, **408**
弱い紐帯の仮説　weak tie hypothesis　408

■ ら

ライフコース　life course　155, 554
ライフサイクル　life cycle　467
ライフヒストリー　life history　260
ラーケン指標　Laeken indicators　54
ラジオ　radio　332
ラディカル・デモクラシー　radical democracy　354, 569, **588**
ラディカル・ヒューマニズム　radical humanism　377
ラディカル・フェミニズム　radical feminism　544
ラベリング(理)論　labeling theory　122, 261, **266**, 296, 368
ランガージュ　langage(仏), language(as defined by Saussure)　336
ラング　langaue(仏), language　336

■ り

リアリズム　realism　528
利益へのアクセス(の平等)　access to advantages (equality of)　717
リオ・サミット　Rio Summit　56
理解　understanding, Verstehen(独)　184, 302, 498
利害関心　interests　646
理解社会学　verstehende Soziologie(独), interpretive sociology　178, 184, 189, 204, 452, 654
力学系　dynamical system　478
リキッド・モダニティ(流動的な近代)　liquid modernity　96, 156
利己的遺伝子　selfish gene　143
リスク　risk, Risiko(独)　4, 97, 181, 185, 199, **212**, 244
リスク社会(危険社会)　risk society, Riskogesellschaft(独)　4, 75, 214, 530, 542, 701
リスクの医療化　medicalization of risk　161
リスボン戦略　Lisbon strategy　52

理性　reason　204, 784
理想主義　idealism　179
リゾーミック・システム　rhizomic system　502
リゾーム(根茎)　rhizome　502
リーダーシップ　leadership　607
利他的行動　altruism　137
立憲的精髄　constitutional essentials　694
理念　ideas　646
理念型　Idealtypus(独), ideal type　2, 416, 444, 523
理念主義　idealism　645
理念と利害関心　ideas and interests　646
リバタリアニズム　libertarianism　690, 715
リフレクシヴな調査研究　reflexive research, ricerca riflessiva(伊)　631, 635
リフレクティング・チーム　reflecting team　268
リプロダクティブ・フリーダム　reproductive freedom　150
リプロダクティブ・ヘルス／ライツ　reproductive health and rights　150
リベラリズム　→自由主義
リベラル・ナショナリズム　liberal nationalism　730
リベラルな多文化主義　liberal multiculturalism　756
リーマン・ショック　Lehman shock　340
流言　rumor　276, **330**, 607
流行　fashion　352, 606
流行現象　fashion phenomenon　497
流通の不可逆性　irreversibility of information flow　340
流動的な近代　→リキッド・モダニティ
領域　territory　30
良心的支持者　conscience adherents　608
臨界点　critical point　537
臨床社会学　clinical sociology　631
倫理＝文化協会　Gesellschaft für Ethische Kurtur(独)　803

■ る

ルサンチマン　ressentiment(仏)　**650**
ル・シャプリエ法(1791年)　Loi de Le Chapelier　797
ルースなカップリング　loose coupling　192
ループ効果　looping effect　124
流布メディア　Verbreitungsmedien(独)　193

■ れ

例外状態　Ausnahmezustand(独)　**584**
励起状態　exited state　487
レイシズム(人種主義)　racism　136, 622, 761, **762**, 764
レイシャル・プロファイリング　racial profiling

事項索引

763
隷　従　slaving　500
霊　性　→スピリチュアリティ
冷淡と無関心　Reserviertheit und Gleichgültigkeit(独), reserve and indifference **298**
歴史学　history　112
歴史社会学(歴史社会学研究)　historical sociology　349, 364, 535, 546
歴史主義　historicism　809
歴史人口学　historical demography　550
歴史相対主義　historical relativism　680
歴史的方法　historical method, historische Methode(独), méthode histonique(仏)　799
歴史哲学　philosophy of history, Geschichtsphilosophie(独)　538
歴史と記憶の社会学　sociology of history and memory　**374**
歴史と人口　population in history　550
レジリエンス　resilience　225
レトリック　rhetoric　125, 297, 353
レトロ・ブーム　retro boom　38
レリヴァンス　relevance, Relevanz(独)　209, 279
連携従属的発展　associated-dependent development　527
連鎖組織　sequence organization　273
連続的地位尺度　continuous status scale　**428**
連立方程式　simultaneous equations　478

■ ろ

労使関係　industrial relations　394
労　働　labor, Arbeit(独), travail(仏)　140
労働運動　labor movement　602
労働組合　trade union; labor union　**394**, 445, 798
労働組合組織率　unionization rate; trade union density　395
労働市場　labor market　444, 711
労働市場と格差　labor market and inequality　**444**
労働者　laborer; worker　444, 624
労働者階級　working class　426, 652, 657
労働力　labor power　426
労働(力)の商品化　commodification of labor　706
老年学　gerontology　154
ローカル・アジェンダ21　Local Agend 21　57
ローカル化　localization　529
ローカル・シティズンシップ　local citizenship　755
6次の隔たり　six degrees of separation　406
路上ホームレス　rough sleeper　53
ロック的但し書き　Lockean proviso　693
ロボット　robot　171
ロマンティック・ラブ　romantic love　201
ロールプレイング・ゲーム　role playing game: RPG　82, 93
ローレンツ曲線　Lorenz curve　454
ロンドン・スクール・オブ・エコノミクス　London School of Economics and Political Science: LSE　807
論理階型　logical types　294

■ わ

和解論　reconciliation studies　**686**
若者文化の衰退　decline of youth culture　670
ワーキングプア　working poor　53
惑星規模の都市化　planetary urbanization　741
惑星社会　planetary society　634
ワークフェア　workfare　713
われわれ　We　278

人名索引

■ あ

アガンベン, G.　Agamben, G.　141
アクセルロッド, R.　Axelrod, S.　489
アシュビー, W. R.　Ashby, W. R.　309, 489
アリエス, P.　Ariès, P.　46, 546
アリストテレス　Αριστοτελης (Aristoteles)　308
アルチュセール, L.　Althusser, L.　349
アレクサンダー, J.　Alexander, J.　366
アーレント, H.　Arendt, H.　45
アロー, K. J.　Arrow, K. J.　796

池田寛二　Ikeda Kanji　701
イブン=ハルドゥーン　Ibn Khaldun　789

ヴァレラ, F. J.　Varela, F. J.　309, 489, 492
ウィーナー, N.　Wiener, N.　308, 506
ウェーバー, M.　Weber, M.　66, 654
ウォード, L. F.　Ward, L. F.　122, 518
ウールガー, S.　Woolger, S.　123

エーコ, U.　Eco, U.　360
エリアス, N.　Elias, N.　140
エリクソン, E. H.　Erikson, E. H.　338, 546
エンゲルス, F.　Engels, F.　519

オバーシャル, A.　Oberschall, A.　608, 610
オルソン, M.　Olson, M.　603, 608

■ か

片桐新自　Katagiri Shinji　609
ガーフィンケル, H.　Garfinkel, H.　233
カルドー, M.　Kaldor, M.　614

キツセ, J. I.　Kitsuse, J. I.　122
キッチェルト, H.　Kitschelt, H.　610
キットラー, F.　Kittler, F.　349
ギデンズ, A.　Giddens, A.　47, 54, 547
ギブソン, J. J.　Gibson, J. J.　166
ギャムソン, W.　Gamson, W.　608

グブリウム, J. F.　Gubrium, J. F.　126
クライン, M.　Klein, M.　338
クロスリー, N.　Crossley, N.　142
グロティウス, H. von　Grotius, H. von　785

ケトレー, A.　Quételet, A.　796

ゴフマン, E.　Goffman, E.　140, 232
小室直樹　Komuro Naoki　535
コント, A.　Comte, A.　790
コンドルセ, M.　Condorcet, M.　790
コンラッド, P.　Conrad, P.　160

■ さ

サイード, E. W.　Said, E. W.　379
作田啓一　Sakuta, K.　666
サッチャー, M. H.　Thatcher, M. H.　52
サムナー, W. G.　Sumner, W. G.　518
ザルド, M. N.　Zald, M. N.　604
サン=シモン, C. H. de　Saint-Simon, C. H. de　791

シィエス, E.　Sieyès, E.　790
シェーラー, M.　Scheler, M.　122
シェリング, T.　Schelling, T.　67
ジェンクス, C.　Jencks, C.　38
シュタイン, L.　Stein, L.　798
ショーター, E.　Shorter, E.　546
ジラール, R.　Girard, R.　305, 666
ジンメル, G.　Simmel, G.　666, 800

スコッチポル, T.　Skocpol, T.　603
スペクター, M.　Specter, M.　122
スペンサー, H.　Spencer, H.　309, 518, 794
スミス, A.　Smith, A.　785, 792
スメルサー, J.　Smelser, J.　603

セインズベリ, D.　Sainsbury, D.　48
セン, A.　Sen, A.　701

ソシュール, F. de　Saussure, F. de　360
ゾールド, M.　Zald, M.　608

人名索引

ソンタグ, S Sontag, S. 41

■た

ダーウィン, C. Darwin, C. 518, 794
高田保馬 Takata Yasuma 519
ダグラス, M. Douglas, M. 140
建部遯吾 Takebe Tongo 799
タルド, J.-G. Tarde, J.-G. 304, 806
タロー, S. Tarrow, S. 610

デイヴィス, K. Davis, K. 424
ティリー, C. Tilly, C. 604, 608, 610
デカルト, R. Descartes, R. 142, 482
テューミン, M. M. Tumin, M. M. 424
デュルケム, É. Durkheim, É. 66, 654, 658, 791, 800
テンニース, F. Tönnies, F. 802

トゥールミン, S. Toulmin, S. 126
トゥレーヌ, A. Touraine, A. 603
トクヴィル, A. de Tocqueville, A. de 44
トマス, W. I. Thomas, W. I. 124
トマス・アクィナス Thomas Aquinas 785
富永健一 Tominaga Ken'ichi 535
トム, R. Thom, R. 489
トンプソン, W. Thompson, W. 792

■な

中河伸俊 Nakagawa Nobutoshi 123

ニーチェ, F. Nietzsche, F. 801

ネグリ, A. Negri, A. 586

■は

バーガー, P. L. Berger, P. L. 122, 649
パーク, R. E. Park, R. E. 760
ハーケン, H. Haken, H. 489
パーソンズ, T. Parsons, T. 142, 186, 309, 424, 480, 483, 507, 534, 654, 784
ハッキング, I. Hacking, I. 122
パッペンハイム, F. Pappenheim, F. 648
バトラー, J. Butler, J. 141
ハーバーマス, J. Habermas, J. 45, 481, 654
ハリス, S. R. Harris, S. R. 124
バルト, R. Barthes, R. 360
バンヴェニスト, É. Benveniste, É. 348

ビゲロウ, J. Bigelow, J. 308
廣松 渉 Hiromatu Wataru 649

フィルヒョウ, R. Virchow, R. 795
フェルスター, H. von Foerster, H. von 309

フーコー, M. Foucault, M. 141, 285, 348
ブース, C. Booth, C. 807
フッサール, E. Husserl, E. 482
ブーフホルツ, F. Buchholz, F. 798
ブラード, R. D. Bullard, R. D. 700
プーランザス, N. Poulantzas, N. 570
プリゴジン, I. Prigogine, I. 496, 508
ブルデュー, P. Bourdieu, P. 142, 379, 658
ブレア, A. C. L. Blair, A. C. L. 52
ブレンターノ, L. Brentano, L. 798
フロイト, A. Freud, A. 338
フロイト, S. Freud, S. 338, 480, 546
フロム, E. Fromm, E. 648

ベイトソン, G. Bateson, G. 309, 338
ヘーゲル, G. W. F. Hegel, G. W. F. 44, 648
ベスト, J. Best, J. 122
ベッカー, H. Becker, H. 122
ベック, U. Beck, U. 44, 212, 547
ヘラー=ローゼン, D. Heller-Roazen, D. 349
ベンヤミン, W. Benjamin, W. 304

ボーヴォワール, S. de Beauvoir, S. de 140
ボウリー, A. L. Bowley, A. L. 807
ポスター, M. Poster, M. 39
ホッブズ, T. Hobbes, T. 790
ボードリヤール, J. Baudrillard, J. 40, 352
ホブハウス, L. T. Hobhouse, L. T. 807
ポーラッチ, D. Pawluch, D. 123
ホール, S. Hall, S. 332, 360
ホルスタイン, J. A. Holstein, J. A. 126
ポルテス, A. Portes, A. 758

■ま

真木悠介 Maki Yusuke →見田宗介
マクルーハン, M. McLuhan, M. 332
マッカーシー, J. D. McCarthy, J. D. 604, 608
マッカダム, D. McAdam, D. 604, 610
マトゥラナ, H. R. Maturana, H. R. 309, 483, 489, 492
マートン, R. K. Merton, R. K. 507
マルクス, K. Marx, K. 140, 519, 602, 654, 786, 793
丸山眞男 Maruyama Masao 379
マンハイム, K. Mannheim, K. 122, 791

見田宗介 Mita Munesuke 649
ミード, G. H. Mead, G. H. 654
ミード, M. Mead, M. 546

ムーア, W. E. Moore, W. E. 424

メルッチ, A. Melucci, A. 603

メルロ=ポンティ, M.　Merleau-Ponty, M.　142

モーガン, C.　Morgan, C.　66
モース, M.　Mauss, M.　140
モール, R.　Mohl, R.　798

■や

ヤコブソン, R.　Jakobson, R.　360

吉田民人　Yoshida Tamito　535

■ら

ライプニッツ, G. W.　Leibniz, G. W.　304
ラッシュ, S.　Lash, S.　42

リオタール, J.-F.　Lyotard, J.-F.　38
リカルド, D.　Ricardo, D.　786

ルイス, J.　Lewis, J.　48

ルイス, G.　Lewes, G.　66
ルソー, J.-J.　Rousseau, J.-J.　784, 790
ルックマン, T.　Luckmann, T.　122
ル・ボン, G.　Le Bon, G.　602
ルーマン, N.　Luhmann, N.　186, 213, 309, 481, 483, 493, 498, 547, 654

レッシグ, L.　Lessig, L.　341

ロウントリー, B. S.　Rowntree, B. S.　807
ロストウ, W. W.　Rostow, W. W.　519
ローゼンブリュート, A.　Rosenblueth, A.　308
ロック, J.　Locke, J.　143, 696, 790
ロビンズ, A.　Lovins, A.　59
ロールズ, J.　Rawls, J.　696, 701

■わ

ワルラス, L.　Walras, L.　792

社会学理論応用事典

平成29年 7月31日　発　　　行
令和元年10月20日　第 2 刷発行

編　者　日本社会学会
　　　　理論応用事典刊行委員会

発行者　池　田　和　博

発行所　丸善出版株式会社
〒101-0051　東京都千代田区神田神保町二丁目17番
編集：電話(03)3512-3264／FAX(03)3512-3272
営業：電話(03)3512-3256／FAX(03)3512-3270
https://www.maruzen-publishing.co.jp

Ⓒ The Japan Sociological Society, Editorial Committee on
Encyclopedia of Theory and Application in Sociology, 2017

組版印刷・株式会社 日本制作センター／製本・株式会社 星共社

ISBN 978-4-621-30074-9　C 3536　　　Printed in Japan

JCOPY 〈(一社)出版者著作権管理機構 委託出版物〉
本書の無断複写は著作権法上での例外を除き禁じられています．複写
される場合は，そのつど事前に，(一社) 出版者著作権管理機構（電話
03-5244-5088, FAX 03-5244-5089, e-mail：info@jcopy.or.jp）の許諾
を得てください．